蘭松朴正勳敎授停年記念

行政判例의 理論的 照明

蘭松會(編)

博英社

간행사

이 책은 1997년 1학기부터 서울대학교 법과대학 및 법학전문대학원 교수로 재직하신 난송 박정훈(蘭松 朴正勳) 선생님의 정년을 축하하는 의미로, 그동안 선생님의 문하에서 수학한 제자들의 모임인 난송회(蘭松會)에서 최근의 중요한 행정판례를 선정하여 평석하고 학교 강의와 수험, 행정과 재판 실무에 도움이 되도록 편집하여 도서로 발간한 것입니다.

선생님의 지도로 박사학위를 취득한 제자는 32명이고, 석사학위를 취득한 제자(더 나아가 박사학위를 취득한 제자 포함)는 89명이며, 그중 전국의 법학전문대학원 및 법학과에서 교수로 재직 중인 제자는 18명입니다. 선생님의 제자들은 전통적인 사법(司法)의 역할, 즉 판사, 검사, 변호사로서뿐 아니라 국가기관, 공공기관, 연구기관 등 다양한 현장에서 행정법의 정신을 실천하면서 활발하게 활동하고 있습니다.

선생님은 평소 제자를 지도하면서 이론과 실무의 매개로서 판례를 강조하셨습니다. 이는 선생님의 학문적 여정에서 그대로 드러납니다. 선생님은 '판례의 법원성'(1996년), '행정법의 법원(法源)'(1999년), '행정법에 있어 판례의 의의와 기능'(2011년) 등의 논문에서 판례의 의미를 다층적이고 심층적으로 분석하셨습니다. 그리고 선생님의 학문적 정수를 이 책의 첫째 글로 기고하여 제자들의 판례평석을 지도하는 기능을 하게 만들어 주셨습니다. 판례평석 중에는 교수를 비롯하여 연구자로 활동하는 제자가 작성한 것도 있고, 다양한 분야의 실무에 종사하는 제자가 작성한 것도 있습니다. 이 책의 저자들이 학계와 실무를 대표한다고 볼 수 없다고 하더라도, 이 책을 통해 학계와 실무가 대화하는 장이 열린다는 점은 분명합니다.

선생님이 서울대학교에 부임하신 뒤 학부생을 위하여 저술하신 「법학의 이해」(공저)(1998년)에서 제시된 행정법의 청사진은 이후 「행정법의 체계와 방법론」(2005년)과 「행정소송의 구조와 기능」(2006년)을 통해 구체화 되었습니다. 이 책은 이러한 가르침의 연장선상에 있습니다. 그동안 행정법 I, II 또는 행정법 (상), (하)라는 편제에서 다루어지는 목차들을 크게 행정법서론, 행정작용법, 행정조직법, 행정구제법으로 재편한 후 주된 쟁점이 서로 중복되지 않도록 세부적인 목차들을 구성한 다음에 저술을 희망하는 분의 신청을 받아 판례를 선정하여 평석하는 과정을 거쳤습니다. 그 결과 해당 판례와 직접적으로나 간접적으로 관련이 있는 선행연구 또는 실무경험이 있는 분에 의해서 평석이 이루어진 경우가 적지 않습니다. 그런 만큼 전문성이 담보된다고 볼 수 있겠습니다. 다만, 이 책은 학교 강의와 수험에서, 그리고 행정과 재판 실무에서 일반행정법 전반에 걸친 안내와 지침의 역할을 하도록 의도된 점에서, 상세한 논증이나 인용은 전체적으로 자제되어 있습니다. 더 자세한 설명이나 문헌은 해당 각주에 기재되어 있는 선행연구를 참고하시면 좋겠습니다.

이 책은 한평생 자식을 키우듯 제자들의 학문과 인생을 위하여 엄부(嚴父)이자 자모(慈母)로서 헌신하신 선생님을 향한 제자들의 존경과 감사를 담고 있습니다. 저술에 참여한 제자 모두 선생님의 가르침에 크게 미치지 못하는 부끄러운 글이 될까 두려운 마음이 컸으나 행정법학, 나아가 법학, 더 나아가 우리나라 학문의 발전에 큰 자취를 남기신 선생님의 정년을 부족하나마 기념하고자 하는 마음에 용기를 내었습니다. 여러 사정으로 제자 모두가 아니라 그 일부에 해당하는 51편의 글만 실리게 되었으나 이 책을 발간하는 과정에는 모든 제자의 기꺼운 수고와 도움이 있었습니다. 앞으로 선생님의 고희(古稀)를 기념하게 될 이 책의 개정판에는 제자 모두의 글이 게재되도록 하리라 다짐해 봅니다.

학문을 향한 열정과 제자에 대한 사랑이 이후로도 오래 계속될 수 있도록 선생님과 가족의 건강과 행복을 기원합니다. 이 책의 독자 여러분의 발전과 성공도 아울러 기원합니다. 끝으로, 이 책의 발간을 지원하고 격려해 주신 박영사 조성호 이사님의 후의에도 깊은 감사의 인사를 드립니다.

蘭松會를 대표하여
정호경, 송시강, 박현정, 최계영, 우미형, 이은상, 김혜진, 김찬희, 라기원
2024. 2.

목 차

제 2 편　행정작용법

제 1 장　행위형식

제 1 절　행정행위

제 2 절　행정입법

제 4 장 공물법

제 4 편 행정구제법

제 1 장 국가배상법

제 2 장 손실보상법

제 3 장 행정소송법

제 1 절 항고소송

서 론

行政法에 있어 判例의 意義와 機能
法學과 法實務의 연결고리로서의 判例

박 정 훈**

I. 들어가며

'법'은 인간의 평화롭고 정의로운 공동체 생활을 위한 강제적 규율이므로, 한편으로 평화와 정의를 지향하는 '이성'을, 다른 한편으로 강제적 규율을 가능하게 하는 '힘'을 동시에 갖지 않으면 아니 된다. 요컨대, '이성적인 힘'이 바로 법이다. 이성 없는 힘은 폭력일 뿐이고, 힘이 없는 이성은 사변일 뿐이다. 이와 같이 이성과 힘이 결합된 법은 인류 역사에서 먼저 - 솔로몬으로 상징되는 강력하고 현명한 재판관에 의한 - '재판'을 통해 나타났다. 그 후 근대국가 체제가 확립되면서, 한편으로 재판의 '힘'을 보강하는 입법이 행해지고, 다른 한편으로 재판의 '이성' 내지 지혜를 보충하는 법학[1])이 발전하였다. 그리하여 법의 3요소로서 입법과 재판과 법학, 그리고 그 각각의 산물인 법률과 판례와 학설이 鼎立하게 된다.

이와 같이 역사적으로 재판(판례)이 중심에 있고 양측에서 입법(법률)과 법학(학설)이 이를 보강·보충하는 관계로 파악할 수 있다. 반면에, 의회민주주의와 결합된 법치주의 이념의 관점에서는 입법이 중심에 서고 재판은 법률을 구체적 사건에 적용하는 지위로 격하되지만, 이는 '이념'에 불과하고 법의 '실제'에서는 - 법률의 불명확성과 모순 또는 흠결 때문에 - 여전히 재판과 판례가 중심에 있다. 여기에서도 법학은 재판에게 법률의 해석 가능성들을 제안함으로써 여전히 재판에 대한 (이성의) 보충 기능을 수행하고자 하지만, 학문적 권위가 약해지면 재판의 결과인 판례들을 사후적으로 정리·체계화하는 기능으로 전락

* 이 글은 2010. 11. 26. 한국행정법학회 창립기념 학술대회 발표문을 수정·보완하여 『행정법학』 창간호, 2011, 35-69면에 게재된 졸고를 수정·축약하고 부분적으로 보충한 것임을 밝힌다.
** 법학박사, 서울대학교 명예교수

1) 주지하다시피, 법학을 뜻하는 독일어 Jurisprudenz는 라틴어로 '법의 지혜'(juris + prudentia)라는 의미를 갖는다. 19세기 Savigny 등에 의해 법학의 학문성이 주장되면서 '법학(문)' 내지 '법(과)학'이라는 의미의 Rechts-wissenschaft라는 용어가 사용되었으나, 현재로 통상 독일에서 '법학'이라고 하면 Jurisprudenz라고 한다.

하게 된다.

이상에서 알 수 있듯이, '법'이란 무엇인가, '법학'은 무엇을 하여야 하는가 라는 물음에 답하는 과정에서 반드시 만나게 되는 중심 맥점은 바로 '판례'이다. 다시 말해, 판례(법)의 문제는 한 국가의 "법질서와 법학의 실존적 문제 중의 하나"[2]이다.

이러한 문제의식 하에서 먼저 '法源'으로서의 판례 문제를 고찰함으로써 판례의 의의에 관한 법이론적 기초들을 살펴보고(Ⅱ.), 이를 기초로 행정법 영역에서 판례가 갖는 특수성들을 분석한 다음(Ⅲ.), 행정법에서의 법학과 법실무의 상호관계에 초점을 맞추어 판례의 기능을 소통기능(Ⅳ.), 평가기능(Ⅴ.) 및 혁신기능(Ⅵ.)으로 구분하여 논의하고자 한다.

Ⅱ. 法源으로서의 판례

1. 판례의 개념

'판례'(precedent, précédent, Präjudiz)는 가장 넓은 의미로는 先判決例의 준말로서, 최고법원을 포함한 모든 심급의 법원에서 내려진 판결(또는 결정)이 다른 사건에서 선례로서 원용되는 것을 의미한다(광의의 판례). 그러나 법학과 실무에 중요한 영향을 미치는 것은 최고법원의 판결들이라는 점에서 통상 판례는 대법원판례와 헌법재판소판례를 가리킨다(협의의 판례). 대법원판례 중에서 전원합의체판결 또는 그동안 논란되어 오던 쟁점에 관해 명백한 입장을 밝히는 판결과 같이 향후의 재판에 명시적인 지침을 제공하는 '중요판례' 내지 '지도적 판례'(leading case, leitende Präjudiz), 또는 이에 해당하지 않더라도 두 개 이상의 대법원판례에서 동일한 견해가 반복적으로 확인된 '확립된 판례'(ständige Rechtsprechung)는 판례의 구속력과 관련하여 특별한 의미를 갖는다(최협의의 판례).

우리나라에서 법학과 법실무의 관계에서 의미를 갖는 것은 협의의 판례, 즉, 대법원판례와 헌법재판소판례이다. 우리나라에서는 영국에서와 같은 '선례구속'(stare decisis)원칙이 인정되지 않고, 오히려 「법원조직법」 제8조는 상급심재판에서의 판단은 당해 사건에 관해서만 하급심을 기속한다고 규정하고 있다. 그러나 중요한 사건은 - 특히 행정사건에서는 - 거의 예외 없이 대법원에 상고되어 수많은 대법원판례가 만들어지고 있는데, 대법원판례의 변경은 「법원조직법」상 반드시 전원합의체의 심판으로 하도록 되어 있고, 원심판결

---

2) Fritz Ossenbühl, in: Erichsen (Hg.), Allgemeines Verwaltungsrecht. 10.Aufl., 1995, §6 Rn.77.

이 대법원판례와 상반된 판단을 한 경우에는 「소액사건심판법」과 「군사법원법」상 절대적 또는 상대적 상고·항소이유로 명시하고 있는 등 대법원판례는 우리나라 실정법상 특별 취급되고 있다.[3] 또한 헌법재판소의 결정도 당해 사건에 관해서만 기속력을 갖지만,[4] 헌법재판소판례는 헌법사건에 관한 단심 및 최고심의 결정으로서, 사실상 강력한 구속력을 발휘한다. 그리하여 통상적으로 - 본고에서도 - '판례'는 협의로서, 대법원판례와 헌법재판소판례를 가리킨다.

2. 다양한 法源 개념[5]

(1) 원래적 의미의 法源

판례의 *法源性* 문제는 법학의 근본주제의 하나이다. 판례의 *法源性* 문제는 그 전제로서 '法源'의 개념을 어떻게 파악하는가에 달려 있다. 法源(Rechtsquelle; source of law)은 원래 유럽에서 중세후기 및 근대에 이르러, 실정법의 다원성과 복잡성으로 인해 개별사안에 관한 재판에서 적용하여야 할 '법규'(Rechtssatz)를 찾는 작업이 중요하였기 때문에 만들어진 개념이다. 법규 내지 법명제는 원래 법적 삼단논법에서 대명제로 설정하여 거기에 소명제인 당해 사건의 사실관계를 포섭시켜 결론을 도출하는 논리적 도구이다. 다시 말해, 개별사건의 사실관계만을 들여다보고 그때그때마다 적합한 해결을 즉흥적으로 내리는 것이 아니라, 어떠한 경우에는 어떻게 해결된다는 요건/효과로 이루어진 일반·추상적 명제를 대명제로 내세우고 그 대명제에 따라 당해 사건에 대한 판단을 내림으로써, 재판에 있어 평등과 법적 안정성을 실현하기 위한 보장책이 바로 '법규'이다. 이러한 법규로 인정되기 위해서는 그 내용(법명제)이 '법'에 의해 강제되는 것임이 인정되어야 하는데, 이러한 법적 강제력 내지 효력을 인정하기 위한 근거가 바로 '法源'이다.[6] 요컨대, 法源은 원래부터 법 내

---

3) 「법원조직법」 제7조 제1항 제3호는 "종전에 대법원에서 판시한 헌법·법률·명령 또는 규칙의 해석적용에 관한 의견"을 변경하는 경우에는 전원합의체에서 심판하도록 하고, 「상고심절차에 관한 특례법」 제4조 제1항 제3호는 "원심판결이 법률·명령·규칙 또는 처분에 대하여 대법원판례와 상반되게 해석한 경우"를 심리불속행 상고기각판결의 제외사유로 규정하고 있으며, 「소액사건심판법」 제3조 제2호와 「군사법원법」 제414조 제2호 및 제442조 제2호는 대법원판례와 상반되는 판단을 한 경우를 상고이유 또는 항소이유로 규정하고 있다.
4) 「헌법재판소법」 제47조 제1항, 제67조 제1항, 제75조 제1항.
5) 이하 판례의 *法源性*에 관한 고찰은 졸저(J. H. Park), Rechtsfindung im Verwaltungsrecht, Berlin 1999, S.159-184; 졸고, "판례의 법원성", 『법실천의 제문제(東泉김인섭변호사화갑기념)』, 1996, 1-26면; "행정법의 *法源*", 『행정법연구』 제4호, 1999, 33-64면[현재 졸저, 『행정법의 체계와 방법론』, 2005, 113-162면에 수록]에서 피력한 *私見*을 수정·보완하여 *改筆*한 것임을 밝힌다.

지 법규의 효력근거를 의미하는 개념으로 사용되어 왔다.

(2) 다른 네 가지 法源 개념들

그러나 독일에서 19세기부터 위와 같이 재판과 관련한 실정법적 의미를 벗어나, 첫째, Savigny로 대표되는 역사법학파는 법의 생성근거로서의 法源 개념을 사용하면서 관습법이 실정법을 만들어 내는 근원적인 法源이라고 주장하였다. 둘째, 법철학적 관점에서, '法源'은 법의 평가근거라는 의미로서, 실정법의 정당성 근거 또는 그 비판의 근거가 바로 '法源'이라고 주장되기도 하였다. 또한 셋째, 법사회학 내지 법사학의 관점에서는 특정의 법질서 속에서 – 재판과 관련 없이 – 어떤 명제가 법명제로 사실상 승인되기 위한 근거, 즉, 법의 인식근거라는 의미로 '法源' 개념이 사용되었다. 나아가 넷째, 이러한 법의 인식근거에 관하여, 법사회학적 관점에서의 '사실상 승인'의 차원을 넘어, 일정한 명제가 마땅히 법명제로 승인되어야 할 자격이 있다는 의미에서 '규범적 인식'의 차원으로 확장되기도 하였다.

(3) 법의 효력근거와 인식근거

위와 같은 다양한 法源 개념 중에서 판례의 法源性과 관련하여 문제되는 것은 법의 효력근거로서의 法源과 법의 – 사실상 및 규범적 – 인식근거로서의 法源이다. 그런데 이들 法源 개념은 각각 상이한 '법' 개념과 연결되어 있다. 즉, 첫째, 법의 효력근거로서의 法源 개념은 법의 필수적 개념요소로서 '효력'을 전제로 한다. 이에 의하면, 실정법적 효력, 특히 재판에 적용될 수 있는 효력이 결여된 법은 있을 수 없고, 그 자체로 형용모순이다. 이러한 의미에서 실정법적 내지 법도그마틱적 법개념이라고 할 수 있다.

둘째, 법의 '사실상' 인식근거로서의 法源 개념은 법의 필수적 개념요소로서 '사실상의 승인'만을 요구한다. 따라서 실정법적인 효력이 없더라도 대다수의 법질서 구성원에 의해 법으로 승인되기만 하면 '법'으로 파악된다. 이는 법사회학적 법개념이다.

셋째, 법의 '규범적' 인식근거로서의 法源 개념은 법의 필수적 개념요소로서 – 일반적으로 '사실상 승인'의 요소와 더불어 – '승인(인식)의 당위성'을 요구하지만, '실정법적 효력'을 반드시 전제하지 않는다. 이러한 법개념에 대해서는 확립된 용어가 없으나, 법으로서

---

6) 예컨대, 19세의 자녀가 그 소유명의의 부동산을 부모의 동의 없이 처분한 후 그 부모가 미성년자의 법률행위라는 이유로 그 처분행위를 취소한 경우, 그 취소를 인정하기 위해서는 '만 20세가 되기 전에는 법정대리인(부모)의 동의 없이 행한 법률행위는 취소할 수 있다'라는 명제가 '법명제'로서, 삼단논법의 대명제로 설정되어야 하는데, 그 명제가 법적 구속력 내지 효력 있는 법명제로 인정될 수 있는 '法源'은 바로 「민법」 제4조와 제5조 제1항 및 제2항이다.

의 당위성과 자격(가치)을 강조한다는 의미에서 일응 '법윤리학적' 내지 '법가치론적' 법개념이라고 부를 수 있을 것이다.

3. 사실적 의미의 판례법 : 제1단계 판례법

(1) 법의 사실적 인식근거

사견에 의하면, 제1단계 판례법은 법의 사실적(경험적) 인식근거로서의 *法源*인 판례를 말한다. 이는 판례의 사실상의 구속력에 의거한다. 즉, 상술한 바와 같이 「법원조직법」상 상급법원의 재판에 있어서의 판단은 당해 사건에 관하여만 하급심을 기속하도록 규정되어 있고, 대법원 스스로 자신의 판례를 전원합의체의 심판을 통해 새로운 견해로 변경할 수 있다는 점에서 영미법에서와 같은 '선례구속'이 인정되는 것은 아니지만, 판례변경절차의 특수성 및 ― 심리불속행 상고기각 판결 등과 같은 ― 판례위반의 특별취급으로 말미암아 판례는 사실상 당사자, 다른 국가기관, 하급심, 심지어 대법원 스스로에게도 강력한 구속력을 발휘하고 있다. 법사회학적 관점에서, 이러한 판례를 우리 사회에서 엄연히 작용하고 있는 하나의 '법현상'으로 파악하는 데 아무런 어려움이 없다. 달리 말해, 판례는 우리로 하여금 어떠한 명제가 사실적·경험적으로 법명제로 승인될 수 있는가를 인식하게 해 주는 근거를 이룬다. 이러한 의미에서 판례는 분명히 판례'법'이다.[7]

(2) 방법론적 의의

이러한 제1단계 판례법이 갖는 의의는 일차적으로, 법학은 엄연한 법현실인 판례를 마땅히 연구대상으로 삼아 그 의미를 충분히 이해하고 존중하고자 노력하여야 한다는 데 있다. 판례를 도외시하는 법학은 법의 '실제'를 간과하는 것이다. 그러나 동시에 실무(법원)로서도 당해 사건의 해결에만 급급하지 아니하고 판례가 갖는 사회적 의미를 충분히 자각하고, 판례에 대한 사회 및 법학계의 견해를 충분히 이해하고 존중하지 않으면 아니 된다.

---

7) 법제처의 법령해석에 관해 규정하고 있는 「법제업무규정」 제26조 제8항은 민원인으로부터 법령해석의 요청을 받은 소관 중앙행정기관의 장은 반드시 법제처에 법령해석을 요청하도록 규정하면서도, 그 단서 제2호에서 "정립된 판례"가 있는 경우에는 법제처에 대한 법령해석요청을 생략할 수 있도록 규정하고 있다. 또한, 「우체국예금·보험에 관한 법률 시행령」 제6조 제1항은 분쟁조정의 신청이 있으면 반드시 분쟁조정위원회에 회부하도록 규정하면서도 그 단서 제2호에서 "분쟁의 내용이 관계 법령·판례 또는 증거 등에 의하여 심의·조정의 실익이 없다고 판단되는 경우"에는 그 회부를 생략할 수 있도록 규정하고 있다. 이러한 규정들은 사회에서, 심지어 행정부 내에서도 판례가 사실상 법령에 준하는 구속력을 갖고 있음을 전제로 하고 있다.

요컨대, 판례를 매개로 하여 법학과 법실무는 서로 소통한다는 것이다. 이러한 '소통기능'이 바로 판례의 첫 번째 기능인데, 이에 관해 아래 Ⅳ.에서 상론하기로 한다.

4. 진정한 의미의 판례법 : 제2단계 판례법

(1) 법의 규범적 인식근거

진정한 의미의 '판례법' 내지 제2단계 판례법은 법의 규범적(당위적) 인식근거로서의 法源인 판례이다. 이러한 판례법은 법관의 재판의무 및 판결이유 설시의무에서 비롯되어 궁극적으로 최고규범인 헌법에 의해 그 규범적 정당성이 부여된다. 이를 부연 설명하면 다음과 같다.

즉, 법관은 재판에 임하여 법률의 문언이 불명확하다거나 모순된다거나 적합한 법률이 없다는 이유로 재판을 거부할 수 없다. '법률의 완전성' 이념에 의하면, 상술한 법적 삼단논법에서 대명제의 역할을 하는 법명제(법규)의 자리에 법률을 집어넣고 이에 당해 사건의 사실관계를 포섭시키면 자동적으로 결론이 도출된다는 것이나, 이는 의회민주주의와 결합된 법치주의를 이념적으로 관철시키기 위한 하나의 픽션에 불과하다.

당해 사안에 적합한 법률이 있고 그 법률의 문언이 명확한 경우는 오히려 예외에 불과하고, 대부분의 사건에서, 특히 대법원에 상고되는 사건에서는, 당해 사안에 적합한 법률이 있다 하더라도 그 법률의 문언이 불명확한 경우가 다반사이다. 행정사건에서는 법률의 문언이 명확하면 애당초 분쟁의 소지가 없었거나 설사 있었다 하더라도 행정심판 등을 통해 행정 내부에서 해결되기 때문에, 행정소송으로 제기되는 사건은 거의 예외 없이 법률의 불명확성 또는 ― 특히 일반행정법 영역에 관해 ― 법률의 흠결이 문제되는 경우이다. 그럼에도 법관은 합리적인 판결이유의 설시를 통해 당해 사안을 해결하여야 할 책무와 권한을 헌법에 의해 부여받았는데, 그 책무의 이행 내지 권한의 행사 과정에서 필수적으로 생성되는 것이 바로 판례이므로, 판례의 생성은 헌법적으로 정당성을 갖는다.

(2) 보편화 능력의 주장

제2단계 판례법의 생성과정을 법이론적으로 분석하면 다음과 같다. 먼저 법률의 문언이 불명확하여 '해석'이 필요한 경우에 관하여 살펴보면, 법관은 해석을 통해 그 법률 문언보다 더 자세한 명제를 정립하여 이를 삼단논법의 대명제로 ― 정확하게 말해, '제1차 대명제'인 법률의 문언을 한 단계 더 구체화하였다는 의미에서 '제2차 대명제'로 ― 내세우고 여기에 당해 사안을 포섭시켜 결론을 도출하게 된다. 이와 같이 정립되는 제2차 대명제가 법적 삼단논법의 대명제로서의 자격을 갖추기 위해서는, 그리하여 법의 근본이념인 평등이 실현되기 위해서는, 그것은 당해 사안에서만 타당한 것으로 만족하여서는 아니 되고, 향후에도 동일한 사안에서 모두 차별 없이 타당하게 될 것이라고 자신할 수 있어야 한다. 다시 말해, 자신의 '보편화 능력'(Verallgemeinerungsfähigkeit)을 스스로 주장하는 것이어야 한다. 이러한 보편화 능력의 주장은 당해 사안에 적합한 법률이 없어 '흠결보충'이 필요한 경우에 더욱 더 분명히, 강력하게 나타난다. 이 경우에는 법관이 정립하는 명제가 홀로 – 법률의 근거 없이 – 말하자면, '단독 대명제'로서의 역할을 하기 때문이다.[8]

　이와 같이 법관이 판결이유의 설시를 위해 스스로 정립한 대명제는 모두 '보편화 능력의 주장'을 그 필수적 요소로 내포하고 있다. 법률의 해석을 위한 제2차 대명제이든, 법률의 흠결보충을 위한 단독 대명제이든 간에 모두 마찬가지인데, 그 주장의 강도는 상대적으로 후자가 더 강하다. 여하튼 이러한 보편화 능력의 주장에 근거하여, 판례는 법의 규범적(당위적) 인식근거인 제2단계의 판례법으로 인정된다.[9] 즉, 모든 '법'은 본질상 보편화 능력이 필수적인데, 판례도 그러한 보편화 능력을 갖추고 있음을 스스로 주장하는 것이고, 그러한 '주장'은 상술한 바와 같이 헌법상 법관의 책무와 권한으로 부여된, 법률의 해석 또는 흠결보충의 임무 수행을 위해 반드시 필요한 요소이다. 이와 같이 그 주장 자체가 규범(헌법)적으로 승인됨으로써 판례에 대하여 '법'으로서의 자격 내지 가치가 인정되는 것이다. 다만, 그 주장의 내용이 사실인지, 다시 말해, 실제로 보편화 능력을 갖추고 있는지는 묻지 않는다. 말하자면, 법으로서의 효력의 '주장'을 정당한 것으로 승인하는 것이고, 효력의 '實在'까지 인정하는 것은 아니다. 후자는 다음에서 논의하는 제3단계의 판례법에 관한 문제이다. 요컨대, 판례는 법관에 의한 판례생성의 헌법적 정당성에 근거하여 법질서 속에서 '법'으로

---

8) 그 대명제를 뒷받침하기 위해 헌법규정, 헌법원리 또는 일반적 법원리들을 제시하는 경우가 있으나, 어디까지나 당해 사건의 사실관계를 직접 포섭시키는 것은 법관이 정립한 대명제이다. 따라서 이것만을 법적 삼단논법에서의 대명제로 파악하여야 할 것이고, 이를 뒷받침하는 헌법규정 등은 '超대명제'에 불과한 것이라고 할 수 있다.

9) 필자는 선행연구[졸고, "판례의 법원성", 『법실천의 제문제(東泉김인섭변호사화갑기념)』, 1996, 1-26면]에서 법률의 해석과 흠결보충의 경우를 구별하여 후자에 대해서만 제2단계의 판례법으로서의 성격을 부여하였다. 즉, 법률의 흠결 보충을 통한 '법형성'(Rechtsfortbildung)의 경우에는 상술한 바와 같이 법관의 역할과 책임을 강조할 필요가 있으나, 법률의 해석에 있어서는 입법자의 의사가 결정적 역할을 하고 법관의 역할과 책임이 상대적으로 좁다는 것이 그 논거이었다. 따라서 법률의 해석의 경우에는 어디까지나 법률만이 – 법의 규범적 인식근거로서도 – 法源에 해당하고 그것을 해석한 판례에 대하여 별도의 法源 자격을 부여할 필요가 없다는 것이었다. 그러나 양자에 있어 법관의 역할과 책임의 차이는 – 특히 행정법의 영역에서 – all or nothing의 관계가 아니라 정도의 차이에 불과하다는 점을 깨닫고 本稿에서는 양자의 경우에 모두 제2단계의 판례법으로서의 자격을 부여하되, 그 法源性의 강도가 다른 것으로 이해하고자 한다.

서의 자격이 승인됨으로써 - 제2단계의 - 판례법이 된다.

(3) 판례법의 범위

유의할 것은 이러한 제2단계 판례법은 상술한 보편화 능력의 주장에 의거하는 것이므로 원칙적으로 판결에서 '대명제'로 제시된 부분에 국한하여 인정되고 당해 사안의 특유한 사실관계와 관련된 부분은 제외된다는 점이다. 예외적으로 당해 사안의 사실적 요소들도 그 대명제와의 포섭을 통해 결론이 도출되는 과정에서 일반·추상성을 갖는 것이라면 이들도 대명제에 포함되는 것으로 대명제의 내용을 재구성함으로써 판례법의 범위를 확대할 수 있을 것이다. 그러나 판단에 사실상 영향을 미쳤다고 하여 당해 사안의 구체적인 사정까지 모두 제2단계 판례법의 내용이 되는 것은 아니다. '법규(법명제)'로서 갖추어야 할 일반·추상성이 결여되기 때문이다.[10]

반면에, 상술한 제1단계 판례법에는 당해 사안의 사실관계 내지 사실적·규범적 조건들도 포함될 수 있다. 이러한 사실관계 등이 그 일반·추상적 명제(제2단계 판례법)가 정립되게 된 계기가 되는 동시에, 거꾸로 그 명제의 주요 사례가 되기 때문이다. 다시 말해, 향후 동일한 사안에 대해서는 동일한 판결이 선고될 것이 예상되고, 이 점이 바로 사실적 구속력을 갖는 것이기 때문이다. 이러한 의미에서 제1단계의 판례법은 '사례법'(case law, Fallrecht)이라고 부를 수 있을 것이다. 판례에 대한 학문적 평석에서는 제2단계 판례법의 규범적 타당성이 주된 연구 대상이어야 하지만, 제1단계 판례법의 관점에서 당해 사안의 사실관계 내지 구체적 사정도 검토될 필요가 있다.

영미법상 선례구속의 대상이 되는 '판결이유'(ratio decidendi)는 통상 "결론에 절대적으로 필요한 법적인 명제들"(legal propositions absolutely necessary to the result)에 한정되지만, 경우에 따라서는 '당해 사안에 특유한 사실에 근거한, 사실상 당해 판결을 이끌어 낸 모든 법적인 판시내용'도 포함한다.[11] 전자는 제2단계 판례법에, 후자는 제1단계 판례법에 각각 상응하는 것으로 볼 수 있다. 후자는 선례구속을 깨기 위한 '사안구별'(distinguishing)과 관

---

10) 예컨대, 건축법상 '가설건축물'에 관한 대법원 1989. 2. 14. 선고 87도2424 판결에서 토지에 정착하고 있고 4개의 기둥 및 4면의 벽을 갖추고 있으면 가설건축물에 해당한다고 판시한 부분은 법률의 해석을 위한 제2차 대명제로서, 여기서 말하는 '판례법'에 전형적으로 해당하는 것이다. 그리고 그것이 '천막으로 된 지붕과 앵글식 기둥'이라고 하더라도 위 대명제에 포섭된다고 한 판시 부분도 충분히 일반·추상성을 띠고 있으므로 '판례법'의 내용으로 포함시킬 수 있을 것이다. 그러나 그 사안에서 구체적으로 천막의 두께와 앵글식 기둥의 높이가 어떠하였는지는 법규(법명제)로서의 일반·추상성을 갖추지 못하므로 '판례법'에서 제외되어야 할 것이다.

11) Bryan A. Garner et al (ed.), Law of Judicial Precedent, 2016, p.45 참조.

련하여 중요한 의미를 갖는데, 사실적·규범적 조건들이 바뀌면 해당 판례의 타당성도 상실될 수 있기 때문이다.[12]

(4) 방법론적 의의

제2단계 판례법 개념이 갖는 의의는, 첫째, 법관에 의해 정립된 판례가 정치적·사회적 명제가 아니라 '법명제'로서의 자격이 있음을 강조함으로써 그것을 법적 논의의 場으로 끌어들여 법학의 관점에서 '규범적으로' 평가하고자 하는 데 있다. 이러한 판례에 대한 평가를 통해 법학은 법실무를 비판함과 동시에 판례에 비추어 법학 자신의 이론을 스스로 반성하게 된다. 둘째, 판례는 헌법이나 법률에서 기계적으로 연역된 것이 아니라 법관의 주도적 역할과 책임 하에 정립된 것이라는 점을 '법관의 판례에 의해 만들어진 법'이라는 의미의 '법관법'(Richterrecht, judge-made law) 내지 '판례법'이라는 명칭을 통해 강조할 수 있다. 이와 같이 판례에 있어 법관의 역할과 책임이 강조되기 때문에, 법실무(법원)는 판례생성에 신중을 기하고 판례에 대한 학계의 평가를 진지하게 받아들여 自省의 기회로 삼음과 동시에 나아가 주체적인 관점에서 학계의 이론을 비판할 수 있게 된다. 요컨대, 판례를 매개로 하여 법학과 법실무는 서로 평가한다는 것이다. 이러한 '평가기능'이 바로 판례의 두 번째 기능인데, 이에 관해 아래 V.에서 상론하기로 한다.

5. 제3단계 판례법의 否定

(1) 판례는 법의 독자적인 효력근거가 될 수 없다!

상술한 바와 같이, 판례는 법관의 판례생성의 정당성과 판례의 '보편화 능력의 주장'에 의거하여 '법'으로서의 자격 내지 가치를 인정받음으로써 법의 규범적 인식근거로서의 法源에 해당하지만, 마지막 제3단계의 法源 개념, 즉, 법의 효력근거로서의 法源으로는 인정될 수 없다. 이를 서두에서 언급한 법의 두 가지 근본요소인 '이성'과 '힘'에 의거하여 설명하면 다음과 같다. 법관은 법의 한 쪽 요소인 이성 내지 합리성을 만족시키기 위해, 자신이 정립한 대명제의 보편화 능력을 주장하는데, 법의 나머지 요소인 힘의 관점에서는, 그 '주장'을 당해 사건에 관해서만 관철시킬 수 있는 힘이 있을 뿐, 당해 사건을 넘어 향후 동일한 사건들에서까지 관철시킬 힘은 우리 헌법 하에서는 갖지 못한다. 말하자면, 판례의 보편화 능력은 당해 사건에서만 전제될 뿐이고 실제로 강제적으로 실현될 수 없다. 따라서

---

12) 이에 관하여 Bryan A. Garner et al (ed.), 앞의 책 p.97-102 참조.

향후 동종의 사건에서 – 마치 법률 조항을 인용하는 것처럼 – 앞선 판례들을 인용하는 것만으로는 당해 판결에서 정립된 대명제의 타당성이 인정되지 않는다. 즉, 판례는 그 대명제의 법적 효력의 근거가 될 수 없다.

(2) 판례의 보편화 능력의 검증

그렇다면, 판례가 향후 동종의 사건에서도 보편화 능력을 인정받기 위해서는, 그 판례를 만든 법관의 '힘'만으로는 부족하고, 그 판례가 당해 사건에서도 타당하다는 '이성'의 지원이 필요하다. 다시 말해, 후행 사건의 법관들은, 하급심의 법관들도, 자신이 정립하는 대명제의 보편화 능력을 주장하기 위해서는, 동일한 취지의 판례를 단순히 인용하여서는 아니되고, 왜 그 판례가 당해 사건에서도 타당한지에 관해 실질적인 이유를 제시하면서 검증하여야 한다.

이러한 실질적 이유로서, 법적안정성 내지 신뢰보호만을 내세울 수 없다. 오직 법적안정성을 실현하기 위해 법관이 판례에 구속된다는 것은 헌법상 부여된 재판의무와 판결이유 제시의무를 저버리는 것이기 때문이다. 사실상 법관이 법적안정성만을 염두에 두고 판례를 단순 적용하여 재판을 하는 것이 지배적인 경향이라고 하더라도, 이는 제1단계의, 법의 경험적 인식근거로서의 판례법에 불과하다. 법의 '효력'을 통해 법적안정성이 확보되는 것이지, 거꾸로 법적안정성에 의거하여 그것만으로 법의 효력이 인정될 수는 없다.[13] 법적안정성의 실현이 司法의 유일한 임무가 아니다. 오히려 올바른 법의 발견과 형성을 통한 '법의 발전'이 司法의 주된 임무이자 존재의의이다.

(3) 방법론적 의의

이상과 같이 법의 독자적 효력근거로서의 제3단계 판례법을 부정하는 것은 법실무와 법학에 대하여 공히 중요한 의미를 갖는다. 즉, 법실무(법원)는 한 번 정립된 판례를 무비판적으로 동종의 사건에 적용하여서는 아니 되고, 그 판례가 생성된 선행사건과 그 판례를 적용해야 하는 후행사건을 그 사안유형과 이익상황 또는 가치대립상황의 관점에서 면밀히 비교 분석함으로써 그 판례의 타당성을 매 사건마다 검증하여야 한다. 법학도 마찬가지로 판례의 추상적인 결론만을 취하여 이론으로 내세우지 말고, 판례의 사안유형들을 비교 분

---

13) 행정의 자기구속의 법리에 의거하여 행정도 함부로 선례 또는 행정규칙에서 벗어날 수 없지만, 그렇다고 하여 선례와 행정규칙이 법적 효력을 갖는 것으로 볼 수 없다. 법규에 '준하는' 구속력만이 인정될 뿐이고, 합리적인 이유가 있으면 언제든지 그 선례와 행정규칙으로부터 벗어날 수 있다. 더욱이 행정이 처분을 함에 있어 그 처분이유로 선례만을 인용한다면 이유제시의무를 위반하는 것이라고 할 것이다.

석함으로써 그 문제에 관한 이론들을 끊임없이 검증하여야 한다. 그럼으로써 법학과 법실무 모두 혁신과 발전을 기할 수 있다. 이에 관해서는 아래 Ⅵ.에서 상론한다.

Ⅲ. 행정법에서의 판례의 특수성

1. 행정법의 구성요소

첫머리에서 지적한 바와 같이 역사적으로 입법(법률)과 재판(판례)과 법학(학설)이 법의 3요소를 이루는 것으로 이해되어 왔는데, 이는 로마법 이래 私法을 중심으로 한 것이다. 이를 일반적인 법의 모습으로 이해한다면, 행정법의 모습은 일반적인 법의 3요소 중 앞의 두 가지 요소, 즉, 입법과 재판이 각각 의회와 법원에 한정되지 않고 각각 행정과 부분적으로 겹친다는 점에 그 특징이 있다.

즉, 한편으로 '입법'을 널리 受範者의 행위기준과 심사기준을 정립하는 작용이라고 이해하면, 행정법에 있어 입법은 의회에 의한 법률제정만이 아니라 행정에 의한 행정입법도 분명히 포함한다. 다른 한편으로 '재판'을 널리 受範者의 행위에 대한 심사라는 의미로 이해하면, 행정법에 있어 재판은 행정소송 또는 헌법소원심판만이 아니라 널리 행정에 의한 ─ 광의의[14] ─ 행정심판도 포괄한다. 이러한 의미에서, 행정은 행정법의 受範者인 동시에 스스로 행정법의 입법과 재판도 수행한다고 할 수 있다. 보다 더 근본적으로, 행정의 법집행 작용 자체가 특정 사안에 대하여 법을 적용하여 법적 효과를 발생하게 하는 결정을 한다는 점에서 법원에 의한 재판과 구조적으로 동일하다.[15]

이상과 같은 이유에서, 법의 구성요소를 여전히 입법·재판·학설이라는 3요소로 파악한다면, 행정법에 있어서는 입법과 재판을 각각 행정작용도 포함하는 넓은 의미로 이해하여야 한다. 또는 보다 간명한 방법으로, 행정법의 구성요소로 기존의 3요소에 행정(행정입법＋행정결정＋행정심판)을 추가하여 '입법·행정·재판·학설'로 파악할 수 있다.

---

14) 여기서 말하는 광의의 행정심판은 행정심판법에 규정된 협의의 행정심판을 포함하여 처분청에 대한 이의신청, 국민권익위원회에 대한 고충민원, 감사원에 대한 심사청구, 국가인권위원회에 대한 인권진정 등을 포괄하는 것이다.

15) 이것이 필자가 주장하는 '행정과 司法의 상대적 동일성' 테제이다. 졸저, 『행정법의 체계와 방법론』, 2005, 96면 이하 참조.

2. 행정법에 있어 '판례'의 범위

위와 같은 행정법의 구성요소에 있어서의 특징은 행정법에 있어 '판례'의 범위에 영향을 미친다. 상술한 바와 같이 좁은 의미의 판례는 최고법원의 판례를 가리키는 것이지만, 넓은 의미로는 모든 심급의 법원의 판례로 확대되는데, 여기서의 '법원'을 다시 광의의 행정심판을 담당하는 심판기관으로 확대하게 되면, 행정법에 있어 넓은 의미의 판례는 행정심판의 심판례와 고충민원·심사청구·인권진정의 결정례를 포괄하게 된다. 나아가 위에서 지적한 재판과 행정결정의 구조적 동일성에 입각하면 행정기관의 결정례도 행정법에 있어 최광의의 판례 속에 포함시킬 수 있다.

물론 행정기관의 결정은 언제든지 행정소송에서 법원의 판결로써 취소될 수 있기 때문에 최종적인 구속력을 갖지 못하지만, 행정의 자기구속의 법리에 의거하여 행정기관이 자신의 결정례에서 함부로 벗어날 수 없고 법원도 그 결정례를 — 특히 원고(시민)에게 유리한 경우에 — 존중하여야 한다는 점에서, 행정기관의 결정례도 넓은 의미로는 법의 사실적·경험적 인식근거로서 제1단계 판례법으로 파악할 수 있는 여지가 있다. 더욱이 행정심판의 재결례와 고충민원·심사청구·인권진정의 결정례들은 인용재결 또는 인용결정의 경우에 원칙적으로 행정기관의 제소가 불가능하여 사실상 강력한 구속력을 발휘하기 때문에, 더더욱 쉽게 제1단계 판례법으로 파악될 수 있을 것이다.

나아가 행정기관의 결정, 행정심판의 재결, 고충민원 등의 결정도 헌법과 법률에 의거한 권한과 책무에 의해 이루어지는 것이고, 그 결정의 합리적인 이유제시를 위해서는 법률의 해석과 흠결보충에 있어 '보편화 능력의 주장'과 함께 스스로 삼단논법에서의 대명제를 정립하게 되므로, 이 경우에도 법관의 판결에 준하여, 법의 규범적 인식근거로서 제2단계 판례법까지도 인정될 수 있을 것이다.[16) 이러한 광의의 행정심판의 '판례'도 앞으로 행정법에 있어 주요 연구대상이 되어야 한다는 점을 강조하면서, 이하에서는 논의의 편의상 협의의 판례, 즉 대법원판례에 한정하여 논의하기로 한다.

---

16) 국민권익위원회의 고충민원의 확립된 '판례'에 의하면, 예컨대, 수익처분의 발급을 구하는 고충민원에 있어, 거부처분의 성립요건으로서 신청권을 요구하지 않는 것은 물론, 행정청에 신청이 접수되어 정식의 거부처분이 내려지기 이전에도 행정청의 거부의사가 명백한 경우에는 고충민원을 부적법 각하하지 않고 본안판단에 들어가고, 또한 행정심판기간 또는 제소기간이 경과하여 불가쟁력이 발생한 이후에도, 행정청은 기간의 제한 없이 직권취소가 가능하다는 근거에 입각하여, 단순위법만으로 처분의 취소를 시정권고하고 있다. 고충민원에서 인용결정은 권고적 효력을 갖지만, 실제로 피신청기관의 수용률이 95 퍼센트를 상회하고 있는데, 위와 같은 거부처분의 문제와 제소기간의 문제를 이유로 시정권고를 수용하지 않는 예는 전혀 없다.

3. 행정법에 있어 판례의 法源性

(1) 일반행정법 영역의 '법률의 흠결'

판례의 法源性과 관련하여 행정법 영역이 갖는 특수성은 일반행정법 내지 행정법총칙에 관한 총체적인 '법률의 흠결'에서 비롯된다. 그 흠결보충을 위한 판례의 법형성기능이 절실히 요구되기 때문이다. 실체법적 관점에서 과연 행정법에 있어 '총칙'이 필요한가는 각국의 법질서와 법문화에 따라 다를 수 있다. 주지하다시피 일반행정법 '이론'의 역할은 독일에서 가장 크고 프랑스, 영국, 미국 순으로 약해진다. 그러나 개별 행정사건에 대한 재판에서 법관이 합리적인 판결이유의 제시를 위해 당해 개별 행정영역을 넘어서는 일반적인 대명제를 정립하는 것은 대체로 세계 공통적인 현상이다. 이러한 대명제에 대하여 규범적으로 판례의 (제2단계 판례법으로서) 法源性이 인정되는 것이기 때문에, '판례'에 의한 일반행정법은 어느 나라에서나 쉽게 찾을 수 있다. 이와 같이 행정법 영역에서 판례는 일반행정법과 관련하여 그 어떤 다른 법영역보다 더 중요한 역할을 수행한다. 그러므로 법형성에 있어 법관의 역할과 책임에 의거하여 인정되는 제2단계 판례법으로서 판례의 法源性이 행정법 영역에서 가장 뚜렷하게 나타나는 것이다.

이러한 특징은 2021년 「행정기본법」이 제정·시행되었다고 하여 근본적으로 바뀌지 않는다. 비례원칙, 신뢰보호원칙, 처분의 취소·철회, 부관 등 일반행정법의 원칙들이 성문화됨으로써 이제 법률이 해당 원칙들의 法源이 되었지만, 그 법률 규정들은 창설적인 것이 아니라 — 종래 판례에 의해 확인된 헌법상 원칙들을 — 선언한 것이고,[17] 또한 그 규정들의 구체적인 요건의 해석·적용을 둘러싸고 흠결의 보충과 불확정개념의 구체화가 요구되기 때문이다.

(2) 독일 행정법에서의 판례법

독일에서는 19세기말 오토 마이어(Otto Mayer)가 자신의 행정법학의 모태로 삼았던 프랑스 행정법이 당시에 이미 꽁세유데따의 판례법으로 이루어져 있음을 잘 알고 있으면서도, 막상 독일의 행정법에 관해서는 판례, 그의 용어에 따르면, '재판소들의 원칙들'(Rechtsgrundsätze der Gerichte)의 法源性을 부정하였다.[18] 이는 한편으로 고등행정재판소들의 권한이 제한되어 있어 그 판결의 영향력이 미약하였다는 점도 있었지만, 근본적으로 행정법

---

17) 졸고, "행정기본법과 행정법학의 과제 : 인식·운용·혁신", 2021. 4. 10. 행정법이론실무학회 학술대회 기조발표문(未公刊) 참조.

18) Otto Mayer, Deutsches Verwaltungsrecht. Bd.I. 3.Aufl., 1924, S.91-92.

은 오직 '법치국가'의 이념에 의해 구성되어야 한다는 그의 학문적 소신에서 비롯되었다. 그러기에 그는 행정법에 있어 관습법의 존재도 부정하였다. 그의 후계자인 플라이너(Fritz Fleiner)에 있어서도 "재판소의 관행"(Gerichtsgebrauch)은 法源이 아니었다.[19] 반면에, 동시대의 파울 쇤(Paul Schoen)은 확립된 판례가 '재판관의 관습법'(richterliches Gewohnheitsrecht)으로서 무시할 수 없는 法源이 된다고 주장하였고,[20] 발터 옐리네크(Walter Jellinek)도 확립된 판례와 관습법은 법적안정성을 그 징표로 한다는 점에서 공통된다고 강조하였다.[21]

이처럼 독일에서 바이마르 시대까지는 판례는 그 法源性이 정면으로 부정되거나, 아니면 확립된 판례에 한하여 그것도 관습법의 자격으로 法源性이 인정되었을 뿐이다. 1945년 이후에는 포르스토호프(Ernst Forsthoff)가 역시 판례를 '재판소의 관행'이라고 지칭하면서 관습법의 범주에 속하는 것으로 보았으나,[22] 볼프(Hans J. Wolff)가 행정법의 法源에 관한 부분에서 "법관의 판결법"(richterliches Urteilsrecht)이라는 제목 하에서, 公刊된 최고법원의 판결들은 장기간의 관행과 일반인의 법적 확신을 입증하지 않더라도 '法源에 유사한' 성격을 갖는다고 서술한 이래,[23] 1980년대 이후 현재까지 대부분의 학자들은 '판례법'(Richterrecht)이라는 용어를 사용하면서 판례의 法源性을 인정하고 있다.[24] 다만, 제3단계 판례법, 즉, 법의 효력근거로서의 法源性을 명시적으로 긍정하는 문헌은 찾기 어렵고, 대부분이 법관의 법형성기능의 정당성에 의거하여 판례의 법명제로서의 자격을 인정하는 제2단계 판례법이 강조하고 있는 것으로 분석된다. 이는 특히 1977년 시행된 독일의 행정절차법이 행정행위의 개념, 부관, 직권취소와 철회, 공법상계약의 허용성과 요건 및 효과 등 일반행정법의 중요 부분에 관하여 그동안 축적된 연방행정재판소의 판례들을 수용하여 명문화함으로써 판례의 법형성기능이 실증되었기 때문이라고 할 수 있다. 이러한 의미에서 무스그눅(Reinhard Mußgnug)은 일반행정법이야말로 판례법의 법형성력을 보여주는 전형적 예라고 강조한다.[25]

이상의 독일에서의 역사적 과정을 살펴보면, 19세기말 프랑스와는 달리 행정법 영역에서 판례의 法源性이 정면으로 부정되었으나 그 후 약 1세기 동안, ⓐ 수많은 개별행정법령

19) Fritz Fleiner, Institutionen des Deutschen Verwaltungsrechts. 8.Aufl., 1928, S.87 Anm.73.

20) Paul Schoen, Verwaltungsrechtliches Gewohnheitsrecht, VerwArch 28(1921), S.1-32.

21) Walter Jellinek, Verwaltungsrecht. 3.Aufl., 1931, S.124.

22) Ernst Forsthoff, Lehrbuch des Verwaltungsrecht. 10.Aufl., 1973, S.146.

23) Wolff/Bachof, Verwaltungsrecht I. 9.Aufl., 1974, S.127.

24) 판례의 法源性에 관한 최근 독일의 이론상황에 관해서는 졸저(J. H. Park), Rechtsfindung im Verwaltungsrecht, Berlin 1999, S.164-177 참조.

25) Reinhard Mußgnug, Das allgemeine Verwaltungsrecht zwischen Richterrecht und Gesetzesrecht, in : Festschrift der Juristischen Fakultät zur 600-Jahr-Feier der Universität Heidelberg, 1986, S.203-204.

들을 포괄하는 일반적 법체계로서의 '일반행정법' 내지 '행정법총칙'의 필요성, ⓑ 이에 관한 성문법전의 미비 및 ⓒ 행정소송의 대폭 증가에 따른 연방행정재판소의 적극적인 판례 생성이라는 세 가지 요소가 결합됨으로써, 결국 프랑스에서와 마찬가지로 '판례행정법'이 형성되었음을 알 수 있다. 다만, 그 판례의 중요한 내용들이 입법화되었다는 점은 프랑스와 다르다. 우리나라도 상술한 바와 같이 「행정기본법」이 제정 · 시행됨으로써 독일의 상황과 유사해졌다.

(3) 우리나라 행정판례의 유형

우리나라의 행정판례는 1971년까지의 정착기, 1988년까지의 시련기, 1997년까지의 전환기, 현재까지의 발전기를 거치면서 그 양과 질의 면에서 비약적으로 발전하여 왔다.[26] 제2단계 판례법 내지 판례의 법형성기능의 관점에서 행정판례들을 일응 네 가지 유형 내지 층으로 나눌 수 있다. 즉, ① 일반행정법에 대하여 법률이 흠결되어 있는 쟁점에 관한 판례, ② 일반행정법에 대하여 법률규정이 있는 쟁점에 관한 판례, ③ 개별 행정영역에 대하여 법률이 흠결되어 있는 쟁점에 관한 판례 및 ④ 개별 행정법령의 해석에 관한 판례가 그것이다. 예컨대, 위 ①유형은 행정법의 일반원칙, 법률유보, 행정규칙, 재량행위 등에 관한 판례이고, 위 ②유형은 취소소송의 대상과 원고적격 및 협의의 소익, 사전통지의 필요성, 이유제시의 정도 등에 관한 판례이며, 위 ③유형은 경찰법상 경찰책임, 환경법상 사전배려원칙 등에 관한 판례이다. 제2단계 판례법으로서의 *法源性*의 강도, 다시 말해, 법관의 법형성의 역할과 책임의 강도는 ①→②→③→④의 순서라고 할 수 있다.

위 ①유형 중 특히 법률유보와 재량행위에 관한 판례는 한편으로 행정과 의회의 관계에서, 다른 한편으로 행정과 법원의 관계에서, 행정의 법적 구속과 자율성의 정도를 결정하는 것으로서, 국가의 권력분립구도와 직결되기 때문에, 판례의 법형성기능이 가장 강력한 것이다. 위 ②유형의 경우는 비록 법률규정은 있으나 당해 쟁점이 사법심사의 범위와 행정절차의 밀도에 관한 것으로, 역시 행정의 법적 구속과 자율성 문제와 연결된다는 점에서 위 ③, ④유형에 비하여 판례의 법형성기능이 더 강한 것으로 이해된다. 행정판례들을 이해하고 비판하며 검증함에 있어 위와 같은 유형별 특성을 간과해서는 아니 된다.[27]

---

26) 정하중, "행정판례의 성과와 과제", 『행정판례연구』 제11권, 2006, 3-49면; 졸고, "행정판례 반세기 회고", 『행정판례연구』 제11권, 50-90면 참조. 위 시대 구분은 필자에 의한 것이다.

27) 위 개별 행정법규에 관한 ③, ④유형의 판례에 관해서는 판례에 의한 법형성의 한계에 주의하여야 한다. 즉, 법해석의 한계 — 즉, 법문의 통상적 의미 — 를 벗어나서 특정 집단에게 이익 또는 불이익을 주는 법형성은 법률유보 원칙에 반하기 때문에 허용되지 않고 의회민주주의에 의거한 입법절차에 의해 해결되어야 한다. 이에 관하여 졸고, "행정법과 법해석: 법률유보 내지 의회유보와 법형성의 한계", 『행

Ⅳ. 소통기능 : 이해와 존중

1. 소통기능의 의의

이상에서 밝힌, 행정법에 있어 판례의 의의는 첫째로 법학과 실무 사이의 소통기능으로 연결된다. 판례는 우리 법질서 속에서 엄연히 법으로서의 사실(Faktum)과 자격(Qualität)을 갖추고 있으므로, 한편으로 법의 파악과 규명을 임무로 하는 법학으로서는 반드시 판례를 주요한 작업'대상'으로 삼아야 하고, 다른 한편으로 법의 발견과 적용을 임무로 하는 실무로서는 판례를 주요한 작업'수단'으로 삼아야 한다. 따라서 법학과 실무는 필연적으로 판례를 매개로 만나게 된다. 그러나 법학과 실무의 작업'영역'은 양자 모두 판례에 한정되지 않는다. 법학은 법의 역사, 비교법, 법의 이념과 체계 등을 연구하고, 실무는 소송절차의 진행, 사실의 발견, 이익의 조정 등을 수행한다. 이와 같이 법학과 실무의 영역은 판례를 접점으로 할 뿐, 그 외연은 서로 다르기 때문에, 법학과 실무는 혼동될 수 없으며 각기 고유한 임무와 가치를 갖는다. 대저 모든 '소통'(communication)은 상호 독립과 거리유지를 출발점으로 한다. 그렇지 않으면 소통이 아니라 간섭과 지배가 될 우려가 있기 때문이다. 각자의 독자성을 지키면서 공통의 관심사를 매개로 상대방의 영역을 이해하고 존중함으로써 소통은 이루어진다. 법학은 판례를 통하여 실무를 이해하고 존중하며, 실무는 판례에 대한 학자들의 태도를 통하여 법학을 이해하여야 하는 것이다. 이러한 점에서, 종래 우리나라에서 법학은 판례의 이론적인 측면만을 비판하고 그 판례가 만들어지게 된 실무의 사정과 고민에 대한 이해가 부족하였고, 거꾸로 실무는 판례에 대한 학계의 태도가 너무 피상적이라고 비판하면서 그 학문적인 배경과 방법론에 대한 이해가 부족하였던 것이 아닌가 라는 문제점을 지적할 수 있을 것이다.

2. 법학의 자세 : 실무에 대한 이해와 존중, 사안의 유형화

판례는 어디까지나 실무의 결과물이다. 정확하게 말해, 판결이유의 설시를 위한 법적 삼단논법에서 정립된 대명제이다. 논리적으로는 대명제(법명제)→소명제(사실관계)→결론이라는 순서를 취하지만, 방법론적 관점에서 보면, 거꾸로 당해 사안에서의 결론을 정당화하기 위한 수단이 대명제이다. 따라서 판례를 정확하게 이해하기 위해서는 당해 사안의 사실관

정법연구』 제43호, 2015, 특히 36면 이하 참조.

계 및 분쟁상황과 그 해결방향의 의도를 파악하지 않으면 아니 된다. 또한 법관의 재판권한의 헌법적 정당성에 의거하여 그러한 해결과 그 이유제시를 위한 판례를 존중하여야 한다.

행정법에 있어 판례의 이해와 존중을 위해 필요한 것은 사안의 유형화이다. 상술한 바와 같이 행정판례의 특징은 일반행정법에 관한 규율인데, 일반행정법의 속성인 일반·추상성 때문에 사안유형에 따른 개별화를 소홀히 하기 쉽다. 예컨대, 종래 학설상 재량행위에 관한 대법원판례가 법규의 요건과 효과를 구분하지 않고 요건 부분의 불확정개념에 대해서도 재량을 인정하는 것은 타당하지 않다는 비판이 있어 왔다.[28] 제재처분의 요건에 관하여 재량을 인정한 판례는 찾기 어렵다. 둘째, 수익처분에 관해서도 수익처분의 발급요건에 관한 법령규정이 충분하지 않은 경우에는 법규의 요건과 효과를 분명히 구별하여 효과부분에 관하여 거부재량을 인정하고 있다.[29] 셋째, 수익처분의 발급요건에 관하여 재량을 인정하는 판례는 법령상 발급요건이 자세히 규정되어 있어 실제로 행정청은 그 발급요건의 중의 하나를 문제삼아 발급을 거부하는 경우이다.[30] 이러한 경우에는 행정청이 효과부분에 관하여 거부재량을 행사하는 예가 거의 없고, 따라서 당해 수익처분의 발급 여부에 관하여 – 그 공공성 또는 사회적 위험성으로 말미암아 – 행정청의 공익적 판단의 가능성을 확보해 주기 위해서는 요건부분에 관한 재량을 인정할 수밖에 없는 것이다.[31]

3. 실무의 자세 : 법학에 대한 이해와 존중

법학은 자신의 학문적 연구결과를 기초로 판례에 대하여 견해를 표명한다. 따라서 판례에 대한 견해를 통하여 법학의 학문세계를 들여다 볼 수 있다. 이점은 종래 명시적으로 지적되지는 않았지만, 사실상 무의식적으로 항상 행해져 온 것은 사실이다. 그리하여 법학자

---

28) 대표적으로 대법원 2002. 5. 28. 선고 2000두6121 판결 참조.
29) 대표적으로 대법원 2007. 5. 10. 선고 2005두13315 판결 참조.
30) 대법원 2005. 7. 14. 선고 2004두6181 판결 참조.
31) 특히 우리나라에서는 수익처분의 발급에 관하여 법률 차원에서 효과재량(거부재량)이 인정되어 있다 하더라도, 종래 행정실무자에 대한 불신 또는 부패방지 목적 때문에 하위법령에서 발급요건을 대량으로 규정함으로써 그 효과재량이 사실상 소멸되는 경우가 많다. 뿐만 아니라, 행정소송을 전담하는 법관이 독일에서는 3,000명을 넘는 반면 우리나라에서는 100명 남짓 된다는 현실을 감안해 보면, 수익처분의 수많은 발급요건에 규정된 불확정개념들에 대한 포섭 문제를 모두 법관이 직접 증거조사와 검증 및 감정을 통해 주도적으로 해결하기는 어렵다. 졸고, "불확정개념과 판단여지", 『행정작용법(中凡김동희교수정년기념논문집)』, 2005, 267면 이하 참조.

들은 판례에 숨어 있는 실무상의 문제상황을 제대로 이해하지 못하고 자신의 견해만을 반복적으로 주장하면서 판례를 비판하고 있다는 비난이 있어 온 것도 사실이다. 그러나 법학은 현실적 분쟁상황의 해결이 그 본연의 임무가 아니다. 법학은 법을 소재로 하여 그 역사와 이념과 체계정합성을 연구하는 학문이며, 그 주요한 방법론으로 비교법적 고찰을 수행한다. 이제 우리는 이미 외국의 법이론을 수입하는 단계에서 벗어났지만, 우리의 법을 제대로 파악하고 그 장점과 단점을 규명하기 위해서는 그 비교의 준거점으로서 여전히 - 반드시 우리보다 선진국일 필요는 없고 후진국도 포함하여 - 외국의 법제와 판례와 이론을 연구하지 않으면 아니 된다. 실무의 관점에서 이러한 법학의 연구결과를 이해하고 존중해야 하는 것은, 학설에 따라 즉시 판례를 만들고 변경하기 위하여서가 아니라, 우리 판례가 법의 역사와 이념, 그리고 세계 속에서 갖는 의미와 문제점들을 자각하고, 그럼으로써 실무가의 최대의 덕목인 '겸허함'을 갖추기 위함이다. 현재 우리 판례가 취하고 있는 해결책이 절대·유일한 진리가 아님을 자각하는 것이다.[32]

V. 평가기능 : 비판과 자성

1. 평가기능의 의의

이상과 같은 판례의 소통기능은 평가기능으로 연결된다. 소통기능은 제1단계 판례법과 제2단계 판례법, 즉, 법현실로서의 판례와 법명제로서의 판례, 양자 공히 그 근거로 하는 반면, 평가기능은 주로 후자에 의거한다. 즉, 판례를 정치적·사회적·경제적 명제가 아닌, 법명제로서의 자격과 가치를 가진 것으로 파악함으로써 '법적 평가'의 대상으로 삼고자 하는 것이다. 법학과 법실무의 임무가 법의 해석(interpreting law)에 그치지 않고 법의 비판 (criticising law)을 거쳐 법의 형성(making law)에까지 미친다고 한다면, 판례도 마땅히 그

---

32) 예컨대, 재량행위에 관한 대법원판례에 대하여, 법령상의 요건부분에 사용된 불확정개념의 해석·적용은 규범인식의 문제로서, 그에 관해서는 의지의 자유인 재량이 인정될 수 없다고 하는 - 독일의 이론 ·판례에 입각한 - 학계의 비판을 진지하게 받아들여야 한다. 물론 실제적 관점에서 규범인식의 불확실성과 의지의 자유가 상대적이기 때문에, 요건부분의 판단여지와 효과부분의 재량을 구별할 필요가 없다 하더라도, 상대적인 차이는 부정할 수 없다. 그 상대적인 차이는 그 재량의 하자 내지 재량권남용을 판단하는 방법론에서 차이가 낳는다. 이러한 점에서, 판례가 침익처분의 효과재량에 관한 심사척도로서 제시하는 '사실오인'과 '비례·평등의 원칙 위배'를 그대로 수익처분의 요건재량에 관한 심사척도로 제시하는 것(대표적으로 대법원 2005. 7. 14. 선고 2004두6181 판결)은 비판의 여지가 있다.

비판과 평가의 대상이 되어야 한다. 판례의 사실상 구속력에 안주하여 판례를 맹종하기만 하면 법학과 실무 모두 그 임무를 저버리는 것이다. 법률도 제정·공포되는 순간부터 비판과 평가를 받게 되고 언제든지 그 합헌성이 문제될 수 있다. 판례가 규범적으로 한 나라의 법으로 인식되어야 한다면, 역시 이러한 비판과 평가를 피할 수 없다. 상술한 바와 같이, 법률의 흠결보충 뿐만 아니라 법률의 해석에 관한 판례까지도 '판례법' 또는 '법관법'이라고 하여 별도의 法源 범주로 파악하는 이유는 그것의 책임이 근본적으로 헌법이나 법률에 있는 것이 아니라 그 판례를 생성한 법관에게 있음을 환기시키기 위함이다. 법률을 제정한 의회와 마찬가지로 판례를 생성한 법관도 그 책임을 면할 수 없다.

2. 판례에 대한 평가와 법학의 自省

법의 3요소로서 입법(법률)·재판(판례)·법학(학설)의 관점에서 판례의 위상에 대한 변화과정을 假說的으로 설명하면, 어떤 법영역이든지 간에 그 형성 초기에는 법률이 미비되어 있는 관계로 판례가 법형성에 절대적으로 주도적인 지위를 갖고 전면에 나서게 된다. 법학은 판례를 종합·정리하는 역할에 만족한다(제1단계). 그 후 법률이 점차 정비되면서부터 법관은 법률을 해석하는 임무에 치중하게 되고, 이에 의회민주주의와 권력분립사상이 추가되어, 법관은 단지 '법률을 말하는 충직한 입'(몽테스키외)으로 격하된다. 법학은 법률의 완전성을 신봉하는 법률실증주의에 입각하여, 법률로부터의 연역·추론·체계화를 절대시하는 소위 '개념법학'으로 발전하게 된다. 이러한 상황 하에서는 판례는 그 法源性이 부정될 정도로 위상이 약화되고 심지어 무시되기까지 한다(제2단계). 그러나 실제 법률의 운용과정에서 법률의 완전성 픽션이 깨어지면서 법률실증주의와 개념법학이 공격당하고, 이와 더불어 판례는 그 위상을 회복하게 되며, 법학은 다시 판례를 주목하게 된다(제3단계).[33]

위 假說을 우리나라 행정법에 적용하면, 일응 1970년대까지가 제1단계, 1990년대 중반까지가 제2단계, 그리고 그 후가 제3단계에 해당한다고 할 수 있을 것이다. 문제는 이 제3단계에서 판례가 어디까지 주도적 지위를 회복하고, 법학은 판례를 어떻게 대하여야 하는가에 있다. 제1단계와는 달리 제3단계에서는 법률이 상당한 정도로 완비되고 법학도 일정한 수준 이상으로 발전하였기 때문에, 법형성에 있어 판례가 유일한 역할을 하는 것은 아니다. 그럼에도 불구하고, 법률실증주의와 특히 ― 더욱이 외국법 이론의 수입에 의존하는 ― 개념법학에 대한 반작용으로 말미암아, 다시 판례를 절대시하는 경향이 나타날 수 있

---

33) 이러한 판례의 3단계 발전 假說에 관해서는 앞의 글(Rechtsfindung im Verwaltungsrecht), S.161 f.; 졸고, "판례의 법원성", 『법실천의 제문제(東泉김인섭변호사화갑기념)』, 1996, 1-26면 참조.

다. 최근 로스쿨 제도의 도입으로 법학교육과 심지어 법학연구에서조차 판례를 무비판적으로 맹종하며 판례의 소개와 정리에 만족하는 현상이 우려되고 있다. 그러나 독일 연방행정재판소장을 역임한 젠들러(Horst Sendler)는 판례의 *法源性*을 강조하면서도, 판례법이 "태만하고 실력 없는 법률가"를 위한 도구로 誤用되어서는 아니 된다고 경고하고 있다.[34]

법학은 재판에게 그 '이성'을 보충해 주는 자신의 역사적인 본연의 임무를 잊어서는 아니 된다. 이를 위하여 법학은 − 상술한 바와 같이 판례에 대한 정확한 이해와 존중을 바탕으로 − 끊임없이 판례를 평가하고 비판하여야 하는 것이다. 그 평가와 비판은 판례의 추상적인 '판결요지'의 문구만을 대상으로 할 것이 아니라, 최소한 ① 판례가 전제하고 있는 기본관념, ② 그 기본관념으로부터 당해 사안유형에 관한 추론, ③ 당해 사안유형에 관련된 가치·이익의 갈등상황에 대한 해결방향 등 세 단계로 나누어 의문과 비판을 제기하고, 그럼으로써 더욱 깊은 학문적 연구로 발전되어야 한다.[35]

요컨대, 판례에 대한 법학의 自省은 두 단계로 이루어진다. 그 첫 단계는 판례에 대한 맹종의 반성이요, 두 번째는 판례를 분석하고 평가하면서 그 문제점을 해결할 수 있는 충분한 학문적 연구가 되어 있는가를 반성하는 것이다.

---

34) Horst Sendler, Überlegungen zu Richterrecht und richterliche Rechtsfortbildung, DVBl. 1988, S.828-839 (836).

35) 예컨대, 대법원 2007. 5. 10. 선고 2005두13315 판결에 관하여, 첫째, 수익처분의 경우 법령에 그 발급요건이 일의적으로 규정되어 있지 아니하면 재량행위라고 하는 판시 부분은 위 ① 기본관념의 문제이고, 둘째, 그 재량은 법령상의 요건 이외의 공익상 사유로써 거부할 수 있는 거부재량에 있다고 하는 판시 부분은 위 ② 추론의 문제이며, 셋째, 그 판례에서 아파트 건축사업의 공공성과 사업자의 권익의 대립상황을 어떻게 조정하였는가는 위 ③의 문제이다. 위 ①에 대하여는 과연 발급요건이 법령상 일의적으로 규정되어 있지 아니하기만 하면 모든 종류의 수익처분이 재량행위인가, ②에 대하여는 재량행위라고 하더라도 법령상 일의적으로 규정되어 있지 아니한 요건부분에 관해서만 재량을 인정하더라도 충분한데, 왜 효과부분에서 거부재량까지 인정하여야 하는가, ③에 대하여는 모든 아파트 건축사업에 관하여 그 규모와 위치와 무관하게 그 사업의 공공성을 이유로 행정의 규제권한을 우선시켜야 하는가라는 의문과 비판이 제기될 수 있다.
또한 대법원 2005. 7. 14. 선고 2004두6181 판결에 관해서도, ①의 문제로, 어떤 수익처분의 발급요건(금지요건)이 불확정개념으로 규정되어 있으면 반드시 그 요건에 관한 판단에 재량권이 부여되어야 하는가, 그리고 ②의 문제로서, 판시내용에 의하면 그 수익처분[=토지형질변경허가]의 발급이 의제되는 건축허가도 결국 '재량행위'에 속한다고 하는데, 그렇다면 그 건축허가의 재량은 토지형질변경허가의 금지요건에만 미치는가 아니면 건축허가 자체에 관한 효과재량(거부재량)도 인정되는 것인가, 마지막으로 ③의 문제로, 모든 토지형질변경에 관하여 그 규모와 위치와 무관하게 그 공공성을 이유로 행정의 규제권한을 우선시켜야 하는가 라는 의문과 비판이 제기될 수 있다.

3. 법학에 대한 평가와 실무의 自省

판례의 평가기능은 법학의 입장에서 판례를 평가, 비판하는 데 한정되지 않는다. 거꾸로 실무의 입장에서도 판례에 대한 법학의 견해를 - 역시 정확한 이해와 존중을 바탕으로 - 평가하고 비판할 수 있어야 한다. 그러할 때 비로소 법학과 실무 사이의 진정한 대화가 이루어지기 때문이다. 종래 실무계에서는 대부분 비공식적으로 학자들이 판례의 진정한 의미와 속사정을 알지 못한다고 불평과 비난만 하였다고 해도 과언이 아니다. 이제 실무에서도 법학의 견해를 공식적으로 평가하고 비판하여야 한다. 이 경우에도 역시 판례에 대한 법학의 평가에서와 마찬가지로 세 단계의 관점에서, 즉, 법학이 전제하고 있는 기본관념, 그 기본관념으로부터의 추론 및 사안유형에 따른 가치·이익상황의 해결이라는 관점에서 판례에 대한 법학의 견해를 분석하고 평가할 수 있다. 특히 판례에서 의식적, 무의식적으로 고려된 우리나라 실정법의 규범상황, 행정문화와 행정관행, 정치적·사회적·경제적 여건 등을 밝히고, 우리나라 특유의 이론적 쟁점이나 실무적 문제를 지적하면서 혹시 학계에서 이들을 간과하고 있는 것이 아닌지를 물어야 한다. 상술한 바와 같이 학문으로서의 법학은 그 임무의 본질상 비교법을 주요 연구대상으로 하고 있기 때문에, 그 연구결과를 우리나라의 문제상황에 비추어 검토할 필요성이 더욱 절실하다.

최근에 판례의 생성과정에서 우리나라 학자들의 학설을 가능한 한 풍부하게 조사하는 것으로 알고 있다. 학계의 연구결과에 대하여 관심을 갖는다는 점에서 크게 환영할 만하지만, 학설의 철학적·비교법적 배경과 이론적 추론과정은 도외시하고 그 결론만을 피상적으로 수집하여 판례를 정당화하는 데에만 활용하고 있는 것이 아닌가 라는 의구심도 떨칠 수 없다. 더욱이 어떠한 학설들이 어떠한 논거로 평가되고 채택되고 배제되었는지 외부에서 알기 어렵다. 실무가들의 판례평석을 통하여 간접적으로 이를 추측할 수는 있지만, 그러한 판례평석의 예도 많지 않다. 앞으로 실무가들의 판례평석의 기회를 대폭 확대하여야 하겠으나, 근본적으로 법학의 견해에 대한 평가는 판례 자체에서, 다시 말해, 대법원 판결의 이유 부분에서 이루어져야 한다. 이는 다음에서 논의할 판례의 혁신기능으로 연결된다.

판례에 대한 법학의 견해를 평가함으로써 실무 스스로도 自省의 기회를 갖는다. 여기에서도 自省은 두 단계로 이루어진다. 즉, 첫째는 지금까지 법학의 학문적 연구결과에 대한 무관심에 대한 반성이며, 둘째는 법학의 견해를 평가하는 과정에서 밝혀진 우리나라 특유의 사정과 쟁점들에 대하여 실무에서 충분한 조사와 고려가 이루어지고 있는가를 반성하는 것이다.

Ⅵ. 혁신기능 : 비교와 검증

1. 혁신기능의 의의

판례의 혁신기능은 제3단계 판례법을 부정하는 데서 비롯된다. 즉, 판례는 그 자체로 법의 효력근거가 될 수 없기 때문에, 후행 판결에서 판례에 의거하여 판단하는 경우에도 판례를 단순히 인용하는 것만으로는 적법한 판결이유가 될 수 없고, 그 판례의 사안유형에 비추어 당해 사건에서도 타당성이 유지될 수 있는지를 비교하고 검증하여야 한다. 이를 위해 그 판례에 대한 학계의 견해들도 고려하여야 하고 필요한 경우에는 판결문에서 공식적으로 논의하여야 한다. 이러한 비교와 검증의 과정을 거치면서 판례는 혁신·발전된다. 이러한 혁신기능은 법학에서도 이루어진다. 자신의 이론이 타당하다는 논거로 그에 부합하는 판례를 인용하는 것만으로는 충분하지 않다. 판례의 사안유형과 추론과정을 분석하여 그 판례 및 그에 의거한 자신의 이론의 타당성의 범위를 검증하고 필요한 경우에는 그 범위를 한정함으로써 자신의 이론을 보다 정밀하게 혁신·발전시킬 수 있다.

2. 사안유형의 비교와 판례의 검증

(1) 다른 나라의 예

선례구속의 원칙이 인정되는 영국과 미국에서는 최고법원의 판결에서 많은 경우에 판례가 소개된 다음 당해 사안에서의 타당성이 검토되고 있는 반면, 성문법국가로서 선례구속의 원칙이 부정되는 독일에서는 최고법원의 판결에서 대부분 판례가 단순 인용되고 있다. 그러나 같은 성문법국가인 프랑스에서는 − 판례법이 지배적인 행정소송에서도 − 판결문에 의도적으로 판례를 인용하지 않는데, 판례만을 인용하면 판결이유가 없는 것으로 간주되기 때문이다.[36] 영국과 미국에서는 선례구속 원칙 때문에 판례의 구속력을 부정하기 위한 '사안구별'(distinguishing)[37]의 주장이 제기되고 이에 대한 판단 과정에서 판례의 합리성이 검증되는데, 반면에 선례구속의 원칙이 없는 독일에서는 판례의 구속성 여부를 비교·검증할 필요가 없으므로 판례를 단순 인용하는 데 그친다고 하는 것은 아이러니이다. 독일

---

36) 이상에 관하여 MacCormick/Summers (ed.), Interpreting Precedents. A Comparative Study, 1997, p.23, 112, 324; 이현수, "선례의 개념과 구속성에 관한 약간의 고찰", 『판례, 어떻게 볼 것인가? 다양한 시각과 쟁점』, 서울대학교 법학연구소 학술대회 발표문(2008. 3. 21.), 54면 이하 참조.
37) 이에 관하여 Bryan A. Garner et al (ed.), 앞의 책(각주 12) p.97 이하 참조.

의 최고법원 판결에서 판례들을 단순 인용하고 있는 이유는 형식적으로 그 판례들이 당해 사건의 — 독자적인 — 판결이유의 참고 내지 보강자료로서 제시되는 것으로 취급되기 때문이라고 이해하면 위와 같은 아이러니가 풀리기는 하지만, 실질적으로는 그 판례가 유일한 논거인 경우가 대부분이기 때문에 의문은 해소되지 않는다.

(2) 우리나라의 경우

종래 우리나라 대법원판례에서도 대부분 判旨에 부합하는 선행 판례들이 단순 인용되고 있을 뿐, 사안유형의 비교를 통해 그 타당성이 검증되는 예는 찾기 어려운데, 아마도 상술한 독일의 실무관행의 영향을 받은 것이 아닌가 추측할 수 있다. 우리 대법원도 선례구속의 원칙에 입각하고 있는 것도 아니고 판례를 법의 효력근거로 파악하고 있는 것도 아님이 분명하다. 그럼에도 불구하고 판례들을 단순 인용하고 있는 것은 일응 다음과 같이 변명될 수 있을 것이다.

즉, 판결이유에서 판례들을 인용한 다음 그 판례들에 의거하여 어떤 대명제를 제시한다면 판례들을 그 대명제의 효력근거로 삼았다고 할 수 있으나, 먼저 일반론으로 대명제를 정립한 후 — 통상 괄호 안에서 — 이에 부합하는 판례들을 인용하는 것이므로, 당해 사건에서 스스로 그 대명제를 정립한 것이고 괄호 안에서 인용된 판례들은 단지 그 대명제의 타당성을 뒷받침하는 자료에 불과한 것이라는 주장이다. 말하자면, 당해 사건에서 새롭게 동일한 판례를 만들어 낸다는 것이다. 그러나 이는 문장의 외형에 따른 형식적 논리이고, 실질적으로는 판례들을 효력근거로 삼아 그에 의거하여 대명제를 제시하는 것이라고 보아야 할 것이다.

(3) 판례의 단순 인용의 문제점

설사 위와 같은 변명이 수긍될 수 있다 하더라도, 문제는 비교·검증 없이 판례를 단순 인용하다 보면 사안유형이 다른 판례가 적용될 우려가 있다는 점이다. 그리하여 동일한 판례가 반복됨으로써 '확립된 판례'가 되겠으나, 타당성이 결여된 판례가 형성되는 결과가 초래될 수 있다.

예컨대, 자동차정비업허가 거부처분[38] 또는 통관보류처분[39]으로 인한 국가배상사건에서, 대법원은 그 이전의 토지초과이득세 부과처분[40] 및 개발부담금 부과처분[41]에 관한 판

---

38) 대법원 1997. 7. 11. 선고 97다7608 판결.
39) 대법원 2001. 3. 13. 선고 2000다20731 판결.
40) 대법원 1996. 11. 15. 선고 96다30540 판결.

례를 인용하면서 법령해석이 확립되지 않은 상태에서 담당 공무원이 나름대로 합리적 근거를 갖고 계쟁 처분을 한 경우에는 공무원의 과실을 인정할 수 없다고 판시하였다. 그러나 위 판례들은 토지초과이득세, 개발부담금과 같은 금전 급부를 명하는 처분에 관한 것으로서, 그 금전을 납부한 후 제소기간이 경과함으로써 더 이상 취소소송을 제기할 수 없고 또한 위법성의 중대·명백성이 인정되기 어려워 당연무효를 이유로 한 부당이득반환청구도 불가능하기 때문에, 우회적으로 국가배상을 통하여 기납부액을 반환받고자 한 사안이다. 이러한 사안에서는 제소기간의 면탈을 방지하기 위해 국가배상을 허용하지 않는 것이 타당하고, 따라서 담당 공무원의 과실을 부정한 것이다.[42]

그러나 이러한 판례를 금전급부 부과처분이 아닌 일반적 침익처분(자동차정비업허가 거부처분·통관보류처분)에 관한 국가배상사건에 적용함으로 말미암아, 위법한 처분으로 인한 국가배상을 사실상 원천적으로 봉쇄하는 판례가 형성된 것이다. 더욱 심각한 사례는 준공검사 지연으로 인한 국가배상의 요건으로서 '위법성'의 판단기준("행정처분의 객관적 정당성의 상실")에 관한 판례[43]를 그와 이익상황이 전혀 다른, 이미 침익처분 또는 거부처분이 취소소송에 의해 취소되었기 때문에 그 처분의 위법성에 관해 기판력이 발생한 국가배상사건[44]에서도 담당 공무원의 '과실'에 관한 판단기준으로 인용하고 그에 따라 공무원의 과실을 부정한 것이다.[45][46]

---

41) 대법원 1997. 5. 28. 선고 95다15735 판결.

42) 프랑스에서는 원칙적으로 처분의 위법성만으로 역무과실을 인정하고 담당 공무원의 개인적 과실을 묻지 않으면서도, 위와 같은 금전급부 부과처분의 경우에는 처분의 위법성만으로 국가배상을 허용하지 않는데, 그 이유는 상술한 바와 같이 제소기간의 면탈 방지 때문이다. 이에 관하여 졸고, "국가배상법의 개혁: 私法的 대위책임에서 공법적 자기책임으로", 『행정법연구』 제62호, 2020, 48면 참조.

43) 대법원 1999. 3. 23. 선고 98다30285 판결.

44) 대법원 2000. 5. 12. 선고 99다70600 판결; 2001. 12. 14. 선고 2000다12679 판결.

45) 이상에 관해서는 졸고, 앞의 글(국가배상법의 개혁) 40-43면 참조.

46) 또한 수익처분의 발급요건에 관한 요건재량이 문제되는 대법원 2005. 7. 14. 선고 2004두6181 판결은 침익처분의 효과재량(선택재량)이 문제되는 대법원 2002. 5. 28. 선고 2000두6121 판결과 동일하게 ─ 비록 동 판례를 명시적으로 인용하지는 않았지만 ─ 사실오인과 비례·평등원칙의 위배라고 판시하고 있다. 우리 판례가 요건부분의 판단에 관해서도 '재량'을 인정하고 있는 점은 타당한 것으로 찬성하지만 (위 각주 26 및 해당 본문 참조), 동일하게 '재량'이라고 하더라도 요건재량과 효과재량은 그 재량권남용의 심사기준이 동일하지 않다. 효과재량은 여러 가능성 중 선택의 문제인 반면, 요건재량은 불확정개념의 포섭 문제이기 때문이다. 따라서 요건재량의 재량권남용에 대한 심사는 사실오인, 비례·평등원칙의 위배에 그쳐서는 아니 되고, 포섭과정의 합리성 내지 설득가능성, 근거자료의 신빙성 등을 포함하여야 할 것이다. 달리 말해, 요건재량에 대한 사법심사의 강도 내지 밀도는 효과재량에 대한 그것보다 강해야 한다.

3. 법학과 실무의 공동작업 : 행정법 도그마틱의 발전

위(Ⅲ.의 3.)에서 지적한 바와 같이 행정판례, 특히 일반행정법에 관한 판례는 그 일반성·추상성이 높기 때문에, 사안유형의 차이점을 도외시하고 포괄적으로 생성되고 적용될 우려가 있다. 일반행정법은 개별행정영역들에 대하여 공통적으로 적용하기 위한 것이고, 사안유형 또는 이익상황의 차이에도 불구하고 획일적으로 사건을 해결하기 위한 것이 아니다. 이것이 특히 행정판례에 있어 판례의 비교·검증이 더욱 절실히 요구되는 이유이다. 판례의 비교·검증을 위해 법학과 실무는 협력하여야 하는데, 그 협력을 통하여 법도그마틱을 제대로 발전시킬 수 있다.

법도그마틱은 법학과 실무의 공동작업의 산물이다. 법도그마틱은 ― 법질서의 안정, 당사자에 대한 설명, 법률가 교육 등의 기능과 아울러 ― 본질적으로 실무의 부담경감을 제1차적 기능으로 한다. 그렇기 때문에 법학만으로는 올바른 법도그마틱을 정립하기 어렵다. 실무는 판례를 통하여 법도그마틱의 풍부한 소재들을 공급하면, 법학은 그에 대한 학문적 연구에 의거하여 법도그마틱의 원리와 정신을 제공한다.[47] 이러한 공동작업에 있어 핵심을 이루는 것이 바로 판례의 부단한 비교와 검증이다. 이로써 우리의 행정법 도그마틱은 보다 더 세련되고 정밀한 내용으로 발전한다.[48]

---

47) 법도그마틱의 기능과 정립에 관하여 앞의 책, 『행정법의 체계와 방법론』, 3면 이하 참조.
48) Fritz Ossenbühl은 법학과 실무가 행정법의 일반원칙들을 소재로 하여 공동작업으로써 일반행정법을 형성한다는 점을 강조하고 있는데(ders, Allgemeine Rechts― und Verwaltungsgrundsätze ― eine verschüttete Rechtsfigur? in : Festgabe 50 Jahre Bundesverwaltungsgericht, 2003, S.301 ff.), 그가 말하는 행정법의 일반원칙들은 실제로 연방행정재판소에 의해 정립된 것이다.

제 1 편

행정법서론

대법원 2022. 8. 30. 선고 2018다212610 판결
[긴급조치 제9호 위반의 수사 및 유죄판결로 인한 국가배상책임]

강 지 은*

[사실관계]

이 사건의 주된 쟁점은 대통령의 긴급조치 제9호 발령행위와 이를 적용·집행한 수사기관이나 법관의 직무행위가 불법행위를 구성하여 국가배상책임이 인정되는지 여부이다. 사실관계는 이하와 같다.

원고들 중 이 사건 본인들은 1979. 10. 25. 「국가안전과 공공질서의 수호를 위한 대통령 긴급조치」(이하 '긴급조치 제9호'라 한다.)[1] 위반 혐의로 피고 소속 수사관들에 의해 체포되어 기소되었고 나아가 유죄판결을 선고받아 그 판결이 확정되어 형을 복역하다가 형집행정지 등으로 석방되었다. 원고 5를 제외한 이 사건 본인들은 유죄 확정판결에 대한 재심청구를 하여 재심개시결정을 받았고, 이에 따라 개시된 재심절차에서 이들에게 적용된 긴급

---

* 경기대학교 법학과 교수

1) 1975. 5. 13. 유신헌법을 부정·반대·비방하는 행위 등을 금지하고 이를 위반할 경우 1년 이상의 징역에 처한다는 내용 등을 담은 「국가안전과 공공질서의 수호를 위한 대통령 긴급조치」 제9호가 발령되어 1979. 12. 7. 해제되기까지 4년 7개월 동안 존속되었다. 대통령 긴급조치 제9호의 주요 내용은 (i) 유언비어를 날조, 유포하거나 사실을 왜곡하여 전파하는 행위, (ii) 집회·시위 또는 신문, 방송, 통신 등 공중전파수단이나 문서, 도화, 음반 등 표현물에 의하여 대한민국 헌법을 부정·반대·왜곡 또는 비방하거나 그 개정 또는 폐지를 주장·청원·선동 또는 선전하는 행위, (iii) 학교당국의 지도, 감독하에 행하는 수업, 연구 또는 학교장의 사전 허가를 받았거나 기타 의례적 비정치적 활동을 제외한, 학생의 집회·시위 또는 정치관여행위, (iv) 이 조치를 공연히 비방하는 행위를 금지하고(제1항), 제1항에 위반한 내용을 방송·보도 기타의 방법으로 공연히 전파하거나, 그 내용의 표현물을 제작·배포·판매·소지 또는 전시하는 행위를 금하며(제2항), 주무부장관은 이 조치위반자·범행 당시의 그 소속 학교, 단체나 사업체 또는 그 대표자나 장에 대하여 대표자나 장에 대한 소속임직원·교직원 또는 학생의 해임이나 제적의 명령, 대표자나 장·소속 임직원·교직원이나 학생의 해임 또는 제적의 조치, 방송·보도·제작·판매 또는 배포의 금지조치, 휴업·휴교·정간·폐간·해산 또는 폐쇄의 조치, 승인·등록·인가·허가 또는 면허의 취소조치를 할 수 있고(제5항), 이 조치 또는 이에 의한 주무부장관의 조치에 위반한 자는 1년 이상의 유기징역에 처하고 이 경우에는 10년 이하의 자격정지를 병과하며, 미수에 그치거나 예비 또는 음모한 자도 처벌하고(제7항), 이 조치 또는 이에 의한 주무부장관의 조치에 위반한 자는 법관의 영장 없이 체포·구금·압수 또는 수색할 수 있다(제8항)는 내용들이다.

조치 제9호가 위헌·무효라는 이유로 형사소송법 제325조 전단에 의한 무죄판결이 선고되었으며, 그 판결이 그대로 확정되었다. 이 사건 본인들과 그 가족인 원고들은 대통령의 긴급조치 제9호 발령행위 또는 긴급조치 제9호에 근거한 수사 및 재판이 불법행위에 해당한다고 주장하면서 피고를 상대로 손해배상청구의 소를 제기하였다.

원고들은 주위적으로는 긴급조치 제9호가 헌법상 영장주의, 표현의 자유 등 국민의 기본권을 중대하게 침해한 위헌적 조치이므로 대통령의 긴급조치권 발동은 공무원이 직무집행을 하면서 고의로 법령을 위반한 것이고, 피고는 이로 인하여 원고들이 입은 손해를 배상해야 한다고 주장하였다. 예비적으로는 피고 소속 수사관 등은 긴급조치 제9호를 위반한 이 사건 본인들을 수사하는 과정에서 영장 없이 불법으로 체포·구금하고, 변호사와 그 가족들의 접견을 제한한 채 고문 등 가혹행위를 하였고, 이 사건 본인들의 재심대상판결에서는 위와 같이 임의성 없는 상태에서 작성된 각 피의자신문조서가 유죄의 증거로 사용되었으며 출소 후에도 피고로부터 지속적인 감시를 당하거나 예비검속되어 구금되었기 때문에 피고는 수사 및 재판 과정에서 저지른 불법행위로 인하여 원고들이 입은 손해를 배상해야 하므로, 피고는 위와 같은 불법행위로 인하여 이 사건 본인들에게는 일실수입 및 위자료를, 나머지 원고들에게는 위자료를 배상할 의무가 있다고 주장하였다.

[사건의 경과]

제1심과 원심은 종래 판례상 법리에 따라 원고들이 패소하였다.

제1심법원[2]은 (1) 대통령의 긴급조치권 발령이 그 자체로 불법행위를 구성한다는 원고들의 주장에 대하여는, ① 긴급조치 제9호는 그 발동 요건을 갖추지 못한 채 목적상 한계를 벗어나 국민의 자유와 권리를 지나치게 제한함으로써 헌법상 보장된 국민의 기본권을 침해한 것이므로 위헌·무효라 할 것이지만,[3] ② 긴급조치가 사후적으로 법원에서 위헌·무효로 선언되었다고 하더라도, 유신헌법에 근거한 대통령의 긴급조치권 행사는 고도의 정치성을 띤 국가행위로서 대통령은 국가긴급권의 행사에 관하여 원칙적으로 국민 전체에 대한 관계에서 정치적 책임을 질 뿐 국민 개개인의 권리에 대응하여 법적 의무를 지는 것은 아니므로, ③ 대통령의 이러한 권력행사가 국민 개개인에 대한 관계에서 민사상 불법행

---

2) 서울중앙지방법원 2015. 5. 12. 선고 2013가합544393 판결. 이 사건 소중 원고 45의 고유의 손해배상을 청구하는 부분은 재판상 화해가 성립되었다고 보아 각하하고, 이 외의 나머지 청구를 모두 기각하였다.
3) 대법원 2013. 4. 18.자 2011초기689 전원합의체 결정.

위를 구성한다고는 볼 수 없다는 법리에 비추어 볼 때,[4] 박정희 전 대통령의 긴급조치권 발령이 그 자체로 원고들에 대한 불법행위를 구성한다는 원고들의 주장은 이유 없다고 하여 청구를 기각하였다.

(2) 긴급조치 제9호에 근거한 수사와 재판이 불법행위에 해당한다는 원고들의 주장에 대하여는, ① 긴급조치에 의하여 영장 없이 피의자를 체포·구금하여 수사를 진행하고 공소를 제기한 수사기관의 직무행위나 긴급조치를 적용하여 유죄판결을 선고한 법관의 재판상 직무행위는 유신헌법 제53조 제4항이 '제1항과 제2항의 긴급조치는 사법적 심사의 대상이 되지 아니한다.'고 규정하고 있었고, ② 긴급조치 제9호가 위헌·무효임이 선언되지 아니하였던 이상, 공무원의 고의 또는 과실에 의한 불법행위에 해당한다고 보기 어려우며, ③ 다만 긴급조치 제9호의 위헌·무효 등 형사소송법 제325조 전단에 의한 무죄사유가 없었더라면 형사소송법 제325조 후단에 의한 무죄사유가 있었음에 관하여 고도의 개연성이 있는 증명이 이루어진 때에는 국가기관이 수사과정에서 한 위법행위와 유죄판결 사이에 인과관계를 인정할 수 있고, 그에 따라 유죄판결에 의한 복역 등에 대하여 국가의 손해배상책임이 인정될 수 있지만, 그러한 고도의 개연성이 있는 증명이 이루어졌다고 보기 어렵다고 하여 이러한 주장 또한 받아들이지 않았다.

이에 불복하는 원고의 항소에 대해서 원심법원[5]은, ① 대통령의 긴급조치 제9호 발령이 그 자체로 불법행위에 해당한다고 볼 수 없고, ② 긴급조치 제9호에 근거한 수사와 재판이 공무원의 고의 또는 과실에 의한 불법행위에 해당한다고 할 수 없으며, ③ 긴급조치 제9호의 위헌·무효 등 형사소송법 제325조 전단에 의한 무죄사유가 없었더라면 형사소송법 제325조 후단에 의한 무죄사유가 있었음에 관하여 고도의 개연성 있는 증명이 이루어졌다고 보기도 어렵다는 이유로 원고들의 청구를 기각한 제1심판결을 유지하였다.

[대상판결]

대법원은 원심판결을 파기하고 사건을 다시 심리·판단하도록 원심법원에 환송하였다.[6]

대통령의 긴급조치 제9호 발령 및 적용·집행행위가 국가배상법 제2조 제1항에서 말하는 공무원의 고의 또는 과실에 의한 불법행위에 해당하지 않는다고 보아 국가배상책임을

---

4) 대법원 2015. 3. 26. 선고 2012다48824 판결.
5) 서울고등법원 2018. 1. 10. 선고 2015나2026588 판결.
6) 서울고등법원 2022나2034426 사건, 환송후 원심에서 화해권고결정으로 종결되었다.

부정한 대법원 2014. 10. 27. 선고 2013다217962 판결[7])과 대법원 2015. 3. 26. 선고 2012다48824 판결[8]) 등은 이 판결의 견해에 배치되는 범위에서 변경되었다. 그 구체적인 설시를 요약하면 다음과 같다.

[다수의견] 보통 일반의 공무원을 표준으로 공무원이 직무를 집행하면서 객관적 주의의무를 소홀히 하고 그로 말미암아 그 직무행위가 객관적 정당성을 잃었다고 볼 수 있는 때에 국가배상법 제2조가 정한 국가배상책임이 성립할 수 있다. 공무원의 직무행위가 객관적 정당성을 잃었는지는 행위의 양태와 목적, 피해자의 관여 여부와 정도, 침해된 이익의 종류와 손해의 정도 등 여러 사정을 종합하여 판단하되, 손해의 전보책임을 국가가 부담할 만한 실질적 이유가 있는지도 살펴보아야 한다.

긴급조치 제9호는 위헌·무효임이 명백하고 긴급조치 제9호 발령으로 인한 국민의 기본권 침해는 그에 따른 강제수사와 공소제기, 유죄판결의 선고를 통하여 현실화되었다. 이러한 경우 긴급조치 제9호의 발령부터 적용·집행에 이르는 일련의 국가작용은, 전체적으로 보아 공무원이 직무를 집행하면서 객관적 주의의무를 소홀히 하여 그 직무행위가 객관적 정당성을 상실한 것으로서 위법하다고 평가되고, 긴급조치 제9호의 적용·집행으로 강제수사를 받거나 유죄판결을 선고받고 복역함으로써 개별 국민이 입은 손해에 대해서는 국가배상책임이 인정될 수 있다.

[대법관 김재형의 별개의견] 긴급조치 제9호의 발령·적용·집행은 공무원의 고의 또는 과실에 의한 불법행위로서 국가배상법 제2조 제1항에 따른 국가배상책임이 인정되고, 대통령의 긴급조치 제9호 발령행위에 대해서 대통령이 국민에 대한 정치적 책임을 질 뿐 법적 책임을 지지 않는다는 대법원 2015. 3. 26. 선고 2012다48824 판결은 변경되어야 한다. 이 때 긴급조치 제9호에 따라 수사와 재판, 그리고 그 집행으로 발생한 손해도 상당한 인과관계가 있는 손해로서 손해배상의 범위에 포함된다고 볼 수 있다. 한편 이 경우 법관의 재판작용으로 인한 국가배상책임을 독자적으로 인정할 필요는 없고, 위와 같이 재판으로 인해

---

7) 대법원 2014. 10. 27. 선고 2013다217962 판결: 형벌에 관한 법령이 헌법재판소의 위헌결정으로 소급하여 효력을 상실하였거나 법원에서 위헌·무효로 선언된 경우, 그 법령이 위헌으로 선언되기 전에 그 법령에 기초하여 수사가 개시되어 공소가 제기되고 유죄판결이 선고되었더라도, 그러한 사정만으로 수사기관의 직무행위나 법관의 재판상 직무행위가 국가배상법 제2조 제1항에서 말하는 공무원의 고의 또는 과실에 의한 불법행위에 해당하여 국가의 손해배상책임이 발생한다고 볼 수는 없다.

8) 대법원 2015. 3. 26. 선고 2012다48824 판결: 긴급조치 제9호가 사후적으로 법원에서 위헌·무효로 선언되었다고 하더라도, 유신헌법에 근거한 대통령의 긴급조치권 행사는 고도의 정치성을 띤 국가행위로서 대통령은 국가긴급권의 행사에 관하여 원칙적으로 국민 전체에 대한 관계에서 정치적 책임을 질 뿐 국민 개개인의 권리에 대응하여 법적 의무를 지는 것은 아니므로, 대통령의 이러한 권력행사가 국민 개개인에 대한 관계에서 민사상 불법행위를 구성한다고는 볼 수 없다.

발생한 손해를 배상하도록 하는 것이 법관의 재판작용으로 인한 국가배상책임을 엄격히 제한하는 판례와 모순되지 않는다.

[대법관 안철상의 별개의견] 헌법 제29조의 국가배상청구권은 헌법상 보장된 기본권으로서 국가와 개인의 관계를 규율하는 공권이고, 국가가 공무원 개인의 불법행위에 대한 대위책임이 아니라 국가 자신의 불법행위에 대하여 직접 책임을 부담하는 자기책임으로 국가배상책임을 이해하는 것이 법치국가 원칙에 부합한다. 국가배상을 자기책임으로 이해하는 이상 국가배상책임의 성립 요건인 공무원의 고의·과실에는 공무원 개인의 고의·과실뿐만 아니라 공무원의 공적 직무수행상 과실, 즉 국가의 직무상 과실이 포함된다고 보는 것이 국가배상법을 헌법합치적으로 해석하는 방법이다.

[대법관 김선수, 대법관 오경미의 별개의견] 긴급조치 제9호는 대통령이 국가원수로서 발령하고 행정부의 수반으로서 집행한 것이므로, 대통령의 국가긴급권 행사로서 이루어진 긴급조치 제9호의 발령과 강제수사 및 공소제기라는 불가분적인 일련의 국가작용은 대통령의 고의 또는 과실에 의한 위법한 직무행위로서 국가배상책임이 인정된다. 긴급조치 제9호에 대한 위헌성의 심사 없이 이를 적용하여 유죄판결을 선고한 법관의 재판상 직무행위는 대통령의 위법한 직무행위와 구별되는 독립적인 불법행위로서 국가배상책임을 구성하고, 이를 대통령의 국가긴급권 행사와 그 집행에 포섭된 일련의 국가작용으로 평가할 수는 없다.

	대법관	직무상의 불법행위	위법성의 판단기준	독립적인 불법행위	
				대통령	법관
다수의견		긴급조치의 발령부터 적용·집행이라는 **일련의 국가작용**	전체적으로 보아 공무원이 직무를 집행하면서 객관적 주의의무를 소홀히 하여 그 직무행위가 객관적 정당성을 상실	— 9)	
보충의견	민유숙			×	×
별개의견	김재형	긴급조치의 발령·적용·집행이라는 **연쇄적 행위**	민법 제760조 제2항 유추 공무원의 고의 또는 과실 증명의 완화	△10)	×
	김선수 오경미	**대통령의 발령 및 집행행위 법관의 유죄판결**	고의 또는 과실	○	○
	안철상	긴급조치의 발령행위와 이를 적용·집행한 행위	공적 직무수행상 과실 국가의 직무상 과실 인정(**자기책임**)	—	

---

9) 다수의견은 대통령의 긴급조치 발령이나 법관의 재판상 직무행위가 독립적인 불법행위를 구성하는지 여부에 대한 판단을 유보하였다.

10) 김재형 대법관의 별개의견은 대통령의 불법행위를 인정할 수 있다는 입장이지만, 긴급조치 제9호의 발

[판결의 평석]

Ⅰ. 사안의 쟁점

행정법은 법치를 위해 성립한 것이지만, 그 법의 정당성은 민주에서 비롯된다.[11] 통치행위(統治行爲)는 법치주의와 민주주의의 형량·조화의 문제로서, 민주주의적 정치제도를 통해 충분히 통제될 수 있는 것에 대하여는 사법심사를 자제함으로써 민주주의적·정치적 통제 메커니즘을 활성화하는 동시에 사법부의 정치화를 방지하기 위해 예외적으로 인정되는 것이다.[12] 대통령의 긴급조치 제9호는 유신헌법상 발령 요건을 갖추지 못하였고, 국민의 자유와 권리를 지나치게 제한하여 헌법상 보장된 국민의 기본권을 침해하였다.

긴급조치 제9호의 발령 및 적용·집행이라는 일련의 국가작용은 위법한 긴급조치 제9호의 발령행위와 긴급조치의 형식적 합법성에 기대어 이를 구체적으로 적용하고 집행하는 다수 공무원들의 행위가 전체적으로 모여 이루어졌다. 긴급조치 제9호의 발령행위가 위법하다고 하더라도 그 발령행위 자체만으로는 개별 국민에게 구체적인 손해가 발생하였다고 보기 어렵고, 긴급조치 제9호의 적용·집행과정에서 개별 공무원의 위법한 직무집행을 구체적으로 특정하거나 개별 공무원의 고의·과실을 증명 또는 인정하는 것은 쉽지 않다. 광범위한 다수 공무원이 관여한 일련의 국가작용에 의한 기본권 침해에 대해서 국가배상책임의 성립되는지 여부가 문제된다.

국가배상사건은 행정상 손해전보에 해당하지만 민사소송에 의한다. 그간 국가배상제도가 갖는 공법적 의의, 특히 행정의 위법성 억제기능과 위험의 사회적 분산기능이 소홀히 다루어지고, 국가배상이 국가의 대위책임을 전제로 하여, 가해 공무원과 피해자 사이의 문제만으로 축소해온 경향이 있다.[13] 국가가 공권력을 행사하다가 발생시킨 손해를 스스로 책임진다는 자기책임의 관점에서, 국가배상을 통한 행정통제, 공익과 사익의 조정, 공적 부담 앞의 평등, 공적 위험의 분배, 사회연대 등 공법적 사고를 적극적으로 반영할 필요가 있다.[14]

령행위만으로는 현실적 손해가 발생하였다고 볼 수 없고 이어진 수사와 재판으로 손해가 현실적으로 발생하였으므로, 긴급조치의 발령·적용·집행을 불법행위로 인정할 수 있다고 한다.

11) 박정훈, "행정법과 '민주'의 자각 — 한국 행정법학의 미래", 『행정법연구』 제53호, 2018, 4면.

12) 박정훈, "6.25 전쟁하의 행정법 — 전쟁과 법치주의", 『행정법의 체계와 방법론』, 2007, 452면.

13) 박정훈, "公·私法 區別의 方法論的 意義와 限界 — 프랑스와 독일에서의 발전과정을 참고하여", 『공법연구』 제37권 제3호, 2009, 97면.

14) 박정훈, "국가배상법의 개혁 — 사법적 대위책임에서 공법적 자기책임으로", 『행정법연구』 제62호,

대상판결 이전까지의 판례는 긴급조치의 위헌·위법성이 확인되었음에도 국가배상책임을 인정하지 않았다. 국가배상책임에서의 공무원의 고의·과실이라는 주관적 책임요소의 존재 요건이 직접적인 원인이 되었기 때문인데,[15] 국가배상책임의 성질은 국가배상의 성립 범위는 물론 공무원에 대한 직접 책임이나 구상책임과도 관련된다. 이에 통치행위에 대한 사법적 통제 및 국가배상의 인정법리가 어떻게 변화되었는지 검토할 필요가 있다. 통치행위에 대한 사법적 통제가능성 및 긴급조치로 인한 국가배상청구 사건에 있어서 공무원의 고의·과실 요건의 해석에 대한 학설과 판례의 논리가 어떻게 형성되어 왔는지를 추적하고, 대상판결의 법리를 분석하여 시사점을 고찰한다.

Ⅱ. 판례의 이해

1. 긴급조치와 관련한 국가배상책임을 부정한 기존의 판례

긴급조치 제9호에 대한 헌법재판소의 위헌결정(헌재 2013. 3. 21.자 2010헌바132등 구 헌법 제53조 등 위헌소원)[16]과 대법원 2013. 4. 18.자 2011초기689 전원합의체 결정[17]은 긴급조치 제9호가 정치적 표현의 자유를 침해하고 영장주의를 위반하였다는 등의 이유로 현행헌법 및 유신헌법에 위반되어 위헌이라고 판단하였고, 위헌·무효인 긴급조치 제9호를 적용하여 공소가 제기된 경우에는 형사소송법 제325조 전단[18]의 무죄사유에 해당한다고 판단

2020, 65면.

15) 송시강, "분석철학의 관점에서 바라본 국가책임법상 논쟁", 『행정법연구』 제56호, 2019, 53면 이하에서는 국가배상책임에서 위법성과 귀책사유의 개념은 민법상 불법행위책임과 다른, 공법의 법리를 통해 독자적으로 발전할 수 있음을 역설하고 있다.

16) 헌법재판소 2013. 3. 21.자 2010헌바132 결정 등: 긴급조치 제9호는 입법목적의 정당성과 방법의 적절성을 갖추지 못하였을 뿐 아니라 죄형법정주의에 위배되고, 헌법개정권력의 행사와 관련한 참정권, 표현의 자유, 집회·시위의 자유, 영장주의 및 신체의 자유, 학문의 자유 등 국민의 기본권을 지나치게 제한하거나 침해하므로 헌법에 위반된다.

17) 대법원 2013. 4. 18.자 2011초기689 전원합의체 결정: 구 대한민국헌법(1980. 10. 27. 헌법 제9호로 전부 개정되기 전의 것. 이하 '유신헌법'이라 한다) 제53조에 근거하여 발령된 '국가안전과 공공질서의 수호를 위한 대통령긴급조치'(이하 '긴급조치 제9호'라 한다)는 그 발동 요건을 갖추지 못한 채 목적상 한계를 벗어나 국민의 자유와 권리를 지나치게 제한함으로써 헌법상 보장된 국민의 기본권을 침해한 것이므로, 긴급조치 제9호가 해제 내지 실효되기 이전부터 이는 유신헌법에 위배되어 위헌·무효이고, 나아가 긴급조치 제9호에 의하여 침해된 기본권들의 보장 규정을 두고 있는 현행 헌법에 비추어 보더라도 위헌·무효이다.

하였다.

각 결정 이후 긴급조치 제9호 피해자들의 국가배상청구소송이 제기되었지만, ① 대법원 2014. 10. 27. 선고 2013다217962 판결[19]과 ② 대법원 2015. 3. 26. 선고 2012다48824 판결[20]은 긴급조치권 행사는 고도의 정치성을 띤 국가행위로서 원칙적으로 국민 전체에 대한 관계에서 정치적 책임을 질 뿐 국민 개개인의 권리에 대응하여 법적 의무를 지는 것이 아니므로, 대통령의 이러한 권력행사가 국민 개개인에 대한 관계에서 민사상 불법행위를 구성한다고는 볼 수 없다는 이유 등을 들어 국가배상책임을 부정하였다. 대법원 2013다217962 판결은 수사기관의 직무행위와 법관의 재판상 직무행위와 관련해서 국가배상책임의 주관적 책임 요소의 차원에서 접근하였다면, 대법원 2012다48824 판결은 긴급조치 자체를 고도의 정치적 행위 즉, 통치행위의 차원에서 접근하여 국가배상책임의 문제가 처음부터 생길 수 없음을 표방하였다.[21]

2013년 긴급조치 제9호의 위헌 결정 이후 대상판결인 2022년 전원합의체 판결 이전까지의 재판 관행은 '위헌합법론'으로 요약된다.[22] 긴급조치는 위헌 결정으로 발령 시부터 위헌·무효이지만, 위헌 결정 이전에 이루어진 긴급조치의 발령·적용 및 유죄판결은 불법행위가 아니므로 긴급조치 피해자들은 재심, 형사보상 또는 민주화 보상금을 청구 또는 신청할 수 있으나 불법행위를 이유로 한 국가배상은 허용되지 않았고, 이 사건에서 원심법원

---

18) 「형사소송법」 제325조(무죄의 판결) 피고사건이 범죄로 되지 아니하거나 범죄사실의 증명이 없는 때에는 판결로써 무죄를 선고하여야 한다.

19) 대법원 2014. 10. 27. 선고 2013다217962 판결: 당시 시행 중이던 긴급조치 제9호에 의하여 영장 없이 피의자를 체포·구금하여 수사를 진행하고 공소를 제기한 수사기관의 직무행위나 긴급조치 제9호를 적용하여 유죄판결을 선고한 법관의 재판상 직무행위는 유신헌법 제53조 제4항이 "제1항과 제2항의 긴급조치는 사법적 심사의 대상이 되지 아니한다."고 규정하고 있었고 긴급조치 제9호가 위헌·무효임이 선언되지 아니하였던 이상, 공무원의 고의 또는 과실에 의한 불법행위에 해당한다고 보기 어렵다.

20) 대법원 2015. 3. 26. 선고 2012다48824 판결: 긴급조치 제9호가 사후적으로 법원에서 위헌·무효로 선언되었다고 하더라도, 유신헌법에 근거한 대통령의 긴급조치권 행사는 고도의 정치성을 띤 국가행위로서 대통령은 국가긴급권의 행사에 관하여 원칙적으로 국민 전체에 대한 관계에서 정치적 책임을 질 뿐 국민 개개인의 권리에 대응하여 법적 의무를 지는 것은 아니므로, 대통령의 이러한 권력행사가 국민 개개인에 대한 관계에서 민사상 불법행위를 구성한다고는 볼 수 없다(대법원 2008. 5. 29. 선고 2004다33469 판결 참조). 그럼에도 원심은 그 판시와 같은 이유만으로 대통령의 긴급조치 제9호 발령행위가 국가배상법 제2조 제1항에서 말하는 공무원의 고의 또는 과실에 의한 불법행위에 해당한다고 판단하였는바, 이러한 원심의 판단에는 국가배상법 제2조 제1항이 규정하고 있는 국가배상책임의 성립요건에 관한 법리를 오해한 잘못이 있다.

21) 김중권, "긴급조치와 관련한 국가배상책임에서 재판상의 불법의 문제", 『인권과 정의』 제510호, 2022, 110면.

22) 이재승, "긴급조치 제9호를 적용한 법관의 책임", 『민주법학』 제81호, 2023, 143면.

의 판단[23])도 이러한 위헌합법론을 따랐다. 그러나 "고도의 정치성을 띤 국가행위"라는 소위 통치행위 이론은 그 행위의 효력 여하와 관련한 부분에서 판단될 사안이며, 사법의 영역에서 그로 인해 불법적인 손해를 입은 개개인에게 국가가 어떤 책임을 져야 할 것인지를 판단하는 상황에 적용되는 것은 아니다.[24]) 대상판결 이전까지 긴급조치에 대한 국가배상책임이 인정되어야 한다는 취지의 비판적인 견해가 지배적이었고,[25]) 최근 하급심에서 긴급조치와 관련하여 국가배상청구를 인정하는 판례도 등장하였다.[26])

2. 대상 판결의 종합적 이해

대법원 2022. 8. 30. 선고 2018다212610 전원합의체 판결은 대통령의 긴급조치 제9호 발령 및 적용·집행행위가 국가배상법 제2조 제1항[27])에서 말하는 공무원의 고의 또는 과실에 의한 불법행위에 해당하지 않는다고 보아 국가배상책임을 부정한 종래 대법원 판례를 변경하였다.[28]) 즉, 긴급조치 제9호의 발령부터 적용·집행에 이르는 '일련의 국가작용'

---

23) 서울중앙지방법원 2015. 5. 12. 선고 2013가합544393 판결; 서울고등법원 2018. 1. 10. 선고 2015나2026588 판결.

24) 졸고, "프랑스의 비상사태(État d'urgence) – 비상사태의 선포 및 그에 따른 행정적 조치에 대한 사법적 통제를 중심으로", 『공법연구』 제45권 제4호, 2017, 275면 이하 참조.

25) 이에 관하여는 박성구, "긴급조치 제9호의 발령 및 적용·집행 행위로 인한 국가배상책임", 『사법』 제62호, 2022, 673-677면 참조.

26) 서울고등법원 2020. 7. 9. 선고 2019나2038473 판결: 특히 국가가 긴급조치 제1호, 제9호의 발령·적용·집행을 통하여 일련의 절차를 통해 행한 불법행위는 국가가 개별 공무원의 행위를 실질적으로 지배하였다는 특징이 있는데, 그 과정에서 해당 공무원이 스스로의 의지나 생각에 따라 그 행위를 회피할 가능성은 거의 없었다고 보아야 한다. 이 사건 불법행위는 공무원 개인의 행위를 실질적으로 지배하는 국가 조직에 의하여 이루어진 것으로, 불법행위를 실제로 수행한 공무원은 교체 가능한 부품에 불과하였다고도 볼 수도 있는 것이다.

27) 「국가배상법」 제2조(배상책임) ① 국가나 지방자치단체는 공무원 또는 공무를 위탁받은 사인(이하 "공무원"이라 한다)이 직무를 집행하면서 고의 또는 과실로 법령을 위반하여 타인에게 손해를 입히거나, 「자동차손해배상보장법」에 따라 손해배상의 책임이 있을 때에는 이 법에 따라 그 손해를 배상하여야 한다. 다만, 군인·군무원·경찰공무원 또는 예비군대원이 전투·훈련 등 직무 집행과 관련하여 전사(戰死)·순직(殉職)하거나 공상(公傷)을 입은 경우에 본인이나 그 유족이 다른 법령에 따라 재해보상금·유족연금·상이연금 등의 보상을 지급받을 수 있을 때에는 이 법 및 「민법」에 따른 손해배상을 청구할 수 없다.

28) 대상판결에 대한 연구문헌으로는 김중권, "긴급조치와 관련한 국가배상책임에서 재판상의 불법의 문제", 『인권과 정의』 제510호, 2022; 김중민, "긴급조치 제9호 국가배상책임 인정", 『민주사회를 위한 변론』 제116호, 2023; 박성구, "긴급조치 제9호의 발령 및 적용·집행 행위로 인한 국가배상책임", 『사법』 제62호, 2022; 윤진수, "위헌인 대통령 긴급조치로 인한 국가배상책임", 『민사법학』 제101호, 2022; 이영우, "유신헌법하의 긴급조치와 국가배상 청구의 요건", 『법학논총』 제42권 제1호, 2022; 이은경, "대법

은 전체적으로 보아 공무원의 위법행위에 해당하므로 국가배상책임이 인정되며, ② 긴급조치의 피해자들이 위헌·무효인 긴급조치 제9호를 위반하였다는 이유로 체포·구금되어 수사를 받았거나 나아가 기소되어 유죄판결을 선고받아 형을 복역함으로써 입은 손해에 대하여 국가가 국가배상책임을 부담한다고 본 것이다.

대법원은 ① 긴급조치 제9호가 유신헌법상 발령 요건을 갖추지 못하였고, 국민의 기본권을 침해하는 것이며, 그 목적상의 한계를 벗어나 위헌·무효이며, 위헌성이 중대하고 명백한 이상 대통령의 긴급조치 제9호 발령행위는 객관적 정당성을 상실하였다고 보기 충분하고, ② 대통령의 긴급조치 제9호 발령행위가 객관적 정당성을 상실하였다고 하더라도 그 발령행위만으로는 개별 국민에게 손해가 현실적으로 발생하였다고 보기는 어렵고, 긴급조치 제9호를 그대로 적용·집행하는 추가적인 직무집행을 통하여 그 손해가 현실화되었으며, ③ 영장주의를 전면적으로 배제한 긴급조치 제9호는 위헌·무효이므로, 그에 따라 영장 없이 이루어진 체포·구금은 헌법상 영장주의를 위반하여 신체의 자유 등 국민의 기본권을 침해한 직무집행이고, 또한 수사과정에서 국민의 기본권이 본질적으로 침해되었음에도 수사과정에서의 기본권 침해를 세심하게 살피지 않은 채 위헌·무효인 긴급조치를 적용하여 내려진 유죄판결도 국민의 기본권을 침해하였으며, ④ 긴급조치 제9호에 따라 영장 없이 이루어진 체포·구금, 그에 이은 수사 및 공소제기 등 수사기관의 직무행위와 긴급조치 제9호를 적용하여 유죄판결을 한 법관의 직무행위는 긴급조치의 발령 및 적용·집행이라는 일련의 국가작용으로서 국민의 기본권 보장의무에 반하여 객관적 정당성을 상실하였다고 보았다.

대상판결 이전 통설적 견해나 하급심에서 국가배상책임을 인정하면서 든 근거는 '대통령의 긴급조치 발령 자체'를 불법행위로 인정하는 견해[29]와 '긴급조치 발령 및 적용·집행이라는 일련의 국가작용'을 불법행위로 인정하는 견해로 대별되는데, 대상판결의 다수의견은 후자의 입장을 택하였다.[30] 개괄적인 불법행위는 국가 자체를 공무원들과 구분되는 하

원 2022. 8. 30. 선고 2018다212610 전원합의체 판결의 시사", 『법학연구』 제70호, 2022; 이재승, "긴급조치 제9호를 적용한 법관의 책임", 『민주법학』 제81호, 2023; 임성훈, "법관의 재판에 대한 국가배상책임", 『행정법연구』 제70호, 2023; 정남철, "긴급조치와 국가배상", 『행정판례연구』 제27권 제2호, 2022 참조.

[29] 대통령의 긴급조치 발령이 불법행위가 된다고 보는 견해는 대통령의 긴급조치를 국회가 제정한 법률과 마찬가지로 취급하는 것을 전제로 한다. 대법원은 입법행위가 그 입법 내용이 헌법의 문언에 명백히 위배됨에도 불구하고 국회가 굳이 당해 입법을 한 것과 같은 특수한 경우에 해당한다면 『국가배상법』 제2조 제1항에서 말하는 위법행위에 해당할 수 있다고 한다(대법원 2008. 5. 29. 선고 2004다33469 판결).

[30] 이에 관하여는 박성구, 앞의 글, 678면 이하 참조.

나의 독자적인 행위자로 파악할 때 가능하다.[31]

3. 소결

대상판결은 ① 국가배상청구권이 헌법상 보장된 기본권이자 국가와 개인의 관계를 규율하는 공권으로서 국가배상책임을 국가가 공무원 개인의 불법행위에 대한 대위책임이 아니라 국가 자신의 불법행위에 대해 직접 책임을 부담하는 자기책임의 입장에서 국가배상책임의 성립 요건인 공무원의 고의·과실에는 공무원 개인의 고의·과실뿐만 아니라 널리 공무원의 공적 직무수행상 과실, 직무상 과실이 포함된다고 밝혔다는 점, ② 긴급조치의 발령과 수사작용, 재판작용 등 다수 공무원이 관여한 일련의 국가작용에 의한 기본권 침해에 대해서 국가배상책임의 성립이 문제되는 경우 '전체적으로 보아 객관적 주의의무 위반'이 인정되면 충분하며, 개별 공무원의 위법한 직무집행을 구체적으로 특정하거나 개별 공무원의 고의·과실을 증명할 필요가 없다고 판단하여, 과거 행해진 국가 권력에 의한 기본권 침해에 대한 사법적 구제를 인정했다는 점에 의의가 있다.

Ⅲ. 법리의 검토

1. 통치행위에 대한 사법적 통제 가능성

프랑스에서 통치행위(acte de gouvernement)는 실정법상의 개념이라기보다는 국사원의 판례와 학설을 통해 형성된 관념으로 국가의 제4작용 또는 정부행위라고도 한다.[32] 우리나라에 비추어 보면, 항고소송에 있어 처분성을 충족시키는 행위라 하더라도 그것이 고도의 정치적 행위라는 이유로 사법심사가 면제되는 행위를 의미한다. 통치행위라고 하더라도 국민의 기본권 침해와 관련되는 경우 헌법재판소의 심판대상이 될 수 있으며,[33] 대법원은 남북정상회담의 개최는 통치행위에 해당하지만, 그 과정에서 이루어진 대북송금 행위는 사

---

31) 이재승, 앞의 글, 143면.
32) 김동희, "프랑스 행정법상 통치행위에 관한 고찰", 『서울대학교 법학』 제25권 제4호, 1984, 179면 이하.
33) 헌법재판소 1996. 2. 29. 93헌마186 결정: 대통령의 긴급재정경제명령은 국가긴급권의 일종으로서 이른바 통치행위에 속한다고 할 수 있으나, 통치행위를 포함하여 모든 국가작용은 국민의 기본권적 가치를 실현하기 위한 수단이라는 한계를 반드시 지켜야 하는 것이고, 그것이 국민의 기본권 침해와 직접 관련되는 경우에는 당연히 헌법재판소의 심판대상이 된다.

법심사의 대상이 된다고 보았다.[34]

(1) 계엄선포행위

1964년 대통령의 계엄선포와 관련하여 서울고등법원에서 처음으로 통치행위를 원용하면서, 대통령이 자유재량으로 할 수 있는 계엄의 선포가 옳은지 그른지 하는 것은, 계엄이 당연 무효가 아닌 한, 헌법규정에 따라 국회의 권한으로서, 법원이 이를 심사하는 것은 타당하지 아니하다고 판시하였다.[35] 이와 같은 입장이 대법원에서 대통령의 계엄선포행위는 대통령의 자유재량행위라고 하여 그대로 원용된 이래,[36] 대법원 1977. 5. 13.자 77모19 전원합의체 결정은 긴급조치 제9호에 대하여, 헌법 53조 소정의 긴급조치는 사법적 심사의 대상이 되지 않는 것이므로, 긴급조치의 위헌여부제청신청을 받아들이지 아니한 원심의 결정에는 위법이 없다고 판시하였다.[37] 1979년 계엄에 관한 판결에서 사법권의 본질적·내재적 한계설을 근거로 통치행위로 판단하였고,[38] 1981년 대통령의 비상계엄에 대해서도 대법원은 계엄선포가 고도의 군사적 성격을 가지는 것으로 역시 통치행위로 보았다.[39] 다만, 대법원 1997. 4. 17. 선고 96도3376 전원합의체 판결[40]은 원칙적으로 계엄선포행위의 정당성은 통치행위의 문제이지만 그것이 국헌문란의 목적인 경우에는 그 행위가 범죄가 될 수 있는지는 형사소송에서 심사할 수 있다고 판시하였다.

---

34) 대법원 2004. 3. 26. 선고 2003도7878 판결: 남북정상회담의 개최는 고도의 정치적 성격을 지니고 있는 행위라 할 것이므로 특별한 사정이 없는 한 그 당부를 심판하는 것은 사법권의 내재적·본질적 한계를 넘어서는 것이 되어 적절하지 못하지만, 남북정상회담의 개최과정에서 재정경제부장관에게 신고하지 아니하거나 통일부장관의 협력사업 승인을 얻지 아니한 채 북한측에 사업권의 대가 명목으로 송금한 행위 자체는 헌법상 법치국가의 원리와 법 앞에 평등원칙 등에 비추어 볼 때 사법심사의 대상이 된다.

35) 서울고법 1964. 7. 16. 64로159.

36) 대법원 1964. 7. 21. 64초3, 64초4, 64초6 각 재정: 당연무효로 판단할 수 없는 계엄에 대하여서는 계엄의 선포가 옳고 그른 것은 국회에서 판단하는 것이고 법원에서 판단할 수 없다고 해석하는 것이 상당하다.

37) 그 후 긴급조치 제9호가 합헌이라고 하면서 유죄판결을 선고한 원심을 확정한 것으로는 대법원 1978. 5. 23. 선고 78도813 판결, 대법원 1978. 9. 26. 선고 78도2071 판결, 대법원 1979. 10. 30. 선고 79도2142 판결 등이 있다. 이에 관한 상세는 이은경, "대법원 2022. 8. 30. 선고 2018다212610 전원합의체 판결의 시사", 『법학연구』 제70호, 2022, 170면 이하 참조.

38) 서울고법 1979. 12. 7. 79초70: 대통령의 계엄선포행위는 고도의 정치적, 군사적 성격을 띠는 행위라고 할 것이어서, 그 선포의 당, 부당을 판단할 권한은 헌법상 계엄의 해제요구권이 있는 국회만이 가지고 있다 할 것이고 그 선포가 당연무효의 경우라면 모르되, 사법기관인 법원이 계엄선포의 요건 구비여부나, 선포의 당, 부당을 심사하는 것은 사법권의 내재적인 본질적 한계를 넘어서는 것이 되어 적절한 바가 못된다.

39) 대법원 1981. 9. 22. 선고 81도1833 판결.

40) 대법원 1997. 4. 17. 선고 96도3376 전원합의체 판결.

(2) 계엄선포행위에 부수한 각종의 포고령

계엄선포행위는 고도의 정치적 성질을 가진 통치행위에 해당하지만, 계엄선포에 부수하여 발포되는 각종의 포고령이나 야간통행금지, 신문검열 등의 계엄집행행위는 행정처분으로 파악할 수 있는 부분이 있다.[41] 프랑스는 통치행위로 여겨지는 영역이라 하더라도‘분리가능행위’(acte détachable) 이론이 적용됨으로써 사후적인 사법심사가 가능하다.[42] 우리의 경우 통치행위라는 미명 아래 계엄선포 자체의 사법심사를 부정했으니 계엄선포를 전제로 후속 조치로 단행된 각종 처분들의 사법심사는 당연히 이루어지지 못했다. 유신 정권이 끝난 지 30년이 지난 2010년에 이르러서야 대법원은 법치주의의 원칙상 통치행위라 하더라도 헌법과 법률에 근거하여야 하고 그에 위배되어서는 안 된다며 긴급조치에 대한 사법심사가 가능하다고 판단하였다.[43]

2. 통치행위와 국가배상책임의 인정

(1) 국가배상의 본질과 고의·과실의 인정 문제

국가배상과 손실보상은 행정상 손해전보 제도에 해당하지만, 실무는 국가배상청구소송을 민사소송의 하나로 취급하여 왔다.[44] 국가배상책임은 민법상 불법행위책임과 마찬가지로 고의 또는 과실에 의한 위법행위가 있고, 손해가 발생하였으며, 위법행위와 발생한 손해 사이에 상당인과관계가 인정되면 성립한다. 국가배상법 제2조 제1항에 따른 국가배상법의 성질을 대위책임으로 혹은 자기책임으로 이해하는가에 따라 고의·과실의 의의가 달라진다. 고의·과실은 대위책임설에 의하면, 공무원의 주관적 귀책요건이 되어 공무원 개인의 주관적 인식을 기준으로 판단하고, 자기책임설에 의하면, 국가 또는 지방자치단체의 자기책임을 결정하는 데에 필요한 공무 운영상의 객관적인 흠의 존재로 보게 된다. 국가배

---

41) CE 2 mars 1962, Rubin de Servens. 1962년 프랑스 국사원은 대통령이 헌법 제16조에 기초한 비상대권발동에 대하여 “이 명령은 통치행위의 성격을 가지며, 따라서 동 명령의 적법성에 대한 평가나 발동기간에 대한 통제는 국사원(의 권한)에 속하지 아니하며…”라고 판시하고 있다. 그러나 국사원은 비상대권발동 자체에 한하여는 통치행위성을 인정하고 있지만, 그에 따라 행해진 일련의 후속적인 개별조치에 대해서는 통치행위가 아니라고 보아 사법심사의 가능성을 일응 인정하고 있다. 헌법 제16조에 기초한 비상대권발동명령과 제16조의 시행기간 동안에 발동된 명령에 대하여 판단에 근본적인 차이를 두고 있다.
42) 졸저,『프랑스 행정법상 분리가능행위』, 2017, 138-140면 참조.
43) 대법원 2010. 12. 16. 선고 2010도5986 전원합의체 판결.
44) 대법원 1972. 10. 10. 선고 69다701 판결.

상책임의 성립 여부가 가해공무원의 주관적 요소에 좌우되는 경우, 고의·과실을 엄격하게 해석한다면 피해자는 구제를 받기가 어려워진다.[45]

(2) 과실의 객관화 및 과실 요건의 완화 경향

행정상 손해전보 제도를 운용함에 있어서, 독일 법제는 국가배상청구권의 개별 성립요건을 민사불법행위에 가깝도록 요구함으로써 수용유사침해, 수용적 침해, 희생보상청구권 등의 손실보상제도를 확대해왔고, 이에 대하여 프랑스 법제는 재산적 손실에 대한 전보를 손실보상으로 한정하면서, 손해전보 확장의 수요를 역무과실 등 국가배상요건의 일정 부분을 완화함으로써 해결하고 있다.[46] 공무원의 직무 집행상의 과실이라 함은 공무원이 그 직무를 수행함에 있어 당해 직무를 담당하는 평균인이 통상 갖추어야 할 주의의무를 게을리한 것을 말한다.[47] 최근 국가배상에 관한 논의는 과실의 객관화론에 의하여 과실 요건을 완화하려는 경향이 뚜렷하다.

① 프랑스의 '역무과실'(la faute de service) 관념은 원래 공무원의 공역무 수행상의 과실을 의미하는 것이었지만, 이후 공무원의 행위가 매개되는지를 불문하고 행정활동 조직 내지 활동 주체로서의 '공역무', 즉 행정이 행한 과실을 의미하는 것이 되었다. 과실이 특정 공무원의 소행이 아니라 공역무 조직 또는 작용상의 하자로 이해된다는 점에서 객관적 과실이라 설명된다.[48] ② 독일은 기본적으로는 국가배상책임에 관하여 과실책임주의를 취하고 있는 법제이나, 과실의 객관화, 과실의 추정, 조직과실 등의 논리를 통해 과실의 인정 범위를 점점 넓혀 오고 있다.[49] '조직과실'(Organisationsverschulden)[50] 관념은 행정기구의 기능결함 또는 기능의 불완전함 자체로 귀속시킴으로써 과실표지를 객관화한다.[51]

우리의 국가배상법상 명시적인 주관적 책임 요소의 규정이 헌법합치적 자기책임을 관철

---

45) 김동희/최계영,『행정법 I 』제27판, 2023, 563-565면; 김철용,『행정법』, 제12판, 2023, 763-764면.
46) 박정훈, "국가배상법의 개혁 – 사법적 대위책임에서 공법적 자기책임으로",『행정법연구』제62호, 2020, 27-28면 참조.
47) 대법원 1987. 9. 22. 선고 87다카1164 판결.
48) 박현정, "프랑스 행정법상 과실책임 제도 – '역무과실'의 성격, 위법성과의 관계를 중심으로",『행정법연구』제41호, 2015, 61면.
49) 최계영, "처분의 취소판결과 국가배상책임",『행정판례연구』제18권 제1호, 2013, 285면.
50) Maurer/Waldhoff, Allgemeines Verwaltungs, 20. Auflage, 2020, S.704.
51) 최근의 하급심 판결례에서는 '조직과실의 법리'에 근거한 듯한 판시를 하면서 긴급조치에 기한 수사·재판 등 국가작용에 대해 고의·과실에 의한 불법행위를 인정하고 있다. 이에 관하여는 이은상, "국가배상법상 고의, 과실 요건과 권익구제방안 – 헌법재판소 2020. 3. 26.자 2016헌바55 등(병합) 결정",『행정판례연구』제27권 제1호, 2022, 161-162면 참조.

하는 데에 장애물이 되며, 주관적 책임 요소가 행정소송상 위법성 판단과 국가배상책임의 위법성 판단을 다르게 만들거나 가해공무원의 고의·과실의 존부가 국가배상책임을 인정하는 절대적인 기준이 되게 하는 문제점으로 지적되기도 한다.[52]

(3) 일련의 국가작용으로서의 불법행위의 성립

대법원은 대통령의 긴급조치에 대하여 국회의 입법권 행사라는 실질을 전혀 가지지 못하여 법률에 해당한다고 할 수 없다고 판시한 바 있기 때문에,[53] 입법행위와 마찬가지로 국가배상책임의 성립 여부를 판단하기 어려웠고, 입법행위와 동일한 기준으로 판단하더라도 종래 논의와 긴급조치 제9호의 특수성과 사법심사를 배제하던 유신헌법 제53조 제4항에 비추어 긴급조치 제9호에 근거한 수사나 재판에 대한 국가배상책임의 성립을 인정하기도 어려웠다.[54] 긴급조치에 따른 수사와 재판행위 자체를 불법행위로 주장하는 사안에서는 수사기관이나 법관에게 법령준수의무 내지 복종의무 여부가 등장한다는 점에서,[55] 국가배상청구권 성립요건 중 고의·과실 요건을 충족하기가 쉽지 않았다.[56]

이러한 상황에서 대상판결은 긴급조치 피해에 대한 국가배상책임을 인정하고자 '긴급조

---

52) 박현정, "헌법개정과 국가배상책임의 재구성 – 과실책임제도에 대한 비판적 검토를 중심으로", 『사법』 제42호, 2017, 143면 이하에서는 헌법 제29조 제1항의 "공무원의 직무상 불법행위"라는 표현을 "공무수행상의 불법"으로 개정한다면 현행 국가배상법상 '공무원의 과실' 개념을 좀 더 객관적으로 해석하는 계기가 될 수 있다고 한다.

53) 대법원 2010. 12. 16. 선고 2010도5986 전원합의체 판결: 대통령이 긴급조치를 한 때에는 지체 없이 국회에 통고하여야 한다고 규정하고 있을 뿐, 사전적으로는 물론이거니와 사후적으로도 긴급조치가 그 효력을 발생 또는 유지하는 데 국회의 동의 내지 승인 등을 얻도록 하는 규정을 두고 있지 아니하고, 실제로 국회에서 긴급조치를 승인하는 등의 조치가 취하여진 바도 없다. 따라서 유신헌법에 근거한 긴급조치는 국회의 입법권 행사라는 실질을 전혀 가지지 못한 것으로서, 헌법재판소의 위헌심판대상이 되는 '법률'에 해당한다고 할 수 없고, 긴급조치의 위헌 여부에 대한 심사권은 최종적으로 대법원에 속한다.

54) 박성구, 앞의 글, 681-682면.

55) 「국가배상법」 제2조 제1항 위헌소원(헌법재판소 2020. 3. 26.자 2016헌바55 등(병합))결정에서 김기영, 문형배, 이미선 재판관의 반대의견은 국가가 긴급조치 제1호, 제9호의 발령·적용·집행을 통하여 의도적·적극적으로 행한 불법행위는 불법의 심각성, 피해의 중대성, 불법행위 실행에 있어 국가의 개별 공무원에 대한 실질적인 행위 지배라는 측면에서 특수하고 이례적인 경우에 해당하므로, 이러한 행위를 일반적인 국가배상책임 발생 사유로 상정하는 것은 적절하지 아니하고, 긴급조치 제1호, 제9호의 발령·적용·집행에 의한 국가의 의도적·적극적 불법행위는 일반적인 공무원의 직무상 불법행위와는 근본적으로 성격을 달리하므로, 그에 대한 국가배상청구권 역시 일반적인 공무원의 직무상 불법행위에 대한 국가배상청구권과 다른 유형에 해당된다고 설시하였다.

56) 이은상, "국가배상법상 고의, 과실 요건과 권익구제방안 – 헌법재판소 2020. 3. 26.자 2016헌바55 등(병합) 결정", 『행정판례연구』 제27권 제1호, 2022, 159-160면.

치의 발령 및 적용·집행이라는 일련의 국가작용'으로서 불법행위를 인정하였다고 볼 수 있다.[57] 일련의 국가작용을 불법행위로 인정하는 견해는 다른 국가기관에 소속되어 서로 다른 직무를 담당하는 다수의 공무원이 각자 행위한 경우에라도 하나의 불법행위로 보아 국가배상을 인정하겠다는 취지이다.[58] 대상판결의 다수의견에서는 공무원의 고의 또는 과실을 언급하지 않지만, 세 개의 별개의견에서는 긴급조치 제9호의 발령·적용·집행에 관하여 공무원의 고의 또는 과실을 인정하고 있다.[59] 국가배상을 인정하기 위한 불가피한 측면이 있지만,[60] 이러한 논증은 기존의 국가배상이론에 비추어 설득력이 약하고,[61] 공무원의 불법행위를 특정하는 것을 회피한다고 오해될 수 있다.[62]

안철상 대법관의 별개의견과 같이, 국가배상책임을 국가의 자기책임으로 이해한다면, 일련의 국가작용을 불법행위로 인정하면서 전체적으로 객관적 주의의무 위반이 인정되면 국가의 직무상 과실이 인정된다고 보아, 보다 이론적인 설명이 가능할 수 있다.[63] 위법행위

---

57) 대통령의 긴급조치 발령행위 자체를 불법행위로 주장하여 국가배상청구가 가능한지에 관한 논의의 상세는 이은상, 앞의 글, 166면 이하 참조.

58) 박성구, 앞의 글, 693면. "대상판결에서 일련의 국가작용을 불법행위로 인정하는 것과 조직과실 이론에는 차이가 있다. 조직과실 이론은 피해자가 공무원의 직무상 의무 위반을 주장하고 증명해야 할 부담을 줄여주기 위해서 해당 공무원 개인을 특정하지 않아도 되도록 하고 고의 또는 과실의 인정 기준을 객관화하는 것이다".

59) 김재형, "공법과 사법의 대화", 한국공법학회 공법학자·사법학자대회 기조연설문(2023. 9. 8.), 40면 참조. 박정훈, "공법과 사법, 그 구별의 방법론적 의의 ― 특히 문제접근 방법론, 헤겔과 사비니를 예시로 하여", 서울대학교 법학연구소 법과 문화포럼 발표문(2023. 9. 13.) 8면에서는 대상판결의 다수의견은 외형상 문구상으로는 대위책임을 전제로 하고 있으나, "광범위한 다수 공무원이 관여한 일련의 국가작용에 의한 기본권 침해"라고 판시하였다는 점에서 이미 국가의 자기책임을 인정하고 있다고 볼 수 있다고 한다.

60) 김재형 대법관은 별개의견에서 일련의 국가작용에 대하여 모호한 책임을 인정할 것이 아니라 국가배상법 제2조의 요건에 따라 그 책임을 인정하되, 다수 공무원의 관여 행위가 결합되어 국가가 조직적으로 저지른 불법행위의 경우에는 공무원의 개별적 고의 또는 과실을 특정하여 증명할 필요가 없다고 해석하면 충분하다고 설시한다.

61) 대법원이 대통령의 긴급조치 발령행위가 불법행위를 구성함을 명확히 밝히고 이를 근거로 국가배상책임을 인정했어야 한다는 비판으로는 윤진수, "위헌인 대통령 긴급조치로 인한 국가배상책임", 『민사법학』 제101호, 2022, 156면 이하; 다수의견이 직무행위의 위법과 책임을 명확히 구별하지 않고 있다는 지적으로는 정남철, "긴급조치와 국가배상", 『행정판례연구』 제27권 제2호, 2022, 236면 참조.

62) 정남철, 앞의 글, 228면.

63) 대상판결이 긴급조치의 적용·집행행위에 의해 비로소 손해가 발생한다는 전제하에 긴급조치의 발령행위의 사익보호성 문제를 별도로 검토하지 않고, 긴급조치의 발령행위 및 그 적용 집행행위를 전체적으로 접근하여 객관적 정당성의 상실 및 직무행위의 위법성을 논증하였고, 이전 판결에 대한 직접적인 반론을 제기하지 않은 채 국가배상책임을 인정하는 논증을 통해 변경되었음을 판시하였다는 점에서 대법원 2012다48824 판결의 핵심논증이 구체적으로 검토되지 않았다는 비판으로는 김중권, 앞의 글, 115-116면.

를 한 공무원의 특정이 불가능한 경우, 직무 전체의 집합적 과실이 문제되어 과실을 범한 공무원 특정이 불필요한 경우, 공무원 개개인의 주관적 고의·과실을 인정하기 어려운 경우 등에도 직무상 과실이 인정될 때 국가배상책임을 인정할 수 있다.

3. 사법적 불법행위에 대한 국가배상의 인정가능성

그간 사법행위에 대한 국가배상의 성립을 부정하는 논거는 사법행위의 특질과 판결의 기판력 및 헌법 제103조상의 법관의 신분상의 독립 등을 근거로 한다. 그러나 법관 역시 그의 재판작용에 있어서 채증법칙의 위반, 수뢰, 직권남용, 고의적 재판지연 등 불법행위를 행할 수가 있으며, 이를 통하여 타인에게 손해를 가한 경우에도 법관의 신분상의 독립이라는 이유로 국가배상을 부인하는 것은 헌법상의 법치국가원리에 합치되지 않는다 할 것이다.[64]

법관의 재판에 법령의 규정을 따르지 아니한 잘못이 있다 하더라도 이로써 바로 그 재판상 직무행위가 국가배상법 제2조 제1항에서 말하는 위법한 행위로 되어 국가의 손해배상책임이 발생하는 것은 아니다. 당해 법관이 위법 또는 부당한 목적을 가지고 재판을 하는 등 법관이 그에게 부여된 권한의 취지에 명백히 어긋나게 이를 행사하였다고 인정할 만한 특별한 사정이 있어야 위법한 행위가 되어 국가배상책임이 인정된다.[65] 이에 더하여 대법원은 재판에 대하여 따로 불복절차 또는 시정절차가 마련되어 있음에도 불구하고 스스로 그와 같은 시정을 구하지 아니한 사람은 원칙적으로 국가배상에 의한 권리구제를 받을 수 없다고 판시하여 법관의 재판작용에 있어서 국가배상책임의 보충성을 인정하고 있다.[66]

대상판결에서 다수의견은 긴급조치 제9호를 적용하여 유죄판결을 선고한 법관의 재판상 직무행위를 독립적인 불법행위로 접근하지 않았고,[67] 김재형 대법관의 별개의견과 민유숙 대법관의 보충의견은 다수의견과 마찬가지로 재판상의 불법의 성립에 대해 소극적이거나 부정적인 입장을 취하였지만, 김선수, 오경미 대법관의 별개의견은 적극적인 입장을 취하였다. 대상판결은 국가배상책임의 발생 근거로 본 일련의 국가작용에 재판상 직무행위가 포함되어 있어 긴급조치 발령만을 국가배상책임의 근거로 보는 견해와 비교할 때 법원에

---

64) 정하중, "국가배상법의 문제점과 개정방향",『서강법학』제9호, 2007, 116면.

64) 정하중, "국가배상법의 문제점과 개정방향",『서강법학』제9호, 2007, 116면.
65) 대법원 2001. 10. 12. 선고 2001다47290 판결.
66) 대법원 2016. 10. 13. 선고 2014다215499 판결.
67) 김중권, 앞의 글, 123면에서는 고의나 중과실이 인정된 공무원에 대해 민사적 책임을 물을 수 있게 한 대법원 1996. 2. 15. 선고 95다38677 전원합의체 판결과의 관계 때문에, 대상판결에서 법관의 재판상의 불법에 대한 법리의 설시가 어려웠을 거라고 분석한다.

면죄부를 주었다는 오해를 불식시킬 수 있다는 점에서 긍정적 평가가 있다.[68] 사법적 불법에 대하여도 법관의 주관적 불법에 대한 대위책임이 아니라 국가의 자기책임의 관점에서 바라보아야 한다. 법관의 독립성 확보를 위하여 법관의 개인책임의 인정범위는 제한할 필요가 있다할지라도, 법관의 개인책임의 인정 기준은 국가배상책임과 별도로 설정되어야 하는 것이지, 법관의 책임 인정 제한의 기준과 국가배상책임의 제한 사유가 혼용되어서는 아니될 것이다.[69]

4. 소결

국가배상법제의 개혁과 관련하여 가장 중요한 테제는 위법한 법적 결정·조치의 경우에는, 국가는 '행정의 적법성'을 지켜야 할 의무가 있기 때문에, 그 자체로 국가의 역무과실 내지 공무수행상의 하자가 인정되어 국가책임이 발생한다는 점에 있다.[70] 대상판결은 국가배상법상 불법행위의 증명에 있어서 특정한 경우 개별 공무원의 고의·과실이 증명될 필요가 없고 국민에게 손해를 입힌 국가작용에 대하여 전체적으로 객관적 주의의무 위반이 인정될 수 있다고 보아 자기책임적 국가배상책임의 법리를 보다 확장하였다는 측면에서 진일보한 판결이라 할 수 있다. 그러나 어떠한 근거로 개별 공무원의 고의·과실 없이 객관적 주의의무 위반만으로 국가배상책임이 인정되는지, 국가배상책임의 성립 요건의 완화 내지 예외를 인정할 근거가 명확하게 설시되지는 않았다. 국가긴급권의 발동과 그 통제는 헌법만이 아니라 행정법이 구체적으로 연계되는 문제로서 해당 조치에 대한 1차적 권리구제(항고소송)가 불가한 경우에는 2차적 권리구제(국가배상)에 관하여 법원의 보다 적극적인 법해석과 이론적 규명이 요청된다.[71]

Ⅳ. 요약과 결론

1. 종래 대법원은 긴급조치가 사후적으로 법원에서 위헌·무효로 선언되었다고 하더라

---

68) 박성구, 앞의 글, 684-685면.

69) 임성훈, "법관의 재판에 대한 국가배상책임", 『행정법연구』 제70호, 2023, 161면.

70) 박정훈, "국가배상법의 개혁 – 사법적 대위책임에서 공법적 자기책임으로", 『행정법연구』 제62호, 2020, 65면.

71) 졸고, "독일 공법상 1차권리구제와 2차권리구제 – 전통적 도그마틱의 변화와 그 시사점을 중심으로", 『행정법연구』 제60호, 2020, 53면 이하 참조.

도, 유신헌법에 근거한 대통령의 긴급조치권 행사는 고도의 정치성을 띤 국가행위로서 '통치행위'에 해당하여, 국민 전체에 대한 관계에서 정치적 책임을 질 뿐 국민 개개인의 권리에 대응하여 법적 의무를 지는 것은 아니므로 그 자체로 불법행위에 해당한다고 볼 수 없고, 긴급조치 제9호에 근거한 수사와 재판이 공무원의 고의 또는 과실에 의한 불법행위에 해당한다고 할 수 없다고 보았다.

2. 대법원 2018다212610 전원합의체 판결은 긴급조치 제9호로 인한 피해에 대하여 국가배상책임을 부정한 종전 판례를 변경하면서, 긴급조치 제9호의 발령부터 적용·집행에 이르는 '일련의 국가작용'으로 개별 국민이 입은 손해에 대해서 국가배상책임의 성립이 문제되는 경우 '전체적으로 보아 객관적 주의의무 위반'이 인정되면 충분하며, 개별 공무원의 위법한 직무집행을 구체적으로 특정하거나 개별 공무원의 고의·과실을 증명할 필요가 없다고 하여, 과거에 행해진 국가 권력에 의한 기본권 침해에 대한 사법적인 구제를 인정하였다.

3. 국가배상소송은 단순히 개인의 피해구제만이 아니라 위법한 행정에 대한 적법성 통제의 성격을 갖는다는 점에서 민법상 불법행위와 다르다. 공무원 개인의 불법행위에 대한 책임에 한정되지 않고 국가의 불법행위에 대한 책임을 묻는 것이 법치국가원칙에도 부합하며, 국가배상책임의 성립요건인 공무원의 고의·과실도 공무원 개인의 그것이 아니라 공무원의 공적 직무수행상 과실, 즉 국가의 직무상 과실이라고 보는 것이 바람직하다.

4. 대상판결은 자기책임적 국가배상책임의 법리를 보다 확장하였다는 점에 의의가 있지만, 대통령의 긴급조치 발령 자체가 독립적인 불법행위가 되는지에 대하여는 명확한 태도를 밝히지 않았고, 다수의견은 긴급조치에 근거하여 유죄판결을 내린 법관들의 불법행위책임에 대하여는 언급하고 있지 않다. 국가배상의 성립요건에 대한 구체적인 판시와 논증이 뒷받침되어야 한다.

생각할 문제

1. 대상 판결 이전에 국가배상을 청구했다가 패소가 확정되었던 피해자들의 권리구제책으로는 무엇이 가능하겠는가?

2. 사법적 불법행위책임과 다른 국가배상책임의 공법적 특수성에는 어떠한 것들이 있는가?

3. 대통령의 긴급조치 사안이 아닌 다른 일반적인 '일련의 국가작용'에 대하여도 대상판결의 법리를 적용함으로써 국가배상책임의 성립이 확대될 수 있는가?

대법원 2021. 5. 6. 선고 2017다273441 판결
[공법상 법률관계에서 사법의 준용]

유 상 현[*]

[사실관계]

피고인 대전광역시는 2008. 3. 20. 주식회사 언더파크 ○○(이하 '언더파크') 사이에, 언더파크가 피고로부터 제공받은 토지에 지하주차장과 부대시설을 건설하여 피고에게 기부채납하면 피고는 언더파크에 위 지하주차장 등에 대한 시설관리운영권(이하 '관리운영권')을 설정해 주는 '○○역 동편 광장 지하주차장 건설 및 운영사업' 실시협약을 체결하였다. 언더파크는 대전 유성구(주소 생략)에 지하 4층, 지상 1층 규모의 지하주차장과 부대시설(이하 '이 사건 지하주차장 등'을 건축하여 2011. 2. 7. 피고에게 기부채납에 의한 증여를 원인으로 한 소유권이전등기를 마쳐주었고, 2011. 2. 16. 피고로부터 이 사건 지하주차장 등에 대한 관리운영권을 설정 받았다. 피고는 2011. 7. 6. 언더파크로부터 이 사건 지하주차장 등에 대한 관리운영권을 양수한 주식회사 리차드텍(이하 '리차드텍')과 사이에, 언더파크와 피고 사이의 위 실시협약과 동일한 내용으로 실시협약 변경협약(이하 '이 사건 실시협약')을 체결하였고, 같은 날 리차드텍 앞으로 이 사건 지하주차장 등에 대한 관리운영권에 관하여 관리자변경등록을 마쳐주었다. 리차드텍은 이 사건 실시협약 체결일인 2011. 7. 6. 그린손해보험 주식회사(이하 '그린손해보험')으로부터 145억원을 대출받고, 같은 날 그린손해보험에 이 시건 실시협약에 의하여 리차드텍이 가지는 관리운영권에 관하여 근저장권(채권최고액 188억 5,000만원, 채무자 리차드텍)을 설정해 주었다.

그런데 그 이후 그린손해보험은 2013. 11. 1. 파산선고를 받고 같은 날 원고인 예금보험공사가 파산관재인으로 선임되었고, 리차드텍은 2014. 6. 5. 파산선고를 받고 같은 날 소외인이 파산관재인으로 선임되었다(이하 리차드텍의 파산을 '이 사건 파산'이라 한다). **리차드텍의 파산관재인 소외인은 2014. 7. 11. 피고에게 '파산법원으로부터 허가를 받아 이 시간 실시협약을 해지한다'는 통지를 하였다. 원고는** 대전지방법원에 리차드텍의 파산관재인 소외

* 김·장 법률사무소 변호사

인을 제3채무자 피고로 하여 '파산 전 리차드텍과 피고 사이의 이 사건 실시협약 제60조, 제61조에 의하여 발생한 리차드텍의 파산관재인 소외인의 피고에 대한 106억원의 해지시 지급금채권'에 관하여 근저당권에 기한 물상대위에 의한 채권압류 및 전부명령을 신청하여, 위 법원으로부터 2015. 3. 10. 압류 및 전부명령을 받았다.[1] 위 명령은 2015. 3. 11. 피고에게 송달되어 2015. 3. 28. 확정되었다.

원고는 이 사건 실시협약은 ① 채무자 회생 및 파산에 관한 법률(이하 '채무자회생법') 제355조 제1항에 따른 해지권 행사[2]로, 혹은 ② 이 사건 실시협약 제58조 제1항[3])에 따른 피고의 행사로, 혹은 ③ 리차드텍과 피고 사이의 합의에 의해 해지되었다고 주장하였다. 이에 기하여 피고는 리차드텍에 이 사건 실시협약에 따른 해지시지급금으로 106억원을 지급할 의무가 있고 원고는 위 해지시지급금채권을 전부 받았음을 근거로, 피고는 원고가 일부 청구로써 구하는 바에 따라 위 해지시지급금 중 50억원 및 이에 대한 지연손해금을 지급할 의무가 있다고 주장하고 대전지방법원에 소를 제기하였다.

[사건의 경과]

원고의 주장에 대해서 제1심법원[4])은 원고가 실시협약이 해지되었음을 주장하는 근거 세 가지 중 이 사건 실시협약 제58조에 의한 해지 및 합의에 의한 해지는 인정할 증거가 없다고 하고 채무자회생법 제335조 제1항에 의한 해지 가능성 여부만을 심리하였다. 제1심법원은 쌍방 미이행의 쌍무계약의 경우에 관리인에게 계약의 이행 또는 해제에 관한 선택권을 부여한 구 회사정리법 제103조에서 정한 쌍무계약이라 함은 쌍방 당사자가 상호 대등한 대가관계에 있는 채무를 부담하는 계약으로서, 위 규정이 적용되려면 서로 대등한 대가관계에 있는 계약상 채무의 전부 또는 일부가 이행되지 아니하여야 하므로[5], "리차드

---

1) 대전지방법원 2015. 3. 10. 선고 2015타채20880호 판결.
2) 채무자회생법 제335조(쌍방미이행 쌍무계약에 관한 선택) ① 쌍무계약에 관하여 채무자 및 그 상대방이 모두 파산선고 당시 아직 이행을 완료하지 아니한 때에는 파산관재인은 계약을 해제 또는 해지하거나 채무자의 채무를 이행하고 상대방의 채무이행을 청구할 수 있다.
3) 이 사건 실시협약 제58조(중도해지로 인한 협약의 종료) ① 주무관청에 의한 해지: 제53조(사업시행자의 귀책사유 및 그 처리)에서 정한 사업시행자의 귀책사유가 발생하는 경우 주무관청은 본조에 따라 사업시행자에게 서면으로 통지함으로써 본 협약을 해지하고 사업시행자 지정의 취소 또는 관리운영권의 말소 등 기타 필요한 처분을 할 수 있다.
4) 대전지방법원 2015. 12. 16. 선고 2015가합102815 판결.
5) 대법원 2007. 9. 6. 선고 2005다38263 판결 참조.

텍과 피고 사이에, 리차드텍의 파산 당시 이 시간 실시협약에 따른 상호 대등한 대가관계에 있는 채무의 일부가 이행되지 않았음을 인정할 증거가 없고, 오히려 이 사건 실시협약은 피고가 리차드텍으로부터 이 사건 지하주차장 등의 소유권을 이전받고 리차드텍에 일정 기간 이를 일정 기간 무상사용할 수 있는 관리운영권을 설정해 주는 내용"이라고 설시하였다. 따라서 제1심법원은 "피고는 리차드텍에 대한 파산선고 당시 이미 이러한 채무를 이행 완료하였으므로, 상호 대등한 대가관계에 있는 채무는 모두 이행되었다"는 이유로 원고의 청구를 기각하였다.

이에 불복하는 원고의 항소에 대해서 원심법원[6]은 사회기반시설에 대한 민간투자법(이하 '민간투자법')에 의한 실시협약은 지방자치단체인 피고가 민간투자법에 따라 사회기반시설에 대한 민간의 투자를 촉진하여 사회기반시설의 확충, 운영을 도모하기 위한 일련의 사업이 행해지는 과정에서 주무관청과 사업시행자 사이에 사업시행의 조건 등에 관하여 체결하는 계약으로서, 사업시행의 각각의 단계에서 사업시행자가 부담하여야 할 의무(이 사건 주차장 건설, 유지관리 및 운영의무)와 주무관청이 부담하여야 할 의무(사업시행자에게 이 사건 주차장에 대한 관리운영권을 설정, 부여할 의무 등)를 정하고 있다고 전제하였다. 즉 "피고가 지방자치단체의 지위에서 사업시행자에게 관리운영권을 부여하는 행위는 피고가 사회기반시설사업을 행하는 지방자치단체의 지위에서 사회기반시설에 투자하여 그 확충에 기여한 사업시행자에게 그 비용 등을 보전해주기 위한 목적에서 일정한 공법적 규율 하에 자신에게 귀속된 공물에 대한 사용·수익권을 우선적으로 부여"하는 공물의 사용·수익에 대한 처분에 해당하고, 그에 따라 "사업시행자는'물권'인 관리운영권을 취득하고 피고에 대하여 이 사건 주차장을 사용·수익하게 할 채권을 취득하거나 그 채권이 이행된 결과로 이 사건 주차장을 사용·수익할 수 있는 것이 아니다"라고 설시하였다. 다시 말해서 원심의 입장은 "실시협약은 지방자치단체의 관리운영권의 설정·부여할 의무와 사업시행자가 이 사건 주차장을 건설할 의무 등이 본래적으로 성립·이행·존속상 법률적·경제적으로 견련성을 갖고 있어 서로 담보로서 기능하는 쌍무계약이 아니고 실시협약을 임대차계약으로 볼 것도 아니므로, 이 사건 실시협약에 따른 쌍방 당사자의 상호 대등한 대가관계에 있는 채무는 이미 모두 이행되었다"는 것이다. 결론적으로 원심은 원고의 청구를 이유 없는 것으로 기각하고, 원고의 채권실행 방식으로서 "이 사건 근저당권의 목적물인 주차장에 대한 (물권인) 관리운영권에 대해 직접 근저당권을 실행하여 그 매각대금으로 피담보채권의 변제를 받아야 할 것으로 보인다"고 설시하였다. 이에 대해 원고는 상고를 제기하였다.

---

6) 대전고등법원 2017. 9. 13. 선고 2016나10597 판결.

[대상판결]

대법원은 원고의 상고를 기각하였다. 구체적으로 제시된 이유를 요약하면 다음과 같다.

갑 주식회사가 을 지방자치단체와 구 사회기반시설에 대한 민간투자법[7] 제4조 제1호에서 정한 이른바 BTO(Build-Transfer-Operate) 방식의 '지하주차장 건설 및 운영사업' 실시협약을 체결한 후 관리운영권을 부여받아 지하주차장 등을 운영하던 중 파산하였는데, 갑 회사의 파산관재인이 채무자 회생 및 파산에 관한 법률(이하 '채무자회생법') 제335조 제1항에 따른 해지권을 행사할 수 있는지가 문제된 사안에서, 채무자회생법 상 해지권의 입법 취지와 해석론 및 판례의 태도, 구 민간투자법의 내용과 위 실시협약의 공법적 성격 및 내용, 파산 당시 갑 회사가 보유한 관리운영권의 내용과 법률적 성질 등을 종합하여 다음과 같이 판시하였다.

즉 ① 파산 당시 갑 회사와 을 지방자치단체 사이의 법률관계는 상호 대등한 대가관계에 있는 법률관계라고 할 수 없고, ② 갑 회사와 을 지방자치단체 사이의 법률관계 사이에 성립·이행·존속 상 법률적·경제적으로 견련성이 없으며, ③ 오히려 을 지방자치단체가 갑 회사의 파산 이전에 이미 관리운영권을 설정해 줌으로써 위 실시협약에서 '상호 대등한 대가관계에 있는 채무로서 서로 성립·이행·존속상 법률적·경제적으로 견련성을 갖고 있어서 서로 담보로서 기능하는 채무'의 이행을 완료하였다고 봄이 타당하다. 따라서 파산 당시 갑 회사와 지방자치단체 사이의 법률관계는 채무자회생법 제335조 제1항에 서 정한 쌍방미이행 쌍무계약에 해당한다고 보기 어려우므로, 갑 회사 파산관재인의 해지권은 인정되지 않는다.

[판결의 평석]

Ⅰ. 사안의 쟁점

대상판결은 구 민간투자법[8] 상 사회기반시설의 설치 및 운영의 권리와 의무를 정한 실

---

7) 2011. 3. 31. 법률 제10522호로 개정되기 전의 「민간투자법」. 이하 '구 민간투자법'이라 한다.

8) 현행 「민간투자법」은 2021. 12. 30. 법률 개정에 의한 것으로, 본건 판례에서 근거로 인용된 구 민간투자법 제4조 제1호는 민간투자사업의 추진방식 중 이른바 BTO(Build-Transfer-Operate) 방식에 대한 규정으로 해당 조항은 2011. 3. 31. 법률 제10522호로 개정되기 전의 민간투자법 대비 변동 없이 그대로 유지되고 있다. 현행 민간투자법 제4조에 따른 민간투자사업의 추진방식은 크게 4가지 방식으로 분류되는바, ① 사회기반시설의 준공과 동시에(Build) 해당 시설의 소유권이 국가 또는 지방자치단체에

시협약의 당사자인 갑 주식회사와 을 지방자치단체 중 갑 주식회사가 파산하였을 뿐만 아니라 그에 대한 대출채권자(이하 '병 손해보험') 역시 파산함에 따라, 병 손해보험에 대한 파산관재인 예금보험공사가 대출채권 회수를 위해 ① '파산 전 갑 주식회사와 을 지방자치단체 사이의 이 사건 실시협약 제60조, 제61조에 의하여 발생한 갑 주식회사의 파산관재인인 소외인의 피고에 대한 해지시지급금채권'에 관하여 파산법원에 근저당권에 기한 물상대위에 의한 채권압류 및 전부명령을 신청하여, 법원으로부터 압류 및 전부명령을 받고, ② 이에 기하여 실시협약 상 당사자인 을 지방자치단체를 상대로 이른바 갑의 을에 대한 해지시지급금채권(해지시미지급금)에 대한 전부금 지급을 청구한 사건이다.

대상판결은 사회기반시설 설치를 위한 건설자금 조달을 위해 대출금을 병으로부터 조달한 사업시행자인 갑 이외에 대출금 채권자인 병도 곧이어 파산함에 의해 복잡한 당사자 관계를 갖고 있고, 당사자 간 체결된 이 사건 실시협약 이외에 사업의 근거법인 민간투자법 및 시행령에도 해지의 권한 및 해지시지급금에 관한 명시적인 규정이 없어 법률관계 해석 상의 난점이 존재한다. 그럼에도 불구하고 사안의 쟁점은 ① 쌍무계약적 특질을 가진 공법상 계약에 대해서도 실시협약의 사업시행자가 파산한 경우에 채무자회생법 제335조 제1항이 적용 또는 유추적용될 수 있는지, ② 실시협약 상 (파산한) 사업시행자가 쌍방미이행 쌍무계약임을 들어 해지권을 행사할 수 있는지, ③ 따라서 해지권 행사가 유효하다면 이로 인해 발생한 실시협약 상 해지시미지급금을 파산한 사업시행자의 별제권자인 원고가 동 실시협약의 당사자인 주무관청을 상대로 청구할 수 있는지 여부의 문제로 압축된다. 여기서 원고가 이 사건 실시협약 상 사업시행자인 갑 회사의 채권자로서 갑 회사가 주무관청에게 청구할 수 있는 해지시미지급금에 관하여 근저당권에 기한 물상대위에 의한 채권압류 및 전부명령을 받고 이에 기하여 전부금 지급 청구를 청구취지로 기재한 것은 사건의 본질에 큰 영향을 끼치는 사안은 아니라고 보아야 한다.

이에 대상판결이 (구) 민간투자법 상 사회기반시설사업의 시행 및 운영에 있어서 발생한 당사자 간 분쟁의 해결 방안에 대해 어떠한 영향을 미칠 것인지를 검토할 필요가 있는바,

---

귀속되며(Transfer), 사업시행자에게 일정기간의 시설관리운영권을 인정(Operate)하는 방식 ('BTO 방식'), ② 사회기반시설의 준공과 동시에(Build) 해당 시설의 소유권이 국가 또는 지방자치단체에 귀속되며(Transfer), 사업시행자에게 일정기간의 시설관리운영권을 인정하되(Operate), 그 시설을 국가 또는 지방자치단체 등이 협약에서 정한 기간 동안 임차하여 사용·수익(Lease)하는 방식 ('BTL 방식'), ③ 사회기반시설의 준공 후(Build) 일정기간 동안 사업시행자에게 해당 시설의 소유권이 인정되며 (Operate) 그 기간이 만료되면 시설소유권이 국가 또는 지방자치단체에 귀속(Transfer)되는 방식 ('BOT 방식'), ④ 사회기반시설의 준공과 동시에 사업시행자에게 해당 시설의 소유권이 인정되는 방식 등이 그것이다.

이를 위해서는 민간투자법 상 실시협약, 실시협약 해지, 해지시지급금 등의 성격과 사업시행자의 귀책사유에 관한 쟁점을 살펴본 다음에 공익적 성격을 갖는 민간투자사업의 목표를 합목적적으로 달성할 수 있는 사법적 해결방안을 종합적으로 고찰하고자 한다.

Ⅱ. 판례의 이해

1. 판결의 분석

대상판결은 소외 갑 회사의 파산관재인이 해지권을 행사할 수 있는지의 여부는 갑 회사가 이 사건 실시협약에 따라 이 사건 지하주차장 등의 소유권을 피고에게 귀속시킨 다음 관리운영권을 부여 받아 해당 시설을 운영하고 있는 단계에서 이 사건 실시협약이 '쌍방미이행 쌍무계약'에 해당한다고 할 수 있는지 여부에 따라 결정된다고 하였다. 다시 말해서 이 사건의 쟁점은 이 사건 실시협약에 따라 갑 회사가 이 사건 지하주차장 등을 운영하고 있는 단계를 채무자회생법 제335조 제1항에서 정하고 있는 해지의 대상인 쌍방미이행 쌍무관계에 해당되는지 여부로 귀착된다는 것이다.

다수의견(대상판결)은 사회기반시설에 관한 실시협약은 계속적 계약이나, 민간투자법령과 실시협약 상 민간투자사업은 ① 민간투자사업기본계획의 수립 단계, ② 사회기반시설사업 시행 단계, ③ 사회기반시설의 관리·운영 단계의 3단계로 법률관계가 구분됨을 전제로, 주무관청인 을 지방자치단체가 갑 회사의 파산 이전, 즉 사회기반시설사업 시행 단계에 예정된 실시협약상 관리운영권의 설정, 즉 민간투자법상 물권적 의무[9]를 이행 완료하였으므로, 파산 당시에는 이미 사회기반시설의 관리·운영 단계에 해당되어 갑 회사와 을 지방자치단체 사이에는 주무관청이 사업시행자로 하여금 시설을 원활하게 운영하게 해주어야 할 부수적 의무 이외에 위 실시협약상 상호 대등한 대가관계에 있는 법률관계가 존재하지 않는다고 보았다. 또한 만약 사업시행자가 관리운영권에 기하여 사업시설을 사용할 수 있는 지위를 주무관청의 사법적인 의무로 구성하여 사업시행자의 여러 의무들과 상호 대등한 대가관계에 있다고 해석한다면, 관리운영권을 물권으로 명시한 구 민간투자법 등 실정법에 반하게 된다고 설시하였다.

결론적으로 대상판결은 양 당사자가 채무자회생법 제335조 제1항에서 정한 쌍방미이행

---

9) 「민간투자법」제27조 제1항은 "관리운영권은 물권으로 보며, … 민법 중 부동산에 관한 규정을 준용한다"라고 정하고 있다.

쌍무관계에 해당한다고 보기 어려우므로 갑 회사 파산관재인의 해지권은 인정되지 않는다고 판단하여, 갑 회사 채권자의 파산관재인인 원고 예금보험공사의 전부금 지급 청구의 기초가 되는 해지시지급금 역시 발생 근거가 없어 본 사건 전부금 지급 청구는 인정되지 않는다고 판시한 것이다.

판결이유 중에서 특이한 논점은 원고의 해지권을 인정하지 않는 이유 중 하나로서, 민간투자사업을 시행단계와 관리·운영 단계로 구분한 것을 전제로 하여 관리·운영 단계에서의 이 사건 지하주차장 등의 운용실패 등에 따른 위험은 사업시행자가 부담한다는 점이 실시협약에 명시되어 있음에도 불구하고 원고가 이 사건 해지 규정에 따라 실시협약을 해지할 수 있다면 파산절차를 통해 사회기반시설의 운영 위험이 사업시행자에서 국가 등으로 이전되는 부당한 문제가 발생하는 도덕적 해이를 유발한다는 점을 들고 있다는 점이다. 또한 파산관재인의 해지권 행사를 불허하는 결론이 채무자회생법을 잠탈하는 것도 아니고 사업수행능력을 상실한 소외 갑 회사에게 사업시행을 강제하는 것도 아니라고 하였다. 이미 파산절차에 들어선 이상 소외 갑 회사는 재산을 환가하여 권리의 우선순위와 채권액에 따라 환가된 금원을 분배한 후 법인격이 소멸하게 되므로, 갑 회사의 파산관재인, 별제권자인 원고 및 피고가 협의하여 공개매각 등의 절차를 통해 원고의 채권이 변제될 수 있는 방법이 있다는 것이다.

2. 종합적 이해

민간투자법 제1조(목적)에 의해서도 밝히고 있는 바, 사회기반시설에 대한 민간투자사업은 국가적으로 필수적인 공역무 시설의 구축을 위해 민간의 참여와 투자를 촉진하여 국가재정 부담을 완화하고 창의적이고 효율적인 사회기반시설의 확충·운영을 도모하기 위한 제도이다. 민간의 참여와 투자를 촉진하기 위해서는 대규모 투자금이 소요되는 민간투자사업에 있어서 민간과 공공 간에 투자위험의 합리적 분담을 위한 제도적 유인책이 필요하다. 민간투자사업에 있어서 사업시행자는 대규모 투자자금의 마련을 위해 자기자본 이외에도 금융기관 등으로부터의 외부자금 조달이 불가피하므로, 투자위험의 분담은 실시협약의 당사자인 사업시행자 뿐만 아니라 사업에 대한 출자 또는 대출을 실행한 재무적 투자자에게도 적용되어야 한다. 따라서 사업시행자의 파산에 따른 금융기관의 대출금 회수를 가능하게 하는 사법적 구제 장치의 마련 역시 민간투자사업의 지속성을 담보하기 위한 중요한 제도적 기초이다.

이 사건에서 원고인 병 손해보험의 파산관재인 예금보험공사 역시 국민의 예금채권 보호와 금융기관 부실채권의 인수 및 회수를 목적으로 설립된 공적 기관으로서, 보유한 채권의 회수에 최선을 다할 공적 책무를 가진다. 원고는 주무관청인 피고와 사업시행자인 갑회사 간 체결된 실시협약에 의해 주무관청이 부여한 물권인 관리운영권에 대한 근저당권자로서, 채무자 소외 갑 회사에 대한 별제권에 근거한 압류 및 전부명령에 기해 보유하게된 전부금 채권을 주무관청에 대해 청구하는 방식으로 채권을 회수하고자 하였다. 이를 위한 법리적 근거로서 실시협약 상 관리운영권은 주무관청 또는 사업시행자의 해지에 의해발생할 해지시미지급금과 쌍무이행 관계에 있는 권리로서 채무자회생법 제335조 제1항에의해 파산관재인이 해지권을 행사할 수 있음을 들어, 해지권 행사의 효력에 의해 발생한해지시미지급금을 피고가 원고에게 지급할 의무가 있다고 주장한 것이다.

대상판결은 과거 민간투자법의 시행 과정에서 발생한 실시협약 해지 및 해지지지급금관련 분쟁의 유형에 속한다.[10] 구법 및 현행 민간투자법은 제2조 제7호에서 '실시협약'을동 법에 따라 주무관청과 민간투자사업을 시행하려는 자 간에 사업시행의 조건 등에 관하여 체결하는 계약으로 정의하면서도 실시협약의 해지권에 관한 구체적인 규정은 두고 있지 않다. 다만 제24조에서 "민간투자사업으로 조성 또는 설치된 토지 및 사회기반시설은실시협약에서 정하는 바에 따라 관리·운영되어야 한다"고 규정하여 해지 등 실시협약의종료에 관한 근거 및 효력을 개별 실시협약에 위임하고 있다.[11]

이에 따라 이 사건 제1심 판결의 이유 부분에 게재된 이 사건 실시협약을 보면, 제53조(사업시행자의 귀책사유 및 처리)에서 '사업시행자에 대하여 법원의 확정판결에 의한 파산선고가 있는 경우'는 본 협약의 해석에 있어 사업시행자의 귀책사유가 되어 제58조(중도해지로 인한 협약의 종료) 제1항의 주무관청 해지권 발동의 근거가 된다. 즉 이 사건 실시협약

---

10) 종래 실시협약 해지 및 해지시지급금 관련 분쟁으로 주요한 사건으로는 이화령터널건설 민간투자사업실시협약 해지 및 해지시지급금 청구 사건(서울고등법원 2005나10595), 경인운하 민간투자사업의 실시협약 해지에 따른 해지시지급금 청구 사건(서울중앙지방법원 2008가합26822), 구의공원 및 지하주차장건설 민간투자사업의 실시협약 해지에 따른 해지시지급금 청구 사건(대법원 2011다88313) 등을 들 수있다. 해당 사건들은 주로 사업시행자의 귀책 혹은 주무관청의 처분에 의한 실시협약 해지에 따라 사업시행자가 해지시지급금의 지급이행을 청구한 사안이다.

11) 「민간투자법」 자체에서도 제46조(법령 위반 등에 대한 처분) 및 제47조(공익을 위한 처분)에 의거 주무관청은 사업시행자로 지정된 자 라 하더라도 해당 법령의 위반행위를 한 자에 대해서 민간투자법에따른 명령이나 처분의 취소 또는 변경, 사회기반시설공사의 중지·변경, 시설물 또는 물건의 개축·변경·이전·제거 또는 원상회복을 명하거나 그 밖에 필요한 처분을 할 수 있다. 또한 동 법 제49조(사업시행자의 지정취소에 따른 조치)에 의거 주무관청은 제46조 및 제47조에 따라 사업시행자의 지정을 최소한 경우에는 해당 민간투자사업을 직접 시행하거나 제13조에 따라 새로운 사업시행자를 지정하여 계속시행하게 할 수 있다. 그러나 이 사건에서 문제가 되는 해지권의 근거, 해지의 효력, 해지시미지급금의산정 및 지급절차 등에 관해서는 별도의 규정이 존재하지 않는다.

제53조에서 정한 사업시행자의 귀책사유(파산선고)가 발생하는 경우 주무관청은 본조에 따라 사업시행자에게 서면 통지로써 본 협약을 해지하고 사업시행자 지정의 최소 또는 관리운영권의 말소 등 기타 필요한 처분을 할 수 있다. 또한 주무관청이 해지권을 행사하고 사업시행자 지정 취소 혹은 관리운영권을 말소하는 경우 이 사건 실시협약 제59조(협약해지시의 효과)에 따라 본건 사업시설은 즉시 주무관청에 귀속되고 사업시행자의 권리, 권한 등이 소멸하며, 관리운영권이 말소되고, 시설을 건설하기 위해 기투입된 사업시행자의 투자자금은 동 실시협약 제60조, 제61조에 따라 산정된 중도해지시지급금12)으로서 주무관청이 사업시행자에게 지급하도록 되어 있다.

따라서 이 사건의 경우 사업시행자의 귀책사유(파산)에 의해 자신에게 발생한 해지권을 주무관청이 행사하여 실시협약을 종료하고 사업자 지정 취소 및 관리운영권 말소 처분을 하였더라면, 원고가 채권자로서 물상대위 하여 청구하는 해지시미지급금은 이 사건 실시협약에서 정한 규정에 따라 지급받을 수 있는 적법한 권리로서 인정되는 것이다. 여기서 주무관청이 해지시미지급금의 지급을 해태하는 경우 원고는 공법상 계약에 따른 권리를 다투는 당사자소송으로 그 지급을 주장할 수 있었을 것이다. 그러나 대상판결의 판결이유에서 나타난 바 주무관청인 피고는 "민간투자법과 이 사건 실시협약이 정한 대로 소외 갑 회사의 파산에 따라 대체사업자를 선정하거나 해지시지급금을 산정하기 위하여 소외 갑 회사에 자료제출 등을 요청하였으나, 갑 회사의 비협조로 관련 절차를 진행하지 못하였다"고 주장하였으나, 실제로 실시협약 상 사업시행자 귀책사유인 파산을 사유로 한 해지권 행사 및 여타의 처분을 행한 바는 없었던 것으로 보인다. <u>주무관청이 해지권을 행사하지 않는 이상 민간투자법령 및 이 사건 실시협약 상 사업시행자의 귀책을 이유로 한 사업시행자의 해지권은 인정되지 않으므로, 사업시행자의 물상대위권자인 원고의 해지시지지급금의 청구 역시 원칙적으로는 인정될 수 없을 것이다.</u>

사업시행자의 파산 등 귀책사유가 발생하였음에도 불구하고 주무관청이 실시협약 해지 등 별도의 조치를 취하지 않은 경우 민간투자법의 영역에서 사업시행자가 취할 수 있는 법적 조치는 민간투자가 이루어진 사업시설에 대한 매수청구권의 행사이다. 즉 사업시행자는 동 법 제59조에 의거 천재지변 등 대통령령으로 정하는 불가피한 사유로 사회기반시설의

---

12) 매년 정부에서 고시하는 민간투자사업기본계획 상 첨부되는 '민간투자사업 추진 일반지침'에 의하면, 사업자귀책에 따른 해지시지급금에 관해 건설기간 동안에는 총민간투자비에서 건설이자를 차감한 기투입 민간투자자금, 운영기간 동안에는 기투입 민간투자자금을 일정 이율로 상각하여 개산한 정액법 상 각잔액으로 규정하고 있다; 기획재정부, '민간투자사업기본계획', 기획재정부공고 제2022-123호(2022. 7. 18.) 참조.

건설 또는 관리·운영이 불가능한 경우에는 대통령령으로 정하는 바에 따라 국가 또는 지방자치단체에 대하여 해당 사업에 대한 매수청구권을 주무관청에 대하여 행사할 수 있는데, 본 사건과 관련성 있는 동법 시행령 규정은 제39조 제4호의 "그 밖에 주무관청이 사업시행자의 매수청구권을 인정하는 것이 타당하다고 판단하여 실시협약에서 정한 요건이 발생한 경우"이다. 이 경우 주무관청이 매수청구에 불응할 경우 사업시행자의 파산관재인은 실시협약의 해지 요건(파산)이 발생하였음을 들어 공법상 계약에 관한 당사자소송을 통해 주무관청의 관련 시설의 매수를 청구하고 이를 통해 기투입 시설 투자금의 전부 혹은 일부를 회수하는 방안을 강구할 수 있을 것으로 일응 보인다.

그러나 여기에서도 이 사건 실시협약상 통상 사업시행자의 매수청구권 행사가 가능한 요건은 천재지변, 전쟁 등 불가항력적인 사유로 공사 또는 시설 운영의 중단, 총사업비 또는 시설의 보수비용 또는 재시공비의 급격한 증가, 주무관청의 실시협약상 이행사항 해태 등의 사유로 제한되어 있기 때문에, 실시협약의 요건을 들어 사업시행자가 주무관청에 매수청구권을 행사하기는 어렵다. 따라서 파산으로 협약 상 의무이행불능 상태에 빠진 기존 사업시행자를 교체하여 사업을 정상화하기 위한 주무관청의 의지가 없는 한 민간투자법령 및 이 사건 실시협약을 근거로 주무관청에 대해 해지시 미지급금 청구를 통한 채권회수는 불가능하므로, 원고는 사업시행자인 리차드텍의 파산관재인 소외인이 2014. 7. 11. 피고에게 '파산법원으로부터 허가를 받아 이 시간 실시협약을 해지한다'는 통지를 하였다는 사실관계에 터 잡아 공법상 계약인 실시협약에 대해서도 사법인 채무자회생법 제335조 제1항이 적용 가능함을 주장하여 피고에게 해지시미지급금의 전부금 지급을 청구한 것이다.

3. 소결

전술한 바와 같이 이 사건의 핵심적 쟁점은 공법상 계약인 민간투자사업의 실시협약에 대해서도 민법과 채무자회생법 제335조 제1항이 적용되어 실시협약의 당사자인 사업시행자가 실시협약을 해지할 권리를 갖는지에 대한 문제이다. 따라서 이 사건에 있어서는 사업시행자의 실시협약 해지권이 관련 법령과 계약에 의해 적법하게 형성되었는지에 대한 여부와 원고의 청구기초가 되는 해지시미지급금의 지급 근거를 살피는 것이 선행되어야 한다. 이하에서는 민간투자법 상 실시협약과 해지의 요건 및 효력에 대한 법리적 검토를 바탕으로 대상판결 이유제시의 법리적 타당성을 논해 보고자 한다.

Ⅲ. 법리의 검토

1. 민간투자사업의 법적 근거

사회기반시설에 대한 민간투자법의 경우 민간투자사업의 전 과정에서 발생할 수 있는 분쟁해결에 관한 명시적인 규정이 존재하지 않는다. 따라서 분쟁이 발생한 경우 다수의 경우 동 법에 기하여 체결된 사업시행자와 주무관청 간 실시협약의 계약 내용에 따라 법률적 사안을 다투는 것이 일반적이다. 대부분의 실시협약 체결은 주무관청과 사업시행자 간 합의에 따라 다양한 형식과 내용으로 진행되고 있어 개별 사업 간 일관성과 합리성이 미흡한 측면이 있을 수 있기 때문에, 정부는 이러한 문제를 해결하기 위해 실시협약 체결에 관한 표준적 지침을 제시하였다.

우선 매년 기획재정부 공고로 고시되는 민간투자사업기본계획 중 「민간투자사업 추진 일반지침」을 통해 민간투자사업의 투자모델, 자금조달, 사업위험의 합리적 분담, 민간투자사업 관련 기구, 주무관청 및 사업시행자, 민간투자사업의 관리·운영, 분쟁의 예방 및 해결, 부대·부속사업, 해지시지급금 산정 등에 관한 규정을 두어 민간투자사업 추진에 관한 일반적인 가이드라인을 제시하고 있다. 특히 동 일반지침 제40조 제6호는 KDI 산하 공공투자관리센터(PIMAC)로 하여금 민간투자사업에 관한 표준실시협약안을 작성·공표하도록 규정하고 있는데, 이는 다양한 민간투자사업에 공통적으로 적용할 조건을 사전에 제시하여 사업별 실시협약의 일관성과 체결 과정의 효율성을 제고하기 위한 목적이다.

2019년 기준 표준실시협약안은 「수익형 민간투자사업(BTO) 표준실시협약안」과 「임대형 민간투자사업(BTL) 표준실시협약안」이 별도로 작성되어 있다. 이 중 본 사건에 관련되는 수익형 민간투자사업의 표준실시협약안은 전문과 13개 장의 본문, 97개의 조문으로 구성되어 있다.[13] 실시협약의 해지와 관련해서 표준실시협약안 역시 사업시행자의 귀책사유로

---

13) 김혜영 외, 『표준실시협약안의 쟁점 분석 및 개선 방안 연구』, KDI 공공투자관리센터 2019년도 정책연구 보고서, 2019, 56면. 본 사건 이하의 논지를 전개하는데 관련된 표준실시협약안의 주요 내용을 보면 다음과 같다.
제6조(사업시행자의 지정) ① 주무관청은 민간투자법 및 동법 시행령, 시설사업기본계획, 본 협약 및 민간투자사업기본계획에 따라 (가칭)○○회사를 본 사업에 대한 사업시행자로 지정한다.
제60조(사업시행자의 귀책사유 및 처리) ① 다음 각호의 사유들은 본 협약의 해석에 있어 사업시행자의 귀책사유로 보나, 이들 사유에 한정되지 않는다. 3. 사업시행자에 대하여 법원의 확정판결에 의한 파산 선고가 있는 경우
제65조(중도해지로 인한 협약의 종료) ① 주무관청에 의한 해지 - 제61조(사업시행자의 귀책사유 및 그 처리)에 정한 사업시행자의 귀책사유가 발생하는 경우 주무관청은 본조에 따라 사업시행자에게 사

인한 해지권은 주무관청에 대해서만 인정하고 있으므로, 본 건 사업시행자가 파산한 경우 표준실시협약안을 원용하더라도 사업시행자의 실시협약 해지권은 인정될 여지가 없다.

2. 법령 및 학설의 현황

대상판결의 법리 검토를 위한 법령 및 학설의 현황은 실시협약, 협약의 해지, 해지시지급금 등의 법적 성격과 사업시행자 귀책사유 관련 쟁점 등의 순으로 살펴보기로 한다.[14]

(1) 실시협약 및 협약 해지의 법적 성격

실시협약이란 민간투자법에 따라 주무관청과 민간투자사업을 시행하려는 자 간에 사업 시행의 조건 등에 관하여 체결하는 계약(민간투자법 제3조 제6호)으로, 주무관청은 총사업비 및 사용기간 등 사업시행의 조건 등이 포함된 실시협약을 체결함으로써 사업시행자를 지정하게 된다(민간투자법 제13조 제3항). 실시협약은 주무관청과 사업시행자 간의 사회기반시설 건설, 귀속 및 운영에 관한 것으로서, 그 대상 시설의 공공재적 성격으로 인해 민간투자법 및 실시협약을 통해 사업시행자에게 공법상의 권리와 의무가 부과되는 점에서 이를

면으로 통지함으로써 본 협약을 해지하고 사업시행자 지정의 취소 또는 관리운영권의 말소 등 기타 필요한 처분을 할 수 있다.
제66조(협약해지시의 효과) ①제65조(중도해지로 인한 협약의 종료)의 규정에 따라 본 협약이 해지되는 때에는, 해지시점에서 본 사업시설(건설기간 중인 경우 기성부분)은 즉시 주무관청에 귀속되고 사업시행자의 권리, 권한 등이 소멸하며, 관리운영권도 말소된다.
제67조(해지시지급금의 산정) ① 협약당사자는 해지의 효력발생일로부터 30일 이내에 합의에 의하여 별표(해지시지급금)에 따라 해지시지급금을 정한다. 다만 제58조 제3항에 따라 주무관청이 환수할 재정지원금 중 미환수된 금액이 있을 경우 당해 미환수금액은 해지시 지급금에서 차감한다. ② 제1항에 의한 합의가 이루어지지 않는 경우에는 당사자간의 합의에 의하여 전문기관을 지정하여 해지시지급금을 산정하도록 한다. ⑤ 해지시지급금에 관하여 전문기관이 산정한 금액에 대하여 이의가 있을 경우 제12장(분쟁의 해결)의 절차에 따른다.
제71조(양도 및 담보의 제공) ② 본 사업의 시행과 관련한 자금을 조달하기 위하여 필요한 경우, 사업시행자는 채권금융기관등에게 본 협약, 관리운영권 및 설계, 공사 등의 도급계약상 권리 및 의무, 동산, 수입, 은행계좌, 지적재산 또는 기타 권리 및 자산을 양도하거나 이에 대하여 담보를 설정할 수 있다. 다만 본 협약상 권리 및 관리운영권에 대한 담보설정을 위하여는 주주관청으로부터 사전승인을 받기로 한다.
제76조(분쟁의 해결) ③ 협약당사자의 합의로 중재에 회부되지 못하는 경우 본 협약상 분쟁의 합의관할은 ○○법원으로 한다.
14) 이하 학설 및 법리 검토는 김혜영/박지혜 외, 『민간투자사업의 실시협약 해지 및 해지시지급금에 관한 연구 — BTO 사업을 중심으로』, KDI 공공투자관리센터 2015년도 민간투자 정책연구 보고서, 2015의 내용을 주로 참고하였다.

공법상 계약으로 보는데 학계와 실무의 견해가 일치되어 있다.

전술한 바와 같이 민간투자법은 실시협약의 해지에 대한 규정을 두지 않는 대신, 주무관청이 실시협약의 효력을 소멸시킬 수 있는 처분의 근거로 제46조(법령 위반 등에 대한 처분) 및 제47조(공익을 위한 처분)에서 사업시행자의 법령 위반 행위 등에 대한 처분 및 일정 상황 발생시 공익을 위한 처분의 근거를 두고 있다. 한편 사업시행자 측에서 실시협약의 효력을 장래에 향하여 소멸시킬 수 있는 경우로서 제59조(매수청구권의 인정)에서 불가항력적 사유를 이유로 하는 사업시행자의 매수청구권을 인정하고 있다.

민간투자법이 실시협약 해지에 관한 명시적 규정을 두지 아니한 결과 해지 및 해지시지급금 약정은 개별 실시협약에서 정하는'약정해지'의 형태로 체결되고 있다. 민간투자법이 실시협약 체결 행위에 사업시행자 지정의 효과를 부여하면서도 실시협약의 해지에 관한 법적인 근거를 직접 마련하지 않은 것은 이례적인 입법 미비로 보인다.[15] 공법상 계약의 해지라는 성격을 가지는 실시협약의 해지에 관하여 민간투자법령의 명시적 규정이 없으므로, 결국 실시협약의 해지에 관한 해석에 있어서는 민법상 계약의 해지에 관한 규정을 유추적용하거나 필요한 한도 내에서 민법상 계약의 해지에 관한 규정을 수정하여 적용할 수 있는지를 고찰할 필요가 있다.

이와 관련해서 민법은 제550조(해지의 효과)에서 "당사자 일방이 계약을 해지한 때에는 계약은 장래에 대하여 그 효력을 잃는다"고 규정하고 있다. 일반적으로 해지란 위 조항을 근거로 계속적 계약에 있어서 일방 당사자의 계약해지의 의사표시(해지 통지)로써 장래 일정한 시점 이후의 계약채무를 소멸시키는 행위로 해석된다. 계속적 계약은 존속기간의 정함이 있어도 중요한 이유 또는 부득이한 이유가 있으면 계약을 해지할 수 있다. 여기서 '중요한 이유'란 당사자 상호간의 신뢰관계를 기초로 하는 계속적 계약의 성격 상 계약의 존속 기간 중에 당사자 일방의 계약상 의무 위반이나 기타 부당한 행위 등으로 인해 계약관계를 그대로 유지하기 어려운 정도를 의미하며, 이 경우 상대방은 계약관계를 해지함으로써 장래에 향하여 그 효력을 소멸시킬 수 있다.[16] 또한 계속적 계약을 체결한 후에도 일정한 사정변경이 있으면 계약의 해지를 인정할 수 있다.

민간투자법 상 실시협약 역시 장기간이 소요되는 민간투자사업의 건설 단계와 운영 단

---

15) 공물의 사용관리 관계를 규율하는 「국유재산법」과 「공유재산 및 물품관리법」('공유재산법')에 따르면, 국유재산의 사용 허가의 취소 또는 철회의 근거 규정(국유재산법 제36조, 공유재산법 제25조) 및 대부계약의 해제 또는 해지 조항(「국유재산법」 제47조, 공유재산법 제35조)을 두고 있다.

16) 대법원 2010. 10. 14. 선고 2010다48165 판결 및 대법원 2013. 4. 11. 선고 2011다59629 판결 이유 부분 참조.

계 전체에 걸쳐 상호간 밀접하게 관련되어 있는 계속적 계약으로서 민법상 해지의 규정이 적용되는 계약이다. 따라서 공법상 계약인 실시협약의 기초가 되는 법률상 또는 사실상의 상황에 중대한 변화가 있어 계약 내용을 그대로 이행하는 것이 공익상 적절하지 않을 경우 협약의 당사자는 새로운 상황에 적용되도록 계약내용의 변경을 요구할 권한 또는 계약해지권을 갖는다. 이에 따라 민간투자법에서 해지에 관한 구체적인 사항을 정하고 있지는 않지만, 개별 사업의 실시협약에서는 해지의 사유, 해지권 행사의 절차, 해지시 법률관계의 처리 등을 상세하게 정하고 있는 것이다. 그러나 주무관청의 귀책사유로 인해 사업시행자에게 해지권이 부여되는 경우를 제외하고는 행정법학상 실시협약의 해지 관련 논의는 주로 공법상 계약의 해지시 특수한 규율로서 언급되는 행정주체의 일방적 해지권 및 그에 따른 손실보상 논의(해지시지급금의 성격 등)를 중심으로 전개되고 있다.

(2) 해지시지급금의 법적 성격

실시협약 상 해지시(미)지급금이란 사회기반시설사업의 건설 또는 운영기간 중에 실시협약에서 정한 사유로 계약이 해지될 경우 사업시행자의 매수청구 요청에 따라 정부가 해당 시설의 관리운영권을 회수하는 대신 사업시행자에게 보상하는 지급금으로 정의된다. 해지시지급금은 사업시행자의 관리운영권이 소멸하고 주무관청이 사회기반시설의 완전한 소유권을 회복하는 대가 내지 손해 또는 손실 보상적 측면을 고려하여 사업시행자에게 지급하기로 약정한 금원[17]의 성격을 가진다. 법리적으로 해지시지급금 약정은 주무관청의 사업시행자에 대한 ① 청산 효력에 따른 부당이득의 반환, ② 귀책사유에 따른 손해배상, ③ 공공필요에 따른 손실보상 등의 성격을 갖는다.

계약이 해지되면 그 때까지 발생한 계약상의 채권채무는 해지의 발효 후에도 여전히 존속하지만 장래에 대하여 계약의 효력이 상실되므로, 계약 해지시 계약관계의 종료에 따른 계약상의 청산의무가 발생한다. 실시협약이 해지되기 이전에 사업시행자는 실시협약에 따라 건설기간 중에는 민간투자비를 투입하여 사회기반시설을 건설하고, 준공 이후에는 사회기반시설에 대한 관리운영권에 근거하여 사회기반시설을 사용·수익하고 사용자로부터 사용료를 징수한다. 건설기간 중에 실시협약이 해지되는 경우에는 사업시행자의 민간투자비로 투입한 가치 상당이 주무관청에 이전되고, 준공 이후 관리운영권이 설정된 이후라면 사업시행자의 관리운영권이 소멸되고 주무관청은 관리운영권의 제한이 없는 완전한 소유권자가 된다. 따라서 실시협약이 해지될 경우 사회기반시설에 대한 권리관계 및 사업시행자

---

17) 김혜영/박지혜 외, 앞의 책, 235면.

의 자산 관련 권리관계의 변경을 반영하여 청산관계가 성립하는데, 해지시지급금 약정은 주무관청이 청산관계의 효과로 취득한 사회기반시설 및 관련 자산의 인수를 받은 이득이 부당한 이득이 되지 않도록 손해를 입은 자에게 반환하는 부당이득금 약정의 성격을 일차적으로 지니게 된다.

민법 제551조는 계약이 해지되더라도 손해배상의 청구에 영향을 미치지 않는다고 규정하고 있으므로, 실시협약의 당사자는 손해배상의 일반 법리에 따라 계약불이행에 귀책사유가 있는 채무자에 대하여 손해배상을 청구할 수 있다. 실시협약에서 당사자는 약정해지의 형식을 취하고 있으나, 기본적으로는 법정해지와 동일하게 사업시행자 또는 주무관청의 귀책사유가 있는 경우를 해지사유로 정하고 있다. 따라서 당사자는 일반 법리상 귀책사유가 있는 당사자에 대해 손해배상청구권을 가지고 있다. 실시협약이 해지될 경우 해지권자는 귀책사유 상대방에 대하여 귀책사유가 없이 계약이 이행되었더라면 상대방이 얻을 이행이익 혹은 신뢰이익에 대한 배상을 청구할 수 있다. 즉 주무관청의 귀책사유가 있을 경우 사업시행자의 이행이익은 실시협약과 관리운영권 부여에 따른 사회기반시설로부터의 사용·수익 가치일 것이다. 반면 사업시행자의 귀책사유가 있을 경우 주무관청은 실시협약과 관리운영권에 따른 사용·수익권자가 아니므로, 주무관청의 손해는 '계약의 이행으로 인한 이익'이라기보다는 '계약이 이행되리라 믿고 지출한 비용'이라는 신뢰이익에 대한 침해로 보아 신뢰이익의 배상 청구가 가능할 것이다.[18]

마지막으로 주무관청이 민간투자법 또는 실시협약에 기하여 계약을 해지하는 경우에 발생하는 해지시지급금은 공법상 공공 필요에 따른 손실보상의 법리로도 설명할 수 있다. 즉 헌법 제23조 제3항에 따라 공공 필요에 의한 재산권의 수용·사용·제한은 법률로써 하되 보상 역시 법률로써 정당한 보상을 지급하도록 정하고 있으므로, 비록 실시협약 상 사업시행자의 귀책사유에 의해 주무관청의 해지권이 발동되더라도 이것이 공공 필요에 의한 재산권의 수용·사용·제한에 해당하는 경우 사업시행자는 주무관청에 대해 손실보상 청구권에 기해 해지시지급금을 청구할 수 있을 것이다. 다만 '정당한' 손실보상의 범위는 학설상 통설에 따라 완전보상설을 취하여 "원칙적으로 피수용재산의 객관적인 재산가치를 완전하게 보상"하는 것이지, 개발이익과 같은 추정적인 재산상 손실까지 포함하는 것은 아니라는 것이 판례의 태도이다.[19]

---

18) 김혜영/박지혜 외, 앞의 책, 241면.
19) 헌법재판소 1990. 6. 25.자 89헌마107 결정.

(3) 사업시행자 귀책사유 관련 쟁점

현행 민간투자사업 표준실시협약안 및 이 사건 실시협약은 귀책사유가 양 당사자 중 어느 일방에게 있는 경우 다른 당사자가 해지권한을 행사할 수 있는 구조로 구성되어 있다. 사업시행자의 귀책사유에 대해 주무관청의 판단 여지가 문제되는 여타 사유 대비 이 사건에서와 같은 사업시행자의 파산은 수익형 민간투자사업(BTO) 표준실시협약안 제60조 및 이 사건 실시협약안 제53조에 의해 명확하게 사업시행자의 귀책사유로 규정되어 있고 이에 따라 다른 당사자인 주무관청이 실시협약의 해지권한을 갖는다. 그런데 사업시행자의 귀책사유에 따른 실시협약 해지권의 행사와 관련하여 주무관청이 이를 행사할 것인지 여부의 판단은 해지권자인 주무관청의 선택에 달려 있다.[20] 따라서 원칙적으로는 사업시행자의 귀책사유로 인한 해지사유가 발생하더라도 주무관청이 반드시 해지권을 행사하여 실시협약을 해지해야 할 계약상 의무가 있는 것은 아니다. 그러나 채무자회생법 제335조 제1항은 파산선고 당시 아직 그 이행이 완료되지 아니한 미이행 쌍무계약에 대해서는 파산관재인이 계약을 해지하거나 채무자의 채무를 이행하고 상대방의 채무를 청구할 수 있다고 정하고 있다. 따라서 <u>사업시행자가 파산선고를 받아 귀책사유가 발생하였는데 주무관청이 실시협약 해지권을 행사하지 않는 경우에도 건설기간 또는 운영기간 중에 있는 민간투자사업의 실시협약이 채무자회생법상 미이행 쌍무계약에 해당되어 파산관재인이 해지권을 행사할 수 있는지가 문제가 된다.</u>

실시협약이 채무자회생법 상 미이행 쌍무계약에 해당되는지를 판단하기 위해서는 우선 주무관청과 사업시행자가 실시협약 상 부담하는 주된 의무를 살펴볼 필요가 있다. 이 사건과 같은 수익형 민간투자사업(BTO)의 경우 실시협약 당사자 상호 간의 의무는 ① 건설기간 중 사업시행자는 준공예정일까지 시설 준공 의무를, 주무관청은 시설 공사에 필요한 사업부지를 무상 또는 유상으로 사용할 의무를 부담하고, ② 준공 시점에 사업시행자는 사회기반시설을 주무관청에게 무상으로 기부채납할 의무를, 주무관청은 사회기반시설을 실시협약에서 정한 사용·수익 기간 동안 무상 사용·수익할 수 있는 관리운영권을 설정할 의무를 부담하며, ③ 운영기간 중 사업시행자는 사회기반시설을 관리·운영·유지하여 일반 공중으로 하여금 사용할 수 있도록 해 주어야 할 의무를, 주무관청은 사회기반시설의 사용 수익에 필요한 사업 부지를 사용하게 해주어야 할 의무를 부담하게 된다. 따라서 수익형 민간투자사업(BTO)의 경우 건설기간 및 준공시점까지는 사업시행자와 주무관청이 상대방

---

20) 수익형 민간투자사업(BTO) 표준실시협약안 제65조 제1항 및 이 사건 실시협약안 제58조 제1항.

에게 부담하고 있는 의무가 상호 대가적인 관계에 있으므로, 이 기간 중 사업시행자에 대한 파산선고가 있는 경우 실시협약이 채무자회생법 상 미이행 쌍무계약의 성격을 갖고 있다고 해석하는데 큰 무리가 없다.[21]

문제는 이 사건의 사례와 같이 시설이 준공되어 사업시행자가 사용·수익 중인 운영기간 중에 해지 사유가 발생한 경우이다. 이 경우 대상판결은 주무관청이 시설 기부채납의 대가로 관리운영권을 설정해 주었으므로 서로 상대방에게 대가적 관계에 있는 의무를 모두 이행한 것으로 볼 수 있음을 이유로 운영기간 중에는 실시협약은 더 이상 미이행 쌍무계약으로서의 성격을 갖지 않는다는 입장을 취하고 있다. 그러나 이 사건 반대의견의 논거와 같이 민간투자법에 기한 실시협약은 건설·시행 단계와 관리·운영 단계가 서로 유기적으로 밀접하게 관련되어 있는 하나의 계속적 계약으로서, 사회기반시설을 준공하여 소유권을 주무관청에 귀속시키고 이를 운영할 사업시행자의 의무와 사업시행자에게 관리운영권을 설정해 주고 이를 운용할 수 있도록 해 줄 주무관청의 의무는 건설기관과 운영기간을 포함한 실시협약의 전체 존속기간 동안 상환적으로 존재하는 쌍무계약의 특질을 가지고 있으므로, 쌍방미이행 쌍무계약의 법리는 이 사건 실시협약에도 적용되어야 함이 타당하다고 판단된다. 특히 운영기간 중 사업시행자가 관리운영권에 근거하여 시설을 운영하면서 얻게 되는 사용료는 ① 기부채납한 시설에 대한 투자금의 대가와 ② 운영기간 중 관리운영이라는 용역을 제공하고 그에 대한 반대급부로 지급받는 대가라는 성격을 갖게 되므로, 사업시행자와 주무관청은 여전히 미이행된 상호 대가적인 의무를 부담하고 있다고 해석될 수 있다. 따라서 관련 판례[22]에 비추어 볼 때 민간투자사업의 실시협약의 경우에도 미이행 부분이 일부라 하더라도 계약 전체가 미이행 쌍무계약으로 취급될 수 있는 것이다.

한편 대상판결은 민간투자법에 의거하여 민간투자사업의 사업시행자에게 물권의 성질을 지닌 관리운영권이 설정된 이상 통상의 소유권의 이전을 계약의 목적으로 하는 매매계약의 경우와 같이 추가적인 이행의 문제는 남지 않으므로, 실시협약은 관리운영권 설정 이후부터는 더 이상 미이행 쌍무계약으로 보기 어렵다는 의견을 펴고 있다. 이러한 견해에 대해서는, 민간투자법상 관리운영권을 물권으로 인정하는 이유는 이 사건에서 나타난 바와 같이 이를 담보로 타인자본의 조달을 보다 용이하게 하기 위해 도입된 제도에 불과한 것이므로 일반 사법에서 말하는 물권으로서의 대세적 권리라고 보기 어렵다는 반론이 제기된다.[23]

---

21) 김혜영/박지혜 외, 앞의 책, 272면.

22) 계약상 의무의 일부분이 미이행되고 서로 쌍무적인 관계에 있는 경우의 취급에 대해서는 미이행 공사에 대한 대법원 판례(2003. 2. 11. 선고 2002다65691 판결) 참조; 김혜영/박지혜 외, 앞의 책, 273면 재인용.

요컨대 민간투자사업의 경우 해당 시설이 준공되어 주무관청에 기부채납 되고 사업시행자가 물권인 관리운영권을 부여받아 관리·운영 단계에 진입한 경우에도 이는 물권의 설정 이외에 더 이상 이행의 문제가 발생하지 않는 소유권 이전의 경우와 달리 실시협약에서 정하는 바에 따라 주무관청은 해당 시설 및 사업 부지를 사용·수익하게 해 주어야 할 의무를 부담하며, 사업시행자의 경우 그에 대한 대가로서 주무관청에 대해 시설의 적정한 관리·운영·유지 의무를 부담하는 미이행 쌍무계약 관계가 유지된다고 보아야 한다. 실시협약이 미이행 쌍무계약에 해당되어 파산 등의 사유로 해지되는 경우 사업시행자는 주무관청에 대해서 실시협약의 해지에 따르는 청산관계의 이행으로서 사업시행자가 보유하고 있는 관리운영권 등 제 권리 및 사회기반시설과 사업 부지를 정부에 이전시켜야 하고, 그 반대급부로 실시협약에서 정한 사업시행자의 귀책에 따른 해지시지급금을 주무관청으로부터 지급받아 파산재단 등에 귀속시키게 될 것이다.[24]

2. 비판적 검토

대상판결은 쌍무계약의 특질을 가진 공법적 법률관계에도 쌍무계약의 해지에 관한 채무자회생법 제335조 제1항이 적용 또는 유추적용 될 수 있고, 민간투자법령의 규율을 받아 공법적 법률관례로서의 특수성이 강한 이 사건 실시협약의 사업시행자가 파산한 경우에도 동 조항이 적용되는 것을 전제로 한다. 그러나 사회기반시설사업의 운영단계에는 주무관청과 사업시행자 간 상호 대등한 대가관계에 있는 법률관계, 즉 쌍방미이행 쌍무계약 관계가 존재하지 않아 사업시행자의 해지권이 존재하지 않으므로 해지시미지급금을 기초로 한 원사업시행자의 별제권자가 전부금을 청구하는 주장 역시 이유 없다는 결론을 도출하였다. 그러나 행정상 법률관계를 공법관계와 사법관계로 구분하여 재판관할을 결정하는 공·사법 이원론적 사법체계 하에서는 당해 법관계가 공법관계로 파악되면, 일차적으로는 행정법규 및 행정법 고유의 불문법 원리에 의한 규율을 받는 것이 원칙이다. 행정법관계에 있어서의 다툼에 관한 쟁송수단을 행정소송법에 별도로 마련해두고 있는 우리 법제 하에서 공법관계와 사법관계의 구분은 소송절차와의 관련해서 그 의미가 있기 때문이다.[25] 따라서 실시협약상으로는 사업시행자 귀책의 경우 주무관청이 해지권을 가지고 있고 그 행사 여

23) 황호동/황학천/김길홍, "사회기반시설에 대한 민간투자법에 따른 실시협약에 대한 해석", 『BFL』 제37호, 2009, 46-47면; 김혜영/박지혜 외, 앞의 책, 275-276면 재인용.
24) 김혜영/박지혜 외, 앞의 책, 275면.
25) 김동희, 『행정법 I』, 제24판, 2018, 73면.

부는 주무관청의 판단에 따르는 것이어서 파산이라는 귀책사유를 지닌 사업시행자의 파산 관재인이 비록 사업시행자가 민간투자사업을 계속적으로 수행하는 것이 파산의 목적 상 적합하지 않다고 판단했더라도 실시협약 상 해지권을 행사할 수 있도록 한다는 것은 실시 협약이 쌍방미이행 쌍무계약 관계에 있다는 것과는 전혀 별개의 문제이다.

민간투자법은 주무관청에 의한 사업시행자 지정취소나 대상사업의 지정취소 규정을 두고 있으면서도 사업시행자의 파산에 따른 실시협약의 해지권을 인정하는 조항을 두고 있지 않고, 다만 이 사건 실시협약 제58조 제1항, 제53조 제1항 제3호에 따라 '사업시행자에 대하여 법원의 확정판결에 의한 파산선고가 있는 경우'에 한해 '주무관청'만이 실시협약을 해지하고 사업시행자 지정 취소 또는 관리운영권 말소 등 필요한 처분을 할 수 있을 뿐이다. 그러므로 별개의견이 적절히 지적하는 바, 채무자회생법을 근거로 실시협약을 사업시행자인 소외 갑 회사의 파산관재인이 일방적으로 해지할 수 있게 하는 것은 사업시행자가 자신에게 귀책사유가 존재함에도 불구하고 오히려 주무관청에게 사업시행자 지정처분 취소를 강제하게 되는 부당한 결과를 낳는다는 문제가 있다. 그럼에도 불구하고 대상판결은 행정소송으로 제기하여야 할 사건을 민사소송으로 잘못 제기한 원고가 주장하는 논점의 틀에 구속되어, 건설·시행 단계와 관리·운영 단계가 서로 유기적으로 밀접하게 관련되어 있는 하나의 계속적 계약으로서 사업시행자의 의무와 주무관청의 의무가 건설기관과 운영 기간을 포함한 실시협약의 전체 존속기간 동안 상환적으로 존재하는 쌍무계약의 특질을 가지고 있는 실시협약의 권리·의무 관계를 사업단계별로 작위적으로 분리하여, 파산선고 당시 쌍방미이행 쌍무관계가 없으므로 사업시행자의 해지권도 존재하지 않는다는 결론을 도출하였다.

요컨대 대상판결은 파산이라는 귀책사유가 있어 실시협약의 해지권을 행사할 수 없는 경우 사업시행자의 기투입 자금 회수 방법으로 관리운영권에 대한 채권자의 근저당권 실행을 통한 매각대금의 변제라는 소외의 방안을 제시하기 앞서서, 주무관청이 사업시행자의 귀책사유 발생에도 불구하고 해지권을 행사하지 않음으로 인해 사회기반시설 사업의 계속적 수행이 실질적으로 불가능한 사업시행자를 실시협약의 당사자로 그대로 잔류시키고 기투입한 투자금(해지시미지급금) 회수의 방안도 차단시킨 부당한 상태를 야기한 주무관청에 대해서 공법상 손해배상 또는 손실보상을 통해 해지 시 지급금 청구가 가능한지의 여부를 검토하는 것이 타당했다고 판단된다.

또한 "공법관계에 관한 분쟁은 원칙적으로 행정소송으로 제기하여야 하고 만일 민사소송으로 제기하였다면 전속관할 위반의 위법이 있다"는 대법원 판례[26]의 취지는 공법상 계약의 성격을 갖는 실시협약의 법률관계에 대해서도 그대로 적용될 것이다. 따라서 원고가 행정소송으로 제기하여야 할 사건을 민사소송으로 잘못 제기한 경우 행정소송으로서의 소송요건을 결하고 있음이 명백하여 행정소송으로 제기하였더라도 어차피 부적법하게 되는 경우가 아님에도 제1심과 원심이 이 사건 협약에 관한 분쟁을 민사소송에 해당한다고 판단하고 본안판단으로 나아갔으므로, 이는 이 사건 협약의 법률관계 및 쟁송 방식에 관한 법리와 전속관할에 관한 규정을 위반한 잘못이 있는 것이다. 상기 인용한 판례는 이러한 경우에 대해 원심판결 및 제1심 판결을 각각 파기, 취소하고, 사건을 행정법원에 이송한다는 판결을 선고한 바 있다.[27]

Ⅳ. 요약과 결론

이상의 설명은 다음의 세 가지 명제로 정리할 수 있다.

1. 대상판결은 내심의 동기가 여하함을 불문하고, 원칙적으로 행정소송으로 제기하여야 할 사건을 민사소송으로 잘못 제기한 원고가 주장하는 논점의 틀에 구속되어 논지를 전개한 것으로 보인다. 이에 따라 건설·시행 단계와 관리·운영 단계가 서로 유기적으로 밀접하게 관련되어 있는 하나의 계속적 계약으로서 사업시행자의 의무와 주무관청의 의무가 건설기관과 운영기간을 포함한 실시협약의 전체 존속기간 동안 상환적으로 존재하는 쌍무계약의 특질을 가지고 있는 민간투자법 상 실시협약의 권리·의무 관계를 사업단계별로 작위적으로 분리하여, 파산선고 당시 쌍방미이행 쌍무관계가 없으므로 사업시행자의 해지권도 존재하지 않는다는 결론을 도출하였다.

2. 한편 실시협약이 쌍방미이행 쌍무계약 관계에 해당한다고 하더라도, 공법상 계약인 실시협약 상 명시적으로 사업시행자 귀책의 경우 주무관청이 해지권을 가지고 있음에도 불구하고 채무자회생법 제335조 제1항을 들어 파산의 귀책사유를 지닌 사업시행자의 파산관재인이 실시협약 상 해지권을 행사할 수 있도록 하는 것은 공·사법 이원론의 법체계 하에서 공법상 법률관계에 대한 사법 준용의 한계를 넘어서는 해석이다.

3. 따라서 대상판결은 사업시행자의 귀책사유 발생에도 불구하고 해지권을 행사하지 않

---

26) 대법원 2017. 11. 9. 선고 2015다215526 판결.
27) 대법원 2017. 11. 9. 선고 2015다215526 판결; 김혜영/박지혜 외, 앞의 책, 236면.

음으로 인해 부당한 상태를 야기한 주무관청에 대하여 공법상 당사자소송을 통해 다툴 수 있는 방법과 절차를 모색하여 민간투자사업의 원천적 공익목적을 달성할 수 있도록 적절한 사법적 조치를 취할 필요가 있었다고 판단된다.

생각할 문제

1. 공법상 법률관계에 대한 사법 준용의 허용 범위와 한계는 무엇인가.

2. 현행 법령 체계 하에서 민간투자법상 분쟁 해결 절차로서 행정쟁송의 전속관할을 인정할 수 있는가.

3. 현행 민간투자법령의 입법적 개선 방안을 제시하라.

대법원 2021. 11. 25. 선고 2020두43449 판결
[조례에 근거한 보조금의 지급제한과 법률유보 원칙]

민 병 국*

[사실관계]

대구광역시는 2006. 2. 19.부터 시내버스 준공영제(수입금 공동관리형)를 시행하고 있고, 원고는 대구광역시에서 시내버스 운송사업을 하는 주식회사이다. '시내버스 준공영제'란 시내버스 운송사업자가 시내버스 운행과 노무·차량관리 등을 담당하고, 대구광역시는 시내버스 노선 및 운행계통의 조정 권한을 가지면서 표준운송원가에 비해 부족한 운송수입금의 전부 또는 일부에 대하여 재정을 지원하는 제도를 말한다[구「대구광역시 시내버스 준공영제 운영에 관한 조례」(2021. 9. 30. 대구광역시조례 제5644호로 개정되기 전의 것)(이하 '이 사건 조례'라고 한다) 제2조 제1호]. 대구광역시 시내버스 준공영제의 경우, 표준운송원가는 운송비용과 적정이윤으로 구성되고, 적정이윤은 기본이윤과 성과이윤으로 세분된다. 「대구광역시 시내버스 준공영제 운영지침」(이하 '이 사건 지침'이라고 한다) 제34조 제1항은 "시는 운송사업자의 서비스 및 경영 개선 등을 위하여 경영상태 및 서비스상태 등을 기준으로 운송사업자별로 성과이윤을 차등지급하거나 우수업체에 대하여 제한적으로 성과이윤을 차등지급할 수 있다."라고 규정하고 있고, 제2항은 "시는 다음 각 호에 해당하는 운송사업자에 대하여는 성과이윤의 일부 또는 전부의 지급을 제한할 수 있다."라고 규정하면서, 제7호에서 '경영활동과 관련하여 위법, 부정, 탈루 등의 행위를 한 경우'를 정하고 있다. 한편, 원고의 대표이사를 포함한 임직원들은 2018. 7. 24. 업무상 횡령죄 및 배임수재죄 등으로 형사판결을 선고받았고[1], 위 판결이 그 무렵 확정되었다. 대구광역시 준공영제운영위원회는 2018. 10. 22. 이 사건 운영지침 제34조 제2항 제7호(이하 '이 사건 쟁점조항'이라고

---

* 창원지방법원 진주지원 부장판사

1) 범죄사실은 '회사건물 신축공사 시공사 선정관련 금품 수수, 회사 사무실 부지 위 고가도로 공사시 소음 등 불편에 대한 위로금 임의사용, 폐차대금 장부가액 대비 차액 임의사용, 신차구입시 수령한 기프트 카드액 임의사용 등'인데, 원고는 위 범행 관련 횡령액 내지 취득액이 운송원가 및 수입금과는 상관없다는 취지로 주장하였고, 이에 대하여는 피고가 다투지 않았다.

한다)를 근거로 원고에 대하여 성과이윤 1년분의 전부 내지 일부 제한을 심의 · 의결하였고, 이에 따라 피고(대구광역시장)는 2018. 10. 22. 원고에 대하여 성과이윤 1년분에 해당하는 164,345,713원의 전부 지급제한 처분을 하였다(이하 '이 사건 처분'이라고 한다).[2]

[사건의 경과]

원고는, 이 사건 지침 제34조 제2항이 모법인 이 사건 조례의 위임이 없거나 위임 범위를 벗어나 무효이므로, 이 사건 쟁점조항을 근거로 한 이 사건 처분이 위법하다고 주장하였다. 이에 대하여 제1심법원[3]은, 이 사건 조례 제22조는 "시장은 운송사업자가 재정지원금을 부당수급하거나 운송수입금을 누락한 경우에는 부당수급액 또는 수입누락액 전부를 환수하고 환수처분일로부터 1년간 성과이윤 지급대상에서 제외한다."고 규정하고 있을 뿐, 그 외에 운송사업자에 대한 성과이윤의 지급을 제한할 수 있는 근거 규정을 두지 않고 있으므로, 이 사건 조례는 '재정지원금의 부당수급'과 '운송수입금의 누락'이라는 사유를 제한적으로 열거하면서 준공영제의 재정 운영에 영향을 미치는 사항만을 성과이윤 지급제한의 사유로 삼고 있다고 보아야 하고, 이 사건 지침 제34조 제2항에서 열거한 사유들은 이 사건 조례 제22조에 규정된 '재정지원금 부당수급', '운송수입금 누락'을 구체화하는 범위를 벗어나는 사유들로서 이 사건 조례의 위임 범위를 벗어나는 것이어서 무효이며, 이 사건 처분은 무효인 이 사건 쟁점조항에 근거한 것이어서 위법하다는 이유로 원고의 주장을 받아들여 청구를 인용하였다. 원심법원[4]은 1심법원이 든 이유에, 이 사건 조례 제27조에서 "준공영제 운영에 대하여 이 조례에서 규정되지 아니한 세부적인 사항은 대구광역시 여객자동차 운수사업 지원 조례, 대구광역시 지방보조금 관리 조례 및 준공영제 운영 관련 지침을 따른다."고 규정하고 있는데, 이는 이 사건 조례 제22조 등을 구체화하는 범위 내에

---

2) 실제 처분은 피고가 운송수입금을 공동관리하는 대구광역시 버스운송사업조합 산하 수입금 공동관리 업체협의회에 대구광역시 준공영제운영위원회의 회의결과를 알리면서, 원고에 대한 성과이윤 지급제한 안이 전부 제한으로 의결되었다는 취지를 통보하는 방식으로 이루어졌다. 원고는 위 통보가 피고의 성과이윤 지급제한 처분에 해당한다고 주장하면서 취소소송을 제기하였고, 소송에서 위 통보의 처분성 여부가 쟁점으로 다투어졌다. 1심과 원심은 처분성을 인정하였고, 대법원도 처분성을 인정한 원심 판단이 옳다고 보았다. 처분성은 본 평석에서 다루는 쟁점이 아니므로, 편의상 이와 관련된 부분을 간략히 정리한다.

3) 대구지방법원 2019. 7. 18. 선고 2018구합25716 판결.

4) 대구고등법원 2020. 6. 19. 선고 2019누4302 판결.

서 그 세부적인 내용을 이 사건 운영지침 등에서 정할 수 있다는 의미로 보아야 하므로, 이 사건 조례 제22조 등에서 정한 범위를 벗어나 새로운 제재사유를 창설하는 것은 허용되지 않는다는 이유를 추가로 설시하면서, 이 사건 처분이 위법하다는 1심법원의 결론을 정당하다고 보아 피고의 항소를 기각하였다. 이에 대해 피고가 상고를 제기하였다.

[대상판결]

대법원은 원심판결을 파기하고 사건을 다시 심리·판단하도록 원심법원에 환송하였다. 그 구체적인 설시를 요약하면 다음과 같다.

이 사건 조례는 성과이윤을 포함한 표준운송원가에 관하여 지출근거가 되는 규정과 그 지급대상 및 방법에 관한 일반 규정을 마련해 두고 있지만, 보조금의 지급기준과 범위 등에 관하여는 이 사건 조례에 구체적인 규정을 두고 있지 않다. 이와 같은 사정에 지방보조금의 교부가 수익적 행정행위라는 점을 더하여 보면, 보조금의 지급기준과 범위 등을 정함에 관하여는 교부관청인 시장에게 폭넓은 재량이 부여되어 있다고 할 것이다.

피고는 그 재량을 행사하기 위한 준칙으로 조례 시행규칙이나 내부 지침 등 행정입법 형식으로 보조금 교부에 관한 세부기준을 정할 수 있고, 그와 같은 기준은 상위법령이나 조례에 반한다거나 객관적으로 합리적이지 않다고 볼 만한 특별한 사정이 없는 한 가급적 존중되어야 한다(대법원 2018. 8. 30. 선고 2017두56193 판결, 대법원 2019. 10. 31. 선고 2017두62600 판결 등 참조).

원심은, 이 사건 쟁점조항은 이 사건 조례의 위임범위를 벗어난 것이어서 법규로서의 효력이 없고, 이 사건 처분은 법규로서의 효력이 없는 이 사건 쟁점조항에 근거한 것이어서 위법하므로 취소되어야 한다는 취지로 판단하였다.

그러나 원심의 판단은 그대로 수긍하기 어렵다. 그 이유는 아래와 같다.

1) 이 사건 조례, 이 사건 운영지침 등 관련 규정의 내용을 종합하면, 성과이윤은 재정지원을 구실로 한 경영태만이나 서비스 품질 저하 등을 방지하기 위한 목적에서 경영 및 서비스 평가결과에 따라 차등지급되는 성과금의 성질을 가진 것으로, 운송수입금 부족액의 보전을 위해 지급되는 표준운송원가의 다른 항목들, 즉 운송비용이나 기본이윤과는 그 성질이 구별됨을 알 수 있다.

성과이윤은 수혜적 성격이 보다 강한 보조금 항목에 해당할 뿐 아니라 정책목표를 효율적으로 달성하기 위하여 탄력적인 규율을 할 필요도 있다고 할 것이어서, 이에 관한 규정을 해석함에 있어서는 운송비용이나 기본이윤 등에 관한 규정에 비하여 구체성 내지 명확성의 요구가 상대적으로 완화된다고 할 것이다.

2) 이 사건 조례 제22조는 재정지원금을 부당수급하거나 운송수입금을 누락한 운송사업자에 대한 제재조치를 정한 규정으로, 제재조치의 일환으로 부당수급액 또는 수입누락액 전부를 환수하는 것에 더하여 환수처분일로부터 1년간 성과이윤의 지급대상에서 제외하는 불이익도 아울러 규정한 것이므로, 그 문언해석상 성과이윤 지급제한 사유를 제한적으로 열거한 것이라고 보기 어렵다.

이 사건 조례는 정의 규정에서 '표준운송원가'에 '적정이윤'이 포함된다고 정하고 있고(제2조 제4호), 운송사업자에 대한 제재규정에서 '성과이윤'이라는 용어를 사용하고 있을 뿐(제22조 제1항), 성과이윤의 개념이나 지급대상, 지급기준 및 방법 등에 관하여 아무런 규정을 두고 있지 않다. 오히려 조례 시행규칙에 해당하는 이 사건 운영지침 등에서 성과이윤에 관한 구체적인 규정을 마련해 두고 있다. 이와 같이 이 사건 조례가 성과이윤의 '지급사유'에 관하여 아무런 규정을 두고 있지 않고, 성과이윤 지급기준과 범위 등을 정할 권한을 시장에게 부여하고 있는 이상, 이 사건 조례 제22조가 성과이윤의 '지급제한 사유'만을 제한적으로 열거하고 있다고 해석하기도 어렵다.

3) 성과이윤 지급제한 사유를 정하고 있는 이 사건 쟁점조항은 성과이윤의 지급기준으로서 지방보조금 교부에 관한 재량행사의 준칙에 해당하므로, 피고는 법령이나 조례의 개별, 구체적인 위임이 없더라도 이를 정할 수 있다고 보아야 한다.

나아가 이 사건 운영지침은 대구광역시 시내버스 준공영제의 운영에 관한 이 사건 조례의 시행을 위해 세부적인 사항을 정한 것으로 조례 시행규칙에 해당한다. 이 사건 쟁점조항은 '경영활동과 관련하여 위법, 부정, 탈루 등의 행위를 한 경우'를 성과이윤 지급제한 사유로 정하고 있는데, 이는 방만한 경영으로 인하여 지방보조금을 낭비하는 것을 방지하고자 하는 성과이윤의 지급목적에 부합한다고 볼 수 있으므로, 상위법인 이 사건 조례의 취지에 반한다거나 객관적으로 합리성을 잃었다고 보기도 어렵다.

한편, 이 사건 조례는 일반적인 수권규정으로 제27조를 두고 있다. 결국 이 사건 쟁점조항은 이 사건 조례 제27조가 피고에게 부여한 권한의 범위 내에서 마련된 것으로 봄이 타당하다.

그런데도 원심은, 이 사건 쟁점조항이 이 사건 조례의 위임범위를 벗어나 법규로서의 효력이 없다는 전제에서, 이 사건 처분이 효력이 없는 이 사건 쟁점조항에 근거하였다는 이유만으로 이를 위법하다고 판단하였다. 이와 같은 원심판단에는 이 사건 조례 제22조, 제27조 및 이 사건 쟁점조항의 법적 성질, 시내버스 준공영제에 관한 지방보조금 행정과 성과이윤에 관한 법리를 오해하여 판결에 영향을 미친 잘못이 있다.

[판결의 평석]

Ⅰ. 사안의 쟁점

성과이윤은 시내버스 준공영제에 있어서 버스운송업체에 지급되는 보조금의 일부이다. 이 사건에서 문제되는 수입금공동관리방식 버스 준공영제는 정부나 지방자치단체가 시내 버스 노선 및 운행계통의 조정 권한을 가지고, 버스 운송사업자들이 공동운수협약을 체결 하여 협의체를 구성하여 운송수입금을 공동관리·배분하되, 그 부족분에 대하여는 지방자 치단체로부터 재정지원(보조금)을 받아 충당하는 구조이다. 운송수입금의 배분은 표준운송 원가를 기준으로 하고, 그 보조금의 지급에 필요한 사항은 해당 지방자치단체의 조례로 정 하게 된다. 성과이윤은 경영태만이나 비효율을 방지하기 위해 경영평가, 서비스평가의 결 과에 따라 차등 지급되는 보조금으로, 조례에 따라서 성과이윤을 표준운송원가의 구성요소 로 정하는 경우도 있고 별도의 보조금 항목으로 정하는 경우도 있다. 다만, 어떠한 경우든 성과이윤이 표준운송원가를 구성하는 기본적인 항목으로서 보장적 성격이 강한 운송비용 이나 기본이윤과 구별된다는 본질적 특성은 변함이 없다.

이 사건 조례는 제22조에서 성과이윤 지급제한에 관한 규정을 두고 있는데, 성과이윤 지급제한에 관하여 구체적인 위임규정은 별도로 두고 있지 않다. 한편, 조례 시행규칙에 해당하는 이 사건 지침에서 이 사건 조례 제22조에서 정하고 있는 성과이윤 지급제한 사 유와 다른 사유를 규정하였는데, 이와 같은 지침 규정(이 사건 쟁점조항)이 조례의 위임 범 위를 벗어난 것이어서 효력이 없는 것인지 여부가 이 사건의 쟁점이다.

이와 관련하여 보조금 행정에 있어서의 법적 근거가 무엇인지 문제되고, 조례에 근거한 보조금의 지급 및 제한에 있어서 법률유보 원칙이 어떻게 작동하는지 살펴볼 필요가 있다. 특히, 보조금의 지급근거가 조례에 규정된 경우, 반드시 조례로 정하여야 하는 사항(조례유 보사항)이 무엇인지 문제된다.

대상판결의 원심과 1심은 성과이윤 지급제한 사유가 조례유보사항에 해당한다고 보았으 나, 대법원은 조례유보사항에 해당하지 않는다고 판단하였다. 이와 같은 대법원의 판단이 타당한지 검토한다.

Ⅱ. 판례의 이해

1. 시내버스 준공영제와 성과이윤

판례 사안을 보다 정확히 이해하기 위해서는, 먼저 시내버스 준공영제(이하 '버스 준공영제'라고 약칭한다)와 성과이윤에 대하여 살펴볼 필요가 있다.

(1) 버스운영체계

일반적으로 버스의 운영체계는 크게 민영제, 준공영제, 공영제 총 3개 형태로 구분되고, 세분하면, 7개 형태로 구분된다[순수민영제, 재정지원 민영제(이상 민영제), 노선관리(입찰)방식 준공영제, 수입금관리방식 준공영제, 위탁관리방식 준공영제(이상 준공영제), 직영공영제, 공기업위탁 공영제(이상 공영제)].[5] 이는 노선권, 노선계획권, 운영권 등 세 가지 권리가 누구에게 귀속되는 것인지 여부를 기준으로 분류한 것으로, 모든 권리를 공공이 가지면 공영제, 모든 권리를 민간이 가지면 민영제, 3가지 권리를 공공과 민간이 나눠 갖게 되면 준공영제 운영방식이 된다. 민영제가 원칙적인 모습이지만, 서울특별시가 2004. 7. 1. 버스 준공영제를 도입한 이후 대부분의 광역시(울산광역시 제외)와 경기도 등에서 버스 준공영제를 도입하고 있다. 공영제는 현재 제주시 일부 노선, 서귀포시 일부 노선(읍면지선버스의 경우) 등 극히 일부 지역에서만 시행되고 있다.

(2) 버스 준공영제

1) 도입배경[6]

2000년 이전까지는 민간버스회사가 독립채산 방식으로 운영하는 순수민영제가 대다수였으나, 이후 민간버스회사의 경영여건이 악화되면서 정부가 보조금을 일부 지원하는 재정지원형 민영제가 점차 확대되었다. 2000년대에 들어서 시내버스운송의 공공성을 전제로 경영악화, 버스교통서비스 품질악화 등에 대한 해결책이 있어야 한다는 공감대가 형성되었고, 2004년 건설교통부가 대도시별 재정여건 등을 고려한 준공영제 도입을 공식적으로 권유하였다.[7] 2004. 7. 1. 서울특별시가 버스체계를 개편하면서 처음으로 시내버스 준공영제

---

5) 강상욱 외,『버스운영체제 비교분석 및 정책방향 – 준공영제와 공영제를 중심으로』, 한국교통연구원 기본연구보고서, 2013; 김채만 외, "용인시 버스 운영체계 개편에 관한 연구: 준공영제 중심으로",『교통기술과 정책』제18권 제3호, 2021 등.
6) 강상욱 외, 앞의 책, 40면 이하.

를 도입한 이후, 버스 준공영제가 대부분의 광역시로 확대되었다(현재 울산광역시를 제외한 나머지 광역시에서 시내버스 준공영제가 시행되고 있다). 현재 버스 준공영제 관련 조례가 제정되어 있는 지방자치단체는 서울특별시, 부산광역시, 인천광역시, 대전광역시, 대구광역시, 광주광역시, 경기도, 제주도, 청주시, 용인시 등이다.

2) 의의 및 유형

버스 준공영제는 민영제와 공영제의 단점을 보완하기 위해 고안된 운영체계로서, 서비스의 질을 높이면서 운영의 공공성, 안정성 및 효율성을 높이기 위한 방식이다. 버스 준공영제는 노선관리(입찰)방식, 수입금관리방식, 위탁관리방식 등으로 구분되는데, 국내에서 시행 중인 버스 준공영제는 수입금관리방식이 일반적이다.[8] 원칙적인 수입금관리방식의 모습은 정부나 지방자치단체가 시내버스 노선 및 운행계통의 조정 권한을 가지면서, 정부 또는 지자체가 수입금을 관리하고 버스운송사업자의 운송수입 부족분에 대하여 재정을 지원하는 제도를 말한다(노선권과 운영권은 운송사업자가 그대로 보유한다). 실제로는 운송사업자들이 공동운수협약을 체결하여 협의체를 구성하여 운송수입금을 공동으로 관리하고 배분하는 '수입금공동관리방식'의 형태가 대부분이다.

3) 법적 근거

버스 준공영제에 있어서는 노선권, 노선계획권, 운영권 중 일부를 버스운송업체가 아닌 공공이 갖게 된다. 이때 시내버스 운송업체가 아닌 공공이 노선권, 노선계획권, 운영권의 일부를 가질 수 있는 법적 근거가 문제된다. 본래 시내버스 운행에 관한 노선권, 노선계획권, 운영권 등은 공공재의 성격을 갖는 것으로, 공공이 세 가지 권한을 모두 다 보유하는 공영제의 형태도 가능한 것이다. 시내버스 운송사업자는 강학상 특허[9]에 해당하는 시내버스 운송사업면허에 의하여 버스 운행에 관한 노선권, 노선계획권, 운영권 등을 비로소 취득하게 된다. 시내버스 사업을 운영하기 위해서는 사업계획서, 희망하는 노선도 등을 첨부

---

7) 건설교통부, "버스·택시 제도개선방안", 2004; 이시철/유세종, "준공영제 등 시내버스체계 개편의 과정과 성과 평가: 대전광역시 사례", 『도시행정학보』 제21권 제3호, 2008, 49면에서 재인용.

8) 경기도의 경우, 수입금관리방식의 준공영제를 시행하고 있었으나, 2019. 10. 1. 조례 제6322호로 조례를 개정하면서, 노선입찰형 준공영제도 병행 도입하였다. 현재 경기도는 수입금관리방식과 노선입찰방식을 병행하고 있다[경기도 광역버스의 경우 2021년 8월경부터 노선입찰방식을 채택하여 운영을 시작한 것으로 보임(면허기간 5년)].

9) 대법원 2014. 4. 30. 선고 2011두14685 판결 등: 시내버스 면허는 강학상 특허에 해당하는 행정행위로서, 사업자에게 노선운영권 등을 설정하는 재량행위이다.

하여 사업계획서를 제출하여야 하며, 관할관청은 신청서류를 심사하여 면허요건에 적합하다고 인정하면, 시설확인 등의 절차를 거쳐 면허를 부여하게 된다. 시내버스 운송사업에 있어서 운행노선, 운행계통별 배차, 운행횟수, 운행계통, 운행시간 등은 사업계획서 기재사항이자 인가대상으로, 즉 사업면허의 내용이다. 결국 시내버스 운영체계를 민영제, 공영제, 준공영제 중 어느 것으로 채택, 시행할지 여부는 정책적 결정에 따른 것이고, 버스운송사업 면허의 내용을 어떻게 설정하는지 여부에 따라 달라질 수 있는 것이라고 할 수 있다. 따라서 준공영제의 시행을 위해 별도의 법적 근거가 필요하다고 볼 수 없고, 시내버스 운송사업면허의 내용을 어떻게 정하는지에 따라(면허 발령 이후에는 그 운송사업계획의 변경, 인가를 통하여) 준공영제를 시행할 수 있다. 한편, 시내버스 준공영제를 도입하고 있는 우리나라 지방자치단체들은 예외 없이 시내버스 준공영제의 시행을 위한'준공영제 운영조례'를 마련해 두고 있다. 이는 시내버스 준공영제의 시행을 위해서 지방재정의 투입이 필요하기 때문이다. 여객자동차법 제50조 제2항은 버스교통체계 개선 등을 위해 시·도의 보조 내지 융자가 필요한 경우 이를 시·도의 조례로 정한다고 정하고 있다.

(3) 수입금(공동)관리방식 시내버스 준공영제의 법적 기초

우리나라에서 시행하는 시내버스 준공영제의 대부분이 수입금관리방식, 그 중에서도 수입금공동관리방식임은 앞서 살펴본 것과 같다. 수입금공동관리방식 버스 준공영제는 버스운송사업자들이 협의체를 구성한 다음 운송수입금을 공동관리·배분하고, 그 부족분에 대하여는 지방자치단체로부터 재정지원(보조금)을 받아 충당하는 구조이다. 이때, 운송수입금의 배분은 '표준운송원가'를 기준으로 한다. 일반적으로 해당 지자체의 버스운송사업자들은 협의체 설치(통상 협의체는 버스운송사업조합 내에 설치한다), 운송수입금 공동관리, 운송수입금 배분 등을 내용으로 하는 공동운수협정을 체결한다. 여객자동차법 제11조는 '공동운수협정'에 관한 근거규정을 두고 있다. 즉, 수입금공동관리방식 시내버스 준공영제는 ① 운송수입금의 공동관리를 위한 공동운수협정 및 ② 재정지원을 위한 조례를 법적 기초로 하고 있다고 볼 수 있다. 이 사건의 경우에도 원고를 비롯한 대구광역시 버스운송사업자들 사이에 「대구광역시 버스운송업자 공동운수협정」이 체결되어 있고, 재정지원을 위해 이 사건 조례가 마련되어 있다.

(4) 표준운송원가 및 성과이윤

1) 버스 준공영제에 있어서 운송비용의 산정 및 보조금 지급

버스 준공영제에서의 운송비용 산정 및 보조금 지급은 정책적 고려에 따라 결정될 사항이다.[10]

2) 표준운송원가

'표준운송원가'는 버스 준공영제에 참여하는 회사에 지급하는 운송수입금 부족분을 산정하는 기준으로 삼기 위해 도입된 개념이다. 다만, '표준운송원가'의 의미가 단일하다고 볼수는 없고, 표준운송원가의 항목(구성요소), 산정기준을 어떻게 정할 것인지는 해당 지자체와 버스운송사업자들 간의 협의에 따라 달리 정할 수 있다. 실제 각 지방자치단체의 버스준공영제 운영조례의 규정내용을 보더라도, 표준운송원가의 개념은 대체로 비슷하지만, 완전히 일치하는 것은 아니다.[11]

3) 성과이윤

성과이윤은 준공영제의 시행(운송수입금 부족분 보전)으로 인한 경영태만, 경영비효율을 방지하기 위해 운송사업자에 대한 경영평가 및 서비스평가 결과에 따라 차등지급하는 이윤으로, 성과금의 성질을 갖는 것을 의미한다. 버스 준공영제 운영조례들 가운데는 성과이윤을 표준운송원가의 구성요소로 규정하고 있는 경우(서울, 인천, 대구, 광주)도 있고, 표준운송원가와 구별하여 규정한 경우(대전, 부산)도 있다.[12] 다만, 성과이윤을 표준운송원가의

---

10) 서울고등법원 2016. 5. 19. 선고 2015누61452 판결: 운송수입금 공동관리형 준공영제에서 운송비용 산정의 기본 구조를 실비정산 구조로 할 것인지, 표준운송원가 구조로 할 것인지, 그리고 표준운송원가를 구성하는 여러 비용항목들 중 어떤 비용항목에 실비정산적 요소를 어느 범위에서 반영할 것이고 기준비용은 얼마로 정할 것인지 등은 준공영제 시행에 관련된 제반 사항을 종합적으로 고려하고 각 해당 지방자치단체와 참여 운송사업자들이 협의에 의하여 결정할 정책적인 사항이다.

11) 예컨대, 구 서울특별시 조례(2012. 7. 30. 시행, 최초 준공영제)에 의하면, '버스 운송수입금 공동관리 시행에 따라 시내버스 1일 1대당 운행비용을 표준으로 산정한 것'이고, 현행 서울특별시 조례에 의하면, '시내버스 준공영제 참여하는 회사에 동일한 기준으로 운송비용을 지급하기 위해 항목별 단가, 지급방식, 지급시기를 정한 체계'이며, 현행 대전광역시 조례에서는 '시내버스운송사업에 소요되는 비용을 표준화된 기준으로 산정한 것'을 뜻하고, 이 사건 조례에서는 '적정이윤을 포함하여 시내버스 운송사업에 소요되는 비용을 표준화된 기준으로 산정한 것'을 의미한다.

12) 서울, 인천은 '성과이윤'을 표준운송원가상 이윤의 일정부분을 유보하여 연 1회 경영 및 서비스 평가결과에 따라 사업자에게 분배하는 부분이라고 하여, 성과이윤은 본래 표준운송원가에 해당하나 이를 유보하여 별도 지급한다는 취지로 규정하고 있다. 대구, 광주는 표준운송원가의 개념에 적정이윤을 포함

구성요소로 규정하고 있는 경우에도, 성과이윤은 표준운송원가의 다른 항목과 구별하여 규정하고 있다. 표준운송원가를 구성하는 다른 항목(운송비용, 기본이윤)은 비용 보전의 차원에서 지급되는 것임에 비하여, 성과이윤은 그 성과에 따라 차등지급되는 것으로 보장적 성격이 아니라는 점에서 본질적으로 구별된다고 볼 수 있다. 성과이윤은 구 「대중교통의 육성 및 이용촉진에 관한 법률(2020. 6. 9. 법률 제17446호로 개정되기 전의 것)」제18조[13])에서 정하고 있는 사업자에 대한 경영 및 서비스 평가와 관련이 있는 것으로 보인다.

(5) 이 사건 조례의 개정 - 표준운송원가와 성과이윤의 분리

원심판결 선고 이후 이 사건 조례가 개정되었다. 개정 조례는 기본이윤과 성과이윤에 관한 정의규정을 신설하였고, 적정이윤 중 기본이윤만 표준운송원가에 포함되며, 성과이윤은 표준운송원가의 구성요소가 아닌 것으로 규정하고 있다. 또한, 성과이윤 지급제한에 관한 일반적인 근거규정을 신설하였다(제22조 제2항).

하고 있고, 조례에 성과이윤이라는 용어를 사용하고 있는데, 규정 자체로 명확하지는 않지만, 성과이윤이 적정이윤에 포함되는 것으로 해석할 수 있다(적정이윤 = 기본이윤 + 성과이윤). 이에 비하여 대전은 표준운송원가를 '시내버스 운송사업에 소요되는 비용을 표준화된 기준으로 산정한 원가'로 규정하면서(대전 조례 제2조 제3호), 성과이윤이라는 용어는 사용하지 아니한 채 시장이 경영·서비스 평가결과에 따라 성과금을 차등 배분하되 성과금 배분에 관한 사항은 위원회 심의·의결을 거쳐 결정한다고 별도 규정을 두고 있다(대전 조례 제9조). 한편, 부산의 경우 성과이윤에 관한 규정이 없으며, 시장이 경영 및 서비스 평가 결과를 반영하여 차등을 두어 재정 지원한다는 취지로 규정하고 있다.

13) 구 「대중교통의육성및이용촉진에관한법률」 제18조(대중교통운영자에 대한 경영 및 서비스평가) ① 국토교통부장관 또는 시·도지사는 대중교통을 체계적으로 지원·육성하고 대중교통서비스를 개선하기 위하여 대중교통운영자의 경영상태와 대중교통운영자가 제공하는 서비스에 대한 평가를 실시할 수 있다.
③ 국토교통부장관 또는 시·도지사는 제1항의 규정에 의한 경영 및 서비스평가를 실시한 결과 그 평가결과가 우수한 자에 대하여 대통령령이 정하는 바에 따라 포상을 실시하고 제12조의 규정에 의한 재정지원 등을 우선적으로 할 수 있다.
현행 「대중교통의육성및이용촉진에관한법률」 제18조(대중교통운영자에 대한 경영 및 서비스평가) ⑥ 국토교통부장관 또는 시·도지사는 제1항에 따른 경영 및 서비스평가 결과가 미흡한 자에게 대통령령으로 정하는 바에 따라 제12조에 따른 재정지원을 제한할 수 있다. <신설 2020. 6. 9.>

구 조례(이 사건 조례)	개정 조례
제2조(정의) 이 조례에서 사용하는 용어의 뜻은 다음과 같다.	제2조(정의) ― ― ― ― ― ― ― ― ― ― ― ― ― ― ― ― ― ―.
4. "표준운송원가"란 <u>적정이윤</u>을 포함하여 시내버스 운송사업에 소요되는 비용을 표준화된 기준으로 산정한 것을 말한다.	5. ― ― ― ― ― ― ― ― ― ― ― ― ― <u>기본이윤</u> ―.
<신 설>	6. "기본이윤"이란 준공영제 참여하는 운송사업자의 적정 경영수익을 보장하기 위하여 지급하는 이윤을 말한다.
<신 설>	7. "성과이윤"이란 준공영제에 참여하는 운송사업자의 서비스개선, 경영실태 등을 평가한 결과에 따라 차등 지급하는 이윤을 말한다.
제17조(표준운송원가 산정·정산)	제17조(표준운송원가 산정·정산)
<신 설>	③ 시장은 서비스 및 경영개선 등을 위해 성과이윤을 지급할 수 있으며, 성과이윤의 규모와 지급방식은 위원회의 심의·의결을 거쳐 시장이 결정한다.
④ 제1항 및 제2항에 따라 정한 표준운송원가는 시의회에 보고하여야 한다.	⑤ 제1항부터 제3항까지의 규정에 따른 표준운송원가와 성과이윤은 시의회 소관 상임위원회에 보고하여야 한다.
제22조(운송사업자에 대한 제재)	제22조(운송사업자에 대한 제재)
<신 설>	② 시장은 제1항에 해당하지는 않으나, 제27조에 따른 조례 및 준공영제 운영관련 지침을 위반하거나 이행하지 않는 경우에는 위원회의 심의·의결을 거쳐 성과이윤 일부의 지급을 제한할 수 있다.

2. 이 사건 지침의 성격

이 사건 지침은 대구광역시 시내버스 준공영제의 운영에 관한 이 사건 조례의 시행을 위하여 세부적인 사항을 정한 것으로, 조례 시행규칙에 해당한다. 지방자치법 제22조는 조례에 대하여, 제23조는 조례 시행규칙에 대하여 정하고 있다.[14] 조례 시행규칙은 조례와 같이 자치법규에 속하지만, 그 성질은 조례와 달리 행정입법에 해당한다.[15]

조례 시행규칙에는 대외적 구속력이 있는 법규사항을 정하는 것도 있고, 행정 내부에서만 효력이 있는 것도 있다. 조례 시행규칙이 법규사항을 정한 것인지 여부에 따라 위임규칙(委任規則)과 직권규칙으로 분류할 수 있다.[16] 규칙으로 새로운 법규사항을 정하기 위해서는 법령 또는 조례의 개별적, 구체적 위임이 있어야 하는데, 이와 같이 법령이나 조례의 위임을 받아 제정된 규칙을 '위임규칙'이라고 한다. 한편, 규칙이 새로운 법규사항을 정하지 않고 단지 법령이나 조례를 시행하기 위해 제정되는 경우에는 법령의 위임 없이 직권으로 정할 수 있는데, 이와 같이 직권으로 제정된 규칙을 '직권규칙'이라고 한다. 이 사건 지침 제34조 제2항이 위임규칙인지, 직권규칙인지 여부는, 결국 성과이윤 지급제한 사유를 법규사항으로 파악하느냐 아느냐에 따라 달라질 수 있다. 이때, 법규사항이라 함은 국민의 권리를 제한하거나 의무를 부과하는 것으로 대외적 구속력 있는 사항을 의미한다. 법규사항에 해당할 경우, 원칙적으로 법률의 위임(포괄적 위임 가능)에 따라 조례로 정하여야 하고, 이를 다시 조례 시행규칙으로 정하기 위해서는 조례의 개별, 구체적 위임이 있어야 한다. 법규사항이 아닐 경우, 법령이나 조례의 위임 없이 조례 시행규칙으로 정할 수 있다.

결국 성과이윤 지급제한 사유를 법규사항으로 보면, 이 사건 쟁점조항은 위임규칙에 해당하므로, 이 사건 조례의 개별, 구체적 위임이 필요하다는 결론에 이르게 되고, 법규사항이 아니라고 보면, 이 사건 쟁점조항은 직권규칙에 해당하여 법령이나 조례의 위임이 필요 없다는 결론에 이르게 된다. 다만, 이와 같은 조례 시행규칙의 획일적 분류방식이 반드시 정확하다고 보기는 어렵다. 뒤에서 보듯이 대법원은 이 사건 쟁점조항을 위임규칙의 성격을 가진 것으로 보면서도 포괄적 위임에 따라 유효하다고 보는 입장에 있는 것으로

---

14) 「지방자치법」 제22조(조례) 지방자치단체는 법령의 범위 안에서 그 사무에 관하여 조례를 제정할 수 있다. 다만, 주민의 권리 제한 또는 의무 부과에 관한 사항이나 벌칙을 정할 때에는 법률의 위임이 있어야 한다.
　제23조(규칙) 지방자치단체의 장은 법령이나 조례가 위임한 범위에서 그 권한에 속하는 사무에 관하여 규칙을 제정할 수 있다.

15) 박균성, 「행정법론(하)」, 제16판, 2018, 204면.

16) 박균성, 앞의 책, 204면.

이해된다.

3. 보조금 행정과 조례와의 관계

(1) 보조금 행정의 법적 성질과 규율

보조금 행정은 급부행정에 속하고, 수익적 행정행위에 해당한다. 보조금은 그 재원(財源)에 따라 국고보조금과 지방보조금으로 나눌 수 있고, 국고보조금은 「보조금의 관리에 관한 법률」이, 지방보조금은 지방재정법이 일반법으로 규율하고 있다.

(2) 보조금 행정과 법률유보 원칙

보조금행정이 급부행정이라는 점에서 법률유보의 원칙이 적용되는지 문제된다. 행정법학계에서는 오래전부터 법적 근거가 없는 경우에도 보조금의 지급이 가능한지 논의가 있어 왔다. 급부행정과 법률유보에 관하여는 다음과 같은 견해의 대립이 있다.[17]

첫째, 원칙적 소극설로서, 급부행정에 있어서는 원칙적으로 법률유보원칙이 적용되지 않지만, 예외적으로 ① 급부받을 권리를 보호할 필요성이 있는 경우(국민기초생활보장, 의료급여 등), ② 이용자의 이용강제나 제공자의 급부제공의무(보조금조성의무)를 명할 필요가 있는 경우(수도공급 등), ③ 급부가 상대방의 부담과 결부되어 행해지는 경우, ④ 급부의 형식 또는 조직을 공법적으로 규율할 필요가 있는 경우 등에는 법률유보의 원칙이 적용된다는 견해이다. 둘째, 적극설로서, 현대 사회복지국가에서는 급부행정이 중요하므로, 급부행정에도 법률의 근거가 필요하다는 견해이다. 셋째, 중요사항 유보설로서, 급부행정 중 공동체나 시민에게 중요한 사항에 있어서는 법률의 근거가 있어야 한다는 견해이다. 살피건대, 보조금 행정이 공동체나 시민에게 중요한 행정조치에 관련된 사항인 경우 또는 보조금을 받을 권리를 인정할 필요가 있는 경우에는 법률의 근거가 필요하다고 보는 것이 타당하다고 할 것이다. 원칙적 소극설과 중요사항 유보설은 학설의 이름이 다르지만, 실질적으로는 거의 동일한 입장으로 볼 수 있다.

(3) 시내버스 준공영제에 있어서 보조금 행정과 조례와의 관계

지방재정법에 의하면, 지방보조금의 지출을 위해서는 지방재정법 제17조 제1항 각 호에서 정한 사유가 있어야 하므로, 특별한 경우가 아닌 한 일반적으로 지방보조금의 지출근거

---

17) 박균성, 『행정법론(하)』, 제16판, 2018, 611-612면; 한견우, "「보조금의 예산 및 관리에 관한 법률」상의 보조금행정", 『저스티스』 제31권 제2호, 1998, 48면 이하 등 참고.

에 관하여 법률이나 조례의 규정을 필요로 한다.[18] 시내버스 준공영제 관련 보조금의 법적 근거로는 여객자동차법 제50조 제2항이 있다. 여객자동차법 제50조 제2항 제3호는 대중교통을 활성화하기 위하여 버스교통체계를 개선하는 경우 지방보조금을 지급할 수 있고, 그 보조금의 지급대상, 방법, 보조금의 상환 등에 관하여 필요한 사항을 조례로 정한다고 규정하고 있다. 또한, 지방보조금 지출에 대한 교부신청, 교부결정 및 사용 등에 관하여 필요한 사항은 지방자치단체의 조례로 정하여야 한다(지방재정법 시행령 제29조 제5항).

다만, 위 법령의 규정이 조례로 정하도록 규정한 사항들(지출근거, 보조금의 지급대상, 방법, 보조금 상환 등에 관하여 필요한 사항, 지방보조금 지출에 대한 교부신청, 교부결정 및 사용 등에 관하여 필요한 사항)을 반드시 조례에 직접 규정하여야 한다는 취지로 볼 수는 없고, 해당 사항들에 관하여 조례에 근거규정을 두어야 한다는 취지로 봄이 타당하다.

요컨대, 시내버스 준공영제 관련 지방보조금에 있어서는 그 지출근거, 보조금의 지급대상, 방법, 보조금 상환, 교부신청, 교부결정 및 사용 등은 조례에 근거를 두어야 하고, 그 중 중요한 사항은 조례로 직접 정하여야 한다. 한편, 보조금의 교부는 수익적 행정행위로서 보조금 교부대상 선정, 취소, 그 기준과 범위 등에 관하여 행정청에게 폭넓은 재량이 인정된다.[19] 또한, 보조금 지급에 관한 사항을 조례로 정하여야 하더라도, 위임입법이 금지되는 것이 아니다. 특히, 수혜적 입법에 대하여는 위임입법의 구체성·명확성의 요구가 완화된다고 보아야 한다. 보조금의 지급에 관한 세부기준이나 액수의 산정방식 등은, 그 기술적 성격이나 가변적 상황에 따른 탄력적 규율이 필요한 점 등에 비추어, 법령이나 조례로 정할 필요가 없을 뿐 아니라 법령이나 조례로 정하는 것이 적절하지도 아니하므로, 하위 법규로 정할 필요가 있고, 행정청으로서는 법령이나 조례에서 위임받은 범위 내에서 내부지침 등으로 이를 정할 수 있다.

---

18) 「지방재정법」 제17조(기부 또는 보조의 제한) ① 지방자치단체는 그 소관에 속하는 사무와 관련하여 다음 각 호의 어느 하나에 해당하는 경우와 공공기관에 지출하는 경우에만 개인 또는 법인·단체에 기부·보조, 그 밖의 공금 지출을 할 수 있다. 다만, 제4호에 따른 지출은 해당 사업에의 지출근거가 조례에 직접 규정되어 있는 경우로 한정한다.
  1. 법률에 규정이 있는 경우
  2. 국고 보조 재원(財源)에 의한 것으로서 국가가 지정한 경우
  3. 용도가 지정된 기부금의 경우
  4. 보조금을 지출하지 아니하면 사업을 수행할 수 없는 경우로서 지방자치단체가 권장하는 사업을 위하여 필요하다고 인정되는 경우
19) 대법원 2019. 10. 31. 선고 2017두62600 판결; 대법원 2019. 1. 17. 선고 2017두47137 판결.

4. 대상판결의 분석

대법원은, 시내버스 준공영제에 있어 성과이윤은 표준운송원가의 다른 항목들, 즉 운송비용이나 기본이윤과 같이 보장적 성격이 강하지 않아 지급 여부에 관하여 행정청에게 폭넓은 재량이 인정되는 보조금에 해당하고, 성과이윤 지급제한 사유는 보조금의 지급기준을 정한 것이어서 법령이나 조례의 개별, 구체적 위임이 없더라도 행정청이 조례 시행규칙으로 정할 수 있으며, 이 사건 조례 제22조가 성과이윤 지급제한 사유를 제한적으로 열거하여 정한 것으로 볼 수 없고, 오히려 이 사건 조례 제27조의 일반적 수권규정에 따라 위임이 있는 것으로 볼 수 있다는 취지로 판단하였다.

대법원은 성과이윤 지급제한 사유가 조례로 직접 정하여야 하는 중요한 사항에 해당하지 않고, 보조금의 지급기준에 관한 세부사항에 해당하여 조례의 개별, 구체적 위임이 없더라도 조례 시행규칙으로 정할 수 있다고 보았다. 다만, 대법원이 성과이윤 지급제한 사유를 법규사항이 아니라거나 이 사건 쟁점조항이 조례의 위임이 필요 없는 직권규칙에 해당한다고 판단한 것이라고 단정하기는 어렵다. 오히려 성과이윤의 성격에 비추어 볼 때 (위임의) 구체성 내지 명확성의 요구가 상대적으로 완화될 수 있고, 이 사건 쟁점조항이 일반적 수권규정인 이 사건 조례 제27조의 위임범위 내에 있다는 취지로 설시하고 있으므로, 결국 이 사건 쟁점조항은 일반적 수권규정인 이 사건 조례 제27조의 포괄적 위임의 범위 내에 있는 위임규칙으로 유효하다는 입장에 가까운 것으로 보인다.

Ⅲ. 판례의 검토

성과이윤 지급제한 사유가 조례로 직접 정하여야 하거나 조례의 개별, 구체적 위임이 필요한 사항(조례유보사항)에 해당하는지, 조례의 직접 근거나 개별, 구체적 위임이 없어도 조례 시행규칙에서 정할 수 있는 사항인지 여부에 관하여 다음과 같이 견해를 상정하여 볼 수 있다.

1. 견해의 상정

(1) 조례유보 필요설(원심의 입장)

성과이윤 지급기준(지급제한 사유 포함)은 시내버스 준공영제 시행에 있어서 중요한 사항이므로, 조례에 개별, 구체적인 규정을 두어야 한다는 입장으로, 그 근거는 다음과 같다.

① 성과이윤은 재정지원금에 해당한다는 점에서 그 지급행위는 수익적 행정행위의 성격도 갖고 있지만, 동시에 시내버스 운송업체들의 노선계획권 등 권한 일부를 공공이 보유, 행사함으로써 민영제에 비하여 버스운송업체의 경영에 관한 권한이 일부 제한되는 시내버스 준공영제의 시행으로 인한 운송수입금 부족액의 보전을 위한 것이므로, 침익적 행정행위에 수반된 손실보전의 성격도 아울러 갖고 있는 것이다.

② 이 사건 조례에 의하면, 성과이윤은 운송수입금 부족액의 보전을 위한 표준운송원가의 구성요소에 해당하고, 이는 운송수입금 부족액 보전이라는 시내버스 준공영제 시행을 위한 본질적 내용에 해당한다. 개정된 조례에 의하면 성과이윤이 표준운송원가의 구성요소가 아니지만, 이 사건 처분 당시 시행되던 이 사건 조례에 의하면 성과이윤은 표준운송원가의 구성요소에 해당함이 분명하다.

③ 성과이윤의 지급제한의 경우, 시내버스 운송업체의 경영에 중요한 영향을 미치는 행위이므로, 그 지급제한 사유는 행정청이 임의로 정할 수 없고, 조례에 구체적인 근거규정을 두어야 하며, 설령 하위지침 등에 위임하더라도, 개별적, 구체적인 위임이 필요하다.

④ 수익적 행정행위라고 하더라도 이를 취소, 철회하기 위해서는 공익과 사익 사이의 이익형량이 필요하고, 특히 사후적인 사유로 이를 철회하면서 그 효력을 소급시키는 경우, 즉 소급효 있는 철회의 경우에는 별도의 법적 근거를 필요로 한다(대법원 2018. 6. 28. 선고 2015두58195 판결 등). 표준운송원가의 산정기준은 5년마다 이를 미리 정하여야 하고, 성과이윤은 표준운송원가 항목 중 하나로서 미리 정하여진 표준운송원가 산정기준에 따라 금액이 결정되는 것이므로, 성과이윤의 지급을 제한하는 것은 사후적, 소급적 지급제한에 해당한다.

(2) 조례유보 불요설

성과이윤의 지급은 수익적 행정행위에 해당하고, 성과이윤은 보조금의 세부항목에 불과하므로, 조례의 개별, 구체적 위임이 없어도 보조금 교부관청이 행정입법 형식으로 정할 수 있고, 반드시 조례에서 직접 정할 필요가 없다는 입장으로, 그 근거는 다음과 같다.

① 성과이윤은 경영 및 서비스 평가결과에 따른 차등지급을 본질적 속성으로 하는 성과금의 성질을 가진 것으로서, 표준운송원가 중 운송비용, 기본이윤 등 다른 항목에 비하여 지급여부 및 지급액수에 관하여 행정청에게 보다 큰 재량이 인정되는 항목이다.

② 성과이윤의 지급기준 및 지급제한 사유는 결국 보조금의 지급범위에 관한 것에 불과하다.

③ 실제 이 사건 조례는 표준운송원가 등 보조금(재정지원금)의 지급대상과 방법, 산정기준 등에 관하여 조례에 구체적인 규정을 두고 있지 않고, 성과이윤에 관하여도 구체적인 규정을 두고 있지 않을 뿐 아니라 심지어 정의규정을 두고 있지도 않다. 오히려 이 사건 조례는 표준운송원가의 산정기준을 시장이 정하도록 위임하고 있고(제17조), 그에 따라 이 사건 지침이나 정산지침에서 표준운송원가 및 성과이윤의 항목별 구성내역과 산정기준을 구체적으로 정하고 있으므로, 보조금(재정지원금)의 일부에 불과한 성과이윤의 지급제한 사유를 조례로 정하여야 한다는 주장은 이 사건 조례의 규정이나 체계와도 맞지 않는 주장이다.

④ 성과이윤의 지급제한은 보조금을 환수하는 처분과 달리 아직 교부하지 아니한 성과이윤의 지급을 제한하는 것이므로, 사후적, 소급적 철회에 해당한다고 볼 수도 없다.

(3) 절충설

성과이윤의 지출근거, 지급대상 및 방법 등에 관하여는 조례에 근거규정을 두고 있어야 하지만, 세부적인 지급기준 등은 반드시 조례로 정할 필요가 없다는 입장이다. 그 이유는 다음과 같다.

① 지방재정법, 여객자동차법 등 근거법령의 내용에 의하면, 성과이윤을 비롯한 보조금의 지출근거, 지급대상 및 방법 등에 대하여는 조례에 근거규정을 두어야 한다. 그러나 보조금의 구체적 산정기준, 지급방식 등 여건에 따라 탄력적인 재정운용이 필요하거나 기술적인 사항에 해당하는 경우에는 조례로 직접 규정할 필요가 없을뿐더러 입법기술적으로도 바람직하지 않다.

② 성과이윤의 지급은 수익적 행정행위에 해당하고, 교부관청은 그 교부대상의 선정, 기준과 범위의 설정에 관하여 광범위한 재량을 가지므로, 내부지침의 형식으로 그 지급에 관

한 기준을 정할 수 있다.

2. 검토

(1) 관계법령에 의하면, 성과이윤을 포함한 보조금의 지출근거, 지급대상 및 방법 등 중요한 사항에 대하여는 조례에 근거규정을 두어야 하는 것으로 해석되고, 이는 보조금의 지급이 수익적 행정행위라고 하더라도 마찬가지라고 할 것이므로, 조례유보 불요설을 전적으로 채택하기는 어려워 보인다. 다만, 보조금의 구체적 산정기준, 지급방식 등에 대하여는 조례에 직접 규정할 필요 없이 조례 시행규칙 등 하위법규에 위임하여 규정할 수 있음은 물론이다. 이 사건 조례는 시내버스 준공영제 관련 보조금의 지출근거에 관하여 그 근거규정을 두고 있고(제18조[20]), 구 대구광역시 운송사업 지원조례에도 보조금 지급의 근거규정이 있다. 또한, 이 사건 조례는 시내버스 준공영제 시행으로 인한 운송수입금 부족액의 보전을 위한 지방보조금 지급기준이 되는 '표준운송원가'라는 개념을 두고 있고, 그 지급에 관한 일반규정을 두고 있으므로, 보조금의 지급대상이나 방법 등에 관한 중요한 사항은 이미 조례로 정하고 있다고 볼 수 있다.

성과이윤의 경우에도 지출근거, 지급대상 및 방법에 대하여 이 사건 조례에 근거규정을 두고 있다고 볼 수 있다. 성과이윤의 지출근거, 지급대상 및 방법에 관하여 이 사건 조례에 명확한 규정을 두고 있지 않기는 하다. 그러나 이 사건 조례 제2조 제4호에서 '표준운송원가'의 개념에 '적정이윤'이 포함된다고 정하고 있고, 제22조에서 '성과이윤'이라는 용어를 사용하고 있으며, 제27조의 일반적 수권규정에 따른 조례 시행규칙인 이 사건 지침에서 [표준운송원가 = 운송비용 + 적정이윤(기본이윤＋성과이윤)]임을 분명히 정하고 있는 이상, 이 사건 조례에 성과이윤의 지출근거가 규정되어 있다고 볼 수 있고, 또한 표준운송원가의 지급대상 및 방법을 이 사건 조례에서 정하고 있으므로, 성과이윤의 지급대상 및 방법 역시 조례에 그 근거가 있다고 평가할 수 있다.

한편, 성과이윤의 지급방식 및 구체적 산정기준은 조례 시행규칙에서 규정하고 있는데, 성과이윤의 지급방식에 대하여는 조례 시행규칙에 해당하는 이 사건 지침에서, 구체적인 산정기준에 대하여는 다른 시행규칙(정산지침)에서 정하고 있다.

---

20) 제18조(재정지원 방법 및 절차) ① 업체협의회가 재정지원을 받고자 할 경우에는 제2조 제2호의 운송수입금 현황과 제17조 제2항의 표준운송원가를 근거로 시장에게 신청하여야 하며, 시장은 신청내용을 확인·검토하여 적절하다고 판단될 경우 예산의 범위에서 재정지원한다.

(2) 이와 같은 규정 내용이나 체계 등에 비추어 보면, 이 사건 조례 및 시행규칙은 성과이윤에 대하여 적절히 규율하고 있다고 볼 수 있고, 성과이윤의 지급에 관한 세부기준이나 지급제한 사유를 반드시 '조례로 정하여야 하거나 조례의 개별, 구체적 위임이 필요한 사항'에 해당한다고 볼 필요가 없다고 보인다. 만약 '운송수입금 부족액 보전'에 해당하는 '보조금 전체의 지급제한'이라면, 이는 시내버스 준공영제 시행에 관한 보조금 행정에 있어 본질적 요소이자 중요한 사항에 해당한다고 보아야 하므로, 이에 관하여는 조례로 정하여야 할 것이다. 또한, 표준운송원가 중 운송비용, 기본이윤은 운송수입금 부족액의 보전을 위한 것이고, 운송수입금 부족액의 보전은 시내버스 운송업체의 일부 권한을 공공이 제한하는 대가로 수령하는 보조금으로서 그 지급이나 제한에 관한 내용은 중요한 사항에 해당하므로, 조례로써 규정하여야 하고, 조례 시행규칙이나 하위 지침으로 이를 제한할 수는 없다고 봄이 타당하다. 실제 이 사건 지침에도 운송비용이나 기본이윤의 지급제한에 관한 규정은 두고 있지 않다.

그러나 성과이윤은 시내버스 준공영제에 관한 보조금(재정지원금)의 세부항목 중 하나에 해당하고, 그 지급제한은 보조금 전체의 지급제한이 아니라 보조금 지급범위의 일부 제한에 불과하다. 또한 성과이윤은 방만경영을 방지하기 위해 경영 및 서비스 평가결과에 따라 차등 지급하는 것으로 성과금의 성격을 갖고 있으며, 운송수입금 부족액 보전을 위한 목적에서 지급되는 것이라고 보기도 어렵다. 결국 성과이윤 지급제한 사유는 대구광역시 시내버스 준공영제 시행에 관한 보조금 행정에 있어 조례로 정하여야 할 본질적 사항이라거나 중요한 사항으로 볼 수 없다. 따라서 반드시 조례로 규정할 필요가 있다고 볼 수 없고, 보조금 교부관청이 조례 시행규칙인 이 사건 지침으로 정한 것에 잘못이 있다고 보기 어렵다. 이와 같은 이유에서 대상판결에서의 대법원 판단은 적절한 것으로 보인다.

Ⅳ. 요약과 결론

1. 대상판결은 조례에 근거하여 교부하는 보조금의 지급제한 사유 등 세부적인 지급기준은 조례의 개별, 구체적 위임이 없더라도 조례 시행규칙으로 정할 수 있다고 보았다.

2. 보조금의 교부는 급부행정으로 수익적 행정행위이지만, 중요한 사항은 법률이나 조례의 근거를 필요로 한다. 조례에 근거한 보조금의 경우 지출근거, 지급대상, 지급방법 등 중요한 내용은 조례에서 직접 규정하거나 개별, 구체적인 위임이 필요하다. 다만, 보조금의

세부적인 지급기준이나 산정방식 등을 정함에 있어서는 보조금 교부관청에게 넓은 재량이 인정되므로, 조례의 개별, 구체적인 위임이 없더라도 행정입법으로 정할 수 있다. 특히 성과이윤과 같이 보조금의 성격상 지급여부나 지급범위에 관하여 교부관청에게 보다 넓은 재량이 인정되는 경우에는 더욱 그러하다.

3. 대상판결은 시내버스 준공영제에 있어서 성과이윤의 지급제한 사유를 조례의 개별, 구체적 위임이 없더라도 일반적 수권규정에 근거하여 조례 시행규칙으로 정할 수 있다는 점을 구체적 이유를 들어 설시함으로써, 조례에 근거한 보조금 행정에 있어서 법률유보 원칙의 적용범위에 관하여 시사점을 주고 있고, 보조금 지급제한 사유가 조례유보사항인지 여부에 관하여 일응의 판단기준을 제시하고 있다는 점에서 그 의의가 있다.

생각할 문제

1. 표준운송원가, 즉 운송비용이나 기본이윤과 같이 운송수입금 보전을 위한 보장적 성격이 강한 보조금의 경우에도 조례의 개별, 구체적 위임이 없이 조례 시행규칙에 의하여 지급제한 사유를 정하는 것이 가능한가.

2. 성과이윤의 지급제한 사유가 아니라 기지급된 성과이윤의 반환사유를 조례의 개별, 구체적 위임 없이 조례 시행규칙에서 정하는 것이 가능한가.

3. 성과이윤을 표준운송원가와 구분하여 정하고 있는 개정된 조례에 의하더라도, 성과이윤의 지급제한 사유를 조례의 개별, 구체적 위임 없이 일반수권규정에 의하여 조례 시행규칙으로 정하는 것이 가능한가.

대법원 2018. 6. 21. 선고 2015두48655 판결
[법령의 효력이 충돌하는 경우 법령의 해석]

조 원 경*

[사실관계]

원고는 2014. 4. 8. 피고 인천광역시 서부교육지원청 교육장에게 인천 소재 건물에서 학원 종류를 '평생직업교육학원(기예)', 교습과정을 '댄스스포츠(라틴5종목/모던5종목)', 명칭을 'ㅇㅇㅇ댄스스포츠학원'으로 하여 학원의 설립·운영 및 과외교습에 관한 법률(이하 '학원법'이라 한다) 제6조 제1항[1])에 따른 학원 설립·운영등록신청을 하였다.

피고는 2014. 4. 17. 원고에 대하여, 원고가 운영하려는 댄스스포츠, 즉 국제표준무도(볼룸댄스) 교습업은 체육시설의 설치·이용에 관한 법률(이하 '체육시설법'이라 한다) 시행령 제6조 [별표2][2])(이하 '체육시설법 시행령 무도학원업의 범위 단서 규정'이라 한다)에서 정한 신고를 필요로 하는[3]) 무도학원업에 해당하는데, 학원법 시행령 제3조의3 별표2[4])는 학원의 교습과정에서 체육시설법상 무도학원업을 제외하고 있으므로(이하 '학원법 시행령 댄스학원의 범

---

* 성균관대학교 법학전문대학원 교수
1) 「학원법」 제6조 제1항: 학원을 설립·운영하려는 자는 제8조에 따른 시설과 설비를 갖추어 대통령령으로 정하는 바에 따라 설립자의 인적사항, 교습과정, 강사명단, 교습비등, 시설·설비 등을 학원설립·운영등록신청서에 기재하여 교육감에게 등록하여야 한다. 등록한 사항 중 교습과정, 강사명단, 교습비등 그 밖에 대통령령으로 정하는 사항을 변경하려는 경우에도 또한 같다.
2) 「체육시설법 시행령」 제6조 별표2

업종	영업의 범위
7. 무도학원업	수강료 등을 받고 국제표준무도 과정을 교습하는 업 (평생교육법, 노인복지법 그 밖에 다른 법률에 따라 허가·등록·신고를 바치고 교양강좌로 설치·운영하는 경우와 학원법에 따른 학원은 제외한다)

3) 「체육시설법」 제10조 제1항: 체육시설업은 다음과 같이 구분한다. 2. 신고 체육시설업: 무도학원업
4) 「학원법 시행령」 제3조의3 별표2

종류	분야	계열	교습과정
학교교과교습학원	예능	예능	음악, 미술, 무용
평생직업교육학원	기예	기예	댄스(체육시설법에 따른 무도학원업 제외)

위 단서 규정'이라 한다), 학원법에 의한 등록은 불가하다는 이유로 학원 설립·운영등록신청을 거부하는 처분(이하 '이 사건 처분'이라 한다)을 하였다.

이에 원고는 이 사건 처분의 취소를 구하는 행정소송을 제기하였다.

[사건의 경과]

원고는, 원고가 설립하고자 하는 댄스스포츠학원은 학원법에서 정하고 있는 학교교과교습학원 또는 평생직업교육학원에 해당하는 학원의 일종이므로 피고에게 학원법 제6조 제1항에 따른 등록의무가 있다고 주장하였다. '국제표준무도를 교습하는 댄스학원'이 학원법상 학원의 요건에 해당하는 이상 원고가 설립하고자 하는 댄스스포츠학원이 체육시설법상의 무도학원업에 해당한다고 하여 학원법의 적용을 받지 않는다는 이유로 이루어진 이 사건 처분은 위법하다는 것이다.

제1심법원[5]은 "체육활동에 이용할 목적이 아니라 국제표준무도를 교습 또는 학습하는 장소로 이용할 목적으로 일정한 시설을 설립·운영하면서 학원법에 의한 학원의 요건을 구비하였다면, 체육시설법이 아니라 학원법의 적용을 받아 학원법 제6조 제1항에 따라 등록할 수 있다고 할 것이므로, 학원의 교습과정이 국제표준무도인 경우에는 학원법의 적용대상이 될 수 없고 오로지 체육시설법에 따라 신고하여야 함을 전제로 한 이 사건 처분은 위법하다"고 판단하여 원고의 이 사건 처분 취소 청구를 인용하였다.

원심법원[6]은 제1심 판결 이유를 그대로 인용하면서 이에 불복하는 피고의 항소를 기각하였고, 이에 대하여 피고가 상고를 제기하였다.

[대상판결]

대법원은 전원합의체 판결을 통해 "국제표준무도를 교습하려는 학원을 설립·운영하려는 자가 체육시설법상 무도학원업으로 신고하거나 학원법상 평생직업교육학원으로 등록하려고 할 때, 관할 행정청은 그 학원이 소관 법령에 따른 신고 또는 등록의 요건을 갖춘 이상 신고 또는 등록의 수리를 거부할 수 없다고 보아야 한다"는 결론 하에, 체육시설법 규

---

5) 인천지방법원 2014. 12. 4. 선고 2014구합2267 판결.
6) 서울고등법원 2015. 7. 9. 선고 2014누74611 판결.

정을 이유로 학원법상의 등록 수리를 거부할 수 없다고 보아 피고의 상고를 기각하였다.

대법원은, 이용목적에 따라 학원법과 체육시설법이 선택적으로 적용된다는 전제 하에 판단한 원심판결과는 달리, 평생직업교육학원으로서 국제표준무도 교습학원의 신고 또는 등록에 있어서는 학원법과 체육시설법 규정이 중첩적으로 적용된다는 전제 하에 중첩되는 법규정의 의미와 효력을 어떻게 볼 것인지에 대해 명시적으로 판단하였다. 그 판단 과정에서 '법령의 효력이 충돌하는 경우의 법령의 해석 기준'에 관한 판시가 있었다. 구체적 결론에 대하여는 대법관 13인 전원의 의견이 일치하였지만, 중첩되는 법규정, 즉 학원법 시행령 댄스학원의 범위 단서 규정과 체육시설법 시행령 무도학원업의 범위 단서 규정의 해석과 효력에 관하여는 다수의견과 별개의견 1, 2로 견해가 나뉘었다. 구체적인 설시를 요약하면 다음과 같다.

[다수의견] 관계 법령들 사이에 모순·충돌이 있는 것처럼 보일 때 그러한 모순·충돌을 해소하는 법령해석을 제시하는 것은 법령에 관한 최종적인 해석권한을 부여받은 대법원의 고유한 임무이다.

만일 '학원법 시행령 댄스학원의 범위 단서 규정'의 의미를 피고가 주장하는 바와 같이 국제표준무도를 교습하는 댄스학원을 체육시설법상 무도학원업으로 신고할 수 있는 경우에는 학원법의 적용을 배제하는 규정이라고 해석하게 되면, '체육시설법 시행령 무도학원업의 범위 단서 규정'의 의미도 국제표준무도를 교습하는 댄스학원을 학원법상 평생직업교육학원으로 등록할 수 있는 경우에는 체육시설법의 적용을 배제하는 규정이라고 해석하여야 하고, 이렇게 해석할 경우 국제표준무도를 교습하는 댄스학원을 두 법령 중 어느 하나에 따라 등록하거나 신고하는 것이 모두 불가능해지는 결과에 도달하게 된다. 이러한 결과는 댄스학원을 개설·운영하려는 사람의 직업의 자유나 영업의 자유 등 기본권을 부당하게 제한하거나 침해하는 것이므로 허용될 수 없다. 특히 신고 없이 체육시설법상 체육시설을 설치·운영하는 행위(체육시설법 제38조 제2항 제1호)와 등록 없이 학원법상 학원을 설립·운영하는 행위(학원법 제22조 제1항 제1호)가 형사처벌대상으로 규정되어 있는 점을 고려하면 더욱 그러하다. 따라서 이러한 해석은 헌법상 직업의 자유나 법률의 위임 취지에 배치되므로 채택할 수 없다.

국가의 법체계는 그 자체로 통일체를 이루고 있으므로 상·하규범 사이의 충돌은 최대한 배제하여야 하고, 또한 규범이 무효라고 선언될 경우에 생길 수 있는 법적 혼란과 불안정 및 새로운 규범이 제정될 때까지의 법적 공백 등으로 인한 폐해를 피하여야 할 필요성에 비추어 보면, 하위법령의 규정이 상위법령의 규정에 저촉되는지 여부가 명백하지 아니한 경우에, 관련 법령의 내용과 입법 취지 및 연혁 등을 종합적으로 살펴 하위법령의 의미를 상위법령에 합치되는 것으로 해석하는 것이 가능한 경우라면, 하위법령이 상위법령에 위반된다는 이유로 쉽게 무효를 선언할 것은 아니다(대법원 2016. 12. 15. 선고 2014두44502 판결). 마찬가지 이유에서, 어느 하나가 적용우위에 있지 않은 서로 다른 영역의 규범들 사이에서 일견 모순·충돌이 발생하는 것처럼 보이는 경우에도 상호 조화롭게 해석하는 것이 가능하다면 양자의 모순·충돌을 이유로 쉽게 어느 일방 또는 쌍방의 무효를 선언할 것은 아니다.

앞서 본 바와 같은 부당한 해석 결과를 방지하는 한편, 두 시행령 단서 규정의 형식과 연혁 등을 고려하여 그 의미를 상호 조화롭게 이해하려면, '체육시설법 시행령 무도학원업의 범위 단서 규정'은 성인을 대상으로 국제표준무도를 교습하는 학원이 학원법상 학원의 요건을 갖추어 등록을 마친 경우에는 체육시설법이 별도로 적용되지 않는다는 점을 확인적으로 규정한 것이고, 나아가 '학원법 시행령 댄스학원의 범위 단서 규정'도 성인을 대상으로 국제표준무도를 교습하는 학원이 체육시설법상 무도학원업의 요건을 갖추어 신고를 마친 경우에는 학원법이 별도로 적용되지 않는다는 점을 확인적으로 규정한 것으로 해석함이 타당하다.

[별개의견1] 학원법 제2조의2 제2항은 "학원의 종류별 교습과정의 분류"를 대통령령으로 정하도록 위임하고 있을 뿐인데, 학원법 시행령 제3조의3 [별표 2] '학원의 교습과정'에서는 단순히 학원의 종류별 교습과정을 분류하는 데 그치지 않고, 평생직업교육학원의 교습과정의 하나로 '댄스(체육시설법에 따른 무도학원업 제외)'라고 규정하여 댄스학원의 범위를 제한하는 단서 규정을 두었다.

이러한 단서 규정은 체육시설법상 무도학원업에 해당하는 경우 학원법상 평생직업교육학원으로 등록하고 운영할 수 없도록 하려는 취지로서, 모법의 위임 내용을 벗어나는 것으로 보일 뿐만 아니라, 국제표준무도를 교습하는 댄스학원을 학원법상 평생직업교육학원으로 등록하고 운영하려는 댄스학원 설립·운영자의 직업의 자유를 제한하고 있다.

학원법과 체육시설법은 그 입법 목적과 규제의 평면이 다르고, 국제표준무도가 1999. 3. 31. 체육시설법의 개정으로 '체육활동'의 하나로 편입되었다고 하더라도 예능으로서의 속성을 그대로 지니고 있으므로, 국제표준무도를 교습하는 학원이 학원법상 학원의 요건을 충족하면 체육시설법이 아니라 학원법이 적용된다고 보아야 한다.

이상과 같은 학원법의 위임 내용과 취지를 학원법의 입법 목적과 규정 내용, 체계는 물론이고 체육시설법령과의 관계 등과 종합하여 고려하면, '학원법 시행령 댄스학원의 범위 단서 규정'은 모법의 위임범위를 벗어나 위임 없이 제정된 것이어서 무효라고 보아야 한다.

[별개의견2] 국민의 기본권 제한에 관한 둘 이상의 법령 규정이 정면으로 서로 모순되어 법관에 의한 조화로운 해석이 불가능하고 그 규정들이 상위법과 하위법, 구법과 신법, 일반법과 특별법의 관계에 있지도 않아 어느 하나가 적용된다는 결론을 도출하는 것도 불가능한 경우가 있다. 이러한 경우에는 그 규정들 모두 법치국가원리에서 파생되는 법질서의 통일성 또는 모순금지 원칙에 반한다고 볼 수 있다. 그 결과 국민의 기본권이 부당하게 제한된다면 서로 모순·충돌하는 범위에서 그 규정들의 효력을 부정해야 한다.

요컨대 두 규정이 모순·충돌하는 경우에 조화로운 해석으로 해결할 수도 없고 어느 한쪽이 우위에 있다고 볼 수도 없다면 두 규정 모두 효력이 없다고 보아야 한다. 이는 법률뿐만 아니라 시행령에 대해서도 마찬가지이다.

체육시설법 시행령 무도학원업의 범위 단서 규정'은 학원법상 댄스학원의 개념요건을 충족한 무도학원이 학원법의 적용을 받을 것이라는 전제에서 체육시설법의 적용대상에서 배제하였다. '학원법 시행령 댄스학원의 범위 단서 규정' 역시 체육시설법상 무도학원의 개념요건을 충족한 댄스학원이 체육시설법의 적용을 받을 것이라는 전제에서 학원법의 적용대상에서 배제한 것으로 볼 수 있다. 이에 따라 두 시행령 규정이 서로 그 책임을 미루어 규제 또는 규율의 공백이 발생하였고 두 규정이 예정한 각 전제 요건이 충족되지 않는다.

따라서 '체육시설법 시행령 무도학원업의 범위 단서 규정'과 '학원법 시행령 댄스학원의 범위 단서 규정'은 어느 하나의 효력이 우선하지 않으면서 서로 모순·충돌하는 관계로서, 법치국가원리에서 파생되는 법질서의 통일성이나 모순금지 원칙에 반하고 국민의 기본권을 부당하게 제한하므로, 그 모순·충돌하는 범위에서 두 규정은 모두 효력이 없다고 보아야 한다.

[판결의 평석]

Ⅰ. 사안의 쟁점

체육시설법과 학원법에 따르면, ① 학원법상 학원의 일반적인 등록 요건을 갖춤과 동시에, ② 성인을 대상으로[7] ③ 국제표준무도[8]를 교습하는 학원은, 그 설립·운영에 신고를 요하는 체육시설법상 무도학원과 등록을 요하는 학원법상 평생직업교육학원에 모두 해당할 수 있게 된다.

원심은, 체육활동에 이용할 목적이 아니라 국제표준무도를 교습 또는 학습하는 장소로 이용할 목적으로 일정한 시설을 설립·운영하면서 학원법에 의한 학원의 요건을 구비하였다면, 체육시설법이 아니라 학원법의 적용을 받아 학원법상 등록을 할 수 있다는 취지로 판단하였다. 원고가 운영하고자 하는 학원이 평생직업교육학원과 무도학원 모두에 해당하는 것이 아니라 이용목적에 따라 선택적으로 하나에 해당하여 각 법령 중 하나를 선택적으로 적용할 수 있다는 전제에 선 것으로 보인다. 이는 학원법 시행령 댄스학원의 범위 단서 규정이 신설되기 이전에 국제표준무도 교습학원은 학원법상 등록절차를 마쳐야 한다는 결론을 내리기 위해 대법원 2007. 1. 25. 선고 2005도4706 판결이 취한 판시를 그대로 인용하여 내린 결론이기도 하다.[9] 그러나 대부분의 무도학원이 통상적으로 '교습'이라는 목적을 갖는 점에서 이용목적에 따른 학원법상 학원과 체육시설법상 무도학원의 구별은 실질적으로 불가능하거나 의미가 없고, 앞서 본 바와 같이 양 규정이 중첩적으로 적용되는 영역이 생기게 된다고 봄이 타당하다.

그런데 학원법 시행령 댄스학원의 범위 단서 규정은 평생직업교육학원의 교습과정에서 댄스(체육시설법에 따른 무도학원업)를 제외하고 있고, 체육시설법 시행령 무도학원업의 범위 단서 규정은 국제표준무도과정을 교습하는 업에서 학원법에 따른 학원을 제외하고 있다. 따라서 두 규정의 해석, 관계 내지 효력을 어떻게 판단하느냐에 따라 위와 같은 학원을 설

---

7) 「체육시설법」상 무도학원은 청소년의 출입·고용이 금지되는 청소년유해업소 등으로 규정되어 있다.
8) 국제표준무도(볼룸댄스)란 국제적으로 운동종목으로 취급되는 표준무도인 볼룸댄스로서, 국제댄스스포츠연맹이 댄스스포츠라고 칭하는 경기용 춤 10종목, 즉 왈츠, 탱고, 퀵스텝, 폭스트롯, 빈왈츠 등 5개 종목의 모던스탠더드 볼룸댄스와 룸바, 차차차, 삼바, 파소 도블레, 자이브 등 5개 종목의 라틴아메리카 볼룸댄스를 말한다(대법원 2007. 1. 25. 선고 2005도4706 판결 참조).
9) "체육활동에 이용할 목적이 아니라 국제표준무도(볼룸댄스)를 교습 또는 학습하는 장소로 이용할 목적으로 일정한 시설을 설립·운영하면서 학원법에 의한 학원의 요건을 구비한 때에는 체육시설법이 아니라 학원법이 적용되어 학원법에 의한 등록의무가 있다고 해석함이 상당하다"

립·운영하고자 하는 자가 학원법상 학원 등록을 하여야 하는지 또는 할 수 있는지, 체육시설법상 무도학원 신고를 하여야 하는지 또는 할 수 있는지에 대한 결론이 달라지게 된다.

피고는 학원법 시행령 댄스학원의 범위 단서 규정에 따라 체육시설법에 따른 무도학원에서의 댄스는 평생직업교육학원의 교습과정에서 제외되므로 학원법상 학원 등록을 할 수 없다는 입장에서 이 사건 거부처분을 하였다. 그러나 이와 같은 입장을 그대로 견지하면, 반대로 체육시설법 시행령 무도학원업의 범위 단서 규정에 따르면 국제표준무도과정을 교습하는 업에서 학원법에 따른 학원이 제외되므로 이번에는 체육시설법상 무도학원 신고 또한 수리할 수 없다는 결론이 도출되게 된다. 이처럼 중첩되는 법령 사이에 일견 모순·충돌이 발생하게 되면서, 영업의 자유라는 국민의 기본권이 침해될 수 있는 위험성이 발생하게 되는 것이다.

이처럼 법령 사이의 모순과 충돌이 있는 것처럼 보이는 현상을 해결하여 원고가 학원법상 학원 등록을 할 수 있도록 해주어야 한다는 점에 대하여는 대법관 13인의 의견이 일치하였지만, 중첩되는 법령 사이의 모순과 충돌이 있는 것처럼 보이는 경우 어떤 방법을 취하여 결론을 도출할 것인지에 대하여는 다수의견과 별개의견의 견해가 나뉘었다.

특히 다수의견의 법령해석 기준에 관한 설시는 상호 모순적으로 보이는 행정법령 또는 조례들의 해석에 관한 기준으로서 후속 판례에서 참조, 인용되고 있다.[10] 개별 특수 행정영역에서 법령의 모순 없는 통일적인 체계를 고려하기보다는 각 부처의 그때그때의 효율성과 필요성에 따라 명령, 규칙을 제, 개정하는 경우가 많은 현실을 고려할 때, 판례의 판시는 향후 구체적인 행정사건들에서 법령해석의 일반적 기준으로 작용될 것이다. 대상판결에서 대법원이 취하고 있는 일반적 태도를 이해, 검토하는 것이 필요해 보인다.

II. 판례의 이해

1. 다수의견 – 중첩영역에서 모순·충돌을 피하기 위한 체계적·규범조화적 축소해석

앞서 본 바와 같이, 대법원 판결은, ① 학법상 학원의 일반적인 등록 요건을 갖춤과 동시에, ② 성인을 대상으로 ③ 국제표준무도[11]를 교습하는 학원을 설립·운영하고자 하는 경

---

10) 대법원 2019. 7. 10. 선고 2016두61051 판결; 대법원 2021. 3. 18. 선고 2018두47264 판결 등.
11) 국제표준무도(볼룸댄스)란 국제적으로 운동종목으로 취급되는 표준무도인 볼룸댄스로서, 국제댄스스포

우에는 신고를 요하는 체육시설법상 무도학원과 등록을 요하는 학원법상 평생직업교육학원에 모두 해당할 수 있다는 입장에서 논의를 시작한다. 이 경우 '학원법 시행령 댄스학원의 범위 단서 규정'의 의미를 국제표준무도를 교습하는 댄스학원을 체육시설법상 무도학원업으로 신고할 수 있는 경우에는 학원법의 적용을 배제하는 규정이라고 해석하게 되면, 원고는 이 경우 학원법에 따른 규율을 받지 못하게 되어 학원 등록을 할 수 없게 된다.

다수의견은 학원법 시행령 댄스학원의 범위 단서 규정을 이와 같이 해석하게 되면 (이 규정이) 헌법상 직업의 자유나 법률의 위임 취지에 배치된다고 보았다. 그 근거는 아래와 같다.

① 먼저, 이와 같은 해석에 따르면 위 규정은, 댄스학원을 개설·운영하려는 사람의 직업의 자유나 영업의 자유 등 기본권을 부당하게 제한하거나 침해할 우려가 있다는 것이다. 특히 같은 해석방법에 따라, 체육시설법 시행령 무도학원업의 범위 단서 규정의 의미도 국제표준무도를 교습하는 댄스학원을 학원법상 평생직업교육학원으로 등록할 수 있는 경우에는 체육시설법의 적용을 배제하는 규정이라고 해석하게 된다면, 원고는 체육시설법에 따른 규율도 받지 못하게 되어 무도학원업 신고도 할 수 없게 된다. 신고 없이 체육시설법상 체육시설을 설치·운영하는 행위와 등록 없이 학원법상 학원을 설립·운영하는 행위가 형사처벌대상으로 규정되어 있음을 고려하면 위와 같은 해석 하에서 위 규정은 국민의 기본권을 부당하게 침해한다고 볼 수밖에 없다.

② 학원법 제2조 제1호는 학원의 뜻을 정의하여 학원법상 학원에 해당하기 위한 요건을 분명하게 규정하고 있으므로, 그 요건을 충족하면 학원법상 학원에 해당한다고 보아야 한다. 학원법 시행령 댄스학원의 범위 단서 규정 신설 전에 '일정한 시설을 설립·운영하면서 학원법에 의한 요건을 구비한 때에는 체육시설법이 아니라 학원법이 적용되어 학원법에 의한 등록의무가 있다'고 본 이전 대법원 판결이 학원법 규정의 입법취지와 의미를 밝히고 있다고 할 수 있는데, 모법의 위임 없이 위 단서 규정이 학원법이 적용되는 학원의 범위를 제한하게 된다면, 이는 법률의 위임 취지에 배치된다고 한다.

그렇다면, 학원법 시행령 댄스학원의 범위 단서 규정이 이와 같이 해석된다고 보아 규범통제의 대상이 되는 위법한 법규로서 무효를 선언할 것인가에 대하여, 다수의견은, 두 시행령의 모순·충돌 현상을 제거하고 기본권 제한 우려를 해소하는 방향으로 단서규정의 의미를 축소해석하는 것이 가능하다면 그와 같은 해석방법을 취하는 것이 바람직하다는 기준을

츠연맹이 댄스스포츠라고 칭하는 경기용 춤 10종목, 즉 왈츠, 탱고, 퀵스텝, 폭스트롯, 빈왈츠 등 5개 종목의 모던스탠더드 볼룸댄스와 룸바, 차차차, 삼바, 파소 도블레, 자이브 등 5개 종목의 라틴아메리카 볼룸댄스를 말한다(대법원 2007. 1. 25. 선고 2005도4706 판결 참조).

제시한다. 그리고 이 사건에서는 두 시행령 단서 규정의 형식과 연혁 등을 고려한다면 그와 같은 축소해석이 가능하다고 판단하였다. 축소해석이 가능한 이상 학원법 시행령 댄스학원의 범위 단서 규정을 위법한 법규로서 무효라고 선언할 필요가 없다고 판단한 것이다.

(1) 체계적·규범조화적 축소해석의 필요성

다수의견은 이 사건에서 적용우위에 있지 않은 서로 다른 영역의 규범들 사이에서 일견 모순·충돌이 발생하는 것처럼 보이는 경우 쉽게 어느 일방 또는 쌍방의 무효를 선언할 것이 아니라 가능한 한 상호 조화로운 해석을 시도해볼 필요가 있다는 일반적 기준을 제시하였다.

이와 같은 해석을 먼저 시도해보아야 할 이유가 무엇인가에 관하여, 다수의견은 하위법령과 상위법령 규정 사이에 모순·충돌의 우려가 있는 경우의 해석 방법에 관한 기존 판례법리를 제시하면서, 문제되는 법규범들 사이에 적용우위가 없는 경우에도 같은 이유를 들 수 있다고 본다. 즉, 대법원은, ① 국가의 법체계는 그 자체로 통일체를 이루고 있으므로 상·하 규범 사이의 충돌은 최대한 배제하여야 한다는 점, ② 규범이 무효라고 선언될 경우에 생길 수 있는 법적 혼란과 불안정을 피할 필요가 있다는 점, ③ 새로운 규범이 제정될 때까지의 법적 공백으로 인한 폐해를 피할 필요가 있다는 점을 이유로 하위법령의 규정이 상위법령의 규정에 저촉되는지 여부가 명백하지 아니한 경우에 하위법령의 의미를 상위법령에 합치되는 것으로 해석하는 것이 가능한 경우라면 하위법령이 상위법령에 위반된다는 이유로 쉽게 무효를 선언할 것이 아니라는 판단을 한 바 있는데,[12] 다수의견은 위 판례의 판시를 가져와 일견 모순·충돌이 발생하는 것처럼 보이는, 어느 하나가 적용우위에 있지 않은 서로 다른 영역의 규범들을 해석하는 데 있어서도 같은 이유로 될 수 있는 한 상호 조화로운 해석을 시도해보아야 한다고 판단하였다. 다수의견은 이 사건에서, 적용우위에 있지 않은 법규범들의 경우에도, ① 법령의 통일적 체계 존중, ② 법적 안정성 추구, ③ 법적 공백 방지를 위해, 가능한 한 일견 보이는 모순·충돌을 피할 수 있는 조화로운 해석 방법을 우선적, 적극적으로 찾아보아야 하고, 쉽게 어느 한 규범 또는 양 규범의 무효를 선언해서는 안 된다는 기준을 제시한 것이다.

다만, 다수의견은 이 사건에서 학원법 시행령 댄스학원의 범위 단서 규정이나 체육시설법 시행령 무도학원업의 범위 단서 규정을 무효로 선언할 경우 구체적으로 어떠한 법적 혼란과 불안정, 또는 법적 공백으로 인한 폐해가 발생하는지에 대하여는 명확히 제시하지는

---

12) 대법원 2016. 12. 15. 선고 2014두44502 판결 등 참조.

않았다. 이에 대하여는, 시행령 단서 규정 중 하나 또는 양자를 무효로 선언할 경우에는 결국 법질서상 두 법령이 중복적으로 적용될 수 있게 되는데, 이는 체육시설법상 신고 또는 학원법상 등록 중 어느 하나를 마치고 댄스학원을 운영하는 자가 신고 또는 등록을 마쳤음에도 다른 법령의 중복 적용으로 인해 체육시설법상 신고의무 위반 또는 학원법상 등록의무 위반으로 인한 처벌을 받게 되는 불합리한 결과를 가져올 수 있다는 점을 고려하여 축소해석의 필요성을 인정하였을 것이라는 해석이 있다.[13] 즉, 다수의견은 오히려 시행령 단서 규정이 있음으로써 법질서상 두 법령이 모두 적용될 경우의 불합리한 결과를 회피하는 것이 가능해지는 긍정적인 측면이 있다고 보았다는 것이다.[14]

(2) 체계적·규범조화적 축소해석의 가능성

이처럼 법령 상호간 일견 보이는 모순·충돌을 피하는 조화로운 해석을 시도할 필요성이 인정된다고 하더라도, 그 해석은 법령의 일반적인 해석 방법 내지 기준 범위 내에서 이루어져야 하고, 법해석의 한계를 넘는 자의적인 법형성은 허용되지 않을 것이다.

다수의견은 '관련 법령의 내용과 입법 취지 및 연혁 등을 종합적으로 살펴'상호 조화로운 해석이 가능한지를 검토하라는 기준을 제시한 후 '두 시행령 단서 규정의 형식과 연혁'을 고려해 본다면, "체육시설법 시행령 무도학원업의 범위 단서 규정은 성인을 대상으로 국제표준무도를 교습하는 학원이 학원법상 학원의 요건을 갖추어 등록을 마친 경우에는 체육시설법이 별도로 적용되지 않는다는 점을 확인적으로 규정한 것이고, 학원법 시행령 댄스학원의 범위 단서 규정도 성인을 대상으로 국제표준무도를 교습하는 학원이 체육시설법상 무도학원업의 요건을 갖추어 신고를 마친 경우에는 학원법이 별도로 적용되지 않는다는 점을 확인적으로 규정한 것"으로 해석할 수 있다고 보았다. 즉, 각 시행령 단서 규정에서 말하는 '학원법에 따른 댄스학원', '체육시설법에 따른 무도학원업'은, 각 법령에서 정한 정의 개념을 충족한 '댄스학원', '무도학원업' 전부를 의미하는 것이 아니라, 위 개념을 충족하여 행정청의 고권적 결정에 따른 '신고수리 또는 등록까지 마친 댄스학원 또는 무도학원업'만을 의미한다고 축소 해석할 수 있다는 것이다.

다수의견은 두 시행령 단서 규정의 형식과 연혁상 그와 같은 축소해석이 법령해석의 한계를 넘지 않는다고 판단하였다. ① (법문언) 먼저, 이와 같은 축소해석이 시행령 단서 규정의 법문언적 의미에 명백히 반한다고는 볼 수 없고, 그렇다면 관계 법령의 내용과 체계

---

13) 이상덕, "댄스학원에 대한 학원법령과 체육시설법령의 중첩적 규율에서 발생하는 모순·충돌 문제의 해결 방법", 『자율과 공정, 김재형 대법관 재임기념 논문집』, 2022, 573-574면.
14) 이상덕, 앞의 글, 574면.

를 종합적으로 고려할 때 이러한 해석은 법질서상 용인될 수 있는 객관적인 의미내용에 해당한다고 판단하였다.[15] ② (입법자의 의도) 다음으로 시행령 제정자의 의사에 관하여 다수의견은, 교육당국이 학원법 시행령 댄스학원의 범위 단서 규정을 추가한 것이 중첩 영역에 있는 댄스학원에 대하여 결과적으로 학원법과 체육시설법 모두의 적용을 배제하려는 의도에서 이루어졌다고 단정할 수는 없다고 판시하였다. 이는 설령 학원법 시행령 댄스학원의 범위 단서 규정을 제정한 입법자가 국제표준무도를 교습하는 학원에 대하여 학원법 적용을 배제하려는 의도가 있었다고 하더라도, 그 결과 전체적인 법령 체계 속에서 국민의 기본권을 과도하게 침해하게 된다면 그와 같은 결과가 입법자의 최종적 의도라고 단정할 수 없음을 근거로 하여, 법원이 입법자의 주관적, 단편적 법령 제정 의도에 반드시 구속되는 것은 아니라는 입장을 취한 것으로 볼 수 있다.

2. 별개의견

다수의견과는 달리, 2개의 별개의견은 학원법 시행령 댄스학원의 범위 단서 규정과 체육시설법 시행령 무도학원업의 범위 단서 규정을 다수의견과 같이 축소해석할 수는 없다는 전제 하에서, 어느 한 규정 또는 양 규정 모두를 무효라고 보아야 한다고 판단하였다. 대법원이 구체적 규범통제를 하여 시행령 규정이 무효임을 선언하여야 한다는 것이다.

(1) 별개의견1 - 모법의 위임 범위 한계

별개의견1은, 학원법 시행령 댄스학원의 범위 단서 규정이 모법의 위임 범위를 벗어나 위임 없이 제정된 것으로 무효라고 판단하였다. 즉, 기존 대법원 판례 입장과 같이 학원법상 학원에 해당하기 위한 요건을 충족하는 모든 학원은 학원법의 규율을 받도록 하는 것이 학원법의 입법 목적이자 규정 내용임을 전제로, 학원법은 단순히 '학원의 종류별 교습과정의 분류'를 대통령령으로 정하도록 위임하고 있을 뿐인데, 체육시설법상 무도학원에 해당하는 학원에 대하여 학원법 적용을 배제하도록 하는 학원법 시행령 댄스학원의 범위 단서 규정은 모법의 분명한 위임 없이 직업의 자유를 제한하는 규정으로서 무효라는 것이다.

다수의견과 같은 축소해석 가능성에 대하여는, 별개의견1은 다수의견과 같은 축소해석을 하더라도 이는 여전히 학원법의 입법취지와 규정 내용상 허용되지 않는다는 입장에 서 있는 것으로 보인다. 국제표준무도를 교습하는 학원을 설립·운영하려는 자가 체육시설법

---

15) 이상덕, 앞의 글, 573면.

상 무도학원업의 요건을 갖추어 신고를 마쳤다 하더라도 학원법이 적용되어 학원법상 교습에 관한 각종 규제가 적용되어야 한다고 보는 것이 학원법의 규율 내용 및 입법 목적에 부합한다는 것이다.

다만, 별개의견1은 체육시설법의 경우에는, 체육시설의 종류, 체육시설업의 종류별 범위 등에 대해 대통령령으로 정할 수 있도록 위임하고 있는 이상 체육시설업의 일종인 무도학원업의 범위를 제한할 수 있도록 하는 것이 체육시설법 입법자의 의사이고, 따라서 국제표준무도를 교습하는 시설이 학원법상 학원의 요건을 충족하는 경우 체육시설법이 아니라 학원법이 적용됨을 규정하고 있는 체육시설법 시행령 무도학원업의 범위 단서 규정은 적법·유효한 규정이라고 보았다.

(2) 별개의견2 – 모순·충돌을 피할 수 없는 경우 법규정의 효력

별개의견2는 학원법 시행령 댄스학원의 범위 단서 규정과 체육시설법 시행령 무도학원업의 범위 단서 규정 모두가 효력이 없다고 보아야 한다고 판단하였다.

별개의견2는, 법규범 사이의 모순과 충돌이 배제되어야 법적 안정성과 예측가능성이 확보될 수 있고, 특히 기본권을 제한하는 규범은 민주주의와 법치주의 원리에 기초하여 명확하게 규정되어야 함을 강조한다. 그와 같은 전제 하에서, 상호 모순·충돌되는 규범이 존재하고 수범자가 모순되는 규범 중 어느 것을 따라야 하는지가 명확하지 않다면 우선 서로 충돌하는 규범들을 조화롭게 해석하거나 상위법 우선 원칙, 신법 우선 원칙, 특별법 우선 원칙 등 법적용 원칙을 통하여 수범자가 따라야 할 규범을 도출할 수 있음을 인정하지만, 국민의 기본권 제한에 관한 둘 이상의 법령 규정이 정면으로 서로 모순되어 조화로운 해석이 불가능하고 그 규정들이 상위법과 하위법, 구법과 신법, 일반법과 특별법의 관계에 있지도 않아 어느 하나가 적용된다는 결론을 도출하는 것이 불가능한 경우라면, 그 규정들이 모두 법치국가원리에서 파생되는 법질서의 통일성 또는 모순금지 원칙에 반한다고 볼 수 있고, 그 결과 국민의 기본권이 제한된다면 그 규정들의 효력을 모두 부정해야 한다는 원칙을 명시적으로 제시하고 있다.

그렇다면 이 사건에서 다수의견과 같은 축소해석을 모순·충돌을 피할 수 있는 조화로운 해석으로 인정할 수 있는가에 대하여, 별개의견2는 이와 같은 해석은 법문언 및 입법자의 의도에 정면으로 반하기 때문에 법규정의 모순·충돌을 피하기 위한 조화로운 해석이될 수 없다고 보았다. '시행령 입법 경위와 행정청인 피고가 주장하는 입법 취지, 법문언'에 비추어 볼 때 체육시설법 시행령 무도학원업의 범위 단서 규정은 학원법상 댄스학원 요건을 갖추었다면 학원법의 적용을 받아야 한다는 전제에서 체육시설법령 적용제외 대상을 규정한 것이고, 학원법 시행령 댄스학원의 범위 단서 규정은 체육시설법상 무도학원업 요건을 갖추었다면 체육시설법의 적용을 받아야 한다는 전제에서 학원법령 적용제외 대상을 규정한 것으로 해석할 수밖에 없다는 것이다. 다수의견과 같이 타 법령에 따른 신고와 등록을 마친 경우만을 적용제외 대상으로 해석하는 것은 문언과 시행령 제정자의 의도에 모두 반할 뿐만 아니라, 그와 같은 해석은 '체육시설업의 종류별 범위와 회원 모집, 시설 규모, 운영 형태 등에 따른 그 세부 종류'와 '학원의 종류별 교습과정의 분류'를 정하도록 위임하였을 뿐인 체육시설법과 학원법의 위임범위를 벗어나 (제한적으로라도) 상위법률의 적용배제를 규정하게 된다는 점에서도, 허용될 수 없다고 한다.

Ⅲ. 법리의 검토

1. 다수의견과 별개의견2의 입장 차이는 어디에서 비롯되는가 - 법해석론 제시에 있어서 대법원의 역할은 무엇인가

다수의견은 적용우위에 있지 않은 서로 다른 영역의 규범들 사이에서 일견 모순·충돌이 발생하는 것처럼 보이는 경우 쉽게 어느 일방 또는 쌍방의 무효를 선언할 것이 아니라 가능한 상호 조화로운 해석을 시도해볼 필요가 있다는 일반적 기준을 제시하고 있다. 별개의견2는 상호 모순·충돌되는 규범이 존재하고 수범자가 모순되는 규범 중 어느 것을 따라야 하는지가 명확하지 않다면 우선 서로 충돌하는 규범들을 조화롭게 해석하거나 상위법 우선 원칙, 신법 우선 원칙, 특별법 우선 원칙 등 법적용 원칙을 통하여 수범자가 따라야할 규범을 도출할 수 있음을 인정하지만, 그와 같은 해석이 불가능하다면 그 규정들은 모두 법치국가원리에서 파생되는 법질서의 통일성 또는 모순금지 원칙에 반한다고 볼 수 있고, 그 결과 국민의 기본권이 제한된다면 그 규정들의 효력을 모두 부정해야 한다는 기준을 제시한다.

대법원의 인적 구성이 다양해지고 전원합의체 판결이 활성화되면서 이전과는 비교할 수 없을 정도로 법해석론이 판결문에 현출되고 있는 상황이라고 한다.[16] 이 사건에서도 다수의견과 별개의견2는 적용우위에 있지 않은 서로 다른 영역의 규범들 사이에서 모순·충돌이 발생하는 경우의 법해석 기준을 각각 제시한다. 그런데 앞서 검토한 내용에 따르면 결

---

16) 이계정, "입법자의 의사와 법률해석의 문제", 『서울대학교 법학』 제63권 제4호, 2022, 121면.

국 다수의견과 별개의견2의 입장 및 결론의 차이는, 법해석과 관련한 기준 자체에 있다기보다는, 문제되는 두 시행령에 관한 어떤 해석까지가 법령해석의 한계를 넘지 않는 '가능한' 범위에서의 조화로운 해석인지에 대한 판단의 차이에서 비롯됨을 알 수 있다. 별개의견들은 다수의견과 같은 축소해석이 법문언과 입법자의 의사에 반하여 허용되지 않는다고 본 반면, 다수의견은 축소해석이 법령 전체의 체계를 고려할 때 법질서상 용인될 수 있는 객관적인 의미내용에 해당할 수 있다고 본 것이다. 마찬가지로 결국 개별 법관이 개별 구체적 사건을 해결하기 위해 위 기준대로 문제가 되는 법령에 대해 최대한 상호 조화로운 해석을 시도한다고 할 경우에도 이 문제는 구체적 법령과 관련한 어떠한 해석까지를 법령해석의 한계를 넘지 않는 가능한 범위 내에서의 해석으로 용인할 수 있는가에 대한 판단 차이에 따라 결론이 달라지게 될 것이다. 따라서 대법원이 이 사건에서 설시한 일반적인 원칙 내지 기준 뿐 아니라 그 기준을 바탕으로 구체적으로 법령을 축소해석한 방법, 그리고 그와 같은 해석이 법령해석의 한계를 넘지 않는다고 또는 넘는다고 본 구체적 판단 근거 역시 선례로서 중요한 의미를 가질 수 있다. 대법원 판결의 선례적 기능을 고려하면 대법원은 판결을 통해 일반적 법해석론 뿐 아니라 구체적 법해석을 통해 결론을 도출하게 된 합리적이고 설득력 있는 논증 과정도 최대한 구체적으로 제시해야 한다고 생각한다(대법관들 사이에 그 해석의 결과가 다른 전원합의체 판결의 경우에 특히 그러하다). 원하는 결론을 도출하기 위한 논증에는 필연적으로 어느 정도 논리적 한계가 있을 수 있지만, 한계와 단점 또한 투명하게 공개하면서 그럼에도 불구하고 주장하는 바와 같은 의견과 해석이 허용될 수 있다고 보는 진정한 근거를 밝히고 객관적 설득력을 높일 필요가 있다고 생각된다.

2. 법률이 아닌 시행령 해석의 경우에도 규범통제의 자제가 요구되는가

다수의견은 적용우위에 있지 않은 법규범들의 경우에도, ① 법령의 통일적 체계 존중, ② 법적 안정성 추구, ③ 법적 공백 방지를 위해, 가능한 한 일견 보이는 모순·충돌을 피할 수 있는 조화로운 해석 방법을 우선적, 적극적으로 찾아보아야 하고, 쉽게 어느 한 규범 또는 양 규범의 무효를 선언해서는 안 된다는 기준을 제시하였다.

이에 대하여는, 다수의견이 이와 같은 '최대한 가능한 한 조화로운 해석'을 시도한 것은 결국 시행령의 무효를 선언하는 규범통제를 회피하기 위한 것인데, 시행령 제정자의 의사와 전혀 다른 내용의 축소해석은 그 자체로 규범통제라는 비판이 있을 수 있다.[17] '당초

---

17) 이상덕, 앞의 글, 574면.

시행령 제정자의 의사와 전혀 다른 내용의 축소해석은 행정입법 형성권한을 존중하는 것이 아니라 오히려 심하게 부정하는 것이 아닌가'라는 비판이 제기될 수 있다는 것이다.

이러한 비판에 대하여는, 이와 같은 축소해석이 법령해석의 한계를 넘지 않는다는 전제하에, 시행령 제정자의 주관적 의사에는 반하더라도 축소해석 등을 통해 규범의 효력을 유지시켜야 할 필요성을 들어 반박할 수 있을 것이다. 다수의견은 그 일반적인 필요성으로 법령의 통일적 체계 존중, 법적 안정성 및 법적 공백 방지를 들었다. 앞서 본 바와 같이 이 사건의 경우에는 시행령 단서 규정이 무효화되지 않고 존재함으로써 법질서상 두 법령이 모두 적용될 경우의 무등록 또는 미신고 처벌을 막을 수 있는 긍정적인 측면이 있을 수 있을 것이다.[18]

그런데, 이처럼 판례가 상위법령 합치적 해석 내지 규범 상호간 조화로운 해석이 필요한 일반적인 근거로서 법질서의 통일성, 법적 안정성을 들고 있는 것이 타당한가에 관하여, 법률이 아닌 명령·규칙에 대한 규범통제의 경우에는 그 필요성 유무를 비판적으로 검토해볼 필요가 있다는 비판도 제기된다.[19] 우선 법질서의 통일성은, 상위법령 합치적 해석이나 규범 상호간 조화로운 해석 외에 법령에 대한 규범통제를 통해서도 실현될 수 있으므로, 상위법령에 반하는 해석을 금지하는 근거가 될 뿐 그 자체로서 상위법령 합치적 해석 등을 요청하는 것은 아니어서 그것만으로 충분한 근거가 되지 않는다는 비판이 가능하다는 것이다. 그리고 법적 안정성 내지 규제 공백 방지 필요성에 대하여는, 법률에 대한 규범통제와 명령·규칙에 대한 규범통제 사이의 차이를 고려해볼 필요가 있다고 한다. 명령·규칙을 제·개정하는 데 소요되는 시간과 난이도를 고려해보면 의회와 달리 행정부는 규범통제 이후 법적 혼란에 대해 개선 입법을 통해 충분히 대처할 수 있다는 것이다. 마지막으로 법적 안정성의 요청이 확실하여 상위법령 합치적 해석이 요구되는 경우에도 결국 이러한 해석은 일반 국민들의 예측 가능성을 침해할 우려가 있으므로, 명령·규칙에 대한 규범통제에 대하여는 좀 더 적극적인 입장을 취할 필요가 있다는 것이다.[20]

이 사건에서, 다수의견이 들고 있는 조화로운 체계적 축소해석의 일반적 필요성 자체에 대하여 별개의견이 비판하거나 반대하는 입장을 취하고 있지는 않고 있지만, 그 필요성을

---

18) 다만, 학원법 시행령 단서만을 무효로 보는 별개의견1의 입장에 의하면 이러한 이중적용이 문제되지 않게 된다.

19) 임상은, "국가나 지방자치단체로부터 보조금을 지급받지 않은 사회복지시설 거주 노인에 대한 노인장기요양보험법상 장기요양급여 제공이 중복급여인지 여부와 2인 이상 요양보호사에 의한 몸씻기를 규정한 노인장기요양보험법 관련 고시의 적용 범위", 『국제인권법실무연구Ⅲ - 사회권판례연구(재판자료 143집)』, 2022, 183면.

20) 임상은, 앞의 글, 183-184, 단락 전체 참조.

어느 정도로 인정하느냐에 관한 입장은, 다수의견과 같은 축소해석이 법령해석의 한계를 넘는 것인가 여부에 대한 판단에도 어느 정도 실질적인 영향을 미쳤을 것으로 생각된다.

3. 조화로운 체계적 축소해석의 한계는 무엇인가

다수의견은 학원법 시행령 댄스학원의 범위 단서 규정 중 '학원법에 따른 댄스학원'을 '학원법상 신고를 마친 댄스학원'으로, 체육시설법 시행령 무도학원업의 범위 단서 규정 중 '체육시설법에 따른 무도학원업'을, '체육시설법상 등록을 마친 무도학원업'으로 축소해석할 수 있다고 한다. 반면, 별개의견2는 이와 같은 해석이 법문언 및 입법자의 의도에 정면으로 반하기 때문에 허용될 수 없다고 한다.

결국 이 사안에서는, 다수의견과 같은 조화로운 체계적 축소해석의 방법으로 문제를 해결할 수 있는지, 즉, 다수의견과 같은 규범조화적 법해석이 가능한지가 최종적인 쟁점이 될 수밖에 없다.[21]

다수의견의 해석이 법령해석의 한계를 넘는 것인가에 관하여 검토하기 위해서는, 법률해석에 관한 대법원의 기본적 입장, 즉, "법률의 해석은 문언의 통상적인 의미에 충실하게 해석하는 것을 원칙으로 하고, 그 문언의 통상적 의미를 벗어나지 않는 범위에서 법률의 입법 취지와 목적, 제·개정 연혁, 법질서 전체와의 조화, 다른 법령과의 관계 등을 고려하는 체계적 논리적 해석방법을 추가적으로 활용하여 법해석의 요청에 부응하는 타당한 해석이 되도록 하여야 한다."는 입장에 기초하여 판단할 필요가 있다.

우선, 다수의견의 해석이 법문언이 갖는 한계에 벗어나는 것인지에 관하여 보면, 법문의 적용대상을 한정하는 축소해석이 문언의 통상적인 의미에 반한다고 보기는 어려울 것이다. 이와 같은 적용범위의 축소가, 입법자가 의도하지 않은, 예측하기 어려운 해석일 수는 있지만, 그 범위를 한정, 축소하는 것 자체가 문언 자체의 의미에 반하는 것은 아니라고 볼 수 있을 것이다.

결국 이 사안에서 입장 차이를 가져온 핵심적인 쟁점은, 다른 법령과의 관계를 고려하여 기본권 제한을 막기 위한(학원법에 따른 신고 거부를 막기 위한) 체계적, 목적론적 해석이 우선하는가, 시행령 제정자의 주관적 입법 의도 내지 목적을 중시하는 해석이 우선하는가의 문제인 것으로 생각된다.

---

21) 이상덕, 앞의 글, 578면; 별개의견2는 "규범조화적 법해석을 우선 시도한 후 그것으로 문제해결이 되지 않는 경우에 비로소 시도할 수 있는 보충적인 방법이므로, 다수의견과 같은 규범조화적 법해석이 과연 불가능한지가 결국 관건"이라고 한다.

이 사건에서 학원법 시행령 댄스학원의 범위 단서 규정이 신설된 것은, 국제표준무도를 교습 또는 학습하는 장소로 이용할 목적으로 설립·운영하는 시설이 학원법에 의한 학원의 요건을 구비하였다면 학원법의 적용을 받아 학원법상 등록을 할 수 있다는 대법원 판결이 선고된 후이다. 판결 선고 이후 위 단서 규정이 도입되었다는 사정과 그 문언 등을 고려하면 아무래도 시행령 제정자는 위 단서 규정을 도입하면서 국제표준무도를 교습하는 시설을 학원법상 학원에서 제외하는 것을 의도했던 것으로 보인다. 별개의견1, 2는 시행령 제정자의 명백한 의도에 반하는 해석은 허용될 수 없다고 보아 위 규정이 위임입법 금지 원칙(별개의견1) 및 법질서의 통일성 내지 모순금지 원칙(별개의견2)에 반한다고 보았다.

반면, 다수의견은, 설령 시행령 제정자의 의도가 판례 적용을 피하기 위한 것이었다 하더라도(시행령 제정자의 의도에 대해 명시적으로 판시하지는 않았지만), 그 의도에 구속되지 않고, 위임입법의 한계를 넘지 않고 법질서의 통일성을 해치지 않을 수 있는 제한적인 내용으로 양 규정을 축소해석하는 것이 허용된다고 판단하였다. '시행령 제정자의 의도'라는 해석상 난점에 대하여, 다수의견은 '(시행령 제정자인) 교육당국이 중첩 영역에 있는 댄스학원에 대하여 결과적으로 학원법과 체육시설법 모두의 적용을 배제하려는 의도에서 학원법 시행령 댄스학원의 범위 단서 규정을 도입하였다고 단정할 수는 없다'고 판시하고 있다. 시행령 제정자로서도 위 단서 규정 도입 당시 체육시설법 시행령 무도학원업의 범위 단서 규정까지 포함한 전체 법체계 하에서 위 단서 규정의 도입으로 기본권이 과도하게 제한되는 결과까지 의도한 것은 아니라고 볼 여지가 있다는 것이고, 그렇다면 시행령 제정자의 개별 법령에 대한 주관적 의도에 구속되지 않고 기본권 제한을 피할 수 있는 탄력적 축소해석을 하더라도 그와 같은 해석이 객관적 입법의도나 법의 목적에 반하는 것은 아니어서 허용될 수 있다고 판단한 것으로 보인다.

다수의견을 지지할 수 있는 근거로서, 법해석에 있어서 시행령 제정자의 의도 자체에 반드시 구속되어야 하는 것은 아니라는 측면에서, '입법자의 주관적 의도가 법관을 구속하지는 않는다. 입법자의 의사는 해석자의 지평에 의해 비판적으로 접근될 수 있다. 법해석은 법문언이 일의적으로 해석되지 않는 한 텍스트 저자인 입법자의 의사를 존중하는 것으로부터 시작되지만, 이를 현재의 지평에 의해서 수정하는 것이 정당화될 수 있는 경우에는 법관은 입법자의 의사에 구속되지 않는다'라는 견해[22]를 참조해 볼 수 있을 것이다. 또한, 행정법 영역의 개별 행정법규에 관한 행정법상 법률유보 원칙이 유추 내지 목적론적 축소해석 등을 금지하는 한계로 작용하는 것은 침익적 법형성을 제한하기 위함이고, 이러한 목

---

22) 이계정, 앞의 글, 165면.

적을 위해 엄격히 지켜져야 한다는 견해[23])도, 이 사안에 있어서 법령의 모순·충돌로 인한 기본권 제한 결과를 피하기 위한 다수의견과 같은 축소해석을 법해석의 한계를 넘는 자의적 법형성이 라고 보기 어렵다는 입장을 뒷받침할 수 있어 보인다.

Ⅳ. 요약과 결론

1. 다수의견은, ① 적용우위에 있지 않은 서로 다른 영역의 규범들 사이에서 일견 모순·충돌이 발생하는 것처럼 보이는 경우 쉽게 어느 일방 또는 쌍방의 무효를 선언할 것이 아니라 가능한 한 상호 조화로운 해석을 시도해볼 필요가 있다는 일반적 원칙을 제시하고, ② 이 사안의 경우 시행령 단서 규정의 체계적 축소해석이 가능하다고 판단하였다.

2. 반면, 별개의견2는 ① 서로 다른 영역의 규범들 사이에서 일견 모순·충돌이 발생하는 것처럼 보이는 경우 조화로운 해석이 불가능하다면 그 규정들은 법치국가원리에서 파생되는 법질서의 통일성 또는 모순금지 원칙에 반하므로 효력을 모두 부정해야 한다는 원칙을 제시하고, (2) 이 사안의 경우 시행령 단서 규정의 체계적 축소해석이 불가능하다고 판단하였다.

3. 이 사안의 최종적 쟁점은 다수의견과 같은 체계적 축소해석이, 법문언의 통상적 의미를 넘지 않는 법해석의 한계를 넘지 않는지 여부이다. 이에 대한 결론은, 명령·규칙에 대한 규범통제 필요성을 얼마나 엄격하게 보느냐, 법률해석에 있어서 입법자의 주관적 의도를 얼마나 존중하느냐, 법관의 법해석 권한을 얼마나 인정하느냐에 따라 달라질 수 있다.

4. 3.항에 대한 판단은 논리적으로 하나의 결론으로 귀결되는 것이 아니고, 각각의 논증과 논거도 서로 다른 부분에서 약점과 강점을 가지면서 조금씩 한계를 가질 수밖에 없다. 따라서 대법원의 법해석과 관련하여 구체적 결론에 이르는 논증 과정과 논거의 명확한 설시 또한 일반적 법해석 원칙과 기준의 정립만큼이나 중요한 가치를 갖는다고 생각된다.

---

23) 박정훈, "행정법과 법해석 – 법률유보 내지 의회유보와 법형성의 한계", 『행정법연구』 제43호, 2015, 33 내지 35면 참조.

생각할 문제

1. 규제의 공백을 막기 위한 필요성을 판단함에 있어서, 법률의 합헌적 법률해석과 명령·규칙의 상위법령 합치적 법률해석의 경우 그 정도에 차이를 두는 것이 타당한가

2. 규제의 공백을 막기 위한 조화로운 법령해석의 한계는 무엇인가

3. 다수의견과 같은 법령해석 원칙이 시행령 제정자의 행정입법 형성권한을 제한, 부정하거나 법관에게 법형성 권한을 부여할 위험은 없는가. 법적 예측가능성을 약화시킴으로써 오히려 법적 안정성을 해할 우려는 없는가

대법원 2022. 9. 7. 선고 2020두40327 판결
[수리를 필요로 하는 신고의 범위와 심사척도]

김 준 기*

[사실관계]

원고 주식회사는 1973. 11. 17. 대기오염물질 배출시설 설치신고를 하고, 1984. 4.경부터 아스팔트 콘크리트(아스콘)를 제조하는 공장을 운영하여 왔으며, 2004년경부터 재생아스콘을 생산하여 왔다. 원고가 공장에서 재생아스콘을 생산하기 시작한 이후 특정대기유해물질 검출, 악취와 먼지 발생, 공장 출입 과적 화물차량 등과 관련한 인근 지역 주민들의 민원이 계속 제기되어 왔다.

주민들의 악취 관련 민원이 계속 제기되고 악취 측정결과도 기준치 초과가 4회에 이르자, 피고 안양시장은 2017. 6. 15. 악취방지법 제8조의2 제1항[1]에 따라 이 사건 공장에 설치된 아스콘 건조시설 1·2호기, 혼합시설, 저장시설 등을 신고대상 악취배출시설로 지정·고시하였다. 원고는 2017. 12. 14. 피고에게 악취방지법 제8조의2 제2항에 따라 악취배출시설 설치운영신고서를 제출하였으나, 피고는 2017. 12. 15. 위 신고를 반려하였다.

원고는 2018. 5. 3.과 2018. 7. 11. 두 차례에 걸쳐 피고에게 악취방지법 제8조의2 제2항[2]에 따라 악취방지계획서 등을 첨부하여 악취배출시설 설치·운영신고를 하였으나, 피고는 2018. 5. 31.과 2018. 7. 20. 위 두 신고를 모두 반려하였다. 한편, 경기도지사는 2018. 7. 9. 원고의 대기오염물질배출시설 가동개시 신고를 수리하였다.

---

* 국회 법제실 재정법제과장

1) 제8조의2(악취관리지역 외의 지역에서의 악취배출시설 신고 등) ① 시·도지사 또는 대도시의 장은 악취관리지역 외의 지역에 설치된 악취배출시설과 관련하여 악취 관련 민원이 1년 이상 지속되고 복합악취나 지정악취물질이 3회 이상 제7조에 따른 배출허용기준을 초과하는 경우에는 해당 악취배출시설을 신고대상시설로 지정·고시할 수 있다.

2) 제8조의2(악취관리지역 외의 지역에서의 악취배출시설 신고 등) ② 제1항에 따라 지정·고시된 악취배출시설을 운영하는 자는 그 지정·고시된 날부터 6개월 이내에 환경부령으로 정하는 바에 따라 시·도지사 또는 대도시의 장에게 신고하여야 한다. 신고한 사항 중 환경부령으로 정하는 사항을 변경하려는 경우에도 또한 같다.

다른 한편 2017. 3.경 및 2017. 4.경 이 사건 공장의 배출물질에서 벤조피렌과 다환방향족탄화수소류가 검출되자, 경기도지사는 무허가 대기오염물질배출시설 설치·운영(대기환경보전법 제23조 제1항3) 위반)을 이유로 2017. 11. 10. 원고에게 공장에 설치된 대기오염물질배출시설의 사용중지 명령을 내렸다. 이에 원고는 대기오염물질 방지시설을 추가로 설치하여 2017. 12. 15. 경기도지사에게 대기오염물질배출시설 설치 허가 등을 신청하였고, 2018. 3. 19. 경기도지사로부터 주민들과 협의한 '재생아스콘 생산 영구 중단, 대기오염물질 측정과 환경개선활동 시행 등'을 조건으로 대기오염물질배출시설 설치허가를 받았다.

[사건의 경과]

원고는 "첫째, 이 사건 각 신고는 악취방지법상의 악취배출시설 설치운영신고로서 자기완결적 신고에 해당하므로, 형식적 요건을 갖춘 각 신고서가 접수기관에 도달한 때 곧바로 효력이 발생한다고 보아야 한다. 둘째, 이 사건 각 신고가 수리를 요하는 신고에 해당한다고 하더라도, 원고는 경기도지사에게 대기오염물질배출시설 설치허가 신청을 하여 경기도지사로부터 허가를 받았고, 위 신청은 악취방지법 시행규칙 제9조 제2항에 따라 악취배출시설 설치운영 신고에 갈음한 것이므로, 위 허가사실을 알게 된 피고로서는 그 이후 이루어진 신고를 수리하여야 한다. 셋째, 이 사건 각 처분은, 공장 가동이 금지된 상태에서 원고가 현실적으로 수행할 수 없는 정도의 대응책 마련을 요구하고 있는 점, 이 사건 각 신고 이전에 이루어진 경기도지사의 대기오염물질배출시설 설치 허가의 효력을 사실상 상실시키는 점, 원고는 이미 대기오염물질배출방지를 위한 상당한 조치를 취한 점, 그 밖에 원고가 이 사건 각 처분으로 인하여 입게 되는 재산권, 영업권, 신뢰이익 침해 등에 비추어 볼 때, 재량권을 일탈·남용하여 위법하다"고 주장하였다.

제1심법원은 원고의 청구를 기각하였다.4) 이에 불복하는 원고의 항소에 대해서 원심법원은 "첫째, 행정관청에 대한 신고는 일정한 법률사실 또는 법률관계에 관하여 관계 행정관청에 일방적인 통고를 하는 것을 뜻하는 것으로 법령에 별도의 규정이 있거나 다른 특별

---

3) 제23조(배출시설의 설치 허가 및 신고) ①배출시설을 설치하려는 자는 대통령령으로 정하는 바에 따라 시·도지사의 허가를 받거나 시·도지사에게 신고하여야 한다. 다만, 시·도가 설치하는 배출시설, 관할 시·도가 다른 둘 이상의 시·군·구가 공동으로 설치하는 배출시설에 대해서는 환경부장관의 허가를 받거나 환경부장관에게 신고하여야 한다.
4) 수원지방법원 2019. 1. 15. 선고 2018구합68200 판결.

한 사정이 없는 한 행정관청에 대한 통고로써 그치는 것이고, 그에 대한 행정관청의 반사적 결정을 기다릴 필요가 없다. 구 대기환경보전법령 하에서 악취유발시설이 규율된 체계, 신설된 악취방지법 제정의 취지와 배경, 악취배출시설 설치운영신고에 관한 실무규정, 악취발생에 대응하는 사후 제재 규정 등을 종합하여 보면, 악취방지법상의 악취배출시설 설치운영신고는 수리를 요하지 않는 자기완결적 신고에 해당한다고 보아야 한다. 그렇다면 신고에 필요한 형식적 요건을 갖추어 이루어진 이 사건 각 신고는 피고에게 접수된 때 신고의 효력이 발생하였다고 할 것이므로, 이 사건 각 신고의 수리를 반려한 이 사건 각 처분은 위법하다. 둘째, 악취방지법 시행규칙 제9조 제2항에서는 '제출을 갈음할 수 있다'라고 규정되어 있으나, 이는 서면 제출이 갈음된다는 의미일 뿐이고, 악취배출시설 설치운영신고의 효력 발생을 위하여 신청인이 별도로 의사표시를 해야 한다고 해석할 수는 없다. 또한 악취방지법 시행규칙 제9조 제2, 3항에 의하면, 시·도지사가 악취배출시설에 대하여 대기오염물질배출시설 설치 허가를 하거나 신고를 수리하면 악취배출시설 설치운영신고도 당연히 접수(자기완결적 신고로 볼 경우) 또는 수리(수리를 요하는 신고로 볼 경우) 되었다고 볼 것이다. 셋째, 피고가 주장하는 악취방지가 계획대로 이루어지지 못할 것이라는 사정은 추상적이고 불명확한 장래의 불안에 불과한 반면, 원고는 대기오염물질 배출허용기준을 충족할 만한 방지계획을 세워 대기오염물질배출시설 설치 허가를 받고, 이후에도 실제 악취방지를 위한 각종 시설을 비용을 들여 설치하는 등 구체적인 방지대책을 마련한 점 등에 비추어 보면, 이 사건 각 처분은 피고가 객관적인 인과관계가 증명되지 않은 인근 주민들의 피해 우려를 들어 이 사건 공장 가동을 막고 있는 것으로서 원고의 재산권과 영업권을 심각하게 제한하는 것으로 보인다"는 이유로 제1심 판결을 취소하고, 원고의 청구를 인용하여 피고의 신고 반려처분을 취소하였다.[5] 이에 대해 피고가 상고를 제기하였다.

[대상판결]

대법원은 원심판결을 파기하고 사건을 다시 심리·판단하도록 원심법원으로 환송하였다. 대상판결의 구체적인 이유를 요약하면 다음과 같다.

---

5) 서울고등법원 2020. 5. 21. 선고 2019누35451 판결.

첫째, 대도시의 장 등 관할 행정청은 악취배출시설 설치·운영신고의 수리 여부를 심사할 권한이 있다고 봄이 타당하다.

1) 악취방지법 제8조의2 제1항에 의하면, 악취관리지역 이외의 지역에 설치된 악취배출시설이 신고대상으로 지정·고시되기 위해서는 해당 악취배출시설과 관련하여 악취 관련 민원이 1년 이상 지속되고 복합악취나 지정악취물이 3회 이상 배출허용기준을 초과하는 경우이어야 한다. 즉, 신고대상 악취배출시설로 지정·고시되었다는 것은 이미 생활환경에 피해가 발생하였다는 것을 의미한다. 이 경우 신고대상으로 지정·고시된 악취배출시설의 운영자가 제출하는 악취방지계획이 적정한지 여부를 사전에 검토할 필요성이 크다.

2) 악취방지법 제8조의2 제1항, 제2항, 제3항에 의하면, 신고대상 악취배출시설로 지정·고시되면 해당 악취배출시설을 운영하는 자는 환경부령이 정하는 바에 따라 대도시의 장 등에게 신고를 하여야 하는데, 그때 악취방지계획도 함께 수립·제출하여야 한다. 악취방지법 제8조의2 제2항의 위임에 따른 악취방지법 시행규칙 제9조 제1항에 의하면, 악취배출시설의 설치·운영신고를 하려는 자는 사업장 배치도, 악취배출시설의 설치명세서 및 공정도, 악취물질의 종류, 농도 및 발생량을 예측한 명세서, 악취방지계획서, 악취방지시설의 연간 유지·관리계획서 등을 첨부한 [별지 제2호 서식]의 악취배출시설 설치·운영신고서를 제출하여야 하는데, 같은 시행규칙 제11조 제1항 [별표 4]에 의하면, 악취방지계획에는 악취를 제거할 수 있는 가장 적절한 조치를 포함하여야 하고, [별지 제2호 서식]에서는 악취배출시설 설치·운영신고가 '신고서 작성→접수→검토→결재→확인증 발급'의 절차를 거쳐 처리된다고 밝히고 있다. 따라서 악취방지법령에 따라 악취배출시설 설치·운영신고를 받은 관할 행정청은 신고서와 함께 제출된 악취방지계획상의 악취방지조치가 적절한지 여부를 검토할 권한을 갖고 있다.

3) 또 다른 신고대상 악취배출시설 지정권자인 시·도지사의 권한의 위임에 관하여 규정한 악취방지법 제24조 제2항의 위임에 따른 악취방지법 시행령 제9조 제3항은 "시·도지사는 법 제24조 제2항에 따라 다음 각호의 권한을 시장·군수·구청장에게 위임한다."라고 규정하면서, 제1호에서 '법 제8조 제1항에 따른 악취배출시설의 설치신고·변경신고의 수리', 제4호에서 '법 제8조의2 제2항에 따른 악취배출시설의 운영·변경신고의 수리'를 각각 들고 있는데, 이는 악취배출시설 설치·운영신고를 받은 관할 행정청에 신고의 수리 여부를 심사할 권한이 있음을 전제로 한 것이다.

둘째, 원고가 경기도지사로부터 대기환경보전법에 따른 대기오염물질배출시설 설치허가를 받았다고 하더라도 악취배출시설 설치·운영신고가 수리되어 그 효력이 발생한다고 볼 수 없다.

1) 인허가의제 제도는 관련 인허가 행정청의 권한을 제한하거나 박탈하는 효과를 가진다는 점에서 법률 또는 법률의 위임에 따른 법규명령의 근거가 있어야 한다.

그런데 대기환경보전법령에서는 대기오염물질배출시설 설치허가를 받으면 악취배출시설 설치·운영신고가 수리된 것으로 의제하는 규정을 두고 있지 않다.

나아가 악취방지법은 제24조에서 권한의 위임에 관하여 규정하고 있는데, 대도시의 장의 권한에 관하여는 아무런 규정을 두고 있지 않고, 악취방지법 제8조의2 제2항은 신고할 사항과 방법에 관하여만 환경부령으로 정하도록 위임하였을 뿐 대도시의 장이 부여받은 악취배출시설 설치·운영신고의 수리 여부를 심사할 권한까지 환경부령으로 제한할 수 있도록 위임하고 있지는 않다.

2) 대기오염물질배출시설 설치허가로 악취배출시설 설치·운영신고가 수리된 것으로 의제하면, 신고대상 악취배출시설 지정권자와 신고의 수리 여부 심사권한자가 분리되는 상황이 발생하게 된다. 이는 인구 50만 이상의 대도시의 장에게 악취관리지역 지정 및 해제, 악취관리지역 이외의 지역에서의 신고대상 악취배출시설의 지정 등의 권한을 부여함으로써 지역여건에 맞는 악취관리가 이루어지도록 한 악취방지법의 입법 취지에도 반한다.

3) 악취방지법 시행규칙 제9조 제2항, 제3항은 대도시의 장에게 악취배출시설 설치·운영신고에 관하여 수리 여부를 심사할 권한이 있음을 전제로 해석되어야 한다. 즉, 시·도지사로부터 대기오염물질배출시설 설치허가 사실을 통보받은 대도시의 장은 악취배출시설 설치·운영신고로써 적합한지를 심사하여 악취배출시설 설치·운영신고 확인증을 발급하여야 하는 것이다.

셋째, 환경정책기본법과 악취방지법령의 입법 취지, 내용과 체계에 비추어 보면, 행정청은 사람의 건강이나 생활환경에 미치는 영향을 두루 검토하여 악취방지계획의 적정 여부를 판단할 수 있고, 이에 관해서는 행정청의 광범위한 재량권이 인정된다.

따라서 법원이 악취방지계획의 적정 여부 판단과 관련한 행정청의 재량권 일탈·남용 여부를 심사할 때에는 해당 지역 주민들의 생활환경 등 구체적 지역 상황, 상반되는 이익을 가진 이해관계자들 사이의 권익 균형과 환경권의 보호에 관한 각종 규정의 입법 취지 등을 종합하여 신중하게 판단하여야 한다. 그리고 행정청의 재량적 판단은 그 내용이 현저히 합리적이지 않다거나 상반되는 이익이나 가치를 대비해 볼 때 형평이나 비례의 원칙에 뚜렷하게 배치되는 등의 사정이 없는 한 폭넓게 존중될 필요가 있다.

[판결의 평석]

Ⅰ. 사안의 쟁점

악취방지법은 사업활동 등으로 인하여 발생하는 악취를 방지함으로써 건강하고 쾌적한 환경에서 생활할 수 있도록 하는 것을 목적으로 2004년 제정되어 2005년부터 시행 중인 법률이다. 종전에 악취에 관한 사항은 대기환경보전법에서 규율하였으나 별도의 법률을 제정하였다. 악취란 자극성이 있는 물질이 사람의 후각을 자극하여 불쾌감과 혐오감을 주는 냄새를 말한다(같은 법 제2조 제1호). 이 법률은 악취배출시설과 관련하여 민원이 계속되고 특정 물질이 법정 기준을 초과하여 배출되는 경우 행정청(시·도지사 또는 대도시의 장)이 해당 시설을 신고대상시설로 지정·고시할 수 있도록 권한을 부여하고, 지정·고시된 시설을 운영하는 자에게 신고 의무를 부과하였다. 원고 사업자의 신고를 피고 행정청이 수리하지 않고 반려하자, 원고는 ① 악취방지법에 따른 신고가 자기완결적 신고에 해당하고, ② 도지사에게 한 대기오염물질배출시설 설치허가 신청이 악취배출시설 설치운영 신고에 갈음한 것이므로 피고 행정청이 신고를 수리하여야 하며, ③ 신고 반려로 인해 대기오염물질배출시설 설치허가의 효력을 실질적으로 부정하게 되는 점 등을 고려하면 재량 행사가 위법하다는 이유로 신고가 유효하다고 주장하였다. 원고의 주장에 따라 이상 세 가지가 사안의 주된 법적 쟁점으로 심리되었으나 이에 대한 법원의 판단은 심급별로 나뉘었다.[6]

쟁점 ①은 대상판결에서 원고 및 피고와 각 심급 법원의 견해가 첨예하게 나뉜 사항일 뿐만 아니라 이론적 해명이 가장 시급한 사항이기도 하다. 행정기본법 제정 이전부터 대법원 판결과 학설이 복잡하게 얽혀 전개되었다. 대상판결은 행정기본법이 제정·시행되기 전

---

6) 이들 쟁점 가운데 ②는 원고가 권한의 위임 및 위탁에 관한 규정을 근거로 인허가의제에 준하는 효과를 염두에 둔 주장을 펼친 것이다. 대상판결의 사안에서 악취방지법령의 해석과 구체적 타당성 측면에서 제기된 논점이고, 대법원이 해당 논점을 인허가의제 법리 차원에서 다룬 점도 흥미로운 측면이 없지는 않으나, 신고의 근거법률인 악취방지법 및 대기환경보전법 모두 인허가의제 규정을 두고 있지 않은 점을 고려하면 법리적으로 인허가의제에 관한 판례로서 일반적인 의미를 가진다고 보기는 어려운 측면이 있다. 행정기본법 시행 이후 인허가의제에 관한 쟁점별 해석론은 대표적으로, 임성훈, "행정기본법 하에서 인허가의제의 운용방향", 『법학연구』 제32권 제2호, 충북대학교 법학연구소, 2021, 63-89면. 한편, 쟁점 ③은 대상판결의 사안에서는 위 두 가지 쟁점의 주장에 뒤이어 보충적으로 제기된 것이다. 이 쟁점은 신고 수리에서 행정재량의 범위, 특히 법원의 재량심사의 척도 및 심사강도 측면에서 깊이 분석할만한 논점으로서, 이 글의 범위를 넘어선다. 대상판결의 사실관계에서 이 논점은 특히 신고 수리의 위법성 여부가 쟁점인 행정소송에서 법원의 재량심사 강도가 행정활동에 대한 사법적 개입의 강도와 반드시 비례하지 않을 수 있다는 점에서 흥미로운 실마리를 제공한다.

의 사안에 대한 판결이지만, 종전의 판례를 행정기본법 시행 이후에 어떻게 이해할지를 포함하여 행정기본법 시행 이후 수리를 필요로 하는 신고에 대한 법적 해명은 현재진행형이다. 따라서 아래에서는 수리를 필요로 하는 신고에 대한 판례 및 이론의 전개와 그 의미에 중점을 두고 살펴보기로 한다.

Ⅱ. 판례의 이해

수리를 필요로 하는 신고에 관한 대법원 판례는 숫자가 적지 않아 모든 판결을 읽어보더라도 그 맥을 짚기 어렵다. 더욱이 기존 문헌에서 신고에 관한 대법원 판례를 자기완결적 신고와 수리를 필요로 하는 신고라는 두 가지 유형으로 나누어 소개하면서 개별 판결의 정확한 이론적·실무적 의미를 파악하기가 오히려 어렵게 된 측면도 있다. 이에 더하여 행정기본법 시행 이후 개별 법률에서 정하고 있는 신고 관련 규정을 어떻게 해석해야 할지, 법원이 앞으로 어떠한 판결 경향을 보일지에 대해서도 해답이 명확하게 드러나지 않고 있다.

여기서는 행정기본법 시행 전의 판례 흐름을 짚는 것을 일차적인 목표로 한다. 또한, 행정기본법 시행 이후 법률의 해석 측면에서 대상판결을 포함하여 기존 대법원 판례를 어떠한 관점에서 이해해야 할지를 목표로 한다. 이러한 측면에서 주목할 만한 판례를 선별하여 유형별로 분석하고자 한다.

1. 제1유형: 항고소송의 대상으로서 처분성

수리를 필요로 하는 신고에 대한 대법원 판결의 첫 번째 유형은 신고의 수리 또는 그 반려에 대한 항고소송의 대상으로서 처분성 인정 여부 및 그 요건에 관련된 판례다. 이 유형의 판례는 행정절차법 시행 전후로 형성되어 2010년 대법원 전원합의체 판결이 정점을 이룬다.

(1) 1993년 대법원 판결은 일반적으로 수리를 요하는 신고에 관한 첫 대법원 판례로 소개되곤 한다. 이 사안에서 주요 쟁점은 액화석유가스의안전및사업관리법에 따른 사업양수에 의한 지위승계신고 수리가 행정처분에 해당하는지 여부였다. 원심법원은 사업허가를 받은 자가 사업을 양도하면 양수자가 양도자의 지위를 당연히 승계하는 것이고, 행청청이 지

위승계신고를 수리하는 행위는 권리설정 또는 의무부담을 명하는 행정처분에 해당하지 아니한다고 판단하였다. 그러나 대법원은 지위승계신고 수리가 행정처분에 해당한다고 판단하였다.[7] 이 판결은 사인의 신고에 대한 행정청의 수리 행위가 처분성이라고 인정하였다는 의미가 있다. 다만, 그 논거를 보면 신고 수리의 실질이 사업허가자의 변경이라는 점에 주안점을 두고 처분성을 인정한 사안이다. 또한, 이 판결은 행정절차법에 따른 신고 규정이 도입되기 이전의 사안을 다룬 것으로,[8] 행정절차법 시행 이후 현행법 체계에서 신고의 수리에 관한 사안에 일반적으로 적용된다고 보기는 어려운 측면이 있다.

(2) 2010년 대법원 전원합의체 판결은 건축신고 반려행위가 항고소송의 대상이 된다고 판시하여 종전 판례[9]를 변경하였다. 대법원은 신고제에서도 "건축신고가 반려될 경우 건축물의 건축을 개시하면 시정명령, 이행강제금, 벌금의 대상이 되거나 당해 건축물을 사용하여 행할 행위의 허가가 거부될 우려가 있어 불안정한 지위에 놓이게 된다."고 판시하면서[10] "건축신고 반려행위가 이루어진 단계에서 당사자로 하여금 반려행위의 적법성을 다투어 그 법적 불안을 해소한 다음 건축행위에 나아가도록 함으로써 장차 있을지도 모르는 위험에서 미리 벗어날 수 있도록 길을 열어 주고, 위법한 건축물의 양산과 그 철거를 둘러싼 분쟁을 조기에 근본적으로 해결할 수 있게 하는 것이 법치행정의 원리에 부합한다"고 하였다.[11] 이 판결은 신고의 수리 거부에 대해 신고자가 항고소송으로 다툴 수 있는 기회를 제한하였던 종전의 대법원 판례를 변경하여 항고소송의 대상을 확장하였다. 종전의 판례는 건축신고의 법적 성질에 대한 판단, 즉 건축신고는 수리를 필요로 하는 신고가 아니라 자기완결적 신고라는 전제의 논리적 귀결을 근거로 건축신고의 수리 거부에 대한 대상

---

7) 대법원 1993. 6. 8. 선고 91누11544 판결: 사업양수에 의한 지위승계신고를 수리하는 허가관청의 행위는 단순히 양도, 양수자 사이에 이미 발생한 사법상의 사업양도의 법률효과에 의하여 양수자가 그 사업을 승계하였다는 사실의 신고를 접수하는 행위에 그치는 것이 아니라, 신규허가가 신청인으로 하여금 적법히 위 사업을 할 수 있는 법규상의 권리를 설정하여 주는 행위인 것과 마찬가지로 실질에 있어서는 양도자의 사업허가를 취소함과 아울러 양수자에게 적법히 위 사업을 할 수 있는 법규상의 권리를 설정하여 주는 행위로서 사업허가자의 변경이라는 법률효과를 발생시키는 행위라고 봄이 상당하다.

8) 「행정절차법」은 1998. 1. 1.부터 시행되었다.

9) 대법원 1967. 9. 19. 선고 67누71 판결 이후 다수.

10) 그 논거는, 「건축법」 규정 내용 및 취지상 행정청은 건축신고로 건축허가가 의제되는 건축물의 경우에도 신고 없이 건축이 개시될 경우 공사 중지·철거·사용금지 등의 시정명령을 할 수 있고, 시정명령을 이행하지 아니한 건축물에 대하여는 건축물을 사용하여 행할 다른 법령에 의한 영업 기타 행위의 허가를 하지 아니하도록 요청할 수 있으며, 이행강제금을 부과할 수 있고, 건축신고를 하지 아니한 자는 벌금에 처할 수 있다는 것이었다.

11) 대법원 2010. 11. 18. 선고 2008두167 전원합의체 판결.

적격을 부정하였다. 그러나 2010년 대법원 전원합의체는 관여 대법관 전원의 일치된 의견으로 대상 행정작용의 법적 성질과 대상적격 판단을 결박하고 있던 고리를 풀어냈다. 행정쟁송법의 측면에서 행정실체법에 대한 종속성을 극복한 사례라고도 볼 수 있다.

(3) 2012년 대법원 판결이 다룬 사안은 사업양도자가 신고 수리 처분에 대해 항고소송을 제기할 수 있는지가 쟁점이었다. 이 사건의 원고는 종전의 체육시설업자로서, 대법원은 "체육시설업자로부터 영업을 양수한 자가 행정청에 신고하여 행정청이 수리하는 경우에는 종전의 체육시설업자는 적법한 신고를 마친 체육시설업자로서의 지위를 부인당할 불안정한 상태에 놓이게 되므로, 신고 수리의 적법성을 다투어 법적 불안을 해소할 수 있도록 하는 것이 법치행정의 원리에 부합한다"는 취지에서 신고 거부의 처분성을 인정하였다.[12] 2012년 판결은 2010년 전원합의체 판결과 같은 논리적 관점에서 접근하고 있다. 즉 신고의 수리 또는 거부에 따른 이해당사자의 불안을 말하자면 "쟁송법적 관점에서 법적 불안"으로 인정하고 그 단계에서 법원의 사법적 개입을 보장하는 차원에서 항고소송의 대상으로서 처분성을 인정하였다.[13] 결론적으로 2010년 판결과 2012년 판결을 함께 놓고 보면, 대법원은 신고의 수리 또는 그 거부에 대한 쟁송에서 대상적격을 인정할지를 판단하면서 실체법적 측면, 즉 신고의 법적 성질에 대한 판단은 더 이상 전제하지 않고 있다고 할 수 있다.[14]

2. 제2유형: 신고의 효력

2000년 대법원 판결[15]은 대법원이 수리를 요하는 신고를 처음 명시적으로 인정한 판례

---

12) 대법원 2012. 12. 13. 선고 2011두29144 판결.
13) 이 판결은 사업의 양도에 대한 신고의 효력 여부에 따라 양도인과 양수인의 법적 지위가 좌우된다는 점에서 기본적 사실관계와 이해관계자의 구도가 기본적으로 1993년 판결과 유사한 측면이 있다. 다른 한편 2010년 전원합의체 판결과 비교하면, 2010년 판결은 신고자가 수리의 거부를 다투는 사건이었던 반면, 2012년 판결은 신고자가 아니라 신고자와 실질적 이해관계가 다를 수 있는 사업양도자가 신고의 수리를 다투는 사건이라는 점에서 차이가 있다.
14) 같은 취지로, 송시강, "행정법상 신고 법리의 재검토", 『홍익법학』 제13권 제4호, 2012, 635-688면, 특히 659면. 다르게 표현하면, 법원은 신고의 유형에 구속되지 않고 항고소송에서 대상적격을 판단하고 있다.
15) 대법원 2000. 5. 26. 선고 99다37382 판결. 수산업법에 따라 농어촌진흥공사가 농업을 목적으로 하는 매립 또는 간척사업을 시행하여 기존 어업신고자가 신고한 어업에 종사하지 못하게 되어 손실을 입은 것을 원인으로 손실보상금 상당의 손해배상을 청구한 민사사건에 대해 판단하면서 어업신고의 법적 성질에 대해 언급한 것이다. 대법원은 "어업신고에 유효기간을 설정하면서 그 기산점을 '수리한 날'로 규

로 소개되어 왔다. 그러나 이 판결에서 어업신고에 대한 판단은 해당 사건 결론을 내는 데 결정적인 논거로 쓰인 것이 아니라, 보충적 논거로 쓰인 점을 주의할 필요가 있다. 즉, 관할관청이 원고 중 일부의 어업신고를 수리하면서 공유수면매립구역을 조업구역에서 제외한 것이 위법하다고 하더라도, 제외된 구역에 관하여 관할관청의 적법한 수리가 없었던 것이 분명한 이상 그 구역에 관하여는 수산업법에 따른 적법한 어업신고가 있는 것으로 볼 수 없다는 결론을 도출하기 위한 논리적 전제로 설시한 것이다. 이러한 한계에도 불구하고, 이 사건에서 대법원이 수리를 필요로 하는 신고의 지표로서 근거법률(수산업법)에서 신고 유효기간의 기산점을 신고 수리일로 명시적으로 규정하고 있는 점을 고려하였다는 점은 이 판례의 행정법적 의미를 간과할 수 없게 한다. 즉, 행정절차법 시행 이후 신고 관련 법률의 해석에서 수리를 필요로 하는 신고의 범위를 엄격하게 판단하였다는 점에서 의미 있는 판결이다.

3. 제3유형: 신고 수리의 위법성 여부에 대한 심사척도 및 심사범위

수리를 필요로 하는 신고에 대한 대법원 판결의 세 번째 유형은 행정이 신고의 수리 여부를 심사하는 척도가 무엇이고, 심사 권한의 범위가 어디까지인지에 관련된 일련의 판례들로 이루어진다. 다양한 행정분야에서 2009년부터 최근까지 사례가 계속 나오고 있고, 행정기본법 시행 이후의 법리 형성에도 일정한 영향을 미칠 수 있는 유형이다.

(1) 2009년 대법원에서 판결한 전입신고 사건의 쟁점은 ① 전입신고의 법적 성질 및 ② 전입신고에 대한 행정의 심사 범위였다. 대법원은 우선 주민등록법에 따른 전입신고의 법적 성격이 수리를 필요로 하는 신고라고 판단하였다. 신고 당시 주민등록법 규정에 따라 주민등록의 이중등록이 금지되고, 시장·군수 또는 구청장은 전입신고 후라도 허위 신고 여부를 조사하여 사실과 다른 것을 확인한 때에는 일정한 절차를 거쳐 주민등록을 정정 또는 말소하는 권한을 가지고 있는 점 등을 종합하여 보면, 시장 등은 주민등록전입신고의 수리 여부를 심사할 수 있는 권한이 있다는 것이다. 그러나 신고에 대한 행정의 실체적 심사범위는 종전의 판결보다는 좁은 범위로 제한하였다.[16]

정하고, 필요한 경우 유효기간을 단축할 수 있도록 하는 수산업법 규정 취지에 비추어, 어업신고는 행정청의 수리에 의하여 비로소 그 효과가 발생하는 이른바 '수리를 요하는 신고'라고 할 것이다."라고 판시하였다.

16) 대법원 2009. 6. 18. 선고 2008두10997 전원합의체 판결. 그 이유로 "헌법 제14조에 따른 거주·이전의

이 판결은 행정청에게 신고의 수리 여부를 심사할 권한을 인정하되, 심사의 척도를 제한적으로만 인정하였다. 현재 시점에서 이 판결을 돌이켜보면 신고에 대한 행정의 실체적 심사권한과 수리 거부 권한을 정면으로 인정하였다는 점에서 비판의 여지가 있을 수도 있겠으나, 판결 당시의 관점에서는 종전의 판결[17]과 비교하여 신고에 대한 행정의 실체적 심사의 범위를 제한하였다는 점에서 진일보한 판단이라고 이해되었을 것이다. 구체적으로 근거법률상 이중등록 금지 및 정정 또는 말소 권한이 해당 신고를 수리를 필요로 하는 신고로 판단할 지표로서 충분조건인지는 논의의 여지가 있으나, 심사의 범위를 신고의 근거법률의 입법목적의 범위 안으로 제한하였다는 점은 2009년 전입신고 사건 대법원 판결을 현재 시점에서도 주목할 가치가 있다.

(2) 2010년 대법원에서 판결한 납골당 설치신고 사건은 종교단체의 사설납골당 설치신고에 대하여 행정청이 신고수리불가 처분을 한 사안이다. 대법원은 "장사 등에 관한 법률에 의한 사설납골시설의 설치신고는 법률이 정한 사설납골시설설치 금지지역에 해당하지 않고 설치기준에 부합하는 한 수리하여야 하나, 보건위생상의 위해를 방지하거나 국토의 효율적 이용 및 공공복리의 증진 등 중대한 공익상 필요가 있는 경우에는 그 수리를 거부할 수 있다고 보는 것이 타당하다"고 전제하면서,[18] "납골당 설치신고의 수리를 거부할 중대한 공익상 필요가 있는지를 판단하였어야 한다"는 논거를 제시하면서 신고수리불가 처분을 취소한 원심법원의 판결을 파기하였다.[19]

자유, 제37조 제2항에 따른 법률유보의 취지에 비추어 보면, 주민등록전입신고에 대하여 행정청이 심사하여 그 수리를 거부할 수는 있다고 하더라도, 주민등록전입신고 수리 여부에 대한 심사는 주민등록법의 입법 목적의 범위 내에서 제한적으로 이루어져야 할 것이다. 심사 대상은 전입신고자가 30일 이상 생활의 근거로서 거주할 목적으로 거주지를 옮기는지 여부만으로 제한된다. 따라서 신고자가 거주 목적 외에 다른 이해관계에 관한 의도를 가지고 있는지 여부, 무허가건축물의 관리, 전입신고 수리로 지방자치단체에 미치는 영향 등과 같은 사유는 다른 법률에 의하여 규율되어야 하고, 주민등록전입신고 수리 여부를 심사에서는 고려될 수 없다."는 논거를 제시하였다.

17) 종전에 주민등록의 대상이 되는 실질적 의미에서의 거주지인지 여부를 심사하기 위하여 주민등록법의 입법 목적과 주민등록의 법률상 효과 이외에 지방자치법 및 지방자치의 이념까지도 고려하여야 한다고 판시하였던 대법원 2002. 7. 9. 선고 2002두1748 판결(미공간)은 이 판결로 변경되었다.

18) 납골당의 규모와 진입로 및 주위 교통여건 등을 비교하여 교통량 증가로 교통체증이 심화되어 마을 주민들의 통행에 현저한 지장을 가져오는지 여부, 납골당 설치로 인해 보건위생상 또는 환경상의 문제가 발생할 우려가 있는지 여부, 해당 지방자치단체 장사시설의 현황과 장사시설에 관한 중장기계획의 내용 등에 비추어 해당 사설납골당이 국토의 효율적 이용 및 공공복리 증진을 해칠 우려가 있는지 여부 등을 살펴야 한다는 취지였다.

19) 대법원 2010. 9. 9. 선고 2008두22631 판결.

2010년 납골당 설치신고 판결은 2009년 전입신고 판결과 주목할 차이점이 있다. 2010년 납골당 설치신고 판결은 행정청이 수리를 필요로 하는 신고의 수리 여부를 판단하면서 "신고의 근거법률에 명시되지 아니한 공익이라도" 중대한 공익상 필요가 있는지 여부를 다양한 측면에서 빠짐없이 심사해야 한다는 취지를 명확하게 밝히고 있고, 바로 이 점을 결정적인 논거로 원심판결을 파기하였다.[20]

(3) 2011년 대법원 전원합의체 판결[21]은 인·허가의제 효과를 수반하는 건축신고의 수리가 거부된 사안을 다루었다. 이 사건의 주요 논점은 ① 인·허가의제 효과를 수반하는 건축신고의 법적 성질 및 ② 행정이 신고 수리를 거부할 수 있는 사유의 범위였다. 우선 인·허가의제 효과를 수반하는 건축신고의 법적 성질에 대하여 다수의견과 반대의견이 대립되었다. 다수의견은 "인·허가의제 효과를 수반하는 건축신고는 일반 건축신고와 달리 특별한 사정이 없는 한 행정청이 그 실체적 요건에 관한 심사를 한 후 수리하여야 하는 이른바 '수리를 요하는 신고'로 보는 것이 옳다."고 판단하였다.[22] 인·허가의제 효과를 수반하는 건축신고의 법적 성질에 대한 판단을 바탕으로, 두 번째 쟁점에 대해서 원고가 건축신고 내용대로 토지상에 건물을 신축하면 다세대주택의 거주자 등 인근주민들이 공로에 이르는 유일한 통행로가 막히게 되는 사실관계를 바탕으로 판단하면 해당 토지를 통행로로 사용하는 주변 지역의 토지이용실태 등과 조화를 이룬다고 보기 어려워 국토계획법에서 정한 개발행위허가의 기준을 갖추었다고 할 수 없고,[23] 따라서 건축신고 수리 거부처분

---

20) 이 판결에는 행정청의 재량판단을 심리하는 법원도 행정청이 중대한 공익상 필요를 제대로 판단하였는 지에 대해 적극적으로 심리하여 판단해야 한다는 판단도 내포되어 있다. 행정청의 수리 거부 재량 행사에 공익 측면에서 하자가 있는지에 대해 사실심 법원이 심사해야 한다는 취지다.

21) 대법원 2011. 1. 20. 선고 2010두14954 전원합의체 판결.

22) 그 이유로 ① 「건축법」에서 인·허가의제 제도를 둔 취지는 인·허가의제사항과 관련하여 건축허가 또는 건축신고의 관할 행정청으로 그 창구를 단일화하고 절차를 간소화하며 비용과 시간을 절감함으로써 국민의 권익을 보호하려는 것이지, 인·허가의제사항 관련 법률에 따른 각각의 인·허가 요건에 관한 일체의 심사를 배제하려는 것으로 보기는 어렵다. 왜냐하면, 「건축법」과 인·허가의제사항 관련 법률은 각기 고유한 목적이 있고, 건축신고와 인·허가의제사항도 각각 별개의 제도적 취지가 있으며 그 요건 또한 달리하기 때문이다. ② 인·허가의제사항 관련 법률에 규정된 요건 중 상당수는 공익에 관한 것으로서 행정청의 전문적이고 종합적인 심사가 요구되는데, 만약 건축신고만으로 인·허가의제사항에 관한 일체의 요건 심사가 배제된다고 한다면, 중대한 공익상의 침해나 이해관계인의 피해를 야기하고 관련 법률에서 인·허가 제도를 통하여 사인의 행위를 사전에 감독하고자 하는 규율체계 전반을 무너뜨릴 우려가 있다. ③ 또한 무엇보다도 건축신고를 하려는 자는 인·허가의제사항 관련 법령에서 제출하도록 의무화하고 있는 신청서와 구비서류를 제출하여야 하는데, 이는 건축신고를 수리하는 행정청으로 하여금 인·허가의제사항 관련 법률에 규정된 요건에 관하여도 심사를 하도록 하기 위한 것으로 볼 수밖에 없다는 논거를 제시하였다.

이 적법하다는 결론을 도출하였다. 반대의견은 여러 측면에서 상세한 논거를 들어 인·허가의제 효과를 수반하는 건축신고의 법적 성질에 대한 다수의견의 논리와 결론을 반박하였다.[24]

　종래 이 판결에 대해, 건축신고의 거부라는 모습에 주목하여, 건축신고 반려에 대해 항고소송의 대상적격을 인정한 2010년 11월 18일 대법원 전원합의체 판결과 비교 분석하는 경우가 많았다. 그러한 취지에서 이 판결에 대해 인허가의제 규정이 있더라도 신고의 법적 성질은 해당 법령의 내용과 신고의 특성에 따라 구체적으로 판단할 문제이므로 건축신고 대법원판례를 다른 신고에 일반화할 것은 아니라는 견해도 있다.[25] 그러나 2011년 대법원 전원합의체 판결에서 찾아볼 수 있는 또 하나의 실질적 의미는, 바로 앞에서 살펴본 2009년 및 2010년 대법원 판결과 함께 놓고 보면, 신고 거부에 대한 법원의 판단에서 제3자 특히 인근주민의 이익을 행정이 고려해야 하는 공익 사유로 고려한 사례라는 점에 있다. 특히 인근주민의 이익을 곧바로 공익으로서 고려하지 않는 대신 인허가의제사항 관련 법률의 요건과 그 취지 및 목적을 연결고리로 제3자의 이익을 고려한 사례라고 할 수 있다. 이

---

23) 대법원은 이러한 판단의 전제로 "국토계획법이 개발행위허가의 기준으로 주변 지역의 토지이용실태 또는 토지이용계획, 건축물의 높이, 토지의 경사도, 수목의 상태, 물의 배수, 하천·호소·습지의 배수 등 주변 환경이나 경관과 조화를 이룰 것을 규정하고 있으므로, 국토계획법상의 개발행위허가로 의제되는 건축신고가 위와 같은 기준을 갖추지 못한 경우 행정청으로서는 이를 이유로 그 수리를 거부할 수 있다고 보아야 한다."는 기준을 제시하였다.

24) 대법관 박시환 및 대법관 이홍훈 2명의 반대의견이다. 그 논거를 유형별로 간략하게 정리하면 다음과 같다. ① 수리를 요하는 신고는 사실상 허가제와 거의 같은 실질을 갖게 될 소지가 있어 해석 및 적용에 신중할 필요가 크다. 다수의견은 허가와 비교하여 신고 제도로 넓어진 자유를 법률이 아닌 해석론을 통해 제한하는 것이다. 「헌법」 제37조 제2항에 따라 기본권을 제한하는 근거는 반드시 법률이어야 한다. 종래 판례는 개별 법률에 신고 수리를 요하는지 여부에 관한 명문의 규정이 있거나 관련 규정의 해석상 신고에 대한 실질적 심사가 허용되는 경우 등에 한하여 수리를 요하는 신고로 보는 입장이나, 「건축법」에는 「외국환거래법」 제18조(자본거래의 신고 등), 「산지관리법」 제15조(산지전용신고) 등과 달리 신고 수리를 요하는지 여부에 관한 명문의 규정이 없다. ② 다수의견은 「건축법」 규정상 단일한 건축신고를 두 가지 성질의 것으로 구별함으로써 「건축법」의 문언에 반하고, 입법자의 의사에도 부합하지 아니한다. 관련 규정의 취지상 공익보호 요청이 크다는 이유를 들어 대부분 수리를 요하는 신고로 보게 됨으로써 자기완결적 신고의 범위 자체가 대폭 축소될 우려가 있다. 구체적으로 어떤 경우가 실체적 요건에 관한 심사를 필요로 하는 건축신고에 해당하는지 여부를 쉽게 알기 어려워 법적 안정성 및 예측 가능성을 해할 가능성도 높다. ③ 원고적격이 있는 인근주민들은 의제된 건축허가에 대하여 취소소송을 제기할 수 있을 것이다. 결론적으로, 인·허가가 의제되는 건축신고의 범위 등을 합리적인 내용으로 개정하는 입법적 해결책을 별론으로 하고, 「건축법」상 신고사항에 관하여 건축을 하고자 하는 자가 적법한 요건을 갖춘 신고만 하면 건축을 할 수 있고, 행정청의 수리 등 별단의 조처를 기다릴 필요는 없다는 판례를 인·허가가 의제되는 건축신고의 경우에도 그대로 유지하는 편이 보다 합리적이다.

25) 홍준형, "사인의 공법행위로서 신고에 대한 고찰: 자기완결적 신고와 수리를 요하는 신고에 관한 대법원판례를 중심으로", 『공법연구』 제40권 제4호, 2012, 333-359면, 특히 354면.

사건 사실관계와 대법원 다수의견 및 반대의견의 논거를 세심하게 읽다보면, 법원으로서는 신고와 그에 따른 사인의 행위로 인해 인근주민의 이익에 미치는 영향 문제를 바로 행정소송을 통해 법원이 개입하는 방식으로 다룰 것인가(이 경우 원고적격을 확대할 필요가 있다) 또는 공익의 대변자로서 행정의 일차적 판단을 통해 보호할 것인가 하는 사법정책적 고민이 있음을 알 수 있다.

   (4) 대법원이 2017년 선고한 숙박업신고 거부 사건[26])에서는 "숙박업을 하고자 하는 자가 법령이 정하는 시설과 설비를 갖추고 행정청에 신고를 하면 행정청은 공중위생관리법령에 따라 원칙적으로 이를 수리하여야 한다. 행정청이 법령이 정한 요건 이외의 사유를 들어 수리를 거부하는 것은 위 법령의 목적에 비추어 이를 거부해야 할 중대한 공익상의 필요가 있다는 등 특별한 사정이 있는 경우에 한한다."는 기준을 제시하였다.[27])

이 판결은 처분의 근거법령이 정하는 요건 외의 사유로 신고의 수리를 거부할 수 있다고 판시하였다. 신고 수리를 거부할 수 있는 척도로서 신고의 근거 법령에 명시된 요건 외에도 중대한 공익상의 필요를 명시한 점에서는 2010년 납골당 설치신고 사건 판결과 궤를 같이 하고 있다. 수리를 필요로 하는 신고의 경우 행정의 심사범위를 제한적으로 해석해야 허가제와 구별되는 신고제의 의의가 확보된다는 전제에서, 법률에서 명시적인 개입 근거를 찾을 수 없다면 자기완결적 신고로 보아야 한다는 점에서 비판적으로 보는 견해도 있다.[28]) 그러나 다른 한편 이 판결을 2010년 납골당 설치신고 판결과 비교하여 보면, 납골당 설치신고 사건에서 대법원의 논리는 중대한 공익상 필요를 이유로 한 행정의 수리 거부 행위를 법적으로 적극 뒷받침하기 위해 전개된 반면, 이 판결은 추상적 판단기준에도 불구하고 해당 사건에서 행정청이 근거 법률이 정한 요건에 따른 신고를 수리하지 않았다면 원칙적으

---

26) 원고는 콘도미니엄 건물의 객실 중 일부만을 이용하여 숙박업 영업을 하겠다고 신고하였다. 피고는 ① 해당 객실이 이미 관광숙박업소로 신고되었으므로 중복신고에 해당하고, ②「공중위생관리법 시행규칙」상 "독립된 장소이거나 공중위생영업 외에 용도로 사용되는 시설 및 설비와 분리되어야 한다."는 규정을 충족하지 못한다는 사유로 신고 수리를 거부하였다. 원심법원은 동일 시설에 대해 중복신고는 허용되지 않는다는 취지로 청구를 기각하였다.

27) 따라서 신고를 접수한 행정청은 원고가 "객실, 접객대와 로비시설 등을 독립된 장소에 설치하거나 다른 용도의 시설 등과 분리되도록 갖추어 해당 시설의 영업주체를 분명히 인식할 수 있는 내용으로 신고하였다면 원칙적으로 이를 수리하여야 하고, 단지 기존에 관광숙박업소로 신고되어 있다는 사유로 거부할 수는 없다."고 판단하였다. 대법원 2017. 5. 30. 선고 2017두34087 판결. 다만, 해당 사건에서 대법원은 결론적으로는 원고가 해당 객실만을 이용하여 숙박업을 하겠다고 신고하였을 뿐 객실·접객대·로비시설 등을 다른 용도의 시설 등과 분리되도록 갖춤으로써 해당 시설의 영업주체를 분명히 인식할 수 있는 내용으로 신고하였다고 볼 아무런 자료가 없다는 이유를 들어 상고를 기각하였다.

28) 박재윤, "신고제와 제3자 보호",『행정판례연구』제24권 제1호, 2019, 41-78면.

로 위법하다는 취지의 판단을 하였다는 점에서 차이가 있다. 또한, "[신고의 근거] 법령의 목적에 비추어" 중대한 공익상 필요가 있어야 한다는 논리를 제시하였는데 결국 "예외를 인정해야 하는" 중대한 공익의 인정 여부는 근거법령의 해석에 좌우된다는 점에서 신고의 근거 법령과 연결고리를 인정하고 있다고 볼 여지도 있다.

　(5) 대법원이 2019년 선고한 가설건축물 축조신고 수리 거부 사건의 사실관계를 보면, 원고가 토지를 매수하여 피고 진천군수에게 축사 용도 가설건축물 축조신고를 하였으나 피고는 해당 토지를 축사부지로 사용하는 것은 국토계획법상 개발행위허가기준인 "주변 환경과의 조화" 요건을 충족하지 못한다는 사유로 신고 수리를 거부하였다. 원심법원은 피고행정청의 수리 거부 사유가 적법하다고 판단하였다. 그러나 대법원은 "신고대상 가설건축물 규제 완화의 취지를 고려하면, 행정청은 특별한 사정이 없는 한 개발행위허가 기준에 부합하지 않는다는 점을 이유로 가설건축물 축조신고의 수리를 거부할 수는 없다"는 기준을 제시하였다.[29] 따라서 원고가 개발행위허가를 받아야 축사용 가설건축물 축조가 허용된다고 하더라도, 국토계획법상 개발행위허가를 신청한 것이 아니라 건축법상 가설건축물 축조신고를 한 이상, 피고 행정청으로서는 건축법에서 정하고 있는 가설건축물 축조 요건이 충족되었는지를 확인하여 신고 수리 여부를 결정하여야 할 뿐, 국토계획법상 개발행위허가의 요건을 충족하지 못한다는 사유로 가설건축물 축조신고의 수리를 거부할 수는 없다고 판단하여 원심을 파기하고 사건을 환송하였다.[30] 이 판결은 건축법상 신고에 대한 행정의 심사 척도는 신고의 근거 법률에 한정되어야 하고, 그 신고의 실질적 효과를 거두기 위해서는 다른 법률(국토계획법)에 따른 별도의 허가가 필요하다는 이유로 그 다른 법률에 규정된 요건을 근거로 신고를 거부할 수 없다는 의미로 이해할 수 있다.[31]

---

29) 대법원은 처분 당시 건축법이 가설건축물이 축조되는 지역과 용도에 따라 허가제와 신고제를 구별하였고, 가설건축물 신고와 관련해서 국토의 계획 및 이용에 관한 법률에 따른 개발행위허가 등 인·허가 의제 내지 협의에 관한 규정을 두지 않았다는 점을 지적하였다.

30) 대법원 2019. 1. 10. 선고 2017두75606 판결.

31) 대법원이 2022년 대상판결 선고 이후에 선고한 산지일시사용신고 거부 사건의 사실관계를 보면, 원고가 산지관리법에 따라 산지일시사용신고를 하였으나 피고 행정청은 사전 주민 설명과 민원 해소라는 가허가 조건이 이행되지 아니하였다는 이유로 신고 수리 불가 통지를 하였다. 대법원은 "산지관리법 규정을 해석하면, 신고서 또는 첨부서류에 흠이 있거나 거짓 또는 그 밖의 부정한 방법으로 신고를 한 것이 아닌 한, 신고내용이 법령에서 정하고 있는 신고의 기준, 조건, 대상시설, 행위의 범위, 설치지역 및 설치 조건 등을 충족하는 경우에는 그 신고를 수리하여야 하고, 법령에서 정한 사유 외의 다른 사유를 들어 신고 수리를 거부할 수는 없다"는 전제에서, 원고가 사전 주민 설명과 민원 해소를 이행하지 않았다는 이유로 신고 수리를 거부할 수 없다."고 판단하였다(대법원 2022. 11. 30. 선고 2022두50588 판결). 이 판결은 신고의 근거 법령이 규정한 외의 사유로 신고 수리를 거부하면 위법하다는 취지다.

4. 소결: 판례의 흐름과 대상판결의 의미

2010년 대법원 판결은 행정청에게 신고의 근거 법률에 명시되지 아니한 사항까지 포함하여 신고의 수리 여부에 대한 재량의 적극적인 행사를 요구하였다는 점에서 대상판결과 유사하다. 그러나 재량 척도의 범위에 대해서는, 2010년 판결은 보건위생 측면에서 위해 방지, 국토의 효율적 이용 등의 공익을 제시한 반면 대상판결은 (근거 법률의 목적 조항에 명시된) 지역 주민의 생활환경 등 지역 상황 외에 상반된 이해관계자들 사이의 권익 균형까지 재량 척도로 밝히고 있다는 점에서 차이가 있다. 2011년 대법원 전원합의체 판결은 신고의 근거법률(건축법)이 아니라 인허가의제 관련 법률(국토계획법)에 따른 요건을 근거로 수리 여부 심사 권한을 적극적으로 해석하였다는 점에서, 인허가의제와 직접 관련이 없고 신고의 근거법령을 해석의 대상으로 한 대상판결과 차이점이 있다. 그러나 신고 거부에 대한 법원의 판단에서 제3자 특히 인근주민의 이익을 행정이 고려해야 하는 공익 사유로 고려하였다는 측면에서 대상판결과 비슷한 측면을 찾아볼 수 있다. 한편, 2019년 가설건축물 축조신고 사건은 신고의 근거 법률에 규정된 요건 외의 사유로 신고를 거부할 수 없다는 측면에서 보면, 신고의 근거 법률의 해석을 통해 신고 수리를 거부할 척도로서 공익을 인정하는 데는 엄격할 필요가 있다는 경향을 읽을 수 있을 것이다. 아울러 2017년 숙박업신고 거부 사건 및 최근 2022년 산지일시사용신고 거부 사건은 법령이 정한 요건 이외의 사유를 들어 수리를 거부하는 경우 그 적법성을 인정하는 데 엄격한 잣대를 들이대는 경향성을 보인다는 점에서 의미를 찾아볼 수 있다. 이러한 판례 흐름을 토대로 보면, 대상판결은 제3자 특히 인근주민의 이익을 행정이 고려해야 하는 공익으로 고려하면서, 상반된 이해관계자들 사이의 권익 균형을 숨은 재량 척도로 밝히고 있다. 또한, 법령이 정한 요건 이외의 사유를 들어 수리를 거부하는 경우 그 적법성을 인정하는 데 엄격한 잣대를 들이대는 경향이 유지되고 있다.

Ⅲ. 법리의 검토

1. 행정기본법 시행 이전 신고의 유형에 관한 학설의 현황

신고는 행정청에 일정한 사항을 알리는 행위로서 그 통지가 법령상 의무로 되어 있는 작용이라고 보는 것이 일반적이다. 행정기본법 제정 이전부터 현행법상 신고는 자기완결적 신고와 수리를 필요로 하는 신고 두 가지 유형이 있다고 보는 것이 일반적이었다.[32] 자기완결적 신고는 적법한 신고만 있으면 신고의무를 이행한 것으로서 신고 시점에 신고의 효과가 발생하고 신고 대상 행위를 적법하게 할 수 있으며 제재 대상이 되지 아니한다. 수리는 단순한 접수 사실행위로서 원칙적으로 항고소송 대상이 아니다. 한편 부적법한 신고를 수리해도 신고의 효과가 발생하지 않고 영업을 하였다면 무신고영업으로 보는 것이 논리일관적이다. 반면 수리를 요하는 신고는 요건을 갖추지 않은 신고도 수리하면 하자가 중대명백하여 무효인 경우가 아니라면 취소할 수 있는 행위로서 신고의 효과가 발생하므로 취소 전까지는 무신고영업이 아니라고 본다.[33] 특히 수리를 필요로 하는 신고의 법적 성질에 대해, 허가사항이 신고로 전환되었으나 종전의 허가요건이 신고요건으로 유지된 경우 신고와 허가가 법리상 구별되지만 요건의 심사 강도 측면에서 완화된 허가제로 해석될 수 있다는 견해[34]도 있으나, 신고제는 예방적 금지를 신고자의 의사에 따라 자기완결적으로 해제시키는 것으로서 행정청의 수리 여부에 금지해제가 좌우되는 수리를 요하는 신고를 신고제의 범주에 넣을 수 없음은 자명하다는 견해[35]나 해당 법령의 관계 규정을 종합적으로 검토하여 신고만으로 행위를 개시할 수 있으나 사후 통제를 하려는 취지면 자기완결적 신고로 보아야 한다는 견해를 비롯하여,[36] 원칙적으로 자기완결적 신고로 보는 것이 입법 의도에 맞고 신고 요건으로 실체적 기준을 설정한 경우에도 사후규제 기준으로 보아 신고행위가 있으면 영업의 자유가 회복된다고 보아야 한다는 견해도 제기되었다.[37] 한편, 실체적 통제 필요성이 인정된다는 논거는 판단기준을 불명확하게 하고 신고제를 도입한 입법취지를 경시하는 것이라는 비판적 견해[38]와 형식적 요건에 대한 심사와 형식적 심사권은 구별되어야 하고 심사권의 범위가 신고 개념의 표지가 되는 것은 부적절하다는 견해[39]도 제시되었다.

종래 학설은 신고의 유형이 자기완결적 신고와 수리를 요하는 신고로 구별된다는 대전

---

32) 대표적으로, 김동희/최계영, 『행정법 Ⅰ』, 제27판, 2023, 401-403면; 김남진/김연태, 『행정법 Ⅰ』, 제25판, 2021, 147면. 한편, 정하중/김광수, 『행정법개론』, 제17판, 2023, 102면은 행정요건적 신고라는 표현을 사용한다.

33) 대표적으로 박균성, 『행정법론(상)』, 제22판, 2023, 125-146면.

34) 김병기, 『쟁점 행정법특강』 2023, 416면.

35) 김중권, "신고의 법적 성질", 『행정판례평선』, 개정판, 2016, 106-118면, 특히 116-117면.

36) 홍준형, 앞의 글, 339-340면.

37) 이원우, 『경제규제법론』, 2009, 805면. 같은 취지: 김철용(편), 『특별행정법』, 2022, 563-564면. 행정기본법의 신고 규정은 이러한 입장을 입법화한 것으로 이해된다고 한다.

38) 최계영, "건축신고와 인·허가의제", 『행정법연구』 제25호, 2009, 165-193면, 특히 176면.

39) 송시강, 앞의 글, 670-672면.

제를 바탕으로 두 가지 유형에 따라 항고소송의 대상으로서 처분성 인정 여부, 신고의 요건, 신고필증의 의미, 적법한 신고의 효과, 무효는 아니지만 위법한 신고의 효과와 같은 사항을 나누어 설명하여 왔다. 그러나 특히 개별 행정 분야별 법률에서 규정하던 신고를 수리를 요하는 신고라는 하나의 범주로 묶으면서, 사안별로 법원의 판단 이유를 세밀하게 들여다보기 어려웠다. 법도그마틱은 법적 정의와 가치판단의 구체적인 기준과 방법을 미리 정하여 행정 및 재판 실무에서 시간과 부담을 줄이는 부담경감기능을 가져야 하는데,[40] 기존의 신고 법리는 이러한 기능을 반감시키고 있었음을 부정하기 어려운 측면이 있다. 행정절차법에서 예정한 자기완결적 신고에 속하지 않는 신고 유형을 인정하는 것이 불가피하다고 하더라도, 개별 사안에서 신고에 대한 행정청의 판단 기준이 정당한지, 그에 대한 법원의 심사 척도와 강도가 적절한지는 그 신고가 수리를 요하는 신고에 해당하는지 여부에 따라 일도양단으로 판단할 것이 아니라 사안에 적용되는 개별 근거 법률 규정 및 관계 법률 규정과 사실관계를 들여다보아야 하는 것이다.[41]

2. 행정기본법 시행 이후 신고의 유형 식별 기준

행정기본법 제정 이전 신고의 유형 구별에 관하여, 수리를 필요로 하는 신고에 해당하는지 여부가 전적으로 법원에 맡겨져 있다는 것은 법관의 법형성기능을 넘어선 것이라는 비판적 견해[42]가 있었다. 행정기본법은 법률로써 신고의 법적 취급에 대한 기준을 마련하여 종전보다 예측성을 제고하였다고 할 수 있다. 행정기본법에서 수리를 필요로 하는 신고에 관한 규정을 도입한 것은 이러한 문제의식에 대응하는 의미가 있으므로, 행정기본법 시행 이후 기존 판례는 유지될 수 없고 공익을 이유로 실체적 판단이 필요하면 법률을 개정해야 한다는 견해[43]가 있는 반면, 행정기본법 규정으로 기존의 판례가 전반적인 영향을 받을지는 여전히 불투명하다는 견해[44]도 있다. 기본적으로 같은 취지에서 행정기본법 제정 이후에도 법률상 명시 여부가 논란이 되는 경우에는 관련 조문의 유기적 해석을 통해 구별할 수밖에 없다는 견해[45]나 개별 법률의 입법의도가 애매한 경우나 수리의 성질에 부합하지

---

40) 박정훈,『행정법의 체계와 방법론』, 2005, 4면, 15-16면.
41) 이러한 취지에서, 판례는 종래의 이분법도 중요한 기준으로 보지만 관계법령상 당사자에게 미칠 수 있는 불이익 등을 사안별로 구체적으로 검토하여 수리거부의 처분성 여부를 판단하고 있다는 분석(류지태/박종보,『행정법신론』제18판, 2021, 146면)을 이해할 수 있다.
42) 김중권, "신고의 법적 성질",『행정판례평선』, 개정판, 2016, 106-118면, 특히 114면.
43) 이정민, 행정기본법에 대한 몇 가지 실무상 쟁점,『사법』제58호, 2021, 61면.
44) 김유환,『현대행정법』, 제8판, 2023, 94면.

않는 경우가 있을 수 있다는 전제에서 신고 요건의 성질 및 심사방식을 기준으로 신고의 유형을 구별해야 한다는 주장[46]도 제기된다. 반면, 행정기본법은 법률에서 수리여부를 명시하지 않으면 자기완결적 신고로 해석하라는 재판규범이므로 판례 변경이 불가피해 보인다는 견해[47]도 있다.[48]

행정기본법 시행 이후 개별 법률에 규정된 신고 제도에 대한 법적 판단에 있어서는, ① 수리를 필요로 하는 신고인지 여부, ② 수리 여부를 심사할 권한의 범위, ③ 수리 여부 심사의 척도, 특히 법률상 요건 외의 공익을 이유로 거부할 수 있는지 여부 등의 문제는 각각의 구체적 쟁점별로 신고의 근거 법률 해석 문제로 귀결된다. 특히 행정절차법과 행정기본법이 병립하는 현행법 체계에서 개별 법률의 해석에서, 심사 권한 범위와 척도의 판단에 있어서 신고제도의 규제완화 효과를 제고하려면 실질적 요건에 대한 행정의 사전심사 부담을 경감할 필요가 있다는 시각[49]도 고려되어야 할 것이다.

대상판결은 시행규칙(환경부령)의 규정에 따라 신고서와 함께 제출하는 악취방지계획서에 기재된 악취방지조치가 적절한지 여부를 검토할 권한이 행정청에게 있다는 중간결론을 내리고, 이를 근거로 행정청에게 신고의 수리 여부를 심사할 권한이 있다는 판단을 도출하였다. 이러한 중간결론의 첫 번째 논거는 관계 법령의 취지상 행정에 의한 사전 검토의 필요성이 크다는 정책적 판단이었고, 이를 뒷받침하기 위한 두 번째 논거가 시행규칙 규정이

---

45) 홍정선, 『행정법원론(상)』, 제30판, 2022, 224면.

46) 정관선/박균성, "행정기본법에 따른 자기완결적 신고와 수리를 요하는 신고의 재검토", 『법조』 제71권 제3호, 2022, 122-146면, 특히 139면.

47) 박재윤, "행정기본법 제정의 성과와 과제: 처분관련 규정들을 중심으로", 『행정법연구』 제65호, 2021, 1-29면, 특히 18면. 「행정기본법」 제34조가 신고의 구별기준을 명확하게 하고 자기완결적 신고 원칙을 확대할 수 있는 계기를 마련할 수 있게 되었다고 한다. 같은 글, 25면.

48) 한편, 신고 제도에 대한 총론적 내용이 「행정절차법」과 「행정기본법」에 나뉘어 규정된 상황은 입법적으로 개선되어야 한다. 연혁적인 이유로 서로 다른 이름을 가지고 있으나 법적 성질이 유사하거나 동일한 것으로 묶는 것과 같은 이름이지만 법적 성질을 서로 달리 보아야 하므로 나누는 것이 모두 방법론적으로 필요할 수 있다. 그러나 「행정기본법」의 제정으로 신고 제도를 둘러싼 기존의 난맥상을 알기 쉽게 정돈하려는 상황에서 여전히 명칭과 법적 성질이 들어맞지 않는 것은 설득력을 찾기 어렵다. 신고라는 제도에 대해 총론적인 규율을 한다면 하나의 법률에서 규정하여야 개별 행정법률의 입법과 해석에서 모순을 방지할 수 있고, 당초에 신고 제도를 도입하면서 추구하였던 규제 완화라는 법정책적 의미도 실현할 수 있다. 같은 취지: 김대인, "행정기본법과 행정절차법의 관계에 대한 고찰", 『법제연구』 제50호, 2020, 27-66면, 특히 56면. 다만, 이 논문은 법원이 개별 법률의 규정을 특별규정으로 보아 신고를 요하는 신고를 인정하거나 개별 법률의 취지의 확장해석을 통해 법률에 신고의 수리가 필요하다고 명시된 것으로 해석하는 경우도 발생할 수 있다고 한다. 또한, 이은상, "통합적 일반행정법전의 실현을 위한 법제 정비 방향", 『행정법연구』 제67호, 2022, 11면도 같은 취지다.

49) 송시강, 앞의 글, 669-670면 및 675-676면.

었다.[50] 그러나 행정기본법 시행 이후에는, 특히 수리를 필요로 하는 신고로서 수리 여부의 심사 권한이 인정되기 위해서는 법률에 신고의 수리가 필요하다고 명시되어 있을 것을 요건으로 하고 있으므로, 설령 신고의 근거가 되는 법률 규정에 위임의 근거가 마련되어 있다고 하더라도 법률에서 직접 핵심 내용을 규정하지 아니한 사항(가령 악취방지계획서상 악취방지조치)을 결정적인 논거로 행정청에게 신고의 수리 여부를 심사할 권한을 인정하는데 엄격하여야 한다고 보는 것이 행정기본법의 입법 취지에 맞는 해석일 것이다.

Ⅳ. 요약과 결론

1. 신고 반려의 처분성 여부와 신고의 법적 성격은 행정기본법 제정 이전에도 관련성이 단절되어, 법원은 신고의 유형에 구속되지 않고 항고소송에서 대상적격을 판단하고 있다.

2. 행정기본법 시행 이전부터 법원은 법령이 정한 요건 이외의 사유를 들어 수리를 거부할 수 있는 가능성을 열어 두면서도 구체적 사안에서 수리 거부의 적법성을 인정하는 데 엄격한 기준을 적용하는 경향을 보이고 있다.

3. 행정기본법 시행 이후에는 신고의 근거가 되는 법률 규정에 위임의 근거가 마련되어 있다고 하더라도 법률에서 직접 핵심 내용을 규정하지 아니한 사항을 직접적인 논거로 행정청에게 신고의 수리 여부를 심사할 권한을 인정하는 데 엄격하게 해석해야 할 것이다.

---

50) 다른 한편, 신고의 법적 성질을 판단하면서 건축행정법의 규제완화 취지에 중점을 둔 2019년 판결과 대상판결의 논리전개구조를 비교하여 보면, 법원이 「건축법」과 「악취방지법」 및 관계 법령에 대해 목적론적 해석을 시도하면서 개별 행정 분야의 특성과 이해당사자간 이익관계의 구조에 지나치게 개입하였다고 볼 여지는 없는가 하는 점도 또 하나의 과제로 남는다. 이 논점은 행정법상 법률유보는 행정의 적법성을 사후에 판단하는 법관에게도 적용되어야 한다는 법해석 방법의 일반원칙으로 이어진다. 개별 행정법률의 해석에서 법관에 의한 법해석의 한계로서 법률유보에 대해서는 박정훈, 『행정법 개혁의 과제』, 2023, 323면.

생각할 문제

1. 개별 법률에 규정된 신고를 행정절차법이 규정하는 신고 또는 행정기본법이 규정하는 신고로 판단하는 기준이 무엇인가.

2. 신고의 근거 법률에서 직접 규정하지 아니하고 시행령 또는 시행규칙에서 규정한 사항을 근거로 해당 신고를 행정기본법에 따른 신고로 판단할 수 있는가.

3. 수리를 필요로 하는 신고를 받은 행정이 제3자의 이익을 고려하여 신고의 수리를 거부할 수 있는가. 거부할 수 있다면 그 한계는 무엇인가. 법원이 제3자의 이익에 대한 행정의 판단을 심사하는 강도는 어떠해야 하는가.

대법원 2010. 4. 15. 선고 2007두16127 판결*
[영향권의 범위와 법률상 이익]

김 찬 희**

[사실관계]

Ⅰ. 이 사건 처분의 경위

28개의 제조업체(이하 '신청업체'라고 한다)는 2005. 7. 19. 김해시장에게 낙동강 인근에 위치한 경상남도 김해시 상동면 매리 산 140-40번지 등 그 일대 토지 148,245㎡(이하 '이 사건 신청지'라고 한다)를 대상부지로 하여 공장설립승인신청을 하였다. 신청업체가 승인을 신청한 공장설립이 구 「환경정책기본법」(이하 '환경정책기본법'이라 한다) 제25조에 따른 사전환경성검토 대상 사업에 해당하였기에, 김해시장은 2005. 11. 3. 낙동강유역환경청장에게 사전환경성검토협의를 요청하였다. 이에 대하여 낙동강유역환경청장은 2005. 11. 28. '오염물질 확산에 의한 영향검토 및 이 사건 신청지에 공장이 설립됨으로써 직접적인 영향을 받는 부산광역시와 양산시의 동의에 관한 보완'을 요청하였는데, 김해시장은 낙동강유역환경청장의 보완요청사항을 제대로 보완하지 않은 채, 2005. 12. 9. 낙동강유역환경청장에게 재차 사전환경성검토협의를 요청하였다. 낙동강유역환경청장은 김해시장이 제출한 보완서류를 검토한 후, 2006. 1. 5. 취수원 인근에 위치한 공장입지의 부적정성 및 직접적인 영향을 받는 인근 지자체의 반대 등을 이유로 하여,[1] 이 사건 신청지를 대상부지로 하

---

* 헌법재판소 헌법재판연구원 책임연구관
** 이 글은 졸고 "취소소송의 원고적격 인정기준의 재정립 필요성 – 환경행정소송에서의 사실적 요소에 근거한 원고적격 확대의 한계에 관한 고찰을 중심으로", 『행정판례연구』 제28권 제2호, 2023, 3-34면 일부를 본 판례평석집의 형식에 맞게 재구성한 것을 내용으로 합니다.
1) 구체적으로는, ① 이 사건 신청지로부터 약 2.4㎞ 떨어진 곳에는 물금취수장이 건설 중이고, 약 2.7㎞ 떨어진 곳에는 양산물금택지개발사업지구에 상수를 공급하기 위한 취수시설(이하 '양산취수장'이라 한다)과 정수시설이 건설 중이라는 점에서 이 사건 신청지는 공장입지로서 적절하지 않고, ② 신청업체들의 공장설립승인신청을 승인하는 것은 2005. 6. 4. 시행된 김해시 공장건축가능지역지정에 관한 조례 제5조 제2항에 위배되는 것이며, ③ 낙동강원수를 상수원수로 이용하고 있는 부산광역시와 양산시가 안정적인 상수원수 확보를 이유로 공장설립에 반대하고 있음을 이유로 들었다.

는 공장설립은 바람직하지 않다는 협의의견을 김해시장에게 통보하였다. 이후 김해시장이 2006. 1. 10. 낙동강유역환경청장에게 사전환경성검토재협의를 요청하였는데, 낙동강유역환경청장은 2006. 2. 7. 이전과 같은 이유로 공장설립에 부동의한다고 통보하였다. 이에 김해시장은 2006. 4. 27. 낙동강유역환경청장에게 협의의견을 반영하지 않을 것임을 통보하고,2) 같은 날 「산업집적 활성화 및 공장설립에 관한 법률」(이하 '공장설립법'이라 한다) 제13조에 따라 신청업체들의 공장설립승인신청을 승인하는 처분(이하 '이 사건 처분'이라 한다)을 하였다.

Ⅱ. 이 사건 신청지의 위치 및 원고들의 지위

이 사건 신청지는 낙동강에 합류하는 소감천에 인접한 곳으로, 이로부터 약 2.4km 떨어진 곳에는 부산 북구, 동래구, 해운대구, 수영구, 남구, 연제구, 금정구, 기장군, 양산시 물금동 범어리 주민들에게 수돗물을 공급하는 물금취수장이 위치해 있고, 약 2.7km 떨어진 곳에는 양산물금택지개발사업지구에 상수를 공급하는 양산취수장이 위치해 있다.

원고 A와 B는 양산시 남부동에 거주하며 양산취수장 준공 이전에는 밀양댐에서 취수한 수돗물을 공급받고 있었으나, 양산 취수장과 정수장의 급수가 개시되면 그곳에서 취수한 물을 공급받기로 계획되어 있었고, 나머지 원고들은 대부분 부산광역시와 양산시 물금동에 거주하면서 물금취수장에서 취수한 물을 수돗물로 공급받고 있었다.

[사건의 경과]

Ⅰ. 제1심 판결 : 창원지방법원 2006. 11. 2. 선고 2006구합1225 판결

원고들은 이 사건 처분의 취소를 구하면서, ① 이 사건 처분이 원고들의 깨끗하고 원활하게 수돗물을 이용할 권리를 침해하거나 침해할 우려가 있다는 점, ② 신청업체들은 부지

---

2) 김해시장은 낙동강유역환경청장에게 '김해시 공장건축가능지역지정에 관한 조례 제5조 제2항 제6호는 적용되지 않고, 이 사건 신청지는 물금취수장의 하류방향 2.7km에 위치하고 있어 통합지침 제36조 제7호의 제한지역에 해당하지 않으므로 협의내용을 반영하지 않겠다'는 취지로 협의내용 미반영을 통보하였다.

면적이 150,000㎡ 이상인 개발사업이 대상이 되는 환경영향평가를 회피하기 위하여 이 사건 신청지 면적을 148,245㎡으로 정하였는데, 신청지 인근의 토지에 대하여 향후 공장 설립 승인이 이루어져 그 일대가 대규모 공단으로 될 것이 확실하므로, 이 사건 신청지에 대한 공장 설립 승인을 함에 있어서는 환경영향평가가 이루어져야 한다는 점, ③ 사전환경성검토에 관한 환경정책기본법 제25조, 제25조의2, 헌법 제35조의 환경권, 환경정책기본법 제1조, 환경정책기본법의 환경계획에 관한 규정, 「수질환경보전법」, 「수도법」, 「낙동강수계 물 관리 및 주민지원 등에 관한 법률」(이하 '낙동강수계법'이라 한다) 등의 규정에 비추어 볼 때, 자신들에게 이 사건 처분의 취소를 구할 법률상 이익이 있다고 주장하였다. 이에 대하여 제1심법원은 ① 신청업체들이 공장폐수를 방출하는 업체라거나, 신청업체들이 공장폐수나 생활폐수를 방출하여 그 폐수가 수돗물로 사용할 수 없을 정도의 수질을 가진 상태로 이 사건 신청지 인근 소감천을 통해 낙동강으로 흘러갈 것이라고 인정하기에는 증거가 부족하고, 그 폐수가 소감천보다 약 2.4km 상류에 위치한 물금취수장으로 유입되어 시민들에게 피해를 입힐 것이라고 볼 수 없으며, 양산취수장은 가동되지 않고 있는 상황이므로 이 사건 처분이 원고들에게 수인한도를 넘어 깨끗하고 원활하게 수돗물을 이용할 권리를 침해하였거나 침해할 우려가 있다고 인정할 수 없고, ② 이 사건 신청지 일대가 향후 대규모 공단으로 될 경우에는 그때 환경영향평가를 하면 될 것이며, ③ 원고들이 주장하는 법령에는 원고들에게 이 사건 처분의 취소를 구할 법률상 이익을 인정하였다고 해석할 만한 규정이 없다는 이유로, 원고들의 이 사건 처분의 취소를 구할 법률상 이익을 부정하고 소를 각하하였다.

Ⅱ. 원심 판결 : 부산고등법원 2007. 6. 29. 선고 2006누5540 판결

제1심 판결에 불복한 원고들의 항소에 대하여 원심법원은, 사전환경성검토에 관한 규정인 환경정책기본법 제25조와 「산지관리법」, 낙동강수계법이 원고들의 환경상 이익을 개별적·구체적 이익으로 보호하려는 내용 및 취지를 갖는 규정을 두고 있지 않고, 「산업입지 및 개발에 관한 법률」(이하 '산업입지법'이라 한다) 제40조에 따라 제정된 지침3)은 이 사건

---

3) 「산업입지법」 제40조에 따라 건설부장관이 2005. 5. 6. 건설교통부 제2005-104호로 고시한 산업입지개발지침(이하 '구 지침'이라 한다) 제22조 제8호와 환경부장관 및 건설교통부장관이 2005. 12. 26. 환경부 제2005-173호, 건설교통부 제2005-437호로 고시한 산업입지의 개발에 관한 통합지침(이하 '통합지침'이라 한다) 제36조로, "시장·군수는 상수원보호구역이 고시되지 아니한 경우에는 취수장으로부터

공장설립승인신청에 적용되지 않으므로 위 법령에 의한 원고적격이 원고들에게 인정되지 않는다고 하였다.

다만, 원심법원은 양산취수장이 준공되면 양산취수장에서 취수한 물을 공급받을 예정인 원고 A와 B에 대하여는 「국토의 계획 및 이용에 관한 법률」(이하 '국토계획법'이라 한다)에 의한 원고적격을 인정하였다. 원심법원은 먼저 국토계획법이 이 사건 처분의 관련 법규임을 확인하였다.[4] 그리고 국토계획법 제76조 및 같은 법 시행령 [별표 20]의 규정에 의하여 조례로 정하도록 한 사항과 그 시행에 필요한 사항을 규정한 「김해시 공장건축가능지역 지정에 관한 조례」(2005. 6. 4. 시행, 이하 '김해시 조례'라고 한다) 제5조 제2항 제6호가 "시·도지사는 상수원보호구역이 고시되지 아니한 경우에는 취수장으로부터 수계상 상류방향으로 10㎞ 이내인 지역과 하류방향으로 1㎞ 이내인 지역을 공장건축가능지역으로 지정하여서는 아니 된다"고 규정한 것의 취지는 취수원의 오염 등으로 인한 생명·건강상의 위해를 받지 아니할 이익을 일반적 공익으로서 보호하려는 데 그치는 것이 아니라 취수원 오염물질에 의하여 보다 직접적이고 중대한 피해를 입으리라고 예상되는 지역 내의 주민들의 환경상 이익을 직접적·구체적 이익으로서 보호하려는 데 있다고 할 것이라고 하여 관련 규범의 사익보호성을 인정하였으며, 이 사건 신청지가 2007. 10.경 준공되어 그 무렵 급수를 개시할 예정인 양산취수장으로부터 수계상 상류방향 약 2.7㎞에 위치해 있고, 양산취수장이 준공되면 원고 A와 B가 양산취수장에서 취수한 물을 공급받을 예정이므로, 원고 A와 B의 원고적격이 국토계획법과 같은 법 시행령 및 김해시 조례에 근거하여 인정된다고 판시하였다. 나아가 원심법원은, 이 사건 처분이 양수취수장으로부터 수계상 상류방향 약 2.7㎞에 위치하고 있는 이 사건 신청지에 대하여 이루어진 것으로서 취수장으로부터 수계상 상류방향으로 10㎞ 이내인 지역을 공장건축가능지역으로 지정하는 것을 금지한 김해시 조례 제5조 제2항 제6호를 위반하여 위법하다는 이유로, 원고 A와 B의 청구를 인용하였다.

반면에 원고 A와 B를 제외한 나머지 원고들, 즉 물금취수장에서 취수한 낙동강원수를 수돗물로 공급받고 있는 원고들에 대하여는, 이 사건 신청지가 물금취수장으로부터 수계상 하류방향 약 2.4㎞에 위치하고 있다는 점 등에 비추어 볼 때, 위 원고들이 수인한도를 넘

수계상 상류방향으로 유하거리 15㎞ 이내인 지역과 하류방향으로 유하거리 1㎞ 이내인 지역에는 개별 공장입지의 지정승인을 하여서는 아니 된다"고 규정하였다.

4) 원심법원은 이 사건 처분이 「공장설립법」 제13조의2 제1항에 의하여 개발행위허가를 받은 것으로 의제되고, 「국토계획법 시행령」 제56조 [별표 1]의 라 (2)항은 개발행위로 인하여 당해 지역 및 그 주변지역에 대기오염·수질오염·토질오염·소음·진동·분진 등에 의한 환경오염·생태계 파괴·위해 등이 발생할 우려가 없을 때 개발행위허가를 할 수 있다고 규정하고 있으므로, 「국토계획법」은 이 사건 처분의 관련 법규에 해당한다고 판시하였다.

는 건강상·환경상의 이익을 침해받거나 침해받을 우려가 있다고 단정할 수 없고, 이를 인정할 증거가 없다는 이유로 국토계획법에 의한 원고적격이 부정되었다.

　위와 같은 원심판결에 대하여, 피고 김해시장은 원고 A와 B의 원고적격이 인정되지 않음을 주장하며 상고하였고, 원고 A와 B를 제외한 나머지 원고들은 자신들에게도 원고적격이 인정됨을 주장하며 상고하였다.

[대상판결]

　대법원은 원심판결을 파기하고 사건을 다시 심리·판단하도록 원심법원에 환송하였다. 그 판결요지는 다음과 같다.

　행정처분의 직접 상대방이 아닌 자로서 그 처분에 의하여 자신의 환경상 이익이 침해받거나 침해받을 우려가 있다는 이유로 취소소송을 제기하는 제3자는, 자신의 환경상 이익이 그 처분의 근거 법규 또는 관련 법규에 의하여 개별적·직접적·구체적으로 보호되는 이익, 즉 법률상 보호되는 이익임을 입증하여야 원고적격이 인정되고, 다만 그 행정처분의 근거 법규 또는 관련 법규에 그 처분으로써 이루어지는 행위 등 사업으로 인하여 환경상 침해를 받으리라고 예상되는 영향권의 범위가 구체적으로 규정되어 있는 경우에는, 그 영향권 내의 주민들에 대하여는 당해 처분으로 인하여 직접적이고 중대한 환경피해를 입으리라고 예상할 수 있고, 이와 같은 환경상의 이익은 주민 개개인에 대하여 개별적으로 보호되는 직접적·구체적 이익으로서 그들에 대하여는 특단의 사정이 없는 한 환경상 이익에 대한 침해 또는 침해 우려가 있는 것으로 사실상 추정되어 법률상 보호되는 이익으로 인정됨으로써 원고적격이 인정되며, 그 영향권 밖의 주민들은 당해 처분으로 인하여 그 처분 전과 비교하여 수인한도를 넘는 환경피해를 받거나 받을 우려가 있다는 자신의 환경상 이익에 대한 침해 또는 침해 우려가 있음을 증명하여야만 법률상 보호되는 이익으로 인정되어 원고적격이 인정된다.

　공장설립승인처분의 근거 법규 및 관련 법규인 구 산업집적활성화 및 공장설립에 관한 법률(2006. 3. 3. 법률 제7861호로 개정되기 전의 것) 제8조 제4호가 산업자원부장관으로 하여금 관계 중앙행정기관의 장과 협의하여 '환경오염을 일으킬 수 있는 공장의 입지제한에 관한 사항'을 정하여 고시하도록 규정하고 있고, 이에 따른 산업자원부 장관의 공장입지기준고시(제2004-98호) 제5조 제1호가 '상수원 등 용수이용에 현저한 영향을 미치는 지역의 상류'를 환경오염을 일으킬 수 있는 공장의 입지제한지역으로 정할 수 있다고 규정하고, 국토의 계획 및 이용에 관한 법률 제58조 제3항의 위임에 따른 구 국토의 계획 및 이용에 관한 법률 시행령(2006. 8. 17. 대통령령 제19647호로 개정되기 전의 것) 제56조 제1항 [별표 1] 제1호 (라)목 (2)가 '개발행위로 인하여 당해 지역 및 그 주변 지역에 수질오염에 의한 환경오염이 발생할 우려가 없을 것'을 개발사업의 허가기준으로 규정하고 있는 취지는, 공장설립승인처분과 그 후속절차에 따라 공장이 설립되어 가동됨으로써 그 배출수 등으로 인한 수질오염 등으로 직접적이고도 중대한 환경상 피해를 입을 것으로 예상되는 주민들이 환경상 침해를 받지 아니한 채 물을 마시거나 용수를 이용하며 쾌적하고 안전하게 생활할 수 있는 개별적 이익까지도 구체적·직접적으로 보호하려는 데 있다. 따라서 수돗물을 공급받아 이를 마시거나 이용하는 주민들로서는 위 근거 법규 및 관련 법규가 환경상 이익의 침해를 받지 않은 채 깨끗한 수돗물을 마시거나 이용할 수 있는 자신들의 생활환경상의 개별적 이익을 직접적·구체적으로 보호하고 있음을 증명하여 원고적격을 인정받을 수 있다.

김해시장이 소감천을 통해 낙동강에 합류하는 하천수 주변의 토지에 구 산업집적활성화 및 공장설립에 관한 법률 제13조에 따라 공장설립을 승인하는 처분을 한 사안에서, 상수원인 물금취수장이 소감천이 흘러 내려 낙동강 본류와 합류하는 지점 근처에 위치하고 있는 점, 수돗물은 수도관 등 급수시설에 의해 공급되는 것이어서 거주지역이 물금취수장으로부터 다소 떨어진 곳이라고 하더라도 수돗물의 수질악화 등으로 주민들이 갖게 되는 환경상 이익의 침해나 그 우려는 그 수돗물을 공급하는 취수시설이 입게 되는 수질오염 등의 피해나 그 우려와 동일하게 평가될 수 있는 점 등에 비추어, 공장설립으로 수질오염 등이 발생할 우려가 있는 물금취수장에서 취수된 물을 공급받는 부산광역시 또는 양산시에 거주하는 주민들도 위 처분의 근거 법규 및 관련 법규에 의하여 개별적·구체적·직접적으로 보호되는 환경상 이익, 즉 법률상 보호되는 이익이 침해되거나 침해될 우려가 있는 주민으로서 원고적격이 인정된다.

[판결의 평석]

I. 사안의 쟁점

원고들은, 부산시와 양산시에 거주하는 주민들로, 이 사건 처분의 직접 상대방이 아니나, 이 사건 신청지 인근에 위치한 물금취수장에서 취수한 물을 수돗물로 공급받고 있거나, 양산취수장이 준공되면 그곳에서 취수한 물을 수돗물로 공급받을 예정이어서, 이 사건 처분에 따라 설립되는 공장으로 인해 깨끗한 수돗물을 공급받을 환경상 이익이 침해되거나 침해될 우려가 있다는 이유로 이 사건 처분의 취소를 구하였다. 원고들은 이 사건 처분으로 침해되거나 침해될 우려가 있는 자신들의 환경상 이익이 처분의 근거 법규 및 관련 법규에 의해 보호되는 직접적이고 구체적인 법률상 이익에 해당하므로 자신들에게 원고적격이 인정된다고 주장하였다. 이에 대하여 피고는, 원고들이 주장하는 환경상의 이익은 보호되는 공익의 결과로 얻게 되는 반사적 이익이거나 간접적·사실적 이익에 불과한 것이어서 원고들에게 이 사건 처분의 취소를 구할 원고적격이 인정되지 않는다고 주장하였다.

「행정소송법」(이하 '행정소송법'이라 한다) 제12조 1문은 "취소소송은 처분등의 취소를 구할 법률상 이익이 있는 자가 제기할 수 있다"고 하여, 취소소송의 원고적격이 '법률상 이익이 있는 자'에게 인정된다고 규정하고 있다. 우리 판례는 "행정소송법 제12조의 법률상 이익은 당해 처분의 근거 법률에 의하여 보호되는 직접적이고 구체적인 이익이 있는 경우를 말하고 간접적이거나 사실적, 경제적 이해관계를 가지는 데에 불과한 경우는 여기에 해당되지 아니한다"고 본다.[5] 나아가 처분등으로 인한 환경상 이익의 침해를 주장하는 제3자의 원고적격에 관하여는, "자신의 환경상 이익이 그 처분의 근거 법규 또는 관련 법규에 의하여 개별적·직접적·구체적으로 보호되는 이익, 즉 법률상 보호되는 이익임을 입증하여야 원고적격이 인정"된다고 하면서, "다만 그 행정처분의 근거 법규 또는 관련 법규에 그 처분으로써 이루어지는 행위 등 사업으로 인하여 환경상 침해를 받으리라고 예상되는 영향권의 범위가 구체적으로 규정되어 있는 경우에는, 그 영향권 내의 주민들에 대하여는 … 특단의 사정이 없는 한 환경상 이익에 대한 침해 또는 침해 우려가 있는 것으로 사실상 추정되어 법률상 보호되는 이익으로 인정됨으로써 원고적격이 인정되며, 그 영향권 밖의 주민들은 당해 처분으로 인하여 그 처분 전과 비교하여 수인한도를 넘는 환경피해를 받거나 받을 우려가 있다는 자신의 환경상 이익에 대한 침해 또는 침해 우려가 있음을 증명하여야만 법률상 보호되는 이익으로 인정되어 원고적격이 인정된다"고 판시하고 있다.[6]

이에 본 사안에서는 원고들이 깨끗한 수돗물을 공급받을 환경상 이익이 이 사건 처분의 근거 법규 또는 관련 법규에 의하여 개별적·직접적·구체적으로 보호되는 이익, 즉 법률상 보호되는 이익에 해당하는지가 쟁점이 되었다. 그리고 이를 판단함에 있어서, ① 이 사건 처분의 근거 법규 및 관련 법규의 사익보호성이 인정되는지 여부와 ② 원고들이 이 사건 처분의 근거 법규 또는 관련 법규가 구체적으로 규정하고 있는 영향권 내의 주민으로서 법률상 이익을 갖는 것으로 추정되는지, 아니면 영향권 밖의 주민으로서 처분 전과 비교하여 수인한도를 넘는 환경피해를 받거나 받을 우려가 있음을 증명하여야 법률상 이익을 갖

---

5) 대법원 1995. 10. 27. 선고 94누14148 전원합의체 판결.
6) 대법원 2006. 3. 16. 선고 2006두330 전원합의체 판결; 대법원 2006. 7. 28. 선고 2004두6716 판결 등 참조.

는 것으로 인정되는 것인지 여부가 쟁점이 되었다.

Ⅱ. 판례의 이해

대상판결은 원고적격을 확대하는 판례의 경향 안에서 이해되어야 한다. 우리 판례는 행정소송법 제12조 1문의 '법률상 이익'을 해석함에 있어서, 원칙적으로 법률상보호이익설에 입각하고 있다. 그러나 법률상보호이익설을 엄격하게 적용하여 원고적격을 인정할 경우 원고적격이 지나치게 좁게 인정되어 현실의 법률문제를 해결하기 어렵다는 인식에 따라, 판례는 원고적격 인정범위를 점점 넓혀가고 있다.7) 대상판결 역시 현실의 법률문제를 해결하기 위하여 원고적격의 인정범위를 확장한 판결에 해당한다. 이에 이하에서는 ① 기존 판례의 원고적격 인정기준을 확인하고, ② 대상판결의 구체적인 내용을 살펴본 후, ③ 원고적격 확대라는 판례의 경향 속에서 대상판결이 갖는 의미가 무엇인지를 검토한다.

1. 취소소송의 원고적격

(1) '법률상 이익'의 의미

행정소송법 제12조에 따르면, 처분등의 취소를 구할 법률상 이익 있는 자에게 원고적격이 인정된다. 여기서 '법률상 이익'의 의미에 관하여 다양한 견해가 주장되어 왔는데,8) 현재 통설과 판례는 '법률상보호이익설'을 취하고 있다. 법률상보호이익설은 독일의 보호규범이론9)을 수용한 견해로, 처분의 근거 법규 및 관련 법규에 의하여 개별적·직접적·구체적으로 보호되는 사익(私益)을 가진 자에게 원고적격이 인정된다고 보는 견해이다. 이에 따르면, 처분의 근거 법규 및 관련 법규가 오직 공익만을 보호할 목적으로 규정된 것이 아니라, 개인의 개별적·직접적·구체적 사익(私益)도 보호하기 위해 제정된 것이어야 그에 근거하여 원고적격이 인정될 수 있다(사익보호성). 이때 근거 법규 및 관련 법규에 의하여 보호되는 이익은 직접적이고 구체적인 이익이어야 하기 때문에, 간접적이거나 사실적·경제

---

7) 김찬희, "주관적 공권론의 의의와 한계 — 오트마 뷜러의 이론을 중심으로", 『행정법연구』 제69호, 2022, 169면 참조.
8) 이에 관하여는 'Ⅲ. 법리의 검토'에서 자세히 살펴본다.
9) 보호규범이론이란, 주관적 공권이 인정되기 위해서는 그 근거가 되는 법규가 단지 공익만을 위해서 제정된 것이 아니라 적어도 동시에 개인의 이익을 위해서도 제정된 것이어야 한다는 이론이다. 이에 관하여는 김찬희, 앞의 글, 187면 참조.

적 이해관계를 갖는 것에 불과한 경우에는 원고적격이 인정되지 않는다.[10]

(2) 환경소송에서의 원고적격 확대

법률상보호이익설은 개인의 이익을 보호하는 법규가 존재할 것을 요구하기 때문에, 이를 엄격히 적용할 경우 원고적격의 인정범위가 지나치게 좁게 인정되어 국민의 권리보호에 소홀하게 되는 문제가 발생할 수 있다. 이에 우리 판례는 ① 사익보호성이 인정되는 처분의 근거 법규 내지 관련 법규인 보호규범의 범위를 확대하거나, ② 사실상 이익의 침해라는 사실적 요소를 근거로 판단하거나, ③ 권리구제 필요성을 고려하는 방식으로 원고적격 인정범위를 넓혀가고 있다.[11] 이러한 원고적격 확대 경향은 환경소송에 있어서 특히 두드러지게 나타난다. 이는 환경소송이 통상 개발사업의 허가와 같은 수익적 처분으로 인한 환경상 이익의 침해를 주장하는 제3자가 취소소송을 제기하는 방식으로 이루어지고,[12] 환경상 이익 침해는 광역성을 가지며, 침해가 발생한 이후에는 그 회복이 불가능하거나 어려울 수 있어 사전적·예방적 보호가 필요하다는 점에서 원고적격을 넓게 인정할 필요성이 크기 때문이라 할 것이다.

우리 판례는 처분등으로 인한 환경상 이익의 침해를 주장하는 제3자의 경우 "자신의 환경상 이익이 그 처분의 근거 법규 또는 관련 법규에 의하여 개별적·직접적·구체적으로 보호되는 이익, 즉 법률상 보호되는 이익임을 입증하여야 원고적격이 인정된다"고 하여, 환경소송에 있어서도 법률상보호이익설의 입장에 있음을 분명히 하고 있다.[13] 다만, ① 「환경영향평가법」(이하 '환경영향평가법'이라 한다)과 같이 계쟁처분을 함에 있어 반드시 거쳐야 하는 절차에 관한 법규도 법률상 보호되는 이익의 근거 법규로 인정하는 등 보호규범의 범위를 확대하거나, ② 처분 전과 비교하여 수인한도를 넘는 환경피해를 받거나 받을

---

10) 대법원 1995. 10. 27. 선고 94누14148 전원합의체 판결.

11) 원고적격 인정범위를 확대하는 대법원 판례를 ① 보호규범의 범위를 확대하는 유형, ② 사실적 요소, 즉 사실상 이익 침해를 고려하는 유형, ③ 권리구제 필요성을 고려하는 유형으로 유형화한 문헌으로 이원우, "원고적격 확대를 위한 방법론의 전환 − 독점적 지위의 배제를 구하는 소송을 중심으로 −", 『행정법연구』, 제66호, 2021, 711면 참조.

12) 판례상 원고적격 문제는 거의 대부분 계쟁처분의 상대방이 아닌 제3자가 제기하는 취소소송에서 일어난다. 제3자가 제기하는 취소소송은 ① 수익처분에 대하여 그 상대방과 이해관계가 상반되는 제3자가 제소하는 경우와 ② 침익처분에 대하여 그 상대방과 이해관계를 같이 하는 제3자가 제소하는 경우로 나눌 수 있는데, 수익처분에 대하여는 그 처분의 상대방이 제소할 가능성이 전혀 없기 때문에, 행정의 적법성 통제와 제3자의 권익 보호를 위하여, 그와 이해관계가 상반되는 제3자에 의한 제소가 허용될 필요성이 크다. 이에 관하여는 박정훈, 『행정소송의 구조와 기능』, 2006, 253-254면 참조.

13) 대법원 2006. 3. 16. 선고 2006두330 전원합의체 판결; 대법원 2006. 7. 28. 선고 2004두6716 판결 등 참조.

우려가 있다는 사실을 증명하면 법률상 이익을 갖는 것으로 인정하거나, ③ 근거 법규 및 관련 법규가 환경상 이익 침해의 영향권을 구체적으로 규정하고 있는 경우, 그 영향권 내의 주민에 대하여는 환경상 이익의 침해를 사실상 추정하고, 영향권 밖의 주민의 경우에만 수인한도를 넘는 환경상 이익 침해의 증명을 요구[14]하는 등 다양한 방식으로 원고적격 인정범위를 넓히고 있다.

2. 대상판결의 분석

(1) 근거 법규 및 관련 법규의 사익보호성 인정

취소소송의 원고적격이 인정되기 위해서는, 개인의 개별적·직접적·구체적 사익(私益)을 보호하기 위해 제정된, 즉 사익보호성을 갖는 보호규범이 있어야 한다. 이에 대상판결은 먼저 원고들의 원고적격의 근거가 되는 보호규범이 무엇인지를 확인하였다. 대상판결은, ① 공장설립법 제8조 제4호에 따라 '상수원 등 용수이용에 현저한 영향을 미치는 지역의 상류를 환경오염을 일으킬 수 있는 공장의 입지제한지역으로 정할 수 있다'고 규정한 산업자원부 장관의 공장입지기준고시(제2004-98호) 제5조 제1호와 ② '개발행위로 인하여 당해 지역 및 그 주변 지역에 수질오염에 의한 환경오염이 발생할 우려가 없을 것'을 개발사업의 허가기준으로 규정한 국토계획법 시행령 제56조 제1항 [별표 1] 제1호 라목 (2)의 취지가 "공장설립승인처분과 그 후속절차에 따라 공장이 설립되어 가동됨으로써 그 배출수 등으로 인한 수질오염 등으로 직접적이고도 중대한 환경상 피해를 입을 것으로 예상되는 주민들이 환경상 침해를 받지 아니한 채 물을 마시거나 용수를 이용하며 쾌적하고 안전하게 생활할 수 있는 개별적 이익까지도 구체적·직접적으로 보호하려는 데 있다"고 함으로써, 이 사건 처분의 근거 법규 및 관련 법규인 공장설립법과 국토계획법의 사익보호성을 인정하였다.

---

14) 판례는 원고에게 법률상 이익이 있음을 증거에 의하여 인정한다. 그리고 법률상 이익의 존재 자체는 직권조사사항이지만, 처분의 근거 법규 및 관련 법규가 보호하는 사익인 환경상 이익이 계쟁처분에 의해 침해되거나 침해될 우려가 있다는 사실은 원고가 주장·증명하여야 한다. 이처럼 원고가 법률상 이익의 기초사실에 대한 주장·입증책임을 지는 것은, 원고적격 인정을 어렵게 하는 요소가 된다. 환경상 이익의 침해는 그 존재와 인과관계의 증명이 어렵다는 것을 특징으로 하기 때문에 더욱 그러하다. 때문에 판례상 요구되는 주장·입증의 정도를 완화함으로써 원고적격 인정범위를 넓힐 필요가 있다. 판례는 이러한 필요를 반영하여, 계쟁처분의 근거 법규 및 관련 법규가 환경상 이익 침해의 영향권을 구체적으로 규정하고 있는 경우, 그 영향권 내의 주민에 대하여는 환경상 이익의 침해를 사실상 추정하고 있는 것이다. 이에 관하여는 박정훈, 앞의 책, 284-285면 참조.

(2) 원고들의 법률상 이익 인정

다음으로 대상판결은, 원고들이 주장하는 환경상 이익이 이 사건 처분의 근거 법규 및 관련 법규인 공장설립법과 국토계획법이 보호하는 개별적·직접적·구체적 사익(私益)에 해당하는지 여부를 판단하였다. 앞에서 언급한 바와 같이, 원고들은 이 사건 처분의 근거 법규 및 관련 법규가 보호하는 법률상 이익을 갖는다는 것을 증명하여야 원고적격을 인정받을 수 있다. 다만 계쟁처분의 근거 법규 및 관련 법규가 영향권의 범위를 구체적으로 규정하고 있고 원고들이 그 영향권 범위 내에 있으면, 환경상 이익에 대한 침해 또는 침해 우려가 있는 것으로 사실상 추정되어 원고적격이 인정된다. 이에 원고들이 이 사건 처분의 근거 법규 또는 관련 법규가 구체적으로 규정하고 있는 영향권 내의 주민으로서 법률상 이익을 갖는 것으로 추정되는지가 문제 되었다.

대상판결은 공장설립법에 의거한 공장입지기준고시가 공장의 입지를 제한할 수 있다고 규정한 '상수원 등 용수이용에 현저한 영향을 미치는 지역'과 국토계획법 시행령이 개발사업의 허가 기준으로 규정한 '수질오염에 의한 환경오염이 발생할 우려가 있는 개발행위의 주변 지역'이 근거 법규 및 관련 법규에 구체적으로 규정된 영향권의 범위라고 보았다. 그리고 원고들이 수돗물을 공급받는 물금취수장과 공급받을 예정인 양산취수장의 위치와 사전환경성검토협의를 위해 제출된 검토서에 물금취수장이 주요보호 대상시설물의 하나로 기재되어 있다는 점, 사전환경성검토협의를 한 낙동강유역환경청장이 이 사건 공장설립이 물금취수장과 양산취수장에 미치는 영향 등을 이유로 이 사건 신청지를 대상부지로 하는 공장설립은 바람직하지 않다는 협의의견을 제시한 점 등을 종합하여 보면, 물금취수장과 양산취수장이 이 사건 처분의 근거 법규 및 관련 법규에 규정된 영향권 내에 있음을 충분히 인정할 수 있다고 하였다.

나아가, 대상판결은 "원고들의 거주지역이 물금취수장으로부터 다소 떨어진 부산광역시 또는 양산시이기는 하나, 수돗물은 수도관 등 급수시설에 의해 공급되는 것이어서 수돗물을 공급받는 주민들이 가지게 되는 수돗물의 수질악화 등으로 인한 환경상 이익의 침해나 침해 우려는 그 거주 지역에 불구하고 그 수돗물을 공급하는 취수시설이 입게 되는 수질오염 등의 피해나 피해 우려와 동일하게 평가될 수 있다"고 하여, 원고들은 법률상 보호되는 이익이 침해되거나 침해될 우려가 있는 것으로 추정되는 영향권 범위 내의 주민으로서 원고적격이 인정된다고 보았다.[15]

---

15) 대상판결은, 양산취수장이 준공되면 양산취수장에서 취수한 물을 공급받을 예정인 원고 A와 B에 대하여는, 원심법원이 이 사건 처분에 김해시 조례가 적용되지 않음에도 그 조례에 근거하여 원고 A와 B에

3. 대상판결의 의미

대상판결 이전의 판례는 '영향권 내에 거주하는지 여부'를 일률적 기준으로 삼아 영향권 내에 거주하는 주민에 대하여만 환경상 이익의 침해가 사실상 추정된다고 보았다. 그런데 대상판결은, 영향권 내인지 여부를 판단함에 있어서, 거주지역이라는 형식적 기준을 일률적으로 적용한 것이 아니라, 실질적으로 취수 및 급수시설에 의하여 환경상의 영향을 받게 되는지 여부를 기준으로 함으로써, 원고적격 인정범위를 확장하였다. 이러한 대상판결이 원칙적으로 법률상보호이익설에 입각하면서도 원고적격 인정범위를 확장해나가고 있는 판례의 경향 속에서 구체적으로 어떠한 의미를 갖는지를 살펴보면 아래와 같다.

먼저 대상판결은, 종전 판례에서 한 걸음 더 나아가, 영향권 내 주민의 범위를 넓게 이해하는 것을 통해 원고의 입증책임을 완화함으로써, 원고적격 인정범위를 더 확장하였다는 점에서 유의미하다. 원고들이 영향권 밖의 주민인 경우에도 '처분으로 인하여 그 처분 전과 비교하여 수인한도를 넘는 환경피해를 받거나 받을 우려가 있다는 자신의 환경상 이익에 대한 침해 또는 침해 우려가 있음'을 증명하면 원고적격이 인정될 수 있지만, 환경상 이익의 침해는 그 존재와 인과관계의 증명이 어렵다는 것을 특징으로 하기 때문에, 영향권 내의 주민의 범위를 좁히는 것은 원고적격 인정범위의 축소로 이어지게 된다. 따라서 영향권 내 주민의 범위를 넓게 이해하는 것은, 원고의 입증책임을 완화함으로써, 원고적격 인정범위를 확장한 것이라고 평가할 수 있다.

다음으로 대상판결은, 사실상 이익의 침해라는 사실적 요소를 근거로 판단하는 판례의 경향을 더욱 강화한 판결이라고 평가할 수 있다. 대상판결은 취수 및 급수시설과 수질오염의 특성을 고려하여 영향권 내 주민의 범위를 확정하였는데, 이는 환경침해의 태양과 범위가 다양하고 그 영향의 지역적 범위를 일률적·형식적으로 확정하기 어렵다는 점을 고려하여, 환경문제의 유형 및 특성에 따라 영향권을 실질적·개별적으로 확정할 수 있음을 확인한 것이다. 이러한 대상판결의 태도는, 종전의 판례가 영향권 내 주민인지 여부를 판단함에 있어서 적용한 형식적 기준(영향권 내 지역에 거주하는지 여부)을 실질적인 기준(환경상 이익 침해의 유형 및 특성을 고려하여 볼 때 사실상 이익의 침해가 인정되는지 여부)으로 대체함으로

게 원고적격이 인정된다고 판단한 것은 잘못이라고 하였다. 다만 "앞서 나머지 원고들에 대한 판단 부분에서 살펴본 바와 같이 공장설립법 및 국토계획법 등 근거 법규 및 관련 법규에 의하여 위 원고들의 원고적격이 인정될 수 있다고 할 것이므로 원심이 위 원고들에게 원고적격이 인정된다고 본 결론에 있어서는 정당하다"고 하여, 원고 A와 B에게도 나머지 원고들의 경우와 같은 이유로 원고적격이 인정된다고 판시하였다.

써, 사실상 이익의 침해라는 사실적 요소를 근거로 판단하는 판례의 경향을 더욱 강화한 것에 해당한다.

대상판결이 영향권 내 주민의 범위를 확장함으로써 원고적격 인정범위를 넓힌 것은, 판례의 원고적격 확대 경향을 드러낸 것이기도 하지만, 우리 판례가 근거 법규 및 관련 법규의 사익보호성을 요구하는 법률상보호이익설을 고수하고 있음을 보여준 것이라고도 할 수 있다. 앞서 언급한 바와 같이, 원고들이 영향권 밖의 주민에 해당한다고 하더라도, '처분으로 인하여 그 처분 전과 비교하여 수인한도를 넘는 환경피해를 받거나 받을 우려가 있다는 자신의 환경상 이익에 대한 침해 또는 침해 우려가 있음'을 증명하면 원고적격이 인정될 수 있다. 그런데 영향권 밖의 주민의 원고적격을 환경상 이익의 사실상 침해를 근거로 인정하는 것은, 본래적 의미의 법률상보호이익설로는 설명이 되지 않는다. 법률상보호이익설은 법규를 근거로 하여 원고적격을 인정하는 것인데, 영향권 밖의 주민은 근거가 되는 법규 없이 수인한도를 넘는 환경침해라는 사실적 요소만으로 원고적격을 인정받게 되기 때문이다. 이에 대상판결이, 영향권의 범위를 확장하여 종전의 판례에 의하면 영향권 밖의 주민에 속하는 원고들을 영향권 내의 주민에 포함시킨 것은, 가능한 한 법률상보호이익설로 설명가능한 판결을 하기 위해 노력한 것이라고 평가할 수 있다.

Ⅲ. 법리의 검토

1. 학설의 현황[16]

행정소송법 제12조 1문의 '법률상 이익'의 해석에 관하여 종래에는 '권리(향수)회복설'[17], '적법성보장설'[18], '법률상보호이익설', '보호가치이익설'이 대립하였으나, 오늘날 행정소송법 제12조 1문의 해석론으로서 유의미한 학설은 법률상보호이익설과 보호가치이익설이다.[19]

---

16) 행정소송법 제12조 1문의 법률상 이익의 해석에 관한 학설 현황을 소개하는 '1. 학설의 현황'은 김찬희, 『오트마 뷜러(Ottmar Bühler)의 주관적 공권론에 관한 연구』, 서울대학교 박사학위논문, 2022, 178-181면을 요약·정리한 것을 내용으로 한다.

17) 취소소송이 실체법상의 권리보호를 목적으로 한다는 것을 이유로, 법률상 이익을 전통적 권리 개념으로 보는 견해이다. 원고적격의 인정 범위가 극히 제한적이라는 점에서 오늘날 거의 주장되지 않고 있다.

18) 취소소송이 행정의 적법성 통제를 목적으로 한다는 것을 전제로 하는 견해로, 행정의 적법성을 보장하는 데에 있어 가장 적절한 자가 원고적격을 갖는다는 견해이다. 이 견해는 입법론으로는 제시될 수 있지만, 해석론으로는 적절하지 않다고 평가된다.

법률상보호이익설은 독일의 보호규범이론을 수용하여, 법령에 의해 보호되는 사적인 이익을 가진 자에게 원고적격이 인정된다고 보는 견해이고,[20] 보호가치이익설은 법령 해석상 법령이 보호하고 있는 이익이 아니라 하더라도 전체 법질서의 취지상 보호할 가치가 있다고 판단되는 경우에는 그러한 보호할 가치가 있는 이익을 가진 자에게 원고적격을 인정할 수 있다는 견해이다.[21] 양설의 차이는 사실적·경제적 이익을 가진 자에게 원고적격이 인정될 수 있는지 여부에 있다. 보호가치이익설은 사실적·경제적 이익을 가진 자에게도 원고적격이 인정될 수 있다고 보는 반면에, 법률상보호이익설에 따르면 실정법령상 보호되는 사익을 가진 자만이 원고적격을 갖기 때문에, 사실적·경제적 이익을 기초로 해서는 원고적격이 인정될 수 없다. 우리 다수설과 판례는 기본적으로 독일의 보호규범이론을 받아들여, 법률상 보호되는 이익을 가진 자에게 원고적격을 인정하는 법률상보호이익설을 취하고 있다.

그런데 오늘날 법률상보호이익설을 취하는 경우에도, 근거 법규의 범위를 넓히는 등의 방법으로 원고적격 인정범위를 확대하려고 하는 경향이 나타나고 있다. 이에 원고적격을 확대하기 위해 법률상 보호이익이 넓게 인정되면서, 결과적으로 법률상보호이익설이 보호가치이익설에 근접해가고 있고, 법률상보호이익설과 보호가치이익설의 구별이 상대화되고 있다고 보는 견해가 주장되고 있다. 구체적으로 예를 들자면, 법률상보호이익설의 경우 '법률상 이익'을 탄력적으로 해석하여 원고적격을 확대하려는 경향이 나타나고 있고, 보호가치이익설은 보호할 만한 가치가 있는 이익의 해석을 합리적·객관적인 기준 설정 등을 통해 엄격하게 하려고 노력하면서, 양설의 구별이 상대화되고 있다는 견해,[22] 현대의 다면적인 행정법관계에 있어서, 행정법규가 관련 이익을 모두 예측하여 규율한다는 것은 어려운 일이므로, 법률상보호이익설을 취한다고 하더라도 법률을 처분의 근거 법규로 한정하는 것

19) 김유환, 『현대행정법』, 제8판, 2023, 524-525면; 김창조, "취소소송의 원고적격", 『법학논고』 제16호, 2000, 94면; 김철용, 『행정법』, 전면개정 제10판, 2021, 563면; 박규하, "주관적 공권과 행정소송의 원고적격", 『외법논집』 제16호, 2004, 20면; 이원우, "원고적격 확대를 위한 방법론의 전환 − 독점적 지위의 배제를 구하는 소송을 중심으로", 『행정법연구』 제66호, 2021, 6면; 장경원, "환경행정소송과 제3자의 원고적격 − 대법원 2010. 4. 14. 선고 2007두16127 판결을 중심으로", 『환경법연구』 제33권 제2호, 2011, 374면; 하명호, 『행정쟁송법』, 2019, 85면 참조.
20) 박규하, 앞의 글, 21면; 석종현/송동수, 『일반행정법(상)』, 제12판, 2009, 862면; 이경운, "개인적 공권론의 몇 가지 문제점", 『공법연구』 제20권, 1992, 74면; 이상학, "행정법상 주관적 공권의 기본문제", 『법학연구』 제56권 제1호, 2015, 35면; 하명호, 앞의 책, 85면 참조.
21) 박정훈, 앞의 책, 211면; 이원우, 앞의 글, 12면; 장경원, 앞의 글, 374면 참조.
22) 김향기, "행정소송의 원고적격에 관한 연구 − 환경행정소송에서 제3자의 원고적격을 중심으로", 『환경법연구』 제31권 제2호, 2009, 225면.

은 타당하지 않다고 하면서, 법률을 처분의 근거 법규로 한정하지 않고 법질서 전체로 이해하거나 예외적으로 기본권의 직접 원용을 인정한다면 법률상보호이익설과 보호가치이익설의 구별은 결국 상대적인 것이 된다고 보는 견해,[23] 법률상 이익에 대한 해석론이 그동안 법률에만 집중하고 있었음을 지적하면서, 이익의 성질·내용·태양·정도 등을 고려하는 해석방법을 통해 법률상 이익이라는 문언으로부터 벗어나지 않으면서 실제로는 '보호가치이익설'에 근접하는 해석론을 전개할 필요가 있다는 견해[24] 등이 주장되고 있다.

이 밖에, 보호가치가 있으면 그것이 이익이고, 법상의 이익이라면 그것이 권리이므로, 권리(향수)회복설과 법률상보호이익설, 보호가치이익설은 결국 대립되는 학설이라기보다는 어느 정도까지를 법률상 이익으로 보느냐의 해석 문제이자 기본권 보장에 관한 법원의 태도에 지나지 않는 것이라고 하면서, 법률상 이익을 최대로 확대하여 국민의 권리를 최대한 보장해주는 것이 타당하다는 견해[25]와 권리(향수)회복설과 법률상보호이익설은 국민의 권리를 충분히 보호하지 못하고, 보호가치이익설은 현행법의 해석론으로서는 적절하지 않다고 하면서, 해석론으로는 법률상 이익을 주관적 공권이 아니라 법률이 준수됨으로 인하여 생기는 이익으로 완화하여 해석해야 한다는 '법규준수이익설'을 주장하는 견해[26] 등 원고적격의 인정범위와 관련하여 다양한 견해가 주장되고 있다. 이러한 견해를 종합적으로 살펴보면, 원고적격을 어디까지 확대해야 하는가에 대하여는 견해가 나뉘지만, 원고적격의 확대 필요성에 대하여는 대체로 동의하고 있는 것으로 보인다.

2. 비판적 검토

위에서 살펴본 바와 같이, 우리 통설과 판례는 원칙적으로 법률상보호이익설을 고수하면서, 법률상보호이익의 인정범위를 확장하는 방식으로, 법률상보호이익설을 엄격하게 적용할 경우 국민의 권익구제를 충실히 할 수 없다는 한계를 극복하고자 하였다. 그러나 이러한 방식은 원고적격에 관한 문제를 근본적으로 해결하지 못하였고, 원고적격 인정 여부를 판단하는 일관성 있는 이론적 기준의 부재로 이어졌다. 특히 사실상 이익의 침해라는 사실적 요소를 근거로 판단하는 판례의 경향이 더욱 강화되면서, 판례의 원칙적 기준인 법

---

23) 김철용, 앞의 책, 564면.
24) 김현준, "도시계획사업인가처분취소소송과 제3자의 원고적격", 『토지공법연구』 제42권, 2008, 340-341면.
25) 박규하, 앞의 글, 24면.
26) 강현호, "취소소송과 원고적격", 『공법연구』 제30권 제1호, 2001, 284-285면; 이광윤, 『행정법이론』, 2000, 280면.

률상보호이익설로 설명이 어려운 판례가 증가하여 판결의 예측가능성이 낮아지고 있다. 이와 같은 문제 상황은 우리 취소소송의 구조와 기능에 부합하지 않는 법률상보호이익설을 고수함으로 인해 발생하는 이론과 실제 사이의 괴리로부터 야기된 것이라고 할 것이다. 이에 우리 취소소송의 구조와 기능의 실제에 부합하는 원고적격 인정 기준을 새롭게 정립할 필요가 있다고 생각된다.

법률상보호이익설은, 독일의 행정소송법제를 기반으로 정립된 주관적 공권의 성립요건에 관한 이론인 보호규범이론을 수용한 것으로, 법률상 이익을 독일에서의 주관적 공권 개념과 같은 것으로 이해하는 견해이다.[27] 법률상보호이익설은 독일의 행정소송법제에 적합한 내용을 담고 있는 것이다. 그런데 우리나라와 독일의 행정소송법제는 그 체계를 서로 달리 한다. 독일은, 포괄적 권리구제를 보장하는 「독일 기본법」 제19조 제4항 1문과 취소소송과 의무이행소송의 원고적격으로 '권리침해의 주장'을 요구하는 「행정재판소법」 제42조 제2항과 취소소송의 본안요건으로 '권리침해'를 규정하고 있는 같은 법 제113조 제1항 제1문에 의거하여, 항고소송의 주관소송적 구조를 명확하게 확립하였다.[28] 반면에 우리 헌법 제27조 제1항은 '권리침해'를 요구함 없이 '포괄적인 재판'을 보장하고 있으며, 행정소송법 제12조는 처분등의 취소를 구할 '법률상 이익'이 있는 자가 원고적격을 갖는다고 규정하고 있을 뿐이고 본안요건에 관한 별도의 규정은 두지 않았다.[29] 그리고 우리 행정소송은 '국민의 권익구제' 뿐만 아니라, '행정의 적법성 통제'도 그 기능으로 하고 있다. 이와 같은 점을 종합하여 보면, 우리나라의 항고소송은 완전한 주관소송적 구조를 가지고 있다고 보기 어렵다.[30] 이러한 행정소송법제의 차이로 인해, 독일의 보호규범이론을 우리 취소소송의 원고적격 인정기준으로 그대로 적용하는 데에는 한계가 있을 수밖에 없다. 그리고 이러한 한계가 있음에도 불구하고 행정소송법 제12조 1문의 법률상 이익을 해석함에 있어서 법률상보호이익설을 고수할 이유도 없으므로, 우리 행정소송법 제12조 1문의 법률상 이익은 우리 행정소송법 체계에 부합하는 방향으로 새롭게 해석될 필요가 있다고 할 것이다

원고적격 인정기준을 새롭게 정립해야 할 필요성은, 민주적 법치국가에서 주권자이자 공익의 수호자로서 공공의 이익 증진을 위해 참여할 수 있는 권리를 갖는 국민의 주체적이고 능동적인 법적 지위로부터도 도출된다.[31] 민주주의에서 국민이 공익을 위하여 적극적

27) 박정훈, 앞의 책, 210면 참조.
28) 김찬희, 앞의 글, 193면.
29) 김찬희, 앞의 글, 193면.
30) 박정훈, 앞의 책, 159-165면 참조.
31) Wegener, Subjective Public Rights − Historical Roots versus European and Democratic Challenges, Debates in German Public Law, Hart Publishing, 2014, p. 234; 김찬희, 앞의 글, 189면

이고 능동적으로 행동하는 것이 이상적이고 바람직한 것으로 여겨진다는 점에 비추어 볼 때,[32] 법령상 보호되는 사익을 갖지 않는 국민에게도 환경상의 이익과 같은 공익을 보호하기 위하여 항고소송을 제기할 수 있도록 하는 것이 바람직하기 때문이다.

위와 같은 항고소송제도의 실질적 변화 방향, 항고소송의 구조와 기능, 그리고 민주적 법치국가에서의 국민의 법적 지위에 비추어 볼 때, 법률상 이익을 보다 넓은 개념인 '법적인 이익'으로 해석하여, '처분의 취소를 구할 법률상 이익'을 '전체 법질서에 비추어 처분의 취소를 구할 수 있는 것으로 판단되는 이익'으로 해석하는 것이 타당할 것으로 생각된다.[33] 이러한 해석은 '법률'과 '법'을 엄격하게 구별하지 않는 우리 언어관용에 비추어보더라도 무리 없는 해석이다.[34] 그리고 이러한 해석에 의할 경우, 관계되는 모든 법규와 기본권·헌법원리 등이 원고적격 판단의 근거가 됨으로써 원고적격이 확대될 것인데, 이는 현재 우리 통설과 판례의 입장에도 부합하는 해석이다.

Ⅳ. 요약과 결론

1. 우리 판례는 행정소송법 제12조 1문의 '법률상 이익'을 해석함에 있어서 원칙적으로 법률상보호이익설에 입각하고 있다. 다만 판례는, 법률상보호이익설을 엄격하게 적용하여 원고적격을 인정할 경우 원고적격이 지나치게 좁게 인정되어 현실의 법률문제를 해결하기 어렵다는 인식에 따라, 원고적격 인정범위를 점점 넓혀가고 있다. 대상판결 역시 현실의 법률문제를 해결하기 위하여 원고적격 인정범위를 확장한 판결에 해당한다. 대상판결은, 환경상 이익에 대한 침해 또는 침해 우려가 있는 것으로 사실상 추정되어 법률상 보호되는 이익으로 인정됨으로써 원고적격이 인정되는 '영향권 내의 주민'에 해당하는지 여부를 판단함에 있어서, 거주지역이라는 형식적 기준을 일률적으로 적용한 것이 아니라, 실질적으로 취수 및 급수시설에 의하여 환경상의 영향을 받게 되는지 여부를 기준으로 함으로써, 원고적격 인정범위를 확장하였다.

에서 재인용.

32) Wegener, Subjective Public Rights — Historical Roots versus European and Democratic Challenges, Debates in German Public Law, Hart Publishing, 2014, p. 234; 김찬희, 앞의 글, 189면에서 재인용.

33) 박정훈, 앞의 책, 211면 참조.

34) 박정훈, 앞의 책, 211면 참조.

2. 이러한 대상판결은, ① 영향권 내 주민의 범위를 넓게 이해하는 것을 통해 원고의 입증책임을 완화함으로써 원고적격 인정범위를 더 확장하였다는 점에서 유의미하고, ② 종전의 판례가 영향권 내 주민인지 여부를 판단함에 있어서 적용한 형식적 기준(영향권 내 지역에 거주하는지 여부)을 실질적인 기준(환경상 이익 침해의 유형 및 특성을 고려하여 볼 때 사실상 이익의 침해가 인정되는지 여부)으로 대체함으로써, 사실상 이익의 침해라는 사실적 요소를 근거로 판단하는 판례의 경향을 더욱 강화한 것이라고 평가될 수 있다. 그리고 ③ 영향권의 범위를 확장하여 종전의 판례에 의하면 영향권 밖의 주민에 속하는 원고들을 영향권 내의 주민에 포함시킨 것은, 가능한 한 법률상보호이익설로 설명가능한 판결을 하기 위해 노력한 것이라고 평가할 수 있다.

3. 오늘날 행정소송법 제12조 1문의 해석론으로서 유의미한 학설은 법률상보호이익설과 보호가치이익설이다. 양설의 차이는 사실적·경제적 이익을 가진 자에게 원고적격이 인정될 수 있는지 여부에 있다. 보호가치이익설은 사실적·경제적 이익을 가진 자에게도 원고적격이 인정될 수 있다고 보는 반면에, 법률상보호이익설에 따르면 실정법령상 보호되는 사익을 가진 자만이 원고적격을 갖기 때문에, 사실적·경제적 이익을 기초로 해서는 원고적격이 인정될 수 없다. 그런데 오늘날 법률상보호이익설을 취하는 경우에도, 근거 법규의 범위를 넓히는 등의 방법으로 원고적격 인정범위를 확대하려고 하는 경향이 나타나고 있다. 이에 원고적격을 확대하기 위해 법률상 보호이익이 넓게 인정되면서, 결과적으로 법률상보호이익설이 보호가치이익설에 근접해가고 있고, 법률상보호이익설과 보호가치이익설의 구별이 상대화되고 있는 것으로 보인다.

4. 위에서 살펴본 바와 같이, 우리 통설과 판례는 원칙적으로 법률상보호이익설을 고수하면서 법률상보호이익의 인정범위를 확장하는 방식으로, 법률상보호이익설을 엄격하게 적용할 경우 국민의 권익구제를 충실히 할 수 없다는 한계를 극복하고자 하였다. 그러나 이러한 방식은 원고적격에 관한 문제를 근본적으로 해결하지 못하였고, 원고적격 인정 여부를 판단하는 일관성 있는 이론적 기준의 부재로 이어졌다. 특히 사실상 이익의 침해라는 사실적 요소를 근거로 판단하는 판례의 경향이 더욱 강화되면서, 판례의 원칙적 기준인 법률상보호이익설로 설명이 어려운 판례가 증가하여 판결의 예측가능성이 낮아지고 있다.

5. 위와 같은 문제 상황은 우리 취소소송의 구조와 기능에 부합하지 않는 법률상보호이익설을 고수함으로 인해 발생하는 이론과 실제 사이의 괴리로부터 야기된 것이다. 이에 우

리 취소소송의 구조와 기능의 실제에 부합하는 원고적격 인정 기준을 새롭게 정립할 필요가 있다고 생각된다. 항고소송제도의 실질적 변화 방향, 항고소송의 구조와 기능, 그리고 민주적 법치국가에서의 국민의 법적 지위에 비추어 볼 때, 법률상 이익을 보다 넓은 개념인 '법적인 이익'으로 해석하여, '처분의 취소를 구할 법률상 이익'을 '전체 법질서에 비추어 처분의 취소를 구할 수 있는 것으로 판단되는 이익'으로 해석하는 것이 타당할 것으로 생각된다.

생각할 문제

1. 대상판결이 '간접적이거나 사실적, 경제적 이해관계를 가지는 데에 불과한 경우'에는 원고적격이 인정되지 않는다고 보는 주류적 판례와 모순되는 것은 아닌지.

2. 대상판결은 결국 사실상 이익의 침해라는 사실적 요소를 근거로 하여 원고적격을 인정한 것인데, 이러한 판결이 법률상보호이익설에 입각한 것이라고 할 수 있는지.

3. 원칙적으로는 법률상보호이익설을 고수하면서, 사실상 이익의 침해라는 사실적 요소를 근거로 원고적격을 인정하는 등의 방식의 원고적격 인정범위를 넓혀나가는 우리 통설과 판례의 태도가 '국민의 권익보호'와 '행정의 적법성 통제'라는 우리 행정소송의 기능의 관점에서 정당화될 수 있는지.

제 2 편

행정작용법

대법원 2022. 4. 28. 선고 2020두30546 판결
[폐업한 요양기관의 개설자가 새로 개설한 요양기관에 대한 업무정지처분]

이 재 명*

[사실관계]

원고는 광주 남구 A에서 병원(이하 '종전병원'이라 한다)을 운영하고 있었다. 보건복지부장관은 제보에 따라 실제 입원 치료를 하지 않은 수진자에 대한 입원료를 부당청구한 등의 혐의가 확인되었다는 이유로 종전병원에 대해 현지조사(이하 '이 사건 현지조사'라 한다)를 실시하였다. 그 과정에서 보건복지부장관은 2018. 1. 25. '입·내원(내방)일수 거짓 및 증일청구 관련 진료기록부'의 제출을 요청하였는데, 제출요구서에는 제출요구된 서류를 제출하지 않으면 업무정지 처분을 받게 될 수 있다는 경고문이 기재되어 있었다. 그러나 원고는 해당 자료를 제출하지 않았으며, 2018. 1. 26. 이 사건 현지조사를 거부한다는 명시적인 의사가 담긴 확인서에 서명날인하고 동일한 취지의 사실확인서를 자필로 직접 작성하였다. 이에 이 사건 현지조사는 2018. 1. 26. 종료되었다. 이후 원고는 2018. 5. 4. 종전병원을 폐업하고 2018. 10. 10.부터 광주 남구 C에 다른 병원(이하 '이 사건 병원'이라 한다)을 개설하여 운영하고 있었다. 보건복지부장관은 이 사건 현지조사를 거부·방해 또는 기피하였다는 사유를 들어 2019. 3. 21. 구「국민건강보험법」(2018. 3. 27. 법률 제15535호로 개정되기 전의 것, 이하 '국민건강보험법'이라 한다) 제98조제1항제2호[1] 및 「의료급여법」(이하 '의료급여법'이라 한다) 제28조제1항제3호[2]에 따라 이 사건 병원에 대해 요양기관 및 의료급여기관으로

---

* 국회 국토교통위원회 국토정책입법조사관

1) 제98조(업무정지) ① 보건복지부장관은 요양기관이 다음 각 호의 어느 하나에 해당하면 그 요양기관에 대하여 1년의 범위에서 기간을 정하여 업무정지를 명할 수 있다.
  2. 제97조제2항에 따른 명령에 위반하거나 거짓 보고를 하거나 거짓 서류를 제출하거나, 소속 공무원의 검사 또는 질문을 거부·방해 또는 기피한 경우
  제97조(보고와 검사) ② 보건복지부장관은 요양기관(제49조에 따라 요양을 실시한 기관을 포함한다)에 대하여 요양·약제의 지급 등 보험급여에 관한 보고 또는 서류 제출을 명하거나, 소속 공무원이 관계인에게 질문하게 하거나 관계 서류를 검사하게 할 수 있다.

서의 업무를 각각 1년간(2019. 6. 24.부터 2020. 6. 23.까지) 정지하는 처분(이하 '이 사건 업무정지처분'이라 한다)을 하였다. 이에 원고는 보이 사건 업무정지처분의 취소를 구하는 취소소송을 제기하였다.

[사건의 경과]

원고는 이 사건 처분의 처분사유인 조사거부의 대상이 된 이 사건 현지조사는 이 사건 병원이 아닌 종전병원에 대하여 실시된 것으로, 이 사건 처분은 요양기관 및 의료급여기관을 대상으로 하는 대물적 처분이라는 점에서 처분사유가 발생된 종전병원에 대해 업무를 정지할 수 있을 뿐이고 종전병원에 관한 처분사유를 들어 원고가 새롭게 개설한 이 사건 병원에 대해 업무정지를 명할 수 없으므로 이 사건 처분은 처분의 대상을 잘못 지정한 것으로서 위법하다고 주장하였다. 이에 대해서 제1심법원[3])은 "구 국민건강보험법 제98조제1항 및 의료급여법 제28조제1항에 따른 업무정지처분은 요양기관 및 의료급여기관에 대하여 행하여지는 것이지만 그 효력은 당연히 위반행위를 한 개설자에게도 미치는 것으로서 대인적 처분의 성격도 아울러 가지는 것으로 보아야 하고, 따라서 특별한 사정이 없는 한 위법한 조사거부 행위를 한 요양기관 및 의료급여기관의 개설자가 새로 개설한 요양기관 및 의료급여기관에 대하여도 업무정지처분을 할 수 있다고 봄이 상당하다."고 보면서, 이 사건 처분이 과도하게 무거워 재량권을 일탈·남용한 위법이 없다고 보아 원고의 청구를 기각하였다.

이에 불복하는 원고의 항소에 대해서 원심법원[4])은 위법한 조사거부 행위를 한 요양기관 및 의료급여기관의 개설자가 새로 개설한 요양기관 및 의료급여기관에 대하여도 업무정지처분을 할 수 있다는 제1심판결을 인용하면서 원고의 항소를 기각하였다. 이에 대해 원고

---

2) 제28조(의료급여기관의 업무정지 등) ① 보건복지부장관은 의료급여기관이 다음 각 호의 어느 하나에 해당하면 1년의 범위에서 기간을 정하여 의료급여기관의 업무정지를 명할 수 있다.
  3. 제32조제2항에 따른 보고 또는 서류제출을 하지 아니하거나 거짓 보고를 하거나 거짓 서류를 제출하거나 소속 공무원의 질문 및 검사를 거부·방해 또는 기피한 경우
  제32조(보고 및 검사) ② 보건복지부장관은 의료급여기관(제12조에 따라 의료급여를 실시한 기관을 포함한다) 및 제11조제6항에 따라 급여비용의 심사청구를 대행하는 단체에 대하여 진료·약제의 지급 등 의료급여에 관한 보고 또는 관계 서류의 제출을 명하거나 소속 공무원으로 하여금 질문을 하게 하거나 관계 서류를 검사하게 할 수 있다.
3) 서울행정법원 2021. 5. 13. 선고 2019구합65962 판결.
4) 서울고등법원 2021. 12. 22. 선고 2021누44984 판결.

가 상고를 제기하였다.

[대상판결]

대법원은 원심판결을 파기하고 사건을 다시 심리·판단하도록 원심법원에 환송하였다. 그 구체적인 설시를 요약하면 다음과 같다.

요양기관이 속임수나 그 밖의 부당한 방법으로 보험자에게 요양급여비용을 부담하게 한 때에 국민건강보험법 제98조 제1항 제1호에 의해 받게 되는 요양기관 업무정지처분은 의료인 개인의 자격에 대한 제재가 아니라 요양기관의 업무 자체에 대한 것으로서 대물적 처분의 성격을 갖는다. 따라서 속임수나 그 밖의 부당한 방법으로 보험자에게 요양급여비용을 부담하게 한 요양기관이 폐업한 때에는 그 요양기관은 업무를 할 수 없는 상태일 뿐만 아니라 그 처분대상도 없어졌으므로 그 요양기관 및 폐업 후 그 요양기관의 개설자가 새로 개설한 요양기관에 대하여 업무정지처분을 할 수는 없다(대법원 2022. 1. 27. 선고 2020두39365 판결 참조). 이러한 법리는 보건복지부 소속 공무원의 검사 또는 질문을 거부·방해 또는 기피한 경우에 국민건강보험법 제98조 제1항 제2호에 의해 받게 되는 요양기관 업무정지처분 및 의료급여법 제28조 제1항 제3호에 의해 받게 되는 의료급여기관 업무정지처분의 경우에도 마찬가지로 적용된다.

조사거부 행위를 한 요양기관이 폐업한 때에는 요양기관의 개설자가 새로 개설한 요양기관에 대하여 업무정지처분을 할 수 없으므로 이 사건 처분은 위법하고, 이와 달리 판단한 원심판결에는 국민건강보험법 제98조 제1항 제2호 및 의료급여법 제28조 제1항 제3호에서 정한 요양기관 및 의료급여기관 업무정지처분의 법적 성격 및 처분대상 등에 관한 법리를 오해하여 판결에 영향을 미친 잘못이 있다.

[판결의 평석]

I. 사안의 쟁점

1. 쟁점의 정리

보건복지부장관은 요양기관[5]이 보험급여에 관한 보고·서류 제출명령에 위반하거나 소속 공무원의 검사 또는 질문을 거부 또는 기피하는 경우 그 요양기관에 대해 최대 1년의 업무정지를 명할 수 있다(구 국민건강보험법 제98조제1항제2호). 또한, 의료급여기관[6]이 진료·약제의 지급 등 의료급여 관계 서류의 제출명령을 받았음에도 이를 하지 않거나 소속 공무원의 검사 또는 질문을 거부 또는 기피하는 경우 그 의료급여기관에 대해 최대 1년의 업무정지를 명할 수 있다(구 의료급여법 제28조제1항제3호).

원고는 관계 서류 제출명령에 대한 거부행위가 종전병원에서 있었음에도 원고가 폐업 후 개설한 이 사건 병원에 대한 요양기관 및 의료급여기관 업무정지 처분의 사유로 제시하는 것은 위법하다고 주장하는바, 종전병원에서 발생한 제재처분 사유가 종전병원의 폐업에도 불구하고 이 사건 병원에 대한 제재처분 사유로 제시될 수 있는지 문제된다는 점에서, 원고의 주장은 제재처분 사유의 승계 여부를 다투는 것이다. 대상판결은 요양기관 업무정지처분은 대물적 처분이라는 점에서 폐업 후 요양기관의 개설자가 새로 개설한 요양기관에 대해 업무정지처분을 할 수 없다고 설시한 대법원 2022. 1. 27. 선고 2020두39365 판결(이하 "관련판결"이라 한다)과 유사한 결론을 내렸다.

이하에서는 제재처분 사유의 승계에 관한 기존 판례의 태도와 대상판결과 관련판결의 제재처분 사유의 승계 원인에 대한 판단을 하급심을 포함하여 살펴본 다음, 제재처분 사유의 승계 여부와 관련하여 승계 원인으로서 판례가 제시하고 있는 제재처분의 대물적 처분 여부의 적절성에 대해 짚어보기로 한다.

---

5) 국민건강보험 가입자 및 피부양자의 질병·부상 등에 대하여 진찰·검사, 약제의 지급, 처치·수술, 예방·재활, 입원 등의 요양급여를 실시할 수 있는 기관을 말한다.
6) 생활유지능력이 없거나 생활이 어려운 저소득 국민의 의료문제를 국가가 보장하는 의료급여를 실시할 수 있는 기관을 말한다.

2. 제재처분의 승계에 관한 입법례[7]

판례를 분석하기에 앞서 제재처분 사유의 승계에 관한 입법례와 이 사건 처분의 근거가 된 국민건강보험법과 의료급여법의 태도를 살펴본다.

제재처분의 승계에 관한 규정을 둔 법률들은 대부분 영업자의 지위 승계에 관한 규정을 두고 그에 이어서 제재처분의 "효과"의 승계에 대한 규정을 두고 있다. 이때 선의의 양수인에 대한 보호규정을 두고 있는 사례가 많다.[8][9]

제재처분 "사유"의 승계를 규정한 입법례는 상대적으로 적은데, 대부분은 폐업 후 재등록 또는 재신고가 문제되는 경우로 나타나고 있다. 예를 들어 「부동산개발업의관리및육성에관한법률」 제27조[10]는 폐업신고 후 1년 이내에 재등록한 자는 폐업신고 전의 등록사업자의 지위를 승계하고(제1항) 행정처분의 효과도 승계되는(제2항) 외에, 폐업신고 전의 위반행위를 사유로 하여 시정조치, 영업정지, 등록취소 등을 할 수 있다고 규정하고 있다(제3항).[11] 제재처분 사유의 승계에 관한 입법례 중 폐업과 관련되지 않은 것으로는 「독점규제

---

7) 입법례에 관한 상세한 분석은 한국공법학회(이현수 외), 『행정기본법의 보완·발전을 위한 신규의제 입안방안 연구 1』, 2022, 119면 이하 참조.

8) 예를 들어 「건설기계관리법」 제24조의2는 영업양도, 사망 또는 합병의 경우 양수인 등이 종전 건설기계사업자의 지위를 승계하고(제1항), 종전의 건설기계사업자가 받은 등록 취소 또는 사업정지명령 등의 효과는 처분일부터 1년간 지위를 승계한 양수인 등에게 승계된다고 규정하고 있다.
제24조의2(건설기계사업의 양도·양수 등의 신고) ① 건설기계사업자가 영업을 양도하거나 사망한 경우 또는 법인이 합병한 경우에는 그 양수인·상속인 또는 합병 후 존속하는 법인이나 합병에 따라 설립된 법인은 종전의 건설기계사업자의 지위를 승계한다.
③ 건설기계사업자가 제35조의2제1항에 따른 등록 취소 또는 사업정지명령 등의 처분을 받은 경우 그 처분의 효과는 그 처분일부터 1년간 제1항에 따라 건설기계사업자의 지위를 승계한 자에게 승계되며, 처분 절차가 진행 중인 때에는 해당 사업자의 지위를 승계한 자에게 처분 절차를 계속 진행할 수 있다. 다만, 양수인 또는 합병 후 존속하는 법인이나 합병에 따라 설립된 법인이 양수나 합병 당시 그 처분 또는 제35조의2제1항 각 호의 사실을 알지 못한 경우에는 그러하지 아니하다.

9) 다만, 판례는 제재사유 및 처분절차의 승계조항을 두는 취지는 제재적 처분 면탈을 위한 악용을 방지하기 위한 것이고 승계인에게 선의에 대한 증명책임을 지운 취지도 같으므로, 승계인의 종전 처분 또는 위반 사실에 관한 선의를 인정함에 있어서는 신중해야 한다고 판시한 바 있다. 대법원

10) 제27조(등록사업자의 지위 승계 등) ① 제15조에 따른 폐업신고에 따라 부동산개발업의 등록이 말소된 자가 1년 이내에 제4조에 따라 다시 등록사업자로 등록한 경우에는 해당 등록사업자는 폐업신고 전의 등록사업자의 지위를 승계한다.
② 제1항에 따라 등록사업자의 지위를 승계한 자에 대하여는 폐업신고 전의 등록사업자에 대한 행정처분의 효과가 승계된다.
③ 시·도지사는 제1항에 따라 등록사업자의 지위를 승계한 자에 대하여 폐업신고 전의 위반행위를 사유로 하여 제22조부터 제25조까지의 규정에 따른 시정조치, 소비자피해분쟁조정의 요청, 영업정지, 등록취소 등을 할 수 있다.

및공정거래에관한법률」제7조[12])에서 합병·분할 등의 경우에 합병에 따라 설립된 회사나 분할되는 회사 등에 대해 시정조치를 명할 수 있도록 한 것이 있다.

대상판결 및 관련판결에서 문제가 되는 국민건강보험법과 의료급여법은 영업자 지위의 승계에 관한 규정은 없고, 양도나 합병 등의 경우에 있어 제재처분인 업무정지처분의 효과의 승계에 관한 근거를 두고 있을 뿐[13] 제재처분 사유의 승계에 관해서는 별다른 규정을

---

11) 그 밖에 제재처분 사유의 승계를 규정한 입법례로 「건설산업기본법」 제85조의2(폐업신고 후 재등록), 「계량에 관한 법률」 제12조(폐업신고 후 재등록·신고), 「골재채취법」 제17조의2(폐업 후 재등록), 「직업안정법」 제36조의2(폐업신고 후 다시 신고·등록을 하거나 허가를 받은 경우), 「해양조사와 해양정보 활용에 관한 법률」 제37조(폐업 후 재등록), 「행정사법」 제33조(폐업 후 재신고)가 있다.

12) 제7조(시정조치) ② 공정거래위원회는 남용행위를 한 회사인 시장지배적사업자가 합병으로 소멸한 경우에는 해당 회사가 한 남용행위를 합병 후 존속하거나 합병에 따라 설립된 회사가 한 행위로 보아 제1항의 시정조치를 명할 수 있다.
③ 공정거래위원회는 남용행위를 한 회사인 시장지배적사업자가 분할되거나 분할합병된 경우에는 분할되는 시장지배적사업자의 분할일 또는 분할합병일 이전의 남용행위를 다음 각 호의 어느 하나에 해당하는 회사의 행위로 보고 제1항의 시정조치를 명할 수 있다.
1. 분할되는 회사
2. 분할 또는 분할합병으로 설립되는 새로운 회사
3. 분할되는 회사의 일부가 다른 회사에 합병된 후 그 다른 회사가 존속하는 경우 그 다른 회사
④ 공정거래위원회는 남용행위를 한 회사인 시장지배적사업자가 「채무자 회생 및 파산에 관한 법률」 제215조에 따라 새로운 회사를 설립하는 경우에는 기존 회사 또는 새로운 회사 중 어느 하나의 행위로 보고 제1항의 시정조치를 명할 수 있다.
제14조(시정조치 등) ④ 합병, 분할, 분할합병 또는 새로운 회사의 설립 등에 따른 제1항 각 호의 시정조치에 관하여는 제7조제2항부터 제4항까지의 규정을 준용한다. 이 경우 "시장지배적사업자"는 "사업자"로 본다.

13) 국민건강보험법 제98조(업무정지) ③ 제1항에 따른 업무정지 처분의 효과는 그 처분이 확정된 요양기관을 양수한 자 또는 합병 후 존속하는 법인이나 합병으로 설립되는 법인에 승계되고, 업무정지 처분의 절차가 진행 중인 때에는 양수인 또는 합병 후 존속하는 법인이나 합병으로 설립되는 법인에 대하여 그 절차를 계속 진행할 수 있다. 다만, 양수인 또는 합병 후 존속하는 법인이나 합병으로 설립되는 법인이 그 처분 또는 위반사실을 알지 못하였음을 증명하는 경우에는 그러하지 아니하다.
④ 제1항에 따른 업무정지 처분을 받았거나 업무정지 처분의 절차가 진행 중인 자는 행정처분을 받은 사실 또는 행정처분절차가 진행 중인 사실을 보건복지부령으로 정하는 바에 따라 양수인 또는 합병 후 존속하는 법인이나 합병으로 설립되는 법인에 지체 없이 알려야 한다.
의료급여법 제28조(의료급여기관의 업무정지 등) ⑥ 제1항에 따른 업무정지처분의 효과는 그 처분이 확정된 의료급여기관을 양수한 자 또는 합병 후 존속하는 법인이나 합병으로 설립된 법인에 승계되고, 업무정지처분의 절차가 진행 중인 때에는 양수인 또는 합병 후 존속하는 법인이나 합병으로 설립되는 법인에 대하여 그 절차를 계속 진행할 수 있다. 다만, 양수인 또는 합병 후 존속하는 법인이나 합병으로 설립되는 법인이 그 처분 또는 위반사실을 알지 못하였음을 증명하는 경우에는 그러하지 아니하다.
⑦ 제1항에 따른 업무정지처분을 받았거나 업무정지처분 절차가 진행 중인 자는 행정처분을 받은 사실 또는 행정처분 절차가 진행 중인 사실을 보건복지부령으로 정하는 바에 따라 양수인 또는 합병 후 존속하는 법인이나 합병으로 설립된 법인에 지체 없이 알려야 한다.

두고 있지 않다.

II. 판례의 이해

대상판결은 제재처분 사유의 승계에 관한 기존 판례의 연장선상에 있지만, 제재처분 사유가 승계되지 않는다고 다른 결론을 도출한 점이 다르다. 먼저 제재처분 사유의 승계에 관한 기존 판례의 전체적인 흐름을 점검한 다음, 대상판결과 관련판결의 심급별 판단을 살펴보기로 한다.

1. 제재처분 사유의 승계에 관한 기존 판례

판례는 영업자 지위의 승계 규정이 존재하므로 제재처분 사유가 승계된다고 보거나 제재처분의 법적 성격이 대물적 처분이라는 점을 들어 제재처분 사유의 승계를 긍정하고 있다.

(1) 영업자 지위의 승계를 근거로 승계를 긍정하는 사례

영업자 지위의 승계 규정을 근거로 한 대표적인 판례로 대법원 1998. 6. 26. 선고 96누18960 판결이 있다. 동 판결은 개인택시운송사업의 양도·양수가 있고 그에 대한 인가가 있은 후에 그 양도·양수 이전에 양도인이 음주운전 등으로 자동차운전면허가 취소되었음을 이유로 양수인의 운송사업면허를 취소한 처분을 다투는 원고(양수인)에 대해, 구「자동차운수사업법」(1997. 12. 13. 법률 제5448호 여객자동차운수사업법으로 전면 개정되기 전의 것) "제28조제4항[14]에 따라 자동차운송사업을 양수한 양수인은 그 운송사업면허에 기인한 권리의무를 모두 승계하기 때문에" 양도인에 대한 제재처분(운송사업면허취소처분) 사유는 양수인에게 승계된다고 보았다.[15] 「여객자동차운수사업법」 분법 제정 이후에도 대법원은

---

14) 제28조 (사업의 양도, 양수와 법인의 합병) ①자동차운송사업의 양도와 양수는 교통부장관의 인가를 얻어야 한다. 이 경우 교통부장관은 대통령령이 정하는 특정한 자동차운송사업의 양도·양수를 일정기간에 한하여 제한할 수 있다.
　④ 자동차운송사업의 양도·양수 또는 자동차운송사업자인 법인의 합병이 있을 때에 양수인과 합병 후 존속하는 법인 또는 합병에 의하여 설립되는 법인은 면허 또는 등록에 기인한 권리의무를 승계한다.
15) 이러한 판례에 대해서는 양도인에게 발생한 제재사유의 승계로 볼 것이 아니라, 양도인의 운송사업면허 지위에 운송사업면허 취소사유가 있어 흠이 있고 이러한 지위를 양수인이 승계하였기 때문으로 이론구성해야 한다는 견해가 있다. 김연태, "공법상 지위 승계와 제재사유 승계에 관한 판례의 분석·비판적

2010. 4. 8. 선고 2009두17018 판결에서 2008. 1. 9. 개인택시운송사업 면허 양도·양수인가 이전에 있었던 양도인의 음주운전으로[16] 2008. 1. 21. 양도인의 자동차운전면허가 취소되자 2008. 4. 8. 양도인의 개인택시운송사업면허 취소사유를 들어 양수인의 개인택시운송사업면허를 취소한 사안에서 마찬가지로 "운송사업의 양도·양수 당시에는 운송사업면허 취소사유, 즉 소외인의 운전면허 취소사실이 현실적으로 발생하지 않았더라도 그 원인이 되는 소외인의 음주운전 사실이 존재하였던 이상 원고는 그러한 소외인의 이 사건 운송사업면허상의 지위를 그대로 승계한 것이고, 그 후 소외인의 운전면허가 취소되었다면 피고는 원고에 대하여 이 사건 운송사업면허를 취소할 수 있다"고 하여 동일한 결론을 도출하고 있다.[17][18]

참고로, 헌법재판소는 화물자동차운송사업을 양수한 자가 양도인의 운송사업자로서의 지위를 승계한다고 규정한 구 「화물자동차 운수사업법」(1997. 8. 30. 법률 제5408호로 제정되고, 2008. 3. 21. 법률 제8979호로 개정되기 전의 것) 규정을 다툰 위헌소원청구를 헌법재판소 2019. 9. 26. 선고 2017헌바397 등 결정에서 기각하면서, "심판대상조항은 양수인이 양도인의 운송업자로서의 지위를 승계한다고 규정하고 있는데, 여기서 '운송업자로서의 지위'란 그 문언의 내용이나 화물자동차 운송사업 허가처분의 성격에 비추어 볼 때 운송사업 허가에 기인한 공법상 권리와 의무를 말하는 것으로, 양수인은 양도인의 수허가자로서의 공법상 권리와 의무를 승계하고 이에 따라 양도인의 의무위반행위에 따른 위법상태도 그대로 승계"되고, "심판대상조항의 취지, 특히 양도인이 사업을 양도하는 방법으로 제재처분을 면탈하는 것을 방지하고자 하는 입법목적을 고려하면, 양도인의 의무위반으로 발생한 제재적 처분사유는 양수인의 선의·악의를 불문하고 양수인에게 모두 승계되는" 것으로 해석할 수 있다고 보아 대법원과 비슷한 입장을 취한 바 있다.

고찰", 『고려법학』 제95호, 2019, 18-20면 참조.

16) 양도인은 음주운전으로 자동차 운전면허가 취소될 상황이었음을 양수인에게는 물론 인가신청 과정에서 밝히지 않았다.

17) 흠 있는 지위의 승계로 이론 구성하는 입장에서는 2009두17108 판결의 경우 양도인의 운전면허가 아직 취소되지 않아 운송사업면허의 취소사유는 존재하지 않았기 때문에 양도인의 운송사업면허에 흠이 있는 것으로 볼 수는 없고, 관련 규정에서 양도인에게 운전면허 취소사유가 있는 때에는 양도·양수 인가를 제한하도록 한 규정이 있기 때문에 같은 결론에 도달하게 된다. 김연태, 위의 글, 20면 참조.

18) 이들 판례의 입장은 부정한 방법으로 양도인이 자신의 사업 양수 당시 부정한 방법으로 인가를 받았음을 이유로 양수인의 개인택시운송사업면허를 취소할 수 있다는 판결(대법원 2010. 11. 11. 선고 2009두14934 판결), 종전 사업시행자가 농업인 등이 아닌데도 부정한 방법으로 관광농원 개발사업 승인을 받은 경우 지위 승계 규정이 없고 변경승인 과정에서 새로운 심사를 거쳤으므로 변경된 사업시행자에 대해 사업계획 변경승인을 취소할 수 없다는 판결(대법원 2018. 4. 24. 선고 2017두73310 판결) 등에서 인용되고 있다.

(2) 제재처분의 법적 성격이 물적 처분임을 들어 승계를 긍정한 사례

제재처분이 물적 처분이라는 점을 들어 제재처분 사유의 승계를 긍정한 것으로는 대법원 2001. 6. 29. 선고 2001두1611 판결이 있다. 동 판결은 양도인이 이용원 내에 콘돔을 보관하다가 적발된 후 이용원을 매수하여 같은 장소에서 새로운 상호로 영업을 하고 있는[19] 양수인에 대해 서초구청장이 양도인이 윤락행위에 사용할 수 있는 기구를 보관한 것을 이유로 영업정지 2개월에 처한 것을 양수인이 다툰 것이다. 원심은 구 「공중위생관리법」 (1999. 2. 8. 법률 제5839호로 제정되고, 2000. 1. 12. 법률 제6155호로 개정되기 전의 것)에는 영업자 지위의 승계 규정이 없다는 점을 들어 처분이 위법하다고 보았으나, 대법원은 "일정한 경우 하나의 위반행위에 대하여 영업소에 대한 영업정지 또는 영업장폐쇄명령을, 이용사 (업주)에 대한 업무정지 또는 면허취소 처분을 동시에 할 수 있다고 규정하고 있는 점 등을 고려하여 볼 때 영업정지나 영업장폐쇄명령 모두 대물적 처분"이고, "양수인이 그 양수 후 행정청에 새로운 영업소개설통보를 하였다 하더라도, 그로 인하여 영업양도·양수로 영업소에 관한 권리의무가 양수인에게 이전하는 법률효과까지 부정되는 것은 아니"라고 보아 "관할 행정청은 그 영업이 양도·양수되었다 하더라도 그 업소의 양수인에 대하여 영업정지처분을 할 수 있다"고 보았다.

(3) 양자를 모두 고려한 사례

제재처분의 법적 성격과 영업자 지위의 승계 규정을 함께 고려한 것으로 대법원 2003. 10. 23. 선고 2003두8005 판결이 있다. 동 판결은 석유판매업자의 지위를 승계한 자에 대해 종전의 석유판매업자가 유사석유제품을 판매한 위법행위를 하였다는 이유로 사업정지 등 제재처분을 할 수 있는지가 문제된 것인데, 대법원은 「석유사업법」 관련 규정에 비추어 석유판매업 등록은 원칙적으로 대물적 허가의 성격을 가지고, 석유판매업자가 유사석유제품 판매금지를 위반하여 받게 되는 사업정지 등의 제재처분은 "사업자 개인의 자격에 대한 제재가 아니라 사업의 전부나 일부에 대한 것으로서 대물적 처분의 성격을 갖고 있으므로, 위와 같은 지위승계에는 종전 석유판매업자가 유사석유제품을 판매함으로써 받게 되는 사업정지 등 제재처분의 승계가 포함되어 그 지위를 승계한 자에 대하여 사업정지 등의 제재처분을 취할 수 있다"고 보았다.[20][21]

---

19) 공중위생영업소 개설 시 신고제가 「공중위생관리법」에 규정되기 전의 사안이다.
20) 이 판결에 대해서는 어떤 대상의 물적 성격을 근거로 하명을 하는 것은 경찰책임, 특히 상태책임을 추궁하는 경우에나 제한적으로 고려해 볼 수 있는 것이지 책임주의를 전제로 하는 행정제재에서 명문 규

한편, 양자를 함께 고려하였지만 영업자 지위의 승계 규정에 따라 제재처분 사유의 승계를 전제로 하면서도 제재처분의 법적 성격이 "대인적" 처분임을 들어 결론적으로 승계를 부정한 판결도 있다. 대법원 2021. 7. 29. 선고 2018두55968 판결은 부정한 방법으로 화물자동차운송사업 변경허가(증차)를 받아 유가보조금 부정수급에 이용되고 있는 화물자동차의 차량 번호판과 그 영업권을 양수받은 자에 대해 경주시장이 한 유가보조금 환수처분을 다툰 것인데, 대법원은 위 헌법재판소 2019. 9. 26. 선고 2017헌바397 등 결정을 인용하면서 불법증차를 실행한 운송사업자로부터 운송사업자의 지위를 승계한 경우에는 양수인이 선의라 하더라도 양수인은 불법증차 차량이라는 물적 자산과 그에 대한 운송사업자로서의 책임까지 포괄적으로 승계한다고 보았다. 다만, "유가보조금 반환명령은 운송사업자등이 유가보조금을 지급받을 요건을 충족하지 못함에도 유가보조금을 청구하여 부정수급하는 행위를 처분사유로 하는 '대인적 처분'으로서, '운송사업자'가 불법증차 차량이라는 물적 자산을 보유하고 있음을 이유로 한 운송사업 허가취소 등의 '대물적 제재처분'과는 구별"된다고 설시하면서 지위승계 전에 발생한 유가보조금 부정수급액에 대해서는 양수인에게 반환명령을 할 수 없다고 판시하였다.[22]

2. 대상판결과 관련판결의 태도

앞서 살펴본 바와 같이 구 국민건강보험법과 구 의료급여법에는 영업자 지위의 승계나 제재처분 사유의 승계에 관한 근거 규정이 없고, 양수인 등에 대한 제재처분 효과의 승계만이 규정되어 있다. 따라서 대상판결과 관련판결도 업무정지처분 사유의 승계 여부를 판단함에 있어 대상 제재처분의 법적 성격이 대물적 처분인지 대인적 처분인지를 중심으로 논의하고 있다.

정도 없이 가능하다고 볼 것이 아니라는 비판이 있다. 이승민, "제재처분 승계에 관한 일고(一考)",『성균관법학』제35권 제1호, 2023, 274-275면 참조.

21) 「국토의 계획 및 이용에 관한 법률」에 따른 개발행위허가를 받은 자가 사망한 경우 상속인에 대해 개발행위허가기간의 만료에 따른 원상회복명령을 할 수 있다는 판결(대법원 2014. 7. 24. 선고 2013도 10605 판결), 구 「산림법」상 채석허가를 받은 자가 사망한 경우 동 수허가자의 상속인에 대해 수허가자의 무단형질변경에 대한 복구명령을 할 수 있다는 판결(대법원 2005. 8. 19. 선고 2003두9817, 9824 판결)은 근거 법령에서 법에 의하여 행한 처분 등이 승계인에게도 효력을 미치도록 규정하고 있고, 개발행위허가나 채석허가가 대물적 허가의 성질을 아울러 가지고 있는 점 등을 고려하고 있다.

22) 이 판결에 대해서는 유가보조금 반환명령의 성질을 대인적 처분으로 설명하기보다는 부당이득환수적 성질 또는 복구적 성질의 처분이라고 하는 것이 더 정확하다는 평석이 있다. 이승민, 앞의 글, 277면 참조.

(1) 관련판결

대상판결은 관련판결을 인용하여 논지를 전개하고 있으므로 관련판결을 먼저 살펴보기로 한다. 사실관계를 보면, 원고(의사)가 서울 용산구에서 다른 의사와 함께 개설·운영하던 A이비인후과의원은 2011. 5.부터 2011. 9.까지 요양급여비용을 부당청구하였다. A의원이 2014. 5. 폐업한 이후 원고 단독으로 2014. 7. 세종시에서 B이비인후과의원을 개설하여 운영하고 있는데, 보건복지부장관이 A의원에서의 부당청구를 이유로 B의원에 대해 10일간의 업무정지처분을 한 사안이다.

제1심법원[23]은 구 국민건강보험법의 제재처분 효과 승계 규정(제85조제3항) 및 업무정지처분과 관련한 요양기관 제외 규정(제40조제1항)은 '요양기관'과 '의료기관 등'을 대상으로 하고 있고, 제85조제3항은 제재사유의 승계를 인정하고 있으며,[24] 진료비 등 거짓 청구에 관해 의료인 개인에 대해 면허자격 정지라는 제재수단이 별도로 존재한다는 점[25]에 비추어 볼 때 요양기관 업무정지처분은 의료인 개인의 자격에 대한 제재가 아니라 요양기관의 영업 자체에 대한 것으로 대물적 처분의 성격을 가진다고 보았다. 따라서 폐업이 형식적인 것에 불과하여 폐업한 요양기관과 새로 개설된 요양기관이 실질적으로 동일한 경우가 아니라면 폐업한 요양기관에 대한 사유로 새로 개설된 요양기관에 업무정지처분을 할 수 없다고 결론지었다.

원심법원[26]은 "침익적 행정행위의 근거가 되는 행정법규는 엄격하게 해석·적용하여야 하고, 입법 취지와 목적 등을 고려한 목적론적 해석이 전적으로 배제되는 것이 아니라고 하더라도 그 해석이 문언의 통상적인 의미를 벗어나서는 아니"라고 전제한 후에, 제1심법원과 같은 이유로 요양기관 업무정지처분은 대물적 처분이고 대표자가 그 효력에 기속되는 것은 행정처분이 당연한 효력일 뿐이며 제재의 실효성은 의료인 개인에 대한 제재수단이 별도로 존재하므로 상당부분 충족되며 이를 초과하는 부분은 입법으로 해결함이 타당하고, 요양기관의 대표자가 실제 위반행위자가 아닌 경우까지 제한 없이 새로 개설한 요양

---

23) 서울행정법원 2018. 4. 19. 선고 2017구합75958 판결.
24) 다만, 제85조 제3항은 제재처분 효과의 승계 및 절차의 승계에 관한 것으로, 제재처분 사유의 승계를 규정한 것으로 해석하기 어렵다고 보인다.
25) 「의료법」 제66조(자격정지 등) ①보건복지부장관은 의료인이 다음 각 호의 어느 하나에 해당하면 1년의 범위에서 면허자격을 정지시킬 수 있다. 이 경우 의료기술과 관련한 판단이 필요한 사항에 관하여는 관계 전문가의 의견을 들어 결정할 수 있다.
   7. 관련 서류를 위조·변조하거나 속임수 등 부정한 방법으로 진료비를 거짓 청구한 때
26) 서울고등법원 2020. 5. 14. 선고 2018누46805 판결.

기관에 대하여 영업정지를 할 수 있다고 볼 경우 요양기관 대표자의 책임이 지나치게 확대된다고 보면서 제1심법원과 같은 결론에 도달하였다.

대법원도 요양기관 업무정지처분은 대물적 처분이라는 판단을 반복하면서, 의료인 개인에 대한 제재수단이 별도로 존재하므로 '요양기관'을 확장해석할 필요가 없다는 점을 들어 최종적으로 제재처분 사유의 승계를 부정하였다.

(2) 대상판결

제1심법원과 원심은 관련 규정의 문언과 체계 등을 종합할 때 요양기관 업무정지처분은 요양기관을 대상으로 하는 대물적 처분의 성격이 있음을 긍정하면서도, 구 의료법에 따르면 의사 등 면허를 받은 자만이 의료기관을 개설할 수 있고 원칙적으로 의료인이 둘 이상의 의료기관을 개설·운영하는 것이 금지되며 대외적 법률관계의 주체는 법인격이 있는 개설자로 항고소송의 원고적격도 개설자에게 있고, 업무정지처분의 효력이 개설자에게 전혀 미치지 않는다고 보기 어려우며 만일 책임을 물을 수 없다고 한다면 탈법행위를 용인하고 제재효과가 상실되는 결과가 초래되어 부당한 점 등을 종합하여 볼 때 업무정지처분은 "대인적 처분의 성격도 아울러 가지는 것"이므로 "위법한 조사거부를 한 요양기관 및 의료급여기관의 개설자가 새로 개설한 요양기관 및 의료급여기관에 대하여도 업무정지처분을 할 수 있다"고 보았다.[27)]

---

27) 제1심법원은 이 판단에 있어 대법원 2012. 6. 28. 선고 2010두27516 판결의 취지를 참조하고 있다. 동 판결은 원고가 B와 고양시에 공동개설하여 운영하던 C재활의학과병원에서 2007. 4. 1.부터 2007. 5. 3. 까지 속임수 기타 부당한 방법으로 요양급여비용 및 의료급여비용을 청구하여 지급받았음을 이유로 원고가 2007. 5. 30. B와의 동업계약을 해지하고 C병원을 퇴직한 후 부천시에서 운영하고 있는 D병원에 대해 보건복지부장관이 한 요양기관 업무정지기간 및 의료급여기관 업무정지기간에 각각 갈음하는 과징금 부과처분을 원고가 다툰 사안에 관한 것이다. 원심(서울고등법원 2010. 11. 18. 선고 2010누20975 판결)은 보건복지부장관이 B에 대한 업무정지처분과 함께 원고에게 과징금부과처분을 한 것은 대물적 처분의 성격으로 인하여 처분대상 요양기관인 C병원에 선택적으로 부과할 수밖에 없는 업무정지처분과 과징금부과처분을 동시에 한 것이어서 중복처분에 해당한다는 원고의 주장에 대해, 요양기관 또는 의료급여기관 업무정지처분 또는 이에 갈음하는 과징금부과처분은 "요양기관 및 의료급여기관 자체에 대하여 행하여지는 것이기는 하지만, 그 효력은 당연히 위반행위를 한 요양기관 및 의료급여기관을 운영하기 위해 의료기관 개설신고를 한 단독개설자나 공동개설자에게도 미친다고 할 것이므로, 위와 같은 업무정지처분 또는 이에 갈음하는 과징금부과처분의 상대방 역시 단독개설자나 공동개설자가 된다고 할 것"이므로, 원고가 C병원을 그만두고 새로운 의료기관을 개설했다고 하더라도 C병원에서 이루어진 부당지급을 이유로 한 처분의 상대방에서 벗어났다고 볼 수 없어 중복처분에 해당하지 않는다고 보았다. 대법원도 "관계법령의 내용, 형식 및 취지 등에 비추어 보면, 수인이 공동으로 요양기관 또는 의료급여기관을 개설하여 운영하다가 부당급여청구를 한 후 공동개설자 중 1인이 동업계약을 해지하고 탈퇴한 경우에는 그 탈퇴한 공동개설자가 새로 개설한 요양기관 또는 의료급여기관에 대하여도 업무정지처분에 갈음하여

반면, 대법원은 앞서 살펴본 바와 같이 관련판결을 인용하면서 원심이 업무정지처분의 법적 성격 및 처분대상 등에 관한 법리를 오해하여 판결에 영향을 미친 잘못이 있다는 원고(상고인)의 주장을 수긍하고 새로 개설한 요양기관에 대한 업무정지처분은 위법하다고 보았다.

참고로, 파기환송법원[28]은 종전병원과 이 사건 병원이 실질적으로 동일한 기관이므로 종전병원에 대한 처분 사유로 이 사건 병원에 처분을 할 수 있다는 보건복지부장관의 주장에 대해, 개설 장소가 다르고 폐업 시점에서 상당기간(5개월)이 경과하였으며 물적 동일성을 나타내는 시설규모나 장비 등이 그대로 유지되어 있는지 여부가 불분명하다는 점을 들어 배척하고, 제재의 실효성도 폐업 후 새롭게 개설한 기관에 대한 요양기관 제외처분이나 의료급여기관 제외처분으로 달성할 수 있다고 보아 최종적으로 업무정지처분을 취소하였다.

3. 소결

대법원은 제재처분 사유의 승계 여부를 판단함에 있어 영업자 지위가 승계되므로 제재처분 사유도 승계된다고 보거나 대상 제재처분의 법적 성격이 대물적 처분이므로 처분 사유도 승계된다고 보고 있다. 대상판결은 영업자 지위의 승계 관련 규정이 없는 폐업 후 의료기관 신규 개설 사안에서 관련판결과 마찬가지로 대물적 처분을 이유로 제재처분인 업무정지명령 사유의 승계를 긍정하였는데, 업무정지처분의 법적 성격을 둘러싸고 대물적 처분이라는 대법원과 대인적 처분의 성격도 가지는 혼합적 처분이라는 제1심법원 및 원심 간에 해석이 엇갈리고 있다. 이하에서는 제재처분 사유의 승계에 관한 학설의 논의를 살펴보고, 대상판결에서 판례가 취한 입장을 검토해보기로 한다.

Ⅲ. 법리의 검토

1. 학설의 현황

학설은 대체로 제재처분 사유의 승계를 부정하는 입장으로 보인다.[29] 논거로서는 법률

과징금을 부과·징수할 수 있다고 봄이 상당하다"고 판시하여 중복처분임을 부정하였다.
28) 서울고등법원 2022. 10. 20. 선고 2022누41562 판결.
29) 학설은 대체로 제재처분 사유의 승계와 제재처분 효과의 승계를 나누어보지 않고 있다. 한국공법학회,

에 따른 추상적인 의무만 위반한 상태에서는 아직 행정청에 의한 구체적인 의무부과의 가능성만 존재하는 상태이기 때문에 승계의 대상이 될 수 없다거나,[30] 영업정지 또는 영업취소 등의 제재적 행정처분은 일신전속적 의무를 부과하기 때문에 승계의 대상이 될 수 없다거나,[31] 위법행위로 인한 제재사유는 항상 인적 사유이고, 경찰책임 중 행위책임의 문제이므로 제재사유가 승계되지 않는다는[32] 등이 제시되고 있다.

반면, 제재사유가 설비 등 물적 사정에 관련되는 경우에는 사유가 승계되지만 양도인의 자격상실이나 부정영업 등 인적 사유인 때에는 원칙적으로 승계되지 않는다거나,[33] 제재사유의 승계를 인정하는 명문의 규정이 있다면 그에 따르되 없는 경우에는 대인적 사유인 경우 제재 회피를 위해 공모한 사정이 없는 한 승계를 부정하고 대물적 사유라면 양수인의 선의 입증을 전제로 책임 승계를 부정할 수 있다고[34] 보아 법적 성격에 따라 판단을 달리하는 입장도 있다.

더 나아가 행정법상 의무강제를 위한 제재수단을 무력화시키는 불합리한 결과를 막을 필요성이 있으므로 제재처분 사유는 승계되어야 한다는 견해[35]나 양도인의 고의적인 행정제재처분 면탈을 막을 필요성 및 행정처분 사유에 대인적인 것과 대물적인 것이 혼합되어 있거나 명확히 구분하기 어려운 경우도 있다는 점을 고려하여 승계를 긍정하되 현실적으로는 명문의 규정이 필요하다는 견해[36]와 같이 승계를 긍정하는 입장도 제시되고 있다.

또한, 독일의 공의무 승계에 관한 논의를 연결하는 학자도 있다.[37] 공의무의 승계는 공법상의 의무 가운데 어떠한 의무가 어떠한 요건하에 승계될 수 있는지에 관한 논의로, 처분을 통하여 공의무가 구체화되었다면 제재처분 효과의 승계 문제와 연결되고, 추상적 상태에서의 공의무 승계 문제는 제재처분 사유의 승계 문제로 연결된다.

앞의 글, 95면 참조.

30) 김남진/김연태, 『행정법 I』, 제26판, 2022, 108-109면; 김중권, 『행정법』, 제4판, 2021, 130-131면; 정하중·김광수, 『행정법개론』, 제16판, 2022, 80면; 홍정선, 『행정법특강』, 제16판, 2017, 928-931면 참조.

31) 이현수, "프랑스의 행정제재법리와 그 시사점", 『세계헌법연구』 제25권 제1호, 2019, 164-167면 등 참조.

32) 박균성, 『행정법강의』, 제19판, 2022, 252-253면 참조.

33) 하명호, 『행정법』, 제2판, 2020, 60-61면 참조.

34) 김유환, 『현대행정법』, 제7판, 2022, 73-74면 참조.

35) 유상현, "수익적 행정행위의 철회의 제한", 『고시계』 제494호, 1998, 90-92면 참조.

36) 김향기, "행정제재처분의 승계", 『토지공법연구』 제33권, 2006, 163면 참조.

37) 경찰책임의 승계에 관한 논의도 있는데, 제재처분은 원칙적으로 경찰작용에 해당하지 않는다. 다만, 공공질서에 대한 장애를 예방하기 위한 수단으로 행해지는 제재처분은 경찰작용의 성질도 아울러 가질 수 있어 경찰책임의 승계 논의가 법리구성에 영향을 줄 수 있다고 한다. 한국공법학회, 앞의 글, 102면 참조.

공의무의 승계가 인정되기 위해서는 승계적성과 승계요건이라는 두 가지 요건이 충족되어야 한다고 한다.[38] 첫째로 승계적성(承繼適性)은 법적 지위가 법적 주체들 간에 이전될 수 있기 위한 속성으로 승계가능성을 의미하는데, 일신전속적 의무는 승계될 수 없고, 대체가능한 의무는 승계될 수 있다는 것이 다수설이다.[39][40] 이때 의무의 일신전속성은 의무의 존속이나 수행에 당사자의 인적 성격 내지 능력이 본질적이어서 타인에의 이전이 배제되는 것으로 판단되는 것을 의미하는데, 공의무의 승계에 관해 대부분의 교과서는 제재처분에 따른 의무가 일신전속적인 것인지 서술하고 있지 않으나, 영업정지 또는 영업취소 등의 제재적 행정처분의 일신전속성을 긍정하거나[41] 제재규범과 관련한 의무는 전형적으로 일신전속적인 것이라고 보아[42] 승계 대상성을 부정하는 견해가 제시되고 있다. 둘째로 승계요건(承繼要件)의 문제가 있는데, 이는 공의무의 승계를 인정하는 법적 근거가 필요한지, 어느 정도의 근거가 필요한지에 대한 것으로, 이에 대해서는 여러 가지 견해가 대립하고 있다.[43]

2. 비판적 검토

대상판결과 관련판결은 폐업 후 의료기관 신규 개설 시 업무정지처분 사유의 승계 여부에 대하여 대법원 판례에 따라 제재처분인 업무정지처분이 대물적 처분에 해당한다고 보아 승계를 긍정하고 있다. 그러나 업무정지처분 사유가 폐업 전 의료기관의 요양급여비용의 부당청구였던 관련판결에서 제1심법원, 원심법원 및 대법원이 모두 대물적 처분성을 긍정한 것에 비하여, 폐업 전 의료기관에서의 위법한 조사거부를 업무정지처분 사유로 한 대상판결에서는 제1심법원 및 원심법원과 대법원이 업무정지처분의 법적 성격에 대한 판단

---

[38] 이현수, "영업양도와 제재처분상의 지위승계", 『행정판례연구』 제10권, 2005, 12면; 김연태, 앞의 글, 12면 참조.

[39] 류지태/박종수, 『행정법신론』, 제18판, 2021, 147면; 홍정선, 『행정법원론(상)』, 제27판, 2019, 191면; 정하중/김광수, 앞의 책, 80면; 김중권, 앞의 책, 129면; 하명호, 앞의 책, 59면 등 참조.

[40] 다만, 승계가능성의 판단은 일신전속성 여부와 관계없이 지위의 귀속을 변경하는 법규정이 있을 때에만 가능하다고 보는 견해도 있다. 김연태, 앞의 글, 12면 참조.

[41] 정하중, "최근 행정판례에 있어서 몇 가지 쟁점에 관한 소고", 『행정법학』 제6호, 2014, 19면 참조

[42] 이현수, 앞의 글, 18-19면 참조.

[43] 개별 법령에 따르되 영업양도, 상속 등의 경우 사유 발생만으로 승계요건이 충족된 것으로 본다는 견해로 홍정선, 앞의 책, 191면; 포괄승계와 특정승계 모두 공법상 명문 규정이 필요하다는 견해로 김중권, 앞의 글, 313면 등; 포괄승계의 경우에는 민법상 포괄승계 규정을 유추적용할 수 있다는 견해로 김연태, 앞의 글, 23-24면; 정하중, "경찰법상의 책임", 『공법연구』 제25권 제3호, 1997, 136면이 있다.

이 엇갈렸다는 점에 주목할 필요가 있다고 보인다.

대상판결의 하급심은 업무정지처분이 대인적 처분의 성격도 아울러 가진다는 결론을 도출하기 위해 ① 의사 등 면허가 있는 자만이 의료기관을 개설할 수 있고 ② 의료인은 둘 이상의 의료기관을 개설·운영할 수 없으며 ③ 대외적 법률관계의 주체가 법인격을 가지는 개설자로서 항고소송의 원고적격도 개설자에게 있다는 점 등을 들고 있는데, 이것은 대상판결과 관련판결에서 달리 적용되는 사항이 아니기 때문에 본질적인 차이를 발생시키는 요인으로 볼 수 없다. 결국 하급심이 업무정지처분의 혼합적 성격을 인정하고 제재처분 사유의 승계를 긍정하게 된 주요한 요인은 탈법행위를 용인하고 제재효과를 상실하는 결과를 초래할 수 없다는 제재의 실효성 확보의 현실적 이유를 고려한 데 있다고 보이는데, 이는 역설적으로 법원의 대물적 처분성에 대한 판단에 명확성이 미흡한 부분이 있다는 점을 드러내고 있는 것으로 생각된다. 대상판결의 제1심법원이 인용한 대법원 2012. 6. 28. 선고 2010두27516 판결에서 동업계약을 해지한 후 신규 개설한 병원에 업무정지처분 또는 이에 갈음하는 과징금 부과처분의 효력이 미친다고 판단한 것도 이러한 측면을 보여주고 있다.[44]

이러한 관점에서 제재처분 사유의 승계와 관련하여 대법원이 기준으로 삼고 있는 대물적 처분성과 대인적 처분성이 오히려 혼란을 유발하는 요인이 될 수 있고, 법 위반행위가 있었던 의료기관을 양수한 자는 처분 사유가 승계되어 업무정지처분을 받게 되는 반면, 법 위반행위를 한 개설자 본인이 해당 의료기관을 폐업하고 다른 의료기관을 개설한 경우에는 처분 사유가 승계되지 않고 업무정지처분에서 벗어나는 불합리한 결과가 발생한다는 점에서 대물적 제재처분이라는 관념을 활용하는 판례의 태도에 문제가 있다는 지적은 타당한 것으로 보인다.[45][46]

또한, 공의무의 승계 판단의 관점에서 대물성은 상대적인 개념이므로 지위 승계에 관한 명문의 규정이 없는 경우에 제재처분 승계의 전제로 삼기에 타당하지 않고, 업무정지의 경우 구체화된 처분이 없으므로 대체가능성이 없으며 현지조사의 거부와 같은 사유는 대인적 측면이 더욱 중요하다는 점에서 대물적 처분이라고 본 판례의 판단은 과도하다는 평석도 동일한 결론에 이르고 있다.[47]

---

44) 동 판결의 사실관계 및 판시에 대해서는 각주 27 참조.
45) 이승민, 앞의 글, 278면 참조.
46) 덧붙여, 대상판결의 파기환송법원에서 종전병원과 이 사건 병원의 동일성을 기준으로 삼아 판단하고 있는데, 이 부분도 추가적인 검토가 필요할 것으로 보인다.
47) 김재선, 한국행정판례연구회 제385차 월례발표회 발표문, 23-24면 참조.

Ⅳ. 요약과 결론

이상의 설명은 다음과 같이 정리할 수 있다.

1. 대상판결은 폐업 전에 있었던 위법한 조사거부를 이유로 한 업무정지처분을 종전병원의 개설자가 새로 개설한 이 사건 병원에 할 수 없다고 판시하면서, 요양기관 업무정지처분은 요양기관의 업무 자체에 대한 것이어서 대물적 처분의 성격을 가지기 때문이라고 보았다. 이는 제재처분 사유의 승계에 있어 영업자 지위의 승계 또는 대물적 처분성을 근거로 하는 대법원 판례의 입장을 따른 것이다.

2. 다만, 대상판결의 제1심법원이나 제1심법원이 인용하고 있는 대법원 판결에서 업무정지처분의 법적 성격을 판단함에 있어 대물적 처분 외에 대인적 처분도 아울러 판단한 데서 드러나듯이, 대물적 처분임을 이유로 행정상 제재처분 사유의 승계 여부를 판단하는 것은 불완전한 논리로 보인다. 학설도 일신전속성(승계적성에 관한 논의 포함) 또는 구체적 처분의 부존재를 이유로 승계를 부정하고 있다.

3. 따라서, 침익적 행정행위의 근거가 되는 행정법규를 엄격하게 해석·적용하는 판례의 태도는 타당하나 제재처분 사유의 일신전속성을 검토하는 등 일관성 있고 간명한 논리를 적용할 필요가 있다.

4. 다만, 법논리 외에 폐업을 통한 제재 회피의 문제를 해소할 필요가 있으므로, 적절한 입법 방안을 연구할 필요가 있다.

생각할 문제

1. 동업계약을 해지한 후 신규 개설한 병원에 업무정지처분 또는 이에 갈음하는 과징금 부과처분의 효력이 미친다고 본 판례의 태도는 어떻게 평가할 수 있는가?

2. 제재처분 사유의 승계에 대해 「행정기본법」상 원칙 규정을 마련할 필요가 있는가? 있다면 규정 형식은 어떻게 해야 할까?

3. 대상판결에서는 규정이 없어 논의에서 제외되고 있으나, 영업자 지위의 승계를 이유로 제재처분 사유의 승계를 긍정하는 판례의 태도는 타당한가?

대법원 2020. 8. 27. 선고 2019두60776 판결
[재량이 인정되는 불확정개념의 사법심사]

최 계 영*

[사실관계]

원고는 2017. 5. 17. 강원도지사로부터 태양광발전사업에 관한 전기사업허가를 받았다. 원고는 2017. 12. 8. 피고(양양군수)에게 강원 양양군 임야 8,126㎡와 임야 20,470㎡ 중 17,703㎡ 부분 합계 25,829㎡(이하 '이 사건 사업부지'라고 한다)에 태양광발전시설을 설치하기 위하여 국토의 계획 및 이용에 관한 법률(이하 '국토계획법'이라고 한다)에 따른 개발행위(토지형질변경)허가를 신청하였다. 피고는 2018. 6. 1. 원고에게 '이 사건 사업부지 대부분이 고속국도 65호선, 이도 203호선으로부터 100m 이내에 위치하여 구 양양군 개발행위허가 운영지침(2019. 1. 29. 예규 제216호로 개정되기 전의 것, 이하 같다) 제6조 제1항 제1호(이하 '이 사건 지침 조항'이라고 한다)에 저촉된다'는 이유로 거부처분을 하였다(이하 '이 사건 처분'이라고 한다).

이 사건 처분에 적용되는 관계 법령은 다음과 같다. 국토계획법 제58조 제1항 제4호, 제3항은 개발행위허가 신청 내용이 "주변지역의 토지이용실태 또는 토지이용계획, 건축물의 높이, 토지의 경사도, 수목의 상태, 물의 배수, 하천·호소·습지의 배수 등 주변 환경이나 경관과 조화를 이룰 것"이라는 기준에 맞는 경우에만 개발행위허가를 하여야 하고, 개발행위허가기준은 지역의 특성, 지역의 개발상황, 기반시설의 현황 등을 고려하여 대통령령으로 정한다고 규정하고 있다. 그 위임에 따른 구 국토의 계획 및 이용에 관한 법률 시행령 (2017. 12. 29. 대통령령 제28521호로 개정되기 전의 것, 이하 '구 국토계획법 시행령'이라고 한다) 제56조 제1항 [별표 1의2] '개발행위허가기준' 제1호 (라)목 (1), (2)는 "개발행위로 건축 또는 설치하는 건축물 또는 공작물이 주변의 자연경관 및 미관을 훼손하지 아니하고, 그 높이·형태 및 색채가 주변건축물과 조화를 이루어야 하며, 도시·군계획으로 경관계획이 수립되어 있는 경우에는 그에 적합할 것", "개발행위로 인하여 당해 지역 및 그 주변지역

---

* 서울대학교 법학전문대학원 교수

에 대기오염·수질오염·토질오염·소음·진동·분진 등에 의한 환경오염·생태계파괴·위해발생 등이 발생할 우려가 없을 것"을 규정하고, 제56조 제4항은 국토교통부장관은 제1항의 개발행위허가기준에 대한 세부적인 검토기준을 정할 수 있다고 규정하고 있다.

그에 따라 국토교통부장관이 정한 구 개발행위허가 운영지침(2018. 4. 18. 국토교통부훈령 제997호로 개정되기 전의 것, 이하 같다)은 허가권자가 국토계획법령에서 위임하거나 정한 범위 안에서 도시·군계획조례를 마련하거나 법령 및 이 지침에서 정한 범위 안에서 별도의 지침을 마련하여 개발행위허가제를 운영할 수 있고(1-2-2), 개발행위허가기준을 적용함에 있어 지역특성을 감안하여 지방도시계획위원회의 자문을 거쳐 높이·거리·배치·범위 등에 관한 구체적인 기준을 정할 수 있다[3-2-6(3)]고 규정하였다.

이에 따라 피고가 정한 구 양양군 개발행위허가 운영지침 중 이 사건 지침 조항은 발전시설의 세부허가기준으로 "왕복 2차로 이상의 포장된 도로로부터 100m 이내에 입지하지 아니할 것"을 규정하였다.

[사건의 경과]

원고는 이 사건 처분의 취소를 구하는 이 사건 소를 제기하였다. 원고는 이 사건 지침 조항이 상위법령에서 정한 위임의 한계를 벗어난 것이어서 무효라고 주장하였다. 피고는 소송절차에서 이 사건 사업부지에 태양광발전시설이 설치됨으로써 산림이 훼손되고, 주변 경관을 저해하며, 운전자의 눈부심 현상으로 교통 지장 등이 발생할 우려가 있으므로 이 사건 처분은 적법하다고 주장하였다.

제1심법원[1]은 원고의 청구를 기각하였다. 이유는 다음과 같다. 이 사건 지침 조항은 상위법령의 위임 한계를 벗어난 것이어서 대외적 구속력이 없지만, 이로 인해 당연히 위법하게 되는 것은 아니고 법규성이 있는 국토계획법 및 국토계획법 시행령 규정을 기준으로 이 사건 처분의 적법 여부를 판단하여야 한다. 국토계획법령에서 정한 개발행위허가기준에 따르면 개발행위허가를 받기 위해서는 주변 환경이나 경관과 조화를 이루어야 한다. 그런데 여러 사정에 비추어 보면, 이 사건 사업부지에 발전시설을 설치할 경우 그것이 주변 환경이나 경관과 조화를 이룬다고 보기 어렵고, 오히려 자연경관 및 미관을 훼손할 것으로 보이므로, 이 사건 처분은 재량권 범위 내에서 이루어진 적법한 처분이다. 이에 대해 원고가

---

1) 춘천지방법원 강릉지원 2018. 11. 22. 선고 2018구합30311 판결.

항소하였다.

원심법원[2]은 원고의 항소를 받아들여 이 사건 처분이 위법하므로 취소되어야 한다고 판단하였다. 이유는 다음과 같다. 이 사건 지침 조항은 대외적 구속력을 갖지 못하는데, 피고는 이 사건 처분을 할 때 이 사건 지침 조항에 저촉된다는 점만을 처분사유로 하였다. 산림이 훼손되고 주변 경관을 저해하며 교통지장이 초래될 것이므로 이 사건 처분이 적법하다는 취지의 주장은 피고가 제1심 또는 원심에서 추가한 처분사유이다. 그런데 이는 처분당시에 적시한 처분사유와 기본적 사실관계의 동일성이 없으므로 추가할 수 없는 사유이다. 따라서 이 사건 처분은 대외적 구속력이 없는 이 사건 지침 조항에 해당한다는 사실만을 처분사유로 한 것이어서 위법하다. 이에 피고가 상고를 제기하였다.

[대상판결]

대법원은 피고의 상고를 받아들여 원심판결을 파기하고 사건을 다시 심리·판단하도록 원심법원에 환송하였다.

---

[1] 국토계획법 제56조 제1항에 의한 개발행위허가는 허가기준 및 금지요건이 불확정개념으로 규정된 부분이 많아 그 요건에 해당하는지 여부는 행정청의 재량판단의 영역에 속한다. 특히 환경의 훼손이나 오염을 발생시킬 우려가 있는 개발행위에 대한 행정청의 허가와 관련하여 재량권의 일탈·남용 여부를 심사할 때에는, 해당 지역 주민들의 토지이용실태와 생활환경 등 구체적 지역 상황과 상반되는 이익을 가진 이해관계자들 사이의 권익 균형 및 환경권의 보호에 관한 각종 규정의 입법 취지 등을 종합하여 신중하게 판단하여야 한다. '환경오염 발생 우려'와 같이 장래에 발생할 불확실한 상황과 파급효과에 대한 예측이 필요한 요건에 관한 행정청의 재량적 판단은 그 내용이 현저히 합리성을 결여하였다거나 상반되는 이익이나 가치를 대비해 볼 때 형평이나 비례의 원칙에 뚜렷하게 배치되는 등의 사정이 없는 한 법원은 이를 존중하는 것이 바람직하다.

[2] 상급행정기관이 소속 공무원이나 하급행정기관에 대하여 업무처리지침이나 법령의 해석·적용 기준을 정해 주는 '행정규칙'은 일반적으로 행정조직 내부에서만 효력을 가질 뿐 대외적으로 국민이나 법원을 구속하는 효력이 없다. 처분이 행정규칙을 위반하였다고 해서 그러한 사정만으로 곧바로 위법하게 되는 것은 아니고, 처분이 행정규칙을 따른 것이라고

---

2) 서울고등법원 2019. 11. 18. 선고 (춘천)2018누1416 판결.

해서 적법성이 보장되는 것도 아니다. 처분이 적법한지는 행정규칙에 적합한지 여부가 아니라 헌법과 법률, 대외적으로 구속력 있는 법령의 규정과 입법 목적, 비례·평등원칙과 같은 법의 일반원칙에 적합한지 여부에 따라 판단해야 한다. 행정규칙이 이를 정한 행정기관의 재량에 속하는 사항에 관한 것인 때에는 그 규정 내용이 객관적 합리성을 결여하였다는 등의 특별한 사정이 없는 한 법원은 이를 존중하는 것이 바람직하다.

[3] 항고소송에서는 실질적 법치주의와 행정처분의 상대방인 국민에 대한 신뢰보호라는 견지에서 행정청이 당초 처분의 근거로 삼은 사유와 기본적 사실관계에 있어서 동일성이 있다고 인정되지 않는 별개의 사실을 들어 처분사유로 주장함은 허용되지 않는다. 여기서 기본적 사실관계의 동일성 유무는 처분사유를 법률적으로 평가하기 이전의 구체적인 사실에 착안하여 그 기초가 되는 사회적 사실관계가 기본적인 점에서 동일한지 여부에 따라 결정된다. 그러나 행정청이 처분 당시에 제시한 구체적 사실을 변경하지 않는 범위 내에서 단지 처분의 근거 법령만을 추가·변경하거나 당초의 처분사유를 구체적으로 표시하는 것에 불과한 경우에는 새로운 처분사유를 추가하거나 변경하는 것이라고 볼 수 없다.

※ 대법원은 원고의 사업계획에 따라 개발행위를 할 경우에 산림 훼손, 주변 경관 저해, 교통 지장 등이 실제 발생할 우려가 있는지에 관하여 심리·판단하여야 한다는 취지로 파기환송하였다. 환송 후 원심법원[3]은 위와 같은 우려가 있으므로 이 사건 처분은 적법하다고 판단하였다. ① 이 사건 사업부지에 있는 산림은 주변의 경관이나 자연생태계 보전에 기여하고 있고, ② 산림훼손의 규모가 상당하며, ③ 태양광발전시설은 주변의 농지, 임야와 이질적이어서 자연경관과 조화를 이루지 못할 것으로 보인다는 점을 근거로 하였다.

[판결의 평석]

Ⅰ. 사안의 쟁점

국토계획법의 개발행위허가 거부처분 취소소송에서 행정청의 재량이 존중되어야 함을 이유로 거부처분의 적법성을 인정한 대법원 판결이 최근 들어 많이 눈에 띄고 있다.[4] 상당수는 개발행위가 환경훼손이나 오염을 발생시킬 우려가 있음을 이유로 거부된 사건으로서 '개발 대 환경'의 구도에서 후자에 손을 들어 준 사례들이다. 대상판결에는 이러한 판단

---

3) 서울고등법원 2020. 12. 21. 선고 (춘천)2020누850 판결.
4) 대법원 2017. 3. 15. 선고 2016두55490 판결; 대법원 2018. 12. 27. 선고 2018두49796 판결; 대법원 2020. 7. 9. 선고 2017두39785 판결; 대법원 2020. 7. 23. 선고 2019두31839 판결; 대법원 2021. 3. 25. 선고 2020두51280 판결; 대법원 2023. 2. 2. 선고 2020두43722 판결 등.

과정에서 전형적으로 문제가 되는 행정법총론과 행정소송법의 쟁점들이 담겨 있다. 불확정 개념 해석·적용시 요건재량 또는 판단여지의 인정 문제, 불확정개념을 구체화하는 행정규칙의 효력 문제, 그리고 처분사유의 추가·변경의 허용범위가 그것이다. 각 쟁점에 대해 대상판결의 내용을 살펴본 후(Ⅱ. 판례의 이해), 기존의 학설과 판례에 비추어 그 의미를 조명한다(Ⅲ. 법리의 검토).

Ⅱ. 판례의 이해

1. 개발행위허가기준의 효력

(1) 불확정개념에 관한 행정청의 재량

국토계획법의 개발행위허가기준은 "주변지역의 토지이용실태 또는 토지이용계획, 건축물의 높이, 토지의 경사도, 수목의 상태, 물의 배수, 하천·호소·습지의 배수 등 주변환경이나 경관과 조화를 이룰 것"(제58조 제1항 제4호)과 같이 불확정개념으로 구성되어 있다. 불확정개념도 법개념이므로 행정청이 올바르게 해석·적용했는지 법원이 전면적으로 심사하는 것이 원칙이다. 그렇지만 이 사건의 개발행위허가기준은 전문적·정책적 성격을 갖고 있어 행정청에게 일정 정도 자유로운 평가와 결정의 여지를 인정해야 하고 그 결과 사법심사가 제한될 수 있다. 독일 행정법의 영향 하에, 재량은 법률효과의 결정과 선택에만 인정될 수 있음을 전제로 하여, 법률요건 부분의 해석·적용에 관해서는 재량은 인정될 수 없고 그와 구별되는 '판단여지'만 인정될 수 있다는 입장이 있다. 그러나 대법원은 요건과 효과를 구별하지 않고 재량의 문제로 접근한다. 대법원은 개발행위허가기준의 해당 여부는 행정청의 재량판단 영역에 속한다는 입장이고(대법원 2005. 7. 14. 선고 2004두6181 판결 등), 대상판결에서도 이를 유지하고 있다.

재량행위는 기속행위와 비교할 때 사법심사가 제한된다. 기속행위는 법원이 사실인정과 관련 법규의 해석·적용을 통하여 일정한 결론을 도출한 후 그 결론에 비추어 행정청이 한 판단의 적법 여부를 독자의 입장에서 판정하지만, 재량행위는 법원은 독자의 결론을 도출함이 없이 당해 행위에 재량권의 일탈·남용이 있는지 여부만을 심사한다(대법원 2005. 7. 14. 선고 2004두6181 판결 등).

(2) '환경오염 발생 우려'에 관한 행정청의 재량 존중

행정청의 재량판단의 대상이 '환경오염 발생 우려'일 때에는 법원의 심사가 더 자제된다. 근거는 다음과 같다. 헌법이 환경권을 보장하고 있고(제35조 제1항), 헌법이념을 구현하기 위해 환경정책기본법에서 환경보전을 위하여 노력하여야 할 국민의 의무와 국가 및 지방자치단체, 사업자의 책무를 구체적으로 규정하고 환경을 이용하는 모든 행위를 할 때에는 환경보전을 우선적으로 고려하도록 하고 있다. 또한 환경오염의 발생 우려는 장래에 발생할 불확실한 상황과 파급효과에 대한 예측이 필요한 요건이다.[5] 대상판결에서도 이러한 노선이 유지되어 '환경오염 발생 우려'에 관한 행정청의 재량적 판단은 그 내용이 현저히 합리성을 결여하였다거나 상반되는 이익이나 가치를 대비해 볼 때 형평이나 비례의 원칙에 뚜렷하게 배치되는 등의 사정이 없는 한 법원은 이를 존중하는 것이 바람직하다는 입장을 피력하고 있다.

2. 개발행위허가 운영지침의 효력

(1) 국토교통부와 양양군 개발행위허가 운영지침의 성격

이 사건에 적용되는 법령을 단계별로 보면, 법률(국토계획법)→대통령령(국토계획법 시행령)→국토교통부훈령(개발행위허가 운영지침, 이하 '국토교통부 지침'이라 함)→지방자치단체장 예규(양양군 개발행위허가 운영지침, 이하 '양양군 지침'이라 함)의 구조로 되어 있다. 이 중 국토교통부 지침과 양양군 지침의 성격을 각 법원은 달리 판단하였다. 제1심법원은 단계적으로 순차적인 위임이 있어 국토교통부 지침과 양양군 지침도 법령보충적 행정규칙으로서 대외적 구속력을 가질 수 있다고 보았다(다만 양양군 지침의 이 사건 지침 조항은 위임의 한계를 벗어나 무효라고 보았다). 반면 원심법원은 양양군 지침은 대외적 구속력이 없는 행정규칙이라고 보았다. 한 걸음 더 나아가 대법원은 국토교통부 지침도 행정규칙으로 보았다. 이는 구 국토계획법 시행령 제56조 제4항("국토교통부장관은 제1항의 개발행위허가기준에 대한 세부적인 검토기준을 정할 수 있다")을 하위법령에 대한 위임 근거로 보지 않았기 때문이다. 위 조항에 따라 만들어진 국토교통부 지침은 '세부적인 검토기준'일 뿐이고 대외적인 구속력은 없다는 것이다.

어떠한 종류의 행정규칙에 해당하는가에 관해 대법원은, 국토교통부 지침은 "국토계획

---

5) 이상 대법원 2017. 3. 15. 선고 2016두55490 판결 참조.

법령에 규정된 개발행위허가기준의 해석·적용에 관한 세부 기준을 정해주는 '행정규칙'"이고, 양양군 지침은 "재량준칙"이라고 설시하였다. 대법원은 1.에서 본 바와 같이 개발행위허가기준 해당 여부에 대한 행정청의 재량을 인정하고 있으므로, 명시하지는 않았지만 국토교통부 지침도 규범해석규칙이 아니라 재량준칙으로 보고 있다고 할 것이다.

(2) 재량준칙의 효력

재량준칙은 원칙적으로 대외적 구속력을 갖지 못한다. 즉 재량준칙을 따랐다고 바로 적법하다고 할 수 없고, 재량준칙을 어겼다고 바로 위법하다고 할 수도 없다. 그러나 재량준칙은 처분의 적법성 판단에 일정한 영향을 미친다.

우선 재량준칙을 위반한 처분은 행정의 자기구속의 법리에 따라 위법하다는 평가를 받을 수 있다. 재량준칙이 "되풀이 시행되어 행정관행이 이루어지게 되면 평등의 원칙이나 신뢰보호의 원칙에 따라 행정기관은 그 상대방에 대한 관계에서 그 규칙에 따라야 할 자기구속을 받게 되므로" 특별한 사정이 없는 한 재량준칙을 위반한 처분은 평등의 원칙이나 신뢰보호의 원칙에 위반한 위법한 처분이 된다.[6] 재량준칙 자체의 효력에 기초해서가 아니라 평등원칙 등을 매개로 간접적 구속력이 인정된다.

다음으로 재량준칙에 따른 처분의 경우 법원은 재량준칙을 존중하여야 한다. "행정규칙이 이를 정한 행정기관의 재량에 속하는 사항에 관한 것인 때에는 그 규정 내용이 객관적 합리성을 결여하였다는 등의 특별한 사정이 없는 한 법원은 이를 존중하는 것이 바람직하다".[7] 나아가 재량준칙에 대한 행정청의 해석 역시 "문언의 한계를 벗어나거나, 객관적 합리성을 결여하였다는 등의 특별한 사정이 없는 한 존중되어야 한다".[8] 그러나 "행정규칙의 내용이 상위법령에 반하는 것이라면 법치국가원리에서 파생되는 법질서의 통일성과 모순금지 원칙에 따라 그것은 법질서상 당연무효이고, 행정내부적 효력도 인정될 수 없다".[9] 요컨대 재량준칙이 상위법령에 반하거나 객관적 합리성을 결여하지 않는 한, 법원은 이를 존중하여야 한다. 그러므로 재량준칙에 따른 처분은 특별한 사정이 없는 한 재량하자가 있다고 판단되지 않을 것이다.

이와 같이 보면, 일정한 한도가 있기는 하나 법규명령과 크게 다르지 않은 양상의 구속력이 재량준칙에 인정된다. 평등원칙, 신뢰보호원칙의 관점에서 재량준칙에서 벗어나는 것

---

6) 대법원 2009. 12. 24. 선고 2009두7967 판결 등.
7) 대상판결.
8) 대법원 2019. 1. 10. 선고 2017두43319 판결.
9) 대법원 2019. 10. 31. 선고 2013두20011 판결.

을 정당화할 사유가 없는 한, 재량준칙에 위반한 처분은 위법하다. 상위법령에 반하거나 객관적 합리성을 결여하지 않는 한, 재량준칙을 따른 처분은 적법하다. 전자의 경우에는 차별적 취급 또는 공적 견해표명에 어긋나는 처분을 정당화할 만한 개별적 사정이 있는가가 문제될 것이다. 후자의 경우에는 법규명령의 위헌·위법 심사와 유사하지만 객관적 합리성 심사까지 포함한 규범통제가 처분의 적법성 판단에 선행하게 될 것이다.

이 사건에서도 대법원은 이 사건 지침 조항에 대한 일종의 규범통제를 하였다. 대법원은 이 사건 지침 조항은 국토계획법령의 개발행위허가기준을 구체화한 것이고, 태양광발전시설이 초래할 수 있는 환경훼손의 문제점과 양양군의 지리적·환경적 특성을 고려하면 발전시설의 이격거리를 100m로 제한하고 있다고 해서 객관적 합리성을 결여한 것이라고 볼 수 없다고 판단하였다. 그렇다면 이 사건 지침 조항에 따라 개발행위허가를 거부한 행정청의 판단은 존중되어야 한다. 다만, 이 사건 지침 조항은 이 사건 처분이 적법하다고 판단되는 데 있어 최종적인 근거는 되지 못한 것으로 보인다. 환송 후 판결에는 이 사건 지침 조항 또는 그에 해당하는 내용(도로로부터 근접)이 적법성 판단의 근거로 나타나지 아니한다.

3. 처분사유의 추가·변경

(1) 기본적 사실관계의 동일성

피고는 이 사건 처분을 하면서 '원고가 시행하려는 사업계획이 이 사건 지침 조항에 저촉된다', 즉 "왕복 2차로 이상의 포장된 도로로부터 100m 이내에 입지하지 아니할 것"에 저촉된다는 이유를 제시하였다. 그런데 이 사건 소송절차에서는 '이 사건 사업부지에 태양광발전시설이 설치됨으로써 산림이 훼손되고, 주변 경관을 저해하며, 운전자에게 눈부심 현상을 발생시키는 등으로 교통 지장이 초래될 우려가 있다'고 주장하였다. 처분사유의 추가·변경이 허용되는가의 문제이다. 원심과 대법원 모두 '기본적 사실관계의 동일성'이 인정되는 한도에서 허용된다는 법리를 공통의 출발점으로 삼는다. 여기서 기본적 사실관계가 동일하다는 것은 처분사유를 법률적으로 평가하기 이전의 구체적인 사실에 착안하여 그 기초적인 사회적 사실관계가 기본적인 점에서 동일한 것을 말한다.

(2) 불확정개념의 구체화와 처분사유

그러나 위 법리를 구체적 사안에 적용함에 있어서는 원심과 대법원의 입장이 사뭇 달랐다. 원심은 동일성이 없다고 판단한 반면, 대법원은 당초 처분사유를 구체적으로 설명한 것에 불과하여 동일성이 있다고 판단하였다. 그런데 추가한 처분사유, 특히 '산림 훼손',

'경관 저해'는 처분시 제시한 이유인 '도로와의 이격거리 미충족'과 기초적인 사회적 사실관계가 기본적인 점에서 동일하다고 보기에는 어려움이 있다. 대상판결의 다른 부분으로부터 대법원이 이 사건에서 처분사유를 바라보는 관점을 추론해 볼 수 있다. 대법원은 이 사안을 "행정청이 거부처분을 하면서 처분서에 불확정개념으로 규정된 법령상 허가기준을 충족하지 못한다는 취지만을 간략하게 기재"하였다고 평가하고 있고, "이 사건 지침 조항은 …구 국토계획법 시행령 제56조 제1항 [별표 1의2]에서 정한 '주변의 자연경관 및 미관을 훼손하지 아니하고 조화를 이룰 것', '환경오염·생태계파괴·위해발생 등이 발생할 우려가 없을 것'이라는 개발행위허가기준을 구체화한 것"이라고 설시하고 있다. 대법원은 이 사건 처분시 도로와의 이격거리를 충족하지 못하였다는 점을 제시함으로써 국토계획법 시행령의 위 기준을 충족하지 못하였다는 점을 처분사유로 한 것이라는 점에서 출발하고 있다. 이 점에서 도로와의 이격거리 미충족 자체를 처분사유로 본 원심과 다르다. 그 결과 '주변의 자연경관 및 미관을 훼손하지 아니하고 조화를 이룰 것', '환경오염·생태계파괴·위해발생 등이 발생할 우려가 없을 것'을 구체화하는 모든 사유는 소송절차에서 주장할 수 있는 것이 된다.

Ⅲ. 법리의 검토

1. 불확정개념에 대한 사법심사 방식[10]

(1) 도입

법률의 요건 부분에 불확정개념이 사용된 경우 그 해석과 적용에 있어서도 재량이 인정되는지는 나라마다 접근방식이 다르다. 행정에게 자유로운 결정의 여지가 있을 때, 그 여지가 요건 부분에 있는지 효과 부분에 있는지 구별하지 않고 모두 재량의 문제로 접근하는 나라가 있는 반면(프랑스, 영국, 미국), 효과 부분에 대해서만 재량의 문제로 보고 요건 부분에 대해서는 재량과 구별되는 이른바 '판단여지'로 접근하는 나라가 있다(독일, 네덜란드).[11] 특히 독일의 통설·판례인 판단여지론은 우리나라 논의에 적지 않은 영향을 미치고 있으므

---

10) 이 부분은 최계영, "제27조 [후론] 행정소송에서의 재량통제", 안철상(편), 『주석 행정소송법(Ⅱ)』, 제1판, 2023, 364-368면을 수정·보완하였다.

11) 독일, 프랑스, 영국, 미국의 법리에 대한 상세한 비교법적 고찰은 박정훈, "불확정개념과 판단여지", 『행정작용법(중범김동희교수정년기념논문집)』, 2005, 252-263면 참조.

로, 독일의 논의를 살펴본 후 우리나라의 학설을 검토한다.

(2) 독일의 판단여지론

독일은 재량은 효과 부분에만 인정될 수 있고 요건 부분에 불확정개념이 쓰였더라도 하나의 결정만이 올바르다는 것을 출발점으로 삼는다. 원칙적으로 불확정개념의 해석·적용에 관한 행정청의 판단이 타당한지 법원은 전면적으로 심사할 수 있고, 예외적으로 행정청에게 판단여지가 부여된 사안에서만 사법심사가 제한된다. 즉 개념이 일의적이고 명백하지 않아 불확정적이더라도 판단여지가 없는 것이 원칙이다. 행정청에게 판단여지가 부여되었는지도 재량과 마찬가지로 근거 법규의 해석으로부터 도출되어야 하는데, 전면적 사법심사가 원칙이므로 근거 법규의 취지가 불분명하다면 판단여지가 없다고 해석되어야 한다.[12]

판단여지가 인정되는 사안유형으로는, 의사·변호사 등의 국가시험이나 학교에서의 성적평가, 공무원의 (승진)임용결정, 전문가·이익대표자 등 다원적으로 구성된 위원회의 평가결정, 예측적 결정과 위험평가(특히 환경행정, 경제행정 영역) 등이 있다.[13] 재량과 마찬가지로 판단여지에도 한계가 있으므로, 법원은 '판단의 하자'(Beurteilungsfehler)가 있는지 심사할 수 있다. 재량하자와 유사하게, 판단여지의 불행사, 판단여지의 일탈, 판단여지의 남용, 판단여지가 영으로 수축했음을 간과, 기본권과 일반원칙 위반 등의 사유가 있으면 행정청의 결정은 위법하다.[14]

(3) 학설

요건 부분에 쓰인 불확정개념의 해석·적용에 있어서 효과 부분의 재량과 동일하게 재량을 인정할 것인지, 아니면 재량과는 구별되는 판단여지를 인정할 것인지에 관하여 견해가 대립한다.

1) 이원론(구별긍정설)

요건 부분의 판단여지와 효과 부분의 재량은 구별되어야 한다는 견해이다. 요건의 해석·적용은 인식작용이므로 원래 하나의 올바른 답이 있음을 전제로 하여 법원의 전면적 심사의 대상이 된다는 점, 불확정개념에 대한 판단여지는 행정의 전문성 등을 고려하여 예외적으로 인정되는 점, 재량의 일탈·남용은 효과의 선택과 관련하여 발전한 이론이고 요건

---

12) Riese, Schoch/Schneider(hrsg.), Verwaltungsrecht, 43. EL August 2022, VwGO §114 Rn.96.
13) Maurer/Waldhoff, Allgemeines Verwaltungsrecht, 20. Aufl., 2020, §7 Rn.37-42.
14) Detterbeck, Allgemeines Verwaltungsrecht, 20. Aufl., 2022, §8 Rn.378.

의 해석·적용의 통제원리로 적합하지 않은 점 등을 논거로 한다.[15]

2) 일원론(구별부정설)

요건 부분의 판단여지와 효과 부분의 재량을 구별할 필요가 없다는 견해이다. ① 요건 판단과 효과 결정에 관해 인식적 요소와 의지적 요소는 함께 작용하는 것이고, 일도양단적으로 요건 판단은 인식의 문제, 효과 결정은 의지의 문제로 나눌 수 없다는 점, ② 둘 다 입법자에 의해 부여되는 것이라는 점, ③ 사법심사의 강도가 제한된다는 측면에서 구별에 따른 실질적인 차이도 없다는 점 등을 논거로 한다.[16]

(4) 판례

1) 일원론의 입장

판례는 요건 부분에 쓰인 불확정개념의 해석·적용을 심사함에 있어서 효과 부분의 재량과 구별하지 않고 동일하게 행정청의 재량을 인정한다. 즉 판단여지가 아니라 '요건재량'을 인정하고, 효과재량의 통제와 마찬가지로 재량의 일탈·남용 여부를 심사한다. 다만, 요건에 불확정개념이 쓰였더라도 요건재량이 모두 인정되는 것은 아니다. 기본권 관련성이 큰 영역 등에서는 요건재량이 부정되고 전면적인 사법심사가 이루어진다.

2) 요건재량이 인정된 사례

다음의 사례에서 요건재량이 인정되었다.

① 중학교 교과용 도서 검정에 있어 전문가인 심사위원들이 심사기준에 따라 심사한 결과 교과서로서 부적합하다는 의견을 제시하였고 이에 기초하여 합격·불합격결정을 하였다면, 사실적 기초가 없다거나 사회통념상 현저히 부당하다는 등 현저히 재량권의 범위를 일탈한 것이 아닌 이상 위법하다고 할 수 없다. 교과서 검정은 "고도의 학술상, 교육상의 전문적인 판단"을 필요로 하기 때문이다.[17]

② 문화재발굴허가 요건인 '건설공사를 계속하기 위하여 부득이 발굴할 필요가 있는지' 여부의 결정은 허가권자의 재량행위에 속한다. 행정청은 매장문화재의 원형보존이라는 공

---

15) 김남진/김연태, 『행정법 I』, 제26판, 2022, 228-229면; 박균성, 『행정법강의』, 제20판, 2023, 213면; 정하중/김광수, 『행정법개론』, 제17판, 2023, 176-178면; 홍정선, 『행정법원론(상)』, 제31판, 2023, 371면.
16) 김동희/최계영, 『행정법 I』, 제27판, 2023, 275면; 류지태/박종수, 『행정법신론』, 제18판, 2021, 93면; 박정훈, 앞의 글, 266, 267면.
17) 대법원 1992. 4. 24. 선고 91누6634 판결.

익상 필요를 근거로 하여 재산권 침해 등 불이익이 훨씬 크다고 여겨지는 경우가 아닌 한 발굴을 허가하지 아니할 수 있다. 이에 관한 행정청의 판단은 "전문적 · 기술적 판단"이므로 최대한 존중되어야 한다.[18]

③ 국립묘지 안장 대상자의 부적격 사유인 '국립묘지의 영예성 훼손' 여부에 관하여 안장대상심의위원회에 "심의 권한을 부여하면서도 심의 대상자의 범위나 심의 기준에 관해서는 따로 규정하지 않"고 있으므로, 행정청의 재량의 여지가 인정된다.[19]

④ 공무원 임용을 위한 면접전형에서 '임용신청자의 능력이나 적격성' 등에 관한 판단은 면접위원의 재량에 속한다. "면접위원의 고도의 교양과 학식, 경험에 기초한 자율적 판단에 의존"하기 때문이다.[20]

⑤ '예방접종으로 인한 질병, 장애 또는 사망'의 인정 여부 결정은 보건복지부장관의 재량에 속한다. 예방접종과 장애 등 사이에 인과관계가 있는지 여부를 판단하는 것은 "고도의 전문적 의학 지식이나 기술이 필요"하고, "전국적으로 일관되고 통일적인 해석이 필요"하기 때문이다.[21]

⑥ '신의료기술의 안전성 · 유효성 평가'나 '신의료기술의 시술로 인해 국민보건에 중대한 위해가 발생하거나 발생할 우려가 있는지'에 관한 판단은 "고도의 의료 · 보건상의 전문성"을 요하는 것이므로 행정청에 재량권이 부여되어 있다.[22]

3) 요건재량이 부정된 사례

다음의 사례에서 요건재량이 부정되었다.

① 표현의 자유가 문제되는 사안에서 대법원은 요건재량을 부정하고 있다. 출판사등록 취소사유인 '음란 또는 저속한 간행물'인지 여부,[23] 청소년관람불가 등급분류기준인 '신체노출, 성적 접촉, 성행위 등이 구체적이고 직접적이며 노골적인 것'에 해당하는지 여부[24] 등에 관하여 요건재량을 인정하지 않는 전제에서 법원이 독자적으로 법령을 해석하고 사안에 포섭한 뒤 행정청의 결론과 비교하여 위법성을 판단하였다. 후자의 사건에서는 다양한 전문가로 구성된 위원회에서 내려진 전문적인 가치판단의 결과이므로 행정청의 판단이

---

18) 대법원 2000. 10. 27. 선고 99두264 판결.
19) 대법원 2013. 12. 26. 선고 2012두19571 판결.
20) 대법원 2008. 12. 24. 선고 2008두8970 판결.
21) 대법원 2014. 5. 16. 선고 2014두274 판결.
22) 대법원 2016. 1. 28. 선고 2013두21120 판결.
23) 대법원 1997. 12. 26. 선고 97누11287 판결.
24) 대법원 2013. 11. 14. 선고 2011두11266 판결.

존중되어야 한다는 점이 주장되었으나 받아들여지지 않았다.[25]

② 공무원 징계사유인 '품위가 손상되는 행위'의 해석·적용에 있어서도 재량은 부정된다. "품위유지의무란 공무원이 직무의 내외를 불문하고, 국민의 수임자로서의 직책을 맡아 수행해 나가기에 손색이 없는 인품에 걸맞게 본인은 물론 공직사회에 대한 국민의 신뢰를 실추시킬 우려가 있는 행위를 하지 않아야 할 의무"이고 "구체적으로 어떠한 행위가 품위 손상행위에 해당하는가는 그 수범자인 평균적인 공무원을 기준으로 구체적 상황에 따라 건전한 사회통념에 의하여 판단하여야 한다"고 하면서 징계권자의 독자적인 해석이나 포섭의 여지를 인정하지 않았다.[26]

③ 국적회복허가의 소극적 요건인 "품행이 단정하지 못한 자"에 해당하는지 여부에 관하여도 행정청의 판단재량은 부정되었다. 위 요건은 "'국적회복 신청자를 다시 대한민국의 구성원으로 받아들이는 데 지장이 없을 정도의 품성과 행실을 갖추지 못한 자'를 의미하고, 이는 국적회복 신청자의 성별, 나이, 가족, 직업, 경력, 범죄전력 등 여러 사정을 종합적으로 고려하여 판단하여야 할 것이다. 특히 범죄전력과 관련하여서는 단순히 범죄를 저지른 사실의 유무뿐만 아니라 범행의 내용, 처벌의 정도, 범죄 당시 및 범죄 후의 사정, 범죄일로부터 처분할 때까지의 기간 등 여러 사정을 종합적으로 고려하여야 한다."고 하면서, "원고가 저지른 범죄는 그 성격상 사회 공동체 구성원 일반에 대하여 미치는 영향은 상대적으로 적"으므로 처벌받은 전력이 있다는 사정만으로 국적회복불허처분을 한 것은 "처분요건을 갖추지 못한 것"으로 위법하다고 하였다.[27]

(5) 소결

판단여지와 재량의 이원론은 인식 문제인 요건 판단과 의지 문제인 효과 결정은 구조를 달리한다는 데 결정적인 논거가 있다. 그러나 요건 판단과 효과 결정 모두 법의 구체화 작업으로서 연속적인 구조를 갖는다.[28] 또한 권력분립의 관점에서도, 양자 모두 입법자의 수권(재량은 명시적, 판단여지는 묵시적)에 기초하고 법원의 심사가 제한된다는 점에서 차이가 없다. 구별긍정설은 재량의 일탈·남용은 요건의 해석·적용의 통제원리로 적합하지 않다는 것을 논거로 하나, 앞서 본 것처럼 독일에서도 판단의 하자 사유는 재량의 하자 사유와

---

25) 민성철, "청소년 관람불가 등급분류기준으로서 '영상표현의 선정성'의 의미 및 그 요건을 충족하는지 여부의 판단 방법", 『대법원판례해설』 제97호, 2014, 624-625면, 644-645면 참조.

26) 대법원 2017. 11. 9. 선고 2017두47472 판결.

27) 대법원 2017. 12. 22. 선고 2017두59420 판결.

28) 구조적 동일성에 관한 더 자세한 설명은 박정훈, 앞의 글, 266-267면.

실질적으로 동일하다.[29] 실제 해결해야 할 문제는 재량과 판단여지가 같은 것인가 다른 것인가가 아니라, 적절한 심사강도를 설정하는 것이다. 법규의 불확정성의 정도, 당해 문제 영역의 특수성 등에 비추어 사안유형별로 심사강도를 단계화하여야 한다.[30] 예컨대 경찰 행정 영역에서 신체의 자유가 문제된다면 심사강도를 강화하여야 하고, 환경행정이나 경제 행정 영역에서는 그보다 낮은 수준에서 심사강도가 결정되어야 할 것이다.[31] 현재까지 판례가 불확정개념에 대해 요건재량을 인정한 사안유형과 부정한 사안유형도 이러한 심사강도 단계화의 실마리를 보여 준다. 전자는 과학기술적, 전문적, 정책적 결정이 포함된 사안인 반면, 후자는 표현의 자유, 공무원 신분보장 등이 문제된 사안이었다.

대상판결에서 문제된 개발행위허가도 건설행정 영역에서의 전문적·정책적 결정이 문제되므로 요건재량을 인정한 것은 정당하다. 또한 해당 사안에서의 결정에 '환경오염 우려'라는 장래예측적 평가가 개입된다는 점에서 보다 강한 존중이 필요하다고 설시한 것도 적절하다.

2. 행정규칙의 효력

(1) 행정규칙의 유형별 효력

행정규칙은 대내적 구속력만 있고 대외적 구속력을 갖지 못하는 것이 원칙이다. 그러나 대내적 구속력을 가진다는 것은 행정조직 내에서 행정규칙에 따라 사무를 처리한다는 의미이므로, 대외적으로도 사실상의 영향을 미치게 된다. 이러한 사실상의 영향을 규범적으로 어떻게 포착할 것인지가 행정규칙의 대외적 구속력의 문제이다. 이는 행정규칙의 유형에 따라 달리 평가된다.

우선 행정규칙의 유형은 규범해석규칙, 재량준칙, 법률대위규칙으로 나누어 볼 수 있다. 규범해석규칙은 법규범의 해석·적용의 기준을 정하는 규칙으로서 통일적인 법적용을 보장한다. 재량준칙은 재량권 행사의 기준을 정하는 규칙으로서 통일적인 재량권 행사를 보장한다. 법률대위규칙은 법률유보 원칙이 적용되지 않는 영역에서 법률상의 규율은 없지만 기준이 필요할 때 이를 정하는 규칙이다.

규범해석규칙은 대외적 구속력이 인정될 여지가 없다. 행정에게 고유한 법령해석권이 인정되지 않고 최종적인 권한은 법원에 있기 때문이다. 그러나 법률대위규칙, 재량준칙은

---

29) 앞의 Ⅲ. 1. (2).
30) 박정훈, 앞의 글, 268-269면.
31) 박정훈, 앞의 글, 269-270면.

행정에게 자유로운 결정의 여지가 인정되는 사항에 관한 것이므로 평등원칙·신뢰보호원칙 등을 매개로 간접적으로는 대외적 구속력이 인정될 수 있다.[32] 앞서 본 바와 같이 대법원도 재량준칙을 위반한 처분의 적법성을 판단할 때 이러한 간접적 대외적 구속력을 전제로 하여 판단한다.[33]

(2) 독일의 규범구체화 행정규칙

여기에 더해 독일에서는 판단여지론을 전제로 규범구체화 행정규칙에 대해서도 일정한 대외적 구속력을 인정한다. 규범구체화 행정규칙은 규범해석규칙의 특수한 유형으로서 판단여지가 인정되는 불확정개념을 구체화하는 행정규칙을 말한다. 예를 들면 '유해한 환경영향'이라는 법률의 불확정개념을 구체화하여, 대기오염, 소음 등의 기준치를 행정규칙으로 정하는 것이다.[34] 앞서 본 바와 같이 행정에는 고유한 법령해석권이 없으므로 규범해석규칙은 대외적 구속력이 부정된다. 그러나 환경행정과 같이 예측적 결정과 위험평가가 이루어지는 영역에서는 불확정개념의 해석·적용에 판단여지가 인정된다.[35] 따라서 이를 구체화하는 행정규칙의 경우, 행정규칙을 근거로 이루어진 행정결정의 적법성을 심사할 때 법원이 행정규칙에 구속되는지가 논란이 되는 것이다.

독일 연방행정법원은 환경법, 기술적 안전법, 사회법 등의 영역에서 규범구체화 행정규칙의 직접적인 대외적 구속력을 인정하였다. 이는 평등원칙을 매개로 한 간접적 구속력과는 구별되는 것이다. 규범구체화 행정규칙은 법원을 구속하므로 법원은 규범과 마찬가지로 적용하여야 한다는 것이다. 이러한 효력이 인정되려면, 상위법령의 요청과 법률에서 이루어진 가치평가를 존중해야 하고, 현재의 과학기술의 수준에 뒤떨어지지 않아야 하며, 과학기술적 전문지식과 경험을 활용할 수 있는 광범위한 참여절차를 거쳐야 한다. 이러한 규범구체화 행정규칙은 독일 행정소송법 제47조의 규범통제절차의 대상이 되고, 법치국가적 요청에 따라 행정규칙이지만 공포가 필요하다.[36]

이러한 연방행정법원의 법리에 대해서는 판단여지가 인정되는 범위에서 간접적인 대외적 구속력이 인정될 수 있을 뿐이라는 반론이 제기된다. 판단여지가 인정되는 범위에서는,

---

32) 김남진/김연태, 앞의 책, 204-205면; 박균성, 앞의 책, 163-168면; 류지태/박종수, 앞의 책, 333-336면; 정하중/김광수, 앞의 책, 141, 142면. 반면 홍정선, 앞의 책, 298-300면은 법률대위규칙과 재량준칙을 구별하여 전자는 직접적, 후자는 간접적 대외적 구속력을 인정한다.

33) 앞의 Ⅱ. 2. (2) 참조.

34) Maurer/Waldhoff, a.a.O., §24 Rn.12; Detterbeck, a.a.O., Rn.858, 859.

35) 앞의 Ⅲ. 1. (2) 참조.

36) 이상 Maurer/Waldhoff, a.a.O., §24 Rn.31, 33; Detterbeck, a.a.O., Rn.878-880 참조.

행정청의 개별적 결정뿐만 아니라 이에 선행하는 행정규칙을 통한 일반·추상적 규율도 법원은 제한적으로만 심사할 수 있다. 그러나 법원의 심사만 제한되는 것이지 시민에 대해 직접적인 법적 구속력을 갖는다고 볼 수는 없다는 것이다.[37]

(3) 소결

독일의 규범구체화 행정규칙 개념은 의회와 법원의 행정에 대한 완전한 통제를 부정하고 행정의 독자성과 효율성을 존중하자는 것으로서[38] 실질적인 사법적 재량통제가 불가능하거나 바람직하지 않은 사안유형에 대해 사법심사를 회피하기 위한 것이다.[39] 앞서 본 바와 같이 우리나라의 경우 재량과 판단여지를 구별할 필요가 없으므로, 재량준칙과 구별되는 별도의 규범구체화 행정규칙을 인정할 필요는 없을 것이다. 재량준칙의 성격을 인정하는 것만으로도 행정의 전문성을 존중하고 사법심사를 제한하는 목표를 달성하기에 충분하다. 경제적·정책적·과학적인 전문적 사항에 관한 법률요건상의 불확정개념을 구체화하는 행정규칙은, 행정의 요건재량에 의거하여, 법원은 이를 존중하여 행정규칙에 따라 이루어진 처분을 적법한 것으로 판단하여야 할 것이다.[40]

대상판결에서 개발행위허가기준을 구체화한 국토교통부 지침과 양양군 지침에 대해, 법령에 반하지 않고 객관적 합리성을 결하지 않는 한 법원이 이를 존중하여야 한다고 한 것은 이러한 맥락에서 적절하다. 여기에서 법령의 준수와 객관적 합리성의 확보는 법원이 행정규칙에 대한 존중을 부여하기 위한 기본전제가 된다. 그런데 구체적 판단에 관하여 보면, 태양광발전시설과 도로 사이의 이격거리를 두는 것은 어떠한 개발행위허가기준을 구체화한 것인지, 양양군의 지리적·환경적 특성은 무엇인지에 관한 판단이 없어, 객관적 합리성 심사가 과연 실제로 이루어졌는지 의문이 든다. 환송 후 판결에서 종국적으로 이 사건 지침 조항이 적법성 판단의 근거로 작동하지 않았다는 점(산림훼손과 자연경관과의 부조화만 제시되고 있고, 태양광발전시설이 도로에 미치는 영향은 전혀 언급되지 않았다)에서도 그러하다.

---

37) Maurer/Waldhoff, a.a.O., §24 Rn.32; Detterbeck, a.a.O., Rn.882.
38) 박정훈, 『행정법의 체계와 방법론』, 2005, 38면.
39) 위의 책, 50면.
40) 박정훈, "법규명령 형식의 행정규칙과 행정규칙 형식의 법규명령 ‒ '법규'개념 및 형식/실질 이원론의 극복을 위하여", 『행정법학』 제5호, 2013, 61면. 해당 부분의 서술은 법령보충적 행정규칙에 관한 것이기는 하나, 그 취지상 요건재량을 구체화하는 행정규칙에도 타당할 것이다.

3. 거부처분취소소송에서 처분사유의 추가·변경

(1) 처분사유 추가·변경에 관한 기존의 논의

분쟁의 일회적 해결과 소송경제를 중시한다면 처분사유의 추가·변경을 넓게 허용해야 할 것이고, 이유제시 제도(행정절차법 제23조)의 취지와 당사자의 방어권을 중시한다면 이를 좁게 허용해야 할 것이다. 현재 학설상으로 무제한적으로 허용하거나 전면적으로 부정하는 견해는 찾기 어렵다. 문제는 적절한 허용범위를 설정하는 것이다.

우선 판례와 마찬가지로 기본적 사실관계의 동일성이 유지되는 범위 내에서만 허용된다는 입장이 있다.[41] 소송물을 기준으로 하여야 한다고 하면서도 (조세항고소송이 아닌) 일반 항고소송의 경우 소송물 기준은 기본적 사실관계 동일성 기준과 같다는 입장에 따르면, 적어도 일반 항고소송에서는 판례와 같은 결론에 이르게 된다.[42]

다음으로 처분의 유형에 따라 달리 판단해야 한다는 견해가 있다. 처분의 동일성을 기준으로 하는데, 처분의 동일성 판단기준은 처분의 유형에 따라 다름을 출발점으로 한다. 여기에는 ① 기속행위, 재량행위로 구별하여 판단하는 견해와 ② 침익처분, 수익처분의 거부처분 등으로 구별하여 판단하는 견해가 있다. 전자의 견해는 기속행위는 폭넓게 허용되지만, 재량행위의 처분사유(재량고려사유) 추가·변경은 처분의 동일성을 변경시키므로 허용되지 않는다고 한다.[43] 후자의 견해는, 침익처분(제재처분, 질서하명처분)은 당초 처분사유와 기본적 사실관계의 동일성이 인정되는 사유에 한해서만 처분의 동일성이 유지되므로 그 한도 내에서만 처분사유의 추가·변경이 허용되는 반면, 수익처분의 거부처분은 신청된 수익처분이 동일하면 거부사유가 바뀌더라도 처분의 동일성이 유지되므로 제한 없이 처분사유의 추가·변경이 허용된다고 한다.[44]

마지막으로 행정행위의 본질이 변경되지 않을 것과 원고의 권리방어가 침해되지 않을 것을 요건으로 하는 견해가 있다.[45] 이 견해 안에서 다시 재량행위에 관한 입장이 나뉜다. 재량행위에 대한 처분사유의 변경은 바로 재량행위의 동일성을 변경하므로 허용되지 않는다는 입장[46]과 재량행위의 경우에도 허용된다는 입장[47]이 있다.

---

41) 김남진/김연태, 앞의 책, 954-956면.
42) 박균성, 앞의 책, 913면.
43) 정하중/김광수, 앞의 책, 790면.
44) 박정훈, 앞의 책, 411-425면, 515-526면.
45) 류지태/박종수, 앞의 책, 748-751면; 홍정선, 앞의 책, 1220-1221면.
46) 류지태/박종수, 앞의 책, 751면.
47) 홍정선, 앞의 책, 1220면.

(2) 처분사유와 기초사실·평가요소의 구별

대상판결에서 대법원은 개발행위허가기준 해당 여부에 대한 판단이 처분사유이고 도로와의 이격거리 미충족은 처분사유가 아니라는 전제에서 출발한다. 이러한 시각의 단초는 대법원 2018. 12. 13. 선고 2016두31616 판결, 대법원 2018. 12. 27. 선고 2018두49796 판결 등에서 발견할 수 있다. 요건이 불확정개념으로 규정되어 있는 경우 불확정개념 해당 여부에 대한 판단 결과 그 자체가 처분사유이고, 그 근거가 되는 기초사실 내지 평가요소는 처분사유가 아니라는 것이다.[48] 이 사건에 대입하면, '도로로부터의 이격거리 미충족'은 기초사실 내지 평가요소이고 '경관훼손'이나 '환경오염 우려'가 처분사유이다. 이렇게 이해해 보더라도 여전히 남는 의문이 있다. 위 2016두31616 판결에서는 '품행 미단정'이 귀화거부처분의 이유로 처분시에 제시되었다. 이를 뒷받침하는 사실로 처음에는 '기소유예 전력'만 제시되었다가 '불법체류 전력'이 추가된 사안이다. 위 2018두49796 판결에서는 대상판결과 마찬가지로 개발행위허가거부처분이 다투어졌다. 처분시에는 '주변 환경이나 경관과 조화를 이룰 것'을 충족하지 못하였다는 점이 제시되었고, 소송절차에서 피고가 이를 '토사유출 우려'로 구체화하였다. 대상판결은 불확정개념 해당 여부에 대한 판단 결과 그 자체를 처분사유로 제시하지 아니하고 그에 해당하는 어느 하나의 기초사실만을 이유로 제시하였다는 점에서 위 사건들과 차이가 있다. 이러한 사안에서도 불확정개념의 구체화라는 논리를 통해 '기본적 사실관계의 동일성' 기준으로 설명하는 것이 타당한지 고민해 볼 필요가 있다.

(3) 소결

처분사유와 기초사실·평가요소의 구별을 통해 법원의 심리범위를 넓힌 사안들('기초사실·평가요소의 추가·변경이고 처분사유의 추가·변경이 아니므로 제한 없이 허용된다')은 거부처분 취소소송이 제기된 사안이라는 공통점이 있다. 처분사유 추가·변경의 허용범위와 판결의 기속력이 미치는 범위는 일치하므로, 수익처분의 거부처분의 경우에도 침익처분과 동일하게 기본적 사실관계 동일성 기준을 적용할 경우, 취소판결이 확정되더라도 행정청은 기본적 사실관계의 동일성이 없는 다른 사유를 들어 다시 거부처분을 할 수 있다(행정소송법 제30조 제2항 등 참조). 수익처분을 발급받는다는 궁극적 목표를 달성하기 위해서는 재거부처분에 대해 다시 취소소송을 제기해야 한다. 이는 분쟁의 일회적 해결을 막고 소

---

48) 이상덕, "일반 행정소송 사건의 주요 쟁점", 『2020년도 공법소송실무 법관연수 자료』, 2020, 46-47면.

송경제를 저해한다. 이러한 문제를 해결하기 위해서는 거부처분 취소소송에 대해서는 처분사유의 추가·변경의 허용범위를 당해 신청에 대해 제시될 수 있는 모든 거부사유에 확대하여야 한다.[49)]

행정청이 제시한 이유를 기초사실·평가요소라 하여 심리범위를 실질적으로 확장한 판례들은, 기본적 사실관계 동일성 기준을 유지하면서도 거부처분 취소소송에서의 분쟁의 반복 문제를 해결하기 위한 것으로 보인다. 그러나 대상판결에서는 설득력 있는 근거가 되기 어렵다. 도로로부터 100m 이내에 있다는 사유와 산림을 훼손하고 주변의 농지·임야 등 자연경관과 조화되지 못한다는 사유가 같은 사유라는 것은 사회적 사실관계가 동일하지 않다. 국토계획법의 같은 조항에서 규율하고 있다는 규범적 요소가 게재되어야 비로소 동일하다고 말할 여지가 생긴다. 문제를 근본적으로 해결하기 위해서는 침익처분과 수익처분의 거부처분을 나누어, 후자에 대해서는 신청한 수익처분의 동일성이 인정되는 이상 처분사유의 추가·변경을 허용하여야 할 것이다.

Ⅳ. 요약과 결론

1. 대상판결에서는 국토계획법상 개발행위허가기준 판단에 관한 행정청의 요건재량을 인정하였다. 개발행위허가는 건설행정 영역에서의 전문적·정책적 결정이 문제되므로 요건 재량을 인정한 것은 정당하다. 또한 '환경오염 우려'라는 장래예측적 평가가 개입된다는 점에서 보다 강한 존중이 필요하다고 설시한 것도 적절하다.

2. 대상판결에서는 개발행위허가 운영지침의 성격을 재량준칙이라고 보고, 재량준칙이 상위법령에 반하거나 객관적 합리성을 결여하지 않는 한, 법원은 이를 존중하여야 한다고 하였다. 정책적·과학적인 전문적 사항에 관한 법률요건상의 불확정개념을 구체화하는 행정규칙은, 행정의 요건재량에 기초하고 있으므로, 법원은 이를 존중하여 행정규칙에 따라 이루어진 처분을 적법한 것으로 판단하여야 할 것이다. 다만, 구체적인 판단에 들어가 보면 행정규칙 존중의 전제가 되는 객관적 합리성 심사가 과연 실제로 이루어졌는지는 의문이다.

---

49) 박정훈, 앞의 책, 522면.

3. 대상판결에서는 당초 처분사유(도로와의 이격거리 미충족)와 추가된 처분사유(산림훼손, 경관 저해 등) 사이에 기본적 사실관계의 동일성이 있어 추가가 허용된다고 하였다. 분쟁의 일회적 해결을 위해 거부처분 취소소송에서 처분사유 추가·허용의 범위를 넓게 보는 것은 바람직하나, 기존 법리의 틀 안에서 도출할 수 있는 결론이라고 보기는 어렵다. 거부처분 취소소송의 경우에는 기본적 사실관계 동일성 기준을 버리고 신청한 수익처분의 동일성이 유지되는지를 기준으로 하여야 할 것이다.

생각할 문제

1. 불확정개념 판단시 행정의 요건재량 또는 판단여지를 인정해야 하는 영역은 어떠한 영역인가.

2. 대외적 구속력이 인정되는 법규명령과 법원의 존중이 인정되는 재량준칙 사이에 실질적으로 어떠한 차이가 있는가.

3. 처분사유 추가·변경시 고려해야 할 사항은 무엇이고, 이를 기초로 할 때 허용범위를 어떻게 설정되어야 하는가.

대법원 2022. 9. 16. 선고 2021두58912 판결
[고도의 전문적이고 기술적인 사항에 관한 전문적 판단의 사법적 통제]

황 성 익*

[사실관계]

원고 주식회사 A는 2019. 9. 25. 폐수배출시설 변경허가를 받아 공장안에 설치된 폐수배출시설 및 수질오염방지시설(이하 "이 사건 시설"이라 한다)을 변경하고 2019. 10. 7. 피고 안산시장에게 가동시작 신고를 한 다음 2019. 11. 4.까지 이 사건 시설의 시운전을 하였다.[1] 피고는 시운전 기간이 지난 이후인 2019. 11. 14. 인쇄회로기판 등을 제조하는 이 사

법무법인 세종 변호사

[1] 제37조(배출시설 등의 가동시작 신고) ① 사업자는 배출시설 또는 방지시설의 설치를 완료하거나 배출시설의 변경(변경신고를 하고 변경을 하는 경우에는 대통령령으로 정하는 변경의 경우로 한정한다)을 완료하여 그 배출시설 및 방지시설을 가동하려면 환경부령으로 정하는 바에 따라 미리 환경부장관에게 가동시작 신고를 하여야 한다. 신고한 가동시작일을 변경할 때에는 환경부령으로 정하는 바에 따라 변경신고를 하여야 한다.
② 제1항에 따른 가동시작 신고를 한 사업자는 환경부령으로 정하는 기간 이내에 배출시설(폐수무방류배출시설은 제외한다)에서 배출되는 수질오염물질이 제32조에 따른 배출허용기준 이하로 처리될 수 있도록 방지시설을 운영하여야 한다. 이 경우 환경부령으로 정하는 기간에는 제39조부터 제41조까지의 규정을 적용하지 아니한다.
③ 환경부장관은 제2항에 따른 기간이 지난 날부터 환경부령으로 정하는 기간 이내에 배출시설 및 방지시설의 가동상태를 점검하고 수질오염물질을 채취한 후 환경부령으로 정하는 검사기관으로 하여금 오염도검사를 하게 하여야 한다.
시행규칙 제47조(시운전 기간 등) ① 법 제37조 제2항 전단에서 "환경부령으로 정하는 기간"이란 다음 각 호의 구분에 따른 기간을 말한다.
2. 폐수처리방법이 물리적 또는 화학적 처리방법인 경우 : 가동시작일부터 30일
② 법 제37조 제1항에 따른 가동시작신고(가동시작일의 변경신고를 포함한다)를 받은 시·도지사는 제1항에 따른 기간이 지난 날부터 15일 이내에 폐수배출시설 및 수질오염방지시설의 가동상태를 점검하고, 수질오염물질을 채취한 후 다음 각 호의 어느 하나에 해당하는 검사기관에 오염도검사를 하도록 하여 배출허용기준의 준수 여부를 확인하도록 하여야 한다. 다만, 영 제33조 제2호 또는 제3호에 해당되는 경우 또는 폐수무방류배출시설에 대하여는 오염도검사 절차를 생략할 수 있다.
2. 특별시·광역시 및 도의 보건환경연구원
③ 제2항에 따른 오염도검사의 결과를 통보받은 시·도지사는 그 검사 결과가 배출허용기준을 초과하는 경우에는 법 제39조에 따른 개선명령을 하여야 한다.

건 시설에 대하여 가동상태를 점검하고, 위 시설에서 배출되는 수질오염물질의 시료(이하 "이 사건 시료"라 한다)를 채취하여 경기도보건환경연구원에 오염도 검사를 의뢰하였다.

경기도보건환경연구원장은 2019. 11. 20. 피고에게 이 사건 시료에서 구「물환경보전법」(2019. 11. 26. 법률 제16605호로 개정되기 전의 것, 이하 "물환경보전법"이라고 한다) 제32조[2])에 따른 수질오염물질 배출허용기준[아연(Zn) 5mg/L 이하]을 초과하는 111.3mg/L의 아연이 검출되었다고 통보하였다(이하 "첫 번째 오염도검사 결과"라 한다).

이에 피고는 2019. 11. 21. 원고에게 물환경보전법 제39조[3])에 따른 개선명령과 함께 같은 법 제42조 제1항 제1호[4]), 제71조[5])에 따른 조업정지 5일의 처분을 하였다(이하 "이 사건 조업정지 명령"이라 한다). 원고는 같은 날인 2019. 11. 21. 물환경보전법 제45조 제1항[6])에 따라 피고에게 위 개선명령을 이행하였음을 보고하고, 2019. 11. 22. 위 조업정지처분에 갈음하여 과징금 부과처분을 해줄 것을 요청하였다.

---

2) 제32조(배출허용기준) ① 폐수배출시설(이하 "배출시설"이라 한다)에서 배출되는 수질오염물질의 배출허용기준은 환경부령으로 정한다.
시행규칙 제34조(배출허용기준) 법 제32조 제1항에 따른 수질오염물질의 배출허용기준은 별표 13과 같다.
시행규칙 별표 13 수질오염물질의 배출허용기준은 제2.항 항목별 배출허용기준 나.목 페놀류 등 수질오염물질 항목에 대하여 제 8)호에서 아연함유량(mg/L)에 대하여 청정지역은 1이하, 가지역, 나지역, 특례지역은 5이하로 기준을 정하고 있다.

3) 제39조(배출허용기준을 초과한 사업자에 대한 개선명령) 환경부장관은 제37조 제1항에 따른 신고를 한 후 조업 중인 배출시설(폐수무방류배출시설은 제외한다)에서 배출되는 수질오염물질의 정도가 제32조에 따른 배출허용기준을 초과한다고 인정할 때에는 대통령령으로 정하는 바에 따라 기간을 정하여 사업자(제35조 제5항에 따른 공동방지시설 운영기구의 대표자를 포함한다)에게 그 수질오염물질의 정도가 배출허용기준 이하로 내려가도록 필요한 조치를 할 것(이하 "개선명령"이라 한다)을 명할 수 있다.
시행령 제39조(개선기간 등) ① 환경부장관은 법 제39조에 따라 개선명령을 할 때에는 개선에 필요한 조치 또는 시설설치 기간 등을 고려하여 1년의 범위에서 개선기간을 정하여야 한다.
② 법 제39조에 따른 개선명령을 받은 자는 천재지변이나 그 밖의 부득이한 사유로 개선기간에 개선명령의 이행을 마칠 수 없는 경우에는 그 기간이 끝나기 전에 환경부장관에게 6개월의 범위에서 개선기간의 연장을 신청할 수 있다.

4) 제42조(허가의 취소 등) ① 환경부장관은 사업자 또는 방지시설을 운영하는 자가 다음 각 호의 어느 하나에 해당하는 경우에는 배출시설의 설치허가 또는 변경허가를 취소하거나 배출시설의 폐쇄 또는 6개월 이내의 조업정지를 명할 수 있다. 다만, 제2호에 해당하는 경우에는 배출시설의 설치허가 또는 변경허가를 취소하거나 그 폐쇄를 명하여야 한다.
1. 제32조 제1항에 따른 배출허용기준을 초과한 경우

5) 제71조(행정처분의 기준) 이 법 또는 이 법에 따른 명령을 위반한 행위에 대한 행정처분의 기준은 환경부령으로 정한다.
시행규칙 제105조(행정처분 기준) ① 법 제71조에 따른 행정처분 기준은 별표 22와 같다.

6) 제45조(명령의 이행보고 및 확인) ① 제38조의4 제2항, 제39조, 제40조, 제42조 또는 제44조에 따른 개선명령·조업정지명령·사용중지명령 또는 폐쇄명령을 받은 자가 그 명령을 이행하였을 때에는 지체 없이 이를 환경부장관에게 보고하여야 한다.

피고는 2019. 11. 28. 위 조업정지처분이 원고의 대외적인 신용도 하락 및 고용불안 등에 현저한 영향을 줄 우려가 있다고 보아 물환경보전법 제43조 제1항 제4호[7], 「물환경보전법 시행령」 제46조의2 제1항[8])을 근거로 위 조업정지처분을 갈음하여 10,500,000원의 과징금 부과처분을 하였다(이하 "이 사건 과징금 부과처분"이라 한다).

피고는 같은 날 원고에게 원고가 배출한 수질오염물질이 물환경보전법 제32조에 따른 배출허용기준을 초과하였다는 이유로 물환경보전법 제41조 제1항 제2호 가목[9], 물환경보전법 시행령 제45조[10])에 따라 219,464,690원의 초과배출부과금 부과처분을 하였다(이하

---

7) 제43조(과징금 처분) ① 환경부장관은 다음 각 호의 어느 하나에 해당하는 배출시설(폐수무방류배출시설은 제외한다)을 설치·운영하는 사업자에 대하여 제42조에 따라 조업정지를 명하여야 하는 경우로서 그 조업정지가 주민의 생활, 대외적인 신용, 고용, 물가 등 국민경제 또는 그 밖의 공익에 현저한 지장을 줄 우려가 있다고 인정되는 경우에는 조업정지처분을 갈음하여 매출액에 100분의 5를 곱한 금액을 초과하지 아니하는 범위에서 과징금을 부과할 수 있다.
   4. 제조업의 배출시설

8) 제46조의2(과징금의 부과기준) ① 법 제43조 제1항에 따른 과징금의 부과기준은 별표 14의2와 같다.

9) 제41조(배출부과금) ① 환경부장관은 수질오염물질로 인한 수질오염 및 수생태계 훼손을 방지하거나 감소시키기 위하여 수질오염물질을 배출하는 사업자(공공폐수처리시설, 공공하수처리시설 중 환경부령으로 정하는 시설을 운영하는 자를 포함한다) 또는 제33조제1항부터 제3항까지의 규정에 따른 허가·변경허가를 받지 아니하거나 신고·변경신고를 하지 아니하고 배출시설을 설치하거나 변경한 자에게 배출부과금을 부과·징수한다. 이 경우 배출부과금은 다음 각 호와 같이 구분하여 부과하되, 그 산정방법과 산정기준 등에 관하여 필요한 사항은 대통령령으로 정한다.
   1. 기본배출부과금
   가. 배출시설(폐수무방류배출시설은 제외한다)에서 배출되는 폐수 중 수질오염물질이 제32조에 따른 배출허용기준 이하로 배출되나 방류수 수질기준을 초과하는 경우
   나. 공공폐수처리시설 또는 공공하수처리시설에서 배출되는 폐수 중 수질오염물질이 방류수 수질기준을 초과하는 경우
   2. 초과배출부과금
   가. 수질오염물질이 제32조에 따른 배출허용기준을 초과하여 배출되는 경우
   나. 수질오염물질이 공공수역에 배출되는 경우(폐수무방류배출시설로 한정한다)

10) 제45조(초과배출부과금의 산정기준 및 산정방법) ①법 제41조 제1항 제2호에 따른 초과배출부과금(이하 "초과배출부과금"이라 한다)은 수질오염물질 배출량 및 배출농도를 기준으로 다음 계산식에 따라 산출한 금액에 제3항 각 호의 구분에 따른 금액을 더한 금액으로 한다. 다만, 법 제41조 제1항 제2호 가목에 따른 초과배출부과금을 부과하는 경우로서 배출허용기준을 경미하게 초과하여 법 제39조에 따른 개선명령을 받지 아니한 측정기기부착사업자등에게 부과하는 경우 또는 제40조 제1항 제2호에 따라 개선계획서를 제출하고 개선하는 사업자에게 부과하는 경우에는 배출허용기준초과율별 부과계수와 위반횟수별 부과계수를 적용하지 아니하고, 제3항제1호의 금액을 더하지 아니한다.
   기준초과배출량 × 수질오염물질 1킬로그램당 부과금액 × 연도별 부과금산정지수 × 지역별 부과계수 × 배출허용기준초과율별 부과계수(법 제41조제1항제2호나목의 경우에는 유출계수·누출계수) × 배출허용기준 위반횟수별 부과계수
   ② 제40조 제1항 제1호에 따라 개선계획서를 제출하고 개선한 사업자에 대하여 제1항에 따른 산정기준

"이 사건 초과배출부과금 부과처분"이라 하고, 이 사건 조업정지 명령, 이 사건 과징금 부과처분과 함께 "이 사건 각 처분"이라 한다).

한편 피고는 2019. 11. 26. 이 사건 시설에서 배출되는 수질오염물질의 시료를 다시 채취하여 경기도보건환경연구원에 오염도검사를 의뢰하였는데, 그 분석결과 배출허용기준 미만인 0.317mg/L의 아연이 검출되었다.

원고는 이 사건 각 처분인 2019. 11. 21.자 조업정지명령[11]), 2019. 11. 28.자 과징금부과처분, 2019. 11. 28.자 초과배출부과금 부과처분 모두에 대한 취소를 구하는 소를 제기하기에 이르렀다.

[사건의 경과]

원고는 제1심법원[12])에서 "인쇄회로기판을 생산하기 위해 사용하는 약품 중 아연성분이 포함된 약품은 옥사이드공정에서 사용되는 'PB2 CTC R(아연 황산염 모노수화물 0.1~0.9% 함유)'이 유일한데, 'PB2 CTC R'의 하루 최대 사용량을 기준으로 원고의 수질오염방지시설에 유입되는 아연의 양을 계산하면 5.24mg/ℓ 에 불과하고 수질오염방지시설에서 중금속 제거제와 응집제 등을 투입하여 아연을 침강시키는 방법으로 폐수처리를 하므로 피고의 첫

을 적용함에 있어서는 법 제39조에 따른 개선명령을 받은 것으로 본다.

③ 초과배출부과금을 산출하기 위하여 제1항의 산식에 따라 산출한 금액에 더하는 금액은 다음 각 호와 같다.

1. 법 제41조 제1항 제2호 가목에 따른 초과배출부과금은 별표 13에 따른 제1종사업장은 400만원, 제2종사업장은 300만원, 제3종사업장은 200만원, 제4종사업장은 100만원, 제5종사업장은 50만원으로 한다.
2. 법 제41조 제1항 제2호 나목에 따른 초과배출부과금은 500만원으로 한다.

④ 제1항의 산식에 따른 기준초과배출량은 다음 각 호의 구분에 따른 배출량으로 한다.

1. 법 제41조 제1항 제2호 가목의 경우: 배출허용기준을 초과한 양
2. 법 제41조 제1항 제2호 나목의 경우: 수질오염물질을 배출한 양

⑤ 제1항과 제4항에 따른 초과배출부과금 산정에 필요한 수질오염물질 1킬로그램당 부과금액, 배출허용기준초과율별 부과계수, 유출·누출계수 및 지역별 부과계수는 별표 14와 같다.

⑥ 공동방지시설에 대한 초과배출부과금은 사업장별로 제1항부터 제4항까지의 규정에 따라 산정하여 더한 금액으로 한다.

⑦ 측정기기부착사업장등에 대한 초과배출부과금 산정을 위한 수질오염물질 배출량과 배출농도에 관하여는 제41조 제5항을 준용한다.

11) 아래에서 살펴보는 바와 같이 원고는 이 사건 원심인 수원고등법원에서 이 사건 조업정지명령 취소청구부분을 취하하였다. 수원고등법원 2021. 10. 22. 선고 2020누14881 판결 참조.
12) 수원지방법원 2020. 11. 5. 선고 2019구합75083 판결.

번째 오염도 검사 결과와 같이 아연이 113.3mg/ℓ 이나 검출될 가능성이 없는 점, 피고는 오염도검사를 위한 시료 채취 당시 수질오염공정시험기준에서 정한 시료의 채취 및 보존 방법을 따르지 않은 점 등에 비추어 보면, 피고의 첫 번째 오염도 검사 결과는 신뢰하기 어려워 원고가 물환경보전법 제32조 제1항에 따른 수질오염물질 배출허용기준을 초과한 경우에 해당한다고 볼 수 없다."고 하여 이 사건 각 처분이 위법하다고 주장하였다.

이에 대해서 제1심법원은 "① 피고의 첫 번째 오염도검사 결과 나온 아연의 양은 원고의 인쇄회로기판 생산 공정 및 폐수처리 공정에 따라 배출될 수 있는 아연의 양과 비교하여 지나치게 많은 것으로 위 각 공정에 오류나 오작동이 있지 않은 이상 나오기 힘든 수치인 점, ② 이에 대하여 B대학원 객원교수 공학박사 C은 만일 응축된 아연결정체가 가라앉지 않고 시료 채취시 채수병에 포집되었다면 피고의 첫 번째 오염도검사 결과와 같은 높은 수치의 아연농도가 측정되는 것이 가능하나 이는 통상적으로 볼 때 희박한 확률로 배출업체(원고)가 통제할 수 없는 상황에 해당한다는 의견을 제시한 점, ③ 원고가 폐수처리공정을 변경하지 않았음에도 첫 번째 오염도 검사일로부터 12일 뒤에 실시한 두 번째 오염도 검사에서는 아연이 0.317mg/ℓ 만 검출되었을 뿐만 아니라 원고가 폐수배출시설 및 수질오염방지시설의 시운전기간 동안 주기적으로 한 팩테스트 결과에서도 폐수처리 이후 방류되는 물의 아연 수치는 아연의 배출허용기준인 5mg/ℓ 를 훨씬 밑돌았던 점, ④ 피고는 원고의 수질오염방지시설에서 처리되고 방류되는 물의 시료를 채취하여 오염도 검사를 의뢰할 때 수질오염공정시험기준이 정한 방법을 따르지 않았으므로 그 검사 결과를 선뜻 신뢰하기 어려운 점 등을 종합해 보면, 피고의 첫 번째 오염도검사 결과를 그대로 신뢰하기 어려워 원고가 2019. 11. 14. 물환경보전법 제32조 제1항 및 같은 법 시행규칙 제34조 별표 13이 정한 배출허용기준 5mg/ℓ 를 초과하여 아연을 배출하였다고 인정하기 어렵다 할 것"이라고 하여 피고의 이 사건 각 처분은 그 처분사유가 부존재하다고 하면서 원고의 청구를 전부 인용하였다.

이에 불복한 피고 안산시장의 항소에 대하여 원심법원[13]은 구 수질오염공정시험기준(국립환경과학원 고시 제2018-65호)은 「환경분야 시험·검사 등에 관한 법률」 제6조에 따라 수질오염물질을 측정함에 있어 측정의 정확성 및 통일을 유지하기 위하여 필요한 제반사항에 대하여 규정함을 목적으로 하여 국립환경과학원 고시로 제정된 것인데, "이는 시료채취의 방법, 오염물질 측정의 방법 등을 정한 것으로, 그 형식 및 내용에 비추어 행정기관 내부의 사무처리준칙에 불과하므로 일반 국민이나 법원을 구속하는 대외적 구속력이 없다. 따

---

13) 수원고등법원 2021. 10. 22. 선고 2020누14881 판결.

라서 시료채취의 방법 등이 이 사건 고시에서 정한 절차에 위반된다고 하여 그러한 사정만으로 곧바로 그에 기초하여 내려진 행정처분이 위법하다고 볼 수는 없고, 관계 법령의 규정 내용과 취지 등에 비추어 그 절차상 하자가 채취된 시료를 객관적인 자료로 활용할 수 없을 정도로 중대한지에 따라 판단되어야 한다(대법원 2021. 5. 7. 선고 2020두57042 판결 등 참조)"는 법리를 전제하였다.

구체적 판단으로는 우선 시료채취과정과 관련하여 이 사건 시료 채취 전에 시료 채취 용기를 3회 이상 씻었다고 봄이 상당하다고 판단하였고[14] 설령 이 사건 시료 채취 전에 시료 채취 용기를 시료로 3회 이상 씻지 않았다고 하더라도, 이 사건 시료를 객관적인 자료로 활용할 수 없을 정도로 중대한 절차적 하자가 있다고 볼 수 없다고 하였다.

나아가 이 사건 시료 보존절차에 대해서는 피고 소속 공무원이 시료 채취를 종료하고 1시간 후 경기도보건환경연구원에 오염도검사를 의뢰한 사실이 인정되는바, 이러한 정도의 시간 간격이라면 위와 같이 이 사건 고시에서 규정하는 '즉시 실험'한 경우에 해당한다고 보는 것이 타당하고, 이와 달리 이를 '보존'에 해당한다고 보아 그 보존방법에 관한 규정을 적용하여야 한다고 볼 수 없다고 하였다. 또한 이 사건 시료 채취 후 질산을 첨가하여 보관한 후 실험하였어야 한다고 보더라도, 이 사건 시료에 질산을 첨가하지 않음으로 인하여 이 사건 시료에 포함된 아연의 농도가 증가하는 결과를 초래하였을 것으로 보이지도 않기 때문에 이 사건 시료를 객관적인 자료로 활용할 수 없을 정도로 중대한 절차적 하자가 있다고 볼 수도 없다고 판단하였다.

또한 이 사건 각 처분의 근거가 된 첫 번째 오염도 검사 결과의 신뢰성 여부에 대하여는 경기도보건환경연구원은 수질오염물질의 오염도 검사를 실시할 수 있는 법정기관이며 그 검사결과는 매우 공신력이 높은 것으로 보아야 하고 합리적 이유없이 그 신빙성을 배척하여서는 아니된다고 판단하였다. 피고가 2019. 11. 26. 실시한 두 번째 오염도 검사 결과는 원고가 피고의 개선명령을 이행한 이후에 실시된 검사결과인 점, 원고가 스스로 실시하였

---

14) 이 사건 수질오염공정시험기준은 'ES 04130.1d 시료의 채취 및 보존 방법'에 관하여 '3.0 시료채취시 유의사항'에서 "3.2 시료 채취 용기는 시료를 채우기 전에 시료로 3회 이상 씻은 다음 사용하며, 시료를 채울 때에는 어떠한 경우에도 시료의 교란이 일어나서는 안 되며 가능한 한 공기와 접촉하는 시간을 짧게 하여 채취한다.", "3.19 채취된 시료는 즉시 실험하여야 하며, 그렇지 못한 경우에는 5.0 시료의 보존방법에 따라 보존하고 규정된 시간 내에 실험하여야 한다."고 규정하고, '5.0 시료의 보존방법'에서 "5.1 채취된 시료를 현장에서 실험할 수 없을 때에는 따로 규정이 없는 한 표 1의 보존방법에 따라 보존하고 어떠한 경우에도 보존기간 이내에 실험을 실시하여야 한다."고 규정하면서 '표 1. 보존방법'에서 '금속류(일반)'에 대하여 보존방법을 "시료 1L당 질산(HNO3)2mL 첨가", 최대보존기간(권장보존기간)을 "6개월"로 규정하고 있다.

다는 팩테스트는 간이한 검사방법으로서 기록상 그 정확성을 담보할 만한 자료가 전혀 없는 점, 오염도검사 결과는 폐수의 농도 또는 유량, 폐수처리시설의 가동 정도, 상황 등에 따라 달라질 수 있는 점 등을 고려할 때, 다른 날에 이루어진 두 번째 오염도검사 결과와 팩테스트 결과가 배출허용기준 이내였다는 사정만으로 법정검사기관인 경기도보건환경연구원의 첫 번째 오염도검사 결과의 신빙성을 부정하기는 어렵다고 하여 배척하였다. 또한 원고가 사용하는 약품 중 아연 성분이 포함된 약품은 옥사이드공정에서 사용되는 'PB2 CTC R'이 유일하고, 그 하루 최대 사용량을 기준으로 이 사건 시설에 유입되는 아연의 양을 계산하면 첫 번째 오염도검사 결과와 같은 아연 농도가 검출될 가능성이 없다는 주장에 대해서는, 원고의 주장에 따른 수치는 원고가 제공한 공정에 관한 일방적 자료에 기초하여 이 사건 시설의 집수조에 기존 폐수가 전혀 보관되지 않은 상태에서 그날 발생된 폐수가 유입되어 폐수처리공정이 완벽하게 가동하여 모두 처리되었을 경우를 가정한 이론적 수치로서 신뢰할 만한 것으로 볼 수 없고, 이 사건 시설의 현실적인 관리 상황에 따라 집수조 하부에 기존 폐수의 아연 성분이 지속적으로 농축되어 있다가 배출되면서 첫 번째 오염도검사 결과와 같은 정도의 아연이 배출될 가능성을 완전히 배제할 수도 없다고 하여 배척하였다. 또한 2021. 3. 4.과 2021. 4. 29. 이 사건 시설에서 미신고 오염물질인 철(Fe)이 검출된 점 등에 비추어 원고가 생산공정 및 폐수처리공정에 위 'PB2 CTC R' 외에 아연 성분이 포함된 다른 약품을 사용하였을 가능성 또한 배제할 수 없다고 판시하였다.[15]

제2심법원인 원심은 이상과 같은 이유로 제1심판결을 취소하고 원고가 원심에서 취하한 2019. 11. 21.자 조업정지명령 취소 청구부분을 제외한 2019. 11. 28.자 과징금 부과처분 및 2019. 11. 28.자 초과배출금부과처분에 대한 원고의 취소 청구를 모두 기각하였다.

이에 대해 원고가 대법원에 상고하였다.[16]

---

15) 기타 원심 판결문에 제시된 원고의 나머지 청구이유 중 원고가 통제할 수 없는 사정에 의하여 아연이 배출허용기준을 초과하여 검출되었기 때문에 이 사건 각 처분이 위법하다거나 원고가 피고의 개선명령을 불이행하거나 배출허용기준을 계속 초과한 경우에 해당하지 않으므로 이를 이유로 한 조업정지명령이나 이에 갈음한 과징금부과처분을 할 수 없다는 주장 그리고 원고가 6일 동안 계속하여 배출허용기준을 초과하여 폐수를 방류하지 않았으므로 초과배출기간을 6일로 하여 배출부과금을 산정한 처분이 위법하다는 주장에 대한 판단이유는 본 평석의 범위에서 제외되므로 생략하였다.

16) 아래에서 살펴보는 대상판결인 대법원 2022. 9. 16. 선고 2021두58912 판결이 있었고 파기환송결과에 따라 수원고등법원 2022누13899 사건에 대하여 2023. 9. 13. 1심판결에 대한 피고 안산시장의 항소에 대한 항소기각 판결이 선고되어 2023. 9. 28. 확정되었다.

[대상판결]

대법원은 원심판결을 파기하고 사건을 다시 심리·판단하도록 원심법원에 환송하였다. 그 구체적인 설시를 요약하면 다음과 같다.

행정청이 관계 법령이 정하는 바에 따라 고도의 전문적이고 기술적인 사항에 관하여 전문적인 판단을 하였다면, 판단의 기초가 된 사실인정에 중대한 오류가 있거나 판단이 객관적으로 불합리하거나 부당하다는 등의 특별한 사정이 없는 한 존중되어야 한다(대법원 2016. 1. 28. 선고 2013두21120 판결 참조). 환경오염물질의 배출허용기준이 법령에 정량적으로 규정되어 있는 경우 행정청이 채취한 시료를 전문연구기관에 의뢰하여 배출허용기준을 초과한다는 검사결과를 회신 받아 제재처분을 한 경우, 이 역시 고도의 전문적이고 기술적인 사항에 관한 판단으로서 그 전제가 되는 실험결과의 신빙성을 의심할 만한 사정이 없는 한 존중되어야 함은 물론이다.

수질오염물질을 측정함에 있어 시료채취의 방법, 오염물질 측정의 방법 등을 정한 이 사건 고시는 그 형식 및 내용에 비추어 행정기관 내부의 사무처리준칙에 불과하므로 일반 국민이나 법원을 구속하는 대외적 구속력은 없다. 따라서 시료채취의 방법 등이 이 사건 고시에서 정한 절차에 위반된다고 하여 그러한 사정만으로 곧바로 그에 기초하여 내려진 행정처분이 위법하다고 볼 수는 없고, 관계 법령의 규정 내용과 취지 등에 비추어 그 절차상 하자가 채취된 시료를 객관적인 자료로 활용할 수 없을 정도로 중대한지에 따라 판단되어야 한다(대법원 2021. 5. 7. 선고 2020두57042 판결 등 참조). 다만 이때에도 시료의 채취와 보존, 검사방법의 적법성 또는 적절성이 담보되어 시료를 객관적인 자료로 활용할 수 있고 그에 따른 실험결과를 믿을 수 있다는 사정은 행정청이 그 증명책임을 부담하는 것이 원칙이다.

원심은 질산의 미첨가와 시료의 교란 또는 변질가능성 사이의 과학적 상관관계를 검증·확인하기 위한 별다른 심리도 하지 아니한 채 질산을 첨가하지 않았더라도 검사결과에 영향이 없다고 단정하였다. 원심은 단기간에 아연의 배출량이 현저하게 감소한 이유에 관하여 구체적으로 심리·판단하였어야 함에도 이 점에 관하여 제대로 심리가 이루어지지 않았다. 이 사건 시설에서 배출되는 수질오염물질 중 오로지 아연만 기준치를 현저하게 초과하고 다른 금속 물질은 기준치 미만으로 검출되었는데, 피고는 그 원인에 관하여 납득할 수 있는 설명을 하고 있지 못한다. 그럼에도 원심은 그 원인을 밝히기 위한 아무런 심리·판단을 하지 아니하였다. 이상의 사정들을 종합하면, 이 사건 시료의 채취 및 보존 절차와 방법은 이 사건 고시에서 정한 절차를 위반하였는데 그 절차상 하자는 채취된 시료를 객관적인 자료로 활용할 수 없을 정도로 중대하다고 볼 여지가 충분하다.

[판결의 평석]

Ⅰ. 사안의 쟁점

환경행정과 환경법의 집행은 과학기술 및 과학기술에 기반한, 화학물질인 환경오염물질의 측정과 분석에 크게 의존하고 있다. 지난 2006년 제정된 「환경분야 시험·검사 등에 관한 법률」(이하 "환경시험검사법"이라 한다)은 기존에 「대기환경보전법」 등 9개 법률에 규정되어 있는 대기오염물질 등 9개 분야(대기오염물질, 소음·진동, 실내공간오염물질, 수질오염물질, 악취, 먹는 물, 폐기물, 유해화학물질, 토양오염물질)에 대한 환경오염공정시험기준을 이 법에서 정하여 고시하도록 하되, 「산업표준화법」 제10조의 규정에 의한 한국산업규격(KS)이 고시되어 있는 경우에는 대통령령이 정하는 특별한 사유가 없는 한 그 규격에 따르도록 하였다. 기존의 환경시험·검사방법은 9개의 개별법, 매체별로 각기 시험검사가 이루어지고 있어 체계적 관리가 되지 않고 비효율적으로 운영되었기 때문에 개별법에 분산되어 있는 환경오염공정시험기준을 통합하여 관리하고자 하는 제정의도가 있었다. 또한 이 법 제8조는 환경분야 관계 법령에서 정하는 바에 따라 환경오염도를 기록·제출·공표하거나 행정처분 등의 근거로 사용하고자 하는 경우에는 이 법에서 정하는 공정시험기준에 따라야 함을 규정하고 있다.

이러한 상황에서 이 법 제6조에서 환경부장관으로 하여금 고시하도록 위임하였고 이 법 시행령 제17조의 권한의 위임 조항에 따라 국립환경과학원장에게 위임되어 제정된 공정시험기준이 대법원이 밝힌 대로 "행정기관 내부의 사무처리준칙에 불과하므로 일반 국민이나 법원을 구속하는 대외적 구속력은 없"는 행정규칙에 불과한지 그 법적 성격의 규명이 필요하다. 또한 그러한 공정시험기준을 위배한 경우에는 "시료채취의 방법 등이 이 사건 고시에서 정한 절차에 위반된다고 하여 그러한 사정만으로 곧바로 그에 기초하여 내려진 행정처분이 위법하다고 볼 수는 없고 관계 법령의 규정 내용과 취지 등에 비추어 그 절차상 하자가 채취된 시료를 객관적인 자료로 활용할 수 없을 정도로 중대한지에 따라 판단되어야 한다"는 심사기준의 타당성을 검토해 볼 필요가 있다.

나아가 공정시험기준을 위반하여 측정, 분석된 시험결과를 토대로 한 행정처분이 내려진 경우 공정시험기준이 국민과 법원에 대한 구속력이 없는 행정규칙으로 단정된 결과 행정처분의 요건 부분에 대한 법규적 개념은 "배출허용기준을 초과한 경우"만 남게 된다. 이때 배출허용기준을 초과한 경우인지에 대한 행정청의 판단에 대한 법원의 심사강도는 "행정청이 관계 법령이 정하는 바에 따라 고도의 전문적이고 기술적인 사항에 관하여 전문적인 판단을 하였다면, 판단의 기초가 된 사실인정에 중대한 오류가 있거나 판단이 객관적으로 불합리하거나 부당하다는 등의 특별한 사정이 없는 한 존중되어야"한다는 대법원의 불확정 개념에 대한 기존의 판단 법리를 적용해야 하는지 검토되어야 한다.

Ⅱ. 판례의 이해

대상판결은 환경행정의 실무와 환경법 위반 특히 배출허용기준을 초과한 환경법 수범자에 대한 행정처분의 쟁송과정에서 드러날 수 있는 첨예한 이론적 쟁점을 포함하고 있다. 쟁점별로 대법원은 기존의 유사한 판결례에서 제시된 설시를 반복하고 있으므로 대상판결의 결론에 이르게 된 과정을 논리적 순서에 의하여 철저히 이해해 보도록 한다.

1. 판결의 분석

(1) 환경오염공정시험기준의 법적 성격

대상판결이 이 사건 구 수질오염공정시험기준의 법적성격을 행정규칙이라 판단하면서 참조한 대법원 판례는 구 악취공정시험기준의 법적 성격에 대한 것이었다. 대법원은 구 악취공정시험기준(2017. 8. 11. 국립환경과학원고시 제2017-17호로 제정되고, 2018. 11. 27. 국립환경과학원고시 제2018-46호로 전부개정되기 전의 것)의 법적 성격에 대하여 "국립환경과학원장이 「환경분야 시험·검사 등에 관한 법률」 제6조에 따라 악취를 측정함에 있어서 측정의 정확성 및 통일을 유지하기 위하여 필요한 제반사항을 규정함을 목적으로 하여 국립환경과학원 고시로 제정된 것이다. 이는 시료채취의 방법, 악취측정의 방법 등을 정한 것으로, 그 형식 및 내용에 비추어 행정기관 내부의 사무처리준칙에 불과하므로 일반 국민이나 법원을 구속하는 대외적 구속력이 없다."고 판시하여 "시료채취의 방법 등이 이 사건 고시에서 정한 절차에 위반된다고 하여 그러한 사정만으로 곧바로 그에 기초하여 내려진 행정처분이 위법하다고 볼 수는 없"다고 하였다.[17]

이 판결이 또한 참조판례로 제시한 대법원 판결은 해당 판결의 원심이 "환경오염물질 배출사업장의 지도·점검에 있어서 사업장 관할구분, 사업장 관계인의 입회, 시료 채취 확인서에 대하여 규정하고 있는 환경오염물질 배출사업장 지도·점검에 관한 규정(환경부 훈

---

17) 대법원 2021. 5. 7. 선고 2020두57042 판결.

령 제278호)이나 시료 채취방법과 채취량, 시료 보존방법 및 보존기간 등에 관하여 규정하고 있는 수질오염공정시험방법(환경부 고시 제91호)[18]은 행정기관 내부의 사무처리준칙에 불과하므로 피고측이 위 시료 채취 등과 관련하여 위 훈령이나 고시가 정한 절차 등을 따르지 아니하였다고 하여 이 사건 처분이 위법하다고 볼 수 없다고 판단"한 것에 대하여 "위와 같은 사실인정과 판단은 정당하고 거기에 시료 채취의 절차위반에 대한 법리오해, 시료 채취방법과 채취량, 시료 보존방법과 보존기간에 관한 사실오인 및 법리오해..."등이 없다고 판시한 바 있다.[19] 이 사건의 원심에서는 "수질오염공정시험방법은 상급행정기관이 하급행정기관에 대하여 발하는 일반적인 행정명령으로서 행정기관 내부에서만 구속력이 있을 뿐 대외적인 구속력을 가지는 것은 아니라고 할 것이므로 위 규정에 위반하여 피고가 원고측 관계인 입회 없이 위 시료를 각 채취하였다고 할지라도 그러한 사정만으로는 이 사건 처분이 위법하다고 할 수 없"다고 판시하였다.[20]

그러나 다른 한편으로 대상판결이 인용한 대법원 판결과 그 대법원 판결이 인용한 대법원 판결과 별도로 환경오염공정시험기준에 대한 다른 대법원 판례도 살펴볼 필요가 있다.

대법원은 구 오물청소법(1987. 4. 1. 폐지되었다)의 악취 개념은 "「공공의 위험」, 「음란」, 「공연성」 등과는 달리 법관이 일정한 가치판단에 의하여 내릴 수 있는 규범적 개념이 아닌 것이므로 위에서 정한 「악취」인가 여부를 판단함에 있어서는 당해 법규가 정하는 기준치의 측정방법 등에 의하지 아니하고서는 막연하게 함부로 판정할 수는 없다 할 것"이라고 하면서 당시 환경보전법에 근거를 두고 발령된 환경청 고시인 환경오염공정시험법에 의한 관능법에 따른 악취를 판정함에 있어서 앞에서 본 바와 같은 판정시험 또는 방법에 의하였거나 그 결과 그 악취의 정도가 3도 이상에 해당한다고 인정할만한 아무런 자료가 없다고 하여 원심판결을 파기한 바 있다.[21] 또한 대법원은 양돈농장 돈사의 폐수 시료의 오염도에 대하여 구 환경보전법 제22조의3에 근거하여 환경청장이 정하여 공고한 수질오염공정시험방법에서 "오염도 검사를 위한 방류폐수 채수시 시료채취지점은 폐수의 성질을 대표할 수 있는 곳에서 현장물의 성질을 대표할 수 있도록 채취하여야 하며, 아울러 시료

---

18) 구 「수질환경보전법」(1997. 8. 28. 법률 제5389호로 개정되기 전의 것) 제7조는 수질오염공정시험방법을 정하면서 환경부장관은 수질오염물질을 측정함에 있어서 측정의 정확과 통일을 기하기 위하여 수질오염공정시험방법을 정하여 이를 고시하여야 한다고 규정하였다.

19) 대법원 2004. 12. 10. 선고 2003두3246 판결.

20) 광주고등법원 2003. 3. 13. 선고 98누792 판결.

21) 대법원 1989. 1. 31. 선고 88도1650 판결. 이 판결에서는 당시의 환경오염공정시험방법의 법적 성격과 그러한 환경오염공정시험방법을 위반하여 얻어진 측정 자료의 활용방법에 대하여 명시적 판단을 하지는 않았다.

채수시 우수나 조업목적 이외의 물이 포함되지 말아야 한다"는 점을 인용하면서 원심이 돈사에서 나오는 폐수 등이 바로 모이는 돈사 옆 맨홀에서 채취한 시료의 오염도에 기하여 이 사건 배출금 부과금을 산정한 것은 그 오염도가 최종배출구에서 배출되는 폐수의 오염 도와 같다고 볼 수 없기 때문에 위법하다고 판단한 것에 대하여 폐수시료채취방법이 부적 절하다고 단정한 것은 채증법칙 위배나 심리미진의 허물이 있다고 판단한 바 있다.[22] 또한 대법원은 "광주지방환경청 측정분석과의 시설, 장비, 기술능력이 제대로 갖추어져 있었다 면 그 시험결과는 매우 공신력이 높은 것으로 보아야 하고, 합리적인 이유 없이 함부로 그 신빙성이 배척되어서는 아니될 것이다"고 하면서 "예컨대 폐수시료채취의 장소나 조건 등 이 폐수의 성분을 가장 잘 대표할 수 있도록 각종 규정에 적합하였던 것인지, 폐수의 실험 분석을 위한 시설, 장비나 기술능력에 이상은 없었는지, 측정방법에 관한 일반적 원칙이 제대로 준수되었던 것인지 여부에 관하여 의문이 제기될 수도 있는 것"이라고 하며 이러 한 의문점의 규명을 주문한 바 있다.[23]

이러한 흐름에서 위 2004년 대법원 판결이 구 수질오염공정시험기준의 대외적 구속력을 부정한 이래 대법원은 토양오염공정시험방법(환경부고시 제2002–122호)에 대해서도 행정기 관 내부의 사무처리 준칙을 정한 행정규칙이라고 판시하였다.[24]

이상에서 살펴보듯이 대법원은 수질오염공정시험기준을 포함한 환경오염공정시험기준 에 대하여 개별 매체법에서 위임의 근거를 마련했던 때부터 환경시험검사법이 제정된 지 금에 이르기까지 일관되게 그 법적 성격을 행정규칙으로 보아 법원과 일반 국민에 대한 대 외적 구속력을 부인하고 있음을 알 수 있다.

---

22) 대법원 1992. 12. 11. 선고 92누8989 판결. 대법원은 이 판결에서 당시 수질오염공정시험기준의 법적 성격을 밝히지는 아니하였으나 이 시험방법이 정하고 있는 폐수 시료 채취의 대표성, 이물질 혼입방지 의 내용을 원용하여 판시하고 있다.

23) 대법원 1993. 7. 16. 선고 93누814 판결.

24) 대법원 2009. 1. 30. 선고 2006두9498 판결. 이 사건 원심이 "토양오염공정시험방법(환경부고시 제 2002-122호)은 행정기관 내부의 사무처리준칙을 정한 행정규칙에 해당하고, 채취된 시료의 대상지역 토양에 대한 대표성을 전혀 인정할 수 없을 정도로 그 위반의 정도가 중대한 경우가 아니라면, 토양오 염공정시험방법에 규정된 내용에 위반되는 방식으로 시료를 채취하였다는 사정만으로는 그에 기초하여 내려진 토양정밀조사명령이 위법하다고 할 수 없다고 한 다음, 판시와 같은 사실을 종합하여 이 사건 토양오염실태조사에서 채취된 시료의 대표성이 상당한 정도로 확보되었다고 보고, 이 사건 토양오염실 태조사 과정에서 있었던 시료채취방법의 일부 절차상 하자가 이 사건 토양정밀조사명령을 취소하여야 할 정도에까지는 이르지 아니하였다고 판단"한 것에 대하여 채증법칙 위배, 토양환경보전법 및 토양오 염공정시험방법의 해석에 관한 법리오해 등의 위법이 있다고 할 수 없다고 판시하였다.

(2) 환경오염공정시험기준을 위반한 측정 결과를 토대로 한 행정처분의 효력

대상판결은 이 사건 수질오염공정시험기준을 행정규칙으로 관념하였기 때문에 그 대외적 구속력을 부인하고 "시료채취의 방법 등이 위 고시에서 정한 절차에 위반된다고 하여 그러한 사정만으로 곧바로 그에 기초하여 내려진 행정처분이 위법하다고 볼 수는 없고, 관계 법령의 규정 내용과 취지 등에 비추어 절차상 하자가 채취된 시료를 객관적인 자료로 활용할 수 없을 정도로 중대한지에 따라 판단되어야 한다"고 판시하였다. 이러한 대상판결의 설시는 대법원이 일관되게 판시한 바와 같은 다음의 법리 즉, "어떤 행정처분이 그와 같이 법규성이 없는 시행규칙 등의 규정에 위배된다고 하더라도 그 이유만으로 처분이 위법하게 되는 것은 아니라 할 것이고, 또 그 규칙 등에서 정한 요건에 부합한다고 하여 반드시 그 처분이 적법한 것이라고 할 수도 없다. 이 경우 처분의 적법 여부는 그러한 규칙 등에서 정한 요건에 합치하는지 여부가 아니라 일반 국민에 대하여 구속력을 가지는 법률 등 법규성이 있는 관계 법령의 규정을 기준으로 판단하여야 한다"는 법리와 결합하여 이해하여야 한다.[25] 일부 대법원 판결은 "처분이 적법한지는 행정규칙에 적합한지 여부가 아니라 상위법령의 규정과 입법 목적 등에 적합한지 여부에 따라 판단해야 한다."고 설시한 바도 있다.[26]

따라서 환경오염공정시험기준을 준수하였다거나 위반하였다는 주장은, 피고 행정청이 그에 기반한 행정처분의 적법성을 주장하기 위하여 펼치거나 원고가 해당 행정처분이 위법하다는 주장의 근거로 삼는 각각의 경우가 있을 수 있는데 법원은 해당 처분의 적법 여부는 법률 등 법규성이 있는 관계 법령의 규정을 기준으로 하고 해당 법률의 입법목적을 종합적으로 심사하여 판단하게 되고 "관계 법령의 규정 내용과 취지 등에 비추어 절차상 하자가 채취된 시료를 객관적인 자료로 활용할 수 없을 정도로 중대한지에 따라" 위법성 여부가 판단된다.

(3) 환경오염공정시험기준을 위반한 측정 결과를 토대로 한 행정처분에 대한 심사강도

환경오염공정시험기준이 법규성이 부정되어 대외적 구속력이 없는 행정규칙으로 취급되게 되면 이 사건 각 처분의 적법성을 담보하기 위한 핵심적 처분요건은 물환경보전법 제32조 제1항이 정하는, 폐수배출시설에서 배출되는 수질오염물질의 "배출허용기준을 초과한 경우"이다. 배출허용기준은 위 법 조항에 따라 숫자로 규정된 환경법상 성과기준이다.

---

25) 대법원 2013. 9. 12. 선고 2011두10584 판결 외 다수.
26) 대법원 2019. 7. 11. 선고 2017두38874 판결 외 다수.

그런데 배출허용기준을 초과하였는지 여부를 판단하기 위한 수질오염공정시험기준의 법규성이 부인된 결과 법원으로서는 배출허용기준을 초과하였는지 여부를 심사할 때 어떤 자료에 근거하여 어느 강도로, 즉 어느 정도의 규율밀도로 심사해야 할지 문제된다.

대법원은 이 사건에서 "행정청이 관계 법령이 정하는 바에 따라 고도의 전문적이고 기술적인 사항에 관하여 전문적인 판단을 하였다면, 판단의 기초가 된 사실인정에 중대한 오류가 있거나 판단이 객관적으로 불합리하거나 부당하다는 등의 특별한 사정이 없는 한 존중되어야 한다(대법원 2016. 1. 28. 선고 2013두21120 판결 참조)"고 판시하였다.

이러한 대법원의 판시는 불확정법개념이 행정처분의 요건으로 규정된 경우의 사법심사의 강도에 대한 대법원의 판시와 궤를 같이 하고 있다. 대법원은 교과서 검정[27], 현역복무 부적합자 전역[28], 고분발굴허가[29], 예방접종으로 인한 장애인 인정[30], 신의료기술에 대한

---

27) 대법원 1988. 11. 8. 선고 86누618 판결: 교과용 도서 및 지도서를 검정함에 있어서는 위 법령과 심사기준에 따라야 하는 것은 물론이지만 그 판단이 사실적 기초가 없다거나 또는 사회통념상 현저히 부당하다는 등 현저히 재량권의 범위를 일탈한 것으로 보이지 않는 한 그 처분을 위법시 할 수 없다고 할 것이고 법원이 그 검정에 관한 처분의 위법여부를 심사함에 있어서는 피고와 동일한 입장에 서서 어떠한 처분을 하여야 할 것인가를 판단하고 그것과 피고의 처분과를 비교하여 그 당부를 논하는 것은 불가하고 피고가 관계법령과 심사기준에 따라서 처분을 한 것이면 그 처분은 유효한 것이고 그 처분이 현저히 부당하다거나 또는 재량권의 남용에 해당한다고 볼 수밖에 없는 특별한 사정이 있는 때가 아니면 피고의 처분을 취소할 수 없다고 보아야 할 것이다.

28) 대법원 1980. 9. 9. 선고 80누291 판결: 원고의 현역근무 정년이 약 11개월 남았고, 후임자가 항공장교의 최고 서열인 항공처장에 재직하고 있는 사정하에서, 원고에 대하여, 재교육조치도 취하지 않았음은 부당하다는 원심인정은 당시 군에서 이와 같은 조치를 취할 가치가 있는 여부는 해군참모총장이나 전역심사위원회, 현역복무자 조사위원회에서 원칙적으로 자유재량에 의하여 판단할 일이고, 또 위 금전각출, 차용행위 등으로 말미암아 원고는 부하의 신뢰와 존경심을 상실하게 되어 지휘 및 통솔능력이 부족한 자에 해당한 여부도 그 판단은 위와 같이 원칙적으로 자유재량에 의하여 판단할 사항이므로서 군의 특수성에 비추어 명백한 법규 위반이 없는 이상 군당국의 판단을 존중하여야 한다.

29) 대법원 2000. 10. 27. 선고 99두264판결: 행정청은 발굴허가가 신청된 고분 등의 역사적 의의와 현상, 주변의 문화적 상황 등을 고려하여 역사적으로 보존되어 온 매장문화재의 현상이 파괴되어 다시 회복할 수 없게 되거나 관련된 역사문화자료가 멸실되는 것을 방지하고 그 원형을 보존하기 위한 공익상의 필요에 기하여 그로 인한 개인의 재산권 침해 등 불이익이 훨씬 크다고 여겨지는 경우가 아닌 한 발굴을 허가하지 아니할 수 있다 할 것이고, 행정청이 매장문화재의 원형보존이라는 목표를 추구하기 위하여 문화재보호법 등 관계 법령이 정하는 바에 따라 내린 전문적·기술적 판단은 특별히 다른 사정이 없는 한 이를 최대한 존중하여야 한다.

30) 대법원 2014. 5. 16. 선고 2014두274 판결: 구 「전염병예방법」(2009. 12. 29. 법률 제9847호 감염병의 예방 및 관리에 관한 법률로 전부 개정되기 전의 것, 이하 '구 전염병예방법'이라 한다) 제54조의2 제2항에 의하여 보건복지가족부장관에게 예방접종으로 인한 질병, 장애 또는 사망(이하 '장애 등'이라 한다)의 인정 권한을 부여한 것은, 예방접종과 장애 등 사이에 인과관계가 있는지를 판단하는 것은 고도의 전문적 의학 지식이나 기술이 필요한 점과 전국적으로 일관되고 통일적인 해석이 필요한 점을 감안한 것으로 역시 보건복지가족부장관의 재량에 속하는 것이므로, 인정에 관한 보건복지가족부장관의 결

안전성, 유효성 평가[31], 연구개발결과가 극히 불량하여 실패이고 성실하게 수행한 경우에 해당하지 않는 경우의 연구비 환수 등 처분[32]이 문제된 사례에서 대상판결의 판시와 같은 심사강도를 제시한 바 있다.

대상판결은 "환경오염물질의 배출허용기준이 법령에 정량적으로 규정되어 있는 경우 행정청이 채취한 시료를 전문연구기관에 의뢰하여 배출허용기준을 초과한다는 검사결과를 회신 받아 제재처분을 한 경우, 이 역시 고도의 전문적이고 기술적인 사항에 관한 판단으로서 그 전제가 되는 실험결과의 신빙성을 의심할 만한 사정이 없는 한 존중되어야 함은 물론이다"라고 판시하였다.

2. 소결

대법원은 이 사건 수질오염공정시험기준을 비롯하여 환경오염공정시험기준의 법규적 성격을 부인하고 법원과 행정청, 그리고 배출시설을 설치, 운영하는 사업자 등에 대한 대외적 구속력이 없는 행정규칙으로 자리매김하고 있다. 환경오염물질, 환경오염상태 등의 통일성 및 정확성을 도모하기 위하여 환경시험검사법의 위임에 의하여 제정된 환경오염공정시험은 관계 법령에서 정하는 바에 따라 행정처분 등의 근거로 사용하고자 하는 경우에도 그 판단기준이 된다. 그러나 이러한 판단기준의 법규적 성격이 부인됨에 따라 환경오염물질인 화학물질에 대한 시료의 채취, 보존, 측정, 측정결과의 분석과정은 모두 법규인 "배출허용기준을 초과한 경우"를 판단하기 위한 참고자료로 기능하게 된다. 이러한 배출허용기

정은 가능한 한 존중되어야 한다.

31) 대법원 2016. 1. 28. 선고 2013두21120 판결: 신의료기술의 안전성·유효성 평가나 신의료기술의 시술로 인해 국민보건에 중대한 위해가 발생하거나 발생할 우려가 있는지에 관한 판단은 고도의 의료·보건상의 전문성을 요하는 것이므로, 행정청이 국민의 건강을 보호하고 증진하려는 목적에서 의료법 등 관계 법령이 정하는 바에 따라 이에 대하여 전문적인 판단을 하였다면, 그 판단의 기초가 된 사실인정에 중대한 오류가 있거나 그 판단이 객관적으로 불합리하거나 부당하다는 등의 특별한 사정이 없는 한 존중되어야 할 것이다. 또한 행정청이 위와 같은 전문적인 판단에 기초하여 재량권의 행사로서 한 처분은 비례의 원칙을 위반하거나 사회통념상 현저하게 타당성을 잃는 등 재량권을 일탈하거나 남용한 것이 아닌 이상 위법하다고 볼 수 없다.

32) 대법원 2019. 4. 11. 선고 2018두52730 판결: 국가연구개발사업의 연구개발 결과 및 수행 등에 관한 평가는 고도의 전문성을 요하는 영역인 점 등을 종합하여 보면, 행정청이 관계 법령이 정하는 바에 따라 위와 같은 평가에 관하여 전문적인 판단을 하였다면, 판단의 기초가 된 사실인정에 중대한 오류가 있거나 판단이 객관적으로 불합리하거나 부당하다는 등의 특별한 사정이 없는 한 존중되어야 하고, 행정청이 위와 같은 전문적인 판단에 기초하여 재량권의 행사로서 한 처분은 비례의 원칙을 위반하거나 사회통념상 현저하게 타당성을 잃는 등 재량권을 일탈하거나 남용한 것이 아닌 이상 위법하다고 볼 수 없다.

준은 각 매체 법률에서 "정량적으로 규정되어" 있어 숫자로 쓰여진 법규이다. 대법원은 환경오염물질의 측정결과가 이러한 정량적 규제수준을 "초과한 경우"에 대해서도 과거 행정처분의 요건 부분에 존재하는 불확정 법개념의 판단과 동일한 수준으로 "고도의 전문적이고 기술적인 사항에 관한 판단으로서 그 전제가 되는 실험결과의 신빙성을 의심할 만한 사정이 없는 한 존중"되어야 한다는 법리를 밝히고 있어 그 타당성에 대한 검토가 필요하다.

Ⅲ. 불확정개념에 대한 사법심사의 구조

1. 학설과 판례의 경향

불확정개념이라 함은 법규의 요건 부분에 사용된 추상적·다의적 또는 불명확한 개념을 일컫는 것으로서, 독일의 학설·판례에서 연유하는 용어이다. 불확정개념이 사용된 법규에 의하여 행정결정이 내려지는 과정은 불확정법개념의 해석을 통한 요건 내용의 파악, 사실관계의 확정, 그 사실관계가 위 법규의 요건 내용에 해당되는지에 대한 포섭여부를 판단하여 해당 요건이 충족될 경우 법규가 규정하는 효과내용에 따라 결정을 하게 된다. 불확정개념이 사용된 법규를 해석, 적용할 때에는 위 처분과정에서 효과내용에 따른 결정을 하기 이전단계에서도 그 불확정성 때문에 일정한 결정의 여지(Entscheidungsspielraum, margin of decision)가 행정청에 부여되게 된다.[33]

우리나라의 학설은 행정처분의 요건 부분에 존재하는 불확정개념의 해석과 적용과정에 존재하는 일정한 판단의 여지를 법규의 효과 부분에 관련된 재량과 구분하여 파악할 것인지, 양자를 동일하게 파악할 것인지에 따라 이원론과 일원론으로 나뉘고 있다.[34]

판례는 일원론의 입장에 서 있는 것으로 보인다. 즉, 앞에서 살펴 본 판례들에서 보듯이 요건 부분의 판단에 관해 행정청의 전문성을 인정하여 전면적인 사법심사를 회피하고자 하는 경우, 그 판단이 행정청의 '재량'에 속한다고 하거나, 아니면 사법심사의 범위가 '재량

---

33) 박정훈, "불확정개념과 판단여지", 『행정작용법(중범김동희교수정년기념논문집)』, 2005, 250-251면.
34) 박정훈, 앞의 글, 264-265면. 이원론은 불확정개념의 해석, 적용은 법률이 의도하는 하나의 올바른 결정을 발견하기 위한 법'인식'의 문제인 반면, 재량은 요건이 충족된 이후에 그 요건에 결부된 법률효과를 결정 내지 선택하는 의지의 문제라는 논거에 근거하고 있고 일원론은 판단여지와 재량은 현대국가의 행정이 갖는 적극적 기능과 자율적 책임성에 의거한 사법심사의 한계로부터 비롯되고, 다른 한편으로 양자 모두 입법자의 - 명시적·묵시적- 의사에 의해 부여된다는 점에서 양자를 구별할 실익이 없다는 논거를 제시하고 있다고 한다.

권의 일탈 또는 남용'에 그친다고 판시하고 있다.[35]

　행정처분의 요건 부분에 존재하는 불확정개념은 그 구체적인 해석과 사실관계의 포섭과정은 인식적·의지적·평가적 요소가 함께 작용할 수밖에 없다. 유독 독일에서의 특수한 문제 상황인 법의 '인식'문제로서의 요건 판단과 '의지'문제인 효과 결정의 논리구조가 다르다는 방법론에 몰두하기보다는 우리 판례가 제시하고 있듯이 판단여지와 재량의 구조적 동일성을 긍정한 바탕에서 불확정개념에 대한 심사강도의 문제로 접근하는 것이 바람직해 보인다. 즉, 판단여지라는 별도의 개념이 필요하기보다는 요건 부분의 불확정 개념으로 인해 구체적 결론을 도출하기 위한 과정에서 추상적 규범내용을 당해 사안에 포섭하는 과정에서 인정되는 재량을 인정하고 그 심사강도는 법원이 행정의 일차적 판단을 전제로 그것의 합리성 여부를 사후적으로 검토하는 방식을 취하는 것이 적절하다.[36]

2. 대상판결에 대한 비판적 검토

　물환경보전법에 의하여 설치, 운영되고 있는 폐수배출시설이 준수해야 할 배출허용기준은 정량적인 분석을 통한 결과를 통해서 그 초과여부가 판단되어야 하는 것으로서 과학적인 실험결과에 근거한 판단의 과정은 고도의 전문적이고 기술적인 사항이라고 볼 수 있다. 그러나 세부적으로 규범적 구조를 살펴 볼 필요가 있다. 이 사건 배출허용기준은 물환경보전법의 위임에 의하여 환경부령으로 정해져 있으며 이 사건에서 문제된 아연(Zn)은 농도기준은 5mg/L 이하로 정해져 있다. 폐수배출시설에서 배출되는 수질오염물질은 과학적 측정과 분석을 통해서 그 정량적 농도가 판명되는데 이를 위하여 환경시험검사법은 환경오염공정시험기준을 환경부장관으로 하여금 고시하도록 하고 있고 이 권한은 그대로 국립환경과학원장에 위임되었다. 또한 환경분야 관계법령에 따른 행정처분 등의 근거로 사용하고자 할 때에는 환경오염공정시험기준을 준수하여야 한다.

---

35) 박정훈, 앞의 글, 265면; 임성훈, 『불확정법개념의 해석·적용에 대한 사법심사에 관한 연구 — 한국·미국·독일법의 비교를 중심으로—』, 서울대학교 박사학위논문, 2012, 73-81면에서는 우리 판례에 따른 요건재량을 유형화하여 문언과 성질에 따른 재량 인정 사례, 평가의 자율성·전문성에 따른 심사강도 완화, 국가시험에 있어서의 시험실시기관의 재량, 기술적·전문적·정책적 판단사항으로 유형화를 제시하고 있다.

36) 박정훈, 앞의 글, 269-270면. 덧붙여 박정훈, 『행정소송의 구조와 기능』, 2006, 52-53면에서는 행정처분 요건판단 부분에 존재하는 불확정개념의 해석·적용에 관한 행정의 자율성 인정여부에 대하여 이를 재량으로 파악하느냐 혹은 독일에서와 같이 판단여지로 파악하느냐는 근본적인 문제가 아니라는 견해를 밝히고 있다.

대상판결은 아무런 논증없이 이 사건 수질오염공정시험기준은 "형식 및 내용에 비추어 행정기관 내부의 사무처리준칙에 불과"하다고 단정하였는 바 오히려 수질오염물질의 측정, 분석, 평가 등의 통일성 및 정확성을 도모하기 위한 명시적인 위임의 근거, 공정시험기준의 행정처분 등의 근거로 사용하고자 할 때의 준수의무, 측정대행업자로 하여금 공정시험기준을 준수하도록 하고 위반시 행정처분까지 하도록 하는 규정[37]에 비추어 보면 그 법규성을 인정해야 할 것이다.[38]

한편 행정처분의 요건에 존재하는 불확정 개념의 해석 및 적용과 사법심사의 강도에 대한 기존의 판례를 인용한 대법원의 설시는 환경오염공정시험기준의 법규성 부인과 결합하여 심각한 문제점을 노정한다. "배출허용기준을 초과한 경우"라는 요건판단에서 "배출허용기준"은 정량적인 농도 수치로 규정되어 있으며 "초과한 경우"라는 문언은 아무런 불확정 개념의 징표를 담고 있지 못하다. 다만, 숫자로 쓰여진 법규를 초과하였는지를 판단하는 과정은 시료의 채취, 보존, 실험결과를 통한 측정, 측정결과의 분석을 통한 측정결과의 사용가능 여부, 측정결과와 법규와의 대조 과정을 거치게 된다. 대법원은 이러한 과정을 "행정청이 채취한 시료를 전문연구기관에 의뢰하여 배출허용기준을 초과한다는 검사결과를 회신 받아 제재처분을 한 경우, 이 역시 고도의 전문적이고 기술적인 사항에 관한 판단으로서 그 전제가 되는 실험결과의 신빙성을 의심할 만한 사정이 없는 한 존중되어야 함은 물론"이라고 판시하면서도 구체적인 심리를 통하여 대상판결에서는 "전제가 되는 실험결과의 신빙성을 의심할 만한 사정"에 대한 심리가 미진함을 이유로 원심을 파기하였다.[39]

---

37) 제18조(측정대행업자의 준수사항) ③ 측정대행업자는 공정시험기준에 따라 측정분석을 실시하는 등 환경부령으로 정하는 준수사항을 지켜야 한다.
제17조(측정대행업의 등록취소 등) ① 시·도지사 또는 대도시 시장은 측정대행업자가 다음 각 호의 어느 하나에 해당하는 경우에는 등록을 취소하거나 1년 이내의 기간을 정하여 영업의 전부 또는 일부에 대한 정지처분을 명할 수 있다. 다만, 제1호, 제3호, 제4호, 제6호 또는 제8호에 해당하는 경우에는 그 등록을 취소하여야 한다.
7. 제18조의 규정에 따른 준수사항을 위반한 경우

38) 이러한 아무런 논증없는 환경오염공정시험기준의 법규성 부인은 가장적 이유설시 또는 솔직한 근거부여가 제시되지 않았다는 점에서도 비판이 가능하다. 박정훈, 『행정법의 체계와 방법론』, 2005, 48-49면 참조. 차라리 환경오염공정시험기준의 총칙으로부터 부록에 이르는 시료의 채취, 보존, 측정, 측정결과의 분석과정이 법규성을 가졌을 때 너무 행정청에 엄격한 결과를 가져온다거나 법규로서의 일관성 측면에서 미흡하다는 분석이 있어야 향후 국회의 반응, 행정청의 변화 등을 통해 과학기술에 근거한 환경법 집행의 효율성, 민주성이 확보될 수 있을 것이다.

39) 산업폐수의 배출허용기준을 준수하였는지 여부에 대하여 전문연구기관이 행한 검사결과를 바탕으로 내린 이 사건 처분을 판단여지가 인정될 수 있는 대표적인 사례로 보는 견해로는 안동인, "2022년 행정법 (II) 중요 판례평석", 『인권과 정의』 제512호, 2022, 97면 참조.

이러한 법리는 그 자체로서는 고도의 전문적이고 기술적인 판단에 대한 사법심사의 강도를 완화하여 실험결과의 신빙성을 의심할 만한 사정이 없는 한 행정청의 판단을 존중한다는 내용으로 현대의 환경행정에 대한 권력분립적 측면의 자제, 환경법 집행의 효율성 강화에 기여한다는 내용으로 평가될 수 있다. 그러나 환경오염물질의 측정·분석·평가 등의 통일성 및 정확성을 도모하기 위한 환경오염공정시험기준은 행정청이나 수범자가 모두 동일한 기준을 근거로 법규 준수를 위한 활동을 하도록 하는 행위규범으로서 기능하면서 예측가능성을 담보하는 것이고, 그러한 예측가능성에 기반한 환경법 집행을 통해서 동시에 재판규범으로 기능하면서 환경관계 법규의 입법목적도 달성될 수 있다고 생각한다.

일반적으로 환경오염공정시험기준이 갖추어야 할 법규적 요건은 시료 채취의 대표성, 균일성, 시료 보존과정의 오염물질 혼입 방지, 측정과정의 과학성(반복적 측정을 하더라도 동일한 결과값이 얻어질 것)을 들 수 있을 것이다. 이 사건 수질오염공정시험기준을 비롯한 환경오염공정시험기준은 환경시험검사법에서 아무런 법규적 제한 및 위임범위를 특정하지 않고 제정된 문제점은 지적될 수 있다. 그러나 이러한 환경관계 법규에서 파악되는 포괄적 위임의 문제는 차치하더라도 환경오염공정시험기준의 법규성을 그 형식이나 내용면에서 긍정하면서도 환경오염공정시험기준에 나타난 시료의 채취과정의 대표성 확보, 시료 자체의 균일성 확보, 보존 과정에서의 오염물질 혼입 등 방지 그리고 측정과정에서의 과학성을 보장하기 위한 공정시험기준의 문언을 법규적 요소로 획정하고 그러한 법규적 요소의 판단에 "고도의 전문적이고 기술적인 사항"에 대한 판단의 재량을 인정하는 것이 더 합리적인 해석론으로 생각된다. 그 외 공정시험기준에 나열된 규정들은 공정시험기준의 법규성을 긍정하면서도 훈시적 규정 내지 주의적 규정으로 해석하거나 그 위반의 효과가 처분을 위법하게 만드는 정도에 이르지 않는 위반으로 해석할 여지도 존재할 것이다.[40]

환경오염공정시험기준의 법규성을 부인하고 그 결과 행정청의 판단과정을 "행정청이 채취한 시료를 전문연구기관에 의뢰하여 배출허용기준을 초과한다는 검사결과를 회신 받아 제재처분을 한 경우, 이 역시 고도의 전문적이고 기술적인 사항에 관한 판단"이라고 하면서 사법심사의 강도를 완화하고 동시에 원심의 심리과정에서의 실험결과의 신빙성을 의심할 수 있는 사정을 세밀하게 지적하여 파기하는 것은 이미 제정된 법률과 그 위임에 따른 공정시험기준의 문언을 무시하는 한편, 행정청 및 그 수범자가 동등한 바탕에서 기준으로

---

40) 이 사건에서는 실험 결과가 "공중의 위해"라든지 "환경위해" 내지 "환경오염의 가능성"등의 별도의 추상적이고 공익 내포적 불확정 개념을 판명하기 위하여 활용될 것을 예정한 것이 아니라 실험결과 자체가 법규의 준수 여부를 판명하는 유일한 기준이고 그 실험방법이 비록 위임의 구조를 통해 고시 형태이지만 법정되어 있음을 주목해야 한다.

삼아야 할 시험기준을 무화(無化)하여 예측가능성을 소멸시키고, 나아가 실험결과 및 실험과정에 대한 통일성 및 명확성을 확보하기 위함이라는 입법취지조차 몰각시키는 악영향을 가져온다. 분명히 법정된 공정시험기준이 존재함에도 법치주의 원칙에 반하여 공정시험기준을 위반하여도 별도로 실험결과의 신빙성을 의심할만한 사정이 없는 한 존중되어야 한다는 법리는 그 형식적 외피의 타당성에도 불구하고 실험결과의 신빙성을 의심할 만한 사정의 존재에 대한 별도의 과학적 주장과 입증을 반복케 하는 비효율을 초래하게 된다.[41]

Ⅳ. 요약과 결론

이상의 설명을 통해 우리는 다음의 몇 가지 명제를 숙고할 필요가 있다.

행정청이 처분요건으로 삼은 불확정 개념의 해석과 적용은 요건판단에서부터 효과판단으로 나아가는 전 과정에서 일원적, 연속적 구조를 가지고 있으며 이를 별도로 판단여지와 같은 개념으로 관념할 필요는 없다.

다만, 사법심사의 강도 측면에서 구체적 법규의 구성과 문제영역의 특수성을 유형화, 범주화하고 단계화할 수 있을 것이다.

대상판결은 환경행정의 특수한 영역에서 "배출허용기준을 초과한 경우"라는 법규만 남겨두고 환경오염공정시험기준과 그에 기반한 시료의 채취, 보존, 측정, 분석의 영역을 고도의 전문적, 기술적 영역으로 관념화하여 사법심사의 강도를 완화하였는 바 환경행정의 명확성, 예측가능성을 손상시키고 환경법 쟁송과정의 비효율을 초래할 우려가 있다.

---

41) 대상판결은 행정소송에서의 입증책임이라는 주제로 별도로 다루어져야 할 증명책임의 소재에 대하여 "시료의 채취와 보존, 검사방법의 적법성 또는 적절성이 담보되어 시료를 객관적인 자료로 활용할 수 있고 그에 따른 실험결과를 믿을 수 있다는 사정은 행정청이 증명책임을 부담하는 것이 원칙"이라고 하였고 그에 따라 요증사실이 입증되지 않았을 경우의 불이익책임을 행정청에 부담시키는 조화로운 해결책을 제시하고 있다고 볼 수 있다. 그러나 증명책임의 향방과 별도로 본 평석에서 지적하는 문제점은 항존한다.

생각할 문제

1. 환경오염공정시험기준과 유사한 실험기준은 전문적인 행정의 각 영역에서 위임의 형식 등을 통해 갈수록 법전 속으로 편입되어 가고 있다. 과학적 방법론을 문언과 수식으로 규정하고 있는 실험기준은 모든 경우에 법규성이 부인되는 행정규칙이어야 하는가. 어느 경우에 법규성이 인정되어야 하고, 인정될 수 있는가.

2. 사법심사 강도의 완화를 의회주의, 법치주의와 현대 행정의 전문성 관점에서 규율의 대상 영역에 따라 단계화할 필요성에 대해 인류의 지혜로서의 행정소송이라는 관점에서 비교법적 검토를 수행해 보자.

대법원 2009. 6. 25. 선고 2006다18147 판결
[처분에 붙은 부담의 효력과 그 부담의 이행을 내용으로 하는 사법상 법률행위의 효력]

박 훈 민*

[사실관계]

서울특별시장은 2000. 2. 5.자 서울특별시 고시로 구 「주택건설촉진법」에 따른 「OO아파트지구 개발기본계획 변경」을 고시하였다. 해당 지구의 재건축조합인 원고는 2000. 6. 3. 조합원총회를 개최하였고, 이후 2000. 12. 23. 자 주택조합설립인가를, 2002. 5. 6. 자 주택건설사업계획승인을 받았다. 강서구청장은 위 주택건설사업계획 승인을 하면서 피고 서울특별시 소유의 토지를 매수할 것과 사업부지에 도로를 개설하여 사용검사 신청 전까지 서울특별시 및 강서구에 기부채납할 것을 부관으로 붙였다.

원고 조합은 강서구청장에게 사업부지내 도로·공원인 이 사건 각 토지에 대한 용도폐지를 신청하였고, 강서구청장은 이를 받아 피고 서울특별시에 각 용도폐지를 요청하여 피고는 이 사건 각 토지의 용도를 폐지하고 그 지목을 모두 '대'(垈)로 변경하였다. 원고 조합은 강서구청장에게 2002. 12. 27. 착공신고를 하였으나, 강서구청장이 피고 서울시로부터 공사중지요청이 있었다는 통지를 하였고, 이에 따라 원고는 2003. 8. 18. 피고에게 위 사건 토지에 대한 매수신청을 하였다. 피고 서울시는 2003. 12월경 각 토지의 매각결정을 하였고, 원고는 2004. 3. 30. 각 토지의 감정가격의 산술평균을 적용하여 매수하기로 하여 2004. 5. 31.까지 계약금 및 잔금을 각 지급하였다. 원고 조합은 이 매매계약 등의 무효를 주장하면서 소송을 제기하였다.

---

* 국립강릉원주대학교 법학과 교수

[사건의 경과]

원고 조합은 서울시를 피고로 하여 서울중앙지방법원에 채무부존재확인소송을 제기하였다. 원고는 재건축사업에 적용되는 「도시 및 주거환경정비법」(이하 "도시정비법"이라 한다)의 시행에 따라 피고 측에서 재건축사업으로 새롭게 조성되는 도로·공원의 설치비용에 상응하는 범위 내에서 각 토지를 원고에게 무상으로 양도하여야 하므로, 이 사건 각 토지의 매매계약 중 원고가 새롭게 조성하여 기부채납하는 면적을 넘는 부분은 무효라고 주장하였다. 이에 따라 기부채납하는 면적을 넘는 매매계약의 부분에 대하여 부당이득의 반환을 구하였다.

또한 원고 조합은 피고 서울시가 사업부지 중 도로로 조성될 9,749.7㎡는 다시 사업완료 후 원고로부터 기부채납받을 것임에도 불구하고, 피고가 원고의 경솔·궁박·무경험을 이용하여 본 계약을 체결하였으므로, 불공정한 법률행위로 계약이 무효임을 주장하였다. 나아가 예비적으로 원고 조합이 피고 서울시로부터 각 토지를 매수하면서 법률상 원인 없이 대지임을 전제로 가격을 책정하였는데, 위 매매대금을 산정함에 있어서 공원·도로임을 전제로 산정하여야 하고, 이에 따른 산정액을 제외한 나머지 부분은 반환하여야 한다고 주장하였다.

이에 대하여 제1심 법원[1]은 「도시정비법」 부칙 제7조 제1항상의 경과규정에 따라 기존 법령인 구「주택건설촉진법」 제33조 제8항, 구「도시계획법」 제52조 제2항 및 부칙 제13조가 적용된다고 판단하였다. 이 조문들에 따라 행정청이 아닌 사업주체가 새로이 설치하는 공공시설은 관리청에 무상으로 귀속되고, 피고 서울시는 용도폐지되는 이 사건 각 토지의 일부를 원고에게 무상양도할 것인지 아니면 「지방재정법」에 따라 매각할 것인지 여부에 대하여 여전히 이를 선택할 수 있는 재량이 있다고 보았다. 따라서 피고측 행정청이 부지의 매수부관을 붙인 것이 재량권을 남용한 중대·명백한 하자로 볼 수 없다고 판단하였다. 그 외에도 예비적 청구로 붙인 불공정한 법률행위라는 주장과 매매 당시 가액산정에 있어서 하자가 있다는 주장 역시 받아들이지 않았다.

1심 판결에 불복하는 원고의 항소에 대하여 원심법원[2]은 원고의 강서구청장이 붙인 부관이 무효이고, 이에 따른 계약이 전부무효라는 주장 부분에 대하여 "주택건설사업계획 승인은 기속행위가 아니므로 이에 부담인 부관을 붙인다고 하여 당연무효라 할 수 없고", 구「주택건설촉진법」 제33조 제8항에 의하여 준용되는 구「도시계획법」 제83조 제2항 후단의

---

1) 서울중앙지방법원 2004. 12. 17. 선고 2004가합2756 판결.
2) 서울고등법원 2006. 2. 9. 선고 2005나12119 판결.

규정에 따라 "이 사건 각 토지의 소유자인 피고는 이 사건 주택건설사업 시행으로 인하여 도로 및 공원으로서의 용도가 폐지되는 이 사건 각 토지를 원고가 새로이 설치할 공공시설의 설치비용에 상당하는 범위(위 9,749.7㎡) 안에서 원고에게 무상으로 양도할 수도 있고 매각할 수도 있는 것"으로서 재량권의 일탈·남용으로 당연무효는 아니라고 판단하였다. 덧붙여 "설령 강서구청장이 주택건설사업계획 승인에 붙인 위 부관이 무효라고 하더라도, 위 부관은 이 사건 매매계약 체결에 이른 동기에 불과할 뿐이어서 위 부관을 붙인 행정청이 아닌 피고와 원고 사이의 이 사건 매매계약까지 무효로 된다고 볼 수는 없"다고 보았다. 아울러, 원고는 부관에 의하지 않더라도 토지를 점용 또는 사용할 권원을 확보하여야 하는데, 구 「도시계획법」 제83조 제3항에서 "행정청은 제1항 및 제2항의 규정에 의한 공공시설의 귀속에 관한 사항이 포함된 제25조의 규정에 의한 실시계획의 인가 또는 제4조의 규정에 의한 허가를 하고자 할 때에는 미리 해당 공공시설의 관리청(이 사건의 경우 피고의 시장)의 의견을 들어야 한다"고 정하는 바와 같이 무상양도에 관하여 "강서구청장과 피고 시장 사이에 그러한 의견교환이 이루어졌다는 점을 인정할 자료가 없"다는 점을 들어 부관이 무효라는 원고의 주장 역시도 배척하였다.

또한 원고와 피고가 체결한 "계약이 강행규정을 위반하는 것으로서 무효가 되는 것은 아니"라고 판단하였다. 나아가 "설령 이 사건 각 토지의 소유권이 도시및주거환경정비법 제65조 제2항에 따라 무상으로 양도될 것이라고 하더라도, 이 사건 각 토지가 장차 원고의 소유로 귀속될 물건임에도 불구하고 원고가 이를 매수한다는 사정은 이 사건 매매계약에 이르게 된 경위에 불과하여 원고가 이 사건 매매계약을 체결함에 있어 동기의 착오가 있었다고 할 수 있을 뿐이어서 다른 특별한 사정이 없는 한 원고와 피고 사이의 사법상 계약인 이 사건 매매계약이 곧바로 무효라 볼 수는 없을 것"이라고 보았다. 또한 원고가 계약을 지체하였다고 보아, 그 책임있는 원고가 「도시정비법」의 시행에도 불구하고 무상양도를 하지 않고 매매계약을 체결하였다는 것을 지적하면서 "무효라고 주장하는 것은 신의칙상 허용될 수 없다"고 판단하였다. 이에 따라 매매계약이 「도시정비법」 제65조 제2항의 규정을 위반하여 무효라는 원고의 주장을 받아들이지 않았다. 나아가 매매계약이 원고의 궁박한 상태를 이용한 불공정한 법률행위라는 주장이나 매매대금 산정에 있어서 하자가 있어서 계약의 일부가 무효라는 주장 및 일부를 취소한다는 주장에 대해서도 각각 배척하였다. 원심판결에 대하여 원고가 불복하여 상고를 제기하였다.

[대상판결]

대법원은 원심판결을 파기하고 사건을 다시 심리·판단하도록 원심법원에 환송하였다. 그 구체적인 판시를 요약하면 다음과 같다.

행정처분에 부담인 부관을 붙인 경우 부관의 무효화에 의하여 본체인 행정처분 자체의 효력에도 영향이 있게 될 수는 있지만, 그 처분을 받은 사람이 부담의 이행으로 사법상 매매 등의 법률행위를 한 경우에는 그 부관은 특별한 사정이 없는 한 법률행위를 하게 된 동기 내지 연유로 작용하였을 뿐이므로 이는 법률행위의 취소사유가 될 수 있음은 별론으로 하고 그 법률행위 자체가 당연히 무효가 되는 것은 아니다. 또한, 행정처분에 붙은 부담인 부관이 제소기간의 도과로 확정되어 이미 불가쟁력이 생겼다면 그 하자가 중대하고 명백하여 당연 무효로 보아야 할 경우 외에는 누구나 그 효력을 부인할 수 없을 것이지만, 부담의 이행으로서 하게 된 사법상 매매 등의 법률행위는 부담을 붙인 행정처분과는 어디까지나 별개의 법률행위이므로 그 부담의 불가쟁력의 문제와는 별도로 법률행위가 사회질서 위반이나 강행규정에 위반되는지 여부 등을 따져보아 그 법률행위의 유효 여부를 판단하여야 한다.

「도시정비법」시행 전에 사업계획승인을 받은 재건축사업의 민간 사업시행자가 같은 법 시행 후 정비사업의 시행으로 인하여 용도가 폐지되는 국가 또는 지방자치단체 소유의 정비기반시설의 양도 또는 귀속에 관하여 국가 또는 지방자치단체 사이에 계약을 체결하는 경우에는 동법 부칙 제7조에 따라 기존과 같은 법률이 적용되는 것이 아니라 도시정비법 제65조 제2항 후단이 적용된다. 동 규정의 입법취지를 보면, 민간 사업시행자에 의하여 새로 설치될 정비기반시설의 설치비용에 상당하는 범위 안에서 용도폐지될 정비기반시설의 무상양도를 강제하는 강행규정이므로, 위 규정을 위반하여 사업시행자와 국가 또는 지방자치단체 간에 체결된 매매계약 등은 무효이다.

정비기반시설의 무상양도와 관련하여 관리청의 의견을 듣도록 한 절차규정에 따라 의견을 청취하지 않았다고 하여 그러한 절차를 거치지 않았다는 사정만으로 무상귀속 규정을 위반한 계약이 유효가 되는 것은 아니다. 매매계약의 대상이 특정되지 않았거나, 정비기반시설의 설치비용이 확정되지 않았다고 하더라도 그것만으로 민간 사업시행자에게 무상양도되어야 할 용도폐지 정비기반시설을 민간 사업시행자로 하여금 국가나 지방자치단체로부터 유상으로 매수하도록 하는 내용의 매매계약이 유효로 될 수는 없다. 또한 원고가 피고에게 신의를 공여하였거나 피고가 객관적으로 보아 정당한 신의를 가졌다고 보기 어려우므로, 위 매매계약이 「도시정비법」제65조 제2항을 위반하여 무효라는 주장이 신의칙에 반하는 것은 아니다. 이와 달리 판단한 원심이 법리 등을 오해하여 판결에 영향을 미친 잘못이 있다.

[판결의 평석]

I. 사안의 쟁점

1. 부관의 위법성 여부

대상 사안의 처분인 주택사업계획승인에 붙은 부관(부담)은 사업으로 용도폐지되는 도로·공원에 대한 토지매수와 새롭게 설치되는 정비기반시설을 사용검사 신청 이전에 원고 등에게 기부채납할 것을 내용으로 하였다. 이때 본 처분과 마찬가지로 부관 역시 제소시간 경과로 불가쟁력이 발생하였으므로, 부관에 대한 별도의 쟁송은 불가능한 상황이었다.

원고는 부담에 관하여 피고 측의 재량하자가 있다는 주장을 하였던 것으로 보이며, 또한 원고 조합은 ― 그 내용이 명확하지는 않지만 아마도 추측하건대 ― 법률개정에 따라 부관이 법률상 강행규정에 위반하게 되었으므로 사후적으로 그 효력이 변동된 것이 아닌지에 대한 주장 역시도 한 것으로 보인다.

2. 적용 법률

제1심, 원심과 대법원 판결에서 주된 쟁점이 된 부분은 우선 본 건 사안에서 적용되는 법률이 「도시정비법」제65조 제2항인지 그렇지 아니하고 위 법 시행일 이전에 주택재건축사업이 시행되었으므로, 위 법률의 부칙에 따라 기존 법률인 구 「주택건설촉진법」 및 구 「도시계획법」인지 여부이다. 전자(신법)는 용도폐지되는 정비기반시설을 사업시행자에게 무상양도하는 것이 강행규정으로 되어 있으나, 후자(구법)의 경우에는 옛 정비기반시설의 무상양도·유상매각 여부가 행정청의 재량에 맡겨져 있다는 차이가 있다.

제1심법원은 원고·피고 간의 매매계약이 무상양도를 규정한 구 「도시정비법」 제65조제2항에 위반된다는 이유로 매매계약의 효력을 다투는 원고의 주장을 배척하였다. 이때 2003. 12. 31.부터 시행된 「도시정비법」 부칙 제7조 (사업시행방식에 관한 경과조치) 제1항에서 "종전 법률에 의하여 사업계획의 승인이나 사업시행인가를 받아 시행 중인 것은 종전의 규정에 의한다"는 규정을 근거로 하여 매매계약에 기존 법률인 「주택건설촉진법」 제33조, 「도시계획법」 제52조 제2항 등이 적용된다는 것이다. 따라서 관리청은 부칙상 경과규정에 의거하여 기존 법률들을 근거로 용도폐지된 공공시설에 대하여 유상매각으로 처리할 수도 있는 재량이 있다고 보았다. 즉, 용도폐지된 정비기반시설의 무상양도 또는 유상매각 등을 부칙 제7조에서 말하는 '사업시행방식'의 일종으로 본 것이다. 이에 따라 해당 사안의 계약에 기존 법령이 적용될 수 있다고 보면서, 적용법률이 용도폐지되는 정비기반시설의 무상양도 여부가 관리청에게 재량으로 맡겨져 있던 구「도시계획법」제52조 제2항이라고 이해한 것이다.

원심[3] 역시도 제1심과 마찬가지로 주택건설사업계획 승인은 재량행위이고, 따라서 행정청이 부담인 부관을 붙일 수 있다고 보았다. 먼저 부관의 적법성 여부에 대해서는 위 부관(부담)을 붙인 처분 당시에 시행중인 구「주택건설촉진법」제33조 제8항 및「도시계획법」제83조 제2항에 따라 주택건설사업의 시행으로 용도폐지되는 공공시설은 원고가 설치하는 공공시설의 설치비용에 상당되는 범위 안에서 무상양도 또는 매각 둘 다 가능하다고 보아, 부관이 위법하지 않다고 보았다.

그러나 원심은 매매계약의 무효 여부에 관해서는 제1심과 달리 사업시행방식에 관한 경과조치규정이 주택재건축사업 전반에 적용되는 것은 아니라고 보아, ―매매계약일 당시에 시행되고 있던―「도시정비법」제65조 제2항을 적용해야 한다고 보았다. 다만 위 법률의 무상양도 규정을 지키지 않았다고 하여 곧바로 이 사건 매매계약이 무효가 되는 것은 아니라고 판시하였다. 그 근거로 토지의 소유권은 준공인가시에 이전된다는 점과 원고가 설치할 정비기반시설의 설치비용이 확정되지 아니하였다고 보고, 따라서 본 계약이 강행규정 위반으로 무효가 되는 것은 아니라는 점을 근거로 삼았다. 또한 "이 사건 각 토지가 장차 원고의 소유로 귀속될 물건임에도 불구하고 원고가 이를 매수한다는 사정은 이 사건 매매계약에 이르게 된 경위에 불과하여 원고가 이 사건 매매계약을 체결함에 있어 동기의 착오가 있었다고 할 수 있을 뿐이어서 다른 특별한 사정이 없는 한 원고와 피고 사이의 사법상 계약인 이 사건 매매계약이 곧바로 무효라 볼 수는 없을 것"이라고 하였다.

반면, 대법원은 대상판결에서「도시정비법」제65조 제2항에 따라 무상양도되어야 한다고 보았는데, 그 근거로「도시정비법」부칙 제7조상의 "종전의 규정에 의한다"는 조문을 '사업시행방식'에 한정하여 적용된다고 보고, 정비기반시설의 유무상양도 등은 사업시행방식에 해당하는 내용이 아니라고 판단하였다. 이에 따라 구「도시정비법」제65조제2항에서 "시장·군수 또는 주택공사 등이 아닌 사업시행자가 정비사업의 시행으로 새로이 설치한 정비기반시설은 그 시설을 관리할 국가 또는 지방자치단체에 무상으로 귀속되고, 정비사업의 시행으로 인하여 용도가 폐지되는 국가 또는 지방자치단체 소유의 정비기반시설은 그가 새로이 설치한 정비기반시설의 설치비용에 상당하는 범위 안에서 사업시행자에게 무상

---

3) 서울고등법원 2006. 2. 9. 선고 2005나12119 판결.

으로 양도된다"는 조항에 따라야 한다고 보았다. 즉, 개정 조항은 "구 주택건설촉진법 제
33조 제8항 및 구 도시계획법 제52조 제2항 등을 둘러싼 위헌성 논란 내지 행정청의 재량
권 일탈 논란 소지를 제거하고, 민간 사업시행자에 의하여 새로 설치된 정비기반시설이 구
「도시정비법」 제65조 제2항 전단 규정에 따라 관리청에 무상으로 귀속됨으로 인하여 야기
되는 민간 사업시행자의 재산상 손실을 고려하여, 그 민간 사업시행자가 새로 설치한 정비
기반시설의 설치비용에 상당하는 범위 안에서 정비사업의 시행으로 용도가 폐지되는 국가
또는 지방자치단체 소유의 정비기반시설이 그 민간 사업시행자에게 무상으로 양도되도록
같은 항 후단 규정을 둠으로써 위와 같은 재산상의 손실을 합리적인 범위 안에서 보전해
주고, 민간 사업시행자와 국가나 지방자치단체 사이의 재산적 권리관계를 보다 형평에 맞
게 합리적으로 조정하기 위하여 마련된 규정"으로 "정비사업의 시행으로 인하여 용도가
폐지되는 국가 또는 지방자치단체 소유의 정비기반시설의 양도 또는 귀속에 관한 실체적
권리관계를 규정한 조항이지 '사업시행방식'에 관한 사항을 규정한 조항이라고 볼 수 없
다"는 것이다.

정리하자면, 제1심은 매매계약 당시에 시행되고 있던 신법인 「도시정비법」의 부칙상의
경과조치 규정을 ― 넓게 해석하여 그 조문을 ― 근거로 하여 처분 당시의 근거법률이 매
매계약시에도 계속 적용된다고 보았다. 반면 원심은 처분당시의 근거법률이 매매계약시 적
용되는 것은 아니고, 신법의 적용을 받는다고 보았으나, 이로 인하여 계약이 무효가 되는
것은 아니라는 입장이었다. 대법원은 ―제1심의 판단과 달리― 경과조치규정을 좁은 범위
로 해석하여, 신법의 적용을 받아야 한다는 입장을 취하였다. 이때 「도시정비법」 제65조제
2항의 규정이 강행규정이므로, 이에 위반하는 매매계약이 무효라고 판단한 것이다.

3. 필수적 무상양도 대상인지 여부

위와 같은 적용법률 여부에 관한 해석차이에 따라 1심은 매매계약의 효력을 논하면서
필수적 무상양도의 대상이 아니라, 구법의 규정이 적용된다고 보았다. 따라서 용도폐지된
정비기반시설을 무상양도할지, 아니면 유상으로 매각할지 여부에 관하여 관리청에게 여전
히 구법에 따른 일정한 재량이 있다는 입장을 취하였다.

이와 달리 원심은 용도폐지된 정비기반시설인 이 사건 도로, 공원부지의 매매계약에 무
상양도 규정을 둔 신법인 「도시정비법」의 적용을 받는다고 보면서도 이에 위반되었다고
하더라도 매매계약이 무효가 되는 것은 아니라는 논리를 적용하였다. 즉, 구법의 적용을
받던 시기에 유상매각 부관을 붙인 주택건설사업계획승인 이후에 「도시정비법」이 제정되

었으므로, 사업계획승인에 붙은 부관이 사후적으로 무효가 되는 것은 아니라고 보았다.

반면, 대법원은 대상 판결에서 "시장·군수 또는 주택공사등이 아닌 사업시행자가 정비사업의 시행으로 새로이 설치한 정비기반시설은 그 시설을 관리할 국가 또는 지방자치단체에 무상으로 귀속되고, 정비사업의 시행으로 인하여 용도가 폐지되는 국가 또는 지방자치단체 소유의 정비기반시설은 그가 새로이 설치한 정비기반시설의 설치비용에 상당하는 범위 안에서 사업시행자에게 무상으로 양도된다"고 정한 「도시정비법」 제65조 제2항이 강행규정성을 가지고 있으므로 위 계약에 따라 이관하는 용도폐지된 정비기반시설은 무상양도되었어야 한다는 입장을 취하게 된다.

4. 매매계약의 효력

앞서 본 바와 같이 매매계약에 관하여 계약일 당시 시행되는 법률인 「도시정비법」 부칙상 경과조치규정이 적용되는지 여부에 관하여 제1심과 원심의 입장이 서로 달랐다. 그럼에도 체결된 매매계약의 효력에 영향을 미치는지에 관하여서는 결론을 같이 하였다. 정비기반시설의 매매계약을 사법상 계약으로 보는 그간의 우리 판례의 입장에 따라 원심은 부관자체는 적법하고, 위 부관에 따라 계약을 체결하게 된 것을 불공정한 계약도, 강행법규를 위반한 것도 아니라는 입장을 취하였다. 덧붙여 설령 부관이 무효가 된다고 하더라도 이는 기존 판례들과 같이,[4] 계약의 효력에 있어서 동기의 착오일 뿐이기 때문에 그 효력에 영향이 없다는 결론이다.

반면 대법원에서는 이 사건의 "각 토지 중 원고와 피고 간의 원고가 새로이 설치한 도로·공원의 설치비용에 상당하는 도로·공원 부분을 원고가 피고로부터 유상으로 매수하는 내용의 이 사건 매매계약은 강행규정인 구 도시정비법 제65조 제2항 후단에 위반하여 무효"라고 보고, 소송자료상으로는 무효인 부분을 특정할 수 없으므로 매매계약 중 일부를 무효로 할 수 없고, 전체를 무효라고 보았다.

Ⅱ. 판례의 이해

대상 사건에서 원고는 다양한 주장을 하였으나, 소송과정에서 주된 쟁점은 부관(부담)이

---

4) 대법원 1995. 6. 13. 선고 94다56883 판결; 대법원 1998. 12. 22. 선고 98다51305 판결.

재량하자 등으로 위법한 것인지 여부, 처분시와 계약시 사이에 법률개정이 있었던 관계로 대상사안을 규율할 법률이 어느 쪽으로 보아야 할지, 매매계약 당시 신법인 「도시정비법」 상의 강행규정에 위반하는 매매계약이 무효인지 아닌지 여부가 주로 다루어졌다.[5]

이 사건 부담이 위법한지 여부에 대하여 원심에서는 일단 재량하자로 인하여 무효가 되는 것은 아니라고 판단하였다. 대상 판결에서 대법원은 "행정처분에 붙은 부담인 부관이 제소기간의 도과로 확정되어 이미 불가쟁력이 생겼다"고 보고, 당연무효는 아니므로 그 효력을 부인할 수 없다고 하면서 그 외에 위법여부에 관한 구체적인 판단은 하지 않았다.

다만 대상 판결에서는 대법원은 부담(이 붙은 처분)에 대하여 불가쟁력이 발생하였다고 하더라도 "그 부담의 이행으로서 하게 된 사법상 매매 등의 법률행위는 그 부담을 붙인 행정처분과는 어디까지나 별개의 법률행위"라는 이유를 들어 매매계약은 이와 관련된 처분의 무효여부와 별개로 강행규정 위반으로 무효가 될 수 있다고 판단하였다. 이에 따라 매매계약을 무효로 보고 파기환송 판결을 하였던 것이다.

1. 판결의 분석

(1) 부관의 효력과 이에 따른 계약의 효력

대상 판결에서 대법원은 부관 자체의 무효를 전제로 매매계약이 무효라고 하는 원고의 주장을 배척하였다. 명시적으로는 부관과 매매계약이 상호 별개라는 그동안의 판례의 입장과 같이 설시하면서도 해당 부담이 위법한지 여부에 대하여 직접 판단을 하지 않았다. 그럼에도 판결에서 제소기간 경과로 불가쟁력이 발생하였다는 점 등을 지적한 점을 본다면, 부담 자체가 무효라고 보기는 어렵다는 판단이 있었다고 볼 여지가 있다.

또한 부담인 부관의 효력이 그 부관에 따라 체결한 계약의 효력에 영향을 미치는지 여부도 주된 쟁점이 되었다. 원고는 원심에서 "당연무효 또는 사후적으로 효력을 상실하였거나 제한적으로 해석되어야 할 위 부관에 따라 이루어진 이 사건 매매계약은 무효이다"라는 주장을 한 바 있고, 제1심에서도 "피고가 구 주택건설촉진법에 따라서 매수부관을 부가한 것이 재량권을 남용한 중대·명백한 하자가 있는 것으로 당연무효"라고 주장한 바 있

---

5) 원심판결에서는 부담이라고 보면서도 그의 법적 성격에 따라 결과가 달라지는지 여부에 대하여 논하지 아니하였다. 대상 판결 역시 부담을 붙인 행정처분과 별개의 법률행위라는 점을 강조하고 있을 뿐이다. 과거 유사한 판례에 대하여 행정청이 사업승계계획에 부가한 '승인조건' 중에서 국·공유지 매매는 (그 명칭에도 불구하고) '부담'이라고 지적된 바 있다. 이에 관하여, 최계영, "용도폐지된 공공시설에 대한 무상양도신청거부의 처분성", 『행정법연구』 제14호, 2005, 438면.

다. 이와 같은 원고 주장의 배경을 추측하자면 법령의 개정에 따라 구법에 따라 부가된 부관이 소급적으로 그 효력을 상실하였다는 취지가 있다 하겠다. 그러나 기존 판례에 따르면 이미 이루어진 처분의 효력에 대하여 법률상 경과규정이 없다면, 원칙적으로 처분 당시의 법령에 따르며,[6] 법령의 개정이라는 사실만으로 그 효력이 달라지는 것은 아니라고 보고 있으므로,[7] 원고의 주장이 받아들여지기는 어려웠다고 보인다.

대상 판결에서 대법원은 부담인 부관이 무효가 될 경우에는 그 부관에 기한 계약의 효력에 영향을 미칠 수 있다는 점은 일부 인정하면서도 "부담의 이행으로서 사법상 매매 등 법률행위"를 한 경우 이 법률행위는 "부담을 붙인 행정처분과는 어디까지나 별개의 법률행위"이고, "그 처분을 받은 사람이 그 부담의 이행으로서 사법상 매매 등의 법률행위를 한 경우에는 그 부관은 특별한 사정이 없는 한 그 법률행위를 하게 된 동기 내지 연유로 작용하였을 뿐"이라고 보아, "그 부담의 불가쟁력 문제와는 별도로 법률행위가 사회질서 위반이나 강행규정 위반이 있는지 여부를 따져보아 법률행위의 유효여부를 판단하여야 한다"고 판시하였다.

이에 따라 "강서구청장이 이 사건 주택건설사업계획 승인을 하면서 원고로 하여금 이 사건 각 토지를 매수하도록 붙인 부관이 무효라거나 그 부관이 사후적으로 그 효력을 상실하였음을 전제로 하여, 원고가 그 부관의 이행을 위하여 체결한 이 사건 각 토지에 대한 이 사건 매매계약도 무효로 보아야 한다는 취지의 원고의 주장은 그 부관의 효력 유무를 따져볼 필요 없이 받아들일 수 없"다고 하여, 설령 부관이 무효라고 하더라도 그에 따른 사법상 계약의 효력이 바로 무효가 되는 것은 아니라는 입장을 취하였다.

(2) 매매계약에 적용될 법률

대법원은 또한 매매계약 자체가 무효라는 원고의 주장을 배척하였는데, 이 부분에 대해서는 대상사안에서 용도폐지된 정비기반시설의 무상양도 또는 유상매각과 관련하여 적용 법률이 무엇인지가 1차적인 쟁점이 되었다.

제1심에서는 강서구청장의 주택건설사업계획 승인일인 2002. 5. 6.자를 기준으로 하여 구 「주택건설촉진법」이 적용되고 있었으며, 따라서 「도시정비법」 부칙을 근거로 구법인 「주택건설촉진법」이 적용된다고 보았다. 반면, 대상 판결에서는 구 「도시정비법」 시행 후 매매계약이 체결되었으므로, 위 용도폐지된 정비기반시설의 무상양도 또는 유상매수 여부

---

6) 처분시 법률을 따르도록 하는 원칙은 「행정기본법」 제14조 제2항으로 법제화되었다.
7) 대법원 1995. 11. 10. 선고 95누8461 판결; 대법원 2002. 7. 9. 선고 2001두10684 판결; 대법원 2010. 3. 11. 선고 2008두15169 판결 등.

등에 대해서는 당시의 「도시정비법」 제65조제2항이 적용된다고 보았다. 또한 부칙상의 사업방식에 해당하는 범위를 좁게 인정하여, 본 사안에는 적용되지 않는다고 판단하였다.

(3) 매매계약이 강행규정 위반인지 여부

앞서 보았듯 적용법률 관련 쟁점에서 1심법원의 판결과 달리, 대상 판결에서 대법원은 처분 당시가 아니라, 처분 후 시행되고 있던 「도시정비법」이 적용된다고 판단하였다. 해당 「도시정비법」에서는 정비기반시설의 무상양도가 규정되어 있으며, 이는 강행규정으로서의 성격을 가지므로, "위 규정을 위반하여 사업시행자와 국가 또는 지방자치단체 사이에 체결된 매매계약 등은 무효이다"라는 입장이다. 이때 「도시정비법」상 무상양도 조항에서는 구법과 달리 행정청이 이에 대하여 재량을 가지지 않는 방식으로 조문이 구성되어 있고, 당사자간의 합의로 임의로 변경할 수 없도록 되어있다. 따라서 한측 당사자인 행정청이 이 조문을 위반하여 계약을 체결하였다면, 민사법의 원칙상 그 효력이 부정될 수밖에 없었다고 하겠다.[8]

2. 종합적 이해

대법원은 대상 판결에서 부담과 계약을 서로 별개의 것으로 보는 기존의 입장을 고수하였다. 부관이 부가된 처분과 부관상의 의무이행에 따른 계약 또는 협약의 체결 사이에 시간상의 간격이 발생할 수 있고, 이 사이에 법령개정이 있게 된다면, 그 기준이 되는 법령을 어느 쪽으로 할지에 관하여 분쟁이 발생할 여지를 항상 두게 된다.[9] 즉, 원인이 되는 행위를 기준으로 하는 때와 달리, 부관에 따른 의무이행을 하는 시기를 기준으로 할 때에는 새로운 법령을 적용해야 하는 문제가 생긴다는 것이다. 대상 판결에서는 이에 대한 부분이 가장 치열하게 다투어진 것으로 보인다.

대법원은 대상판결에 앞서 고속도로 부지 등에 대한 송유관매설 허가와 관련하여 부담을 협약형식으로 붙인 사건 – 이른바 '송유관 사건' – 에서 매설허가의 근거가 되는 법률의 개정에 따라 부담의 효력에 대하여 판단한 바 있다. 이 사건 판결에서는 "행정청이 수익적 행정처분을 하면서 부가한 부담의 위법 여부는 처분 당시 법령을 기준으로 판단하여야 하

---

8) 김종보, 『건설법의 이해』, 제7판, 2023, 554-555면.
9) 특히 '불확정부관'의 경우에는 법령의 개폐에 따라 부관상의 의무를 이행하여야 하는지 여부가 달라질 수도 있다고 하겠다. 이에 관하여 이승민, "'불확정 부관(개방형 부관)'에 대한 법적 검토 – 협의, 협약(계약)체결, 사후 승인신청 등을 요하는 부관의 법적 문제점", 『행정법연구』 제48호, 2017, 156면.

고, 부담이 처분 당시 법령을 기준으로 적법하다면 처분 후 부담의 전제가 된 주된 행정처분의 근거 법령이 개정됨으로써 행정청이 더 이상 부관을 붙일 수 없게 되었다 하더라도 곧바로 위법하게 되거나 그 효력이 소멸하게 되는 것은 아니다"라고 판시하였다.[10] 대상판결에서도 위 송유관 사건 판결과 같은 입장을 취한 것으로 보인다. 나아가 부칙상의 경과규정에 대한 해석에서도 본 사건 매매계약은 '사업시행방식'이 아닌 것으로 보아 적용되지 않는다고 이해하였다.

Ⅲ. 법리의 검토

대상판결에서 부관과 그의 이행에 따른 부지의 매매계약을 각각 별개의 효력을 가지는 것을 판단하고 있다. 그에 따라 사업시행자에 대한 정비기반시설 부지의 귀속에 관하여 적용될 법률이 개정되었을 때, 이 법률의 강행규정에 반하는 매매계약은 무효라는 취지로 판단하고 있다.

다만 대상판결에서 부관과 매매계약을 별개의 효력이라고 판단한 부분, 그리고 매매계약을 사법상 계약이라고 보는 것은 — 본 사안의 문제를 해결은 차치하고서라도 — 처분에 부속되는 부관의 성격과 그에 따른 국유지의 매매계약이라는 일련의 법적 행위를 이해하고 그에 따른 판단을 함에 있어서 적절한지에 대하여 비판받을 여지가 크다.

1. 학설의 현황

부관(부담)과 그 이행으로서의 사법상 법률행위의 효력 간의 관계에 관하여 학설에서는 부담과 그에 근거하여 이루어진 사법상 법률행위 관계를 서로 별개의 독립된 행위로 보는 이른바 '독립설'과 부담의 효력에 따라 부당이득이 될 수 있다고 보는 '종속설'이 대립하고 있는 것으로 일반적으로 설명된다.[11]

독립설 내지 이원설에 따르면 부담과 그에 따른 법률행위의 효력은 서로 별개인 것으로 설명하고 있으며, 우리 판례의 입장이 이에 따른 것으로 보고 있다.[12] 예를 들어, 건축허

---

10) 대법원 2009. 2. 12. 선고 2005다65500 판결.
11) 박균성, 『행정법강의』, 제20판, 2023, 270-271면.
12) 독립설에 대한 설명으로, 박재윤, "행정행위 부관에 관한 분쟁유형별 고찰", 『행정법연구』 제38호, 2014, 37면.

가의 "허가조건이 무효라고 하더라도 구 부관 및 건축허가 자체의 효력이 문제됨은 별론으로 하고, 허가신청대행자가 그 소유인 토지를 허가관청에게 기부채납함에 있어 위 허가조건은 증여의사표시를 하게 된 하나의 동기 내지 연유에 불과한 것"이라고 보면서, "위 허가조건의 내용에 따라 위 토지를 기부채납하여야만 허가신청인들이 시공한 건축물의 준공검사가 나오는 것으로 믿고 증여계약을 체결하여 허가관청인 시 앞으로 위 토지에 관하여 소유권이전등기를 경료하여 주었다면 이는 일종의 동기의 착오로서 그 허가조건상의 하자가 허가신청대행자의 증여의사표시 자체에 직접 영향을 미치는 것은 아니"라고 보았다.[13] 그 외에도 "토지형질변경허가 처분의 부관으로서 이행하였던 도로 편입 토지의 기부의 의사표시가 당연 무효로 되지는 않는다고 보아, 피고에 대한 이 사건 소유권이전등기의 말소등기절차이행 청구를 배척한 판단은 정당"하다고 본 판결[14]도 이와 같은 입장이라고 하겠다.

이에 반하여, 종속설 내지는 부당이득반환청구권설에 따르면, 부담에 따른 기부채납행위 등은 그 자체가 별개의 계약이 아니라 부담상의 의무를 이행하기 위한 행위라는 점을 강조하고, 양자를 별개의 행위로 볼 필요성 자체가 낮다는 점을 지적한다.[15] 특히 종속설의 입장에서는 기부채납부담에 따른 기부채납의 채권행위 및 이에 근거한 소유권 이전을 사법상 법률행위로 보지 아니하고, 이를 공법상 계약 등으로 파악하고 있다.[16]

2. 비판적 검토

(1) 부관의 독립처분성

먼저 대상판결에서는 방론으로서 설시하기를 "행정처분에 부담인 부관을 붙인 경우 부관의 무효화에 의하여 본체인 행정처분 자체의 효력에도 영향이 있게 될 수는 있"다고 보아 여전히 부관을 종속적인 것으로 보았다. 이와 같이 부관을 (본)행정처분과 독립적인 처분으로 볼 수 있는지에 대하여 학설 간 차이가 있다. 일찍부터 독일법학에서 부관을 처분에 부속하는 것으로 보았고[17], 독일법이론을 따르는 우리나라의 다수 행정법이론에서도 부관을 강학상 행정행위에 부속한 것으로 보고 있다.

---

13) 대법원 1995. 6. 13. 선고 94다56883 판결.
14) 대법원 1998. 12. 22. 선고 98다51305 판결.
15) 박재윤, 앞의 글, 37면.
16) 박정훈, "기부채납부담과 의사표시의 착오", 『행정법의 체계와 방법론』, 2005, 307-308면.
17) Fritz Fleiner, Institutionen des deutschen Verwaltungsrechts, 8.Aufl., Tübingen 1928. S.187-189.

이에 반하여 국내에서도 부관이 처분에 덧붙기는 하지만(附隨), 종속된 것(附從)은 아니라고 보는 반론도 있다. 이 주장에 따르면, 부관에 대하여 "본처분에 부과가 되고, 따라서 본처분과 함께 실효한다는 의미에서, 말하자면 '부수성'은 긍정되지만, 본 처분과 동일성을 유지하면서 그 구성부분이 되고 본 처분의 내용을 축소시킨다는 의미에서의 부종성은 긍정할 수 없다"고 본다.[18]

부담에 관해서만 독립쟁송가능성을 인정하는 다수 견해와 달리 부담을 포함하여 부관 자체를 처분으로 보는 견해에 따르면, 그 처분의 위법성 정도에 따라 독립쟁송가능성과 독립취소가능성이 인정될 것으로 볼 수 있다.[19] 특히 대상 사안과 같이 도시정비조합에 불리한 내용의 부담을 비롯하여 본 처분과 별개로 다툴 수 있도록 할 필요성이 있는 경우에는 더욱 그러하다 하겠다.[20]

(2) 이행행위로서 매매계약의 법적 성격

또한 대상 판결에서는 매매계약을 -별다른 의심없이- 사법상 계약으로 보았다. 그러나 대상 사안과 유사한 국유지의 무상양도를 행정처분으로 본 판례도 있다.[21] 국·공유 일반재산(잡종재산)의 무상양도행위의 성격이 처분이라고 본다면, 용도폐지되는 국공유재산을 유상으로 매매하는 계약의 성격 역시도 '사법상 계약'이 아니라 '공법상 계약'으로 볼 여지가 크다.[22] 공법상 계약으로 볼 경우, 사법상 계약으로 볼 때보다 그 하자로 인하여 계약의 무효가 인정되는 범위가 더 넓은 점 등의 특성 등의 차이도 있다.[23] 대상 판결에서는 용도폐지된 정비기반시설의 매매계약의 법적 성질에 대하여 -처분과 독립한- 사법상 계약으로 보고 있다. 그러나 판례와 달리 이 사건에서와 같이 용도폐지된 정비기반시설의 매매계약은 '공법상 계약'으로서 이해할 필요성이 크고, 처분에 부속하는 부담의 이행으로 보는 것이 더 적절할 것으로 생각된다.

---

18) 위 문단에 관하여, 박정훈, "行政行爲 附款의 再檢討- 그 附從性 내지 '附款'的 性格의 극복을 위하여", (사)한국행정법학회·법제처 공동학술대회 "행정행위의 쟁점과 과제" 발표문(2016. 6. 30), 5-7면.

19) 朴正勳, 앞의 글, 12면.

20) 김종보, 앞의 책, 560면.

21) 무상양도행위의 성격에 관하여 행정처분으로 보는 판례를 긍정적으로 보며, 이를 공법관계로 보는 견해로, 최계영, 앞의 글, 429면.

22) 국유재산 매각 가운데도 「귀속재산처리법」에 따른 귀속재산의 매각에 대해서는 이를 행정처분으로 본 판례들이 있다. 대법원 1965. 5. 25. 선고 65다404 판결, 대법원 1991. 6. 25. 선고 91다10435 판결 등. 이에 관하여, 최계영, 앞의 글, 427면 및 각주 10 참조. 그 외에도 귀속재산 매매계약을 "공법상의 계약"으로 본 판결로는 광주고등법원 1967. 1. 24. 선고 66구27 판결.

23) 김대인, 『행정계약법의 이해』, 2007, 211면.

(3) 부관의 위법과 이행행위의 효력

부관의 위법성 여부에 관하여, 대상 판결에서는 앞서 보았듯이 해당 사업계획승인에 붙은 부담이 위법한지 여부에 대하여 −최소한 정면으로는− 판단을 하고 있지 않다. 대상 판결에서는 "부관을 법률행위를 하게 된 동기 내지 연유로 작용하였을 뿐"이라고 하면서 매매계약 그 자체를 강행법규 위반으로 무효라고 판단하였을 뿐, 부관 자체의 효력에 대한 판단은 하지 않았다. 이런 배경에는 앞서 본 바와 같이 우리 판례는 부담과 법률행위 간의 효력에 있어서 '독립설'을 취하고 있을 뿐더러, 이미 이행된 부담에 대해서는 이를 별도로 다투어 취소하는 판결을 내리지 않고 있다는 실무경향과 무관하지 않다고 하겠다.[24]

또한 "행정처분에 부담인 부관을 붙인 경우 그 부관의 무효화에 의하여 본체인 행정처분 자체의 효력에도 영향이 있게 될 수는 있"다고 방론으로만 설명하면서 대상 사건에서의 본 처분인 사업계획승인 자체의 효력에 어떤 영향을 미치는지 여부 등에 대해서도 설명하지 않고 있다.

그러나 달리 생각한다면, 대상 판결에서 부담의 효력에 대해서 직접적으로 판단하기 어려웠던 배경도 없지는 않다. 먼저 본 사안에서 주된 처분인 주택건설사업계획승인 당시(2002. 5. 6.)는 「도시 및 주거환경정비법」이 제정(2002. 12. 30.)되어 시행(2003. 7. 1.)되기 이전이므로, 처분 당시에는 구 「주택건설촉진법」과 「국토계획법」 등이 적용되었다. 따라서 처분 당시 무상양도 여부는 행정청의 재량에 맡겨져 있었다. 이로 인하여 −이 사건 원고인 조합이 부담의 취소를 구하고 법원이 재량하자를 인정하지 않는 한 − 부담은 일단 적법하였다고 판단될 가능성이 높고,[25] 따라서 처분 당시에는 부담 그 자체가 위법하였다고 보기는 어려운 상황이기도 하다.

그런데 「도시정비법」 제정 당시에도 정비사업에 따라 용도폐지되는 정비기반시설을 유상매각과 관련하여 법적 분쟁이 다수 제기된 바 있으며, 서울시 측에서 정비기반시설의 무상매각을 제한하는 지침 등을 내린 바 있다.[26] 즉, 당시 서울특별시 무상양도 기준에서는 무상양도를 허용하면서도 그 대상을 일부 제한하는 방식으로 운영되었으며, 이는 법률유보

---

24) 박재윤, 앞의 글, 31면.

25) 사업시행자가 설치한 정비기반시설의 무상귀속에 관한 위헌논란이 없었던 것은 아니나 이는 헌법재판소에서 합헌결정이 내려진 바 있다. 이와 같은 무상귀속에 관한 논란에서는 용도폐지된 정비기반시설을 사업시행자가 무상양도 외에도 유상매입해야 할 수도 있다는 점도 −최소한 간접적으로는− 관련되어 있다고 하겠다. 이승민, "공공시설의 무상귀속에 관한 소고", 『행정법연구』 제34호, 2012, 344-348면.

26) 이때 지침의 배경으로는 무상양도를 제한하고 용도폐지된 정비기반시설의 매각을 통한 지방자치단체의 수익을 염두에 두고 있었을 가능성이 시사된다. 이에 관하여, 김종보, 앞의 책, 548면.

원칙 등에 비추어 볼 때 그 적법성에 의문이 제기되고 있었던 것이다.[27] 물론 적법성에 관한 논란이 있다고 하더라도 -그것이 곧바로- 부담 내지 처분의 무효를 의미하지는 않겠지만, 이행행위인 계약의 효력에 관한 판단에서 일정한 영향을 미쳤을 여지는 있다고 보아야 할 근거는 될 수 있겠다. 따라서 대상 판결에서 설시하듯 과연 부담과 이의 이행을 위한 계약이 별개의 효과라는 설명이 적절한지에 대하여 의문이 제기될 수밖에 없다.

(4) 적용법률의 기준

그리고 대상 판결에서 다루어진 사안은 기존 위법한 부담과 그에 따른 기부채납행위의 효력에 관한 판례- 대법원 1995. 6. 13. 선고 94다56883 판결-에 대한 연구[28]와는 사뭇 다른 점이 있다. 부담 자체가 위법하다고 판단되었던 앞의 사건과는 달리, 대상 판결에서는 부담 자체는 직접 법령에 위반되지 아니하는데,[29] 부담과 부담의 이행을 위한 매매계약 체결 사이에 법률이 개정되었다면, 개정법률의 적용을 받아야 하는지 아니면 -이행행위이므로- 기존 부담이 부과되던 당시의 법에 따르면 되는지가 여부가 문제가 되었다.

이에 따라 매매계약의 효력을 다투면서 (경과조치규정에 따라) 부담이 붙은 처분시의 법률에 따르는 것인지(제1심), 부담시가 아니라 매매계약시를 기준으로 법률을 적용할 것인지(대상 판결)의 입장을 달리하였다.

부관과 그 이행으로서의 계약의 관계에 대하여 학설상으로는 앞서 본 바와 같이 이들의 관계를 독립적인 것으로 볼 것인지, 아니면 종속적인 것인지에 대한 입장 차이가 있다. 이에 따르면, 독립설의 입장에서는 법률개정에 따라 계약이 신법의 적용을 받는다고 판단하는 것이 용이하지만, 종속설의 입장을 따른다면 이 사안과 같은 경우에는 -부담에 따른 이행이라는 점에서- 구법의 적용을 받아야 하는 것이 아닌지라는 의문이 남을 수도 있겠다.

그러나 종속설의 입장에서도 부담의 이행이 남아있다는 점에 주목을 한다면, -당시에 적용된 법률은 아니지만, 일반적으로 합의된 기준이라는 점에서 현재의 기준으로는- 「행정기본법」 제14조제1항을 근거로 판단하는 것도 가능하겠다. 즉, "새로운 법령등은 법령등에 특별한 규정이 있는 경우를 제외하고는 그 법령등의 효력 발생 전에 완성되거나 종결된 사실관계 또는 법률관계에 대해서는 적용되지 아니한다"고 본다면, 아직 '완성되거나 종결

---

27) 이승민, 앞의 글, 352면.
28) 박정훈, 앞의 책, 307-308면 등.
29) 원고는 제1심에서 재량권 남용도 아울러 주장하였으나, 법원에서 이를 받아들이지 않았다. 다만 앞서 보았듯, 당시 서울시의 정비기반시설 관련 지침 등에 대한 논란이 있었다.

되지 아니하였다'고 볼 수 있고, 이에 따라 ―부담 자체의 효력을 차치해 두고서라도 최소한― 그 이행 부분에서는 신법인 「도시정비법」의 적용을 받아서 (제한적) 무상양도 원칙이 관철되어야 한다고도 보기에 충분하다고 하겠다.

(5) 부관 자체의 효력

아울러 부관 자체의 효력은 어떻게 되는지에 대한 의문도 있을 수 있다. 부관 자체의 위법성 문제가 있을 경우 그 해결 방안으로서 유상매입부관 자체의 효력에 대한 판단이 필요하다는 지적이 있다.[30] 일반적으로는 유상매입부관에 대하여 다투어 별도로 이를 취소하도록 하는 것은 가능할 것으로 보인다. 그러나 대상 판결과 같이 부관(부담)이 붙은 처분 당시의 법률이 이후 개정된 경우에는 ―제소기간을 준수한다고 하더라도 법률개정만을 이유로 하여― 그 효력을 무효라고 판단하기는 실무상 쉽지 않아 보이기도 한다. 즉, 우리 판례에서 말하는 것과 같이 "행정소송에서 행정처분의 위법 여부는 행정처분이 행하여졌을 때의 법령과 사실상태를 기준으로 하여 판단하여야 하고, 처분 후 법령의 개폐나 사실상태의 변동에 의하여 영향을 받지는 않는"[31]것이 원칙이기 때문이다.

나아가 부담의 효력에 관해서도 "행정청이 수익적 행정처분을 하면서 부가한 부담 역시 처분 당시 법령을 기준으로 위법 여부를 판단하여야 하고, 부담이 처분 당시 법령을 기준으로 적법하다면 처분 후 부담의 전제가 된 주된 행정처분의 근거 법령이 개정됨으로써 행정청이 더 이상 부관을 붙일 수 없게 되었다 하더라도 곧바로 위법하게 되거나 그 효력이 소멸하게 되는 것은 아니"라고 본 판례[32][33]도 있으므로 더욱 사후의 법률개정을 이유로 부담 자체를 무효라고 판단하기 어려웠을 것으로 생각된다. 그럼에도 불구하고 법령의 개정에 따라 당사자에게 유리하게 바뀐 경우이므로 현행법상으로는 「행정기본법」상 '처분의 재심사'(동법 제37조)를 신청하는 방법 등을 고려할 수 있겠다.

---

30) 김종보, 앞의 책, 560-561면. 다만 현실적으로 유상매입부관을 사업시행인가 이후에 다투기가 어렵다는 현실적인 문제를 지적하고, 부관의 공정력 등을 강하게 인정할 경우 구체적인 타당성이 결여되는 문제가 발생된다는 점을 지적한다.

31) 대법원 2007. 5. 11. 선고 2007두1811 판결. 이에 관하여, 김대인, "계약의 형식으로 된 부관의 법률관계 ― 대법원 2009. 2. 12. 선고 2005다65500 판결에 대한 판례평석", 『행정법연구』 제26호, 420-421면에서 참조.

32) 대법원 2009. 2. 12. 선고 2005다65500 판결.

33) 대법원 2009. 2. 12. 선고 2008다56262 판결.

3. 소결

대상 판결에서 대법원은 용도폐지된 정비기반시설을 유상매각하는 부담과 그의 이행행위로 이루어진 부지 매매계약 간의 관계를 별개의 것으로 보았다. 그러나 이행행위라는 측면에서 본다면 양자간의 관계를 독립적으로 보는 것이 적절하다고 보기 어렵다. 서로 별개의 행위로 보지 않는 종속설의 입장이라고 하더라도 그 사이에 있는 법률개정에 따라 신법이 적용되므로 본 사건의 매매계약이 무효라는 결론에는 동일하게 도달한다.

그런데 대상 판결에서는 본 사건 계약을 사법상 계약이라고 보았으나, 공법상 계약으로 보는 것이 더 타당하다고 생각한다. 매매계약을 처분에 붙은 부관(부담)의 이행이라고 본다면, 해당 매매계약을 공법상 법률행위라고 보고, 그 법률행위 역시도 강행법규에 위반되어서는 안되므로,[34] 이에 따라 강행법규에 위반되는 공법상 계약은 무효라고 볼 것이다.[35] 따라서 본 사안의 계약을 공법상 계약으로 이해하고 무효사유를 넓게 인정하는 것이 계약 당사자인 국민 보호에 더욱 도움이 된다고 생각한다.

Ⅳ. 요약과 결론

이상의 설명은 다음과 같은 몇 개의 명제로 정리할 수 있다.

1. 대상판결에서는 용도폐지되는 정비기반시설의 매매계약에 관하여 이를 종래의 구「주택건설촉진법」제33조제8항 및 구「도시계획법」제52조제2항에 따른 재량규정과 달리 강행규정(도시정비법 제65조제2항)에 위반된다고 판단하여 무효로 보았다.

2. 이러한 대상판결은 부관의 효력과 그에 따른 법률행위의 효력을 서로 별개의 것으로 보는 기존 판례들의 입장을 따르고 있다.

3. 대상판결은 −기존 판례와 마찬가지로− 정비기반시설의 매매계약이 완전히 독립적인 별개의 법률행위가 아니라, 부담의 이행으로서의 성격을 다소 간과한 것으로 보인다.

---

34) 「행정기본법」제27조 제1항 제1문.
35) 최승필/김대인, "행정기본법 주요 쟁점 중 공법상 계약 분야 조사·검토 연구", 법제처 연구보고서, 2020, 102면.

4. 부담의 이행행위로서의 (공법상) 매매계약이라고 하더라도 대상 사안에서 부담이 붙은 처분이 내려진 이후 관련 법령이 개정되어 용도폐지된 정비기반시설을 무상양도하도록 법이 개정된 점, -기존 법령의 위헌성이 지적되던 상황에서 이를 반영하여 법령을 개정한 - 입법자의 의사 등을 감안한다면, 부담의 이행임에도 불구하고 이행(매매계약)시의 법률을 기준으로 강행규정 위반여부에 따라 무효로 판단할 수 있다.

생각할 문제

1. 「도시정비법」상 용도폐지되는 정비기반시설의 무상양도 또는 매매의 합의를 공법상 계약으로 볼 것인가, 아니면 사법상 법률행위로 볼 것인가.

2. 부담의 이행행위인 정비기반시설의 매매계약을 사법상 법률행위로 볼 때와 달리 공법상 계약으로 본다면, 매매계약의 하자를 다툼에 있어 당사자인 국민의 권익보호의 범위가 실질적으로 어느 정도로 확대될 수 있는가.

3. 대상 판결과 달리 부관 자체의 하자로 인하여 다툼이 있을 때- 부관(부담)과 그 이행행위에 관한 관계에서 그 이행행위를 사법상 법률행위가 아닌 공법상 계약 등으로 이해할 경우, 그런 이해가 부관의 위법성이 이행행위의 하자의 원인이 되었다고 하여 - 계약의 무효와 같이- 그 이행행위를 다툴 수 있도록 하는데 더욱 기여할 수 있는가.

대법원 2021. 8. 12. 선고 2015다208320 판결
[절차하자와 배상책임]

정 성 언*

[사실관계]

한국전력공사가 구 전원개발촉진법[1]에 따라 송전선로 건설사업(이하 '이 사건 사업'이라 한다)을 시행하면서 2003. 10.경 경북 울주군 신고리에서 부산 기장군 장안읍 기룡리 및 기장군 정관면 병산리를 거쳐 북경남으로 이어지는 노선의 송전선로 예정경과지(이하 '당초 예정경과지'라 한다)를 선정하였다. 여기에 부산 기장군 철마면 임기리 일대가 포함되어 있지 않았다. 한국전력공사는 구 환경영향평가법[2] 등에 따라 2005. 12.경 당초 예정경과지에 대한 환경영향평가서 초안 작성을 마친 후 2006. 1.경 주민설명회를 개최하고자 하였으나 주민들의 반대 집회로 주민설명회를 개최하지 못한 채 일간신문에 주민설명회 개최 일정 등을 공고함에 그쳤다. 2006. 2. 21. 한국전력공사와 기장군 주민대표 사이에 기장군 통과지역의 송전선로를 전면 재검토하기로 하는 합의가 이루어지고 이에 따라 송전선로 경과지 변경을 위한 협의체(이하 '이 사건 협의체'라 한다)가 구성되었다.[3] 이 사건 협의체에서 2006. 7. 25.경부터 한국전력공사가 제안한 송전선로 경과지 5개안을 두고 수차례 협의한 결과 당초 예정경과지에 해당하는 제1안이 아닌 부산 기장군 철마면 임기리 일대를 지나는 제5안(이하 '이 사건 경과지'라 한다)으로 의견이 좁혀졌다. 한국전력공사는 한국전력기술

---

* 김·장 법률사무소 변호사
1) 구 「전원개발촉진법」(2009. 1. 30. 법률 제9376호로 개정되기 전의 것) 제5조가 근거규정이다. 한편 위 법 제5조의2에도 주민의견수렴절차가 규정되어 있어 함께 문제되었으나 이하에서는 편의상 환경영향평가법을 중심으로 설명한다.
2) 구 「교통환경·교통·재해등에 관한 영향평가법」(2008. 3. 28. 법률 제9037호 '환경영향평가법'으로 개정되어 2009. 1. 1. 시행되기 전의 것)을 말한다. 당시 제6조(의견수렴) 및 같은 법 시행령 제5조 내지 제8조에 규정되어 있었다. 이하에서는 특별히 필요하여 따로 표시하지 않는 한 법령은 구법 여부를 따로 표기하지 않고 통상적 약어를 사용한다.
3) 최초에는 한국전력공사 측 대표 5명, 기장군 주민대표 11명(장안읍 대표 10명, 정관면 대표 1명) 총 16명으로 구성되었다가, 2006. 7. 24. 기장군의회 의원, 장안읍장 등이 참석한 이 사건 협의체 1차 회의를 개최한 이래 기장군 정관면 대표 3명이 협의체 위원에 추가되었다.

주식회사에 대한 용역을 통해 이 사건 경과지에 대한 측량 및 환경영향평가를 실시하였고 2007. 4. 2. 한국전력기술 주식회사가 이 사건 경과지에 대한 환경영향평가서를 작성하여 제출하였다. 한국전력공사는 이를 토대로 2007. 3.경 관할청인 산업자원부장관[4]에게 이 사건 경과지를 사업부지로 포함하는 내용으로 이 사건 사업의 실시계획에 대한 승인신청 (이하 '이 사건 승인신청'이라 한다)을 한 후 2007. 10. 20. 낙동강유역 환경청과 사이에 환경 영향평가 협의를 완료하였고, 이에 산업자원부장관이 2007. 11. 30. 이 사건 사업의 실시 계획을 승인(이하 '이 사건 승인 처분'이라 한다)하고 2007. 12. 6. 고시하였다. 그런데 한국전 력공사는 위 승인신청 전에 송전선로 경과지의 변경으로 사업부지에 새롭게 포함된 부산 기장군 철마면 임기리 일대 주민들을 상대로 의견을 청취하지는 않았다.

[사건의 경과]

이 사건 경과지에 포함된 부산 기장군 철마면 임기리에 거주하고 있거나 토지를 소유하 고 있던 원고(선정당사자)와 선정자들(이하 원고와 선정자들을 통틀어 '원고 등'이라 한다)이 사 업시행자인 한국전력공사(이하 '피고'라 한다)를 상대로 이 사건 경과지에 대하여 의견수렴 절차를 이행하지 않았다는 등의 사유를 들어 민사상 손해배상으로 재산상 손해 및 정신상 손해 중 일부로서 각 6,000만 원의 배상을 청구하였다.

제1심법원[5]은 "이 사건 송전선로의 경과지가 당초 예정경과지(제1안)에서 이 사건 경과 지(제5안)로 변경되었음에도 당초 예정경과지에 대한 환경영향평가서 초안이 작성되었을 뿐 이 사건 경과지에 대한 환경영향평가서 초안이 재작성되지 아니하였음은 앞서 본 바와 같은바, 피고가 환경영향평가법 시행령 제8조 제3항에 따라 당초 예정경과지에 대하여 작 성된 환경영향평가서 초안을 공고한 것만으로 이 사건 경과지에 대해서 환경영향평가서 초안의 공람·공고 및 주민설명회가 이루어진 것으로 보기는 어렵다."고 하면서 원고 등에 게 위자료로 각 300만 원[6] 및 지연손해금을 인정하였다. 다만 실체적 권리에 관한 주장[7] 및 재산상 손해 청구는 배척하였다.

---

4) 당시 산업자원부의 업무는 2008년부터 지식경제부가 2013년부터 산업통상자원부가 담당하였다. 이하 사건 당시 명칭인 산업자원부를 기준으로 한다.
5) 부산지방법원 2013. 4. 11. 선고 2012가합42089 판결.
6) 가구를 기준으로 가구 대표인 원고 및 선정자 별로 각 300만 원을 인정하였다.
7) 재산권, 조망권, 환경권, 건강권의 침해도 주장되었으나 인정되지 않았다.

원심법원[8] 역시 위와 같은 취지에서 "이 사건 경과지 인근 주민들을 상대로 공람·공고, 주민들을 상대로 공람·공고, 주민설명회 등 환경영향평가법 제6조 제1항 및 구 전원개발촉진법 제5조의2 제1항에 따른 의견수렴 절차를 거치지 아니한 잘못"을 인정하면서 "원고와 나머지 선정자들은 자신들의 환경상 이익의 침해를 최소화할 수 있는 의견을 제출할 수 있는 기회를 박탈당하였는바, 이로 인하여 원고와 나머지 선정자들이 상당한 정신적 고통을 당하였을 것임은 경험칙상 명백"하다고 하여 동일한 액수의 위자료를 인정하였다. 다만 원심법원은 당시 거주하였다는 사실 등이 증명되지 않은 일부 선정자의 청구는 배척하였다. 원심판결에 대하여 피고가 상고를 제기하였다.

한편 이 사건 승인처분 등 관련 처분에 대한 무효확인의 소는 중대·명백한 위법이 없다는 이유로 기각되었다.

[대상판결]

대법원은 상고를 기각하였다. 핵심 설시 부분은 다음과 같다.

"① 공법인이 국가나 지방자치단체의 행정작용을 대신하여 공익사업을 시행하면서 행정절차를 진행하는 과정에서 주민들의 절차적 권리를 보장하지 않은 위법이 있더라도 곧바로 정신적 손해를 배상할 책임이 인정되는 것은 아니지만, 절차상 위법의 시정으로도 주민들에게 정신적 고통이 남아 있다고 볼 특별한 사정이 있는 경우에는 정신적 손해의 배상을 구하는 것이 가능하다는 점(대법원 2021. 7. 29. 선고 2015다221668 판결 취지 참조),

② 당초 예정경과지 주민들의 거센 반대로 이 사건 사업부지에 관한 전면적 재논의를 위하여 이 사건 협의체가 구성되고 그에 따라 사업부지가 변경되었으나 피고는 이 사건 사업 실시계획 승인에 이르기까지 원고 등을 비롯하여 변경된 사업부지 인근 주민들의 의견을 청취한 적이 없는 점,

③ 사업부지가 상당한 정도로 변경되어 당초 예정경과지에 대하여 작성된 환경영향평가서 초안의 공고와 해당 지역 주민들에 대한 의견청취만으로는 변경된 경과지에 대해서 구 「환경·교통·재해 등에 관한 영향평가법」(2008. 3. 28. 법률 제9037호 환경영향평가법으로 전부 개정되기 전의 것) 제6조 등에서 정한 환경영향평가서 초안의 공람·공고 및 주민의견 청취가 이루어진 것으로 보기 어려운데도, 당초 예정경과지에 대한 주민의견수렴절차가 진

8) 부산고등법원 2015. 2. 5. 선고 2013나50701 판결.

행되었다는 사정만으로 변경된 경과지 인근 주민들의 의견을 별도로 청취할 필요가 없다고 보게 되면, 사업부지 주민들의 의견을 청취한 결과 반대가 심하여 사업 추진이 불가능해 보일 경우 사업부지를 다른 지역으로 변경하고 그 변경된 사업부지 인근 주민들의 의견을 듣지 않더라도 적법하다는 결과에 이르게 되어 그 주민들의 절차적 권리에 부정적 영향을 미치는 점,

④ 사업부지가 뒤늦게 변경된 일련의 경위에 비추어, 피고로서는 그동안 사업부지 선정 절차에서 소외된 이 사건 경과지 주민들의 의견을 더욱 적극적으로 청취하고 그 이해를 구하는 절차를 진행했어야 할 것으로 보이는데도, 주민들의 거센 저항이나 보상 등 민원 제기로 사업시행이 지연될 것을 우려하여 주민의견수렴절차를 거치지 않았을 가능성이 커 보이는 점 (...)"

[판결의 평석]

Ⅰ. 사안의 쟁점

환경영향평가법은 주민의견수렴절차를 규정하고 있었다.[9] 위 사안에서 중간에 사업대상지가 크게 변경되었고 이 사건 경과지에 대한 주민의견수렴절차가 있었다고 보기 어려워 절차에 하자가 있었다. 이와 같은 절차하자에 따라 배상책임이 인정될 수 있는지가 쟁점이다.

---

9) 구 「환경영향평가법」 제6조(의견수렴) ① 사업자는 평가서를 작성함에 있어서 대통령령이 정하는 바에 따라 설명회 또는 공청회등을 개최하여 대상사업의 시행으로 인하여 영향을 받게 되는 지역안의 주민 (이하 "주민"이라 한다)의 의견을 듣고 이를 평가서의 내용에 포함시켜야 한다. 이 경우 대통령령이 정하는 범위의 주민의 요구가 있는 때에는 공청회를 개최하여야 한다.
② 사업자는 생태계의 보전가치가 큰 지역등 대통령령이 정하는 지역에서 대상사업을 시행하고자 하는 경우에는 대통령령이 정하는 바에 따라 주민외의 자의 의견을 듣고 이를 평가서의 내용에 포함시켜야 한다.
③ 사업자는 제1항 및 제2항의 규정에 의하여 의견을 수렴하고자 하는 때에는 미리 평가서초안을 작성하여야 하며, 대통령령이 정하는 바에 따라 관계행정기관의 장에게 제출하여야 한다.
④ 제1항 내지 제3항의 규정에 의한 의견수렴의 방법·절차 및 평가서초안의 작성방법 기타 필요한 사항은 대통령령으로 정한다. (이하 생략)

Ⅱ. 판례의 이해

1. 관련판결

대상판결 선고 2주 전 대법원[10]은 폐기물시설촉진법에서 정한 입지선정위원회 구성에 관한 주민들의 행정절차 참여권[11] 침해로 인한 지방자치단체(전라남도 보성군)의 국가배상 책임이 인정되는지 여부가 쟁점이 된 사건에서 다음과 같이 판시하였다.

"국가나 지방자치단체가 공익사업을 시행하는 과정에서 해당 사업부지 인근 주민들은 의견제출을 통한 행정절차 참여 등 법령에서 정하는 절차적 권리를 행사하여 환경권이나 재산권 등 사적 이익을 보호할 기회를 가질 수 있다. 그러나 법령에서 주민들의 행정절차 참여에 관하여 정하는 것은 어디까지나 주민들에게 자신의 의사와 이익을 반영할 기회를 보장하고 행정의 공정성, 투명성과 신뢰성을 확보하며 국민의 권익을 보호하기 위한 것일 뿐, 행정절차에 참여할 권리 그 자체가 사적 권리로서의 성질을 가지는 것은 아니다. 이와 같이 행정절차는 그 자체가 독립적으로 의미를 가지는 것이라기보다는 행정의 공정성과 적정성을 보장하는 공법적 수단으로서의 의미가 크므로, 관련 행정처분의 성립이나 무효·취소 여부 등을 따지지 않은 채 주민들이 일시적으로 행정절차에 참여할 권리를 침해받았다는 사정만으로 곧바로 국가나 지방자치단체가 주민들에게 정신적 손해에 대한 배상의무를 부담한다고 단정할 수 없다. 이와 같은 행정절차상 권리의 성격이나 내용 등에 비추어 볼 때, 국가나 지방자치단체가 행정절차를 진행하는 과정에서 주민들의 의견제출 등 절차적 권리를 보장하지 않은 위법이 있다고 하더라도 그 후 이를 시정하여 절차를 다시 진행한 경우, 종국적으로 행정처분 단계까지 이르지 않거나 처분을 직권으로 취소하거나 철회한 경우, 행정소송을 통하여 처분이 취소되거나 처분의 무효를 확인하는 판결이 확정된 경우 등에는 주민들이 절차적 권리의 행사를 통하여 환경권이나 재산권 등 사적 이익을 보호하려던 목적이 실질적으로 달성된 것이므로 특별한 사정이 없는 한 절차적 권리 침해로 인한 정신적 고통에 대한 배상은 인정되지 않는다. 다만 이러한 조치로도 주민들의 절차적 권리 침해로 인한 정신적 고통이 여전히 남아 있다고 볼 특별한 사정이 있는 경우에 국가

---

10) 대법원 2021. 7. 29. 선고 2015다221668 판결.
11) 「폐기물처리시설설치촉진및주변지역지원등에관한법률」 제9조(폐기물처리시설의 입지 선정) 제3항: 폐기물처리시설 설치기관은 제1항에 따른 입지선정계획을 공고한 경우에는 지체 없이 대통령령으로 정하는 바에 따라 주민대표가 참여하는 입지선정위원회(이하 "입지선정위원회"라 한다)를 설치하여 해당 폐기물처리시설의 입지를 선정하도록 하여야 한다.

나 지방자치단체는 그 정신적 고통으로 인한 손해를 배상할 책임이 있다. 이때 특별한 사정이 있다는 사실에 대한 주장·증명책임은 이를 청구하는 주민들에게 있고, 특별한 사정이 있는지는 주민들에게 행정절차 참여권을 보장하는 취지, 행정절차 참여권이 침해된 경위와 정도, 해당 행정절차 대상사업의 시행경과 등을 종합적으로 고려해서 판단해야 한다."

즉 대법원은 절차적 권리가 그 자체로 독립적인 의미를 갖는 것이라기보다는 행정의 공정성과 적정성을 보장하기 위한 공법적 수단으로서의 의미가 크기 때문에 단지 절차상 위법이 있다는 사정만으로 곧바로 정신적 손해에 대한 배상책임이 발생하는 것이 아니고 ① 하자를 시정하여 절차를 다시 진행한 경우, ② 종국적으로 처분에 이르지 않거나 행정청이 그 처분을 직권으로 취소 또는 철회한 경우, ③ 행정소송을 통하여 처분이 취소되거나 처분의 무효를 확인하는 판결이 확정된 경우 등에는 원칙적으로 배상책임이 인정되지 않고 이러한 조치로도 정신적 고통이 여전히 남아 있다고 볼 특별한 사정이 있는 경우에 한하여 배상책임이 인정된다고 하였다.

위 사안에서 피고 전라남도 보성군의 담당공무원이 입지선정계획 결정·공고문, 주민대표들의 추천서, 입지선정위원회 회의록 등 관련 서류를 위조하여 전라남도지사에게 제출하면서 폐기물 매립장의 설치 승인을 신청하였고, 전라남도지사가 이를 승인하였으나, 이후 담당공무원이 공문서위조 등 혐의로 기소되어 유죄판결이 확정되었고, 행정소송에서 적법한 입지선정위원회를 구성하지 아니하였다는 사유로 관련 처분의 무효를 확인하는 판결이 선고되어 확정되었다.[12]

이에 대법원은 "피고 담당공무원의 행위는 해당 지역 주민들이 이 사건 폐기물 매립장 설치에 관하여 자신들의 의사와 이익을 반영할 기회를 전적으로 배제함으로써 관련 규정의 입법 취지를 몰각하는 것으로서 귀책사유 있음이 분명하고 사회통념상 용인될 수 없는 행위"라고 하여 배상책임이 인정될 가능성을 시사하였으나, 원고가 위 시점에 해당 지역 주민이었다는 사실에 관한 입증이 없다고 보아, 피고의 배상책임을 인정했던 원심을 파기하였다.[13]

---

12) 보성군수가 대상 시설의 입지를 결정하여 고시한 처분 및 전라남도지사가 시설설치계획을 승인한 처분에 대한 무효확인의 소에서 법원은 법령에 의한 방식으로 입지선정위원회를 구성하지 않은 하자가 무효사유에 해당한다고 하면서(대법원 2007. 4. 12. 선고 2006두20150 판결) 위 보성군수의 처분이 무효이고 그에 따라 전라남도지사의 위 처분 역시 무효라고 판단하였으며(광주지방법원 2018. 5. 31. 선고 2015구합912 판결) 미항소로 확정되었다.

13) 원심법원(광주고등법원 2015. 5. 27. 선고 2014나12743 판결)은 원고에게 행정절차 참여권 침해로 인한 손해배상금으로 50만 원 및 그 지연손해금을 인정하였으나, 파기 후 환송심(광주고등법원 2022. 8. 10. 선고 2021나23192 판결)에서는 원고가 입지선정결정 당시 해당 지역 주민이었다는 사실이 증명되

2. 논리 구조

재산권 침해에 따른 정신적 손해배상에 관하여 대법원[14]은 "일반적으로 타인의 불법행위 등에 의하여 재산권이 침해된 경우에는 그 재산적 손해의 배상에 의하여 정신적 고통도 회복된다고 보아야 할 것이므로 재산적 손해의 배상에 의하여 회복할 수 없는 정신적 손해가 발생하였다면, 이는 특별한 사정으로 인한 손해로서 가해자가 그러한 사정을 알았거나 알 수 있었을 경우에 한하여 그 손해에 대한 위자료를 청구할 수 있는 것이다."라고 판시하여 왔다. 재산권이 침해된 경우에는 그 재산적 손해의 배상에 의하여 정신적 고통도 회복되는 것이 원칙이고 그럼에도 남아 있는 정신적 손해가 있는 경우에 한하여 예외적으로 정신적 손해를 인정할 수 있다는 것이다.

관련판결의 판시는 이와 유사한 논리 구조를 채택하고 있다. 즉 대법원은 마치 원칙적으로 재산상 손해배상을 통해 재산권 보호 목적이 달성될 수 있는 것처럼 ① 절차재진행, ② 처분미발령 혹은 직권 취소·철회, ③ 처분의 취소 또는 무효확인 판결 확정 등을 통해 행정절차의 목적이 달성될 수 있는 것이고 "이러한 조치로도 주민들의 절차적 권리 침해로 인한 정신적 고통이 여전히 남아 있다고 볼 특별한 사정이 있는 경우"에 한하여 예외적으로 정신적 손해를 인정할 수 있다고 하였다. 그리고 이와 같은 논리의 전제로서 행정절차에 참여할 권리 그 자체가 사적 권리로서의 성질을 가지는 것이 아니고 행정절차가 그 자체가 독립적으로 의미를 가지기보다는 행정의 공정성과 적정성을 보장하는 공법적 수단으로서의 의미가 크다는 점을 제시하였다. 결국 행정절차의 수단성을 전제로 절차하자에 따른 국가배상을 원칙적으로 부정하되 예외적으로 허용한 것이다.

3. 비교 분석

대상판결은 관련판결이 제시한 법리를 적용하여 위자료를 인정한 첫 사례이다. 두 판결에서는 모두 실체적 권리 침해가 인정되지 않았지만 주민의 절차참여 규정 위반에 따른 절차하자가 인정되었다는 점이 공통적이다. 그러나 위법의 정도에 따라 관련 처분에 대한 항고소송 결과에 차이가 있었는데, 관련판결에서는 관련 처분의 효력이 무효로 확인되었으나

지 않았다고 판단하여 종국적으로 원고 청구를 배척하였다(오히려 원고는 입지가 결정되고 그 설치 승인을 신청한 후에 전입한 사실만 확인될 뿐이었다). 한편 관련판결에서도 환경권 침해와 안전통행권 침해라는 실체적 권리 침해가 주장되었으나 받아들여지지 않았다.

14) 대법원 2004. 3. 18. 선고 2001다82507 전원합의체 판결 등 다수.

대상판결에서는 관련 처분이 여전히 유효한 것으로 판단되었다.[15]

관련판결에서 원칙적으로 정신적 손해가 인정되지 않는 경우 중 하나로 '③ 행정소송을 통하여 처분이 취소되거나 무효로 확인하는 판결이 확정된 경우'를 예시하고 있고 관련판결 사안이 여기에 해당한다. 다만 대법원은 담당공무원의 행위가 사회통념상 용인될 수 없다는 특별한 사정이 있어 국가배상책임이 인정될 가능성을 시사하였다. 그러나 원고가 주민이었음이 입증되지 않았기 때문에 환송심에서 결국 원고의 청구는 배척되었다.

반면 대상판결에서는 원심에서 이미 해당 지역에 거주한 주민 등의 청구만을 인용하였기 때문에 대법원에서 주민 여부가 쟁점이 되지 않았다. 오히려 대상판결 사안은, 관련판결에서 대법원이 원칙적으로 배상책임이 인정될 수 없다고 예시한 경우(① 절차재진행, ② 처분미발령 혹은 직권 취소·철회, ③ 취소 또는 무효확인 판결 확정) 어디에도 해당하지 아니하였을 뿐만 아니라, 피고가 주민의 저항을 피하고자 의도적으로 주민의견수렴절차를 거치지 않았을 가능성이 커 보였고, 이러한 피고의 조치가 용인될 경우 주민들의 절차적 권리에 부정적 영향을 미칠 우려가 있었다.[16] 대법원은 이러한 점을 종합적으로 고려하여 배상책임을 인정한 원심판단을 수긍하였다. 이상의 내용을 간단히 표로 정리하면 다음과 같다.

	관련판결	대상판결
실체적 권리 침해 여부	실체적 권리 침해X	실체적 권리 침해X
주민 절차참여 규정의 위반 여부	절차 위반O	절차 위반O
원고가 주민인지 여부	주민X	주민O
손해배상책임 인정 여부	위자료X	위자료O
참고: 관련 항고소송 결과	처분 무효	처분 무효X

요컨대 두 판결에서는 모두 절차상 위법에 이르게 된 여러 요인들이 종합적으로 고려되어[17] 책임발생가능성이 긍정되었으나 결과적으로 원고가 주민이었는지 여부에 따라 결론

---

15) 대상판결 피고는 관련 행정사건 판결에서 이 사건 사업 실시계획 승인 처분이 적법한 것으로 확정되었으므로 이 사건에서 절차하자를 인정하는 것은 공정력에 반한다는 취지로 주장하였으나, 대법원은 "피고의 주민의견 청취의무 위반을 이유로 한 손해배상을 구할 뿐인 이 사건에서 위 실시계획 승인처분의 효력 여부는 쟁점이 아니고, 기록에 의하면, 관련 행정사건 판결에서는 이 사건 사업 실시계획 승인처분에 중대·명백한 하자가 인정되지 않아 당연무효 사유가 없다고 보았을 뿐, 위 처분이 적법하다고 판단한 바도 없다."고 하면서 그 주장을 배척하였다.

16) 구체적인 사실관계를 보더라도 주민 대표가 참여하여 의견을 개진할 수 있었던 이 사건 협의체에는 정작 종국적으로 대상지에 포함되었던 부산 기장군 철마면 임기리 주민이 참여하지 않아 해당 주민들이 실질적으로 의견을 개진할 기회가 없었던 것으로 보인다.

이 달라졌다. 다시 말해 관련판결의 관련 항고소송에서 처분이 무효로 확인되었고 그 판결이 확정되었음에도 담당공무원이 한 행위의 위법성이 중대하였으므로 원고가 주민이었다면 위자료가 인정되었을 가능성도 있었다.

Ⅲ. 법리의 검토

1. 절차하자와 항고소송

(1) 기본 논의

일반적으로 행정법 총론의 한 주제로서「형식·절차상의 하자 있는 행정행위의 효력」내지「절차적 하자에 의거한 독자적 취소가능성」과 같은 표제로 절차상의 위법사유가 행정행위의 독자적인 취소사유[18]가 될 수 있는지 논의[19]하면서 대체로 이를 긍정하는 입장에서 우리 판례가 절차상의 하자가 있다면 그 자체만으로 행정행위를 취소할 수 있다는 입장(소위 적극설)을 채택하고 있다고 설명한다.[20] 그 근거로 식품위생법상 청문절차를 위반한 경우 영업정지처분의 취소를 인정한 판례,[21] 납세고지서의 세액산출근거 등이 기재되지 않은 경우 과세처분의 취소를 인정한 판례,[22][23] 공정거래법상 의견청취절차를 위반한 경

---

17) 즉, 실질적으로는 관련판결이 제시한 원칙－예외 구조보다는 각 구체적 사안에서 행위의 위법 정도가 중요하게 고려된 것으로 보인다.

18) 하자가 중대·명백하다면 무효사유가 된다. 아래에서는 취소사유를 위주로 논의한다.

19) 이 논의에 관하여 절차하자에 의한 독자적 취소가능성을 긍정하는 견해, 부정하는 견해, 기속행위와 재량행위를 구별하여 재량행위에 한하여 독자적 취소가능성을 긍정하는 견해 등으로 나누어 설명하는 경우가 많다.

20) 김동희/최계영, 『행정법 I』, 제27판, 2023, 407-410면; 같은 취지의 설명으로는 박균성, 『행정법론』, 제22판, 2023, 771-774면; 홍정선, 『행정법원론(상)』, 제31판, 2023, 652-655면; 김철용, 『행정법』, 전면 개정 제12판, 2023, 471-475면.

21) 대법원 1991. 7. 9. 선고 91누971 판결(김동희/최계영, 앞의 책, 410면; 홍정선, 앞의 책, 654면): 이러한 청문제도의 취지는 이 사건 영업정지와 같은 위 법 제58조 등의 규정에 의한 처분으로 말미암아 불이익을 받게 된 영업자에게 미리 변명과 유리한 자료를 제출할 기회를 부여함으로써 처분의 신중을 기하고 그 적정성을 확보하여 부당한 영업자의 권리침해를 예방하려는 데에 있으므로, 위와 같은 법령 소정의 청문절차를 전혀 거치지 아니하거나 거쳤다고 하여도 그 절차적 요건을 제대로 준수하지 아니한 경우에는 가사 영업정지사유 등 위 법 제58조 등 소정사유가 인정된다고 하더라도 그 처분은 위법하여 취소를 면할 수 없는 것이다.[1988. 4. 11.로 청문일을 정하고도 4. 6. 청문서를 발송하여 청문일 7일 전 청문서가 도달하도록 한 식품위생법령을 위반한 사안이다.]

22) 대법원 1984. 5. 9. 선고 84누116 판결(김동희/최계영, 앞의 책, 410면): 국세징수법 제9조 제1항에 의

우 시정조치 및 과징금납부명령의 취소를 인정한 판례,[24] 공중위생법상 청문절차를 위반한 영업허가취소처분이 위법하다고 한 판례,[25] 폐기물관리법상 사전통지 및 의견청취절차를 위반한 폐기물처리조치명령이 위법하다고 한 판례,[26] 도시계획법상 공람·공고절차를

하면, 세무서장(...)이 국세를 징수하고자 할 때에는 납세자에게 그 국세의 과세연도, 세목, 세액 및 산출근거, 납부기한과 납부장소를 명시한 고지서를 발부하여야 한다고 규정하고 있는바, 위 규정의 취지는 단순히 세무행정상의 편의를 위한 훈시규정이 아니라 조세행정에 있어 자의를 배제하고 신중하고 합리적인 처분을 행하게 함으로써 공정을 기함과 동시에 납세의무자에게 부과처분의 내용을 상세히 알려 불복여부의 결정과 불복신청에 편의를 제공하려는 데서 나온 강행규정으로서 납세고지서에 그와 같은 기재가 누락되면 그 과세처분 자체가 위법한 처분이 되어 취소의 대상이 된다고 해석함이 상당하다.[납세고지서에 세액의 산출근거 등 미기재되어 있었던 사안이다.]

23) 대법원 1983. 7. 26. 선고 82누420 판결(박균성, 앞의 책, 773면): 법인세법 등이 과세처분에 과세표준과 세액의 계산명세서 등을 첨부하여 고지하도록 규정한 취의는 단순한 세무행정상의 편의에 기한 훈시규정이 아니라 헌법과 국세기본법이 규정하는 조세법률주의의 원칙에 따라 처분청으로 하여금 자의를 배제하고 신중하고도 합리적인 처분을 행하게 함으로써 조세행정의 공정성을 기함과 동시에 납세의무자에게 부과처분의 내용을 상세히 알려서 불복여부의 결정 및 그 불복신청에 편의를 주려는 취지에서 나온 것이라고 해석되어 이와 같은 여러 규정은 강행규정으로서 납세고지서에 그와 같은 기재가 누락되면 그 과세처분 자체가 위법하게 되고 하자있는 처분으로서 취소대상이 되는 것[납세고지서에 세액의 산출근거 등이 미기재되어 있었던 사안으로, 소송계속 중 보완된 고지서를 발송하였으나 하자치유가 인정되지 않았다.]

24) 대법원 2001. 5. 8. 선고 2000두10212 판결(박균성, 앞의 책, 773면): 이들 규정의 취지는 공정거래위원회의 시정조치 또는 과징금납부명령으로 말미암아 불측의 피해를 받을 수 있는 당사자로 하여금 공정거래위원회의 심의에 출석하여 심사관의 심사결과에 대하여 방어권을 행사하는 것을 보장함으로써 심사절차의 적정을 기함과 아울러, 공정거래위원회로 하여금 적법한 심사절차를 거쳐 사실관계를 보다 구체적으로 파악하게 하여 신중하게 처분을 하게 하는 데 있다 할 것이므로, 법 제49조 제3항, 제52조 제1항이 정하고 있는 절차적 요건을 갖추지 못한 공정거래위원회의 시정조치 또는 과징금납부명령은 설령 실체법적 사유를 갖추고 있다고 하더라도 위법하여 취소를 면할 수 없다고 보아야 한다.[원고의 법위반사실 중 추가된 부분에 관하여 조사결과에 대한 서면통지 및 사전의견진술의 기회가 부여되지 않았던 사안이다.]

25) 대법원 2001. 4. 13. 선고 2000두3337 판결(김철용, 앞의 책, 475면): 이러한 청문절차에 관한 각 규정과 행정처분의 사유에 대하여 당해 영업자에게 변명과 유리한 자료를 제출할 기회를 부여함으로써 위법사유의 시정 가능성을 고려하고 처분의 신중과 적정을 기하려는 청문제도의 취지에 비추어 볼 때, 행정청이 침해적 행정처분을 함에 즈음하여 청문을 실시하지 않아도 되는 예외적인 경우에 해당하지 않는 한 반드시 청문을 실시하여야 하고, 그 절차를 결여한 처분은 위법한 처분으로서 취소 사유에 해당한다고 보아야 할 것이다.[이 판결에서 대법원은 두 차례에 걸쳐 발송한 청문통지서가 모두 반송되었다고 하더라도 청문을 실시하지 않을 수 있는 예외에 관한 행정절차법 제21조 제4항 제3호에 해당하지 않는다고 보고 이와 달리 판단한 원심판결을 파기하였다.]

26) 대법원 2020. 7. 23. 선고 2017두66602 판결(김철용, 앞의 책, 475면): 행정절차법령 규정들의 내용을 행정절차법의 입법 목적과 의견청취 제도의 취지에 비추어 종합적·체계적으로 해석하면, 행정절차법 시행령 제13조 제2호에서 정한 "법원의 재판 또는 준사법적 절차를 거치는 행정기관의 결정 등에 따라 처분의 전제가 되는 사실이 객관적으로 증명되어 처분에 따른 의견청취가 불필요하다고 인정되는 경우"는 법원의 재판 등에 따라 처분의 전제가 되는 사실이 객관적으로 증명되면 행정청이 반드시 일정

위반한 도시계획시설변경결정이 위법하다고 한 판례[27] 등이 제시되고 있다. 실무적으로도 우리 판례가 행정의 절차적 적법성 확보를 위하여 비록 기속행위라고 하더라도 절차·방식에 위배한 처분을 위법한 처분으로 보고 있다고 설명[28]하는 것이 일반적인 것으로 보인다.

(2) 최근 논의

최근에는 이 쟁점에 관한 판례에 일정한 예외가 형성되고 있음이 주목되고 있다. 예컨대 기본적으로 판례의 입장에 대한 앞서와 같은 일반적 설명에 더하여 예외적으로 '의견진술권이나 방어권 행사에 실질적으로 지장이 초래되었다고 볼 수 없는 특별한 사정이 있는 경우' 취소사유를 인정하지 않은 판례가 있다고 설명하거나[29] 판례의 기본 입장을 위와 같이 이해하면서도 경미한 절차하자에 대해서는 바로 위법성을 인정하여 취소사유라고 하지 않고 재량권의 일탈 또는 남용이 있는지 여부를 판단하는 하나의 요소로 보는 판례가 늘어나고 있다고 설명하거나[30] 판례도 절차의 중요성에 따라 달리 판단하고 있다고 설명하기도

한 처분을 해야 하는 경우 등 의견청취가 행정청의 처분 여부나 그 수위 결정에 영향을 미치지 못하는 경우를 의미한다고 보아야 한다. 처분의 전제가 되는 '일부' 사실만 증명된 경우이거나 의견청취에 따라 행정청의 처분 여부나 처분 수위가 달라질 수 있는 경우라면 위 예외사유에 해당하지 않는다.[이 판결에서 원고가 폐기물 적정 처리를 명하는 1, 2차 조치명령 불이행으로 인한 유죄판결이 확정되었으나 3차 조치명령인 이 사건 처분까지는 시간적 간격이 있다는 점 등을 들어 행정절차법 시행령 제13조 제2호에서 정한 사전통지, 의견청취의 예외사유에 해당하지 않는다고 판단하여 이 사건 처분이 적법하다고 한 원심의 판단이 잘못되었다고 하였으나, 이는 무효사유에 해당하는 것이 아니므로 무효확인을 구한 원고 청구를 배척한 원심 결론은 정당하다고 하였다.]

27) 대법원 1988. 5. 24. 선고 87누388 판결(홍정선, 앞의 책, 654면): 도시계획법은 도시계획의 입안에 관하여 몇 가지 절차를 규정하고 있다. (...) 이러한 규정들의 취지는 도시계획의 입안에 있어 다수 이해관계자의 이익을 합리적으로 조정하여 국민의 권리자유에 대한 부당한 침해를 방지하고 행정의 민주화와 신뢰를 확보하기 위하여 국민의 의사를 그 과정에 반영시키는데 있다 할 것이므로 위와 같은 절차에 하자가 있는 행정처분은 위법하다고 하여야 할 것이다.[이 사건에서 원심은 공고가 일부 누락된 것에 불과하고 계획행정에서 행정청의 재량권과 결정 내용의 변경 가능성이 없는 이상 하자있는 의견청취절차에 기한 것이라도 위법하지 않다고 판단하였으나, 대법원은 "행정처분에 위와 같은 법률이 보장한 절차의 흠결이 있는 위법사유가 존재하는 이상 그 내용에 있어 재량권의 범위 내이고 변경될 가능성이 없다 하더라도 그 행정처분은 위법하다고 하여야 할 것이다."라고 판단하여 원심판결을 파기하였다.]

28) 서울행정법원 실무연구회, 『행정소송의 이론과 실무』, 개정판, 2014, 241면.

29) 김동희/최계영, 앞의 책, 410면 각주 1)에서는 "다만, 예외적으로 '의견진술권이나 방어권 행사에 실질적으로 지장이 초래되었다고 볼 수 없는 특별한 사정이 있는 경우'에는 해당 처분을 취소할 것이 아니라고 한다"고 하면서 대법원 2021. 1. 28. 선고 2019두55392 판결을 제시하고 있다. 홍정선, 앞의 책, 654면에서도 같은 취지로 설명하면서 대법원 2021. 2. 4. 선고 2015추528 판결을 제시하고 있다.

30) 정하중/김광수, 『행정법개론』, 제17판, 2023, 386-387면. 여기에서는 이러한 판례로 대법원 2015. 8. 27. 선고 2013두1560 판결 및 대법원 2015. 10. 29. 선고 2012두28728 판결을 제시하고 있다. 위 저자는 독일법을 근거로 실체법적 결정에 영향을 주지 않는 것이 명백한 경우 취소하지 않는 것이 타당하

한다.[31][32]

나아가 이 쟁점에 관한 기존 논의에서 상정하고 있는 절차하자 및 예시 판례가 의견청취절차, 문서열람, 이유제시 등과 같이 중요한 절차상 하자에 관한 것일 뿐 판례가'경미한 또는 부수적인 절차상 하자'의 경우 독립적 취소사유가 되지 못함을 부정하는 것은 아니라고 하여[33] 일정한 경우 절차하자에 따른 취소가 제한될 수 있다는 취지로 설명하는 견해도 있고, 행정절차의 종류 및 인과관계에 따라 달리 취급해야 한다는 주장도 제기되고 있다.[34]

다고 주장하고 있다.

[31] 김유환, 『현대행정법』, 제8판, 2023, 309-313면. 여기에서는 ① 사전통지, 의견제출 내지 청문, 이유제시 등 주요절차 위반은 원칙적으로 취소원인이 되나, ② 이보다는 중요성이 떨어지지만 처분 이전에 개최하도록 되어있는 민원조정위원회를 민원인에게 알리는 사전통지와 같이 무시할 수 없는 중요한 절차에 대해서는 재량행위이면 재량의 일탈이나 남용으로 되어 위법을 구성할 수 있고(대법원 2015. 8. 27. 선고 2013두1560 판결), ③ 경미한 절차는 그를 위반하여도 처분을 위법하게 만들지 않는다는 것이 판례의 입장이라고 한다(311면). 위 저자는 일찍이 절차하자 유형론을 주장하였다(김유환, "행정절차하자의 법적 효과: 유형론과 절차적 권리의 관점에서의 검토", 『한국공법이론의 새로운 전개(목촌김도창박사팔순기념논문집)』, 2005, 76면).

[32] 최근 관련 학위논문으로는 강정연, 『미국 행정법상 '손해 없는 하자 원칙(harmless error rule)'에 관한 연구 – 행정절차상 하자 이론과 관련하여 –』, 서울대학교 법학석사학위논문, 2018, 55면 이하 참조. 여기에서는 특히 55면 이하에서 우리 판례를 분석하면서 법원이 각 사안의 구체적 사실관계 및 당해 절차의 취지에 비추어 위법성에 관한 결론을 달리 내렸다고 한다(75면).

[33] 이상덕, "항고소송에서 '분쟁의 1회적 해결 요청'과 상소의 이익", 『사법』 제1권 제51호, 2020, 589면. 위 저자는 개인택시면허 신청에 대한 수리거부처분이 위법한지가 문제된 대법원 1996. 7. 30. 선고 95누12897 판결을 소개하면서 대법원이 "이 사건 수리거부처분이 단순히 형식적인 절차상의 것에 그치는 것이 아니고 실질적으로 원고들이 면허발급 대상자에 해당하지 아니하는 사실이 명백함에 기인한 것이라면 이 사건 수리거부처분의 적법 여부는 절차상의 위법만으로 판단할 것이 아니고 실질적인 내용에 들어가 판단함이 당사자의 의사나 소송경제적인 면에서 상당하다고 할 것"이라고 판시하였다는 점에 주목하여 담당공무원의 신청서 접수거부 또는 반려는 그 자체로 위법하다고 볼 수 있었지만 분쟁의 1회적 해결을 위해 절차상 하자의 독립취소가능성을 묵시적으로 부정한 것으로 이해할 수 있다고 분석하고 있다(이상덕, 앞의 글, 590면).

[34] 김태오, "행정절차 하자의 독자적 취소사유에 대한 기능론적 재검토", 『행정법연구』 제42호, 2015, 34면. 여기에서는 당해 행정절차가 봉사적 기능, 법형성적 기능, 민주적 기능 중 어느 범주에 해당하는지 밝힌 후 후자에 해당할수록 행정절차의 중요성이 높아진다고 한다.
한편 절차적 위법판단이 실체적 위법판단에 대한 보충 기능을 가지며 적법한 행정절차의 헌법원리가 행정통제에 있어 실체적 하자 판단과 상보적인 관계에 있다는 설명으로 김태호, "법해석을 통한 적법한 행정절차원리의 근거 지움과 규범력 – 검정 역사교과서 수정명령 제도의 운영을 글감으로 –", 『행정판례연구 XX-1』, 2015, 175면 이하 참조. 절차하자의 효과 등에 관한 전반적인 입법화를 적극 고려하고 검토할 것이 요청된다는 견해로, 이은상, "통합적 일반행정법전의 실현을 위한 법제 정비 방향", 『행정법연구』 제67호, 2022, 31면 참조. 절차보장의 실천적 의의를 고려할 때 현 단계에서는 독자적 취소사유를 인정하는 우리 판례의 기본 입장이 타당하다는 견해로는, 안동인, "행정절차법의 처분절차상 주요 쟁점 – 절차보장의 확대를 위한 적극적 해석의 필요성", 『행정법연구』 제49호, 2017, 22면 참조.

(3) 검토: 행정쟁송 유형론에 착안한 절차하자 유형론의 제시

행정절차와 행정소송은 상호관련적 내지 상호경합적인 법구체화절차로서 서로 분리하여 고찰될 수 없으며 양자의 바람직한 기능배분이 중요하다.[35] 이러한 관점에서 절차하자가 처분의 독자적 취소사유가 되는지에 관하여, 비교법적으로 우리 판례에서 그 기능배분선이 지나치게 행정절차 쪽으로 그어져 있어 이를 축소할 필요가 있다는 비판적 견해가 있었고,[36] 이러한 견지에서 판례 중에도 절차하자가 있더라도 중요성 여부나 결과에 대한 영향 여부 등을 실질적으로 고려한 것들이 일부 확인되고 있어 이를 단초로 삼은 이론 구성이 필요하다는 설명도 있었다.[37] 이와 같은 논의는 「공익을 달성하기 위해 존재하는 각 제도[38] 사이의 알맞은 기능배분」이라는 관점을 바탕으로 절차하자의 효과라는 쟁점[39]을 개별적·구체적으로 검토[40]하고자 하는 데 의의가 있었다.

문헌에서는 판례가 절차하자를 독자적 취소사유로 인정하는 소위 적극설을 택하고 있다고 설명하기도 하나, 대법원은 아직 절차하자가 처분의 독자적 취소사유가 되는지에 관한 일반 법원칙을 선언하지는 않았던 것으로 보인다. 소위 적극설을 택하고 있다는 근거로 언급되는 개별 판례는 대체로 제재처분 등 침익적 처분에 있어 방어권 행사와 관련된 절차(사전통지, 의견제출 내지 청문, 이유제시 등)를 위반한 경우(우선 편의상 '절차하자 1유형'이라 한

---

35) 박정훈, 『행정소송의 구조와 기능』, 2006, 555면, 558면.

36) 박정훈, 앞의 책, 574면. 이 연구에 의하면 독일에서는 명시적 규정에 따라 절차적 하자와 실체적 위법성 사이의 인과관계 여부가 절차적 하자에 의거한 독자적 취소가능성 여부를 결정하는 기준이 되고, 프랑스 판례에서는 중요한 절차적 요건인지 여부와 기속행위인지 여부가, 영국 판례에서는 강행적 절차 요건인지 여부가 각각 중요한 기준으로 작동하고, 미국에서는 명시적 규정에 따라 절차적 하자의 독자적 위법성이 인정되고 있으나 개별 사안에서 이를 부정하는 사례가 있다고 한다(박정훈, 앞의 책 570-573면).

37) 졸고, 『유럽행정법상 절차적 하자의 효과에 관한 연구』, 서울대학교 법학석사학위논문, 2010, 104면 이하 참조. 참고로 여기에서는 EU행정법상의 기준이 프랑스행정법의 그것과 유사하다고 설명하고 있다(22면 이하).

38) 여기에는 행정절차, 행정소송 외에도 국가배상, 징계, 행정심판, 나아가 형사제도까지 포함될 수 있다.

39) 그 외 절차적 하자의 치유, 처분사유의 추가·변경, 항고소송의 판단기준시도 행정절차와 행정소송의 접점이 문제되는 쟁점이다(박정훈, 앞의 책, 568-581면).

40) 박정훈, "거부처분과 행정소송 ― 도그마틱의 분별력·체계성과 다원적 비교법의 돌파력 ―", 『행정법연구』, 제63호, 2020, 23면에서는 거부처분에 대한 심사척도와 관련하여 절차적 위법성의 문제가 특별한 의미를 갖는다고 하면서, 사전통지와 관련하여 거부처분의 경우에도 권익 제한의 성격이 있는 경우 방어권 보장을 위해 사전통지가 필요한 경우가 있으나, 이유제시와 관련하여 거부처분의 경우 제재처분에 비하여 이유제시의 구체성과 명확성이 비교적 덜 엄격하게 요구된다고 하여, 절차하자의 문제를 개별적·구체적으로 검토하고 있다.

다)로 판례에 따르면 이 경우 절차하자가 원칙적으로 독자적 취소사유를 구성하는 것으로 이해된다. 다만 그 판시에 의하더라도 청문이 필요하지 않은 예외[41])에 해당하거나 최근 언급되는 예외로서 '의견진술권이나 방어권 행사에 실질적으로 지장이 초래되었다고 볼 수 없는 특별한 사정이 있는 경우'에는 절차하자가 취소사유에 해당하지 않는다는 판례가 형성되어 있다.[42])

논의에 따라 경미한 절차하자에 대해서는 바로 위법성을 인정하여 취소사유라고 하지 않고 재량권의 일탈 또는 남용이 있는지 여부를 판단하는 하나의 요소로 보는 판례라고 언급되는 사안은 수익적 행정행위의 거부처분에 있어 절차 위반이 있었던 경우('절차하자 2유형'이라 한다)[43)44])로 이 경우 절차하자가 일률적으로 독자적 취소사유를 구성하기보다는 재

---

41) 앞서 본 대법원 2001. 4. 13. 선고 2000두3337 판결 및 대법원 2020. 7. 23. 선고 2017두66602 판결에서는 모두 예외사유에 해당하는지를 검토하였다(다만 대법원은 최종적으로 그 사안에서는 예외에 해당하지 않는다고 보았다).

42) 대법원 2021. 1. 28. 선고 2019두55392 판결(김동희/최계영, 앞의 책, 410면): 행정청이 처분절차에서 관계 법령의 절차 규정을 위반하여 절차적 정당성이 상실된 경우에는 해당 처분은 위법하고 원칙적으로 취소하여야 한다. 다만 처분상대방이나 관계인의 의견진술권이나 방어권 행사에 실질적으로 지장이 초래되었다고 볼 수 없는 특별한 사정이 있는 경우에는, 절차 규정 위반으로 인하여 처분절차의 절차적 정당성이 상실되었다고 볼 수 없으므로 해당 처분을 취소할 것은 아니다.[사립학교법상 감사결과통보처분이 문제된 이 사건에서 대법원은 행정청이 비록 처분의 사전통지 및 의견진술 기회를 부여하는 별도의 절차를 거치지 아니하였으나 교육부의 종합감사 결과 통보가 있었고 이 사건 처분은 그 후속조치로서 행해지는 시정명령이며 이 사건 처분 전 원고들로부터 확인서 징구 과정에서 대상행위를 고지하였던 점을 고려하여 그 절차하자가 이 사건 처분을 취소하여야 할 정도는 아니라고 판단한 원심판단의 결론을 수긍하였다.]

43) 대법원 2015. 8. 27. 선고 2013두1560 판결(정하중/김광수, 앞의 책, 386-387면; 김유환, 앞의 책, 312면): 민원사무를 처리하는 행정기관이 민원 1회방문 처리제를 시행하는 절차의 일환으로서 민원사항의 심의·조정 등을 위한 민원조정위원회를 개최하면서 민원인에게 그 회의일정 등을 사전에 통지하지 아니하였다 하더라도, 이러한 사정만으로 곧바로 그 민원사항에 대한 행정기관의 장의 거부처분에 취소사유에 이를 정도의 흠이 존재한다고 보기는 어렵다. 다만 행정기관의 장의 거부처분이 재량행위인 경우에, 위와 같은 사전통지의 흠결로 민원인에게 의견진술의 기회를 주지 아니한 결과 민원조정위원회의 심의과정에서 그 고려대상에 마땅히 포함시켜야 할 사항을 누락하는 등 재량권의 불행사 또는 해태로 볼 수 있는 구체적 사정이 있다면, 그 거부처분은 재량권을 일탈·남용한 것으로서 위법하다고 평가할 수 있을 것이다.[건축신고의 반려처분이 문제되었던 사안으로 그 신고 수리 여부의 심의를 위한 민원조정위원회를 개최하면서 민원인인 원고에 대한 회의일정 등을 통지하지 않은 것에 대해 원심은 취소사유에 해당하는 절차상의 흠이 있다고 판단하였으나 대법원은 그 사전통지의 흠결로 인하여 심의 또는 처분 과정에서 마땅히 고려하여야 할 사항이 누락되는 등 재량권의 불행사 또는 해태로 볼 수 있는 구체적 사정이 인정되어야 위법성이 인정된다고 하면서 원심판결을 파기하였다.]

44) 대법원 2015. 10. 29. 선고 2012두28728 판결(정하중/김광수, 앞의 책, 387면): 개발행위허가에 관한 사무를 처리하는 행정기관의 장이 일정한 개발행위를 허가하는 경우에는 국토계획법 제59조 제1항에 따라 도시계획위원회의 심의를 거쳐야 할 것이나, 개발행위허가의 신청 내용이 허가 기준에 맞지 않는

량권 일탈·남용을 판단하는 요소이다.[45]

　나아가 다수의 이해관계인이 결부된 행정작용에 있어 절차규정 등을 위반한 경우('절차하자 3유형')를 상정해 볼 수 있는데 환경영향평가의 부실을 재량권 일탈·남용을 판단하는 요소로 보는 판례가 바로 여기에 해당한다고 할 수 있겠다.[46]

　이상의 절차하자 유형론은 처분의 성격 및 당사자 이익의 양태에 따른 차이를 고려한 행정쟁송 유형론[47]에서 착안한 것으로 일차적으로는 절차하자가 문제되는 양상을 이해하기 위한 것이지만 위에서 보듯 각 유형에 따라 실제로 절차적 위법성의 심사척도가 달라질 가능성도 감안한 것이다. 즉 침익적 처분에서 방어권과 관련한 절차하자(1유형)는 엄격히 취급되어야 하나 실질적으로 방어권에 지장을 초래했는지 여부에 따라 예외가 인정될 수 있고,[48] 반면 수익적 행정행위 거부처분에서의 절차하자(2유형)는 재량권 일탈·남용 판단의 한 요소로 고려될 뿐 언제나 취소사유가 되는 것은 아니고,[49] 다수의 이해관계인이 결

다고 판단하여 개발행위가신청을 불허가하였다면 이에 앞서 도시계획위원회의 심의를 거치지 않았다고 하여 이러한 사정만으로 곧바로 그 불허가처분에 취소사유에 이를 정도의 절차상 하자가 있다고 보기는 어렵다. 다만 행정기관의 장이 도시계획위원회의 심의를 거치지 아니한 결과 개발행위 불허가처분을 함에 있어 마땅히 고려하여야 할 사정을 참작하지 아니하였다면 그 불허가처분은 재량권을 일탈·남용한 것으로서 위법하다고 평가할 수 있을 것이다.[국토계획법상 개발행위불허가처분이 문제되었던 사안으로 도시계획위원회 심의를 거치지 않은 것에 대하여 원심은 취소사유에 해당하는 절차상의 흠이 있다고 보았으나 대법원은 위와 같은 점을 판단했어야 한다고 하여 원심판결을 파기하였다.]

45) 앞서 이상덕, 앞의 글에서 언급하는 대법원 1996. 7. 30. 선고 95누12897 판결 역시 이 범주에 속하는 것으로 이해할 수 있다.

46) 대법원 2006. 3. 16. 선고 2006두330 전원합의체 판결(새만금 사건): 환경영향평가법령에서 정한 환경영향평가를 거쳐야 할 대상사업에 대하여 그러한 환경영향평가를 거치지 아니하였음에도 승인 등 처분을 하였다면 그 처분은 위법하다 할 것이나, 그러한 절차를 거쳤다면, 비록 그 환경영향평가의 내용이 다소 부실하다 하더라도, 그 부실의 정도가 환경영향평가 제도를 둔 입법 취지를 달성할 수 없을 정도이어서 환경영향평가를 하지 아니한 것과 다를 바 없는 정도의 것이 아닌 이상, 그 부실은 당해 승인 등 처분에 재량권 일탈·남용의 위법이 있는지 여부를 판단하는 하나의 요소로 됨에 그칠 뿐, 그 부실로 인하여 당연히 당해 승인 등 처분이 위법하게 되는 것이 아니다.[여기에서 대법원은 새만금간척종합개발사업을 위한 공유수면매립면허처분 및 농지개량사업 시행인가처분의 하자인 사업의 경제성 결여, 사업의 필요성 결여, 적법한 환경영향평가의 결여, 담수호의 수질기준 및 사업목적 달성 불능 등의 사유가 새만금간척종합개발사업을 당연무효라고 할 만큼 중대·명백하다고 할 수 없다고 한 원심판단을 수긍하였다.]

47) 박정훈, 『행정법의 체계와 방법론』, 2005, 22-26면.

48) 행정절차는 종래 주관적 법치에 치중되어 개인에게 절차적 권리를 보장하기 위한 것으로 이해되었으나 행정으로 하여금 '행정의 법'을 제대로 적용하기 위한 객관적 법치의 절차로 이해되어야 하며, 사전통지 및 의견제출 또는 청문도 주관적 권리구제만이 아니라 근본적으로 행정의 적법성 확보와 이를 통한 민주의 실현을 위한 것으로 이해되어야 한다는 견해로는, 박정훈, "행정법과 '민주'의 자각 - 한국 행정법학의 미래 -", 『행정법연구』 제53호, 2018, 16면 참조.

49) 앞서 박정훈, "거부처분과 행정소송 - 도그마틱의 분별력·체계성과 다원적 비교법의 돌파력 -", 『행

부된 행정작용에서의 절차하자(3유형)에 관하여는 취소의 필요성과 공익 간의 형량이 보다 요청된다.[50]

2. 절차하자와 국가배상

우리 헌법의 해석상 국가배상제도는, 순수한 개인주의적 관점이 아니라 국가공동체의 이익을 위한 개인의 희생을 전보한다는 공동체주의적 관점에서 이해되어야 하며,[51] 국가가 공무원이라는 메커니즘을 사용하여 공권력을 행사하다가 위법하게 발생시킨 손해를 책임진다는 공법적인 자기책임으로 파악되어야 한다.[52] 또한 국가배상은 항고소송에 대한 부차적 제도가 아니라 항고소송과 대등한 제도로서 항고소송 못지않은 위법억제적·행정통제적 기능을 가질 뿐만 아니라 공적 손해 앞의 평등과 사회연대적 분배를 실현하는 공적 보험의 역할까지 담당한다.[53] 즉 국가배상은 행정절차 및 항고소송과 대등한 공적 제도로서 절차하자가 있는 경우 국가배상 요건이 충족된다면 배상책임이 인정될 수 있다.

국가배상의 개별 요건 중 특히 위법성과 손해가 인정될 수 있는지가 쟁점이다.[54] 항고

정법연구』제63호, 2020, 23면에서 설명하고 있는 것처럼, 거부처분이 실질적으로 권익 제한의 성격이 있어 방어권 보장의 필요가 요청되는 경우 통지의무는 엄격히 요구되어야 한다.

50) 다만 이와 같은 절차하자 유형론은 기본적으로 사태 파악을 위한 하나의 사고 틀로서 편의상 제시한 것에 불과하고 이를 통해 어떠한 견고한 도그마틱을 주장하고자 하는 것은 아니다. 경우에 따라 유형론에 완전히 들어맞지 않는 사례도 있을 수 있다. 예컨대 제3유형에 해당하는 성격을 가진 처분에 있어서도 그 처분에 이르기까지 여러 절차 중 방어권으로서 기능하는 절차(제1유형)에 가까운 것도 충분히 상정할 수 있고, 참여절차와 관련되지만 관련판결에서 문제된 것처럼 법령에 의한 방식으로 입지선정위원회를 구성하지 않은 하자는 무효사유에 해당할 수 있다(대법원 2007. 4. 12. 선고 2006두20150 판결).

51) 박정훈, "국가배상법의 개혁 ― 사법적 대위책임에서 공법적 자기책임으로 ―",『행정법연구』제62호, 2020, 54면.

52) 박정훈, 앞의 글, 54면, 65면.

53) 박정훈, 앞의 글, 56면.

54) 국가배상법 제2조에 따라 국가배상책임이 성립하기 위해서는 ① 가해행위가 공무원의 행위일 것, ② 그 행위가 직무행위일 것, ③ 그 행위가 직무를 집행하면서 행해졌을 것, ④ 행위가 위법할 것, ⑤ 그 행위가 고의 또는 과실에 기한 것일 것, ⑥ 타인에게 손해가 발생하였을 것이라는 여섯 가지 요건이 충족되어야 하는데(김동희/최계영, 앞의 책, 542면), 절차하자가 있는 경우 ①, ②, ③ 요건은 대체로 충족될 것으로 보이며, 많은 경우 현재의 법리에 의하더라도 고의 또는 과실(④)이 인정될 수 있을 것으로 생각된다. 관련판결 및 대상판결 사안은 모두 '고의'가 문제되는 사안이었다. 한편 고의 또는 과실 요건(④)과 관련하여 프랑스법상의 역무과실 개념에 착안하여 공무원의'공무과실'(국가등의 공무수행상의 하자)에 의거하여 배상책임을 확대해야 한다는 견해로는, 박정훈, 앞의 글, 56-58면 참조. 프랑스법상 역무과실에 관하여는, 박현정, "프랑스 행정법상 과실책임 제도 ― '역무과실'의 성격, 위법성과의 관계를 중심으로 ―",『행정법연구』제41호, 2015, 55-83면 참조.

소송에서 처분이 취소되더라도 국가배상책임의 성부는 달리 판단될 수 있다는 것이 판례이나[55] 절차하자가 처분의 무효 또는 취소원인이 되는 정도의 위법성을 가진 경우라면 통상 국가배상의 위법성 요건 또한 충족될 수 있을 것이다. 나아가 절차하자가 취소원인이 되는 정도의 위법성을 가지지 아니하였다는 것은 단지 분쟁의 1회적 해결 등을 위하여 항고소송에서 처분의 취소가 배제된다는 의미에 불과할 뿐이므로 그 경우에도 국가배상의 위법성 요건이 충족될 수 있다고 보는 것이 국가배상제도가 가진 행정의 적법성 보장 기능에 부합한다. 이렇게 본다면 절차하자가 일응 존재하지만 항고소송에서 구제되지 못한 경우 즉 독자적 취소사유에 이르지 않는 절차하자이거나 혹은 독자적 취소사유에 해당하더라도 항고소송의 제소기간을 도과한 경우 국가배상이 구제수단으로 작동할 수 있다.

실천적으로는 인과관계 있는 손해의 특정 및 계량화가 문제된다. 행정절차가 행정의 적법성을 보장하기 위한 수단이라는 점을 고려할 때 하자가 치유된 경우 혹은 처분의 취소 등 여하한 이유에서 위법한 처분이 그 효력을 상실하게 된 경우 절차하자와 인과관계 있는 손해를 상정하기 어렵거나 상정할 수 있더라도 이를 특정하여 계량화하기는 매우 어려울 수 있다. 그럼에도 손해가 인정된다면 2016년 신설된 민사소송법 제202조의2[56]에 의한 직권에 의한 손해배상액수의 산정[57] 혹은 위자료가 활용될 수 있다.[58]

---

55) 대법원 2000. 5. 12. 선고 99다70600 판결 등: "어떠한 행정처분이 후에 항고소송에서 취소되었다고 할지라도 그 기판력에 의하여 당해 행정처분이 곧바로 공무원의 고의 또는 과실로 인한 것으로서 불법행위를 구성한다고 단정할 수는 없는 것이고(대법원 1999. 9. 17. 선고 96다53413 판결), 그 행정처분의 담당공무원이 보통 일반의 공무원을 표준으로 하여 볼 때 객관적 주의의무를 결하여 그 행정처분이 객관적 정당성을 상실하였다고 인정될 정도에 이른 경우에 국가배상법 제2조 소정의 국가배상책임의 요건을 충족하였다고 봄이 상당할 것이며, 이 때에 객관적 정당성을 상실하였는지 여부는 피침해이익의 종류 및 성질, 침해행위가 되는 행정처분의 태양 및 그 원인, 행정처분의 발동에 대한 피해자측의 관여의 유무, 정도 및 손해의 정도 등 제반 사정을 종합하여 손해의 전보책임을 국가 또는 지방자치단체에게 부담시켜야 할 실질적인 이유가 있는지 여부에 의하여 판단하여야 할 것이다(대법원 1999. 3. 23. 선고 98다30285 판결 참조)." 이러한 대법원의 입장이 국가배상책임 요건 중 과실에 관한 것인지 위법성에 관한 것인지 모호할 뿐만 아니라 '객관적 정당성'이라는 기준이 실제로 항고소송에서 위법성이 확정된 경우에도 국가배상책임을 부정하는 방향으로 작동하고 있다고 비판하는 입장에 관하여는, 최계영, "처분의 취소판결과 국가배상책임", 『행정판례연구』 제18권 제1호, 2013, 261-300면 참조.

56) 「민사소송법」 제202조의2(손해배상 액수의 산정): 손해가 발생한 사실은 인정되나 구체적인 손해의 액수를 증명하는 것이 사안의 성질상 매우 어려운 경우에 법원은 변론 전체의 취지와 증거조사의 결과에 의하여 인정되는 모든 사정을 종합하여 상당하다고 인정되는 금액을 손해배상 액수로 정할 수 있다.

57) 현재 실무상 국가배상이 민사소송을 통해 이루어지는 이상 민사소송법의 적용대상이며, 행정소송법에 따른 당사자소송의 형태로 제기되더라도 행정소송법 제8조 제2항에 따라 민사소송법의 위 규정이 준용될 수 있다.

58) 국가배상에서 있어 배상액의 산정은 손해의 공평한 분배라는 공법적 관점에서 헌법 제29조 제1항의 "정당한 배상"의 취지에 부합해야 한다는 입장으로, 박정훈, 앞의 글, 61-62면 참조. 여기에서는 "절차

3. 관련판결 및 대상판결의 의의

관련판결에서 대법원은 행정절차가 "행정의 공정성과 적정성을 보장하는 공법적 수단"임을 선언하고 절차상 위법이 있더라도 절차를 통해 구현하고자 하는 목적과의 관계 및 후속 행정절차와 항고소송의 진행 등을 고려하여 구제 범위를 달리 정할 수 있다는 논리를 전개하고 있는데, 이는 항고소송에서도 절차하자의 구제 범위를 보다 개별적·구체적으로 논의할 수 있는 토대를 제공한다는 점에서 의의가 있다. 또한 위 판결을 통해 항고소송뿐만 아니라 국가배상제도 역시 행정절차의 적법성 보장을 위한 제도로 기능할 수 있다는 점이 확인되었다는 점도 중요하다.[59] 대상판결은 이러한 판례를 적용하여 공정력으로 처분이 유효한 것으로 취급되는 경우에도 절차하자에 따른 배상책임을 인정하였다. 이때 법원이 개념상 재산상 손해와 구별되는 정신적 손해를 상정하기는 하였으나 실질적으로 위자료가 가진 탄력적 속성[60]을 이용하여 계량하기 어려운 절차하자에 따른 손해를 구제해 준 것으로 이해된다.

적 위법성의 경우에는 '공무과실'의 정도보다는 피해자 측의 사정이 고려되어야 할 것이다. 즉, 당해 절차적 위법이 없었더라도 동일한 개별처분이 내려졌을 것으로 판단되는 경우에는 '당해 처분'으로 인한 손해를 배상액으로 산정할 수 없고, 단지 그 '절차적 위법'으로 인한 손해, 예컨대 신청비용 등 신뢰이익의 상실과 정신적 손해만이 고려될 것이다."라고 설명하고 있다.

59) 위 각 판결에 대한 평석은 대체로 이 부분을 두고 평가에 온도 차이가 있는 것으로 보인다. 먼저 절차하자에 대한 국가배상을 인정한 입장에 대해 긍정적인 평석이 많이 있는데 긍정의 정도와 내용에는 차이가 있다. ① 김중권, "위법한 행정절차에 대한 국가배상책임에 관한 소고 - 대법원 2021. 7. 29. 선고 2015다221668 판결: 2021. 8. 12. 선고 2015다208320 판결", 『법조』 제71권 제1호, 2022, 418-441면에서는, 관련판결이 절차하자설을 택한 것과 하자있는 행정절차에 의한 국가배상책임 성립가능성을 인정한 부분은 높게 평가하면서도 관련판결에서 원칙적으로 국가배상책임이 부정하고 있으므로 그렇게 되면 절차하자가 행정구제 밖에 놓이게 되는 문제가 있다고 비판하고 있다. ② 남궁술, "위법한 행정행위와 손해배상", 『법학연구』 제30권 2호, 2022, 191-216면은 프랑스법과의 비교를 통해 기본적으로 관련판결 및 대상판결을 긍정적으로 보고 있다. ③ 나상아, "환경영향평가법상 절차 위반과 사적 침해 - 대법원 2021. 8. 21. 선고 2015다208320 판결의 사례검토 -", 『한국환경법학회 제153회 정기학술대회(환경소송의 흐름과 과제) 자료집』, 2022, 37-81면은 대상판결이 절차 위반을 일률적으로 배상책임 대상으로 삼지 않고 여러 요소를 고려하여 손해배상 여부를 판단하였다는 점을 긍정적으로 보고 있다. 한편 위 각 판결에 가장 비판적인 입장은 ④ 최준규, "행정절차참여권의 침해와 비재산적 손해배상-독일법과의 비교", 『비교사법』 제27권 제2호, 2021, 77-119면이다. 여기에서는 절차하자를 행정법원의 취소판결을 통한 것이 아닌 민사법원의 손해배상을 통해 구제하는 것은 두 법원 판단의 모순을 발생시킬 수 있고 이미 이루어진 불법을 금전배상으로 무마하려는 미봉책에 불과할 수 있다고 지적한다.

60) 위자료는 원칙적으로 정신적 손해의 전보를 위한 것이기는 하나 입증이 어려운 재산적 손해 발생이 인정되는 경우 활용될 수 있다(그 가능성과 한계에 관하여는 대법원 2004. 11. 12. 선고 2002다53865 판결 참조). 관련판결 및 대상판결에서 말하는 위자료는 개념상 정신적 손해라는 별도 손해의 배상을 위한 것이지만 실질적으로는 이러한 위자료의 보완적 기능을 염두에 둔 측면이 있어 보인다.

한편 대상판결에서는 공공단체(한국전력공사)를 상대로 국가배상이 아닌 민사상 손해배상이 청구되었으나 이는 국가배상법 제2조 제1항에 공공단체가 누락된 입법 불비로 통상 공공단체에 대해서는 민사상 손해배상을 인정해 온 실무에 따른 것으로[61] 향후 헌법에 부합하도록 법률을 개정하는 것이 타당하다.[62] 관련하여 대상판결에서 대법원이 "공법인이 국가나 지방자치단체의 행정작용을 대신하여 공익사업을 시행"한 것이라고 판시한 부분은 한국전력공사의 당해 업무가 기본적으로 공적 업무라는 점을 인정한 것으로 특기할 만하다.

Ⅳ. 요약과 결론

이상의 설명을 정리하면 다음과 같다.

1. 행정절차, 항고소송, 국가배상은 모두 행정의 적법성을 보장하기 위한 공적 제도로서 상호 기능배분이 중요하다.

2. 이러한 관점에서 먼저 절차하자와 항고소송에 관하여 보면, 제재처분 등 침익적 처분에서의 방어권 관련 절차 위반에서는 절차하자가 엄격히 다루어져 원칙적으로 처분의 독자적 취소사유가 될 수 있지만 실질적으로 방어권이 침해되지 않는 경우 예외가 인정될 여지가 있고, 수익적 행정행위 거부처분에서의 절차 위반에서는 절차하자가 재량권 일탈·남용 판단의 한 요소로 작용할 뿐이며, 다수인이 결부된 행정작용에서의 절차 위반에서는 처분 취소와 처분을 유지할 공익 간의 형량이 보다 요청된다고 볼 수 있다.

3. 다음으로 절차하자와 국가배상에 관하여 보면, 절차하자에 따른 국가배상책임 역시 원칙적으로 인정될 수 있고, 항고소송을 통해 구제되지 않은 절차하자가 있다면 국가배상 제도가 행정의 적법성 보장을 위한 최후의 보루로 기능할 수 있다.

---

61) 국가와 지방자치단체만을 책임 주체로 규정하고 국가배상법 제2조 제1항 문언에 비추어 공공단체가 국가배상책임의 주체가 될 수 있는지에 관한 논의가 있으나 법원은 기본적으로 공공단체에 대해서는 민사상 손해배상책임을 인정하고 있으며, 예외적으로 국가배상법이 적용된 사례들이 있다[박균성, 앞의 책, 844면. 여기에서는 예외적으로 국가배상법을 적용한 사례로 언급하고 있는 것은 구 농어촌진흥공사(대법원 2001. 4. 24. 선고 2000다57856 판결), 구 수산업협동조합(대법원 2003. 11. 14. 선고 2002다55304 판결), 한국도로공사(대법원 2002. 8. 23. 선고 2002다9158 판결) 등이다.]

62) 박정훈, 앞의 글, 62면.

4. 관련판결에서 대법원은 행정절차가 "행정의 공정성과 적정성을 보장하는 공법적 수단"임을 선언하면서 일정한 경우 절차하자에 따라 국가배상책임이 인정될 수 있다고 하였고, 대상판결은 이를 적용하여 공정력으로 인해 항고소송을 통해 구제되지 않은 절차하자에 대하여 손해배상책임을 인정하였다.

생각할 문제

1. 절차하자가 인정되더라도 항고소송에서 처분의 독자적 취소사유에 해당하지 않을 수 있는가. 어느 경우에 그러한가.

2. 항고소송에서 처분이 위법하지 않다고 판단되더라도 국가배상에서 위법성이 인정될 수 있는가. 혹은 반대로 항고소송에서 처분이 위법하다고 판단되면 국가배상에서는 언제나 위법성이 인정되는가.

3. 국가배상이 행정의 적법성 보장을 위한 제도로 기능할 수 있는가. 그 유효성을 확보하기 위한 적정한 배상 수준은 어느 정도인가.

대법원 2012. 1. 19. 선고 2010다95390 전원합의체 판결
[공정력과 민사소송]

이 희 준*

[사실관계]

원고는 '드럼세탁기의 구동부 구조'(이하 '제1특허'), '세탁기의 구동부 지지구조'(이하 '제2특허')에 관한 특허권자이다. 원고는 피고가 생산·판매하는 세탁기가 제1·2특허의 특허청구범위 중 일부의 구성요소를 포함하고 있어 특허권을 침해하였다면서, 피고를 상대로 침해행위 금지, 침해물건 폐기 및 그로 인한 손해배상을 청구하였다.

[사건의 경과]

제1심 법원[1]은 제1특허의 특허청구범위 5, 10, 31항, 제2특허의 특허청구범위 1항은 비교대상발명과 기술구성이 상이하고 그 작용효과에 있어 현저하게 향상·진보된 것으로 통상의 기술자가 비교대상발명으로부터 용이하게 발명할 수 없는 것으로 진보성이 부정될 수 없고, 피고의 실시기술이 제1특허의 특허청구범위 5, 10항, 제2특허의 특허청구범위 1항의 구성요소를 포함한다고 보았으며, 피고의 실시기술은 자유실시기술에 해당하지 않는다면서, 원고의 침해행위 금지, 침해물건 폐기 청구를 받아들이고, 손해배상 청구를 일부 받아들였다.

원고와 피고는 이에 불복하여 항소를 제기하였다. 원심 법원[2]은 원고가 이 사건에서 침해를 주장하는 제1특허의 특허청구범위 5, 10, 28, 31항과 제2특허의 특허청구범위 1, 2항은 모두 선행기술을 결합하여 용이하게 발명할 수 있는 것으로 "진보성이 없어 무효사유가 있음이 명백하고, 따라서 이와 같이 무효사유가 있는 특허권에 기초한 침해 및 폐기청

서울고등법원 판사
[1) 서울중앙지방법원 2009. 10. 14. 선고 2007가합63206 판결.
[2) 서울고등법원 2010. 9. 29. 선고 2009나112741 판결.

구와 손해배상청구는 권리남용에 해당하여 허용되지 아니하므로, 원고의 이 사건 청구는 이유 없어 이를 기각할 것"이라면서, 제1심 판결 중 피고 패소 부분을 취소하고, 그에 해당하는 원고의 청구를 기각하며, 원고의 항소와 추가청구를 모두 기각하였다. 이에 대해 원고가 상고를 제기하였다.

[대상판결]

대법원은 원심 판결을 파기하고 사건을 다시 심리·판단하도록 원심 법원에 환송하였다. 대법원은 우선 다음과 같이 법리를 설시하였다.

특허법은 특허가 일정한 사유에 해당하는 경우에 별도로 마련한 특허의 무효심판절차를 거쳐 무효로 할 수 있도록 규정하고 있으므로, **특허는 일단 등록된 이상 비록 진보성이 없어 무효사유가 존재한다고 하더라도 이와 같은 심판에 의하여 무효로 한다는 심결이 확정되지 않는 한 대세적(對世的)으로 무효로 되는 것은 아니다.**

그런데 특허법은 제1조에서 발명을 보호·장려하고 그 이용을 도모함으로써 기술의 발전을 촉진하여 산업발전에 이바지함을 목적으로 한다고 규정하여 발명자뿐만 아니라 그 이용자의 이익도 아울러 보호하여 궁극적으로 산업발전에 기여함을 입법목적으로 하고 있는 한편 제29조 제2항에서 그 발명이 속하는 기술분야에서 통상의 지식을 가진 자(이하 '통상의 기술자'라고 한다)가 특허출원 전에 공지된 선행기술에 의하여 용이하게 발명할 수 있는 것에 대하여는 특허를 받을 수 없다고 규정함으로써 사회의 기술발전에 기여하지 못하는 진보성 없는 발명은 누구나 자유롭게 이용할 수 있는 이른바 공공영역에 두고 있다. 따라서 진보성이 없어 본래 공중에게 개방되어야 하는 기술에 대하여 잘못하여 특허등록이 이루어져 있음에도 별다른 제한 없이 그 기술을 당해 특허권자에게 독점시킨다면 공공의 이익을 부당하게 훼손할 뿐만 아니라 위에서 본 바와 같은 특허법의 입법목적에도 정면으로 배치된다. 또한 특허권도 사적 재산권의 하나인 이상 그 특허발명의 실질적 가치에 부응하여 정의와 공평의 이념에 맞게 행사되어야 할 것인데, 진보성이 없어 보호할 가치가 없는 발명에 대하여 형식적으로 특허등록이 되어 있음을 기화로 그 발명을 실시하는 자를 상대로 침해금지 또는 손해배상 등을 청구할 수 있도록 용인하는 것은 특허권자에게 부당한 이익을 주고 그 발명을 실시하는 자에게는 불합리한 고통이나 손해를 줄 뿐이므로 실질적 정의와 당사자들 사이의 형평에도 어긋난다.

이러한 점들에 비추어 보면, 특허발명에 대한 무효심결이 확정되기 전이라고 하더라도

> 특허발명의 진보성이 부정되어 그 특허가 특허무효심판에 의하여 무효로 될 것임이 명백한
> 경우에는 그 특허권에 기초한 침해금지 또는 손해배상 등의 청구는 특별한 사정이 없는 한
> 권리남용에 해당하여 허용되지 아니한다고 보아야 하고, 특허권침해소송을 담당하는 법원
> 으로서도 특허권자의 그러한 청구가 권리남용에 해당한다는 항변이 있는 경우 그 당부를
> 살피기 위한 전제로서 특허발명의 진보성 여부에 대하여 심리·판단할 수 있다고 할 것이다.

대법원은 제1특허의 특허청구범위 31항 중 일부 구성이 선행기술에 이미 개시되어 있거나 그로부터 용이하게 도출할 수 있는 것이라 하더라도, '서포터·베어링하우징 밀착구성'은 선행기술에 전혀 개시 또는 암시되어 있지 않아 통상의 기술자가 선행기술로부터 용이하게 도출할 수 없는 것이고, 위 31항은 각각의 구성이 유기적으로 결합한 전체로 볼 때 선행기술에 의하여 진보성이 부정되어 특허가 무효로 될 것이 명백하다고 할 수 없는데도, 이와 달리 위 청구가 권리남용에 해당한다고 본 원심 판결에 법리오해의 위법이 있다고 보았다.

또한 대법원은 제1특허의 특허청구범위 5, 28항, 제2특허의 특허청구범위 1, 2항에 관하여는 발명의 청구범위가 정정되었음에도 원심 법원이 정정 전 발명을 대상으로 청구의 당부를 판단하였다면서 원심 판결에는 민사소송법 제451조 제1항 제8호의 재심사유가 있어 판결에 영향을 미친 법령위반의 위법이 있다고 하였다.

[판결의 평석]

I. 사안의 쟁점

특허권은 특허법 제66조에 따라 특허청 심사관의 특허결정을 받은 다음 특허법 제87조에 따라 설정등록을 마치면 발생한다. 다시 말해 특허권은 "특허결정"이라는 행정행위에 의하여 발생하는 권리라고 할 수 있다.

심사관은 특허법 제62조에 따라 특허출원에 대하여 특허를 받을 수 없는 경우 등에 해당한다면 특허거절결정을 하여야 하지만, 거절이유를 발견할 수 없다면 특허법 제66조에 따라 특허결정을 하여야 한다. 심사관은 특허결정을 함에 있어 특허법 제29조 등에 따라 특허를 받을 수 없는 경우에 해당하는지, 다시 말해 특허요건을 갖추었는지 심사하게 된다. 실체법적인 특허요건으로 ① 산업상 이용가능성(industrial application, 그 발명이 기술적

으로 산업에 이용되어야 한다. 특허법 제29조 제1항 본문), ② 신규성(novelty, 공중이 이용 가능한 기술에 해당하지 아니한 새로운 독창적인 기술적 사상이어야 한다. 특허법 제29조 제1항 제1호, 제2호), ③ 진보성(inventiveness 또는 non-obviousness, 그 발명이 속하는 기술 분야에서 통상의 지식을 가진 자가 공중이 이용가능하게 된 발명에 의하여 용이하게 발명할 수 있는 것이 아니다. 특허법 제29조 제2항)이 있다. 대상판결에서 원고는 제1·2특허의 특허권자이므로, 심사관의 심사에서는 제1·2특허에 관하여 진보성이 없다는 점이 발견되지 않았다고 할 수 있다.

해당 특허가 특허법 제29조를 위반하여 원래 특허를 받을 수 없는 경우에는 이해관계인은 특허법 제133조에 따라 특허심판원에 특허의 무효심판을 청구할 수 있다. 그 심판의 심결에 대하여는 특허법 제186조에 따라 특허법원에 심결 등에 대한 소를 제기할 수 있다. 대상판결에서의 피고도 특허의 무효심판 등을 통하여 제1·2특허에 관하여 진보성이 없다고 다툴 수 있다.

그런데 진보성이 없다는 점이 발견되지 않았다는 취지의 심사관의 특허결정이 있음에도, 나아가 특허의 무효심판이라는 별도의 쟁송방법으로 그 진보성에 관하여 다툴 수 있음에도, 대상판결은 진보성이 부정되어 그 특허가 무효심판에 의하여 무효가 될 것임이 명백한 경우에는 그 특허권에 기초한 침해금지 또는 손해배상 등의 청구는 권리남용에 해당한다고 하여, 민사소송인 특허침해소송에서도 진보성을 다툴 수 있다고 판시하였다. 그 하자가 중대·명백하여 무효가 아닌 이상 공정력에 의하여 행정행위와 그로 인한 법률관계는 일응 유효하다고 하였던 기존의 판례 법리와는 다른 논리를 편 것이다.

대상판결을 이해하기 위해서는 우선 공정력과 민사소송에서의 선결문제에 관하여 판례가 어떻게 전개되었는지 살펴볼 필요가 있다(이하 II). 이를 바탕으로 '세계 각국에서 발명의 진보성을 다투는 방법'이라는 개별적인 관점과 '공정력의 이론적 근거'라는 일반적인 관점에서 대상판결을 고찰해보도록 한다(이하 III).

II. 판례의 이해

1. 공정력

종래의 통설[3]과 판례[4]에 따르면 공정력(公定力)이란 행정행위에 하자가 있더라도 그것

---

3) 김도창, 『일반행정법론(상)』, 제4전정판, 1993, 435면; 김동희/최계영, 『행정법I』, 제27판, 2023, 321면; 김철용, 『행정법』, 전면개정 제12판, 2023, 258면 등 참조.

이 중대·명백하여 당연무효가 아닌 경우에는 권한 있는 기관에 의하여 취소될 때까지 일응 유효한 것으로 통용되어 누구든지 그 효력을 부인할 수 없는 힘을 말한다. 행정기본법 제15조는 "처분의 효력"이라는 표제 아래에 "처분은 권한이 있는 기관이 취소 또는 철회하거나 기간의 경과 등으로 소멸되기 전까지는 유효한 것으로 통용된다. 다만, 무효인 처분은 처음부터 그 효력이 발생하지 아니한다."라고 규정하고 있다.

이에 관하여 공정력은 행정행위의 상대방이나 이해관계인에 대한 효력을 말하고, 다른 국가기관에 대한 효력은 구성요건적 효력(Tatbestandswirkung)으로 구별해야 한다는 주장이 제기되고 있다.[5] 공정력은 행정의 안정성과 실효성 확보를 근거로 한다면, 구성요건적 효력은 국가기관 상호 간의 권한 존중을 근거로 하기에 이를 구별해야 한다고 보는 것이다. 위 주장은 충분히 경청할만한 것이기는 하나, 대법원은 "공정력"이라는 표현만 사용하고 있고,[6] 그 효력의 범위도 행정행위의 상대방이나 이해관계인에 한정하지 않고 "누구나"에게 미친다고 하고 있으므로,[7] 이하에서 공정력과 구성요건적 효력을 따로 구별하지 않고 대법원 판례를 살펴보도록 하겠다.

2. 민사소송에서의 선결문제

민사소송에서 행정행위의 효력 유무 등이 선결문제로 문제되는 경우가 있다. 행정소송법 제11조는 "처분등의 효력 유무 또는 존재 여부가 민사소송의 선결문제로 되어 당해 민사소송의 수소법원이 이를 심리·판단하는 경우"를 전제로 그 처분등을 행한 행정청에게 그 선결문제로 된 사실을 통지하도록 하고(행정소송법 제11조 제2항), 민사소송에서도 행정청의 소송참가(행정소송법 제17조), 행정심판기록의 제출명령(행정소송법 제25조), 직권심리(행정소송법 제26조), 소송비용에 관한 재판의 효력(행정소송법 제33조)에 관한 규정을 준용하

---

4) 대법원 1991. 4. 23. 선고 90누8756 판결: 행정행위는 공정력과 불가쟁력의 효력이 있어 설혹 행정행위에 하자가 있는 경우에도 그 하자가 중대하고 명백하여 당연무효로 보아야 할 사유가 있는 경우 이외에는 그 행정행위가 행정소송이나 다른 행정행위에 의하여 적법히 취소될 때까지는 단순히 취소할 수 있는 사유가 있는 것만으로는 누구나 그 효력을 부인할 수는 없고 법령에 의한 불복기간이 경과한 경우에는 당사자는 그 행정처분의 효력을 다툴 수 없다고 할 것이다.

5) 김남진/김연태,『행정법 I』, 제26판, 2022, 308면 이하; 박균성,『행정법론(상)』, 제21판, 2022, 150면 이하 등 참조.

6) 대법원 2008. 5. 29. 선고 2007두18321 판결에서 상고인의 주장을 요약하면서 "구성요건적 효력"이라는 표현을 1차례 쓴 적은 있다.

7) 대법원 1991. 4. 23. 선고 90누8756 판결; 대법원 1997. 9. 12. 선고 97다6971 판결; 대법원 2004. 9. 24. 선고 2003두14642 판결 참조.

도록 하고 있다(행정소송법 제11조 제1항).

선결문제가 되는 사항에 대하여 공정력이 미쳐서 행정법원 등 권한 있는 기관에 의하여만 취소될 수 있다면, 그 민사소송을 맡은 법원은 권한 있는 기관이 아니므로 그 사항에 관하여 스스로 심리·판단을 할 수 없는 것이 원칙이다. 따라서 민사소송에서의 선결문제는 그 선결문제가 되는 사항에 대하여 공정력이 미치는지 여부에 관한 문제라고도 할 수 있다.

(1) 공정력이 미치지 않는 경우

1) 그 하자가 중대·명백하여 해당 행정행위에 공정력이 발생하지 않는 경우

(가) 하자가 중대·명백한 경우에는 그 행정행위는 무효이므로 공정력이 발생하지 않는다. 따라서 이 경우 법원은 스스로 심리하여 행정행위의 효력을 부인하는 판단을 할 수 있다. 다만 그 하자가 중대·명백한지는 그 근거가 되는 법규의 목적·의미·기능 등을 목적론적으로 고찰함과 동시에 구체적 사안 자체의 특수성에 관하여도 합리적으로 고찰하여야 한다.[8]

(나) 특허결정과 관련하여 특허법 제133조 제1항 각 호는 특허무효심판을 청구할 수 있는 사유를 열거하고 있는데, 그 무효사유에 해당한다고 하여 특허결정이 당연무효인 것은 아니다. 진보성 결여는 그 무효사유 중 하나(특허법 제133조 제1항 제1호 중 특허법 제29조 제2항을 위반한 경우)에 해당하지만, 대상판결은 심판에 의하여 무효로 한다는 심결이 확정되지 않는 한 대세적으로 무효로 되는 것은 아니라고 하였다. 다만 그 무효사유에 해당하는 경우에도 하자가 중대·명백한 경우에는 강학상 당연무효에 해당한다고 할 수 있을 것이다.

① 기재불비는 발명 자체의 범위를 특정할 수 없어 그 하자가 중대할 뿐만 아니라, 특허등록 자체로도 그 하자가 명백하여 강학상 당연무효에 해당한다. 대법원 2002. 6. 14. 선고 2000후235 판결은 발명의 구성요건의 일부가 추상적이거나 불분명하여 그 발명 자체의 기술적 범위를 특정할 수 없을 때에는 특허권자는 그 특허발명의 권리범위를 주장할 수 없다고 하였다. 대법원 2004. 12. 23. 선고 2003후1550 판결은 의약의 용도발명에 있어 특정 물질이 가지고 있는 의약의 용도가 발명의 구성요건에 해당하므로, 발명의 특허청구범위에는 특정 물질의 의약용도를 대상 질병 또는 약효로 명확히 기재하여야 한다고 하면서, 이

---

8) 대법원 1995. 7. 11. 선고 94누4615 전원합의체 판결, 대법원 2018. 7. 19. 선고 2017다242409 전원합의체 판결 등 참조.

를 기재하지 않으면 청구항의 명확성 요건을 충족한다고는 볼 수 없다고 하였다.[9]

　② 실시 불가능하거나 미완성 발명도 산업상 이용할 수 없어 그 하자가 중대할 뿐만 아니라 외견상 그 하자가 명백하여 강학상 당연무효에 해당한다. 대법원 2001. 12. 27. 선고 99후1973 판결은 해당 고안이 실시 불가능하다며 그 권리범위를 인정할 수 없다고 하였다. 대법원 2005. 9. 28. 선고 2003후2003 판결은 미생물을 이용한 발명에서는 그 미생물을 용이하게 입수할 수 없는 경우 이를 기탁해야만 발명이 완성된다면서, 이러한 미완성 발명은 그 권리범위를 인정할 수 없다고 하였다.

　③ 앞서 살펴본 특허요건 중 신규성이 결여된 경우도 판례에 따르면 강학상 당연무효에 해당한다. 대법원 1983. 7. 26. 선고 81후56 전원합의체 판결은 등록된 특허발명의 전부가 출원 당시 공지공용의 것이었다면 특허무효의 심결 유무에 관계없이 그 권리범위를 인정할 수 없다고 하여 공지기술 항변을 인정하였다.[10] 나아가 대법원 2009. 9. 24. 선고 2007후2827 판결은 해당 특허발명이 신규성이 없는 경우에는 그에 대한 무효심판이 없어도 그 권리범위를 인정할 수 없고, 선출원주의 위반도 신규성 결여와 마찬가지로 무효심판이 없어도 그 권리범위를 인정할 수 없다고 하였다.[11] 신규성 결여, 선출원주의 위반은 법규의 중요한 부분을 위반한 중대한 것일 뿐만 아니라, 등록된 특허발명과 앞서 공지되었거나 공연히 실시된 발명이 동일하다는 것이 외견상으로 명백한 것이어서, 그에 관한 특허결정은 당연무효로 본 것이라고 할 수 있다.[12]

---

9) 다만, 대법원 2009. 1. 30. 선고 2006후3564 판결은 특정 물질의 의약용도가 약리기전만으로 기재되어 있다 하더라도 발명의 상세한 설명 등 명세서의 다른 기재나 기술상식에 의하여 의약으로서의 구체적인 용도를 명확하게 파악할 수 있는 경우에는 「특허법」 제42조 제4항 제2호에 정해진 청구항의 명확성 요건을 충족하는 것으로 볼 수 있다고 하였다.

10) 다만 공지기술 항변으로 신규성 결여뿐만 아니라 진보성 결여도 다툴 수 있으므로, 이 경우에는 대상판결과 같은 문제가 발생한다고 할 수 있다. 박준석, "무효사유 있는 특허권에 기한 권리행사와 권리남용", 『Law & Technology』 제9권 제3호, 2013, 12면 참조.

11) 위 판결은 모두 권리범위확인심판에 관한 판결이지만, 민사소송에서도 같은 논리가 적용될 것으로 보인다. 참고로 대법원 2004. 2. 27. 선고 2003도6283 판결은 형사소송에서 등록된 특허발명의 일부 또는 전부가 출원 당시 공지공용의 것인 경우에는 특허무효의 심결 등 유무에 관계없이 그 권리범위를 인정할 수 없다고 하였다. 대법원 1991. 3. 16.자 90마995 결정은 민사보전처분의 일종인 디자인침해금지가처분에서 신규성이 없는 디자인의 경우 무효심판 유무와 관계없이 권리를 부정할 수 있다고 하였다.

12) 다만 등록된 특허발명과 앞서 공지되었거나 공연히 실시된 발명이 동일하다는 점이 과연 명백한 것인지 의문이 제기될 수는 있다. 과세처분과 관련하여 그 법률관계나 사실관계에 대하여 그 법령의 규정을 적용할 수 없다는 법리가 명백히 밝혀지지 아니하여 해석에 다툼의 여지가 있는 때에는 과세관청이 이를 잘못 해석하여 과세처분을 하였더라도 이는 과세요건사실을 오인한 것에 불과하여 그 하자가 명백하다고 할 수 없다고 한 대법원 2018. 7. 19. 선고 2017다242409 전원합의체 판결에 비추어 보면 더욱

2) 선결문제가 되는 사항이 해당 행정행위의 위법 여부인 경우

공정력은 그 행정행위가 유효하다는 점에 대해서만 미친다. 따라서 그 행정행위의 위법 여부에 관하여는 법원 스스로 심리하여 판단할 수 있다.

국가배상과 관련하여, 대법원 1972. 4. 28. 선고 72다337 판결은 위법한 행정대집행이 완료되면 그 처분의 무효확인 또는 취소를 구할 소의 이익은 없다고 하더라도, 미리 그 행정처분의 취소판결이 있어야만 그 행정처분의 위법임을 이유로 한 손해배상청구를 할 수 있는 것은 아니라고 판시하였다.[13]

이러한 법리는 국가배상 이외의 불법행위에서도 마찬가지로 적용된다. 대법원 2010. 7. 8. 선고 2010다21276 판결은 요양급여 대상이 되는 약제와 그 상한금액을 고시함에 있어, 피고(완제의 약품 제조자)가 원료의약품 생산회사 지분을 과반수 보유하면 그 약품의 최고가를 인정하는 특례규정이 있음을 알고는, 계속 보유할 의사가 없음에도 원료의약품 생산회사 주식 과반수를 일시적·형식적으로 보유하다가 최고가를 인정한 개정 고시가 있기 하루 전에 매도하고는 개정 고시에 따라 최고가로 완제의 약품을 판매하여 이득을 얻은 사안에서, 개정 고시의 공정력으로 인하여 피고가 얻은 이득이 법률상 원인 없는 이득에 해당하지 않는다고 하더라도, 피고의 위와 같은 기망행위로 인하여 원고(국민건강보험공단)에게 손해가 발생하였다면 피고는 원고에게 불법행위로 인한 손해배상책임을 부담한다고 판시하였다. 대법원 2021. 8. 12. 선고 2015다208320 판결은 송전선로 건설사업과 관련하여 주민 의견수렴절차에 잘못이 있다면서 이를 이유로 손해배상을 청구한 사건에서, 피고(한국전력공사)가 관련 행정판결로 실시계획 승인처분이 적법한 것으로 확정되었다면서 위 승인처분과 관련한 주민의견수렴절차에 위법이 있다고 보는 것은 행정행위의 공정력에 반한다고 주장하자, 피고의 주민의견 청취의무 위반을 이유로 한 손해배상을 구할 뿐인 이 사건에서 위 승인처분의 효력 여부는 쟁점이 아니라면서 피고의 주장을 배척하였다.

그러하다. 다만 상표권과 관련하여 대법원 2012. 10. 18. 선고 2010다103000 전원합의체 판결은 등록 상표에 대한 등록무효심결이 확정되기 전이라고 하더라도 상표등록이 무효심판에 의하여 무효로 될 것임이 명백한 경우에는 상표권에 기초한 침해금지 또는 손해배상 등의 청구는 특별한 사정이 없으면 권리남용에 해당하여 허용되지 아니한다고 하여, 별도의 구별 없이 무효사유 전체에 관하여 권리남용론을 적용하고 있는바, 특허의 경우에도 결국 권리남용론으로 통일될 가능성도 있어 보인다.

13) 국가배상에서의 위법성은 "보통 일반의 공무원을 표준으로 공무원이 직무를 집행하면서 객관적 주의의무를 소홀히 하고 그로 말미암아 그 직무행위가 객관적 정당성을 잃었다고 볼 수 있는 때"에 인정되는 바, 항고소송에서의 위법성과는 다르다(대법원 2000. 5. 12. 선고 99다70600 판결 등 참조). 그러나 국가배상에서의 위법성 범위가 더 좁아서, 행정행위가 적법하다는 점에 대하여 공정력이 미친다면 국가배상에서의 위법성은 인정될 수가 없을 것이다.

3) 선결문제가 되는 사항이 해당 행정행위의 효력 유무가 아니라 그와 관련된 법률관계
   에 관한 것인 경우

일견 해당 행정행위의 효력 유무가 선결문제인 것으로 보이지만, 실제로는 그렇지 않은
예도 있다.

① 특허와 관련하여 자유실시기술 항변이 여기에 속한다고 할 수 있다. 대법원 2004. 9.
23. 선고 2002다60610 판결도 특허발명과 대비되는 피고의 발명이 공지의 기술만으로 이
루어지거나 그 기술분야에서 통상의 지식을 가진 자가 공지기술로부터 용이하게 실시할
수 있는 경우에는 피고의 발명은 특허발명과 대비할 필요도 없이 특허발명의 권리범위에
속하지 않게 된다고 하였다. 여기서는 특허발명의 효력 유무가 선결문제가 되지 않고, 피
고의 발명이 자유실시기술에 해당하는지만 문제 된다고 본 것이다.

② 구 임대주택법(2015. 8. 28. 법률 제13499호로 전부개정 되기 전의 것) 제21조 제3항은 분
양전환을 하고자 하는 경우 임대사업자는 시장·군수·구청장으로부터 분양전환승인을 받
아서 분양전환을 하도록 규정하고 있었다.[14] 이때 시장 등은 해당 임대주택이 임대의무기
간 경과 등으로 분양전환 요건을 충족하는지 여부와 분양전환승인신청서에 기재된 분양전
환가격이 관계 법령의 규정에 따라 적법하게 산정되었는지를 심사하여 승인하고 있었
다.[15] 만약 분양전환승인을 받아 분양계약을 체결하였는데 알고 보니 그 분양계약에서 정
한 분양대금이 관계 법령에 따라 산정한 분양전환가격을 초과하는 경우, 그 초과분을 부당
이득 반환으로 청구할 수 있을까. 대법원 2020. 8. 27. 선고 2017다211481 판결[16]은 분양
전환승인처분이 있었다고 하여 별도의 계약 체결 없이도 승인된 분양전환가격으로 분양계
약이 체결된 것으로 간주되거나 곧바로 임차인의 분양대금 지급의무가 발생하는 것이 아
니므로, 분양전환승인처분에 공정력이 발생하였다고 하여 법령에서 정한 기준을 초과한 가
격으로 체결된 분양계약이 사법적으로 항상 유효하다고 할 수 없고, 결국 일부 무효의 법
리[17]가 적용되어 그 초과분에 대한 부당이득 반환청구가 가능하다고 보았다. 선결문제가

---

14) 분양전환승인 제도는 2008. 6. 22. 법률 제8966호「임대주택법」전부개정으로 도입된 것이다. 2015. 8.
    28. 법률 제13499호로「임대주택법」이「민간임대주택에 관한 특별법」으로 전부개정 되면서 민간임
    대사업자는 분양전환의 의무는 받지 않게 되었고, 분양전환승인 제도도 폐지되었다.
15) 대법원 2015. 3. 26. 선고 2012두20304 판결 참조.
16) 대법원 2020. 8. 27. 선고 2016다26198 판결, 대법원 2020. 9. 24. 선고 2017다209136 판결도 같은 취
    지로 판시하였다.

되는 사항이 분양전환승인처분의 효력 유무가 아니라, 그 이후에 체결되는 분양계약의 효력 유무라는 취지라고 할 수 있다.[18)

(2) 공정력이 미치는 경우

행정행위의 효력 유무가 선결문제인 경우에는 원칙적으로 공정력이 선결문제가 되는 사항에도 미친다고 본다. 대법원 1994. 11. 11. 선고 94다28000 판결은 하자가 중대하고 명백하여 당연무효라고 보아야 할 사유가 있는 경우를 제외하고는 아무도 그 하자를 이유로 그 효과를 부정하지 못하므로, 이러한 공정력의 객관적 범위에 속하는 행정행위의 하자가 취소사유에 불과한 때에는 그 처분이 취소되지 않는 한 처분의 효력을 부정하여 그로 인한 이득을 법률상 원인 없는 이득이라고 말할 수 없다고 하여, 국세의 과오납이 단지 취소할 수 있는 위법한 과세처분에 의한 것이라도 그 처분이 취소되지 않는 한 부당이득이라고 하여 반환을 구할 수 없다고 하였다.

단지 취소할 수 있는 위법한 과세처분에 기한 조세채권을 피보전채권으로 하여 사해행위 취소소송을 제기하는 경우에도, 대법원 1999. 8. 20. 선고 99다20179 판결은 그 과세처분은 행정행위의 공정력 또는 집행력에 의하여 그것이 적법하게 취소되기 전까지는 유효하다 할 것이고 민사소송절차에서 그 과세처분의 효력을 부인할 수 없다면서, 채권자취소권의 피보전채권이 존재하지 아니한다고 판단할 수는 없다고 하였다.

대법원 1991. 10. 22. 선고 91다26690 판결은 국방부장관이 실제 소유자가 아닌 등기명의자를 피징발자로 보고 「징발재산 정리에 관한 특별조치법」에 따라 징발재산 매수결정을 하였다고 하더라도 이는 당연무효가 아니라면서, 국가 앞으로 마쳐진 그 징발재산에 관한

---

17) 대법원 2011. 4. 21. 선고 2009다97079 전원합의체 판결은 분양전환가격 산정기준에 관한 구 임대주택법 등 관련 법령의 규정들은 강행법규에 해당한다고 보아야 하고, 그 규정들에서 정한 산정기준에 의한 금액을 초과한 분양전환가격으로 체결된 분양계약은 초과하는 범위 내에서 무효라고 판시하였다. 위 판결은 원래 구 「임대주택법」(2008. 3. 21. 법률 제8966호로 전부 개정되기 전의 것)이 적용되는 사안에 관한 것이었다.

18) 한편 대법원 1977. 5. 10. 선고 76다2172 판결은 도지사가 「국가보위에 관한 특별조치법」 제9조에 따른 조정결정으로 원고(사용자)와 피고(노동조합) 사이에 연탄하역작업에 관한 단체협약을 체결하고 그 이행을 다짐해 놓았다면, 위 조정결정은 공정력으로 대세적 효력이 있다면서 위 조정결정에 따른 원고와 피고 사이의 개별 근로계약이 뒤따라 이루어졌다고 볼 수 있다고 판시하여, 행정행위 이후에 그에 따른 계약 체결에도 공정력이 미치는 것으로 오해할 수도 있으나, 이 판결은 원고가 피고 지부노조원과 근로계약을 체결한 적이 없다면서 현장 출입을 금지해달라는 가처분 신청을 한 사안에서, 원고와 피고 사이에 단체협약이 체결되었으니 피고 지부노조원이 원고와 근로계약을 체결한 것이라고 일응 소명된다는 취지이지, 공정력으로 유효한 근로계약이 체결되었고 의제된다던가 그 근로계약의 효력을 부인할 수 있다는 취지는 아닌 것으로 보인다.

소유권이전등기 역시 무효라고 할 수 없다고 판단하였다. 이 판결에서는 징발재산 매수결정 그 자체로 소유권이전이 되는 것이기 때문에[19] 분양전환승인에 관한 대법원 2020. 8. 27. 선고 2017다211481 판결과는 사안이 다르다.

그밖에 대법원 2010. 4. 29. 선고 2007다12012 판결은 금융감독위원회가 한 자본감소명령은 행정처분이므로 중대하고 명백한 하자가 있는 경우를 제외하고는 그 효력을 부정하여 해당 은행 이사회의 자본감소결의에 관한 권한을 부인할 수 없다고 판단한 것은 정당하다고 하였다. 대법원 2019. 9. 10. 선고 2019다208953 판결은 유통산업발전법에 따른 대규모점포개설자의 지위나 구「재래시장 및 상점가 육성을 위한 특별법」[20]에 따른 시장관리자의 지위는 공정력을 가진 행정처분에 의하여 유효하게 유지된다면서, 그 대규모점포개설자나 시장관리자는 구분소유자들이나 점포를 임차하여 매장을 운영하는 상인들에 대하여는 관리비 징수권을 행사할 수 있다고 하였다.[21]

한편, 소멸시효 등의 기산점과 관련하여, 대법원 1986. 3. 25. 선고 85다카748 판결은 산업재해보상보험금의 추징부과처분은 행정행위로서 공정력이 있어 이를 취소하는 행정소송의 판결이 확정됨으로써 위 추징부과처분은 그 효력을 잃고 그 반환청구채권이 발생하여 이때부터 그 소멸시효가 진행된다고 하였다. 대법원 1987. 7. 7. 선고 87다카54 판결은 국세의 과오납으로 인한 부당이득반환청구는 그 과세처분이 적법하게 취소될 때부터 행사할 수 있다 할 것이어서 그에 대한 소멸시효도 그때부터 진행한다고 하였다.

(3) 권리남용론

행정행위의 효력 유무가 선결문제여서 공정력이 선결문제가 되는 사항에도 미침에도, 대상판결은 행정행위의 효력을 주장하는 것이 권리남용에 해당한다면 허용되지 않는다고 하였다.

대상판결은 "특허발명의 진보성이 부정되어 그 특허가 특허무효심판에 의하여 무효로 될 것임이 명백한 경우"에는 마치 특허결정이 당연무효인 것처럼 법원에서 그 효력을 부인할 수 있다고 하고 있어서, 하자의 무효·취소 구별 문제에 관한 것으로 볼 여지가 없는 것은 아니다. 실무상 그 명백성은 침해소송을 담당하는 법관의 진보성 부정에 대한 심증의

---

19) 대법원 1998. 4. 10. 선고 98다703 판결: 국방부장관의 징발매수결정이 있으면 국가는 징발보상에 관한 징발보상증권의 교부, 현금지급 또는 공탁이 없는 것을 해제조건으로 하여 등기 없이 징발재산에 대한 소유권을 취득하는 것이다.
20) 2009. 12. 30. 법률 제9887호로 명칭이 「전통시장및상점가육성을위한특별법」으로 바뀌었다.
21) 다만 「집합건물의소유및관리에관한법률」에 따른 관리단을 상대로는 직접 관리비를 청구할 수 없다고 판시하였다.

정도라고 보기 때문에 이에 대해 따로 심리하지 않고 있으므로,[22] 중대명백설 예외, 특허 공무조회설을 채택한 것이라고 볼 여지도 있다. 그러나 대상판결은 특허에 진보성이 없어 무효사유가 존재한다고 하더라도 특허의 무효심판에 의하여 무효로 한다는 심결이 확정되지 않는 한 대세적으로 무효가 되는 것은 아니라고 하였다. 진보성의 결여가 있더라도 특허결정의 하자는 중대·명백한 것이 아니므로 당연무효가 되는 것은 아니라고 하여, 하자의 무효·취소 구별 문제가 아님을 명확히 한 것이다.

특허무효심판에서의 심결에 대한 취소소송은 당사자계 심결취소소송으로, 이는 당사자소송에 해당하니 취소소송의 배타적 관할과 무관하다고 생각할 여지도 있다. 그러나 대법원 2002. 6. 25. 선고 2000후1290 판결은 심결의 일방 당사자(특허권자 등)를 피고로 하는 당사자계 심결취소소송에 관하여도 심판은 특허심판원에서의 행정절차이며 심결은 행정처분에 해당하고, 그에 대한 불복의 소송인 심결취소소송은 항고소송에 해당한다고 하였다.[23]

결국 대상판결은 특허발명의 진보성이 부정되더라도 강학상 당연무효라고 할 수는 없으나, 특허발명에 대한 무효심결이 확정되기 전이라고 하더라도 특허발명의 진보성이 부정되어 그 특허가 특허무효심판에 의하여 무효로 될 것임이 명백한 경우에는 그 특허권에 기초한 침해금지 또는 손해배상 등의 청구는 특별한 사정이 없으면 권리남용에 해당하여 허용되지 않는다고 하여, 그 부분에 한하여 공정력을 부인한 것이라고 볼 수 있다.

한편 대상판결 이후에 선고된 대법원 2014. 3. 20. 선고 2012후4162 전원합의체 판결은 특허법이 심판이라는 동일한 절차 안에 권리범위확인심판과는 별도로 특허무효심판을 규정하여 특허발명의 진보성 여부가 문제 되는 경우 특허무효심판에서 이에 관하여 심리하여 진보성이 부정되면 그 특허를 무효로 하도록 하고 있음에도 진보성 여부를 권리범위확인심판에서까지 판단할 수 있게 하는 것은 본래 특허무효심판의 기능에 속하는 것을 권리범위확인심판에 부여함으로써 특허무효심판의 기능을 상당 부분 약화시킬 우려가 있다는 점에서도 바람직하지 않다면서, 권리범위확인심판에서는 특허발명의 진보성이 부정된다는 이유로 그 권리범위를 부정하여서는 안 된다고 판시하였다.[24]

---

22) 법원행정처, 『지식재산권 재판실무편람』, 2020, 71-72면 참조.
23) 당사자계 심결취소소송을 당사자소송으로 보는 견해에 따르더라도 이는 항고소송의 성질을 가지는 형식적 당사자소송에 해당한다고 본다. 법원행정처, 『법원실무제요 행정』, 2016, 160면 등 참조.
24) 이 판결에 관하여는 장낙원, "권리범위확인심판에서의 진보성 판단 여부", 『고영한 대법관 재임기념 논문집』, 2018, 657면 이하 참조.

Ⅲ. 법리의 검토

어떠한 이유에서 대상판결과 같이 특허발명의 진보성 부분에서는 공정력이 미치지 않게 된 것일까. 이를 이해하기 위해서는 우선 발명의 진보성을 다투는 방법에 관하여 비교법적 분석이 선행될 필요가 있다.

1. 발명의 진보성을 다투는 방법에 관한 비교법적 고찰

이를 살펴보기에 앞서 우선 '진보성' 요건이 무엇인지 살펴볼 필요가 있다. 진보성은 원래 미국 특허법에서 정하고 있던 특허요건이 아니었다. Hotchkiss v. Greenwood, 52 U.S. (11 How.) 248 (1851)에서 "발명"만이 특허를 받을 수 있다면서 기술자의 통상적인 노력을 초월하는 때에만 새로운 기술이 발명을 구성한다고 하여, 진보성 요건이 도입되었고, 1952년 미국 특허법 개정으로 진보성 요건이 법제화되었다(35 U.S.C. §103). 즉, 진보성은 처음부터 법원이 판단하던 것이었고, 심결취소소송에서만 제한적으로 판단할 수 있었던 것은 아니었다. 이처럼 특허침해소송이든 특허무효심판이든 법원은 진보성 유무를 판단할 수 있다는 '일원적 시스템'은 미국뿐만 아니라, 영국, 프랑스 등 많은 나라에서 채택하고 있다.

반면, 독일은 특허의 존속심사와 특허침해 문제를 제도적으로 분리하였다(Trennungssystem, Biforcation). 특허의 존속심사에 관하여는 특허·상표청(Deutshces Patent- und Makenamt, DPMA) → 연방특허법원(Bundespatentgericht, BPatG) → 연방대법원(BGH) 제10부 순으로 다투도록 하는 반면, 특허침해 문제는 일반 민사소송처럼 지방법원(Landesgerichte) → 고등법원(Oberlandesgerichte) → 연방대법원 제10부 순으로 다투도록 하고 있다. 발명의 진보성 유무는 원칙적으로 특허·상표청이 판단하는 것이기 때문에 특허침해소송에서는 이를 다툴 수 없다고 한 것이다. 특허침해소송에서 특허발명의 진보성 등이 문제 된다면 법원은 소송절차를 중지하고 특허·상표청의 판단을 기다린다.[25]

일본도 처음에는 독일과 같은 분리 시스템이었다. 그러다가 이른바 킬비(Kilby) 판결[26]에서 "특허법은 특허에 무효사유가 존재하는 경우에 이를 무효로 하기 위해서는 전문적

---

[25] 이러한 분리가 독일에서는 당연해서 그런지, 분리 시스템을 직접 언급한 판결은 없다. 다만 BGH, Urteil vom 5. 6. 1997 − X ZR 139/95은 실용신안 침해소송의 경우에는 "특허침해소송과 달리" 해당 실용신안이 보호할 가치가 없다는 점은 소송절차 중지의 사유가 되지 않는다고 하였다.

[26] 最高裁判所 2000年(平成 12年) 4月 11日 民集 54卷 4号 1368頁.

지식 경험을 가진 특허청 심사관의 심판에 의하도록 하고(같은 법 제123조 제1항, 제178조 제6항), 무효심결의 확정에 의하여 특허권이 처음부터 존재하지 않는 것으로 보고 있다(같은 법 제125조). 따라서 특허권은 무효심결 확정까지 적법하고 유효하게 존속하고 대세적으로 무효가 되는 것은 아니다."라면서, "특허의 무효심결이 확정되기 이전에도 특허권침해소송을 심리하는 재판소는 특허에 무효사유가 존재하는 것이 명백한지 여부에 관하여 판단하는 것이 가능하다고 해석해야 하고, 심리의 결과 당해 특허에 무효사유가 존재함이 명백한 때에는 그 특허권에 기한 금지, 손해배상 등 청구는 특단의 사정이 없으면 권리의 남용에 해당하여 허용되지 않는다고 해석함이 상당하다."라고 하여 대상판결과 같은 취지로 판시하였다.

킬비 판결은 일본 지식재산법 학계뿐 아니라 행정법 학계에서도 관심을 끌었다. 이에 관하여 지식재산법 학자인 오부치 테츠야(大渕哲也)는 『행정판례백선』에서 킬비 판결을 소개하면서, 특허권이 행정행위에 의해 발생하는 것이어서 무효도 행정행위에 의해서만 가능하다고 하는 '행정처분 배타성 도그마'가 근거 없음을 밝힌 것이라고 설명하기도 하였다.[27] 행정법학자인 케이코 사쿠라이(櫻井敬子)는 킬비 판결이 공정력에 저촉되는 것은 아니지만, 무효심판·심결취소소송의 철저한 배타성을 무너뜨려 혼란을 가져왔다고 평하기도 하였다.[28]

일본은 결국 2004년 특허법 개정으로 "특허권 또는 전용실시권의 침해에 관한 소송에서 당해 특허권이 특허무효심판에 의하여 또는 당해 특허권의 존속기간 연장등록이 연장등록무효심판에 의하여 무효가 되어야 하는 것으로 인정되는 때에는 특허권자 또는 전용실시권자는 상대방에 대하여 그 권리를 행사할 수 없다."(일본 특허법 제104조의3 제1항)고 규정하여 이 문제를 법률로 정리하였다.

우리나라도 대법원 1992. 6. 2.자 91마540 결정에서 특허는 일단 등록이 된 이상 심판에 의하여 이를 무효로 한다는 심결이 확정되지 않는 한 유효한 것이고, 법원은 특허 무효사유가 있더라도 다른 소송절차에서 그 전제로서 특허가 당연무효라고 판단할 수 없다고 판시하여 분리 시스템을 채택하였다. 그러다가 대법원 2004. 10. 28. 선고 2000다69194 판결에서 특허의 무효심결이 확정되기 이전이라도 특허침해소송을 심리하는 법원은 특허에 무효사유가 있는 것이 명백한지 여부에 관하여 판단할 수 있다고 하였고, 결국 대상판결에서 킬비 판결과 같은 권리남용론을 채택하게 되었다.

---

27) 行政判例百選 I 第6版, 有斐閣(2012), 140頁. 그런데 2017년 발간된 行政判例百選 I 第7版에서는 킬비 판결이 빠졌다.

28) 櫻井敬子, 行政法講座, 第一法規(2010), 25頁.

2. 다시 생각해보는 공정력의 이론적 근거

대상판결은 행정법의 시각에서 어떻게 이해해야 할 수 있는 것일까. 공정력이 왜 인정되는지 그 이론적 근거를 다시 들여다보면 실마리를 찾을 수 있다.

공정력의 이론적 근거에 관하여는 ① 자기확인설, ② 국가권위설, ③ 예선적 특권설, ④ 취소소송의 배타적 관할의 반사적 효과설, ⑤ 행정의 실효성보장 및 법적 안정성설이 교과서에서 소개되고 있다.[29] 다수설은 행정의 실효성보장 및 법적 안정성설을 취하고 있는데, 예선적 특권설[30], 취소소송의 배타적 관할의 반사적 효과설[31]도 유력하게 제기되고 있다.

대상판결은 특허무효심판 내지 심결취소소송이 있다는 이유만으로 특허발명의 진보성 판단은 특허무효심판 내지 심결취소소송이 배타적으로 관할권을 가지는 것은 아니라는 점을 명시하고 있다. 즉 취소소송의 배타적 관할의 반사적 효과설은 채택하지 않았다고 할 수 있다. 취소소송이나 심결취소소송은 분쟁을 근원적으로 해결하기 위하여 처분 내지 특허결정 그 자체를 다투는 방법으로 마련된 것이다. 따라서 오직 취소소송이나 심결취소소송에서만 처분이나 특허결정을 다툴 수 있다는 배타성이 논리 필연적으로 인정되는 것은 아니다. 민사소송에서 법원이 달리 판단할 가능성을 막기 위해서는 추가적인 근거가 필요하다.

그러한 점에서 다수설은 '법적 안정성'이라는 추가적인 근거를 제시해준다고 할 수 있다. 일반 행정소송에서는 제소기간의 제한까지 있어서 불가쟁력이 발생한 행정행위에 관하여 이를 믿고 새로운 법률관계를 형성한 일반 국민의 신뢰를 보장할 필요가 있다. 그러나 특허 무효심판의 경우 청구기간의 제한이 없다.[32] 이처럼 특허발명의 진보성은 언제든지 다툴 수 있는 것이므로, 일반 국민의 입장에서는 특허발명의 진보성은 언제든지 깨질 수 있다고 생각할 것이다. 특허결정에 관하여는 보호해야 할 일반 국민의 신뢰가 있다고 보기는 어려운 것이다.

---

29) 김동희/최계영, 앞의 책, 322-323면; 김남진/김연태, 앞의 책; 김철용, 앞의 책, 259-260면 등 참조.

30) 김도창, 앞의 책, 440 참조. 박정훈, "행정법과 법철학", 『행정법의 체계와 방법론』, 2005, 110면은 공정력을 프랑스에서 말하는 행정의 예선적 특권(privilège du préalable)과 같이 적법·유효의 추정으로 보고 있다.

31) 최계영, "행정행위가 갖는 특별한 효력의 근거: 그 역사적 기원과 헌법적 근거에 관한 고찰", 『법조』 제55권 제5호, 2006, 199면은 다수설이 들고 있는 법적 안정성 등은 헌법적인 근거이고, 공정력은 법적 안정성 등을 위해 실정법이 취소쟁송 제도를 인정한 것의 반사적 효과에 불과하다고 보고 있다.

32) 특허무효심판에는 원래 이해관계 없는 제3자는 등록공고일로부터 3월 이내라는 청구기간 제한이 있었으나(「특허법」 제133조 제1항), 이해관계인은 청구기간 제한이 없었는데다가, 2016. 2. 29. 법률 제14035호로 개정되면서 위 청구기간의 제한마저 폐지되었다.

나아가 '국가기관 상호 간의 권한 존중'도 또 하나의 근거가 될 수 있다.[33] 일반 행정소송에서는 법원이 자신의 판단으로 행정청의 판단을 완전히 대체할 수는 없고, 행정청의 판단을 일응 존중해야 한다. 그러나 특허발명의 진보성 판단은 앞서 비교법적 고찰에서 보았듯이 원래부터 법원이 하였던 것이어서, 특허청 심사관의 판단을 존중해주어야 할 필요가 크지는 않다. 기술조사관 제도가 도입되어 전문적인 도움을 받을 수 있게 된 법원의 입장에서는 자신의 판단으로 특허청 심사관의 판단을 완전히 대체하는 것이 충분히 가능하다고 할 수 있다. 대상판결의 제1·2심에서도 법원이 진보성 유무를 직접 판단하고 있었던 것은 이러한 배경 아래에서 가능한 일이었다고 할 수 있다.

공정력은 그 이론적 근거를 토대로 통용되는 힘이어서, 그 이론적 근거, 즉 법적 안정성과 국가기관 상호 간의 권한 존중이 요구되지 않는 영역에서는 미치지 않는다고 할 수 있다. 특허결정에 관하여는 앞서 본 바와 같이 보호해야 할 일반 국민의 신뢰가 없을 뿐만 아니라, 특허결정의 판단을 법원의 판단으로 충분히 대체할 수 있으므로, 공정력을 인정할 이론적 근거가 없었던 것이고, 따라서 대상판결은 권리남용의 법리를 차용하여 그 공정력을 부정한 것이라고 할 수 있다. 행정행위가 취소 등으로 소멸될 때까지 유효(wirksam)하다고 한 독일 행정절차법 제43조 제2항과 달리 행정기본법 제15조에서 "통용된다."고 규정한 것도, 절차적으로 유효하다고 추정된다는 말[34]도, 바로 그 이론적 근거가 부정된다면, 달리 법률 문언상 하자계측(Fehlerkalkül)이 없더라도[35] 법원이 민사소송에서 행정행위의 효력을 부인할 수 있다는 의미로 이해할 수 있다.

Ⅳ. 요약과 결론

이상의 내용은 다음과 같이 정리할 수 있다.

---

33) 이는 공정력과 구성요건적 효력을 구별하는 견해에서 구성요건적 효력의 이론적 근거로 내세우는 것이다. 김남진/김연태, 앞의 책, 312면; 박균성, 앞의 책, 151면 참조.

34) 박정훈, 앞의 글, 110면.

35) 박정훈, 앞의 글, 109면 이하에서는 아돌프 메르클(Adolf Merkl)의 견해에 따라 행정행위에 있어 그 발령요건 중 하나라도 결여되면 그것은 '법적인 無'가 되는 것이 법 논리상 당연하고, 단지 실정법상 하자계측을 통해 별도의 규정을 두는 경우에만 그에 따라야 한다고 보고 있다. 이 논리를 계속 따라가면 「행정기본법」 제15조로 공정력에 관한 실정법상 근거가 마련된 현재에는 공정력이 미치지 않는 범위를 설정하기 위해서는 일본 「특허법」 제104조의3 제1항과 같은 입법자의 하자계측 재조정이 필요하다고 볼 수도 있다.

1. 공정력이란 행정행위에 하자가 있더라도 그것이 중대·명백하여 당연무효가 아닌 경우에는 권한 있는 기관에 의하여 취소될 때까지 일응 유효한 것으로 통용되어 누구든지 그 효력을 부인할 수 없는 힘을 말한다. 민사소송에서 행정행위의 효력 유무 등이 선결문제로 문제가 될 때, 선결문제가 되는 사항에 대하여 공정력이 미친다면 민사법원은 그 사항에 관하여 스스로 심리·판단할 수 없게 된다.

2. 공정력은 기재불비나 실시 불가능, 미완성 발명 등과 같이 그 하자가 중대·명백하여 당연무효인 행정행위에는 발생하지 않는다. 공정력은 행정행위의 적법성이나 행정행위와 관련된 다른 법률관계에까지 미치는 것은 아니므로, 법원은 국가배상 사건에서 행정행위의 위법성을 심리·판단할 수 있고, 자유실시기술의 항변에 관하여도 제약 없이 판단할 수 있다.

3. 행정행위의 효력 유무가 선결문제인 경우, 법원은 그 행정행위의 효력을 부인할 수는 없다. 따라서 법원은 국세의 과오납이 단지 취소할 수 있는 위법한 과세처분에 의한 것이라면 부당이득이라고 하여 반환을 명할 수는 없다.

4. 대상판결은 행정행위의 효력 유무가 선결문제인 사안에서, 그 행정행위의 효력을 주장하는 것은 권리남용이 될 수도 있다고 하였다. 즉 특허는 등록된 이상 진보성이 없어 무효사유가 존재하더라도 특허무효심판에 의하지 않는 한 대세적으로 무효로 되는 것은 아니지만, 특허발명의 진보성이 부정되어 그 특허가 특허무효심판에 의하여 무효로 될 것임이 명백한 경우에는 그 특허권에 기초한 침해금지 또는 손해배상 등의 청구는 특별한 사정이 없는 한 권리남용에 해당하여 허용되지 않는다고 하였다.

특허결정에 관하여는 특허무효심판 청구기간의 제한이 없어 달리 보호해야 할 일반 국민의 신뢰가 없을 뿐만 아니라, 기술조사관의 도움을 받아 특허결정의 판단을 법원의 판단으로 충분히 대체할 수 있으므로, 공정력을 인정할 이론적 근거가 없다고 할 것이고, 이러한 점에서 권리남용의 법리를 차용하여 공정력을 사실상 부인한 대상판결은 타당하다고 할 것이다.

생각할 문제

1. 앞서 본 바와 같이 대상판결은 특허발명의 진보성이 부정되어 그 특허가 특허무효심판에 의하여 무효로 될 것임이 명백한 경우에는 그 특허권에 기초한 침해금지 또는 손해배상 등의 청구는 특별한 사정이 없으면 권리남용에 해당하여 허용되지 아니한다고 하였지만, 그 이후에 선고된 대법원 2014. 3. 20. 선고 2012후4162 전원합의체 판결은 권리범위확인심판에서는 특허발명의 진보성이 부정된다는 이유로 그 권리범위를 부정하여서는 안 된다고 판시하였다. 이처럼 특허침해소송과 권리범위확인심판을 달리 보는 이유는 무엇인가?

2. 대법원 1999. 5. 25. 선고 98다53134 판결은 토지소유자가 토지형질변경행위허가에 붙은 부관에 따라 토지를 기부채납 한 경우, 그 부관이 당연무효이거나 취소되지 아니한 이상 토지소유자는 위 부관으로 인하여 증여계약의 중요부분에 착오가 있음을 이유로 증여계약을 취소할 수 없다고 하여, 마치 그 부관의 공정력 때문에 기부채납이라는 법률행위에 중요부분의 착오를 인정할 수 없다는 것처럼 판시한 바 있다.[36] 공정력은 단지 행정행위의 효력 부분에만 미치는 것인가? 행정행위의 적법성에 관하여는 공정력은 어떠한 역할을 하는 것인가?

---

36) 이 판결과 관련 판결인 대법원 1995. 6. 13. 선고 94다56883 판결에 관하여는 박정훈, "기부채납무담과 의사표시의 착오", 앞의 책, 283면 이하 참조.

대법원 2021. 9. 16. 선고 2019도11826 판결
[운전면허 취소처분의 위법성을 이유로 무면허운전의 무죄를 선고할 수 있는지]

윤 민*

[사실관계]

피고인은 2017. 10. 24. 01:49경 시동을 켠 채 승용차의 운전석에 앉아 잠을 자다가 신고를 받고 출동한 경찰관에 의하여 음주운전 혐의로 적발되었다. 경기남부지방경찰청장은 2018. 6. 4. '피고인이 2017. 10. 24. 01:49경 술에 취한 상태에서 자동차를 운전하였다'(이하 '이 사건 음주운전'이라 한다)는 이유로 구 도로교통법(2020. 6. 9. 법률 제17371호로 개정되기 전의 것) 제93조 제1항 제1호에 따라 피고인의 자동차 운전면허를 취소하였다(이하 '이 사건 취소처분'이라 한다). 피고인은 2018. 8. 22. 운전면허 취소처분에 대하여 취소소송을 제기하였고, 2018. 11. 1. 20:20경 도로에서 자동차를 운전하다가 경찰관에게 적발되었으며(이하 '이 사건 무면허운전'이라 한다), 2018. 11. 13. 위 취소소송을 취하하였다.

한편 검사는 2018. 9. 18. 피고인을 이 사건 음주운전을 이유로 도로교통법 위반(음주운전)으로 기소하고, 2018. 11. 21. 피고인을 이 사건 무면허운전을 이유로 도로교통법 위반(무면허운전)으로 재차 기소하였다.

[사건의 경과]

제1심법원[1]은 도로교통법 위반(음주운전)의 점과 도로교통법 위반(무면허운전)의 점을 병합하여 심리하였고, 2019. 2. 12. 도로교통법 위반(음주운전) 부분에 대하여 피고인이 술을 마신 상태에서 차량을 운전한 사실을 인정할 증거가 부족하다는 이유로 무죄를 선고하고, 나머지 도로교통법 위반(무면허운전) 부분에 대하여는 징역 6월의 유죄 판결을 선고하였다.

---

* 창원지방법원 부장판사
1) 수원지방법원 안산지원 2019. 2. 12. 선고 2018고단3121 판결.

이에 대하여 피고인과 검사가 항소하였고, 원심법원[2]은 2019. 7. 24. 쌍방 항소 기각 판결을 선고하였다. 피고인은 도로교통법 위반(음주운전)죄에 대하여 무죄를 선고받은 이상 이 사건 취소처분의 원인이 소멸하였으므로 도로교통법 위반(무면허운전)죄가 성립하지 않는다고 주장하였으나, 원심법원은 공정력이 인정되는 이 사건 취소처분이 적법하게 취소되지 않았고 당연무효라고 볼만한 사정도 없는 이상 피고인이 이 사건 취소처분에 복종할 의무가 원래부터 없었음이 확정되었다고 할 수 없다는 이유로 도로교통법 위반(무면허운전)죄가 그대로 성립한다고 보았다.

피고인은 원심판결 중 도로교통법 위반(무면허운전) 부분에 대하여 상고를 제기하였으나, 검사는 상고를 제기하지 않아 원심판결 중 도로교통법 위반(음주운전) 부분은 무죄로 확정되었다.

[대상판결]

대법원은 원심판결 중 도로교통법 위반(무면허운전) 부분을 파기하고 이 부분 사건을 다시 심리·판단하도록 원심법원에 환송하였다. 그 구체적인 설시를 요약하면 다음과 같다.

> 구 도로교통법(2020. 6. 9. 법률 제17371호로 개정되기 전의 것, 이하 '구 도로교통법'이라 한다) 제93조 제1항 제1호에 의하면, 지방경찰청장은 운전면허를 받은 사람이 같은 법 제44조 제1항을 위반하여 술에 취한 상태에서 자동차를 운전한 경우 행정안전부령으로 정하는 기준에 따라 운전면허를 취소하거나 1년 이내의 범위에서 운전면허의 효력을 정지시킬 수 있다. 그러나 자동차 운전면허가 취소된 사람이 그 처분의 원인이 된 교통사고 또는 법규위반에 대하여 혐의없음 등으로 불기소처분을 받거나 무죄의 확정판결을 받은 경우 지방경찰청장은 구 도로교통법 시행규칙(2020. 12. 10. 행정안전부령 제217호로 개정되기 전의 것) 제91조 제1항 [별표 28] 1. 마항 본문에 따라 즉시 그 취소처분을 취소하고, 같은 규칙 제93조 제6항에 따라 도로교통공단에 그 내용을 통보하여야 하며, 도로교통공단도 즉시 취소 당시의 정기적성검사기간, 운전면허증 갱신기간을 유효기간으로 하는 운전면허증을 새로이 발급하여야 한다.
> 그리고 행정청의 자동차 운전면허 취소처분이 직권으로 또는 행정쟁송절차에 의하여 취소되면, 운전면허 취소처분은 그 처분 시에 소급하여 효력을 잃고 운전면허 취소처분에 복

---

2) 수원지방법원 2019. 7. 24. 선고 2019노1256 판결.

종할 의무가 원래부터 없었음이 확정되므로, 운전면허 취소처분을 받은 사람이 운전면허 취소처분이 취소되기 전에 자동차를 운전한 행위는 도로교통법에 규정된 무면허운전의 죄에 해당하지 아니한다(대법원 1999. 2. 5. 선고 98도4239 판결, 대법원 2008. 1. 31. 선고 2007도9220 판결 등 참조).

위와 같은 관련 규정 및 법리, 헌법 제12조가 정한 적법절차의 원리, 형벌의 보충성 원칙을 고려하면, 자동차 운전면허 취소처분을 받은 사람이 자동차를 운전하였으나 운전면허 취소처분의 원인이 된 교통사고 또는 법규위반에 대하여 범죄사실의 증명이 없는 때에 해당한다는 이유로 무죄판결이 확정된 경우에는 그 취소처분이 취소되지 않았더라도 도로교통법에 규정된 무면허운전의 죄로 처벌할 수는 없다고 보아야 한다.

이 사건 취소처분의 원인이 된 이 사건 음주운전에 대한 증명이 부족하다는 이유로 이 사건 공소사실 중 도로교통법 위반(음주운전) 부분에 관하여 무죄판결이 확정되었으므로, 앞서 살펴본 법리에 따라 운전면허 취소처분이 취소되지 않았더라도 피고인을 도로교통법 위반(무면허운전)죄로 처벌할 수는 없다. 따라서 이 사건 공소사실 중 도로교통법 위반(무면허운전) 부분에 대하여 유죄를 인정한 원심판결은 더 이상 유지될 수 없다. 이를 지적하는 취지의 피고인의 상고이유 주장은 이유 있다.

[판결의 평석]

Ⅰ. 사안의 쟁점

피고인은 자동차 운전면허 취소처분을 받은 상태에서 차량을 운전하여 도로교통법 위반(무면허운전)으로 기소되었고, 그 후 위 운전면허 취소처분의 원인이었던 음주운전에 대하여 범죄사실의 증명이 없는 때에 해당한다는 이유로 무죄판결이 확정되었다. 이 사안에서는 운전면허 취소처분이 취소되지 않았더라도 법원이 도로교통법 위반(무면허운전)에 대하여 무죄를 선고할 수 있는지 문제되었다. 이는 형사법원이 선결문제인 행정처분의 위법 여부를 독자적으로 판단하여 무죄 판결을 선고할 수 있는지 여부의 문제이다.

Ⅱ. 판례의 이해

1. 판결의 분석

도로교통법 위반(무면허운전)죄는 '운전면허를 받지 아니한 상태'에서 자동차를 운전할 때 성립하고, 이때의 '운전면허'는 유효한 운전면허를 의미한다.[3] 피고인은 법규위반(음주운전)으로 인해 운전면허 취소처분이 있었음에도 차량을 운전하였고 그 후 음주운전 혐의에 대해 무죄판결이 확정되었는바, 피고인을 도로교통법 위반(무면허운전)죄로 처벌할 수 있는지 문제되었다.

이 사건 취소처분은 이 사건 음주운전을 처분 원인으로 삼은 것이었는데, 도로교통법 위반(음주운전)의 점에 관하여 무죄가 선고됨으로써 이 사건 취소처분은 요건사실을 충족시키지 못하여 위법하나 취소되지 않은 상태로 존재하고 있었다. 하자 있는 행정처분이 당연무효에 해당하려면 그 하자가 법규의 중요한 부분을 위반한 중대한 것이고 객관적으로 명백한 것이어야 하는데, 이 사건에서는 피고인이 음주운전을 한 것으로 의심할만한 정황이 있었으므로 이 사건 취소처분이 당연무효라고 보기는 어렵다. 또한 피고인은 이 사건 취소처분에 대하여 취소소송을 제기하였으나 소를 취하하여 불가쟁력이 발생하였고 이 사건 심리 당시까지 이 사건 취소처분이 직권취소되지도 않았던 것으로 보인다.

결국 형사법원이 이 사건 취소처분의 위법성을 독자적으로 판단하여 도로교통법 위반(무면허운전)의 점을 무죄로 판단할 수 있는지가 쟁점이 되었다. 기존 판례에 따르면, 운전면허 취소처분이 직권으로 또는 행정쟁송절차에 의하여 취소되었다면, 위 운전면허 취소처분은 그 처분 시에 소급하여 효력을 잃고 피고인에게 운전면허 취소처분에 복종할 의무가 원래부터 없었음이 확정되므로, 운전면허 취소처분 이후의 운전행위를 도로교통법 위반(무면허운전)으로 처벌할 수 없게 된다.[4] 이 사안에서 대법원은, 위 법리와 헌법 제12조의 적법절차 원리, 형벌의 보충성 원칙 등을 고려하여, 운전면허 취소처분이 취소되지 않았지만 운전면허 취소처분의 원인이 된 음주운전 부분에 관하여 무죄판결이 확정되었으므로 피고인을 도로교통법 위반(무면허운전)죄로 처벌할 수 없다고 보았다.

---

3) 대법원 2017. 12. 13. 선고 2017도14160 판결(「도로교통법」 제152조 제1호, 제43조 위반의 죄는 유효한 운전면허가 없음을 알면서도 자동차를 운전하는 경우에만 성립하는 이른바 고의범이다).
4) 대법원 1999. 2. 5. 선고 98도4239 판결.

2. 종합적 이해

행정처분이 범죄성립의 전제가 되는 경우 행정처분의 위법성 내지는 효력이 범죄성립에 어떠한 영향을 미치는지, 형사법원이 행정처분의 위법 여부 내지는 효력 유무에 관하여 어느 정도 판단할 수 있는지의 문제는 '형사재판의 선결문제'로 논의된다.

형사재판의 선결문제란, 특정한 행정처분의 위법 여부 또는 효력 유무가 형사사건의 본안 판단을 할 때 먼저 해결되어야 할 쟁점이 되는 경우를 의미한다. 행정처분의 위법성이 중대, 명백하여 당연무효에 해당하는 경우, 행정처분의 공정력 내지는 구성요건적 효력이 인정되지 않기 때문에 형사법원은 행정처분의 위법성을 독자적으로 판단할 수 있다.

행정처분의 하자가 취소사유에 해당하는 경우 형사법원이 독자적으로 행정처분의 위법 여부를 심리, 판단할 수 있을지 여부에 대하여 견해가 대립된다. 행정처분의 공정력을 '적법성의 추정'이라고 보면 형사법원은 범죄구성요건을 이루는 행정처분의 위법 여부를 심리, 판단할 수 없다고 보게 되지만, 공정력의 본질을 '사실상의 통용력'으로 이해하거나 구성요건적 효력 관점에서 접근하면, 형사법원은 행정처분의 효력을 부인하지 않는 범위 내에서 선결문제로 행정행위의 위법성을 판단할 수 있다.

침익적 행정처분에 해당하는 시정명령, 조치명령 등을 이행하지 않았다는 이유로 처벌하려면 시정명령이 적법한 것이어야 한다는 대법원 판례5)의 태도이다. 그 시정명령이 절차적 하자로 인하여 위법한 경우에도 시정명령 위반을 이유로 형사 처벌할 수 없다.6) 법치주의 원칙상 위법한 명령에 대해서까지 복종할 의무를 인정할 수는 없기 때문이다. 이와 같이 침익적 행정처분이 범죄성립의 적극적 구성요건이 되는 경우, 그 '위법' 여부가 선결문제가 되고, 형사법원은 행정처분의 위법성을 독자적으로 판단하여 무죄를 선고할 수 있다.

한편 운전면허, 수입면허 등과 같은 수익적 행정처분이 범죄 성립을 조각하는 경우, 수익적 행정처분이 위법하더라도 그 효력 자체가 인정되는 이상 범죄 성립이 조각되고7) '효력' 유무만 선결문제가 된다. 다만 운전면허와 같은 수익적 행정처분이 직권 취소된 경우, '운전면허 취소처분 이후의 위반행위'는 금지를 명하는 하명처분에 위반한 행위와 매우 유사한 구조가 된다. 운전면허 취소처분은 운전행위를 하지 말라는 개별적인 금지하명과 동일한 효과를 가지는 침익적 행정처분의 실질을 가지므로, '운전면허 취소처분 이후의 위반

---

5) 대법원 2016. 12. 29. 선고 2014도16109 판결, 대법원 2018. 3. 13. 선고 2017도14367 판결.
6) 대법원 2017. 9. 21. 선고 2014도12230 판결(「행정절차법」의 사전통지나 의견제출 기회를 제공하지 않았다면 절차 위법으로 인하여 시정명령은 위법하고 시정명령 위반죄가 성립하지 않는다).
7) 대법원 1982. 6. 8. 선고 80도2646 판결, 대법원 1989. 3. 28. 선고 89도149 판결.

행위'에 관하여 심리하는 형사법원은 운전면허 취소처분의 위법성을 독자적으로 판단할 수 있고, 이로써 피고인의 방어권이 최대한 보장될 수 있다.

대법원은 운전면허 취소처분에 이미 불가쟁력이 발생하였고 직권취소되지 않았음에도, 운전면허 취소처분 이후의 위반행위를 처벌하기 위해서는 운전면허 취소처분이 적법해야 함을 전제로, 운전면허 취소처분의 원인이 된 음주운전에 관한 무죄판결이 확정된 이상 운전면허 취소처분이 위법하다고 보아 무죄 취지로 원심판결을 파기하였다.

Ⅲ. 법리의 검토

1. 범죄성립의 전제가 되는 행정처분

행정법 영역에서는 행정상 의무불이행에 대하여 다양한 강제수단을 부과할 수 있다. 그 중 법률에 의무위반에 대한 형사처벌규정을 두는 경우가 있고, 이를 강학상 '행정형벌'이라 한다. 형법상 불법이 행정처분에 의해 결정되는 경우로서 그 첫 번째 유형은 행정청이 법률에 근거해 작위·부작위·수인 등을 명하는 하명처분을 하고 그 하명처분 위반행위에 대하여 처벌규정[8]을 두는 경우이다. 구 도시계획법상 시정조치명령을 하고 그 위반행위를 처벌하는 경우를 예로 들 수 있고, 이 때 시정조치명령과 같은 '침익적 행정처분'은 행정형벌의 적극적 구성요건이 되고, 「행정처분이 의무부과 측면에서 범죄성립의 전제가 되는 경우」이다.

형법상 불법이 행정처분에 의해 결정되는 두 번째 유형으로는, 법률에서 일정 행위를 하려면 상당한 인·허가를 받도록 규정하고 이에 위반하여 인·허가 없이 한 행위에 관한 처벌규정을 두는 경우[9]이다. 물론 강학상 허가, 인가는 구별되는 개념이지만, 이하 本稿에서는 '허가'를 법률문언상 구성요건이 되는 허가, 인가, 승인 등을 총칭하는 개념으로 사용한다. 도로교통법상 자동차를 운전하려면 운전면허를 받도록 하고, 그렇지 않으면 무면허운전으로 처벌하는 경우가 그 대표적 예이다.[10] 법령상 부작위의무를 해제하는 운전면허와

---

8) 법률문언에는 '조치명령, 조업정지명령 등에 위반한 자', '조업정지명령을 이행하지 않은 자'와 같은 표지가 사용된다.

9) 법률문언에는 '영업을 하려는 자는 허가를 받아야 한다', '허가를 받지 아니하고 ~을 한 자'와 같은 표지가 사용된다.

10) 누구든지 제80조에 따라 지방경찰청장으로부터 운전면허를 받지 아니하거나 운전면허의 효력이 정지된 경우에는 자동차등을 운전하여서는 아니 된다(「도로교통법」 제43조).

같은 '수익적 행정처분'은 범죄성립을 조각시킨다는 점에서 행정형벌의 소극적 구성요건이 되고, 「행정처분의 부존재가 범죄성립의 전제가 되는 경우」가 된다.

위와 같이 행정처분이 범죄성립의 전제가 되는 경우, 행정처분의 하자가 형사책임에 어떤 영향을 미치는가의 문제는 어떤 경우 행정처분의 위법성이 형사재판의 선결문제가 되는지, 형사법원이 행정처분의 위법성을 독자적으로 심사할 수 있는지의 관점에서 논의된다.[11]

2. 행정처분의 하자와 형사재판의 선결문제

(1) 판례 사안의 유형화

1) 침익적 행정처분이 범죄성립의 전제가 되는 경우(유형 Ⅰ[12])

공소외인이 피고인 소유 토지의 형질을 변경하였음에도, 행정청이 피고인에 대하여 원상복구의 시정조치명령을 하였고 피고인이 이에 따르지 않아 조치명령 불이행으로 인한 구 도시계획법 위반죄로 기소된 사안이다. 행정처분(시정조치명령)으로 행정상 의무를 부과하였고 그 의무를 불이행하여 기소된 경우, 형사법원이 행정처분(시정조치명령)이 위법함을 이유로 무죄를 선고할 수 있는지가 문제되었다.

이에 대하여 대법원은 구 도시계획법 제78조에 정한 처분이나 조치명령을 받은 자가 이에 위반하였음을 이유로 구 도시계획법 제92조의 처벌을 하기 위해서는 그 처분이나 조치명령이 적법해야 하고, 그 처분이 당연무효가 아니더라도 위법한 처분인 이상 같은 법 제92조 위반죄가 성립될 수 없다고 보았다.

2) 수익적 행정처분이 범죄성립을 조각시키는 경우(유형 Ⅱ[13])

연령이 미달되는 피고인이 형 이름으로 운전면허시험에 응시·합격하여 운전면허를 교부받았고, 이후의 운전행위가 무면허운전에 해당한다는 이유로 기소된 사안이다. 법률상의 부작위의무를 해제하는 행정처분(운전면허)이 위법한 경우, 그 부작위의무 위반(무면허운전)으로 기소된 사안에서 형사법원이 행정처분의 위법성을 이유로 유죄를 선고할 수 있는지가 문제되었다.

이에 대하여 대법원은, 피고인이 교부받은 운전면허는 비록 위법하지만 취소되지 않는

---

11) 이하 법리 검토 중 일부분은 졸고, "범죄성립의 전제가 되는 행정처분과 형사책임", 『사법논집』 제62호, 2017을 요약한 것이다.
12) 대법원 1992. 8. 18. 선고 90도1709 판결.
13) 대법원 1982. 6. 8. 선고 80도2646 판결.

한 효력이 있으므로 피고인의 운전행위는 무면허운전에 해당하지 않는다고 보았다.

3) 수익적 행정처분에 대한 취소처분의 효력이 문제된 경우(유형 Ⅲ[14])

피고인이 운전면허 취소처분을 받고 이에 대한 취소소송을 제기한 후 자동차를 운전하였고, 그 후 운전면허 취소처분을 재량권일탈을 이유로 취소하는 판결이 확정되었음에도 위 운전행위가 무면허운전으로 기소된 사안이다. 부작위의무를 해제하는 행정처분(운전면허)에 대한 취소처분이 있었음에도 부작위의무 위반행위(운전행위)를 하였고 그 후에 그 취소처분에 대한 취소판결이 확정된 경우, 형사법원이 취소판결 이전에 있었던 위반행위에 관하여 유죄를 선고할 수 있는지가 문제되었다.

이에 대하여 대법원은, 운전면허 취소처분이 행정쟁송절차에 의하여 취소되었다면 위 운전면허 취소처분은 처분 시에 소급하여 효력을 잃게 되고 피고인은 위 운전면허 취소처분에 복종할 의무가 원래부터 없었음이 후에 확정되었으므로, 피고인의 운전행위는 무면허운전죄에 해당하지 않는다고 보았다.

4) 논점의 정리

유형 Ⅰ, Ⅱ에서는 형사재판의 선결문제가 행정처분의 위법성인지, 효력인지가 문제되었다. 유형 Ⅰ에서는 시정조치명령의 '위법' 여부가 형사재판의 선결문제라고 보아 형사법원이 그 위법성을 심사할 수 있다고 보았으나, 유형 Ⅱ에서는 운전면허의 '효력' 유무가 형사재판의 선결문제이고, 형사법원은 운전면허가 위법하더라도 효력이 있음을 전제로 판단하여야 한다고 보았다.

유형 Ⅲ은 운전면허 취소처분이 있었음에도 법상 부작위의무를 위반한 경우, 운전면허 취소처분의 효력과 형사책임의 관계가 문제된 사안이다. 위 사안은 무면허운전으로 기소된 점에서는 유형 Ⅱ와 유사하나, 운전면허 취소처분이 실질상 침익적 성격을 가진다는 점에서는 유형 Ⅰ과 유사한 구조이다. 또한 대상판결 사안과 비교하여 보면, 유형 Ⅲ에서는 운전면허 취소처분이 행정쟁송절차에서 취소되었지만, 대상판결 사안은 운전면허 취소처분에 불가쟁력이 발생하였고 직권취소되지 않았다는 점에서 차이가 있다.

(2) 형사재판의 선결문제와 공정력

위와 같이 행정처분이 범죄성립의 전제가 되는 경우, 행정처분의 위법성 내지는 효력이

---

14) 대법원 1999. 2. 5. 선고 98도4239 판결.

범죄성립에 어떠한 영향을 미치는지, 형사법원이 행정처분의 위법 여부, 효력 유무에 관하여 어느 정도로 판단할 수 있는지는 '형사재판의 선결문제'로 논의된다. 선결문제란, 특정한 행정처분의 위법 여부 또는 효력 유무가 민·형사사건의 본안판단을 할 때 먼저 해결되어야 할 쟁점이 되는 경우이고, 현재 행정소송법은 제11조에서 처분 등의 효력 유무 또는 존재 여부가 민사재판의 선결문제인 경우에 관한 준용규정을 두고 있다. 그러나 형사재판의 선결문제에 관하여는 아무런 규정을 두고 있지 않다.

선결문제는 행정처분의 공정력 내지는 구성요건적 효력의 관점에서도 접근할 수 있다. 공정력 이론이란 '행정처분의 하자가 당연무효가 아닌 한 권한 있는 기관에 의해 취소되기까지 잠정적으로 유효한 것으로 통용되는 힘'을 인정하는 이론이다. 과거에는 공정력을 '적법성을 추정하는 효력[15]'으로 보기도 하였으나, 오늘날 공정력은 행정처분의 '사실상의 통용력' 내지는 '잠정적 구속력' 정도로 이해되고 있다. 또한 종래 통설에서는 공정력이 직접 상대방 뿐만 아니라 다른 행정기관, 법원에까지 미친다고 보았으나[16], 최근에는 통용력이 미치는 대상을 기준으로 공정력과 구성요건적 효력을 구별하는 견해[17]도 등장하였다. 후자의 견해에 따르면, 공정력은 법적 안정성이라는 목적 하에 행정처분의 직접상대방에 대하여 인정되는 구속력이고, 구성요건적 효력은 국가기관 상호 간의 권한존중 원칙상 제3의 국가기관(다른 행정기관, 법원 등)에 대하여 인정되는 구속력이다.[18] 선결문제는 전자의 견해에 따르면 행정처분의 공정력 문제로, 후자의 견해에 따르면 구성요건적 효력 문제로 설명될 수 있다.

(3) 형사법원의 위법성 심사권

외관을 갖춘 행정처분이 성립하였더라도 하자가 중대·명백하여 당연무효이면, 누구나 그 효력을 부인할 수 있다. 즉, 행정처분의 공정력·구성요건적 효력은 당연무효가 아닌 경우 인정되므로, 범죄성립의 전제가 되는 행정처분의 하자가 중대·명백하다면 형사법원은 독자적으로 그 무효를 판단할 수 있다. 그에 비하여 그 하자가 취소사유에 해당한다면 형사법원이 독자적으로 행정처분의 위법여부를 심리·판단할 수 있을지가 문제된다. 특히 취소소송 제소기간이 도과하여 행정처분의 불가쟁력이 발생한 경우에 더욱 중요한 문제이다.

---

15) 이상규, "행정행위의 공정력이 형사사건에 미치는 영향", 법률신문 제1476호, 1983.
16) 김동희, 『행정법Ⅰ』, 제22판, 2016, 332-333면; 박윤흔/정형근, 『최신행정법강의(상)』, 개정30판, 2009, 107-119면.
17) 김남진/김연태, 『행정법Ⅰ』, 제9판, 2015, 287-288면; 박균성, 『행정법론(상)』, 2016, 130-133면.
18) '유효한 행정처분이 존재하는 이상 하자가 있는 행정처분이더라도 취소권한이 있는 기관 이외의 모든 국가기관은 그 존재를 존중하며 스스로의 판단의 기초 내지는 구성요건으로 삼아야 하는 구속력'

1) 부정설

공정력의 본질을 적법성의 추정으로 이해하게 되면, 당연무효가 아닌 한 권한 있는 기관에 의해 취소·변경될 때까지 행정처분의 적법성은 추정된다. 행정처분의 위법성 판단은 항고소송절차에 의하여야 하고, 형사법원은 범죄구성요건을 이루는 행정처분의 위법여부를 심리·판단할 수 없다.[19] 위 견해에 따르면, 행정처분 위반으로 기소된 피고인은 그 처분이 위법하더라도 당연무효가 아닌 한 그 죄책을 면할 수 없게 된다.

2) 긍정설

공정력의 본질을 '사실상의 통용력'으로 보는 입장에서는, 형사법원이 행정처분의 효력을 부인하지 않는 범위 내에서 행정처분의 위법성을 심사할 수 있다고 본다.[20] 구성요건적 효력의 관점에서 보더라도, 모든 국가기관은 유효한 행정처분의 존재를 존중하여 판단 기초로 삼아야 하므로, 형사법원은 처분의 효력을 부인하지 않는 범위 내에서 독자적으로 행정처분의 위법여부를 심리·판단할 수 있다고 보고,[21] 이러한 결론은 행정법학계의 다수입장장인 것으로 보인다.[22]

3) 검토

살피건대, 행정처분의 공정력 내지 구성요건적 효력은 권한 있는 국가기관에 의해 처분의 효력이 부인될 때까지 효력을 존중하여야 한다는 사실상의 통용력 내지는 잠정적 효력이므로, 행정처분의 적법성에 관하여는 공정력이나 구성요건적 효력이 미치지 않는다. 따라서 형사법원은 취소소송 제기 여부나 불가쟁력 발생 여부와 관계없이, 형사재판에서 독자적으로 행정처분의 위법여부를 선결문제로 판단할 수 있다.

(4) 선결문제 유형의 구별

다음으로 어떠한 경우에 행정처분의 '위법' 여부가 형사재판의 선결문제가 되고, 어떠한 경우에 행정처분의 '효력'유무가 선결문제가 되는지 그 구별기준이 문제된다. 이는 범죄구

---

19) 이상규, 앞의 글.
20) 정준현, "단순하자 있는 행정명령을 위반한 행위의 가벌성", 『토지공법연구』 제22권, 2004, 277면.
21) 석종현, "위법한 운전면허의 효력", 『고시계』 제39권 제6호, 1994, 187면.
22) 김남진/김연태, 앞의 책, 291면; 김동희, 앞의 책, 329면; 박윤흔/정형근, 앞의 책, 117-118면; 홍정선, 『행정법특강』, 제15판, 2016, 257면.

성요건의 해석에 관한 것으로, 당해 규정이 관련 행정처분의 유효성만을 처벌요건으로 하는지, 아니면 그 적법성까지도 처벌요건으로 하는지의 문제이다.

이에 관하여 행정처분의 성질(침익적 행정처분, 수익적 행정처분)을 기준으로 나누어야 한다는 견해(이하 '처분성질설'이라고 한다)가 있다. 위 견해에 따르면 침익적 행정처분의 경우, 그 위반으로 처벌하기 위해서는 의무부과의 전제가 된 행정처분이 적법해야 하므로 행정처분의 '위법'여부가 선결문제가 되고, 형사법원은 행정처분의 위법성을 독자적으로 판단할 수 있다. 그러나 수익적 행정처분의 경우, 수익적 행정처분이 효력이 있는 한 범죄성립이 조각되므로 '효력'유무가 선결문제가 되고, 형사법원은 당연무효가 아닌 한 수익적 행정처분에 효력이 있음을 전제로 판단하여야 한다.[23]

이에 비하여 법률문언상 행정처분이 적극적 구성요건요소인가, 소극적 구성요건요소인가를 기준으로 형사법원의 위법성 심사권을 정하는 견해(이하 '구성요건기준설'이라고 한다)가 있다. 이 견해에 따르면 법률문언상 행정처분의 존재가 구성요건인 경우는 행정처분의 '위법' 여부가 선결문제가 되지만, 법률문언상 행정처분의 부존재가 구성요건인 경우는 행정처분의 '효력' 유무만이 선결문제가 된다.[24]

양 견해에 따를 때 범죄성립 여부가 달라지는 부분은, '허가를 받지 아니하고 한 행위를 처벌하는 구성요건에서, 허가를 받았으나 나중에 허가가 취소·철회된 경우'이다. 처분성질설에 따르면 '허가취소처분'은 침익적 행정처분이므로 허가취소처분 이후의 위반행위를 처벌하기 위해서는 허가취소처분이 적법해야 한다. 그러나 구성요건기준설에 의하면, 법률문언상 허가의 부존재가 범죄구성요건이므로 허가취소처분은 그 '효력' 유무만이 선결문제가 되고, 허가취소처분이 효력이 있다면 그 위반행위는 범죄로 성립하게 된다. 이 견해는 '허가를 받지 아니하고 한 행위'를 처벌하는 하나의 구성요건에 대하여 그 전제가 수익적 행정처분(허가)인지, 침익적 행정처분(허가취소처분)인지에 따라 형사법원의 심사권이 달라지는 것은 부당하다고 본다.[25]

살피건대, 범죄구성요건 측면에서 접근하여 보면 '허가 후 허가취소처분이 있었다는 점'이 '허가의 부존재'라는 구성요건으로 포섭될 수 있을지의 문제가 된다. 그러나 다른 한편으로 '허가취소처분 이후의 위반행위'는 금지를 명하는 하명처분에 위반한 행위와 매우 유사한 구조이기도 하다. 즉, 허가취소처분은 허가의 효력을 실효시켜 법규에 의한 금지상태

---

23) 박정훈, "협의의 행정벌과 광의의 행정벌 – 행정상 제재수단과 법치주의적 안전장치", 『서울대학교 법학』 제41권 4호, 2001, 298-302면.
24) 최계영, "행정처분과 형벌", 『행정법연구』 제16호, 2006, 259-260면.
25) 최계영, 앞의 글, 259-260면.

로 돌아가게 하는 것이지만, 실제로는 당해행위를 하지 말라는 개별적인 금지하명과 동일한 효과를 가지기 때문이다. 결국 허가취소처분이 침익적 행정처분의 실질을 가지는 이상, '허가취소처분 이후의 위반행위'에 관하여 심리하는 형사법원은 허가취소처분의 위법성을 독자적으로 판단할 수 있다고 보아야 하고 이로써 피고인의 방어권이 최대한 보장될 수 있다. 결론적으로 범죄성립의 전제가 되는 침익적 행정처분은 그 '위법' 여부가 선결문제가 되고, 범죄성립을 조각하는 수익적 행정처분은 '효력' 유무만 선결문제가 된다고 정리할 수 있겠다.

3. 침익적 행정처분이 적극적 구성요건인 경우

(1) 문제의 소재

작위·부작위·수인을 명하는 하명처분에 위반한 행위를 처벌하는 구성요건의 경우, 그와 같은 침익적 행정처분은 행정형벌의 적극적 구성요건이 된다. 우선 침익적 행정처분의 하자가 중대·명백하여 당연무효인 경우, 그 행정처분 위반행위로 기소된 형사재판에서 그 무효가 주장·인정될 수 있다.[26] 그 하자가 취소사유에 불과한 경우에는 어떠한가? 이 경우 침익적 행정처분의 위법성에 관하여 형사법원이 독자적으로 심사할 수 있는지, 그 심사 범위는 어느 정도인지 문제된다.

(2) 형사법원의 위법성 심사권

1) 판례의 태도 및 분석

(가) 대법원은 구 도시계획법상 시정조치명령 위반이 문제된 사안(유형Ⅰ)에서, 이를 처벌하기 위하여는 그 처분이나 조치명령이 적법한 것이어야 하고, 시정조치명령이 위법한 이상 조치명령 불이행으로 인한 구 도시계획법위반죄가 성립할 수 없다고 보았다.[27] 구 주택법상 시정명령 위반으로 기소된 사안[28]과 구 도시 및 주거환경정비법상 철거공사중지명령 위반[29]으로 기소된 사안에서도 대법원은 동일한 취지로 판단하였다.

(나) 위와 같이 대법원은 법률 문언에서 명시적으로 행정처분의 '적법성'을 규정하고 있지 않음에도 형사재판에서 독자적으로 행정처분의 위법성을 심리·판단해왔다. 이를 일반

---

26) 대법원 1996. 2. 13. 선고 95도1993 판결, 대법원 2011. 11. 10. 선고 2011도11109 판결.
27) 대법원 1992. 8. 18. 선고 90도1709 판결, 대법원 2004. 5. 14. 선고 2001도2841 판결.
28) 대법원 2009. 6. 25. 선고 2006도824 판결.
29) 대법원 2008. 2. 29. 선고 2006도7689 판결.

화하자면, 침익적 행정처분이 적극적 구성요건인 경우 행정처분의 '적법성'이 범죄구성요건에 포함되어 있다는 취지로 새길 수 있다.[30]

즉, 침익적 행정처분에 불가쟁력이 발생한 경우에도 국민은 형사재판단계에서 그 위법성을 다툴 수 있게 되고, 결국 피고인의 방어권 보장에 만전을 기할 수 있다. 물론 그 경우 제소기간을 제한한 취지(법적 안정성, 행정의 실효성 확보)에 정면으로 반한다는 반박도 제기될 수 있으나, 형사재판에서는 법적 안정성의 요청이 실체적 정의와 적법절차원리에 비하여 상대적으로 후순위에 놓인다고 할 것이다.

다른 한편으로, 하자 있는 행정처분에 위반한 행위의 처벌 문제는 보호법익의 문제로 귀착된다. 행정처분상의 의무를 불이행한 경우, 행위자의 비난가능성은 행정처분에 불복종하였다는 점이 아니라 이에 불복종함으로써 궁극적으로 행정처분을 통해 보호하고자 하는 법익에 위험을 초래하였다는 점에 있다.[31] 결국 침익적 행정처분이 위법하다면 형벌을 통해 보호해야 할 법익이 없고, 형사법원은 침익적 행정처분의 위법성을 판단하여 무죄를 선고할 수 있다.

또한 이러한 문제는 제도적 관점에서 행정재판권과 일반재판권과의 관계로 귀결되기도 한다. 행정재판관할과 일반재판관할이 분리되어 있는 독일에서는, 행정행위의 적법성이 범죄구성요건으로 명시된 경우를 제외하고는 적법성이 구성요건요소가 아니라고 해석하는 것이 일반적이고, 형사법원의 독자적 판단권을 부정하는 것이 판례·통설의 입장이다.[32] 즉, 형사법원은 행정행위의 적법성을 심사하지 아니하고 그 효력을 그대로 존중하여야 하고, 행정행위가 취소소송을 거쳐 나중에 취소된 경우에도 그 처벌가능성에 영향이 없다는 것이 독일의 판례[33]이다. 이에 비하여 우리나라에는 행정법원이 별도로 설치되어 있기는 하지만 대법원이 모든 사건의 상고심을 관할하므로, 독일과 같은 재판권 간의 대립·갈등은 문제되지 않는다.

2) 적법성의 범죄체계론적 지위

행정처분의 위법여부가 형사재판의 선결문제가 되는 경우, 행정처분의 적법성은 범죄체계론상 어떠한 지위를 갖는가. 이는 행정처분이 적법함에도 불구하고 위법하다고 오인하였을 때 범죄가 성립하는가의 문제, 즉 착오 문제의 해결과 직접적인 관련이 있다. 이에 대

---

30) 박정훈, 앞의 글, 300면; 최계영, 앞의 글, 265-267면.
31) 최계영, 앞의 글, 262-265면.
32) 박정훈, 앞의 글, 301면.
33) BGHSt 23, 86.

하여 대법원은 구 도시계획법상 시정조치명령 위반사건[34]과 구 주택법상 시정명령 위반사건[35]에서 시정조치명령·시정명령이 위법한 이상 "~위반죄가 '성립'될 수 없다"고만 설시하여 구성요건해당성을 부정한 것인지, 위법성이나 책임이 조각된 것인지는 명확하지 않은 바, 이에 관한 견해를 소개한다.

우선 행정처분이 위법한 경우 구성요건해당성의 흠결로 범죄성립을 부정하면 이 때 처분의 적법성에 관한 착오는 구성요건적 착오가 되고, 처분이 위법하다고 생각하고 이를 위반한 행위는 언제나 처벌할 수 없게 된다. 이러한 측면을 지적하며, 위법한 처분에 대한 복종을 요구하는 것은 기대가능성이 없으므로 행정처분의 적법성을 구성요건요소가 아니라 책임요소로 파악해야 한다는 견해[36]가 있다. 위 견해에 따르면, 처분의 적법성에 관해 착오가 있는 경우 형법 제16조에 따라 정당한 사유가 있는 때에 한하여 범죄성립이 부정되고, 공범의 경우 기대가능성을 개별적으로 판단하게 된다.

이에 반하여 행정처분이 위법한 경우 형벌을 통해 보호해야 할 법익이 없다는 점에서, 적법성을 구성요건요소로 보아야 한다는 견해[37]가 있다. 이 견해에 따를 경우 구성요건적 고의의 대상이 되는 것은 '행정처분의 적법성 판단' 그 자체가 아니라 '행정처분의 적법성의 기초를 이루는 사실관계'라고 한다.

3) 위법성 심사범위

다음으로 형사법원이 행정처분의 위법여부를 심사할 때 그 심사범위가 문제된다. 형사법원이 행정처분의 재량하자까지 심사할 수 있는지 여부의 문제이다. 이 때 요건사실의 결여와 필요적 절차의 흠결에 관해서는 독자적 판단권을 인정할 수 있으나 재량하자에 관해서도 독자적 판단권을 인정하는 것은 권력분립원칙상 문제가 있다는 견해[38]가 있다. 재량하자에 대한 심사는 행정의 자율성 위축이라는 문제를 야기할 수 있으므로 이를 형사소송에까지 확대하게 되면 행정권에 대한 현저한 개입이 될 수 있다는 취지이다.

이에 대하여 형사법원이 심사할 수 있는 위법성의 범위는 보호법익과 관련이 있는 실체적 사유에 제한되어야 한다는 견해[39]가 있다. 법령에 위반한 실체적 하자가 있는 경우 보호법익이 존재하지 않으므로 형사법원이 위법성을 이유로 무죄를 선고할 수 있으나, 재량

---

34) 대법원 1992. 8. 18. 선고 90도1709 판결.
35) 대법원 2009. 6. 25. 선고 2006도824 판결.
36) 박정훈, 앞의 글, 301면.
37) 최계영, 앞의 글, 267면.
38) 박정훈, 앞의 글, 301-302면.
39) 최계영, 앞의 글, 267면.

하자나 절차적 하자의 경우 그 행정처분을 통하여 달성하고자 하는 보호법익이 여전히 존재하므로 형사법원의 위법성 심사권을 인정할 수 없다고 본다.

살피건대, 침익적 행정처분의 불가쟁력이 발생한 이후에도 형사법원은 행정처분의 위법성을 독자적으로 심사할 수 있고, 이 때 형사법원의 심사권은 제소기간 제도와 긴장관계에 놓인다. 형사법원이 재량하자를 이유로 행정처분이 위법하다고 판단하게 되면, '행정법관계의 조기확정을 통한 행정의 실효성 확보'라는 불가쟁력의 제도적 의의가 몰각되는 결과가 초래될 수 있고, 이러한 관점에서 위법성 심사범위가 제한될 필요가 있다. 즉, 최소한 재량하자는 형사법원의 위법성 심사 범위에서 제외되어야 하고, 재량하자는 제소기간 이내에 취소소송을 통해서만 다툴 수 있도록 한계를 그을 필요가 있다. 이러한 한계가 행정형벌 영역에서 국민의 권리구제와 행정의 실효성 확보라는 양 가치의 조화를 위한 지점에 해당한다.

(3) 취소소송과의 관계

1) 취소소송의 판결이 확정된 경우

(가) 취소판결이 확정된 경우

행정처분의 취소판결이 확정되었고, 그 행정처분의 위법여부가 형사사건의 선결문제가 되는 경우 형사법원은 취소판결의 취지에 따라야 하고 이에 어긋나는 판단을 할 수 없다.[40] 재량하자의 경우 형사법원이 독자적으로 그 위법성을 심사하여 무죄를 선고할 수는 없으나, 재량하자를 이유로 행정처분을 취소하는 판결이 확정되었다면 형사법원은 당연히 그 취소판결 취지에 따라 행정처분 위반행위에 대하여 무죄를 선고해야 한다.

(나) 기각판결이 확정된 경우

취소소송에서 기각판결이 확정된 경우 처분의 적법성에 관해 기판력이 발생한다. 이에 관하여는 그 행정처분의 위법여부가 형사재판의 선결문제가 되는 경우, 형사법원에서 기각판결의 기판력을 존중하여 유죄를 인정해야 한다는 견해[41]가 있다. 이에 비하여 기각판결이 처분의 적법성에 관한 유력한 증거가 되기는 하지만 합리적 의심의 여지 없이 처분의 적법성이 증명되지 못하면 형사법원이 독자적으로 무죄를 선고할 수 있다는 견해[42]도 있다.

생각건대, 재량하자가 심사범위에서 제외되어 형사법원의 위법성 심사범위가 취소소송

---

40) 대법원 1982. 3. 23. 선고 81도1450 판결.
41) 박정훈, 앞의 글, 304면.
42) 최계영, 앞의 글, 268면.

에서의 심사범위보다 좁다고 보는 이상, 형사재판에서 취소소송 기각판결과 다른 이유를 들어 행정처분이 위법하다고 판단하기는 사실상 어려울 것이다.

2) 형사재판 중 취소소송이 제기된 경우

형사재판 중 행정처분 취소소송이 제기되었더라도, 형사법원은 행정처분의 위법성을 독자적으로 심리하여 유·무죄 판단을 할 수 있다. 다만, 형사법원의 위법성 심사권이 재량하자에 관하여는 제한된다고 본다면, 형사법원은 행정처분의 재량하자를 이유로 무죄를 선고할 수 없지만 취소소송에서는 행정처분이 취소될 여지가 있게 된다. 그 경우 차후 재심 문제가 발생할 수 있으므로, 취소소송이 종결될 때까지 기일을 추정하는 것도 검토할 만하다.

3) 확정된 형사재판과 모순되는 취소판결이 확정된 경우

형사법원이 행정처분이 적법함을 전제로 그 위반행위에 관하여 유죄판결을 선고하여 확정되었는데, 그 후 행정처분 취소판결이 확정되었다면 위 취소판결은 무죄 내지 원심판결이 인정한 죄보다 경한 죄를 인정할 명백한 증거에 해당하므로 형사소송법 제420조 제5호의 재심사유에 해당한다.[43] 대법원도, 조세포탈죄에 대한 유죄판결이 확정된 이후에 조세부과처분을 취소하는 판결이 확정된 사안에서, 조세부과처분의 효력은 처분 시에 소급하여 효력을 잃게 되어 그에 따른 납세의무가 없으므로 취소판결이 확정되었다는 사정은 형사소송법 제420조 제5호의 재심사유가 된다고 보았다.[44]

4. 수익적 행정처분이 소극적 구성요건인 경우

(1) 문제의 소재

도로교통법은 "운전면허를 받지 아니하고" 자동차를 운전한 사람에 대해 형벌을 부과하고 있으므로 운전면허라는 수익적 행정처분은 행정형벌의 소극적 구성요건에 해당한다. 위와 같이 '법규에 의한 일반적·상대적 금지를 특정한 경우에 해제하여 적법하게 일정한 행위를 하게 해주는 행정처분'을 '허가'로 총칭할 때, 허가는 범죄체계상 어떠한 지위를 가지는지, 허가의 위법성에 관하여 형사법원의 독자적 심사권이 인정되는지 등에 관하여 검토

---

43) 형사재판에서 행정처분의 위법성을 이유로 무죄가 선고되었는데 취소소송에서 기각판결이나 각하판결이 확정되는 경우도 있을 수 있다. 그러나 무죄판결에 대한 재심은 인정되지 않으므로(「형사소송법」 제420조) 큰 문제가 되지 않는다.
44) 대법원 1985. 10. 22. 선고 83도2933 판결.

해본다.

(2) 허가의 범죄체계상 지위

형법적 불법이 행정상의 허가 유무에 따른 경우, 허가가 범죄성립에 미치는 영향, 즉 허가가 범죄체계상 어떠한 지위를 가지는지 문제된다. 이에 관하여 허가를 소극적으로 규정된 구성요건요소로 파악하고, 이를 고의의 인식대상으로 보는 입장[45]이 있다. 이에 따르면 자신의 행위가 허가대상이라는 점에 관한 인식이 있어야 고의범으로 처벌될 수 있고, 그러한 인식이 없는 경우에는 과실범 처벌규정이 있어야 처벌된다.

한편, 대법원은 도로교통법 위반(무면허운전)죄는 유효한 운전면허가 없음을 알면서도 자동차를 운전하는 경우 성립하는, 이른바 고의범이라고 본다.[46] 운전면허가 취소된 상태에서 자동차를 운전하였으나 운전자가 면허취소 사실을 인식하지 못했다면 도로교통법 위반(무면허운전)죄에 해당하지 않는 것이다.

생각건대, 통상 '허가 없이'와 같이 법률문언 형식이 정해져 있는 점을 고려하면, 행정청의 '허가'는 소극적 형식으로 규정된 구성요건요소라고 해석할 수 있겠다.

(3) 허가가 위법한 경우

1) 당연무효의 위법사유

형식적으로 허가를 받았더라도 허가에 중대·명백한 하자가 있어 당연무효인 경우, 형사법원은 당해 허가를 무효로 인정하고 허가 없이 한 행위를 유죄로 판단할 수 있다고 보는 것이 일반적이다.[47] 이에 대하여 일반인은 전문적 법률지식을 갖고 있지 않아 행정처분이 당연무효임을 인식하기 어려우므로 고의가 인정되기 어렵다는 견해[48]도 있다. 그러나 허가요건에 해당하지 않음에도 기망행위나 허위자료 작출 등의 방법으로 허가를 받았고 그 하자가 중대·명백한 경우와 같이 피고인의 귀책사유가 있는 사안이라면 고의를 인정할 수 있을 것이다.

---

45) 신동운, 『환경범죄의 현황과 대책』, 1990, 23면; 강동범, "허가 등의 대상인 줄 모르고 한 행위의 형법상 취급", 『형사판례연구』 제3권, 1996, 74-76면.
46) 대법원 2017. 12. 13. 선고 2017도14160 판결.
47) 대법원 1995. 12. 26. 선고 95도2172 판결.
48) 최계영, 앞의 글, 269면.

2) 취소사유에 해당하는 위법사유

(가) 형사법원의 독자적 심사권 유무

다음으로 허가에 취소사유에 해당하는 하자가 있는 경우, 형사법원이 허가의 위법성을 이유로 '허가를 받지 아니하고 한 행위'에 해당한다고 볼 수 있을지가 문제된다. 수익적 행정처분이 소극적 구성요건인 경우 그 '위법' 여부가 형사재판의 선결문제가 되는지의 문제이다.

이에 대하여 대법원은, 하자 있는 운전면허를 받은 후 운전한 피고인에 대하여, 운전면허가 위법하더라도 취소되지 않는 한 효력이 있으므로 피고인의 운전행위는 무면허운전에 해당하지 않는다고 보았다(유형 Ⅱ).[49]

살피건대, '허가를 받지 아니하고 한 행위'를 처벌하는 구성요건의 보호법익은 허가를 받을 의무 이행을 확보하는 데 있을 뿐 허가의 적법성까지 확보하는 데에 있지 않으므로 위 판례의 태도는 타당하다. 구성요건의 엄격해석이라는 관점에서 보더라도, '허가를 받지 아니하고'라는 구성요건을 '적법한 허가를 받지 아니하고'라고 확대 해석하는 것은 피고인에게 불리한 유추해석으로 허용될 수 없다. 당해 허가에 위법사유가 존재하더라도 효력이 있는 한 형사법원은 그 허가의 효력 자체를 부인할 수 없고 행정형벌을 과할 수 없는 것이다.

(나) 취소소송과의 관계

형사재판이 계속되는 중 허가와 같은 수익적 행정처분에 대한 취소소송이 제기되었다면 특별한 사정이 없는 한 취소소송이 종결될 때까지 기일을 추정하는 방식으로 형사재판을 운용해야 할 것이다. 허가에 취소사유가 있더라도 형사법원은 그 허가가 유효함을 전제로 판단하여야 하지만, 허가취소판결이 확정되면 허가는 소급적으로 실효되고 그 후 형사법원은 이를 전제로 판단하여야 한다. 허가가 유효함을 전제로 한 무죄판결이 확정된 후, 행정청이 위법한 허가를 직권취소하거나 허가취소판결이 확정된 경우도 상정할 수 있겠으나, 유죄의 확정판결만 재심대상(형사소송법 제420조)이 되므로 재심 문제는 발생하지 않는다.

(4) 허가취소처분이 위법한 경우

1) 형사법원의 위법성 심사권

'허가를 받지 아니하고 한 행위를 처벌하는 구성요건에서, 허가를 받았으나 나중에 허가

---

49) 대법원 1982. 6. 8. 선고 80도2646 판결.

가 취소·철회된 경우'에 관하여, '허가취소처분'의 침익적 성격에 주목하여 규율할 것인가, 허가가 소극적 구성요건이라는 점에 주목하여 규율할 것인지 문제된다. 이 경우 '허가취소처분 이후의 위반행위'에 관한 형사재판에서, 형사법원이 허가취소처분의 위법여부를 독자적으로 심사할 수 있는지의 문제이기도 하다. 특히 허가취소처분에 이미 불가쟁력이 발생한 경우에는 그 논의의 실익이 크다.

형사법원의 위법성 심사권을 법률문언상 구성요건을 기준으로 정하는 견해에 따르면, 허가제도는 허가발급 단계의 위험통제기능 뿐만 아니라 허가발급 이후의 감독을 통한 통제기능도 가지고 있으므로, 허가취소처분이 위법하더라도 이러한 기능은 보장될 필요가 있다고 본다. 또한 허가취소처분에 대해 취소소송으로 다툴 기회가 있었던 점까지 고려하면, 허가취소처분이 위법하더라도 취소처분 이후의 행위를 형벌로 처벌할 수 있다고 본다.50)

그러나 허가취소처분은 관념적으로는 허가의 효력을 실효시켜 법규에 의한 일반적 금지상태로 돌아가게 하는 것이지만, 실질적으로는 더 이상 당해 행위를 하지 말라는 개별적 금지하명과 동일한 효과를 가지게 된다. 결국 '허가취소처분'이 허가를 박탈시키는 침익적 행정처분의 실질을 가지는 이상, 침익적 행정처분이 적극적 구성요건인 경우와 마찬가지로, '허가취소처분 이후의 위반행위'에 관하여 심리하는 형사법원은 '허가취소처분'의 위법성을 독자적으로 심리하여 범죄성립을 부정할 수 있다고 보아야 하고 이로써 피고인의 방어권이 최대한 보장될 수 있다.

대법원은 운전면허 취소처분에 이미 불가쟁력이 발생하였고 직권취소되지 않았음에도, 운전면허 취소처분 이후의 위반행위를 처벌하기 위해서는 운전면허 취소처분이 적법해야 함을 전제로, 운전면허 취소처분의 원인이 된 음주운전에 관한 무죄판결이 확정된 이상 운전면허 취소처분이 위법하다고 보아 무죄 취지로 원심판결을 파기하였다.

2) 취소소송과의 관계

(가) 대법원 판례의 태도

대법원은 운전면허 취소처분 이후의 운전행위에 대하여 무면허운전으로 기소되었고 운전면허 취소처분에 대한 취소판결이 확정된 사안(유형 Ⅲ)에서, 운전면허취소처분이 그 처분 시에 소급하여 효력을 잃게 되고 피고인이 당해 처분에 복종할 의무가 원래부터 없었음이 확정되었다는 이유로 무면허운전에 해당하지 않는다고 보았다.51)

---

50) 최계영, 앞의 글, 273면.
51) 대법원 1999. 2. 5. 선고 98도4239 판결: 운전면허 취소처분이 직권취소된 경우에도 마찬가지이다(대법원 2008. 1. 31. 선고 2007도9220 판결).

(나) 판례에 대한 검토

형법은 행위규범이고 비난가능성은 행위 당시의 사실관계와 법상태를 기준으로 평가해야 한다고 본다면, 사후에 허가취소처분이 직권취소 내지는 쟁송취소되었더라도 '허가취소처분 이후의 위반행위'에 대해 처벌하지 않는 것이 과연 타당한가라는 의문이 제기될 수 있다. 특히 유형 Ⅲ의 경우, 운전면허 취소처분은 실체적·절차적 하자가 아니라 재량권일탈을 이유로 취소된 것임에도 이를 처벌하지 않는 것은 의문이라는 지적도 있다.[52]

그러나 행정처분을 범죄구성요건으로 하는 경우에는, 행정처분의 효력에 관한 행정법적 규율에 따라 형사법 원칙에 일부 수정이 가해지는 것이 불가피하다. 특히나 취소판결이 처분의 효력을 '소급적으로' 제거하는 것이 아니라 '처분 시부터' 무효였음을 확정하는 것[53]으로 본다면, 범죄의 가벌성이 소급적으로 소멸되는 것이 아니라 애초부터 범죄가 성립하지 않은 것으로 새길 수 있다. 이러한 규율은 형법의 행위규범성과는 일견 모순되나 피고인에게 불이익한 결과를 가져오는 것은 아니라는 점에서 허용될 수 있고, 국민의 권리구제와 행정의 실효성 확보 사이의 형량에 의한 조화점이라고 할 수 있다.

Ⅳ. 요약과 결론

이상의 설명은 다음과 같은 몇 개의 명제로 정리할 수 있다.

1. 피고인이 운전면허 취소처분을 받은 후 차량을 운전하여 도로교통법 위반(무면허운전)으로 기소되고, 위 운전면허 취소처분의 원인인 음주운전에 대하여 무죄판결이 확정된 사안에서, 대상판결은 운전면허 취소처분이 취소되지 않았더라도 도로교통법 위반(무면허운전)에 대하여 무죄를 선고할 수 있다고 보았다.

2. 대상판결은, 운전면허 취소처분이 취소되지 않았더라도 운전면허 취소처분의 원인이 된 음주운전 부분에 관하여 무죄판결이 확정되었다면 피고인을 도로교통법 위반(무면허운전)죄로 처벌할 수 없다고 봄으로써, 운전면허 취소처분의 위법성을 독자적으로 판단하였다.

---

52) 박정훈, 앞의 글, 303-304면.
53) 박정훈, "취소소송의 성질과 처분개념", 『고시계』 제535호, 2001, 21-29면.

3. 침익적 행정처분이 범죄성립의 적극적 구성요건이 되는 경우 행정처분의 '위법' 여부가 선결문제가 되고, 운전면허와 같은 수익적 행정처분이 범죄 성립을 조각하는 경우 '효력' 유무가 선결문제가 된다. 다만 운전면허가 직권 취소된 경우 운전면허 취소처분은 침익적 행정처분의 실질을 가지므로 '운전면허 취소처분 이후의 위반행위'를 심리하는 형사법원은 선결문제인 운전면허 취소처분의 위법 여부를 독자적으로 판단할 수 있다.

생각할 문제

1. 형사법원의 위법성 심사권과 행정처분의 공정력 개념은 어떠한 관계에 있는가.

2. 선결문제 유형을 구별하는 기준에 관한 견해(처분성질설, 구성요건기준설)를 설명하고, 양 견해에 따라 '운전면허 취소처분 이후의 위반행위'의 범죄 성립에 관한 선결문제를 비교·분석하라.

3. 대상판결은 음주운전에 대한 무죄 판결이 확정된 이후에 선고되었다. 사안과 같이 음주운전 건과 (운전면허 취소처분 이후의) 무면허운전 건을 동시에 심리하는 형사법원은 음주운전에 관하여 무죄를 선고함과 동시에 무면허운전에 대하여 무죄를 선고할 수 있는가.

대법원 2017. 12. 22. 선고 2017두59420 판결
[요건 부분의 불확정 법 개념에 대한 판단]

서 승 환*

[사실관계]

사립대학 학교법인의 이사장 및 재단법인의 이사인 甲은 1956년 2월에 대한민국에서 출생하여 대한민국 국적을 보유하였다가 2002년 3월(당시 46세)에 미국 시민권을 취득하여 그에 따라 대한민국 국적을 상실하였다. 이후 2014년 9월(당시 58세)에 법무부장관에게 「국적법」에 따른 국적회복허가 신청을 하였으나 법무부장관은 2015년 7월 甲에게 「국적법」 제9조 제2항이 정하는 소극요건인 '품행이 단정하지 못한 자'에 해당한다는 이유로 거부처분을 하였다. 이에 불복하여 甲은 행정심판을 청구하였으나 중앙행정심판위원회는 2016년 5월 甲의 청구를 기각하였고, 그에 따라 甲은 서울행정법원에 법무부장관의 국적회복불허가처분의 취소를 구하는 취소소송을 제기하였다.

원고 甲은 대한민국에서 대학교 및 대학원을 졸업하였고, 학사장교로 임관하여 약 5년간 군복무 후 제대를 하였다. 1984년(당시 28세)에 미국 유학 후 1987년(당시 31세)부터 甲의 부친이 출연하고 甲의 백부(伯父)가 설립한 A학교법인의 사무국장 및 학원 산하 대학의 교수로 재직하였다. 甲은 1993년(당시 37세) 甲의 자형(姉兄)이 설립한 주식회사 에이스테크놀로지의 미국지사 주재원으로 파견 근무를 하였고, 2002년(당시 46세)에 미국 시민권을 취득하였다. 甲은 2006년(당시 50세) 귀국하여 A학교법인의 사무국장으로 다시 근무하였고, A학교법인 이사장 및 B 재단법인의 이사로 재직 중이다. 甲의 부인과 아들 역시 귀국하여 대한민국에 체류하고 있다.

원고 甲은 1980년(당시 24세) 서울동부지방법원에서 업무상과실치상죄로 벌금 10만원, 2011년(당시 55세) 대전지방법원에서 상해죄로 벌금 150만원의 약식명령을 받았다. 원고는 2010년(당시 54세) 대전지방검찰청에 자형(姉兄) 등의 횡령을 이유로 고소장을 제출하였고, 같은 해 인천지방검찰청에 그와 유사한 이유로 고소장을 제출하였으나 무고죄로 공소제기

---

* 법학박사, 한국법제연구원 연구위원

되었고, 2013년 대전지방법원에서 무죄를 선고받았으나 2014년 항소심에서 유죄가 인정되어 징역 1년, 집행유예 2년을 선고받았으며, 2015년 2월 상고심에서 원심 판결이 확정되었다. 또한 甲은 위증죄로 공소제기되어 2015년 대전지방법원에서 무죄를 선고받았으나 2016년(당시 60세) 항소심에서 유죄를 인정받아 벌금 200만원을 선고받았고, 같은 해 상고심에서 원심 판결이 확정되었다.

법무부장관의 국적회복불허가처분 시점인 2015.7.22 당시의 관련 법령은 다음과 같다.

舊「국적법」제9조(국적회복에 의한 국적 취득) ① 대한민국의 국민이었던 외국인은 법무부장관의 국적회복허가(國籍回復許可)를 받아 대한민국 국적을 취득할 수 있다.

② 법무부장관은 국적회복허가 신청을 받으면 심사한 후 다음 각 호의 어느 하나에 해당하는 자에게는 국적회복을 허가하지 아니한다.

1. 국가나 사회에 위해(危害)를 끼친 사실이 있는 자

2. 품행이 단정하지 못한 자

3. 병역을 기피할 목적으로 대한민국 국적을 상실하였거나 이탈하였던 자

4. 국가안전보장·질서유지 또는 공공복리를 위하여 법무부장관이 국적회복을 허가하는 것이 적당하지 아니하다고 인정하는 자

③ 제1항에 따라 국적회복허가를 받은 자는 법무부장관이 허가를 한 때에 대한민국 국적을 취득한다.

④ 제1항과 제2항에 따른 신청 절차와 심사 등에 관하여 필요한 사항은 대통령령으로 정한다.

⑤ 국적회복허가에 따른 수반(隨伴) 취득에 관하여는 제8조를 준용(準用)한다.

舊「국적법 시행령」제9조(국적회복허가 신청에 대한 심사) ① 법무부장관은 법 제9조제2항에 따라 국적회복허가 신청자에 대한 국적회복 요건을 심사할 때 관계 기관의 장에게 국적회복허가 신청자에 대한 신원조회, 범죄경력조회, 병적조회 또는 체류동향조사를 의뢰하거나 그 밖에 필요한 사항에 관하여 의견을 구할 수 있다.

② 법무부장관은 필요하면 국적회복허가 신청자에 대하여 의견을 진술하게 하거나 보완 자료 제출을 요구할 수 있다.

舊「국적법 시행규칙」제6조(국적회복허가 신청서의 서식 및 첨부서류) ① 영 제8조에 따른

국적회복허가 신청서는 별지 제3호 서식에 따른다.

② 제1항의 국적회복허가 신청서에 첨부하여야 하는 서류는 다음 각 호와 같다.

1. 외국인임을 증명하는 서류

1의2. 가족관계기록사항에 관한 증명서·제적등본 또는 그밖에 본인이 대한민국 국민이었던 사실을 증명하는 서류

2. 국적상실의 원인 및 연월일을 증명하는 서류(외국국적을 취득하였을 때에는 그 국적을 취득한 원인 및 연월일을 증명하는 서류)

3. 수반취득을 신청하는 사람이 있을 때에는 그 관계를 증명하는 서류

4. 신원진술서 2통

5. 「가족관계의 등록 등에 관한 법률」 제95조에 따른 국적회복허가 통보 및 가족관계등록부 작성 등에 필요한 서류로서 법무부장관이 정하는 서류

6. 법 제10조제2항제2호부터 제4호까지의 규정 중 어느 하나에 해당하는 사실을 증명하는 서류로서 법무부장관이 정하는 서류(영 제11조제3항에 따라 외국국적불행사서약을 하려는 사람만 해당한다)

③ 외국에 주소를 두고 있는 사람이 주소지를 관할하는 재외공관의 장에게 국적회복허가 신청서를 제출할 때에는 다음 각 호의 서류를 첨부하여야 한다.

1. 제2항 제1호, 제1호의2, 제2호, 제3호, 제5호 및 제6호의 서류

2. 국내에 주소가 없을 때에는 그 사유서

3. 주소지를 관할하는 재외공관의 영사가 작성하거나 확인한 외국거주사실 증명서

[사건의 경과]

[제1심판결: 서울행정법원 2017. 2. 23. 선고 2016구합72242 판결] 원고 甲은 무고죄 및 위증죄 등으로 형사처벌을 받은 것은 사실이지만, 이는 친족 간에 일어난 분쟁으로 인해 발생한 것임을 주장하였다. 또한 甲은 대한민국에서 교육자로서 공익적 역할을 수행하고 있으므로 처분청의 거부처분은 재량권을 일탈·남용한 위법한 처분이라는 것이 원고 측의 주장이었다.

제1심법원인 서울행정법원은 원고 甲의 형사처벌 전력에 관한 사실인정에 있어 무고죄와 위증죄, 기타 형사처벌 전력을 구분하여 설시하였다. 무고죄의 경우 甲소유의 에이스테크놀로지 주식을 甲의 자형(姉兄)이 임의로 처분하여 합계 약 77억 원을 횡령하였으니 처

벌하여 달라는 내용의 고소장을 제출하였으나 사실 해당 주식은 甲의 자형이 甲에게 명의신탁한 것으로 매도대금을 횡령한 사실이 없었음에도 甲이 무고하였으므로 대전지방검찰청 검사가 공소제기를 한 건이다. 해당 사건에서 제1심법원은 甲의 무죄를 선고하였고, 항소심에서는 유죄를 인정하여 징역 1년 및 집행유예 2년을 선고하였고, 상고심에서는 원심판결이 확정되었다.

위증죄의 경우 甲의 모친과 甲이 알선하여 모친의 집안 대소사를 처리하던 관리인 乙(A학교법인 직원) 간의 부당이득금반환 소송 시 증인으로 출석하여 '명의신탁이 아닌 甲의 모친 소유 농장건물이라고 위증'하였고, 수사기관에서의 진술과 달리 법정에서 모친의 임차보증금반환 및 병원비 지급 관련 정산에 있어 '기억에 반하는 허위 진술을 하여 위증'하였다는 취지로 공소제기되었다. 제1심법원인 대전지방법원은 2015년 5월 12일 甲에게 무죄를 선고하였으나, 2016년 5월 12일 항소법원은 유죄를 인정하여 벌금 200만원을 선고하였고, 2016년 9월 28일 상고심에서 원심판결이 확정되었다.

서울행정법원은 甲이 1980년(당시 24세) 업무상과실치상죄로 벌금 10만 원, 2011년(당시 55세) 상해죄로 벌금 150만 원을 각각 약식명령으로 받았음을 확인하였다. 또한 제1심법원은 甲의 자형(姊兄)의 형사처벌 전력과 甲과 자형 간의 소송 및 그 경과를 확인하였다. 그와 함께 甲이 출국명령 이후 미국에서 체류 중이고, 갑의 부인과 아들이 미국생활을 청산하고 한국에서 체류 중인 상황 등 가족관계 및 체류관계 역시 확인하였다.

제1심법원은 원고 甲이 국적법 제9조 제2항 제2호에서 정하는 '품행이 단정하지 못한 자'에 해당한다고 볼 수 없으므로 이 사건 처분을 취소한다고 판시하였다. 우선 이 사건에 적용되는 규정의 해석에 있어 제1심 재판부는 국적법의 문언과 체계를 종합적으로 고려할 때 법무부장관의 국적회복허가는 처분의 대상자가 과거 대한민국의 국민이었음을 고려하여 일반적인 귀화허가에 비해 허가의 실체적 요건을 완화하고 있음을 지적하고, 예외적으로 국가 내지 사회의 통합과 질서를 저해할 위험이 있는 사람의 경우 우리나라 공동체의 구성원에서 배제할 필요성이 있기 때문에 그러한 사람에 한하여 국적회복허가를 불허하는 소극요건을 규정하고 있다고 보았다. 따라서 국적회복허가를 할 것인지는 정책적인 판단의 영역에 속하고 처분청에 넓은 재량이 인정된다고 하더라도, 재량을 자의적으로 행사하는 것을 용인하는 취지는 아니며, 재량의 범위는 일반적인 귀화허가에 비해 상대적으로 좁아서 처분청은 합리적으로 재량행사를 하여야 한다고 보았다. 따라서 국적법 제9조 제2항 제2호가 정하는 '품행이 단정하지 못한 자'란 단순히 범법행위를 한 사람을 의미하는 것이 아닌 그 내용과 경위는 물론 국적회복 신청자의 연령, 직업, 경력, 전과 등 여러 사정을 종합적으로 고려하여야 한다고 설시하였다. 그에 따라 재판부는 원고 甲이 ①A학교법인의 이사장 등으로 재직하고 있는 점, ②甲의 무고죄 및 위증죄에 관하여 각각 제1심과 항소심의 판단이 엇갈렸던 점, ③甲의 무고죄 및 위증죄는 자형(姊兄)과 모친 등 가족 내부의 재산문제 다툼으로 발생하였던 점, ④甲의 나머지 형사처벌 전력은 약 36년 전의 업무상과실치상죄로 벌금형 10만 원 및 약 5년 전의 상해죄로 인한 벌금 150만 원 등을 받은 것이 전부여서 해당 형사처벌 전력만으로 甲이 사회의 통합과 질서를 저해하여 국가구성원에서 배제하여야 한다고 보기 어려운 점, ⑤甲은 대한민국 국민으로서 국방의 의무를 마쳤을 뿐만 아니라 귀국 후에 학교법인 및 재단법인의 이사장 혹은 이사로 재직하면서 대한민국의 교육 발전에 상당한 정도로 이바지하였다고 보이는 점을 들어 甲의 위와 같은 형사처벌 전력만으로는 그를 우리나라의 구성원으로 받아들이지 못할 만큼 '품행이 단정하지 못한 자'에 해당한다고 볼 수 없어 처분청의 국적회복불허 처분을 취소하였다.

[원심판결: 서울고법 2017. 8. 17. 선고 2017누39664 판결] 항소심 재판부는 제1심재판부가 판시한 관계 법령의 의미와 사실인정 부분을 거의 그대로 인용하였다. 그러나 해당 사건의 판단에 있어서는 결론을 달리하였다. 그에 따라 원심은 처분청이 국적회복불허 처분을 함에 있어 재량권을 일탈·남용한 위법이 없다고 보았다. 항소심에서 재판부가 그러한 판단에 이르게 된 논거는 다음과 같다.
 1) 甲은 수사기관에 甲의 자형(姊兄) 등을 고소하였는데, 이에 대해 무고죄로 유죄를 선고한 판결에 따르면 에이스테크놀로지 주식의 매입 경위, 주식의 처분과 관련된 甲의 태도 등 객관적 사실관계는 甲의 자형이 甲에게 해당주식을 명의신탁한 것으로 단순히 법률적 해석의 차이에서 비롯된 것으로 보기 어렵다. 따라서 甲의 무고죄 부분은 그 죄질이 좋지 않다.
 2) A학교법인 직원으로서 집안의 관리인 역할을 해온 사람이 甲의 모친에게 제기한 부당이득금 반환소송에서 甲이 위증을 하였다는 부분에서 甲은 스스로 관련 부동산이 자신의 소유이고 그 명의만 관리인 앞으로 해놓은 것이라는 취지의 진술을 수사기관 등에서 하였음에도 불구하고 해당 소송에서는 그와 다른 취지로 증언한 것이어서 위증죄의 죄질이 가볍지 않다.
 3) 甲이 위 무고를 통해 얻을 수 있었던 경제적 이익은 약 44억 원에서 68억 원에 이르러 그 규모가 상당하고, A학교법인 직원 내지 관리인이 甲의 어머니를 상대로 부당이득금 반환 소송을 제기한 부분 역시 직원이 모친에게 제기한 개인적인 소송이라기보단 甲과 그에 대립한 가족들 간의 연속된 분쟁 과정에서 갑이 위증을 한 것이어서 무고와 위증의 동기가 좋지 않아 그 죄책을 가벼이 여길 수 없다.

4) 甲은 가족 내부의 재산 문제 등으로 발생한 다툼을 민사소송 등 적법한 절차로 해결하려 하기 보다는 무고나 위증의 부당한 방법을 사용하였고, 그러한 행위는 기본적인 사법제도의 공정성을 해치는 행위이다. 따라서 甲의 무고 및 위증의 죄가 가족 간의 재산분쟁으로 발생하였다고 하여 그것을 달리 평가할 것은 아니다.

5) 甲이 A학교법인 및 대학 연구원의 이사장, 재단법인의 이사로 재직 중이라는 사실만으로 그가 교육자로서 공익적 역할을 수행하여 대한민국에 기여한 바가 크다고 단정하기 어렵다. 오히려 교육자로서의 높은 도덕적 기준과 그 사회적 영향력을 고려하면 갑의 범죄행위는 허용될 수 없는 부정적인 행위로 평가하여야 한다.

6) 甲은 미국 거주 중 미국시민권의 취득으로 국적을 상실한 이후 2006년부터 대한민국에 영구 귀국하여 외국인으로서 특별한 장애 없이 대한민국에 거주하여 왔다. 또한 甲은 귀국 후 국적회복을 위한 어떠한 시도도 하지 않았다. 형사처벌 등을 이유로 강제출국명령을 받았다는 사정 외에는 甲이 귀국 후 약 8년 정도 지난 시점에서야 비로소 대한민국 국적을 회복하여야 할 특별한 사정은 보이지 않는다.

7) 국적회복허가는 고도의 정책적 판단의 영역으로 처분청인 법무부장관에게 광범위한 재량권이 인정된다. 처분청의 재량권 및 국적법의 목적과 취지, 국적회복의 요건을 정하고 있는 개별 규정의 해석 내용을 감안하면, 국적회복허가 신청 당시 국내외로 여러 법적 분쟁에 관련되어 있을 뿐만 아니라 무고와 위증과 같은 공익에 관한 범죄로 형사처벌까지 받은 상태였던 甲이 대한민국 사회의 구성원으로 받아들이기에 지장을 초래할 만한 품성과 행동을 지녔다고 판단한 처분청에 어떠한 잘못이 있다고 보기 어렵다.

위와 같은 7가지의 논거를 들어 원심은 제1심 판결을 취소하고, 원고 甲의 청구를 기각하였다.

[대상판결]

대법원은 원심판결을 파기하고 사건을 다시 심리·판단하도록 원심법원에 환송하였다. 그 구체적인 설시를 요약하면 다음과 같다.

> 1. 국적법 제9조 제1항은 "대한민국 국민이었던 외국인은 법무부장관의 국적회복허가를 받아 대한민국 국적을 취득할 수 있다."라고 규정하고 있고, 같은 조 제2항은 "법무부장관

은 각호의 어느 하나에 해당하는 자에게는 국적회복을 허가하지 아니한다."라고 규정하면서 제2호에서 그중 하나로 "품행이 단정하지 못한 자"를 들고 있다. "품행이 단정하지 못한 자"란 '국적회복 신청자를 다시 대한민국의 구성원으로 받아들이는 데 지장이 없을 정도의 품성과 행실을 갖추지 못한 자'를 의미하고, 이는 국적회복 신청자의 성별, 나이, 가족, 직업, 경력, 범죄전력 등 여러 사정을 종합적으로 고려하여 판단하여야 할 것이다. 특히 범죄전력과 관련하여서는 단순히 범죄를 저지른 사실의 유무뿐만 아니라 범행의 내용, 처벌의 정도, 범죄 당시 및 범죄 후의 사정, 범죄일로부터 처분할 때까지의 기간 등 여러 사정을 종합적으로 고려하여야 한다.

2. 원심의 판단은 다음과 같다. ①국적회복허가는 고도의 정책적 판단의 영역으로 처분청에게 광범위한 재량권이 인정된다. ②원고가 범한 무고 및 위증의 범행은 그 동기와 경위, 교육자라는 지위에 따르는 높은 도덕적 기준과 사회적 영향력 등에 비추어 볼 때 그 죄질이 좋지 않다. ③원고의 국적회복을 허가하지 아니한 이 사건 처분으로 인하여 원고에게 어떠한 불이익이 있다고 해도 그 불이익의 정도가 이 사건 처분을 통하여 보호되어야 할 공익보다 크다고 보기 어렵다. 이를 종합하여 볼 때 원고가 '품행이 단정하지 못한 자'에 해당한다는 이유로 국적회복을 허가하지 아니한 이 사건 처분은 적법하다.

3. 원심의 위와 같은 판단은 다음의 이유로 수긍하기 어렵다. ❶품행이 단정하지 못한지는 행정청에 재량이 인정되는 영역이라고 볼 수 없다. ❷원고가 저지른 범죄는 그 성격상 사회 공동체 구성원 일반에 대하여 미치는 영향은 상대적으로 적다고 볼 수 있다. ❸원고가 위와 같은 범행으로 처벌받은 전력이 있다는 사정만으로 다시 대한민국의 구성원으로 받아들여질 수 없을 정도로 품성과 행실이 단정하지 못하다고 할 수는 없다. 따라서 이 사건 처분은 그 처분요건을 갖추지 못한 것으로 위법하다.

[판결의 평석]

Ⅰ. 사안의 쟁점

우리나라 헌법 제2조 제1항은 "대한민국의 국민이 되는 요건은 법률로 정한다."라고 규정하고 있다. 이를 달리 말하면, 대한민국 국적을 취득하거나 회복하는 자격요건은 동료 국민이자 국민에 의해 선거를 통하여 선출되어 국민으로부터 직접 민주적 정당성을 부여받은 의회가 정하여야 한다는 것이다. 그러한 헌법의 명령에 의거하여 우리나라 국적법은 국적의 취득과 회복, 상실과 이탈의 요건 및 효과, 그 절차에 관하여 정하고 있다.

국적회복의 요건을 정하는 것뿐만 아닌 거의 대부분의 영역에서 법률로 정하는 규정이 그러하듯이 국적회복의 요건을 정하는 이른바 '법률요건' 역시 일반적이고 추상적인 방법으로 기술하고 있다. 일반·추상적인 법률의 명령에 따라 권한을 위임받은 행정청(법무부장관)은 상대적으로 보다 개별적이고 구체적인 규칙을 정하고, 국적회복을 신청하는 신청인의 자격요건을 심사하고 판단하여 국적회복이라는 법률효과를 발생시키거나(허가처분) 발생시키지 않게(불허가처분) 된다. 처분청이 불허가처분을 내리는 경우 처분의 당사자는 처분청의 결정에 불복하여 처분의 위법성을 이유로 처분의 취소를 법원에 구하게 되는데, 이 경우 사법부는 당해 처분이 이른바 '국가주권의 발현' 혹은 '처분청에 광범위한 재량이 부여되는 영역'이라는 등의 이유로 사법심사를 가능한 자제하고 소관 행정청의 결정을 최대한 존중해야 하는가? 이 문제가 이 사건과 관련한 가장 근본적인 질문이라 생각된다.

다음으로 이 사건에 대하여 상고심이 설시하는 바와 같이 어떤 사람이 "품행이 단정하지 못한 자"에 해당하는가에 대한 판단은 재량의 영역이 아니고, 예외적으로 '판단여지'라는 것을 인정할 수 있는 부분으로 양자를 구분해야 하는가의 문제이다. 이는 요건재량과 효과재량에 대한 행정법학, 특히 독일행정법학의 오랜 논쟁이기도 하다. 필연적으로 그것은 이른바 전면적 사법심사 혹은 제한적 사법심사와 맞닿아있기도 하다.

끝으로 우리에게 익숙한 개념인 '요건 부분의 불확정 법개념' 혹은 우리에게 그리 친숙하지 않은 표현인 '원칙 중심의 규정'을 어떻게 해석하고 판단할 것인가의 문제이다. 우리나라 국적법은 국적을 회복하는 경우에도, 새로이 국적을 취득하는 이른바 일반귀화의 경우에도 법규정은 동일하게 '품행이 단정하지 목한 자'를 배제하고 있다. 그러나 법을 집행하는 행정부도 법을 최종적으로 해석하는 사법부도 동일한 문언을 다른 기준으로 해석한다. '품행이 단정하지 못한 자'를 배제하는 소극요건은 국적법뿐만 아닌 출입국관리법에서 체류자격을 부여하는 경우에도 마찬가지이다. 불확정 법 개념(unbestimmter Rechtsbegriff)이라는 고전적인 개념과 달리 규범을 규칙(Rule)의 속성을 지닌 것과 원칙(Principle)의 성격을 가지는 것으로 구별하는 이른바 新원리이론(neu Prinzipientheorie)에 입각하면,[1] 우리나라의 의회는 국적을 회복하거나 취득하는, 혹은 출입국관리법상 영주권을 취득하는 기본적인 원칙을 정하였고, 그 소극요건으로 '품행이 단정하지 못한 자'를 배제하는 원칙을 정하였다고 볼 수 있다. 어찌 보면 당연하다고도 볼 수 있는 '품행이 단정한 자만이 영주권을 취득하거나 국적을 회복 및 취득할 수 있다'는 원칙을 해석하고 적용하는 것은 일견 분명

---

1) Jeong Hoon Park, *Rechtsfindung im Verwaltungsrecht: Grundlegung einer Prizipientheorie des Verwaltungsrechts als Methode der Verwaltungsrechtsdogmatik*, Schriften zum Öffentlichen Recht Band 805, Duncker & Humblot: Berlin, 1996, S. 245ff.

하고 간단해 보이는 원칙의 표현 내지 문언과 달리 그 구체적 판단에 있어서는 모호하고 어려워 보인다.

이에 대상판결을 중심으로 위 세 가지 논점을 중심으로 논의해 보고자 한다.

Ⅱ. 판례의 이해

대상판결은 법무부장관의 국적회복 불허가 처분이 제1심법원인 서울행정법원에서 취소되었고, 항소심인 서울고등법원에서 제1심판결이 취소되었으며, 상고심에서 다시 원심판결을 파기환송한 사건에 관한 내용이다. 의회가 제정한 법률을 우선적으로 집행하는 행정청은, 그러나 법집행의 전제는 해당 법률의 해석과 적용이라는 측면에서 제1법관이라고 할 수 있는 처분청은,[2] 국적회복의 소극요건인 국적법 제9조 제2항 제2호의 '품행이 단정하지 못한 자'에 甲이 해당한다고 보아 甲의 국적회복허가 신청을 불허하였다. 그러나 제1심법원은 사실관계를 확인하고 적용법규의 의미를 해석하여 설시하며 처분청인 법무부장관, 다시 말해 제1법관과 판단을 달리하여 甲이 '품행이 단정하지 못한 자'에 해당하지 않는다고 보아 당해 사건의 처분에는 재량권의 일탈·남용이 있다고 보았다. 그와 달리 항소심은 처분청인 법무부장관에게는 국적의 회복 및 취득에 관한 광범위한 재량이 부여되었으므로 甲을 '품행이 단정하지 못한 자'라고 본 처분청의 판단에서 위법을 발견하지 못하였다고 판시하였다. 이와 또 다르게 상고심은 요건에 해당하는지 여부를 판단하는 것은 행정청에 재량이 인정되는 영역이 아니라고 설시하며 처분청이 甲을 우리사회의 구성원이 될 수 없을 만큼 '품행이 단정하지 못한 자'로 보아 국적회복 불허가 처분을 한 것은 그 처분요건을 갖추지 못하였으므로 위법하다고 판단하였다. 이처럼 국가기관인 행정청이 내린 판단과 결정을 국가의 또 다른 가지(Branch)인 사법부가 '다시 심사(Review)'한다는 측면에서 제2법관이라고 할 수 있는 사법부 내에서도 '품행이 단정하지 못한 자'라는 불확정 법 개념으로 구성된 요건에 해당하는지에 대한 판단은 엇갈렸다. 이에 우선적으로 각 심급별 판단을 비교·분석해 보고자 한다.

---

2) 박정훈, "행정법과 법철학 ─ 현대 행정법에 있어 순수법학의 의의", 『행정법의 체계와 방법론』, 2005.

1. 각급 판결의 비교·분석

제1심법원인 서울행정법원의 사실인정에 대하여 상급법원은 이를 모두 인용하였다. 그러나 삼단논법의 대전제가 되는 근거법령의 해석에 있어서는 심급별로 약간의 차이를 보였다. 우선 국적법 제9조 제1항이 '대한민국의 국민이었던 외국인은 법무부장관의 국적회복허가를 받아 대한민국 국적을 취득할 수 있다'라고 규정하고, 같은 조 제2항에서 '다음 각 호의 어느 하나에 해당하는 자에게는 국적회복을 허가하지 아니한다'고 정하며, 같은 조항 제2호에서 '품행이 단정하지 못한 자'를 규정하고 있다. 제1심 재판부는 해당 규정의 입법 취지와 문언의 내용, 국적법의 전체 체계를 종합하여 국적회복허가는 대상자가 과거에 대한민국 국민이었던 점을 고려하여 귀화허가에 비하여 그 실체적 요건을 완화하고 있고, 예외적으로 사회통합과 질서를 해칠 우려가 있는 사람의 경우 국적회복허가를 배제하도록 소극적으로 정하고 있으며, 국적회복허가가 정책적 판단의 영역에 속하는 사항으로 허가권자에게 넓은 재량이 인정된다 하더라도 개별 규정 등을 고려하여 합리적으로 재량권을 행사하여야 할 뿐만 아니라 재량권의 범위 역시 상대적으로 좁은 한계를 지닌다고 보았다. 그러나 항소심 재판부는 관계 법령의 해석에 있어 '재량권의 범위가 일반귀화에 비해 상대적으로 좁다'는 표현은 사용하지 않았고, 광범위한 재량권의 부여가 재량의 자의적 행사를 의미하는 것은 아니며, 국적회복 요건을 정하고 있는 개별 규정의 입법 취지와 문언의 내용 등을 고려하여 합리적으로 재량권을 행사하여야 한다고 보았다. 그에 반해 상고심에서 대법원은 '품행이 단정하지 못한 자'에 대한 판단은 행정청에 재량이 인정되는 영역이라고 볼 수 없다고 판시하였다.

이처럼 제1심 재판부는 국적회복허가의 경우 일반귀화에 비해 실체적 요건이 완화되어 있고, 재량권의 범위 역시 상대적으로 좁다고 본 것이다. 반면 항소심 재판부는 실체적 요건이 완화되어 있다는 인식은 동일하지만 재량의 범위가 상대적으로 좁다고 보기보단 재량권을 합리적으로 행사하여야 한다고 보았다. 제1심 및 항소심 재판부의 인식과는 조금 더 구별되게 상고심 재판부는 소극요건인 '품행이 단정하지 못한지'에 대한 판단은 행정청에 재량이 인정되는 영역이 아니라고 보았다. 이는 일견 재량과 판단여지를 구분하는 입장과 같은 맥락으로 이해할 수 있다.

다음으로 구체적인 판단에 있어 제1심과 항소심, 상고심은 각각 다소간의 차이를 보이며 그 결론을 달리하고 있다. 원고 甲은 처분청의 거부처분 시(2015. 7.) 거의 60세가 다된 나이였고, 2006년부터 10년 가까이 배우자 및 아들도 대한민국에 체류하고 있었으며, 현재 학교법인 및 재단법인 등의 이사장 및 이사로 재직하고 있다는 부분과 원고 甲이 무고죄 및 위증죄로 처벌받은 사실은 인정되나 이는 친인척 간의 분쟁에서 비롯된 것이고, 나머지 범죄전력은 업무상과실치상죄로 벌금 10만 원(1980. 9.) 및 상해죄로 벌금 150 만원(2011. 11) 약식명령을 받은 것이 전부인 점을 고려할 때 원고 甲이 위와 같은 범행으로 처벌받은 전력이 있다는 사정만으로 다시 대한민국 구성원이 될 수 없을 만큼 품행이 단정하지 못한 자에 해당하진 않는다는 것이 대법원의 판단이다. 그에 반해 항소심 재판부는 원고 甲이 가족 간의 사적인 분쟁에 무고 및 위증과 같은 부당한 방법을 동원하여 사법제도의 공정성을 해치는 행위로 보았고, 교육자로서 공익적 역할을 수행하여 대한민국에 기여했다고 단정하기 어려울 뿐만 아니라 오히려 교육자로서 요구되는 높은 도덕적 기준과 사회적 영향력을 고려할 때 허용될 수 없는 부정적인 행위로 평가하였으며, 2006년부터 영구 귀국하여 특별한 장애 없이 대한민국에서 생활을 유지한 반면 그 기간 동안 국적회복을 위한 어떤 시도도 한 바가 없다는 점에서 원고 甲이 지금에서야 국적을 회복하여야 할 특별한 사정은 보이지 않는다고 보았다. 그에 입각하여 원심판결은 원고 甲의 개인적인 불이익이 당해 처분을 통하여 보호되어야 할 공익보다 크다고 볼 수도 없어 처분권자인 법무부장관이 甲을 우리 사회의 구성원으로 받아들이기에 지장을 초래할 만한 품성과 행동을 지녔다고 판단한 것은 위법하지 않다고 본 것이다.

이와 같은 판단 및 결과의 차이는 가치판단과 이익형량의 차이로 설명할 수 있다.[3] 원심과 상고심 모두 제반 사정을 종합(Totality of Circumstances)하여 고려하는 것은 동일하나 전체를 구성하는 각각의 요소에 대한 가치판단과 이익형량이 다르므로 법무부장관의 원처분에 대한 판단과 결론이 달라진 것이다. 원고 甲의 무고죄와 위증죄에 대하여 원심은 비록 가족 간의 분쟁에서 비롯된 형사처벌이라고 하지만, 민사적 분쟁에서 무고와 위증과 같은 부당한 방법을 동원한 것은 사회공동체의 구성원으로서 반드시 지켜야 하는 사법제도의 공정성을 해하는 행위이므로 허용할 수 없는 부정적인 것으로 판단하였다. 반면, 상고심은 "원고가 저지른 범죄는 그 성격상 사회 공동체 구성원 일반에 대하여 미치는 영향은 상대적으로 적다"고 보아 "다시 대한민국의 구성원으로 받아들여질 수 없을 정도로 품성과 행실이 단정하지 못하다고 할 수 없다."고 판시하였다. 이는 甲의 동일한 행위 및 그에 대한 법원의 약식명령 등에 대하여 가치판단이 다른 것이다.

또한 이익의 형량에 있어서도 원심과 상고심은 그 결정을 달리한다. 원심은 "원고가 대한민국 국적을 회복하지 못함으로써 직접적인 불이익을 입게 되었다거나 원고가 현재 직면한 거주상의 문제 등이 국적회복을 통하여서만 해결된다고 단정할 수 없을 뿐만 아니라,

---

3) 박정훈, "행정법에 있어서의 이론과 실제", 『행정법의 체계와 방법론』, 2005.

설령 원고에게 이 사건 처분으로 인한 개인적인 불이익이 있다고 하더라도 그러한 개인적인 불이익이 위 처분을 통해 보호되어야 할 공익보다 크다고 볼 수도 없다."고 설시하였다. 이는 '원고 갑에게는 국적을 회복할 권리가 부여되지 않았고, 국적회복 이외에도 동포 (F-4) 혹은 영주(F-5) 체류자격으로 무리 없이 대한민국에서 체류할 수 있으며, 그러한 갑의 사익이 공익보다 크지 않다'는 것으로 이해할 수 있다. 그에 반해 대법원은 원고 甲이 저지른 범죄행위는 그 성격상 사회 일반에 미치는 영향이 상대적으로 적고, 갑을 다시 대한민국 구성원으로 받아들이지 못할 만큼 품행이 단정하지 못하여 甲에 대한 국적회복허가가 공익에 반한다고 보긴 어렵다고 판시하였다.

2. 종합적 이해

위에서 언급한 바와 같이 이 사건은 행정청의 처분, 제1심판결, 원심판결, 상고심판결이 순차적으로 달랐다. 차이의 내용을 보면 규범에 대한 인식, 가치에 대한 판단, 이익의 형량이 약간씩 달랐음을 알 수 있었다. 대상판결인 대법원 판결을 통해 엿볼 수 있는 판단의 기준 혹은 일종의 도그마틱(Dogmatik)[4]은 '품행이 단정한 자에게만 자격을 부여한다.'라는 개별 규정이 영주자격부여, 국적부여, 국적회복 모두 동일하다고 할지라도 그에 대한 해석을 통하여 각각의 유형(Category)별로 그 기준을 달리 하며, 한 때 대한민국 국민이었던 자에 대한 국적회복은 가장 완화된 기준을 적용한다는 것이다.

그러한 법도그마틱(Rechtsdogmatik)이 정립되지 않는다면 법을 집행하는 행정청(제1법관)도, 법을 최종적으로 해석하는 각급 법원(제2법관)도 매번 가치판단과 이익형량을 처음부터 다시 해야 하는 부담을 안게 될 뿐만 아니라, 행정부에는 처분의 신청을 하고, 사법부에는 재판청구를 하는 일반 私人 입장에서도 법적 불명확성은 커질 것이다. 그러나 법도그마틱을 정립하는 것은 비단 그러한 개념에 익숙한 대륙법계 법률가에게만 요구되는 것은 아닐

---

4) "'Rechtsdogmatik'은 우리나라에서 일반적으로 '법해석학' 또는 '법교의학'이라고 번역되고 있다. 이 용어는 독일에서 '구체적 사안 또는 사안유형에 타당한 법명제(Rechtssatz)를 정립하고 근거부여하는 활동, 또는 그 활동의 결과로서 수립된 이론체계'라는 의미로 사용된다. 법명제의 정립 및 근거부여를 위한 일차적 수단은 실정법의 해석이긴 하지만 적지 않은 경우에 이익형량·가치판단이 요청되기 때문에 '법해석학'이라는 표현은 너무 좁은 의미를 갖는다. 또한 Dogmatik이 神學의 敎義(Dogma)에서 파생된 용어이지만, '法敎義學'이라고 하면 너무 종교적인 뉘앙스가 있을 뿐만 아니라 '비판을 허용하지 않는 신념체계'라는 부정적 의미도 내포하게 된다. 법도그마틱을 '협의의 법학'이라고 하여, 법에 대한 철학적·역사적·사회적 연구를 포함하는 '광의의 법학' 또는 '法科學'(Rechtswissenschaft)과 대비시키는 것이 보다 올바른 번역일지도 모른다. 적절한 번역어를 찾을 때까지 잠정적으로 외래어를 그대로 사용하여 '법도그마틱'이라고 부르기로 한다." 박정훈, 앞의 책, 3면.

것이다. 개별사안 해결 지향적(Kasuistik)이라고 인식되는 영국법, 미국법 체계에서에서도 제레미 벤담(Jeremy Bentham), 휴고 블랙(Hugo Black) 혹은 안토닌 스칼리아(Antonin Scalia) 판사와 같이 법적 판단에 있어 일반적인 기준의 정립을 중시하는 입장이 존재한다.5) 또한 영미의 법률가 역시 개별 사안의 해결만이 법의 근간을 이룬다고 보지 않는다.6)

Ⅲ. 법리의 검토

우리가 채택하고 있는 법의 체제는 로마법 이래로 권리와 의무의 이진법 구조이고, 요건－효과의 프로그램이다. 모든 법의 형태 혹은 법률관계를 두 가지의 체계로 설명할 순 없겠으나 양자(兩者)가 우리의 법을 형성하는 기본적인 구성요소임을 부정하긴 어려울 것이다. 헤겔이 로마법에 대해 언급하며 "『로마법大典』은 추상적 법의 실현 이외에 아무것도 아니었으며 그곳으로 지향하였고 이것이 그 내재적 목적이었다고 주장"한 것을 고려하면,7) 동서고금 혹은 민사법 내지 공법 영역을 불문하고 일반·추상적인 법의 활용은 동일하다고 볼 수 있다. 추상적인 법 개념을 해석하고 적용하여 판단하는 것은 '원래 법이 그러한 것'이라는 말이다. 그런데 근대의 사상이 태동하고 권력분립이 이루어져 행정에 대한 재판통제가 시작되면서부터는 '원래 그러했던 법'에 대한 다양한 스펙트럼의 입장이 생겨났다. 입법부라는 국가권력이 제정한 법을 행정부라는 국가기관이 해석하여 적용한 뒤 결정한 것을 사법이라는 또 다른 국가권력이 이를 심사하고 판단하여 취소·변경하거나 이행을 강제하는 등의 작용이 생겨난 뒤로부터는, 기존의 민사소송 혹은 형사소송과 달리 사법심사를 자제하거나 행정부가 먼저 내린 판단과 결정을 최대한 존중하는 등의 문제가 발생한 것이다. 일반·추상적인 법의 모습은 과거와 동일하지만 행정에 대한 재판통제가 시작되면서부터는 재량, 불확정 법 개념, 판단여지, 규율밀도, 심사강도 등의 문제가 대두된 것이다. 특히 20세기에 접어들면서 행정부의 역할과 기능이 더욱 방대해지고, 그 전문성에 대한 요청이 더욱 커지면서 이른바 행정재량에 대한 재판통제는 더 난해해지고 두드러졌다. 이에 독일, 프랑스, 미국, 영국과 같은 행정재판의 선진국들은 이른바 행정재량의 사법통제에 관한 나름의 개념과 논리를 발전시키며 적절한 사법통제를 추구하였고, 우리나라 역시 주요국(특히 독일)의 논의를 참고하여 행정에 대한 사법통제에 활용하였다.

---

5) Cass R. Suntein, "Problems with Rules", 83 *California Law Review* 952 (1995), pp. 956-957.
6) Ibid.
7) 최병조, "헤겔의 법철학과 로마법", 『로마법(Ⅰ) － 법학의 원류를 찾아서』, 1995, 593-594면.

1. 국가주권 혹은 재량 행사에 대한 사법심사

우리나라 「행정절차법」 제3조(적용범위) 제2항 제9호에서는 '외국인의 출입국·난민인정·귀화'에 관한 사항에는 행정절차법을 적용하지 않는 것으로 규정하고 있다. 이는 행정에 대한 자기통제이자 사전적 통제기제인 절차적 통제를 의회가 강제함에 있어 다른 행정 분야와 달리 해당 영역의 특수성을 인정하여 의회가 한 발짝 물러난 것이다. 그러나 헌법상 원리인 적법절차원리가 출입국·귀화 부분에도 적용됨은 물론이다.[8] 그와 유사하게 행정의 일정한 영역에 대해서는, 특히 의회가 행정의 독자성 혹은 독자적인 판단과 결정을 인정한 영역에 관해서는 사법부도 사법심사를 가능한 자제하고 시간적으로 앞서 수행한 행정청의 판단과 결정을 최대한 존중하기도 한다. 물론 행정법의 일반원칙 혹은 헌법 원리에 비추어 최소한 일정 정도의 개입이 이루어지는 것은 물론이다. 문제는 어떤 분야에서 그러한 영역을 인정할 것인가, 인정한다면 어느 정도로 사법심사를 자제하여 행정의 판단 및 결정을 존중할 것인가의 이슈로 귀결된다.

외국인의 출입국 및 체류관리, 영주와 국적의 허가는 우리나라는 물론 서양 제국에서도 오랫동안 국가 주권의 발현으로 생각되었다. 국가의 안보, 국민의 안전을 위해 외국인의 인권이나 권리보다는 국익이 우선적으로 고려되었고, 상대적으로 외국인의 권익은 경시되었다. 그러한 공익과 사익의 접점은 시대에 따라 전진하거나 후퇴하기도 하였다. 더욱이 외국인은 헌법상 기본권의 주체도 아닐 뿐더러 외국인이 자국 내에 입국하거나 체류할, 혹은 국적을 취득·회복할 권리가 인정되지 않는 것 역시 국가와 외국인의 체류 및 국적 관련 법률관계에서 소관 행정청의 이른바 국가주권 내지 재량행사의 영역으로 인정되어 왔다. 그러나 이에 대한 국내외의 비판론 역시 만만치 않다. 국가주권이란 국가 간의 관계 혹은 국가와 외국인의 관계에서 발현되는 것이지 국가 내부에서 입법, 행정, 사법 간 권한의 문제와는 별개의 논의라는 것이다.[9]

더욱이 행정소송을 개인의 권리구제에 초점이 맞추어진 주관소송으로 바라본다면 기본권 및 청구권의 주체로 인정되지 않는 외국인에 대한 기존의 논의 쪽으로 무게추가 기울겠으나 행정소송을 행정의 적법성 통제로 바라보는 객관소송의 관점에서 보면 국가주권의 발현이라는 기존의 관점에 대한 비판론은 더욱 힘을 얻는다.[10] 국가의 외부로 주권

---

8) 최계영, "출입국관리행정, 주권 그리고 법치 - 미국의 전권 법리의 소개와 함께", 『행정법연구』 제48호, 2017.
9) 최계영, 앞의 글.
10) 박정훈, "인류의 보편적 지혜로서의 행정소송", 『행정소송의 구조와 기능』, 2007.

(Sovereignty)을 말하는 것과 달리 국가 내부의 기관 간에 주권을 이유로 제시하는 것은 허구일 수 있다는 말이다. 따라서 해당 문제는 결국 행정재량에 대한 입법통제와 사법통제의 사안으로 돌아간다.

대상판결이 언급하는 바와 같이 이 사건은 한 때 대한민국의 구성원이었던 외국인 남성의 국적을 회복하는 개인의 私益과 '품행이 단정하지 못한 자'는 국가의 구성원으로 받아들이지 않아야 한다는 公益의 형량 문제가 핵심이다. 이 판단을 국민이 직접 선출하여 민주적 정당성을 부여한 대통령, 대통령이 직접 임명하여 민주적 정당성이 연결된 소관 행정청만 해야 하고,11) 이른바 선출되지 않은 권력인 사법부는 그 판단을 하면 안 되는가의 물음에는, 국민이 직접 선출하는 사법부만 민주적 정당성을 인정할 수 있다고 보는 것이 아니라면,12) 최소한 규범적으로는 그렇지 않다고 대답해야 할 것이다. 오히려 사익과 공익을 판단하고 형량하는 일이 사법부 본연의 임무이자 기능인데 재량이라는 이유로 사법심사를 배제한다면 이는 과거 권위주의적 행정법의 관점을 답습하는 것이 아닐까 생각된다.13) 따라서 행정재량에 대한 재판통제는 오히려 현실적으로 사법부가 행정재량의 심사와 판단을 제대로 할 수 있는가하는 사실의 문제가 더 본질적이지 않을까 여겨진다.

2. 재량과 판단여지의 구분

부모가 자녀에게 '마음이 따뜻한 사람이면 결혼할 수 있다'라는 규칙을 정해주고 이를 지키도록 하면 자식은 그 규칙을 스스로 판단하여 결정하게 된다. 이 때 자녀가 느끼는 자유로운 책임은 '마음이 따뜻한 사람'인지 판단하는 것(재량 내지 판단여지)과 해당 요건에 부합하다고 판단한 a, b, c의 상대방 중 누구를 선택할 것(선택재량)인지, 요건에 부합하는 사람과 결혼을 할 것인지 말 것인지 여부(결정재량) 크게 이 세 가지로 요약할 수 있을 것이다. 만약 조부모가 손주의 결정을 심사하여 가부를 결정해야 한다면, 조부모가 느끼는 부담감은 '나의 결정이 손주의 결정을 대체(代替)하는 것이 과연 적절한지', '어떤 방법으로 앞선 결정을 판단할 것인지', '어떤 강도로 이미 내린 결정을 심사할 것인지' 정도로 축약할 수 있을 것이다.

---

11) 행정의 민주적 정당성에 관한 논의는 서승환, 『합의제 독립규제기관의 민주적 정당성에 관한 연구 – 금융규제기관을 중심으로』, 서울대학교 법학박사 학위논문, 2014, 제2장 참조.

12) 사법의 민주적 정당성에 관한 논의는 Ernst-Wolfgang Böckenförde, Demokratie als Verfassungsprinzip, in: Isensee, Josef/Kirchhof, Paul (Hrsg.), *Handbuch des Staatsrechts Band* Ⅱ, *3. Aufl.*, München, 2004 참조.

13) 백윤기, "재량행위에 대한 통제", 『행정작용법(중범김동희교수정년기념논문집)』, 2005.

행정재량과 그에 대한 사법심사에 관한 서구 제국(독일, 프랑스, 영국, 미국)의 지난 100여 년간의 논쟁을 (경쾌해 보이지만 그리 가볍지만은 않은) 위의 비유로 설명하는 것은 무리일 것이다. 그러나 최소한 규칙만을 정하는 자와 그 규칙을 해석·적용하여 집행하는 자, 그리고 앞선 판단과 결정을 심사하는 자의 입장을 이해하는 데에는 도움이 될 수 있으리라 생각된다. 그간 외국의 이론과 판례를 참고로 하여 우리나라의 담론과 판례를 만들어온 입장에서 비유일지언정 오히려 우리 실생활의 이야기를 우리의 생각과 말로 풀어내어 생각을 환기해보는 것도 의미가 있으리라 생각된다.

우리나라의 판례는, 물론 판례에 대한 해석은 다를 수 있겠지만, 대체로 재량과 판단여지를 구분하지 않고 재량으로 표현하고 있다. 미국(discretion), 영국(discretionary power), 프랑스(pouvoir discrétionnaire) 역시 우리나라와 유사한데 유독 독일에서만 재량(Ermessen)과 판단여지(Beurteilungsspielraum)를 구분하여 표현하고 있다.[14] 이는 법률요건 부분에서의 규범과 사실에 대한 인식 및 포섭(Subsumption)과 법률효과 부분에서의 선택과 결정의 재량은 다르다는 사유에 근간을 두고 있다. 그러나 독일의 경우 외견적 입헌군주제 하에서 왕(王)의 신하로 구성되는 행정의 영역에서 사법심사를 최대한 배제하고자 하였던 독일행정법의 태동에서 비롯된 것이자, 나치 불법국가를 거치며 행정재량을 최대한 축소하고자 하였던 역사적 산물이며, 인식(Erkenntnis)과 의지(Wille)를 구분하는 독일 근대철학의 내용은 그것을 뒷받침할 수 있는 이론적 설명일 뿐 양자는 구조적으로 동일하다는 비판론(구조적 일원론)도 존재한다.[15] 앞서 든 비유를 다시 가져오면, '마음이 따뜻한 사람'이라는 불확정 법 개념을 해석하고 사실관계를 확정하여 포섭을 하는 것과 a, b, c 중 한 사람을 선택하거나 혹은 가부 자체를 결정하는 것이 과연 본질적으로 다른 것인가 하는 문제이다. 그러나 오히려 문제의 핵심은 앞선 판단과 결정을 다시 심사하여 적절하고 책임 있는 판결을 내려야 하는 조부모의 고충에 있지 않을까 생각된다. 구조적 일원론에 논거를 덧붙인다면, 형이상학(Metaphysics)이 아닌 물리학(Physics)에서조차 근대의 고전물리학과 달리 양자역학과 같은 현대물리학이 우리에게 전해준 통찰은 '관찰자의 의지가 인식의 결과, 즉 실험의 결과에 영향을 줄 수 있다'는 것이다.[16]

---

14) Maurer/Waldhoff, *Allgemeines Verwaltungsrecht, 20. Auflage*, C. H. Beck, 2020, S. 150ff.

15) 박정훈, "불확정개념과 판단여지", 『행정작용법(중범김동희교수정년기념논문집)』, 2005, 266면 이하.

16) Douglas C. Giancoli, 『일반물리학』, 제7판 개정판, 2023.

3. 원칙 중심의 규정

법실무 및 법학의 전통적인 방법론은 삼단논법(三段論法)이다. 가장 우선적으로 대전제(大前提)에 해당하는 적용할 근거규범을 정립하고, 다음으로 소전제(小前提)에 해당하는 사실관계를 확정하며, 대전제에 소전제를 포섭(Subsumption)한다. 끝으로 삼단논법의 결론을 제시하는 것이다. 우리나라의 판례는 물론 영국이나 미국의 판례도 그것을 기술하는 방식은 이른바 'CIRAC'(Conclusion-Issue-Rule-Analysis-Conclusion)의 논리적 흐름인 것을 보면, 대륙법체계나 영미법체계의 문제와는 별개로 삼단논법과 포섭의 방법은 법의 기본적인 방법론임을 알 수 있다. 오랜 동안 대전제인 근거규범을 의회가 정한 성문법을 중심으로 삼아왔는가, 혹은 사법부가 결정한 '커먼 로'(Common Law)를 그 핵심적인 법원(法源, Source of Law, Rechtsquelle)으로 정립하는지가 다르다. 물론 20세기 이후에는 의회와 행정의 역할이 커지면서 미국과 영국의 법률가도 성문법을 해석하여 적용하는 것이 점점 중요해진다는 점에서 대륙법(프랑스법, 독일법)과 영미법(영국법, 미국법)의 차이는 희석되고 있는 것도 사실이다. 그러나 '커먼 로 법률가는 대륙법의 법전을 본다.'라는 프레데릭 헨리 로슨(Frederick Henry Lawson)의 말처럼 보다 근본적으로는 양자 모두 로마법의 공헌에 지대한 영향을 받아 각각의 역사적 바탕 위에서 정립되었다는 것 역시 주지의 사실이다.[17]

현대 사회의 다양한 법 문제에서 가장 직접적이고 강력한 '삼단논법의 대전제'는 실정법, 즉 의회가 정하는 법률이다. 유럽에서 19세기에 나폴레옹 민법전, 독일 민법전을 편찬하고 20세기를 시작하며 독일의 법률가들은 '법률로 모든 사안을 규율할 수 있다'라고 하는 부푼 이상을 가졌다고 알려져 있다. 그러나 그것이 불가능한 허구임을 알아차리는 데에는 그리 오랜 시간이 걸리지 않았다. 이 시기에 독일의 학설·판례에서 등장하는 개념이 불확정 법 개념(unbestimmter Rechtsbegriff), 특히 법률(Gesetz)의 개념임을 표시하기 위한 표현이 불확정 법률 개념(unbestimmter Gesetzesbegriff)이다.[18]

의회가 그의 의사표시인 '법률(Gesetz)'을 정하면서 가급적 다양하고 많은 사안을 포섭(Subsumption)할 수 있는 추상적인 용어를 사용하는 것은 약 100여 년 전 뿐만 아니라 약 2천 년 전에 유스티니아누스(Iustinianus) 대제가 로마법 대전(Corpus Iuris Civils)을 편찬하던 때에도 마찬가지였다. 결정적으로 달라진 점은 삼권이 분립되어 추상적 법률개념을 정하는 자와 이를 해석·적용하여 집행하는 자, 최종적인 해석권을 가지고 분쟁에 대한 판단을 하는 자가 각각 국가의 커다란 권력(Branch)으로 분화되었다는 점이다.[19] 의회가 일반

---

17) 프레데릭 헨리 로슨·양창수/전원열(역), 『대륙법입문』, 1994.
18) 박정훈, 앞의 글, 250면.

·추상적인 법률을 제정하면 행정부는 그것을 구체화하는 행정입법(법규명령과 행정규칙)을 제정하여 법령에 따라 더욱 개별·구체적인 결정(행정행위, 행정계획, 행정계약, 사실행위 등)을 내리며, 사법부는 앞선 결정에 대하여 소송이 제기된 경우 법령을 해석하고 사실관계를 확정하여 개별 사안에 관한 구체적인 결정을 내린다. 이 때 가장 일반적이고 추상적인 형태의 규범은 의회가 정하는 법률이다. 의회가 모든 사안을 규율할 수 없다는 현실적인 이유와 오히려 전문성을 지닌 행정부가 보다 구체적인 규범을 정하는 것이 구체적 타당성을 확보하는데 용이하다는 실질적인 이유, 일정한 범주에 포섭(Subsumption)되는 가장 개별·구체적인 결정은 사법부에서 다시 심리하여 결정하도록 하는 법정책적 이유에 따라 다층적 규범 및 각각 다른 권한을 지닌 국가 기관(입법·사법·행정)의 양태가 나타나는 것이다.[20] 그와 같은 양태를 가장 잘 드러내는 법률 개념 중 하나가 '행정행위(Verwaltungsakt)'이다.

과거에는 행정소송의 대상이 되는 행정작용을 법률에서 일일이 열거하는 이른바 열기주의 방식으로 법률을 기술하였다. 그러나 공법이론, 특히 행정법이론의 오랜 축적과 결단(독일의 경우 독일기본법과 행정소송법 제정)으로 법률에서 행정소송의 대상을 하나하나 구체적으로 정하는 방법이 아닌 소위 포괄주의 방식으로 변경하였다. '행정청이 행하는 구체적 사실에 관한 법집행으로서의 공권력의 행사'라는 불확정 법률 개념에 포섭이 되면 행정소송을 제기할 수 있도록 한 것이다.[21] 행정소송이라는 구조적 특수성에 기인하긴 하지만, 그와 별개로 해당 개념에 포섭되는지 여부에 대한 최종 결정은 사법부가 내리게 되고, 요건 부분의 불확정 법개념에 대한 판단은 결국 사법부가 내리게 된다.

독일이나 프랑스와 같은 대륙법 체계의 국가에서 20세기 초반에 불확정 법 개념(unbestimmter Rechtsbegriff)을 중심으로 논의가 진행되었다면, 미국과 영국에서는 20세기 후반에 소위 '원칙 중심의 규제(Principle-based Regulation)'라는 용어(Terminology)의 논의가 활발하게 제기되었다. 의회에서 법률을 정함에 있어 기본적인 원칙만을 정하고, 행정 역시 의회가 정하는 그 원칙에 따른 상대적으로 구체적인 원칙(Principle)과 규칙(Rule)을 정하며, 개별·구체적인 결정은 최종적으로 사법부가 내리도록 하는 것이다. '원칙 중심의 규정' 방식의 가장 큰 강점이자 약점은 구체적 타당성을 확보하기에 용이하다는 점과 동시에 사법부가 최종적인 해석을 내리기 전까지 법적 불명확성이 계속되어 법적 안정성이 약화

---

19) 기능적 권력분립론에 따르면 현대국가는 삼권분립만이 아닌 더욱 분화된 모습이다.
20) Hans Kelsen, *Reine Rechtslehre mit einem Anhang: Das Problem der Gerechtigkeit*, Verlag Franz Deuticke, Wien, 1960.
21) 서승환 외, 『포괄적 네거티브 규제 전환 사례분석』, 경제·인문사회연구회, 2022.

될 수 있다는 점이다. 그러나 이와 같은 문제 상황 및 구조는 독일의 '불확정 법 개념'(unbestimmter Rechtsbegriff) 논의와 동일하다. 결국 입법과 행정, 사법이 규정하고 집행하며 해석하는 작업이 유기적으로 맞물리며 진행되어야 보다 나은 '규율의 체계'를 갖출 수 있게 된다는 것이다. 일례로, 영국 정부는 '세계 금융 중심지'(The Capital of World Finance)라는 영국의 위상을 유지하고 발전시키기 위하여 입법부, 행정부, 사법부가 나서서 영국 고등법원에 대형금융사건 전담 재판소인 'Financial List'제도를 운영한 바 있다.22)

Ⅳ. 요약과 결론

이상의 설명은 다음과 같은 몇 개의 명제로 정리할 수 있다.

1. 행정재량에 대한 재판통제는 '현실적으로 사법부가 행정재량의 심사와 판단을 제대로 할 수 있는가.'라는 사실의 문제가 더욱 본질적인 내용이라 생각된다.

2. 독일을 제외한 미국, 영국, 프랑스, 그리고 우리나라의 판례는 판단여지(Beurteilungs-spielraum)라는 표현을 쓰지 않고, 재량(Discretion, Discretionary Power, Pouvoir discrétionnaire)이라는 표현을 사용한다.

3. 독일의 불확정 법 개념(Unbestimmter Rechtsbegriff)과 영미의 원칙 중심 규정(Principle-based Regulation)은 문제 상황 및 구조가 동일하다. 용어(Terminology)의 차이에도 불구하고 입법과 행정, 사법이 규정하고 집행하며 해석하는 작업이 유기적으로 맞물리며 진행되어야 보다 나은 '규율의 체계'를 갖출 수 있게 된다는 것이 핵심적인 부분이라 생각된다.

---

22) The Chancellor of the High Court, Sir Terence Etherton, and The Hon. Mr Justice Flaux, Judge in charge of the Commercial Court, *Guide to the Financial List*, 1st October 2015.

생각할 문제

1. 국가주권 혹은 재량 행사에 관하여 사법심사를 가능한 자제하고 행정청의 판단을 가급적 존중해야 하는가.

2. 재량과 판단여지를 구분하고, 법률요건 부분의 해당 여부에 대한 판단은 재량이 아니라 여기며, 제한적 사법심사가 아닌 전면적 사법심사를 해야 하는가.

3. 불확정 법개념(unbestimmter Rechtsbegriff) 혹은 원칙 중심 규정(Principle-based Regulation)을 정할 때 입법부, 행정부, 사법부의 역할은 어떠해야 하는가.

대법원 2021. 7. 29. 선고 2018두55968 판결
유가보조금 반환명령의 법적 성격과 영업자 지위 승계의 범위

박 현 정*

[사실관계]

원고들은 「화물자동차 운수사업법」(이하 '화물자동차법'이라고 한다)[1]에 따른 화물자동차 운송사업자들이다. 원고 주식회사 A(이하 '원고 A'라고 한다)는 기존 화물자동차 운송사업자가 불법증차한 화물자동차들(이하 '이 사건 각 차량'이라고 한다)과 그 영업권을 양수받아 피고(경주시장)에게 화물자동차 운송사업(일부) 양도·양수신고를 하였다. 원고 주식회사 B(이하 '원고 B'라고 한다)는 이후 이 사건 각 차량과 그 영업권을 원고 A로부터 양수하고 피고에게 화물자동차 운송사업(일부) 양도·양수신고를 하였다.[2]

이 사건 각 차량에 관한 위·수탁차주[3]들은 각 양도·양수 무렵 해당 원고와 사이에 이 사건 각 차량에 관한 위·수탁(지입)계약을 체결하면서 해당 차량을 현물출자하고 해당 원고로부터 화물운송사업의 운영관리권을 위탁받은 후, 이 사건 각 차량을 운행하면서 자신의 명의로 유류구매카드를 발급받아 주유에 사용하였다. 피고는 위·수탁차주들의 청구에 따라 이 사건 각 차량에 관한 유가보조금을 카드회사에 지급하였다.

피고는 2017. 3. 30. 이 사건 각 차량이 불법으로 증차된 차량이어서 '거짓이나 부정한

---

* 한양대학교 법학전문대학원 교수

1) 「화물자동차법」, 같은 법 시행령, 같은 법 시행규칙 및 「화물자동차 유가보조금 관리 규정」(국토교통부 고시)은 원고 A가 영업을 양수한 시점부터 처분 시까지 여러 차례 변경되었으나 이 사건에 적용되는 규정의 내용은 큰 틀에서 다르지 않다. 이 점을 고려하여 이하에서는 원칙적으로 현행 규정의 내용을 소개하였고, 내용에 변경이 있는 경우에 한하여 처분 시의 구법 규정을 소개하였다.
2) 대법원 판시에 따르면, '불법증차'란 "증차가 허용되는 특수용도형 화물자동차로 허가받은 차량을 변경허가를 받지 않은 채 대폐차수리통보서 등의 위·변조에 기한 허위 대폐차의 방법으로 증차가 허용되지 않는 일반형 화물자동차나 공급이 제한되는 다른 특수용도형 화물자동차로 변경"하는 것을 말한다.
3) 화물자동차 운송사업자는 화물자동차 운송사업의 효율적인 수행을 위하여 필요하면 다른 사람에게 차량과 그 경영의 일부를 위탁하거나 차량을 현물출자한 사람에게 그 경영의 일부를 위탁할 수 있다(「화물자동차법」 제40조 제1항). 화물자동차법 시행규칙은 경영의 일부를 수탁하여 경영하는 개인을 '위·수탁차주'라고 부르고 있다. 일반적으로는 '위·수탁차주' 중 화물차량을 현물출자하고 경영의 일부를 위탁받아 운영하는 사람을 '지입차주'라고 부른다.

방법'으로 유가보조금이 교부되었음을 이유로 화물자동차법 제43조 제2항,[4] 제44조 제3항[5] 등에 근거하여 원고들에게 아래와 같이 유가보조금 반환처분을 하였다(이하 '이 사건 각 처분'이라고 한다).

원고 A에 대한 처분: 원고 A가 영업을 양수하였다가 다시 양도하기까지 사이에 이 사건 각 차량에 관하여 지급된 유가보조금의 반환을 명함

원고 B에 대한 처분: 원고 B가 영업을 양수한 이후 이 사건 각 차량에 관하여 지급된 유가보조금의 반환을 명함

원고들은 이 사건 각 처분에 불복하여 경상북도 행정심판위원회에 행정심판을 청구하였으나 기각되자, 위 각 처분의 취소를 구하는 이 사건 소를 제기하였다.

[사건의 경과]

원고들은 위·수탁차주들이 유류구매카드를 통하여 유가보조금을 직접 지급받은 이상 자신들은 유가보조금 환수처분 상대방이 될 수 없으며, 이 사건 각 차량이 불법증차된 사실을 알지 못한 원고들이 '거짓이나 부정한 방법으로 보조금을 교부받은 것'으로 볼 수도 없으므로 이 사건 각 처분은 위법하다고 주장하였다. 그러나 제1심 법원은 위 주장을 배척하고 원고들의 청구를 기각하였다.[6] 첫 번째 주장에 대하여, 제1심 법원은 불법증차된 차량에 관하여 운송사업자 등이 유가보조금을 청구하여 지급받았다면 '거짓이나 부정한 방법'으로 유가보조금을 지급받은 경우에 해당한다는 기존의 판례[7]를 토대로, 화물자동차법 제44조 제3항에 따라 환수처분의 상대방이 되는 '거짓이나 부정한 방법으로 보조금을 교부받은 자'에는 '그 정을 알지 못하는 선의의 제3자에게 교부하게 한 자', 즉 운송사업자도 포함된다고 보았다. "차량의 불법증차로 인한 유가보조금의 부정수급은 기본적으로 그 발생

---

4) 「화물자동차법」 제43조(재정지원) ② 특별시장·광역시장·특별자치시장·특별자치도지사·시장 또는 군수는 운송사업자, 운송가맹사업자 및 제40조제1항에 따라 화물자동차 운송사업을 위탁받은 자(이하 이 조, 제44조 및 제44조의2에서 "운송사업자등"이라 한다)에게 유류에 부과되는 다음 각 호의 세액 등의 인상액에 상당하는 금액의 전부 또는 일부를 대통령령으로 정하는 바에 따라 보조할 수 있다.

5) 「화물자동차법」 제44조 ③ 국토교통부장관·특별시장·광역시장·특별자치시장·특별자치도지사·시장 또는 군수는 거짓이나 부정한 방법으로 제43조제1항부터 제3항까지의 규정에 따라 보조금이나 융자금을 교부받은 사업자단체 또는 운송사업자등에게 보조금이나 융자금의 반환을 명하여야 하며, 이에 따르지 아니하면 국세 또는 지방세 체납처분의 예에 따라 회수할 수 있다.

6) 대구지방법원 2017. 12. 6. 선고 2017구합23553 판결.

7) 대법원 2009. 7. 23. 선고 2009두6087 판결.

영역 및 원인이 해당 불법행위를 한 지입회사나 그 지위를 승계한 양수회사에 있"고, 운송사업자에게 "자신이 직접 차량을 불법증차하거나 또는 불법증차된 차량을 양수함으로써 부당한 유가보조금 청구의 외관을 형성한 책임이 있"다는 것이 그 근거가 되었다. 화물자동차법 제44조 제3항에 따라 환수처분의 상대방이 되는 '거짓이나 부정한 방법으로 보조금을 교부받은 자'에는 '그 정을 알지 못하는 선의의 제3자에게 교부하게 한 자', 즉 운송사업자도 포함된다고 보았다. 다음으로 원고들이 불법증차 사실을 알지 못하였음을 인정할 증거가 부족함을 이유로 두 번째 주장도 배척하였다.

원고들은 항소심에서도 동일한 주장을 하였다. 항소법원은 제1심 법원과 같은 취지로 원고들의 첫 번째 주장을 배척하였고, 화물자동차 운송사업자 지위가 승계되면 양수인의 선·악의를 불문하고 양도인에게 발생한 제재사유로 인하여 처분을 받을 지위 또한 양수인에게 승계된다는 이유로 원고들의 두 번째 주장도 배척하였다.[8] 다만, 원심법원은 원고 A가 항소심에서 추가한 주장을 받아들였다. 원고 A는 이 사건 각 차량에 관한 영업자 지위가 원고 B에게 양도됨에 따라 그 제재사유 또한 원고 B에게 승계되었으므로 원고 B만이 유가보조금 환수처분의 상대방이 될 수 있다는 주장을 추가하였는데, 이 주장이 이유 있다고 본 것이다. 원심법원은 원고 B의 항소를 기각하는 한편, 제1심 판결 중 원고 A에 대한 부분을 취소하고, 원고 A에 대한 처분을 취소하였다. 원고 B와 피고가 각자의 패소부분에 대하여 대법원에 상고하였다.

[대상판결]

대법원은 원심판결 중 원고 A에 대한 부분을 파기하고 사건을 다시 심리·판단하도록 원심법원에 환송하였다. 그 구체적인 설시를 요약하면 다음과 같다.

> 화물자동차법 제16조 제4항[9]은 화물자동차 운송사업을 양수하고 신고를 마치면 양수인이 양도인의 '운송사업자로서의 지위'를 승계한다고 규정하고 있다. 이러한 지위 승계 규정

---

8) 대구고등법원 2018. 7. 27. 선고 2018누2101 판결
9) 현행 「화물자동차법」 제16조 제6항과 동일한 내용이다.
「화물자동차법」 제16조(화물자동차 운송사업의 양도와 양수 등) ⑥ 제1항 또는 제2항에 따른 신고가 있으면 화물자동차 운송사업을 양수한 자는 화물자동차 운송사업을 양도한 자의 운송사업자로서의 지위를 승계(承繼)하며, 합병으로 설립되거나 존속되는 법인은 합병으로 소멸되는 법인의 운송사업자로서의 지위를 승계한다.

은 양도인이 해당 사업과 관련하여 관계법령상 의무를 위반하여 제재사유가 발생한 후 사업을 양도하는 방법으로 제재처분을 면탈하는 것을 방지하려는 데에도 그 입법목적이 있다.

화물자동차법에서 '운송사업자'란 화물자동차법 제3조 제1항에 따라 화물자동차 운송사업 허가를 받은 자를 말하므로(제3조 제3항), '운송사업자로서의 지위'란 운송사업 허가에 기인한 공법상 권리와 의무를 의미하고, 그 '지위의 승계'란 양도인의 공법상 권리와 의무를 승계하고 이에 따라 양도인의 의무위반행위에 따른 위법상태의 승계도 포함하는 것이라고 보아야 한다. 불법증차를 실행한 운송사업자로부터 운송사업을 양수하고 화물자동차법 제16조 제1항에 따른 신고를 하여 화물자동차법 제16조 제4항에 따라 운송사업자의 지위를 승계한 경우에는 설령 양수인이 영업양도·양수 대상에 불법증차 차량이 포함되어 있는지를 구체적으로 알지 못하였다 할지라도, 양수인은 불법증차 차량이라는 물적 자산과 그에 대한 운송사업자로서의 책임까지 포괄적으로 승계한다(헌법재판소 2019. 9. 26. 선고 2017헌바397 등 결정 참조).

따라서 관할 행정청은 양수인의 선의·악의를 불문하고 양수인에 대하여 불법증차 차량에 관하여 지급된 유가보조금의 반환을 명할 수 있다. 다만 그에 따른 양수인의 책임범위는 지위승계 후 발생한 유가보조금 부정수급액에 한정되고, 지위승계 전에 발생한 유가보조금 부정수급액에 대해서까지 양수인을 상대로 반환명령을 할 수는 없다. 유가보조금 반환명령은 '운송사업자등'이 유가보조금을 지급받을 요건을 충족하지 못함에도 유가보조금을 청구하여 부정수급하는 행위를 처분사유로 하는 '대인적 처분'으로서, '운송사업자'가 불법증차 차량이라는 물적 자산을 보유하고 있음을 이유로 한 운송사업 허가취소 등의 '대물적 제재 처분'과는 구별되고, 양수인은 영업양도·양수 전에 벌어진 양도인의 불법증차 차량의 제공 및 유가보조금 부정수급이라는 결과 발생에 어떠한 책임이 있다고 볼 수 없기 때문이다.

[판결의 평석]

Ⅰ. 사안의 쟁점

대상판결에서 원고 A는 이전의 영업자가 불법증차한 이 사건 각 차량을 화물자동차 운송사업에 이용하여 위·수탁차주들이 유가보조금을 지급받도록 하였다. 원고 A에 대한 유가보조금 반환명령은 위와 같이 지급된 유가보조금 상당액의 지급의무를 부과하는 처분이다. 원고 A에 대한 위 처분이 적법하기 위해서는 몇 가지 요건이 충족되어야 한다.

첫째, 불법증차한 차량의 운행에 대하여 유가보조금을 지급받는 행위가 '거짓이나 부정한 방법'으로 유가보조금을 교부받는 행위로 인정되어야 하는데, 이를 인정하는 대법원 판례가 이미 확립되어 있음은 앞서 본 바와 같다.

둘째, 유가보조금을 직접 지급받지 않았으나 불법증차차량을 위·수탁차주에게 제공한 운송사업자도 유가보조금 반환명령의 상대방에 포함되어야 한다. 이는 유가보조금 반환명령에 제재처분으로서의 성격을 인정할 수 있는가라는 문제와 연결된다. 대상판결은 이 점에 대하여 침묵하고 있으나, 대법원은 대상판결에 일주일 앞서 선고된 관련 판결에서 위·수탁차주가 아닌 운송사업자가 상대방이 됨을 인정하였다.[10]

셋째, 원고 A가 직접 '불법증차'라는 위법행위를 하지 않았음에도 이 사건 각 차량에 대하여 유가보조금을 지급받는 행위가 '거짓이나 부정한 방법'에 의한 것으로 평가되어야 한다. 대법원은 영업자 지위 승계에 따라 "양도인의 의무위반행위에 따른 위법상태의 승계"가 이루어짐을 들어 이를 인정하였다.

마지막으로, 위와 같이 유가보조금을 부정한 방식으로 교부받도록 하였음을 이유로 유가보조금 반환명령의 상대방이 되는 지위 또는 '제재사유'는 영업자 지위가 원고 B로 승계된 이후에도 원고 A에게 남아 있어야 한다. 대법원은 유가보조금 반환명령이 '대물적 제재처분'에 해당하지 않으므로 원고 A가 여전히 유가보조금 반환명령의 상대방이 된다고 보았다. 즉, 영업자 지위가 원고 A, B로 순차로 승계되는 동안 이 사건 각 차량의 위법상태는 그대로 유지되지만, 원고 A, B는 각각 자신의 부정수급행위에 대하여만 책임을 진다는 것이다.

요컨대, 대상판결의 취지는 셋째 및 넷째 요건을 중심으로 다음과 같이 요약할 수 있다. "영업자 지위가 승계되면 피승계인의 의무위반행위에 따른 위법상태도 승계된다. 그러나 이른바 '제재사유의 승계'는 '대물적 제재처분'의 처분사유에 한하여 인정된다." 먼저 영업자 지위 승계와 제재사유 승계를 둘러싼 기존의 판례를 검토하고, 대상판결이 판례에서 차지하는 위치를 확인한다. 이어서 유가보조금 반환명령의 법적 성격과 제재처분의 '대물적' 성격에 관한 다양한 쟁점들을 분석함으로써 영업자 지위 승계, 나아가 제재처분 전반에 관한 법리 개발의 실마리를 제공하고자 한다.

Ⅱ. 판례의 이해

대상판결은 기본적으로 영업자 지위 승계의 범위에 관한 판례의 기본 입장을 유지하고

---

10) 대법원 2021. 7. 21. 선고 2017두70632 판결.

있지만, 대물적 제재처분의 판단 기준에 관하여는 기존의 판례와 다른 접근을 하는 것처럼 보이기도 한다. 먼저 대상판결을 분석한 다음에, 대상판결이 영업자 지위 승계의 범위에 관한 판례의 전체적인 흐름에서 어떤 위치를 차지하고 있는지를 살펴보기로 한다.

1. 영업자 지위 승계에 관한 실정법의 구조와 승계의 범위

'영업자 지위 승계'란 영업허가를 받거나 영업신고한 자의 공법상 지위가 제3자에게 승계되는 것을 의미한다. 영업자 지위 승계라는 법적 효과는 영업양도·양수 등 사인 간의 계약만으로는 발생하지 않는 것이 원칙이고, 영업허가나 신고의 근거 법률에서 지위 승계의 신고나 허가 등 별도의 절차를 거쳐 승계인의 지위를 인정받도록 규정을 두고 있다. 화물자동차법도 사업양도·양수 신고가 있으면 양수인이 양도인의 "운송사업자로서의 지위를 승계"한다고 규정하였다.[11]

영업자 지위 승계로 승계되는 '영업자의 지위'란 '영업허가 등에 기인한 공법상 권리와 의무'를 의미한다는 것이 판례의 입장이지만[12] 그 구체적인 범위는 명확하지 않다. 주로 문제되는 것은 영업자 지위 승계와 제재처분의 관계로, 다음의 세 가지 유형으로 나누어 볼 수 있다. 첫째는 '제재처분의 효과 승계'다. 영업자 지위 승계 규정을 둔 다수의 법률에서 종전의 영업자에게 행한 제재처분의 효과가 일정 기간 승계인에게 승계된다는 내용의 규정을 두고 있는데, 주된 목적은 위반행위의 차수별로 제재의 정도에 차등을 둔 제재처분 기준에 따라 피승계인의 제재처분 전력을 근거로 승계인에게 가중된 제재처분을 하기 위한 것이다.[13][14] 둘째는 '제재처분의 절차 승계'다. 제재처분 효과 승계 규정을 둔 대부분의 법률에서는 제재처분 절차 진행 중 지위 승계가 이루어진 경우에 승계인에게 제재처분 절차를 계속할 수 있다는 규정을 함께 두고 있다.[15] 셋째는 '제재사유의 승계'[16] 또는 '제재

---

11) 운송사업자인 법인이 합병하는 경우와 상속인이 사망한 운송사업자의 사업을 계속하려는 경우에도 신고를 통해 그 지위를 승계하도록 규정하고 있다. 「화물자동차법」 제16조, 제17조 참조.

12) 대법원 1986. 7. 22. 선고 86누203 판결; 대법원 2021. 7. 29. 선고 2018두55968 판결 등. 대상판결도 이 점을 명시하였다.

13) 대표적인 예로 「식품위생법」 제78조를 들 수 있다. 그러나, 화물자동차법령에는 제재처분의 효과 승계를 인정하는 명문의 규정이 없고, 위반행위의 차수에 따라 가중처벌하는 규정도 없다.

14) 영업자 지위 승계규정 없이 제재처분 효과의 승계 규정만 둔 입법례도 있는데, 대부분은 영업허가 등 근거법률이 별도로 존재하는 경우이다. 「식품 등의 표시·광고에 관한 법률」 제18조, 「환경오염피해 배상책임 및 구제에 관한 법률」 제43조 제2항, 「축산계열화 사업에 관한 법률」 제5조의8 등을 예로 들 수 있다.

15) 「식품위생법」 제78조 등.

적 처분사유의 승계'[17]다. 이는 영업자 지위가 승계된 경우 피승계인이 지위 승계 전에 법위반행위를 하였음을 이유로 승계인에게 허가취소나 영업정지 등의 제재처분을 할 수 있는가라는 문제를 다룬 것이다. 대법원은 영업자 지위가 승계되는 경우 행정청이 피승계인의 의무위반행위를 이유로 '대물적 제재처분' 즉, "사업자 개인의 자격에 대한 제재가 아니라 사업의 전부나 일부에 대한" 제재처분을 할 수 있다는 판례를 형성해 왔다. 이와 같은 제재사유의 승계는 승계인이 그 사유를 알았는지를 불문하고 인정된다.

2. 영업자 지위 승계와 제재적 처분사유 승계의 근거

(1) 제재적 처분사유 승계의 근거

대상판결에서 대법원은 영업자 지위 승계 규정이 제재사유 승계의 법적 근거가 됨을 명확히 밝히고 있다. 영업자 지위 승계 규정은 영업양수인이 새로운 영업허가를 받지 않고도 지위승계신고 등의 간이한 절차만으로 적법하게 영업할 수 있도록 허용하는 규정이자, 양수인이 기존 영업자의 영업허가에 기한 공법상의 권리와 지위를 자신의 것으로 주장할 수 있도록 허용하는 규정이다. 그러나, 영업자 지위 승계 규정은 "양도인이 해당 사업과 관련하여 관계 법령상 의무를 위반하여 제재사유가 발생한 후 사업을 양도하는 방법으로 제재처분을 면탈하는 것을 방지하려는 데에도 그 입법 목적이 있다." 이와 같은 입법목적에 비추어 보면, 양수인이 양도인에 대한 제재처분사유의 존재를 알지 못하였다 하더라도 행정청으로서는 양수인에게 제재처분을 할 수 있다는 것이다.[18]

(2) 승계인에게 할 수 있는 제재처분의 범위

대법원은 2003년 피승계인이 영업양도·양수 전에 한 위법행위를 이유로 승계인에게 '대물적 제재처분'을 할 수 있다는 판결을 선고하였다. "사업정지 등의 제재처분은 사업자 개인의 자격에 대한 제재가 아니라 사업의 전부나 일부에 대한 것으로서 대물적 처분의 성

---

16) 예를 들어, 박균성, 『행정법강의』, 제20판, 2023, 246면 등.

17) 예를 들어, 헌법재판소 2019. 9. 26. 2017헌바397 등 전원재판부 결정.

18) 대상판결의 원고들은 항소심 계속 중 영업자 지위 승계의 근거가 되는 화물자동차법 제16조 제4항에 대하여 위헌법률심판제청신청을 하였으나 기각되자, 위 조항이 선의의 양수인에 대한 제재처분의 근거 규정으로 적용되는 한 명확성의 원칙, 자기책임원칙 등에 위반되며 재산권과 영업의 자유 등을 침해한다는 이유로 헌법소원심판을 청구하였다. 헌법재판소는 위 조항의 입법목적이 제재처분의 면탈 방지에 있음을 들어 위 조항이 제재사유 승계의 근거로 해석됨을 인정하였다. 대상판결은 헌법재판소의 판단 내용을 좀 더 명확히 한 것이다. 헌법재판소 2019. 9. 26. 선고 2017헌바397 등 전원재판부 결정 참조.

격을 갖고 있으므로," 위와 같은 지위승계에는 "종전 석유판매업자가 유사석유제품을 판매함으로써 받게 되는 사업정지 등 제재처분"의 승계, 즉 법 위반행위를 함으로써 사업정지 등 제재처분을 받을 수 있는 지위의 승계가 포함된다는 것이다.[19] 이를 반대로 해석하면 대인적 처분을 받을 지위는 영업자 지위가 승계되더라도 승계인에게 이전되지 않는다.

대법원은 위 판결에서 제재처분을 제재의 대상을 기준으로 대물적 제재처분과 대인적 제재처분으로 나누었다. 영업허가취소나 영업정지는 "사업의 전부나 일부"에 대한 것이어서 대물적 제재처분이다. 사업정지처분에 갈음하는 과징금 또한 대물적 제재처분에 해당한다. 위 과징금은 "행정상의 제재 및 감독의 효과를 달성함과 동시에 그 사업자와 거래관계에 있는 일반 국민의 불편을 해소시켜 준다는 취지"에서 부과되는 것일 뿐이므로 "지위승계의 효과에 있어서 과징금부과처분을 사업정지처분과 달리 볼 이유가 없다"는 것이다.[20] 즉, 사업정지 등 대물적 제재처분을 갈음하는 과징금부과처분은 대물적 제재처분의 대체물로서 그 역시도 대물적 제재처분으로 취급된다.

대법원은 이후 회사분할의 경우 개별 법률에 특별한 규정이 없는 한 신설회사에 대하여 분할하는 회사의 분할 전 법 위반행위를 이유로 과징금을 부과할 수 없다고 판시한 바 있는데,[21] 위 과징금은 대물적 제재처분을 대체하는 성격이 전혀 없는 협의의 과징금[22]에 해당한다. 대물적 제재처분의 대체로 이루어지는 이른바 변형과징금은 대물적 제재처분과 같이 취급되지만, 그 밖의 과징금은 상대방에게 금전납부의무를 부과하는 것일 뿐 사업 자체에 제한을 가하는 것은 아니다. 이렇게 보면 위 판결 또한 2003년 판결과 궤를 같이 한다고 이해할 수 있다.

---

19) 대법원 2003. 10. 23. 선고 2003두8005 판결(유사석유제품 판매에 따른 사업정지처분 및 이를 갈음하는 과징금 부과처분이 문제된 사안).

20) 대법원 2003. 10. 23. 선고 2003두8005 판결.

21) 대법원 2007. 11. 29. 선고 2006두18928 판결; 대법원 2009. 6. 25. 선고 2008두17035 판결:대법원 2011. 5. 26. 선고 2008두18335 판결: 모두 「독점규제 및 공정거래에 관한 법률」에 따른 과징금부과처분이 문제된 사안이다. 대법원은 신설회사 또는 존속회사가 분할하는 회사의 권리와 의무를 분할계획서가 정하는 바에 따라 승계하도록 한 상법 제530조의10을 근거로, 신설회사 또는 존속회사가 승계하는 것은 "분할하는 회사의 권리와 의무"인데 "회사의 분할 전 법 위반행위를 이유로 과징금이 부과되기 전까지는 단순한 사실행위만 존재할 뿐 그 과징금과 관련하여 분할하는 회사에게 승계의 대상이 되는 어떠한 의무가 있다고 할 수 없다"고 보았다.

22) 협의의 과징금은 "구체적·현실적인 경제적 이득"을 대상으로 하는 과징금, "추상적·추정적 경제적 이득을 대상으로 하는 과징금", 경제적 이득의 환수라는 요소는 전혀 없이 의무위반에 대한 처벌로서만 부과하는 과징금으로 나눌 수 있다. 박정훈, "협의의 행정벌과 광의의 행정벌", 『행정법의 체계와 방법론』, 2005, 372면(박정훈, "협의의 행정벌과 광의의 행정벌: 행정상 제재수단과 법치주의적 안전장치", 『서울대학교 법학』 제41권 4호, 2001, 278–322면) 참조.

대법원 판례를 살펴보면 제재사유의 성격 자체는 대물적 제재처분과 대인적 제재처분을 구분하는 데에 영향을 미치지 않음을 알 수 있다. 행위 자체의 위법성을 문제삼아 제재처분을 하는가, 아니면 영업시설 등에 가해진 위법한 결과를 문제삼아 제재처분을 하는가에 따라 제재사유의 승계 여부가 결정되지 않는다는 것이다. 대법원은 양도인이 유사석유제품을 판매하였음을 이유로 양수인에게 허가취소,[23] 영업정지,[24] 영업정지를 갈음하는 과징금부과처분[25]을 할 수 있다고 보았고, 양도인이 중대한 교통사고를 일으켰음을 이유로 양수인에게 개인택시운송사업면허를 취소할 수 있다고 보았다.[26] 대법원은 또한, 양도인이 음주운전으로 자동차운전면허를 취소당하여 운송사업면허 취소사유가 발생한 후 개인택시운송사업자 지위를 양도하였다면 이를 이유로 양수인의 운송사업면허를 취소할 수 있으며,[27] 양도인이 음주운전으로 적발된 후 영업자 지위를 양도하였다면, 이후 양도인의 자동차운전면허가 취소되었다 하더라도, 즉 영업자 지위 승계시에 운전면허가 취소된 상태가 아니었다 하더라도, 승계 이후의 운전면허 취소를 이유로 양수인의 운송사업면허를 취소할 수 있다고 보았다.[28][29]

(3) 승계인의 선의와 제재적 처분사유의 승계

대법원은 대상판결에 이르기까지 피승계인의 위반행위를 이유로 대물적 제재처분을 받을 지위가 선의의 승계인에게도 승계된다는 입장을 유지하고 있다.[30] 그에 따라 "설령 양

---

23) 대법원 1986. 7. 22. 선고 86누203 판결.
24) 대법원 1992. 2. 25. 선고 91누13106 판결.
25) 대법원 2003. 10. 23. 선고 2003두8005 판결.
26) 대법원 1986. 1. 21. 선고 85누685 판결: 자동차운수사업면허의 양도 이전에 운송사업자가 중대한 교통사고를 일으켰을 때에는 사업면허 관청이 그 양수인에 대하여 중대한 교통사고를 이유로 법이 정한 제재조치(사업면허취소 등)를 취할 수 있다고 본 사례.
27) 대법원 1998. 6. 26. 선고 96누18960 판결.
28) 대법원 2010. 4. 8. 선고 2009두17018 판결: 관할관청은 개인택시 운송사업의 양도·양수에 대한 인가를 한 후에도 그 양도·양수 이전에 있었던 양도인에 대한 운송사업면허 취소사유를 들어 양수인의 사업면허를 취소할 수 있고, 양도·양수 당시에는 양도인에 대한 운송사업면허 취소사유가 현실적으로 발생하지 않은 경우(양도인의 운전면허가 취소되지 않은 경우)라도 그 원인되는 사실(음주운전)이 이미 존재하였다면, 그 후 발생한 운송사업면허 취소사유에 기하여 양수인의 사업면허를 취소할 수 있다고 판시.
29) 다만, 대법원은 개인택시운송사업자가 음주운전을 하다 사망한 경우에는 상속인에 대하여 음주운전을 이유로 개인택시운송사업면허를 취소할 수 없다고 판시하였다. 이미 사망한 사람의 운전면허를 취소할 수 없는 이상 '운수종사자의 운전면허취소'라는 제재사유가 발생하였다고 볼 수 없고, 운수종사자의 음주운전 자체가 별도의 제재사유로 규정되지도 않았기 때문이다. 대법원 2008. 5. 15. 선고 2007두26001 판결.

수인이 영업양도·양수 대상에 불법증차 차량이 포함되어 있음을 알지 못하였다 할지라도, 양수인은 불법증차 차량이라는 물적 자산과 그에 대한 운송사업자로서의 책임까지 포괄적으로 승계한다." 승계인이 피승계인의 법 위반 사실을 몰랐다는 사정은 제재처분에서 재량 판단의 고려사유 중 하나로 인정될 뿐이다.[31]

헌법재판소는 대법원의 위와 같은 해석을 전제로, 영업자 지위 승계를 인정한 화물자동 차법 규정을 합헌으로 선언하였다. 위법행위를 저질러 제재적 처분사유가 발생한 자가 사업을 양도하는 방법으로 제재처분을 면탈하는 것을 방지하려는 입법 목적의 정당성과 수단의 적합성이 인정되고, 선의의 양수인이 입는 불측의 손해는 양도인을 상대로 손해배상 책임을 묻는 방법으로 어느 정도 해결할 수 있는 점 등을 고려하면 침해의 최소성과 법익 균형성 요건도 충족하므로, 위 조항이 과잉금지원칙을 위반하여 양수인의 직업의 자유와 재산권을 침해한다고 볼 수 없다는 것이다.[32]

대법원의 위와 같은 태도는 승계인이 선의를 증명하는 경우 제재처분 효과나 제재절차 가 승계인에게 승계되지 않도록 한 다수의 입법례[33]와는 흐름을 달리하는 것이다. 다만, 다수의 입법례와 달리 화물자동차법에는 현재까지도 제재처분의 효과 및 제재절차 승계에 관한 명문의 규정이 없다. 앞에서 소개한 판례도 모두 제재처분 효과 및 제재절차 승계에 관한 규정이 별도로 존재하지 않는 입법례에서 영업자 지위 승계 규정만의 해석을 통해 양수인의 선의 여부에 관계없이 제재사유가 승계됨을 인정한 경우에 해당한다.[34] 선의의 승계인에게는 제재처분 효과나 제재절차가 승계되지 않는다는 명문의 규정이 있는 경우 대법원이 기존의 판례와 달리 선의의 승계인에게 제재사유가 승계되지 않는다는 판단을 할 가능성을 완전히 배제하기 어렵다.

---

30) 대법원은 1977년 식육판매업허가의 경우에 양도인의 허가조건 위반을 이유로 선의의 양수인에게 영업 허가를 취소할 수 없다고 판시한 바 있으나(대법원 1977. 6. 7. 선고 76누303 판결), 위 판결은 제재사 유 승계에 관한 판례에서 이례적인 예에 속한다.

31) 대법원 1992. 2. 25. 선고 91누13106 판결: 양도인의 위법사유를 들어 선의의 양수인인 원고를 사업정 지기간 중 최장기인 6월의 사업정지에 처한 처분은 석유사업법에 의하여 실현하고자 하는 공익목적의 실현보다는 원고가 입게 될 손실이 훨씬 커서 그 재량권을 일탈한 것이라는 원심판단을 받아들여 피고 의 상고를 기각한 사례.

32) 헌법재판소 2019. 9. 26. 선고 2017헌바397 등 전원재판부 결정.

33) 「건강기능식품에 관한 법률」 제34조, 「석유 및 석유대체연료사업법」 제8조, 제10조 제7항 등.

34) 관련 판례의 유형별 검토는 사단법인 한국공법학회(이현수 외), 『행정기본법의 보완·발전을 위한 신규 의제 입법방안 연구 1』, 법제처, 2022, 65-80면 참조.

3. 유가보조금 반환명령의 대인적 성격과 양수인의 책임 범위

기존의 판례 법리에 비추어 보면, 유가보조금 반환명령은 위법하게 지급받은 유가보조금을 반환할 의무를 운송사업자 등에게 부과하는 처분으로서, 영업허가취소나 영업정지 등 영업 자체에 제한을 가하는 '대물적' 제재처분에는 해당하지 않는다. 유가보조금 반환명령이 대물적 제재처분에 해당하지 않는 이상 '유가보조금 부정수급'이라는 법 위반행위를 이유로 보조금 반환명령의 상대방이 될 지위는 양수인에게 승계되지 않는다. 따라서, 대상판결의 결론은 기존 판례의 법리를 그대로 따르고 있다고 볼 수 있다. 다만, 유가보조금 반환명령을 제재처분으로 볼 수 있는가라는 의문은 여전히 남는다. 유가보조금 반환명령의 본질은 부당이득의 반환에 있는가, 아니면 위법행위에 대한 제재에 있는가?

한편, 대상판결에서 대법원은 유가보조금 반환명령이 "유가보조금을 부정수급하는 '행위'를 처분사유로 한다"는 점을 들어 이를 대인적 처분으로 보았다. 이에 더하여 대상판결 유가보조금 반환명령이 "불법증차 차량이라는 물적 자산을 보유하고 있음을 이유로 한 운송사업 허가취소 등의 '대물적 제재처분'과 구별된다"는 설명을 덧붙였다. 특히 대물적 제재처분에 대한 위 설명 때문에 대상판결은 마치 제재의 대상이 아닌 제재사유를 제재처분의 대물적/대인적 성격을 판단하는 기준으로 제시한 것으로 읽힐 우려가 있다.

Ⅲ. 법리의 검토

1. 영업자 지위 승계와 제재적 처분사유 승계에 관한 학설의 검토

영업자 지위가 승계되면 피승계인의 법 위반행위(제재적 처분사유)를 이유로 승계인에게 제재처분을 할 수 있는가의 문제를 다룬 문헌은 제재사유 승계를 전면 부정하는 입장에서부터 승계를 인정하는 입장까지 다양한 견해를 보여주고 있다. 그중 다수는 제재사유의 승계에 부정적인 입장이지만, 그 구체적인 근거나 내용에 있어서는 넓은 스펙트럼이 존재한다. 이를 간단히 살펴보면 다음과 같다.[35]

첫째, 제재처분은 상대방에게 일신전속적 의무를 부과하는 것이기 때문에 승계의 대상이 될 수 없다는 견해가 있다.[36] 이 견해는 공의무의 승계가 가능하기 위해서는 승계대상

---

35) 학설에 대한 좀 더 상세한 분석은 사단법인 한국공법학회(이현수 외), 앞의 보고서, 95-105면 참조.
36) 정하중, "최근 행정판례에 있어서 몇가지 쟁점에 대한 소고", 『행정법학』 제6호, 2014, 19면; 이현수,

인 의무가 타인에 의해 대체가능하여야 하며 일신전속적이어서는 안 됨을 전제로 한다.[37]

둘째, 공법상 의무가 승계되기 위해서는 행정청의 처분에 의하여 구체화되고 특정되어야 하는데, 제재처분의 가능성만 있는 상태에서 추상적인 책임을 양수인에게 승계할 수 없다는 견해가 있다.[38] 영업자 지위 승계가 책임회피 수단으로 악용되는 것을 방지할 필요가 있더라도 명문의 규정 없이 제재사유의 승계를 인정할 수 없으며, 엄격한 요건 하에서 제재사유 승계규정이 마련되어야 한다고 본다.[39] 셋째, 제재사유는 인적 사유이고 경찰책임 중 행위책임의 문제이므로 제재사유가 승계될 수 없다는 견해가 있다. 행위책임이란 자신의 행위로 공공의 안녕이나 질서에 위험을 야기함으로써 발생하는 책임, 상태책임이란 공공의 안녕이나 질서에 위험을 야기하는 물건의 속성(상태)에 의하여 발생하는 책임을 말하는데, 원칙적으로 행위책임만이 제3자에게 승계될 수 있음을 전제로 한다. 다만, 피승계인의 위법행위로 영업시설 등 물건에 위법한 상태가 지속된다면 승계인은 피승계인의 책임을 승계하는 것이 아니라 새로운 상태책임자로서 그 제재사유에 대해 책임을 지게 된다.[40][41] 넷째, 행정제재의 사유가 설비 등 물적 사정에 관련되는 경우에는 그 사유가 양수인에게 승계되는 것으로 보아야 하나, 양도인의 자격상실이나 부정영업 등 인적인 사유 또는 책임이 문제되는 경우에는 원칙적으로 그 사유가 승계되지 않는다는 견해가 있다.[42] 다섯째,

---

"영업양도와 제재처분상의 지위승계", 『행정판례연구』 제10권, 2005, 158-160면 참조.

37) 학계에서는 독일의 공의무 승계에 관한 이론의 영향을 받아 공의무 승계에 관한 논의가 이루어지고 있다. 공의무의 승계가 인정되기 위해서는 승계적성(승계가능성)과 승계요건(영업양도, 상속 등 잠재적인 승계적성을 활성화하는 요소)이라는 두 가지 요건이 충족되어야 하는데, 제재사유의 승계 문제도 승계적성의 차원에서 논의될 수 있다. 독일 이론의 상세한 설명으로 이현수, 앞의 글, 5, 12면 참조.

38) 김남진/김연태, 『행정법 I』, 제26판, 2022, 108-109면; 김중권, 『행정법』, 2021, 130-131면; 정하중/김광수, 『행정법개론』, 제16판, 2022, 80면 등 참조.

39) 김연태, "공법상 지위 승계와 제재사유 승계에 관한 판례의 분석·비판적 고찰", 『고려법학』 제96호, 2019, 16면; 김중권, 앞의 책, 131면(법해석을 통한 해결방안은 한계가 있을 수밖에 없으며, 입법정책적 차원에서 신고나 사전승인과 같은 행정의 사전개입의 방식으로 선의의 양수인을 보호하기 위한 해결책을 강구하는 것이 바람직하다는 견해).

40) 박균성, 앞의 책, 249면 참조(양도인과 양수인이 허위로 영업양도를 한 경우 영업양도·양수 신고수리는 무효이고, 실질적인 영업허가자는 양도인이며, 양수인이 제재사유를 알고 영업을 양수한 것은 공익에 반하므로, 행정청은 양도양수의 신고수리를 취소하고 양도인에게 제재처분을 할 수 있다는 견해).

41) 그러나 경찰작용은 예방을 목적으로 하는 반면 행정제재는 처벌을 목적으로 하므로 경찰책임의 법리를 제재사유의 승계에 그대로 적용할 수 없다는 견해도 있다. 강수진/이승민, "회사분할과 공정거래법 위반행위에 대한 책임의 승계 – 프랑스법상 행정제재와 경찰작용의 구별에 관한 논의의 시사점 –", 『BFL』 제49호, 2011, 51면 이하 참조.

42) 김유환, 『현대행정법』, 제7판, 2022, 73-74면(제재사유가 대물적인 것이라도 양수인이 선의를 입증하면 책임의 승계를 부인하여야 한다는 견해); 하명호, 『행정법』, 제2판, 2020, 60-61면[양도인과 양수인 사이에 공모가 있었거나 식품위생법 제78조(제재처분 효과 승계에 관한 규정)와 같은 법적 근거가 있는

제재사유의 승계를 인정하는 판례를 지지하는 견해도 있다. 법 위반행위자가 영업자 지위 승계를 통해 제재를 피해가는 불합리한 결과를 방지할 필요가 있음을 근거로 한다.[43]

　　제재사유의 승계에 관한 학계의 견해와 그 근거는 이처럼 다양한데, 명문의 규정 없이 영업자 지위 승계 규정만을 근거로 제재사유 승계를 인정하는 데에 반대하거나 양수인의 악의나 공모관계를 고려하여 승계여부를 결정할 것을 요구하는 등 책임의 지나친 확대를 경계하는 입장이 다수임을 확인할 수 있다. 한편, 제재사유의 승계를 인정하는 견해도 승계의 대상이 되는 제재사유의 성격에 대해서는 특별한 언급이 없거나, 판례의 기본적 흐름과 달리 제재 '사유'의 대물적·대인적 성격을 구별의 기준으로 내세우고 있다는 점을 특징으로 들 수 있다.

2. 유가보조금 반환명령은 제재처분인가? 부당이득 반환명령과 제재처분의 구별

(1) 제재처분의 정의

　　「행정기본법」(이하 '행정기본법')은 '제재처분'을 "법령등에 따른 의무를 위반하거나 이행하지 아니하였음을 이유로 당사자에게 의무를 부과하거나 권익을 제한하는 처분"으로서 '행정상 강제'를 제외하는 것이라 정의한다(제2조 제5호). 그런데 법 위반 또는 의무위반을 이유로 당사자에게 의무를 부과하거나 권익을 제한하는 처분에는 과징금이나 영업정지와 같이 위반에 대한 일종의 '처벌'이 주된 목적이고 이를 통해 간접적으로 의무이행을 강제하는 처분 외에도 「건축법」 등에 정한 시정명령과 같이 법 위반 상태를 직접 시정할 의무를 상대방에게 부과하는 것을 내용으로 할 뿐 '처벌'을 직접적인 목적으로 하지 않는 처분 등이 포함될 수 있다. 그러나 제재처분의 본질은 '제재'라는 표현 자체에서 알 수 있듯이 법 위반에 대한 '벌'이라는 데 있다.[44] 행정기본법도 제재처분의 이러한 성질에 착안하여

　　경우에만 귀책사유의 이전이 가능하다는 입장] 참조.

43) 홍정선, 『행정법원론(상)』, 제27판, 2019, 228-229면; 유상현, "수익적 행정행위의 철회의 제한", 『고시계』 제494호, 1998, 90-92면 참조. 제재처분의 면탈을 막을 필요성을 인정하면서도 가장된 양도·양수가 횡행하여 이를 방지할 필요가 중대한 경우에 한하여 명문의 규정을 두어 제재사유의 승계를 인정해야 한다는 견해로, 김향기, "행정제재처분의 승계", 『토지공법연구』 제33권, 2006, 163면 참조.

44) 박정훈 교수는, 행정의 실효성 확보수단을 직접적 강제수단(행정강제)과 간접적 강제수단으로 나누고, 간접적 강제수단을 협의의 행정벌(행정형벌과 질서벌)과 의무위반에 대한 제재로서 행하는 수익적 행정행위의 취소·효력제한, 과징금, 위반사실 공표 등을 포함하는 광의의 행정벌이라 칭하였다. '광의의 행정벌'이란 행정형벌과 질서벌 이외의 제재수단도 본질적으로 '벌'이라는 점에서 모든 간접적 강제수단을 하나의 관통개념으로 파악하여 적법절차원리의 프리즘을 통해 검토하기 위한 개념이다. 박정훈, 앞의 책, 324-325면 참조.

그 기준과 제척기간에 관한 규정을 두었다고 할 수 있다. 이러한 점을 고려하여 '제재처분'은 행정기본법의 다소 애매한 개념 규정에도 불구하고 법 위반이나 의무위반에 대한 처벌을 직접적인 목적으로 삼아 당사자에게 의무를 부과하거나 권익을 제한하는 처분으로 제한하여 해석할 필요가 있다.[45] 그리고, '대물적 제재처분'에서의 '제재처분'의 의미도 이와 같이 이해할 필요가 있다. 대법원이 판례를 통해 제시한 '대물적 제재처분' 사유의 승계 법리를 제재처분 이외의 처분 사유에까지 확장할 수 있는가는 별개의 문제이다.

(2) 운송사업자에게 할 수 있는 처분의 종류

화물자동차 운송사업자가 불법증차된 화물자동차를 이용하여 운수사업을 영위하고 유가보조금을 지급받은 경우 화물자동차법에 따라 운송사업자에게 할 수 있는 조치로는 이 사건 처분과 같은 보조금 반환명령 외에도 보조금 지급정지와 허가취소 등이 있다. '보조금 반환명령'은 운송사업자 등에게 거짓이나 부정한 방법으로 교부받은 보조금을 반환할 의무를 부과하는 처분이다. '보조금 지급정지'는 운송사업자 등이 거짓이나 부정한 방법으로 보조금을 지급받았음을 이유로 최장 5년의 범위에서 보조금을 지급받을 자격을 제한하는 처분이다.[46] 한편, 화물자동차 증차는 화물자동차법 제3조 제3항에 따라 변경허가를 받아야 하는 사항인바, 화물자동차를 불법증차하는 행위는 부정한 방법으로 변경허가를 받거나 변경허가를 받지 아니하고 허가사항을 변경한 경우에 해당하여 사업허가취소나 위반차량 감차 조치, 또는 위반차량 운행정지의 대상이 된다.[47] 운송사업허가취소, 감차 조치 등은 화

---

45) 직권취소는 원시적으로 위법한 처분의 효력을 소급하여 없앰으로써 행정청이 직접 위반상태를 시정하고 원상을 회복하는 것을 목적으로 하는 처분이므로 엄밀히는 제재처분의 범주에서 제외되어야 한다는 생각이다. 그러나, 화물자동차법 제19조 제1항 제1호에서도 알 수 있듯이, 개별 법률에서 영업허가 자체의 원시적 위법사유(예를 들어 부정한 방법으로 허가를 받은 경우)를 이유로 한 허가취소와 영업허가 이후의 법 위반행위를 이유로 한 허가철회를 구별하지 않고 하나의 조문에서 처분사유로 함께 규정하는 예를 다수 발견할 수 있다. 직권취소에 해당하는 경우를 일일이 구분하여 별도로 규율하는 데에는 현실적인 어려움이 있다. 게다가 행정기본법은 인허가의 취소와 철회 양자를 모두 제재처분에 포함시켜 규율하고 있다(제23조).

46) 「화물자동차법」 제44조의2(보조금의 지급 정지 등) ① 특별시장·광역시장·특별자치시장·특별자치도지사·시장 또는 군수는 운송사업자등이 다음 각 호의 어느 하나에 해당하면 대통령령으로 정하는 바에 따라 5년의 범위에서 제43조제2항 또는 제3항에 따른 보조금의 지급을 정지하여야 한다.
(중략)
5. 그 밖에 제43조제2항 또는 제3항에 따라 대통령령으로 정하는 사항을 위반하여 거짓이나 부정한 방법으로 보조금을 지급받은 경우
(후략)

47) 「화물자동차법」 제19조(화물자동차 운송사업의 허가취소 등) ① 국토교통부장관은 운송사업자가 다음 각 호의 어느 하나에 해당하면 그 허가를 취소하거나 6개월 이내의 기간을 정하여 그 사업의 전부 또

물자동차법 위반행위를 이유로 한 처벌로서 앞서 살펴본 제재처분 개념에 무리 없이 포섭될 수 있다. 보조금 지급정지는 그 성격이 명확하지 않으나 이 또한 사업자 개인에 대한 것이라기 보다는 화물자동차 운송사업 자체에 대한 제재로서 대물적 성격을 인정할 수 있을 것이다.

(3) 유가보조금 반환명령의 제재처분적 성격

「보조금 관리에 관한 법률」(이하 '보조금법')은 보조사업자가 거짓 신청이나 그 밖의 부정한 방법으로 보조금을 교부받은 경우 관할청이 보조금 교부 결정의 취소와 함께 취소된 부분에 해당하는 보조금의 반환을 명하도록 하는 방식을 취하였다. 화물자동차법은 보조금 반환명령의 근거만을 두고 있으나, 위 명령의 실질은 요건을 갖추지 못하였음에도 위법하게 결정된 보조금 지급결정[48]을 취소하고, 그에 따른 부당이득의 반환으로서 기지급된 보조금의 반환의무를 부과하는 것이라 할 수 있다. 대법원도 부당이득 반환명령이 실질상 부당이득의 반환에 해당한다는 점을 인정한 바 있다.[49]

문제는 화물자동차법에서 위·수탁차주가 직접 유가보조금의 지급을 청구하여 받을 수 있도록, 그리고 관할청도 위·수탁차주에게 직접 보조금 반환명령을 할 수 있도록 규정하고 있다는 점이다.[50] 때문에, 원고들은 원심에 이르기까지 위·수탁차주가 직접 보조금을 청구하여 지급받았다면 부정수급으로 이익을 얻은 자 또한 위·수탁차주이므로 원고들이 아닌 위·수탁차주가 반환명령의 상대방이 되어야 한다고 주장하였다. 그러나, 대법원은 이전부터 운송사업자가 불법증차를 적극적으로 실행한 후 그 차량에 관한 운송사업을 위탁

는 일부의 정지를 명령하거나 감차 조치를 명할 수 있다. 다만, 제1호·제5호 또는 제13호의 경우에는 그 허가를 취소하여야 한다.

(중략)

2. 부정한 방법으로 제3조제3항에 따른 변경허가를 받거나, 변경허가를 받지 아니하고 허가사항을 변경한 경우

(후략)

48) 「화물자동차 유가보조금 관리규정」에 따르면 관할청이 매월 유가보조금 지급 청구내역을 심사하여 유가보조금액을 지급하는 구조를 취하므로(제21조), 유가보조금 지급결정의 처분성을 인정하는 데 문제가 없다.

49) 대법원 2019. 10. 17. 선고 2019두33897 판결: 대법원은 화물자동차법 제44조 제3항에 따른 반환명령으로 부정수급액을 반환받는 것은 실질상 부당이득의 반환에 해당하는데, 화물자동차 유가보조금 교부결정에 대한 별도의 취소처분을 해야 하는 것은 아니라고 판시하였다. 위 사건에서는 운송사업자가 불법증차된 차량의 운행에 대하여 유가보조금을 직접 지급받았음을 이유로 유가보조금 환수처분이 이루어졌다는 점에서 대상판결과 차이가 있다.

50) 「화물자동차법」 제43조 제2항, 제44조 제1항.

함으로써 결과적으로 거짓 또는 부정한 방법으로 유가보조금이 교부되게 한 경우에는 그 운송사업자나 운송사업자의 승계인에게 보조금의 반환을 명할 수 있다고 판시해왔다.[51] "불법증차 차량에 관한 운송사업자는 자신이 직접 해당 차량을 불법증차하였거나 불법증차된 차량을 양수한 후 그에 관한 운송사업을 위·수탁함으로써 거짓이나 부정한 방법에 의한 유가보조금 청구의 외관을 형성하고 그에 따라 유가보조금이 교부되도록 한 책임"이 있으므로, 유가보조금을 직접 교부받은 자가 아니라 할지라도 반환명령의 상대방이 되며, 이것이 자기책임의 원리에 부합한다는 것이다.[52] 위법행위로 이득을 얻은 위·수탁차주가 아니라 부정수급의 원인을 제공한 운송사업자가 반환의무를 부담하게 되므로, 이는 일반적인 부당이득 반환의 구조와 다르다. 적어도 유가보조금을 직접 지급받은 위·수탁차주가 아닌 운송사업자에게 반환을 명하는 경우에는 유가보조금 반환명령에 제재처분으로서의 성격이 인정된다고 보아야 할 것이다.[53]

3. 대인적 제재처분과 대물적 제재처분의 구별기준

(1) 위법상태의 승계와 유가보조금 반환명령의 관계

유가보조금 부정수급이라는 법 위반행위에 대하여 유가보조금 반환명령이라는 제재처분을 받을 자의 지위가 원고 A에게서 원고 B에게로 승계되는가라는 문제는 판례에 따라 형성된 제재사유 승계의 법리에 따라 해결된다. 이에 따르면 유가보조금 반환명령은 화물자동차 운송사업에 제한을 가하는 것이 아니므로 대물적 제재처분에 해당하지 않는다. 따라서 원고 A가 유가보조금을 부정수급하였다는 제재사유가 승계인인 원고 B에게 이전되지 않는다. 원고 A, B는 각자 자신의 법 위반행위에 한하여 책임을 지는 관계에 있다. 대상판결이 유가보조금 반환명령을 "유가보조금을 부정수급하는 행위를 처분사유로 하는 '대인적 처분'"이라 표현한 것은 이러한 관계를 설명하기 위한 것이다. 그러나 제재사유 승계의 법리는 원고 A가 직접 불법증차행위를 한 것이 아님에도 사업을 운영하는 동안 유가보조금을 부정수급하는 위법행위를 하였다고 평가되는 이유를 설명해줄 수 없다.

대상판결은 영업자 지위 승계가 "양도인의 의무위반행위에 따른 위법상태의 승계"를 포

---

51) 대법원 2009. 7. 23. 선고 2009두6087 판결; 대법원 2021. 7. 21. 선고 2017두70632 판결 참조.
52) 대법원 2021. 7. 21. 선고 2017두70632 판결.
53) 불법증차 차량에 지급된 유가보조금 반환명령의 법적 성격을 명확히 규명하기 위해서는 화물자동차의 위·수탁관계와 위·수탁차주에 대한 보조금 지급관계의 분석과 공법상 부당이득 반환 법리의 특수성에 대한 고찰이 필요하다. 이 부분은 추후의 연구과제로 남긴다.

함하는 것이며, 양수인은 영업양도·양수 대상에 불법증차 차량이 포함되어 있는지를 구체적으로 알지 못하였다 하더라도 "불법증차 차량이라는 물적 자산과 그에 대한 운송사업자로서의 책임까지 포괄적으로 승계"한다고 판시하였다. 영업자 지위의 승계란 피승계인의 영업자로서의 '공법상 권리와 의무'를 그대로 승계하는 것이다. 지위승계 신고의 수리에는 이 사건 각 차량의 증차를 새로이 허용하는 내용이 포함되지 않으므로, 영업자 지위 승계와 관계없이 이 사건 각 차량의 법적 지위는 달라지지 않는다. 따라서 원고 A는 불법증차된 이 사건 각 차량에 대하여 운송사업자로서 모든 불이익을 부담하게 된다. 다만, 유가보조금 반환명령은 불법증차 자체가 아니라 불법증차 차량을 이용한 유가보조금 부정수급이라는 새로운 법 위반행위를 문제삼는 것이다. 즉, 원고 A에 대한 유가보조금 반환명령은 이전 영업자의 불법증차행위라는 제재사유가 원고 A에게 승계되었음을 전제로 하는 것이 아니다.

한편, 대법원은 화물자동차법 제19조 제1항 제2호에 따른 운송사업 허가취소 등의 '대물적 제재처분'이 "불법증차차량이라는 물적 자산을 보유하고 있음"을 이유로 한 것이라 판시하였으나, 위 허가취소는 "운송사업자가 부정한 방법으로 변경허가를 받거나 변경허가를 받지 아니하고 허가사항을 변경한 경우"를 처분사유로 한다. 엄밀히 말하면, 양수인은 불법증차차량 보유자로서 책임을 지는 것이 아니라 양도인이 부정한 방법으로 변경허가를 받았다는 제재사유가 자신에게 승계되었기 때문에 허가취소의 제재를 받게 되는 것이다. 대상판결의 표현은 이러한 점에서 부적절한 측면이 있다. 대상판결의 판시는 유가보조금 반환명령의 대인적 성격을 강조하기 위한 표현으로 선해할 필요가 있다.

요컨대, 영업자 지위 승계에 따라 양수인에게 승계되는 공법상 지위에는 불법증차차량이라는 위법한 물적 자산을 보유함에 따른 책임과 불법증차라는 법 위반행위에 대한 대물적 제재처분을 받을 지위가 모두 승계된다. 이 사건 각 처분은 전자를 전제로 한 것이지만 후자와는 관계가 없다. 원고들은 각자의 사업운영 기간 불법증차 차량이라는 위법한 물적 자산을 이용한 부정수급행위에 대하여 각각 반환책임이 있지만, 보조금 반환명령을 받을 원고 A의 지위가 영업양도양수를 계기로 원고 B에게로 승계되지는 않는다. 다소 오해의 소지가 있는 표현에도 불구하고 대상판결이 대물적 제재처분과 대인적 제재처분의 구별기준에 대한 기존의 판례 법리를 포기하고 새로운 기준을 제시한 것이라고 보기는 어렵다. 대법원은 이후에도 기존의 법리에 따라 업무정지처분의 대물적 성격을 인정한 바 있다.[54]

---

54) 대법원 2022. 1. 27. 선고 2020두39365 판결: 요양기관 업무정지처분은 의료인 개인의 자격에 대한 제재가 아니라 요양기관의 업무 자체에 대한 것으로서 대물적 처분의 성격을 갖는다.

(2) 제재의 대상을 기준으로 양자를 구별하는 판례법리의 타당성

제재처분이 영업 자체에 가해지는 것인가를 기준으로 승계되는 제재사유의 범위를 정하는 판례의 법리는 다음의 점에서 그 타당성이 인정된다.

첫째, 구별기준이 비교적 간명하다. 영업허가 취소, 영업장 폐쇄, 영업정지, 감차명령 등은 영업자의 지위 자체를 박탈하거나 영업을 제한하는 것으로서 대물적 제재에 해당하는 반면 과징금부과처분은 상대방에게 금전지급의무를 부과하는 것이어서 영업을 직접 제한하는 것이 아님은 분명하다. 이와 달리 제재사유의 법적 성격을 기준으로 하게 되면 각각의 제재사유별로 대물적/대인적 성격을 파악해야 하는 어려움이 있고, 제제사유의 대물적/대인적 성격이 명확하게 구별되는 것도 아니다.[55]

둘째, 제재사유의 승계를 인정하는 취지에 부합한다. 대물적 제재처분은 운송사업자의 지위에 있는 자에 대하여만 가능하다. 위반행위자가 이미 영업자 지위를 제3자에게 양도하였다면 더이상 위반행위자의 영업자 지위를 박탈하거나(영업취소) 제한하는(영업정지) 방식으로 제재할 수 없다. 그렇기 때문에 승계인을 상대로 대물적 제재처분을 함으로써 제재처분의 면탈을 억제하고자 하는 것이다.

셋째, 실정법의 구조와도 부합한다. 화물자동차법에는 규정이 없으나 「식품위생법」 등 다수의 법률에서 제재처분의 효과가 승계인에게 귀속되며, 피승계인에 대하여 제재처분 절차가 진행 중인 경우에는 승계인에 대하여 그 절차를 계속할 수 있다는 규정을 두고 있다.[56] 그런데 대부분의 경우 승계의 대상이 되는 제재처분은 영업취소나 영업정지 등 대물적 제재처분으로 특정되어 있으며, 위반사유가 물적 사정에 관계된 것인지 부정행위 등 인적 사정에 관계된 것인지를 구별하지 않는다.

요컨대, 영업자 지위 승계를 인정하는 주된 목적은 영업자의 공법상 지위가 시장에서 가지는 가치를 인정하고 승계인이 간이한 절차로 그 영업을 이어갈 수 있도록 하는 것이고, 제재사유의 승계는 그 과정에서 영업자 지위 승계 제도가 제재처분 면탈의 도구로 악용되는 것을 방지하기 위해 부수적으로 인정되는 것이다. 그렇다면 영업양도 등 사인 간의 거래를 원인으로 제재사유의 승계가 인정됨에 따른 불확실성을 가능한 줄여줄 필요가 있다.

---

55) 불법증차차량을 이용하여 유가보조금을 지급받았다면 그 사유는 불법증차차량이라는 물적 사정에 관련되는 것인가, 아니면 보조금 부정수급이라는 행위에 관련된 것인가? 부정한 방법으로 불법증차차량에 대한 변경허가를 받았다면 그 사유는 불법증차라는 물적 사정에 관련된 것인가 부정한 방법으로 변경허가를 받았다는 행위에 관련된 것인가?

56) 「식품위생법」 제78조 등 다수.

판례가 제시한 기준은 제재사유 승계를 인정하는 취지에 부합하면서도 비교적 명확하다는 점에서 타당성이 인정된다. 다만, 제재사유 승계는 영업자 지위 승계라는 법적 이익이 승계인에게 부여됨을 근거로 자기책임 원리의 예외를 인정하는 것이자, 제재처분 효과나 제재처분절차의 승계와 달리 사전에 그 존부를 파악하기 어렵다는 점에서 승계인에게 매우 불리한 제도임을 부인할 수 없다. 제재처분 면탈 억제라는 목적과 승계인에 대한 적법절차 원칙의 보장 사이에 적절한 균형점을 찾기 위한 노력이 필요하다.

Ⅳ. 요약과 결론

이상의 설명은 다음과 같은 몇 개의 명제로 정리할 수 있다.

1. 판례에 따르면 '영업자 지위 승계'란 영업허가를 받거나 신고한 영업자의 공법상 지위가 제3자에게 승계됨을 의미한다. 지위 승계에는 피승계인의 의무위반행위에 따른 위법상태의 승계가 포함되며, 위와 같은 의무위반행위를 이유로 사업정지 등 대물적 제재처분을 받을 지위 또한 승계인에게 승계된다. 피승계인의 의무위반행위를 이유로 제재처분을 받을 지위가 승계되는 것을 '제재사유의 승계'라고 한다.

2. 제재사유의 승계를 인정하는 명문의 규정은 없다. 그러나 대법원은 영업자 지위 승계 규정의 입법 목적이 양도인이 해당 사업과 관련하여 법령상 의무를 위반하여 제재사유가 발생한 후 사업을 양도하는 방법으로 제재처분을 면탈하는 것을 방지하려는 데에도 있음을 이유로 제재사유의 승계를 인정하는 법리를 발전시켜 왔다.

3. 영업자 지위 승계로 승계되는 제재사유는 이른바 '대물적 제재처분' 사유에 한정된다. 대물적 제재처분이란 영업허가 취소나 영업정지, 영업장 폐쇄, 감차 조치 등 사업의 전부나 일부를 대상으로 하는 처분이라는 점에서 대인적 제재처분과 구별된다.

4. 대상판결에서 양도인의 불법증차(의무위반행위)에 따른 위법상태는 원고 A와 원고 B에게 순차적으로 승계되었다. 유가보조금 반환명령은 각 원고가 불법증차차량이라는 위법상태에 대한 운송사업자로서의 책임을 포괄적으로 승계한 상태에서 위 차량을 이용하여 유가보조금을 부정수급하도록 한 새로운 법 위반행위에 대한 제재로서 이루어진 것이다.

이전 영업자가 이 사건 각 차량을 불법증차하였다는 제재사유가 원고 A, 원고 B로 순차로 승계되어 행정청이 원고 B를 상대로 사업허가취소 등의 대물적 제재처분을 할 수는 있으나, 이 점은 이 사건에서 쟁점이 되지 않았다.

5. 행정청은 원고 A가 운송사업자의 지위를 유지한 기간 발생한 부정수급행위를 이유로 원고 B에게 유가보조금 반환을 명할 수 없다. 허가취소와 달리 유가보조금 반환명령은 대인적 처분이므로 그 처분사유가 승계인에게 승계되지 않기 때문이다. 다소 애매한 표현에도 불구하고 대상판결은 대물적 제재처분의 구별기준에 대한 기존의 법리 안에서 대물적 제재처분과 대인적 제재처분의 법률관계를 설명한 것으로 이해할 수 있다.

6. 영업자 지위 승계로 승계되는 제재사유의 범위에 대한 판례의 법리는 비교적 간명한 기준을 제시한 것으로서, 대법원이 제재사유의 승계를 인정하는 취지에 부합하며, 영업정지와 영업허가취소 등을 중심으로 제재처분 효과의 승계 및 제재절차의 승계규정을 두고 있는 개별 법률들의 구조와도 부합한다는 점에서 그 타당성을 인정할 수 있다. 다만, 제재사유 승계가 인정됨에 따라 승계인이 처하는 법적 지위의 불안정성을 줄이고 제재처분 면탈 억제라는 목적과 승계인에 대한 적법절차원칙의 보장 사이에 적절한 균형점을 찾기 위한 보완책을 마련할 필요가 있다.

생각할 문제

1. 사법(私法)행위로서의 영업양도와 공법(公法)행위로서의 영업자 지위 승계의 차이를 설명하시오.

2. 유가보조금 지급정지는 대물적 제재처분인가 대인적 제재처분인가. 그와 같이 생각하는 근거를 제시하시오.

3. 제재사유의 승계는 제재처분 면탈 방지를 위해 판례상 자기책임원칙의 예외를 인정한 것이다. 제재사유 승계와 적법절차원리가 조화를 이룰 수 있는 방안을 찾아보시오.

대법원 1994. 1. 25. 선고 93누8542 판결*
[선행처분과 후행처분 사이의 하자 승계의 예외적 허용 기준]

이 상 덕**

[사실관계]

하남시 풍산동 37-7 '전' 885㎡(이하 '이 사건 토지'라 약칭)는 그중 165.8㎡(59/315 지분) 부분은 甲이 소유하면서 미등기 단독주택의 '대지'로 이용하고 있었고(이하 'A토지'라 약칭), 나머지 719.2㎡(256/316 지분 부분)은 乙이 소유하면서 밭으로 경작하고 있어(이하 'B토지'라 약칭), 소유·이용상황이 명확하게 구분되는 '구분소유적 공유관계'인 토지였다. 원고는 1986. 1. 21. B토지를 매수하여 취득하였다가, 1990. 10. 10. 이를 丙에게 54,500,000원(단가 약 75,778원/㎡)에 양도하고 그에 관한 소유권이전등기를 마쳤다. 이에 관할 세무서장은 1991. 8. 15. 원고에 대하여, 양도 당시의 이 사건 토지의 개별공시지가 220,000원/㎡에 B토지의 지분비율을 곱하는 방식으로 B토지의 양도가액을 158,180,000원, 양도소득세액을 50,764,260원, 방위세액을 10,140,850원으로 산정하여 양도소득세 및 방위세 부과처분을 하였다. 이에 원고는 실제 양도차익을 현저히 초과하는 양도소득세액 산정·부과는 위법하다고 주장하면서 양도소득세 및 방위세 부과처분 취소소송을 제기하였다.

1991. 1. 1. 기준으로 이 사건 토지에 인접한 지목이 '대'인 표준지의 공사지가는 220,000원/㎡이었던 반면, 인접한 지목이 '전'인 표준지의 공시지가는 60,000원 내지 65,000원/㎡에 불과하였다. 하남시장은 이 사건 토지 중 A토지는 '건축물의 대지'로 이용되고, B토지는 밭으로 경작되고 있었던 사정을 알고 있었지만, 당시 건설부 발행 '개별토지가격 산정요령'에서 조사대상필지 내에 여러 용도가 혼재되어 있을 경우 이용면적과 가치면에서 주용도를 판단하여 분류하고 주용도와 부용도를 구분하기 어려운 경우 지가가 더 비싸게 형성되는 용도를 그 토지의 용도로 보도록 서술하고 있어, 이 사건 토지 전체를 '주거용 건축물의 대지'로 판단·분류하고 지목이 '대'인 인접토지를 비교표준지로 선정하여, 1991. 1. 1. 기준 이 사건 토지의 개별공시가를 220,000원/㎡으로 결정·고시하였다.

---

* 인천지방법원 부장판사

[사건의 경과]

원고는 개별공시지가를 기준으로 산정한 양도가액이 실지거래가액을 초과하는 경우에는 실지거래가액을 초과하여 양도소득세를 산정·부과하여야 한다고 주장하였으나, 원심은 원고가 과세표준확정신고기간 내에 실지거래가액을 확인할 수 있는 증빙서류를 첨부하여 과세관청에 과세표준확정신고를 하지 않았으므로 피고 세무서장이 개별공시지가를 적용하여 양도소득세액을 산정한 것 자체에는 잘못이 없다고 판단하였다.

그러나 원심은, 이 사건 토지의 약 81%를 차지하는 B부분이 실제로 지목대로 '전'으로 경작되고 있음에도 하남시장이 이 사건 토지의 주된 용도를 '주거용 건축물의 대지'로 보아 인접한 지목이 '대'인 표준지를 비교표준지로 선정하여 이 사건 토지의 공시지가를 결정한 것은 위법하며, 피고 세무서장이 위법한 개별공시지가결정을 적용하여 세액을 산정한 것은 위법하다고 보아 양도소득세 및 방위세 부과처분 전부에 대하여 취소판결을 선고하였다.

이에 피고 세무서장이 상고하여, 상고이유로 선행처분인 개별공시지가 결정과 후행처분인 양도소득세 등 부과처분은 서로 독립하여 별개의 법률효과를 목적으로 하므로 후행처분 취소소송에서 선행처분의 하자를 다툴 수 없는 것으로 보아야 한다고 주장하였다.

[대상판결]

대법원은 아래와 같은 이유로 원심의 판단이 타당하다고 판시하고 피고 세무서장의 상고를 기각하였다.

> 두 개 이상의 행정처분이 연속적으로 행하여지는 경우 선행처분과 후행처분이 서로 결합하여 1개의 법률효과를 완성하는 때에는 선행처분에 하자가 있으면 그 하자는 후행처분에 승계되는 것이므로 선행처분에 불가쟁력이 생겨 그 효력을 다툴 수 없게 된 경우에도 선행처분의 하자를 이유로 후행처분의 효력을 다툴 수 있는 것이며, 반면 선행처분과 후행처분이 서로 독립하여 별개의 법률효과를 목적으로 하는 때에는 선행처분에 불가쟁력이 생겨 그 효력을 다툴 수 없게 된 경우에는 선행처분의 하자가 중대하고 명백하여 당연 무효인 경우를 제외하고는 선행처분의 하자를 이유로 후행처분의 효력을 다툴 수 없는 것이 원칙이다.

그러나 선행처분과 후행처분이 서로 독립하여 별개의 효과를 목적으로 하는 경우에도 선행처분의 불가쟁력이나 구속력이 그로 인하여 불이익을 입게 되는 자에게 수인한도(수인한도)를 넘는 가혹함을 가져오며, 그 결과가 당사자에게 예측가능한 것이 아닌 경우에는 국민의 재판받을 권리를 보장하고 있는 헌법의 이념에 비추어 선행처분의 후행처분에 대한 구속력은 인정될 수 없다고 봄이 타당할 것이다.

[판결의 평석]

I. 사안의 쟁점

양도소득세는 국세의 일종이다(국세기본법 제2조 제1호 가.목). 현행 소득세에 의하면, 토지의 양도소득세는 양도가액에서 취득가액, 자본적 지출액, 양도비 등 필요경비, 장기보유특별공제액을 공제하여 계산한 양도소득금액에 기본공제를 적용하여 과세표준을 산출하고, 여기에 세율을 곱하여 세액을 계산한다. 여기에서 양도가액은 자산의 양도 당시의 양도자와 양수자 간에 실지거래가액을 적용하는 것이 원칙이지만(제96조 제1항), 실지거래가액을 확인하기 곤란한 경우도 있으므로 '기준지가'를 적용하여 산정하는 방식을 허용하면서, 다만 양도차익을 계산할 때 양도가액을 실지거래가액을 적용하는 경우에는 취득가액도 실지거래가액을 적용하여야 하고, 양도가액을 기준지가를 적용하는 경우에는 취득가액도 기준지가를 적용하여야 한다고 규정하여(제100조) 납세의무자가 일관성 없이 자신에게 유리한 방식으로 짜깁기하여 양도차익을 산정하지 못하도록 하고 있다. 여기에서 '기준지가'는 원칙적으로 「부동산 가격공시에 관한 법률」(약칭: 부동산공시법)에 따른 개별공시지가를 의미한다(제99조 제1항 제1호 가.목).

현행법은 실지거래가액 적용을 원칙으로 하면서 실지거래가액에 관한 소명자료 제출 시한을 제한하고 있지 않으므로, 원고가 양도소득세 신고납부를 하지 않아 과세관청이 개별공시지가를 적용하여 양도소득세액을 계산·부과하였더라도 원고는 양도소득세 부과처분 취소소송에서 실지거래가액에 관한 증거를 제출하여 실지거래가액을 적용하여 계산된 정당한 세액을 초과하는 부분의 취소를 주장할 수 있다. 반면, 대상판결의 사안에 적용된 구법에서는[1] 개별공시지가를 적용하여 양도소득세액을 계산하도록 규정하고 있었으므로 사

---

1) 대상판결의 사안에 적용된 구 소득세법(1994. 12. 22. 법률 제4803호로 전부 개정되기 전의 것) 제23조

후적으로 소송에서 실지거래가액의 적용을 주장하는 것이 받아들여질 여지가 없었다.

그간 국토교통부가 정책적으로 개별공시지가를 시세보다 낮게 유지해왔으므로, 개별공시지가를 적용하여 양도차익을 계산하는 경우가 양도차익이 작게 포착되므로 일반적으로는 납세의무자에게 유리하다. 그런데 대상판결의 사안에서는 해당 토지의 개별공시지가가 시세보다 훨씬 높게 결정된 특별한 사정이 있었고, 규범적·법리적으로 이 문제를 어떻게 해결할 것인지가 법원에게 주어진 과제였다.

과거의 대법원 판례에 의하면, 선행처분인 개별공시지가 결정과 후행처분인 양도소득세 부과처분은 서로 독립하여 별개의 법률효과를 목적으로 하는 것이므로, 양도소득세 부과처분 취소소송에서 선행처분인 개별공시지가 결정의 하자를 다툴 수 없다고 보았어야 했다. 대상판결에서는 이러한 판단기준을 그대로 답습할 경우에 발생하는 불합리한 결과를 교정하기 위하여 '수인한도'라는 새로운 판단기준을 처음으로 제시함으로써, 양도소득세 부과처분 취소소송에서 개별공시지가 결정의 하자를 예외적으로 다툴 가능성을 허용하였다.

Ⅱ. 이론적 기초

1. 하자승계론의 이론적 의의

'하자승계론'이란 행정처분이 단계적으로 이루어지는데, 이미 선행처분에 대하여 취소소송의 단기의 제소기간이 도과하여 불가쟁력이 발생하였으나, 후행처분에 대한 취소소송에서 선행처분이 위법한 것으로 밝혀진다면 후행처분이 위법한 선행처분에 기초한 것이어서 역시 위법하다고 보아 취소할 것인지, 아니면 후행처분 취소소송에서는 선행처분의 위법을 후행처분의 취소사유로 주장할 수 없다고 보아 후행처분의 효력을 유지할 것인지의 문제이다. 프랑스 판례에서는 선행처분과 후행처분이 통일적인 행정목적 달성을 위해 서로 유기적으로 결합되어 있는 경우에는 후행처분에 대한 취소소송에서 선행처분의 위법을 후행처분의 취소사유로 주장할 수 있다고 보는데(후행처분 취소소송에서 선행처분의 위법성 항변), 그것이 일본 행정법학을 통해 우리나라의 통설·판례상 하자승계론으로 계수되었다. 독일

제4항은 과세행정의 편의를 위하여 양도가액을 자산의 양도 당시의 기준시가를 적용하는 것을 원칙으로 하면서, 다만 대통령령이 정하는 경우에만 실지거래가액을 적용하도록 규정하고 있었으며, 2005. 12. 31. 법률 제7837호 개정법률에 의하여 기준지가 적용 원칙이 폐지되고 실지거래가액 적용 원칙이 시행되었다.

행정법학에서는 선행처분에 불가쟁력이 발생한 이후에는 후행처분을 하는 행정청이 선행처분의 내용·효력에 구속되기 때문에 후행처분에 대한 취소소송에서 선행처분의 위법성을 다투는 것이 원칙적으로 허용되지 않는다고 하여 설명방식을 다소 달리하며, 다만 일정한 상황이나 처분의 성질에 따라 차등적 구속력을 인정하여 일정한 경우에는 예외적으로 구속력을 부인하는 방식으로 권리구제를 허용한다(선행처분의 후행처분에 대한 구속력·규준력 이론).[2]

하자의 승계 문제는 개별법률에 근거한 행정활동이 단계적으로 이루어지고 있다는 점과 행정소송법상 처분에 대하여 단기의 제소기간을 규정하여 해당 처분이 당연무효가 아닌 이상 제소기간을 도과하면 더 이상 권리구제를 받을 수 없도록 쟁송제도가 설계되어 있다는 점의 상호작용 때문에 발생한다.

후행처분 자체에 처분권한의 부존재, 절차상 하자, 사실오인, 법리오해, 재량권 일탈·남용 등과 같은 독자적 위법사유가 존재하는 경우에는 그것을 이유로 후행처분을 취소할 수 있으므로, 원고나 법원이 굳이 선행처분의 하자를 후행처분의 위법사유로 거론할 필요가 없다. 따라서 하자의 승계 논의는 후행처분에 선행처분의 하자 외에는 독자적 위법사유가 없을 때 비로소 논의의 실익이 있다.

다른 한편으로, 선행처분에 중대·명백한 하자가 있어 당연무효인 경우에는 당연무효인 선행처분에 기초한 일련의 후행처분은 모두 무효라는 것이 확립된 통설·판례이다.[3] 따라서 하자의 승계 논의는 선행처분의 하자가 무효사유는 아니고 취소사유인 경우임을 전제로 한다. 다만, 소송실무·기술적인 측면에서 선행처분의 무효 주장과 하자의 승계 주장은 원고의 권리구제를 위하여 상호보완적인 기능을 수행하기 때문에 밀접하게 관련되어 있다. 선행처분의 어떤 하자가 대법원 판례상으로 무효사유가 아니라 취소사유로만 평가되기 때문에 후행처분에 대한 취소소송에서 하자의 승계가 주장되곤 한다. 반대로, 대법원 판례상으로 하자의 승계가 부정되기 때문에 후행처분에 대한 취소소송에서 선행처분에 무효사유

---

2) 선정원, "하자승계논의의 몇 가지 쟁점에 관한 검토", 『행정판례연구』 제10권, 2005, 173-185면 참조.

3) 대법원 1999. 4. 27. 선고 97누6780 판결(당연무효인 철거명령 → 대집행계고), 대법원 2015. 3. 20. 선고 2011두3746 판결(당연무효인 실시계획인가 → 수용재결), 대법원 2017. 7. 11. 선고 2016두35120 판결(당연무효인 사업자 지정 → 실시계획인가) 등. 후행처분에 고유한 하자가 없더라도 선행처분이 당연무효인 경우에는 후행처분의 효력을 다툴 수 있도록 하는 것도 큰 틀에서 보면 '하자의 승계 문제'로 파악할 수 있다. 아래에서 살펴보는 바와 같이, 하자의 승계 인정 여부는 궁극적으로 이익형향의 문제인데, 선행처분에 중대·명백한 하자가 있는 경우에는 그에 기초한 일련의 행정활동에 보호가치가 작고 저울의 추가 압도적으로 국민의 권리구제 쪽으로 기울기 때문에 별도의 이익형량이 필요하지 않은 것이다.

가 있다고 주장되곤 한다. 무효사유의 판단기준을 '중대·명백설'에서 '명백성 보충요건설'로 완화하여야 한다는 주장은 대법원 판례상으로 하자의 승계를 통한 권리구제가 불가능하기 때문에 제기되는 것이다.

　하자의 승계를 지나치게 좁게 인정할 경우 위법한 선행처분에 기초한 후행처분이 집행되도록 하는 것인데 이것이 실질적 법치주의 이념에 부합하는지에 관하여 근본적인 의문과 처분상대방에게 가혹하다는 비판이 제기될 수 있다. 반면, 하자의 승계를 폭넓게 인정할 경우 선행처분에 대하여 단기의 제소기간을 규정함으로써 행정법관계의 조기 확정을 도모하려는 입법취지가 훼손된다. 일부 문헌에서는 하자의 승계를 좁게 인정하는 판례는 잘못이고 하자의 승계를 폭넓게 인정하는 것이 바람직한 것처럼 서술하고 있으나, 이는 타당하지 않다. 독일, 프랑스, 일본 등 외국의 경우에도 광협의 차이가 있을 뿐 하자의 승계를 일정 정도 제한하고 있다. 다만 프랑스 판례의 경우 하자의 승계를 비교적 폭넓게 인정하는 경향이 있는 반면, 독일 판례의 경우 하자의 승계를 비교적 좁게 인정하는 경향이 있다고 평가되고 있다. 하자의 승계 인정 여부에 관해서는 상호 충돌하는 법가치와 이익들 사이의 비교형량을 통한 법정책적 가치판단이 필요하다. 현대행정의 다양한 개별영역과 다종의 행위형식, 다양한 하자의 원인과 정도 등을 고려하면, 흠이 있는 선행처분의 실현을 관철할 것인지 아니면 포기할 것인지의 문제를 획일적인 기준으로 처리하는 것은 바람직하지 않다. 이 문제는 궁극적으로 구체적 사건에서 공익과 사익의 형량, 법적 안정성의 요청과 구체적 권리구제의 요청 사이의 형량에 의하여 해결되어야 한다. 이러한 형량에서 특히 고려되어야 할 형량요소들로는 해당 개별영역의 특수성, 해당 처분의 규모와 이해관계자의 수, 법률관계 조기 확정의 특별한 필요, 일반인의 인식 정도, 기본적인 사회적 사실관계의 동일성, 국민의 예측가능성과 수인가능성을 들 수 있다.[4]

　예를 들어 과세처분으로 세액이 확정되어 불가쟁력이 발생한 이후에는 경정처분으로 세액산정이 변경되더라도 종전에 확정된 세액의 납부·징수에 관해서는 더 이상 다투지 못하도록 규정하고 있는 국세기본법 제22조의3 제1항[5]처럼 가급적 입법자가 개별법률에서 해당 법률영역의 특수성과 우선하여야 할 법가치·이익, 해당 법률에 근거한 처분의 특성 등

---

4) 하자승계 인정 여부에 관하여 명확한 판단기준을 제시하기 어렵고, 개별 사안에서 개별 행정영역의 특성과 제반 이익의 비교형량이 필요하다고 점을 다수의 문헌에서 인정하고 있다. 대표적으로 류지태, "개별공시지가 결정행위의 하자의 승계에 관한 판례 : 하자승계논의에 관한 새로운 해결시도", 『고려대 판례연구』 제7권, 1995, 139-140면; 박해식, "하자의 승계", 『대법원판례해설』 제43호, 2002, 213-214면 참조.

5) 제22조의3(경정 등의 효력) ① 세법에 따라 당초 확정된 세액을 증가시키는 경정(更正)은 당초 확정된 세액에 관한 이 법 또는 세법에서 규정하는 권리·의무관계에 영향을 미치지 아니한다.

을 고려하여 개별·구체적으로 명확하게 규정하는 것이 바람직하다.[6] 그러나 대개의 경우 입법자가 문제상황을 미리 예상·검토하여 구체적인 처리방법을 명확하게 규율하는 방식으로 치밀하게 입법이 이루어지고 있지 못하기 때문에, 구체적인 입법이 없는 경우 하자의 승계 인정 여부는 개별 후행처분에 대한 취소소송에서 법원(최종적으로 대법원)이 개별법률의 입법목적, 내용과 체계뿐만 아니라 행정쟁송제도의 합리적이고 효율적인 운용이라는 측면까지도 고려하여 사법정책적으로 판단할 수밖에 없다.

2. 하자의 승계 인정 여부의 판단기준

(1) 대법원 판례

대법원 판례는 오래 전부터 하자의 승계 인정 여부의 판단기준으로서 '선행처분과 후행처분이 결합하여 1개의 법률효과를 완성하는지 여부'를 제시하고 있으나, 엄밀히 말하면 단계적으로 설계된 행정활동의 경우 각 단계마다 고유한 요건과 효과가 정해져 있으므로 선행처분의 법률효과와 후행처분의 법률효과가 동일한 경우란 존재할 수 없다. 결국 이 판단기준은 원칙적으로 하자 승계는 허용되지 않는다는 불승계원칙을 천명한 것이라고 이해할 수도 있다. 원래 단계적 행정활동의 개별 단계별로 처분성을 인정하는 이유는 개별 단계별로 이해관계인이 불복할 수 있도록 함으로써 조기의 권리구제를 가능하게 함과 동시에, 불복하지 않아 불가쟁력이 발생한 단계에 대해서는 이후에 더 이상 다툴 수 없도록 함으로써 행정법관계를 조기에 확정하고 행정의 원활한 수행을 보장하려는 것이기 때문이다.

그러나 이러한 판단기준을 예외 없이 기계적·획일적으로 관철할 경우에 발생하는 불합리한 결과를 교정하기 위하여 '수인한도론'에 기초하여 일정한 예외를 인정하고 있으며 예외를 인정하는 경우가 점차로 늘어나고 있다. 또한 '1개의 법률효과' 자체도 명확하지 않은 개념이어서 다툼의 소지가 많다. 1개의 법률효과를 긍정하여 하자의 승계를 인정한 사례와 1개의 법률효과를 부정하여 하자의 승계를 부정한 사례들을 살펴보면 대략적인 경향성을 감지할 수는 있으나, 일관성 있는 구분기준을 추출해 내기는 어렵다. 각각의 사안에서 판단자가 제반 사정을 종합하여 하자의 승계를 허용할 것인지 여부를 직관적으로 판단내린

---

6) 독일 연방행정절차법(VwVfG) 제72조 제2항은 개발계획이 '계획확정절차'를 거쳐 결정되고 불가쟁력이 발생한 이후로는 원칙적으로 인근주민 등 이해관계인이 해당 개발계획의 중지, 시설의 제거나 변경, 시설사용의 중지 등을 청구하지 못하도록 규정하고 있다. 이를 '배제효' 또는 '차단효'라고 하는데, 확정된 개발계획의 원활한 집행을 보장하기 위하여 입법자가 하자의 불승계 원칙을 명문화한 것이라고 이해할 수 있다.

후에 그 결론을 기존 판례상 판단기준에 끼워 맞춰 정당화하는 이유제시로서 '1개의 법률효과 인정 여부'를 설시하는 것처럼 보일 뿐이다.

하자의 승계에 관한 대법원 판례에는 대략적으로 어떤 얼개(frame)를 가진 법리가 있다고 평가할 수는 있지만, 그것이 고정·불변이라고 볼 수는 없고 어느 정도는 개별사안별 해결(Kasuistik)이 불가피한 측면이 있다. 다양한 처분유형과 사례군에 관하여 대법원 판례가 집적되어 있다. 하급심이나 대법원의 행정재판실무상으로는 종전에 어떤 대법원 판례에서 특정한 개별법률에 의한 선행처분과 후행처분 사이의 하자의 승계를 인정하거나 부정하는 판단이 있었으면, 가급적 해당 판례를 따라 후속사건을 처리하지만, 해당 판례의 적용범위는 엄밀히 말하면 바로 그 특정한 개별법률에 의한 선행처분과 후행처분의 관계에만 미친다. 이것이 동종 또는 유사한 다른 사안에도 확대 적용할 수 있는지는 명확하지 않으며, 다툼이 있으면 다시 대법원의 판단을 기다려볼 수밖에 없다. 이런 점에서 하자의 승계에 관한 대법원 판례는 계속적·점진적으로 변화·발전(Fortbildung)하고 있다고 평가할 수 있다.

(2) 대안적 논의들

대법원 판례에서 제시한 '법률효과의 동일성' 대신에 '내부적 관련성'이란 판단기준을 제시하는 견해도 있으나,[7] '내부적 관련성'도 모호하기는 마찬가지이며, 설명방식이 다를 뿐이고 판단결과에 본질적 차이가 있다고 보이지도 않는다.

새로운 판단기준으로 ① 후행처분 취소소송의 소송물에 선행처분의 위법성이 포함되는지 여부와 ② 선행처분의 위법성을 후행처분의 취소소송으로 우회하여 다투는 것이 소권실효에 해당하는지 여부를 중첩적으로 사용하자는 견해[8]도 있으나, 그러한 견해에 의할지라도 하자 승계 여부가 다투어진 판례의 모든 사안에서 ①기준은 충족된다고 하므로 ①기준은 사안을 선별하는 적절한 판단기준이라고 평가하기 어렵다. 엄밀히 말하면, ①기준은 독립적 판단기준이 아니라 ②기준 도입 필요성을 설명하기 위한 '이론적 가정'일 뿐이다. 또한 대법원 판례상으로 수인한도를 넘는다는 이유로 하자승계를 인정한 모든 사안에서 선행처분의 위법성을 후행처분의 취소소송으로 우회하여 다투는 것이 신의칙 위반이 아니어서 소권실효에 해당하지 않으므로 ②기준을 충족한다고 하는데, 이는 예외적으로 권리구제가 필요하다는 규범적 가치평가 결과를 설명하는 방식이 다른 것일 뿐, 본질적으로 다

---

7) 류지태, 앞의 글(주 4), 140-142면.
8) 홍강훈, "하자승계 문제의 소송법적 해결론에 따른 하자승계 관련 대법원 판례들의 문제점 분석 및 비판", 『공법연구』 제50권 제2호, 2021.

른 판단기준이라고 보기는 어렵다.

새로운 판단기준으로 프랑스 판례인 '법제의 독자성 원칙'(le principe d'indépendance des législations)을 참고하여 선행처분의 근거법률과 후행처분의 근거법률이 다른 경우에는 하자 승계를 인정하지 않고 같은 경우에는 하자 승계를 인정하는 방안을 고려해 볼 수 있고, 대법원 판례의 상당수가 이 기준으로 설명이 가능하다는 견해가 있다.[9] 이러한 판단기준에 따르면 예를 들어 도시정비법에 근거한 정비사업에서 조합설립인가 → 사업시행계획 → 관리처분계획 사이에서 하자 승계를 인정하여야 한다는 결론에 이르게 되는데, 대법원 판례에 배치될 뿐만 아니라 정책적으로도 타당한 결론인지는 의문이다. 이러한 판단기준은 일견 설득력 있어 보이고 근거법률의 동일성이라는 명확한 기준을 제시한다는 점에서 장점이 있으나, 근본적으로 우리나라의 입법실무가 부실하기 때문에 항상 타당한 결론을 보장하지 못하는 문제점이 있다. 우리나라에서는 법률이 영역별로 신중하게 입안·제정되는 것이 아니라 주무부처의 편의에 따라 수시로 관련 법률을 합쳤다가 쪼개기를 반복하고 있는 현실을 고려하면 하자의 승계 인정 여부를 주무부처의 변덕에 맡겨두는 것은 바람직하지 않으며, 만약 이러한 판단기준이 대법원 판례로 채택된다면 영역별 관련 법률의 통합·법전화 작업에 반대하는 논거로 원용되거나 주무부처가 하자의 불승계를 위하여 근거법률 쪼개기에 나설 가능성도 배제하기 어렵다. 추후 개별법률을 제·개정할 때 하자 승계의 허용 또는 배제의 범위·기준을 검토하여 명문의 규정을 두는 정도로 우리나라의 입법실무가 개선되지 않는 상황에서는 하자 승계 여부를 근거법률의 동일성이라는 형식적이고 단일한 기준에 좌우되도록 하는 것은 바람직하지 않다.

Ⅲ. 구체적인 판례들[10]

1. 원칙 : 1개의 법률효과를 목적으로 하는지를 기준으로 한 판단

(1) 1개의 법률효과(하자의 승계)를 부정한 사례

아래의 경우에는 선행처분과 후행처분이 별개의 법률효과를 목적으로 한다는 이유로 하자의 승계를 부정하였다. ① 과세처분 → 체납처분,[11] ② 건축법상 시정명령(철거명령) →

---

9) 송시강, "하자의 승계에 관한 법리의 재검토 – 대법원 2022. 5. 13. 선고 2018두50147 판결에 대한 평석", 『행정법연구』 제70호, 2023, 72-73면.

10) 동일 사안에 다수의 판례가 있는 경우에는 최초의 판례와 최근 판례공보에 수록된 판례만 인용한다.

대집행 계고처분,[12) ③ 감사원의 변상판정 → 해당 기관장의 변상명령,[13) ④ 공무원에 대한 직위해제처분, 전직처분 또는 전직 거부처분 → 직권면직처분,[14) ⑤ 도시계획시설결정 → 지형도면 승인처분[15) 또는 실시계획인가,[16) 사업시행자 지정 → 도로구역결정,[17) 택지개발예정지구 지정 → 택지개발계획 승인,[18) ⑥ 사업인정 → 수용재결,[19) ⑦ 정비사업조합 추진위원회 구성승인 → 조합설립인가,[20) 토지구획정리사업의 사업시행인가 → 환지청산금 부과처분,[21) ⑧ 액화석유가스판매사업 허가처분에서 정한 부관(조건) → 부관 불이행을 이유로 한 사업개시신고 반려처분,[22) ⑨ 허가기간 연장 거부처분 → (철거명령 및) 대집행 계고처분,[23) ⑩ 업무정지처분 → 업무정기기간 중 업무를 하였다는 사유의 등록취소처분,[24) ⑪ 사업종류(보험료율) 변경 결정 → 산재보험료 부과처분,[25) 소득금액변동통지 → 원천징수소득세 납세고지(징수처분),[26) ⑫ 신체등위 판정에 따른 보충역 편입처분 → 공익근무요원 소집처분,[27) ⑬ 공동상속인들 중 1인에 대한 상속세 과세처분 → 다른 공동상속

---

11) 대법원 1961. 10. 26. 선고 4292행상73 판결, 대법원 1989. 7. 11. 선고 88누12110 판결 등.
12) 대법원 1982. 5. 25. 선고 81누44 판결, 대법원 1998. 9. 8. 선고 97누20502 판결. 이는 아래 3. 가.항에서 살펴보는 바와 같이 건축법상 시정명령 → 이행강제금 사이의 하자승계를 인정하는 것과 상충된다.
13) 대법원 1963. 7. 25. 선고 63누65 판결.
14) 대법원 1971. 9. 29. 선고 71누96 판결, 대법원 2005. 4. 15. 선고 2004두14915 판결.
15) 대법원 1978. 12. 26. 선고 78누281 판결.
16) 대법원 2000. 9. 5. 선고 99두9889 판결, 대법원 2017. 7. 11. 선고 2016두35120 판결 등.
17) 대법원 2009. 4. 23. 선고 2007두13159 판결.
18) 대법원 1996. 3. 22. 선고 95누10075 판결.
19) 대법원 1986. 8. 19. 선고 86누256 판결, 대법원 2000. 10. 13. 선고 2000두5142 판결 등
20) 대법원 2013. 12. 26. 선고 2011두8291 판결.
21) 대법원 2004. 10. 14. 선고 2002두424 판결.
22) 대법원 1991. 4. 23. 선고 90누8756 판결.
23) 대법원 1993. 9. 14. 선고 93누3929 판결.
24) 대법원 2019. 1. 31. 선고 2017두40372 판결.
25) 대법원 2020. 4. 9. 선고 2019구61137 판결.
26) 대법원 2012. 1. 26. 선고 2009두14439 판결.
27) 대법원 2002. 12. 10. 선고 2001두5422 판결. 이 사안만을 놓고 보면 결론을 수긍할 수 있으나, 아래 1. 나.항 ③번에서 언급하는 안경사 사례에서 하자의 승계를 인정한 것과 실질적으로 상충되는 문제점이 있다. 두 사례는 1차 불이익처분에 대하여 처분상대방이 불복하지 않은 채 장기간이 도과한 후에 2차 불이익처분이 내려진 사안이 아니라, 1차 불이익처분과 2차 불이익처분이 시간상 근접하여 이루어졌는데, 소송대리인의 행정소송법리에 관한 이해 부족으로 2차 불이익처분에 대해서만 취소소송을 제기하였고, 그 소송 진행 도중에 1차 불이익처분에 대한 제소기간이 도과하여 불가쟁력이 발생한 경우였다. 안경사 사례에서는 하자의 승계를 인정함으로써 원고의 권리구제를 허용하였으나, 공익근무요원 사례에서는 하자의 승계를 부정함으로써 원고의 권리구제를 불허하였다. 이러한 사안에서는 선행처분과 후행처분이 별개의 법률효과를 목적으로 하므로 하자의 승계는 부정하되, 선행처분과 후행처분 사이에 밀접한 관련성이 있고 선행처분에 대한 제소기간 내에 후행처분에 대한 취소소송이 제기된 경우

인에 대한 연대납세의무 징수처분,28) ⑭ 특정 국제항공노선에 관한 A회사에 대한 운수권배분 직권철회 및 노선면허 거부처분 → 경쟁관계에 있는 B회사에 대한 동일 노선에 관한 운수권배분 및 노선면허처분.29)

(2) 1개의 법률효과(하자의 승계)를 인정한 사례

아래의 경우에는 선행처분과 후행처분이 1개의 법률효과 완성을 목적으로 한다는 이유로 하자의 승계를 인정하였다. ① 체납된 조세납부 독촉 → 가산금·중가산금 징수처분,30) ② 행정대집행절차상 대집행 계고 → 대집행 영장통지 → 대집행 실행 → 비용납부명령,31) ③ 국립보건원장의 안경사시험합격 무효처분 → 보사부장관의 안경사면허 취소처분.32)

2. 1개의 법률효과를 부정하면서도 예외적으로 수인한도론에 근거하여 하자의 승계를 인정한 사례

(1) 개별공시지가 결정

대법원 1994. 1. 25. 선고 93누8542 판결에서 처음으로 수인한도론에 근거하여 하자의 승계를 인정하였다. 개별공시지가 결정과 이를 기초로 하는 과세처분 등 후행처분은 서로 독립하여 별개의 법률효과를 목적으로 하는 것이지만, 개별공시지가 결정은 토지소유자나

에는 선행처분의 취소를 구하는 청구취지 확장(객관적 병합)의 제소기간 준수 여부는 따로 따질 필요가 없는 것으로 보아 제소기간 제한의 예외를 인정하는 방식으로(대법원 2019. 7. 4. 선고 2018두58431 판결 등 참조) 권리구제를 허용하는 것이 바람직하다.

28) 대법원 2001. 11. 27. 선고 98두9530 판결. 그러나 이 경우 전자가 후자의 논리적 전제가 되기는 하지만, 과세행정실무상으로 양자는 동시에 이루어지므로, 엄밀히 말하면 이 판례는 선행처분에 대해 불가쟁력이 발생한 후에는 후행처분 취소소송에서 선행처분의 위법을 다툴 수 없다는 의미에서 하자의 승계를 부정하는 취지가 아니라, 동시에 행해지는 두 개의 처분 중에서 어느 것을 쟁송대상으로 삼아야 할지에 관한 지침을 주는 판례이다. 공동상속인 관계임을 전제로 한다면, 논리적으로 전자가 취소되지 않고서는 후자를 취소할 수 없는 것이므로, 연대납세의무 징수처분을 받은 공동상속인으로서는 자신에 대한 후자의 처분의 취소를 구할 것이 아니라 고유한 납세의무자에 대한 전자의 처분에 대한 취소소송을 제기하는 방식으로 불복하라는 취지이다. 전자의 처분을 취소하는 판결이 확정되면, 그 취소판결의 기속력에 의하여 과세관청은 후자의 처분을 직권으로 취소할 의무가 있다.

29) 대법원 2004. 11. 26. 선고 2003두3123 판결.

30) 대법원 1986. 10. 28. 선고 86누147 판결.

31) 대법원 1993. 11. 9. 선고 93누14271 판결, 1996. 2. 9. 선고 95누12507 판결.

32) 대법원 1993. 2. 9. 선고 92누4567 판결. 이것이 1. 가.항 ⑫번 판례와 상충된다는 점은 본고의 각주 27 참조.

이해관계인에게 개별적으로 고지되지 않으므로[33] 과세처분 단계에서 개별공시지가 결정의 위법을 주장할 수 없도록 하는 것은 수인한도를 넘는 불이익을 강요하는 것이어서 국민의 재산권과 재판받을 권리를 보장하는 헌법의 이념에 부합하지 않아, 예외적으로 과세처분 등 후행처분에 대한 취소소송에서도 개별공시지가 결정의 하자를 후행처분의 위법사유로 주장할 수 있다고 해석함이 타당하다고 판단하였다.[34] 그 후 같은 이유에서 개별공시지가 결정 → 개발부담금 부과처분,[35] 친일반민족행위자 결정 → 독립유공자법 적용배제자 결정[36] 사이에 하자의 승계를 인정하였다. 친일반민족행위자 결정도 이미 사망한 대상자의 유족에게 개별통지가 이루어지지 않는다는 특징이 있다.

　이처럼 수인한도론은 선행처분에 대하여 개별통지가 이루어지지 않아 제소기간 내에 불복할 것을 기대하기 어렵다는 점에 방점이 놓여 있다. 개별통지가 이루어졌거나[37] 또는 이해관계인이 고시·공고된 처분의 내용을 즉각 파악하여 이의신청을 하였으나 기각결정 통보 후에 행정쟁송을 제기하지 않아[38] 불가쟁력이 발생한 특별한 사정이 있는 경우에는 예측가능성, 기대가능성이 없다거나 수인한도를 넘는다고 평가하기 어렵다.

---

33) 2016. 1. 19. 법률 제13796호로 전부 개정된 「부동산공시법」 제10조 제5항은 시장·군수·구청장이 개별공시지가를 결정·공시하기 위하여 개별토지의 가격을 산정할 때에는 그 타당성에 대하여 감정평가업자의 검증을 받고 토지소유자, 그 밖의 이해관계인의 의견을 들어야 한다고 규정하여 의견청취절차를 도입하였으나, 2016. 8. 31. 대통령령 제27471호로 전부 개정된 동 시행령 제19조 제1항에 의하면, 이러한 의견청취절차는 청사에 개별토지가격 열람부를 비치하여 열람할 수 있도록 하고 게시판 또는 인터넷 홈페이지에 열람기간·장소, 의견제출기간·방법을 게시하여, 이를 본 개별토지소유자등이 의견제출기간 내에 의견을 제출하면 의견제출기간 만료일부터 30일 이내에 심사하여 그 결과를 의견제출인에게 통지하여야 할 뿐이다. 즉, 개별토지가격이 토지소유자등에게 개별적으로 통지되는 것이 아니므로, 여전히 수인한도론을 적용하는 것이 타당하다.
34) 우리나라의 행정법학계에서는 수인한도론에 근거하여 하자승계를 인정한 대법원 판례를 대체로 환영하였다. 수인한도론은 하자승계론에 특유한 내용은 아니고, 법치국가원리에서 파생되는 당연한 요청[류지태, 앞의 글(주 4), 142] 또는 행정법의 일반원칙[김동희/최계영, 『행정법Ⅰ』 제26판, 2021, 356면; 김중권, 『행정법』 제4판, 2021, 60면]이라는 평가가 있다.
35) 대법원 1997. 4. 11. 선고 96누9096 판결.
36) 대법원 2013. 3. 14. 선고 2012두6964 판결.
37) 대법원 1995. 3. 28. 선고 93누23565 판결 등은 개별통지가 이루어지는 구 지방세법 시행령에 따른 토지등급 설정·수정 → 과세처분 사이의 하자승계를 부정하였다.
38) 대법원 1998. 3. 13. 선고 96누6059 판결은 개별토지가격결정에 대하여 이해관계인이 60일 이내에 재조사청구를 하여 감액조정결정을 받았으나 이에 대하여는 더 이상 불복하지 않았던 사안에서 감액조정된 개별토지가격 결정 → 과세처분 사이의 하자승계를 부정하였다. 마찬가지로, 개별공시지가 결정을 위한 의견청취절차에서 의견을 제출하고 그 심사 결과를 통지받은 토지소유자등이 개별공시지가 결정에 대하여 불복하지 않아 불가쟁력이 발생한 경우에도 후속 과세처분에의 하자승계를 부정함이 타당하다.

(2) 표준지공시지가 결정

표준지공시지가 결정도 토지소유자나 이해관계인에게 개별적으로 통지되지 않으며,[39] 표준지공시지가 결정 단계에서는 후행처분에 미칠 영향을 예측·가능하기가 더욱 어렵다는 측면에서, 대법원 판례가 표준지공시지가 결정과 후행처분 사이의 하자의 승계를 인정할 것이라는 전망이 있었다. 대법원 2008. 8. 21. 선고 2007두13845 판결은 수인한도론을 근거로 표준지공시지가 결정 → 수용재결 사이의 하자승계를 인정하였으나, 대법원 판례는 여기에서 더 나아가지 않고 표준지공시지가 결정 → 개별공시지가 결정[40] 또는 과세처분[41] 사이의 하자승계는 부정하고 있다.

이러한 대법원 판례가 일관성이 없다는 비판도 있으나, 대법원 판례가 사안을 달리 취급하는 데에는 나름의 이유가 있다고 보는 것이 타당하다. 첫째, 법적 안정성의 측면에서 개별공시지가 결정과 표준지공시지가 결정을 구분할 필요가 있다. 개별공시지가 결정의 경우 후속 과세처분이나 부담금 부과처분에의 하자승계를 인정하더라도 개별공시지가 결정의 위법성을 확인하는 판결의 파장이 해당 필지에만 미칠 뿐이다.[42] 그러나 표준지공시지가 결정의 경우 후속 개별공시지가 결정이나 과세처분에의 하자승계를 인정하면 표준지공시지가 결정의 위법성을 확인하는 판결의 파장이 해당 필지에만 미치는 것이 아니라 약 70~80개 필지의 개별공시지가 결정과 과세처분에 미친다.[43] 후행처분에 대해 제소기간

---

39) 다만, 2016. 1. 19. 법률 제13796호로 전부 개정된 「부동산공시법」 제3조 제2항은 국토교통부장관이 표준지공시지가를 공시하기 위하여 표준지의 가격을 조사·평가할 때에는 대통령령으로 정하는 바에 따라 해당 토지소유자의 의견을 들어야 한다고 규정하고 있고, 2016. 8. 31. 대통령령 제27471호로 전부 개정된 동 시행령 제5조 제1항, 제2항은 국토교통부장관이 법 제3조 제2항에 따라 표준지 소유자의 의견을 들으려는 경우에는 부동산공시가격시스템에 관련 사항을 20일 이상 게시하여야 하고, 그 게시사실을 표준지 소유자에게 개별 통지하여야 한다고 규정하고 있다. 따라서 이제는 표준지 소유자의 경우 수인한도론을 근거로 하자승계를 인정하기 어렵게 되었다. 그러나 표준지공시지가 결정 단계에서는 해당 표준지의 공시지가가 인근의 어떤 토지의 개별공시지가 결정에 적용될지를 확실하게 예측하는 것이 불가능하므로, 해당 표준지공시지가 결정이 적용되는 다른 토지의 소유자의 경우에는 수인한도론을 근거로 하자승계를 주장할 여지가 여전히 남아 있다.

40) 대법원 1994. 3. 8. 선고 93누10828 판결, 대법원 1998. 3. 24. 선고 96누6851 판결 등.

41) 대법원 1995. 11. 10. 선고 93누16468 판결, 대법원 2022. 5. 13. 선고 2018두50147 판결 등.

42) 후행 조세·부담금 부과처분 취소소송에서 선행 개별공시지가 결정이 위법하다는 점이 확인되면 법원은 정당한 세액·부담금액을 산출할 수 없으므로 부과처분을 전부 취소하여야 하고(대법원 2000. 6. 9. 선고 99두5542 판결 참조), 그러한 이유의 취소판결이 확정되면 관계 행정청은 취소판결의 기속력에 따라 위법사항을 시정하여 다시 개별공시지가 결정을 하여야 하고, 부과처분의 행정청은 적법한 절차를 거쳐 공시된 개별공시지가를 적용하여 세액·부담금액을 다시 산정하여 재처분을 하여야 한다(대법원 2001. 6. 26. 선고 99두11592 판결 참조).

내에 취소소송을 제기하여 선행 표준지공시지가 결정의 위법을 주장한 사람에 대해서만 위법사항이 시정된 표준지공시지가를 적용하면 그만이므로 하자승계를 인정하더라도 법적 안정성이 크게 훼손되지는 않는다는 견해도 있으나,[44] 취소판결의 기속력이 해당 필지에만 미친다고 단정하기 어렵고, 오히려 행정청의 객관의무나 과세의 형평을 고려하면 처분청 및 관계 행정청으로서는 해당 표준지공시지가가 적용된 모든 개별공시지가와 그에 기초한 과세처분까지도 위법사항을 시정하여 재처분할 의무가 있다고 볼 여지가 크다.

둘째, 구체적인 결정절차, 산정방식 내지 결정내용의 신뢰도 측면에서 개별공시지가 결정과 표준지공시지가 결정을 구분할 필요가 있다. 표준지공시지가는 필수적으로 감정평가사의 감정평가를 거쳐서 결정되므로 전문성·정확성·신뢰성이 일정 정도 담보될 수 있어 후행처분 취소소송에서 그 하자를 다툴 기회를 추가로 부여할 필요성이 상대적으로 크지 않은 반면, 개별공시지가는 기초자치단체의 하급공무원이 해당 토지와 유사한 이용가치를 지닌다고 판단되는 하나 또는 둘 이상의 표준지를 선정하고 토지가격비준표를 사용하여 비교항목별로 비준율을 곱하는 방식으로 기계적으로 산정하므로 전문성·정확성·신뢰성이 담보되기 어려워 후행처분 취소소송에서 그 하자를 다툴 기회를 추가로 부여할 필요성이 상대적으로 크다.

셋째, 우리나라에서 공시지가가 시가(市價)에 크게 미달하는 현실을 고려하면, 표준지공시지가가 과세처분의 기초로 사용되는 경우와 수용재결의 기초로 사용되는 경우를 구분할 필요가 있다. 표준지공시지가는 수용 단계에서는 손실보상금 산정의 기초가 되지만, 취득·보유 단계에서는 과세의 기초가 되는 점에서 추상적인 수준에서 일반국민에게 양날의 검과 같은 성질을 지닌다. 국토교통부는 매년 표준지공시지가를 공시하면서 여러 통계지표를 발표하는데, 그에 따르면 2010년대까지도 표준지공시지가의 시세반영률이 전국 평균 약 50%에 불과하고 지역별로도 편차가 컸다. 표준지공시지가를 시가에 근접하게 인상할 경우 평소에 납부하여야 하는 취득세·보유세의 세액이 현재보다 대폭 인상되므로, 조세저항에 대한 우려가 정부가 표준지공시지가를 현실화하지 못하는 중요한 이유 중에 하나이다.[45]

---

43) '필지'란 일정한 기준에 따라 구획한 '토지의 등록단위'를 말하며, 필지별로 하나의 물권이 성립하는 객체(물건)로 보아 필지별로 대장과 등기부를 편성한다. 우리나라(남한)의 전 국토는 현재 약 2,000만 필지로 등록되어 있는데, 국토교통부는 매년 50만 필지를 표준지로 선정하여 표준지공시지가 결정을 하고 있다. 시·군·구청장은 매년 개별 필지에 대하여 인근에 유사한 조건의 표준지를 하나 선정하여 개별공시지가결정을 하므로, 평균적으로 1개의 표준지공시지가가 70~80개 필지의 개별공시지가 결정의 기초로 사용된다고 볼 수 있다.

44) 임영호, "하자 있는 표준지 공시지가결정과 그에 대한 쟁송방법", 『인권과 정의』 제378호, 2008, 112면.

45) 2020. 4. 7. 법률 제17233호로 개정된 「부동산공시법」에는 부동산공시가격이 적정가격을 반영하고 부

공시지가가 시가에 크게 미달하여 토지소유자의 입장에서 과세처분 단계에서는 낮은 공시지가로 세액이 적게 산정되므로 공시지가 결정의 하자를 다툴 요인이 많지 않은 반면, 수용·보상 단계에서는 낮은 공시지가로 보상금액이 적게 산정되므로 표준지공시지가 결정의 하자를 치열하게 다툴 현실적인 필요가 발생한다. 공시지가가 낮아 평소에 세금을 적게 낼 수 있었던 유리함이 수용·보상 단계에서는 토지소유자에게 치명적인 불리함으로 작용한다. 입법정책적 차원에서는 토지소유자가 낮은 공시지가로 평소에 이익을 얻었으므로 수용·보상 단계에서 손해를 보는 것을 감수하라고 요구할 여지도 있다. 그러나 토지의 취득세율과 재산세율이 0.2~0.7% 정도인 점을 고려하면, 수십 년간 누적된 세액의 차이보다도 수용 단계에서 적게 산정되는 보상금액이 현저히 크므로, 수용·보상 단계에서 표준지공시지가 결정의 하자를 다툴 수 있는 기회를 추가로 부여하는 것이 형평의 측면에서 바람직하다고 볼 수 있다.

(3) 내부적·중간적 결정의 처분성 인정에서 파생되는 문제의 해결방안

결론적으로 대법원 판례에 의해 채택되지는 않았으나, 만일 표준지공시지가 결정을 독립적인 쟁송대상으로 삼을 수 있도록 '처분성'을 인정할 경우 선행처분인 표준지공시지가 결정과 후행처분인 개별공시지가 결정이나 과세처분은 별개의 법률효과를 목적으로 하는 것이어서 후행처분 취소소송에서 하자승계가 부정되어 처분상대방의 권리구제에 불리한 결과가 발생하므로, 표준지공시지가 결정의 처분성을 부정하는 것이 타당하다는 견해가 제기되었다.[46] 이는 표준지공시지가 결정의 경우에만 발생하는 것이 아니라, 일련의 단계적 행정작용 중에서 행정청의 중간적 행위가 항고소송의 대상이 되는 처분에 해당한다는 명확한 판례가 없는 경우에 거의 항상 제기되는 문제상황으로서, 항소소송의 대상적격(처분성) 확대에 반대하는 대표적인 논거였다.

유사한 문제상황으로서 소득금액변동통지의 처분성 인정 문제를 예로 들 수 있다. 과거의 대법원 판례는 소득세법 시행령에 따른 과세관청의 원천징수의무자에 대한 소득금액변동통지가 징수처분(납세고지)으로 나아가기 위한 절차적 요건일 뿐 항고소송의 대상이 되는 독립된 행정처분이 아니라고 보았고,[47] 그에 따른 논리적 귀결로서 원천징수의무자는

동산의 유형·지역 등에 따라 균형성을 확보할 수 있도록 국토교통부장관이 부동산 시세반영률의 목표치를 설정하고 이를 달성하기 위한 계획을 수립하도록 하는 규정(제26조의2)이 신설되었다. 그에 따라 국토교통부장관은 2020. 11. 표준지공시지가의 시세반영률이 2028년까지 80%가 되는 것을 목표로 매년 점진적으로 표준지공시지가를 인상하겠다고 '부동산 공시가격 현실화 계획'을 발표하였다. 국토교통부가 발표한 2022년도 표준지공시지가의 시세반영률은 71.6%이다.

46) 대표적으로 임영호, 앞의 글(주 44), 103-109면.

징수처분 취소소송에서 원천징수의무의 존부나 범위에 관하여 다툴 수 있다고 보았다.[48) 그러나 대법원은 분쟁을 조기에 근본적으로 해결할 수 있도록 하기 위하여 종전 판례를 변경하여, 소득금액변동통지의 처분성을 긍정하여 독립적으로 항고소송의 대상으로 삼을 수 있도록 하였고,[49) 그에 따른 논리적 귀결로서 소득금액변동통지의 하자가 당연무효 사유에 해당하지 않는 한 원천징수의무자는 이를 소득금액변동통지에 대한 항고소송에서 다투어야 하고 후속 징수처분 취소소송에서는 다툴 수 없다고 보았다.[50)

소득금액변동통지와 같은 행정청의 중간적 결정이 독립적으로 다툴 수 있는 행정처분에 해당하는지에 관하여 명확한 판례가 나오기 전에는, 처분상대방으로서는 그러한 중간적 결정이 처분에 해당하는지를 정확히 알기 어렵기 때문에 나중에 최종적 결정이 나오면 그때 최종적 결정에 대한 취소소송에서 행정청의 전체적인 판단과정의 위법을 다투려고 할 수 있다. 즉, 이러한 경우에는 새로운 판례에 의하여 중간적 결정의 처분성을 인정하더라도 중간적 결정과 후행처분 사이의 하자승계를 인정하여 후행처분 취소소송에서 중간적 결정의 위법을 다툴 수 있도록 할 필요성이 크다. 이와 관련하여 대법원 2020. 4. 9. 선고 2019두61137 판결은 근로복지공단의 사업주에 대한 '개별 사업장의 사업종류 변경결정'(이에 따라 해당 사업장에 적용되는 산재보험료율이 결정된다)이 독립적으로 항고소송의 대상으로 삼을 수 있는 처분에 해당한다고 판단하면서, 근로복지공단이 사업종류 변경결정을 할 때 개별 사업주에 대하여 사전통지와 의견청취, 이유제시 및 불복방법 고지가 포함된 처분서를 작성하여 교부하는 등 실질적으로 행정절차법에서 정한 처분절차를 준수함으로써 사업주에게 방어권행사 및 불복의 기회가 보장되었는지 여부에 따라 후속 산재보험료 부과처분에 대한 쟁송절차에서 사업종류 변경결정의 위법을 다투는 것을 허용할지(하자승계 인정 여부)를 달리 취급하여야 한다고 판시하였다. 선행처분의 행정청이 행정절차법상 처분절차를 준수하여 처분상대방에게 방어권행사 및 불복의 기회가 보장되었다면, 후행처분 취소소송에서 하자승계를 부정하더라도 수인한도를 넘는다고 평가하기 어렵기 때문이다.

이와 관련하여 대법원 2019. 7. 11. 선고 2017두38874 판결의 사안도 살펴볼 필요가 있다. 병무청장이 '가수 A가 공연을 위하여 국외여행허가를 받고 출국한 후 미국 시민권을 취득함으로써 사실상 병역의무를 면탈하였다'는 이유로 2002. 1. 28. 법무부장관에게 입국금지를 요청함에 따라, 법무부장관이 2002. 2. 1. A의 입국을 금지하는 결정을 하고 그 정

---

47) 대법원 1993. 6. 8. 선고 92누12483 판결 등.
48) 대법원 1974. 10. 8. 선고 74다1254 판결, 대법원 2000. 3. 28. 선고 98두16682 판결 등.
49) 대법원 2006. 4. 20. 선고 2002두1878 전원합의체 판결.
50) 대법원 2012. 1. 26. 선고 2009두14439 판결.

보를 내부전산망인 '출입국관리정보시스템'에 입력하였으나 A에게 개별 통지를 하지는 않았다. 그 후 A가 2015. 8. 27. 재외공관장에게 재외동포(F-4) 체류자격의 사증발급을 신청하자, 재외공관장은 전산조회를 통해 A에 대하여 위와 같이 법무부장관의 입국금지결정이 이루어진 사실을 파악하고 이를 이유로 2015. 9. 2. 사증발급 거부처분을 하였다. A가 제기한 사증발급 거부처분 취소소송에서, 원심은 법무부장관의 입국금지결정은 행정처분에 해당하고, 이에 대하여 A가 불복하지 않아 불가쟁력이 발생하였으므로 재외공관장은 법무부장관의 입국금지결정에 구속되며, A는 사증발급 거부처분 취소소송에서 선행 입국금지결정의 하자를 다툴 수 없다고 판단하였다. 반면, 대법원은 법무부장관의 입국금지결정은 내부전산망에 그 정보를 입력하였던 것일 뿐 대외적으로 표시하지 않아 행정처분으로서 성립하였다고 볼 없으므로 행정처분으로서의 공정력과 불가쟁력도 발생할 여지가 없고, 단지 상급행정기관의 하급행정기관에 대한 내부적인 지시로서의 성질만 인정할 수 있으며, 하급행정기관인 재외공관장이 상급행정기관인 법무부장관의 내부적 지시를 따랐다는 이유만으로 사증발급 거부처분의 적법성이 보장되는 것은 아니며, 처분 당시의 대외적으로 구속력 있는 규범에 의하여 사증발급 거부처분의 적법성 여부를 판단하여야 한다고 판시하였다. 대법원 2020. 4. 9. 선고 2019두61137 판결의 취지를 따른다면, 만약 이 사안에서 법무부장관이 입국금지결정을 A에게 개별적으로 통지하여 불복의 기회를 보장하였다면 입국금지결정이 대외적으로 성립한 유효한 처분으로 인정되고 하자승계가 부정되었을 것이다. 다른 한편으로, 법무부장관이 입국금지결정을 내부전산망에 입력하는데 그치고 개별 통지를 하지 않았더라도 만약 A가 소문으로 그 사실을 알게 된 후에 법무부장관의 입국금지결정에 대하여 제소기간 내에 취소소송을 제기한다면, 그 입국금지결정은 대외적으로 강학상 '실체법적 처분'으로서 유효하게 성립하지는 않았다고 하더라도 법원은 분쟁의 조기·실효적 해결을 위하여 항고소송의 대상적격을 인정하고 본안판단을 하는 것이 타당한데, 이때 입국금지결정은 조기의 권리구제 기회를 보장하기 위하여 처분으로 인정되는 것이므로 강학상 '쟁송법적 처분'에 해당한다.[51] 이러한 쟁송법적 처분의 경우 처분청이 행정절차법에서 정한 처분절차를 준수하지 않아 상대방에게 방어권행사 및 불복의 기회가 보장되지 않았을 것이므로, 이에 대하여 A가 제소기간 내에 취소소송을 제기하지 않았다고 하더라도 후행처분 취소소송에서 선행처분의 위법을 다투는 것이 허용되어야 한다.

---

51) 송시강, "입국금지의 사증발급에 대한 효력과 그 한계", 『특별법연구』 제17권, 2020, 58면, 87-88면.

(4) 세무조사결정과 과세처분

　대법원 판례는 위법한 세무조사에 기초하여 이루어진 과세처분은 위법하다고 판시하여 과세처분 취소소송에서 세무조사(대상자선정 및 개시)결정의 위법을 다툴 수 있다고 보았는데,[52] 2011년에 비로소 세무조사결정 자체의 처분성을 인정하였다.[53] 세무조사는 후속 과세처분의 기초가 된다는 점에서 소득금액변동통지 → 징수처분의 관계와 유사하다. 소득금액변동통지에 관한 판례 변경을 고려하면, 세무조사결정의 처분성을 인정한 이상 과세처분 취소소송에서 세무조사결정의 위법을 다툴 수 없도록 하는 방안도 충분히 상정해 볼 수 있다. 세무조사결정과 과세처분은 목적과 효과를 달리하는 별개의 행정처분이며, 세무조사결정 자체에 대해 불복의 기회가 보장되어 있으므로 과세처분 취소소송에서 세무조사결정의 위법을 주장할 수 없도록 하더라도 수인한도를 초과한다고 보기는 어렵기 때문이다. 그러나 대법원 판례는 세무조사결정의 처분성을 인정한 이후에도 여전히 과세처분 취소소송에서 세무조사결정의 위법을 다투는 것을 허용하고 있다.[54] 원심에서 패소한 과세관청이 상고이유로 소득금액변동통지의 예에 따라 하자 승계 불인정으로 판례를 변경하여야 한다고 적절히 주장하지 못했기 때문인지, 아니면 대법원 내부적으로 하자승계 인정 여부에 관하여 세무조사와 소득금액변동통지를 달리 취급할 실질적인 이유가 있다고 보기 때문인지는 분명하지 않으며, 조만간 쟁점으로 다투어질 가능성이 있다.

IV. 요약 및 결론

　하자의 승계 인정 여부의 판단은 행정의 원활한 수행을 보장하기 위해서 선행처분의 불가쟁력이 존중되어야 한다는 '법적 안정성 요청'과 하자 있는 선행처분이 계속 구현되도록 하여서는 안 된다는 실질적 법치주의에 입각한 '구체적 권리구제 요청'이 상호 충돌하는 지점이므로, 구체적인 사건에서 상호 충돌하는 법가치와 이익들 사이의 비교형량을 통한 법정책적 가치판단이 필요한 사항이다. 대법원 판례는 전통적인 판단기준을 예외 없이 기계적·획일적으로 관철할 경우에 발생하는 불합리한 결과를 교정하기 위하여 대상판결에

---

52) 대법원 1995. 12. 8. 선고 94누11200 판결, 대법원 2006. 6. 2. 선고 2004두12070 판결, 대법원 2010. 12. 23. 선고 2008두10461 판결 등.

53) 대법원 2011. 3. 10. 선고 2009두23617 판결, 대법원 2015. 2. 26. 선고 2014두12062 판결.

54) 대법원 2017. 3. 16. 선고 2014두8360 판결, 대법원 2018. 6. 19. 선고 2016두1240 판결 등.

서 처음으로 '수인한도론'에 기초하여 일정한 예외를 인정하였으며, 그 후로도 예외를 인정하는 경우를 점차로 늘려나가고 있다. 그러다 보니 예외 인정기준이 불명확하고 예측가능성이 없으며 일관성 없는 사례들이 일부 관찰되고 있으므로, 앞으로 일관성 있는 판단기준을 제시하려는 노력이 필요하다.

생각할 문제

1. 하자승계 인정 여부와 처분의 당연무효는 어떤 관련이 있는가.

2. 하자승계 인정 여부 판단에서 상호 충돌하는 법가치는 무엇이고, 고려하여야 하는 형량요소들은 무엇인가.

3. 행정의 중간적 결정의 처분성을 인정할 경우에 중간적 결정과 최종적 결정 사이의 하자승계를 인정할 필요가 있는가. 하자승계를 인정할 근거는 무엇이고, 부정할 근거는 무엇인가.

대법원 2022. 3. 17. 선고 2021두53894 판결
[이의신청에 대한 결정의 통보를 새로운 처분으로 볼 수 있는지]

김 대 현*

[사실관계]

1. 원고는 당진시에 토지를 소유한 사람이고, 피고(당진시장)은 「지적재조사에 관한 특별법」(이하 '지적재조사법'이라 함)에 따른 지적재조사사업1)을 수행하는 지적소관청2)이다.

2. 피고(당진시장)는 2018. 1. 9. 지적재조사사업에 따라 원고 소유 토지의 지적공부상 면적이 감소되었다는 이유로, 당진시 지적재조사위원회의 의결을 거쳐 원고에 대하여 조정금 62,865,000원의 수령을 통지하였다(이하 '1차 통지'라 함). 위 통지서에는 조정금 수령을 통지하니 2018. 7. 9.까지 청구하라는 내용이 기재되어 있다. 한편 위 1차 통지서에는 불복방법에 대한 안내로서 '조정금 산정에 이의가 있을 경우에는 수령통지를 받은 60일 이내에 이의신청을 할 수 있다.'라는 내용이 기재되어 있다.

3. 원고는 2018. 2. 9. 피고에게 이 사건 토지에 관한 조정금이 시장가치를 반영하지 못하였다는 등의 이유로 이의를 신청하였다. 원고는 이의신청서에 구체적인 이의신청 사유를 기재한 문서를 첨부하였고, 소명자료로서 원고 소유 토지의 당진도시계획시설 개설공사 편입에 따른 보상협의요청 내역, 연도별 개별공시지가, 토지가격비준표 등을 제출하였으나,

---

* 부산지방검찰청 검사

1) 「지적재조사법」 제2조(정의) 2. "지적재조사사업"이란 「공간정보의 구축 및 관리 등에 관한 법률」 제71조부터 제73조까지의 규정에 따른 지적공부(필자 주 : 토지대장, 임야대장, 지적도, 임야도, 경계점좌표등록부)의 등록사항을 조사·측량하여 기존의 지적공부를 디지털에 의한 새로운 지적공부로 대체함과 동시에 지적공부의 등록사항이 토지의 실제 현황과 일치하지 아니하는 경우 이를 바로 잡기 위하여 실시하는 국가사업을 말한다.

2) 「지적재조사법」 제2조(정의) 5. "지적소관청"이란 「공간정보의 구축 및 관리 등에 관한 법률」 제2조제18호에 따른 지적소관청을 말한다.
「공간정보의 구축 및 관리 등에 관한 법률」 제2조(정의) 18. "지적소관청"이란 지적공부를 관리하는 특별자치시장, 시장(「제주특별자치도 설치 및 국제자유도시 조성을 위한 특별법」 제10조 제2항에 따른 행정시의 시장을 포함하며, 「지방자치법」 제3조 제3항에 따라 자치구가 아닌 구를 두는 시의 시장은 제외한다)·군수 또는 구청장(자치구가 아닌 구의 구청장을 포함한다)을 말한다.

당진시 지적재조사위원회는 원고 소유 토지에 대한 감정평가 등을 다시 실시한 다음, 2018. 6. 11. 조정금을 종전 가격과 동일한 액수로 심의·의결하였다.

4. 피고는 2018. 6. 12. 원고에게 '지적재조사사업 조정금 이의신청 토지에 대하여 구 「지적재조사에 관한 특별법」(2020. 4. 7. 법률 제17219호로 개정되기 전의 것, 이하 구 지적재조사법'이라 한다) 제20조의 규정에 의하여 재산정하고, 같은 법 시행령 제14조에 근거하여 당진시 지적재조사위원회에서 붙임의 통지서(이의신청토지 처리 결과 통지서)와 같이 심의·의결되었기에 그 결과를 조정금수령통지서와 함께 보내니 이를 확인하고 조정금을 수령하시기 바랍니다.'라는 내용으로 통지하였다(이하 '2차 통지'라 함). 첨부된 조정금수령통지서에는 기존 1차 통지 때와 동일한 액수인 조정금 62,865,000원의 수령을 통지하니 2018. 12. 12. 까지 청구하라는 내용이 기재되어 있다.

5. 원고는 2018. 9. 4. 충청남도행정심판위원회에 행정심판을 청구하면서, 행정심판청구서에 2차 통지의 취소 재결을 구한다고 기재하였다. 행정심판위원회는 2018. 11. 29. 원고의 행정심판청구를 기각하였다.

6. 원고는 2019. 2. 17. 이 사건 소를 제기하였는데, 소장에는 2차 통지의 취소를 구한다는 취지만 기재하였다가, 2020. 2. 10. 청구취지 및 원인 변경신청을 통하여 1차 통지의 취소를 구하는 청구를 추가하였다.

[사건의 경과]

1심 법원[3]은 원고의 위와 같은 청구취지 등 변경에 불구하고, 이 사건 소의 대상이 되는 처분을 2차 통지로 보고, 2차 통지의 적법 여부를 판단하였다. 즉, 1심 법원은 1차 통지의 경우 제소기간이 도과하였으므로 부적법하다고 보고, 원고가 이 사건 소에 이르게 된 경위, 변론 전체의 취지 및 제반 사정[4]을 고려하면 2차 통지는 국민의 권리·의무에 새로

---

3) 대전지방법원 2020. 12. 17 선고 2019구합101143 판결.

4) 위 2019구합101143판결은 ① 2차 통지가 1차 통지에서 정한 조정금 수령기한을 변경하여 국민의 권리·의무에 직접적인 변동을 가져오게 된다는 점에서 2차 통지와 1차 통지의 내용이 완전히 동일하다고 보기 어려운 점(조정금 수령기한이 달라지게 되면, 지적재조사법 제22조의 '조정금을 받을 권리나 징수할 권리는 5년간 행사하지 아니하면 시효의 완성으로 소멸한다.'는 규정에 따라 원고가 조정금 수령권한을 행사할 수 있는 종기가 달라지게 되므로, 국민의 권리·의무에 직접적인 변동을 가져오게 됨), ② 2차 통지에는 처분의 제목, 처분의 상대방, 처분 대상이 된 토지의 면적 및 ㎡당 조정금, 조정금의 산정근거, 근거법령 등이 모두 기재되어 있고, 이의신청에 따라 조정금을 재산정하였다는 취지도 기재되어

운 변동을 가져오는 공권력의 행사나 이에 준하는 행정작용으로서 독립하여 항고소송의 대상이 되는 처분에 해당하므로, 원고의 청구취지를 2차 통지의 취소를 구하는 취지라고 선해하는 전제에서 그 적법성을 판단한 뒤 원고의 청구를 기각하였다.

이에 불복하는 원고의 항소에 대해 제2심인 원심법원[5]은 1심 법원과 같이 1차 통지 취소청구는 제소기간이 도과되어 부적법하다고 판단하면서도, 2차 통지에 관해서는 1심 법원과 태도를 달리하여 원고의 구체적인 권리·의무에 직접적인 변동을 초래하게 하는 것이 아니어서 불복의 대상이 되는 행정처분에 해당하지 않는다고 판단하였다. 즉, 원심은 2차 통지에 '이의신청에 대한 처리결과'(1차 통지에 따른 조정금 유지)와 '조정금 수령통지'를 포함하고 있는데, 먼저 '이의신청에 대한 처리결과'는 ① 구 지적재조사법에 따른 이의신청은 조정금을 수령통지 또는 납부고지한 처분청인 지적소관청으로 하여금 조정금을 다시 산정하여 잘못이 있는 경우 스스로 시정하도록 한 절차로 보이는 점, ② 이의신청에 대한 처리결과의 내용은 원고에 대한 종전 조정금을 그대로 유지하는 것인 점, ③ 구 지적재조사법상 최초 조정금을 산정할 때와 이의신청에 대한 결정을 할 때 모두 시·군·구 지적재조사위원회의 심의를 거치도록 규정되어 있는 점(제20조 제4항, 제21조의2 제2항), ④ 이의신청이 조정금 수령통지 또는 납부고지에 대한 행정심판이나 행정소송의 제기에 영향을 준다는 규정이 없는 점을 들어, '조정금 수령통지'는 1차 통지의 조정금 수령통지를 재차 확인하는 것에 불과하고, 조정금 청구기간의 종기가 연장되었다고 해서 원고에게 불이익이 초래된다고 할 수 없는 점을 들어 원고의 구체적인 권리·의무에 직접적인 변동을 초래하게 하는 것이 아니라고 판시하면서 원고의 소를 각하하였다. 이에 대해 원고가 상고를 제기하였다.

있으므로, 2차 통지는 1차 통지와 별개의 독립한 처분인 것과 같은 외관을 갖추고 있는 점, ③ 1차 통지만을 항고소송의 대상이 되는 처분으로 해석한다면, 이의신청을 제기한 사람은 그 결과를 기다리는 동안 쟁송기간 도과로 인한 불이익을 입을 염려가 발생하게 되고, 제소기간 준수를 위해서 행정쟁송을 한다고 하더라도 행정쟁송 도중 이의신청이 인용됨에 따라 처분의 내용이 변경되는 경우 해당 쟁송의 이익이나 필요성이 없게 되어 부적법해질 수 있으며, 혹은 이의신청이 일부 인용되었음에도 불이익이 남아있는 경우라면 다시 처분변경으로 인한 청구의 변경 등을 거쳐야만 하는 등, 이와 같은 법률관계의 혼란이나 불필요한 절차 이행의 강요는 국가의 위법·부당한 처분(행정작용)으로부터 국민을 구제한다는 행정쟁송의 기본이념에 부합하지 아니하는 점 등을 2차 통지가 독립하여 항고소송의 대상이 되는 처분에 해당하는 사정으로 들고 있다.

5) 대전고등법원 2021. 9. 30 선고 2021누10048 판결.

[대상판결]

대법원은 위와 같이 2차 통지의 처분성에 관하여 판단한 원심판결을 파기하고 사건을 다시 심리·판단하도록 원심법원에 환송하였다. 그 구체적인 설시를 요약하면 다음과 같다.

> [1] 항고소송의 대상인 '처분'이란 "행정청이 행하는 구체적 사실에 관한 법집행으로서의 공권력의 행사 또는 그 거부와 그 밖에 이에 준하는 행정작용"(행정소송법 제2조 제1항 제1호)을 말한다. 행정청의 행위가 항고소송의 대상이 될 수 있는지는 추상적·일반적으로 결정할 수 없고, 구체적인 경우에 관련 법령의 내용과 취지, 그 행위의 주체·내용·형식·절차, 그 행위와 상대방 등 이해관계인이 입는 불이익 사이의 실질적 견련성, 법치행정의 원리와 그 행위에 관련된 행정청이나 이해관계인의 태도 등을 고려하여 개별적으로 결정하여야 한다. 행정청의 행위가 '처분'에 해당하는지가 불분명한 경우에는 그에 대한 불복방법 선택에 중대한 이해관계를 가지는 상대방의 인식가능성과 예측가능성을 중요하게 고려하여 규범적으로 판단하여야 한다.
>
> [2] 수익적 행정처분을 구하는 신청에 대한 거부처분이 있은 후 당사자가 다시 신청을 한 경우에는 신청의 제목 여하에 불구하고 그 내용이 새로운 신청을 하는 취지라면 관할 행정청이 이를 다시 거절하는 것은 새로운 거부처분이라고 보아야 한다. 나아가 어떠한 처분이 수익적 행정처분을 구하는 신청에 대한 거부처분이 아니라고 하더라도, 해당 처분에 대한 이의신청의 내용이 새로운 신청을 하는 취지로 볼 수 있는 경우에는, 그 이의신청에 대한 결정의 통보를 새로운 처분으로 볼 수 있다.
>
> [3] 구 지적재조사법(2020. 4. 7. 법률 제17219호로 개정되기 전의 것) 제21조의2가 신설되면서 조정금에 대한 이의신청 절차가 법률상 절차로 변경되었으므로 그에 관한 절차적 권리는 법률상 권리로 볼 수 있는 점, 원고가 이의신청을 하기 전에는 조정금 산정결과 및 수령을 통지한 1차 통지만 존재하였고, 원고는 신청 자체를 한 적이 없으므로 원고의 이의신청은 새로운 신청으로 볼 수 있는 점, 2차 통지서의 문언상 종전 통지와 별도로 심의·의결하였다는 내용이 명백하고, 단순히 이의신청을 받아들이지 않는다는 내용에 그치는 것이 아니라 조정금에 대하여 다시 재산정, 심의·의결절차를 거친 결과, 그 조정금이 종전 금액과 동일하게 산정되었다는 내용을 알리는 것이므로, 2차 통지를 새로운 처분으로 볼 수 있는 점 등을 종합하면, 2차 통지는 1차 통지와 별도로 행정쟁송의 대상이 되는 처분으로 보는 것이 타당함에도 2차통지의 처분성을 부정한 원심판단에 법리오해의 잘못이 있다.

[판결의 평석]

Ⅰ. 사안의 쟁점

이의신청은 통상 행정작용에 대하여 행정부 내부에 제기하는 불복절차를 말하는데, 이의신청 중에는 행정심판의 성질을 가지는 것도 있고, 그렇지 않은 것도 있다.[6] 이의신청이 행정심판의 성질을 가지는 경우 그 이의신청에 대한 결정은 행정심판의 재결의 성질을 가질 것이지만, 통상 이의신청은 행정심판에 해당하지 않는 전 단계의 불복절차로 이해되는 경우가 많고, 이러한 의미의 이의신청은 개별 법률에 의해 인정되어 오다가[7], 2023년 3월 24일부터 시행된 「행정기본법」 제36조에 의해 처분에 대한 일반적인 불복방법으로 명문화되었다.[8] 대상판결에서 다룬 지적재조사법에 따른 이의신청 또한 행정심판이 아닌 통상적 의미의 이의신청에 해당한다.[9][10]

---

6) 박균성, 『행정법강의』, 제18판, 2021, 638-639면.

7) 김동희, 『행정법Ⅰ』, 제21판, 2015, 653면.

8) 「행정기본법」 제36조(처분에 대한 이의신청) ① 행정청의 처분(「행정심판법」 제3조에 따라 같은 법에 따른 행정심판의 대상이 되는 처분을 말한다. 이하 이 조에서 같다)에 이의가 있는 당사자는 처분을 받은 날부터 30일 이내에 해당 행정청에 이의신청을 할 수 있다.

② 행정청은 제1항에 따른 이의신청을 받으면 그 신청을 받은 날부터 14일 이내에 그 이의신청에 대한 결과를 신청인에게 통지하여야 한다. 다만, 부득이한 사유로 14일 이내에 통지할 수 없는 경우에는 그 기간을 만료일 다음 날부터 기산하여 10일의 범위에서 한 차례 연장할 수 있으며, 연장 사유를 신청인에게 통지하여야 한다.

③ 제1항에 따라 이의신청을 한 경우에도 그 이의신청과 관계없이 「행정심판법」에 따른 행정심판 또는 「행정소송법」에 따른 행정소송을 제기할 수 있다.

④ 이의신청에 대한 결과를 통지받은 후 행정심판 또는 행정소송을 제기하려는 자는 그 결과를 통지받은 날(제2항에 따른 통지기간 내에 결과를 통지받지 못한 경우에는 같은 항에 따른 통지기간이 만료되는 날의 다음 날을 말한다)부터 90일 이내에 행정심판 또는 행정소송을 제기할 수 있다.

⑤ 다른 법률에서 이의신청과 이에 준하는 절차에 대하여 정하고 있는 경우에도 그 법률에서 규정하지 아니한 사항에 관하여는 이 조에서 정하는 바에 따른다.

⑥ 제1항부터 제5항까지에서 규정한 사항 외에 이의신청의 방법 및 절차 등에 관한 사항은 대통령령으로 정한다.

⑦ 다음 각 호의 어느 하나에 해당하는 사항에 관하여는 이 조를 적용하지 아니한다.

　1. 공무원 인사 관계 법령에 따른 징계 등 처분에 관한 사항

　2. 「국가인권위원회법」 제30조에 따른 진정에 대한 국가인권위원회의 결정

　3. 「노동위원회법」 제2조의2에 따라 노동위원회의 의결을 거쳐 행하는 사항

　4. 형사, 행형 및 보안처분 관계 법령에 따라 행하는 사항

　5. 외국인의 출입국·난민인정·귀화·국적회복에 관한 사항

　6. 과태료 부과 및 징수에 관한 사항

대상판결은 이와 같은 통상적 의미의 이의신청에 대한 결정의 통보가 항고소송의 대상이 되는 새로운 처분에 해당하는지 여부가 쟁점이 되었다. 이를 처분으로 볼 것인가에 따라서 처분의 상대방인 국민의 입장에서는 이의신청 전 처분에 대하여 행정심판 및 행정소송 등의 조치를 미리 취해놓아야 할 것인지 여부가 달라질 수 있는데, 이는 행정심판법 및 행정소송법에 제소기간의 제한이 규정되어 있기 때문이다.[11] 대상판결의 원고도 최초에 2차 통지만을 대상으로 소를 제기하였다가, 뒤늦게 1차 통지의 취소를 구하는 청구를 추가하였지만, 1심에서부터 제소기간의 도과로 그 적법성을 인정받지 못하였다. 결국 원고 입장에서는 이의신청 이후 이루어진 2차 통지의 처분성이 인정되어야 권리를 구제받을 있는 상황이었는데, 원심(제2심) 판결이 이를 인정하지 않은 것과 달리, 대상판결은 그 처분성을 인정함으로써 원고가 구제받을 있는 길을 열어 주었다.

이 글에서는 위와 같은 관점에서 우선 대상판결을 이해하기 위한 전제로 이의신청의 대상이 된 기존의 처분을 그대로 유지하는 결정(이하 '이의신청 기각결정'이라 함)에 대한 판례의 변천과 대상 판례와의 관계를 살펴본 후, 대상판결을 분석하여 그 의의 및 논증상의 문제점에 대하여 고찰해 보기로 한다. 또한 위와 같이 행정기본법 시행에 따라 처분에 대한 일반

---

9) 「지적재조사법」 제21조의2(조정금에 관한 이의신청) ① 제21조제3항에 따라 수령통지 또는 납부고지된 조정금에 이의가 있는 토지소유자는 수령통지 또는 납부고지를 받은 날부터 60일 이내에 지적소관청에 이의신청을 할 수 있다.
　② 지적소관청은 제1항에 따른 이의신청을 받은 날부터 30일 이내에 제30조에 따른 시·군·구 지적재조사위원회의 심의·의결을 거쳐 이의신청에 대한 결과를 신청인에게 서면으로 알려야 한다.
10) 대상판결의 원고도 구 지적재조사법에 따른 이의신청에 대한 2차 통지에 대하여 충청남도행정심판위원회에 행정심판을 제기하였고, 위 행정심판이 기각되자 법원에 이 사건 소를 제기하였다.
11) 「행정심판법」 제27조(심판청구의 기간) ① 행정심판은 처분이 있음을 알게 된 날부터 90일 이내에 청구하여야 한다.
　② 청구인이 천재지변, 전쟁, 사변(事變), 그 밖의 불가항력으로 인하여 제1항에서 정한 기간에 심판청구를 할 수 없었을 때에는 그 사유가 소멸한 날부터 14일 이내에 행정심판을 청구할 수 있다. 다만, 국외에서 행정심판을 청구하는 경우에는 그 기간을 30일로 한다.
　③ 행정심판은 처분이 있었던 날부터 180일이 지나면 청구하지 못한다. 다만, 정당한 사유가 있는 경우에는 그러하지 아니하다.
　④ 제1항과 제2항의 기간은 불변기간(不變期間)으로 한다.
　「행정소송법」 제20조(제소기간) ① 취소소송은 처분등이 있음을 안 날부터 90일 이내에 제기하여야 한다. 다만, 제18조제1항 단서에 규정한 경우와 그 밖에 행정심판청구를 할 수 있는 경우 또는 행정청이 행정심판청구를 할 수 있다고 잘못 알린 경우에 행정심판청구가 있은 때의 기간은 재결서의 정본을 송달받은 날부터 기산한다.
　② 취소소송은 처분등이 있은 날부터 1년(第1項 但書의 경우는 裁決이 있은 날부터 1年)을 경과하면 이를 제기하지 못한다. 다만, 정당한 사유가 있는 때에는 그러하지 아니하다.
　③ 제1항의 규정에 의한 기간은 불변기간으로 한다.

적인 불복방법으로서의 이의신청이 명문화된 이후의 과제에 대해서도 논해 보기로 한다.

Ⅱ. 판례의 이해

1. 서설

대상판결의 의의를 제대로 이해하기 위해서는 이의신청 기각결정에 대해 그동안의 대법원 판례가 어떠한 변화를 거쳐왔는지 살펴보는 것이 불가피하다. 아래에서 보는 바와 같이 대법원은 항고소송의 대상이 되는 처분성 일반에 대한 법리와 더불어 이의신청 기각결정의 처분성에 대해서도 국민의 권리구제를 확대하는 방향의 법리를 세워나가고 있다.

2. 이의신청 기각결정의 처분성을 부인한 판례

대법원은 민원사항에 대한 행정기관의 장의 거부처분에 불복하여 제기하는 구「민원사무 처리에 관한 법률」(이하 '민원사무처리법'이라 함) 제18조 제1항[12])에 따른 이의신청이 문제된 사안에서, 위 법에서 정한 이의신청을 받아들이지 않는 취지의 기각 결정 또는 그 취지의 통지가 항고소송의 대상이 되지 않는다고 판시한 바 있다(대법원 2012. 11. 15. 선고 2010두8676 판결). 즉, 대법원은 민원사무처리법 제18조 제1항에서 정한 거부처분에 대한 이의신청은 행정청의 위법 또는 부당한 처분이나 부작위로 침해된 국민의 권리 또는 이익을 구제함을 목적으로 하여 행정청과 별도의 행정심판기관에 대하여 불복할 수 있도록 한 절차인 행정심판과는 달리, 민원사무처리법에 의하여 민원사무처리를 거부한 처분청이 민원인의 신청 사항을 다시 심사하여 잘못이 있는 경우 스스로 시정하도록 한 절차이므로,

---

12)「민원사무처리법」제18조(거부처분에 대한 이의신청) ① 민원사항에 대한 행정기관의 장의 거부처분에 불복하는 민원인은 그 거부처분을 받은 날부터 90일 이내에 그 행정기관의 장에게 문서로 이의신청을 할 수 있다.
② 행정기관의 장은 이의신청을 받은 날부터 10일 이내에 그 이의신청에 대하여 결정하고 그 결과를 민원인에게 지체 없이 문서로 통지하여야 한다. 다만, 부득이한 사유로 정하여진 기간 이내에 결정할 수 없을 때에는 그 기간의 만료일 다음 날부터 기산(起算)하여 10일 이내의 범위에서 연장할 수 있으며, 연장 사유를 민원인에게 통지하여야 한다.
③ 민원인은 제1항에 따른 이의신청 여부와 관계없이 「행정심판법」에 따른 행정심판 또는 「행정소송법」에 따른 행정소송을 제기할 수 있다.

이의신청을 받아들이는 경우에는 이의신청 대상인 거부처분을 취소하지 않고 바로 최초의 신청을 받아들이는 새로운 처분을 하여야 하지만, 이의신청을 받아들이지 않는 경우에는 다시 거부처분을 하지 않고 그 결과를 통지함에 그칠 뿐이고, 따라서 이의신청을 받아들이지 않는 취지의 기각 결정 내지는 그 취지의 통지는, 종전의 거부처분을 유지함을 전제로 한 것에 불과하고 또한 거부처분에 대한 행정심판이나 행정소송의 제기에도 영향을 주지 못하므로, 결국 민원 이의신청인의 권리·의무에 새로운 변동을 가져오는 공권력의 행사나 이에 준하는 행정작용이라고 할 수 없어, 독자적인 항고소송의 대상이 된다고 볼 수 없다고 판시한 것이다.

　　또한 대법원은 국가유공자 등록신청을 거부한 국가보훈처장을 상대로 제기하는 「국가유공자 등 예우 및 지원에 관한 법률」(이하 '국가유공자법'이라 함) 제74조의18[13])에 따른 이의신청이 문제가 된 사안에서도 그 이의신청에 대한 기각결정은 항고소송의 대상인 처분에 해당하지 않는다고 판시하였다(대법원 2016. 7. 27 선고 2015두45953 판결). 즉 국가유공자법 제74조의18 제1항이 정한 이의신청은, 국가유공자요건에 해당하지 아니하는 등의 사유로 국가유공자 등록신청을 거부한 처분청인 국가보훈처장이 신청 대상자의 신청 사항을 다시 심사하여 잘못이 있는 경우 스스로 시정하도록 한 절차인 점, 이의신청을 받아들이는 것을 내용으로 하는 결정은 당초 국가유공자 등록신청을 받아들이는 새로운 처분으로 볼 수 있으나, 이와 달리 이의신청을 받아들이지 아니하는 내용의 결정은 종전의 결정 내용을 그대로 유지하는 것에 불과한 점, 보훈심사위원회의 심의·의결을 거치는 것도 최초의 국가유공자 등록신청에 대한 결정에서나 이의신청에 대한 결정에서 마찬가지로 거치도록 규정된 절차인 점, 이의신청은 원결정에 대한 행정심판이나 행정소송의 제기에도 영향을 주지 아니하는 점 등을 종합하면, 국가유공자법 제74조의18 제1항이 정한 이의신청을 받아들이지

---

13) 「국가유공자법」 제74조의18(이의신청) ① 제74조의5 제1항 제1호, 제3호부터 제5호까지, 제11호부터 제13호까지 및 제15호의 사항과 관련된 국가보훈처장의 처분에 이의가 있는 자는 다음 각 호의 어느 하나에 해당하는 경우 국가보훈처장에게 이의신청을 할 수 있다.
　1. 해당 처분이 법령 적용의 착오에 기초하였다고 판단되는 경우
　2. 국가보훈처장이 해당 처분을 할 때에 중요한 증거자료를 검토하지 아니하였다고 판단되는 경우
　3. 해당 처분이 있은 후 그와 관련된 새로운 증거자료가 발견된 경우
② 제1항에 따른 이의신청은 국가보훈처장의 처분을 받은 날부터 30일 이내에 총리령으로 정하는 바에 따라 하여야 한다.
③ 국가보훈처장은 제1항에 따른 이의신청에 대하여 보훈심사위원회의 심의·의결을 거쳐 결정하고 그 결과를 이의신청을 한 자에게 통보하여야 한다.
④ 제1항에 따라 이의신청을 한 자는 그 이의신청과 관계없이 「행정심판법」에 따른 행정심판을 청구할 수 있다. 이 경우 이의신청을 하여 그 결과를 통보받은 자는 통보받은 날부터 90일 이내에 「행정심판법」에 따른 행정심판을 청구할 수 있다.

아니하는 결정은 이의신청인의 권리·의무에 새로운 변동을 가져오는 공권력의 행사나 이에 준하는 행정작용이라고 할 수 없으므로 원결정과 별개로 항고소송의 대상이 되지는 않는다고 판시한 것이다.

다만, 이 사안에서는 '이의신청을 하여 그 결과를 통보받은 자는 통보받은 날부터 90일 이내에 「행정심판법」에 따른 행정심판을 청구할 수 있다.'고 규정한 국가유공자법 제74조의18 제4항이 행정심판 이외에 행정소송법상 취소소송에도 적용되는지 여부가 쟁점이 되었다. 대법원은 이에 대해, 국가유공자 비해당결정 등 원결정에 대한 이의신청이 받아들여지지 아니한 경우에도 이의신청인으로서는 원결정을 대상으로 항고소송을 제기하여야 할 것이라고 하면서도, 국가유공자법 제74조의18 제4항이 이의신청을 하여 그 결과를 통보받은 날부터 90일 이내에 행정심판법에 따른 행정심판의 청구를 허용하고 있고, 행정소송법 제18조 제1항 본문이 '취소소송은 법령의 규정에 의하여 당해 처분에 대한 행정심판을 제기할 수 있는 경우에도 이를 거치지 아니하고 제기할 수 있다.'라고 규정하고 있는 점 등을 종합하여 보면, 이의신청을 받아들이지 아니하는 결과를 통보받은 자는 그 통보받은 날부터 90일 이내에 행정심판법에 따른 행정심판 또는 행정소송법에 따른 취소소송을 제기할 수 있다고 보아야 한다고 판시하였다. 국가유공자법 제74조의18 제4항은 행정심판법 규정에도 불구하고 그 심판청구 기간을 연장하는 조항인데, 행정소송법의 취지 등에 따르면 이 기간 연장 규정이 행정심판뿐만 아니라 행정소송법상 취소소송에도 적용된다고 판시한 것이다.

국가유공자법상 이의신청 사안에서 본 바와 같이 개별 법령에 국가유공자법 제74조의18 제4항과 같은 제소기간의 연장 규정이 있다면, 이의신청에 대한 기각결정을 독자적인 처분으로 보지 않고 이의신청 전 원처분을 항고소송의 대상으로 삼아야 한다고 하더라도 국민의 권리구제에 결정적인 영향은 없을 것이다. 문제는 그러한 개별 법령이 없는 경우에는 판례가 '이의신청은 행정심판과 성질을 달리 하기 때문에 행정소송법에서 정한 행정심판을 거친 경우의 제소기간 특례가 적용된다고 할 수 없다'는 태도를 취하고 있기 때문에(위 2010두8676 판결[14] 등), 이의신청을 한 행정의 상대방 입장에서는 이의신청에 대한 결정이

---

14) 위 2010두8676 판결은 '법률 규정들과 그 취지를 종합하여 보면, 민원사무처리법에서 정한 민원 이의신청의 대상인 거부처분에 대하여는 민원 이의신청과 상관없이 행정심판 또는 행정소송을 제기할 수 있으며, 또한 민원 이의신청은 민원사무처리에 관하여 인정된 기본사항의 하나로 처분청으로 하여금 다시 거부처분에 대하여 심사하도록 한 절차로서 행정심판법에서 정한 행정심판과는 그 성질을 달리하고 또한 사안의 전문성과 특수성을 살리기 위하여 특별한 필요에 따라 둔 행정심판에 대한 특별 또는 특례 절차라 할 수도 없어 행정소송법에서 정한 행정심판을 거친 경우의 제소기간의 특례가 적용된다고 할 수도 없으므로, 민원 이의신청에 대한 결과를 통지받은 날부터 취소소송의 제소기간이 기산된다

있기 전이라도 원처분이 있은 후 90일이 지나기 전 행정심판이나 행정소송 등의 불복절차를 진행하여야 하고, 그렇지 않으면 원처분에 대한 불복은 제소시간 도과로 불가능해지고, 이의신청 기각결정은 처분성이 인정되지 않아 불복이 안 되는 권리구제의 공백이 생기게 된다.

3. 최근 판례의 경향

그러나 최근의 대법원은 위와 같이 이의신청 기각결정의 처분성을 부인하는 입장에서 진일보하여 구체적인 사안에서 그 처분성을 인정하는 추세이다. 우선 한국토지주택공사(이하 'LH'라 함)가 택지개발사업의 시행자로서 택지개발예정지구 공람공고일 이전부터 영업 등을 행한 자 등 일정 기준을 충족하는 손실보상대상자들에 대하여 생활대책을 수립·시행하였는데, 최초 직권으로 생활대책대상자에 해당하지 않는다는 결정(이하 '부적격통보'라고 함)을 하고, 이에 원고들이 이의신청을 하자 재심사를 한 후 다시 생활대책대상자로 선정되지 않았다는 통보(이하 '재심사통보'라고 한다)를 한 사안에서, 대법원은 재심사통보가 독립한 행정처분으로서 항고소송의 대상인 처분이 된다고 판시하였다.[15] 대법원은 이 판결에서 ① 원고들은 생활대책대상자 선정심사대상으로서 사업시행자에게 생활대책대상자 선정 여부의 확인·결정을 신청할 수 있는 권리를 가지고, 그 신청을 하였다면 행정절차법이 정한 바에 따라 신청 내용을 보완·변경하거나 의견을 제출하고 증거자료 등을 제출할 기회를 부여받을 수 있었는데, 만약 이 사건 부적격통보가 원고들을 비롯한 영업손실 보상 등 심사대상자에 대하여 피고가 생활대책대상자 선정 신청을 받지 아니한 상태에서 자체적으로 가지고 있던 자료를 기초로 이 사건 기준을 적용한 결과를 일괄 통보한 것이고, 각 당사자의 개별·구체적 사정은 그에 대한 이의신청을 통하여 추가로 심사하여 고려하겠다는 취지를 포함하고 있다면, 원고들은 이의신청을 통하여 비로소 생활대책대상자 선정에 관한 의견서 제출 등의 기회를 부여받게 되었고, 피고도 그에 따른 재심사 과정에서 당사자들이 제출한 자료 등을 함께 고려하여 생활대책대상자 선정기준의 충족 여부를 심사하여 이 사건 재심사통보를 한 것이라고 볼 수 있는 점, ② LH가 재심사통보를 하면서 심사결과와

고 할 수 없다. 그리고 이와 같이 민원 이의신청 절차와는 별도로 그 대상이 된 거부처분에 대하여 행정심판 또는 행정소송을 제기할 수 있도록 보장하고 있는 이상, 민원 이의신청 절차에 의하여 국민의 권익의 보호가 소홀하게 된다거나 헌법 제27조에서 정한 재판청구권이 침해된다고 볼 수도 없다.'고 판시하고 있다.

15) 대법원 2016. 7. 14. 선고 2015두58645 판결.

관련하여 이의가 있는 경우에는 그 통보를 받은 날로부터 90일 이내에 행정심판 또는 행정소송을 제기할 수 있다는 취지로 불복방법에 관한 안내사항을 기재하여 고지한 것에 비추어 보면 LH도 이 사건 재심사통보가 당초의 이 사건 부적격통보와 별개로 항고소송의 대상이 되는 처분으로 인식하고 있었다고 할 것인 점 ③ LH가 재심사통보를 하면서 그에 대한 행정소송 등은 통보를 받은 날부터 90일 내에 제기할 수 있다고 명시적으로 안내한 것은 행정의 상대방에게 신뢰의 대상이 되는 공적인 견해를 표명한 것에 해당한 것이므로, 행정상 법률관계에서의 신뢰보호의 원칙에 비추어 보더라도 재심사통보는 당초의 부적격통보와 별개의 행정처분이라고 봄이 상당한 점을 근거로 들었다. 그러면서 대법원은 '수익적 행정행위의 신청에 대한 거부처분은 당사자의 신청에 대하여 관할 행정청이 이를 거절하는 의사를 대외적으로 명백히 표시함으로써 성립되고, 거부처분이 있은 후 당사자가 다시 신청을 한 경우에는 신청의 제목 여하에 불구하고 그 내용이 새로운 신청을 하는 취지라면 관할 행정청이 이를 다시 거절한 이상 새로운 거부처분이 있은 것으로 보아야 한다(대법원 1992. 10. 27. 선고 92누1643 판결)'는 법리를 언급하여 이 사건 재심사 통보가 원고들의 이의신청에 대한 거부처분의 성격을 가진다는 측면에서도 처분성이 인정된다는 취지로 설시하였다.

대법원 판결의 위와 같은 입장은 후속 판결에서도 지속되었다. 즉, 대법원은 폐렴구균 예방접종 피해신청을 하였다가 피해보상 기각 결정(이하 '1차 거부통보'라 함)을 받은 원고가 질병관리본부가 내부적으로 정한 절차에 따라 이의신청을 거쳐 받은 이의신청 기각 처분(이하 '2차 거부통보'라 함)을 위 92누1643 판결의 법리에 따라 새로운 거부처분으로 보았다.[16] 이 판결에서는 ① 감염병예방법령에는 이의신청에 관한 명문의 규정이 없고, 소멸시효 또는 권리 행사 기간의 제한에 관한 규정도 없으므로, 원고는 언제든지 재신청을 할 수 있는 점, ② 피고인 질병관리본부장은 원고의 이의신청에 따라 추가로 제출된 자료 등을 예방접종피해보상 전문위원회에서 새로 심의하도록 하여 그 의견을 들은 후 제2차 거부통보를 한 점을 고려요소로 들며, 이러한 사건을 심리하는 재판부는 원고가 취소를 구하는 대상 처분이 제1차 거부통보인지 제2차 거부통보인지를 명확히 한 후 그 의사에 따라 청구취지를 정정하도록 할 필요가 있음을 지적하였다.

또한 대법원은 LH가 인천검단지구 택지개발사업의 사업시행자로서 낸 이주대책 수립공고에 따라 이주자택지 공급대상자 선정신청을 하였으나 이주대책 대상에서 제외하는 결정(이하 '1차 결정')을 통보받은 원고가 이의신청을 하며 증빙자료를 첨부하여 제출하였으나,

---

16) 대법원 2019. 4. 3. 선고 2017두52764 판결.

그 이의신청 또한 기각하는 결정(이하 '2차 결정')을 받은 사안에서, 2차 결정을 1차 결정과 별도로 행정쟁송의 대상이 되는 처분으로 보았다.[17] 이 판결에서는 위 92누1643 판결의 일반 법리를 들며 ① 관계 법령이나 행정청이 사전에 공표한 처분기준에 신청기간을 제한하는 특별한 규정이 없는 이상 재신청을 불허할 법적 근거가 없으며, 설령 신청기간을 제한하는 특별한 규정이 있다 하더라도 재신청이 신청기간을 도과하였는지 여부는 본안에서 재신청에 대한 거부처분이 적법한가를 판단하는 단계에서 고려할 요소이지, 소송요건 심사 단계에서 고려할 요소가 아닌 점, ② 피고인 LH가 2차 결정을 통보하면서 '2차 결정에 대하여 이의가 있는 경우 2차 결정 통보일부터 90일 이내에 행정심판이나 취소소송을 제기할 수 있다.'는 취지의 불복방법 안내를 하였던 점을 보면, 피고 공사 스스로도 2차 결정이 행정절차법과 행정소송법이 적용되는 처분에 해당한다고 인식하고 있었던 것인데, 소송 단계에 이르러 그 처분성을 부인하는 것은 신의성실의 원칙에 어긋난다는 점을 고려요소로 삼았다. 특히 이 사건에서의 원심은 구 민원사무처리법상 이의신청이 문제가 된 위 2010두8676 판결을 원용하며 이의신청 기각결정의 처분성을 인정하지 않았는데, 대법원은 이와는 달리 위 판결은 행정청이 구 민원사무처리법에 근거한 이의신청에 대하여 기각결정을 하였을 뿐이고 기각결정에 대하여 행정쟁송을 제기할 수 있다는 불복방법 안내를 하지는 않았던 사안에 관한 것이므로 이 사건에 원용하기에 적절하지 않음을 언급하였다. 또한 대법원은 이 판결에서 항고소송의 대상이 되는 처분 여부에 대하여, '행정청의 행위가 처분에 해당하는지 불분명한 경우에는 그에 대한 불복방법 선택에 중대한 이해관계를 가지는 상대방의 인식가능성과 예측가능성을 중요하게 고려하여 규범적으로 판단하여야 한다.'(대법원 2018. 10. 25. 선고 2016두33537 판결 등)는 최근 판례의 설시를 판단의 전제로 삼고 있다.

4. 소결

위에서 살핀 바와 같이, 대상판결이 있기 전의 대법원 판례는 이미 항고소송의 대상이 되는 처분성의 확대 경향과 더불어, 이의신청 기각결정에 대해서도 그 처분성을 넓게 인정하는 흐름을 보이고 있었다. 이의신청 기각결정의 처분성을 부인한 판례 또한 대법원 전원합의체 판결에 의하여 변경된 것은 아니어서 현재도 유지되고 있는 것이지만, 종전 판례들이 이의신청 전 원처분만이 항고소송의 대상이 됨을 전제로 개별법령상 해석을 통해 국민

---

17) 대법원 2021. 1. 14. 선고 2020두50324 판결.

의 권리구제 여부를 판단하고 있음에 반해, 최근의 판례들은 아예 2차 처분인 이의신청 기각결정을 항고소송의 대상으로 보고 그에 대한 불복을 인정함으로써, 권리구제의 범위를 확대하고 있는 것이다. 대상판결도 이러한 최근 판례들의 연장선상에서 나온 판결로 이해함이 타당한데[18], 보다 구체적으로는 다음 장에서 살펴보기로 한다.

Ⅲ. 대상판결의 분석

1. 서설

위에서 살핀 바와 같이, 대상판결은 이의신청 기각결정의 처분성에 대한 최근 판례의 경향을 충실히 반영하여 그 처분성을 인정함으로써 구체적 사안에서 행정행위에 대한 불복의 범위를 넓히고 있다. 대상판결의 원고는 1차 통지를 받은 후 1년이 지난 시점에서 원처분과 사실상 동일한 행정행위인 2차 통지를 대상으로 불복을 할 수 있는 기회를 부여받을 수 있게 되었다. 대상판결의 논증과 결론은 타당한 것인가?

2. 대상판결의 비판적 분석

원처분과 별개로 이의신청 기각결정의 처분성을 인정하고 있는 최근의 판례들에서 처분성을 인정하는데 고려요소로 삼고 있는 것들을 정리해 보면 다음과 같다.

---

① 원고가 피고 행정청에 대해서 어떠한 수익적 처분을 구할 수 있는 신청권을 가지고 있는지 여부
② 원고가 1차 통지를 받기 전에 신청권을 행사한 적이 없고, 1차 통지에 대한 이의신청을 통해서 비로소 새로운 신청을 하는 취지로 볼 수 있는지 여부
③ 이의신청에 관한 명문의 규정이 없거나, 관계 법령이나 행정청이 사전에 공표한 처분기준에 권리행사(신청) 기간에 제한에 관한 규정이 없어 원고가 언제든지 재신청을 할 수

---

18) 박현정, "[한국행정법학회 행정판례평석] (3) 이의신청에 대한 거부와 항고소송의 대상적격", 법률신문, 2023. 4. 26, https://www.lawnb.com/Info/ContentView?sid=D009A60A5DE6CB9B (2023. 6. 10. 최종 확인).

있다고 해석되는 경우인지 여부

④ 원고가 이의신청을 통해 추가로 제출한 자료 등을 토대로 피고가 심의위원회 등에서 새롭게 심사하여 2차 통지를 한 것인지 여부

⑤ 이의신청 기각결정(2차 통지)을 하면서 행정청이 그 결정을 통보받은 날로부터 90일 이내에 행정소송 등을 제기할 수 있음을 안내하였는지 여부(원고가 신뢰보호나 신의성실의 원칙을 주장할 수 있는 상황에 해당하는지 여부)

대상판결은 '어떠한 처분이 수익적 행정처분을 구하는 신청에 대한 거부처분이 아니라고 하더라도, 해당 처분에 대한 이의신청의 내용이 새로운 신청을 하는 취지로 볼 수 있는 경우에는, 그 이의신청에 대한 결정의 통보를 새로운 처분으로 볼 수 있음'을 전제로, 2차 통지(이의신청 기각결정)를 '새로운 신청'에 대한 '새로운 처분'으로 볼 수 있는 논거를 들고 있는데, 그 논거는 구 지적재조사법 제21조의2의 신설[19]로 조정금 이의신청 절차가 법률상 절차로 변경되어 그 절차적 권리를 법률상 권리로 볼 수 있는 점, 원고의 이의신청 전에는 조정금 산정결과 및 수령을 통지한 1차 통지만 존재하였을 뿐이고 원고는 신청 자체를 한 적이 없어 이의신청을 새로운 신청으로 볼 수 있는 점, 2차 통지를 할 때 1차 통지와는 별도의 심의·의결 절차를 거친 점 등이다. 외견상 최근 판례의 위 고려요소들 중 ①, ②, ④에 해당하는 요소를 고려한 것인데, 자세히 살펴보면 대상판결의 사안이 ④의 경우에 해당함은 의문이 없으나, ①, ② 요소에 있어서는 최근 판례에서 다룬 사례들과 미묘한 차이가 있다. 즉, 대상판결은 구 지적재조사법상 조정금에 대한 이의신청 절차가 규정되어 있음을 근거로 그 이의신청에 대한 권리 자체를 법률상 권리로 보고, 원고의 이의신청 자체를 새로운 신청으로 간주하고 있는 것이다. 엄밀히 말하면 이의신청을 할 수 있는 권리는 대상판결이 자인하고 있는바와 같이 행정청에 대하여 수익적 처분을 해 달라는 할 수 있는 신청권과는 다른 '절차적 권리'에 불과하다. 대상판결의 사안에서 지적재조사법의 해석상 조정금의 수령통지 등은 지적소관청에 의하여 직권으로 행해지고 원고는 행정청에 대하여 지적재조사에 따른 조정금 지급을 신청할 권리가 없음을 고려한 일종의 교육지책으로 볼 수 있지만, 원고가 행정청의 수익적 처분을 구할 신청권이 있는 경우와 이의신청

---

19) 「지적재조사법」 제21조의2(조정금에 관한 이의신청) ① 제21조제3항에 따라 수령통지 또는 납부고지된 조정금에 이의가 있는 토지소유자는 수령통지 또는 납부고지를 받은 날부터 60일 이내에 지적소관청에 이의신청을 할 수 있다.
② 지적소관청은 제1항에 따른 이의신청을 받은 날부터 30일 이내에 제30조에 따른 시·군·구 지적재조사위원회의 심의·의결을 거쳐 이의신청에 대한 결과를 신청인에게 서면으로 알려야 한다.
[본조신설 2017. 4. 18.]

을 할 수 있는 절차적 권리가 있음에 불과한 경우는 엄연히 다르고, 후자의 경우에는 ②의 고려요소와 같이 원고가 이의신청을 통해서 새로운 신청을 할 대상 자체가 없는 것이다.[20] 이렇게 본다면 대상판결의 의의는 원고가 피고 행정청에 대해서 어떠한 수익적 처분을 구할 수 있는 신청권이 없는 경우에도 법률에서 행정청의 처분에 대한 이의신청을 할 수 있는 권리를 규정하고 있다면, 그 이의신청 자체를 새로운 신청으로 보아 이의신청에 따른 결정(2차 통지)을 새로운 처분으로 본다는데 있다. 이는 이의신청 기각결정의 처분성을 인정하려는 최근 판례의 경향을 더욱 심화하여 해당 판례들이 처분성을 인정하는데 고려하고 있는 요소가 부족하더라도, 위와 같은 소정의 요건을 갖추는 경우 이의신청 기각결정의 처분성을 인정하여 그 인정 범위를 더욱 확대하고 있다고 할 수 있다.

그러나 이와 같은 대상판결의 논증은 다음과 같은 점에서 문제가 있다. 우선 대상판결 사안에서 원고의 이의신청에 따른 2차 통지가 수익적 행정처분을 구하는 신청에 대한 거부처분인지에 대하여 의문이 있다. 피고 행정청의 1차 통지 및 2차 통지, 즉 '조정금 수령 통지'는 피고 지적소관청이 직권으로 지적재조사를 실시하여 경계를 결정하고, 이에 따라 기존보다 지적공부상 면적이 감소된 자에게 발생한 조정금을 산정하여 수령을 통지하는 것으로, 이에 대하여 이의신청을 하면서 조정금을 제대로 산정해 달라고 주장을 한다고 하더라도 이는 행정청으로 하여금 적정한 직권 발동을 해 달라는 취지에 불과하지 어떠한 수익적 행정처분을 구하는 신청으로 볼 수는 없다. 그렇다면 2차 통지의 처분성을 논하면서 '1차 통지에 대한 이의신청의 내용이 새로운 신청을 하는 취지로 볼 수 있는 경우'인지 여부를 논했어야 하는지 의문이 있고, 다시 항고소송의 대상인 처분성에 대한 일반 법리로 돌아와 2차 통지의 처분성을 논하면 충분하지 않았을까 한다.[21]

---

20) 이러한 관점에서 대상판결의 논증을 비판하는 견해로 김중권, "이의신청기각결정의 법적 성질 문제", 법률신문, 2022. 11. 17, https://www.lawnb.com/Info/ContentView?sid=D009F4E36624F263(2023. 6. 10. 최종 검색).

21) 물론 대상판결의 표현상('어떤 처분이 수익적 행정처분을 구하는 신청에 대한 거부처분이 아니더라도') 이의신청에 대한 2차 통지를 거부처분으로 보았는지 여부는 불분명하다. 다만 거부처분으로 보았다고 하더라도 대상판결의 논증은 거부처분의 처분성에 관한 일반 법리와 맞지 않는 측면이 있다. 즉, 판례는 거부처분의 처분성을 인정하기 위한 전제요건으로 국민에게 행정청의 행위발동을 요구할 법규상 또는 조리상의 신청권을 들고 있는데(대법원 2009. 9. 10. 선고 2007두20638 판결 등), 그 신청권은 신청의 인용이라는 만족적 결과를 얻을 권리를 의미하는 것은 아니지만, 적어도 그 신청의 대상이 되는 수익적 처분에 대하여 응답을 받을 권리를 의미하는 것이므로, 단순히 절차적 측면에서 이의신청을 할 수 있는 권리 자체가 신청권의 내용이 될 수는 없다. 대상판결에서 원고는 이의신청을 함으로써 피고 행정청에게 적정한 조정금을 산정하여 통보해 달라는 의미의 신청을 하고 있는 것으로 볼 수 있으므로, 대상판결에서는 절차적 권리를 근거로 하기보다 오히려 원고에게 그러한 의미의 조리상 신청권이 있다고 논증하는 것이 좋았을 것으로 보인다.

한편, 대상판결의 위와 같은 논증은 최근 판례가 이의신청 기각결정의 처분성 인정에 고려하는 요소를 상당부분 갖추지 못한 사안에서 법률에 정한 이의신청권을 근거로 처분성을 인정함으로써, 종전 판례와의 모순성을 심화하는 문제가 있다. 위에서 이의신청 기각결정의 처분성을 부정한 대표 판례인 2010두8676 판결의 사안 또한 구 민원사무처리법에 의하여 절차상의 이의신청권은 보장되어 있는 사안이었고, 대상판례와 마찬가지로 그 기각결정에 대하여 행정소송 등을 제기할 수 있다는 별도의 불복방법 안내는 없어 원고가 신뢰보호원칙 등을 주장할 수는 없었다는 점에서 유사한 사안에 해당한다. 그렇다면 대상판결의 등장으로 이의신청 기각결정의 처분성 문제에 대하여 2010두8676 판결을 위시한 종전 판례와 최근 판례의 모순성은 더욱 심화되었고, 이를 전원합의체 판결 등을 통해서 정리하여야 하는 것이 아닌가 하는 의문이 강해질 수밖에 없다.

실상 대상판결은 대법원이 지난 십수년간 견지해 온 항고소송의 대상적격(처분성) 확대 경향과 궤를 같이 한다. 대상판결이 판결 서두에 처분성 확대의 기점이 되는 주요 대법원 판례의 내용[22])을 언급한 것도 이와 같은 맥락이다. 그렇다면 대상판결의 1심 판결에서 설시한 논거와 같이 1차 통지만을 항고소송의 대상이 되는 처분으로 해석할 때 발생하는 법률관계의 혼란이나 불필요한 절차 이행의 강요는 국가의 위법·부당한 행정작용으로부터 국민을 구제한다는 행정쟁송의 기본이념에 부합하지 않다는 점 등의 현실적·규범적 이유를 더욱 상세하게 논증하였더라면 하는 아쉬움이 있다.[23])

3. 「행정기본법」 시행에 따른 과제

앞 부분에서 서술한 바와 같이, 최근 시행된 행정기본법에 처분에 대한 일반적인 불복방법으로서의 이의신청이 규정되었고, 특히 같은 법 제36조 제4항에서 이의신청인이 이의신청에 대한 결과를 통지받은 날부터 90일 이내에 행정심판 또는 행정소송을 제기할 수 있도록 명시함으로써 제소기간 도과에 따른 권리구제의 공백 문제는 해소되었다. 이에 따라

---

22) 행정청의 행위가 항고소송의 대상이 될 수 있는지는 추상적·일반적으로 결정할 수 없고, 구체적인 경우에 관련 법령의 내용과 취지, 그 행위의 주체·내용·형식·절차, 그 행위와 상대방 등 이해관계인이 입는 불이익 사이의 실질적 견련성, 법치행정의 원리와 그 행위에 관련된 행정청이나 이해관계인의 태도 등을 고려하여 개별적으로 결정하여야 한다.'(대법원 2010. 11. 18. 선고 2008두167 전원합의체 판결), '행정청의 행위가 처분에 해당하는지 불분명한 경우에는 그에 대한 불복방법 선택에 중대한 이해관계를 가지는 상대방의 인식가능성과 예측가능성을 중요하게 고려하여 규범적으로 판단하여야 한다(대법원 2018. 10. 25. 선고 2016두33537 판결 등).

23) 위 각주 4) 대전지방법원 2019구합101143 판결 참조.

제소기간에 따른 권리구제의 문제 때문에 이의신청 기각결정의 처분성을 인정할 필요성은 현저히 줄어들었으나, 이 경우에도 1차 처분과 이의신청 후 2차 처분 중 어느 것을 불복의 대상으로 삼을 것인지, 만약 2차 처분을 불복의 대상으로 삼을 경우 그 요건을 어떻게 정할 것인지 등의 문제는 여전히 남아 있으므로, 이의신청 기각결정의 처분성을 둘러싼 판례들의 혼란스러움은 이제 행정기본법 제36조와의 관계에서 대법원 판례에 의하여 명확하게 정리될 필요가 있다. 한편으로는 행정기본법 제36조에 따라 이의신청이 행정심판 및 행정소송에 선행하는 불복방법으로 공식화됨으로써 불복의 기간이 길어지고 행정법관계가 조기에 안정되지 못하는 부작용도 우려되는바, 학계와 실무계에서 이에 대한 합리적 제한 방안도 강구되어야 할 것이다.

4. 소결

대상판결은 이의신청에 따른 일반적인 제소기간 연장 조항이 없는 상황에서, 이의신청 후 2차 처분인 이의신청 기각결정의 처분성을 독립적으로 인정함으로써 국민의 재판청구권을 확대하였다는 결론에 있어서 타당한 측면이 있으나, 그 논증은 다소 아쉬운 측면이 있다. 이제 행정기본법의 시행으로 이의신청에 따른 제소기간 도과의 문제가 해결되었으므로, 향후 학설과 판례에 의해 이의신청에 따른 불복의 대상 및 요건에 대한 문제가 말끔하게 정리될 필요가 있다.

IV. 요약과 결론

1. 이의신청은 행정작용에 대하여 행정부 내부, 통상 처분청에 제기하는 불복절차인데 이의신청에 대한 결정의 통보, 특히 이의신청의 대상이 된 기존의 처분을 그대로 유지하는 결정(이의신청 기각결정)이 항고소송의 대상이 되는 새로운 처분에 해당하는지 여부가 행정심판 및 행정소송의 제소기간 제한과 관련하여 문제가 되어 왔다.

2. 대법원 판례는 종래 이의신청 기각결정의 처분성을 인정하지 않고, 이의신청 전 원처분의 처분성만을 인정하는 전제에서 개별적인 법률에 따라 국민의 권리구제 여부를 판단해 왔지만, 최근의 판례들은 대체로 일정한 고려요소를 감안하여 이의신청 기각결정의 처분성을 인정하여 국민의 권리구제를 확대하는 경향이 있고, 이는 대법원의 전반적인 대상

적격(처분성) 확대 경향과도 관련이 있다.

3. 대상판결 또한 이러한 판례의 경향을 반영하여 이의신청 기각결정의 처분성을 인정하는 판결인데, 다만 개별법에 규정된 이의신청권이라는 절차적 권리 자체를 신청권으로 파악하고, 그러한 이의신청권의 행사를 수익적 처분을 구하는 새로운 신청으로 보았다는 점에서 논증에 한계가 있고, 종전 판례와의 모순성을 심화하는 등 그 관계 설정을 어렵게 하는 측면이 있다.

4. 최근 시행된 행정기본법에 행정행위에 대한 불복방법으로서의 이의신청이 명문화되었고, 제소기간의 문제도 명시되어 제소기간에 따른 권리구제 공백을 방지하기 위해 이의신청 기각결정의 처분성을 인정할 필요성은 줄어들었으나, 행정기본법상 이의신청 제도와의 관계에서 종래 일관되지 않았던 대법원 판례의 입장은 명확하게 정리될 필요가 있고, 이의신청에 따른 행정심판 및 행정소송의 대상 등의 문제에 대해서도 학계와 실무계가 지속적으로 머리를 맞대어 나가야 할 것이다.

생각할 문제

1. 이의신청 기각결정의 처분성을 부인하는 판례와 인정하는 판례는 향후에도 병존할 수 있는가.

2. 「행정기본법」 제36조에 따른 이의신청 후 제기하는 행정심판이나 행정소송의 대상은 원처분인가, 또는 이의신청 후 2차 처분인가.

3. 만약 「행정기본법」 시행 이후에도 이의신청에 따른 2차 처분에 대하여 행정심판이나 행정소송을 허용한다면, 그 요건은 어떻게 설정하여야 하는가.

대법원 2007. 9. 20. 선고 2007두6946 판결
[부령으로 정한 제재처분 기준의 구속력]

남 하 균*

[사실관계]

원고는 인천 연수구에서 약국을 개설하고 있는 약사이다. 보건복지부, 식품의약품안전청, 건강보험심사평가원 및 인천광역시 소속 직원들로 구성된 '합동약국감시단'은 2005. 8. 5. 위 약국을 지도·감시하는 과정에서 200정 단위 '마그밀'의 포장이 개봉된 채 130정만 들어있는 상태로 일반판매대에 보관되어 있는 것을 발견하고, 구 약사법(2007. 4. 11. 전부 개정되기 전의 것) 제39조1) 위반으로 이를 적발하였다. 피고(인천광역시 연수구보건소장)는 2005. 8. 16. 원고에게 위 위반행위에 대하여 구 약사법 제69조 제1항 제3호, 제3항,2) 구 약사법 시행규칙(2005. 10. 7. 개정되기 전의 것) 제89조 및 [별표 6] '행정처분의 기준'3)에

---

* 울산대학교 법학과 교수

1) 제39조(개봉판매금지) 누구든지 제57조의 규정에 의하여 의약품등 제조업자나 수입자가 봉함한 의약품의 용기나 포장을 개봉하여 판매할 수 없다. 다만, 다음 각호의 1에 해당하는 경우에는 그러하지 아니하다.
   1. 약국개설자가 의사·치과의사 또는 한의사의 처방전에 의하거나 제21조 제4항 단서 및 동조 제7항 단서 또는 법률 제4731호 약사법중 개정법률 부칙 제4조의 규정에 의하여 의약품을 조제·판매하는 경우
2) 제69조(허가취소와 업무의 정지등) ① 의약품등의 제조업자나 그 수입자 또는 약국개설자나 의약품의 판매업자가 다음 각호의 1에 해당할 때에는 의약품등의 제조업자나 수입자에 있어서는 식품의약품안전청장이, 약국개설자나 의약품의 판매업자에 있어서는 특별시장·광역시장·도지사·시장·군수 또는 구청장이 그 허가·승인·등록의 취소 또는 제조소를 폐쇄하거나 품목제조금지 또는 품목수입금지를 명하거나 기간을 정하여 그 업무의 전부 또는 일부의 정지를 명할 수 있다. …
   3. 이 법 또는 이 법에 의한 명령에 위반한 때
   ③ 제1항 및 제2항의 규정에 의한 행정처분의 기준은 보건복지부령으로 정한다. <신설 1991. 12. 31.>
3) 제89조(행정처분기준) 법 제69조제3항 및 법 제71조의 규정에 의한 행정처분의 기준은 별표 6과 같다.
   [별표 6] 행정처분의 기준 (제89조 관련)
   Ⅰ. 일반기준
   9. 다음 각목의 1에 해당하는 경우에는 그 처분을 감면할 수 있다.
   가. 국민보건, 수요공급 기타 공익상 필요하다고 인정된 경우
   차. 행정절차법 제21조 및 제22조의 규정에 의한 청문 또는 처분의 사전통지 결과 당사자가 제출한

따라 업무정지 15일의 처분을 하겠다는 사전통지를 한 후, 2005. 9. 30. 구 약사법 제71조의3 제1항, 제2항,4) 구 약사법 시행령(2007. 6. 28. 전부 개정되기 전의 것) 제29조 및 [별표 1의2] '과징금 산정기준'5)에 따라 업무정지 15일에 갈음하는 과징금 8,550,000원(=15일 ×570,000원)의 부과처분(이하 '이 사건 처분'이라 한다)을 하였다. 원고는 이 사건 처분에 대하여 취소소송을 제기하였다.

[사건의 경과]

원고는 200정 단위로 포장된 '마그밀'을 개봉하여 낱개로 판 적이 없고, 다만 의사의 처방전에 의해 조제판매할 때 사용되는 1,000정 단위 '마그밀'의 재고가 남아 있지 않거나 급한 경우에 일반판매용 200정 단위 '마그밀'을 개봉하여 조제판매에 사용하였을 뿐이며, 의약품을 개봉 판매하지 않더라도 환자들로부터 반품 받아 보관하고 있을 수도 있으므로, 이 사건 처분은 위법하다고 주장하였다. 제1심 법원은 여러 정황적 사실을 들어 원고의 주장

의견의 타당성이 인정되는 경우

Ⅱ. 개별기준

위반사항	근거법령	행정처분			
		1차	2차	3차	4차
39. 약국등의 개설자가 법 제39조의 규정에 위반하여 의약품을 개봉판매한 때	법 제69조	업무정지 15일	업무정지 1월	허가취소	

4) 제71조의3(과징금처분) ①식품의약품안전청장, 특별시장·광역시장·도지사, 시장·군수 또는 구청장은 의약품 등의 제조업자·수입자·약국개설자 또는 의약품판매업자가 제69조의 규정에 의하여 업무의 정지처분을 받게 될 때에는 대통령령이 정하는 바에 의하여 업무정지처분에 갈음하여 5천만원 이하의 과징금을 부과할 수 있다. …
② 제1항의 규정에 의한 과징금을 부과하는 위반행위의 종별 및 그 정도 등에 따른 과징금의 금액 기타 필요한 사항은 대통령령으로 정한다.

5) 제29조(과징금의 산정기준) 법 제71조의3제2항의 규정에 의한 과징금의 금액은 위반행위의 종별·정도 등을 참작하여 보건복지부령이 정하는 업무정지처분 기준에 따라 별표 1의2의 기준을 적용하여 산정한다.

[별표 1의2] 과징금산정기준 (제29조 관련)

(단위 : 만원)

구분	업무정지 1일에 해당하는 과징금	의약품등 제조업자·수입자의 경우	의약품등 도매업자의 경우	약국개설자 또는 의약품등 소매업자의 경우
		당해 품목의 전년도 총생산금액 또는 총수입금액	전년도 총매출금액	전년도 총매출금액
19	57	4,000,000 이상	2,000,000 이상	28,500 이상

을 받아들이지 않고 이 사건 청구를 기각하였다.[6]

　　원고가 항소하면서 기본적으로 같은 주장을 한 데 대하여 원심 법원은 제1심판결과 마찬가지로 그 주장을 배척하고 원고가 '마그밀'을 개봉 판매한 사실을 인정하였는바, 한편 법원은 직권으로 이 사건 처분의 재량권 일탈·남용 여부에 대하여 판단하였다. "약사법 시행규칙 제89조가 정하고 있는 [별표 6] '행정처분의 기준'은 관할 행정청이 약사법 위반행위에 대한 행정처분을 함에 있어 처리기준과 방법 등의 세부사항을 규정한 행정기관 내부의 처리지침에 불과한 것으로서 대외적으로 국민이나 법원을 기속하는 효력이 없으므로, 약사법 위반행위에 대한 행정처분의 적법 여부는 위 처분기준만에 의하여 결정되는 것이 아니라 약사법의 규범목적과 위반행위의 내용 및 정도 등에 따라 판단되어야 할 것이다." 고 전제하고, ① 위 약사법 제39조의 규범목적은 의약품의 개봉 판매가 허용될 경우 의약품의 효능·부작용 등에 대한 설명서 없이 환자들이 약품을 구입함으로써 발생할 수 있는 의약품의 오·남용을 방지하기 위한 것으로서 합리적인 근거가 있는 약사행정의 규제수단이라고 할 것이지만, 개봉 판매의 금지 위반에 의하여 곧바로 국민 건강에 위해가 될 정도의 의약품 오·남용을 초래하게 된다고 보기는 어려운 점, ② '마그밀'은 위염 및 변비 치료에 사용되는 일반의약품으로서 개봉 판매 및 그 복용, 나아가 오·남용으로 인하여 인체에 심각한 부작용을 일으킨다고 볼 만한 자료가 전혀 없는 점, ③ '마그밀'의 1정당 단가는 1,000정 단위 포장의 경우 18원이고, 200정 단위 포장의 경우 30원으로, 2005년 1월부터 단속 당시까지 원고가 구입한 1,000정 단위 '마그밀' 5개(합계 5,000정, 시가 합계 90,000원) 및 200정 단위 '마그밀' 21개(합계 4,200정, 시가 합계 126,000원) 중 의사의 처방전에 의하여 조제·판매한 3,781.93정을 제외한 나머지 5,418.07정의 범위 내에서 위 200정 단위 '마그밀' 4,200정을 위 기간 동안 원고가 모두 개봉하여 판매하였다고 가정하더라도 그 매출액은 126,000원에 불과하고, 그와 같은 약사법 위반행위로 인하여 약국개설자인 원고가 얻게 될 경제적 이익은 그 판매기간 및 위 약국의 규모에 비추어 미미한 수준에 불과한 점, ④ 약사법 시행령 제29조 [별표1의 2] '과징금 산정기준'에 의하면 업무정지에 갈음하여 부과될 과징금은 당해 약국의 전년도 1년간의 총매출금액에 따라 정액으로 정해져 있고 감경의 근거 규정도 찾아볼 수 없으므로 결국 최종적으로 부과되는 과징금 부과처분의 적정 여부는 위반행위에 대하여 처해질 업무정지기간의 적정 여부에 달려 있는바, 원고의 약사법 위반행위의 내용과 정도 및 그 위반행위가 국민보건에 미치는 영향 등을 고려할 때 위 과징금 부과처분의 전제가 된 15일의 업무정지기간은 비례의 원칙에 위배되어 재량권 일탈

---

6) 인천지방법원 2006. 4. 6. 선고 2005구합4216 판결.

·남용에 해당하는 위법이 있고, 그 위법은 이 사건 과징금 부과처분에도 마찬가지로 존재한다고 보아, 원고의 항소를 받아들여 이 사건 처분을 취소하였다.[7] 피고는 상고를 제기하였다.

[대상판결]

대법원은 원심판결을 파기하고, 사건을 다시 심리·판단하게 하기 위하여 원심법원에 환송하였다. 먼저, 일반론으로 아래와 같은 설시를 한다.

> 제재적 행정처분이 사회통념상 재량권의 범위를 일탈하였거나 남용하였는지 여부는 처분사유로 된 위반행위의 내용과 당해 처분행위에 의하여 달성하려는 공익목적 및 이에 따르는 제반 사정 등을 객관적으로 심리하여 공익 침해의 정도와 그 처분으로 인하여 개인이 입게 될 불이익을 비교·형량하여 판단하여야 하고, (명제 ①)
>
> 이 경우 제재적 행정처분의 기준이 부령의 형식으로 규정되어 있더라도 그것은 행정청 내부의 사무처리준칙을 규정한 것에 지나지 아니하여 대외적으로 국민이나 법원을 기속하는 효력이 없고, 당해 처분의 적법 여부는 위 처분기준만이 아니라 관계 법령의 규정 내용과 취지에 따라 판단되어야 하므로, 위 처분기준에 적합하다 하여 곧바로 당해 처분이 적법한 것이라고 할 수는 없는 것이지만, (명제 ②)
>
> 위 처분기준이 그 자체로 헌법 또는 법률에 합치되지 아니하거나 위 처분기준에 따른 제재적 행정처분이 그 처분사유가 된 위반행위의 내용 및 관계 법령의 규정 내용과 취지에 비추어 현저히 부당하다고 인정할 만한 합리적인 이유가 없는 한 섣불리 그 처분이 재량권의 범위를 일탈하였거나 재량권을 남용한 것이라고 판단해서는 안 될 것이다. (명제 ③)
>
> *문단 나눔 및 괄호 부분은 필자

이어서, 대법원은 이 사건 처분이 재량권을 일탈·남용하였다는 원심 법원의 판단을 논박하였다. 약간 간추리면 이렇다: 의약품의 개봉판매를 원칙적으로 금지하는 구 약사법 제39조는 의사 또는 치과의사의 처방전에 의하지 아니한 약사의 의약품 임의조제를 금지하는 한편, 의약품의 효능이나 부작용 등에 대한 설명서 없이 의약품이 판매되는 경우에 생길 수 있는 의약품 오·남용을 방지하여 국민보건의 향상을 도모하는 데 그 규정 취지가

---

7) 서울고법 2007. 2. 15. 선고 2006누10186 판결.

있는 것으로서, 약사법의 입법목적 및 약사법이 정하는 의약분업 원칙의 본질과 직접 관련되는 규정이라 할 것이고, 원고가 개봉판매한 '마그밀'은 오·남용의 우려가 적고 인체에 미치는 부작용이 비교적 적은 일반의약품이기는 하지만, 신기능장애 또는 설사 환자에게는 투여하지 말아야 하고 심기능장애 환자나 고마그네슘혈증 환자에게도 신중히 투여하여야 하며, 또 장기적으로 대량 투여하는 경우에는 부작용으로 고마그네슘혈증이 나타날 수 있고, 다량의 우유, 칼슘제제와 함께 사용하는 경우에는 우유알칼리증후군이 나타날 수도 있으므로, 이와 같은 사용상의 주의사항 및 부작용에 대하여 구입자에게 충분한 설명이 필요한 것으로 보이는 점, 원고가 개설·운영하는 약국이 그 규모에 비해 이 사건 개봉판매로 얻을 수 있는 경제적 이익이 크지 않다고 하여 그 위반행위의 위법성이 가볍다고 할 수는 없으며 오히려 대형약국일수록 관련 법령을 더욱 엄격하게 준수하여야 할 것인 점, 구 약사법 제69조는 약국개설자의 구 약사법 위반행위에 대한 행정처분으로 약국개설등록의 취소 또는 기간을 정한 업무의 전부·일부 정지 등을 규정하고 있는데, 피고는 구 약사법 시행규칙 [별표 6] '행정처분의 기준'에 정해진 대로 원고에게 업무정지 15일의 처분을 하겠다는 취지를 사전에 통지하였으나, 원고의 의견을 청취한 후 이 사건 위반행위의 내용과 정도 등을 참작하여 업무정지 15일에 갈음하는 과징금을 부과하기로 하고 구 약사법 시행령 [별표 1의2]가 정하는 '과징금 산정기준'에 따라 산정한 이 사건 과징금 부과처분을 하기에 이른 점, 구 약사법 시행규칙 [별표 6] Ⅰ. 일반기준 제9호는 약사법 위반행위에 대한 처분을 감면할 수 있는 사유들을 들고 있으나 이 사건에서 위와 같은 감면사유가 있다고 보기는 어려운 점 등을 종합해 보면, 피고가 이 사건 처분을 한 것이 피고에게 주어진 재량권의 범위를 일탈하거나 피고가 그 재량권을 남용한 것에 해당한다고 보기는 어렵다.

[판결의 평석]

Ⅰ. 사안의 쟁점

약사법은 의약품의 용기나 포장을 개봉하여 판매하는 것을 금지하면서(제48조), 이를 위반한 약국개설자에 대하여는 등록을 취소하거나 1년의 범위에서 업무의 전부 또는 일부의 정지를 명할 수 있는바(제76조 제1항 제3호), 그 행정처분 기준은 보건복지부령으로 정하도록 함(제76조 제3항)에 따라 약사법 시행규칙은 '행정처분의 기준'을 규정한다(제50조 별표3). 한편 약사법은 약국개설자가 업무의 정지처분을 받게 될 경우 대통령령으로 정하는 바에 따라 업무정지처분을 갈음하여 1억원 이하의 과징금을 부과할 수 있도록 하고(제81조), 약사법 시행령은 과징금 산정기준을 규정하고 있다(제33조 별표 2).[8]

　이 사건 처분은 약사법령 상의 처분기준에 따라 부과된 것이므로, 원고가 의약품 개봉판매를 하였다는 사실만 인정되면 이 사건 처분은 적법한 것으로 보인다. 그리하여 제1심 소송에서는 당사자 간에 그 사실문제만 다투어졌고, 원심 소송에서도 이러한 기조는 이어졌다. 그러나 원심 법원은 직권으로 이 사건 처분의 재량권 일탈·남용 여부를 문제 삼으면서 그 전제로서 약사법 시행규칙이 정한 '행정처분의 기준'의 법적 성격 및 효력 문제를 끌어올렸고, 그로써 대상판결의 핵심 쟁점이 되었다.

Ⅱ. 판례의 이해

　대상판결이 제시한 일반명제는 앞서 나눈 문단에 따라 세 부분으로 구성된다(이하 차례로 '명제 ①', '명제 ②', '명제 ③'으로 편의에 따라 약칭함). 명제 ①이 제시한 형량의 원리는 제재적 행정처분의 재량권 일탈·남용 여부의 판단 방법으로 기존 판례에서 흔히 설시되고 이견 없이 받아들여지는 보편적 명제라 할 수 있다. 명제 ②는 부령으로 정한 제재적 행정처분 기준의 대외적 구속력을 부정한 기존의 대법원 판례를 계승한 것이다. 명제 ③은 대상판결에서 처음 등장한 것으로, 명제 ②에 불구하고 처분기준이 재량권 일탈남용 여부를 판단하는 데 사실상 중요한 기준으로 작용함을 강조한 것으로 볼 수 있다.[9]

　여기서 지금까지도 논쟁적이고 아래에서도 중심에 놓고 살펴볼 부분은 명제 ②이다. 이 것은 법규명령의 효력에 관한 종래의 통일적·단선적 이해에 의문과 분화의 시각을 가져온 발단이 된 것이기도 하다. 그러므로 대상판결을 고립적으로 파악하는 것으로 그치기보다는 법규명령 내지 행정입법에 대한 다각적인 판례와 함께 종합적·유기적으로 고찰하는 작업이 요구된다.

---

8) 이 사안에 적용된 구 약사법령의 각 규정은 조문 번호만 바뀌었을 뿐 현행 법령과 같은 내용이다.

9) 종래 판결에서 명제 ①과 명제 ②가 같이 나올 때는 명제 ②의 뒤에 명제 ①이 나오는 것이 보통이다. 명제 ①은 명제 ②에 따라 해당 처분에 재량권이 인정됨을 전제로 하기 때문이다. 여기서 그 순서가 바뀐 것은 대상판결이 처음으로 명제 ③을 설시하면서 명제 ②의 뒤에 붙이다 보니 명제 ①의 자리가 마땅치 않게 되었기 때문으로 보인다. 논리적으로는 명제 ② - 명제 ① - 명제 ③의 순서가 더 적당할 것이다.

1. 부령으로 정한 제재적 행정처분 기준의 법적 성질 및 효력

행정법상 의무를 위반한 자에 대한 제재로서는 허가취소·영업정지와 같이 당사자가 보유하고 있는 행정법상 지위를 박탈·제한하는 것이 하나의 전형을 이룬다. 이러한 제재의 근거법률에서 직접 규정하는 것은 제재의 사유·종류·상한에 그치고 구체적인 제재의 수준은 행정청의 재량에 따라 정하여지는 것이 보통이다. 객관적이고 통일적인 재량권 행사를 담보하기 위하여서는 사전에 일정한 기준을 만들어 그에 따라 제재처분을 하는 것이 바람직할 것이다. 그 기준을 담는 규정형식으로는 대통령령·총리령·부령의 이른바 법규명령과, 훈령·예규·지침 등으로 표시되는 행정규칙[10]이 있다. 초기에는 상대적으로 절차와 격식에서 부담이 덜한 후자의 방식으로 기준 정립이 되었으나, 점차 법제가 정비되는 과정에서 그러한 기준들을 부령 등의 형식으로 전환하는 작업이 이루어진다.

(1) 대외적 구속력의 부인 (명제 ②)

그 초기의 예로서 「도로교통법」은 1973. 3. 12. 개정으로 "내무부령이 정하는 기준에 따라" 운전면허를 취소하거나 1년의 범위 안에서 그 운전면허의 효력을 정지시킬 수 있다(제65조)고 하여 처분기준을 내무부령에 위임하는 규정을 두었고, 그에 따라 내무부령으로 신설된 것이 「도로교통법시행세칙」 제55조 제1항 [별표18]이다. 그러나 1980년 대법원은 그 기준에 법원이 기속 받지 않는다는 점을 못박았다.

> "별표 18"인 운전면허 행정처분의 기준에 논지가 지적하는 바와 같은 기준이 정하여져 있다고 하더라도 이는 결코 그 상위법인 동법 65조의 규정에 의하여 보장된 본건과 같은 사유에 대하여 관계행정청이 그 운전면허를 취소하거나 그 효력을 정지시킬 수 있는 재량권을 기속하는 것이라고 할 수 있음은 물론 법원이 기속받을 성질의 것도 아니라고 할 것이[다].[11]

법률이 부여한 재량권을 처분기준으로써 기속할 수 없으므로 여전히 해당 제재처분은 재량행위라는 관점으로 접근한 것인데, 이는 1984년 대법원 판결에서도 다시 확인되었다.[12]

---

10) 강학상 '재량준칙'으로 일컫기도 하는 것인데, 이것은 제재처분의 기준에 국한되지 않고 인허 기준 등을 포함하여 널리 재량권 행사 일반을 아우르는 개념임을 유의하여야 한다.

11) 대법원 1980. 4. 8. 선고 79누151 판결.

12) 대법원 1984. 1. 31. 선고 83누451 판결: … 어떤 행정처분의 기준을 정한 준칙 등을 그 규정의 형식이나 체제 또는 문언에 따라 이를 일률적으로 기속행위라고 규정지을 수는 없다고 할 것이다. 따라서 「도로교통법」 제65조 제2호 내지 제6호 및 이에 따른 운전면허점수제 행정처분사무처리요강 별표 15

그러나 학계의 주목을 받았던 것은 제재처분기준이 훈령으로 정해져 있다가 부령으로 전환되었음에도 법원의 그 성격 규정이 일관됨을 보여준 1984. 2. 28. 대법원 판결부터다. 교통부 훈령으로 제정되어 운영되었던 「자동차운수사업법 제31조 등에 관한 처분요령」은 1982. 7. 31. 교통부령 「자동차운수사업법제31조등의규정에의한사업면허의취소등의처분에관한규칙」으로 전환되었지만, 대법원은 전자에 대하여 내렸던 판단[13]을 후자에도 그대로 적용한다.

> 부령의 형식으로 되어 있으나 그 규정의 성질과 내용이 자동차운수사업면허의 취소처분 등에 관한 사무처리기준과 처분절차 등 행정청 내의 사무처리준칙을 규정한 것에 불과한 것이므로 이는 교통부장관이 관계행정기관 및 직원에 대하여 그 직무권한행사의 지침을 정하기 위하여 발한 행정조직내부에 있어서의 행정명령의 성질을 가지는 것이고, 따라서 위 규칙은 행정조직 내부에서 관계행정기관 및 직원을 구속함에 그치고 국민이나 법원을 구속하는 힘은 없는 것이라 할 것이므로, 자동차운송사업면허취소 등의 처분이 위 규칙에 위배되는 것이라 하더라도 위법의 문제는 생기지 아니하고 또 위 규칙에 정한 기준에 적합한 것이라 하여 바로 그 처분이 적법한 것이라고도 할 수 없을 것이다. 그 처분의 적법 여부는 위 규칙에 적합한 것인가의 여부에 따라 판단할 것이 아니고 자동차운수사업법의 규정 및 그 취지에 적합한 것인가의 여부에 따라 판단할 것이다.

라고 판시하여,[14] 부령의 형식에 불구하고 그 규정의 실질적인 내용에 따라 이를 행정명령으로 보아 그 대외적인 법적 구속력을 부인하는 태도를 유지한 것이다. 이 판례를 기점으로 그 밖의 각종 인허가 및 자격의 취소·정지의 기준을 정한 부령 규정, 나아가 징계양정에 관한 총리령[15]에 대하여도 대법원의 태도는 일관되었다.

(1981.5.6 내무부령 제347호)가 정하는 운전면허행정처분의 기준을 재량행위라는 전제 아래 피고의 이 사건 운전면허취소처분은 재량권의 범위를 심히 일탈한 부당한 처분이라고 판시한 원심조치는 정당하다고 할 것이며 이를 기속행위라는 소론 논지는 독자적 견해에 지나지 않아 채용할 수가 없다.

13) 대법원 1983. 2. 22. 선고 82누352 판결: 1981.1.1자 교통부훈령 제680호(「자동차운수사업법」 제31조 등에 관한 처분요령)는 행정사무처리의 기준에 관한 교통부장관의 훈령으로서 법규의 성질을 가지는 것으로는 볼 수 없고 상급행정기관인 교통부장관이 행정청 내부 및 관계행정기관의 직권행사를 지휘하고 직무에 관하여 명령에 불과하여 그 훈령의 규정이 「자동차운수사업법」 제31조에 의하여 보장된 행정청의 재량권을 기속하거나 법원이 그 훈령에 기속받는 것은 아니다.

14) 대법원 1984. 2. 28. 선고 83누551 판결.

15) 「공무원 징계양정등에 관한 규칙」에 관한 대법원 1992. 4. 14. 선고 91누9954 판결.

(2) 적법성의 사실상 추정력을 부여 (명제 ③)

명제 ③에서 "그 자체로 헌법 또는 법률에 합치되지 아니하거나"의 대목은 법질서에서 당연한 내용으로서 어떤 새로운 의미 부여가 있는 것은 아니라 할 것이다. 대상판결이 판례의 흐름 속에 특별한 의미를 가지는 것은 "처분기준에 따른 제재적 행정처분이 그 처분사유가 된 위반행위의 내용 및 관계 법령의 규정 내용과 취지에 비추어 현저히 부당하다고 인정할 만한 합리적인 이유가 없는 한 섣불리 그 처분이 재량권의 범위를 일탈하였거나 재량권을 남용한 것이라고 판단해서는 안 될 것이다."는 부분에서다. 이것은 명제 ②를 통하여 부령에 정한 제재처분기준이 대외적으로 국민이나 법원을 구속하는 법적 힘은 없으나, 그렇다고 하여 아무런 기능을 하지 못하는 것은 아니고 그 적용 결과가 현저히 부당하지 않는 한 해당 처분기준에 따라 처분의 적법성을 판단하여야 한다는 뜻으로 읽을 수 있겠다. 바꾸어 말하면, 통상적으로 그 기준에 따른 처분이라면 적법성이 사실상 추정되고, 구체적 사안에서 그 기준에 따른 처분이 현저히 부당함을 낳는다고 볼 특별한 사정이 인정되는 경우에만 해당 처분 기준에 구애됨이 없이 처분의 재량권 일탈남용을 인정할 수 있다는 것이다. '처분이 재량권을 일탈·남용하였다는 사정은 그 처분의 효력을 다투는 자가 주장·증명하여야 한다'는 판례[16]에 비추어보면, 처분기준에 따른 처분에는 재량처분 일반에 비해 더 강한 적법성 추정을 인정해주는 셈이다.

대상판결이 설시한 명제 ③은 ― 명제 ②와 덧붙여져 ― 이후 많은 판결에서 준거가 되면서[17] 현재 판례의 주류를 형성하고 있는 것으로 보인다.

2. 비교할 판례

(1) 제재처분기준을 초과한 경우

명제 ②에 따라 제재처분기준에 법적 구속력은 부인되지만, 그것을 위반하여 과중한 제재처분을 하는 것은 재량권 일탈·남용으로 봄으로써 일정한 해당 기준에도 일정한 구속적 힘을 인정하는 것으로 평가할 수 있는 판례도 있다.[18] 행정규칙을 매개로 하여 평등원칙이

---

16) 대법원 2019. 12. 24. 선고 2019두45579 판결 등.

17) 의사면허자격정지처분 기준에 대한 대법원 2013. 9. 12. 선고 2012두28865 판결; 입찰참가자격제한처분 기준에 대한 대법원 2018. 5. 15. 선고 2016두57984 판결; 고용보험법상 부정수급 지원금의 추가징수 기준에 대한 대법원 2019. 9. 26. 선고 2017두48406 판결; 직업능력개발훈련과정 인정취소·제한 기준에 대한 대법원 2022. 4. 14. 선고 2021두60960 판결 등.

18) 대법원 1993. 6. 29. 선고 93누5635 판결: 「식품위생법시행규칙」 제53조에 따른 별표 15의 행정처분기

적용되는 이른바 자기구속의 힘이 부령으로 정해진 제재처분기준에도 적용될 수 있는 것이다.[19] 명제 ②가 기준의 구속력을 해제하여 그보다 가벼운 제재처분을 가능하게 하는 것이라면 이 판례는 기준보다 무거운 제재처분을 할 수 없도록 구속력을 부여하는, 서로 다른 관점에서 다른 방향으로 작용하면서 상호보완하는 것으로 각 역할을 설명할 수 있다. 그러나 명제 ③이 채택되면 재판실무에서 그러한 구도는 사실상 퇴색할 것이다.

(2) 대통령령의 경우

제재적 처분기준은 부령으로 정해진 경우가 대부분이나 상당수는 대통령령으로도 정해진다.[20] 그런데 1997년 대법원은 대통령령에 정한 제재처분기준에 대하여 부령에 관한 기존의 판례와 상반된 판결을 한다.

당해 처분의 기준이 된 주택건설촉진법시행령 제10조의3 제1항 [별표 1]은 주택건설촉진법 제7조 제2항의 위임규정에 터잡은 규정형식상 대통령령이므로 그 성질이 부령인 시행규칙이나 또는 지방자치단체의 규칙과 같이 통상적으로 행정조직 내부에 있어서의 행정명령에 지나지 않는 것이 아니라 대외적으로 국민이나 법원을 구속하는 힘이 있는 법규명령에 해당한다.[21]

이 판결이 나옴으로써 제재처분기준의 성질 및 효력 논의에서 빠질 수 없는, 부령과 대통령령의 대비 구도가 만들어졌다. 부령과 대통령령과의 차별적 취급을 정당화할 근거가 설득력 있게 제시되지 않았다는, 부령에 관한 기존 판례와는 또 다른 관점의 비판이 많이 제기되었다. 그 후의 공개된 대법원 판결 중 이 판례와 같이 그 법적 성격을 법규명령이라고 명시적으로 설시한 예는[22] 찾기 힘들지만, 대체로 대통령령의 법적 구속력을 전제로 하

준은 행정기관 내부의 사무처리준칙을 규정한 것에 불과하기는 하지만, 위 규칙 제53조 단서의 식품 등의 수급정책 및 국민보건에 중대한 영향을 미치는 특별한 사유가 없는 한 행정청은 당해 위반사항에 대하여 위 처분기준에 따라 행정처분을 함이 보통이라 할 것이므로, 만일 행정청이 이러한 처분기준을 따르지 아니하고 특정한 개인에 대하여만 위 처분기준을 과도하게 초과하는 처분을 한 경우에는 일응 재량권의 한계를 일탈하였다고 볼 만한 여지가 충분하다. 같은 취지로 대법원 2014. 6. 12. 선고 2014두2157 판결.

19) 되풀이 시행되어 이루어진 행정관행을 기초로 평등원칙 또는 신뢰보호원칙이 적용되는 것으로 자기구속 법리를 정식화한 판례로는 대법원 2013. 11. 14. 선고 2011두28783 판결 등.

20) 웹사이트 <국가법령정보센터>에서 조문제목에 '처분 기준' '자격 취소' 등이 들어가는 대통령령 규정을 검색하면 50개 조가 넘게 나오는데, 검색항목과 검색어의 설정에 따라서는 그보다 훨씬 많이 있을 것으로 짐작된다.

21) 대법원 1997. 12. 26. 선고 97누15418 판결.

22) 대법원 2002. 12. 10. 선고 2001두3228 판결: 「건설업법」 제51조 제1항과 신법 제84조 등 수권규정의

여 판단을 하는 것으로 보인다.

논의가 한층 흥미로운 양상으로 진전된 것은 구「청소년보호법 시행령」으로 정해진 과징금처분기준을 최고한도액으로 본 2001년 대법원 판결이 나오면서다.

> 구 청소년보호법(1999. 2. 5. 개정되기 전의 것) 제49조 제1항, 제2항에 따른 구 청소년보호법 시행령(1999. 6. 30. 개정되기 전의 것) 제40조 [별표 6]의 위반행위의종별에따른과징금처분기준은 법규명령이기는 하나 모법의 위임규정의 내용과 취지 및 헌법상의 과잉금지의 원칙과 평등의 원칙 등에 비추어 같은 유형의 위반행위라 하더라도 그 규모나 기간·사회적 비난 정도·위반행위로 인하여 다른 법률에 의하여 처벌받은 다른 사정·행위자의 개인적 사정 및 위반행위로 얻은 불법이익의 규모 등 여러 요소를 종합적으로 고려하여 사안에 따라 적정한 과징금의 액수를 정하여야 할 것이므로 그 수액은 정액이 아니라 최고한도액이라고 할 것이다.[23]

이 판결은 대통령령으로 정한 제재처분기준을 법규명령으로 본 위 판례를 외형적으로 깨뜨리지 않으면서 '해석'의 길을 통하여 실질적으로는 부령으로 정한 처분기준에 대해 일관되어 온 기존 판례의 심사구조를 유지한 것으로 볼 수 있다.

이후로 같은 입장을 취한 대법원 판결이 나오기도 했으나,[24] 대통령령으로 정한 제재처분기준 일반에 받아들여지지는 않고 있는 상황이다. 이 판례의 배경에는 처분기준의 감경이 강하게 요청되는 사안이라는 특수성이 있어 그런 것이 아닐까 짐작된다.[25]

형식과 내용, 그에 따른「건설업법시행령」제49조 제1항, 신법 시행령 제80조 제1항의 규정내용 등에 비추어 보면,「건설업법시행령」제49조 제1항 [별표 6]이나 신법 시행령 제80조 제1항 [별표 6]의 각 규정은 일반 국민이나 법원을 구속하는 법규명령에 해당하고, 행정청 내부의 사무처리기준을 규정한 재량준칙이라고 할 수 없다. 따라서 반대의 전제에 서서 피고의 이 사건 처분시 신법과 신법 시행령을 적용한 것은 소급효금지원칙에 저촉되지 않고 단지 재량권 일탈·남용의 문제에 불과하다는 취지의 주장은 독자적 견해로서 받아들이지 아니한다.

23) 대법원 2001. 3. 9. 선고 99두5207 판결. 여기서 논거로 제시한 '모법의 위임규정의 내용과 취지 및 헌법상의 과잉금지의 원칙과 평등의 원칙'의 의미는 원심판결(서울고법 1999. 3. 24. 선고 98누13647 판결)에 상세히 설시되었다.

24) 구「국민건강보험법」제85조 제1항, 제2항에 따른 같은 법 시행령 제61조 제1항 [별표 5]에 정한 업무정지의 기간 및 과징금의 금액은 확정적인 것이 아니라 최고한도라고 한 대법원 2006. 2. 9. 선고 2005두11982 판결 및 대법원 2007. 6. 28. 선고 2005두9910 판결.

25) 원심판결에서도 지적되듯이 해당 기준이 다른 법령과 달리 과징금을 감액할 수 있는 규정이 없는 점, 이 사건 처분인 청소년보호법상의 과징금은 형사처벌과 병행함은 물론, 영업정지처분에 갈음하는 것이 아니라 병행하여 부과되는 점, 그리하여 이 사건 판결 당시에는 이미 1999. 2. 5. 법률 개정으로 영업정지처분을 받는 경우 별도로 과징금을 부과하지 않도록 된 점 등이 그것이다. 위 주16의 판결에서도 이미 당사자에게 유리한 방향으로 보건복지부 고시의 개정이 예정되어 있었고, 이 사건 처분 후 실제로

(3) 위임행정규칙의 경우

이른바 법령보충규칙, 즉 상위법령의 위임에 따라 행정청이 정한 고시·훈령·지침 등에 대하여 그 상위법령과 결합하여 대외적으로 구속력이 있는 법규명령의 효력을 가진다는 판례는 잘 알려져 있다. 만약 제재처분기준이 이러한 형식으로 정해졌다면 어떤 성격과 효력을 가질까? 구속력의 근거로서 법령의 위임이라는 형식적 요소를 갖추긴 했으나, 이는 명제 ②의 적용 대상인 부령과 같은 상황이다. 여기에 제재처분에 대한 재량권 인정 및 사법통제라는 실질적 요청이 내포된 점도 다를 바 없다. 그렇다면 명제 ②에 따라 그 기속적 성격이 배제됨이 논리적일 것이다. 대법원도 같은 입장을 보여주지만,[26] 상반된 판결도 보인다.[27] 명제 ②가 적용되더라도 역시 명제 ③에 따라 처분기준이 존중되어야 할 것이다.[28]

위와 같은 내용으로 보건복지부 고시가 개정되어 2003. 9. 1.부터 시행된 점이 고려되었다.

[26] 대법원 2022. 7. 28. 선고 2022두31822 판결: 구 중소기업 기술혁신 촉진법 및 구 중소기업 기술혁신 촉진법 시행령의 위임에 따라 참여제한 및 출연금환수에 관한 세부기준과 절차 등에 관한 사항을 정하고 있는 구 「중소기업기술개발 지원사업 운영요령」(중소기업청고시) [별표 3]은 그 규정 형식과 내용에 비추어, 참여제한기간 및 출연금 환수범위의 산정 등에 관한 재량권 행사의 기준으로 마련된 행정청 내부의 사무처리준칙, 즉 재량준칙이고, 이러한 참여제한기간 및 출연금 환수범위의 산정 등에 관한 기준을 정하는 것은 행정청의 재량에 속하므로 그 기준이 헌법 또는 법률에 합치되지 않거나 객관적으로 합리적이라고 볼 수 없어 재량권을 남용한 것이라고 인정되지 않는 이상 행정청의 의사는 가능한 한 존중되어야 한다.

[27] 「신용협동조합법」제83조 제1항, 제2항, 제84조 제1항 제1호, 제2호, 제42조, 제99조 제2항 제2호, 「신용협동조합법 시행령」제16조의4 제1항, 「금융위원회의 설치 등에 관한 법률」제17조 제2호, 제60조, 금융위원회 고시 '금융기관 검사 및 제재에 관한 규정' 제2조 제1항, 제2항, 제18조 제1항 제1호 (가)목, 제2항의 규정 체계와 내용, 입법 취지 등을 종합하면, 위 고시 제18조 제1항은 금융위원회법의 위임에 따라 법령의 내용이 될 사항을 구체적으로 정한 것으로서 금융위원회 법령의 위임 한계를 벗어나지 않으므로 그와 결합하여 대외적으로 구속력이 있는 법규명령의 효력을 가진다고 한 대법원 2019. 5. 30. 선고 2018두52204 판결. 그러나 이 고시의 제재 부분에 대해서도 법령의 위임 근거가 있는지는 매우 의문이다.

[28] 반면 명제 ③이 아니라 기존 판례가 수익·허용의 재량준칙에 적용해온 '존중'의 명제(뒤의 주 37 참조)를 적용한 예들도 있다. 대법원 2013. 11. 14. 선고 2011두28783 판결 등: 「공정거래법 시행령」제35조 제4항에 근거한 감면고시 제16조 제1항 규정은 그 형식 및 내용에 비추어 재량권 행사의 기준으로 마련된 행정청 내부의 사무처리준칙 즉 재량준칙이라 할 것이고, 시행령 제35조 제1항 제4호에 의한 추가감면 신청 시 그에 필요한 기준을 정하는 것은 행정청의 재량에 속하므로 그 기준이 객관적으로 보아 합리적이 아니라든가 타당하지 아니하여 재량권을 남용한 것이라고 인정되지 아니하는 이상 행정청의 의사는 가능한 한 존중되어야 한다.

Ⅲ. 법리의 검토

1. 행정재량과 비례원칙

좋은(good) 행정을 실현하기 위하여 행정의 상당 부분은 법령에 기속되지 않고 행정기관의 고유한 판단으로 할 수 있도록 재량권이 주어진다. 특히 제재적 행정처분의 경우 기본적으로 재량권이 주어져야 한다. 제재적 행정처분에서는 당해 사안에 고유한 상황에 대한 개별·구체적 심사가 중요한 의미를 가진다. 모든 공권력은 비례의 원칙에 부합하도록 행사되어야 한다. 즉 그로써 추구하는 공익과, 그로써 제약받게 되는 상대방의 기존 영업과 결부된 사익 혹은 또 다른 공익적 가치가 고려되고 저울질 되어야 한다. 제재결정을 단적으로 형사절차와 비교해본다면, 형벌을 부과하는 전통적인 법원의 역할을 행정청이 제1차적으로 담당하고 그 당부를 법원이 사후심사하는(review) 구조로 파악할 수도 있을 것이다. 법관의 양형결정권에 대한 지나친 법률상 제한이 허용되지 않듯이[29], 행정청의 제1차적 제재권능과 그에 대한 법원의 심사권능 또한 ─ 행정법관계에 국한된다는 점에서 일반 형사절차에서와 같은 정도는 아니더라도 ─ 일정한 여지가 확보되어야 한다. 제재처분에 재량권이 행사되어야 할 이유가 여기에 있는 것이다. 현재 제재처분기준은 보통 '개별기준'에서 제재사유별로 '허가취소', '영업정지 1개월' 등과 같이 제재처분을 특정하는 한편, ─ 마치 형법 총칙처럼 ─ '일반기준'을 두어 처분청이 여러 사정을 고려하여 개별기준상의 처분을 가중 또는 감경할 수 있는 재량권을 주는 구조로 되어 있다. 그러나 여전히 그러한 일반기준이 없는 입법례도 없지 않고, 현행 일반기준이 대부분 1/2을 한도로 가중·감경을 제한하고 있어 구체적 사안에 따라서는 그보다 더한 감경이 요청되는 경우도 있을 수 있다.[30]

---

29) 헌법재판소 1992. 4. 28. 선고 90헌바24 결정: 우리 헌법의 기본원리에 따라 형사관계법은 형의 집행에서 뿐만 아니라 법정형을 규정함에 있어서도 범죄인의 사회복귀 및 순화적응의 목적에 적합하도록 합리적인 형벌체계를 갖추어 제정하도록 하고 있으며 구체적인 사건에서의 형량을 정함에 있어서도 헌법과 법률에 의하여 그 양심에 따라 독립하여 재판하는 법관에게 위임하여 합리적이고 적정한 형을 선고하도록 제도적으로 그 탄력적인 운용을 사법부에 위임하고 있다. 그런데 이 사건 법률조항에 해당하는 사건은 그 죄질의 형태와 정상의 폭이 넓어 탄력적으로 운용하여야 할 성질의 것인데 그 법정형이 최하 10년 이상의 유기징역과 무기징역 및 사형으로 규정하고 있어서 실무상 법관이 양형을 선택하고 선고하는데에 그 재량의 폭이 너무 한정되어 인간존중의 이념에 따라 재판을 할 수 없을 뿐 아니라 양형상 참작할 만한 사유가 있어서 최대한 작량감경을 하더라도 별도의 법률상 감경사유가 없는 한 집행유예를 선고할 수 없도록 법관의 양형선택과 판단권을 극도로 제한하고 있고 또 범죄자의 귀책사유에 알맞는 형벌을 선고할 수 없도록 법관의 양형결정권을 원천적으로 제한하고 있는 것이다.

2. 처분기준에서 재량 여지의 확보 방법

종래 판례의 명제 ②에 대해 비판적인 시각에서는 법원이 명령·규칙 심사(헌법 제107조 제2항)를 통해 문제된 처분기준을 위헌·위법으로 무효임을 선언하여야 한다고 주장하기도 한다. 그러나 어떤 처분기준상의 제재 수준이 비례원칙에 반하는 가혹한 제재인지는 일반·추상적 수준에서 결정되기 보다는 구체적 사안에 따라 달라지는 경우가 대부분일 것이다. 「행정기본법」상으로도 재량이 있는 제재처분을 할 때에는 적어도 위반행위의 동기·목적 및 방법, 결과, 횟수(제22조 제2항)를 비롯하여 위반행위자의 귀책사유 유무와 그 정도, 법 위반상태 시정·해소를 위한 노력 유무(같은 법 시행령 제3조)를 고려하여야 하는바, 현행 처분기준에 이러한 요소들이 충실히 반영되어 있는 예는 없고, 결국 구체적 사안에서 고려하여 해당 기준을 따른 처분이 비례원칙에 어긋나는 과잉 제재인가를 판별할 수밖에 없는 것이다. 재량권은 행정기관에 부여된 것이므로, 구체적 처분에 대하여 법원으로서는 재량권의 일탈·남용 여부만 판단하여 그 전부를 취소할 수 있을 뿐이지 재량권의 범위 내에서 어느 정도가 적정한 것인지에 관하여 판단하는 것은 허용되지 않는데,[31] 이는 처분기준에 대해서도 마찬가지다. 그렇다고 처분기준 상의 제재사유 즉 처분요건 부분에 어떤 과잉적 요소가 있는 것은 아니므로 전통적인 상위법 합치적 해석을 통하여 그 범위를 축소하는 방법도 가능하지 않다. 이렇게 전형적인 규범통제의 방식은 제재처분기준의 사안 구조에는 적절하지 않아 다른 틀이 필요하다. 뿐만 아니라 양적으로도 제재처분과 그 기준은 너무 많기 때문에 사안마다 문제된 규정의 합헌·합법성을 심사하는 것은 사법제도의 운영에 큰 비용을 치르는 것이고, 헌법재판소와 달리 심급제를 취하는 법원의 규범통제에서는 대법원의 통일적 판단이 항상 관철된다는 보장도 없다.

결국 처분기준에도 불구하고 재량의 여지를 확보하여 비례원칙을 실현하는 방법은 처분기준별 심사가 아니라 그 문제적 구조를 공유하는 제재처분 일반에 대해 일률적으로, 그러면서 전통적인 규범통제와 다른 접근이 필요하다고 볼 것인데, 대법원의 대응은 명제 ②로써 부령으로 정한 제재처분기준의 법규적 성격을 일반적으로 부인한 것이었다. (구)청소년

---

30) 실제로 「식품위생법 시행규칙」상의 행정처분 기준에서는 일반기준으로 식품접객업자가 청소년의 신분증 위조·변조 또는 도용으로 청소년인 사실을 알지 못하였거나 폭행 또는 협박으로 인하여 청소년임을 확인하지 못한 사정이 인정되는 경우 10분의 9 이하의 범위에서 각각 그 처분을 경감할 수 있도록 규정까지 된 적도 있다(지금은 2019. 4. 30. 「식품위생법」 개정으로 행정처분의 면제 사유로 되어 있다).

31) 대법원 2020. 5. 14. 선고 2020두31323 판결 등 참조. 박정훈, 『행정법의 체계와 방법론』, 2005, 363면은 이로써 가능한 무한 반복의 문제점을 행정행위 형식으로 행해지는 제재의 합헌성을 엄격히 검토하여야 하는 한 근거로 본다.

보호법 상의 과징금기준을 최고한도액으로 해석한 것도 같은 맥락 위에 있다고 볼 것이다. 이들은 판례에서 종종 쓰여 온 '숨은' 내지는 '우회적' 규범통제라 할 수 있다.[32]

3. 두 판례의 비교 평가

최고한도액 해석 판례는 앞서 언급했듯이 배경 사안의 특수성 때문인지 일반적인 판례로 확산되지는 못하고 있으나, 헌법에 현출되는 입법형식을 인정하고, 그 규정을 제재의 상한으로 의미 부여함으로써 국민의 권익을 보장하는 기능을 수행하면서도, 개별 사안에 따라 기속을 벗어날 길을 열어주고 재량적 판단의 공간을 부여함으로써 비례원칙을 실현하는, 법원의 실무적 관점에서도 무난한 길을 모색한 것으로 평가할 수 있다.[33]

한편 부령에 대하여 명제 ②의 판례를 유지하면서도 명제 ③을 부가함으로써 처분기준의 정책적 내지 일반예방적 효과를[34] 보완한 대상판결은 실무적으로 비슷한 효과를 나타낼 것으로 보인다. 그러나 '현저히 부당'하다고 인정할 만한 합리적인 이유까지 제시하도록 요구하는 명제 ③은 ― 설혹 기준의 존중을 강조하기 위한 수사적(rhetoric) 의도가 담긴 것으로 보더라도[35] ― 대법원이 일관해왔던 명제 ②의 효능을 감쇄시켜 기준을 벗어나는 사법 및 행정 실무를 위축시키고, 특히 재량권 일탈의 입증책임을 져야 하는 처분 상대방에게 그 부담을 가중하는 방향으로 작동할 여지가 적지 않아 보인다.[36] 또한 수익 내지 허용 처분의 기준에 대하여 종래 판례가 견지하고 있는 '존중' 명제[37]와 비교하더라도, 재량

---

32) 좀 더 상세히는 남하균, "행정준칙의 법적구속력과 행정의 합리성", 『행정법연구』 제28호, 2010, 147면 이하 참조.

33) 이 판례를 지지하는 입장으로는 박정훈, "법규명령 형식의 행정규칙과 행정규칙 형식의 법규명령 ― '법규' 개념 및 형식/실질 이원론의 극복을 위하여", 『행정법학』 제5호, 2013, 59면.

34) 박정훈, 위의 논문, 58면.

35) 판례는 비례원칙 내지 이익형량의 적용에서 '현저한' 격차의 존재를 판단 근거로 설시하는 경우가 종종 있다. 본디 행정권에 귀속된 재량권 행사를 법원이 객관적인 계량이 곤란한 형량을 통해 무효화한다는 점에서 그 정당성을 강조하기 위해 내세우는 것으로 볼 수 있겠다. 한편 「행정기본법」은 "행정작용으로 인한 국민의 이익 침해가 그 행정작용이 의도하는 공익보다 크지 아니할 것"(제10조 3.)이라고만 규정한다.

36) 실제로 그 후 공개된 대법원 판결은 거의 모두 명제 ③을 원용하면서 처분의 재량권 일탈·남용을 부정하였다.

37) 예컨대, 대법원 2007. 3. 15. 선고 2006두15783 판결: 개인택시운송사업면허는 특정인에게 권리나 이익을 부여하는 이른바 수익적 행정행위로서 법령에 특별한 규정이 없는 한 재량행위이고, 그 면허를 위하여 정하여진 순위 내에서 운전경력 인정방법에 관한 기준을 설정하거나 변경하는 것 역시 행정청의 재량에 속하는 것이므로, 그 기준의 설정이나 변경이 객관적으로 합리적이 아니라거나 타당하지 않다고 보이지 아니하는 이상 행정청의 의사는 가능한 한 존중되어야 한다. 이에 관하여는 남하균, "행정

의 여지가 본질적으로 요청되는 제재 처분이 오히려 그 기준의 기속성이 높게 설정되는 불균형을 보여준다.

Ⅳ. 요약과 결론

제재적 행정처분의 기준이 입법화되면 개별사안마다 여러 구체적 사정을 고려하여 적정한 수준으로 이루어져야 할 제재처분이 획일화될 위험을 안게 된다. 1970년대 법령정비사업의 결과로 부령 형식의 제제처분 기준이 등장하면서 대법원의 초기 대응은 단순히 그 기속성을 인정하지 않고 재량의 여지를 확보하는 선으로 그쳤지만, 얼마 전까지만 해도 훈령이었던 제재처분 기준이 부령의 옷으로 갈아입고 법정에 나타나 기속을 요구하자 대법원의 대답은 '부령의 형식에도 불구하고' 그 실질은 행정명령에 불과하다는 것이었다. 부령의 규정은 성문법체계의 한 구성부분으로서 당연히 대내외적으로 구속력을 가지는 법규범이라는 종래 통념을 깨뜨리면서 적잖은 비판을 불러오기도 했지만, 대법원의 일관된 태도로써 명제 ②는 우리나라 특유의 '판례법'으로 정착하였다고 말할 수도 있겠다. 실질적 관점에서 이 판례는 적정한 면이 크다고 평가할 수 있으나, 법규명령인가 행정규칙인가 하는 법원을 택일하는 관점으로 접근했던 것은 불필요한 논쟁을 유발한 면도 있어 보인다.[38] 법규범도 그 작용 국면에 따라 상이하고 다양한 효력 내지 기능을 발휘하는 것이란 점을 고려하면, 적용되는 사안의 구조 내지 유형에 따라 적절한 '해석'으로 접근하는 것을 모색해 볼 필요가 있다. 여전히 과제로 남아 있는, 대통령령과의 통일적 해결은 그 길을 통하는 것이 바람직해 보인다.

대상판결의 사실관계를 놓고 원심 법원의 논지에 따르면 이 사건 처분이 재량권을 일탈·남용한 것으로, 대법원의 논지에 따르면 그렇지 않은 것으로, 어느 쪽이든 가능한 판단으로 보인다. 대법원은 자신의 판단을 기존 판례대로 명제 ②만을 전제하면서도 할 수 있었을 것이다. 그러나 대상판결은 굳이 그 판단의 전제로 현저히 부당한 점이 없으면 제재처분기준에 따른 처분은 재량권 일탈·남용이 아니라는, 즉 적법하다는 취지의 명제 ③을 만들어 붙였다. 명제 ③은 법 논리에서 명제 ②와 상충하는 것은 아니나, 그 뒤에 따라 붙으

준칙의 법적구속력과 행정의 합리성", 『행정법연구』 제28호, 2010, 140면 이하 참조.

38) 박정훈, "법규명령 형식의 행정규칙과 행정규칙 형식의 법규명령 – '법규' 개념 및 형식/실질 이원론의 극복을 위하여 –", 『행정법학』 제5호, 2013, 43면 이하에서는 비교법적 고찰을 거쳐 '법규' 및 '법규명령' 개념 자체를 포기 내지 극복해야 하고 '법적 구속력' 여하만 판단하면 된다고 주장한다.

면서 제동을 거는 깃발로 활용되었음을 이후의 판례 흐름에서 확인할 수 있다. 추세가 더 지속된다면, 행정재량에 대한 사법통제의 강도를 낮추고 보다 소극적으로 선회한 변곡점을 이룬 판례로 평가될 수도 있겠다. 돌이켜보면, 일반적으로 행정의 재량은 본디 행정권에 귀속된 것이므로 그에 대한 법원의 개입은 가급적 자제하는 것이 타당하다. 하지만 행정상 제재는 그 본질상 사법과 맞닿아있고 한편 재량권의 적극적 행사가 필요한 것임에도, 행정권 스스로 처분기준을 통하여 제재처분을 기속화한 데 대하여 그 재량성을 복원시키고 사법심사의 문을 연 것이 명제 ②라 할 수 있다. 법원이 명제 ③을 내세워 재량심사의 마당에서 몇 걸음 뒤로 물러섰다면 이제 공은 다시 행정 쪽으로 넘어간다. 사실 법원을 통한 권익구제의 길이 열린다한들 특히 소상공인을 비롯하여 많은 국민이 소송을 제기하지 않고/못하고 제재처분을 감수하는 것이 현실이다. 그러므로 행정처분 단계에서 재량권 행사를 적극적으로 하는 것이 무엇보다 효과적일 것이지만, 처분기준에 명시되어 있는 일반 감경기준도 행정실무에서 능동적으로 적용하는 경우는 찾아보기 힘들다.[39] 제재처분의 결정 과정에서 법학적 사고가 반영될 수 있는 장치를, 그리고 행정심판 및 대안적 수단(ADR)의 활성화 방안을, 적극 모색해야 할 단계에 이미 들어선 것으로 보인다.

생각할 문제

1. 식품위생법 등 시행규칙들에 제재처분기준으로 설정된 별표들을 찾아서 처음부터 끝까지 훑어보고, 다른 행정법령과 나아가 민법·형법 규정들을 비교할 때 '법'으로서 어떤 느낌이 드는지 음미해보자.

2. 원심 법원은 재량권 일탈·남용이라는 당사자의 주장이 없었는데도 직권으로 판단하여 재량권 일탈·남용을 인정하였다. 그것이 소송법상 재량권 일탈·남용의 주장·입증 문제와 관계없을지 생각해보자.

3. 법철학에 관심이 있다면, 제재기준 부령의 판례를 소재로 법실증주의와 원리이론의 논쟁을 음미해보자.

---

39) 실증 분석으로는 류광해, "충남 행정심판위원회의 '청소년 주류제공' 사건 분석", 『충남대학교 법학연구』 제24권 제1호, 2013, 193면 이하.

헌법재판소 2004. 10. 28. 선고 99헌바91 결정
금융산업의구조개선에관한법률 제2조 제3호 가목 등 위헌소원
[법령을 보충하는 내용의 고시의 법적 성질과 효력]

정 호 경*

[사실관계]

가. 청구외 ○○생명보험 주식회사(이하 '○○생명'이라 한다)는 1946. 9. 9. 설립되어 1999. 9. 14.을 기준으로 수권자본액 800억 원, 납입자본액 300억 원, 발행주식총수는 600만주인 생명보험사업 및 부대사업을 경영하는 보험회사이고, 청구인 최○영 등은 ○○생명의 이사들이었다.

나. 금융감독위원회는 1999. 9. 14. ○○생명에 대하여, ① 금융산업의구조개선에관한법률 제2조 제3호 가목을 근거로 '경영상태를 실사한 결과 1999. 6. 말 기준으로 부채가 자산을 2조 6,753억 원 초과하여 정상적 경영이 어려울 것이 명백하다'라는 이유로 ○○생명을 부실금융기관으로 결정하고, ② 아울러 같은 법 제10조 제1항 내지 제5항, 제12조 제1항 내지 제4항·제7항 내지 제9항을 근거로 '○○생명이 해약의 증가, 수입보험료의 감소, 영업조직의 동요와 이탈 및 유동성 부족 등으로 영업의 지속이 어려워 그 조기정상화를 위한다'는 이유로 예금보험공사가 1,000만주의 신주를 인수할 수 있도록 하는 자본증가와 위 증자에 의거 예금보험공사에서 출자한 금액을 제외한 기존 주식 전부를 소각하는 자본감소를 명령하였다(이하, 위 각 처분을 부실금융기관결정, 증자명령 및 감자명령으로 약칭하면서, 이를 통칭하는 경우 '이 사건 처분'이라고 한다).[1]

다. 그러자, 청구인들 및 ○○생명은 서울행정법원에 이 사건 처분의 취소를 구하는 소송(서울행정법원 99구27596 부실금융기관결정등처분취소)을 제기한 다음, 그 소송에 적용될 수

---

* 한양대학교 법학전문대학원 교수

1) 한편 이 사건 처분에 의하면, 증자명령 및 감자명령은 예금보험공사의 출자결정일로부터 효력이 발생하고 아울러 증자 및 감자는 위 출자결정일로부터 9일 이내에 효력이 발생하는데, 이와 관하여 예금보험공사는 같은 해 9. 14. 출자를 결정하였다.

있는 금융산업의구조개선에관한법률 제2조 제3호 가목, 제10조 제1항 제2호, 제2항 및 제12조 제2항 내지 제4항의 위헌 여부가 재판의 전제가 된다는 이유로 위헌심판제청신청(서울행정법원 99아667)을 하였다. 그런데, 위 법원에서는 1999. 9. 30. 이 사건 처분의 상대방인 ○○생명이 제기한 소에 대하여 그 청구를 기각하고, 이 사건 처분의 상대방이 아닌 청구인들이 제기한 소에 대하여 당사자적격 내지 소의 이익이 흠결된다는 이유로 이를 각하하는 판결을 선고함과 아울러 위 위헌제청신청을 기각하였는데, 청구인들 및 ○○생명은 항소를 하면서(서울고등법원 99누13408), 헌법재판소법 제68조 제2항에 따라 1999. 10. 13. 이 사건 헌법소원심판을 청구하였다.

[심판대상 및 관련규정]

이 사건 심판의 대상은 금융산업의구조개선에관한법률(1998. 9. 14. 법률 제5549호로 개정되고 2000. 1. 21. 법률 제6178호로 개정되기 전의 것, 이하 이 사건 법률이라 한다) 제2조 제3호 가목, 제10조 제1항 제2호, 제2항 및 제12조 제2항 내지 제4항의 위헌여부이고, 이 사건 법률조항 및 관련조항의 내용은 다음과 같다.

제2조(정의) 이 법에서 사용하는 용어의 정의는 다음과 같다.
3. "부실금융기관"이라 함은 다음 각 목의 1에 해당하는 금융기관을 말한다.
가. 경영상태를 실사한 결과 부채가 자본을 초과하는 금융기관 또는 거액의 금융사고 또는 부실채권의 발생으로 부채가 자산을 초과하여 정상적인 경영이 어려울 것이 명백한 금융기관으로서 금융감독위원회 또는 예금자보호법 제8조의 규정에 의한 예금보험위원회가 결정한 금융기관. 이 경우 부채와 자산의 평가 및 산정은 금융감독위원회가 미리 정하는 기준에 의한다.
제10조(적기시정조치) ① 금융감독위원회는 금융기관의 자기자본비율이 일정수준에 미달하는 등 재무상태가 제2항의 규정에 의한 기준에 미달하거나 거액의 금융사고 또는 부실채권의 발생으로 인하여 금융기관의 재무상태가 제2항의 규정에 의한 기준에 미달하게 될 것이 명백하다고 판단되는 때에는 금융기관의 부실화를 예방하고 건전한 경영을 유도하기 위하여 당해 금융기관에 대하여 다음 각 호의 사항을 권고·요구 또는 명령하거나 그 이행계획을 제출할 것을 명하여야 한다.
1. 금융기관 및 임·직원에 대한 주의·경고·견책 또는 감봉

2. 자본증가 또는 자본감소, 보유자산의 처분 또는 점포·조직의 축소

3. 채무불이행 또는 가액변경 등의 위험이 높은 자산의 취득금지 또는 비정상적으로 높은 금리에 의한 수신의 제한

4. 임원의 직무정지 또는 임원의 직무를 대행하는 관리인의 선임

5. 주식의 소각 또는 병합

6. 영업의 전부 또는 일부 정지

7. 합병 또는 제3자에 의한 해당 금융기관의 인수

8. 영업의 양도 또는 예금·대출 등 금융거래에 관련된 계약의 이전(이하 "계약이전"이라 한다)

9. 기타 제1호 내지 제8호에 준하는 조치로서 금융기관의 재무건전성을 높이기 위하여 필요하다고 인정되는 조치

② 금융감독위원회는 제1항의 규정에 의한 조치(이하 "적기시정조치"라 한다)를 하고자 하는 경우에는 미리 그 기준과 내용을 정하여 고시하여야 한다.

제12조(부실금융기관에 대한 정부등의 출자등) ① 금융감독위원회는 부실금융기관이 계속된 예금인출 등으로 영업을 지속하기가 어렵다고 인정되는 경우에는 정부 또는 예금보험공사(이하 "정부등"이라 한다)에 대하여 당해 부실금융기관에 대한 출자를 요청할 수 있다.

② 제1항의 요청에 의하여 정부등이 부실금융기관에 출자하는 경우 당해 부실금융기관의 이사회는 상법 제330조·제344조 제2항·제416조 내지 제418조의 규정에 불구하고 발행할 신주의 종류와 내용, 수량, 발행가액, 배정방법 기타 절차에 관한 사항을 결정할 수 있다.

③ 금융감독위원회는 제1항의 규정에 의한 요청에 따라 정부등이 출자를 하였거나 출자를 하기로 결정한 부실금융기관에 대하여 특정주주(제1항의 규정에 의하여 출자한 정부등을 제외한 주주 또는 당해 금융기관의 부실에 책임이 있다고 금융감독위원회가 인정하는 주주를 말한다. 이하 같다)가 소유한 주식의 일부 또는 전부를 유상 또는 무상으로 소각하거나 특정주주가 소유한 주식을 일정비율로 병합하여 자본금을 감소하도록 명령할 수 있다.

④ 부실금융기관이 제3항의 규정에 의하여 자본감소를 명령받은 때에는 상법 제438조 내지 제441조의 규정에 불구하고 당해 부실금융기관의 이사회에서 자본감소를 결의하거나 자본감소의 방법과 절차, 주식병합의 절차 등에 관한 사항을 정할 수 있다.

[사건의 경과]

그 후 ○○생명은 1999. 12. 15. 서울고등법원에는 소취하서를, 헌법재판소에는 이 사건 심판에 관한 청구취하서를 각 제출하였고, 서울고등법원은 2000. 3. 22. ○○생명에 대하여 1999. 12. 15. 소취하로 인하여 소송이 종료되었고, 청구인들에 대하여 항소를 기각하는 취지의 판결을 선고하였는데, 이에 대하여 청구인들만이 대법원에 상고하였고(대법원 2000두2648), ○○생명이 원고인 행정소송사건은 더 이상 법원에 계속되지 않고 있다.

[대상판결]

헌법재판소는 법률이 입법사항을 고시와 같은 행정규칙의 형식으로 위임하는 것이 헌법 제40조, 제75조와 제95조 등에 위반되는지 여부에 관하여 일정한 제한요건 하에 헌법에 위반되지 않는다는 결정을 하였다. 그 구체적인 설시를 요약하면 다음과 같다.

---

(3) 법령이 입법사항을 고시·훈령 등에 위임할 수 있는지 여부

(가) 논의의 배경

첫째, 법치국가의 원리는 입헌민주주의라는 제한적 민주주의에서 기원하고 있고, 입헌민주주의 하에서의 그 구체적인 내용인 행정의 법률적합성의 요청 즉, 법률우위의 원칙과 법률유보의 원칙은 주로 민주적으로 구성된 의회가 정당성이 결여된 행정부에 대한 통제수단의 성격을 가졌다. 그러나, 오늘날 헌법적인 상황에서는 국회 뿐만 아니라 행정부 역시 민주적인 정당성을 가지고 있으므로, 행정의 기능유지를 위하여 필요한 범위 내에서는 행정이 입법적인 활동을 하는 것이 금지되어 있지 않을 뿐만 아니라 오히려 요청된다고 보아야 한다. 그렇다고 하더라도, 원칙적인 입법권은 헌법 제40조에 나타나 있는 바와 같이 국회가 보유하고 있는 것이고 행정입법은 그것이 외부적인 효력을 가지는 한 의회입법에서 파생하여 이를 보충하거나 구체화 또는 대위하는 입법권의 성격만을 가질 뿐이다.

둘째, 오늘날 국가가 소극적인 질서유지기능에 그치지 않고 적극적인 질서형성의 기능을 수행하게 되었다는 것은 공지의 사실이다. 그 결과 규율의 대상이 복잡화되고 전문화되었다. 위와 같은 국가기능의 변화 속에서 개인의 권리의무와 관련된 모든 생활관계에 대하여 국회입법을 요청하는 것은 현실적이지 못할 뿐만 아니라 국회의 과중한 부담이 된다. 또한 국회는 민주적 정당성이 있기는 하지만 적어도 제도적으로 보면 전문성을 가지고 있는 집단이 아니라는 점, 국회입법은 여전히 법적 대응을 요청하는 주변환경의 변화에 탄력적이지

못하며 경직되어 있다는 점 등에서 기능적합적이지도 못하다. 따라서 기술 및 학문적 발전을 입법에 반영하는데 국회입법이 아닌 보다 탄력적인 규율형식을 통하여 보충될 필요가 있다.

셋째, 행정기능을 담당하는 국가기관이 동시에 입법권을 행사하는 것은 권력분립의 원칙에 반한다고 보여질 수 있으나, 외부적인 효력을 갖는 법률관계에 대한 형성은 원칙적으로 국회의 기능범위에 속하지만 행정기관이 국회의 입법에 의하여 내려진 근본적인 결정을 행정적으로 구체화하기 위하여 필요한 범위 내에서 행정입법권을 갖는다고 보는 것이 기능분립으로 이해되는 권력분립의 원칙에 오히려 충실할 수 있다.

(나) 법률이 입법사항을 고시 등의 형식으로 위임할 수 있는지에 관하여

위와 같은 배경 하에서 의회의 입법독점주의에서 입법중심주의로 전환하여 일정한 범위 내에서 행정입법을 허용하게 된 동기가 사회적 변화에 대응한 입법수요의 급증과 종래의 형식적 권력분립주의로는 현대사회에 대응할 수 없다는 기능적 권력분립론에 있다는 점 등을 감안하여 헌법 제40조와 헌법 제75조, 제95조의 의미를 살펴보면, 국회입법에 의한 수권이 입법기관이 아닌 제2의 국가기관인 행정기관에게 법률 등으로 구체적인 범위를 정하여 위임한 사항에 관하여 법정립의 권한을 갖게 되고, 입법자가 규율의 형식을 선택할 수도 있다 할 것이다. 따라서, 헌법이 인정하고 있는 위임입법의 형식은 예시적인 것으로 보아야 할 것이고, 그것은 법률이 행정규칙에 위임하더라도 그 행정규칙은 위임된 사항만을 규율할 수 있으므로, 국회입법의 원칙과 상치되지도 않는다. 다만, 형식의 선택에 있어서 규율의 밀도와 규율영역의 특성이 개별적으로 고찰되어야 할 것이다. 그에 따라 입법자에게 상세한 규율이 불가능한 것으로 보이는 영역이라면 행정부에게 필요한 보충을 할 책임이 인정되고 극히 전문적인 식견에 좌우되는 영역에서는 행정기관에 의한 구체화의 우위가 불가피하게 있을 수 있다. 그러한 영역에서 행정규칙에 대한 위임입법이 제한적으로 인정될 수 있는 것이다.

...... (중략)

이상과 같은 여러 가지 사정을 종합하면 이 사건에서와 같이 재산권 등과 같은 기본권을 제한하는 작용을 하는 법률이 입법위임을 할 때에는 "대통령령", "총리령", "부령" 등 법규명령에 위임함이 바람직하고(헌재 1998. 5. 28. 96헌가1, 판례집 10 - 1, 509, 515 참조), 금융감독위원회의 고시와 같은 형식으로 입법위임을 할 때에는 적어도 행정규제기본법 제4조 제2항 단서에서 정한 바와 같이 법령이 전문적 · 기술적 사항이나 경미한 사항으로서 업무의 성질상 위임이 불가피한 사항에 한정된다 할 것이고, 그러한 사항이라 하더라도 포괄위임금지의 원칙상 법률의 위임은 반드시 구체적 · 개별적으로 한정된 사항에 대하여 행하여져야 할 것이다.

[판결의 평석]

I. 사안의 쟁점

"누가 법을 제정할 수 있는가?", "법을 제정할 권한을 부여받은 자는 형식에 제한없이 법을 만들 수 있는가?" 위 두 가지 질문에 대한 답의 내용과 방식에는 여러 가지가 있을 수 있겠지만, 법률가는 이 문제에 대한 답을 위해서 일단 헌법에서 출발하지 않을 수 없다.

우리 헌법은 제40조에서 "입법권은 국회에 속한다."고 규정함으로써 원칙적으로 국민의 대표가 모인 국회가 법제정권자임을 선언하고 있다. 그러나 현대국가의 다양성과 복잡성으로 인해 국회의 법제정권 행사에는 한계가 있을 수밖에 없고, 대부분의 현대 민주국가에서도 행정의 포괄성과 전문성에 기반하여 일정한 범위 내에서, 특히 법률우위원칙과 법률유보원칙을 준수하는 범위 내에서 보충적으로 행정에게도 법을 제정할 권한을 인정하고 있다. 우리 헌법은 제75조에서 "대통령은 법률에서 구체적으로 범위를 정하여 위임받은 사항과 법률을 집행하기 위하여 필요한 사항에 관하여 대통령령을 발할 수 있다."고 규정하고, 제95조에서 "국무총리 또는 행정각부의 장은 소관사무에 관하여 법률이나 대통령령의 위임 또는 직권으로 총리령 또는 부령을 발할 수 있다."고 규정하여, 각각 대통령령과 총리, 각부 장관에게 보충적인 입법권을 부여함과 더불어, 대통령령·총리령·부령의 제정근거를 명시하고 있다.

그렇다면 입법권을 가진 국회는 자신의 입법권을 위임하면서 헌법이 규정하고 있는 형식 외의 다른 형식(예를 들어 '고시')으로 보완적 입법을 명하는 위임을 할 수 있는가? 다른 한편 행정은 자신이 위임받은 입법권을 행사하면서 헌법이 규정하는 형식 외의 다른 형식으로 위임받은 입법권을 행사할 수 있는가?[2] 이는 그동안 판례와 법실무에서 '법령보충적 행정규칙' 내지 '행정규칙 형식의 법규명령' 문제로 논의되어 온 매우 논쟁적 문제이다. 이와 관련하여 헌법재판소 2004. 10. 28. 선고 99헌바91 결정 금융산업의 구조개선에 관한 법률 제2조 제3호 가목 등 위헌소원 사건은 이러한 문제에 대하여 한편으로는 그간의 논란에 대한 종지부를 찍고, 다른 한편으로는 향후 법제정의 지침이 될 몇 가지 기준을 제시한 중요한 결정을 내리고 있다.

---

2) 이러한 쟁점을 다수의 교과서에서는 "행정규칙 형식의 법규명령의 법적 성질" 문제로 논하고 있으나, 이러한 방식의 쟁점 제시는 그 자체로 동어반복 내지 내용상 모순의 한계를 내포하고 있다고 할 것이다.

II. 법령보충적 행정규칙[3] 이론의 정립과정

1. 서론

대상판결이 내려지기 오래전부터 행정실무를 비롯한 법실무에서는 광범하게 소위 행정규칙 형식에 해당하는 고시, 훈령 등에 법령을 보충하는 내용의 입법을 위임하는 관행이 형성되어 있었다. 이는 기본적으로 실무적 필요성과 관행에 의거한 것이었지만, 이러한 방식의 입법이 허용되는지, 그리고 그러한 방식으로 제정된 고시, 훈령 등의 하위 법규의 법적 성질 내지 효력은 어떠한지 여부가 명확하게 정리되어지지 않은 채 유지되고 있었다.

이 문제와 관련하여 리딩케이스라 할 수 있는 대법원 1987. 9. 29. 선고 86누484 판결은 이러한 행정실무와 법실무의 관행을 긍정적으로 수용하였으나,[4] 그 후로도 학설은 귀일되지 아니하였으며, 위 사건에서 설시한 대법원의 입장을 반대하는 견해 또한 적지 않았다. 따라서 법령보충적 행정규칙 문제는 대상판결에 이르러 다시 그 헌법적 관점에서 그 정당성 여부를 다시 판단받게 되었다.

이하에서는 먼저 대상판결의 전제가 되는 법규명령과 행정규칙 개념을 정리하고, 나아가 강학상의 법규명령과 행정규칙의 형식과 내용이 교착되는 영역, 소위 '행정규칙 형식의 법규명령' 논의에 관한 리딩케이스로서 위 대법원 1992. 1. 21. 선고 91누5334 판결을 검토한 후에, 마지막으로 법을 제정할 권한이라는 헌법적, 법이론적 관점에서 대상판결의 판시내용을 분석하고, 관련 분야의 입법과 실무에 미친 영향을 분석하기로 한다.

2. 법규명령과 행정규칙

법규명령과 행정규칙이라는 개념은 독일과 달리 우리나라 법제에서 실정법상 개념이 아닌 강학상 개념이다. 종래 학설상 행정규칙은 행정이 정립하는 일반적·추상적 규범으로 법규적 효력이 없는 것으로 법규적 효력을 가진 행정입법에 해당하는 법규명령과 대비되어 설명된다. 문제는 법규적 효력을 기준으로 행정규칙과 법규명령을 나누는 학설의 설명들이 순환론에 빠져있다는 점이다.[5] 그 결과 어떤 종류와 내용의 행정기준과 작용이 법규

---

3) '법령보충적 행정규칙'을 인정할지의 문제를 교과서에서는 종종 '행정규칙 형식의 법규명령'이라는 제목으로 논하기도 한다. 하지만 후자의 경우 문제제기 그 자체에서 이미 결론을 내리고 있다는 점에서 이 문제에 대한 적절한 표현방식이라 보기 어렵다고 생각한다.

4) 대법원 1992. 1. 21. 선고 91누5334 판결.

명령으로 제정되어야 하는지 또는 행정규칙으로 제정될 수 있는지, 나아가 제정되어도 좋은지 여부는 법규명령과 행정규칙이라는 개념과 범주를 통해서 명확해지지 아니 한다.

행정규칙과 법규명령이 그 자체로 헌법개념인 독일과 달리 우리나라의 경우 그 개념이 강학상 개념이므로 그 형식과 실질이 분명하지 않은 것이다. 특히 법규명령과 행정규칙이 교착하는 소위 '법규명령 형식의 행정규칙' 문제와 '행정규칙 형식의 법규명령' 문제에 이르면, 우리가 법규명령과 행정규칙이라는 용어를 계속 사용할 실익이 있는지 여부에 관해 의문이 생길 정도이다.6) 대상판결은 후자에 관한 문제이므로, 이 글에서는 후자의 쟁점, 즉 행정기관이 상위법령을 보충하는 하위법령을 제정하면서 대통령령(시행령)이나 총리령·부령(시행규칙)과 같은 법규명령의 형식을 취하지 않고, 고시·훈령과 같은 행정규칙의 형식을 취한 경우에 이러한 고시·훈령의 법적 성질이 어떠한지의 문제를 검토하기로 한다.7)

3. 리딩케이스 - 대법원 1987. 9. 29. 선고 86누484 판결 [양도소득세부과처분취소]

대법원 1987. 9. 29. 선고 86누484 판결은 소위 법령보충적 행정규칙 사건의 리딩케이스 사건이라 할 수 있다. 이 사건은 소득세법과 동법시행령의 위임규정에 따라 양도소득세의 실지거래가액이 적용될 경우의 하나로서 국세청장으로 하여금 양도소득세의 실지거래가액이 적용될 부동산투기억제를 위하여 필요하다고 인정되는 거래를 지정하게 하면서 그 지정의 절차나 방법에 관하여 아무런 제한을 두고 있지 아니하고 있어 이에 따라 국세청장이 훈령인 재산제세사무처리규정으로 양도소득세의 실지거래가액이 적용될 부동산투기억제를 위하여 필요하다고 인정되는 거래의 유형을 정한 경우, 국세청장의 훈령인 재산제세사무처리규정에 규범적 효력을 인정할 수 있는지 여부가 문제된 사건이다.

대법원은 「상급행정기관이 하급행정기관에 대하여 업무처리지침이나 법령의 해석적용에

---

5) 학설은 법규를 국민과 법원에 대한 (외부적) 구속력이 있는 규범으로 설명하면서, 법규명령은 이러한 구속력이 있는 것을 말하고 행정규칙은 구속력이 없는 것을 말한다고 설명한다. 이러한 학설의 설명은 규범의 구속력의 근원을 해명하지 못하고 법규, 법규명령, 행정규칙이 개념적으로 서로 순환론의 고리 속에 빠져 있다.

6) 그러나 이런 의문에도 불구하고 2021년 제정된 「행정기본법」에서 법규명령, 행정규칙이란 용어를 사용함으로써, 이제 위 두 개념은 실정법 개념이 되었다고 평가할 수 있을 것이다. 다만, 여전히 실정법의 해석문제로서 법규명령과 행정규칙 개념의 정립 문제는 남아 있다고 할 것이다.

7) 그 법적 효력과 관련하여 법규명령설, 행정규칙설, 규범구체화행정규칙설, 위헌무효설 등의 학설이 존재하지만, 이 글에서는 대상판결의 평석을 주목적으로 하므로 학설에 대해서는 상세히 논하지 아니한다.

관한 기준을 정하여서 발하는 이른바 행정규칙은 일반적으로 행정조직 내부에서만 효력을 가질 뿐 대외적인 구속력을 갖는 것은 아니지만, 법령의 규정이 특정행정기관에게 그 법령 내용의 구체적 사항을 정할 수 있는 권한을 부여하면서 그 권한행사의 절차나 방법을 특정하고 있지 아니한 관계로 수임행정기관이 행정규칙의 형식으로 그 법령의 내용이 될 사항을 구체적으로 정하고 있다면 그와 같은 행정규칙, 규정은 행정규칙이 갖는 일반적 효력으로서가 아니라, 행정기관에 법령의 구체적 내용을 보충할 권한을 부여한 법령규정의 효력에 의하여 그 내용을 보충하는 기능을 갖게 된다 할 것이므로 이와 같은 행정규칙, 규정은 당해 법령의 위임한계를 벗어나지 아니하는 한 그것들과 결합하여 대외적인 구속력이 있는 법규명령으로서의 효력을 갖게 된다.」고 설시하여, 소위 행정규칙 형식에 해당하는 고시, 훈령 등에 법령을 보충하는 내용의 입법을 위임하는 관행을 인정하였다.

위 리딩케이스 이후로 대법원은 다수의 사건에서 법령의 위임에 따라 법령의 내용을 보충하는 행정규칙, 특히 고시에 대해 법적 구속력을 인정하는 판시를 하였고, 이는 현재 '법령보충적 행정규칙(고시)'이론으로 자리잡아 판례가 인정하는 위임형식이자 규범형식의 하나가 되었다고 할 수 있다.

Ⅲ. 대상판결의 쟁점과 행정기본법 규정

1. 대상 판결의 쟁점과 내용

(1) 대상판결의 쟁점

우리 헌법상 입법권은 국회에 부여되어 있으며(헌법 제40조), 대통령을 비롯한 행정부는 헌법 제75조, 제95조에 따라 대통령령, 총리령, 부령의 형식으로 법률의 구체적 위임을 받아서 법률을 보충하는 법령을 제정하거나 법률을 집행하기 위한 법령을 제정할 수 있다.

이 문제와 관련하여 일차적으로 입법권을 가진 입법자가 구체적으로 범위를 정하여 입법을 위임하면서 행정규칙의 형식으로 법률의 내용을 보충하도록 정하거나, 법률의 내용을 보충할 하위 법령의 형식을 정하지 아니한 채 위임하여 수임기관이 행정규칙의 형식으로 정한 경우 그 행정규칙의 효력은 어떠한지 여부가 문제된다. 이러한 종류의 행정규칙의 법적 성질과 관련하여 학설은 법규명령설과 행정규칙설로 나뉘었는바, 대법원은 리딩케이스에 해당하는 대법원 1987. 9. 29. 선고 86누484 판결 이래로 일련의 사건에서 그러한 행정규칙의 성질을 법규명령으로 보아 대외적 구속력이 있는 법규에 해당한다고 선언하였다.

이와 관련된 일련의 대법원 판결을 통해 성질상 법규명령에 해당하는 소위 법령을 보충하는 내용의 행정규칙, 즉 법령보충적 행정규칙 이론이 확립되었다. 법령보충적 행정규칙 이론이 대법원 판례에 의해 법실무에서 인정되자, 과연 그러한 이론이 우리 헌법체계에서 허용될 수 있는지 여부가 문제되었고, 대상판결은 이 부분에 관한 헌법적 판단을 설시하였다.

대상판결에서는 첫째, 우리나라 헌법 제75조, 제95조에 규정하는 행정입법의 형식이 열거적인 것인지, 예시적인 것인지 여부, 둘째, 만약 이를 예시적인 것으로 해석할 경우 입법자는 어떠한 조건하에서 어떠한 형식으로 헌법 제75조, 제95조에 규정하는 행정입법의 형식외의 형식으로 위임할 수 있는지 여부가 쟁점이 되었다.

(2) 대상판결의 내용

헌법재판소는 대상판결에서 현대사회에서 광범한 입법수요가 존재한다는 점, 현대국가에서 의회가 입법을 독점할 수 없고 독점하지 않는다는 점, 현대적 권력분립론은 견제와 균형을 핵심으로 하는 기능적 권력분립론에 입각하고 있다는 점 등을 적시하면서, 입법권을 가진 입법자는 그 규율의 형식도 선택할 수 있으므로 헌법 제75조, 제95조의 행정입법의 형식을 예시적인 것이라 판시하였다.

법률이 입법사항을 대통령령이나 총리령, 부령이 아닌 고시와 같은 행정규칙의 형식으로 위임하는 것이 허용되는지 여부에 관하여 헌법재판소는 의회 입법독점주의에서 입법중심주의로의 전환, 기능적 권력분립론, 헌법이 인정하고 있는 위임입법의 형식은 예시적인 것이라는 점 등을 들면서 원칙적으로 입법권을 가진 국회는 위임입법의 형식을 선택할 수 있다고 보았다.

> 「오늘날 의회의 입법독점주의에서 입법중심주의로 전환하여 일정한 범위 내에서 행정입법을 허용하게 된 동기가 사회적 변화에 대응한 입법수요의 급증과 종래의 형식적 권력분립주의로는 현대사회에 대응할 수 없다는 기능적 권력분립론에 있다는 점 등을 감안하여 헌법 제40조와 헌법 제75조, 제95조의 의미를 살펴보면, 국회입법에 의한 수권이 입법기관이 아닌 행정기관에게 법률 등으로 구체적인 범위를 정하여 위임한 사항에 관하여는 당해 행정기관에게 법정립의 권한을 갖게 되고, 입법자가 규율의 형식도 선택할 수도 있다 할 것이므로, 헌법이 인정하고 있는 위임입법의 형식은 예시적인 것으로 보아야 할 것이고, 그것은 법률이 행정규칙에 위임하더라도 그 행정규칙은 위임된 사항만을 규율할 수 있으므로, 국회입법의 원칙과 상치되지도 않는다.」[8]

그러나 헌법재판소는 이어서 입법자가 규율의 형식을 선택할 권한이 있다고 하더라도 이러한 입법자의 규율형식의 선택의 자유는 무제한한 것이 아님을 적시하고, 그 한계를 다음과 같이 설시하였다

「다만, 형식의 선택에 있어서 규율의 밀도와 규율영역의 특성이 개별적으로 고찰되어야 할 것이고, 그에 따라 입법자에게 상세한 규율이 불가능한 것으로 보이는 영역이라면 행정부에게 필요한 보충을 할 책임이 인정되고 극히 전문적인 식견에 좌우되는 영역에서는 행정기관에 의한 구체화의 우위가 불가피하게 있을 수 있다. 그러한 영역에서 행정규칙에 대한 위임입법이 제한적으로 인정될 수 있다.」

대상판결에서 헌법재판소는 입법자에 의한 규율형식의 선택의 자유를 인정하면서도, 우리 헌법에서 정하는 규범 형식의 종류와 체계를 존중하여, 이러한 입법자의 자유는 한계가

---

8) 한편 이에 대해서는 우리 「헌법」 제75조, 제95조를 법규명령 형식에 대한 열거적 규정으로 보아, 우리 헌법의 경우에는 법규명령의 형식이 헌법상으로 확정되어 있고 구체적으로 법규명령의 종류·위임범위·요건·절차 등에 관한 명시적 규정이 있으므로 그 이외의 법규명령의 종류를 법률로써 인정할 수 없다는 재판관 3인(재판관 권 성, 재판관 주선회, 재판관 이상경)의 아래와 같은 반대의견이 있다.

(1) 우리 헌법은 제40조에서 국회입법의 원칙을 천명하면서 예외적으로 법규명령으로 대통령령, 총리령과 부령, 대법원규칙, 헌법재판소규칙, 중앙선거관리위원회규칙을 한정적으로 열거하고 있다. 한편 우리 헌법은 그것에 저촉되는 법률을 포함한 일체의 국가의사가 유효하게 존립될 수 없는 경성헌법이므로 헌법에서 규정된 원칙에 대하여는 헌법자신이 인정하는 경우에 한하여 예외가 있을 수 있는 것이지 법률 또는 그 이하의 입법형식으로써 헌법상 원칙에 대한 예외를 인정할 수는 없다고 보아야 할 것이다. 즉 입법권은 국회에 속한다고 하는 국회입법의 원칙을 선언하고 있는 이상 헌법이 직접 그것에 대한 예외를 인정한 형식에 의해서만 행정부에 의한 위임입법이 허용된다고 할 것이다.

(2) 또한 고시나 훈령·통첩과 같은 행정규칙들은 법규명령과는 달리 중앙 또는 지방의 행정기관들이 아무런 상위법의 수권도 받음이 없이, 제정과정에 있어서의 최소한의 심사절차도 거침이 없이, 경우에 따라서는 일반이 요지할 수 있는 정도의 공포절차도 없이, 손쉽게 제정될 수 있는 것이 사실이다. 바꾸어 말하면 행정규칙들은 그 성립과정에 있어서 타기관의 심사·수정·통제·감시를 받지 않고 또 국민에 의한 토론·수정·견제·반대 등에 봉착함이 없이 누구도 모르는 사이에 은연중 성립되는 것이 보통이다. 그리하여 행정기관들이 '통제 없는 행정규칙에의 도피'의 유혹을 받는 것은 당연한 현상이고, 이는 국민의 권리·자유를 부당하게 침해하고, 행정권의 비대화를 촉진하며, 나아가서 입헌주의와 법치주의를 훼손하는 결과를 초래하게 됨은 부인할 수 없는 일이다.

(3) 따라서 우리 헌법의 경우에는 법규명령의 형식이 헌법상으로 확정되어 있고 구체적으로 법규명령의 종류·위임범위·요건·절차 등에 관한 명시적 규정이 있으므로 그 이외의 법규명령의 종류를 법률로써 인정할 수 없으며 그러한 의미에서 법률은 행정규칙에 법규사항을 위임하여서는 아니 된다 할 것이다. 우리 헌법을 이렇게 해석한다면 위임에 따른 행정규칙은 법률의 위임 없이도 제정될 수 있는 집행명령(헌법 제75조 후단)에 의하여 규정할 수 있는 사항 또는 법률의 의미를 구체화하는 내용만을 규정할 수 있다고 보아야 하는 것이고 새로운 입법사항을 규정하거나 국민의 새로운 권리·의무를 규정할 수는 없다.

있음을 인정하고 있다. 헌법재판소는 형식의 선택에 있어서 규율의 밀도와 규율영역의 특성을 개별적으로 고찰하여, 입법자에게 상세한 규율이 불가능한 것으로 보이는 영역이나 극히 전문적 식견을 요하는 영역 등에서 행정규칙에 대한 위임입법이 제한적으로 인정될 수 있다고 설시하였다. 한편 그러한 위임입법의 위헌성 판단기준에 관해서는 적어도 행정규제기본법 제4조 제2항 단서에서 정한 바와 같이 법령이 전문적·기술적 사항이나 경미한 사항으로서 업무의 성질상 위임이 불가피한 사항일 것과 그러한 사항이라 하더라도 법률의 위임은 반드시 구체적·개별적으로 한정된 사항에 대하여 행하여져야 한다는 점을 분명히 하고 있다.

나아가 헌법재판소는 기존의 법규명령 형식의 규범들에 비하여 소위 법령보충적 행정규칙에 대한 통제수단이 미비함을 지적하면서,[9] 이러한 형식의 위임 자체가 극히 제한적으로 인정되어야 할 뿐만 아니라, 다른 한편으로 이러한 형식의 위임에 대해서는 더 엄격한 통제가 필요함을 적시하였다.

2. 감사원 규칙의 법적 성격 문제

소위 법령보충적 행정규칙의 법적 성격 문제와 유사하게 공법학계에서 그동안 감사원 규칙의 법적 성격 문제도 규범의 정립권과 관련하여 매우 중요한 쟁점 중 하나였다. 우리 헌법은 제40조에서 국회입법의 원칙을 천명하면서 헌법 제75조, 95조에서 행정입법의 형식으로 대통령령, 총리령과 부령을 규정하고, 그 밖의 헌법기관들인 대법원, 헌법재판소,

---

9) 위와 같이 법률이 입법사항을 고시 등에 위임하는 것이 가능하다고 하더라도 그에 관한 통제는 다음과 같은 이유로 더욱 엄격하게 행하여져야 한다.

과거 우리나라는 행정부 주도로 경제개발·사회발전을 이룩하는 과정에서 국회는 국민의 다양한 의견을 수렴하여 입법에 반영하는 민주·법치국가적인 의회로서의 역할수행이 상대적으로 미흡하여 행정부에서 마련하여 온 법률안을 신중하고 면밀한 검토과정을 소홀히 한 채 통과시키는 사례가 적지 않았고, 그로 말미암아 위임입법이 양산된 것이 헌정의 현실이다.

한편 행정절차법은 국민의 권리·의무 또는 일상생활과 밀접한 관련이 있는 법령 등을 제정·개정 또는 폐지하고자 할 때에는 당해 입법안을 마련한 행정청은 이를 예고하여야 하고(제41조), 누구든지 예고된 입법안에 대하여는 의견을 제출할 수 있으며(제44조), 행정청은 입법안에 관하여 공청회를 개최할 수 있도록(제45조) 규정하고 있으나, 고시나 훈령 등 행정규칙을 제정·개정·폐지함에 관하여는 아무런 규정을 두고 있지 아니한다. 법규명령과 행정규칙의 이러한 행정절차상의 차이점 외에도 법규명령은 법제처의 심사를 거치고(대통령령은 국무회의에 상정되어 심의된다) 반드시 공포하여야 효력이 발생되는데 반하여, 행정규칙은 법제처의 심사를 거칠 필요도 없고 공포 없이도 효력을 발생하게 된다는 점에서 차이가 있다. 또한 우리나라에서는 위임입법에 대한 국회의 사전적 통제수단이 전혀 마련되어 있지 아니하다.

중앙선거관리위원회 등에 대해서는 대법원규칙, 헌법재판소규칙, 중앙선거관리위원회규칙을 제정할 권한을 명시적으로 규정하고 있다. 이에 반해 감사원은 헌법에 의해 설치된 헌법기관임에도 불구하고 다른 헌법기관과 달리 헌법에서 감사원규칙을 제정할 권한을 명시적으로 규정하지 않은바, 입법자는 감사원법을 제정하면서 그 법률에 감사원규칙을 제정할 권한을 명시하였고, 따라서 감사원법의 수권에 의해 제정된 감사원 규칙의 법적 성격과 관련하여 그동안 학계의 의견은 법규명령설과 행정규칙설로 나뉘어 있었다.

대상판결이 감사원규칙의 법적 성격과 관련하여 명확한 입장을 전개한 것은 아니다. 그러나 대상판결에서 우리 헌법에서 정하고 있는 법규명령의 형식은 예시적인 것이며, 입법권을 가진 입법자는 입법권을 위임하면서 규율의 형식을 선택할 수 있음을 인정하고 있으므로, 이러한 논리의 연장선상에서 입법권을 가진 입법자가 감사원법을 제정하면서 감사원에 규칙을 제정할 권한을 인정하였으므로, 대상판결의 논지에 따라서 감사원규칙은 대외적 구속력을 가지는 법규명령의 성질을 가진다고 해석할 수 있을 것이다.[10]

3. 행정기본법 제2조 '법령'의 정의

2021년 제정된 행정기본법에서는 그동안 강학상 개념으로 사용되었던 행정규칙을 실정법 개념으로 차용하였을 뿐만 아니라, 판례에 의해 정립된 법령보충적 행정규칙의 일부를 법령 개념으로 포섭하였다. 행정기본법은 제2조 제1호 가목에서 '법령'을 아래와 같이 정의하고 있다.

1. "법령등"이란 다음 각 목의 것을 말한다.
가. 법령: 다음의 어느 하나에 해당하는 것
1) 법률 및 대통령령 · 총리령 · 부령
2) 국회규칙 · 대법원규칙 · 헌법재판소규칙 · 중앙선거관리위원회규칙 및 감사원규칙
3) 1) 또는 2)의 위임을 받아 중앙행정기관(「정부조직법」 및 그 밖의 법률에 따라 설치된 중앙행정기관을 말한다. 이하 같다)의 장이 정한 훈령 · 예규 및 고시 등 행정규칙
나. 자치법규: 지방자치단체의 조례 및 규칙
행정기본법상의 법령 개념은 몇몇 다른 실정법에서 규정한 기존의 법령 개념과는 다소

---

[10] 대상판결의 3인의 반대의견은 헌법이 예정하고 있는 법규명령의 형식을 열거적으로 이해하므로, 이에 의하면 헌법에서 명시적으로 규정하지 아니한 종류와 형식에 해당하는 감사원의 규칙 제정권은 인정될 수 없고, 따라서 「감사원법」에 위임에 의해 제정된 감사원규칙은 행정규칙에 해당한다고 볼 것이다.

다른 내용으로 규정된 것으로, 기존의 법령 개념보다 법령의 개념 범주를 더 넓게 규정하고 있다고 평가할 수 있을 것이다. 행정기본법이 제정되기 전에 그간 '법령'을 적극적으로 개념정의하는 실정법 규정이 있던 것은 아니었지만, 관련법령에서 '법령'은 대체로 헌법, 법률, 대통령령, 총리령 및 부령 등을 지칭하는 의미로 사용되었다고 할 수 있다. 가령, <법령 등 공포에 관한 법률>에서는 헌법, 법률, 대통령령, 총리령 및 부령 등을 법령으로 예시하는 규정을 두고 있다.[11] 또한 <법령정보의 제공 및 관리에 관한 법률>은 제2조 정의 규정에서 "2. "법령등"이란 다음 각 목의 어느 하나에 해당하는 것을 말한다. 가. 대한민국헌법(이하 "헌법"이라 한다), 법령(법률, 대통령령, 총리령 및 부령을 말한다. 이하 같다) 및 조약(헌법에 따라 체결·공포된 조약을 말한다. 이하 같다)"로 규정하여, 기본적으로 법령등 공포에 관한 법률의 법령 용어 사용과 동일하게 사용하고 있다.

행정기본법 제2조의 법령 규정은 일단 위에서 본 바와 같이 법령보충적 행정규칙에 관한 대법원판결과 헌법재판소의 대상판결의 논지를 적극적으로 수용한 입법이라 볼 수 있을 것이다. 그러나 대상판결의 논지의 기저에 존재하는 논리이자 그 결과물이기도 한 소위 '법령보충적 행정규칙'이론이 상위법령의 위임을 받아 그 내용을 보충하는 행정규칙이 구속력을 가지는 경우, 하위법령이 중앙행정기관의 장이 제정한 행정규칙인지 지방자치단체의 장이 제정한 것인지 여부를 묻지 아니하는 반면에, 행정기본법 제2조 제1호에서는 "1) 또는 2)의 위임을 받아 중앙행정기관(「정부조직법」 및 그 밖의 법률에 따라 설치된 중앙행정기관을 말한다. 이하 같다)의 장이 정한 훈령·예규 및 고시 등 행정규칙"만을 법령으로 명시하고 있으므로, 법령보충적 행정규칙 이론과 규범 효력 인정 범위가 상이한 면이 있다.

따라서 현재로서는 행정기본법 제2조 제1호의 '법령'의 정의와 다른 실정법 규정들의 법령에 관한 규정 내용, 그리고 대상판결에서 인정한 법령보충적 행정규칙 이론을 모두 완벽하게 조화롭게 해석하기 어려운 면이 있는 것은 사실이다. 행정기본법의 법령에 관한 정의 규정의 효력범위가 어디까지 미치는지 여부가 일차적으로 문제될 것이며, 나아가 행정기본법상의 '법령'의 의미를 헌법, 법률 및 강학상의 법규명령으로 전제하던 기존 실정법령들과의 관계에서 조화롭게 해석하는 문제는 앞으로 차차 해결해야 할 과제라 할 것이다.

---

11) 제10조(법령 번호) ① 법률, 대통령령, 총리령 및 부령은 각각 그 번호를 붙여서 공포한다.

4. 규범체계의 정비방안[12]

앞에서 살펴본 바와 같이 법령보충적 행정규칙은 우리 법제 실무의 혼란을 판례가 실천적으로 수용한 개념이며, 대상판결에서 본 바와 같이 헌법재판소에 의해 헌법적 정당성을 인정받은 개념이라 할 수 있다. 법규명령과 행정규칙을 범주적으로 준별하여 법령보충적 행정규칙 개념을 폐지해야 한다는 견해가 없는 것은 아니지만, 우리 행정실무나 사법실무는 실천적 유용성의 관점에서 위 개념을 인정하고 있는 것으로 보인다. 그렇다면 '법령보충적 행정규칙'의 정비방안에 있어서는 이를 인정하는 판례이론을 긍정하고, 행정기본법 규정에서 보듯이 이러한 이론이 규범체계 속에 자리잡았다는 전제하에 향후 규범체계의 정비방안을 모색할 필요가 있다.

첫째, 헌법이 인정하고 있는 위임입법의 형식은 예시적인 것이지만, 행정규칙에 대한 위임은 전문적·기술적 사항이자 경미한 사항으로서 업무의 성질상 위임이 불가피한 사항에 한정되는 한계가 존재한다. 그러나 대법원 판례가 "전문적·기술적 사항이자 경미한 사항으로서 업무의 성질상 위임이 불가피한 사항"이 구체적으로 어떠한 것인지에 관한 세부적 기준을 제시하지 않고 있어 그 한계는 여전히 명확하지 아니하므로, 향후 전문적, 기술적 사항의 구체적 기준이나 표지를 제시하거나 유형화할 필요성이 있다.

둘째, 법령보충적 행정규칙은 대외적 구속력을 가진 법규명령에 해당한다. 국민이 알 수 없는 법령이 존재할 수 없다는 점에서 장기적으로는 법령보충적 행정규칙이 될 수 있는 모든 행정규칙들, 특히 훈령, 예규 등도 공포될 수 있는 장치를 마련해야 할 것이다. 반대로 공포, 관보 게재 등의 방법으로 국민에게 알려질 수 없는 형식의 행정규칙의 경우에는 법령보충적 행정규칙이 될 수 없도록 입법적 제한을 할 필요가 있다.

셋째, 판례는 '전문적, 기술적 사항'의 경우 법률의 위임 없이 대통령령이나 시행령의 위임에 따라 행정규칙에서 일정한 사항을 규정하는 경우에도 법령보충적 행정규칙으로서의 효력을 인정하고 있는데, 법률이 아닌 위임입법에서 비로소 행정규칙으로의 위임을 규정하는 것은 의회입법의 원칙 등에 위배되어 위헌의 소지가 있으므로, 법률이 아닌 대통령령, 총리령, 부령 등에서 비로소 고시 등의 행정규칙에 위임하는 것은 금지하는 것이 바람직하다. 현재 법령보충적 행정규칙은 행정규칙에 대한 위임이 법률에서 직접 이루어지는 경우보다 오히려 법률의 위임을 받은 대통령령, 총리령, 부령에서 다시 행정규칙에 위임을 하는 사례가 더 많은 것으로 보인다. 법률 자체가 아니라 대통령령·총리령·부령 차원에서

---

12) 이하 정비방안의 내용에 관해서는 박정훈, "법규명령 형식의 행정규칙과 행정규칙 형식의 법규명령", 『행정법학』 제5호, 2013 참조.

비로소 행정규칙에 위임하는 것은, 그 위임이 법률에 예정되어 있지 아니한 이상, 대통령령·총리령·부령에 위임한 의회입법자의 의사를 존중하여야 한다는 점에서 위헌으로 보아야 한다는 유력한 견해가 있다. 이러한 견해를 고려할 때, 규율사항 중 일부는 대통령령·총리령·부령에서, 일부는 행정규칙에서 규정할 필요가 있을 경우, 대통령령·총리령·부령에서 행정규칙에 재위임하는 방식보다는 법률에서 직접 대통령령·총리령·부령에서 정할 사항과 행정규칙에서 정할 사항을 나누어 위임하는 것이 바람직할 것이다.

넷째, 지역적 특성을 고려할 필요가 있는 경우에 일정 사항을 법률에서 지방자치단체의 조례로 정하도록 위임하기도 하며, 이 때 위임받은 조례에서 다시 지방자치단체장의 규칙이나 고시로 재위임하는 경우도 있고, 판례는 이것도 합헌으로 긍정한다. 그러나 지방자치단체장의 규칙이나 고시 자체가 제정되어 있지 않은 경우도 발생하는 등 이러한 사안은 의회입법의 원칙이나 입법권자의 의사의 왜곡을 가져올 수 있다는 측면에서 위헌의 소지가 있으므로 개개의 사안마다 그 필요성을 엄격하게 판단하고 특별한 사정이 없는 한 이를 금지하는 것이 바람직하다고 할 것이다.

다섯째, 판례는 일반적으로 법규명령에서 국민의 권리, 의무에 관한 사항을 규율할 경우에는 상위 법령에서 이에 관한 명시적 위임이 필요하지만, 모법의 해석상 가능한 것을 명시하거나 모법의 취지를 구체화 한 것에 불과한 것으로 인정되는 경우에는 모법에 명시적 위임 규정이 없다고 하더라도 조례를 포함한 하위 법규명령의 효력을 인정하고 있는데, 모법의 위임규정이 없음에도 불구하고 조례를 비롯한 하위 법령으로 국민의 권리의무에 관한 사항을 규율할 가능성을 열어두고 있다는 점에서 기본권제한의 일반원칙에 대한 위험이 될 가능성이 존재하므로 가급적 금지할 필요가 있다.

마지막으로 쟁송방법의 측면에서 판례는 법령보충적 행정규칙을 법규명령의 성질을 지닌다고 하면서도 효력에 관한 판단시 대법원 전원합의체를 통한 규범통제절차를 거치지 아니하고 있다. 이에 대해서 학설은 법원조직법 제7조에 근거한 대법원 전원합의체에 의한 규범통제가 바람직하다는 견해와 법령보충적 행정규칙의 통제시 모두 대법원 전원합의체를 통한 규범통제절차를 요구하는 것은 비현실적이라는 견해로 나뉜다.13) 이 점에 관하여 대법원의 판례가 변경될 가능성이 많지 않다는 점을 고려한다면 법제를 정비할 필요가 있을 것이다.

---

13) 전면적인 규범통제가 비현실적이라는 견해는 장기적으로 법원조직법상의 규범통제절차의 대상에 대한 재검토 필요하다고 하며, 가령 대통령령의 경우에만 대법원 전원합의체에 의한 규범통제절차를 통해 효력심사하는 것으로 규정하는 방법 등을 제시하고 있다. 박정훈, 앞의 글 참조.

Ⅳ. 요약과 결론

이 사건에서 헌법재판소는 법의 형식과 의회 입법권의 범위와 한계라는 법철학적, 헌법적 문제에 대한 중대한 결정을 설시하고 있다. 독일의 경우 '법규명령'과 '행정규칙'은 헌법에서 직접 사용하고 있는 실정법 개념으로서 그 개념의 의의와 범주는 서로 배타적이며 중첩될 수 없다. 그러나 우리나라의 경우 '법규명령', '행정규칙', '법규' 개념은 단지 강학상의 용어일 뿐이고, 그 개념 내용에 관해서 학계에서조차 명료하게 확정되어 있었다고 보기 어렵다.14)

대상판결에서 헌법재판소는 우리 헌법 제40조에 따라 대한민국이라는 공동체의 구속력 있는 규범을 제정할 권한은 원칙적으로 입법부인 의회에 주어져 있고, 의회가 가지는 입법권은 위임될 수 있음을 인정하고, 위임입법의 형식에 관해서도 입법부는 규율의 형식에 대한 선택권을 가지고 있다고 보았다. 그러나 동시에 의회만이 입법을 독점하는 것은 아니며, 의회가 가지는 규율형식의 선택권 또한 우리 헌법에서 규정한 법규명령의 형식과 종류에 의해 일정 정도 제한을 받는 것임을 인정하였다.

헌법재판소 2004. 10. 28. 선고 99헌바91 결정은 이러한 이론적 배경 하에서 행정입법의 형식이 헌법에 규정된 대통령령·총리령·부령, 즉 헌법 제75조와 제95조를 예시적 규정으로 보았다. 나아가 헌법재판소는 행정입법의 형식은 대통령령·총리령·부령에 한정되지 아니하고 입법권을 가진 의회가 위임입법의 형식을 선택할 수 있음을 밝힘과 동시에 그러한 의회의 형식 선택의 가능성에는 이론적 한계가 존재함을 선언하고 있는바, 이는 우리나라의 그간의 입법현실과 행정실무를 고려한 실천적 결정으로 긍정적으로 평가할 수 있을 것이다.

그러나 한편 이 결정에 대해서는 독일과 같은 법규명령과 행정규칙의 준별론을 토대로 위임입법의 형식을 한정해야 한다는 비판적 견해도 존재한다. 이를 둘러싼 이론적·실천적 문제들은 향후 더 포괄적이면서 정치한 학문적 논의와 이론과 판례에 충실한 입법 및 행정 실무를 통해 우리 법체계에 가장 적합한 행정입법의 형식과 내용을 창안해야 하는 과제로 남겨져 있다고 할 것이다.

---

14) 물론 「행정기본법」에서 '행정규칙'이라는 용어를 사용함으로써 행정규칙은 이제 실정법 개념이 되었다. 그러나 「행정기본법」에서 행정규칙의 의미를 정의하거나 그 범주를 명확하게 설정하고 있는 것은 아니므로, 실정법 개념으로서의 '행정규칙'의 개념과 그 범주 설정도 향후의 과제라 할 것이다.

생각할 문제

1. 법규명령, 행정규칙, 법규, 법령의 정확한 의미는 무엇인가?

2. 어떠한 규범에 대외적 구속력이 인정되는 근거는 무엇인가?

3. 감사원 규칙의 법적 성격은 무엇인가?

대법원 2020. 4. 29. 선고 2019도3795 판결
[부진정 행정입법부작위에 대한 사법심사의 방식 및 그 척도]

허 이 훈*

[사실관계]

1. 관련 법령의 규정 내용

(1) 구 수질수생태계법에 의한 이원적(二元的) 폐수배출시설 설치허가 제도

구 수질 및 수생태계 보전에 관한 법률(2017. 1. 17. 법률 제14532호 물환경보전법으로 법률 제명 변경되기 전의 것, 이하 '구 수질수생태계법'이라고 한다) 제33조 제1항 본문은 '폐수배출시설을 설치하려는 자는 대통령령으로 정하는 바에 따라 환경부장관의 허가를 받거나 환경부장관에게 신고하여야 한다.'라고 폐수배출시설에 관한 일반적인 허가·신고의무를 규정하고 있다. 그 위임에 따른 구 수질 및 수생태계 보전에 관한 법률 시행령(2018. 1. 16. 대통령령 제28583호 물환경보전법 시행령으로 대통령령 제명 변경되기 전의 것, 이하 '구 수질수생태계법 시행령'이라고 한다) 제31조 제1항 제1호는 '특정수질유해물질이 환경부령으로 정하는 기준 이상으로 배출되는 배출시설'을 설치허가를 받아야 하는 폐수배출시설의 하나로 규정하고 있다. 구 수질수생태계법은 환경부장관이 상수원보호구역의 상류지역 등 수질오염물질로 인하여 환경기준을 유지하기 곤란하거나 주민의 건강·재산이나 동식물의 생육에 중대한 위해를 가져올 우려가 있다고 인정되는 경우 '폐수배출시설 설치제한지역'을 지정·고시하여 폐수배출시설의 설치를 제한할 수 있다고 하면서도(제33조 제5항, 제6항), 그 제한에도 불구하고 '구리 및 그 화합물 등 환경부령으로 정하는 특정수질유해물질을 배출하는 시설'의 경우 폐수무방류배출시설의 방식으로 설치할 수 있다고 규정하고 있다[제33조 제7항 및 그 위임에 따른 구 수질 및 수생태계 보전에 관한 법률 시행규칙(2018. 1. 17. 환경부령 제745호 물환경보전법 시행규칙으로 환경부령 제명 변경되기 전의 것) 제39조]. 구 수질수생태계법에 의하면, 폐수무방류배출시설이란 '폐수배출시설에서 발생하는 폐수를 해당 사업장에서 수질오

---

* 대구지방법원 판사

염방지시설을 이용하여 처리하거나 동일 폐수배출시설에 재이용하는 등 공공수역으로 배출하지 아니하는 폐수배출시설'을 말하고(제2조 제11호), 폐수무방류배출시설의 경우 제33조 제1항에 따른 폐수배출시설의 일반적인 허가·신고절차가 아니라 제33조 제7항 및 제34조에 따른 별도의 허가절차를 거쳐야 한다(제33조 제1항 단서). 폐수무방류배출시설 설치허가를 받으려고 하는 경우 폐수무방류배출시설 설치계획서 등 환경부령으로 정하는 별도의 서류를 제출하여야 하며, 전문기관의 의견을 청취하는 절차를 거쳐야 한다(제34조 제1항, 제2항). 구 수질수생태계법 제44조 단서 및 제76조 제8호는 제33조 제1항부터 제3항까지의 규정에 따른 허가·신고 없이 폐수배출시설을 설치한 장소가 다른 법률에 따라 해당 배출시설의 설치가 금지된 장소인 경우에는 해당 폐수배출시설을 설치하거나 사용하는 자에게 폐수배출시설의 폐쇄를 명하여야 하고, 이 폐쇄명령을 위반한 자에게는 형벌을 부과하도록 규정하고 있다.

(2) 국토계획법에 의한 계획관리지역에서의 건축 제한 제도

한편, 국토의 계획 및 이용에 관한 법률(이하 '국토계획법'이라고 한다) 제76조 제1항은 용도지역에서의 건축물이나 그 밖의 시설의 용도·종류 및 규모 등의 제한에 관한 사항은 대통령령으로 정한다고 규정하고 있다. 그 위임에 따라 '계획관리지역 안에서 건축할 수 없는 건축물'을 정한 구 국토의 계획 및 이용에 관한 법률 시행령(2018. 1. 16. 대통령령 제28583호로 개정되기 전의 것, 이하 '구 국토계획법 시행령'이라고 한다) 제71조 제1항 제19호 [별표 20]의 제1호 (자)목 (1)은 '건축법 시행령 [별표 1] 제17호의 공장 중 [별표 19] 제2호 (자)목 (1)부터 (4)에 해당하는 것'을 규정하고 있고, [별표 19] 제2호 (자)목 (3)은 "수질 및 수생태계 보전에 관한 법률 제2조 제8호에 따른 특정수질유해물질이 같은 법 시행령 제31조 제1항 제1호에 따른 기준 이상으로 배출되는 것. 다만, 동법 제34조에 따라 폐수무방류배출시설의 설치허가를 받아 운영하는 경우를 제외한다."라고 규정하고 있다(이하 '구 국토계획법 시행령 제71조 제1항 제19호 [별표 20] 제1호 (자)목 (1) 중 [별표 19] 제2호 (자)목 (3) 부분'을 '이 사건 시행령 조항'이라고 한다).

2. 계획관리지역 내 폐수무방류배출시설 설치

이 사건 시행령 조항에 의하면, 계획관리지역에서는 특정수질유해물질이 구 수질수생태계법 시행령 제31조 제1항 제1호에 따른 기준 이상으로 배출되는 공장시설(이하 '특정수질유해물질 기준 이상 배출 공장시설'이라고 한다)의 건축이 원칙적으로 금지되지만, 예외적으로

'구 수질수생태계법 제34조에 따라 폐수무방류배출시설의 설치허가를 받아 운영하는 경우'에는 건축이 허가될 수 있다. 그런데 앞서 살펴본 바와 같이, 구 수질수생태계법 제33조 제5항, 제6항, 제7항에 의하면, 구 수질수생태계법 제33조 제1항 단서 및 제34조에 따른 폐수무방류배출시설의 설치허가는 구 수질수생태계법상 '폐수배출시설 설치제한지역'에서만 가능하다. 즉 계획관리지역 중 '폐수배출시설 설치제한지역'으로 지정·고시된 지역에서는 구 수질수생태계법상 폐수무방류배출시설의 설치허가를 받은 다음 국토계획법상 계획관리지역에서의 개발행위허가를 받아 해당 건축물의 건축이 가능할 수 있다. 이와 비교하여 계획관리지역 중 '폐수배출시설 설치제한지역으로 지정·고시되지 않은 지역'에서는 구 수질수생태계법상 폐수무방류배출시설의 설치허가 제도가 적용되지 않으므로, '특정수질유해물질 기준 이상 배출 공장시설'에 해당하면 '구 수질수생태계법상 폐수무방류배출시설의 설치허가 요건(시설기준)을 갖춘 다음 국토계획법상 계획관리지역에서의 개발행위허가를 받을 수 있는 가능성'이 차단되어 해당 건축물의 건축이 불가능하게 된다. 환경보전의 필요성이 더 크다고 볼 수 있는 계획관리지역 및 배출시설 설치제한지역으로 모두 지정된 토지에서는 허가를 통해 폐수무방류배출시설의 설치 가능성이 있음에 반하여, 계획관리지역으로만 지정된 토지에서는 폐수무방류배출시설의 설치가 원천적으로 불가능한 것이다.

피고인은 2016. 4. 26.경 '계획관리지역'으로 지정되어 있으나 '배출시설 설치제한지역'으로 지정되지는 않은 이 사건 토지에서 구리 등 특정물질 폐수무방류배출시설을 설치하였다. 이에 관할청인 화성시장은 2017. 2. 22.경 피고인에 대하여 위 폐수배출시설의 폐쇄를 명하였다. 피고인이 위 폐쇄명령을 이행하지 않자 검사는 피고인을 수질수생태계법위반죄로 기소하였다.

[사건의 경과]

1심[1]은 위와 같이 불합리한 결과가 초래되는 사정에 주목하여, 2020. 4. 28. 이 사건 시행령 조항이 모법의 위임 범위를 일탈하였고, 과잉금지원칙 등에 위배하여 개인의 직업의 자유를 침해하며, 평등의 원칙에도 위반되어 위헌·위법으로 무효라고 판단하였다. 이 사건 시행령 조항이 무효인 이상 그에 기초한 이 사건 폐쇄명령 역시 위법하고 따라서 피고인이 이 사건 폐쇄명령을 위반하였다 하더라도 수질수생태계법 제76조 제8호의 죄가 성립

---

1) 수원지방법원 2018. 10. 11. 선고 2018고정621 판결.

하지 않는다고 보아 피고인에 대하여 무죄를 선고하였다.

　검사가 항소하였으나, 항소심인 원심²⁾은 1심의 판단이 정당하다고 보아 2019. 2. 13. 검사의 항소를 기각하는 판결을 선고하였고, 이에 검사가 상고하여 상고이유로 이 사건 시행령 조항이 위헌·위법이 아니라고 주장하였다.

[대상판결]

　대법원은 2020. 4. 29. 다음과 같은 이유로 이 사건 시행령 조항이 모법이 위임한 범위를 일탈하였거나 위헌으로 평가하기도 어렵다고 한 이후에, 이 사건 시행령 조항이 위헌·무효임을 전제로 한 원심의 판단에는 국토계획법령의 계획관리지역에서의 건축 제한에 관한 입법재량 등에 관한 법리를 오해하여 판결 결과에 영향을 미친 위법이 있다며 원심을 파기·환송하였다.

> [1] 토지의 사회성·공공성을 고려하면 토지재산권에 대하여는 다른 재산권에 비하여 강한 제한과 의무가 부과될 수 있으므로 토지의 이용·개발과 보전에 관한 사항에 관해서는 입법자에게 광범위한 입법형성권이 부여되어 있는 점에 비추어 보면, 국토계획법의 위와 같은 입장, 즉 국토의 계획 및 이용에 관한 목표, 그 실행의 원칙적 기준 등을 법률에서 직접 제시하되 구체적인 수단이나 방법의 형성에 관해서는 대통령령의 입법자에게 비교적 광범위한 입법재량을 부여한 것은 정당하다. 따라서 구 국토계획법 시행령 제71조 제1항 제19호 [별표 20]에서 '계획관리지역 안에서 건축할 수 없는 건축물'의 하나로서 특정수질유해물질이 구 수질수생태계 법 시행령 제31조 제1항 제1호에 따른 기준 이상으로 배출되는 공장시설 등을 구체적으로 열거한 것은 모법인 국토계획법이 위와 같이 예정하고 있는 바를 구체화, 명확화한 것이라고 볼 수 있을 뿐, 모법의 위임 범위를 뛰어넘은 것이라고 평가하기는 어렵다.
> [2] 계획관리지역에서 '특정수질유해물질 기준 이상 배출 공장시설'의 건축을 원칙적으로 금지한 입법자의 의사가 정당한 이상, 그러한 원칙적 금지에 대한 예외적 허용 범위를 정함에 있어서는 입법자에게 폭넓은 입법재량이 있다고 보아야 한다. 살피건대, 이 사건 시행령 조항이 구 수질수생태계법 제34조에 따라 폐수무방류배출시설의 설치허가를 받아 운영하는 경우'만을 위 원칙적 금지에 대한 예외사유로 한정한 것을 두고 입법재량의 범위를 일탈한

---

2) 수원지방법원 2019. 2. 13. 선고 2018노6555 판결.

선택이라고 평가하기는 어렵다. 달리 '폐수배출시설 설치제한지역이든 아니든 모든 계획관리지역에서 구 수질수생태계법의 폐수무방류배출시설의 설치허가 요건(시설기준)을 갖추어 국토계획법상 개발행위허가를 받을 수 있는 가능성'을 위 원칙적 금지에 대한 예외사유로 입법하여야 할 의무가 이 사건 시행령 조항의 입법자에게 있다고 볼 법적 근거를 찾기 어렵다. 결국 이 사건 시행령 조항을 가리켜 과잉금지원칙 등에 위배하여 국민의 직업(영업)의 자유를 침해한 위헌인 규정이라고 평가할 수는 없다.

[3] 이 사건 시행령 조항에 의하면 같은 계획관리지역이더라도 폐수배출시설 설치제한지역인지 여부에 따라 폐수무방류배출시설의 건축 가능성 유무가 정해지지만, 이는 본질적으로 서로 상이한 법률[구 수질수생태계법상 폐수배출시설 허가 및 설치제한 제도와 국토계획법상 계획관리지역의 건축 규제 제도]의 입법 취지를 구현하는 과정에서 기인한 것으로 볼 수 있다. 따라서 그러한 차별적 취급을 두고 평등원칙에 위배된 자의적인 입법이라고 평가하기 어렵다.

[판결의 평석]

Ⅰ. 사안의 쟁점

원심(＝ 1심)의 논리는 "이 사건 시행령 조항의 무효(위헌·위법) ＝①⟹ 구 수질수생태계법 제44조 후문에 근거한 이 사건 폐쇄명령 위법[3] ＝②⟹ 구 수질수생태계법 제76조 제8호(이 사건 폐쇄명령 위반)의 구성요건 해당 ×"으로 도식화할 수 있다. 이때 ②의 연결고리는 문제되지 않으나(대법원 2017. 9. 21. 선고 2017도7321 판결 참조), ①의 연결고리가 문제된다. 만약 이 사건 시행령 조항에 기하여 계획관리지역에서 특정수질유해물질 기준 이상 배출 공장시설의 설치를 금지하는 것 자체가 위헌·위법이라면 이 사건 폐쇄명령이 위법하다고 봄에 있어 어려움이 없다.[4] 그런데 이 사건은 이 사건 시행령 조항에 따라 '계획관리지

---

3) 구 「수질수생태계법」 제44조 전문에 의하면, 이 사건 토지에서 허가·신고를 통한 폐수무방류배출시설의 설치 가능성이 있다면 폐쇄명령이 아닌 사용중지명령을 하여야 한다.

4) 대기환경보전법령상 계획관리지역에서는 특정대기유해물질을 배출하는 시설의 설치가 금지됨에도 특정대기유해물질 배출시설을 설치하여 관할청으로부터 폐쇄명령처분을 받자 그 취소를 구한 사안인 대법원 2019. 10. 18. 선고 2018두34497 판결이 이에 해당한다. 위 대법원 판결은 특정대기유해물질을 조금이라도 배출할 경우 그 시설의 설치를 금지하는 「대기환경보전법」 및 「국토계획법 시행령」 관련 조항이 과잉금지원칙에 반하여 위헌이라면 위 조항을 위반하였음을 이유로 한 폐쇄명령처분도 위법함을 전제로 한다(동일 쟁점에 관하여 2019. 10. 17. 및 같은 달 18. 함께 선고된 대법원 2018두37717 판결,

역'에서의 특정수질유해물질 기준 이상 배출 공장시설의 설치는 원칙적으로 금지되는데, 예외가 수질수생태계법에 따라 '배출시설 설치제한지역'에서 구리 등 그 합성물 등의 폐수무방류배출시설 허가를 받은 경우이다. 이 사건 시행령 조항의 위헌·무효의 핵심적인 논거는 배출시설 설치제한지역 이외의 지역에 대하여 폐수무방류배출시설에 대한 '금지예외규정'을 두지 않았다는 것인바, 이른바 '부진정 행정입법부작위'가 문제되는 사안이다.

대법원 판례에 의하면 추상적인 법령의 제정 여부 등은 국민의 구체적인 권리의무에 직접적 변동을 초래하는 것이 아니어서 부작위위법확인소송의 대상이 될 수 없는바(대법원 1992. 5. 8. 선고 91누11261 판결 참조), 진정·부진정 행정입법부작위는 취소소송, 무효확인소송 및 부작위위법확인소송 등 항고소송의 직접적인 대상이 될 수 없다.

종래 행정법 학계에서는 행정입법부작위에 대한 행정소송 법적 통제방안으로 ① 행정입법부작위에 대한 항고소송 도입,[5] ② 당사자소송의 활용,[6] ③ 진정 행정입법부작위는 헌법소원으로, 부진정 행정입법부작위는 부수적 규범통제로 나누어 심사하는 방식[7] 등이 논의되어 왔다. 그러다 대법원 2019. 10. 31. 선고 2016두50908 판결(뚜렛증후군 사건)을 계기로 수혜적 명령·규칙의 부진정 행정입법부작위에 대한 사법통제 방식에 관한 논의가 본격적으로 이루어졌는데, 대상판결은 수혜적 명령·규칙의 부진정 행정입법부작위에 대한 법원의 부수적 규범통제가 가능하다고 보아, 당해 시행령 조항의 위헌·위법 여부에 관하여 판단하였다. 그런데 대상판결은 수혜적 명령·규칙에 있어 부진정 행정입법부작위에 대한 이른바 '부수적 규범통제'가 가능하다는 전제 하에 사법심사가 이루어졌다는 점에서 의미가 있다. 다만 행정입법부작위에 대한 법원의 '부수적 규범통제'가 가능할 경우, 이 사건 토지와 같이 계획관리지역으로만 지정된 토지에 구리 등 그 합성물 등의 폐수무방류배출시설을 설치하고자 하는 자는 관할청을 상대로 설치허가신청을 하고 이에 대하여 관할청이 이 사건 시행령 조항 조항을 근거로 거부하면 그 거부처분의 취소를 구하는 소송을 제

대법원 2018두37533 판결, 대법원 2018두60977 판결도 같은 내용이다).

5) 박균성, "프랑스에서의 행정입법부작위에 대한 법적 구제", 『판례실무연구』, 제6권, 2003, 145- 166면; 행정입법은 그 '규율의 구체성－추상성의 상대적 성격'과 '규율대상의 구체성'에 의거하여 행정소송법 제2조 제1항 제1호'의 '처분성'을 충족하기에 행정입법 자체를 처분으로 보아 그에 대한 항고소송 등의 권리구제가 가능하다는 유력한 견해가 있다[박정훈, "행정입법 부작위에 대한 행정소송 － 독일법과 우리법의 비교, 특히 처분 개념을 중심으로 －", 『판례실무연구』 제6권, 2003, 167-197면 참조].

6) 김현준, "행정입법에 대한 행정소송", 『공법연구』 제46권 제2호, 2017, 255-260면; 이승훈, "공법상 당사자소송으로서의 행정입법청구소송", 『고려법학』 제60호, 2011, 255-284면; 정남철, "행정입법부작위에 대한 사법적 통제 － 당사자소송에 의한 규범제정요구소송의 실현가능성을 중심으로 －", 『저스티스』 제110호, 2009, 194-217면.

7) 서보국, "행정입법부작위에 대한 행정소송", 『법학연구』 제25권 제2호, 2014, 87-116면.

기한 이후에 이 사건 시행령 조항의 위헌·무효를 주장하는 것이 원칙적인 구제수단이라 할 것이다. 그런데 이 사건 피고인은 그러한 구제절차를 거친 것이 아닌, 이 사건 토지에 구리 등 그 합성물 등의 폐수무방류배출시설을 설치하고, 관할청의 이 사건 폐쇄명령 및 그에 터 잡은 형사처벌 절차가 진행되자 비로소 무죄를 주장하였다는 점에서 그 특수성이 있다.[8]

이 글에서는 먼저 부진정 행정입법부작위에 대한 규범통제 관련 대법원과 헌법재판소 선례에 대한 검토를 바탕으로 불완전입법에 대한 법원의 사법통제 가부 및 그 한계, 권리구제의 실효성 확보방안 등에 관하여 검토하겠다(Ⅱ.항). 아울러 대상판결은 토지 규제 관련 수혜적 명령·규칙의 평등원칙 위배 등 위헌·위법 여부 판단에 있어 구체적인 판단기준을 제시하였는바, 대상판결의 판시 사항에 해당하는 행정입법의 위임 한계 일탈, 직업의 자유 침해, 평등원칙 위배 여부 등에 관한 선례의 판단기준을 바탕으로 이 사건 시행령 조항이 위헌·위법에 해당하지 않는다고 본 대상판결의 타당성에 관하여 살펴하겠다(Ⅲ.항).

Ⅱ. 법원의 부진정 행정입법부작위에 대한 규범통제

1. 부진정 행정입법부작위의 개념 및 위법성 판단과의 관련성

입법부작위에 관하여는 헌법재판에서 상당한 논의가 축적되어 있으므로, 먼저 헌법재판에서의 입법부작위에 관한 법리에 관하여 살펴본다. '진정입법부작위'는 입법자가 헌법상 입법의무가 있는 어떤 사항에 관하여 전혀 입법을 하지 아니함으로써 '입법행위의 흠결'이 있는 경우이고, '부진정입법부작위'는 입법자가 어떤 사항에 관하여 입법은 하였으나 그 입법의 내용, 범위, 절차 등이 당해 사항을 불완전, 불충분 또는 불공정하게 규율함으로써

---

8) 한편, 대법원이 행정입법부작위를 행정소송법상 부작위위법확인소송의 대상이 아니라고 하자, 이를 근거로 헌법재판소는 행정입법부작위에 대하여 헌법소원을 통한 부작위위헌확인을 인용하는 방식으로 사법적 통제를 하여 왔다(헌법재판소 2004. 2. 26. 선고 2001헌마718 결정 등 참조). 이에 의할 경우, ㉮ 이 사건 시행령 조항(부진정 행정입법부작위)에 대하여 헌법재판소에 헌법소원(헌마)을 제기하고, ㉯ 헌법재판소가 이 사건 시행령 조항에 대하여 평등원칙 위반 등을 이유로 위헌 또는 헌법불합치 결정을 하면(헌법재판소는 형식적 의미의 법률뿐만 아니라 행정입법에 대하여도 헌법재판소법 제45조, 제47조가 준용되어 위헌결정의 기속력이 인정되는 것으로 본다), ㉰ 수질수생태계법(물환경보전법) 시행령 내지 국토계획법 시행령의 개선입법이 이루어질 것이고, ㉱ 개정 시행령에 근거한 관할청의 폐수무방류배출시설 설치허가가 가능할 수 있다.

'입법행위에 결함'이 있는 경우를 의미한다(헌법재판소 1996. 11. 28. 선고 95헌마161 결정 등 참조). 입법자가 혜택부여 대상을 정하는 입법을 한 경우라고 하더라도, 혜택부여 대상에 포함하여 정하였어야 하는 인적 집단을 대상으로 규정하지 않은 불완전입법이 이루어진 경우, 상위규범에서 명확히 구체적인 입법의무가 도출되면 진정입법부작위에 해당하나, 평등원칙 등에 비추어 비로소 인적 대상범위가 확장될 수 있는 경우라면 부진정입법부작위에 해당하는 것으로 볼 수 있다.[9]

행정입법부작위에도 진정 행정입법부작위와 부진정 행정입법부작위가 있고 그 구별의 기준 및 의미는 입법부작위와 같다고 보는 것이 일반적이다.[10] 다만, 부진정입법부작위의 경우에는 위헌법률심판청구(헌가 또는 헌바) 사건 또는 권리구제형 헌법소원(헌마) 사건으로 다툴 수 있는 것과 달리, 부진정 행정입법부작위에 대하여는 위헌법률심사형 헌법소원(헌바)을 제기할 수 없어 권리구제형 헌법소원(헌마)으로만 다툴 수 있다는 점에서 차이가 있다.[11]

한편, 법원의 위헌법률심판제청(헌가)이나 위헌법률심사형 헌법소원(헌바)이 적법하기 위해서는 재판의 전제성이 있어야 한다.[12] 헌법재판소는 형식적 의미의 법률뿐만 아니라 행

---

9) 진정입법부작위는 부작위 자체를 헌법소원 대상으로 하는 반면, 부진정입법부작위는 불완전한 법령에 대하여 적극적으로 헌법소원을 제기하여야 해(헌법재판소 2003. 1. 30. 선고 2002헌마358 결정 등 참조) 소송형태를 달리한다. 진정입법부작위와 부진정입법부작위의 구별은 이와 같이 소송형태뿐만 아니라, 헌법소원의 청구기간과 관련하여 중요한 의미를 가지나, 진정입법부작위인지 부진정입법부작위인지가 항상 명확히 구별되는 것은 아니다[구체적인 내용은 한수웅, 『헌법학』, 제12판, 2022, 1479면 참조].

10) 이동흡, 『헌법소송법』, 제2판, 2018, 380-381면.

11) 「헌법재판소법」 제68조 제2항에 따른 위헌법률심사형 헌법소원(헌바)의 대상은 법률에 한정되어 있으므로, 법원이 재판의 전제가 된 명령·규칙 등 행정입법에 대하여 헌법재판소에 위헌법률심판제청(헌가)을 할 수는 없고, 다만 헌법재판소는 명령·규칙이 구체적 집행절차를 매개하지 아니하고 그 자체에 의하여 직접 국민의 기본권을 침해하는 경우에는 「헌법재판소법」 제68조 제1항에 따른 권리구제형 헌법소원(헌마)의 대상이 된다고 본다(헌법재판소 2004. 2. 26. 선고 2003헌바31 결정, 헌법재판소 2010. 2. 25. 선고 2008헌바79 결정 등 참조).

12) 특정 법률조항의 위헌 여부가 '재판의 전제'가 된다고 하기 위해서는, ㉮ 당해 법률조항이 당해 사건의 재판에 적용되어야 하고, ㉯ 그 법률조항의 위헌 여부에 따라 당해 사건을 담당한 법원이 다른 판단을 하게 되어야 한다. 헌법재판소는, 부진정입법부작위를 다투는 경우 그 위헌성이 인정되어 당해 법률조항에 대하여 위헌 또는 헌법불합치 결정이 내려지고 입법자가 개선입법을 하면 그로써 개정 법률이 소급하여 당해 사건에 적용될 여지가 있다는 이유로 재판의 전제성을 인정할 수 있다고 본다. 즉 심판대상 법률조항의 적용에서 배제된 자가 부진정입법부작위를 다투는 경우, 심판대상 법률조항에 대한 위헌결정만으로는 당해사건 재판의 결과에 영향이 없다고 하더라도, 위헌 또는 헌법불합치 결정의 취지에 따라 당해 법률조항이 개정되는 때에는 당해 사건의 결과에 영향을 미칠 가능성이 있음을 근거로 '재판의 전제성'을 인정한다(이동흡, 앞의 책, 198면).

정입법[13]), 사법입법[14]), 자치입법 등의 입법부작위를 대상으로 한 권리구제형 헌법소원(헌마)의 경우에도 재판의 전제성을 인정하고 위헌결정 및 그 기속력에 관한 헌법재판소법 제45조, 제47조가 준용되는 것으로 보아, 인용결정으로 단순위헌 및 이른바 변형결정을 하고 있다.[15] 헌법재판소는 행정법규가 수혜규범인 경우 청구인을 수혜대상에 포함시키지 아니한 법률조항의 부진정입법부작위를 다투는 사안에서 재판의 전제성을 인정하였다(헌법재판소 1993. 5. 13. 선고 90헌바22, 91헌바12, 13, 92헌바3, 4 결정[16])). 또한 행정법규가 침해규범인 경우 예외조항(혜택규정)을 두지 않은 법률조항의 부진정입법부작위를 다투는 사안에서도 재판의 전제성을 인정하였는데, 조세사건에서 당해 사안에 대하여 조세부과대상의 예외사유를 규정하지 아니한 것이 평등원칙 위반이라고 주장하며 조세부과처분 취소소송을 제기하면서 위헌법률심판제청을 신청하고 기각되자 헌법소원을 청구한 다수의 사건에서 재판의 전제성을 인정하였다. 이러한 헌법소원 사건에서의 헌법재판소 결정례는 입법자가 어떠한 내용의 개선입법을 할 것인지에 따라 전제되는 처분의 위법성이 달라질 수 있는 경우(헌법재판소 2003. 7. 24. 선고 2000헌바28 결정, 헌법재판소 2008. 11. 13. 선고 2006헌바112 결정)와 개선입법에 심판의 전제가 되는 처분에 대한 감면내용이 당연히 포함되어야 하는 경우(헌법재판소 2011. 11. 24. 선고 2009헌바146 결정)로 나누어 볼 수 있는데, 전자와 같이 개선입법의 내용에 따라 처분이 위법하다고 볼 가능성만이 있는 경우에도 재판의 전제성을 인정한다.[17][18]

---

13) 단순위헌 결정으로는, 헌법재판소 1993. 5. 13. 선고 92헌마80 결정, 헌법재판소 2000. 3. 30. 선고 99헌마143 결정, 헌법재판소 2006. 5. 25. 선고 2003헌마715 결정, 한정위헌 결정으로는 헌법재판소 2004. 12. 16. 선고 2003헌마226 결정.

14) 헌법재판소 1990. 10. 15. 선고 89헌마178 결정.

15) 김하열, "제75조", 『주석 헌법재판소법』, 2015, 1208면.

16) 해직공무원의보상에관한특별조치법 제2조에서 적용대상을 공무원에 한정하고 정부산하기관임직원을 제외하였는데 만약 헌법재판소에서 위와 같은 차별적 취급부분에 대하여 위헌결정이 내려지고 그에 따라서 국회가 특별조치법의 위헌부분을 개정한다면 정부산하기관 임직원들은 직접 정부를 상대로 보상청구가 가능하게 될 것임을 근거로 재판의 전제성이 인정된다고 보았다.

17) 한편, 형벌조항이 처벌의 예외사유라 할 수 있는 위법성조각사유를 두고 있지 않은 것의 위헌성을 다투는 경우에도 '재판의 전제성'을 인정하였다(헌법재판소 2011. 8. 30. 선고 2009헌바42 결정, 헌법재판소 2013. 7. 25. 선고 2012헌바112 결정).

18) 대법원은 이에 관한 명시적인 입장을 표명한 것이 없고, 부정입법부작위를 이유로 한 위헌법률심판제청 신청에 대하여 '헌법위반의 의심'이 없다고 보아 기각한 사례가 있을 뿐이었다. 대법원 2005. 7. 28.자 2004카기27 결정(민사소송법이 추심채권자의 추심금 공탁의무를 규정하면서 공탁의무 불이행을 근거로 한 지연손해금의 공탁의무를 명시적으로 규정하지 않은 것이 부진정입법부작위라고 주장된 사안), 대법원 2009. 12. 1.자 2009카기531 결정(민사집행법이 가처분결정의 기한에 대한 제한을 두지 않은 것이 부진정입법부작위라고 주장된 사안), 대법원 2010. 5. 27.자 2010아16 결정(부가

위와 같이 부진정입법부작위에 대한 위헌법률심판제청(헌가), 위헌법률심사형 헌법소원(헌바) 사건에서 '헌법재판소의 판단에 따라 법원이 다른 판단을 하게 되어 청구인의 권리구제가 가능한지 여부'는 재판의 전제성 문제이다. 반면, 대법원이 이 사건과 같이 부수적 규범통제로서 직접 행정입법의 위헌·위법 여부를 판단하는 부진정 행정입법부작위의 경우에 있어, '위헌·위법한 부진정 행정입법부작위가 당해 처분의 위법성 판단에 미치는 영향'은 본안의 문제이다. 이 사건 시행령 조항의 위헌·위법 여부가 이 사건 처분의 위법성 판단과 무관하다고 보는 견해에 의하면 이를 이유로 본안에서 원고 주장을 배척하는 것이 원칙이라고 볼 여지가 있고, 따라서 이 사건 시행령 조항의 위헌·위법 여부에 관하여 판단할 필요가 없게 된다. 수익적 행정처분에 있어 위헌·위법한 부진정 행정입법부작위가 당해 처분의 위법성 판단에 영향을 미치는지 여부는, 문제된 명령·규칙에 대한 법원의 무효 판단이 이루어질 경우 처분 상대방의 권리구제 가능성과 관계된다. 헌법 제107조 제2항은 명령·규칙에 대한 최적적인 심사권한이 대법원에 있다고 하면서도, 행정소송법에 위헌결정의 기속력에 관한 헌법재판소법 제47조 등과 같은 규정을 두고 있지 아니한 상황에서, 취소판결의 기속력에 관한 행정소송법 제30조 등을 근거로 행정입법자에게 명령·규칙의 제·개정의무를 인정할 수 있을 것인지 여부와도 관계된다.

2. 부진정 행정입법부작위에 대한 사법심사 선례

대법원 2006. 11. 16. 선고 2003두12899 전원합의체 판결, 대법원 2015. 8. 20. 선고 2012두23808 전원합의체 판결은 당해 명령·규칙이 상위 규범에 위반되어 무효이고, 그 거부처분은 무효인 명령·규칙에 근거한 것이라는 이유로 취소되어야 한다고 판단한 바 있다. 그러나 위 각 판결 사안은 대법원이 위헌·무효라고 본 명령·규칙이 법률의 위임에 따라 수혜의 대상을 구체화한 규정이 아니라 실질적으로 법령 등 다른 규정을 종합적으로 고려하였을 때 침해규범으로서의 성격을 갖는다는 점에서 전형적인 수혜적 명령·규칙의 부진정입법부작위 사안으로 보기 어려운 측면이 있다(이중적 성격).[19]

가치세법이 과세표준에 포함되지 않는 것으로 에누리액 등만을 규정하고 게임장사업에서 경품으로 지급한 상품권의 액면금액을 제외하지 않은 것이 부진정입법부작위라고 주장된 사안) 등.

19) 당해 명령·규칙을 무효라고 보는 경우 법령 등 다른 규정의 해석만으로서 원고의 권리구제가 가능하다고 본 것인데, 그중 2012두23808 판결 사안을 보면 다음과 같다.

위 사건의 원고는 세무사 등록을 한 변호사들이 소속된 법무법인이었고, 법인세법 및 소득세법상 일정한 법인은 과세표준 신고시 세무조정계산서를 첨부하였어야 하는데, 원고가 피고에게 원고를 조정반으로 지정할 것을 신청하자, 피고가 '법무법인은 법인세법 시행규칙 제50조의3, 소득세법 시행규칙 제65조의3

수혜적 명령·규칙의 부진정 행정입법부작위의 위헌·위법 여부가 처분의 위법성에 미치는 영향이 정면으로 문제된 사안은 대법원 2019. 10. 31. 선고 2016두50907 판결이다. 초등학교 때 운동 틱과 음성 틱 증상이 모두 나타나는 '뚜렛증후군(Tourette's Disorder)' 진단을 받고 10년 넘게 치료를 받아왔으나 증상이 나아지지 않아 오랫동안 일상 및 사회생활에서 상당한 제약을 받던 위 사건의 원고가 장애인복지법 제32조에 따른 장애인등록신청을 하였으나, 원고가 가진 장애가 장애인복지법 시행령 제2조 제1항 [별표 1]에 규정되지 않았다는 이유로 관할청인 피고가 원고의 장애인등록신청을 거부하는 처분을 한 사안이다. 원심은 부진정 행정입법부작위의 문제로 본 것과 달리 대법원은 위 시행령 조항은 보호 대상 장애인을 예시적으로 열거한 것으로 본 이후에, 원고가 뚜렛증후군이라는 내부기관의 장애 또는 정신 질환으로 발생하는 장애로 오랫동안 일상생활이나 사회생활에서 상당한 제약을 받는 사람에 해당함이 분명하므로 장애인복지법 제2조 제2항에 따라 장애인복지법을 적용받는 장애인에 해당하는 점, 위 시행령 조항이 원고가 가진 장애를 장애인복지법의 적용대상에서 배제하려는 취지라고 볼 수도 없는 점 등의 사정에 비추어, 행정청은 원고의 장애가 위 시행령 조항에 규정되어 있지 않다는 이유만을 들어 원고의 장애인등록신청을 거부할 수는 없으므로 피고의 위 처분은 위법하고, 피고로서는 위 시행령 조항 중 원고가 가진 장애와 가장 유사한 종류의 장애 유형에 관한 규정을 유추 적용하여 원고의 장애등급을 판정함으로써 원고에게 장애등급을 부여하는 등의 조치를 취하여야 한다고 판단하였다.

대법원은 침익적 처분과 관련하여 부진정 행정입법부작위가 문제된 다수의 사례에서 해당 행정법규의 유추해석 또는 목적론적 확대를 통하여 상위법령과 헌법에 합치되도록 해석·적용하여 왔다.[20] 위 2016두50907 판결도 법령해석론을 통해 사안의 해결을 시도한

___

에 규정된 조정반 지정대상에 포함되지 않는다'는 이유로 조정반지정 거부처분을 한 사안이다. 이에 대하여 대법원은 외부세무조정제도 자체가 법률로 규정되어야 하는 사항으로 보는 한편, 모법 규정 자체로도 위임이 없음이 분명하다고 보아, 위 각 규정이 모법의 위임 없이 제정된 것이므로 무효라고 판단하였다. 2012두23808 판결 선고에 따라 위 각 규정이 무효가 됨에 따라, 조정반 지정의 근거 자체가 없어지게 되므로 세무조정계산서 작성이 법률상 허용되는 것으로 해석되는 전문직 종사자 모두가 조정반 지정을 거치지 않고 곧바로 세무조정계산서 작성업무를 할 수 있게 되었다[구체적인 내용은 강우찬, "외부세무조정제도를 규정한 관련 시행령 규정이 모법의 위임범위를 일탈한 것인지 여부", 『사법』 제34호, 2015, 315면 참조].

20) 부진정 행정입법부작위 관련 법률과 시행령의 해석론을 통해 처분을 취소한 대표적인 사례로 대법원 2014. 9. 4. 선고 2009두10840 판결을 들 수 있다. 이러한 사안 해결 방식을 취함에 있어서는 대법관 3명 이상으로 구성된 부에서 의견이 일치한 경우 행정법규를 합헌적으로 해석·적용하여 당사자를 구제하는 것이 「법원조직법」 제7조 제1항 제1호, 제2호에 따라 전원합의체에서 사건을 심리하여 그 근거가 되는 행정법규를 위헌·위법하여 무효라고 선언하는 것에 비하여 부진정 행정입법부작위로 발생하는 위헌적인 법적 규율의 흠결 문제를 손쉽게 해결할 수 있다는 이점이 있다는 점도 고려되었을 수

것으로도 평가할 수 있다. 다만, 위 사건에서의 사안해결 방식에 대하여, ① 법원이 행정입법에서 규정될 내용을 확정적으로 제시하는 것은 행정입법재량에 대한 과도한 제약이고, ② 의무이행소송에서 행정행위의 발급을 명하는 판결과 결과적으로 다를 바 없어 현행 행정소송법상 법원의 판단범위를 벗어나는 것이며, ③ 행정입법에 정하지 않은 장애 유형에 대하여 공무원이 자의적으로 장애인등록을 확대할 위험이 있다는 유력한 비판이 있다.[21]

3. 대상판결의 의의 및 행정입법개선의무 이행확보 수단

대상판결은 수혜적 명령·규칙의 부진정 행정입법부작위에 대하여 부수적 규범통제를 통한 법원의 사법심사가 가능함을 전제로 이 사건 시행령 조항의 위헌·위법 여부에 관하여 판단하였다. 헌법 제107조 제2항은 명령·규칙이 헌법이나 법률에 위반되는 여부가 재판의 전제가 된 때에는 대법원은 이를 최종적으로 심사할 권한을 가진다고 하여 법원의 명령·규칙 심사권을 인정하고 있다. 침익적 처분의 근거가 된 법령이 위헌·위법일 경우에 법원이 그 조항을 무효로 선언한 후 해당 처분이 법령상 근거가 없다는 이유를 들어 이를 취소할 수 있다. 마찬가지로 수익적 처분의 근거 조항이 일정 집단을 수혜대상에서 제외하여 불완전·불충분하게 규율하는 것이 문제되는 부진정 행정입법부작위의 경우에도 법원은 '그 근거 법령이 해당 집단을 적용대상으로 규정하지 않은 것이 헌법과 법률에 위반된다'는 이유로 수익적 행정행위에 대한 거부처분이 위법하다고 판단할 수 있다고 봄이 타당하다. 행정입법자가 명령·규칙에 혜택규정인 예외조항을 규정하면서 헌법 원리상 반드시 두어야 하는 예외조항을 두지 않음으로써 불완전, 불충분한 행정입법이 이루어졌고 그 결과 수혜적인 예외조항을 적용받지 못한 채 국민에게 불이익한 내용의 처분이 있었던 경우에는 당해 처분에 적용된 명령·규칙의 적용을 거부하는 방법으로는 위헌인 당해 처분을 취소할 수 없으므로, 법원은 무효인 명령·규칙에 근거하여 당해 처분이 이루어졌음 이유

있다.

21) 김중권, "판결에 의한 장애종류의 확장의 문제", 『사법』 제55호, 2021, 972-974면; 이은상, "입법 미비를 이유로 한 장애인등록 거부처분의 위법 여부와 사법심사의 방식", 『행정판례연구』 제24권 제1호, 2019, 150-154면; 정남철, "조정반 지정대상에서 법무법인을 제외한 시행령조항의 위법판단에 관한 소고", 『행정판례연구』 제26권 제2호, 2021, 27면. 이와 달리 위 2016두50907 판결은 새로운 장애유형에 관한 시행령 규정의 흠결을 행정입법부작위가 아니라 '단순한 행정입법의 미비'로 보면서, 위와 같은 해석 방식을 '법원의 직접보충 방식'으로 평하면서 행정입법권자의 일차적 행정입법형성권 배제가 정당화되는 경우로서 법원이 긴급입법자로서 임시규율을 제정할 필요가 있는 경우에 한하여 허용될 수 있고 대상 사안이 이에 해당한다는 반론도 있다[임성훈, "행정입법부작위에 관한 행정소송 심사방식의 재정립", 『법조』 제71권 제4호, 2022, 284-287면 참조].

로 직접 당해 처분을 취소할 수 있다고 보아야 할 것이다. 다만, 대상판결 사안에서 상고인인 검사가 위와 같이 부진정 행정입법부작위의 위헌·위법 여부가 이 사건 폐쇄명령의 적법 여부, 나아가 피고인의 유·무죄에 미치는 영향에 관하여 상고이유로 주장하지 않았기에, 대상판결은 부진정 행정입법부작위의 사법심사의 가부 및 그 범위에 관한 법리 판시로까지는 나아가지 않았다.

그런데 이후 대법원 2021. 9. 9. 선고 2019두53464 전원합의체 판결의 보충의견을 통해 그에 관하여 주목할 만한 판시가 이루어졌다. 위 2019두53464 판결의 다수의견은 법무법인을 조정반 지정 대상으로 규정하고 있지 않은 법인세법 시행령 제97조의3 제1항, 소득세법 시행령 제131조의3 제1항은 모법인 법인세법 제60조 제9항과 소득세법 제70조 제6항의 위임범위를 벗어나고, 세무사 등록을 한 변호사 또는 이들이 소속된 법무법인의 직업수행의 자유를 부당하게 침해하며 헌법상의 평등원칙에 위배되어 무효라고 판단하였다. 다수의견은 위와 같이 위 각 시행령 조항에 대하여 무효라고 판단하였음에 반하여, 대법관 김재형은 별개의견을 통해 위 각 시행령 조항의 유추·목적론적 확대 또는 헌법합치적 해석을 통해 사안을 해결하여야 한다고 하였다. 이에 대법관 박정화, 김선수는 보충의견을 통해 먼저 위 각 시행령 조항의 명백한 문언의 의미와 입법 경위 등을 무시하고 법무법인도 위 각 시행령 조항이 조정반 지정 대상으로 규정하고 있는 '2명 이상의 세무사등, 세무법인, 회계법인'에 해당한다고 해석·적용하는 것은 헌법합치적 법률해석 또는 유추·목적론적 확대의 한계를 넘는다고 지적하였다. 아울러 별개의견은 법원의 보충해석을 일반화할 정도로 권리구제의 실효성이 확보되지 않는다는 우려가 있다고 하였으나, 이와 달리 위 각 시행령 조항이 헌법과 법률에 위반되어 무효라는 취지와 그 근거를 명시하고 무효인 위 각 시행령 조항에 근거한 위 취소처분을 취소하는 판결을 선고함으로써 원고의 권리를 구제할 수 있다고 하였다. 판결에 따른 행정입법개선의무를 인정하면서, 그 이행 확보방안에 관하여 개선입법을 하여 그에 따른 조치를 하지 않고 종전의 위법한 행정입법을 근거로 다시 수익적 처분의 대상에서 제외하는 처분을 하게 되면 ㉮ 그 처분은 '당연무효 사유'에 해당하고 ㉯ 나아가 '국가배상책임'이 발생할 수도 있음을 권리구제의 실효성의 근거로 제시하였다.

다만, 법원이 부진정 행정입법부작위가 문제된 조항에 대하여 무효라고 판단하더라도, 취소판결 취지에 따른 명령·규칙의 제·개정이 이루어지지 아니하는 이상 행정청은 위 처분 상대방에게 수익적 처분을 할 수 없어 권리구제의 가능성은 없게 된다. 여기서 취소판결의 기속력의 효력 및 그 내용 등이 문제되는데, 위 대법원 2019두53464 판결 보충의견에서도 취소판결의 기속력을 통한 해결 가능성을 언급하면서도 기속력의 구체적인 인정범위까지는 언급하지 않았다. 행정소송법은 제30조 제1항에서 관계행정청에 대한 기속력을, 제30조 제2항에서 거부처분을 한 행정청의 재처분의무에 관한 기속력을, 제34조에서 행정청의 재처분의무 불이행에 대한 간접강제를 규정한다. 행정소송법 제30조 제2항은 거부처분 취소판결이 확정된 경우에 그 실효성을 확보하기 위한 재처분의무를 규정하는바, 거부처분에 대한 취소판결이 확정된 경우 그 처분을 한 행정청은 원고 측의 새로운 신청을 기다리지 않고 판결의 취지에 따라 이전의 신청에 대하여 처분을 하여야 한다. 행정입법의 제·개정주체와 수익처분의 발급주체가 같지 아니한 경우 행정입법부작위가 위헌·위법하다는 이유로 거부처분을 취소하는 판결이 확정되면 그 실효성을 확보하기 위하여 취소판결의 기속력을 행정입법자에게도 확장할 필요가 있다. 행정소송법 제30조 제1항은 취소판결은 그 사건에 관하여 당사자인 행정청과 그 밖의 관계행정청을 기속한다고 규정하고 있는데, 위 관계행정청에 행정입법자도 포함되는 것으로 봄이 타당하다.[22] 다만, 행정입법자가 제·개정의무를 해태한다 할지라도 행정입법자는 거부처분을 한 행정청에 직접 해당하지는 않으므로 행정입법자를 상대로 직접 간접강제를 구할 법적 근거가 있다고 보기는 어렵다는 것이 일반적인 견해이다.[23] 그렇지만 판결에 따른 재처분의무로 '행정입법부작위에 대한 개선입법을 기초로 수익적 처분을 할 의무'가 발생한 경우 행정청으로서는 행정 내부적으로 개선입법 절차를 거쳐 수익적 처분을 하여야만 위 재처분의무를 이행한 것으로 볼 수 있다. 행정청이 개선입법이 이루어지지 않음을 이유로 계속 거부처분을 하는 것은 기속력에 위반하는 것으로서 당연무효이고, 이는 아무런 재처분을 하지 않은 것과 마찬가지로 간접강제 요건을 충족하는 것으로 볼 수 있다.[24] 행정입법자와 행정청이 다르고 그 결과 행정입법자가 소속하는 권리의무 귀속주체와 행정청이 소속하는 권리의무 귀속주체가 달라지는 경우, 간접강제 신청의 상대방은 행정청이고 간접강제결정의 집행의 상대방은 그 행정청이 속한 권리의무 귀속주체가 된다.[25] 행정청이 소속하는 권리의무 귀속주체는 대외적으로는 행정입법자의 개선입법 의무 불이행으로 인하여 발생한 간접집행에 따른 배상책임을 부담하게 되고, '간접강제'는 대법원 2019두53464 판결의 보충의견이 제시한 개선

---

[22] 이은상, 앞의 글, 155면.

[23] 이에 대하여 행정입법의 제정주체와 수익처분의 발급주체가 동일하지 않은 경우, 행정소송법 제17조 소정의 행정청의 참가제도를 활용하는 방안이나 민법 제389조 제2항의 유추적용에 의해 관계 행정청의 동의·협의가 이루어진 것으로 간주하는 방안을 통해 처분청의 재처분을 강제할 수 있어야 한다는 견해가 있다(박정훈, 앞의 글, 196면 참조).

[24] 대법원 2002. 12. 11.자 2002무22 결정 참조. 개선입법이 이루어지지 않음을 이유로 부작위 상태를 유지하는 것도 마찬가지로 간접강제 대상으로 볼 수 있다.

[25] 「행정소송법」 제33조 및 대법원 2001. 11. 13. 선고 99두2017 판결 참조.

입법 없는 재거부처분의 당연무효 및 국가배상과 함께 행정입법개선의무의 이행을 확보할 수단으로 기능한다고 볼 수 있다.[26]

III. 불완전 행정입법에 대한 사법심사 척도

1. 위임입법 한계 일탈에 관한 검토

원심은 국가 법질서의 통일성, 법 체계정합성 측면에서 이 사건 불균형의 결과는 결코 수긍하기 어렵다는 점 등을 근거로 이 사건 시행령 조항이 위임입법 한계를 일탈하였다고 판단하였다. 그러나 '체계정당성(Systemgerechtigkeit)의 원리'란 동일 규범 내에서 또는 상이한 규범 간에 그 규범의 구조, 내용 또는 규범의 근거가 되는 원칙의 측면에서 상호 배치되거나 모순되어서는 안 된다는 헌법적 요청인데, 일반적으로 일정한 공권력작용이 체계정당성에 위반하였다고 해서 곧 위헌이 되는 것은 아니고, 어떤 규범에 체계정당성에 위반되는 측면이 일부 있다고 하더라도 그것만으로 해당 규범이 위헌이라고 단정할 수 없고, 그것이 위헌이 되기 위해서는 결과적으로 비례의 원칙이나 평등의 원칙 등 일정한 헌법의 규정이나 원칙을 위반하여야 한다. 또한 입법의 체계정당성 위반과 관련하여 그러한 위반을 허용할 공익적인 사유가 존재한다면 그 위반은 정당화될 수 있고 따라서 입법상의 자의금지원칙을 위반한 것이라고 볼 수 없고, 나아가 체계정당성의 위반을 정당화할 합리적인 사유의 존재에 대하여는 입법의 재량이 인정되어야 한다(헌법재판소 2005. 6. 30. 선고 2004헌바40, 2005헌바24 결정 참조). 대법원이 시행령 등 하위 법령의 위임입법의 한계 일탈 여부의 판단에 있어 모법에 배치되는 경우[27], 면제한도나 면제대상을 제한하거나[28] 면제 요건

---

26) 임성훈, 앞의 글, 279-281면.

27) 대법원 1982. 11. 23. 선고 82누221 전원합의체 판결[실지거래가액 또는 기준시가(모법) → 국세청장이 정한 환산가액(시행령)], 대법원 1994. 3. 22. 선고 93누7495 전원합의체 판결[개발사업 완료시점은 주택건축공사 착공시(모법) → 개발사업 완료시점은 건축물 사용 개시시(시행령)], 대법원 1996. 3. 21. 선고 95누3640 전원합의체 판결[건설용 중기(모법) → 화물하역용 중기까지 포함(시행규칙)], 대법원 1997. 10. 16. 선고 96누17752 전원합의체 판결[처분 또는 이용·개발의무기간 중에는 부과하지 않음 → 일정한 경우에는 취득일부터도 부과(시행령)].

28) 대법원 1985. 3. 12. 선고 84누539 전원합의체 판결(모법과 달리 시행규칙에서 공제대상 범위를 제한), 대법원 1987. 9. 22. 선고 86누694 전원합의체 판결(모법과 달리 시행령에서 비과세 대상 제한), 대법원 2004. 3. 18. 선고 2001두1949 전원합의체 판결[원칙적으로 공과금은 손금에 산입되지 않고 예외적으로만 산입(모법) → 손금에 산입되는 공과금을 열거하면서 나머지 공과금은 모두 손금에 산입되지

을 추가하는 경우29), 모법에 비하여 권리를 제한하는 경우30) 등(주로 조세, 부담금 관련 사건에서 문제되었다)과 같이 주로 형식적인 판단만을 하여 온 것도 같은 취지에서라고 볼 수 있다.

이 사건 시행령 조항의 직접적인 위임 법률조항은 국토계획법 제76조 제1항이다. 국토계획법은 국토의 이용·개발과 보전을 위한 계획의 수립 및 집행 등에 필요한 사항을 정하여 공공복리를 증진시키고 국민의 삶의 질을 향상시키는 것을 목적으로 한다(제1조). 이에 따라 용도지역 제도는 토지의 이용실태 및 특성, 장래의 토지 이용 방향, 지역 간 균형발전 등을 고려하여 국토를 구분한 다음(제6조), 정해진 용도지역의 효율적인 이용 및 관리를 위하여 그 용도지역에 관한 개발·정비·보전에 관한 조치를 마련하고(제7조), 그 용도지역별 특성을 고려하여 개발행위를 규제함으로써(제58조 제1항 제1호) 국토의 난개발을 방지하고 토지 이용의 합리화를 도모한다. 국토계획법 제76조 제1항은 용도지역에서의 건축물이나 그 밖의 시설의 용도·종류 및 규모 등의 제한에 관한 사항을 대통령령으로 정하도록 위임하면서 제36조 제1항을 통하여 대통령령의 제정자가 준거하여야 할 각 용도지역의 기능과 특성, 그 의미를 규정하고 있다. 이 사건에서 문제 되는 계획관리지역에 대해서는 '도시지역으로의 편입이 예상되거나 자연환경을 고려하여 제한적인 이용·개발을 하려는 지역으로서 계획적·체계적인 개발·관리가 필요한 지역'이라고 규정하고 있는데[제36조 제1항 제2호 (다)목], 국토계획법 자체에서 이미 계획관리지역에서는 광범위한 건축 제한이 이루어질 가능성을 예정하고 있는 것이다.31) 하위법령의 위임한계 준수 여부와 관련하여, 모법 자체에서 구체적인 내용을 시행령에서 형성하도록 하고 있어, 이 사건 시행령 조항이 모법과 배치된다거나 모법에서 허용함에도 시행령에서 건축을 제한한다거나 하는 등의 문제는 발생하지 않는다. 계획관리지역에서 특정수질유해물질 기준 이상 배출 공장시설의 설치를

　　 않는다고 규정(시행령)].

29) 대법원 1993. 1. 18. 선고 92누12988 전원합의체 판결[양도 당시에만 1세대 1주택 요구(모법) → 일정 기간 동안 1세대 1주택 요구(시행규칙)].

30) 대법원 1991. 10. 22. 선고 전원합의체 91도1617 판결[어선의 척수, 규모, 설비와 어법에 관한 제한 또는 금지(모법) → 어업면허장, 어업허가장 등 소지 의무 부과(대통령령)], 대법원 1995. 1. 24. 선고 93다37342 전원합의체 판결[선고 후 급여 감액(모법) → 수사 또는 재판 중에도 급여 감액(시행령)], 대법원 1996. 4. 12. 선고 95누7727 판결[65세 이상의 자에게 노령수당 지급(모법) → 70세 이상의 자에게 노령수당 지급(행정지침)], 대법원 2000. 10. 19. 선고 98두6265 전원합의체 판결[설치지역 제한 없음(모법) → 설치지역 한정(시행령)], 대법원 2004. 5. 28. 선고 2002두4716 판결[이격거리 제한 규정 없음(모법) → 이격거리 제한기준 추가(시행령, 고시)].

31) 예측가능성의 문제는 모법인 「국토계획법」 제76조 제1항의 포괄위임금지원칙 위반 여부와 보다 밀접한 관련이 있다 할 것인데, 이에 관한 구체적인 내용은 생략한다.

원칙적으로 금지하면서 구 수질수생태계법 제33조 제1항 단서 및 제34조에 따라 폐수무방류배출시설의 설치허가를 받은 시설에 한하여 예외를 인정한 입법적 선택에는 뒤에서 본 바 바와 같이 나름의 합리적인 이유가 있다. 구 국토계획법 시행령 제71조 제1항 제19호 [별표 20]에서 '계획관리지역 안에서 건축할 수 없는 건축물'의 하나로서 '특정수질유해물질 기준 이상 배출 공장시설' 등을 구체적으로 열거한 것은 모법인 국토계획법이 위와 같이 예정하고 있는 바를 구체화, 명확화한 것이라고 볼 수 있을 뿐, 모법의 위임 범위를 뛰어넘은 것으로 평가할 수 없으므로, 같은 취지의 대상판결의 판단은 타당하다 할 것이다. 이 사건 시행령 조항에 원심이 드는 바와 같이 체계적합성 등의 문제가 있다 할지라도 그러한 사정은 위임입법 한계 준수의 문제라기보다는 평등원칙 위반 등과 관련한 문제로 접근하여야 한다.

2. 직업의 자유 침해에 관한 검토

국토계획법령의 입법자가 용도지역에 따른 토지규제를 함에 있어 수질수생태계법령상 규율 체계를 고려하여 계획관리지역에서 (배출시설 설치제한지역에 한하여 가능한) 수질수생태계법 제34조에 따라 폐수무방류배출시설의 설치허가를 받은 경우 그 시설의 설치가 가능하도록 하였다고 하여 그것이 침해의 최소성, 법익의 균형성 요건을 결여하였다고 보기 어렵다. 이 사건 시행령 조항이 직업의 자유를 침해하여 위헌으로 볼 수 없다고 본 대상판결의 판단은 타당하다 할 것인바, 그 구체적인 판단근거는 다음과 같다.

① 이 사건 시행령 조항을 통한 직업의 자유 제한은 장소적 제한으로서 직업수행의 자유 제한에 해당한다. 헌법재판소는 직업수행의 자유의 경우 직업결정의 자유와 비교하여 상대적으로 더욱 넓은 법률상의 규제가 가능하다고 하였고(헌법재판소 2002. 9. 19. 선고 2000헌바84 결정 등 참조), 특히 2017. 9. 28. 선고 2016헌마18 결정[32] 등을 통해 토지의 사

---

32) 토지는 원칙적으로 생산이나 대체가 불가능하여 공급이 제한되어 있고, 우리나라의 가용토지면적은 인구에 비하여 절대적으로 부족한 반면, 모든 국민이 생산 및 생활의 기반으로서 토지의 합리적인 이용에 의존하고 있으므로, 그 이용에 있어 공동체의 이익이 보다 강하게 관철되어야 한다. 이와 같은 토지의 사회성 내지는 공공성으로 인해 토지재산권에 대하여는 다른 재산권에 비하여 강한 제한과 의무가 부과될 수 있다. 헌법 제122조 역시 국가는 국토의 효율적이고 균형있는 이용·개발과 보전을 위하여 법률이 정하는 바에 의하여 필요한 제한과 의무를 과할 수 있다고 규정함으로써 토지재산권에 대한 광범위한 입법형성권을 부여하고 있다.(특별관리지역에는 그 지정 당시부터 지목이 대(垈)인 토지와 기존의 단독주택이 있는 토지에만 단독주택을 신축할 수 있도록 한 「공공주택건설 등에 관한 특별법 시행령」 조항이 특별관리지역 내에 지목이 잡종지인 토지를 소유한 청구인의 재산권을 침해하지 않는다고 판단한 사안)

회성·공공성을 고려하면 토지재산권에 대하여는 다른 재산권에 비하여 강한 제한과 의무가 부과될 수 있으므로 토지의 이용·개발과 보전에 관한 사항에 관해서는 입법자에게 광범위한 입법형성권이 인정된다고 판시하였고, 이를 근거로 토지사용 규제 관련 법령에 대하여 합헌 결정을 하여왔다.[33] 대법원도 2019. 10. 18. 선고 2018두34497 판결에서 헌법재판소 2016헌마18 결정을 원용하여 광범위한 입법형성권이 인정됨을 근거로, 계획관리지역에서 특정대기유해물질을 배출하는 시설의 설치를 금지하는 대기환경보전법령 시행령 등 조항이 과잉금지원칙을 위반한 것으로 볼 수 없다고 판단하였다. 공공복리의 증진과 국민의 삶의 질 향상을 위해서는 국토의 이용·개발 및 보전을 위한 계획을 수립하고 이를 집행할 필요가 있는바(국토계획법 제1조), 도시지역으로의 편입이 예상되거나 자연환경을 고려하여 제한적인 이용·개발이 요구되는 계획관리지역의 계획적·체계적인 개발·관리를 위하여(국토계획법 제36조 제1항 제2호 다목) 건축제한에 관한 사항을 정함에 있어 입법자의 재량이 인정된다.

② 국토계획법상 용도지역별 건축제한, 계획관리지역에 대한 건축 규제는 수질수생태계법상 배출시설 설치제한과 규제의 목적과 방법을 달리한다. 수질수생태계법에서 배출시설의 설치를 제한하고 허가 등을 받도록 하는 것은 수질오염으로 인한 국민건강 및 환경상의 위해를 예방하기 위한 목적에서이다(제1조). 수질오염물질 배출 제한의 필요성이 큰 지역을 '배출시설 설치제한지역'으로 지정·고시하여 배출시설의 설치를 제한하면서도, 구리 및 그 화합물 등을 배출하는 폐수무방류배출시설에 한하여 환경부장관의 허가를 받아 설치가 가능하도록 한 취지는 그와 같은 시설의 경우 국민건강 및 환경상 위해를 발생시킬 가능성이 크지 않다는 고려에서라고 볼 수 있다. 그에 반하여 국토계획법상 계획관리지역에 대한 건축 규제는 그 지역의 계획적·체계적인 개발·관리를 위한 것으로서, 국토계획법 시행령 제71조 제1항 제19호, [별표 20]은 특정수질유해물질 기준 이상 배출 공장시설 이외에도 광범위하게 '계획관리지역 안에서 건축할 수 없는 건축물'을 규정하고 있다. 또한 '건축할 수 없는 건축물'에 해당하지 않는 건축물이라 할지라도 관할 행정청으로부터 개발행위허가를 받아야 건축이 가능하고(국토계획법 제56조), 개발행위허가는 예외적 승인으로서의 성격을 가진다고 볼 수 있다. 즉 배출시설 설치제한지역이라고 하여 구리 및 그 합성물 등을 배출하는 폐수무방류배출시설에 대하여 반드시 허가하여야 하는 것은 아니다. 이 사건 시행령 조항에서 구 수질수생태계법 제34조에 따라 폐수무방류배출시설의 설치허가를 받은 시설에 대하여 개발행위허가를 받아 건축이 가능하도록 한 것은 그 시설의 경우 계획관리

---

33) 헌법재판소 2002. 8. 29. 선고 2000헌마556 결정; 헌법재판소 2004. 7. 15. 선고 2001헌마646 결정; 헌법재판소 2008. 4. 24. 선고 2005헌바43 결정; 헌법재판소 2012. 7. 26. 선고 2009헌바328 결정 등.

지역의 계획적·체계적인 개발·관리를 저해하지 않는다는 판단에 기한 것이라고 볼 여지가 있다.

③ 현재의 각종 행정입법을 보면 불균형, 흠결이 있는 경우가 부지기수인데, 이러한 경우에 모두 법원이 적극적으로 위헌·위법 선언을 하는 것은 사법이 입법의 영역을 침범하는 것이어서 적절하지 않다는 비판도 가능할 수 있다. 완벽하지 않다는 이유로 위헌·위법이라고 선언해서는 안 되고, 그 결과가 광범위한 입법재량을 현저하게, 분명하게 일탈한 경우에 한하여 위헌·위법이라고 보아야 한다. 입법자에게 부과된 행위규범과 법원이 그 행정입법의 합헌·위법성을 심사하는 기준으로서 통제규범(사법심사의 척도)은 차이가 있다.

3. 평등원칙 위반에 관한 검토

이 사건 시행령 조항이 '국토계획법상 계획관리지역에서 폐수무방류배출시설을 설치, 운영하려는 자'를 '수질수생태계법상 폐수배출시설 설치제한지역인 동시에 국토계획법상 계획관리지역인 곳에서 폐수무방류배출시설을 설치, 운영하려는 자'와 차별하는 것으로는 볼수 있다. 그런데 이 사건의 경우 헌법에서 특히 평등을 요구하고 있는 경우 또는 차별적 취급으로 인하여 관련 기본권에 중대한 제한을 초래하는 경우에 해당한다고 보기 어려워, 완화된 심사기준에 따라 '자의금지원칙'이 적용된다.[34]

'이 사건 시행령 조항에 기한 위와 같은 차별이 자의적 차별에 해당함으로써 평등원칙에 위반하였는지 여부'의 문제는 '입법재량의 한계를 일탈하였는지의 여부'의 문제로 볼 수 있을 것이다. 특히 앞서 본 바와 토지 규제 관련 입법을 함에 있어 광범위한 입법형성권이 인정되는데, 이때 관련 법령에서의 허가 등 체계도 고려할 수 있다고 봄이 상당하다. 국토계획법 시행령의 입법자로서는 수질수생태계법상 이원적 허가체계 하에서 수질수생태계법이 배출시설 설치제한지역이 아닌 지역에서도 폐수무방류배출시설의 설치허가가 가능하도록 개정되지 않는 이상, 계획관리지역 전체에 대하여 폐수무방류배출시설의 설치가 가능하도록 하는 방식의 입법은 가능하지 않다. 따라서 ㉮ 이 사건 시행령 조항의 단서를 두지

---

34) 행정입법의 헌법상 평등원칙 위배 여부의 판단기준에 관하여 대법원 2007. 10. 29. 선고 2005두14417 전원합의체 판결은 "헌법 제11조 제1항에 근거를 둔 평등원칙은 본질적으로 같은 것을 자의적으로 다르게 취급함을 금지하는 것으로서, 법령을 적용할 때뿐만 아니라 입법을 할 때에도 불합리한 차별취급을 하여서는 안 된다는 것을 뜻한다."고 판시한 이후에, 이에 비추어 개발제한구역 훼손부담금의 부과율을 규정함에 있어서 전기공급시설 등과는 달리 집단에너지공급시설에 차등을 두는 「개발제한구역의 지정 및 관리에 관한 특별조치법 시행령」 제35조 제1항 제3호의 규정이 헌법상 평등원칙에 위배되어 무효라고 판단하였다.

않아 계획관리지역 전체에 대하여 폐수무방류배출시설의 설치를 금지하거나, ㉯ 이 사건 시행령 조항과 같이 배출시설 설치제한지역에서만 폐수무방류배출시설의 설치가 가능하도록 하는 할 수 있다. 입법자는 폐수무방류배출시설의 경우 계획관리지역 지정목적에 반하지 않는다는 판단을 전제로, 후자의 입법방식을 채택한 것이다. 이 사건 시행령 조항이 자의적으로 계획관리지역 내 배출시설 설치제한지역으로 지정·고시되지 않은 지역에서 폐수무방류배출시설을 설치, 운영하려는 자를 차별하기 위하여 것이라고 보기 어렵다. 이 사건 시행령 조항이 평등원칙을 위반하여 위헌으로 볼 수 없다고 본 대상판결의 판단은 타당하다.

IV. 요약과 결론

이 사건 시행령 조항과 같이 수혜적 규정의 불완전입법의 경우 법원이 그로 인한 처분을 직접 취소할 수 있는 행정재판권의 영역 내에 있다. 법원으로서는 그 불완전입법에 따른 위헌·위법한 처분을 위헌법률심판제청 없이 직접 취소할 수 있고, 그 근거는 헌법 제107조 제2항에서 찾을 수 있으며, 그 위헌성 심사에 있어 핵심적인 판단기준은 헌법상의 평등원칙이라 할 것이다. 대상판결은 부수적 규범통제의 방식으로 불완전입법으로 볼 여지가 있는 이 사건 시행령 조항에 대하여 적극적으로 사법심사를 하면서도, 그 위헌 여부를 판단함에 있어 토지의 이용·개발과 보전에 관한 사항에 관해서는 입법자에게 광범위한 입법형성권이 부여되어 있다는 대법원과 헌법재판소의 선례를 바탕으로 이 사건 시행령 조항은 본질적으로 서로 상이한 법률의 입법 취지를 구현하는 과정에서 기인한 것으로서 평등원칙 등에 위배되는 것으로 볼 수 없다고 판단하였다.

대상판결 및 이후 선고된 대법원 2019두53464 판결은 부진정 행정입법부작위에 대한 법원의 사법심사 확대의 시발점이라 할 것이나, 헌법재판소가 부진정 행정입법부작위에 대한 헌법소원을 허용하고 있어 수범자가 헌법재판소에 구제를 요청하면 헌법재판소가 사법적 통제를 하고, 법원에 구제를 요청하면 법원이 사법적 통제를 함으로써 같은 사안에 대하여 선택적 구제절차를 허용하는 문제점이 있다. 이에 관하여는 향후 보충성 원칙에 대한 헌법재판소의 재검토를 바탕으로 그에 관한 사법심사가 법원으로 일원화되는 방향으로 나아가야 할 것이다. 다만, 이와 같이 부수적 규범통제의 방식으로 앞서 본 바와 같이 취소판결의 기속력 등을 통해 궁극적으로 권리구제가 이루어질 수 있다 할지라도 수범자로 하여금 수익적 처분의 신청 및 그에 대한 거부처분 등의 무익한 절차를 거칠 것을 강요함으로써 권리구제가 지연될 수 있다. 따라서 대법원 판례에 같이 현행 행정소송법상 법령의 제정 여부 등은 소송의 대상이 될 수 없다고 본다면, 입법론적으로 규범제정소송 등의 도입 여부가 적극적으로 검토되어야 할 것으로 사료된다. 대상판결을 비롯한 최근 일련의 대법원 판결이 불완전입법에 대한 사법심사에 관하여 보다 깊이 있는 연구 및 이를 통한 판례 법리 발전의 단초가 될 것으로 기대해본다.

생각할 문제

1. 수혜적 명령·규칙의 부진정 행정입법부작위가 무효임을 근거로 취소판결이 선고되는 경우 그에 따른 행정입법 개선의무의 이행 확보방안에 관하여 설명하라.

2. 부진정 행정입법부작위에 대한 법원의 이른바 '부수적 규범통제'는 그에 대한 헌법재판소의 헌법소원 보충성 원칙과 어떠한 관계에 있는가.

3. 위임입법의 한계 준수 여부 판단에 있어, 대법원 판례와 같이 형식적으로 판단하지 않고 위임입법의 취지 등까지 고려하여 실질적으로 판단할 경우의 문제점에 관하여 설명하라.

대법원 2022. 7. 14. 선고 2022다206391 판결
[행정계획 수립에 대한 청구권과 보상보호]

박 호 경*

[사실관계]

안산시 소재 A조합(이하 '피고')은 기존 공동주택을 철거하고 새로운 공동주택 및 부대복리시설 신축을 목적으로 하는 「도시 및 주거환경정비법」(이하 '도시정비법')에 따른 재건축사업을 수행하는 조합이다. A조합을 설립할 목적으로 설립된 추진위원회는 단지 내 상가 소유자들(이하 '원고들')과 협의를 진행하였는데, 협상에 난항을 겪었다. 협의 끝에 기존 상가의 대지지분 702.68m²를 축소하되 신축상가 1층과 2층에 각 전용면적 694.21m²으로 신축하는 것을 보장하고, 영업장 대체지원비 세대당 5,000만원을 지급하며 아파트 조합원 대비 2배의 이주비를 지급하기로 하였다. 추진위원회는 위 내용을 2009년 주민총회 제4호 안건으로 상정하여 총회에서 가결되었다. 위 가결 이후 원고들은 조합설립동의서를 제출하였다.

그 후 설립된 피고는 2014년 관리처분계획인가를 받았는데, 그 기준 중 근린생활시설(상가)부분에 대하여 제1항에서는 '2009년 주민총회에서 의결한 협의내용을 기준'으로 피고, 원고, 시공사의 합의에 의한다고 정한 반면, 제2항에서는 '상가 조합원 권리가액 = 조합원 종전자산 평가 산술평균금액×비례율'로 아파트 조합원과 같은 방법으로 산정하는 내용이 포함되었다.[1] 이에 원고들 중 일부는 피고를 상대로 제1항과 제2항이 모순되며, 내용이 확정될 수 없다는 이유에서 관리처분계획상 산정기준 부분 취소를 구하는 소를 제기하였고, 1, 2심 법원은 '내용이 모순되고, 2014년 관리처분계획상 산정기준 자체로는 상가 조합원의 권리가액이나 부담금이 어떤 내용으로 정해져야 하는지 확정하기 어렵다'는 이유에서 관리처분계획 중 상가 부분을 취소하였고, 2017년 대법원에서 확정되었다.

이에 피고는 2018년 총회안건을 공고하였는데, 상가조합원 권리가액을 '상가조합원 권

법무법인 지평 변호사
[1] '아파트 조합원'과 '상가 조합원'이라는 표현은 법령상 존재하는 용어는 아니지만, 대상 판결이 사용한 표현을 그대로 사용한다.

리가액 = 상가조합원 종전자산 평가액×비례율(117.8685%)'으로 한 내용이 포함되었다. 비례율이 수치로 공고되었지만, 위 공고에 의하면 원고들은 신축상가 1층 20개 호실, 2층 10개 호실 중 1층 1실을 분양 받는 것으로서 2009년 합의보다 원고들에게 훨씬 불리한 것이었다. 상가조합원들은 민사법원인 수원지방법원 안산지원에 위와 같은 내용의 총회는 개최되어서는 아니되며, 결의가 이루어지더라도 효력정지를 구하는 가처분을 신청하였다. 민사법원은 위 가처분 신청을 인용하였으나, 항고심에서 '행정소송법상 당사자소송'에 해당한다는 이유에서 행정부로 이송하는 결정을 하여 2019년 수원지방법원으로 이송되었다.

원고들 중 일부는 피고의 2018년 총회결의무효 확인을 구하는 본안소송을 제기하였고, 수원지방법원 행정부로 이송된 후 1심 법원은 '2014년 관리처분계획 취소 확정판결에서 상가 조합원 권리가액 및 부담금 산정기준이 형식적으로 모두 취소된 것을 기화로 이 사건 2009년 합의의 내용 및 소수자인 원고들 중 7인과 같은 상가 조합원들(원고들)의 이익에 반하는 2018년 총회 결의를 강행한 것은 사회질서에 위반되어 현저히 형평에 반한다'는 이유에서 총회결의가 무효임을 확인하였다. 2심 법원도 유사한 내용에서 피고의 항소를 기각하였고, 2020년 대법원에서 같은 결론으로 확정되었다.

한편 상고심 계속 중이던 2019년 피고는 조합총회에서 관리처분계획을 변경하면서 '권리가액 = 상가조합원 종전자산 평가액×비례율(170%)'로 의결하였는데, 여전히 2009년 합의와는 일치하지 않았다. 원고들은 다시 2019년 총회결의의 효력을 정지하는 가처분신청을 하였고, 1, 2심 법원은 총회결의 효력을 본안 소송 1심 판결 선고 후 40일까지 정지한다는 결정을 하였고, 본안 소송은 계속 중이다.

[사건의 경과]

원고들은 2009년 합의는 대지지분이 축소되는 대신 상가조합원들이 비용을 부담하지 않은 채 신축상가 1, 2층 전부를 분양받는 것인데, 피고가 그 합의를 위반하여 2018년 및 2019년 총회결의를 하였으므로 원고들의 재산권을 침해하여 신축상가에 입주하지 못하였다고 주장하였다. 이에 기초하여 피고가 원고들에게 다른 조합원들이 입주를 할 수 있었던 시기인 2018. 4. 27. 부터 현재까지 월임료 상당액을 지급할 의무가 있다고 주장하였다.

1심 법원은 선택적 청구인 채무불이행과 불법행위 중 채무불이행 청구에 대하여만 판단하였는데, 2009년 합의를 반영한 관리처분계획을 수립하여 원고들이 신축상가에 입주할 수 있도록 하여야 할 의무가 있음에도 위 의무의 이행하지 아니하였으므로, 피고조합은 원고들에 대하여 이행지체를 원인으로 하는 채무불이행에 기한 손해배상책임을 부담한다고 판단하였다. 2009년 당시 재건축을 진행하기 위하여는 상가조합원들의 동의가 필수적이었기 때문에 피고 내지 추진위원회는 합의를 한 것이었고, 지분제 방식으로 진행되었기 때문에 일반분양분 아파트의 손익은 시공자에게 귀속되기 때문에 상가조합원들이 받을 것으로 예정된 이익을 아파트 조합원에게 분배하여야 할 사정변경도 없었다고 보았다. 무엇보다 2014년 선행 판결에서 법원은 2009년 합의가 상가 부분의 본질적인 내용을 구성한다고 판단하였음에도 이를 반영하지 않은 채 2018년 및 2019년 총회결의를 차례로 진행하였으므로 확정판결의 취지에 정면으로 반하는 것으로 보았다. 손해배상 범위와 관련하여 2018. 4. 30. 다른 조합원들에 대한 입주가 시작되었는데, 피고는 원고들이 입주할 수 있도록 상가부분에 대한 관리처분계획을 수립하였어야 함에도 이를 이행하지 않았으므로 월임료 상당의 손해가 발생하였다고 판단하였다. 또한 2009년 합의에서 영업장 대체지원비로 각 5,000만원을 지급하기로 하였으므로, 이를 지급하여야 한다고 판단하였다(수원지방법원 안산지원 2020. 12. 10. 선고 2019가합5014 판결).

2심 법원도 같은 맥락에 있었다. 2009년 합의에 의하면, 원고들은 1층 10개 호실 중 1실과 2층 10개 호실 중 1실 합계 2개의 상가를 무상으로 분양받고, 영업손실 보상금으로 총 5억 원(세대당 5,000만원)을 받을 수 있었다. 반면 조합이 수정하여 결의한 관리처분계획변경안에 의하면, 1층 20개 호실 중 1실만을 상가 조합원들에게 분양하고, 나머지 호실은 모두 일반분양하여 피고가 약 104억 원의 사업수익금을 얻게 되는 것은 부당하다고 보았다. 상가 조합원들의 특수성을 관리처분계획에 반영하는 것이 형평에 부합하며, 피고가 이 사건 2009년 합의를 반영한 관리처분계획을 수립한다고 하여 도시정비법 제76조 제1항 제1호 및 동법 시행령 제62조를 위반하게 된다고 단정할 수 없다고 하였다. 한편 입주지연으로 인한 손해배상의 경우, 소송 중에도 입주지연이 발생하였기 때문에 손해배상액은 입주지연 기간 증가로 증액되었으며, 영업장 대체지원비로 각 5,000만원을 지급하여야 한다고 보았다. 한편, 피고는 신뢰이익 배상으로 손해배상 범위가 제한되어야 한다고 주장하였으나, 법원은 채무불이행으로 인한 손해배상은 이행이익 배상이 원칙이라고 판단하면서 원고들의 주장은 받아들였다.

[대상판결]

대법원은 원심판결을 파기하고 사건을 다시 심리·판단하도록 원심법원에 환송하였다.

그 구체적인 설시를 요약하면 다음과 같다.

주택재건축정비사업조합은 도시정비법상의 주택재건축사업을 시행하는 공법인으로서, 일정한 행정작용을 행하는 행정주체의 지위를 가지며, 관리처분계획은 정비사업의 시행 결과 조성되는 대지 또는 건축물의 권리귀속에 관한 사항과 조합원의 비용 분담에 관한 사항 등을 정함으로써 조합원의 재산상 권리·의무 등에 구체적이고 직접적인 영향을 미치게 되므로, 이는 구속적 행정계획으로서 재건축조합이 행하는 독립된 행정처분에 해당한다.

주택재건축정비사업조합(이하 '재건축조합'이라 한다)이 관리처분계획의 수립 혹은 변경을 통한 집단적인 의사결정 방식 외에 전체 조합원의 일부인 개별 조합원과 사적으로 그와 관련한 약정을 체결한 경우에도, 구속적 행정계획으로서 재건축조합이 행하는 독립된 행정처분에 해당하는 관리처분계획의 본질 및 전체 조합원 공동의 이익을 목적으로 하는 재건축조합의 행정주체로서 갖는 공법상 재량권에 비추어 재건축조합이 개별 조합원 사이의 사법상 약정에 직접적으로 구속된다고 보기는 어렵다. 따라서 그 개별 약정의 내용과 취지 등을 감안하여 유효·적법한 관리처분계획 수립의 범위 내에서 그 약정의 취지를 가능한 한 성실하게 반영하기 위한 조치를 취하여야 할 의무가 인정될 수 있음은 별론으로 하더라도, 이를 초과하여 개별 조합원과의 약정을 절대적으로 반영한 관리처분계획을 수립하여야만 하는 구체적인 민사상 의무까지 인정될 수는 없고, 약정의 당사자인 개별 조합원 역시 재건축조합에 대하여 약정 내용대로의 관리처분계획 수립을 강제할 수 있는 민사상 권리를 가진다고 볼 수 없다.

다만 원고들로서는 피고가 유효·적법한 관리처분계획 수립을 위한 적정한 재량권 행사의 범위 내에서 이 사건 2009년 합의의 취지를 성실하게 반영하기 위한 조치를 취하지 아니함으로써 원고들의 신뢰를 침해한 데 따른 불법행위책임을 추궁할 수 있을 뿐이고, 그 손해배상책임의 범위를 산정함에 있어서도 이 사건 2009년 합의 내용이 절대적으로 반영되어야 하는 것은 아니다.

[판결의 평석]

I. 사안의 쟁점

대상 판결 사실관계에서 드러나는 대립은 도시정비법에 따라 진행되는 재건축사업에서 보편적으로 발생하는 이해관계의 상충으로 볼 수 있다. 도시정비법 제35조 제3항에 의하면, 조합 설립 시 동별 과반수의 동의를 요건으로 하고 있어서 상가를 소유한 조합원들의 동의가 필요한데, 상가 조합원들은 재건축에 참여할 경제적 동기가 낮다. 그래서 조합설립 과정에서 상가 조합원들과 일정한 혜택을 주는 협의를 하게 되는데, 이후 조합이 관리처분계획을 수립할 단계에서는 다른 조합원들의 동의를 이끌어 내기 어려우며 기존 협의와 상반되는 관리처분계획을 수립하는 경우가 발생하게 된다. 이러한 경우 이해관계 조정의 문제가 발생한다. 특정 단체를 구성하는 구성원 사이에서 다수와 소수의 이해관계가 상이할 때 행정계획 수립에서 소수가 가지는 권리와 신뢰보호가 문제가 된다.

법원은 정비사업조합을 행정주체로, 관리처분계획을 구속적 행정계획으로 파악하고 있는데, 행정주체가 사전에 약정한 사항에 대하여 사인이 특정한 내용의 구속적 행정계획 수립을 청구할 권리가 있는지가 쟁점이 되고 있다.

또한 사인에게 구속적 행정계획 수립을 청구할 권리가 있다면 그 청구권의 법적 성질이 채무불이행을 원인으로 한 것인지 쟁점이 되었으며, 반대로 그러한 권리가 인정되기 어렵다면 신뢰보호 원칙 위반이 인정될 수 있는지, 그로 인한 효과는 무엇인지 쟁점이 되고 있다.

이를 검토하기 위하여 관리처분계획의 행정계획적 성격에 대하여 검토하고, 대상 판결에서 쟁점이 된 상가에 대한 관리처분계획의 실무상 유형과 대립 구조를 먼저 검토한다. 이를 바탕으로 행정계획 수립에 대한 사인의 이행청구권이 인정될 수 있는지 살펴보고, 신뢰보호 원칙을 위반할 경우 보상보호를 적용하여 이해관계를 조정하는 방향에 대하여 검토한다.

Ⅱ. 행정계획으로서 관리처분계획과 구체적 유형

1. 행정계획과 도시정비법상 관리처분계획

행정계획에 대한 일반적인 정의는 어렵지만, 일단 '행정주체가 장래 일정기간 내에 도달하고자 하는 목표를 설정하고, 그를 위하여 필요한 수단들을 조정하고 통합하는 작용, 또는 그 결과로 설정된 활동기준'이라고 정의할 수 있다.[2] 행정계획 이론의 정립과 관련하여, N. Luhmann이 서독에서 미국행정학을 바탕으로 계획법의 규정구조를 종래의 전통적인 행정규범의 구조와 대비시킴으로서 새로이 이론화하였다고 한다.[3] 행정청이 선택할 수

---

2) 김동희, 『행정법1』, 제25판, 2019, 193면.
3) 서원우, "행정계획의 특질과 절차적 규제", 『고시계』 제360호, 1987, 40면.

있는 다수의 행위들 중에서 프로그램형식의 결정론적 분석에 의하여 그 제한요소를 제시하는 성격을 가지고 있다.

도시정비법(이하 '법')에 따른 정비사업에서 세 가지 계획단계를 거치게 되는데, 우선 구역지정 및 정비계획은 도시계획에 대응하여 사업구역의 형태, 배치를 결정하고 도시계획으로서 효력을 가지게 된다(법 제17조). 사업시행계획은 개별 정비사업의 목적을 구체화한 설계도이면서 그에 필요한 각종 계획을 포괄하게 된다(법 제50조). 이에 대한 인가는 건축허가와 유사한 기능을 하며, 재건축의 경우 매도청구, 재개발의 경우 수용재결에 대한 권한이 조합에 부여된다. 이 사건에서 쟁점이 된 관리처분계획은 조합원들의 권리배분, 의무부담에 중심으로 두고 신축건물의 완성 후 이전고시에 대응하는 계획이다(법 제74조). 관리처분계획 수립을 위하여 재건축조합원에 대한 분양신청 절차가 진행되며, 이를 기초로 권리배분의 내용을 담은 관리처분계획이 수립된다. 관리처분계획의 내용으로는 일반적 기준(법 제76조 제1항)에 더하여, 분양대상자의 선정기준, 다주택을 포함한 주택의 분양기준, 상가의 분양기준, 자산 평가기준을 담게 된다.

판례는 관리처분계획을 구속적 행정계획으로서 국민의 권리의무에 영향을 주는 처분으로 파악하고 있다.[4] 조합의 가장 중요한 의사결정기관인 총회가 그 내용을 결정할 권한을 가지며, 조합총회가 관리처분계획의 세부항목을 심의하여 결정하면 그 결정내용이 관리처분계획의 안이 되며, 행정청의 인가를 통해 확정되고 대외적으로 고시됨으로써 효력을 가진다.[5] 판례는 인가행위를 강학상 인가로 파악하여, 주택재건축정비사업조합을 상대로 관리처분계획안에 대한 조합 총회결의의 효력을 다투는 소송의 법적 성질을 행정소송법상 당사자 소송으로 파악하고, 관리처분계획에 대하여 관할 행정청의 인가 및 고시까지 있게 되면 관리처분계획은 행정처분으로서 효력이 발생하게 되므로, 총회결의의 하자를 이유로 하여 행정처분의 효력을 다투는 항고소송의 방법으로 관리처분계획의 취소 또는 무효확인을 구할 수 있다고 구성하고 있다.[6] 효력측면에서 관리처분계획 결의 단계에서는 처분이 아닌 공법상 당사자 구조를 가지고 있으며, 절차측면에서 계획의 영향을 받는 자들이 집단적 의사결정으로 세부 계획을 정하게 되고, 내용측면에서 조합원들의 사적 권리배분, 의무부담에 중점을 둔 계획이기 때문에, 도시계획을 포함한 일반적인 행정계획에 비하여 사적

---

4) 대법원 1995. 7. 28. 선고 95누4629 판결 등.
5) 김종보, 『건설법의 이해』, 제7판, 2023, 604면.
6) 대법원 2009. 9. 17. 선고 2007다2428 전원합의체 판결. 이에 대하여 관리처분계획인가는 기본행위와 보충행위에 해당하지 않으며, 단순한 조합총회 결의를 넘어 처분을 대외적으로 확장시키는 것이므로 강학상 인가로 볼 수 없다는 견해로서, 김종보, 앞의 책, 619면.

성격이 강조된 면이 있다. 조합원 사이의 이해관계 조정이라는 관리처분계획의 사실상 조합계약적 특성은 이 사건 원심과 대법원의 판단이 달라지게 된 배경으로 작용한 것으로 파악된다.

도시정비법은 관리처분계획의 수립기준에 대하여 정하고 있는데(법 제76조, 시행령 제63조), "종전의 토지 또는 건축물의 면적·이용 상황·환경, 그 밖의 사항을 종합적으로 고려하여 대지 또는 건축물이 균형 있게 분양신청자에게 배분되고 합리적으로 이용되도록 한다"와 같이 원칙을 선언하고 있어서, 재판규범으로 사용할 정도의 구체성을 가지고 있지 않다. 그래서 서울특별시는 정비사업 관리처분에 대한 표준기준을 마련하는 연구를 진행하고 있는데 아직 공개되지는 않았다.[7] 이러한 배경 하에서 상가조합원과 관련하여 관리처분계획에서 아파트 조합원과 달리 평가하는 다양한 계획이 수립되는 사례가 발생하게 되고, 이 사건에서 보는 바와 같이 상가 조합원과 아파트 조합원의 분쟁으로 이어지고 있다.

2. 상가에 대한 관리처분계획과 분쟁의 배경

(1) 분쟁의 구도와 의미

대상 판결에서는 재건축사업에서 아파트 조합원과 상가 조합원의 이해대립을 다루고 있는데, 이와 같은 대립은 대상 사안의 특수성에 기인하는 것이 아니라 재건축사업에서 보편적인 점이라는 것을 살피기 위하여 그 배경을 먼저 검토한다. 다수의 아파트 조합원이 가지는 의사결정 범위와 소수의 상가조합원이 가지는 신뢰 사이의 균형이 쟁점이라고 할 것인데, 양자의 보호수준 설정은 단순히 이해관계 조정만으로 결정되지는 않는다. 왜냐하면 도시정비법은 재건축사업조합 설립 시 상가의 동의(동별 동의)를 전제로 하고 있기 때문에(법 제35조), 적절한 신뢰가 보호되지 않을 경우 재건축사업의 개시가 어려워지고 이는 일반조합원의 이해에도 영향을 미치기 때문이다.

(2) 상가의 의미

재건축의 상가 또는 상가조합원이라는 표현에서 사용되는 '상가'라는 표현은 상업용 건축물이라는 사실상의 의미를 가질 뿐 건축법에서 정하고 있는 건축물의 용도는 아니다. 법적으로 상가는 건축법상 근린생활시설에 해당하는 용도의 건축물이며, 여러 동이 존재할 수도 있고, 하나의 동에 여러 구분소유권이 존재할 수 있다.[8] 초기 주택건설촉진법에 의해

---

7) 국토일보, 서울시 정비사업 관리처분표준기준 마련, 2020. 6. 5. 기사.
8) 김종보, "재건축에서 상가단체의 법적 성질과 상가의 관리처분", 『행정법연구』 제51호, 2017, 134면.

건설되던 주택단지에는 일정규모 이상인 아파트에 대해 의료시설, 일반목욕장, 유치원 등을 설치할 의무가 부여되었으며, 구매시설도 매 세대당 0.3제곱미터 이상 설치하도록 정해져 있었다.9) 이에 따라 아파트 단지 내 상가가 설치되었는데, 그 후 아파트 주변의 근린생활시설이 설치되면서 단지 내에 상가를 둘 필요성이 점점 낮아지게 된다. 그래서 과거에는 단지 내 상가의 상한 규정이 있었다가 사라지도 하였으며, 현행법상으로 상가에 대한 일반적 설치의무는 부여되어 있지 않으며, 다만 유치원에 대한 설치의무만이 약한 형태로 잔존하고 있을 뿐이다(주택건설기준에 관한 규정 제50조 이하).10)

(3) 아파트지구와 정비구역

1976년 도시계획법에 의한 용도지구의 하나로 아파트지구가 신설되었고, 주요 아파트 밀집지역은 아파트지구 지정에 기초하여 개발되었다. 1979년 아파트지구개발기본계획에 관한 규정(건설부 훈령)에서 근린주구, 주구중심, 지역중심으로 구분하고 각각의 건축가능 용도가 설정되었는데, 이러한 기준에 따라 근린주구시설로서 아파트 단지 내 상가가 설치되게 되었다. 1970년대 도시계획에 따라 주요 재건축 대상 단지 내에 근린주구시설의 하나로 상가가 설치되었다. 그리고 2003년 도정법이 시행되면서 부칙 제5조에서 아파트지구 개발기본계획은 정비계획으로 본다는 경과조치가 신설되었다. 이러한 과정을 거쳐 아파트지구 내 상가는 아파트와 함께 재건축 정비구역으로 설정되어 단일한 재건축사업으로 진행되게 된다.

1970년대 근린주구로서 상가의 기본 설치목적은 유사하였을 수 있으나, 30년 가량 경과하여 재건축이 이루어지는 단계에는 각 단지별 상가의 역할과 재건축의 목적은 상가별로 차이가 발생할 수밖에 없다. 또한 아파트지구 내 상가의 배치에 따라 상가의 성격이 변화하는 경우도 있다. 가령, 단지 중심부에 배치되어 거주자들의 이용편의성을 높이는 반면, 거주자들이 아닌 자들은 이용이 쉽지 않은 형태로 주변 상권과 분리되어 존재하는 경우가 있다. 한편, 주변 지하철역과 인접하도록 상가가 배치되도록 하여 아파트 거주자들도 이용할 수 있지만 주변 상권과 연결되도록 존재하는 경우가 있다.

(4) 분화에 따라 변화하는 이해관계

아파트 지구를 둘러싼 지역의 변화에 따라 상가의 성격이 변화하기도 한다. 서울시의 조사에 의하면, 아파트지구 및 인근지역의 변화 경향을 역세권화, 상업지역화, 업무지역화로

---

9) 「주택건설기준에 관한 규정」(대통령령 제13252호, 1991.1.15.제정) 제48조 이하.
10) 김종보, 앞의 글, 135면 이하.

분류하기도 한다.[11] 즉, 지하철 등 대중교통수단이 생겨남에 따라 역세권화가 진행되는 경우가 있다. 주변 유동인구의 증가에 따른 상업지역의 활성화와 타지역 거주자들까지 끌어들일 수 있는 정도의 흡인력을 가지는 상업지역화가 되는 경우가 있다. 한편 인근에 사무실이나 오피스텔, 관공서 등이 추가로 설치됨에 따라 아파트지구를 둘러싼 인근 지역이 업무지역화가 되는 경우가 있다.

거주를 주된 목적으로 하는 아파트 조합원에게는 이와 같은 아파트지구의 분화 내지 변화는 크게 영향을 미치지 아니한다. 아파트 조합원에게는 정비기반시설을 갖추고 양질의 거주조건이 제공되는 것이 주된 관심사이기 때문이다. 반면 상가 조합원에게는 위와 같은 아파트지구의 분화 내지 변화는 장래 신축되는 상가의 상업성에 큰 영향을 미치기 때문에 재건축 과정에서 민감한 요소로 작용한다. 한편 아파트지구 등에 기초하여 설치된 상가건물은 아파트에 비하여 층수가 낮은 것이 일반적이고, 연면적에 대비 넓은 지상 주차장을 가지고 있다. 그래서 아파트 조합원에 비하여 상가조합원의 대지지분비율은 높은 반면 재건축으로 인하여 발생하는 개발이익은 불분명하기 때문에 이해관계 대립이 심화된다.

이처럼 1970년대 설정된 아파트지구에 기초한 단지를 포함한 재건축사업에서 아파트 조합원과 상가조합원은 구조적으로 다른 이해관계와 재건축의 목적을 가지게 된다. 이러한 구조적 이해관계의 차이는 분쟁 발생의 원인으로 작용할 수밖에 없다.

이와 같이 이해관계를 달리한다면, 재건축 정비구역을 분리하여 별도의 정비사업을 진행하도록 하는 것이 분쟁을 예방할 수 있는 수단이 될 수 있다는 의견도 있을 것이다. 그러나 재건축구역 내 토지등소유자의 의사에 따라 임의로 정비구역을 분할하도록 허용하는 것이 적법한가라는 문제가 발생한다. 또한 재건축 사업 과정에서 상가의 위치, 규모를 변경할 필요가 있는 경우가 다수이기 때문에, 재건축조합도 단지의 재배치와 효율적 구성을 위하여 정비구역의 분리를 희망하지 않기도 한다. 결국 이해관계와 목적을 달리하는 다수세력과 소수세력이 하나의 사업을 추진하여야 하므로, 사업초기부터 이해관계 대립이 첨예하게 나타난다.

(5) 상가에 대한 관리처분기준 사례

위와 같은 이해구조의 분화로 인하여, 재건축조합은 상가와 관련한 법령에 따라 추진하는 것이 아니라 각자의 사업장의 사정에 따라 그 형태와 구조를 달리하여 진행하게 되며 관리처분계획의 내용도 다양하게 결정된다. 재건축사업에서 상가에 대한 관리처분기준의

---

11) 서울시, 『아파트지구 관리방안 수립 보고서』, 2014, 214면 이하.

유형들을 일부 살펴본다.

첫째, 독립정산제, 별산제, 독립채산제로 불리는 형태가 존재한다. 판례에서는 이를 "사업시행구역 안에 위치한 상가 등 부대복리시설과 공동주택을 구분하여 각 사업구역에서 발생하는 수익과 비용을 별도로 정산하고 사업이익을 각자에게 배분하는 사업방식을 말한다. 이러한 형태의 재건축사업에서는 상가 등 부대복리시설의 권리가액 산정이 공동주택 소유자들의 이해관계에 별다른 영향을 미치지 못한다"고 설명하고 있다.12) 이와 같은 독립정산제의 경우, 상가 조합원들은 상가재건축 위원회와 같은 단체를 창립하게 되며, 독자적인 정관 등을 제정하는 경우가 많다. 그러나 이는 도시정비법이 정한 주체나 절차에는 해당하지 않지만, 재건축사업 절차를 차용하는 형태로 사업을 진행하게 된다.

이와 같은 독립정산제에도 해결되지 않는 법률적 문제들이 남게 된다. 우선 전체 재건축 사업과의 관계에서 관리처분계획의 완결성 문제가 있다. 독립정산제로 진행할 경우, 재건축조합은 관리처분계획 당시 신축 상가가 어떠한 형태로 건축되고 배분될지 알지 못하는 경우가 많다. 이러한 경우, 관리처분계획 단계에서 재건축사업 중 상가에 대한 부분은 거의 기재되지 않고, 협의예정과 같은 형태로 남게 되는데 관리처분계획이 완성되었다고 볼수 있는지, 이에 대한 인가로 완결적 효력이 발생하는지에 대한 문제가 발생할 수 있다. 즉, 주택조합원에 대하여는 구체적인 부담금 내역을 고지하지 않는 관리처분계획이 인가되지 않을 것인데, 상가에 대하여도 동일하게 볼 수 있을지에 관한 문제가 발생한다.13)

또한 독립정산제에서 상가조합원들은 별도의 단체를 형성하는데, 상가재건축위원회, 상가연합 등 다양한 명칭으로 불리는 상가단체의 성격과 재건축조합과의 관계도 문제된다. 이에 대하여 조합 속의 조합으로 구성하기도 한다. 상가조합은 본조합인 재건축조합과의 관계에서 보면 다시 '조합 속의 조합'으로서 본조합인 재건축조합 내부에서 상대적으로 독립된 지위를 가지며, 상가조합은 마치 한 명의 조합원처럼 취급해도 좋을 만큼 하나의 단일한 이해관계를 갖는 결합체로 분석한다.14) 이러한 경우에도, 상가단체는 재건축조합과 독립정산 등을 내용으로 하는 계약을 체결하고 사업을 진행하는데, 재건축조합의 총회 결의와의 우열, 사업계획수립권한의 우열 문제는 법적으로 해결되었다고 보기 어렵다.

둘째, 종전 아파트 단지 내 상가를 철거하고 새로 건설하는 것이 아니라, 기존 상가를

---

12) 대법원 2018. 3. 13. 선고 2016두35281 판결.

13) 이에 대하여, 적법하다고 본 사례로 대법원 2011. 7. 28. 선고 2008다91364 판결, 대법원 2013. 6. 27. 선고 2011두1689 판결, 위법하다고 본 사례로 대법원 2010. 12. 9. 선고 2010두4407 판결 등이 존재하는데 본 글의 주요쟁점은 아니므로 자세한 검토는 생략한다.

14) 김종보, "재건축에서 상가단체의 법적 성질과 상가의 관리처분", 『행정법연구』 제51호, 2017, 134면.

유지하는 형태이다. 사업초기부터 재건축조합과 상가 사이의 대립이 격화되는 경우에 주로 나타나는데, 상가건물을 그대로 존치 내지 리모델링하는 형태로 사업이 진행되었다. 이러한 경우 관리처분계획에는 상가에 대한 분양 계획이 포함되지 않았으며, 상가는 해당이 없다는 형식으로 기재되게 된다.15) 그러나 이와 같은 형태에도 분쟁발생가능성이 사라지는 것은 아니다. 사업시행변경, 관리처분계획변경을 통하여 사업초기 예상했던 단지의 배치가 달라지고, 이로 인하여 상가의 상권에 영향을 줄 경우 위와 같은 변경행위 등이 적법한가 문제되며, 실제 소송이 발생하기도 하였다. 재건축사업으로부터 상가조합원이 가장 멀어진 유형이지만, 이 경우에도 약속의 일방적 변경 문제는 잠재되어 있다. 또한 재건축사업에 대한 이전고시를 거쳐 사업이 완료되었는데, 상가를 다시 건축할 필요가 있을 때 새로운 재건축사업을 진행할 수 있는지 문제될 것이다.

셋째, 이 사건에서와 같이 상가를 기존 대지지분에 비하여 축소하여 신축하면서, 일정한 혜택이나 주택 분양권을 부여하는 형태도 존재한다. 앞서 본 바와 같이 아파트지구 주변은 지난 30~40년을 경과하면서 주변에 상권이 활성화되었기 때문에, 재건축사업을 진행하면서 큰 규모의 상가를 설치할 필요성이 감소한다. 그래서 재건축사업을 하면서 종전 상가규모보다 축소하는 것으로 계획하거나, 상가를 제척하는 경우도 발생한다. 이와 같은 경우 재건축 결의를 위한 동별 동의를 확보하여야 하므로 상가조합원에게도 주택에 대한 분양신청권을 부여하는 경우도 있다.

상가조합원에게 주택에 대한 분양신청권을 부여한다고 하더라도 분쟁 발생 가능성이 소멸하는 것은 아니다. 도시정비법에 따른 관리처분계획은 종전 자산평가와 종후 자산평가를 대비하여 분담금을 결정하는 구조에 기초하게 된다. 한편, 상가의 경우 아파트에 비하여 저층으로 건축되고 지상주차장을 보유하고 있다. 그래서 개별 상가에 대한 종전자산평가액이 주택에 비하여 낮게 평가되지만, 재건축사업을 위하여 제공되는 건물 대비 대지지분은 높은 경우가 다수이다. 즉, 상가조합원들이 재건축사업에 제공하는 대지지분에 비하여 종전 자산평가액은 상대적으로 저평가되는 문제가 발생한다. 이러한 문제를 해결하기 위하여, 재건축조합은 다양한 방식의 약정 내지 정관을 두고 있다. 가령, 재건축조합은 상가조합원과 협의를 거쳐 '산정비율'을 정관에 두는 경우가 있다. 정관에서 산정비율을 0.1로 정하고 조합원 최소분양가 10억 원이라면, 조합원분양가에 산정비율을 적용하여 상가 종전자산가보다 낮게 하여 일반분양을 받을 수 있도록 하는 방안이다.

산정비율, 권리가액 보상 등 어느 방법이거나 주택조합원과 차등을 두는 결과를 초래하

---

15) 서울특별시 서초구 고시 제2015-14호.

게 된다. 경제적 이해관계의 관점에서 차등을 둘 원인은 존재하지만, 도시정비법상 위와 같은 차등을 둘 근거가 불분명하며, 그 행위들이 적법한 것인지 문제는 여전히 남게 된다. 그리고 일정 사업단계가 경과할 경우, 주택조합원들이 기존의 산정비율을 변경하는 결의를 요구할 동기는 충분히 있고 대상 판결에서도 그와 같은 상황이 쟁점이 되고 있다.

Ⅲ. 관리처분계획에서의 계획재량과 보상보호

1. 관리처분계획에서의 계획재량

대상 판결에서 원고들은 상대방을 상대로 일정한 관리처분계획을 수립하지 않는 행위가 채무불이행 내지 불법행위에 해당함을 주장하고 있으며, 원심은 채무불이행책임임을 인정하였다. 그러나 행정청이 행정계획을 책정함에 있어서는 일반 재량행위의 경우에 비하여 더욱 광범한 판단여지 내지 형성의 자유가 인정되는바, 이를 계획재량 또는 계획상의 형성의 자유라고 한다.[16] 대법원도 행정계획은 장래 일정 시점의 질서를 실현하기 위한 활동기준임을 전제로 하면서, "구 도시계획법(2002. 2. 4. 법률 제6655호로 폐지되기 전의 것) 등 관계 법령에는 추상적인 행정목표와 절차만이 규정되어 있을 뿐 행정계획의 내용에 대하여는 별다른 규정을 두고 있지 아니하므로 행정주체는 구체적인 행정계획을 입안·결정함에 있어서 비교적 광범위한 형성의 자유를 가진다"고 하여 계획재량을 인정하고 있다.[17]

또한 행정청에 대하여 일정한 행정계획을 이행하거나 변경을 구할 권리가 인정되는지에 대하여, 판례는 "행정계획의 변경신청에 대한 거부에 대하여 그 신청에 따른 계획변경을 해 줄 것을 요구할 수 있는 법규상 또는 조리상의 신청권이 없다는 이유로 원칙적으로 국민에게 행정계획의 변경신청권은 인정되지 아니하므로 행정계획변경신청에 대한 거부행위는 행정처분이 아니라고 보고 있다"[18] 하여 지역주민에게 일일이 그 계획의 변경 또는 폐

---

16) 김동희, 『행정법1』, 제25판, 2019, 202면.
17) 대법원 2007. 1. 25. 선고 2004두12063 판결: 행정주체가 가지는 이와 같은 형성의 자유는 무제한적인 것이 아니라 그 행정계획에 관련되는 자들의 이익을 공익과 사익 사이에서는 물론이고 공익 상호간과 사익 상호간에도 정당하게 비교교량하여야 한다는 제한이 있는 것이고, 따라서 행정주체가 행정계획을 입안·결정함에 있어서 이익형량을 전혀 행하지 아니하거나 이익형량의 고려 대상에 마땅히 포함시켜야 할 사항을 누락한 경우 또는 이익형량을 하였으나 정당성과 객관성이 결여된 경우에는 그 행정계획 결정은 형량에 하자가 있어 위법하다.

지를 청구할 권리를 인정해 줄 수 없으므로 행정계획의 변경신청권을 원칙적으로 부정하고 있다. 명문의 규정이 없는 경우 법령에서 행정청에게 다만 특정한 행위를 할 수 있는 재량만을 부여한 경우에 이러한 법령에 기초하여서는 행정청에 대하여 특정행위를 요구할 수 있는 주관적 공권을 부여한다고 볼 수 없다.[19]

관리처분계획의 경우도 연혁적으로 도시정비사업의 공공성을 함의하는 공익을 위한 '관리'라는 공법적 의미와 '처분'이라는 사법적 의미(행정처분의 '처분'을 떠올리는 의미로서는 공법적 의미도 겸유할 수 있다)가 결합된 조어(造語)[20]로서 입법 당시 공법적 성격을 가지고 있으며, 행정계획의 유형으로 취급하고 있다. 또한 판례도 관리처분계획을 계획재량행위로 보면서, 다소간의 불균형이 초래된다고 하더라도 토지등 소유자의 재산권을 본질적으로 침해하지 않는 한 위법하다고 볼 수 없다고 인정하고 있다.[21] 관리처분계획 수립과정에서 법이 정한 분양신청권을 배제하거나, 법과 정관이 정한 절차나 요건을 위반하는 경우 재량이 인정될 여지가 없이 위법하게 되겠지만, 관리처분계획을 행정계획으로 보는 이상 실체적 내용의 구성 및 토지등소유자 이해관계 조정 등 계획의 구체적 요소 결정에 대하여는 재량을 인정할 수밖에 없을 것이다.

대상판결에서도 상가 조합원들과의 협의안 및 주민총회결의가 행정주체로서의 조합이 사인에게 신뢰를 부여하는 확약으로 해석될 수 있겠지만, 행정주체의 재량을 모두 배제하거나 사인에게 특정한 행정계획의 수립을 청구할 권리를 부여하는 것으로 보기는 어렵다. 실무적 관점에서도 전항에서 살핀 바와 같이 상가에 대한 관리처분계획은 매우 다양한 유형으로 수립될 수 있으며, 정비계획, 사업시행계획의 세부적인 요소들을 형량하고 종전의

---

18) 대법원 1993. 5. 25. 선고 92누2394 판결.
19) 정영철, "도시계획시설결정폐지신청거부와 계획변경청구권의 문제", 『행정판례연구』 제22권 제1호, 2017, 204면.
20) 박현정, "재건축·재개발정비사업조합의 설립동의 또는 총회결의에 관한 소송유형의 검토 – 2009. 9.17. 및 2009.9.24.의 대법원 판결·결정을 중심으로", 『행정법연구』 제26호, 2010, 148면.
21) 대법원 2014. 3. 27. 선고 2011두24057 판결: 재산권의 도시환경정비사업에서의 관리처분계획은 사업을 시행함에 있어 반드시 수립하여야 하는 법률이 정한 행정계획으로서 토지등소유자의 지위나 권리·의무의 인정 자체에 관하여는 재량의 여지가 없다고 하겠지만, 그 구체적인 내용의 수립에 관하여는 이른바 계획재량행위에 해당하여 상당한 재량이 인정된다고 할 것이다. 따라서 적법하게 인가된 관리처분계획이 종전의 토지 또는 건축물의 면적·이용상황·환경 그 밖의 사항을 종합적으로 고려하여 대지 또는 건축물이 균형 있게 분양신청자에게 배분되고 합리적으로 이용되도록 하는 것인 이상, 그로 인하여 토지등소유자들 사이에 다소 불균형이 초래된다고 하더라도 그것이 특정 토지등소유자의 재산권을 본질적으로 침해하는 것이 아닌 한, 이에 따른 손익관계는 종전자산과 종후자산의 적정한 평가 등을 통하여 청산금을 가감함으로써 조정될 것이므로, 그러한 사정만으로 그 관리처분계획을 위법하다고 볼 수는 없다.

토지 또는 건축물의 면적·이용상황·환경 그 밖의 사항을 종합적으로 고려하여 조합이 관리처분계획을 수립할 재량을 인정하는 것이 타당할 것이다. 특히 원심은 채무불이행책임을 인정하였는데, 조합이라는 단체를 구성한 개별 조합원과의 특정한 약정이 조합에 대한 직접적인 민사상 청구권을 인정한다고 보기도 어렵다. 따라서 대상판결에서 구속적 행정계획으로서 관리처분계획의 본질 및 전체 조합원 공동의 이익을 목적으로 하는 재건축조합의 행정주체로서의 공법상 재량권에 비추어 개별 조합원 사이의 약정이 사법적으로 직접 구속하지 않는다고 본 판단은 적정한 것으로 판단된다.

2. 계획의 변경과 신뢰보호의 수단으로서 보상보호

대상판결은 조합이 상가 조합원과의 약정을 성실히 반영하지 아니하고 관리처분계획을 수립함으로서 상가 조합원의 신뢰를 침해한 것에 따른 불법행위에 기한 책임을 청구할 수 있다고 판단하였다. 행정주체인 조합이 사인에게 부여한 확약을 위반한 행위에 대한 이해관계의 조정은 필요하기 때문이다.

신뢰보호원칙은 행정기관의 일정한 말이나 행동에 대해 국민의 보호가치 있는 신뢰가 형성되어 그 신뢰에 기해 어떠한 재산상, 생활상의 조치가 이루어진 경우 사후에 그에 모순되는 행정작용이 금지되거나(존속보호) 아니면 신뢰에 기한 조치로 인해 입은 손실이 보상되어야 한다(보상보호)는 것으로 정의될 수 있다.[22] 신뢰보호는 법적 안정성의 한 요소이고, 법적 안정성은 다시 법치국가의 한 요소이다.[23] 대법원은 신뢰보호원칙의 적용요건을 다섯 가지로 정리하면서 "첫째, 행정청이 개인에 대하여 신뢰의 대상이 되는 공적인 견해표명을 하여야 하고, 둘째, 행정청의 견해표명이 정당하다고 신뢰한 데에 대하여 그 개인에게 귀책사유가 없어야 하고, 셋째, 그 개인이 그 견해표명을 신뢰하고 이에 상응하는 어떠한 행위를 하였어야 하고, 넷째, 행정청이 위 견해표명에 반하는 처분을 함으로써 그 견해표명을 신뢰한 개인의 이익이 침해되는 결과가 초래되어야 하고, 마지막으로 위 견해표명에 따른 행정처분을 할 경우 이로 인하여 공익 또는 제3자의 정당한 이익을 현저히 해할 우려가 있는 경우가 아니어야 한다"고 밝히고 있다.[24]

신뢰보호원칙은 행정기관의 어떠한 말이나 행동의 정당성 또는 존속성에 대해서 국민이

---

22) 박정훈, 『행정법의 체계와 방법론』, 2005, 144면.
23) 폴크마르 괴츠·박정훈(역), "유럽법의 일반원칙으로서 비례원칙과 신뢰보호원칙", 『서울대학교 법학』 제38권 제3-4호, 1997, 38면.
24) 대법원 2006. 6. 9. 선고 2004두46 판결 등.

신뢰를 갖고 행위를 한 경우 그 국민의 신뢰가 보호가치 있는 것이라면 그 신뢰를 보호하여 주어야 한다는 것을 말한다.[25] 이 때 보호의 형태는 행정기관이 선행조치와 모순되는 행정작용을 하는 것이 금지되거나, 혹은 국민이 신뢰에 기한 조치로 인하여 입은 손실에 대해서 보상하는 것으로 나타나게 된다. 주관적 권리로서의 신뢰보호는 개인이 신뢰한 보호가치 있는 이익이 법질서 내에서 공권력의 방해 없이 존속하거나 공권력에 의해 구체적으로 실현될 수 있도록 한다. 이처럼 신뢰의 대상이 법질서 내에서 존속하는 경우를 방어권 행사의 결과로서의 '존속보호', 신뢰를 기초로 새로운 상황이 실현되는 경우를 이행청구의 결과로서의 '실현보호'라 할 수 있다.[26] 기존의 법질서에 변경을 초래한다는 점에서 실현보호는 소극적 차원에 머무는 존속보호 및 금전보상을 원칙으로 하는 보상보호와 구별할 필요가 있는데, 실현보호의 대상은 실현을 기대한 대상에 따라 기대의 실현과 절차의 실현으로 나누어진다. 신뢰의 실체법적 실현을 보호한다는 점에서 전자를 좁은 의미의 실현보호, 절차에 대한 신뢰의 실현을 보호한다는 점에서 후자를 '절차보호'로 명명할 수 있다. 일반적으로 절차에 대한 신뢰는 보호의 대상으로서 존속시킬 현상이 존재하지 않는다. 따라서 신뢰의 대상(代價) 보상만이 가능한데, 금전적 보상은 실효적인 구제수단이 되지 못하기 때문에 이행보상으로서의 실현보호가 주어지는 것이다.[27]

또한 독일의 경우 신뢰보호원칙 적용에 있어서 존속보호보다는 보상보호가 주된 형태임을 알 수 있다. 즉 (비록 행정행위에 대한 것이기는 하나) 독일연방행정절차법 제48조에 따르면 위법한 행정행위의 직권취소의 경우, 금전 기타 가분적인 물적 급여를 제공하는 경우에만 존속보호를 인정하고 있고, 그 이외의 경우에는 보상보호만을 인정하고 있다.[28]

우리의 경우에도 신뢰보호원칙의 적용 및 효과에 있어서 존속보호 외에 보상보호가 인정될 수 있음에도 실제 소송에서 보상보호를 인정하는 경우는 찾아보기 쉽지 않다. 대법원은 공적인 견해표명을 매개로 '위법한' 행정처분을 할 의무가 발생한다고 보면서도, 그보다 공익을 덜 저해하는 방식인 금전에 의한 신뢰보호, 즉 손해배상 또는 손실보상을 인정하는

---

25) 안동인, "법령의 개정과 신뢰보호원칙", 『행정판례연구』 제16권 제1호, 2011, 17면.
26) '실현보호'의 개념을 제시한 문헌으로, 박정훈, 행정법과 신뢰, 서울대학교 법학연구소 학술회의, 법과 신뢰 자료집, 2011, 67면 이하(미공간) "주관적 권리로서의 신뢰보호는 개인이 신뢰한 보호가치 있는 이익이 법질서 내에서 공권력의 방해 없이 존속하거나 공권력에 의해 구체적으로 실현될 수 있도록 한다. 이처럼 신뢰의 대상이 법질서 내에서 존속하는 경우를 방어권 행사의 결과로서의 '존속보호', 신뢰를 기초로 새로운 상황이 실현되는 경우를 이행청구의 결과로서의 '실현보호'라 할 수 있다"
27) 김혜진, "프랑스 행정법상 신뢰보호에 관한 연구 – 독일과의 비교를 중심으로", 『행정법연구』 제68호, 2022, 88면 이하.
28) 안동인, "법령의 개정과 신뢰보호원칙", 『행정판례연구』 제16권 제1호, 2011, 29면.

데에는 소극적이다.[29] 이로 인하여 신뢰의 대상이 되는 공적 견해표명을 엄격하게 인정하는 경향을 보이거나 공익과 사익의 형량을 엄격하게 심사하기도 한다. 대상 판결과 유사한 사안에서도 판례는 상가와의 협의를 공적 견해표명으로 파악하면서, "신뢰보호의 원칙은 행정청이 공적인 견해를 표명할 당시의 사정이 그대로 유지됨을 전제로 적용되는 것이 원칙이므로, 사후에 그와 같은 사정이 변경된 경우에는 행정청이 그 견해표명에 반하는 처분을 하더라도 신뢰보호의 원칙에 위반된다고 할 수 없다"하여 엄격하게 심사하였다.[30] 또한 공익과 사익을 형량하는 단계에서 공익이 우월할 경우 신뢰보호원칙을 적용하지 않으면서, 상대적으로 낮은 사익이 보상받거나 이해관계가 조정될 수 없는 문제가 발생한다. 그래서 보상보호를 존속보호에 보조한다거나 예외적인 것으로 보지 않고 병행적으로 적용한다면, 신뢰를 침해받은 사인에 대한 탄력적 이해관계 조정이 가능하다.

이와 같이 보상보호를 소송상 실현하는 방식과 관련하여, 공익 존중의 필요성에는 미치지 못한다 할지라도 부분적으로 사익의 보호성 역시 인정된다고 판단되는 경우에는 행정소송법 제21조에 따라서 계속되어 있는 취소소송을 공법상 당사자소송으로 소변경하도록 유도하여야 할 것이라는 견해가 있다.[31] 이 경우 청구의 법적 성질을 행정상 손해배상청구로 파악하고 있다.

보상보호의 입법례로 전파법을 들 수 있는데, 전파법 제7조 및 동법 시행령 별표1의 '손실 보상금의 산정기준'을 보면, 주파수회수의 경우 손실보상금은 "기존시설의 잔존가액 + 철거비용 + 부대비용"으로 구성되며, 이에 주파수이용권에 대한 평가액이나 장래의 기대수익 등 주파 수이용권 자체에 대한 보상은 포함되어 있지 않다. 재산권 침해 자체의 보상이 아닌 신뢰 내지 기대의 보호범위에서 보장을 하고 있다.[32]

이러한 관점에서 대상판결은 보상보호를 적극적으로 적용하도록 한 의미로 파악될 수 있다. 대법원은 "원고들로서는 피고가 유효·적법한 관리처분계획 수립을 위한 적정한 재량권 행사의 범위 내에서 이 사건 2009년 합의의 취지를 성실하게 반영하기 위한 조치를 취하지 아니함으로써 원고들의 신뢰를 침해한 데 따른 불법행위책임을 추궁"할 수 있다고 하여, 그 성격을 불법행위 손해배상 청구로 파악하며 채무불이행책임을 배척하였으며, 그 배상의 범위를 신뢰 침해에 대한 손해로 한정하여 신뢰이익 배상의 방법으로 이해관계를

---

29) 김혜진, 앞의 글 83면, 대법원 1997. 9. 12. 선고 96누18380 판결 등.
30) 대법원 2020. 6. 25. 선고 2018두34732 판결.
31) 안동인, 『영국법상 신뢰보호원칙에 관한 연구 - 다원적 법비교를 통한 우리나라 판례의 비판적 검토』, 서울대학교 석사학위논문, 2004, 137면.
32) 이희정, "주파수이용권의 법적 성질에 대한 시론적 고찰 (1)", 『행정법연구』 제30호, 2011, 337면.

조정하고 있다. 이는 원심 판결에서 채무불이행에 기한 손해배상으로서 이행이익 배상을 명한 판단과 상반된다.

이와 같은 보상보호 방식의 이해관계 조정은 도시정비사업을 포함한 개발사업에서 적극적으로 활용될 필요가 있을 것이다. 도시정비법, 도시개발법 등 개발사업에서 사업시행자의 행정주체로서의 지위 인정범위가 확대됨에 따라 각종 개발계획의 행정계획으로서의 성격도 확대되고 있다. 행정계획으로서의 법적 성격을 파악하는 것과 별개와 위와 같은 계획들은 전통적인 행정계획에 비하여 관계자들의 이해관계 조정에 중심을 두고 있으며, 달성하고자 하는 공익도 해당 사업을 중심으로 형성되고 있다. 따라서 신뢰 침해로 인한 손해도 금전으로 전보되기 용이하며, 존속보호에 비하여 실질적으로 이해관계조정에도 적합한 면이 있다.

이는 행정법원 판결의 효력을 강화시키는 기능도 할 것으로 보이는데, 실무적으로 관리처분계획 등 행정계획의 효력이 문제되거나 판결로 취소되는 경우에도 기존의 사업계획에 따라 사업을 그대로 추진하면서 새로운 관리처분계획을 수립하는 경우가 쉽게 발견되기 때문이다. 즉, 전통적인 행정주체에 비하여 행정주체성이 인정되는 조합 등에 대하여는 존속보호로서의 효력이 실무적으로 강하지 않는 면이 드러난다. 이 사건의 경우에도, 종전 관리처분계획에 대한 취소판결, 총회결의 효력정지 등의 가처분 결정이 연이어 있었음에도, 조합은 사업을 그대로 진행하여 아파트 입주까지 완료된 사실관계를 확인할 수 있다. 이처럼 개발사업과 관련한 행정계획은 존속보호 내지 실현보호를 적용할 공익상의 필요성이 높지 않고, 보상보호의 방식으로 관여자들의 이해관계를 조정하기 용이하기 때문에 대상판결과 같은 태도를 확장할 필요가 있을 것이다.

Ⅳ. 요약과 결론

도시정비법에 따른 관리처분계획 수립에 있어서, 다수의 아파트 조합원과 소수의 상가 조합원 사이의 이해관계 차이는 보편적인 특성을 가지며, 사업 초기 단계 상가 조합원과의 협의 내지 협약이 구속적 행정계획인 관리처분계획에 대하여 가지는 효력이 대상판결에서 문제가 되었다.

명문의 규정이 없는 경우 법령에서 행정청에게 다만 특정한 행위를 할 수 있는 재량만을 부여한 경우에 이러한 법령에 기초하여서는 행정청에 대하여 특정행위를 요구할 수 있는 주관적 공권을 부여한다고 볼 수 없다. 대상판결은 같은 맥락에서 구속적 행정계획으로서 관리처분계획의 본질 및 전체 조합원 공동의 이익을 목적으로 하는 재건축조합의 행정주체로서의 공법상 재량권에 비추어 개별 조합원 사이의 약정이 사법적으로 직접 구속하지 않는다고 보았으며, 관리처분계획을 구속적 행정계획으로 포섭하는 이상 정당한 판단으로 보인다.

이에 더 나아가 대상판결은 신뢰보호원칙의 효과로서 존속보호와 보상보호 중 보상보호를 적용한 판결로 평가된다. 배상의 성격을 불법행위 손해배상 청구로 파악하며 채무불이행책임을 배척하였으며, 그 배상의 범위를 신뢰 침해에 대한 손해로 한정하여 신뢰이익 배상의 방법으로 이해관계를 조정하고 있다. 이는 신뢰의 대상이 재산상 이익을 중심으로 구성되어 있는 사안에서 적절한 판단으로 보이며, 보상보호의 적용범위를 적극적으로 확대할 필요가 있을 것이다.

생각할 문제

1. 관리처분계획에서 계획재량의 한계는 어디까지인가.

2. 행정계획의 변경과 신뢰보호 원칙의 관계는 무엇인가.

3. 신뢰보호 원칙의 효과로서 존속보호와 보상보호의 특성은 무엇인가.

서울행정법원 2018. 8. 17. 선고 2017구합86125 판결
[공법상 계약과 국가계약법의 관계 및 부당특약]

김 대 인*

[사실관계]

원고(한국항공우주산업주식회사)는 2006. 6. 7. 방위사업청과 한국형 헬기 민군겸용 핵심구성품 개발에 관한 물품 및 용역협약(이하 이 사건 협약)을 체결하였고,[1] 위 협약에 따른 핵심구성품을 개발하여 방위사업청에 납품했다. 원고는 이 사건 협약에 따른 의무를 이행하는 과정에서 환율 및 물가변동 등 외부적인 요인에 의하여 협약금액을 초과하는 비용이 발생하였으므로 이 사건 협약 특수조건 제9조 제1항에 따라 피고(대한민국)는 원고에게 위 초과비용(정산금)을 지급할 의무가 있다고 주장했다.[2] 이에 대해서 피고는 이 사건 협약 특수조건 제9조 제1항의 규정상 피고가 승인하지 않는 초과비용은 이를 인정할 수 없다는 이유로 위 정산금의 지급을 거부하자, 원고는 피고를 상대로 정산금청구소송을 제기하였다.

양 당사자간에 해석상 차이가 난 이 사건 협약 특수조건 제9조 제1항의 내용은 다음과 같다.

이 사건 협약 특수조건 제9조(사업비의 확정 및 정산)

① 협약체결시의 협약금액 이외의 초과비용은 인정하지 않는다. 다만 협약목적물 및 개발계획의 변경에 따른 초과비용이나 개발계획서 상의 물가상승, 환율변동, 기술변경, 소요변경 등의 차이에 의한 초과비용 등은 피고와 협의하여 사업비 증가에 따른 협약변경을 할 수 있으며, 피고(사업단)의 승인분에 한한다.

---

* 이화여자대학교 법학전문대학원 교수

** 이 글은 필자의 "공법상 계약과 국가계약법의 관계 및 부당특약에 대한 고찰 - 서울행정법원 2018. 8. 17. 선고 2017구합86125 판결에 대한 평석", 『사법』, 제64호, 2023의 글 중의 일부를 토대로 한 것이다.

[1] 총 협약금액은 약 1,330억원이다. 이 중에서 정부출연금이 약 1,064억원이고, 업체투자가 약 266억원이다.

[2] 최초 민사소송제기시에 원고가 청구한 정산금은 약 126억원이다.

[사건의 경과]

가. 1심 판결(서울중앙지방법원 2014. 1. 10. 선고 2013가합518172 판결)

서울중앙지방법원에서는 위 특수조건 제9조 제1항의 '승인'이라는 용어는 초과비용의 발생가능성 및 피고의 보전의무를 인정하되, 국가기관과의 협약이라는 특수성에 비추어 절차적인 과정으로서의 승인이 필요하다는 의미로 해석하였다. 그리고 방위사업청이 매달 원고로부터 환율변동 등에 따른 초과비용 발생내역을 보고받고도 사업을 계속 진행시켰고, 방위사업청이 원고에게 환차손 자료 작성협조공문 등을 발송한 점을 보면 원고가 지출한 초과비용에 대해서 위 특수조건 제9조 제1항에서 정한 묵시적 승인이 있었다고 봄이 타당하다고 판단했다. 그 결과 원고의 정산금청구를 모두 인용하였다.

나. 항소심 판결(서울고등법원 2015. 4. 1. 선고 2014나2002868 판결)

서울고등법원은 이 사건 협약이 「국가를 당사자로 하는 계약에 관한 법률」(이하 국가계약법)의 적용을 받는 '사법상 계약'으로 보았다. 그리고 특수조건 제9조 제1항 단서에서 물가변동 등의 경우에 대해서 피고의 승인을 조건으로 하여서만 초과비용을 인정하도록 한 것은 피고가 우월적인 지위를 이용하여 원고의 계약상 이익을 부당하게 제한하는 특약에 해당한다고 보아 구 국가계약법 시행령 제4조[3]에 위반되어 무효라고 판단하였다. 이러한 이유로 피고는 원고에게 발생한 초과비용을 정산할 의무가 있다고 판단했다. 다만 총 협약금액 중 피고의 출연금이 80%이므로 그 범위내에서 초과비용을 인정했다.

다. 상고심 판결(대법원 2017. 11. 9. 선고 2015다215526 판결)

대법원은 「과학기술기본법」 등의 입법 취지와 규정 내용, 위 협약에서 국가는 갑 회사에 '대가'를 지급한다고 규정하고 있으나 이는 국가연구개발사업규정에 근거하여 국가가 갑

---

3) 구 「국가계약법 시행령」 제4조(계약의 원칙) 각 중앙관서의 장 또는 그 위임·위탁을 받은 공무원(이하 "계약담당공무원"이라 한다)은 계약을 체결함에 있어서 법, 이 영 및 관계법령에 규정된 계약상대자의 계약상 이익을 부당하게 제한하는 특약 또는 조건을 정하여서는 아니된다.
  현재 위 규정은 「국가계약법」 제5조 제3항에 있으며, 동조 제4항에서는 부당특약을 무효로 한다는 규정도 두고 있다.

회사에 연구경비로 지급하는 출연금을 지칭하는 데 다름 아닌 점, 위 협약에 정한 협약금액은 정부의 연구개발비 출연금과 참여기업의 투자금 등으로 구성되는데 위 협약 특수조건에 의하여 참여기업이 물가상승 등을 이유로 국가에 협약금액의 증액을 내용으로 하는 협약변경을 구하는 것은 실질적으로는 KHP사업에 대한 정부출연금의 증액을 요구하는 것으로 이에 대하여는 국가의 승인을 얻도록 되어 있는 점, 위 협약은 정부와 민간이 공동으로 한국형헬기 민·군 겸용 핵심구성품을 개발하여 기술에 대한 권리는 방위사업이라는 점을 감안하여 국가에 귀속시키되 장차 기술사용권을 갑 회사에 이전하여 군용 헬기를 제작·납품하게 하거나 또는 민간 헬기의 독자적 생산기반을 확보하려는 데 있는 점, KHP사업의 참여기업인 갑 회사로서도 민·군 겸용 핵심구성품 개발사업에 참여하여 기술력을 확보함으로써 향후 군용 헬기 양산 또는 민간 헬기 생산에서 유리한 지위를 확보할 수 있게 된다는 점 등을 종합하면, 국가연구개발사업규정에 근거하여 국가 산하 중앙행정기관의 장과 참여기업인 갑 회사가 체결한 위 협약의 법률관계는 공법관계에 해당하므로 이에 관한 분쟁은 행정소송으로 제기하여야 한다고 보면서 원심을 파기하고 서울행정법원으로 이송하는 판결을 내렸다.

라. 파기환송후 1심 판결(서울행정법원 2018. 8. 17. 선고 2017구합86125 판결)

서울행정법원은 위 특수조건 제9조 제1항에 따른 피고의 '승인'은 단순히 절차적으로 원고가 산정한 초과비용의 객관성을 확인하는 의미만을 지닌 것이 아니라, 금액 변경을 위한 피고의 구체적인 협약 변경계약 체결의 의사를 전제로 하는 것이라고 보았다. 또한 피고가 명시적 또는 묵시적으로 초과비용을 승인하였다고 볼 수 없다고 판단했다.

다음으로 이 사건 협약은 '공법상 계약'이기 때문에 '사법상 계약'에 적용되는 국가계약법의 적용을 받지 않는다고 보면서, 이러한 이유로 물가변동으로 인한 계약금액조정에 관한 국가계약법 제19조가 이 사건 협약에 적용되지 않는다고 보았다. 가사 국가계약법 제19조의 적용여지가 있다고 하더라도 위 특수조건 제9조 제1항 자체에서 물가변동 등에 따른 계약금액조정을 위하여는 피고의 승인이 필요하다고 규정함으로써 국가계약법 제19조의 적용을 배제하였는바, 이것이 국가계약법 시행령 제4조에서 금지하는 부당특약에 해당한다고 보기 힘들다고 판단했다.

다음으로 피고가 명시적 또는 묵시적으로 초과비용지급에 관한 공적인 견해표명을 하였다고 보기 힘들므로 신뢰보호의 원칙 위반으로 볼 수도 없고, 위 특수조건 제9조 제1항이 협약내용에 편입된 취지, 개발을 통해 원고가 민수용 헬기 개발과정에서 확보하게 될 우월적 지위, 이 사건 협약에서의 원고의 부담비율 등을 고려할 때 비례원칙 위반으로도 볼 수 없다고 보았다. 이러한 논리하에 서울행정법원은 원고의 정산금청구를 전부 기각했다.

마. 파기환송후 항소심 판결(서울고등법원 2019. 11. 6. 선고 2018누64827 판결)

서울고등법원은 서울행정법원의 판결이유를 그대로 인용하면서 추가적으로 계약의 해석에 관한 논리를 추가하고 있다. 즉, 계약의 해석에 있어서는 문언의 내용, 약정이 이루어진 동기와 경위, 약정으로 달성하려는 목적, 당사자의 진정한 의사 등을 종합적으로 고찰하여 해석해야 한다는 판례(대법원 2017. 2. 15. 선고 2014다19776 판결)를 언급하면서, 위 특수조건 제9조 제1항의 문언에 따라 원칙적으로 협약금액 이외의 초과비용은 인정되지 않고 예외적으로 환율변동 등으로 인한 초과비용은 피고의 승인분에 한하여 협약변경을 통하여 인정될 수 있으며, 그 인정여부는 출연금의 법적 성격, 환율변동 위험의 회피가능성, 관련 예산 상황을 종합적으로 고려하여 피고가 판단할 수 있다는 것이다. 이러한 논리에 따라 이 사건에서 피고가 원고에게 환율변동 등에 대한 초과비용을 지급할 의무를 부담한다고 보기 어렵다고 판단하였다.

바. 파기환송후 상고심 판결(대법원 2020. 10. 15. 선고 2019두62376 판결)

대법원은 원심에게 국가계약법의 적용범위, 같은 법 시행령 제4조의 해석, 처분문서의 해석, 신뢰보호의 원칙에 관한 법리오해 등의 잘못이 없다고 보면서 원고의 상고를 기각하였다.

[판결의 평석]

I. 사안의 쟁점

위의 6번의 판결 중 국가연구개발협약에 대해서 공법상 계약으로서의 성질을 인정한 대법원 판결[4])에 대해서는 이미 평석이 이루어진 바 있으나,[5]) 이후에 내려진 3번의 판결에

---

4) 대법원 2017. 11. 9. 선고 2015다215526 판결.
5) 김대인, "국가연구개발협약과 공·사법구별 – 대법원 2017. 11. 9. 선고 2015다215526 판결에 대한 평

대해서는 아직 연구를 찾아보기 힘들다. 그런데 위의 6번의 판결들을 전체적으로 보면 사법상 계약으로 보는 전제하에서는 정산금청구를 인정하다가, 공법상 계약으로 보는 전제하에는 정산금청구가 부인된 것을 볼 수 있다. 이러한 차이가 왜 발생하게 되었는지, 이러한 판결의 태도가 공법상 계약의 특수성을 제대로 반영한 것으로 볼 수 있는지 등을 검토하는 것이 필요하다. 이 글에서는 6번의 판결 중에서도 특히 파기환송후 1심(서울행정법원) 판결(이하 대상판결)6)을 중점적으로 살펴보고자 한다. 왜냐하면 대상판결에서 서울행정법원은 정산금청구를 부인하는 근거를 공법상 계약의 법리와 연결시켜서 상세하게 판시하고 있고, 이러한 논리 및 결론은 그 이후 항소심과 상고심에서 그대로 유지되고 있기 때문이다.

이하에서는 대상판결을 네 가지 쟁점을 중심으로 살펴본다. 첫째, 국가계약법이 공법상 계약에 적용되는지 여부, 둘째, 공법상 계약조항(위 특수조건 제9조 제1항)의 해석, 셋째, 공법상 계약조항(위 특수조건 제9조 1항)이 국가계약법령에 위반한 부당특약에 해당하는지 여부, 넷째, 초과비용 지급을 거절하는 것이 신뢰보호의 원칙 또는 비례원칙 위반에 해당하는지 여부 등이 그것이다.

Ⅱ. 판례의 이해

1. 국가계약법이 공법상 계약에 적용되는지 여부

대상판결은 국가계약법이 공법상 계약에 적용되는지 여부와 관련하여 다음과 같이 판시를 하고 있다.

"국가계약법은 국가가 사경제 주체로서 상대방과 대등한 위치에서 체결하는 사법상 계약에 대하여 적용되는 법률로서(국가계약법 제1조, 제4조), 기본적으로 사적 자치와 계약자유의 원칙 등 사법의 원리가 적용되는 영역에서, 계약의 일방 당사자가 현실적으로 우월적 지위에 있을 수밖에 없는 국가인 점, 국가가 계약에 따라 지급해야 하는 대금이 결국 국민들의 세금으로 조성된 국가재정에서 지출된다는 점 등을 고려하여 계약 체결의 공정성과 계약 진행의 투명성을 담보하기 위하여 제정된 법률이다. 즉, 국가계약법은 기본적으로 국가가 사경제 주체

석", 『서울법학』 제26권 제2호, 2018; 김진기, "정부조달법 기본원칙 - 대법원 2017. 11. 9. 선고 2015다215526 정산금", 『홍익법학』 제19권 제1호, 2018 등이 있다.
6) 서울행정법원 2018. 8. 17. 선고 2017구합86125 판결.

로서 국민과 대등한 관계에 있음을 전제로 한 사법상 계약에 한하여 적용되는 것이고, 별도의 공법을 근거 법률로 하여 체결된 공법상 계약에 대하여는 특별한 사정이 없는 한 적용이 배제되는 것인바(국가계약법 제3조, 대법원 2012. 9. 20.자 2012마1097 결정, 대법원 2017. 12. 21. 선고 2012다74076 전원합의체 판결, 대법원 2017. 12. 28. 선고 2017두39433 판결 등 취지 참조), 이 사건 협약이 국가연구개발사업규정에 따른 협약으로서 공법상 계약에 해당하는 이상, 원칙적으로 이 사건 협약에 국가계약법은 적용되지 않는다."

위와 같이 대상판결은 국가계약법은 사법상 계약에만 적용되고 공법상 계약에는 적용되지 않는다는 견해를 취하고 있다. 다음으로 대상판결은 가사 국가계약법이 공법상 계약에 적용된다고 하더라도 이 사건 협약에 '국가계약법 제19조'(계약금액조정에 관한 규정)은 적용된다고 보기 힘들다고 하면서 그 이유를 다음과 같이 제시하고 있다.

"이 사건 협약은 국가연구개발사업규정에 따른 협약으로서 공법상 계약에 해당하는데, 국가연구개발사업규정 및 그 모법인 과학기술기본법 어디에도 국가계약법의 적용을 배제한다는 명시적 규정은 없다. 그러나 위 나)항에서 본 사정들에다가 국가연구개발사업규정상 협약의 목적은 국가산업발전에 필요한 기술개발이나 국가경제에 도움이 될 과학기술분야의 연구개발사업을 지원·육성하고자 하는 데 있어 정부조달계약의 목적과는 근본적으로 차이가 있는 점, 그 재원이 출연금 예산으로 배정되어 있는 점(국가연구개발사업규정 제10조), 주관연구기관이 출연금을 다른 용도로 사용한 경우 그 전부 또는 일부를 회수할 수 있는 점(제10조, 제11조), 성과물(결과물)의 소유권이 원칙적으로 주관연구기관의 소유로 인정되는 점, 연구부정행위 등 협약 위반여부에 관한 검증 및 제재규정(제20조)을 별도로 두고 있는 점, 국가계약법 제3조는 국가를 당사자로 하는 계약에 관하여는 다른 법률에 특별한 규정이 있는 경우에는 그에 따른다는 취지로 규정하고 있는데, 국가연구개발사업규정 제7조 제1항은 협약으로 연구개발비의 지급방법 및 사용·관리에 관한 사항(제4호), 연구개발결과의 귀속 및 활용에 관한 사항(제6호), 연구개발결과의 평가에 관한 사항(제8호), 협약의 변경 및 해약에 관한 사항(제10호), 협약의 위반에 관한 조치(제11호), 그 밖에 연구개발에 관하여 필요한 사항(제15호)을 정할 수 있도록 하고 있으므로, 이는 협약금액의 조정에 관한 특별규정이라고 볼 수 있는 점, 이 사건 협약 특수조건도 제9조 제1항에서 사업비용의 증가에 관한 사항을 협약의 변경으로 취급하고, 이를 위하여 피고의 승인을 얻도록 하고 있는 바 이는 위 국가연구개발사업규정 제7조 제1항 제4호, 제10호에 따른 협약규정으로 봄이 상당한 점 등을 종합하여 보면, 이 사건 협약에 관해서는 국가계약법 제19조와는 다른 특별한 규정이 있는 경우에 해당하므로 적어도 국가계약법 제19조는 적용되지 않는다고 봄이 상당하다."

대상판결에서는 결론적으로 국가계약법 제19조의 계약대금조정에 관한 규정은 공법상 계약의 성격을 갖는 이 사건 협약에 적용되지 않는다고 보고 있음을 알 수 있다.

2. 공법상 계약조항의 해석

대상판결에서는 이 사건 협약 특수조건 제9조 제1항(이하 이 사건 특약)의 승인을 "단순히 절차적으로 원고가 산정한 초과비용의 객관성을 확인하는 의미만을 지닌 것이 아니라, 금액 변경을 위한 피고의 구체적인 협약 변경계약 체결의 의사를 전제로 하는 것"이라고 해석하고 있다.

다음으로 '묵시적인 승인'이 이루어졌다고 해석할 수 있는지에 대해서 대상판결은 다음과 같이 묵시적 승인을 부인하는 태도를 보이고 있다.

"피고가 매달 원고로부터 환율변동 등에 따른 초과비용 발생 내역을 보고받고도 별다른 조치 없이 사업을 계속 진행시킨 사실, 피고가 2010. 8. 31. 원고 등에게 '검토결과 1,092.5억 원의 환차손이 발생하였으나, 적용기준 상이 등으로 세부 내용은 정산시 재검토 필요', '항공기 원가팀 의견을 근거로 중기계획 반영 요구 및 가용재원 확보 노력' 등의 취지를 기재한 B사업 환차손 자료 작성 협조 공문을 발송한 사실, 원고, B사업단 측 기조팀, 함정항공원가분석팀, 지출심사팀이 2011. 3. 4. 환차손 관련 세부기준을 정하기 위한 회의를 하였고, 2011. 6. 1. 개최된 B사업 관련 정부와 개발주관기관 간 월간회의에서 B사업단기조팀장이 '환차손, 비용 초과 정산 관련하여 사업단에서도 준비 중'이라는 취지로 발언하였으며, 2012. 3. 16.에도 방위사업청 함정항공원가분석팀의 주관으로 원고 등이 참석하여 B사업 정산기준 검토를 위한 회의를 한 사실, 피고가 B사업비 중 일정 금액을 출연한 산업통상자원부에 그 출연 부분에 해당하는 환차손 보전 방안을 문의한 사실은 인정되나, 위 사실들만으로는 피고가 초과비용 지급에 관하여 묵시적으로나마 승인을 하였다고 인정하기에 부족하고 달리 이를 인정할 증거가 없다."

3. 공법상 계약조항이 부당특약에 해당하는지 여부

대상판결은 이 사건 특약이 국가계약법 시행령 제4조(현행 국가계약법 제5조)에 위반한 부당특약에 해당되지 않는다고 보고 있는데, 이 부분 판시사항은 다음과 같다.

"(이 사건 특수조건 제9조 제1항은) 물가변동 등으로 인한 피고의 계약금액 조정을 규정한 국가계약법 제19조의 적용을 배제하기로 하는 합의로 보이는바, 이는 유효하고(대법원 2017.

12. 21. 선고 2012다74076 전원합의체 판결 참조), 그와 같은 적용배제에 관한 합의는 이 사건 협약이 국가연구개발사업규정에 따른 협약인 점, 이 사건 협약의 체결 경위 및 내용 등의 사정에 비추어 원고의 정당한 이익과 합리적인 기대에 반하여 형평에 어긋나는 특약으로서 무효로 판단할 정도로 원고의 계약상 이익을 부당하게 제한하는 것이라고 단정할 수는 없다."

4. 신뢰보호의 원칙 또는 비례원칙 위반여부

대상판결은 이 사건 특약의 신뢰보호원칙 위반을 부인하면서 다음과 같이 판시하고 있다.

"신뢰보호의 원칙이 적용되기 위하여는, ① 행정청이 개인에 대하여 신뢰의 대상이 되는 공적인 견해표명을 하여야 하고, ② 행정청의 견해표명이 정당하다고 신뢰한 데에 대하여 그 개인에게 귀책사유가 없어야 하며, ③ 그 개인이 그 견해표명을 신뢰하고 이에 어떠한 행위를 하였어야 하고, ④ 행정청이 위 견해표명에 반하는 처분을 함으로써 그 견해표명을 신뢰한 개인의 이익이 침해되는 결과가 초래되어야 하는데(대법원 1998. 5. 8. 선고 98두4061 판결 참조), 위 제3. 나.의 1)항에서 본 바와 같이 원고가 제출한 증거들만으로는 피고가 명시적 혹은 묵시적으로 원고에 대하여 초과비용 지급에 관한 공적인 견해표명을 한 사실을 인정하기에 부족하고 달리 이를 인정할 증거가 없으며, 이 사건 협약 체결 과정을 보더라도 피고가 승인절차 없이도 초과비용을 지급할 것이라거나, 초과비용 발생시 반드시 승인을 할 것이라는 확정적인 의사를 표시하였고 이에 따라 이 사건 협약 특수조건 제9조 제1항이 협약내용에 편입된 것으로는 보이지 않으므로 신뢰보호의 원칙 위반에 관한 원고의 주장은 이유 없다."

다음으로 대상판결은 이 사건 특약의 비례원칙 위반도 인정하지 않고 있는데 이에 관한 판시사항은 다음과 같다.

"다음으로 비례의 원칙 위반 여부에 관하여 보건대, 이 사건 협약에서 특수조건 제9조 제1항이 협약내용에 편입된 것은 원고와 피고가 합의에 따라 결정한 사항으로 원고의 지위에 비추어 그 구체적인 내용에 관하여 원고의 충분한 이해가 있었다고 봄이 상당한 점, 원고는 이 사건 협약의 이행을 통해 단순히 대가를 받는 것에 그치는 것이 아니라, 개발과정에서의 확보한 기술력을 바탕으로 향후 군수용 헬기 양산과정이나 민수용 헬기 개발과정에서 우월적 지위를 확보하게 되는바 그와 같은 고려가 특수조건의 내용 결정에 반영되었을 것으로 보이는 점, 반면 이 사건 협약은 B를 개발하여 군의 수요를 충족하는 것과 함께 항공방산업체로 하여금 헬기 자체 개발 능력을 확보하여 가격 경쟁력 있는 민수용 헬기를 공급하고 이를 차세대 성장 동력산업으로 육성시키고자 하는 것에 있어 그 궁극적인 목적에 공익성이 높은 점,

이 사건 협약의 근거가 된 국가연구개발사업규정은 연구개발비를 지원할지 여부, 지원한다면 그 지원액의 결정, 협약의 내용을 변경할지 여부에 관하여 행정청에 상당한 재량을 부여하고 있는 점 및 이에 더하여 이 사건 협약의 총 협약금액, 원고의 부담비율, 원고가 이 사건에서 주장하고 있는 초과비용액을 종합적으로 고려할 때, 피고가 이 사건 협약 특수조건 제9조 제1항을 근거로 초과비용의 지급을 거절하는 것이 이로써 달성하고자 하는 공익에 비하여 침해되는 원고의 사익이 현저히 커서 비례의 원칙에 위반되는 것으로는 보이지 않는다."

위와 같은 판시사항을 보면 신뢰보호의 원칙이나 비례원칙과 같은 행정법의 기본원리들이 공법상 계약에도 적용될 수 있는 일반적인 가능성은 인정하였으나, 해당 사안에 대한 구체적인 판단에서 위 원칙들 위반을 부인한 것으로 볼 수 있다.

Ⅲ. 법리의 검토

1. 국가계약법이 공법상 계약에 적용되는지 여부

대상판결은 국가계약법이 공법상 계약에 원칙적으로 적용되지 않는다는 입장을 취하고 있는데 이는 다음과 같은 이유에서 타당하지 않다. 첫째, 우선 이러한 대상판결의 논리는 우리나라 국가계약법의 규율범위를 충분히 고려하지 않았다는 점에서 문제가 있다. 위에서 언급되고 있는 대법원 판례들은 주로 국가, 공공기관 등이 체결한 '공공조달계약'에 관한 사안들이다. 그런데 국가계약법은 공공조달계약에만 적용되는 것은 아니며 국가가 당사자가 되는 모든 유형의 계약에 원칙적으로 적용된다.(국가계약법 제3조) 예를 들어 국가계약법은 공공조달계약과 같이 '세출'의 원인이 되는 계약에만 적용되지 않고, 국유재산 매각계약과 같이 '세입'의 원인이 되는 계약에도 적용되고 있다.(국가계약법 제2조) 앞에서도 보았지만 우리나라 국가계약법은 그 적용범위가 공공조달계약에 한정되지 않고 있다는 점에서 외국법과 차이가 있다.[7] 이처럼 우리나라 국가계약법의 적용범위가 넓기 때문에 학계에서는 국가가 체결하는 사법상 계약뿐만 아니라 공법상 계약도 국가계약법의 적용범위에 포함된다고 보는 견해가 적지 않다.[8]

---

7) 독일의 「경쟁제한방지법」(Gesetz gegen Wettbewerbsbeschränkungen: GWB), 프랑스의 「공공발주법전」(Code de la commande publique)은 공공조달을 중심으로 규율하고 있으나, 우리나라의 「국가계약법」은 '세출'의 원인이 되는 공공조달계약 이외에도 국유재산 매각계약과 같은 '세입'의 원인이 되는 계약까지 포함하는 등 국가가 당사자가 되는 계약일반을 포괄하는 구조로 되어 있다.

둘째, 공법상 계약에 대해서 국가계약법의 적용을 원칙적으로 배제할 경우에는 부당특약에 대한 통제가 어려워지는 문제가 존재한다. 국가계약법 제5조 제3항과 제4항에서는 부당특약을 무효로 할 수 있는 규정을 두고 있다. 이러한 부당특약의 문제는 사법상 계약에서만 나타나는 것이 아니라 공법상 계약에서도 나타날 수 있는데, 공법상 계약에 대해서 국가계약법의 적용을 원칙적으로 배제할 경우에는 부당특약 통제가 어려워지는 문제가 발생할 수 있다. 물론 공법상 계약에 대해서도 민법 제103조나 제104조에 의한 통제를 하거나, 「약관의 규제에 관한 법률」(약관규제법)에 의한 통제를 하는 것이 가능할 수 있으나 이에 관한 법리가 아직 정립되지 않은 상태에서는 국가계약법의 적용을 배제하는 것은 부당특약 통제약화를 가져올 가능성이 크다.9)

셋째, 국가계약법에 근거하여 체결되는 '공공조달계약'을 사법상 계약으로 보는 대법원의 태도 자체에 대해서 학계에 많은 비판이 있다는 점을 고려해야 한다. 국가계약법의 규정을 보면 공공조달계약의 위반에 대해서 부정당업자제재 등 처분이 이루어지는 경우가 존재하고, 계약체결의 절차와 이행과 관련해서도 사법상 계약과 다른 특칙들을 인정하고 있기 때문이다.10) 이러한 점을 고려하면 국가계약법은 사법상 계약에만 적용된다는 논리 자체가 근본적으로 설득력을 갖기 힘들다고 할 수 있다.

다음으로 대상판결은 '가사' 국가계약법이 공법상 계약에 적용된다고 보더라도, 최소한 국가계약법 제19조의 규정은 이 사건 협약에는 적용되지 않는다고 판시하고 있음을 알 수 있다. 그런데 대상판결에서도 「국가연구개발사업규정」 및 그 모법인 「과학기술기본법」 어디에도 국가계약법의 적용을 배제한다는 규정이 존재하지 않는다는 점은 인정하고 있음을 볼 수 있다. 그럼에도 불구하고 주로 국가연구개발사업규정(대통령령) 및 이에 따른 특약내용을 토대로 '해석상' 국가계약법 제19조의 계약대금조정규정이 적용배제된다고 보고 있음을 알 수 있다. 이에 대해서는 다음과 같은 비판이 가능하다.

---

8) 김유환, 『현대행정법』, 제8판, 2023, 287면; 박균성, 『행정법강의』, 제20판, 2023, 372면 등.
9) 「민법」 제103조에서는 선량한 풍속 기타 사회질서에 위반한 사항을 내용으로 하는 법률행위는 무효로 보고 있는데, 공법상 계약의 경우 법률우위원칙의 위반이 없는 사안에 대해서 반사회질서 위반을 인정하기는 쉽지 않을 것으로 보인다. 또한 민법 제104조에서는 당사자의 궁박, 경솔 또는 무경험으로 인하여 현저하게 공정을 잃은 법률행위는 무효로 보고 있는데, 공법상 계약의 상대방의 성격(기업이 되는 경우가 많다)을 고려할 때 이러한 궁박, 경솔, 무경험을 인정하기 힘들 것이다. 또한 약관규제법은 어디까지나 일반적으로 적용되는 '약관'에 대해서만 적용되기 때문에 개별적인 '특약'에는 적용하기가 힘들다는 한계가 존재한다.
10) 박정훈, "공법과 사법의 구별 – 행정조달계약의 법적 성격", 『행정법의 체계와 방법론』, 2005; 정호경/선지원, "공공조달계약의 법적 성격과 통제에 관한 연구 – 공법상 계약 이론을 중심으로", 『법제연구』 제46호, 2014 등.

첫째, 대상판결에서 '법률'(국가계약법)에 대한 적용예외를 '대통령령'(「국가연구개발사업규정」)으로 인정하는 것이 타당한지 의문의 여지가 있다. 물론 「과학기술기본법」의 위임에 따라 국가연구개발사업규정이 제정되어 있기는 하지만, 국가계약법의 적용예외를 지나치게 쉽게 인정할 경우 국가계약법이 추구하는 계약의 공정성 등의 목적이 저해될 우려가 있다는 점에서 대통령령을 통한 적용제외로의 해석은 신중하게 이루어져야 할 것이다.

둘째, 대상판결에서는 「국가연구개발사업규정」상 협약의 목적, 협약의 재원, 출연금의 회수, 성과물(결과물)의 소유권 귀속, 협약 위반여부에 관한 검증 및 제재규정 등을 국가계약법 제19조의 적용을 배제하는 근거로 삼고 있다. 그런데 위에서 열거된 사항들은 이 사건 협약을 공법상 계약으로 볼 수 있는 근거는 될지언정 국가계약법상 계약대금조정규정을 배제할 수 있는 근거로 보는 것은 타당하다고 보기 힘들다.

셋째, 대상판결에서는 「국가연구개발사업규정」상 협약으로 연구개발비의 지급방법 및 사용·관리에 관한 사항(제4호), 연구개발결과의 귀속 및 활용에 관한 사항(제6호), 연구개발 결과의 평가에 관한 사항(제8호), 협약의 변경 및 해약에 관한 사항(제10호), 협약의 위반에 관한 조치(제11호), 그 밖에 연구개발에 관하여 필요한 사항(제15호)을 정할 수 있도록 하고 있는 것이 협약금액의 조정에 관한 특별규정이라고 보고 있는데, 이들 사항들은 국가연구 개발의 특성을 반영한 협약이 가능하다는 점을 열거한 것에 불과하고 협약금액조정규정의 배제를 당연히 염두에 둔 규정으로 해석하는 것은 곤란하다고 할 것이다.

이러한 점들을 종합적으로 고려하면 국가계약법이 공법상 계약에 원칙적으로 적용이 배제된다고 보는 것은 타당하다고 보기 힘들 뿐만 아니라, 관련법령과 위 특수조건의 해석에 의하더라도 국가계약법 제19조의 규정이 이 사건 협약에 적용이 배제된다고 보기는 힘들다고 하겠다. 독일이나 프랑스에서도 공법상 계약에 계약금액조정이 인정되고 있는 점을 고려하면 더더욱 그러하다.[11]

---

11) 독일 「연방행정절차법」제56조 제1항에서는 "계약내용의 확정에 중요하였던 관계들이 계약체결 이후 일방 계약 당사자가 원래의 계약 내용 확정시 예측하지 않았던 내용으로 본질적으로 변경되었다면, 계약의 일방당사자는 변경된 관계들에 대한 조정을 요구하거나, 조정이 불가능하거나 조정을 승낙하지 않는다면 계약을 해지할 수 있다."라고 규정하여 공법상 계약에서 계약금액조정이 가능한 근거규정을 두고 있다. 프랑스 「공공발주법전」 L.2222-1조에서도 "구매자는 최종적인 제안사항에서 정해진 재정(계약금액)의 양상이 조정적인 성격을 가질 수 있도록 사전에 정할 수 있다. 이러한 조정은, 구매자가 경제적으로 가장 유리한 제안을 선택하는 원리를 준수하는 것으로부터 벗어나도록 하거나 계약상대방이 자신의 제안내용의 경제를 파괴하는 것을 허용하는 것과 같이 경쟁의 조건에 의문을 갖게 만드는 효과를 가져와서는 안 된다. 제안내용의 조정은 계약전체의 재정적 요소에 관련해서만 이루어져야 하며, 재정 양상의 변동사항에 기반해서 이루어져야 하며, 다른 요소들은 배제되어야 한다."라고 규정하여 공법상 계약에 해당하는 공공발주계약의 계약대금조정에 관한 규정을 두고 있다.

2. 공법상 계약조항의 해석

다음으로 주목할 점은 이 사건 협약 특수조건 제9조 제1항의 해석이다. 이는 '공법상 계약조항의 해석'이라는 특성을 갖는다. 그런데 이와 관련해서 민사소송으로 진행되었던 1심판결에서의 동 조항에 대한 해석과 파기환송 후 행정소송으로 진행되었던 대상판결(1심) 및 항소심판결(2심) 판결에서의 해석이 달랐는데 이를 어떻게 볼 것인지 분석이 필요하다.

우선 민사소송으로 진행되었던 1심판결에서는 이 사건 협약 특수조건 제9조 제1항의 승인을 "초과비용의 발생가능성 및 피고의 보전의무를 인정하되, 국가기관과의 협약이라는 특수성에 비추어 절차적인 과정으로서의 승인이 필요하다는 의미"로 해석하였다. 이에 비해 행정소송으로 진행되었던 대상판결 및 항소심판결에서는 위 승인을 "단순히 절차적으로 원고가 산정한 초과비용의 객관성을 확인하는 의미만을 지닌 것이 아니라, 금액 변경을 위한 피고의 구체적인 협약 변경계약 체결의 의사를 전제로 하는 것"이라고 해석했다.

위 두 가지 상반된 해석의 차이의 핵심은 '피고의 승인이 없을 경우에는 어떠한 경우에도 초과비용청구가 불가능한 것으로 볼 것인가'하는 점이다. 민사소송으로 진행된 1심은 이렇게 해석할 경우에는 원고에게 지나치게 불리한 해석이 되기 때문에 형평에 따른 해석을 통해 초과비용청구는 가능하되 객관적인 금액산정 등을 위한 절차로서 승인을 둔 것에 불과하다고 본 것이다. 반면에 행정소송으로 진행된 1심과 항소심은 이렇게 해석을 하더라도 원고에게 지나치게 불리한 해석으로 볼 수 없다는 전제하에 서 있는 것으로 볼 수 있다.

그런데 이러한 해석의 차이가 '사법상 계약'과 '공법상 계약'의 차이에서 나온 것으로 볼 수 있을까. 일견 민사소송으로 진행된 1심과 항소심에서 계약상대방의 권리를 보호하는 내용의 계약해석이 이루어졌고, 행정소송으로 진행된 1심과 항소심에서는 국가의 승인권한을 강조하는 계약해석이 이루어졌다는 점에서 '사법상 계약'에서의 계약해석과 '공법상 계약'에서의 계약해석이 달라진 것처럼 보일 수 있다. 그러나 행정소송으로 진행된 항소심에서는 계약해석의 원리에 대해서 대법원 판례[12]를 들면서 이를 토대로 계약해석을 전개하고 있는데, 여기에서 언급된 대법원 판례는 사법상 계약 일반의 계약해석원리를 제시하고 있다. 더구나 대상판결에서는 "피고가 국가로서 우월적 지위에 있는 점 등을 고려하더라도 원고와 피고가 합의한 약정의 내용을 사정변경을 이유로 달리 해석할 수는 없다"라고 하고 있어서 당사자간의 합치된 의사내용을 강조하고 있다. 이러한 점들을 고려하면 행정소

---

12) 대법원 2017. 2. 15. 선고 2014다19776 판결.

송으로 진행된 대상판결이나 항소심 판결의 계약해석이 '공법상 계약'의 특수성을 강조하는 데에서 나왔다고 보기는 힘들다.

결론적으로 볼 때 이 사건 협약을 '공법상 계약'으로 보는 전제하에 서더라도 이 사건 협약 특수조건 제9조 제1항의 해석은 민사소송으로 진행되었던 1심과 항소심에서의 해석이 타당한 것으로 보아야 한다. 비례원칙에 부합하는 계약해석을 할 경우 이 사건 협약 특수조건 제9조 제1항에서 계약의 변경은 피고의 승인'분'에 한다고 규정을 두고 있는 것은 승인을 객관적인 금액산정을 위한 절차로 본 것으로 이해해야 한다. 피고의 승인이 없을 경우에는 절대적으로 초과비용청구가 불가능하다는 의미로 이 조항을 해석하는 것은 형평이 강조되는 계약의 본질에 반하는 해석이라고 보아야 할 것이다.

다음으로 묵시적인 승인이 이루어졌다고 해석할 수 있는지에 대해서도 민사소송으로 진행된 1심 판결과 행정소송으로 진행된 대상판결 및 항소심판결 사이에 차이가 있었다. 계약이행과정에서 초과비용지급에 관한 협의 등 다양한 사실관계들이 있음에도 불구하고 대상판결은 '묵시적 승인'을 인정하지 않았는데, 민사소송으로 진행된 1심판결에서는 이와 같은 사실관계들이 '묵시적 승인'을 인정할 수 있는 근거가 된다고 본 것을 알 수 있다. 이러한 '묵시적 승인'에 대한 해석 차이도 '사법상 계약'과 '공법상 계약'의 차이에서 나왔다고 보기는 힘들다.

위의 계약이행과정에서의 사실관계들을 보면 방위사업청에서 초과비용지급을 일체 하지 않으려고 했다기 보다는 객관적으로 금액을 산정하는 데에 초점을 맞추었음을 알 수 있다. 다시 말해 일체의 승인을 거부하였다기보다는 묵시적으로 승인은 하되, 그 금액에 대해서는 합의가 되지 않았던 상황이었음을 알 수 있다. 계약의 해석에서 계약체결 이후의 당사자들의 행동은 매우 중요하게 작동하는데, 대상판결은 이러한 계약체결 이후의 당사자들의 행동을 충분히 고려하지 않았다는 점에서도 설득력을 갖기가 힘들다.[13]

전반적으로 보았을 때 대상판결에서 공법상 계약조항을 해석함에 있어서 공법상 계약의 특성을 반영했다고 보기는 힘들다. 그렇다면 일반론적으로 '공법상 계약'의 해석과 '사법상 계약'의 해석에 있어서 차이점이 있다고 볼 수 있을까. 문언의 내용, 약정이 이루어진 동기와 경위, 약정으로 달성하려는 목적, 당사자의 진정한 의사 등을 종합적으로 고찰해야 한다는 점에서는 공법상 계약과 사법상 계약의 해석론에 공통점이 존재함은 부인할 수 없다. 그러나 양자의 차이점도 존재하는데, 공법상 계약의 경우에는 '법률우위의 원칙'과의 관계

---

[13] 이에 관한 선행연구로 김서기, "계약해석기준으로서 '계약체결이후의 당사자들의 행동'에 관한 고찰 – 대법원 2003. 1. 24. 선고 2000다5336, 5343 판결에 대한 비판적 검토", 『민사법학』 제45권 제1호, 2009가 있다.

상 적용되는 법률에 가능한 한 합치되는 해석을 하는 것이 필요하다는 점에서 그러하다. 앞서 보았듯이 독일에서도 공법상 계약의 해석원리 중의 하나로 '법률합치적 공법상 계약 해석의 원칙'(gesetzeskonforme Auslegung von öffentlich-rechtlichen Verträgen)을 채택하고 있음을 보더라도 그러하다.14)

이러한 점들을 고려하면 이 사건 협약 특수조건 제9조 제1항은 국가계약법 제19조와 가능하면 조화되는 방향으로 해석하는 것이 타당하다고 할 것이다. 이렇게 본다면 이 사건 협약 특수조건 제9조 제1항은 초과비용의 발생가능성 및 피고의 보전의무를 인정하되, 국가기관과의 협약이라는 특수성에 비추어 절차적인 과정으로서의 승인이 필요하다고 해석하는 것이 타당하다고 하겠다.

3. 공법상 계약조항이 부당특약에 해당하는지 여부

대상판결은 이 사건 특수조건 제9조 제1항이 국가계약법 시행령 제4조(현행 국가계약법 제5조)에 위반한 부당특약에 해당되지 않는다고 보고 있는데, 이에 비해 민사소송으로 진행된 항소심법원은 다음과 같이 부당특약으로서의 성격을 인정하고 있다.

"위 특수조건 제9조 제1항 단서에서 물가변동 등의 경우에 대해서까지 협약내용의 변경과 피고의 승인을 조건으로 하여서만 초과비용을 인정하도록 한 것은, ① 앞서 본 국가계약법 제19조, 같은 법 시행령 제64조가 물가변동 등 계약금액 조정의 필요성이 있는 경우 국가는 반드시 소정의 기준과 절차에 따라 금액을 조정하여 줄 의무가 있는 것으로 규정하고 있는 점, ② 이 사건 협약 특수조건 제9조 제4항 내지 7항의 사업비 정산절차에 관한 규정에서 정산 결과 정부출연금 잔액이 있는 경우 피고는 환수 등 필요한 조치를 취한다고 규정하여 무조건적인 계약금액의 감액을 예정하면서 거꾸로 물가변동 등 외부적 요인에 의한 초과비용이 발생한 경우에는 협약변경과 피고의 승인을 조건으로 하여서만 증액을 인정하는 것은 형평에 반하는 것으로 볼 수 있는 점 등에 비추어 보면, 계약당사자 쌍방에게 중립적이고 불편부당한 조항이라기보다는 피고가 우월적인 지위를 이용하여 원고의 계약상 이익을 부당하게 제한하는 특약 또는 조건에 해당한다고 봄이 상당하므로, 위 특수조건 제9조 제1항 단서의 물가상승 등 해당 부분은 국가계약법 시행령 제4조에 위반되어 무효이다."

위와 같은 입장차이가 '사법상 계약'과 '공법상 계약'의 차이에서 기인한 것인지가 문제된다. 대상판결의 논리를 보면, ① 국가계약법 제19조의 계약대금조정규정의 적용을 배제

---

14) OVG-Brandenburg – Beschluss, 2 B 265/03 vom 23.10.2003.

하는 취지로 이 사건 협약이 체결된 것으로 보았다는 점, ② 공공조달계약의 경우에 계약대금조정규정의 적용을 배제하는 특약이 유효하다고 본 대법원 판례(대법원 2017. 12. 21. 선고 2012다74076 전원합의체)가 있다는 점, ③ 이 사건 협약의 체결 경위 및 내용 등의 사정 등을 고려하여 이 사건 협약 특수조건 제9조 제1항이 부당특약이 아니라고 본 것을 알 수 있다.

대상판결이 국가연구개발협약은 공법상 계약이어서 국가계약법 제19조의 적용이 배제된다고 보았기 때문에 위 ①번 논리는 '공법상 계약'과 '사법상 계약'의 구별과 관련성이 있다. 그러나 사법상 계약에 해당하는 공공조달계약에 관한 계약대금조정규정의 적용배제특약에 관한 판례를 언급하고 있는 ②번 논리는 '공법상 계약'과 '사법상 계약'의 구별과는 무관하다고 할 수 있다. ③번 논리도 특별히 '공법상 계약'의 특성을 반영한 것으로 보이지는 않는다.

공법상 계약이어서 국가계약법의 적용이 배제된다고 보는 것은 타당하지 않다는 점에 대해서 앞서 이미 논의하였으므로 여기에서는 ②번 논리(국가계약법 제19조의 적용을 배제하는 특약이 공공조달계약에서 가능하다는 판례의 법리가 이 사안에도 적용된다는 논리)에 대해서 우선 살펴본다. 이에 대해서는 다음과 같은 비판이 가능하다.

첫째, 국가계약법 제19조의 적용을 배제하는 특약이 공공조달계약에서 가능하다는 판례에 대해서는 지나치게 국가에 유리한 해석을 정당화한다는 점에서 이에 대한 비판이 적지 않다.[15] 즉, 국가계약법 제19조는 강행규정으로서 당사자의 합의에 의해서 적용배제가 불가능한 것으로 보아야 하며, 이러한 법리는 사법상 계약이거나 공법상 계약이거나 상관없이 적용된다고 보아야 한다.

둘째, 가사 국가계약법 제19조의 적용을 배제하는 특약이 공공조달계약에서 가능하다는 판례가 타당하다고 보더라도, 공공조달계약에 관한 판례사안과 대상판결의 사안자체가 차이가 크기 때문에 위 판례를 근거로 삼아 대상판결에도 계약대금조정규정의 적용배제가

---

15) 이에 관한 판례평석으로 김태관, "국가계약법상 물가변동에 따른 계약금액 조정규정의 법적 성질 − 대법원 2017. 12. 21. 선고 2012다74076 전원합의체 판결을 중심으로", 『일감부동산법학』 제17호, 2018; 이영선, "국가계약법령상 물가변동에 따른 계약금액 조정 규정의 적용을 배제하는 합의의 효력", 『사법』 제43호, 2018; 이화연, "국가계약법령의 물가변동에 따른 계약금액 조정규정에 위배되는 계약금액 고정특약의 효력에 관하여 − 대법원 2017. 12. 21. 선고 2012다74076 전원합의체 판결을 중심으로", 『사법』 제44호, 2018; 임성훈, "公共契約에서 契約金額調整을 排除하는 特約의 效力", 『행정판례연구』 제23권 제2호, 2018; 김대인, "공공조달계약에서 부당특약 관련판례에 대한 고찰", 『연우 최광률 명예회장 헌정논문집』, 2020 등 다수가 있는데, 이 중에서 이영선 부장판사의 평석을 제외한 나머지 평석들은 대법원의 다수의견을 비판적으로 보고 있다.

가능하다고 보는 것은 타당하지 않다. 왜냐하면 공공조달계약에 관한 판례사안은 '계약대금조정규정'을 배제하는 취지의 특약이 명시적으로 체결된 경우인 반면,[16) 대상판결의 사안은 물가변동이나 환율변경으로 인한 추가비용의 청구가능성을 염두에 두고 있었기 때문이다.

셋째, 무엇보다 이 사건 국가연구개발협약과 같이 '공법상 계약'의 경우에도 국가계약법상 계약대금조정규정을 내부규정(임의규정)[17)으로 보아 쉽게 그 적용을 배제하는 특약이 허용된다고 해석하는 것은 '법률우위의 원칙'과의 관계에서 타당하다고 보기 힘들다.[18)

다음으로 위 대상판결의 ③번 논리(이 사건 협약의 체결 경위 및 내용 등의 사정에 비추어 원고의 정당한 이익과 합리적인 기대에 반하여 형평에 어긋나는 특약으로 보기 힘들다)를 살펴보자. 그런데 문제는 대상판결이 "피고의 승인이 없을 경우에는 어떠한 경우에도 초과비용청구가 불가능하다는 의미"로 이 사건 협약 특수조건 제9조 제1항을 해석하는 전제에 서 있음에도 불구하고 이것이 형평에 어긋나지 않는다고 판단하고 있다는 점이다. 만약 민사소송으로 진행된 1심 판결과 같이 "초과비용의 발생가능성 및 피고의 보전의무를 인정하되, 국가기관과의 협약이라는 특수성에 비추어 절차적인 과정으로서의 승인이 필요하다는 의미"로 이 사건 협약 특수조건 제9조 제1항을 해석한다면 부당특약이라고 보기 힘들 것이나, 대상판결과 같이 해석하면서도 부당특약을 인정하지 않는 것은 설득력이 있다고 보기 힘들다.

이러한 점들을 종합적으로 고려하면 "피고의 승인이 없을 경우에는 어떠한 경우에도 초과비용청구가 불가능하다는 의미"로 이 사건 협약 특수조건 제9조 제1항을 해석하는 것은 상당성의 원칙에 어긋난다고 보는 것이 타당하다. 그리고 이러한 결론은 공법상 계약에도

---

16) "입찰예정금액 중 국외업체와 계약하는 부분(이하 '국외 공급분'이라 한다)과 관련된 금액은 계약기간 중의 물가변동을 고려한 금액으로서 물가조정으로 인한 계약금액 조정이 필요하지 아니한 고정불변금액이므로, 입찰자는 입찰 전에 전 계약기간 동안 발생할 수 있는 물가변동(환율변동 등)을 감안하여 입찰금액을 작성하여야 하고, 국외 공급분의 계약금액 고정에 대하여 민·형사상 이의를 제기할 수 없다."라는 내용으로 특약이 체결되었다.

17) 내부규정으로 보는 것과 임의규정으로 보는 것을 엄밀하게는 동일하다고 보기 힘들다는 견해가 제시될 수 있으나, 「국가계약법」의 해석만 놓고 보면 양자는 실질적으로 같은 결과를 낳는다고 볼 수 있다. '내부규정'이라는 것은 행정내부에만 적용되는 것으로서 재판규범성이 없다는 의미라고 할 수 있는데, 「국가계약법」이 '내부규정'이라는 것은 당사자간에 이와 다른 내용의 합의가 가능하다는 의미에서의 '임의규정'으로 보는 것과 결과적으로 다를 바가 없기 때문이다.

18) 국가계약법상의 규정을 내부규정으로 보는 판례의 태도를 비판적으로 검토하고 있는 문헌들로 이상덕, "지방계약과 판례법 – 사법상 계약, 공법상 계약, 처분의 구별을 중심으로", 『홍익법학』 제19권 제4호, 2018, 10-11면; 김용욱, "위법한 조달계약의 효력과 강행규정", 『경희법학』 제55권 제4호, 2020, 148-149면.

마찬가지로 적용된다고 할 수 있다. 일반론적으로 볼 때 국가계약법 제5조 제3항(구 국가계약법 시행령 제4조)의 부당특약의 판단에 있어서 사법상 계약과 공법상 계약을 동일하게 보아서는 안 될 것이나, 그렇다고 해서 공법상 계약의 경우 국가의 우위가 무비판적으로 정당화되어서는 안 될 것이다.

대상판결에서 문제되지는 않았지만 대상판결과 같이 명시적인 승인이 필요하다고 보되, 부당하게 승인이 거부된 경우에는 이에 대해서 권리구제가 가능하다고 본다면 이 사건 특약을 부당특약이라고 보지 않을 여지가 있는 것은 사실이다. 그렇다면 이 경우 어떠한 권리구제가 가능하다고 볼 것인지가 문제된다. 승인거부를 거부처분으로 보아 항고소송의 대상으로 보아야 한다는 견해가 제시될 수 있으나, 이러한 승인거부는 넓게 볼 때 공법상 계약의 불이행 문제로 보는 것이 타당하므로 당사자소송의 대상으로 보는 것이 타당하다.[19]

4. 신뢰보호의 원칙 또는 비례원칙 위반여부

대상판결에서 주목할 만한 부분은 공법상 계약에 행정법의 일반원리(신뢰보호의 원칙 및 비례원칙) 의 적용에 대한 판시를 하였다는 점이다. 그동안 행정법의 일반원리는 주로 행정처분에 대한 사법통제에서 적용되었고, 공법상 계약에 대한 사법통제에서는 적용되는 경우를 찾아보기가 힘들었다. 비록 결과적으로 대상판결에서는 해당사안에서 이 두 가지 기본원리의 요건이 충족되지는 않았다고 보았지만, 공법상 계약에도 행정법의 일반원리가 원칙적으로 적용된다는 점을 밝혔다는 점에서는 의미가 큰 것으로 볼 수 있다.

신뢰보호원칙의 위반을 인정하지 않은 대상판결을 보면 신뢰보호원칙의 네 가지 구성요건 중에 첫 번째 구성요건(공적인 견해표명)이 결여된 것으로 보아 신뢰보호원칙위반을 부인하고 있음을 볼 수 있다. 그러나 앞서 보았듯이 이 사건 협약 특수조건 제9조 제1항을 초과비용의 발생가능성 및 피고의 보전의무를 인정하되 국가기관과의 협약이라는 특수성에 비추어 절차적인 과정으로서의 승인이 필요하다는 의미로 해석할 경우에는, 위 특수조건의 체결로 합리적인 범위 내의 초과비용에 대해서는 승인절차를 거쳐 청구가 가능하다는 취지의 공적 견해표명이 있었던 것으로 보아야 할 것이다. 이러한 공적 견해표명을 신뢰한 데에 원고에게 귀책사유가 있다고 보기 힘들고, 원고는 이에 대한 신뢰를 바탕으로

---

19) 묵시적인 승인이 이루어졌으나 구체적인 금액에 대해서 합의가 되지 않은 경우에도 공법상 당사자소송의 대상으로 볼 것이다. 이와 유사한 사안에서 공법상 당사자 소송의 대상으로 본 판례로 대법원 2021. 2. 4. 선고 2019다277133 판결(보금자리주택개발사업에 관련하여 체결된 협약상 자본비용청구가 문제된 사건)을 들 수 있다.

계약이행을 완료하였고, 피고의 정산금청구거부로 신뢰에 반하는 행위가 이루어진 것으로 보아야 할 것이다. 다시 말해 신뢰보호의 모든 요건이 충족된 것으로 보아야 할 것이다.

대상판결이 비례원칙위반을 부인하고 있는 구체적인 논리들도 다음과 같은 점에서 설득력을 갖기 힘들다. 대상판결은 이 사건 협약 특수조건 제9조 제1항의 의미에 대해 원고의 충분한 이해가 있었다고 하는데, "피고의 승인이 없을 경우에는 어떠한 경우에도 초과비용 청구가 불가능하다는 의미"로 원고가 위 규정을 의미했다고는 도저히 볼 수 없다. 이 사건 협약의 궁극적인 목적에 공익성이 높다는 이유만으로 비례원칙위반을 부인할 수 있는 근거가 된다고 보기 힘들다. 독일에서도 공법상 계약의 내용통제의 원리로 비례원칙을 도입하고 있는 점을 고려하더라도 그러하다.[20]

대상판결은 비례원칙, 신뢰보호원칙이 공법상 계약에도 적용될 수 있다는 전제하에 서 있기는 하지만, 이들 행정법의 기본원리들이 1) 행정처분에 적용될 경우와 2) 공법상 계약에 적용될 경우에 어떠한 차이가 발생할 수 있는지에 대해서는 충분한 인식을 하고 있지는 못한 것으로 보인다. '일방적'으로 이루어지는 행정처분에 비해 '당사자간의 합의'에 의해서 이루어지는 공법상 계약의 경우에는 비례원칙, 신뢰보호원칙 등의 적용에 상대적으로 신중할 필요는 있을 것이다. 그러나 당사자간의 합의가 있다는 점만으로 이들 원칙이 공법상 계약에 적용되지 않는다고 볼 수는 없을 것이다. 독일 「연방행정절차법」 제56조에서 공법상 계약(그 중 교환계약)에 비례원칙이 적용될 수 있다는 점을 인정하면서 "반대급부는 종합적인 상황을 고려할 때 적정해야 하며, 행정청의 계약상 급부와도 실질적 관련성이 있어야 한다"라고 되어 있는 점을 고려하면, 결국 비례원칙, 신뢰보호원칙을 적용함에 있어서는 계약당사자간의 급부의 균형관계, 합의에 이르게 된 종합적인 상황을 고려해야 할 것이다.

Ⅳ. 요약과 결론

대상판결의 판시사항은 크게 네 가지로 요약될 수 있는데, 첫째, 국가계약법은 원칙적으로 공법상 계약에 적용되지 않는다는 것이고, 둘째, 공법상 계약조항(이 사건 협약 특수조건

---

20) 독일 「연방행정절차법」 제56조에서는 공법상 계약의 일종으로 '교환계약'(Austauschvertrag)에 관한 규정을 두고 있다. 이에 따르면 국가와 계약상대방간의 교환계약은 계약상대방에게 요구되는 반대급부가 계약의 목적에 부합하고 행정청의 공적인 임무수행을 충족시킬 때 체결될 수 있다. 또한 반대급부는 종합적인 상황을 고려할 때 적정해야 하며, 행정청의 계약상 급부와도 실질적 관련성이 있어야 한다. 이는 '비례원칙'(Verhältnismäßigkeitsprinizip)이 공법상 계약의 영역에 반영된 예로 설명되고 있다. Elke Gurlit, Verwaltungsvertrag und Gesetz, Tübingen, 2000, S.338.

제9조 제1항)상의 피고의 승인은 계약변경을 위한 필수적인 절차로 보아야 하며 묵시적인 승인이 이루어진 것으로도 보기 힘들고, 셋째, 공법상 계약조항(이 사건 협약 특수조건 제9조 1항)이 구 국가계약법 시행령 제4조(현 국가계약법 제5조 제3항)에 위반한 부당특약에 해당한다고 보기 힘들고, 넷째, 초과비용 지급을 거절하는 것이 신뢰보호의 원칙 또는 비례원칙 위반에 해당한다고 보기 힘들다는 것이다.

그러나 이러한 대상판결은 '공법상 계약'의 법리를 제대로 반영했다고 보기 힘들다. 첫째, 우리나라 국가계약법의 적용범위를 고려할 때 공법상 계약을 국가계약법의 적용대상에서 원칙적으로 배제할 이유는 없으며, 둘째, 국가계약법 제19조의 계약대금조정규정과 조화롭게 해석할 경우 이 사건 협약 특수조건 제9조 제1항은 추가비용청구권은 인정하되 그 객관적인 금액의 확정을 위해 승인절차를 둔 것으로 이해해야 하며, 셋째, 이 사건 협약 특수조건 제9조 제1항을 "피고의 승인이 없을 경우에는 어떠한 경우에도 초과비용청구가 불가능하다는 의미"로 이해하는 것은 형평에 어긋나는 것으로서 부당특약으로 보아야 하고, 넷째, 계약체결 이후의 정황들을 고려하면 초과비용 지급을 거절하는 것이 신뢰보호원칙이나 비례원칙 위반에 해당한다고 보아야 한다. 이러한 점을 고려하면 이 사건 정산금청구는 원칙적으로 인용하는 것이 타당했다고 할 수 있다.[21]

대상판결 및 이를 유지한 항소심 및 대법원 판결은 '공법상 계약'이 마치 국가에게 일방적으로 유리한 계약제도인 것으로 오해를 불러일으킬 수 있다는 점에서 문제점을 내포하고 있다. 행정법의 기본이념이 '국민의 권익구제'와 '행정의 효율적인 공익추구'간의 균형을 추구하는 데에 있다고 할 것인데(행정기본법 제1조), 대상판결과 같이 공법상 계약을 해석하는 것은 이러한 균형을 해친다는 점에서 문제가 있다. '사법상 계약'은 대등한 관계이지만 '공법상 계약'은 대등하지 않은 관계로 지나치게 도식적으로 이해하는 것도 바람직하지 않다.[22] 공법상 계약도 '계약'으로서의 형평성을 비례원칙의 관점에서 고려해야 하며, 다만 '법률우위의 원칙'과의 관계에서 사법상 계약과 차별화되는 특성을 갖는 것으로 보아야 할 것이다.

---

21) 다만 이 경우 구체적인 정산금액을 어떻게 볼 것인지가 문제되는데, 이 문제에 대해서는 양 당사자의 출연비율을 고려하여 일부금액을 인정한 파기환송전의 항소심(서울고등법원 2015. 4. 1. 선고 2014나 2002868 판결)의 태도가 중요한 참고자료가 된다.

22) 판례는 '행정처분'과 '공법상 계약'을 구별할 때에는 공법상 계약의 '대등성'을 강조하면서(대법원 2011. 6. 30. 선고 2010두23859 판결), '사법상 계약'과 '공법상 계약'을 구별할 때에는 공법상 계약의 '비대등성'을 강조하는 모순적인 태도를 보이는 경향이 있다.

생각할 문제

1. 「국가를 당사자로 하는 계약에 관한 법률」은 사법상 계약에만 적용되는가, 아니면 공법상 계약에도 적용될 수 있는가

2. 공법상 계약의 해석원리와 사법상 계약의 해석원리의 공통점과 차이점은 무엇인가.

3. 비례원칙이나 신뢰보호원칙이 행정처분에 적용될 경우와 공법상 계약에 적용될 경우 어떠한 차이가 있는가.

4. 「국가를 당사자로 하는 계약에 관한 법률」 제5조의 부당특약금지규정은 민법 제103조의 반사회질서행위금지규정과 어떠한 관계에 있는가.

대법원 2022. 6. 30. 선고 2022다209383 판결
[입찰절차의 하자가 계약에 미치는 영향]

서 경 원*

[사실관계]

가. 피고는 2020. 3. 24. 광주광역시 공고 제2020-191호로 'ㅇㅇㅇㅇ마을 진입도로 확장공사 기본 및 실시설계용역'(이하 '이 사건 용역'이라 한다)에 관한 입찰(이하 '이 사건 1차 입찰'이라 한다)을 공고하였다.

나. 이 사건 1차 입찰은 제한경쟁입찰로서 입찰자 중 예정가격 이하로서 낙찰하한율(87.745%) 이상 최저가로 입찰한 자 순으로 적격심사하여 종합평점이 95점 이상인 자를 낙찰자로 결정하기로 정하였는데, 낙찰자의 결정기준으로 입찰공고일 기준 최근 3년간 준공(완료)된 해당 용역 이행실적 합계액(평가대상 용역 추정가격 177,670,000원)의 이행실적을 요구하였고, '도로개설(확장)공사 기본 및 실시설계용역'을 실적인정범위로 정하였다. 한편 이 사건 1차 입찰공고 및 그 입찰에 적용되는 「지방자치단체 입찰 및 계약 집행기준」(행정안전부 예규 제90호)에서는 "사업내용, 예정가격, 입찰참가자격, 입찰 및 계약의 조건 등 입찰공고 내용에 중대한 착오·오류가 있는 경우에는 해당 입찰공고를 취소하고 새로 공고를 해야 한다."라고 규정하였고, 「국가종합전자조달시스템 전자입찰특별유의서」(조달청고시 제2017-13호, 이하 '이 사건 특별유의서'라 한다) 제13조 제1항에서는 "낙찰자선정통보 이전에 수요기관 등의 예산사정, 사업계획의 변경 등 불가피한 사유가 있을 때에는 해당 입찰을 취소할 수 있다."라고 규정하였다.

다. 원고를 포함한 72개 업체가 이 사건 1차 입찰에 참가하였고, 2020. 4. 1. 개찰을 실시한 결과 원고가 6순위 적격심사대상자로 선정되었다.

라. 피고는 1순위 적격심사대상자를 상대로 적격심사를 실시한 뒤 2020. 4. 21. 이행실적 요건을 충족하지 못하였다는 이유로 부적격통보를 하였고, 2, 3순위 적격심사대상자들은 2020. 4. 23. 피고에게 실적 부족을 이유로 적격심사 포기서를 제출하였다.

---

* 법무법인 태평양 변호사

마. 피고는 4순위 적격심사대상자에 대한 적격심사를 실시하는 과정에서 이 사건 1차 입찰의 적격심사에 적용하는 실적인정범위가 과도한 제한이라고 판단한 다음, 2020. 5. 21. 이 사건 1차 입찰을 취소하고, 같은 날 광주광역시 공고 제2020-355호로 실적인정범위를 '도로개설(확장)공사 기본 및 실시설계용역 또는 도로개설(확장)공사 실시설계용역'으로 변경하여 그 실적인정범위를 완화한 이 사건 용역에 관한 입찰(이하 '이 사건 2차 입찰'이라 한다)을 공고하였다.

바. 피고는 이 사건 2차 입찰에서 주식회사 거평엔지니어링(이하 '거평엔지니어링'이라 한다)을 낙찰자로 결정한 후 2021. 3. 5. 계약금액을 172,612,510원, 용역의 완수일자를 2021. 11. 5.로 정하여 이 사건 용역에 관한 계약을 체결하였고, 2021. 6. 9. 계약금액을 241,154,000원, 용역의 완수일자를 2022. 3. 5.로 변경하는 변경계약을 체결하였다.

사. 원고는 피고가 수요기관의 예산사정이나 사업계획 변경이 아니라 '실적 인정범위가 과도하게 제한되었다'라는 이유로 이 사건 1차 입찰을 취소하였는데, 위와 같은 사유는 이 사건 특별유의서 제13조 제1항에서 정한 '불가피한 사유가 있는 경우'에 해당하지 않고(입찰취소 사유 관련), 나아가 피고는 개찰이 된 이후인 2020. 5. 21.에야 이 사건 1차 입찰을 취소하였는데, 이는 「지방자치단체 입찰 및 계약 집행기준」상 '개찰' 이후에는 입찰을 취소할 수 없다는 규정을 위배하였다(입찰취소 시기 관련)는 등의 이유로, 이 사건 1차 입찰에서 원고가 4, 5순위 다음 차례로 낙찰자 결정 기준에 따른 적격심사대상자의 지위에 있음을 확인하고, 이 사건 2차 입찰 공고 및 이에 따른 낙찰자와 결정과 계약 체결이 각 무효임의 확인한다는 내용의 확인의 소를 제기하기에 이르렀다.

[사건의 경과]

1. 1심판결[1] - 일부 각하, 일부 기각

가. 이 사건 2차 입찰 관련 청구 - 확인의 이익 부존재로 각하

원고가 이 사건 2차 입찰 공고에 참여하지 않은 이상, 설령 원고의 주장과 같이 이 사건 2차 입찰 공고에 따른 낙찰자 결정 및 계약 체결이 무효라고 할지라도, 이 사건 2차 입찰에 참여하지 않은 원고가 위 입찰의 낙찰자로 결정된다고 볼 수 없고, 나아가 이 사건 2차

---

1) 광주지방법원 2021. 6. 11. 선고 2020가합58682 판결.

입찰절차에서 보호받을 가치가 있는 법률상 이익을 가지는 것도 아닌 사정을 고려할 때, 확인의 이익이 없어 부적법하다는 이유로, 1심 판결은 이 사건 2차 입찰 공고에 따른 낙찰자 결정 및 계약 체결에 대한 무효확인을 구하는 소를 각하하였다.

나. 이 사건 1차 입찰 관련 청구 - 입찰 취소 유효로 기각

1) 이 사건 1차 입찰 공고에 표시된 이행실적 인정 범위를 문언 그대로 적용할 경우 입찰 참가자들의 설계용역 이행실태를 제대로 반영하지 못할 우려가 있고, 다른 지방자치단체들의 이행실적 요구기준 및 「지방자치단체 입찰 및 계약 집행기준」상 계약담당자가 입찰 및 계약 시 금지해야 할 사항('동일한 종류의 공사실적을 인정하지 않는 사례', '특정한 명칭의 실적으로 제한하여 실제 동일 실적에 해당하는 실적을 인정하지 않거나 입찰참가를 제한하는 사례')과도 차이가 있는 등 기존 이행실적 인정 범위의 문제점을 조정하는 것이 불가피하였다고 볼 수 있어, 입찰 취소에 불가피한 사유가 있다.

2) 「지방자치단체 입찰 및 계약 집행기준」의 규정을 개찰 절차 이후에 입찰공고의 중대한 착오·오류가 있는 사실을 발견한 경우에도 개찰 이후 입찰을 취소할 수 없다고 해석할 수는 없다고 보아, 입찰 취소가 늦었다고 볼 수 없다.

3) 결국 이 사건 1차 입찰 취소가 위법하여 무효라고 단정하기 어렵다는 이유로, 1심 판결은 이 사건 1차 입찰이 유효하게 존속함을 전제로 이 사건 1차 입찰에서 원고가 4, 5순위 다음 차례로 낙찰자 결정기준에 따른 적격심사대상자의 지위에 있음의 확인을 구하는 청구를 기각하였다.

다. 원고의 불복

원고는 위와 같은 1심판결 전부에 대하여 항소를 제기하였다.

2. 원심판결[2] - 청구 전부 인용

가. 본안전 소송요건 판단 - 확인의 이익 존재(이 사건 2차 입찰 관련 청구)

취소 전 입찰절차에서의 제2순위 적격심사대상자는 추후 진행되는 적격심사에서 제1순위 적격심사대상자가 부적격판정을 받거나 계약을 체결하지 아니하면 적격심사를 받아 낙찰자 지위를 취득할 수도 있으므로 취소 전 입찰절차상 제2순위 적격심사대상자로서의 지

---

2) 광주고등법원 2022. 1. 12. 선고 2021나22823 판결.

위에 대한 확인과 위 입찰절차의 취소 및 새로운 입찰공고가 무효임의 확인을 구하는 소가 단순한 사실관계나 과거의 법률관계의 존부 확인에 불과하다고 할 수 없다. 또한 확인의 소로써 위험·불안을 제거하려는 법률상 지위는 반드시 구체적 권리로 뒷받침될 것을 요하지 아니하고 그 법률상 지위에 터잡은 구체적 권리 발생이 조건 또는 기한에 걸려 있거나 법률관계가 형성과정에 있는 등 원인으로 불확정적이라고 하더라도 보호할 가치 있는 법적 이익에 해당하는 경우에는 확인의 이익이 인정될 수 있다(대법원 2000. 5. 12. 선고 2000다2429 판결 참조). 한편 국가나 지방자치단체가 실시하는 공사입찰에서 적격심사과정의 하자로 인하여 낙찰자결정이 무효이고 따라서 하자 없는 적격심사에 따른다면 정당한 낙찰자가 된다고 주장하는 자는 낙찰자로서의 지위에 대한 확인을 구할 수 있고 이러한 법리는 위 입찰에 터잡아 낙찰자와 계약이 체결된 경우에도 동일하다 할 것이나, 나아가 낙찰자와 체결된 계약에 의하여 이미 그 이행까지 완료된 경우에는 더 이상 낙찰자결정이 무효임을 주장하여 낙찰자지위에 대한 확인을 구할 이익이 존재하지 않는다(대법원 2004. 9. 13. 선고 2002다50057 판결 참조).

위와 같은 법리에 기초하여 보건대, 이 사건 1차 입찰의 취소가 효력이 없다고 할 경우 원고는 6순위 적격심사대상자로서 추후 진행되는 적격심사에서 4, 5순위 적격심사대상자가 부적격 판정을 받거나 계약을 체결하지 않으면 적격심사를 받아 낙찰자 지위를 취득할 수 있고, 이 사건 1차 입찰과 관련하여 원고가 갖는 위와 같은 이익은 비록 불확정적이라고 하더라도 보호할 가치가 있는 법적 이익에 해당한다.

그러므로 이 사건 1차 입찰절차상 6순위 적격심사대상자로서의 지위에 대한 확인, 이 사건 1차 입찰의 취소 및 새로운 입찰공고(이 사건 2차 입찰공고)에 대한 무효 확인, 새로운 입찰공고에 따른 낙찰자 결정 및 계약체결에 대한 무효 확인을 구하는 이 사건 소가 단순한 사실관계나 과거의 법률관계의 존부 확인에 불과하다고 할 수 없고, 원고로서는 이를 다투는 피고를 상대로 이 사건 소로써 위와 같은 확인을 구할 확인의 이익이 있다.

나. 본안에 관한 판단 – 모두 인용

1) 이 사건 1차 입찰 취소 – 무효

이 사건 1차 입찰공고에서 정한 실적인정의 범위와 관련하여 중대한 오류가 있다거나 객관적으로 사업을 진행할 수 없는 중대한 사유가 있다고 볼 수 없다. 오히려 이 사건 용역과 동일한 종류의 기존 이행용역을 이행실적으로 요구하는 이 사건 1차 공고에 아무런 문제가 없음에도, 피고는 적격심사대상자의 기존 이행용역이 실질적으로 기본설계와 실시설계를 동시에 이행한 경우에 해당하는지를 검토하여야 하는 부담을 덜기 위한 편의적인 조치로 이 사건 1차 입찰을 취소한 것으로 보인다.

또한 이 사건 1차 입찰은 입찰서 제출이 마감된 후 개찰이 이루어져 입찰 참가자들의 투찰금액과 적격심사대상 순위까지 모두 공개되었고, 이후 적격심사절차를 진행하여 4순위 적격심사대상자에 대한 적격심사가 실시될 정도로 입찰절차가 상당히 진행되었으며, 이 사건 1차 입찰에 적용되는 이 사건 특별유의서 제13조 제1항은 입찰취소 사유를 엄격하게 제한하고 있으므로, 원고를 비롯한 입찰 참가자들은 적격심사를 거쳐 낙찰자를 결정하고 용역계약을 체결하기에 이르기까지 이 사건 1차 입찰의 나머지 절차가 계속 진행될 것이라는 기대와 신뢰를 갖게 되었다고 할 것이다. 나아가 위와 같은 기대와 신뢰는 공공계약의 공공성, 공정성 및 투명성에 비추어 이 사건 1차 입찰에 적용되는 지방자치단체를 당사자로 하는 계약에 관한 법률 등 관련 법령이나 이 사건 특별유의서 등 관련 기준, 신의칙 등에 의하여 보호할 가치가 있는 법적인 이익에 해당한다고 봄이 타당하다. 따라서 이 사건 특별유의서 제13조 제1항이 정한 입찰취소 사유가 없음에도 이 사건 1차 입찰을 취소하는 것은 원고를 비롯한 입찰 참가자들의 위와 같은 기대와 신뢰를 부당하게 깨뜨리는 결과를 초래하므로 허용될 수 없다.

따라서 이 사건 1차 입찰의 취소는 위법하여 효력이 없고, 피고는 이 사건 1차 입찰공고에 따른 입찰절차를 계속 진행하여 적격심사를 실시하여야 하므로, 원고는 4, 5순위 다음 차례로 적격심사대상자의 지위에 있다.

2) 이 사건 2차 입찰 - 무효

이 사건 1차 입찰의 취소는 위법하여 효력이 없으므로, 이 사건 1차 입찰이 취소된 것을 전제로 이루어진 이 사건 2차 입찰공고와 그에 따른 낙찰자 결정 및 계약체결은 모두 무효이다.

다. 피고의 불복

피고는 위와 같은 원심판결 전부에 대하여 상고를 제기하였다.

[대상판결]

대법원은 원심판결 중 이 사건 2차 입찰 공고 및 그에 따른 낙찰자 결정과 계약체결 무효 확인 부분을 파기하고 이 부분 사건을 다시 심리·판단하도록 원심법원에 환송하였다.

그 구체적인 설시를 요약하면 다음과 같다.

원심판결 이유와 기록에 의하여 인정되는 여러 사정을 위 법리에 비추어 보면, 이 사건 2차 입찰공고 및 그에 따른 낙찰자 결정과 계약체결이 무효라고 보기 어렵다. 그 이유는 다음과 같다.

① 지방자치단체가「지방자치단체를 당사자로 하는 계약에 관한 법률」에 따라 입찰을 실시하여 낙찰자와 계약을 체결하는 것은 기본적으로 사경제주체의 지위에서 하는 행위이므로, 원칙적으로 사적 자치와 계약자유의 원칙이 적용된다(대법원 2017. 11. 14. 선고 2016다201395 판결 등 참조). 입찰공고는 청약의 유인에 해당하고, 입찰에 참가하는 것이 청약에 해당하므로, 입찰공고의 주체인 지방자치단체가 청약에 대하여 승낙의 의사표시를 하지 않은 이상 지방자치단체와 입찰참가자들은 계약관계에 있지 않다. 따라서 이 사건 1차 입찰의 취소가 위법하여 효력이 없다고 하더라도 이와 별개로 이루어진 이 사건 2차 입찰이 그 하자를 승계한다고 볼 수 없으므로, 이 사건 2차 입찰공고 및 그에 따른 낙찰자 결정과 계약체결이 당연 무효라고 할 수 없다.

② 원고는 이 사건 1차 입찰이 취소되고 이 사건 2차 입찰공고가 이루어지자 피고를 상대로 원고의 적격심사대상자 지위 유지 및 이 사건 2차 입찰에 따른 절차 진행 금지를 구하는 가처분신청을 하였으나 2020. 8. 24. 그 가처분신청이 기각되었고(광주지방법원 2020카합50388호), 원고가 즉시항고하였으나 2021. 2. 3. 즉시항고가 기각되어 그 무렵 확정되었다(광주고등법원 2020라1114호). 이에 비추어 보면 입찰절차의 하자가 공공성과 공정성이 현저히 침해될 정도로 중대하다고 단정하기 어렵다.

③ 피고는 위 가처분 사건이 확정된 후 이 사건 2차 입찰에서 거평엔지니어링을 낙찰자로 결정하고 계약을 체결하였으므로, 피고가 이 사건 1차 입찰에 따른 계약체결을 무력화하기 위하여 악의적으로 이 사건 2차 입찰에 따른 낙찰자 결정과 계약체결을 진행하였다고 보기 어렵고, 거평엔지니어링이 이 사건 1차 입찰절차의 하자를 알았거나 알 수 있었다고 보기 어려우며, 이 사건 2차 입찰에 따른 낙찰자 결정과 계약체결이 선량한 풍속 기타 사회질서에 반하는 행위에 의하여 이루어진 것이라고 볼 사정도 없다.

④ 이 사건 2차 입찰절차 자체에 낙찰자인 거평엔지니어링이 입찰 참가자격을 갖추지 못하였다거나 그 밖에「지방자치단체를 당사자로 하는 계약에 관한 법률 시행규칙」제42조 각호에서 정한 입찰무효 사유가 있다는 사정을 인정할 자료가 전혀 없다.

그런데도 원심은 이 사건 1차 입찰의 취소의 효력이 없다는 이유로 곧바로 이 사건 2차 입찰공고 및 그에 따른 낙찰자 결정과 계약체결이 효력이 없다고 판단하였다. 이러한 원심판결에는 입찰의 무효에 관한 법리를 오해하여 필요한 심리를 다하지 않음으로써 판결에 영향을 미친 잘못이 있다.

[판결의 평석]

Ⅰ. 사안의 쟁점

원심판결과 대상판결은 ① 이 사건 1차 입찰의 취소가 무효라는 점, ② 원고는 이 사건 1차 입찰절차에서 4, 5순위 다음 차례로 적격심사대상자의 지위에 있음의 확인을 구할 이익이 있다는 점에 대하여는 의견을 같이하고 있다.

그러나, 원심판결이 이 사건 1차 입찰의 취소가 무효인 이상 이 사건 1차 입찰이 취소된 것을 전제로 이루어진 이 사건 2차 입찰공고와 그에 따른 낙찰자 결정 및 계약 체결은 모두 무효라고 본 것에 반해, 대상판결은 ⅰ) 이 사건 1차 입찰의 취소가 위법하여 효력이 없다고 하더라도 이와 별개로 이루어진 이 사건 2차 입찰이 그 하자를 승계한다고 볼 수 없으므로, 이 사건 2차 입찰공고 및 그에 따른 낙찰자 결정과 계약 체결이 당연 무효라고 할 수 없고, ⅱ) 전반적인 사실관계를 고려하였을 때, 입찰절차의 하자가 공공성과 공정성이 현저히 침해될 정도로 중대하다고 단정하기 어려우며, 이 사건 2차 입찰에 따른 낙찰자 결정과 계약 체결이 선량한 풍속 기타 사회질서에 반하는 행위에 따라 이루어진 것이라고 볼 사정도 없다는 등의 이유로 이 사건 2차 입찰공고 및 그에 따른 낙찰자 결정과 계약 체결이 무효라고 보기 어렵다고 보았다.

대상판결은 선행 입찰절차의 취소에 하자가 있는 경우에도 후행 입찰절차에 영향을 미치지 않을 수 있다는 태도를 밝힌 첫 번째 사례로 볼 수 있다. 그런데 대상판결에서는 '이 사건 1차 입찰의 취소가 위법하여 효력이 없다고 하더라도 이와 별개로 이루어진 이 사건 2차 입찰이 그 하자를 승계한다고 볼 수 없으므로'라는 표현을 사용하였고, 이는 입찰절차의 공공성에 비추어 보면, 행정처분에 관한 '하자의 승계'와 비교·검토할 필요가 있는바, 이를 위해서는 입찰절차의 공법상 계약으로서의 성격, 낙찰자 결정에 관한 행정처분성의 부여 가능성, 나아가 행정처분에 관한 하자의 승계에 관한 법리와의 연계라는 관점에서 전반적으로 재구성의 가능성을 검토할 필요가 있다.

Ⅱ. 판례의 이해

기존에 대법원은 입찰절차가 사법상 계약임을 전제로 하여 입찰절차 전반에 관하여 여러 판례를 통해 태도를 밝힌 바 있다. 위와 같은 대법원의 입장을 여러 판례를 통해 검토하고 대상판결의 설시가 어떠한 맥락에서 의미가 있는지 분석할 필요가 있다.

1. 입찰절차에 관한 대법원 판결의 태도

(1) 입찰공고의 성격 - 청약의 유인

대법원은 대상판결 전부터 입찰공고는 "청약의 유인"의 성격을 가짐을 분명히 하고 있다.

≪입찰과 낙찰행위가 있은 후에 더 나아가서 본 계약을 따로이 한다는 경우의 입찰과 낙찰은 계약의 예약이라고 아니 볼 수 없다 하겠으므로 공고안내가 청약의 유인에 지나지 않다고 할 것이니(밑줄은 필자가 임의로 부기, 이하 동일) 공매공고가 청약이 된다고 할 수 없으며 면세특권이 있다는 공매안내가 있더라도 본계약에서 문제되지 않고 있다면 그 사실이 계약의 내용을 이룬다고 논할 수 없다.≫[3]

(2) 낙찰자 결정의 성격 - 계약의 예약

낙찰자 결정은 계약의 예약(편무예약)이고, 낙찰자는 입찰시행자에게 본 계약 체결 청구권을 가진다.

≪구 지방재정법(2005. 8. 4. 법률 제7663호로 전문 개정되기 전의 것) 제63조가 준용하는 '국가를 당사자로 하는 계약에 관한 법률' 제11조는 지방자치단체가 당사자로서 계약을 체결하고자 할 때에는 계약서를 작성하여야 하고 그 경우 담당공무원과 계약당사자가 계약서에 기명날인 또는 서명함으로써 계약이 확정된다고 규정함으로써, 지방자치단체가 당사자가 되는 계약의 체결은 계약서의 작성을 성립요건으로 하는 요식행위로 정하고 있으므로, 이 경우 낙찰자의 결정으로 바로 계약이 성립된다고 볼 수는 없어 낙찰자는 지방자치단체에 대하여 계약을 체결하여 줄 것을 청구할 수 있는 권리를 갖는 데 그치고, 이러한 점에서 위 법률에 따른 낙찰자 결정의 법적 성질은 입찰과 낙찰행위가 있은 후에 더 나아가 본계약을 따로 체결한다는 취지로서 계약의 편무예약에 해당한다.

'국가를 당사자로 하는 계약에 관한 법률'에 따른 입찰절차에서의 낙찰자의 결정으로는 예약이 성립한 단계에 머물고 아직 본계약이 성립한 것은 아니라고 하더라도, 그 계약의 목적물, 계약금액, 이행기 등 계약의 주요한 내용과 조건은 지방자치단체의 입찰공고와 최고가(또는 최저가) 입찰자의 입찰에 의하여 당사자의 의사가 합치됨으로써 지방자치단체가 낙찰자를

---

3) 대법원 1977. 2. 22. 선고 74다402 판결.

결정할 때에 이미 확정되었다고 할 것이므로, 지방자치단체가 계약의 세부사항을 조정하는 정도를 넘어서서 계약의 주요한 내용 내지 조건을 입찰공고와 달리 변경하거나 새로운 조건을 추가하는 것은 이미 성립된 예약에 대한 승낙의무에 반하는 것으로서 특별한 사정이 없는 한 허용될 수 없다.≫[4]

나아가 낙찰자 결정 이후 입찰시행자가 낙찰자에 대하여 계약 체결을 거절하는 경우 예약 채무불이행을 이유로 한 손해배상의무를 부담한다.

≪공사도급계약의 도급인이 될 자가 수급인을 선정하기 위해 입찰절차를 거쳐 낙찰자를 결정한 경우 입찰을 실시한 자와 낙찰자 사이에는 도급계약의 본계약체결의무를 내용으로 하는 예약의 계약관계가 성립하고, 어느 일방이 정당한 이유 없이 본계약의 체결을 거절하는 경우 상대방은 예약채무불이행을 이유로 한 손해배상을 청구할 수 있다. 이러한 손해배상의 범위는 원칙적으로 예약채무불이행으로 인한 통상의 손해를 한도로 하는데, 만일 입찰을 실시한 자가 정당한 이유 없이 낙찰자에 대하여 본계약의 체결을 거절하는 경우라면 낙찰자가 본계약의 체결 및 이행을 통하여 얻을 수 있었던 이익, 즉 이행이익 상실의 손해는 통상의 손해에 해당한다고 볼 것이므로 입찰을 실시한 자는 낙찰자에 대하여 이를 배상할 책임이 있다. 그리고 낙찰자가 본계약의 체결 및 이행을 통하여 얻을 수 있었던 이익은 일단 본계약에 따라 타방 당사자에게서 지급받을 수 있었던 급부인 낙찰금액이라고 할 것이나, 본계약의 체결과 이행에 이르지 않음으로써 낙찰자가 지출을 면하게 된 직·간접적 비용은 그가 배상받을 손해액에서 당연히 공제되어야 하고, 나아가 손해의 공평·타당한 분담을 지도원리로 하는 손해배상제도의 취지상, 법원은 본계약 체결의 거절로 인하여 낙찰자가 이행과정에서 기울여야 할 노력이나 이에 수반하여 불가피하게 인수하여야 할 사업상 위험을 면하게 된 점 등 여러 사정을 두루 고려하여 객관적으로 수긍할 수 있는 손해액을 산정하여야 한다.≫[5]

(3) 입찰절차의 하자에 대한 단계별 취급

1) 낙찰자 결정 이전 단계에서 입찰시행자의 입찰절차 취소

입찰공고는 청약의 유인에 불과하다는 앞서 본 법리를 고수한다면, 낙찰자 결정이 이루어지기 전 단계(입찰공고, 입찰 실시)에서 계약당사자인 입찰시행자(국가 또는 지방자치단체)가 일방적으로 입찰절차를 취소하는 것이 금지된다고 볼 만한 사법상의 근거는 없다.[6] 그러

---

4) 대법원 2006. 6. 29. 선고 2005다41603 판결.
5) 대법원 2011. 11. 10. 선고 2011다41659 판결.
6) 다만 이 경우 입찰시행자에게 입찰자에 대한 계약교섭의 부당파기로 인한 손해배상(신뢰이익 배상)의

나 대법원은 다음과 같이 입찰시행자에 의한 입찰절차의 취소가 일정한 경우에만 허용된다고 보고 있다.

≪지방자치단체를 당사자로 하는 계약에 관한 법률 시행령 제42조에 의한 계약이행능력심사제도가 적용되는 입찰절차에서 개찰이 실시되어 최저가격 입찰자가 가려졌으나 아직 낙찰자 결정이 이루어지지 않은 경우, 그 입찰절차에 관련 법령의 규정이나 입찰공고에 어긋나는 하자가 있고 그 하자로 인하여 다른 입찰자의 정당한 이익을 해하거나 입찰의 공정성과 투명성에 영향을 미칠 우려가 있다고 인정된다면 입찰시행자는 당해 입찰절차를 취소하거나 무효로 할 수 있다고 보아야 하고, 아직 낙찰자를 결정하거나 계약을 체결하지 않은 이상 반드시 그 하자가 입찰절차의 공공성과 공정성을 현저히 침해할 정도로 중대하고 입찰자들이 그러한 사정을 알았거나 알 수 있었어야만 한다거나, 누가 보더라도 선량한 풍속 기타 사회질서에 반하는 행위에 의하여 최저가입찰자가 결정되었음이 분명하여야만 입찰절차를 취소하거나 무효로 할 수 있는 것은 아니다.≫[7]

2) 낙찰자 결정 이후 단계에서 확인의 이익

대법원은 기본적으로 낙찰자 결정 이후 낙찰자와 계약이 체결되었다고 하더라도, 다른 입찰자가 입찰절차의 하자를 이유로 낙찰자(또는 적격심사대상자) 지위 확인을 구할 수 있다고 보면서도, 계약 체결 이후 이행까지 완료되면 예외적으로 확인의 이익을 부정하고 있다.

≪국가나 지방자치단체가 실시하는 공사입찰에서 적격심사과정의 하자로 인하여 낙찰자 결정이 무효이고 따라서 하자 없는 적격심사에 따른다면 정당한 낙찰자가 된다고 주장하는 자는 낙찰자로서의 지위에 대한 확인을 구할 수 있고 이러한 법리는 위 입찰에 터잡아 낙찰자와 계약이 체결된 경우에도 동일하다 할 것이나, 나아가 낙찰자와 체결된 계약에 의하여 이미 그 이행까지 완료된 경우에는 더 이상 낙찰자결정이 무효임을 주장하여 낙찰자 지위에 대한 확인을 구할 이익이 존재하지 않는다.≫[8]

3) 낙찰자 결정 및 계약 체결의 소급적 무효 기준

대법원은 낙찰자 결정이나 계약 체결이 이루어지면 그와 같은 결정 또는 계약이 다음과 같이 일정한 경우에만 무효가 된다는 태도를 고수하고 있다.

무는 발생할 수 있다.

7) 대법원 2010. 4. 8.자 2009마1 결정.
8) 대법원 2004. 9. 13. 선고 2002다50057 판결.

≪계약담당공무원이 입찰절차에서 국가를당사자로하는계약에관한법률 및 그 시행령이나 그 세부심사기준에 어긋나게 적격심사를 하였다 하더라도 그 사유만으로 당연히 낙찰자 결정이나 그에 기한 계약이 무효가 되는 것은 아니고, 이를 위배한 하자가 입찰절차의 공공성과 공정성이 현저히 침해될 정도로 중대할 뿐 아니라 상대방도 이러한 사정을 알았거나 알 수 있었을 경우 또는 누가 보더라도 낙찰자의 결정 및 계약 체결이 선량한 풍속 기타 사회질서에 반하는 행위에 의하여 이루어진 것임이 분명한 경우 등 이를 무효로 하지 않으면 그 절차에 관하여 규정한 국가를당사자로하는계약에관한법률의 취지를 몰각하는 결과가 되는 특별한 사정이 있는 경우에 한하여 무효가 된다고 해석함이 타당하다.≫[9]

4) 선행 입찰절차 취소 및 후행 입찰공고가 진행된 경우 선행 입찰절차 취소 및 후행 입찰절차의 무효

대법원은 대상판결과 유사하게, 1차 입찰절차에서 원고(대림산업 등 4인, 이하 이 항목 내에서 '원고'라고 함)가 제2순위 적격심사대상자로 결정되었고, 이후 1차 입찰절차에서의 낙찰자 결정이 이루어지기 전에 피고(대한민국, 이하 이 항목 내에서 '피고'라고 함)가 입찰절차를 취소하고, 새로운 입찰공고를 한 상태에서, 원고가 피고를 상대로 하여 1차 입찰절차에서의 적격심사대상자 지위 확인 및 새로운 2차 입찰공고의 무효 확인을 구한 사안에서 다음과 같이 판시하여 확인의 이익을 긍정하고, 나아가 1차 입찰절차에서 입찰공고 내용이 불명확하다는 전제하에 입찰절차 취소사유가 된다는 피고의 주장을 배척한 원심의 판단을 수긍하여, 2차 입찰절차의 무효 확인을 구하는 청구를 포함한 원고의 청구를 모두 인용하였다(이하 '비교판결'이라고 한다).

≪취소 전 입찰절차에서의 제2순위 적격심사대상자는 추후 진행되는 적격심사에서 제1순위 적격심사대상자가 부적격판정을 받거나 계약을 체결하지 아니하면 적격심사를 받아 낙찰자 지위를 취득할 수도 있으므로 취소 전 입찰절차상 제2순위 적격심사대상자로서의 지위에 대한 확인과 위 입찰절차의 취소 및 새로운 입찰공고가 무효임의 확인을 구하는 소가 단순한 사실관계나 과거의 법률관계의 존부 확인에 불과하다고 할 수 없다.≫[10]

2. 대상판결의 의미 – 선행 입찰절차 하자의 후행 입찰절차 승계 불가 선언

대상판결에서는 후행 입찰절차에서 입찰공고, 입찰 실시, 낙찰자 선정 및 계약 체결도

---

9) 대법원 2001. 12. 11. 선고 2001다33604 판결.
10) 대법원 2000. 5. 12. 선고 2000다2429 판결.

이루어졌으며, 나아가 계약의 이행도 상당 부분 진행되었다는 점에서, 후행 입찰절차에서 입찰공고까지만 이루어진 비교판결의 사안과 차이가 있다.

따라서 대상판결에서는 입찰시행자의 입찰절차 취소 이후 진행된 후행 입찰절차에서의 낙찰자 선정 및 계약 체결의 무효 여부도 앞서 본 하나의 입찰절차만 진행되어 낙찰자 선정 및 계약 체결까지 이루어진 경우의 무효 여부와 동일한 기준("이를 위배한 하자가 입찰절차의 공공성과 공정성이 현저히 침해될 정도로 중대할 뿐 아니라 상대방도 이러한 사정을 알았거나 알 수 있었을 경우 또는 누가 보더라도 낙찰자의 결정 및 계약 체결이 선량한 풍속 기타 사회질서에 반하는 행위에 의하여 이루어진 것임이 분명한 경우")으로 판단하면서, 선행 입찰절차의 하자가 후행 입찰절차에 승계된다고 볼 수 없음을 분명히 하였다는("이 사건 1차 입찰의 취소가 위법하여 효력이 없다고 하더라도 이와 별개로 이루어진 이 사건 2차 입찰이 그 하자를 승계한다고 볼 수 없으므로") 의미가 있다.

Ⅲ. 법리의 검토

1. 문제의 인식

대상판결에서 원칙적으로 "선행입찰절차의 하자가 후행 입찰절차에 승계된다고 볼 수 없음"을 선언한 것은 입찰에 따른 계약 체결 과정이 '사법상 계약'임을 전제로 하였을 때 불가피한 측면이 있다. 그런데, 다른 한편 대상판결은 후행 입찰절차의 무효 여부를 판단함에 있어, 후행 입찰절차의 독자적인 무효 사유의 부존재와 함께, "선행 입찰절차 취소에 대한 원고의 가처분신청에서 원고가 패소한 점"을 "후행 입찰절차의 하자"가 공공성과 공정성이 현저히 침해될 정도로 중대하다고 단정하기 어렵다는 사정으로 들고 있고, 나아가 피고가 선행 입찰절차에 따른 계약 체결을 무력화하기 위해 악의적으로 후행 입찰절차를 진행하지 않았다는 사정도 고려하고 있다. 위와 같이 대상판결에서 후행 입찰절차 무효 사유로 고려한 사정에는 후행 입찰절차의 독자적인 무효 사유로 포섭하기 어려운 내용도 포함되어 있어, 후행 입찰절차를 통한 '사법상'계약 체결이 선행 입찰절차의 취소의 적법 여부에 영향을 받지 않는다는 선언과 논리적 정합성이 다소 부족하다고 볼 수 있다.

나아가 앞서 본 비교판결에서 대법원은 '1차 입찰절차에서의 적격심사대상자 지위 확인' 뿐만 아니라 '새로운 입찰공고의 무효 확인'을 구하는 원고의 청구를 인용하였고, 이는 1차 입찰절차의 하자가 '당연히' 새로운 입찰절차에도 '승계'됨을 전제로 한 판단이었다고 평가할 수 있어, 대상판결의 하자 불승계에 관한 설시가 비교판결에서의 판단 기준과 모순되는 측면이 있는 것은 아닌지, 또는 후행 입찰절차의 진행 정도에 따라 선행 입찰절차의 하자가 후행 입찰절차에 미치는 영향을 달리 평가한 것은 아닌지에 대하여도 다소 의문의 여지가 있다.

결국 위와 같은 대법원의 판단 기준이 가지는 다소간의 불명확성은 개별 사안에서의 법적 분쟁의 타당한 결론이라는 측면에서는 탄력적으로 기능할 수 있다는 점에서 충분히 이해될 수 있으나, 일반적인 법리 설시로서 향후 유사한 사례들에 대하여 가지는 파급력 또는 영향력의 측면에서는 아쉬움이 있다고 보인다.

아래에서는 위와 같은 대법원 법리 설시의 아쉬움 또는 문제점의 해결을 위한 방식으로, 그와 다른 법리로서, 국가 또는 지방자치단체가 입찰절차를 통해 체결하는 계약을 "행정조달계약"이라는 개념을 사용하여 일종의'행정계약'으로 포섭하고, 나아가 계약 체결 과정에서의 입찰시행자의 개별 단계에서의 일방적 행위(입찰공고, 낙찰자 결정)를 행정처분으로 인식하는 견해를 소개하고, 이에 따라 개별 처분의 취소 및 무효 사유의 존재에 관하여 좀 더 탄력적으로 접근하는 방안의 타당성을 검토하고자 한다.

2. 행정조달계약의 개념과 이에 따른 입찰절차에 관한 법적 통제 방식의 이론적 구성

계약이라는 제도가 기본적으로 쌍방 당사자의 자유로운 의사에 의한 체결을 전제로 하고 있음은 분명하다. 그러나 국가 또는 지방자치단체가 체결하는 계약은 계약 당사자의 특수성으로 인해 가지게 되는 "계약 당사자가 행정기관임으로 인한 내재적인 공공성"뿐만 아니라, 계약 체결 이전의 입찰절차로 인해 앞서 본 대법원 판결(대법원 2001. 12. 11. 선고 2001다33604 판결)에서 설시한 "입찰절차의 공공성"이 존재하는 것 또한 분명하다. 앞서 본 대법원 판결[11]에서 입찰시행자에 의한 입찰절차의 일방적인 취소가 '입찰절차에 관련 법령의 규정이나 입찰공고에 어긋나는 하자가 있고 그 하자로 인하여 다른 입찰자의 정당한 이익을 해하거나 입찰의 공정성과 투명성에 영향을 미칠 우려가 있다고 인정'되는 경우에만 허용된다고 보는 것도 위와 같은 입찰절차의 공공성을 고려한 것이라고 볼 수 있다.

이러한 입찰절차에 본질적으로 내재된 공공성을 고려하고, 나아가 독일, 프랑스, 영국, 미국 등에서의 입찰절차의 법적 통제 방식 등을 종합적으로 고찰하였을 때, 국가 또는 지

---

11) 대법원 2010. 4. 8.자 2009마1 결정.

방자치단체 기타 행정주체가 행정수요의 충족을 위해 사인과 체결하는 물품매매계약과 건축공사 기타 용역에 관한 도급계약을 "행정계약"의 하부유형인 "행정조달계약"으로 구성하는 것이 타당하다.[12)13)]

이와 같은 "행정조달계약"의 개념에 따르면, 이에 관한 분쟁은 모두 행정소송으로 다루어지는 것이 타당하고, 구체적으로 보면, 계약의 효력과 채무불이행에 관한 것은 공법상 법률관계에 관한 분쟁으로서 당사자소송의 대상이 되고 계약의 체결과 집행에 관한 행정청의 결정은 처분으로서 취소소송 등 항고소송 이하 취소소송의 대상이라고 볼 수 있으나, 전자에 관해서는 반드시 공법상 당사자소송이 아닌 민사소송의 유형으로 처리하여도 무방하다.[14)]

현재 대법원 판례는 입찰절차에서 이루어지는 개별 행위 중 '부정당업자 입찰참가자격 제한'만을 취소소송의 대상으로 삼고 있는바[15)], 이와 같은 "행정조달계약"의 개념과 법적 통제 방식에 따르면, 그 외에도 계약 당사자인 행정청의 사전심사에 의한 입찰적격자 선정 결정과 낙찰자 결정 등 계약체결에 관하여 행정청의 일방적 결정으로 이루어지는 조치들은 취소소송의 대상이 되어야 한다.[16)]

---

12) 박정훈, "행정조달계약의 법적 성격", 『민사판례연구』 제25권, 2003, 568면.

13) 위와 같은 비교법적 고찰 대상 중 프랑스에서의 행정조달계약에 관한 법적 규율의 전반적인 내용에 관하여는, 박정훈 교수님이 지도하신 필자의 석사학위논문인, 『프랑스의 행정조달계약에 관한 연구』, 서울대학교 법학석사학위논문, 2006. 참조

14) 대법원은 '행정사건의 심리절차는 행정소송의 특수성을 감안하여 행정소송법이 정하고 있는 특칙이 적용될 수 있는 점을 제외하면 심리절차 면에서 민사소송 절차와 큰 차이가 없으므로, 특별한 사정이 없는 한 민사사건을 행정소송 절차로 진행한 것 자체가 위법하다고 볼 수도 없다'라는 이유로 '이 사건 소송이 공법상 당사자소송에 해당한다고 판단한 원심판결에는 당사자소송에 관한 법리를 오해한 잘못이 있으나, 원심의 위와 같은 잘못은 판결 결과에 영향을 미쳤다고 보기 어렵다'고 판시한 바 있어, 공법상 당사자소송과 민사소송의 차이가 크지 않음을 전제하고 있다(대법원 2018. 2. 13. 선고 2014두 11328 판결 참조).

15) 또한 대법원은 최근 공정거래위원회의 관계 행정기관의 장에 대한 '입찰참가자격제한 등 요청 결정'도 취소소송의 대상이 된다고 판시한 바 있다(대법원 2023. 2. 2. 선고 2020두48260 판결 등 참조). 그러나 대법원은 협의의 행정청이 아닌 공기업 등의 입찰참가자격 제한 행위에 대하여는 '행정소송의 대상이 되는 행정처분은, 행정청 또는 그 소속기관이나 법령에 의하여 행정권한의 위임 또는 위탁을 받은 공공기관이 국민의 권리의무에 관계되는 사항에 관하여 공권력을 발동하여 행하는 공법상의 행위를 말하며, 그것이 상대방의 권리를 제한하는 행위라 하더라도 행정청 또는 그 소속기관이나 권한을 위임받은 공공기관의 행위가 아닌 한 이를 행정처분이라고 할 수 없다'는 이유로 처분성을 인정하지 않고 있다(대표적으로, 한국전력공사에 대한 대법원 1985. 8. 20. 선고 85누371 판결 등 참조, 수도권매립지관리공사에 대한 대법원 2010. 11. 26.자 2010무137 결정 참조)

16) 한편 판례는 조달계약과 유사하다고 볼 수 있는 '민간투자사업 실시협약'과 관련하여 주무관청의 우선협상대상자 지정에 대하여 처분성을 인정하고 있는바(대법원 2013. 9. 26. 선고 2011두27599 판결), 조

3. 행정조달계약의 관점에서 대상판결 사안의 해결

(1) 선행 입찰절차 취소 및 후행 입찰공고, 낙찰자 결정의 개별 행정처분성 인정

선행 입찰절차의 취소 및 후행 입찰공고, 낙찰자 결정은 모두 행정청의 '일방적'행위의 성격을 가지는 이상 행정처분으로서 취소소송의 대상이 되는 것이 타당하다. 나아가 앞서 본 대법원 판례에서도 입찰절차가 사법상 계약 체결 절차임을 전제하면서도, 국가 또는 지방자치단체가 입찰절차를 취소하는 것은 무제한적으로 허용되는 것이 아니라 "하자로 인하여 다른 입찰자의 정당한 이익을 해하거나 입찰의 공정성과 투명성에 영향을 미칠 우려가 있다고 인정"되는 경우에 한정하여 허용된다는 기준을 제시한 것에 비추어 보아도, 이는 구체적 타당성의 측면에서 행정처분의 적법사유로서도 원용 가능하다고 보인다.

따라서 대상판결에서 피고의 선행 입찰절차 취소 및 후행 입찰공고, 낙찰자 결정은 모두 처분성이 인정되어 행정소송의 대상이 된다고 볼 수 있다.

(2) '하자의 승계'에 관한 판례 법리 적용

대법원은 이른바 행정처분에 관한 하자의 승계에 관하여 다음과 같은 법리를 설시하고 있다.

> ≪동일한 행정목적을 달성하기 위하여 단계적인 일련의 절차가 연속하여 행하여지는 것으로서, 서로 결합하여 하나의 법률효과를 발생시키는 선행처분과 후행처분의 관계에 있는 경우 후행처분 자체에는 하자가 없어도 선행처분에 하자가 있으면 그 선행처분의 하자를 이유로 후행처분의 효력을 다투는 것이 가능하고(하자의 승계), 그렇지 않은 경우 선행처분에 위법이 있다고 하더라도 그 하자가 중대하고도 명백하여 당연무효가 아닌 한 선행처분이 적법하게 취소되지 아니하는 이상 그 위법사유를 가지고 후행처분의 위법사유로 삼아 무효 또는 취소를 구할 수는 없다.≫[17]

대상판결의 사안에 위와 같이 설시한 법리를 적용해 보면 다음과 같다. 선행 입찰절차 취소와 후행 입찰공고, 낙찰자 결정은 연속적으로 이루어졌을 뿐 아니라 후행 입찰공고, 낙찰자 결정은 선행 입찰절차의 취소가 적법 유효함을 전제하고 있다. 따라서 앞서 본 하자의 승계에 관한 법리가 적용되어, 선행 입찰절차의 입찰자로서는 선행처분인 입찰절차

달계약에서와 민간투자사업 실시협약에서 계약 당사자 및 입찰절차의 공공성에 본질적인 차이가 있다고 보기 어렵다.

17) 대법원 1994. 5. 24. 선고 93누24230 판결.

취소의 하자를 이유로 후행처분인 입찰공고, 낙찰자 결정을 다투는 것이 가능하다고 봄이 타당하다. 앞서 본 비교판결에서도 명시적인 법리 설시가 없음에도 위와 같은 하자의 승계를 전제로 하여 선행절차의 무효로 인해 후행절차 또한 무효가 된다고 보았다는 점에서 위와 같은 하자의 승계는 구체적 타당성이 인정된다고 볼 수 있다.

(3) (후행) 입찰절차에서 계약 체결 및 이행이 이루어진 경우 - 원칙적 무효, 예외적 유효

그런데 대상판결의 사안에서와 같이 후행 입찰절차가 진행되어 입찰공고, 낙찰자 결정뿐만 아니라 계약 체결 및 이행이 이루어진 경우 체결된 계약의 효력은 어떻게 되는가? 이에 대하여는 (하나 또는 선행/후행) 입찰절차에서 낙찰자 결정이 무효라고 하더라도 그로 인하여 체결된 계약에 대해서는 처분성이 인정되기 어려운 이상 이를 무효라고 볼 수 없다는 이론 구성이 가능한 것은 사실이다.

그러나 ⅰ) 입찰절차는 전체적으로 계약 체결을 위해 진행되는 일련의 단계적 절차임에도 그 중 계약 체결까지 이루어졌다는 이유로 기존 진행 단계의 하자가 승계되지 않는다는 결론에 따르면, 입찰시행자로서는 입찰절차에 하자가 있더라도 일단 계약 체결까지 강행할 유인을 제공한다는 측면에서 입찰절차의 공공성에 반하는 불합리한 결과를 초래하는 점, ⅱ) 종전 대법원 판례에서도 낙찰자 결정 이후 계약이 체결되더라도 계약 이행이 완료되지 않은 경우 낙찰자 지위 확인의 이익이 존재한다고 보고 있어 계약 체결 전후를 달리 보고 있지 않은 바, 계약 체결 이후에도 확인의 이익을 인정하면서 하자는 승계되지 않는다고 보는 것은 자가당착적인 측면이 있는 점, ⅲ) 대상판결 및 그 밖의 대법원 판례에서 낙찰자 결정과 계약 체결에 있어 무효가 되는 사유를 별도로 구분 설시하지 않고 통일적으로 보고 있는 점 등을 고려하면, 원칙적으로 하나 또는 선행/후행 입찰절차에서의 하자는 계약의 효력에까지 승계된다고 봄이 타당하다.

그러나 다른 한편, ⅰ) 계약 체결 상대방으로서는 이를 신뢰하여 계약을 이행함으로 인하여 예측하지 못한 손해를 입게 되는 점, ⅱ) 선행 입찰절차 취소에 관한 행정청의 귀책사유가 있는 경우 행정청으로는 계약 체결 상대방에 대하여 이행이익을 배상하여야 하는 공공경제적 손실이 발생하는 점 등을 고려하면, 일정한 예외적인 경우에는 입찰절차의 하자에도 불구하고 계약이 유효하게 존속할 수 있다고 봄이 타당하다.

그러한 점에서 앞서 본 대상판결 등에서 대법원이 하나의 입찰절차 진행으로 인한 계약 체결 및 이 사건 사안과 같이 선행 입찰절차 취소 및 후행 입찰절차 진행으로 인한 계약 체결의 경우를 구분하지 않고, '이를 위배한 하자가 입찰절차의 공공성과 공정성이 현저히 침해될 정도로 중대할 뿐 아니라 상대방도 이러한 사정을 알았거나 알 수 있었을 경우 또는 누가 보더라도 낙찰자의 결정 및 계약체결이 선량한 풍속 기타 사회질서에 반하는 행위에 의하여 이루어진 것임이 분명한 경우 등'에만 무효가 된다는 기준을 마련한 것은 처분성 인정시의 계약에의 하자의 승계가 이루어지지 않는 예외적인 사정(하자의 경미성, 입찰시행자 및 계약상대방의 인식 가능성 없음)으로서도 변환하여 고려될 수 있다고 볼 수 있고(물론 이는 원칙적 유효, 예외적 무효라는 틀 안에서의 판단 사유로서의 한계는 존재함), 다만 대법원이 계약 무효를 인정하는 일반적인 기준인 공공성, 공정성의 침해, 선량한 풍속 기타 사회질서에 반하는 행위 여부를 판단하는 기준에는 후행 입찰절차의 독자적인 위법 사유 뿐 아니라 선행 입찰절차의 위법 사유 및 이에 관한 입찰시행자 및 계약 체결자의 인식의 정도 등이 모두 포함됨이 타당하다(대상판결에서도 위와 같은 내용을 일부 고려한 것으로 볼 수 있다).

만일 위와 같은 예외적인 사유가 인정되어, 후행 입찰절차로 인한 계약이 무효가 아니라고 판단되는 경우, 선행 입찰절차에서의 입찰자(적격심사대상자)의 경우 선행 입찰절차 취소 및 후행 입찰절차 중 입찰공고(또는 낙찰자결정)에 관한 취소소송에서 승소하더라도(이는 하나의 입찰절차만 진행되어 낙찰자와 사이에 계약까지 체결된 경우에 낙찰자 이외의 입찰자가 입찰공고 및 낙찰자결정에 대한 취소소송을 제기하는 경우에도 동일한 결과가 될 것임), 자신에 대한 낙찰 기회가 사실상 박탈되는 결과가 되어(신뢰이익에 대한 손해배상청구는 인용될 수 있을 것이나, 낙찰 이후 계약이 실제로 체결되지 않은 이상 이행이익에 대한 손해배상청구는 인용될 수 없음), 회복할 수 없는 손해가 발생하게 된다.

위와 같은 회복할 수 없는 손해(계약 체결 기회의 박탈 및 이행이익 배상의 불가) 발생을 방지하기 위해, 입찰자로서는 본안소송의 제기와 별도로 민사소송상 가처분 신청(또는 행정소송상 집행정지 신청)을 통해 제3자와의 계약 체결을 저지하는 것이 중요할 것으로 생각된다(대상판결의 사안에서도 원고는 본안소송과 함께 2차 입찰절차 진행금지가처분을 신청하였으나, 가처분신청이 기각되어 입찰절차 진행으로 계약이 체결되고 나아가 계약 이행도 상당 부분 진행되었다).

이와 관련하여서도 앞서 본 입찰공고, 낙찰자 결정의 처분성 인정을 전제한다면 민사소송 상의 가처분 신청이 아닌 행정소송상 집행정지 신청을 허용할 필요성이 있고, 위와 같은 회복할 수 없는 손해를 고려하였을 때 가처분(집행정지) 심사 과정에서 본안에서의 승소 가능성의 요건을 좀 더 넓게 해석하고, 대신 본안 취소소송의 판결 시까지의 기한을 단축하는 방향으로 제도를 운영하는 것이 바람직하다고 보인다.[18]

---

[18] 이와 관련하여, 미국에서 입찰분쟁(bid protest) 사건 중 감사원(Government Accountability Office)에 대한 이의신청 사건 비율이 연방청구법원(U.S. Court of Federal Claims)에 대한 제소사건 비율보다 월등히 높은데, 그 이유 중 하나가 감사원 이의신청 절차에서만 인정되는 자동중지 제도(Automatic Stay, 이의신청시 입찰절차가 별도의 이의신청인의 잠정처분 신청 없이도 자동적으로 중지되는 제도)에 있음

Ⅳ. 요약과 결론

대상판결은 입찰절차를 통한 계약 체결에는 '원칙적으로 사적 자치와 계약자유의 원칙이 적용'됨을 다시 한번 확인하고, 나아가 선행 입찰절차의 취소가 무효가 된다고 하여 후행 입찰절차가 그 하자를 승계한다고 볼 수 없다는 입장을 밝힌 최초의 판례로서 의미가 있다.

그러나 앞서 본 바와 같이 입찰절차를 통해 체결되는 계약은 단순한 사법상 계약이라고 볼 수 없고 공법적 성격을 함께 가지는 "행정조달계약"의 성격을 가진다고 볼 수 있고, 그 과정에서 발생하는 입찰시행자의 일방적인 행위(입찰공고, 낙찰자 결정 등)는 처분성을 가진다고 봄이 타당하며, 그에 따라 선행 입찰절차 취소에 하자가 있는 경우 "후행 입찰절차는 선행 입찰절차 취소의 하자를 승계"하여 계약의 무효 사유에도 이른다고 봄이 타당하며, 이러한 점에서 대상판결의 판시에 반대한다.

그러나 위와 같은 이론 구성에 따르더라도 선행 및 후행 입찰절차의 하자가 비교적 경미하고, 나아가 입찰시행자 및 계약 체결자가 위와 같은 하자에 대하여 인식하지 못하였고 인식하기도 어려웠던 경우 등 일정한 예외적인 경우에는 입찰절차의 하자가 계약에 승계되지 않고 계약이 유효하게 존속한다고 봄이 타당하다.

대상판결 등은 위와 같은 원칙적 무효, 예외적 유효가 아닌 원칙적 유효, 예외적 무효의 관점에서 무효 사유를 제한하고 있는바, 대상판결 등에서 예외적 무효 사유로서 고려하고 있는 사정은 위와 같은 예외적 유효 사유로도 고려할 수 있다는 점에서 개별 사안의 구체적 타당성의 측면에서 그 차이가 크지 않을 수 있고, 특히 대상판결의 사안에서의 선행 입찰절차 취소에 대한 하자는 비교적 경미한 측면이 있고(입찰공고 내용의 실체적 불합리를 해소하기 위한 입찰절차 취소), 입찰시행자와 낙찰자로서도 위와 같은 하자를 인식하기 어려운 측면이 있어(가처분 신청의 기각 이후의 후행 입찰절차에서의 계약 체결 및 이행 절차 진행) 예외적 유효 사유에도 해당할 수 있다고 보여, 사안 해결의 구체적 타당성에는 차이가 없거나 크지 않다고 볼 여지도 있다.

나아가 '행정조달계약'의 관점에서의 예외적인 사유가 인정되어, 또는 대상판결의 관점에서 원칙적인 경우에 해당하여 계약이 무효로 되지 않는 경우, 위와 같은 선행 입찰절차에서의 낙찰자 또는 적격심사대상자에게는 계약 체결 기회의 상실이라는 회복할 수 없는 손해가 발생할 수 있으므로, 이와 같은 손해 발생을 막기 위해 후행 입찰절차의 진행을 저

은 주목할 필요가 있다. 서경원, "미국의 행정조달계약에 관한 연구 ─ 입찰분쟁을 중심으로", 『외국사법연수논집』 제33호, 101-133면.

지하기 위한 가처분 또는 집행정지 절차의 적극적 활용 및 법원에서의 인용 요건의 완화된 해석(본안소송의 신속한 진행 포함)이 바람직하다고 생각된다.

생각할 문제

1. 원고는 이 사건 1차 입찰에 참여한 업체이다. 그런데 만일 원고가 이 사건 1차 입찰에 참여하지 않았다면 이 사건 2차 입찰 무효의 확인을 구할 확인의 이익이 인정될 수 있는가?

2. 이 사건 1차 입찰에서 개찰이 이루어져 입찰 참가자들의 투찰금액과 적격심사대상 순위가 공개되었으며, 4순위 적격심사대상자에 대한 적격심사가 실시되는 등의 일부 절차가 진행되었다. 그런데 만일 이와 달리 이 사건 1차 입찰 실시 후 개찰이 이루어지지 않는 등 절차 진행이 없었다면 이 사건 1차 입찰 취소에 관한 하자의 존부 및 정도에 관한 판단이 달라질 수 있는가?

3. 원고가 본안소송 제기에 앞서 가처분신청을 하였으나 가처분신청이 기각되어 확정되었고, 가처분신청 기각 및 확정 시점은 이 사건 2차 입찰에 따른 계약 체결 전이었다. 그런데 만일 이와 달리 가처분신청이 없었거나 가처분신청이 인용되었음에도 확정되기 전에 계약 체결이 이루어졌다면 이 사건 2차 입찰의 무효 여부에 관한 판단이 달라질 수 있는가?

헌재 2021. 11. 25. 2017헌마1384 등 결정
[행정지도의 공권력 행사성]

김 혜 진*

[사실관계]

2017년 하반기 무렵 가상통화 투자 과열 및 가상통화를 이용한 범죄행위 등으로 사회적 불안감이 높아지자, 정부는 2017. 12. 13. 국무조정실장 주재로 관계부처 차관회의를 개최하여 가상통화 관련 긴급 대책 수립에 관하여 논의하였다. 그 이후에도 가상통화의 국내 시세가 해외에 비해 지나치게 높게 형성되고, 시세조작과 불법자금 유입 등에 대한 의혹이 제기되자, 정부는 2017. 12. 28. 10:00 재차 국무조정실장 주재 관계부처 차관회의를 개최하여 가상통화 거래 실명제 실시, 시세조종 등 불법행위에 대한 구속수사, 법무부가 제안한 가상통화 거래소 폐쇄 등을 비롯한 각 대책들에 관하여 논의하였다. 이에 따라 금융위원회는 같은 날 14:00 금융위원회 부위원장 주재 '가상통화 관련 금융권 점검회의'를 개최하여, 은행권과 가상통화 거래소에 가상계좌 서비스를 제공 중인 은행들의 부행장 등에게 가상통화 거래소에 대한 현행 가상계좌 서비스의 신규 제공을 중단해 줄 것 등을 요청하였다. 이에 A 가상통화 거래소는 2017. 12. 29.과 2017. 12. 30. 가상계좌의 신규 발급을 통한 입금거래가 당분간 중단됨을 홈페이지 등을 통하여 공지하였다.

한편, 금융위원회는 2018. 1. 23. '가상통화 투기근절을 위한 특별대책(17. 12. 28.) 중 금융부문 대책 시행'을 발표하면서, ① 가상통화 거래와 관련한 금융거래에 본인확인이 가능한 실명거래를 정착시키기 위한 '실명확인 입출금계정 서비스' 시스템(이하 '실명확인 가상계좌'라 한다)이 2018. 1. 30.부터 시행될 예정이고, ② 금융위원회 소속 금융정보분석원에서 금융회사가 가상통화 관련 업무 수행 시 자금세탁을 효과적으로 방지하기 위한 사항들을 규정한 '가상통화 관련 자금세탁방지 가이드라인'(이하 '이 사건 가이드라인'이라 한다)을 마련하였으며, ③ 2018. 1. 23. 금융위원회 의결을 거친 뒤 2018. 1. 23.부터 2018. 1. 29.까지 의견 청취 기간을 거쳐 2018. 1. 30.부터 이를 시행한다고 밝혔다.

---

* 성균관대학교 법학전문대학원 교수

이미 A 가상통화 거래소에 회원가입을 하여 가상통화(코인)를 구매하였거나 향후 가상통화 거래를 하려는 청구인들은, '금융위원회가 2017. 12. 28. 시중 은행들을 상대로 가상통화 거래를 위한 가상계좌의 신규 제공을 중단하도록 한 조치'(이하 '이 사건 중단 조치'라 한다) 및 '금융위원회가 2018. 1. 23. 가상통화 거래 실명제를 2018. 1. 30.부터 시행하도록 한 조치'(이하 '이 사건 실명제 조치'라 하고, '이 사건 중단 조치'와 합하여 이를 '이 사건 조치'라 한다)로 인하여 자신들의 기본권이 침해받는다고 주장하며 헌법소원심판을 청구하였다.

[청구인들의 주장]

청구인들은 이 사건 조치가 권력적 사실행위에 해당한다는 전제에서, 이 사건 조치가 '금융실명거래 및 비밀보장에 관한 법률'(이하 '금융실명법'이라 한다) 등과 같은 법률에 의하지 아니한 이상 법률유보원칙에 위반될 뿐만 아니라, 이 사건 조치로 인하여 가상통화의 교환가치가 떨어지고 가상통화에 관한 재산적 권리관계를 자유롭고 창의적으로 형성할 수 없게 되었으므로 재산권, 경제상 자유와 창의권, 직업의 자유, 평등권 및 행복추구권을 침해받는다고 주장하였다.

[대상결정]

헌법재판소는 이 사건 조치가 헌법소원의 대상인 공권력의 행사에 해당하지 않는다고 보아 청구인들의 헌법소원심판청구를 모두 각하하였다(재판관 5인의 법정의견). 이에 대하여 이 사건 조치가 헌법소원의 대상인 공권력의 행사에 해당하며, 법률유보원칙에 위배되어 기본권을 침해한다는 재판관 4인의 반대의견이 제시되었다. 결정요지는 다음과 같다.

[법정의견] 이 사건 조치는, '특정 금융거래정보의 보고 및 이용 등에 관한 법률' 등에 따라 자금세탁 방지의무 등을 부담하고 있는 금융기관에 대하여, 종전 가상계좌가 목적 외 용도로 남용되는 과정에서 자금세탁 우려가 상당하다는 점을 주지시키면서 그 우려를 불식시킬 수 있는 감시·감독체계와 새로운 거래체계, 소위 '실명확인 가상계좌 시스템'이 정착되도록, 금융기관에 방향을 제시하고 자발적 호응을 유도하려는 일종의 '단계적 가이드라인'에

불과하다. 은행들이 이에 응하지 아니하더라도 행정상, 재정상 불이익이 따를 것이라는 내용은 확인할 수 없는 점, 이 사건 조치 이전부터 금융기관들이 상당수 거래소에는 자발적으로 비실명가상계좌를 제공하지 아니하여 왔고 이를 제공해오던 거래소라 하더라도 위험성이 노정되면 자발적으로 제공을 중단해 왔던 점, 이 사건 조치 이전부터 '국제자금세탁방지기구'를 중심으로 가상통화 거래에 관한 자금세탁 방지규제가 계속 강화되어 왔는데 금융기관들이 이를 고려하지 않을 수 없었던 점, 다른 나라에 비견하여 특히 가상통화의 거래가액이 이례적으로 높고 급등과 급락을 거듭해 왔던 대한민국의 현실까지 살핀다면, 가상통화 거래의 위험성을 줄여 제도화하기 위한 전제로 이루어지는 단계적 가이드라인의 일환인 이 사건 조치를 금융기관들이 존중하지 아니할 이유를 달리 확인하기 어렵다. 이 사건 조치는 당국의 우월적인 지위에 따라 일방적으로 강제된 것으로 볼 수 없으므로 헌법소원의 대상이 되는 공권력의 행사에 해당된다고 볼 수 없다.

[반대의견] 이 사건 조치의 내용을 살피면 정부당국이 '가상통화 거래 실명제 실시'를 염두에 두고 '신규 비실명가상계좌 발급을 통한 가상통화 거래 제한'이라는 특정 법적 효과 발생을 실질적인 목적으로 삼았고, 금융회사등이 이에 불응하면 '자금세탁행위나 공중협박자금조달행위 등을 효율적으로 방지하기 위한 금융회사등의 조치의무' 위반과 같은 추상적 의무위반사항을 상정하고 시정명령, 영업 정지 요구, 과태료 등의 제재조치를 가할 가능성을 배제할 수 없다. 일부 은행들은 일부 가상통화 거래소에 비실명가상계좌를 제공해 오면서 수수료 등 상당 수익을 얻던 중에 이 사건 중단 조치로 비로소 그 제공을 중단했고, 은행들은 가상통화 취급업소와 실명확인 입출금계정 서비스 관련 계약체결 대상을 선정함에 관한 자율성이 있을 뿐 가상통화 거래 실명제 시행 그 자체는 다른 예외나 선택의 여지없이 이 사건 실명제 조치로 강제되었다. 이를 종합하면, 이 사건 조치는 비권력적·유도적 권고·조언·가이드라인 등 단순한 행정지도로서의 한계를 넘어 규제적·구속적 성격을 상당히 강하게 갖는 것으로서, 헌법소원의 대상이 되는 공권력의 행사라고 봄이 상당하다.

이 사건 조치는 가상통화의 위험성을 지나치게 우려한 나머지 가상통화 거래에 대한 일반국민의 수요를 단기적으로 억제하는 것을 목적으로 포함하고 있음을 부인할 수 없다. 불확실성과 가능성을 동시에 배태한 새로운 기술이나 재화에 대한 규제를 입안하려는 경우, 특히 이 사건 조치와 같이 개개인의 기본권에 다층적인 제한을 가하게 될 것이 충분히 예견되었고, 거래에 참여하는 국민들의 개인정보를 금융당국이 손쉽게 확인할 수 있도록 하면서, 통상적인 금융실명거래의 범주를 넘어 '가상통화 거래'라는 특정 거래내역만을 금융당국이 전방위적으로 살필 수 있도록 하는 규제는 공론장인 국회를 통하여 해당 내용을 구체적으로 규율하는, 규율밀도가 증대된 법률조항의 형태로 규율되었어야 한다. 구 '특정 금융거래정보의 보고 및 이용 등에 관한 법률' 등 관계법령들은 추상적으로 금융당국의 금융회사등에 대한 일반적 감독권한을 규정한 것이거나 자금세탁방지 등과 관련된 금융회사등의 일반적 의무 및 그에 관련된 금융당국의 조치 등을 규정한 것에 불과하고, 가상통화 거래에 대하여 실명확인 가상계좌 사용이라는 특정방식을 강제하도록 규정한 것이라거나 '가상통화의 거래에 관한 것으로 특정된' 사인의 개인정보 등의 제공을 규정한 것도 아니어서 이 사건 조치로 야기되는 기본권 제한과 관련된 본질적 내용에 관하여 규정한 것으로 볼 수 없다. 규율대상과 내용의 기본권적 중요성에 상응하는 규율밀도를 갖춘 법률조항들로 구성된 구체적인 법적 근거 없이 이루어진 이 사건 조치는 법률유보원칙에 위반하여 청구인들의 기본권을 침해한다.

[결정의 평석]

Ⅰ. 사안의 쟁점

헌법소원의 대상인 '공권력의 행사 또는 불행사'(헌법재판소법 제68조 제1항)의 범위는 항고소송의 대상인 '구체적 사실에 관한 법집행으로서의 공권력의 행사 또는 그 거부와 그 밖에 이에 준하는 행정작용 및 행정심판에 대한 재결'("처분등", 행정소송법 제2조 제1항 제1호)에 비해 상당히 넓게 인정된다. 양 개념은 공권력의 적극적·소극적 행사를 본질적 요소로 한다는 점에서 공통되지만, "처분등"의 개념에는 '구체적 사실'에 관한 '법집행'이라는 표지가 부가되어 있기 때문이다. 이에 따라 항고소송의 대상이 되지 못하는 행정입법 및 사실행위는 보충성의 예외로서 헌법소원의 대상으로 파악된다.

특히 사실행위에 관하여 헌법소원은 실무상 가장 유의미한 공법적 통제수단이라 할 수 있다. 대법원 판례에 따르면 비권력적 사실행위는 처분에 해당할 여지가 없고, 권력적 사실행위는 설령 처분에 해당한다고 보더라도 보통 단기간에 종료되어 버리기 때문에 협의의 소익이 부정될 가능성이 높다. 반면, 헌법재판소는 어떤 사실행위가 권력성을 띠는지 여부에 관하여 대법원에 비해 완화된 기준을 적용할 뿐만 아니라, 종료된 사실행위의 위헌확인을 구할 권리보호이익도 헌법적 해명의 이익이라는 객관적 이익을 포함하여 매우 광범위하게 인정한다. 앞서 본 바와 같이 권력적 사실행위에 대한 항고고송이 허용되는지 여부가 불확실하다는 이유로 보충성의 원칙에 대한 예외도 인정한다.[1] 실제로 1990년대 이

---

1) '지목변경신청반려처분취소 사건'(헌재 2004. 6. 24. 2003헌마723 결정) 및 '서울특별시고시 제2020-415호 등 위헌확인 사건'(헌재 2023. 5. 25. 2021헌마21 결정)에서 명시된 바와 같이, 어떤 공권력 작용이 판례 변경 등에 의하여 항고소송의 대상이 되는 행정처분에 해당하고 그 취소를 구할 소의 이익

후 권력적 사실행위에 관한 중요한 판단들이 대부분 헌법재판소에 의해 이루어졌고, 그 중 본안판단에 나아간 사건의 상당수가 인용 결정을 받기도 하였다.[2] 이에 따라 헌법재판소 결정례는 이제 행정상의 사실행위에 관한 '주요행정판례'로서의 의미를 가지게 된다.

사실행위를 대상으로 한 대부분의 헌법재판소 결정은 물리적인 강제력이 수반된 사안에 관한 것으로, 이는 비교적 손쉽게 권력성 유무를 판단할 수 있는 유형에 해당한다.[3] 물리적인 강제력이 수반되지 않는 사실행위인 경고, 요구, 요청, 지시 등 행정지도에 관해서는 상대적으로 소수의 사례만이 존재하는데,[4] 헌법재판소는 이 경우 규제적인 성격을 가지고 상대방에 대하여 사실상 강제력이 인정되는 사례와 아무런 대외적 구속력이 없는 사실행위일 뿐인 사례를 구별하고 있다. 문제는 행정지도의 공권력 행사성을 결정짓는 규제적 성격과 사실상 강제력이라는 요소가 개별·구체적인 사실관계와 그 배후에 존재하는 법제도 전반에 관한 법적 평가에 의존하는 것으로서 상당히 넓은 스펙트럼을 형성할 수 있다는 것이다. 대상결정은 바로 이 행정지도의 규제적 성격과 사실상 강제력을 확인하는 구체적 판

이 인정된 경우, 헌법재판소는 보충성 원칙으로 돌아가 헌법소원 심판청구를 각하하고 있다. 따라서 대법원 판례의 변경을 통해 항고소송이 권력적 사실행위에 대한 일차적 구제 수단의 지위를 되찾을 가능성은 항상 열려 있다.

2) '권력적 사실행위'를 키워드로 한 헌법재판소 결정례 통합검색 결과(2023. 6. 15. 기준), 본안 판단에 나아간 사건 중 21건이 인용 결정, 35건이 기각결정을 받은 것으로 나타난다. 헌법소원심판사건의 전체 인용률이 연평균 3% 내외라는 점을 감안하면, 상당히 높은 인용률이다. 이는 헌법재판소가 개별·구체적 사안의 특성과 법질서 전체의 관점에 따른 통제의 필요성이라는 관점에서 권력적 사실행위의 범주를 확정한다는 사실과 깊은 연관이 있다.

3) 최초의 결정례인 이른바 '국제그룹해체 사건'(헌재 1993. 7. 29. 89헌마31 결정)을 시작으로, '미결수용자 서신검열 사건'(헌재 1995. 7. 21. 92헌마144 결정), '재소자용 수의착용강제 사건'(헌재 1999. 5. 27. 97헌마137등 결정), '유치장 내 화장실 사용강제 사건'(헌재 2001. 7. 19. 2000헌마546 결정), '신체과잉수색 사건'(헌재 2002. 7. 18. 2000헌마327 결정), '계구사용 사건'(헌재 2003. 12. 18. 2001헌마163 결정), '피의자 신문시 수갑 및 포승 시용 사건'(헌재 2005. 5. 26. 2001헌마728 결정), '마약류 정밀신체검사 사건'(헌재 2006. 6. 29. 2004헌마826 결정), '소변 강제채취 사건'(헌재 2006. 7. 27. 2005헌마277 결정), '서울광장 차벽봉쇄 사건'(헌재 2011. 6. 30. 2009헌마406 결정), '미결수용자 종교행사참석 금지 사건'(헌재 2011. 12. 29. 2009헌마527 결정), '구치소 내 과밀수용 사건'(헌재 2016. 12. 29. 2013헌마142 결정), '변호인 후방착석요구행위 사건'(헌재 2017. 11. 30. 2016헌마503 결정), '직사살수행위 사건'(헌재 2020. 4. 23. 2015헌마1149 결정), '불법시위 채증활동 사건'(헌재 2018. 8. 30. 2014헌마843 결정) 등이 있다.

4) 여기에 해당하는 사례로는 '교육부장관의 대학총장들에 대한 학칙시정요구 사건'(헌재 2003. 6. 26. 2002헌마337등 결정), '방송사업자에 대한 방송위원회의 경고 사건'(헌재 2007. 11. 29. 2004헌마290 결정), '중앙선거관리위원장의 대통령에 대한 선거중립의무 준수요청 사건'(헌재 2008. 1. 17. 2007헌마700 결정), '문화예술계 블랙리스트 작성 사건'(헌재 2020. 12. 23. 2017헌마416 결정), '개성공단 전면 중단조치 사건'(헌재 2022. 1. 27. 2016헌마364 결정), '기획재정부 주택시장 안정화 방안 사건'(헌재 2023. 3. 23. 2019헌마1399 결정) 등이 있다.

단기준에 관한 것으로, 위 기준이 매우 신축적인 성격을 가지고 있음을 잘 드러내준다.

한편, 대상결정은 개별·구체적 사안에 관한 일회적 행정지도가 아니라 일정 범위의 수범자와 규율대상에 관한 일반적·계속적 행정지도에 관한 것이기도 하다. 오늘날 규제당국과 피규제자가 계속적으로 밀접한 관계를 맺는 금융행정영역 등에서 신속하고 유연한 규제수단으로서 가이드라인과 같은 연성규범이 빈번히 활용된다. 이러한 연성규범을 관계인의 자발적 준수를 기대하고 행해진 사실행위로 볼 것인지, 수범자에게 사실상 구속력 있는 법적 실체로 볼 것인지는 규제법학의 오랜 관심사이다. 대상결정은 가상통화 거래라는 새로운 규제대상에 관하여 공식적인 입법적 규율이 행해지기 전에 금융당국이 금융회사들에 발령한 일반적·계속적 성격의 가이드라인을 소재로, 연성규범이 공법상 쟁송의 대상이 될 수 있는지, 된다면 어떠한 방식으로 그 위헌·위법성을 심사하여야 하는지 여부에 관한 최초의 사법적 판단을 제시하였다는 의미가 있다.[5]

아래에서는 행정지도의 권력성을 판별하는 일반적 기준에 관하여 살펴보고, 이 기준이 연성규범에 관하여 어떻게 구체화 내지 변형될 수 있는지를 분석한다. 마지막으로 행정지도에 대한 본안판단의 구조에 관하여도 살펴본다.

II. 결정례의 이해

1. 행정지도의 공권력 행사성

헌법재판소는 행정상의 사실행위를 경고, 권고, 시사와 같은 정보제공행위나 단순한 지식표시행위인 행정지도와 같이 대외적 구속력이 없는 '비권력적 사실행위'와 행정청이 우월적 지위에서 일방적으로 강제하는 '권력적 사실행위'로 나누고, 그중 권력적 사실행위는 헌법소원의 대상이 되는 공권력의 행사에 해당한다고 본다.[6] 이에 따르면 행정지도는 원

---

5) 위 쟁점에 관한 본격적인 판단은 '기획재정부 주택시장 안정화 방안 사건'(헌재 2023. 3. 23. 2019헌마 1399 결정)에서 발견된다. 아래의 분석에서 대상결정과 함께 소개한다.

6) 헌재 1993. 7. 29. 89헌마31 결정: 재무부장관이 제일은행장에 대하여 한 국제그룹의 해체준비착수지시와 언론발표 지시는 상급관청의 하급관청에 대한 지시가 아님은 물론 동 은행에 대한 임의적 협력을 기대하여 행하는 비권력적 권고·조언 등의 단순한 행정지도로서의 한계를 넘어선 것이고, 이와 같은 공권력의 개입은 주거래 은행으로 하여금 공권력에 순응하여 제3자 인수식의 국제그룹 해체라는 결과를 사실상 실현시키는 행위라고 할 것으로, 이와 같은 유형의 행위는 형식적으로는 사법인인 주거래 은행의 행위였다는 점에서 행정행위는 될 수 없더라도 그 실질이 공권력의 힘으로 재벌기업의 해체라는

칙적으로 대외적 구속력이 없는 행정상의 사실행위로서 고권적 작용에 해당하지 아니한다.[7] 그러나 헌법재판소는 행정지도라 하더라도 상대방의 자유나 권리를 제한하는 효과를 갖는 등 규제적 성격을 가지고 그 상대방에 대하여 사실상의 강제력을 미치는 경우에는 헌법소원의 대상이 되는 공권력의 행사에 해당한다고 한다.[8]

헌법재판소는 일반적으로 어떤 행위가 헌법소원의 대상이 되는 권력적 사실행위에 해당하는지 여부는 당해 행정주체와 상대방의 관계, 그 사실행위에 대한 상대방의 의사·관여 정도 및 태도, 사실행위의 목적·경위, 법령에 의한 명령·강제수단 발동 가부 등 그 행위가 행하여질 당시의 구체적 사정을 종합적으로 고려하여 개별적으로 판단한다는 입장인데,[9] 위 판단 기준을 행정지도에 관하여 대체로 그대로 적용하면서도 구체적 사안을 분석

사태변동을 일으키는 경우인 점에서 일종의 권력적 사실행위로서 헌법소원의 대상이 되는 공권력의 행사에 해당한다.

7) 헌재 2011. 12. 29. 2009헌마330등 결정: 이 사건 개선요구는 앞서 본 바와 같이 단체협약의 내용을 분석한 결과를 기재한 부분과 자율적인 협의를 통해 불합리한 요소의 개선을 바란다고 기재한 부분으로 구성되어 있다. 다만, 단체협약의 분석기준 등을 공공기관 경영실적 평가 및 기관장 평가 기준으로 활용한다고 기재한 부분이 있으나, 그와 같이 평가 기준으로 활용한다는 것만으로 이 사건 개선요구를 따르지 않을 경우의 불이익을 명시적으로 예정하고 있다고는 보기 어렵고, 달리 단체교섭에 직접 개입하거나 이를 강제하는 내용은 없으며, 그 개선요구의 시행문에서도 '법과 원칙의 테두리 내에서' 개선하라는 일반적, 추상적 표현을 하고 있을 뿐이다. 그렇다면, 이 사건 개선요구가 행정지도로서의 한계를 넘어 규제적·구속적 성격을 강하게 갖는다고 보기 어려우므로, 헌법소원의 대상이 되는 공권력의 행사에 해당한다고 볼 수 없고, 따라서 이 사건 개선요구에 대한 심판청구는 부적법하다.

8) 헌재 2003. 6. 26. 2002헌마337등 결정: 이 사건 학칙시정요구의 법적 성격에 대하여는 그 자체로 일정한 법적 효과의 발생을 목적으로 하는 것이 아니고, 다만, 대학총장의 임의적인 협력을 통하여 사실상의 효과를 발생시키는 사실행위로서 일종의 행정지도라고 할 수 있다. 그러나 행정지도라 하더라도 그에 따르지 않을 경우 일정한 불이익조치를 예정하고 있는 경우에는 사실상 상대방에게 그에 따를 의무를 부과하는 것과 다를 바 없는 것인데, 이 사건 학칙시정요구의 경우 대학총장들이 그에 따르지 않을 경우 행·재정상 불이익이 따를 것이라고 경고하고 있어, 학교의 장으로서는 피청구인의 학칙시정요구에 따를 수밖에 없는 사실상의 강제를 받게 되므로, 이러한 시정요구는 임의적 협력을 기대하여 행하는 비권력적·유도적인 권고·조언 등의 단순한 행정지도로서의 한계를 넘어 규제적·구속적 성격을 상당히 강하게 갖는 것으로서 헌법소원의 대상이 되는 공권력의 행사라고 봄이 상당하다 할 것이다.

9) 헌재 2022. 1. 27. 2016헌마364 결정: 이 사건 중단조치는 행정부 최고의 의사결정권자인 피청구인 대통령과 개성공단에서의 협력사업에 관한 각종 승인·취소, 지도·감독 등의 행정 권한을 가진 피청구인 통일부장관이, 국가안보, 남북관계 경색 등을 이유로 개성공단에서 수행하고 있던 협력사업 활동을 전면적으로 중단하도록 한 조치로서, 투자기업인 청구인들의 의사를 고려하지 않고 개성공단 내 공장가동, 영업소 운영의 중단, 현지 체류 중인 남한 주민의 복귀 등을 일방적으로 요구한 고권적 행위이다. 투자기업인 청구인들이 그 중단, 복귀 지시 등에 따르지 않을 경우, 피청구인 통일부장관은 기존의 협력사업 승인, 방북승인을 조정, 취소하거나 향후 방북신청에 대해서 그 승인을 불허하는 조치 등을 통해 이를 강제할 수 있다. 또한 북한이 4차 핵실험과 장거리 미사일발사를 감행하였고 피청구인들이 이를 한반도 및 국제평화에 대한 극단적 도발로 규정하면서 그에 대한 대응조치로 개성공단의 운영 중단

할 때에는 '행정지도에 따르지 아니할 경우 부과될 강제수단의 발동 또는 불이익의 유무'
를 결정적인 요소로 본다.[10][11] 이때 강제수단 및 불이익은 주관적인 우려가 아니라, 일정
한 객관적 근거를 가지는 것이어야 하는데, 헌법재판소는 행정지도의 내용 그 자체뿐만 아
니라, 해당 행정지도의 법적·사실적 근거가 되는 법령에서 행정지도의 상대방에게 일정한
강제수단 또는 불이익을 예정하고 있는 경우도 규제적 성격과 사실상 강제력을 인정하기
에 충분한 것으로 본다. 물론 행정지도의 구체적인 내용과 무관하게 단지 그 상대방에게
관련 법령에서 정한 불이익 조치가 행해질 수 있다는 일반적 가능성만으로 사실상 강제력
이 있다고 본 결정례는 발견되지 않는다. 다만, 법령이 예정한 불이익이 해당 행정지도와

을 결정하고 성명까지 발표한 이상, 남북한 사이의 신뢰와 합의를 바탕으로 제공되고 있던 개성공단에
서의 안전한 사업 환경이 더 이상 유지될 수 없게 되었으므로, 위 청구인들로서는 피청구인들의 결정과
요구를 따를 수밖에 없다. 따라서 이 사건 중단조치는 투자기업인 청구인들로 하여금 공권력에 순응케
하여 개성공단의 운영을 중단시키는 결과를 실현한 일련의 행위로 구성되며, 그로 인해 위 청구인들의
개성공단에서의 사업 활동이 중단되고, 개성공단 내 공장, 영업시설이나 자재 등에 접근, 이용이 차단
되는 등 법적 지위에 직접적, 구체적 영향을 받게 되었으므로, 이 사건 중단조치는 피청구인들이 투자
기업인 청구인들에 대한 우월적 지위에서 일방적으로 행한 권력적 사실행위로서 공권력의 행사에 해당
한다고 봄이 타당하다.

10) 헌재 2007. 11. 29. 2004헌마290 결정: 청구인 주식회사 ○○방송(이하 '청구인 ○○방송'이라고 한다)
이 피청구인으로부터 받은 '경고 및 관계자 경고'는 방송평가에서 2점의 감점을 초래하고, 이는 ○○방
송에 대한 재허가 추천 여부에 영향을 주는 평가자료가 되는 것이다. 방송사업자에게 있어서 방송사업
의 재허가 추천 여부는 매우 본질적인 문제라고 볼 것인바, 이 사건 경고가 방송평가에 위와 같은 불이
익을 주고 그 불이익이 방송사업자의 재허가 심사절차에 반영되는 것이라면 사실상 방송사업자에 대한
제재수단으로 작용하고, 단순한 행정지도의 범위를 넘어서는 것으로서 규제적·구속적 성격을 가지고
있으며 청구인 ○○방송의 방송의 자유에 직접적으로 효과를 미치고 있다고 볼 것이므로, 헌법소원의
대상이 되는 권력적 사실행위에 해당한다고 할 것이다.

11) 헌재 2018. 4. 26. 2016헌마46 결정: 이 사건 의견제시의 근거법률인 이 사건 법률조항은 의견제시를
받은 방송사업자에 대하여 취할 수 있는 후속조치나 그 이행을 확보하기 위한 강제수단에 관하여 전혀
규정하고 있지 않고, 방송법의 다른 규정이나 '방송통신위원회의 설치 및 운영에 관한 법률'에서도 의견
제시를 받은 방송사업자가 제시된 의견에 따르지 않을 경우 과태료나 형사처벌 등 제재나 불이익을 부
과하는 규정을 두고 있지 않다. 이 사건 의견제시 자체에서도 상대방인 청구인에게 특별한 부담이나 의
무를 부여하고 있지 않고, 그 불이행에 대해 법적 제재나 불이익 조치도 예정하고 있지 않다. 뿐만 아
니라, 피청구인이 이 사건 의견제시에서 이러한 불이익 조치를 취할 것임을 경고하고 있지도 않으며,
피청구인이 청구인에 대하여 이 사건 의견제시를 하였다는 사실을 다른 언론사 등 외부에 공표한 바도
없다. 청구인 스스로도 피청구인으로부터 이 사건 의견제시를 받은 사실을 방송을 통해 공표해야 할 의
무가 없어 이를 공표하지 않았고 이 사건 의견제시를 받았다는 것만으로 어떠한 불이익을 받은 사실도
없었다. 이와 같은 점 등을 고려하여 보면, 이 사건 의견제시는 행정기관인 피청구인에 의한 비권력적
사실행위로서, 방송사업자인 청구인의 권리와 의무에 대하여 직접적인 법률효과를 발생시켜 청구인의
법률관계 내지 법적 지위를 불리하게 변화시킨다고 보기는 어렵고, 이 사건 의견제시의 법적성질 등에
비추어 이 사건 의견제시가 청구인의 표현의 자유를 제한하는 정도의 위축효과를 초래하였다고도 볼
수 없다. 따라서 이 사건 의견제시는 헌법소원의 대상이 되는 '공권력 행사'에 해당하지 않는다.

어느 정도의 사항적 관련성을 가져야 하는지 여부는 확실치 않다. 이에 관하여는 대상결정에서 구체적 법리의 단초를 발견할 수 있으므로 아래에서 상세히 살펴보기로 한다.

한편, 대법원은 항고소송의 대상이 되는 행정처분이라 함은 행정청의 공법상의 행위로서 특정사항에 대하여 법규에 의한 권리의 설정 또는 의무의 부담을 명하거나 기타 법률상 효과를 발생하게 하는 등 국민의 구체적인 권리의무에 직접적 변동을 초래하는 행위를 말하는 것이고, 행정권 내부에서의 행위나 알선, 권유, 사실상의 통지 등과 같이 상대방 또는 기타 관계자들의 법률상 지위에 직접적인 법률적 변동을 일으키지 아니하는 행위 등은 항고소송의 대상이 될 수 없다고 하여 행정지도의 처분성을 원칙적으로 부정해오고 있다.[12][13] 그 결과, 행정상 사실행위에 대한 공법상 쟁송이 헌법소원으로 실질적으로 일원화되었음은 앞서 설명한 바와 같다.

그러나 최근 "행정청의 어떤 행위가 항고소송의 대상이 될 수 있는지는 추상적·일반적으로 결정할 수 없고, 관련 법령의 내용과 취지, 그 행위의 주체·내용·형식·절차, 그 행위와 상대방 등 이해관계인이 입는 불이익과의 실질적 견련성, 법치행정의 원리, 당해 행위에 관련된 행정청과 이해관계인의 태도 등을 참작하여 구체적·개별적으로 결정하여야 한다"는 관점에서 행정지도의 처분성을 인정하는 사례 유형이 등장하였다.[14] 일정한 시정 그

---

12) 대법원 1980. 10. 27. 선고 80누395 판결: 항고소송의 대상이 되는 행정처분은 행정청의 공법상의 행위로서 이로 인하여 상대방 또는 기타 관계자들의 법률상의 지위에 직접적으로 법률적인 변동을 일으키는 행위를 가리켜 말하는 것이라고 할 것인바, 이 사건에 있어서 원심이 확정한 사실에 의하면, 피고가 1979. 5. 14 소외 조선맥주주식회사 대표이사 소외인에게 원고와의 주류거래를, 일정한 기간동안 중지하여 줄 것을 요청하였다는 것이니, 그렇다면 이는 권고 내지 협조를 요청하는 이른바 권고적인 성격의 행위라고 밖에 볼 수 없다고 할 것이요, 그것만으로 곧 소외 조선맥주주식회사나, 원고의 법률상의 지위에 직접적인 법률상의 변동을 가져오는 행정처분이라고는 볼 수 없다고 할 것이어서 이는 적법한 행정소송의 대상이 될 수 없다.

13) 대법원 1995. 11. 21. 선고 95누9099 판결: 건축법 제69조 제2항, 제3항의 규정 취지에 비추어 보면, 이 사건 회신은 한전에 대하여 원고에 대한 전기공급을 하지 말아 줄 것을 요청하는 권고적 성격의 행위에 불과한 것으로서 한전이나 특정인의 법률상 지위에 직접적인 법률적 변동을 가져오는 것은 아니므로 이를 가리켜 항고소송의 대상이 되는 행정처분이라고 볼 수는 없다고 할 것이다.

14) 물론 처분성에 관한 위와 같은 새로운 관점 하에서도 행정지도의 처분성을 부정한 사례가 존재한다. 대법원 2015. 3. 12. 선고 2014두43974 판결: 원고의 고지방송의무는 피고의 고지방송명령이 아니라 방송법 제100조 제4항에 기초하여 발생한다. 방송법 제108조 제1항 제27호의 과태료 제재는 방송법 제100조 제4항에 따른 고지방송의무를 이행하지 아니한 데 대한 제재일 뿐, 피고의 고지방송명령을 이행하지 아니한 데 대한 제재가 아니고, 달리 고지방송명령 미이행 시의 제재에 관한 규정이 없다. 제재조치명령과 달리 고지방송명령의 경우에는 의견진술 기회 제공, 재심 청구에 관한 규정이 없고, 이 사건 결정서에도 고지방송명령에 대하여는 불복방법이 기재되지 않은 점에 비추어 보면, 피고의 의사는 고지방송명령을 통하여 직접적으로 원고에게 고지방송의무를 부과하기보다는 고지방송의 구체적 내용과 그 방법을 제시·권고하여 원고로 하여금 고지방송의무를 이행하도록 유도하기 위한 것으로 보인다. 그

조치명령이 법적 근거가 없이 행해졌으나 해당 시정조치명령이 상대방의 법령상 의무 이행의 전제가 되고, 그 법령상 의무 위반시 각종 제재조치들이 부과될 수 있는 경우 위 시정조치명령은 사실상 강제되어있는 것이므로 의무의 부담을 명하거나 기타 법률상 효과를 발생하게 하는 것으로서 항고소송의 대상이 되는 행정처분에 해당한다는 것이다.[15] 결국

리고 고지방송의무 이행 여부를 과태료 처분과 그에 대한 불복 절차 등을 통하여 다툴 수 있으므로 고지방송명령의 행정처분성을 인정할 필요성이 크지 않다. 나아가, 비록 피고가 고지방송명령을 통하여 원고에게 방송법 제100조 제4항에서 정하지 아니한 사항의 이행까지 명하고 있으나, 원고는 고지방송명령에 따르지 않고 방송법 제100조 제4항에 따라 결정사항 전문을 방송할 수 있으므로, 고지방송명령 자체만으로는 원고의 권리의무에 직접적 변동을 초래하는 어떠한 법률상의 효과가 발생하거나 법적 불안이 있다고 볼 수 없다.

15) 대법원 2008. 4. 24. 선고 2008두3500 판결: 구 사회복지사업법(2007. 12. 14. 법률 제8691호로 개정되기 전의 것, 이하 '구 사회복지사업법'이라고만 한다) 제26조 제1항 제7호, 제40조 제1항 제4호, 제51조 제1항, 제54조 제7호의 각 규정을 종합하면, 시장·군수·구청장은 사회복지사업을 운영하는 자에 대하여 그 소관업무에 관한 지도·감독을 하고, 필요한 경우 그 업무에 관하여 보고 또는 관계서류의 제출을 명하거나, 소속공무원으로 하여금 법인의 사무소 또는 시설에 출입하여 검사 또는 질문하게 할 수 있으며, 그 명령을 위반한 때에는 시장·군수·구청장이 직접 사회복지시설의 개선, 사업의 정지, 시설의 장의 교체를 명하거나, 시설의 폐쇄를 명할 수 있고, 보건복지부장관이 사회복지법인에 대하여 기간을 정하여 시정명령을 하거나 설립허가를 취소할 수 있을 뿐만 아니라 그 명령에 따르지 않는 자에 대하여 형사처벌도 가능하도록 규정되어 있다. 원심이 유지한 제1심판결의 인정 사실 및 기록에 의하면, 피고는 보건복지부 및 서울특별시와 합동으로 원고가 운영하는 사회복지시설에 대한 특별감사를 실시한 후 2006. 11. 2. 원고에 대하여 112건의 특별감사결과 지적사항을 통보하면서 과다하게 집행한 사업비나 목적 외에 사용한 금원 또는 물품을 환수하도록 하는 등 지적사항에 대한 신속한 시정조치를 하고 그 결과를 관련서류를 첨부하여 2006. 11. 13.까지 보고하도록 지시하였음을 알 수 있는바, 피고로서는 사회복지사업을 운영하는 자에 대하여 그 업무에 관하여 보고 또는 관계서류의 제출을 명하거나, 소속공무원으로 하여금 법인의 사무소 또는 시설에 출입하여 검사 또는 질문하게 할 수 있을 뿐 직접 특정한 사항에 관하여 시정을 명할 수 있는 법률상 근거가 없으므로 위 시정지시는 사회복지사업을 운영하는 자에 대한 피고의 일반적인 지도·감독권한에 근거하여 이루어진 것으로 보이기는 한다. 그러나 위 인정 사실에 의하면, 피고는 원고에 대하여 위 시정지시와 아울러 그 조치 결과를 관련서류를 첨부하여 보고하도록 명령함으로써 위 시정지시의 조치결과가 구 사회복지사업법 제51조 제1항에 근거한 보고명령 및 관련서류 제출명령에 포함되어 있으므로, 이와 같은 경우 원고로서는 위 시정지시에 따른 시정조치가 선행되지 않는 이상 피고의 위 보고명령 및 관련서류 제출명령을 이행하기 어렵다고 할 것이다. 그러므로 원고로서는 위 보고명령 및 관련서류 제출명령을 이행하기 위하여 위 시정지시에 따른 시정조치의 이행이 사실상 강제되어 있다고 할 것이고, 만일 피고의 위 명령을 이행하지 않는 경우 시정명령을 받거나 법인설립허가가 취소될 수 있고, 자신이 운영하는 사회복지시설에 대한 개선 또는 사업정지 명령을 받거나 그 시설의 장의 교체 또는 시설의 폐쇄와 같은 불이익을 받을 위험이 있으며, 원심이 유지한 제1심의 인정 사실에 의하더라도 피고는, 원고가 위 시정지시를 이행하지 아니하였음을 이유로 서울특별시장에게 원고에 대한 시정명령 등의 조치를 취해달라고 요청한 바 있으므로, 이와 같은 사정에 비추어 보면, 위 시정지시는 단순한 권고적 효력만을 가지는 비권력적 사실행위에 불과하다고 볼 수는 없고, 원고에 대하여 의무의 부담을 명하거나 기타 법률상 효과를 발생하게 하는 것으로서 항고소송의 대상이 되는 행정처분에 해당한다고 해석함이 상당하다고 할 것이다.

대법원도 헌법재판소와 마찬가지로 강제수단 또는 불이익을 처분성 인정의 결정적 기준으로 고려하고 있다고 평가할 수 있으나, 행정지도의 내용 자체에서 그 위반 시 부과될 법령상 제재조치를 직접·구체적으로 도출해낼 수 있는 유형에 한하여 그 처분성을 인정함으로써 여전히 '직접적 법률상 효과'라는 처분의 표지를 고수하려는 경향이 있음을 확인할 수 있다.16)

2. 대상결정의 분석

대상결정의 법정의견은 ① 이 사건 조치는 그 목적상 금융기관에 방향을 제시하고 자발적 호응을 유도하려는 일종의 '단계적 가이드라인'에 불과하고, ② 내용상으로도 금융기관들이 이 사건 조치에 응하지 아니하더라도 행정상, 재정상 불이익이 따를 것이라는 점이 확인되지 않으며, ③ 이 사건 조치는 가상화폐거래를 통한 자금세탁을 방지하려는 국제자금세탁방지기구의 일련의 규제(지침)의 반영물로서 국제 금융시장의 동향에 의존적인 국내 금융기관들의 입장에서도 비실명가상계좌가 가상화폐 거래수단으로 남용됨에 따른 위험성을 심각하게 고려하지 않을 수 없고, 실제 이 사건 조치 이전에도 자발적으로 계좌제공을 중단하는 등 금융기관들이 가상화폐시장의 위험성에 능동적으로 대응해왔으므로, 이에 대한 보완적 방법으로 실명확인 가상계좌 시스템을 제시한 금융당국의 이 사건 조치와 일련의 가이드라인에 그 상대방인 금융기관들이 자발적으로 호응할 유인이 충분하다고 보았다.

반면, 반대의견은 ① 이 사건 조치의 실질적 목적이 그 직접 상대방인 금융기관을 매개로 삼아 청구인들과 같은 국민 일반을 상대로 신규 비실명가상계좌의 발급을 제한함으로써 가상통화 거래방식을 일반·추상적인 방식으로 제한하는 특정한 법효과를 의도한 것이고, ② 일부 금융기관은 비실명가상계좌를 일반 국민들에게 계속적으로 제공하여 수수료 등 상당한 이익을 얻을 수 있었음에도 이를 금지한 이 사건 조치에 따르지 아니할 경우 관계법령에 따라 금융정보분석원장에 부여된 감독권한과 명령·지시 권한에 근거하여 시정명령, 영업정지요구, 과태료 등의 제재조치가 발령될 가능성을 고려할 수밖에 없었으므로, 이 사건 조치는 규제적·구속적 성격을 상당히 강하게 갖는다고 보았다.

이 사건 조치의 실질적 배경이 된 가상화폐 거래의 고위험성·투기성을 전제로 하여보

---

16) 대법원 2010. 10. 14. 선고 2008두23184 판결: 공정거래위원회의 '표준약관 사용권장행위'는 그 통지를 받은 해당 사업자 등에게 표준약관과 다른 약관을 사용할 경우 표준약관과 다르게 정한 주요내용을 고객이 알기 쉽게 표시하여야 할 의무를 부과하고, 그 불이행에 대해서는 과태료에 처하도록 되어 있으므로, 이는 사업자 등의 권리·의무에 직접 영향을 미치는 행정처분으로서 항고소송의 대상이 된다.

면, 금융기관들이 모두 이 사건 조치에 대하여 자발적으로 호응할 것이라 단정하기는 어렵다. 금융기관으로서는 위험요인을 제거하여 장기적 안정성을 도모하는 것보다 비실명가상계좌를 제공함으로써 단기적으로 수수료 이익을 극대화하려는 유인이 더 클 수 있고, 법정의견도 이 가능성을 전면적으로 부인하는 취지는 아니다. 결국 법정의견과 반대의견은 '금융기관들이 이 사건 조치를 준수하지 않을 경우 금융당국으로부터 부과될 불이익의 유무'에 관한 판단에서 이 사건 조치의 사실상 강제성 유무에 관한 최종적인 결론을 달리한 것으로 볼 수 있다. 즉, 대상결정에서 헌법재판소는 행정지도가 헌법소원의 대상인 공권력 행사로 포착되기 위하여 '상대방의 자유나 권리를 제한하는 효과를 갖는 등 규제적 성격을 가지고 그 상대방에 대하여 사실상의 강제력을 미친다'고 평가할 수 있는 결정적인 기준이, '행정지도에 따르지 아니할 경우 부과될 강제수단의 발동 또는 불이익의 유무'에 있다는 기존의 입장을 견지한다.

이를 전제로, 법정의견은 이 사건 조치의 내용 자체에서 아무런 불이익이 예정되어 있지 않다는 점을, 반대의견은 관계법령에 따라 일반적으로 행사될 수 있는 제재수단이 존재한다는 점을 근거로 제시한다. 애초에 이 사건 조치와 그 불이행 시 부과될 불이익에 관한 아무런 구체적 법령상 근거가 존재하지 않는다는 점을 고려하면, 법정의견은 강제수단 또는 불이익의 근거가 행정지도 자체 또는 행정지도의 사항적 근거가 되는 법령에 구체적인 형태로 존재해야 한다는 입장으로 이해된다. 반면, 반대의견은 행정지도의 사항적 근거가 되는 법령에서 해당 사항에 관한 일반적 강제수단 또는 불이익을 예정하고 있다면 이를 사실상의 강제력의 근거로 고려할 수 있다는 취지로 읽힌다. 금융위원회와 금융정보분석원장이 가지는 금융기관에 대한 포괄적 감독, 검사·제재권과 이러한 금융당국의 규제 권한이 금융기관에 미치는 실제적 영향력의 정도를 고려할 때, 금융당국의 의도에 따라 금융행정의 영역에서 이루어진 행정지도에 관하여 불응 시 불이익이 부과될 가능성은 객관적으로 상존한다. 특히 이 사건 조치는 법률이 제정되기 전까지 가상통화 거래에 관한 사실상의 규범으로 통용될 것으로 기대된 연성규범이라는 점에서 금융기관으로서는 금융당국의 집행 의지를 무시하기 어려운 측면이 있었다. 위와 같은 사항적 특성을 고려할 때, 반대의견은 이 사건 조치와 법령이 예정한 불이익은 추상적인 수준에서 사항적 관련성을 가지는 것으로 충분하다고 보았다고 평가할 여지가 있다.[17]

[17) 대상결정 이후 동일한 재판부의 결정인 '기획재정부 주택시장 안정화 방안 사건'에서 금융위원회위원장이 2019. 12. 16. 시중 은행을 상대로 투기지역·투기과열지구 내 초고가 아파트(시가 15억 원 초과)에 대한 주택구입용 주택담보대출을 2019. 12. 17.부터 금지한 조치(이하 '이 사건 조치'라 한다)의 법적 성격에 관한 법정의견과 별개의견의 차이도 동일한 분석기준으로 설명될 수 있다. 헌재 2023. 3. 23.

한편, 반대의견은 공권력 행사성이 인정된 행정지도에 관한 본안판단의 기준으로 법률유보원칙만을 고려하였는데, 이 사건 조치의 기본권적 중요성에 비추어 해당 규율 내용은 법률로써 직접 구체적으로 규정되어야 하는 성격의 것이라고 보았다. 여기에 대상결정 이후 동일한 재판부의 결정 내용[18]을 보태어 보면, 행정지도에 관하여 공권력 행사성을 인정하는 기준, 특히 행정지도에 불응 시 부과될 수 있는 불이익의 근거를 어디까지 확장할 수

2019헌마1399 결정: [법정의견] 피청구인 금융위원회위원장이 2019. 12. 16. 시중 은행을 상대로 투기지역·투기과열지구 내 초고가 아파트(시가 15억 원 초과)에 대한 주택구입용 주택담보대출을 2019. 12. 17.부터 금지한 조치(이하 '이 사건 조치'라 한다)는 비록 행정지도의 형식으로 이루어졌으나, 일정한 경우 주택담보대출을 금지하는 것을 내용으로 하므로 규제적 성격이 강하고, 부동산 가격 폭등을 억제할 정책적 필요성에 따라 추진되었으며, 그 준수 여부를 확인하기 위한 현장점검반 운영이 예정되어 있었다. 그러므로 이 사건 조치는 규제적·구속적 성격을 갖는 행정지도로서 헌법소원의 대상이 되는 공권력 행사에 해당된다. [별개의견] 이 사건 조치는, 단순히 권고·조언·정보제공의 방법으로 일정한 행동을 자발적으로 유도함으로써 '비권력적'으로 행사되었다기보다는, 금융기관에 대해 각종 행정권한을 가진 피청구인이 우월적 지위에서, 종래의 LTV 등 금융규제의 일환으로, 그 행정권한의 대상인 은행으로 하여금 일방적으로 공권력에 순응케 하여, 그 발표 다음날부터 해당 주택담보대출 전면 금지라는 결과를 사실상 실현시킴으로써 '권력적'으로 행사되었음을 알 수 있다. 따라서 이 사건 조치는 '권력적 사실행위'로서 헌법소원의 대상이 되는 공권력 행사에 해당된다.

18) 헌재 2023. 3. 23. 2019헌마1399 결정: [법정의견] <u>피청구인은 언제든 은행업감독규정 <별표6>을 개정하여 이 사건 조치와 동일한 내용의 규제를 할 수 있는 권한이 있고, 은행업감독규정 <별표6>에 근거한 주택담보대출의 규제에는 은행법 제34조와 은행법 시행령 제20조 제1항 등 법률적 근거가 있다.</u> 또한 피청구인은 해당 권한을 행사하여 이 사건 조치를 통해 은행업감독규정 <별표6>을 개정할 것임을 예고하고 개정될 때까지 당분간 개정될 내용을 준수해 줄 것을 요청한 것이고, 이 사건 조치에 불응하더라도 불이익한 조치가 이루어지지 않을 것임이 명시적으로 고지되었으므로 이 사건 조치로 인한 기본권 제한의 정도는 은행업감독규정의 기본권 제한 정도에는 미치지 않는다. 결국 행정지도로 이루어진 이 사건 조치는 금융위원회에 적법하게 부여된 규제권한을 벗어나지 않았으므로, 법률유보원칙에 반하여 청구인의 재산권 및 계약의 자유를 침해하지 아니한다. [반대의견] 피청구인은 은행법 제34조, 은행법 시행령 제20조, 은행업감독규정 제29조의2를 이 사건 조치의 법적 근거로 주장한다. 은행법 제34조, 은행법 시행령 제20조는 은행 경영의 건전성 확보를 위한 사항을 '금융위원회고시'에 위임함으로써, 금융위원회는 '금융위원회고시'라는 형식을 통해 그 권한을 행사하도록 명시하고 있다. 그러므로 <u>이 사건 조치가 법률유보원칙을 준수하려면, 그 시행일인 2019. 12. 17. 당시 이 사건 조치에 따른 주택담보대출 금지가 '금융위원회고시'에 규정되어 있어야 한다.</u> 그러나 2019. 12. 17. 당시 금융위원회고시인 '은행업감독규정 <별표6>'에는 '투기지역·투기과열지구 내 초고가 아파트에 대한 주택구입용 주택담보대출 금지'에 관한 내용은 물론, '초고가 아파트(시가 15억 원 초과)'에 대한 정의규정조차 존재하지 않았다. 오히려 이 사건 조치로부터 1년 후인 2020. 12. 3.에 이르러서야 관련 내용이 '은행업감독규정 <별표6>'에 신설되었음이 확인된다. 그렇다면 <u>피청구인이 주장하는 법령은 권력적 사실행위인 이 사건 조치의 시행일(2019. 12. 17.) 당시 그 법적 근거가 될 수 없었음이 명백하므로, 결국 이 사건 조치는 법률유보원칙에 반하여 청구인의 재산권 및 계약의 자유를 침해한다.</u>

있는지의 문제와 본안판단의 기준으로서 해당 행정지도의 법적 근거가 존재한다고 볼 수 있는지 여부의 문제는 내적으로 관련이 있음을 확인할 수 있다. 행정지도에 불응할 때 부과될 수 있는 불이익의 근거가 일반적일수록 해당 행정지도의 구체적 법적 근거를 찾기 어려운 경우가 많은 반면, 행정지도가 권력성을 띠는 이상 법률유보원칙의 심사 강도는 원칙적으로 강화될 수밖에 없기 때문이다. 결국 행정지도의 공권력 행사성 인정 단계에서 법률유보원칙 위반 여부에 관한 본안판단이 일정 부분 선취 된다고 평가할 수 있는데, 이는 어떤 행정지도를 공법적 통제의 대상으로 삼을 것인가의 문제를 법률유보원칙 관철의 필요성이라는 관점에서 해결하고자 하는 실무적 관점이 반영된 것이라 할 수 있고, 특히 연성규범(soft law)에 대한 통제의 필요성은 그 실체적 내용뿐만 아니라 이를 경성규범(hard law)으로 전환할 법적확실성의 요청 또한 고려하여야 하기 때문이라고 하겠다.

3. 소결

대상결정은 큰 틀에서 행정상 사실행위인 행정지도의 공권력 행사성 인정 기준에 관한 헌법재판소 결정의 전통을 계승하고 있지만, 정부가 강력한 규제 권한을 행사하는 금융행정영역에서 발령된 가이드라인을 대상으로 한다는 점에서 연성규범 형태의 행정지도에 관하여 공권력 행사성 인정 기준을 구체화하거나 변형할 단초를 제공하고 있다.

공법적 통제의 필요성이라는 관점에서 본다면 행정지도에 불응할 경우 부과될 수 있는 불이익이 구체적인 근거를 가진 것이어야 한다는 법정의견의 입장이 원칙적으로 타당하지만, 대상영역 및 행위형식의 특성에 따라서는 불이익의 근거가 일반적·포괄적인 것에 지나지 않더라도 구체적 불이익의 존재를 자명한 것으로 볼 여지가 있다. 실제로 각종 규제기관의 연성규범들은 사실상 구속력 있는 행위규범으로 기능하면서도 사법적 통제의 국면에서는 대체로 중요한 의미를 가지는 사실로서만 고려되고 있어[19] 규제기관이 연성규범이

---

19) 대법원 2009. 7. 9. 선고 2007두26117 판결: 어떠한 공동행위가 공정거래법 제19조 제1항이 정하고 있는 경쟁제한성을 가지는지 여부는 당해 상품의 특성, 소비자의 제품선택 기준, 당해 행위가 시장 및 사업자들의 경쟁에 미치는 영향 등 여러 사정을 고려하여, 당해 공동행위로 인하여 가격·수량·품질 기타 거래조건 등의 결정에 영향을 미치거나 미칠 우려가 있는지를 살펴, 개별적으로 판단하여야 한다. 한편, 사업자들이 공동으로 가격을 결정하거나 변경하는 행위는 그 범위 내에서 가격경쟁을 감소시킴으로써 그들의 의사에 따라 어느 정도 자유로이 가격 결정에 영향을 미치거나 미칠 우려가 있는 상태를 초래하게 되므로 원칙적으로 부당하고, 다만 그 공동행위가 법령에 근거한 정부기관의 행정지도에 따라 적합하게 이루어진 경우라든지 또는 경제전반의 효율성 증대로 인하여 친경쟁적 효과가 매우 큰 경우와 같이 특별한 사정이 있는 경우에는 부당하다고 할 수 없다.

라는 형식을 남용할 위험이 크다. 규율 대상의 특성과 기본권적 중요성이라는 관점에서 일반적으로 규제기관의 연성규범 자체를 직접 통제할 필요성도 있는데, 해당 내용은 입법자에 의해 규율되는 것이 바람직하고, 대체로 구체적인 법적 근거가 없이 발령된 경우가 많기 때문이다.

요컨대 대상결정은 행정지도인 규제기관의 연성규범을, 신속하고 탄력적인 규제라는 순기능을 고려하여 사실의 영역에 남겨둘 것인지, 사실상 구속력을 우선하여 경성규범과 동일하게 공법상 통제의 대상으로 삼을 것인지에 관한 논의를 촉발시키는 계기가 되었다고 할 수 있다. 해당 논의는 아래에서 살펴본다.

III. 법리의 검토

1. 학설의 현황

종래 행정상 사실행위, 특히 행정지도에 관한 학계의 논의는 공법상 쟁송 형식의 선택과 관련하여 그 처분성 또는 공권력 행사성 인정 여부에 집중되어 있었고 대체로 ① 행정지도는 비권력적인 행위로서 그 자체로는 어떠한 법적 효과도 발생하지 않고, 행정지도에 따를 것인지 여부는 상대방이 임의로 정할 수 있으므로 상대방은 행정지도에 따르지 않으면 될 것이고 항고소송 또는 헌법소원을 제기할 필요는 없다는 견해,[20] ② 행정지도 중 사실상 강제력을 갖고 사실상 국민의 권익을 침해하는 경우 예외적으로 처분성을 인정할 수 있어 항고소송의 대상이 된다는 견해,[21] ③ 비권력적 사실행위에 대하여도 처분성을 인정할

---

[20] 석동현/송동수,『일반행정법 총론』, 제16판, 2020, 331면; 정하중,『행정법개론』, 제14판, 338면; 홍정선,『행정법원론(상)』, 제28판, 2020, 573-574면 등. 이 견해에 따르면 사실상 강제력을 가지는 행정지도라 할지라도 여전히 사실행위에 불과하므로 항고소송 또는 헌법소원의 대상이 아니라 당사자소송의 대상이 될 수 있을 뿐이다. 김현준, "처분성 없는 행정작용에 대한 행정소송으로서의 확인소송 – 2004년 일본 행소법 개정상황에서의 확인소송 활용론을 단초로 하여",『공법연구』제37권 제3호, 2009, 350면 참조.

[21] 김동희/최계영,『행정법 I』, 제25판, 2021, 210면; 박균성,『행정법 강의』, 제20판, 2023, 387면; 박정훈,『행정소송의 구조와 기능』, 2006, 9면 및 169-170면; 정남철, "단순고권작용에 의한 기본권침해와 헌법소원의 위헌심사기준",『헌법논총』31집, 2020, 243-243면 등. 이 견해에 따르면, 엄격한 실체법적인 법률관계를 분석하지 않더라도 쟁송법적으로 소송의 대상을 확정하여 행정의 공권력작용을 통제할 수 있고 본안판단도 위법성 확인으로 단순화할 수 있다. 박재윤, "권력적 사실행위의 처분성 – 대법원 2016. 8. 30. 선고 2015두60617 판결 (진주의료원 사건)",『행정법연구』제54호, 2018, 184면 참조.

수 있으므로 행정지도는 항고소송의 대상이 된다는 견해[22] 등이 제시된다.

이상의 논의는 규제기관의 연성규범에 관하여도 유사하게 적용될 수 있을 것이다. ① 연성규범은 상대방의 자발적 준수를 기대한 일종의 가이드라인 내지 지침에 불과하고, 연성규범에 불응할 경우 부과될 수 있는 불이익 또한 구체적 근거가 없어 사실상 우려에 불과하므로 아무런 법적인 구속력이 없는 연성규범을 헌법소원의 대상으로 삼을 필요는 없고, 더욱이 일반·추상적 규범의 형태인 연성규범은 처분으로서의 성격을 가질 수 없으므로 항고소송의 대상이 되지 않는다는 견해,[23] ② 연성규범은 사실상 구속력 있는 행위규범으로 기능하면서 규제당국에 의해 남용되고 있으므로 사후적 사법 통제의 대상으로 삼되, 그 본안판단의 심사기준을 완화하여 유연성을 확보할 수 있다는 견해가 제시된다.[24]

2. 검토

앞서 설명한 '행정지도에 따르지 아니할 경우 부과될 강제수단의 발동 또는 불이익의 유무'의 구체적 판단 기준은 결국 행정지도가 상대방에 대하여 가지는 의미를 어떻게 평가할 것인지와 깊은 연관을 맺는다. 일부 대법원 판례의 사안에서 확인되는 바와 같이 행정지도의 내용 자체에서 구체적인 불이익을 예정하는 예외적인 경우가 아니라면, 통상적인 행정지도의 모습은 관련 법령에 따른 모종의 불이익을 시사하는 수준에 그친다. 일반적으로 관련 법령상 불이익을 부과할 수 있는 근거가 구체적이지 않다면 상대방으로서도 해당 행정지도를 사실상 구속력 있는 것으로 받아들이기 어려울 것이다.

반면 일정한 분야의 규제기관의 행정지도는 해당 사항에 관한 포괄적·일반적 규제권한을 전제로 발령되는 것이 보통이고, 상대방과의 관계에서 위 권한 행사의 위험은 상당히 구체적인 형태로 상존한다. 이에 더해 이들 규제기관이 발령하는 연성규범 형태의 행정지도는 애초에 해당 사항의 구속력 있는 행위규범으로서 계속적으로 작동할 것을 의도한 경우가 대부분이기 때문에 일반적으로 상대방에게 구속력을 가진다고 보는 것이 타당하다. 규제기관의 연성규범이 그 직접 상대방뿐만 아니라 국민 전체의 일상에 미치는 영향이 크고 기본권의 관점에서 중요한 의미를 가지는 경우가 많으므로 이를 전적으로 사실의 영역

---

22) 성중탁, "사실행위에 대한 사법적 통제경향 및 그 개선방안 — 권력적 사실행위와 비권력적 사실행위에 대한 헌법재판소 판례검토를 중심으로", 『행정판례연구』 제19권 제1호, 2014, 347면.

23) 이러한 견해가 명시적으로 주장된 문헌을 찾기는 어려우나, 법규명령 및 행정규칙이 항고소송의 대상이 될 수 있는지 여부에 관한 학설의 논의에 따라 상정 가능한 의견을 제시한 것이다.

24) 이승민, "독립규제위원회의 연성법 활용과 항고소송의 대상적격 — 프랑스 독립행정청에 관한 최근 판례 동향 및 시사점", 『공법연구』 제51권 제3호, 2023, 568면 이하.

에 내버려 두는 것은 법치주의의 관점에서도 바람직하지 않다. 사실행위에 대한 권리구제 수단을 완비한 독일과 달리,[25] '행정결정'을 월권소송의 대상으로 삼고 있는 프랑스의 경우 우리나라와 비슷한 고민을 안고 있는데, 프랑스 국사원은 2005년부터 점차 연성규범에 대한 통제를 확장하여 2020년 판례[26]를 통해 "일반적 효력을 가지는 문서(훈령, 지침, 권고, 주의, 실정법의 예시 또는 해석)는 해당 공무원 외의 사람들의 권리 또는 상황에 대하여 눈에 띄는 효과를 가지는 경우 월권소송의 대상이 된다. 특히, 위 문서가 명령적 성격 또는 가이드라인의 성격을 가지는 경우에 그와 같은 효과를 가진다."라고 선언하기에 이른다. 이에 따르면 규제기관의 연성규범은 명령적인 성격을 가질 뿐만 아니라 가이드라인으로서 기능할 것이 예상되는 일반적 효력을 가지므로 대체로 항고소송 또는 헌법소원의 대상이 될 수 있다고 보아야 한다. 연성규범에 대한 일차적 공법상 쟁송의 수단을 항고소송으로 볼지, 현재와 같이 헌법소원으로 볼지 여부는 '처분등'의 해석론의 문제로 회귀하지만, 일회적 사실행위와 달리 협의의 소익이 일반적으로 문제될 여지는 없다.

규제기관의 연성규범을 일반적으로 공법상 쟁송의 대상으로 삼을 경우 남소의 가능성이 우려되지만, 이는 원고적격 또는 자기관련성의 요건을 통해 제한될 수 있다. 실무상 이보다 더 중요한 문제는 본안판단의 기준으로 경성규범에 적용되는 수준의 엄격한 법률유보원칙을 적용할 경우, 대상결정 및 후속 결정의 반대의견에서 보듯이 규제기관의 연성규범이 대체로 위헌·위법한 것으로 평가되고 말 것이라는 우려이다. 연성규범의 부준수에 따른 불이익의 근거를 널리 포괄적·일반적 규제 조항에서 발견할 수 있는 것처럼, 연성규범의 발령에 적용되는 법률유보원칙 또한 포괄적·일반적 규제 조항을 포함하는 완화된 형태로 적용한다면, 연성규범의 통제는 형식적인 법률유보원칙 준수 여부보다 실체적 정당성 심사에 집중할 수 있게 된다.[27] 이를 통해 연성규범의 신속성과 탄력성이라는 행정 현실에서의 순기능을 존중하면서도, 기본권의 보장이라는 법치주의적 한계를 준수하도록 유연한 통제를 행할 수 있을 것이다.

---

25) Michael Schramm, Einseiltiges informelles Verwaltungshandeln im Regulierungsrecht, Mohr Siebeck, 2016, S. 238 f. 이에 따라 독일에서 연성규범의 문제는 사법통제의 관점보다는 조종학적 관점에서 그 순기능을 극대화할 방안을 논의하는 경향을 보인다.

26) Conseil d'État, Section, 12 juin 2020, GISITI, n. 418142, Publié au recueil Lebon.

27) 2023. 3. 23. 2019헌마1399 결정의 법정의견은 은행법령에 주택담보대출규제의 일반적 근거가 있다는 점에서 법률유보원칙을 위반하지 않았다고 본 반면, 재판관 3인의 반대의견은 은행법령이 '고시'라는 특정 형식으로 주책담보대출규제를 행할 것을 예정하고 있다는 점을 들어 법률유보원칙을 위반하였다고 판단하고 과잉금지원칙 위반 여부의 심사에 나아가지 않았다는 점을 눈여겨 볼 필요가 있다.

Ⅳ. 요약과 결론

1. 대법원이 사실행위의 처분성을 일반적으로 부정하거나 사실행위의 권력성을 인정하는데 엄격한 태도를 보임에 따라, 헌법소원이 사실행위에 관한 가장 유의미한 본원적 공법적 통제 수단으로 통용된다.

2. 헌법재판소는 사실행위인 행정지도가 헌법소원의 대상인 공권력 행사로 포착되기 위하여 '상대방의 자유나 권리를 제한하는 효과를 갖는 등 규제적 성격을 가지고 그 상대방에 대하여 사실상의 강제력을 미친다'고 평가할 수 있어야 한다고 보는데, '행정지도에 따르지 아니할 경우 부과될 강제수단의 발동 또는 불이익의 유무'를 가장 중요한 평가 요소로 삼는다.

3. 현재까지 헌법재판소의 법정의견은 강제수단 또는 불이익의 근거가 행정지도 자체 또는 행정지도의 사항적 근거가 되는 법령에 구체적인 형태로 존재해야 한다는 입장이다. 반면, 반대의견은 행정지도의 사항적 근거가 되는 법령에서 해당 사항에 관한 일반적 강제수단 또는 불이익을 예정하고 있다면 이를 사실상의 강제력의 근거로 고려할 수 있고, 특히 금융행정의 영역에서 금융당국이 행사하는 행정지도는 포괄적 · 일반적 감독권 등에 의거하여 광범위한 제재수단이 구비 되어 있는 이상 당연히 사실상 강제력이 있다고 보아야 한다는 입장이다.

4. 규제기관의 행정지도는 해당 사항에 관한 포괄적 · 일반적 규제 권한을 전제로 발령되는 것이 보통이고, 규제기관의 상대방과의 관계에서 위 권한 행사의 위험은 상당히 구체적인 형태로 상존한다. 이에 더해 이들 규제기관이 발령하는 연성규범 형태의 행정지도는 애초에 해당 사항의 구속력 있는 행위규범으로 계속적으로 작동할 것을 의도한 경우가 대부분이기 때문에 일반적으로 상대방에게 구속력을 가진다고 보는 것이 타당하다.

5. 연성규범에 대한 일차적 공법상 쟁송 수단을 항고소송으로 볼지, 현재와 같이 헌법소원으로 볼지는 '처분등'의 해석론의 문제로 회귀한다. 어느 소송 형식을 택하더라도 본안판단의 구조는 앞으로의 도그마틱의 발전에 따라 더 구체화 되어야만 하는데, 법률유보원칙의 심사 강도를 적절히 완화하는 방식을 통해 연성규범의 신속성과 탄력성이라는 행정 현실에서의 순기능을 존중하면서도, 규제기관으로 하여금 기본권의 보장이라는 법치주의적

한계를 준수하도록 강제할 수 있다.

생각할 문제

1. 행정상 사실행위에 대한 공법상 권리구제수단으로서 항고소송, 당사자소송, 헌법소원의 장·단점을 비교·분석하라.

2. 규제기관의 연성규범을 행정소송법상의 '처분등'으로 볼 수 있겠는가? 규율 형식과 실질적 구속력의 양 측면에서 검토하라.

3. 규제기관의 연성규범에 대하여 경성규범과 동일한 위헌·위법성 판단 기준을 적용할 수 있겠는가? 특히 법률유보원칙의 심사 강도를 소재로 의견을 제시하라.

대법원 2016. 12. 27. 선고 2014두46850 판결
[행정조사와 영장주의]

조 정 민*

[사실관계]

원고가 2012. 10. 26. 04:25경 차량을 운행하던 중 가드레일 등을 충격하여 원고와 동승자 3인이 중상을 입는 사고가 발생하였다(이하 '이 사건 사고'라 한다). 원고는 이 사건 사고 후 의식이 없는 상태로 병원으로 옮겨졌다.

담당경찰관은 같은 날 06:05경 원고 어머니의 동의를 받은 후 간호사를 통해 비알콜성 소독약과 일회용 주사기를 사용하여 원고의 혈액을 채취(이하 '이 사건 채혈'이라 한다)하였다. 국립과학수사연구원의 감정결과 원고의 혈중알콜농도는 0.125%였다.

피고는 2013. 3. 6. 원고가 혈중알콜농도 0.125%의 술에 취한 상태로 운전하여 이 사건 사고를 발생시켰다는 사유로 도로교통법 제93조 제1항 제1호[1])에 따라 원고의 제1종 보통 자동차운전면허를 취소하였다(이하 '이 사건 처분'이라 한다).

원고는 2013. 9. 5. 중앙행정심판위원회에 재결을 청구하였으나 2013. 11. 12. 기각되자[2]) 이 사건 처분의 취소를 구하는 취소소송을 제기하였다.

---

* 인천지방법원 부천지원 부장판사
1) 구 「도로교통법」(2016.1.27. 법률 제13829호로 개정되기 전의 것) 제93조(운전면허의 취소·정지)
　① 지방경찰청장은 운전면허(연습운전면허는 제외한다. 이하 이 조에서 같다)를 받은 사람이 다음 각 호의 어느 하나에 해당하면 행정안전부령으로 정하는 기준에 따라 운전면허를 취소하거나 1년 이내의 범위에서 운전면허의 효력을 정지시킬 수 있다. 다만, 제2호, 제3호, 제7호부터 제9호까지(정기 적성검사 기간이 지난 경우는 제외한다), 제12호, 제14호, 제16호부터 제18호까지의 규정에 해당하는 경우에는 운전면허를 취소하여야 한다.
　1. 제44조제1항을 위반하여 술에 취한 상태에서 자동차등을 운전한 경우
2) 「도로교통법」 제142조(행정소송과의 관계)
　이 법에 따른 처분으로서 해당 처분에 대한 행정소송은 행정심판의 재결을 거치지 아니하면 제기할 수 없다.

[사건의 경과]

원고는 1심[3])에서 이 사건 채혈이 영장주의에 위반하였으므로 이에 근거한 이 사건 처분도 적법절차 원칙에 반하여 위법하다고 주장하였다. 1심 법원은 "수사기관이 영장주의 원칙에 위반하여 위법하게 수집한 증거를 근거 자료로 삼아 스스로 행정청이 되어 해당 피의자에게 불이익한 행정처분을 발령하는 것은 행정작용에 있어서 적법절차 원칙의 본질적인 부분을 침해하는 것으로 위법하다"고 보아 이 사건 처분을 취소하는 원고 승소 판결을 선고하였다. 1심 법원은 ① 행정소송에서는 영장주의 원칙을 위반하여 수집된 증거라도 원칙적으로 자유심증에 따라 증거에 관해 판단할 수 있지만 적법절차의 원칙은 행정작용에도 적용되고, ② 이러한 경우 행정처분을 발령할 수 있도록 한다면, 적법절차에 위반되는 증거 수집을 상당한 범위에서 용인하게 되어 영장주의 및 적법절차 원칙의 취지가 심각하게 훼손된다고 하였다.

피고가 항소[4])하였다. 원고는 항소심에서 우선 이 사건 채혈은 원고의 동의를 받지 않았을 뿐만 아니라 법원으로부터 영장을 받지 않아 적법절차의 원칙에 위배되므로 이 사건 채혈로 채취된 원고의 혈중알콜농도에 대한 감정 결과는 위법하게 수집된 증거이고 이에 근거한 이 사건 처분은 위법하다고 주장하였다. 항소심 법원은 "행정소송법에는 위법하게 수집한 증거의 증거능력 배제에 관한 규정이 없고, 준용되는 민사소송법에도 그에 관한 규정이 없으며, 검사에게 진실의무를 부여하고 피고인에게 변호인의 조력을 받을 권리를 보장함으로써 실질적 무기대등을 통해서 피고인의 공정한 재판을 받을 권리를 보장하는 것을 목표로 하는 형사소송과 대등한 당사자 사이의 공방을 전제로 하는 민사소송 및 행정소송을 동일하게 취급할 수 없으므로, 형사소송의 위법수집증거배제법칙이 행정소송에 그대로 적용된다고 볼 수 없다"고 하면서 담당경찰관이 이 사건 채혈과 관련하여 원고의 동의를 얻거나, 사후에 법원으로부터 영장을 받지는 않았지만 원고가 의식을 잃은 상태에서 원고의 어머니로부터 채혈에 대한 동의를 얻었고, 간호사가 비알콜성 소독약과 일회용 주사기를 사용하여 원고의 혈액을 채취하였으므로, 이 사건 채혈의 수단·방법이 현저히 반사회적이거나 원고의 인격권을 중대하게 침해하였다고 볼 수 없는 점에 비추어 '주취운전자 적발보고서'의 증거능력이 인정되고 그에 따라 원고의 음주운전 사실이 인정되어 이 사건 처분은 적법하다고 하였다(그밖에 원고는 재량권 일탈·남용 주장도 하였으나 이 주장도 받아들여지지 않았다). 항소심은 1심 판결을 파기하고 원고의 청구를 기각하였다.

---

3) 창원지방법원 2014. 5. 20. 선고 2013구단995 판결.
4) 부산고등법원(창원) 2014. 11. 20. 선고 2014누10830 판결.

[대상판결]

대법원은 원심판결을 파기하고 사건을 다시 심리·판단하도록 원심법원에 환송하였다.

국가경찰공무원이 도로교통법 규정에 따라 호흡측정 또는 혈액 검사 등의 방법으로 운전자가 술에 취한 상태에서 운전하였는지를 조사하는 것은, 수사기관과 경찰행정조사자의 지위를 겸하는 주체가 형사소송에서 사용될 증거를 수집하기 위한 수사로서의 성격을 가짐과 아울러 교통상 위험의 방지를 목적으로 하는 운전면허 정지·취소의 행정처분을 위한 자료를 수집하는 행정조사의 성격을 동시에 가지고 있다고 볼 수 있다.

그런데 음주운전 여부에 관한 위 각 조사방법 중 혈액 채취(이하 '채혈'이라고 한다)는 상대방의 신체에 대한 직접적인 침해를 수반하는 방법으로서, 이에 관하여 도로교통법은 호흡조사와 달리 운전자에게 조사에 응할 의무를 부과하는 규정을 두지 아니할 뿐만 아니라, 측정에 앞서 운전자의 동의를 받도록 규정하고 있으므로(제44조 제3항), 운전자의 동의 없이 임의로 채혈조사를 하는 것은 허용되지 아니한다.

그리고 수사기관이 범죄 증거를 수집할 목적으로 운전자의 동의 없이 그 혈액을 취득·보관하는 행위는 형사소송법상 '감정에 필요한 처분' 또는 '압수'로서 법원의 감정처분허가장이나 압수영장이 있어야 가능하고, 다만 음주운전 중 교통사고를 야기한 후 운전자가 의식불명 상태에 빠져 있는 등으로 호흡조사에 의한 음주측정이 불가능하고 채혈에 대한 동의를 받을 수도 없으며 법원으로부터 감정처분허가장이나 사전 압수영장을 발부받을 시간적 여유도 없는 긴급한 상황이 발생한 경우에는 수사기관은 예외적인 요건하에 음주운전 범죄의 증거 수집을 위하여 운전자의 동의나 사전 영장 없이 혈액을 채취하여 압수할 수 있으나 이 경우에도 형사소송법에 따라 사후에 지체 없이 법원으로부터 압수영장을 받아야 한다(대법원 2012. 11. 15. 선고 2011도15258 판결 참조).

따라서 음주운전 여부에 대한 조사 과정에서 운전자 본인의 동의를 받지 아니하고 또한 법원의 영장도 없이 채혈조사를 한 결과를 근거로 한 운전면허 정지·취소 처분은 도로교통법 제44조 제3항을 위반한 것으로서 특별한 사정이 없는 한 위법한 처분으로 볼 수밖에 없다.

이러한 법리에 비추어 앞서 본 사실관계를 살펴보면, 원고가 운전 중 교통사고를 야기하고 의식이 없는 상태로 병원에 후송된 상태에서 경찰관이 원고 본인의 동의를 받지 아니한 채 이 사건 채혈을 하고 이에 대하여 법원의 사후 영장을 받지 아니하였음에도 그 채혈조사 결과를 근거로 이 사건 처분을 하였으므로, 이 사건 처분은 도로교통법 제44조 제3항을 위반한 것으로서 위법하다고 보아야 한다.

[판결의 평석]

I. 사안의 쟁점

운전자의 동의 없이 이루어진 채혈조사 결과를 근거로 한 운전면허 정지·취소처분이 위법한 것으로 취소의 대상인지가 이 사건의 쟁점이다.

그 위법사유에 대하여 1심은 적법절차 원칙 위반 여부, 원심은 위법수집증거배제법칙 적용 여부, 대법원은 현행법령 위반 여부를 기준으로 살폈다. 위법성 판단은 근거되는 법령을 우선함이 타당하다.

도로교통법에 따르면 경찰공무원은 우선 호흡조사로 운전자가 술에 취하였는지를 측정하고(제44조 제2항), 여기에 불복하는 운전자에 대하여는 그 운전자의 동의를 받아 혈액 채취 등의 방법으로 다시 측정할 수 있다(제3항).

위 규정이 채혈조사의 적법요건에 관하여 정한 것이라면 운전자의 동의 없는 채혈조사는 위법하다. 운전자의 동의가 가능한 경우의 채혈조사 절차에 대하여 규정한 것이라면 상황에 따라 운전자의 동의가 없이 채혈조사가 이루어지더라도 적법하다고 볼 여지가 있다.

관련하여 대상판결은 채혈조사에 관하여 영장을 받은 경우 행정조사로서의 채혈조사의 적법성에 대하여도 판단한다. 대상판결 사안에서 담당경찰공무원이 영장을 받지 아니하였기 때문에 영장 요부는 당해사안의 쟁점이 아니라고도 볼 수 있다. 법리적 관점에서 의미가 있다.

원심에서는 위법수집증거배제법칙이 행정소송에서 적용되는지가 중요쟁점으로 되었다. 대상판결은 이 쟁점에 대하여 특별히 언급하지 아니하였다.

대법원은 종래 행정조사의 위법성은 처분의 위법성에 연계된 것으로 보았고(대법원 2006. 6. 2. 선고 2004두12070 판결 등 참조), 이 사건에서도 위법한 행정조사에 기한 처분은 위법하다고 보았다. 처분의 위법성을 이유로 취소를 구하는 행정소송에서 행정조사가 위법한지 여부를 판단하면 족하다. 위법수집증거배제법칙을 들어 ① 행정조사가 위법함, ②행정조사 결과가 위법수집증거로 배제됨, ③ 처분청이 처분의 적법성을 입증하지 못함, ④ 처분이 위법함의 단계로 우회하여 판단할 실익이 없다.

Ⅱ. 판례의 이해

1. 동의 없는 채혈조사는 허용되지 아니함

대상판결은 우리 법령상 운전자의 동의 없이 임의로 채혈조사를 하는 것은 허용되지 않는다고 보았다. 그 이유는 다음과 같다. ① 채혈은 상대방의 신체에 대한 직접적인 침해를 수반하는 음주운전 조사방법이다. ② 도로교통법에 운전자에게 채혈조사에 응할 의무를 부과하는 규정을 두고 있지 않다. ③ 채혈 측정에 대하여는 운전자의 동의를 받도록 규정하고 있다.

도로교통법 제44조 제2, 3항은 호흡조사, 동의 등이 가능한 상황을 전제로 하므로 이 사건에서와 같이 운전자가 의식이 없는 상황 등에 대하여는 도로교통법에 규정이 없는 것으로 보아 상당한 방법으로 적법요건을 갖추면 된다는 견해도 있을 수 있다. 원심 역시 '원고가 의식을 잃은 상태에서 원고의 어머니로부터 채혈에 대한 동의를 얻었고, 간호사가 비알코올성 소독약과 일회용 주사기를 사용하여 원고의 혈액을 채취하였으므로 이 사건 채혈의 수단·방법이 현저히 반사회적이거나 원고의 인격을 중대하게 침해한다고 볼 수 없는 점'등을 들어 (위법하지 않다고 보아) 증거능력을 인정하였다.

대상판결은 채혈이 신체에 대한 침해행위라는 점에 주목하여 근거규정을 요한다고 보면서 근거규정으로 볼 수 있는 제44조 제3항의 해석상 동의 없는 채혈조사는 적법하지 않다고 보았다.

2. 영장을 받은 경우의 적법성

도로교통법 제54조 제6항과 시행령 제32조 제4호는 경찰공무원은 교통사고가 발생한 경우에 술에 취하거나 약물을 투여한 상태에서의 운전 여부 등에 관하여 필요한 조사를 하여야 한다고 정한다. 운전자가 술에 취하였는지에 대한 조사는 수사로서의 성격과 행정조사로서의 성격을 동시에 가진다.

그런데 수사로서의 채혈조사의 경우 영장의 요부에 대해 판결례가 정립되어 있다. 즉, 이 경우 채혈은 '감정에 필요한 처분' 또는 '압수'로서의 성격을 가지므로 감정허분허가장이나 압수영장이 있어야 하고 긴급한 상황에는 예외적인 요건하에 동의나 사전영장없이 혈액을 채취하여 압수할 수 있으나 이 경우에도 형사소송법에 따라 사후에 지체 없이 법원으로부터 압수영장을 받아야 한다(대법원 2012. 11. 15. 선고 2011도15258 판결 등 참조).

대상판결은 위 법리를 원용하면서 행정조사로서의 채혈조사도 운전자의 동의가 없는 경우라도 법원의 영장을 받으면 적법성을 취득한다고 판단하였다. 대상판결의 문언 '따라서 음주운전에 대한 조사 과정에서 운전자 본인의 동의를 받지 아니하고 또한 법원의 영장도 없이....위법한 처분으로 볼 수밖에 없다'는 내용만 보면, 영장 여부가 위법범위를 넓힌 것으로 이해될 수도 있지만 당초에 동의 없는 채혈조사가 허용되지 않는다는 것이므로 영장을 받음으로써 오히려 적법해질 수 있는 가능성이 생긴다.

3. 위법한 행정조사에 기초한 처분의 효력

대상판결은 위법한 채혈조사를 한 결과를 근거로 한 이 사건 처분은 '도로교통법 제44조 제3항'을 위반한 것으로서 특별한 사정이 없는 한 위법한 처분으로 볼 수밖에 없다고 하여 행정조사와 그에 근거한 처분의 위법성을 연계하여 보았다.

Ⅲ. 법리의 검토

1. 동의 없는 채혈조사가 가능한지

대상판결은 실정법 해석을 근거로 현행법상 동의 없는 채혈조사는 위법하다고 보고 있다.
행정조사기본법(제5조)은 "행정기관은 법령등에서 행정조사를 규정하고 있는 경우에 한하여 행정조사를 실시할 수 있다. 다만, 조사대상자의 자발적인 협조를 얻어 실시하는 행정조사의 경우에는 그러하지 아니하다"고 정한다. 위 규정의 해석상 자발적인 협조를 얻어 실시하는 행정조사라고 볼 수 없는 동의 없는 채혈조사는 법령등에서 규정하고 있는 경우에 한한다고 봄이 타당하다. '법령등에서 행정조사를 규정하고 있는 경우'의 해석에 대하여 그 여부 뿐만 아니라 범위도 법령등의 규정에 따른다고 봄이 상당하다. 따라서 도로교통법(제44조)이 운전자의 동의가 가능함을 전제로 한 규정을 두고 있고, 동의가 불가능한 경우에 관하여는 규정하고 있지 않다고 하더라도 위 규정에 따른 채혈조사만이 법령에 따른 것이라고 보아야 한다.
이와 같이 보게 되면 동의가 불가능한 경우 채혈조사가 불가능한 공백이 생길 수 있다. 대상판결은 이에 대해서 2.항에서 보는 바와 같이 법원의 영장을 받으면 동의 없는 적법한 채혈조사가 가능한 것으로 설시하였다.

2. 법원의 영장을 받으면 동의 없는 채혈조사가 가능한지

행정조사와 관련하여 영장주의가 재판상 쟁점이 되는 경우는 주로 당사자가 당해 행정조사가 영장을 요하는데 영장을 받지 아니하였으므로 위법하다고 다툴 때이다. 예컨대, 수입된 마약이 통관단계에서 적발되고 통제배달을 통해 수사가 이루어진 마약범죄 사건에서 "우편물 통관검사절차에서 이루어지는 우편물의 개봉, 시료채취, 성분분석 등의 검사는 수출입물품에 대한 적정한 통관 등을 목적으로 한 행정조사의 성격을 가지는 것으로서 수사기관의 강제처분이라고 할 수 없으므로, 압수·수색영장 없이 우편물의 개봉, 시료채취, 성분분석 등의 검사가 진행되었다 하더라도 특별한 사정이 없는 한 위법하다고 볼 수 없다"와 같은 판단이 이루어진다(대법원 2013. 9. 26. 선고 2013도7718 판결 등 참조).

유사한 구조로서 입법론으로 사실상 강제처분에 해당하는 행정조사에 대하여 영장을 받게 하자는 주장이 제기된다.[5]

대상판결이 동의 없는 채혈조사가 위법하다고 보았기 때문에 '영장을 받아야 하느냐'의 문제는 '영장을 받으면 적법한가'의 문제로서 채혈조사의 적법가능성영역을 넓혀주는 논의가 된다.

동의 없는 채혈조사가 항상 위법하다고 하면 수사기관 및 경찰행정조사자인 경찰공무원은 운전자에 대한 동의를 받을 수 없는 경우에 그 임무를 수행할 수 없게 된다. 대상판결

---

5) 다음과 같은 규정들이 있다.
「조세범처벌절차법」 제9조(압수·수색영장) ① 세무공무원이 제8조에 따라 압수 또는 수색을 할 때에는 근무지 관할 검사에게 신청하여 검사의 청구를 받은 관할 지방법원판사가 발부한 압수·수색영장이 있어야 한다. 다만, 다음 각 호의 어느 하나에 해당하는 경우에는 해당 조세범칙행위 혐의자 및 그 밖에 대통령령으로 정하는 자에게 그 사유를 알리고 영장 없이 압수 또는 수색할 수 있다.
1. 조세범칙행위가 진행 중인 경우
2. 장기 3년 이상의 형에 해당하는 조세범칙행위 혐의자가 도주하거나 증거를 인멸할 우려가 있어 압수·수색영장을 발부받을 시간적 여유가 없는 경우
② 제1항 단서에 따라 영장 없이 압수 또는 수색한 경우에는 압수 또는 수색한 때부터 48시간 이내에 관할 지방법원판사에게 압수·수색영장을 청구하여야 한다.
③ 세무공무원은 압수·수색영장을 발부받지 못한 경우에는 즉시 압수한 물건을 압수당한 자에게 반환하여야 한다.
④ 세무공무원은 압수한 물건의 운반 또는 보관이 곤란한 경우에는 압수한 물건을 소유자, 소지자 또는 관공서(이하 "소유자등"이라 한다)로 하여금 보관하게 할 수 있다. 이 경우 소유자등으로부터 보관증을 받고 봉인(봉인)이나 그 밖의 방법으로 압수한 물건임을 명백히 하여야 한다.
「관세법」 제296조(수색·압수영장) ① 이 법에 따라 수색·압수를 할 때에는 관할 지방법원 판사의 영장을 받아야 한다. 다만, 긴급한 경우에는 사후에 영장을 발급받아야 한다.
② 소유자·점유자 또는 보관자가 임의로 제출한 물품이나 남겨 둔 물품은 영장 없이 압수할 수 있다.

은 이 경우 수사에 관한 대법원 판결례를 인용하여 그러한 절차를 따르면 행정조사로서의 채혈조사도 적법하다고 보았다.

이 원용이 수월한 것은 단일한 행위인 채혈조사가 동시에 수사 및 행정조사로서의 성격을 띠기 때문이다. 대법원은 법률 해석론을 통해 동의없는 채혈조사는 위법하다고 하고 영장주의를 통하여 적법한 동의없는 채혈조사의 영역을 생성함으로써 그 범위를 조절하였다. 결국 수사로서의 채혈조사와 행정조사로서의 채혈조사의 적법성의 범위가 일치되는 결과가 되었다.

대상판결은 행정조사에 영장주의가 적용될 것인지에 관한 전형적인 법리를 설시한 것으로 보기는 어렵다. 더하여 채혈조사는 수사이자 행정조사인 성격을 동시에 띠고 있어서 '순수한' 행정조사에 영장주의가 적용되느냐의 문제로 여겨지지는 아니한다.

3. 구체적 타당성

음주운전으로 인하여 무고한 사람들이 숨지는 사고가 끊임없이 발생하고 있다. 채혈과정에 하자가 있어, 음주운전 사고를 일으킨 운전자가 교도소 대신 거리를 활보하는 것보다 그 운전자가 다시 운전대를 잡는 상황이 시민들에 더 큰 공포를 안긴다. 더욱이 행정처분이 일반적으로 형벌보다 덜 침익적이라고 말할 수 있다. 대상판결에 따르면 동의 없는 채혈조사의 적법요건이 수사와 행정조사의 경우 동일해지는데 공익 일반을 기준으로 보면 그 위법으로 인해 감내해야할 것은 행정조사의 경우가 더 크다.

법리적으로는 대상판결에 동의하지만 이와 같은 결과를 방지하기 위한 대안이 필요하다고 생각한다. 동의 없는 채혈조사를 하기 위한 실체적 요건을 도로교통법에 규정하는 방안이 가능하다. 행정조사기관이 주체가 되어 입법을 기준으로 매뉴얼과 방법론을 구축할 필요가 있다. 행정의 적법성 확보는 1차적으로 행정기관의 책임과 권한이다. 법원의 영장은 '허가장'이므로 원칙적으로 개개사안에 대해 당해 조사를 할지 말지를 결정할 뿐이다. 사후영장은 사전영장보다 더 쉽게 발부되는 경향도 있다. 입법이 이루어지고 그에 따라 대체로 법이 준수되어 채혈조사가 이루어지는 경우라고 하면, 즉 법문화가 갖추어진다면, 관련규정에 따라 위법성을 판단하면 되고 영장주의라는 형사절차에 특수하고 강력한 방안을 채혈조사에 적용할 필요가 별로 없다고 생각한다. 동의 없는 채혈조사에 영장주의가 적용되어야 하는지의 문제는 선험적, 논리적 문제가 아니라 채혈조사의 현상태와도 관련이 있다.

동의 없는 채혈조사에 대한 법률적인 근거가 없는 현단계에서는 수사기관이 사후영장을 '빠뜨려' 두 마리 토끼를 다 놓치는 일이 없도록 업무처리 시스템을 갖추도록 하는 최선이다.

Ⅳ. 요약과 결론

이상의 설명은 다음과 같은 몇 개의 명제로 정리할 수 있다.

1. 운전자의 동의 없는 채혈조사는 현재 도로교통법 해석상 위법하다.

2. 운전자의 동의가 없는 경우라도 법원의 영장을 받아 동의 없는 채혈조사가 가능하다.

3. 대상판결에 따르면, 음주운전으로 중한 사고를 야기한 운전자의 경우에도 동의 없는 채혈조사 후 법원의 영장을 받지 않으면 운전면허를 정지 또는 취소하지 못하는 결과가 발생한다.

생각할 문제

1. 동의 없는 채혈조사의 요건에 대하여 도로교통법에 규정을 둔다고 하면 그 내용은 어떻게 되어야 할까? 규정을 만들어 보자.

2. (위 규정이 입법된 상황을 가정하고) 동의 없는 채혈조사는 실질적으로 강제처분이므로 법원의 영장을 받아야 할 것인가?

3. (받지 않아도 된다고 대답한 경우를 가정하고) 수사로서의 채혈조사는 영장을 받지 않으면 위법하다. 그 위법성은 행정조사로서의 채혈조사에도 영향을 미친다고 보아야 하는가?

대법원 2017. 4. 28. 선고 2016다213916 판결
[건물철거 대집행에 앞서 건물에서 퇴거를 구하는 민사소송을 제기할 수 있는지]

김 선 욱*

[사실관계]

① 당진군은 2007. 2. 28. 충청남도지사로부터 당진군 석문면 난지도리 일원에 난지도 관광지를 조성하는 사업계획(충청남도 고시 2007-40호)을 승인받고 2008. 5. 13. 환지계획을 인가하여 난지도 관광지 개발사업을 시행하였다.

② 피고 1은 위 난지도 개발사업으로 인하여 자신이 거주하던 무허가 건축물이 철거될 사정이 생기자 공유수면 관리 및 매립에 관한 법률(이하'공유수면법'이라고 한다) 제4조 제2항에 의한 공유수면관리청인 당진군수에게 충남 당진군 (주소 생략) 지선(공유수면) 630㎡ (이하 '이 사건 공유수면'이라고 한다)에 관한 공유수면 점용·사용허가를 신청하면서, 2008. 7. 3. '사업기간 완료 후나 완료 전 관광지 개발지구내 건축물 신축이 완료될 경우 즉시 이주할 것이며, 기 설치되었던 가설건축물에 대해서는 철거 및 원상복구 하겠으며 불이행시 해당 관청의 강제처분에 이의가 없다'는 내용의 각서를 작성하여 제출하였다.

③ 당진군수는 2008. 8. 8.경 피고 1에게 충남 당진군 (주소 생략) 지선(공유수면) 630㎡ (이하 '이 사건 공유수면'이라고 한다)에 관하여 허가기간을 2008. 8. 8.부터 2010. 8. 7.까지 2년간으로, 허가목적을 '주거용 건축물 설치'로 정하고, 그 허가조건으로 '난지도 관광개발사업 완료 전까지 한시적으로 사용하고 개발사업 완료 시에는 반드시 원상복구(건축물 철거) 후 이주하여야 함'을 명시하여 공유수면 점·사용허가를 하였다.

④ 피고 1은 2008. 9. 4. 당진군수에게 건축신고를 마치고, 이 사건 공유수면에 경량철

---

* 법무법인 해마루 변호사

골구조 기타지붕 1층 단독주택 197.72㎡(이하 '이 사건 건물'이라고 한다)를 신축하여 2009. 12. 29. 당진군수로부터 사용승인을 받았으며, 2010. 1. 7. 이 사건 건물에 관하여 소유권 보존등기를 마쳤다.

⑤ 당진군수는 당초 허가한 공유수면 점·사용기간이 2010. 8. 7. 만료되자, 그 무렵 피고 1에 대하여 구 공유수면법(2010. 4. 15. 법률 제10272호로 폐지되기 전의 것) 제12조 제1항 제2호, 제3항에 따라 원상회복명령을 하였다.

⑥ 난지도 관광개발사업이 2010. 4. 21. 준공되었음에도, 피고 1은 2010. 7.경 당진군수에게 이 사건 공유수면의 점·사용기간을 영구적으로 연장하여 달라는 내용의 공유수면 점·사용 변경허가 신청을 하였고, 당진군수는 2010. 8. 9. '당초 난지도 관광개발사업 완료 전까지 한시적으로 조건부 점·사용 허가를 한 것으로, 기간연장을 허용할 수 없다'는 이유로 거부처분을 하였다. 피고 1이 이에 불복하여 행정소송을 제기하였으나, 2012. 8. 17. 청구기각 판결이 확정되었다.

⑦ 피고 1은 2012. 9. 24. 그 배우자인 피고 2에게 이 사건 건물 중 1/2 지분을 증여하고 그에 관한 소유권이전등기를 마쳤고, 피고 1과 함께 이 사건 건물을 점유하고 있다.

⑧ 당진군은 2012. 1. 1. 당진시로 승격되었고, 당진시장은 2013. 5. 22. 피고 1에 대하여 '2013. 6. 15.까지 이 사건 건물을 철거하라'며 종전 원상회복명령의 이행을 촉구하면서 위 기한 내 이행하지 않을 경우 행정대집행법 제2조에 따라 행정대집행을 실시할 예정임을 통보하였다.

⑨ 당진시는 2010. 8.경부터 수 차례에 걸쳐 피고 1에게 이 사건 공유수면의 원상회복을 명하였으나, 피고들은 항소심 변론종결일까지 이 사건 건물을 철거하지 않았다. 이에 당진시는 민사소송으로서 이 사건 건물의 '퇴거'를 구하는 소를 제기하였다.

[사건의 경과]

원고 당진시는, '이 사건 공유수면을 관리하는 지방자치단체인 원고는 이 사건 공유수면

지상에 이 사건 건물을 신축하여 점유하고 있는 피고들에게 이 사건 건물의 철거 등 원상회복을 명할 수 있고, 피고들이 이에 응하지 아니하였으므로 행정대집행법에 따라 이 사건 건물의 철거대집행을 할 수 있으나, 이 사건 건물의 철거대집행을 위해서는 그 전제로서 피고들이 이 사건 건물에서 퇴거하여야 하는데, 위와 같은 퇴거의무는 행정대집행의 대상인 대체적 작위의무에 해당하지 않고 직접강제의 방법에 의하여 의무 이행을 확보할 수밖에 없으므로, 피고들은 행정대집행법에 의한 건물 철거권자인 원고의 철거 집행을 위하여 이 사건 건물에서 퇴거할 의무가 있다'는 취지의 주장을 하였다.

이에 대해서 제1심법원[2]은 "피고들은 이 사건 건물을 철거할 의무가 있으나 이를 이행하지 않고 있는바, 원고로서는 피고들을 이 사건 건물에서 퇴거시키지 못하면 이 사건 건물에 대한 철거 대집행을 할 수가 없으므로, 그 전제로서 피고들에게 이 사건 건물로부터 퇴거를 구할 수 있다고 봄이 타당하다. 따라서 피고들은 이 사건 건물에서 퇴거할 의무가 있다"라는 이유로 원고의 청구를 인용하였다.

이에 불복하는 피고들의 항소에 대해서 원심법원[3]은 "공유수면에 대한 점용·사용기간이 끝난 사람은 해당 공유수면에 설치한 인공구조물, 시설물, 흙·돌, 그 밖의 물건을 제거하고 해당 공유수면을 원상으로 회복시켜야 하고(공유수면법 제21조 제1항 제3호), 공유수면관리청은 원상회복 의무자가 제1항에 따른 원상회복에 필요한 조치 등을 하지 아니하는 경우에 기간을 정하여 공유수면의 원상회복을 명할 수 있으며(공유수면법 제21조 제2항), 공유수면관리청은 원상회복 명령을 받은 자가 이를 이행하지 아니할 때에는 행정대집행법에 따라 원상회복에 필요한 조치를 할 수 있는바(공유수면법 제21조 제3항), 이 사건 공유수면을 관리하는 지방자치단체인 원고는 그 주장과 같이 이 사건 공유수면 지상에 이 사건 건물을 신축하여 점유하고 있는 피고들에게 이 사건 건물의 철거 등 원상회복을 명할 수 있고, 피고들이 이에 응하지 않는 경우 행정대집행법에 따라 이 사건 건물의 철거 대집행을 할 수 있다"라고 설시하면서, "행정대집행의 절차가 인정되는 경우에는 따로 민사소송의 방법으로 그 의무의 이행을 구할 수는 없는 것인데(대법원 2000. 5. 12. 선고 99다18909 판결 등 참조), 행정대집행 절차에서 철거 대상물을 점유하는 자가 부담하는 퇴거의무는 위와 같은 대체적 작위의무인 철거의무에 당연히 수반하는 부수적 의무이므로, 대체적 작위의무로서 행정대집행이 가능한 철거의무에서 퇴거의무만을 따로 떼어 이에 관한 별도의 집행권원이

---

2) 대전지방법원 서산지원 2015. 4. 29. 선고 2015가단50899 판결.
3) 대전지방법원 2016. 2. 17. 선고 2015나103478 판결.

필요하다고 할 수 없고, 이와 같이 점유자들에 대하여 퇴거를 명하는 별도의 집행권원이 없다는 이유만으로 그러한 대집행 절차가 부적법하다고 볼 수도 없는 것이어서, 원고로서는 이 사건 건물에 대한 철거 대집행 과정에서 부수적으로 그 점유자인 피고들에 대한 퇴거 조치를 할 수 있다고 할 것인바, 이와 같이 원고가 철거 대집행을 통하여 이 사건 건물에 관한 피고들의 점유를 배제할 수 있는 이상, 원고는 피고들을 상대로 민사소송의 방법으로 이 사건 건물에서의 퇴거를 구할 수는 없다"라고 설시하여, 원고들의 이 사건 소가 부적법하다고 보아 각하하였다.

이에 대해 원고가 상고를 제기하였다.

[대상판결]

대법원은 원심판결을 유지하며 원고의 상고를 기각하였다. 그 구체적인 설시를 요약하면 다음과 같다.

> 관계 법령상 행정대집행의 절차가 인정되어 행정청이 행정대집행의 방법으로 건물의 철거 등 대체적 작위의무의 이행을 실현할 수 있는 경우에는 따로 민사소송의 방법으로 그 의무의 이행을 구할 수 없다(대법원 1990. 11. 13. 선고 90다카23448 판결, 대법원 2000. 5. 12. 선고 99다18909 판결 등 참조). 한편 건물의 점유자가 철거의무자일 때에는 건물철거의무에 퇴거의무도 포함되어 있는 것이어서 별도로 퇴거를 명하는 집행권원이 필요하지 않다(대법원 2008. 12. 24. 선고 2007다75099 판결 참조).
>
> 따라서 행정청이 행정대집행의 방법으로 건물철거의무의 이행을 실현할 수 있는 경우에는 건물철거 대집행 과정에서 부수적으로 그 건물의 점유자들에 대한 퇴거 조치를 할 수 있는 것이고, 그 점유자들이 적법한 행정대집행을 위력을 행사하여 방해하는 경우 형법상 공무집행방해죄가 성립하므로(대법원 2011. 4. 28. 선고 2007도7514 판결 참조), 필요한 경우에는 「경찰관 직무집행법」에 근거한 위험발생 방지조치 또는 형법상 공무집행방해죄의 범행방지 내지 현행범체포의 차원에서 경찰의 도움을 받을 수도 있다.
>
> ...(사실관계 전술하였으므로 중략)...

이러한 사정을 앞서 본 법리에 비추어 살펴보면, 피고들이 이 사건 건물을 철거하여 이 사건 공유수면을 원상회복하여야 할 의무는 대체적 작위의무에 해당하므로 행정대집행의 대상이 된다 할 것이며, 당진시장은 이 사건 건물 철거의무를 행정대집행의 방법으로 실현하는 과정에서 부수적으로 피고들과 그 가족들의 퇴거 조치를 실현할 수 있으므로, 행정대집행 외에 별도로 퇴거를 명하는 집행권원은 필요하지 않다고 할 것이다.

원심이 같은 취지에서 원고가 피고들에 대하여 건물퇴거를 구하는 이 사건 소가 부적법하다고 판단한 것은 정당하고, 거기에 상고이유 주장과 같이 소의 이익이나 행정대집행에 관한 법리를 오해한 잘못이 없다(원고가 원용한 대법원 1998. 10. 23. 선고 97누157 판결은 불법건물 철거에 관한 것이 아니라, 적법한 건물에서 처분상대방의 점유를 배제하고 그 점유이전을 받기 위하여 행정대집행 계고처분을 한 사안에 관한 것으로서, 그 처분의 주된 목적이 건물의 인도라는 비대체적 작위의무의 이행을 실현하고자 하는 것이어서 행정대집행의 대상이 될 수 없다고 판단한 사례였으므로, 이 사건에 원용하기에는 적절하지 않음을 밝혀둔다).

[판결의 평석]

Ⅰ. 사안의 쟁점

법률에 의하여 직접 명령되었거나 또는 법률에 의거한 행정청의 명령에 의한 행위로서 타인이 대신하여 행할 수 있는 행위를 의무자가 이행하지 아니하는 경우 다른 수단으로써 그 이행을 확보하기 곤란하고 또한 그 불이행을 방치함이 심히 공익을 해할 것으로 인정될 때에는 당해 행정청은 스스로 의무자가 하여야 할 행위를 하거나 또는 제삼자로 하여금 이를 하게 하여 그 비용을 의무자로부터 징수할 수 있다(행정대집행법 제2조).

이렇듯 행정대집행법상의 대집행은 '타인이 대신하여 행할 수 있는 의무' 즉 '대체적 작위의무'를 대상자가 이행하지 않을 경우에 할 수 있으며, 관계 법령상 행정대집행의 절차가 인정되어 행정청이 행정대집행의 방법으로 건물의 철거 등 대체적 작위의무의 이행을 실현할 수 있는 경우에는 따로 민사소송의 방법으로 그 의무의 이행을 구할 수 없다(대법원 1990. 11. 13. 선고 90다카23448 판결, 대법원 2000. 5. 12. 선고 99다18909 판결 등).

본 사건에서 원고는 이 사건 건물의 철거대집행을 위해서는 그 전제로서 피고들이 이 사건 건물에서 퇴거하여야 하는데, 위와 같은 퇴거의무는 행정대집행의 대상인 대체적 작위의무에 해당하지 않고 직접강제의 방법에 의하여 의무 이행을 확보할 수밖에 없으므로, 피고들은 행정대집행법에 의한 건물 철거권자인 원고의 철거 집행을 위하여 이 사건 건물에서 퇴거할 의무가 있다는 취지로 주장하였는데, 1심 법원은 퇴거의무가 비대체적 작위의무이므로 행정대집행이 불가능하다는 점을 들어 원고 청구를 인용하였으나, 원심 및 대법원의 대상판결은 '건물의 점유자가 철거의무자일 때에는 건물철거의무에 퇴거의무도 포함되어 있는 것이어서 별도로 퇴거를 명하는 집행권원이 필요하지 않다'는 점을 들어 원고 청구를 각하하였다.

원고가 제기한 퇴거청구의 소 그 자체에 한정해서 본다면 퇴거의무가 비대체적 작위의무라는 점에서 원심 및 대상판결의 결론을 이해하기 어려운 부분이 있으나, 불법건물에서의 퇴거청구라는 민사소송이 근본적으로 목표하는 바가 불법건물 철거 즉 대체적 작위의무라고 본다면 원심 및 대상판결의 결론이 민사소송법상 소의 이익 법리 및 행정법상 대집행제도의 성질, 효과에 부합한다고 볼 수 있어, 이와 관련하여 소의 이익 및 대집행제도에 관한 법리에 관해 종합적인 시각에서 살펴볼 필요가 있다.

II. 판례의 이해

1. 건물철거의무에 퇴거의무가 포함되는 경우 별도 퇴거를 명하는 집행권원 필요 여부

관계 법령상 행정대집행의 절차가 인정되어 행정청이 행정대집행의 방법으로 건물의 철거 등 대체적 작위의무의 이행을 실현할 수 있는 경우에는 따로 민사소송의 방법으로 그 의무의 이행을 구할 수 없다[4]라는 점은 확립된 법리이다(대법원 1990. 11. 13. 선고 90다카23448 판결, 대법원 2000. 5. 12. 선고 99다18909 판결[5] 등).

---

4) 대법원 1990. 11. 13. 선고 90다카23448 판결, 대법원 2000. 5. 12. 선고 99다18909 판결 등 참조.
5) 대법원 2000. 5. 12. 선고 99다18909 판결: 구 토지수용법(1999. 2. 8. 법률 제5909호로 개정되기 전의 것) 제18조의2 제2항에 의하면 사업인정의 고시가 있은 후에는 고시된 토지에 공작물의 신축, 개축, 증축 또는 대수선을 하거나 물건을 부가 또는 증치하고자 하는 자는 미리 도지사의 허가를 받도록 되어

민사소송법은 소의 이익과 관련하여 명시적인 일반 규정을 두고 있지 아니하나, 장래이행의 소6) 등과 관련하여 일부 실정법 상의 근거규정을 두고 있고, 많은 판례로서 소의 이익과 관련한 법리들이 정리되어 있다. 그리고 이는 민사소송 외에 행정소송7), 특허소송8) 등 민사소송을 준용하는 다양한 소송 유형에서도 확대적용되고 있다.

그 중 위 법리와 관련된 이론은 강학상 '권리보호자격' 중에서 '법률에 다른 특별한 구제절차가 없을 것'이라는 부분인데, 이는 '법률에 다른 특별한 구제절차가 존재한다면 별도로 민사소송을 청구할 수 있는 소의 이익이 없다'라는 법리로서, 특별한 구제절차가 존재하는 경우 일반적인 민사소송절차와는 다른 법률요건과 효과를 가지게 되어 당사자의 권리구제에 있어 효율성과 신속성을 기할 수 있다는 점, 특별 구제절차가 존재함에도 일반적인 민사소송을 허용하는 경우 권리구제를 선택적으로 할 수 있게 되어 법적안정성에 저해가 될 수 있고 나아가 특별구제절차를 든 취지가 몰각될 수 있다는 점을 그 근거로 하고 있는 것으로 보인다.

있고, 한편 구 도로법(1999. 2. 8. 법률 제5894호로 개정되기 전의 것) 제74조 제1항 제1호에 의하면 관리청은 같은 법 또는 이에 의한 명령 또는 처분에 위반한 자에 대하여는 공작물의 개축, 물건의 이전 기타 필요한 처분이나 조치를 명할 수 있다고 되어 있으므로 토지에 관한 도로구역 결정이 고시된 후 구 토지수용법(1999. 2. 8. 법률 제5909호로 개정되기 전의 것) 제18조의2 제2항에 위반하여 공작물을 축조하고 물건을 부가한 자에 대하여 관리청은 이러한 위반행위에 의하여 생긴 유형적 결과의 시정을 명하는 행정처분을 하여 이에 따르지 않는 경우에는 행정대집행의 방법으로 그 의무내용을 실현할 수 있는 것이고, 이러한 행정대집행의 절차가 인정되는 경우에는 따로 민사소송의 방법으로 공작물의 철거, 수거 등을 구할 수는 없다.

6) 「민사소송법」 제251조(장래의 이행을 청구하는 소) 장래에 이행할 것을 청구하는 소는 미리 청구할 필요가 있어야 제기할 수 있다.

7) 대법원 1991. 10. 8. 선고 91다20913 판결: 한국토지개발공사에 비치된 토지피공급자명부가 물권의 득실변경을 가져오는 공부는 아니라 하더라도 이에 등재됨으로써 위 공사와의 관계에서 수분양자로서의 지위가 확인되고 또한 이에 등재됨으로써 장차 대금을 완납할 경우에 토지에 관하여 공사로부터 직접 그 소유권이전등기를 넘겨받을 수 있는 지위를 가지게 되는 것이므로 그 명의변경을 구하는 소송은 소의 이익이 있다.

8) 대법원 2001. 3. 13. 선고 99후1744, 1751 판결: 구 상표법(1997. 8. 22. 법률 제5355호로 개정되기 전의 것) 제73조 제1항 제1호 및 제3호 소정의 사유를 대등하게 주장하여 상표등록취소심판청구를 한 자가 같은 항 제1호에 의한 상표등록취소심결을 받은 후 다시 같은 항 제3호에 의한 상표등록취소를 받기 위하여 심결취소소송을 제기한 경우, 상표등록취소심결로 상표등록취소심판청구의 목적은 달성된 것이므로 심결취소의 이익은 없고, 같은 항 제3호에 의하여 상표등록이 취소되면 같은 항 제1호에 의한 경우와 달리 같은 법 제8조 제5항에 의하여 그 등록취소심판청구인이 소멸된 등록상표와 동일·유사한 상표를 그 지정상품과 동일·유사한 상품에 대하여 우선적으로 출원하여 상표등록을 받을 수 있다는 사정으로는 심결취소의 이익이 있다고 할 수 없다

대상판결은 행정대집행이라는 '특별한 구제절차'가 존재한다면 따로 민사소송의 방법으로 그 의무의 이행을 구할 수 없다라는 기존 대법원 판결의 법리를 재확인하면서도, 이에 더하여 "건물의 점유자가 철거의무자일 때에는 건물철거의무에 퇴거의무도 포함되어 있는 것이어서 별도로 퇴거를 명하는 집행권원이 필요하지 않다"라는 법리를 천명한 것이 그 주된 의의라고 생각할 수 있다.

대상판결은 위 법리를 원용하여, 피고들이 이 사건 건물을 철거하여 이 사건 공유수면을 원상회복하여야 할 의무는 대체적 작위의무에 해당하므로 행정대집행의 대상이 된다 할 것이며, 행정청인 당진시장은 이 사건 건물 철거의무를 행정대집행의 방법으로 실현하는 과정에서 부수적으로 피고들과 그 가족들의 퇴거 조치를 실현할 수 있으므로, 원고(당진시)가 행정대집행 외에 별도로 퇴거를 명하는 집행권원은 필요하지 않다고 판단한 것이다.

그런데 대상판결이 원용한 "건물의 점유자가 철거의무자일 때에는 건물철거의무에 퇴거의무도 포함되어 있는 것이어서 별도로 퇴거를 명하는 집행권원이 필요하지 않다"라는 법리와 관련해서 대상판결은 위 법리를 대법원 2008. 12. 24. 선고 2007다75099 판결에서 인용해왔는데, 대법원 2008. 12. 24. 선고 2007다75099 판결은 위 법리를 명시적으로 확인한 것이 아니라 아래와 같이 파기후환송사건을 심리할 원심 재판부에 대한 일종의 '주문'으로서 법리를 언급하였다는 것을 주목할 필요가 있다.

...(전략)...그러므로 원심판결 중 원고 B의 피고들에 대한 각 건물 철거 및 퇴거 청구부분(다만, 원심으로서는 피고 D, L에 대하여 건물 철거 외에 퇴거까지 소구하는 것이 적법한지 여부를 심리·판단할 필요가 있다는 것을 지적해 둔다)..(후략)

다시 말해, 대상판결이 위 법리와 관련하여 원용한 대법원 2008. 12. 24. 선고 2007다75099 판결은 위 법리를 명확히 설시하여 소의 이익에 관한 판단을 한 것이 아니며, 대상판결에 이르러서야 위 법리를 명확히 확인하여 소의 이익에 관한 명시적인 판단을 한 것에 그 의의가 있는 것이다.

한편, 대상판결은 원고가 원용한 대법원 1998. 10. 23. 선고 97누157 판결[9]과 관련하여,

---

9) 대법원 1998. 10. 23. 선고 97누157 판결: 도시공원시설인 매점의 관리청이 그 공동점유자 중의 1인에 대하여 소정의 기간 내에 위 매점으로부터 퇴거하고 이에 부수하여 그 판매 시설물 및 상품을 반출하

"(본 사건과 같은) 불법건물 철거에 관한 것이 아니라, 적법한 건물에서 처분상대방의 점유를 배제하고 그 점유이전을 받기 위하여 행정대집행 계고처분을 한 사안에 관한 것으로서, 그 처분의 주된 목적이 건물의 인도라는 비대체적 작위의무의 이행을 실현하고자 하는 것이어서 행정대집행의 대상이 될 수 없다"라고 판단하여, 위 대법원 1998. 10. 23. 선고 97누157 판결이 본 사건 사안에 적용될 수 없다는 점을 분명히 하였다.

실제로 본 사건 사안에서 문제되는 이 사건 건물은 원상회복의무에 위배되어 존재하고 있던 '불법' 건축물로서, 당진시장이 의도했던 행정대집행의 목적 자체가 이 사건 건물 철거를 목표로 했던 것이었던 것임에 반하여, 대법원 1998. 10. 23. 선고 97누157 판결은 '적법'하게 존재하고 있는 도시공원시설인 매점의 관리청이 행정대집행을 통하여 그 공동점유자 중의 1인에 대하여 소정의 기간 내에 위 매점으로부터 퇴거를 목표로 했던 것일 뿐 불법 건축물 철거가 목적이 아니었기 때문에, 최종 목표로 한 '퇴거' 자체가 행정대집행의 대상이 아닌 '비대체적 작위의무'여서 행정대집행을 할 수 없다라고 판단한 것이었다.

따라서, 행정청이 '적법'한 건축물에서의 '퇴거'를 목적으로 한다면 행정대집행이 아니라 일반 민사소송인 '퇴거' 청구(혹은 인도 청구)를 하여야 하는 것이기 때문에, 대상 판결은 대법원 1998. 10. 23. 선고 97누157 판결의 사안과 본 사건 사안이 전혀 다른 사안이며 본 사건 사안에 원용할 수 없다고 본 것이다.

2. 행정대집행 방해와 관련한 공무집행방해 및 저항 배제와 관련한 법리 설시

한편 대상판결은 위 법리에 부가하여, '점유자들이 적법한 행정대집행을 위력을 행사하여 방해하는 경우 형법상 공무집행방해죄가 성립하므로, 필요한 경우 경찰관직무집행법에 근거한 위험발생 방지조치 또는 형법상 공무집행방해죄의 범행방지 내지 현행범체포의 차원에서 경찰의 도움을 받을 수도 있다'라고 보았다.

지 아니할 때에는 이를 대집행하겠다는 내용의 계고처분은 그 주된 목적이 매점의 원형을 보존하기 위하여 점유자가 설치한 불법 시설물을 철거하고자 하는 것이 아니라, 매점에 대한 점유자의 점유를 배제하고 그 점유이전을 받는 데 있다고 할 것인데, 이러한 의무는 그것을 강제적으로 실현함에 있어 직접적인 실력행사가 필요한 것이지 대체적 작위의무에 해당하는 것은 아니어서 직접강제의 방법에 의하는 것은 별론으로 하고 행정대집행법에 의한 대집행의 대상이 되는 것은 아니다.

공무집행방해죄는 '직무를 집행하는 공무원에 대하여 폭행 또는 협박'을 하는 것을 구성 요건으로 하는 범죄인데(형법 제136조 제1항), 적법한 행정대집행을 행사하는 공무원은 직무를 직행하는 공무원에 해당하므로, 이에 대해서 폭행 또는 협박 등 위력을 행사하여 방해하는 경우에는 공무집행방해죄에 해당한다는 점을 명시한 것이다.10)

관련하여 특기할 것은, 본 사건 사안에서와 같이 위법한 건축물에서의 철거에서와 같이 대집행의 실행에 대하여 대상자가 저항하는 경우 실력으로 그 저항을 배제하는 것이 '대집행의 일부'로서 허용될 수 있는지가 학설상 쟁점이 되는 부분이 있다.

관련하여 일부 학설은 대집행의 실행을 위하여 필요한 한도 내에서 실력으로 저항을 배제하는 것은 명문의 규정이 없는 경우에도 대집행에 수반하는 것으로서 인정되어야 한다고 보고 있고, 다른 한편으로는 저항을 실력으로 배제하는 것은 행정대집행의 대상이 되는 '물체'가 아니라 사람의 '신체'에 대하여 물리력을 행사하는 것이므로 대집행에 포함된다고 볼 수 없어, 이와 같은 직접 강제에는 별도의 법률규정이 필요로 한다고 보고 있다.

관련하여 경찰관직무집행법 제5조에 따르면 경찰관은 사람의 생명 또는 신체에 위해를 끼치거나 재산에 중대한 손해를 끼칠 우려가 있는 천재(天災), 사변(事變), 인공구조물의 파손이나 붕괴, 교통사고, 위험물의 폭발, 위험한 동물 등의 출현, 극도의 혼잡, 그 밖의 위험한 사태가 있을 때에는 그 장소에 모인 사람, 사물(事物)의 관리자, 그 밖의 관계인에게 필요한 경고 등 일련의 위험 발생조치를 할 수 있는데, 대상판결은 경찰관직무집행법 제5조를 원용하여 "필요한 경우에는 경찰관 직무집행법에 근거한 위험발생 방지조치 또는 형법상 공무집행방해죄의 범행방지 내지 현행범체포의 차원에서 경찰의 도움을 받을 수도 있다"라고 판시하여, 행정의 실효성 확보수단으로서 행정대집행과 더불어 저항을 배제하기

---

10) 대법원 2011. 4. 28. 선고 2007도7514 판결: 법외 단체인 전국공무원노동조합의 지부가 당초 공무원 직장협의회의 운영에 이용되던 군(郡) 청사시설인 사무실을 임의로 사용하자 지방자치단체장이 자진폐쇄 요청 후 행정대집행법에 따라 행정대집행을 하였는데, 지부장 등인 피고인들과 위 지부 소속 군청 공무원들이 위 집행을 행하던 공무원들에게 대항하여 폭행 등 행위를 한 사안에서, 위 행정대집행은 주된 목적이 조합의 위 사무실에 대한 사실상 불법사용을 중지시키기 위하여 사무실 내 조합의 물품을 철거하고 사무실을 폐쇄함으로써 군(郡) 청사의 기능을 회복하는 데 있으므로, 전체적으로 대집행의 대상이 되는 대체적 작위의무인 철거의무를 대상으로 한 것으로 적법한 공무집행에 해당한다고 볼 수 있고, 그에 대항하여 피고인 등이 폭행 등 행위를 한 것은 단체 또는 다중의 위력으로 공무원들의 적법한 직무집행을 방해한 것에 해당한다는 이유로, 피고인들에게 특수공무집행방해죄를 인정한 원심판단의 결론을 정당하다고 한 사례.

위해 강학상 '행정상 즉시강제'에 해당하는 경찰관직무집행법 소정의 위험발생방지조치가 가능하다는 점을 명확히 하기는 하였으나, 대상판결 법문에 비추어보면 위 학설상 다툼에 대한 명확한 판단을 한 것은 아니라고 봄이 상당하다(다만, 별도의 법률규정이 필요하다는 것에 가까운 것으로 보인다).

Ⅲ. 판례에 대한 법리 검토

1. 철거 행정대집행을, 점유자 퇴거를 위한 '사실상' 확보된 집행권원으로 볼 수 있는가라는 문제

본 사건에서는 '행정대집행법상의 철거를 집행하면서 부수적으로 퇴거를 할 수 있는 경우, 별도로 퇴거청구의 소라는 민사소송을 통하여 집행권원까지 확보할 필요성이 있는가' 라는 것이 쟁점이 되었기 때문에, 이는 민사소송과 행정소송 상호간 관계의 문제라기보다는 민사소송에서의 소의 이익의 문제 즉 행정대집행에 따라 『사실상』 확보된 집행권원을 별도의 민사소송을 통하여 구하는 것을 허용할 것인가라는 권리보호의 필요성의 문제로 귀결된다.

그리고 그 전제로서, 행정대집행을 건물 퇴거를 위한 사실상 확보된 집행권원으로 볼 수 있는가라는 부분을 검토해볼 필요가 있다.

행정대집행법은 법률 등에 의하여 직접명령된 대체적 작위의무를 위반하는 경우 이를 대집행의 실행을 통하여 대체적 작위의무를 행정청이 대신 만족을 얻을 수 있도록 규정하고 있는데(행정대집행법 제2조, 제4조 등), 건물과 관련한 집행에 있어 건물의 철거만이 대체적 작위의무일 뿐, 건물의 인도와 퇴거는 비대체적 작위의무여서 그 대상이 되지 아니함이 원칙이다.

따라서 만약 대집행의 대상이 되는 불법 건물의 소유자(정확히는 행정대집행이라는 처분의 상대방)와 점유자가 일치하지 않는 경우라면(예를 들어 소유자가 불법 건물을 임대차를 해주어 제3자가 점유사용토록 한 경우라면), 건물의 점유자가 철거의무자와 동일하다고 볼 수 없어, 해당 점유자는 행정대집행의 상대방이 될 수 없다고 볼 수 있기에, 해당 점유자를 상대로는 별도 민사상 퇴거청구를 하여야 함이 법리상 당연하다고 볼 수 있다.

하지만 본 사건 사안의 경우, 이 사건 건물을 신축한 자 즉 행정대집행의 대상자인 철거의무자와 이 사건 건물 점유자(퇴거 대상자)가 동일하기 때문에, 행정대집행 절차에 따라 철거를 행하는 과정에서 필연적으로 철거의무자의 점유까지 배제할 수 있게 되는바, 이와 같은 경우에까지 민사상 퇴거청구 판결이라는 집행권원까지 요구하는 것은 행정대집행의 목적 달성을 저해하는 측면이 있고 오히려 행정대집행 대상자의 권리를 과보호하는 측면이 있어, 행정대집행을 건물 퇴거를 위한 사실상 확보된 집행권원으로 보는 것이 타당하다고 본다.

2. 행정대집행에 따른 철거의무자와 건물의 점유자가 동일한 경우, 철거의무자에 대한 퇴거청구를 하는 것을 금지할 것인가라는 문제

그렇다면 남은 문제는, 이와 같이 행정대집행에 따른 철거의무자와 건물의 점유자가 동일한 경우, 철거의무자에 대한 퇴거청구까지 (굳이) 별도로 하고자 하는 것을, 법원이 금지할 필요가 있는가라는 의문이 존재하게 된 것이다.

관련하여 특기할만한 판례가 있는데, 대법원은 2014. 7. 16. 선고 2011다76402 전원합의체 판결[11]에서 "국유재산법에 의한 변상금 부과·징수권은 민사상 부당이득반환청구권

---

11) 대법원은 2014. 7. 16. 선고 2011다76402 전원합의체 판결: [다수의견] (가) 국유재산의 무단점유자에 대한 변상금 부과는 공권력을 가진 우월적 지위에서 행하는 행정처분이고, 그 부과처분에 의한 변상금 징수권은 공법상의 권리인 반면, 민사상 부당이득반환청구권은 국유재산의 소유자로서 가지는 사법상의 채권이다. 또한 변상금은 부당이득 산정의 기초가 되는 대부료나 사용료의 120%에 상당하는 금액으로서 부당이득금과 액수가 다르고, 이와 같이 할증된 금액의 변상금을 부과·징수하는 목적은 국유재산의 사용·수익으로 인한 이익의 환수를 넘어 국유재산의 효율적인 보존·관리라는 공익을 실현하는 데 있다. 그리고 대부 또는 사용·수익허가 없이 국유재산을 점유하거나 사용·수익하였지만 변상금 부과처분은 할 수 없는 때에도 민사상 부당이득반환청구권은 성립하는 경우가 있으므로, 변상금 부과·징수의 요건과 민사상 부당이득반환청구권의 성립 요건이 일치하는 것도 아니다. 이처럼 구 국유재산법(2009. 1. 30. 법률 제9401호로 전부 개정되기 전의 것, 이하 같다) 제51조 제1항, 제4항, 제5항에 의한 변상금 부과·징수권은 민사상 부당이득반환청구권과 법적 성질을 달리하므로, 국가는 무단점유자를 상대로 변상금 부과·징수권의 행사와 별도로 국유재산의 소유자로서 민사상 부당이득반환청구의 소를 제기할 수 있다. 그리고 이러한 법리는 구 국유재산법 제32조 제3항, 구 국유재산법 시행령(2009. 7. 27. 대통령령 제21641호로 전부 개정되기 전의 것) 제33조 제2항에 의하여 국유재산 중 잡종재산(현행 국유재산법상의 일반재산에 해당한다)의 관리·처분에 관한 사무를 위탁받은 한국자산관리공사의 경우

과 법적 성질을 달리하므로, 국가는 무단점유자를 상대로 변상금 부과·징수권의 행사와 별도로 국유재산의 소유자로서 민사상 부당이득반환청구의 소를 제기할 수 있다"라고 판단하여, 변상금부과처분 및 그에 따른 후속 절차인 체납처분 등이 가능하여 충분히 '금전채권의 만족'을 얻을 수 있음에도, 민사상 부당이득반환청구를 별도로 제기하는 것을 허용하고 있어, 행정대집행을 통해 건물점유자에 대한 퇴거까지 아울러 만족할 수 있음에도 별도로 퇴거청구의 소라는 민사청구를 별도로 하는 것을 법원에서 금지하는 것이 타당한가라는 문제제기가 있을 수 있다.

다만, 대법원 2014. 7. 16. 선고 2011다76402 전원합의체 판결의 다수의견에 따르면 변상금 부과·징수권은 민사상 부당이득반환청구권과 법적 성질, 요건, 효과를 모두 달리하는 것이므로, 본 사건 사안에서와 같이 건물철거 행정대집행과 민사상 퇴거청구 모두 '퇴거'라는 동일한 '효과'를 달성할 수 있다면, 행정대집행이 가능함에도 불필요한 권리구제절차인 민사상 퇴거청구를 별도로 하는 것을 '금지'하는 것이 소의 이익 법리에 부합한다고 본다.

그러나, 이는 대상판결이 설시한 것처럼 어디까지나 행정대집행의 대상이 되는 건물철거의무자와 건물점유자가 동일한 경우에만 제한적으로 적용하여야 할 것이며, 행정대집행 대상 외의 제3자가 존재하는 경우까지 확대하여 적용하는 것은 경계할 필요가 있다.

3. 적법한 대집행에 대한 저항을 배제하기 위해 별도의 법적근거가 필요한가라는 문제

본 사건 사안에서와 같이 위법한 건축물에서의 철거에서와 같이 대집행의 실행에 대하여 대상자가 저항하는 경우 실력으로 그 저항을 배제하는 것이 '대집행의 일부'로서 허용될 수 있는지(즉, 별도 다른 법적 근거가 없음에도 가능한 것인지)와 관련하여, 대상판결은 명확한 판단을 하지 아니한 측면이 있다.

다만 행정대집행은 엄격한 요건하에서 대체적 작위의무의 이행을 위해 허용되고 있는데, 적법한 대집행에 대한 위법한 저항이라고 하더라도 대집행을 시행하는 공무원이 행정

에도 마찬가지로 적용된다.

대집행법을 포함하여 다른 성문 법률이 존재하지 않음에도 저항을 실력으로 배제하는 것을 허용하는 것은, 신체에 대한 물리력의 행사에는 성문법상 근거가 있어야 한다는 헌법 제12조 제1항을 위시한 적법절차의 원칙, 국민에 대한 의무의 부과는 반드시 법률에 의하거나 아니면 법률상 근거를 갖는 행정처분에 의해서만 이루어져야 한다는 법률유보의 원칙[12]을 위반한 소지가 있을 수 있어, 적법한 대집행에 대한 저항을 배제하기 위해 별도의 법적근거를 필요로 하는 것이 타당하다고 본다.

Ⅳ. 요약과 결론

이상의 설명은 다음과 같이 정리될 수 있다.

1. 대상판결은 철거의무자가 건물점유자와 동일한 경우, 건물 철거 행정대집행을 건물점유자 퇴거를 위한 '사실상' 확보된 집행권원으로 보고, 퇴거를 목적으로 하는 건물퇴거 청구를 소의 이익이 없다고 보아 각하하였다.

2. 이와 같은 대상판결의 결론은 행정대집행의 기능과 효과, 소의 이익에 관한 법리에 부합되는 것이기는 하나, 행정대집행 대상 외의 제3자가 존재하는 경우까지 확대하여 적용하는 것은 경계할 필요가 있다.

3. 대상판결은 적법한 대집행에 대한 저항을 배제하기 위해 별도의 법적근거가 필요한가라는 문제에 있어 명확한 답변을 하지 않기는 하였으나, 경찰관직무집행법 제5조를 언급하고 있다는 점에서 별도 법적근거를 필요로 한다는 입장에 가까운 것으로 볼 수 있으며, 이와 같이 보는 것이 적법절차의 원칙, 법률유보의 원칙에 부합한다.

---

12) 박정훈, 『행정소송의 체계와 방법론』, 2005, 321면

생각할 문제

1. 행정대집행이 허용되는 대체적 작위의무와 허용되지 않는 비대체적 작위의무를 명확히 구분하라.

2. 동일한 법적 효과를 달성하기 위한 특별한 구제절차가 존재하는 경우, 소의 이익 관점상 민사소송과 같은 일반적인 권리구제를 허용할 수 있는가.

3. 행정대집행에 따라 허용되는 강제력 행사의 범위는 어디까지인가.

대법원 2022. 12. 22. 선고 2016도21314 판결
[행정형벌의 구성요건 해석]

[사실관계]

　고소인 최○○는 자궁내막증식증 환자로 2009. 4.경부터 2012. 6.경까지 한의사인 피고인으로부터 초음파영상진단장치(모델명 LOGIQ P5)를 이용한 진단, 침치료, 한약처방 등을 받았으나 증세가 호전되지 아니하였다. 고소인은 2012. 7.경 출혈이 멈추지 않는 등 증상이 악화되자 산부인과 병원에서 초음파 검사를 받고 '덩어리가 보이니 큰 병원에 가라'는 권유에 따라 서울대 보라매병원에서 조직검사를 받은 결과 자궁내막암 2기말 진단을 받았다.

　이에 고소인은 피고인이 초음파진단기를 사용하여 면허된 것 이외의 의료행위를 하였고 고소인의 출혈이 계속됨에도 별다른 문제가 없다고 오진하여 자궁내막암 2기말에 이르게 하였다고 주장하면서 2013. 7. 10. 피고인을 의료법위반 및 업무상과실치상 혐의로 고소하였다.

　위 사건 수사과정에서 유권해석을 요청받은 보건복지부는 '초음파영상진단장치를 이용한 진단과 그 결과를 토대로 치료하는 행위는 한의사에게 부여된 면허범위로 보기 어렵다'는 취지로 회신하였고, 검사는 2014. 8. 21. 피고인을 의료법위반으로 약식기소하고, 업무상과실치상 부분에 대하여는 혐의없음(증거불충분) 처분하였다.[1]

　서울중앙지방법원은 2014. 9. 4. '피고인은 2010. 3. 2.경부터 2012. 6. 16.까지 총 68회에 걸쳐 환자인 최○○를 진료하면서 초음파 진단기를 사용하여 신체 내부를 촬영하여 초

---

* 법무법인 가온 변호사
1) 위 사건 수사과정에서 대한의사협회는 업무상과실치상 부분과 관련하여 '한의원에서 치료받은 2년 이상의 기간 중 적절한 진단과 치료가 시행되었을 경우 자궁내막암 2기로의 진행가능성은 많이 감소시킬 수 있었을 것'이라는 취지로 회신하였으나, 검사는 ①피고인이 고소인이 양방치료를 받지 못하도록 강요하거나 방해했다고 볼 증거가 없고, ②초음파 검사를 통해 자궁내막암을 발견하지 못하였다고 해서 업무상 주의의무를 태만하였다고 단정하기 어렵다는 이유로 불기소처분하였고, 고소인은 검사의 불기소처분에 항고하였으나 2014. 10. 22. 기각되었고, 다시 재정신청을 하였으나 2015. 1. 15. 기각되었다.

음파 화면에 나타난 모습을 보고 진단하는 방법으로 진료행위를 하여 면허된 것 이외의 의료행위를 하였다'는 공소사실에 대해 벌금 100만원의 약식명령[2]을 고지하였고, 피고인이 이를 다투어 정식재판을 청구하였다.

[사건의 경과]

피고인의 변호인은 ①초음파 진단기의 작동원리는 물리학적 원리에 기초한 것이지 서양의학적인 원리에 기초한 것이 아니고, ②초음파 진단기는 그 자체로 신체침습적인 의료기계가 아니어서 안정성에 문제가 없으며, ③한의사도 정규과정을 통해 초음파 진단기의 사용에 대하여 교육을 받고 한방의료행위를 하는 범위에서만 초음파 진단기를 사용하므로, 한의사의 초음파진단기 사용은 한의사 면허된 범위 내의 의료행위에 해당한다고 주장하였다.

이에 대하여 제1심 법원[3]은, 한의사가 현대적 의료기기를 사용하는 것이 면허된 것 이외의 의료행위에 해당하는지에 관한 기존의 대법원 판례 및 헌법재판소 결정[4]이 제시하는 법리를 전제한 다음, "①초음파 진단기는 초음파의 물리적 특성과 인체 조직의 생화학적 특성에 근거를 둔 것으로 한의학 이론이나 원리에 기초한 것이 아니고 이를 이용하여 신체 내부를 촬영하고 진단한 행위는 한의학적 방법이나 이론이 적용된 것이 아니며, ②초음파 진단기 사용 자체로 인한 위험성은 크지 아니하나, 초음파를 이용한 진단은 인체에 대한 해부학적 지식을 토대로 병변을 정확하게 판독하는 과정이 필수적이고 환자의 상태를 정확하게 진단하지 못하면 적절한 치료방법을 선택할 수 없게 되어 생명이나 신체상의 위험성을 발생시킬 우려가 있고, ③의사와 달리 한의사 전문의에는 초음파 진단기를 사용하여 진단하는 전문과목이 없으며, 초음파 진단기를 사용한 검사 및 진단은 영상의학과의 전문 진료과목으로 초음파 영상을 평가하기 위해 필요한 충분한 지식과 경험을 갖춘 전문의사가 시행하여야 한다"는 이유로 변호인의 주장을 배척하고 피고인에게 벌금 80만원을 선고하였다.

이에 불복하는 피고인의 항소에 대해 원심법원[5]은 제1심 법원과 대체로 같은 취지로 판

---

2) 서울중앙지방법원 2014고약18374 약식명령.
3) 서울중앙지방법원 2016. 2. 16. 선고 2014고정4277 판결.
4) 대법원 2014. 2. 13. 선고 2010도10352 판결 및 헌법재판소 2003. 2. 27. 선고 2002헌바23 결정 등 아래 II. 1.에서 구체적으로 살펴본다.

결이유를 설명하고 추가로 "①피고인은 초음파를 시행하면서 자궁내막의 두께를 관찰하였는데 이는 산부인과에서 전형적으로 행하는 초음파 검사방법에 해당하는 것이어서 한의학적 진단 방법이라고 볼 수 없고, ②한의사가 초음파 진단이 가능한 전문지식을 갖추었다고 할 수 없는데 일반인들이 한의사도 의사와 동일한 방법으로 초음파 검사를 한다고 오인하면 의사에 의한 진단과 치료를 도외시할 우려가 높아 보건위생상 위험성[6]이 있으며, ③헌법재판소 역시 수차례에 걸쳐 한의사의 초음파 진단기 내지 초음파 골밀도측정기 사용이 면허를 받은 범위 밖의 의료행위라고 결정하였다"고 설시하면서 피고인의 항소를 기각하였다. 이에 대해 피고인이 상고를 제기하였다.

[대상판결]

대법원은 전원합의체 다수의견에 따라 한의사의 초음파진단기 사용이 면허된 것 이외의 의료행위에 해당한다고 보기 어렵다는 취지로 원심판결을 파기하고 사건을 다시 심리·판단하도록 원심법원에 환송하였다. 다수의견과 소수의견의 구체적인 설시를 요약하면 다음과 같다.

<다수의견>

의료법은 의사와 한의사의 직역이 구분되는 것을 전제로 각 직역의 의료인이 '면허된 것 이외의 의료행위'를 할 경우 형사처벌받도록 규정하였으나, 각각의 업무영역이 어떤 것이고 그 면허의 범위 안에 포함되는 의료행위가 구체적으로 어디까지인지에 관하여 별다른 규정을 두고 있지 아니하다.

대법원은 한의사가 현대 의료기기 등을 사용하는 것이 '면허된 것 이외의 의료행위'에 해당하는지에 관하여, ①관련 법령에 한의사의 해당 의료기기 등 사용을 금지하는 취지의 규정이 있는지, ②해당 의료기기 등의 개발·제작 원리가 한의학의 학문적 원리에 기초한 것인지, ③해당 의료기기 등을 사용하는 의료행위가 한의학의 이론이나 원리의 응용 또는 적용을 위한 것으로 볼 수 있는지, ④해당 의료기기 등의 사용에 서양의학에 관한 전문지식과

---

5) 서울중앙지방법원 2016. 12. 6. 선고 2016노817 판결.
6) 원심법원은 "이 사건의 경우에도, 환자 최○○는 피고인이 초음파 검사를 지속적으로 시행하고 있다는 것과 피고인이 피력한 산부인과 의사에 의한 서양의학적 진단과 치료에 대한 부정적인 의견을 신뢰함으로써, 자궁내막암의 발견 및 치료가 늦어지게 되었다"고 강조하였다.

기술을 필요로 하지 않아 한의사가 이를 사용하더라도 보건위생상 위해가 생길 우려가 없는지(이하 '종전 판단기준'이라 한다) 등을 고려하여 판단하여 왔다.

그러나, 의료기술 등의 발달, 의료소비자의 선택가능성 보장, 죄형법정주의의 원칙 등을 고려하여 '진단용 의료기기' 사용에 관하여 판단기준을 새롭게 정립할 필요가 있으므로 ① 관련 법령에 한의사의 해당 의료기기 사용을 금지하는 규정이 있는지, ②해당 진단용 의료기기의 특성과 그 사용에 필요한 기본적·전문적 지식과 기술 수준에 비추어 한의사가 진단의 보조수단으로 사용하게 되면 의료행위에 통상적으로 수반되는 수준을 넘어서는 보건위생상 위해가 생길 우려가 있는지, ③한의사가 그 진단용 의료기기를 사용하는 것이 한의학적 의료행위의 원리에 입각하여 이를 적용 내지 응용하는 행위와 무관한 것임이 명백한지(이하 '새로운 판단기준'이라 한다) 등을 종합적으로 고려하여 판단하여야 하고, 진단용 의료기기에 대해서 '종전 판단기준'을 적용한 이전의 대법원 판례를 변경한다.

새로운 판단기준에 비추어 살펴건대, 한의사의 초음파 진단기기 사용을 금지하는 취지의 규정은 존재하지 아니하고, 한의사의 초음파 진단기기 사용이 의료행위에 통상적으로 수반되는 수준을 넘어서는 위해가 생길 우려가 있는 경우라고 단정하기 어려우며, 한의사의 초음파 진단기기 사용이 한의학적 원리의 적용 및 응용과 무관하다고 명백히 증명되었다고 볼 수 없으므로, 한의사의 초음파 진단기가 사용이 '면허된 것 이외의 의료행위'에 해당한다고 할 수 없다. 따라서, 원심판결은 '면허된 것 이외의 의료행위'의 범위에 관한 법리를 오해한 잘못이 있다.

<소수의견>

우리 의료체계는 의사와 한의사를 구별하고 있는데, 본건과 같이 한의사가 초음파 진단기기로 자궁내막의 두께를 관찰하는 등 산부인과에서 행하는 초음파 검사방법을 시행한 것은 이원적 의료체계에 반하는 것이고, 피고인은 한의사 면허 취득 후 초음파 관련 교육을 이수하였을 뿐 한의대에서 관련 교육을 받거나 면허 취득과정에서 평가를 받은 사실도 없으며, 학문적인 기초가 달라 제대로 훈련받지 않은 한의사가 현대 의학원리에 기초한 진단기기를 사용하여 양의학적 진단행위를 하면 오진 등 보건위생상 위해가 생길 우려가 있으므로, 한의사의 현대적 진단기기 사용은 제도적·입법적으로 해결되기 전에는 무면허의료행위로 보아 규제하여야 하고 법원이 형사재판에서 결정하는 것은 바람직하지 못하다. 따라서, 한의사의 초음파 진단기기 사용을 '면허된 것 이외의 의료행위'로 판단한 원심판결은 정당하다.

[판결의 평석]

Ⅰ. 사안의 쟁점

의료인이 아니면 누구든지 의료행위를 할 수 없으며 의료인도 면허된 것 이외의 의료행위를 할 수 없다(의료법 제27조 제1항). 그리고, 이를 위반한 자는 5년 이하의 징역이나 5천만원 이하의 벌금으로 처벌받고(의료법 제87조의2 제2항 제2호), 의료인이 위반한 경우에는 형사처벌과 별도로 면허정지처분 등 행정제재 처분을 받을 수 있다(의료법 제66조 제1항 제10호 등). 나아가, 의료법 제27조를 위반하여 영리를 목적으로 의사가 아닌 사람이 의료행위를, 또는 치과의사가 아닌 사람이 치과의료행위를, 또는 한의사가 아닌 사람이 한방의료행위를 각 업으로 한 경우 무기 또는 2년 이상의 징역으로 가중처벌될 수 있다(보건범죄 단속에 관한 특별조치법 제5조).

위와 같이 의료인이더라도 면허된 것 이외의 의료행위를 하면, 의료인이 아닌 자가 의료행위를 한 것과 마찬가지로 처벌받는데, 관련 법령은 의사, 한의사 및 치과의사의 '면허된 의료행위'의 범위를 명확히 규정하고 있지 아니하고 있다. 이에 따라 주로 한의사가 현대 과학기술로 개발된 의료기기를 사용한 것이 한방의료행위의 범위를 넘는 것이 아닌지, 즉 '면허된 것 이외의 의료행위'를 하는 것인지 여부가 여러 차례 행정소송과 형사사건에서 다투어져 왔고, 대법원과 헌법재판소는 이 문제에 관하여 일응의 판단기준을 정립하여 왔다.

대상판결은 한의사가 초음파 진단기기를 사용하여 환자의 신체 내부를 촬영하고 이를 토대로 진단을 하는 것이 한의사의 '면허된 것 이외의 의료행위'에 해당하는지, 즉 의료법 제27조 제1항 후단의 금지규정을 위반한 것인지 여부에 대해 판단하면서, 해당 사건에서 사용된 특정 모델의 초음파 진단기기에 한정하지 아니하고 나아가 '한의사의 진단용 의료기기 사용' 일반에 적용할 새로운 판단기준을 제시하면서 이전의 대법원 판례를 일부 변경하였다.

여기에서는 이 문제에 관한 법원과 헌법재판소의 판단을 개관하여 살펴보고, 대상판결이 제시하는 판단기준을 분석하기로 한다. 나아가 대상판결이 한의사의 현대 의료기기 사용 여부에 관한 판단을 넘어 의사와 한의사 사이의 업무영역과 상호관계에 대하여 밝히고 있는 입장 및 행정형벌에서 죄형법정주의의 의미, 행정형벌 구성요건의 해석원리에 대한 판단을 검토하기로 한다.

Ⅱ. 판례의 이해

대상판결은 명시적으로 한의사의 현대 의료기기 사용이 '면허된 것 이외의 의료행위'에 해당하는지에 관한 '종전 판단기준'을 '진단용 의료기기'에 한정하여 변경한다고 밝히면서 '새로운 판단기준'을 제시하였다. 우선 한의사의 의료행위가 '면허된 것 이외의 의료행위'에 해당하는지 여부에 관하여 법원과 헌법재판소가 판단한 여러 사례들 중에서 '진단용 의료기기' 또는 진단용이 아니더라도 침습성의 정도가 낮은 의료기기에 대하여 판단한 사례들[7]을 시간순으로 살펴보고, 대상판결이 제시한 새로운 판단기준과 그 근거를 분석하기로 한다.

1. 한의사의 '면허된 것 이외의 의료행위'에 관한 기존 법원 판결 및 헌법재판소 결정

(1) 컴퓨터 단층촬영(CT) 기기 이용 방사선진단

서울고등법원은 한의사가 CT기기를 사용한 방사선진단행위를 하여 면허정지 3개월의 처분을 받아 그 취소를 구한 사안에서, '의사가 행하는 의료행위와 한의사가 행하는 한방 의료행위는 그 행위의 기초가 되는 전문지식이 서양에서 도입된 의학인지, 우리의 옛 선조들로부터 전통적으로 내려오는 한의학인지 여부에 의하여 구분된다'고 전제한 다음 ①CT 기기와 관련된 법령 규정들은 한의사의 CT기기 이용이나 한방병원의 CT기기 설치를 예정하지 않은 점, ②해부학에 기초를 두고 인체를 분석적으로 보는 서양의학과 한의학은 질병을 보는 관점이 달라 진찰방법도 다른 점 등을 근거로 "한의사가 방사선사로 하여금 CT기기로 촬영하게 하고 이를 이용하여 방사선진단행위를 한 것은 한방의료행위에 포함된다고 보기 어려워 면허된 이외의 의료행위를 한 때에 해당한다"고 판단하였다.[8]

(2) X-선 골밀도측정기 이용 성장판검사

2011년에 대법원은 한의사가 진단용 방사선 발생장치인 X-선 골밀도측정기를 이용하여 환자들에 대하여 성장판검사를 하여 의료법위반으로 기소된 사안에서, "의료법에 의사, 한

---

7) 따라서, 주사기를 이용한 필러시술에 대한 대법원 2014. 1. 16. 선고 2011도16649 판결 등 침습적 성격이 있는 의료행위를 다룬 사례는 제외한다.

8) 서울고등법원 2006. 6. 30. 선고 2005누1758 판결. 그럼에도 불구하고 면허정지 3개월은 위반행위에 비하여 지나치게 가혹한 처분이라는 등을 이유로 법원은 피고 행정청의 면허정지처분을 취소하였다.

542 권 기 대

의사 등의 면허된 의료행위의 내용에 관한 정의를 내리고 있는 법조문이 없으므로 구체적인 행위가 면허된 것 이외의 의료행위에 해당하는지 여부는 구체적 사안에 따라 의료법의 목적, 구체적인 의료행위에 관한 규정의 내용, 구체적인 의료행위의 목적, 태양 등을 감안하여 사회통념에 비추어 판단"하여야 한다는 다소 모호한 판단기준을 제시한 다음, 의료법 및 진단용 방사선 발생장치의 안전관리에 관한 규칙의 규정에 비추어 한의사의 X-선 골밀도측정기 사용은 면허범위 이외의 의료행위를 한 것에 해당한다고 판단하였다.[9]

한편, 형사사건에 대한 위 대법원 판결에 앞서서, 동일한 의료기기 사용과 관련된 행정소송에서 서울행정법원은 한의사의 X-선 골밀도측정기 사용이 면허된 것 이외의 의료행위라고 판단하면서 "어떠한 진료행위가 의사만이 할 수 있는 의료행위에 해당하는지 아니면 한의사만이 할 수 있는 한방의료행위에 해당하는지 여부는 결국 해당 진료행위가 학문적 원리를 어디에 두고 있는가에 따라 판단하여야 한다"는 기준을 제시하였다.[10]

(3) 초음파 골밀도측정기 이용 성장판검사

2012년, 헌법재판소는 한의사들이 보건범죄단속법위반(부정의료업자)죄로 기소유예 처분을 받자 그 취소를 구한 헌법소원심판청구 사건에서 한의사가 초음파 골밀도측정기를 사용하여 성장판검사를 한 것은 한의사의 면허된 의료행위에 해당한다고 보기 어렵다고 판단하여 청구를 기각하였다.[11]

위 사안에서 헌법재판소는 특정한 행위가 한방의료행위에 해당하는지 여부에 관한 판단기준으로 ①해당 의료행위의 태양 및 목적, ②해당 의료행위의 학문적 기초, ③전문지식에 대한 교육정도, ④관련 규정을 제시하면서, 초음파영상사진에 기초한 진단은 한의학적 지식이 아니라 인체에 대한 해부학적 지식에 기초한 것이고, 초음파검사 및 진단은 의사의 진료과목으로 영상의학과의 업무영역에 속하는 것이라고 판단하여, 앞서 본 서울행정법원 판결과 마찬가지로 해당 진료행위의 학문적 원리가 한의학에 기초한 것인지 여부를 중시하였다.[12]

---

9) 대법원 2011. 5. 26. 선고 2009도6980 판결.
10) 서울행정법원 2008. 10. 10. 선고 2008구합11945 판결. 이 기준은 앞서 서울고등법원 2005누1758 판결이 제시한 기준(의사가 행하는 의료행위와 한의사가 행하는 한방의료행위는 그 행위의 기초가 되는 전문지식이 서양에서 도입된 의학인지, 우리의 옛 선조들로부터 내려오는 전통적으로 내려오는 한의학인지 여부에 의하여 구분된다)을 발전시킨 것으로 보이고, 이후 유사 사안에 대한 판결(서울행정법원 2013. 10. 31. 선고 2013구합7872 판결 등)에서 원용되었다.
11) 헌법재판소 2012. 2. 23. 선고 2009헌마623 전원재판부 결정.
12) 장준혁, "무면허의료행위에 대한 형사법적 쟁점 – 한의사의 초음파기기 사용을 중심으로", 『의료

위 사안과 동일한 초음파골밀도측정기를 이용하여 진단하다가 기소된 한의사들이 의료법 처벌조항이 위헌이라는 취지로 청구한 헌법소원심판사건[13]에서도 2013년 2월 헌법재판소는 "초음파검사의 경우 그 시행은 간단하나 영상을 평가하는 데는 인체 및 영상에 대한 풍부한 지식이 있어야 함은 물론, 검사 중에 발생하는 다양한 현상에 대해 충분히 이해하고 있어야 하므로 영상의학과 의사나 초음파검사 경험이 많은 해당과의 전문의사가 시행하여야 하고, 이론적 기초와 의료기술이 다른 한의사에게 이를 허용하기는 어렵다"고 판단하여 역시 '진료행위의 이론적 기초'를 중요하게 고려하였다.[14]

(4) 안압측정기, 자동안굴절검사기, 세극등 현미경, 자동시야측정장비, 청력검사기 이용 진료

헌법재판소는 2013년 12월, 한의사들이 의료법위반죄로 기소유예 처분을 받자 그 취소를 구한 헌법소원심판청구 사건에서, 한의사가 안압측정기, 자동안굴절검사기, 세극등 현미경, 자동시야측정기, 청력검사기를 사용한 진단이 한의사의 면허된 의료행위에 해당하지 않는다고 보기 어렵다고 판단하여 청구를 모두 인용하였다.[15]

위 사안에서 헌법재판소는 "과학기술의 발전으로 의료기기의 성능이 대폭 향상되어 보건위생상 위해의 우려없이 진단이 이루어질 수 있다면 자격이 있는 의료인에게 그 사용권한을 부여하는 방향으로 해석되어야" 하고, "의료법 제27조 제1항 본문 후단의 위반행위는 결국 형사처벌의 대상이라는 점에서 죄형법정주의 원칙이 적용되므로 그 의미와 적용범위가 수범자인 의료인의 입장에서 명확하여야 하고, 엄격하게 해석되어야 한다"고 전제한 다음, 위 각 의료기기들은 "측정결과가 자동으로 추출되는 기기들로서 신체에 아무런 위해를 발생시키지 않고, 측정결과를 한의사가 판독할 수 없을 정도로 전문적인 식견을 필요로 한다고 보기 어려우므로" 이를 사용한 한의사의 진료행위를 무면허의료행위로 보기 어렵다고 판단하였다.

위 결정은 위 (3)항의 결정들로부터 불과 1~2년 후에 이루어진 것이고 '해당 의료행위의 이론적 기초' 등 이전 결정의 판단기준을 그대로 적용하는 등 한의사의 의료기기 사용

법학』 제15권 제1호, 2014, 49면.

13) 헌법재판소 2013. 2. 28. 선고 2011헌바398 전원재판부 결정.

14) 헌법재판소는 2020년 동일한 초음파골밀도측정기를 사용하였다가 기소유예 처분을 받고 이에 불복하여 취소를 구한 헌법소원 심판청구 사건에서 구체적 이유 설시없이 청구를 모두 기각하였는바, 아래 (4)항의 결정에 불구하고 한의사의 의료기기 사용 문제에 관하여 기본적으로 기존의 입장을 유지하고 있는 것으로 보인다. 헌법재판소 2020. 6. 25. 선고 2014헌마110, 177, 311 전원재판부 결정.

15) 헌법재판소 2013. 12. 26. 선고 2012헌마551, 561 전원재판부 결정.

에 관한 입장을 명시적으로 변경한 것이라고 보기는 어렵고, 문제 된 의료기기의 기술적 특성(측정결과가 자동으로 숫자로 출력되는 점 등)을 중시한 판단으로 보인다.[16]

하지만, 위 결정이 한의사의 의료기기 사용 허용 여부에 관하여 죄형법정주의 원칙을 근거로 처벌범위를 엄격하게 해석하여야 한다는 논리를 제시한 부분과 의사와 한의사 중 이론적 기초가 어디에 있느냐에 따라 한 쪽이 독점적으로 사용하는 것이 아니라 양쪽 모두 사용할 수 있는 유형의 진단용 의료기기(안압 등에 대한 기초적인 결과를 제공하는 자동화된 기기 등)가 존재한다는 판단은 대상판결에 상당한 영향을 준 것으로 보여 주목할 필요가 있다.

(5) 광선조사기(IPL) 이용 피부질환 치료

대법원은 한의사가 광선조사기(IPL)을 사용하여 잡티 제거 등 치료행위를 한 사안에서 의료법위반죄를 무죄로 판단한 원심[17]을 파기·환송하면서, 한의사의 의료기기 등 사용이 '면허된 것 이외의 의료행위'에 해당하는지 여부를 판단하는 기준을 구체적으로 제시하였다.[18]

대법원은 이전의 법원 판결 및 헌법재판소 결정이 설시한 논리 등을 종합하여, ① 관련 법령에 한의사의 해당 의료기기 등 사용을 금지하는 취지의 규정이 있는지, ② 해당 의료기기 등의 개발·제작 원리가 한의학의 학문적 원리에 기초한 것인지, ③ 해당 의료기기 등을 사용하는 의료행위가 한의학의 이론이나 원리의 응용 또는 적용을 위한 것으로 볼 수 있는지, ④ 해당 의료기기 등의 사용에 서양의학에 관한 전문지식과 기술을 필요로 하지 않아 한의사가 이를 사용하더라도 보건위생상 위해가 생길 우려가 없는지를 판단기준으로 제시하였고, 이후 대상판결 선고 이전까지 관련 사안에서 판단기준으로 적용되었다('종전 판단기준').

(6) 뇌파계(모델명 NEURONICS-32 plus) 이용 파킨슨병 및 치매 진단

한의사가 뇌파계를 이용하여 파킨슨병, 치매 진단을 하여 관할 보건소장으로부터 면허된 것 이외의 의료행위를 하였음을 이유로 면허정지 3개월 처분을 받고 그 취소를 구한 사안에서, 서울행정법원은 '종전 판단기준'을 적용하여 ① 뇌파계를 이용한 진단은 한의학적

---

16) 이경민, "'면허된 것 이외의 의료행위' 해당여부에 관한 판단기준의 정립 방향 – 한의사의 의료기기 등 사용을 중심으로", 『사법』 제57호, 2021, 461면.
17) 서울동부지방법원 2010. 7. 22. 선고 2010노449 판결.
18) 대법원 2014. 2. 13. 선고 2010도10352 판결.

지식을 기초로 한 행위로 볼 수 없고, ② 뇌파계 사용 자체로 인한 위험성은 크지 아니하나 환자의 상태를 정확하게 진단하는 것은 뇌파기기와 관련된 교육을 충분히 받아야만 하며, ③ 뇌파측정 및 뇌파기기에 관하여 한의사와 의사가 동등한 교육을 받는다고 볼 수 없다고 판단하여 원고의 행위를 무면허의료행위로 판단하였다.[19]

그러나, 항소심[20]은 역시 '종전 판단기준'을 적용하면서도 한의학육성법 제2조 제1호의 개정취지[21]를 근거로 한방의료행위의 범위를 보다 확대하여 해석하였다. 이에 따라 ① 뇌파계의 개발 및 뇌파계를 이용한 의학적 진단이 현대의학의 원리에 근거하고 있다는 사정만으로는 한의사의 면허된 것 이외의 의료행위라고 할 수 없고, ② 뇌파계를 사용하여 기(氣)의 승강출입(乘降出入)과 경락의 변화를 측정하는 한방신경정신과 진료를 한 것으로 볼 수 있으며, ③ 뇌파계의 사용은 한의학적 진찰방법 중 하나인 절진(切診)[22]의 현대화된 방법 또는 기기를 이용한 망진(望診)이나 문진(問診)[23]으로 볼 수 있고, ④ 한의학 교육과정에서 뇌파기기에 대한 교육이 이루어지고 있으며, ⑤ 관련 법령에 한의사의 뇌파계 사용을 금지하는 규정이 없고, ⑥ 뇌파계는 일반에도 판매가 가능한 기기로 사용 자체로 인한 위험성이 크지 아니하며 측정결과가 상당한 수준으로 자동으로 추출되므로, 한의사의 뇌파계 이용은 면허된 것 이외의 의료행위라고 보기 어렵다고 판단하였다.[24]

위 항소심 판결은 '종전 판단기준'을 적용한다면서도 '의료행위의 이론적 기초'를 중시한 서울행정법원 2008. 10. 10. 선고 2008고합11945 판결과 달리 '해당 의료기기 등의 개발·제작 원리가 한의학의 학문적 원리에 기초한 것인지' 여부를 사실상 판단기준에서 제외하였고, 현대 진단용 의료기기의 사용이 '현대화된 기기 또는 방법을 사용한 한의학적 진찰방법'에 속하는 것으로 볼 수 있다는 논리를 제시하였는데, 대상판결의 '새로운 판단기

---

19) 서울행정법원 2013. 10. 31. 선고 2013구합7872 판결.

20) 서울고등법원 2016. 8. 19. 선고 2013누50878 판결.

21) 「한의학육성법」 제2조 제1호는 한방의료행위에 관하여 '우리의 선조들로부터 전통적으로 내려오는 한의학을 기초로 한 의료행위'로 규정하다가 2011. 7. 14. 법률 제10852호로 개정되면서 '우리의 선조들로부터 전통적으로 내려오는 한의학을 기초로 한 한방의료행위와 이를 기초로 하여 과학적으로 응용·개발한 의료행위'로 그 개념을 확장하였다. 아래 Ⅲ. 3.에서 구체적으로 검토하기로 한다.

22) 절진(切診)은 손을 이용하여 환자의 신체 표면을 만져보거나 더듬어보고 눌러봄으로써 필요한 자료를 얻어내는 진찰방법이다.

23) 망진(望診)은 시각을 통하여 환자의 상태, 얼굴색, 동태, 배설물의 색 등의 변화를 관찰함으로서 질병을 진단하는 방법이고, 문진(問診)은 환자나 보호자에게 질병의 발생, 진행과정 등 여러 가지 정황을 물어서 진찰하는 방법이다.

24) 이에 대하여 한의사의 뇌파계 사용은 보건상 위험성이 높아 허용되어서는 안된다는 비판이 있다. 장연화/백경희, "무면허의료행위와 한의사의 진단용 의료기기 사용에 관한 고찰", 『형사법의 신동향』 제53호, 2016, 265-294면.

준'에 영향을 준 것으로 보인다.

위 항소심 판결에 피고 행정청이 상고하였고 2023년 6월 5일 현재까지 대법원 판결은 선고되지 아니한 상태이나, 대상판결 취지에 비추어 상고가 기각될 가능성이 높은 것으로 보인다.

2. 대상판결의 논리

(1) '새로운 판단기준' 제시

대상판결은 한의사의 의료기기 사용이 한의사의 '면허된 것 이외의 의료행위'에 해당하는지에 관한 '종전 판단기준'을 '진단용 의료기기' 사용에 대하여는 새롭게 재구성할 필요가 있다고 하면서 아래와 같은 세 가지 이유를 제시하였다.

첫째, 의약품 및 의료기술 등의 발전을 반영하여 전통적인 한방의료의 영역을 넘어 한의사에게 허용되는 의료행위의 영역이 생겨날 수 있고[25], 둘째, 의료서비스의 수준향상을 위해 의료소비자의 선택가능성을 합리적인 범위에서 열어두는 방향으로 해석하는 것이 바람직하며, 셋째, '면허된 것 이외의 의료행위'는 형사처벌의 대상으로서 죄형법정주의 원칙에 따라 수범자인 한의사의 입장에서 의미와 적용범위가 명확하고 엄격하게 해석되어야 한다[26]는 것이다.

위와 같이 대상판결은 한의사의 의료행위의 범위를 넓히고 형사처벌 대상 여부를 엄격하게 해석한다는 방향을 먼저 제시한 다음, '종전 판단기준'을 '진단용 의료기기'에 한정하여 '새로운 판단기준'으로 변경하였다.

두 기준을 비교하여 보면(아래 표 참조), 종전의 판단기준 중 ①은 그대로 유지되었으나, ②는 기준에서 제외되었고, ③은 해당 의료행위가 현대 의학이론에 기초한 것이더라도 한의학적 원리와 무관한 것이 명백하여야만 하는 것으로 강화되었으며[27], ④는 '보건위생상 위해 우려'에서 '의료행위에 통상적으로 수반되는 수준을 넘어서는 보건위생상 위해 우려'

---

25) 이와 관련하여 치과의사의 안면 보톡스 시술을 허용한 대법원 2016. 7. 21. 선고 2013도850 전원합의체 판결을 근거로 제시하였다.

26) 위 1. (4)항에서 살펴본 헌법재판소 2013. 12. 26. 선고 2012헌마551, 561 전원재판부 결정을 근거로 제시하였다.

27) '종전 판단기준'에 따르면, 해당 의료행위가 현대 의학의 이론을 응용 또는 적용한 것이면 의사의 의료행위에 속하므로 한방의료행위에서 제외되고, 한의학의 이론에 기초한 것이어야 한의사의 한방의료행위에 속한다고 판단하겠으나, '새로운 판단기준'에 의하면 현대 의학의 이론을 응용 또는 적용한 의료행위더라도 한의학 이론과 '무관한 것이 명백'한 경우에만 한방의료행위에서 제외된다.

로 역시 강화되었다.

종전 판단기준	새로운 판단기준
①관련 법령에 한의사의 해당 의료기기 등 사용을 금지하는 취지의 규정이 있는지	①관련 법령에 한의사의 해당 의료기기 사용을 금지하는 규정이 있는지
②해당 의료기기 등의 개발·제작 원리가 한의학의 학문적 원리에 기초한 것인지	삭제
③해당 의료행위가 <u>한의학의 이론이나 원리의 응용 또는 적용을 위한</u> 것으로 볼 수 있는지	②해당 진단용 의료기기를 사용하는 것이 <u>한의학적 의료행위의 원리를 적용 내지 응용하는 행위와</u> **무관한 것임이 명백**한지
④해당 의료기기 등의 사용에 서양의학에 관한 전문지식과 기술을 필요로 하지 않아 <u>한의사가 이를 사용하더라도 보건위생상 위해가 생길 우려가 없는지</u>	③해당 진단용 의료기기의 특성과 그 사용에 필요한 기본적·전문적 지식과 기술 수준에 비추어 한의사가 진단의 보조수단으로 사용하게 되면 **의료행위에 통상적으로 수반되는 수준을 넘어서는** 보건위생상 위해가 생길 우려가 있는지

(2) 한의사의 초음파 진단기기 사용에 대한 '새로운 판단기준'의 적용

대상판결은 첫 번째 기준인 '관련 법령에 한의사의 초음파 진단기기 사용을 금지하는 규정이 있는지' 여부에 대하여, ①진단용 방사선 발생장치와 특수의료장비의 경우, 관련 법령(의료법, 진단용 방사선 발생장치의 안전관리에 관한 규칙 및 특수의료장비의 설치 및 운영에 관한 규칙 등)이 설치 의료기관에서 한의원을 제외하고 있으나[28], 초음파 진단기기는 진단용 방사선 발생장치 및 특수의료장비에 해당하지 아니한다, ②의료기사 등에 관한 법률 및 같은 법 시행령이 초음파 진단기기를 취급하는 의료기사를 지도할 수 있는 사람으로 의사와 치과의사만 규정할 뿐 한의사는 규정하지 아니하고 있으나, 한의사가 직접 초음파 진단기기를 사용하는 것이 금지된다고 볼 수는 없다[29], ③한의원에서의 초음파 검사료가 국민건강보험법상 요양급여 및 법정 비급여 대상에 해당하지 아니하나, 특정 진료방법이 국민건

---

28) 따라서, '새로운 판단기준'에 의하더라도 진단용 방사선 발생장치 및 특수 의료장비를 이용한 한의사의 진단행위는 허용되지 아니한다는 취지로 이해된다.

29) 이와 관련하여 '의료기사라 하더라도 의사나 치과의사의 지도를 받지 않고 의료행위를 하는 것은 허용될 수 없으므로 한의사의 지도하에 한 행위는 무면허 진료행위에 해당하고, 피고인이 한의사로서 직접 한방 물리치료행위를 하는 것은 허용된다고 하더라도, 물리치료사에게 한방 물리치료행위를 지시함으로써 무면허 의료행위를 하도록 한 이상 무면허 의료행위의 교사범으로서의 죄책은 진다'고 판단한 대법원 2011. 1. 13. 선고 2010도2534 판결을 근거로 제시하였다.

강보험법상 요양급여 대상 등에 해당하는지와 그 진료방법이 의료법상 허용되는 의료행위인지는 별개의 문제이므로 국민건강보험법 관련 법령이 한의사의 초음파 진단기기 사용을 금지하고 있다고 볼 수도 없다는 등의 이유로 한의사의 초음파 진단기기 사용을 금지하는 규정은 없다고 판단하였다.

다음으로, 두 번째 기준인 '보건위생상 위해발생 우려'와 관련하여 ①초음파 진단기기는 인체에 변경 또는 부작용을 일으키지 아니하는 잠재적 위험성이 낮은 의료기기로서 일반인도 이를 구매·사용함에 제한이 없다, ②국내 한의과 대학에서 진단학과 영상의학 실무교육이 이루어지고 있고 한의사 국가시험에도 영상의학 관련 문제가 출제되는 등 한의사가 받는 교육이 지속적으로 강화되어 왔다, ③영상의학과 전문의가 초음파 진단기기 사용의 전문성을 가지는 것은 인정되나, 그 외의 의사들과 비교할 때 전문성 또는 오진 가능성과 관련하여 한의사에게 부정적인 유의미한 통계적 근거가 없다, ④의료과실에 대한 판단기준이 한의사에게도 동일하게 적용되고, 한의사가 일정범위에서 서양의학 지식을 갖추었음을 전제로 양약과의 상호작용에 대한 설명의무와 다른 병원으로의 전원조치의무를 부과하고 있는데 이러한 의무를 다하기 위해서는 초음파 진단기기를 사용할 필요성이 인정된다는 등의 이유로 한의사의 초음파 진단기기 사용이 의료행위에 통상적으로 수반되는 수준을 넘어서는 보건위생상 위해를 가져올 우려가 있다고 단정할 수 없다고 판단하였다.

마지막으로, '초음파 진단기기 사용이 한의학적 의료행위의 원리를 적용 또는 응용하는 행위와 무관한 것이 명백히 증명되었는지'에 대하여, ①초음파 진단기기는 순수한 물리학적 원리에 기초한 것이지 서양의학적 원리에 전적으로 기초하였다고 단정할 수 없으므로 한의사 아닌 의사만이 독점적으로 사용할 수 있다고 볼 수 없다, ②한의사의 전통적 진찰법인 절진을 보조하는 수단으로 현대 과학기술에서 유래한 진단기기를 사용하는 것이 한의학적 원리와 배치되거나 무관하다고 볼 수 없다, ③한의사가 진단 및 설명과정에서 서양의학적 용어를 사용하였다고 해도 침술 및 한약치료 등 한방치료를 시행하였다면 전체 경위에 비추어 해당 의료행위가 한의학적 원리에 의하지 않았음이 명백하다고 보기 어렵다, ④한의약의 개념을 '우리의 선조들로부터 전통적으로 내려오는 한의학을 기초로 한 의료행위와 한약사'에서, '우리의 선조들로부터 전통적으로 내려오는 한의학을 기초로 한 한방의료행위와 이를 기초로 하여 과학적으로 응용·개발한 한방의료행위 및 한약사'로 확대시킨 한의약육성법 개정취지에 비추어 초음파 진단기기 사용이 한의약의 범주에서 벗어났다고 단정할 수 없다고 판시하였다.

대상판결은 위와 같이 한의사의 초음파 진단기기 사용이 허용되어야 한다고 판단하면서, 나아가 한의약육성법의 입법목적에 따라 한의약기술의 과학화·정보화를 추진하여 독자적인 발전역량을 강화하는 것이 의료소비자의 합리적 선택권을 보장하여 국민 건강의 보호·증진에 도움이 될 뿐 아니라, 서양의학과 한의학을 독자적으로 발전시키면서도 기술적인 의료 사각지대를 없애려는 이원적 의료체계 원리 및 입법 목적에 부합한다고 설시하였다.

마지막으로 대상판결은 '새로운 판단기준'이 한의사에게 모든 현대적 의료기기의 사용을 허용하는 취지는 아니고 본질적으로 진단기기에 한정하여 적용된다는 점을 명확히 밝혔다.

3. 소결

한의사의 현대 의료기기 사용에 대하여, 법원과 헌법재판소는 여러 사안을 통해 서로 영향을 주고 받으며 단계적으로 판단기준을 발전시켜 2016년 대법원 판결을 통해 '종전 판단기준'이 정립되었고, 대상판결은 진단용 의료기기의 범위에 한정하여 '종전 판단기준'을 '새로운 판단기준'으로 변경하였다.

대상판결은 한의사의 초음파 진단기기 사용은 새로운 판단기준 세 가지에 모두 해당하지 아니하여 '면허된 것 이외의 의료행위'가 아니라고 판단하였는데, 향후 다른 사안에서 세 가지 기준 중 일부에만 해당할 경우 어떻게 판단할 것인지는 명확히 밝히고 있지 아니하다. 세 가지 기준에 모두 해당하여야 유죄인지, 모두 해당하지 아니하여야만 무죄인지 또는 세 기준에 우선순위가 있어 특정 기준에 해당하거나 해당하지 아니하면 다른 기준에 불구하고 유죄 또는 무죄인지 여부에 대해 대상판결은 언급하지 아니하고 있다.[30]

Ⅲ. 법리의 검토

대상판결이 다룬 쟁점은 의학계와 한의학계의 이해관계가 첨예하게 대립하고 있는 문제인바, 여기에서는 의사의 의료행위와 한의사의 한방의료행위의 범위를 둘러싼 의료계와 한

---

30) 위 1.(6)에서 살펴본 사건의 항소심은 '종전 판단기준'을 적용하면서도 '해당 의료기기의 개발 및 진단이 현대의학의 원리에 근거하고 있다는 사정만으로는' 유죄를 인정할 수 없다고 판단한 바 있다. 다만, '새로운 판단기준'의 내용 및 요구하는 증명의 정도에 비추어, 세 가지 기준 중 한 가지라도 해당한다면 한의사의 면허된 것 이외의 의료행위라고 판단하여야 할 것으로 보인다. 한의사의 해당 진단용 의료기기 사용을 금지하는 명확한 규정이 있거나(①), 그 사용이 한의학적 의료행위 원리의 적용 또는 응용과 무관한 것이 명백하거나(②), 의료행위에 수반되는 통상적 수준을 넘는 보건위생상 위험을 생기게 하는(③)데도 이를 허용하기는 어렵기 때문이다.

의학계 사이의 실무적인 논쟁보다는 대상판결의 법률 적용 및 법리 전개 부분에 한정하여 검토한다.

1. 판단기준 변경의 이유

앞서 본 것처럼 대상판결은 '종전 판단기준'을 '새로운 판단기준'으로 변경하면서 그 이유를 제시하였는데, 과연 그 이유가 적절한지 그리고 충분한지 의문이 있다.

먼저 대상판결이 전통적인 한방의료의 영역을 넘어 한의사에게 허용되는 의료행위의 영역이 생겨날 수 있다는 근거로 제시한 대법원 판결[31]은 치과의사의 안면 보톡스 시술을 허용한 전원합의체 판결인데, 그러한 판단의 근거로 ①의료법 등 관련법령이 구강악안면외과를 치과 영역으로 인정하고 있는 점, ②의학과 치의학은 기초가 되는 학문적 원리가 다르지 아니하며, 보톡스는 치과 의료에 다양하게 활용되고 있는 점을 들고 있다. 그런데, 한의학에는 영상진단한의학과와 같이 초음파 진단기기를 판독하는 것을 전문영역으로 하는 전문의 과목이 없고, 의학과 한의학은 기초가 되는 학문적 원리가 전혀 다르다. 치과의사와 한의사는 '의사가 아닌 의료인'이라는 공통점이 있을 뿐, 의사와의 관계는 전혀 다르므로 치과의사의 안면 보톡스 시술에 관한 전원합의체 판결은 대상판결과 근본적인 쟁점을 달리한다.

그리고, 대상판결은 '죄형법정주의의 원칙에 따라 수범자인 한의사의 입장에서 의미와 적용범위가 명확하고 엄격하게 해석되어야 한다'고 하면서 '종전 판단기준'을 변경하여야 한다고 설시하였다. 물론 행정형벌의 구성요건 해석에 있어서 죄형법정주의의 원리는 당연히 준수되어야 한다. 그런데, 대상판결은 '종전 판단기준'의 어떤 부분이, 어떤 이유로 죄형법정주의에 위배된다는 것인지, 왜 '종전 판단기준'의 의미와 적용범위가 불명확하고 엄격하지 않다는 것인지 전혀 설명하고 있지 아니하다.

그런데, 대상판결에서 쟁점이 된 초음파 진단기기 사용과 관련하여 헌법재판소는 여러 차례 한의사의 면허 범위를 넘는 의료행위로 형사처벌 대상이라고 명확히 결정하였고, 보건복지부도 유권해석을 통해 초음파 진단기기의 사용이 한의사의 면허된 것 이외의 의료행위라고 판단하였다. 따라서, 대상판결의 사실관계에서 피고인에게 유죄를 인정하는 것이 명확하고 엄격한 법률해석이 아니라고, 죄형법정주의 위반이라고 주장할 여지는 크지 아니하다. 결국, 대상판결은 해당 사안에서 다투어질 수 있는 쟁점이 되기 어려운 죄형법정주

---

31) 대법원 2016. 7. 21. 선고 2013도850 전원합의체 판결.

의를 언급하였으나 정작 '종전 판단기준'의 오류를 지적하지도 못한 채 기준변경이 필요하다고만 설시하였다.

또한, 대상판결은 '한의사의 진단용 의료기기 사용'에 한정하여 적용되는 특별한 판단기준을 제시하고 있는데, 의사 및 치과의사와 달리 한의사에 한정하여 '면허된 것 이외의 의료행위'에 대한 판단기준을 별도로 두었던 것에서 더 나아가 한의사의 '진단용 의료기기'에만 한정하여 적용될 새로운 판단기준을 정립해야 하는 이유가 무엇인지 대상판결은 아무런 설명을 하지 아니하고 있다.

2. 부적절한 대법원 판례 원용 및 사실관계 제시

대상판결은 '새로운 판단기준'을 선언한 다음 한의사의 초음파 진단기기 사용에 적용하고 있는데, 그 과정에서 판단의 근거로 제시하는 이전 대법원 판결 및 사안의 사실관계가 적절한 것인지 의문이 있다.

먼저, 대상판결은 관련 법령에 한의사의 해당 의료기기 사용을 금지하는 규정이 있는지 검토하면서, '의료기사 등에 관한 법률 및 같은 법 시행령이 초음파 진단기기를 취급하는 의료기사를 지도할 수 있는 사람에서 한의사를 제외하고 있으나, 한의사가 직접 초음파 진단기기를 사용하는 것이 금지된다고 볼 수는 없다'라고 판단하고 그 근거로 대법원 2011. 1. 13. 선고 2010도2534 판결을 제시하였다. 그런데 위 판결은 '한의사가 직접 한방물리치료행위를 하는 것은 허용[32]되나 의료기사를 지도할 수는 없으므로, 물리치료사가 한의사의 지도하에 물리치료를 하였다면 무면허의료행위에 해당하고, 이때 한의사는 그 교사범으로서의 죄책을 진다'는 취지여서 해당 의료행위인 한방물리치료행위가 한의사에게 허용되는 의료행위라는 사실이 판결 논리의 전제이므로, '의료기사를 지도할 수는 없으나 한의사에 의한 해당 의료행위가 금지되는 것은 아니다'라는 대상판결의 논리에 근거가 될 수 없다. 그럼에도 대상판결은 쟁점이 다르거나 관련성이 없어서 원용하기 어려운 대법원 판례를 원용한 것이다.

다음으로, 대상판결은 의료행위에 통상적으로 수반되는 수준을 넘어서는 보건위생상 위해가 생길 우려가 있는지 검토하면서, ①국내 한의과 대학에서 관련 실무교육이 이루어지

---

32) 한의사가 한방병원에서 시설기준에 의한 한방요법실을 갖추고 물리치료기구로 한방물리요법(한방이론에 입각하여 경락과 경혈에 자극을 주는 것)을 시술하는 것은 한의사에게 허용되는 의료행위라는 것이 보건복지부 유권해석이다(보건복지부 1993. 1. 24. 의정 655-501). 이상돈/김나경, 『의료법강의』, 개정판, 2014, 58면.

고, 한의사 국가시험에도 출제되는 등 교육이 강화되는 점과 ②전문성 또는 오진 가능성과 관련하여 한의사에게 부정적인 유의미한 통계적 근거가 없는 점 등을 근거로 제시하였다.

그런데 대상판결 소수의견과 원심판결은, 피고인이 한의사 면허 취득 당시 초음파 진단기기 사용에 관한 교육을 제대로 받지 않았고 한의사 국가시험에서도 초음파 기기 사용에 관한 평가를 제대로 받지 않았으며 단지 사후적으로만 관련 교육을 이수하였다는 점을 지적하였다[33]. 그리고, 앞서 본 것과 같이 피고인은 2년 이상의 기간 동안 68회에 걸쳐 초음파 진단기기를 사용하였으나 자궁내막암의 진행을 발견하지 못하였는데, 산부인과 병원에서는 초음파 진단기기를 이용한 진단을 하여 바로 종양을 발견하고 조직검사를 권유하였다. 대상판결은 이러한 해당 사안의 구체적인 사실관계를 모두 무시하였다. 더구나 한의사의 초음파 진단기기 사용이 허용되지 아니하여 통계적인 연구나 분석이 이루어질 수 없어 존재할 수도 없는 통계('한의사에게 부정적인 유의미한 통계')가 없다는 점을 판단 근거로 제시하기까지 하였다.

마지막으로, 대상판결에 의한다면 산부인과 의사가 초음파 진단기기 사용을 통해 즉시 발견한 종양을 같은 종류의 진단용 의료기기를 2년여 동안 수십 회 사용하고도 발견하지 못하여 암의 진행을 방치한 것은 '의료행위에 통상적으로 수반되는 수준을 넘어서는 보건위생상 위해'가 아니다.

3. 한의약육성법의 입법 및 개정취지

대상판결은 한의사에게 허용되는 의료행위를 확대하여 해석하여야 하는 이유로 한의약육성법의 입법 목적 및 2011년 법률 개정 취지(2011. 7. 14. 법률 제10852호)를 반복하여 강조하고 있다. 그런데 과연 대상판결이 위 법률 개정 당시 입법자의 의도를 존중한 것인지, 아니면 입법자가 의도하지도 아니한 방향으로 법률을 해석하는 것은 아닌지 구체적으로 검토할 필요가 있다.

위 개정법률안의 개정이유 및 주요내용은 "한의약의 외연을 '과학적으로 응용·개발한 한방의료행위'까지 확대함으로써 한의약 산업의 발전과 국제경쟁력 강화를 도모하고 종국적으로 국민에게 높은 수준의 의료서비스를 제공하려는 것"이므로 법률 개정 당시 입법자의 의도가 한의약의 '외연'을 확장하는 것이라는 점은 명확하다.

---

[33] 다수의견이 피고인의 전문지식이나 숙련도를 개별적으로 판단하지 아니한 부분을 비판이 필요하다. 전병주/김건호, "한의사의 초음파 진단기기 사용과 의료법 위반에 관한 판례 고찰", 『인문사회과학연구』 제31권 제1호, 2023, 398면.

하지만, 개정법률안 제안 당시의 입법취지는 한방의료기술의 현대화와 기술개발(전통 침 외에 전기침, 레이저침을 사용한 시술 등), 한방신약 개발(간섬유화를 방지하는 한방 신약 개발 등), 한방 원리를 기초로 한 진단기기, 검사기기, 치료기기의 개발(경락 및 경혈 순환계의 영 상화 등) 등 어디까지나 '전통적인 한의학에 이론적 기초를 둔 응용·개발'을 목적으로 하는 것이지 학문적 원리가 다른 서양의학을 기초로 하는 의료기기까지 한의사가 사용할 수 있 도록 하는 것이 아니었다.[34] 또, 국회 논의과정에서도 제안된 법률개정으로 인해 한의사의 현대 의료기기 사용범위가 확대될 우려가 있다는 의료계의 우려와 관련한 의원들의 질의 에 대해, 보건복지부 장관, 보건복지부 한의약정책관, 개정법률안 대표발의자 윤석용 의원 은 '양방 영역을 침범하겠다는 것이 아니다', '학문적 원리가 한의학을 기초로 하지 않을 경우 양방 영역의 현대기기 사용을 허용하지 않겠다', '양방의료기기 만지겠다는 것이 아니 다'라고 답변하였고, 그 결과 법제사법위원회에서 투표를 거쳐 본회의에서 상정되고 통과 되었다.[35]

따라서, 2011년 한의약육성법 개정 당시 설명된 개정취지 및 이를 논의하였던 국회의 입장은 의료행위의 이론적 원리를 무시하고 현대 의학에 근거한 의료행위까지 한의사에게 허용하겠다는 것이 아니었음이 분명하다.

4. 소결

이상과 같이 대상판결은, 한의사의 현대 의료기기 사용에 관하여 법원과 헌법재판소가 단계적으로 발전시켜 온 판단기준을 충분하거나 합리적인 이유를 제시하지 아니한 채 변 경하였다. '새로운 판단기준'이 의료 정책적으로 타당한지 여부는 여기서 검토하지 아니하 였으나 그 기준을 도출하고 또 적용하는 과정에서 대상 판결은 해당 사안에 적용할 수 없

---

34) 오히려 학문적 기초에 따라 한의학의 의료행위와 서양의학의 의료행위를 구분하는 서울행정법원 2008. 10. 10. 선고 2008구합11945 판결의 태도에 따라 이론적 기초와 원리, 진단방법이 전통적으로 내려오 는 한의학에 기초하여야 한방의료행위이라는 점은 법률개정에 불구하고 변하지 않는다는 취지로 설명 하였다. 김대현(보건복지위원회 수석전문위원), 한의약육성법 일부개정 법안 검토보고서, 2011(https:// likms.assembly.go.kr/bill/billDetail.do?billId=PRC_H0S9U1K2B2K1M1M0N0G3Q5Q6A1B8B0).

35) 제301회 국회(임시회) 법제사법위원회 회의록 제6차(2011년 6월 28일), 51면, 보건복지위원회 논의 과 정에서 신상진 의원은 '개정법률안에 따른 한의학의 범위가, 기존 판례의 기준과 크게 다르지 않다면 굳이 법률개정을 할 실익이 있느냐'는 취지로 개정법률안의 취지에 의문을 표시하였으나, 보건복지부 및 발의의원은 개정법률이 한의사에게 기존의 현대의료기기 사용을 허용하는 취지는 아니라고 반복하 여 설명하였다. 제301회 국회(임시회)보건복지위원회 회의록 제2차(2011년 6월 22일), 17-28면(https:// likms.assembly.go.kr/bill/billDetail.do?billId=PRC_N1V1I0T6F2G1Y1R8U3G6E4N8E9B9O0).

는 대법원 판례들을 무리하게 원용하였고, 해당 사안의 사실관계를 무시하여 구체적인 타당성이라는 측면에서 납득하기 어려운 결론에 이르렀다. 게다가, 대상판결은 한의약육성법 제2조 제1호 개정 당시 입법자의 의사와는 전혀 다르게 의학과 한의학의 영역에 대한 기준을 변경하였다.

살피건대, 대상판결 다수의견은 기존 대법원 판례 및 관련 법령의 취지를 엄격히 분석하고 숙고하여 대상사안의 사실관계에 대해 구체적 타당성을 갖는 결론을 도출하는 과정을 거친 것이 아니라, 먼저 한의사에게 허용되는 의료행위의 범위를 확대하겠다는 정책적 결정을 한 후, 이를 뒷받침하기 위한 논리를 찾아서 열거하는 방법으로 그 이유를 구성한 것으로 보인다. 그 결과, 대상판결 소수의견은 다수의견이 법리적 판단이라기 보다는 정책결정이라는 점을 지적하면서 대법원이 형사판결을 통해 정책적 결정을 하는 것이 부적절하다는 취지로 비판하였다.

Ⅳ. 요약과 결론

이상의 설명은 다음과 같은 몇 개의 명제로 정리할 수 있다.

1. 한의사와 의사의 의료행위의 범위 및 한계에 대한 명확한 법률 규정은 없다.

2. 법원과 헌법재판소는 단계적으로 의사와 한의사의 의료행위의 범위에 대해 결정례를 축적하였고, 대상판결 전까지 해당 의료행위의 이론적 원리 및 기초를 중시하여 왔다.

3. 대상판결은 종전 판단기준을 변경하여 '한의사의 진단용 의료기기 사용'에 한정한 '새로운 판단기준'을 제시하면서 한의사에게 허용되는 의료기기 사용 범위를 대폭 확대하였다.

4. 대상판결이 제시한 근거는 기존 판례를 잘못 원용하는 등 법리적으로 결함이 있고, 이는 대상판결이 의료정책적 판단을 우선한 것에 기인한 것으로 보인다.

5. 대상판결이 행정형벌에 대한 형사판결을 통해 사실상 정책결정을 하여, 관할 행정청의 유권해석 및 정책을 번복하는 것이 정당한지에 대해 비판의 여지가 있다.

1. 의료법 제87조의2 제2항 제2호와 제27조 제1항은 '의료인이 아닌 자에 의한 의료행위'와 '의료인에 의한 면허된 것 이외의 의료행위'를 구분하지 아니하고, 모두 5년 이하의 징역이나 5천만원 이하의 벌금에 처하도록 규정하여, 대상판결과 같이 의료인 사이의 업무영역 분쟁도 모두 형사사건으로 다루어지게 되어 있는데, 의무위반의 정도 및 사회적 해악 등에 비추어 적절한 입법으로 생각되는가.[36]

2. 형사소송에서는 의무위반행위가 존재하더라도 고도의 입증 수준이 요구되어, 특히 고의의 입증, 증거능력 법리 등으로 인해 무죄가 선고될 수 있는데, 행정의 실효성 확보수단이라는 측면에서 행정형벌은 과연 유효한 제재수단인지, 개선할 수 있는 방법이 있는지 검토하라.[37]

3. 대법원과 헌법재판소는 한의사와 의사의 면허된 의료행위를 명확히 규정하는 법률 규정은 없으나, '면허된 것 이외의 의료행위'를 처벌하는 의료법 규정이 죄형법정주의에 위배된 위헌은 아니라고 보고 있는데, 동의할 수 있는지, 그 이유는 무엇인지 설명하라. 한의약육성법이 한방의료행위의 범위를 규정하고 있으나, 의사의 의료행위 범위를 규정한 법률이 존재하지 않는다는 사실이 동의 여부에 영향을 미치는지 설명하라.

---

36) 제재수단 선택에 관한 심사 시 고려할 요소에 대하여는, 오창석 외, "행정형벌 규정의 헌법상 쟁점과 법제적 시사점", 『헌법과 법제』 제16호, 2022, 5면 참조.

37) 행정상 제재수단의 실효성에 관한 형벌과 행정질서벌의 비교에 대하여는, 박정훈, "협의의 행정벌과 광의의 행정벌 – 행정상 제재수단과 법치주의적 안전장치", 『서울대학교 법학』 제41권 제4호, 2001, 278-292면 참조.

대법원 2021. 2. 4. 선고 2020두48390 판결
[복수의 위반행위에 대한 과징금에 적용될 법리]

이 은 상*

[사실관계]

원고는 여객자동차 운수사업을 영위하는 여객자동차운송사업자이고, 피고는 경기도지사로부터 여객자동차 운수사업법상 과징금 부과처분 권한을 위임받은 행정청이다. 피고는, 원고가 2008. 1. 1.부터 2017. 5. 31.까지 구「여객자동차 운수사업법」(2020. 3. 24. 법률 제17091호로 개정되기 전의 것, 이하 '구 여객자동차법'이라 한다) 제85조 제1항 제6호에 따른 인가받지 않은 노선을 운행한 점(이하 '종전 제1위반행위'라 한다), 2016. 9. 1.부터 2017. 5. 31.까지 구 여객자동차법 제85조 제1항 제12호에 따른 인가받지 않은 정류소에 정차한 점(이하 '종전 제2위반행위'라 한다)을 이유로 2018. 2. 28. 원고에게 과징금 5,000만 원1)을 부과(이하 '이 사건 종전 처분'이라 한다)하였다. 한편 경기도지사는 2017. 9. 12. 피고에게, 원고가 2016. 3. 1.부터 2017. 9. 11.까지 종점과 정차지 변경 신고 없이 연장운행을 한 점(이하 '이

---

* 서울대학교 법학전문대학원 교수

1) 피고는 구「여객자동차법」제88조 제1항에 의하여 사업정지처분에 갈음하는 과징금 부과처분을 하기로 선택한 후 구「여객자동차 운수사업법 시행령」(2018. 4. 10. 대통령령 제28793호로 개정되기 전의 것, 이하 '구 여객자동차법 시행령'이라 한다) 제46조 제2항 단서에 의하여 상한인 5,000만 원의 과징금을 원고에게 부과한 것이다.
구「여객자동차법」제88조(과징금 처분) ① 국토교통부장관, 시·도지사 또는 시장·군수·구청장은 여객자동차 운수사업자가 제49조의6제1항 또는 제85조제1항 각 호의 어느 하나에 해당하여 사업정지 처분을 하여야 하는 경우에 그 사업정지 처분이 그 여객자동차 운수사업을 이용하는 사람들에게 심한 불편을 주거나 공익을 해칠 우려가 있는 때에는 그 사업정지 처분을 갈음하여 5천만원 이하의 과징금을 부과·징수할 수 있다.
② 제1항에 따라 과징금을 부과하는 위반행위의 종류·정도 등에 따른 과징금의 액수, 그 밖에 필요한 사항은 대통령령으로 정한다.
구「여객자동차법 시행령」제46조(과징금을 부과하는 위반행위의 종류와 과징금 액수) ① 법 제88조제1항에 따라 과징금을 부과하는 위반행위의 종류와 위반 정도에 따른 과징금 액수는 별표 5와 같다.
② 국토교통부장관 또는 시·도지사는 여객자동차 운수사업자의 사업규모, 사업지역의 특수성, 운전자 과실의 정도와 위반행위의 내용 및 횟수 등을 고려하여 제1항에 따른 과징금 액수의 2분의 1의 범위에서 가중하거나 경감할 수 있다. 다만, 가중하는 경우에도 과징금의 총액은 5천만원을 초과할 수 없다.

사건 위반행위'라 한다)을 이유로 원고에 대한 행정처분을 요청하였고, 이에 피고는 2018. 4. 19. 원고에게 이 사건 위반행위를 이유로 구 여객자동차법 제85조 제1항 제6호, 제12호,[2] 제88조, 구 여객자동차법 시행령 제46조를 적용하여 과징금 5,000만 원을 부과하는 이 사건 처분을 하였다.

[사건의 경과]

원고는 이 사건 처분에 대한 취소소송을 제기하면서, "피고가 2018. 2. 28.자 이 사건 종전 처분 당시에는 이미 2017. 9. 12.에 경기도지사로부터 이 사건 위반행위에 대한 행정처분 요청을 받아 이 사건 위반행위의 존재에 대해서도 인지하고 있었으므로, 통틀어 종전 제1, 2위반행위와 이 사건 위반행위에 대하여 5,000만 원을 초과하지 않는 범위에서 하나의 과징금 부과처분을 부과하였어야만 함에도, 이 사건 위반행위에 대하여 별도로 과징금 5,000만 원을 부과하는 이 사건 처분을 한 것은 구 여객자동차법령에서 정한 과징금 산정 방식을 위반하여 위법하다."고 주장하였다. 제1심법원[3]과 원심법원[4]은 모두 "구 여객자동차법 제88조는 국토교통부장관 등은 운송사업자가 제85조 제1항 각 호의 어느 하나에 해당하여 사업정지 처분을 하여야 하는 경우에 대통령령이 정하는 바에 따라 사업정지 처분을 갈음하여 5,000만 원의 과징금을 부과할 수 있도록 규정하고 있는바, 수회 경합된 위반행위에 대한 것이라 하더라도 사업정지 처분을 내림에 있어서는 그 기간은 6월을 초과할 수 없다고 보아야 함에 비추어 볼 때, 이에 갈음하는 과징금도 1회에 부과할 수 있는 최고 한도액은 5,000만 원으로 해석함이 타당하나, 종전 위반행위와 이 사건 각 위반행위는 위

---

2) 구 「여객자동차법」 제85조(면허취소 등) ① 국토교통부장관, 시·도지사(터미널사업·자동차대여사업 및 대통령령으로 정하는 여객자동차운송사업에 한정한다) 또는 시장·군수·구청장(터미널사업에 한정한다)은 여객자동차 운수사업자가 다음 각 호의 어느 하나에 해당하면 면허·허가·인가 또는 등록을 취소하거나 6개월 이내의 기간을 정하여 사업의 전부 또는 일부를 정지하도록 명하거나 노선폐지 또는 감차 등이 따르는 사업계획 변경을 명할 수 있다. 다만, 제5호·제8호·제39호 및 제41호의 경우에는 면허 또는 등록을 취소하여야 한다.

   6. 제4조·제28조 또는 제36조에 따라 면허를 받거나 등록한 업종의 범위·노선·운행계통·사업구역·업무범위 및 면허기간(한정면허의 경우에만 해당한다) 등을 위반하여 사업을 한 경우

   12. 제10조(제35조에서 준용하는 경우를 포함한다)를 위반하여 인가·등록 또는 신고를 하지 아니하고 사업계획을 변경한 경우

3) 수원지방법원 2019. 8. 28. 선고 2019구단6011 판결.
4) 수원고등법원 2020. 8. 26. 선고 2019누12599 판결.

반노선과 위반기간, 위반행위의 태양 등을 달리하고 피고가 각 처분에 이르게 된 경위도 상이하므로, 피고가 위 위반행위들을 묶어 하나의 처분을 하지 않았다고 하더라도 이를 위법하다고 할 수는 없다."라고 판시하면서 원고의 청구를 각 기각하였다. 이에 불복하여 원고가 상고를 제기하였다.

[대상판결]

대법원은 원심판결 중 이 사건 처분 부분을 파기하고 사건을 다시 심리·판단하도록 원심법원에 환송하였다. 그 구체적인 설시를 요약하면 다음과 같다.

[1] 위반행위가 여러 가지인 경우에 행정처분의 방식과 한계를 정한 관련 규정들의 내용과 취지에다가, 여객자동차운수사업자가 범한 여러 가지 위반행위에 대하여 관할 행정청이 구 여객자동차법 제85조 제1항 제12호에 근거하여 사업정지처분을 하기로 선택한 이상 각 위반행위의 종류와 위반 정도를 불문하고 사업정지처분의 기간은 6개월을 초과할 수 없는 점을 종합하면, 관할 행정청이 사업정지처분을 갈음하는 과징금 부과처분을 하기로 선택하는 경우에도 사업정지처분의 경우와 마찬가지로 여러 가지 위반행위에 대하여 1회에 부과할 수 있는 과징금 총액의 최고한도액은 5,000만 원이라고 보는 것이 타당하다. 관할 행정청이 여객자동차운송사업자의 여러 가지 위반행위를 인지하였다면 전부에 대하여 일괄하여 5,000만 원의 최고한도 내에서 하나의 과징금 부과처분을 하는 것이 원칙이고, 인지한 여러 가지 위반행위 중 일부에 대해서만 우선 과징금 부과처분을 하고 나머지에 대해서는 차후에 별도의 과징금 부과처분을 하는 것은 다른 특별한 사정이 없는 한 허용되지 않는다. 만약 행정청이 여러 가지 위반행위를 인지하여 그 전부에 대하여 일괄하여 하나의 과징금 부과처분을 하는 것이 가능하였음에도 임의로 몇 가지로 구분하여 각각 별도의 과징금 부과처분을 할 수 있다고 보게 되면, 행정청이 여러 가지 위반행위에 대하여 부과할 수 있는 과징금의 최고한도액을 정한 구 여객자동차법 시행령 제46조 제2항의 적용을 회피하는 수단으로 악용될 수 있기 때문이다.

[2] 관할 행정청이 여객자동차운송사업자가 범한 여러 가지 위반행위 중 일부만 인지하여 과징금 부과처분을 하였는데 그 후 과징금 부과처분 시점 이전에 이루어진 다른 위반행위를 인지하여 이에 대하여 별도의 과징금 부과처분을 하게 되는 경우에도 종전 과징금 부과처분의 대상이 된 위반행위와 추가 과징금 부과처분의 대상이 된 위반행위에 대하여 일

괄하여 하나의 과징금 부과처분을 하는 경우와의 형평을 고려하여 추가 과징금 부과처분의 처분양정이 이루어져야 한다. 다시 말해, 행정청이 전체 위반행위에 대하여 하나의 과징금 부과처분을 할 경우에 산정되었을 정당한 과징금액에서 이미 부과된 과징금액을 뺀 나머지 금액을 한도로 하여서만 추가 과징금 부과처분을 할 수 있다. 행정청이 여러 가지 위반행위를 언제 인지하였느냐는 우연한 사정에 따라 처분상대방에게 부과되는 과징금의 총액이 달라지는 것은 그 자체로 불합리하기 때문이다.

[판결의 평석]

Ⅰ. 사안의 쟁점

대상판결의 쟁점은 크게 두 가지이다. 첫째, 여객자동차운수사업자가 범한 여러 가지 위반행위에 대하여 관할 행정청이 사업정지처분을 갈음하는 과징금 부과처분을 하기로 선택하였을 때, 여러 가지 위반행위에 대하여 1회에 부과할 수 있는 과징금 총액의 최고한도액은 얼마이고, 관할 행정청이 여객자동차운송사업자의 여러 가지 위반행위를 인지한 경우 인지한 복수의 위반행위 중 일부에 대해서만 우선 과징금 부과처분을 하고 나머지에 대해서는 차후에 별도의 과징금 부과처분을 할 수 있는지 여부이다. 1회 부과 가능한 과징금 총액의 최고한도액은 구 여객자동차법령에서 여러 가지 위반행위에 대해 행정처분을 하는 방식과 한계를 정한 규정의 종합적인 해석을 통해 도출할 수 있을 것이다. 또한 이와 같은 1회 부과 가능한 과징금 총액의 최고한도액의 제한으로 인해 관할 행정청이 이미 인지한 여러 가지 위반행위에 대해 일부만 선별적으로 우선 과징금 부과처분을 한 후 나머지 위반행위를 쪼개어 차후 과징금 부과처분을 하는 것이 불허되는지도 논리적으로 분석해볼 필요가 있다. 둘째, 관할 행정청이 여객자동차운송사업자가 범한 여러 가지 위반행위 중 일부만 인지하여 과징금 부과처분을 한 후에야 비로소 그 과징금 부과처분 시점 이전에 이루어진 다른 위반행위를 인지하여 이에 대하여 별도의 과징금 부과처분을 하게 되는 경우, 추가 과징금 부과처분의 과징금액을 산정하는 방법은 무엇인지이다. 이미 과징금 부과처분을 한 이후에 그 처분 이전 시점의 다른 위반행위를 뒤늦게 인지하여 과징금의 일괄부과 자체가 불가능했을 경우에도, 앞서 본 1회 부과 가능한 과징금 총액의 최고한도액의 제한으로 인해 추가 과징금 부과처분의 산정방식이 달라지거나 영향을 받는 것인지도 검토해야 한다.

Ⅱ. 판례의 이해

대상판결은 수회 경합된 위반행위에 대하여 1회 부과 가능한 과징금 최고한도액에 관한 종전 판례[5]의 태도를 그대로 따르면서도, ① 관할 행정청이 인지한 여러 가지 위반행위 중 일부를 쪼개어 우선 과징금 부과처분을 한 후 나머지 위반행위에 대해 차후에 별도 과징금 부과처분을 할 수 있는지, ② 종전 과징금 부과처분을 한 후에야 부과처분 시점 이전에 이루어진 다른 위반행위를 비로소 인지하여 별도의 과징금 부과처분을 할 경우 그 추가 과징금 부과처분의 금액을 어떻게 산정할 것인지에 관한 법리를 명시적으로 처음 판시하였다는 데에 의의가 있다.

1. 판결의 분석

먼저 1회 부과 가능한 과징금 총액의 최고한도액에 관하여, 대상판결은 위반행위가 여러 가지인 경우에 행정처분의 방식과 한계를 정한 구 여객자동차법령의 내용과 취지와 함께 여러 가지 위반행위에 대한 사업정지처분 기간의 상한은 6개월인 점 등을 종합하여, 여러 가지 위반행위에 대하여 1회에 부과할 수 있는 과징금 총액의 최고한도액은 5,000만 원이라고 판시하였다. 과징금 부과처분이 사업정지처분을 대체·갈음하는 관계에 있으므로 사업정지처분의 상한과 마찬가지로 과징금에 관해서도 부과 가능한 총액의 최고한도가 정

---

5) 대법원 1995. 1. 24. 선고 94누6888 판결: 자동차운수사업법(구 여객자동차법의 전면개정 전 법률임, 필자 주) 제31조 제1항은 자동차운수사업자가 같은 법에 의거한 명령이나 처분, 면허에 붙인 조건에 위반한 때 등에는 6월 이내의 기간을 정하여 사업의 정지를 명하거나 면허의 일부 또는 전부를 취소할 수 있도록 규정하고 있고, 같은 법 제31조의2 제1항은 이 경우 대통령령이 정하는 바에 의하여 사업정지명령에 갈음하여 금 5,000,000원 이하의 과징금을 부과할 수 있도록 규정하고 있는바, 수회 경합된 위반행위에 대한 것이라 하더라도 사업정지명령을 내림에 있어서는 그 기간은 6월을 초과할 수 없다고 보아야 함에 비추어 볼 때, 이에 갈음하는 과징금도 그것이 비록 수대의 차량이 수회 위반행위를 한 데 대한 것이라 하더라도 1회에 부과할 수 있는 최고한도액은 금 5,000,000원이라고 해석함이 상당하다. … 자동차운수사업법 제31조의2 제2항에 의거한 같은 법 시행령 제3조 제1항 [별표 1], 제2항은 위반행위의 종별에 따른 과징금의 기준금액을 정하고 있는바, 그 기준금액은 1회의 위반행위에 대한 것이라 할 것이어서 수회의 위반행위를 한 경우에는 각 위반행위에 대하여 각 그 기준에 따른 과징금을 병과할 수 있다고 보아야 할 것이고, 따라서 그와 같은 수회의 위반행위에 대하여 1개의 부과처분이 행하여질 경우에는 그 부과할 과징금의 액수는 위 법령상의 각 해당 기준금액을 병과하여 산정하되 그 최고한도액은 위 인정의 금 5,000,000원인 것으로 해석하여야 하고, 1개의 부과처분에서 행해질 수 있는 과징금의 최고한도액이 하나의 위반행위에 대한 위 법령상의 기준금액이 되는 것으로 해석할 것은 아니다.

해져 있다고 볼 것인 점, 구 여객자동차법 제88조 제1항, 구 여객자동차법 시행령 제46조 제2항 단서에 의하여 (여러 위반행위를 전제로 한) 과징금 '총액'의 최고한도액을 5,000만 원으로 명시하여 규정하고 있는 점 등에 비추어 볼 때, 1회 부과 가능한 과징금 총액의 최고한도액에 관한 대상판결의 판시 내용은 타당하다.

다음으로 관할 행정청이 인지한 여러 가지 위반행위 중 일부를 쪼개어 우선 과징금 부과처분을 한 후 나머지 위반행위에 대해 차후에 별도 과징금 부과처분을 하는 것은 다른 특별한 사정이 없는 한 허용되지 않는다고 판시하였다. 주요한 근거로는 만약 이러한 이미 인지한 위반행위에 대한 과징금의 별도·분리 부과를 허용한다면 행정청이 여러 가지 위반행위에 대하여 부과할 수 있는 과징금의 최고한도액을 정한 구 여객자동차법 시행령 제46조 제2항의 적용을 회피하는 수단으로 악용될 수 있다는 점을 들었다. 관할 행정청이 이미 인지한 여러 위반행위 모두에 대해 과징금을 일괄하여 부과할 수 있었음에도 일부러 위반행위를 쪼개어 과징금을 별도·분리 부과처분을 하는 것은 최고한도액 규정을 잠탈할 수 있을 뿐만 아니라, 시기적으로도 한꺼번에 제재처분(과징금 부과처분)을 받고 조기에 불이익처분 절차에서 벗어날 수 있는 처분상대방의 이익을 침해할 수도 있어서 타당하지 않다. 따라서 대상판결이 제시한 '이미 인지한 위반행위에 대한 과징금 일괄 부과 원칙'은 타당하다.

마지막으로 대상판결에서는 종전 과징금 부과처분을 한 후에야 부과처분 시점 이전에 이루어진 다른 위반행위를 비로소 인지하여 별도의 과징금 부과처분을 할 경우에는 그 추가 과징금 부과처분의 금액은 '전체 위반행위에 대하여 하나의 과징금 부과처분을 할 경우에 산정되었을 정당한 과징금액 − 이미 부과된 과징금액'을 한도로 하여 부과될 수 있다고 판시하였다. 그 근거로는 행정청이 여러 가지 위반행위를 언제 인지하였느냐는 우연한 사정에 따라 처분상대방에게 부과되는 과징금의 총액이 달라지는 것은 불합리하다는 점을 제시했다. 관할 행정청이 다른 위반행위를 인지한 시점상 과징금의 일괄 부과는 애초에 불가능했을 것이므로 일괄 부과 원칙의 예외는 인정하되, 일괄 부과되었을 경우와의 형평성을 고려하여 처분 상대방에게 불리하지 않도록 추가 과징금 부과처분의 처분양정의 한계를 위와 같이 선언한 대상판결은 역시 타당하다. 예를 들어 A위반행위에 대하여 과징금 2,000만 원이 부과된 후 관할 행정청이 A위반행위 무렵의 다른 B위반행위를 비로소 인지하여 이에 대해 과징금 부과처분을 하려면, A, B위반행위 전체에 대하여 하나의 과징금을 부과하였을 경우를 가정할 때의 정당한 과징금 3,000만 원을 산출한 후, 거기서 이미 A위반행위에 대하여 부과된 과징금 2,000만 원을 뺀 과징금 1,000만 원을 한도로 B위반행위에 대한 추가 과징금을 부과할 수 있을 뿐이다.

2. 종합적 이해

대상판결에서 문제가 된 구 여객자동차법령에 의한 과징금은 상대적으로 경미한 의무위반행위에 대하여 공익적 고려에서 일정기간 사업 자체는 계속시키면서도 위법한 사업활동으로 인한 수익을 환수함으로써 궁극적으로는 운수사업자로 하여금 당해 의무를 이행하게 하려는, 소위 사업(영업)정지처분에 갈음하는 '변형된 과징금'이다.[6] 일반적으로 사업(영업)정지처분에 갈음하는 과징금이 법령상 규정되어 있을 때 사업(영업)정지처분에 갈음하여 과징금을 부과할 것인지 여부는 관할 행정청에게 결정재량이 부여되어 있다고 본다.[7] 또한 과징금 부과의 최고한도액의 범위 내에서 과징금액을 정할 수 있는 선택재량이 부여되어 있다고 볼 수 있다. 따라서 구 여객자동차법령에 의한 과징금 부과처분은 재량행위에 해당한다. 그런데 이와 같은 재량적인 과징금 부과처분에 있어서 과징금을 언제, 어떠한 방식으로 부과할 것인지에 관한 재량에 일정한 한계가 존재한다는 점을 대상판결은 선언하고 있다. 즉, 대상판결은 과징금 부과처분에 관한 재량권 일탈·남용의 세부 척도로서, ① 관할 행정청이 이미 여러 가지 위반행위를 인지한 이상 일부 위반행위별로 쪼개어 편의적으로 과징금을 별도로 분리하여 부과하는 것을 허용하지 않고, ② 이미 이루어진 과징

---

6) 김남진/김연태, 『행정법 I』, 제27판, 2023, 626-627면; 김동희/최계영, 『행정법 I』, 제27판, 2023, 472-474면; 김유환, 『현대행정법』, 제8판, 2023, 407-408면; 김중권, 『행정법』, 제5판, 2023, 662-663면; 김철용, 『행정법』, 전면개정 제12판, 2021, 516-517면; 박균성, 『행정법강의』, 제20판, 2023, 438면; 박정훈, "협의의 행정벌과 광의의 행정벌", 『행정법의 체계와 방법론』, 2005, 371면; 정하중/김광수, 『행정법개론』, 제17판, 2023, 492-493면; 하명호, 『행정법』, 제5판, 2023, 448-449면. 변형된 과징금이 일반적인 모델로 여겨질 정도로 아무런 제약 없이 영업제재를 과징금으로 대체할 수 있도록 남발되는 현상은 법치국가원리상 문제가 있고, 과징금액이 영업정지기간의 영업손실에 미치지 못하여 제재의 효과가 미흡하며, 이행강제금, 행정벌금, 과태료 등 다른 금전적 실효성확보수단과 사이에 차별성이 없다고 지적하면서 시급한 입법정비를 요구하고 있는 견해로는 김중권, 앞의 책, 663면; 하명호, 앞의 책, 450-451면 참조. 나아가 「식품위생법」 제82조와 같이 공공성이 전혀 없는 영업에 관해서도 영업정지처분에 갈음하는 과징금 부과처분을 규정하는 입법의 경우 영업정지를 과징금으로 대체해야 하는 정당성이 없기 때문에 위헌적이라고 지적하는 견해로는 박정훈, 앞의 책, 371면 참조.

7) 대법원 2015. 6. 24. 선고 2015두39378 판결: 구 영유아보육법 제45조 제1항 각 호의 사유가 인정되는 경우, 행정청에는 운영정지 처분이 영유아 및 보호자에게 초래할 불편의 정도 또는 그 밖에 공익을 해칠 우려가 있는지 등을 고려하여 어린이집 운영정지 처분을 할 것인지 또는 이에 갈음하여 과징금을 부과할 것인지를 선택할 수 있는 재량이 인정된다.

금 부과처분을 기준으로 관할 행정청이 그 부과처분 이전에 발생한 다른 위반행위를 그 부과처분 이후에 인지하여 불가피하게 과징금의 별도·분리 부과처분이 이루어지게 되더라도, 모든 위반행위에 대한 과징금의 일괄 부과처분이 이루어질 경우에 준수해야 할 (가정적인) 정당한 부과 금액의 한계를 벗어나지는 못한다는 원칙을 선언한 것이다. 위 ①의 원칙은, 검사가 범죄사실의 전부를 알면서도 누락된 사건에 대하여 수사 기법상 사후에 기소하였다면 소추재량권을 현저히 일탈한 경우에 해당한다는 공소권 남용이론[8]과 유사한 면이 있다. 또한 위 ②의 원칙은 형사재판에서 「형법」 제39조 제1항에 의하여 사후적 경합범(「형법」 제37조 후단)에 대한 형의 양정을 하는 법리[9]와 유사하다.[10]

3. 소결

대상판결은 여러 가지 위반행위에 대하여 변형된 과징금의 부과라는 재량처분을 함에 있어서 준수해야 할 원칙을 구체적으로 선언하였다는 점에 의의가 있다. 구 여객자동차사업법령상의 과징금은 의무위반행위에 대한 제재처분인 사업정지처분을 대체·갈음하면서, 사업을 계속하되 그로 인하여 얻은 이익을 박탈하는 행정제재금[11]으로서 제재적 행정처분(제재처분)의 성격을 가진다. 이와 같은 제재처분에 대해 특히 위 2.의 ②와 같이 사후적 경합범에 관한 형사법적 법리를 유사하게 적용하였다는 점은 유의미하다. 이는 제재처분에 대한 형사법리의 일반적 적용, 침해적 처분(불이익처분) 중 제재처분의 특성과 구별 문제라는 쟁점과 연결될 수 있다.

---

8) 김준성, "공소권남용의 판단기준과 허용범위", 『법학논고』 제72집, 2021, 99면.
9) 「형법」 제37조 후단은 "금고 이상의 형에 처한 판결이 확정된 죄와 그 판결확정 전에 범한 죄를 경합범으로 한다."라고 규정하고 있고, 「형법」 제39조 제1항은 "경합범 중 판결을 받지 아니한 죄가 있는 때에는 그 죄와 판결이 확정된 죄를 동시에 판결할 경우와 형평을 고려하여 그 죄에 대하여 형을 선고한다. 이 경우 그 형을 감경 또는 면제할 수 있다."라고 규정하고 있다. 이에 따라 형사재판 실무에서 형사법관은 확정판결이 이루어진 죄와 그 전에 범한 죄에 대하여 일괄하여 하나의 형을 선고할 경우를 가정한 다음, 그 가정적 형량에서 이미 확정판결로 선고된 형량을 뺀 나머지 형량의 수준(다만, 사후적 경합범에 대한 형이 산술적으로 정확히 공제액만큼으로 선고된다고 단정하기는 어렵다는 점에서 '수준'이라고 표현하였다)에서 사후적 경합범에 대한 형을 선고한다. 이와 같은 점은 형사법 영역에서 형벌에 관한 일사부재리의 원칙이 엄격히 적용되는 결과(이미 확정판결이 이루어진 죄에 대한 형을 다시 산정하는 것은 허용되지 않기 때문이다)로 보는 견해로는 이용우, "행정청이 처분상대방의 여러 위반행위들을 인지한 경우 이 중 일부에 대해서만 우선 과징금을 부과하고 나머지에 대하여 추후 별도의 과징금을 부과할 수 있는지 여부", 『대법원판례해설』 제127호, 2021, 469-470면 참조.
10) 이용우, 앞의 글, 468-469면.
11) 하명호, 앞의 책, 449면.

III. 법리의 검토

1. 제재처분의 개념과 범위

최근 「행정기본법」의 제정을 통하여 '제재처분(制裁處分)'에 관한 실정법상 정의 규정이 명문화되었다. 「행정기본법」 제2조 제5호는 "제재처분이란 법령등에 따른 의무를 위반하거나 이행하지 아니하였음을 이유로 당사자에게 의무를 부과하거나 권익을 제한하는 처분을 말한다. 다만, 제30조 제1항 각호에 따른 행정상 강제는 제외한다."고 규정한다. 「행정기본법」에서 정의하는 제재처분의 개념 요소는 '행정의무 위반행위'(위 법문 중 "법령등에 따른 의무를 위반하거나 이행하지 아니하였음을 이유로" 부분)와 '제재'(위 법문 중 "당사자에게 의무를 부과하거나 권익을 제한하는 처분" 부분)인데, 구 여객자동차법령에 의한 과징금 부과처분 역시 구 여객자동차법령상 규정된 행정의무 위반행위에 대해 부과되고, 금전납부 의무를 부과하는 급부하명의 성질을 가진다는 점[12]에서 제재처분에 해당된다.

이와 같은 「행정기본법」 제2조 제5호의 제재처분에 대한 정의 규정을 통해 그간 실정법령상 통일성 없이 사용되어 오던 제재처분이라는 용어의 의미상 혼란[13]이 일정 부분 해소될 것으로 보이지만, 여전히 위 정의 규정 자체만으로는 제재처분의 외연과 범위가 일의적으로 명확해졌다고 단정하기는 어렵다. 특히 제재처분의 정의 규정만으로는 어떠한 유형의 제재처분에 대하여 형사법리가 일반적으로 적용될 수 있는지에 관한 단서를 찾기는 어렵다.

2. 제재처분에 대한 형사법리의 일반적 적용 문제

형벌은 가장 강력한 제재수단이고, 이에 따라 형벌에 대하여 적용되는 형사법리는 헌법, 형법, 형사소송법에 의해 가장 엄격하고 세밀하게 법치주의적인 안전장치[14]를 갖추고 있

---

12) 김동희/최계영, 앞의 책, 474면.
13) 실정법령에서의 예시를 들면서 '행정제재'라는 용어가 별 고민 없이 사용되고 있음을 지적하는 견해로는 이현수, "프랑스의 행정제재법리와 그 시사점",『세계헌법연구』제25권 제1호, 2019, 79면.
14) 법치주의적 안전장치는 국가형벌권의 남용으로부터 인권을 보호하기 위한 여러 원칙과 제도적 장치로서, 구체적으로는 ① 형법에 규정된 죄형법정주의, 각칙의 개별 구성요건의 명확성원칙, 총칙의 고의·위법성·책임 등 범죄성립요건에 관한 공통적 기준 등, ② 형사소송법에 규정된 수사·공판절차에 있어서의 피의자·피고인의 인권과 방어권을 보장하기 위한 상세 규정(예: 자백과 전문증거 등에 관한 증거

다고 볼 수 있다.[15) 제재처분에 대해 이러한 형사법리를 일반적으로 적용할 것인가의 문제는 우선 제재처분에 대한 통제의 강화라는 측면에서 논의될 수 있다. 행정의무 위반행위에 대해 여러 종류의 다양한 제재가 이루어지고 있는 현실에 비추어 볼 때, 행정 고유의 위법성 척도·법리 외에도 가능한 범위 내에서 형사법리를 적용하여 과도한 제재처분을 통제할 수 있는 가능성을 여는 것은 기본적인 방향성에서 일응 타당하다고 볼 수 있다. 대상판결이 공소권남용이론과 유사한 관점에서 관할 행정청이 이미 여러 가지 위반행위를 인지한 이상 일부 위반행위별로 쪼개어 편의적으로 과징금을 별도로 분리하여 부과처분하는 것을 허용하지 않은 것이나, 사후적 경합범에 대한 양정과 유사한 법리의 적용을 통해 과징금 별도·분리 부과시 추가 과징금 부과처분의 과징금액 산정 방법을 통제한 것도 이러한 방향성에 부합한다고 볼 수 있다.

그뿐만 아니라 개념적·이론적으로는 제재처분에 대해 형사법리를 일반적으로 적용할 것인가의 문제는 제재와 형벌이 본질적으로 크게 다르지 않다고 볼 수 있는지, 행정행위의 형태로 이루어지는 제재처분에 형사법리가 적용되는 국면에 있어서는 그 제재처분이 가지게 되는 공법적 특권(공정력, 불가쟁력, 자기집행력 등)이 제한·후퇴될 수 있는가의 문제와도 연결된다. 프랑스 공법 판례와 이론은 행정 상대방의 의무위반에 대하여 행정이 부과하는 불이익처분들 중 행정제재(sanctions administratives)와 경찰상 조치(mesure de police)를 처분의 목적을 기준으로 구별하면서,[16) 행정의무 위반행위에 대한 불이익 부과의 목적이 의무위반에 대한 '회고적 처벌'인 경우만을 행정제재로 보는데, 행정제재는 그 본질이 형사벌과 크게 다르지 않다는 이유에서 행정제재에 대해 형사벌에 적용되는 절차적·실체적 법리가 거의 유사하게 적용되고 있다고 한다.[17) 물론 프랑스의 행정제재 개념을 우리나라에 그대로 수용하기는 어렵겠지만, 적어도 회고적인 처벌에 목적을 둔 제재처분의 경우에는 형사법리를 보다 적극적·일반적으로 적용할 수 있다는 시사점을 제공받을 수 있을 것이다. 나아가 행정의무 위반행위에 대한 제재(징벌)로서 이루어지는 제재처분이 반드시 신속하고 탄력적으로 이루어지기보다는 헌법상 적법절차원칙이 보장되는 여건 아래에서 신중한 절차를 통해 정확하고 적정하게 이루어지는 것이 처분상대방의 수용성 등의 측면에서 오히

법칙 등), ③ 헌법에 규정된 자백강요금지(헌법 제12조 제2항), 자백의 보강증거(헌법 제12조 제7항), 이중처벌금지(헌법 제13조 제1항), 공개재판(헌법 제27조 제3항), 무죄추정(헌법 제27조 제4항) 등을 말한다. 박정훈, 앞의 책, 326-327면 참조.

15) 박정훈, 앞의 책, 359면.

16) 프랑스의 경찰작용과 행정제재의 관계와 구별에 관한 상세한 논의로는 이승민, 『프랑스의 경찰행정』, 2014, 62-78면 참조.

17) 이현수, 앞의 글, 83-85면, 93면 및 102-104면 참조.

려 행정의 실효성 확보에 더 기여할 수 있을 것이다.[18] 이러한 점에서 신속하고 탄력적인 행정목적 달성을 위해 공법적 특권이 인정되는 통상의 행정행위와는 다른 관점으로 제재처분에 대한 이론 체계가 별도로 정립될 필요가 있고,[19] 제재처분에 대한 형사법리의 적용 문제도 그 일환으로 다루어지고 향후 더 깊이 있는 연구가 이루어져야 할 것이다.

Ⅳ. 요약과 결론

이상의 설명은 다음과 같은 몇 개의 명제로 정리할 수 있다.

1. 관할 행정청이 인지한 여러 가지 위반행위 중 일부를 쪼개어 우선 과징금 부과처분을 한 후 나머지 위반행위에 대해 차후에 별도 과징금 부과처분을 하는 것은 다른 특별한 사정이 없는 한 허용되지 않는다. 만약 이러한 이미 인지한 위반행위에 대한 과징금의 별도·분리 부과를 허용한다면 행정청이 여러 가지 위반행위에 대하여 부과할 수 있는 과징금의 최고한도액을 정한 구 여객자동차법 시행령 제46조 제2항의 적용을 회피하는 수단으로 악용될 수 있기 때문이다. 이는 검사가 범죄사실의 전부를 알면서도 누락된 사건에 대하여 수사 기법상 사후에 기소하였다면 소추재량권을 현저히 일탈한 경우에 해당한다는 공소권 남용이론과 유사하다. 구 여객자동차법령의 해석에 의할 때 재량적 제재처분인 과징금 부과처분에 있어서 이와 같은 법리는 재량권 행사의 한계로서 작용한다.

2. 종전 과징금 부과처분을 한 후에야 부과처분 시점 이전에 이루어진 다른 위반행위를 비로소 인지하여 별도의 과징금 부과처분을 할 경우에는 그 추가 과징금 부과처분의 금액은 '전체 위반행위에 대하여 하나의 과징금 부과처분을 할 경우에 산정되었을 정당한 과징금액 — 이미 부과된 과징금액'을 한도로 하여 부과될 수 있다. 행정청이 여러 가지 위반행위를 언제 인지하였느냐는 우연한 사정에 따라 처분상대방에게 부과되는 과징금의 총액이 달라지는 것은 불합리하기 때문이다. 이는 형사재판에서 형법 제39조 제1항에 의하여 사후적 경합범(형법 제37조 후단)에 대한 형의 양정을 하는 법리와 유사한데, 구 여객자동차법령상 의무위반에 대한 징벌적 성격을 가지는 제재처분인 과징금 부과처분에 대하여 형법 총칙의 사후적 경합범과 유사한 법리를 적용하는 것은 제재처분에 대한 재량통제의 강

---

18) 박정훈, 앞의 책, 378-379면 각주 65) 참조.
19) 박정훈, 앞의 책, 377-378면 참조.

화 필요성, 의무위반행위의 회고적 처벌을 목적으로 하는 제재처분에 대한 법치주의적 안전장치의 적용이라는 측면에서 개념적·이론적으로도 타당하다.

생각할 문제

1. 관할 행정청이 위반행위를 '인지'하였다는 것의 정확한 의미는 무엇이고 그 판단 기준은 어떻게 설정해야 할 것인가.[20]

2. 관할 행정청이 여러 가지 위반행위를 인지하였음에도 위반행위 중 일부에 대해서만 우선 과징금 2,000만 원의 부과처분을 하였다가 직권취소를 한 다음, 나머지 위반행위까지 합하여 모든 위반행위를 통틀어 하나의 과징금 5,000만 원을 부과하고자 하는 경우에도, 대상판결의 '과징금 일괄부과 원칙'이 적용되어 (최고한도액 대비 잔액 3,000만 원의 여지가 남아 있는 상황임에도) 추가 과징금 부과처분은 할 수 없다고 보아야 하는가.[21]

3. 관할 행정청이 여러 가지 위반행위 중 일부만 인지하여 과징금 부과처분을 한 후 그 과징금 부과처분 시점 이전에 이루어진 다른 위반행위를 뒤늦게 인지하여 이에 대한 과징금 부과처분을 하게 되는 경우,

   (1) 종전 과징금 부과처분을 직권취소 또는 직권철회한 후 모든 위반행위를 통틀어 하나의 과징금 부과처분을 할 수 있을 것인가.
      1) 이때 직권취소 또는 직권철회 사유가 존재하는가.
      2) 처분 상대방은 일부 위반행위에 대한 종전 과징금 부과처분에 대하여 신뢰보호원칙을 주장할 수 있는가.

   (2) 종전 과징금 부과처분을 직권취소 또는 직권철회하지 않은 상태에서 뒤늦게 인지한 다른 위반행위에 대하여 별도의 과징금 부과처분을 할 수 있는가. 만일 추후 인지한 다른 위반행위가 종전 과징금 부과처분의 대상인 의무위반행위와 연속된 동종의 위반행위로서 하나의 일련의 위반행위로 평가할 수도 있는 경우라면 그 결론이 달라지는가.

---

20) 이용우, 앞의 글, 471-474면 참조.
21) 이용우, 앞의 글, 475-477면 참조.

(3) 종전 과징금 부과처분을 함에 있어서 1회 위반에 따른 행정처분기준이 적용되었다면, 뒤늦게 인지한 다른 위반행위에 대한 과징금 부과처분시에는 2회 위반에 따른 행정처분기준을 적용해야 하는가. 이때 1회 위반인지 2회 위반인지를 판단하는 기준시점은 언제인가.

대법원 2020. 7. 9. 선고 2020두36472 판결
[제재처분과 책임원칙]

[사실관계]

원고 주식회사 A는 용인시 처인구 B에 위치한 C모텔(이하, '이 사건 숙박업소')을 운영하는 자이다. 원고는 공중위생관리법의 공중위생영업에 속하는 숙박업을 보건복지부령이 정하는 시설 및 설비를 갖추고 용인시장(이하, '피고')에게 신고하고 운영하며, 이 사건 숙박업소를 원고 사내이사 F에게 운영을 위임하고 종업원 D에게 이 사건 숙박업소를 관리하도록 하였다. 용인동부경찰서장은 2018. 12. 20. 원고의 종업원 D가 2018. 11. 25. 미성년자 X(만 14세, 여)가 숙박 중이던 객실에 Y(만 14세, 여)와 Z(만 18세, 남)가 출입하여 혼숙하도록 장소를 제공하여 청소년 보호법을 위반하였고(이하, '이 사건 위반행위'), 종업원 D는 「청소년보호법」 제30조 제8호 위반행위에 따른 동법 제58조 제5호의 벌칙규정,[1] 원고의 사내이사 F는 사용인으로서 종업원의 위반행위에 대한 양벌규정을 적용하여[2] 기소 의견이라는 취지로 피고에게 수사결과에 관한 통보를 하였다. 수원지방검찰청 검사직무대리는 2018. 12. 26. D와 F에 대한 「청소년보호법」 위반의 점에 대하여 「검찰사건사무규칙」 제98조 제2호 나.에 따른 "혐의없음(증거불충분)" 결정을 하였다.[3] 피고는 2019. 2. 8. 원고에 대하여

---

* 한국법제연구원 부연구위원

1) 「청소년보호법」 제30조(청소년유해행위의 금지) 누구든지 청소년에게 다음 각 호의 어느 하나에 해당하는 행위를 하여서는 아니 된다. 8. 청소년을 남녀 혼숙하게 하는 등 풍기를 문란하게 하는 영업행위를 하거나 이를 목적으로 장소를 제공하는 행위 제58조 (벌칙) 다음 각 호의 어느 하나에 해당하는 자는 3년 이하의 징역 또는 3천만원 이하의 벌금에 처한다. 5. 제30조 제7호부터 제9호까지의 위반행위를 한 자

2) 「청소년보호법」 제62조(양벌규정) 법인의 대표자나 법인 또는 개인의 대리인, 사용인, 그 밖의 종업원이 그 법인 또는 개인의 업무에 관하여 제55조부터 제57조까지의 어느 하나에 해당하는 위반행위를 하면 그 행위자를 벌하는 외에 그 법인 또는 개인을 5천만원 이하의 벌금에 처하고, 제58조부터 제61조까지의 어느 하나에 해당하는 위반행위를 하면 그 행위자를 벌하는 외에 그 법인 또는 개인에게도 해당 조문의 벌금형을 과(科)한다. 다만, 법인 또는 개인이 그 위반행위를 방지하기 위하여 해당 업무에 관하여 상당한 주의와 감독을 게을리하지 아니한 경우에는 그러하지 아니하다.

3) D에 대하여는 청소년들이 입실할 당시 다른 일을 하느라 보지 못하여 신분증 검사를 하지 못하였고,

「공중위생관리법」 제11조 위반[4]), 위반내용은 청소년 이성혼숙을 처분이유로 하여 「공중위생관리법」 시행규칙 제19조[5])에 근거하여 영업정지 1개월에 갈음하는 과징금 1,890,000원의 부과처분(이하 '이 사건 처분')을 하였다. 이에 원고는 주위적으로 무효 확인, 예비적으로 취소를 구하는 항고소송을 제기하였다.

[사건의 경과]

제1심 재판부(수원지방법원 2019. 9. 5. 선고 2019구합62124 판결)는 원고의 청구를 기각하였다. 판단 이유로, 제재처분의 귀책사유에 관한 판례법리인 "행정법규 위반에 대하여 가하는 제재조치는 행정목적의 달성을 위하여 행정법규 위반이라는 객관적 사실에 착안하여 가하는 제재이므로 반드시 현실적인 행위자가 아니라도 법령상 책임자로 규정된 자에게 부과되고 원칙적으로 위반자의 고의·과실을 요하지 아니하나, 위반자의 의무해태를 탓할 수 없는 정당한 사유가 있는 등의 특별한 사정이 있는 경우에는 이를 부과할 수 없다고 할 것이다."라고 판시하였다.

원심 법원(수원고등법원 2020. 2. 12. 선고 2019누12698 판결)은 원고의 청구를 전부 기각한 제1심 판결을 취소하였다. 원심 판결의 이유에 의하면, 피고가 공중위생영업자인 원고에 대하여 청소년 이성 혼숙으로 인한 청소년보호법위반을 이유로 영업정지 등의 행정처분을 하기 위해서는 청소년보호법위반 사실이 인정되어야 하고, 청소년보호법위반사실이 인정되기 위해서는 행위자인 D가 청소년임을 인식하거나 용인하면서도 이성혼숙을 하게 하였다는 사실이 인정되어야 하지만, 청소년보호법위반 사건에 관하여 주관적 요건에 관한 증

이들이 미성년자임을 용인하면서도 이성혼숙하게 하였다고 볼 만한 증거가 없으므로 혐의가 없다는 것과 F에 대하여는 이 사건 양벌규정은 종업원이 업무에 관하여 위반행위를 한 경우 행위자를 벌하는 외에 법인이나 개인 등도 처벌하는 규정인데, 종업원인 D의 위반행위를 인정할 증거가 없어 혐의 없다는 것을 처분이유로 하였다.

4) 「공중위생관리법」 제11조(공중위생영업소의 폐쇄등) 제1항 시장·군수·구청장은 공중위생영업자가 다음 각 호의 어느 하나에 해당하면 6월 이내의 기간을 정하여 영업의 정지 또는 일부 시설의 사용중지를 명하거나 영업소폐쇄등을 명할 수 있다. 다만, 관광숙박업의 경우에는 해당 관광숙박업의 관할행정기관의 장과 미리 협의하여야 한다. 8. 「성매매알선 등 행위의 처벌에 관한 법률」, 「풍속영업의 규제에 관한 법률」, 「청소년 보호법」, 「아동·청소년의 성보호에 관한 법률」 또는 「의료법」을 위반하여 관계 행정기관의 장으로부터 그 사실을 통보받은 경우.

5) 「공중위생관리법 시행규칙」 제19조(행정처분기준) 법 제7조 제1항 및 제11조 제1항부터 제3항까지의 규정에 따른 행정처분의 기준은 별표 7과 같다.

거가 부족하여 혐의 없음 처분을 받았으므로 이 사건 처분은 처분사유가 부존재하여 위법하다고 판단하였다. 나아가 제재처분의 귀책사유에 관한 대법원 판례는 현실적인 행위자의 위반행위가 인정되는 경우에 한정하여 법령상 책임자가 행정법규 위반자로서 고의나 과실이 없이도 제재조치의 대상이 될 수 있다는 것이므로, 현실적인 행위자의 위반행위가 인정되지 아니한 본 사건과는 사안을 달리하여 적용이 적절하지 않다고 판시하였다.[6]

[대상판결]

대법원은 원심판결을 파기하고 사건을 다시 심리·판단하도록 원심법원에 환송하였다. 그 구체적인 설시를 요약하면 다음과 같다. 행정법규 위반에 대한 제재처분은 행정법규 위반이라는 객관적 사실에 착안하여 가하는 제재이므로, 반드시 현실적인 행위자가 아니라도 법령상 책임자로 규정된 자에게 부과된다고 하며, 이러한 법리는「공중위생관리법」에 따라 공중위생영업자에 대하여「청소년보호법」위반을 이유로 영업정지에 갈음하는 과징금 부과처분을 하는 경우에도 마찬가지로 적용된다고 판시하였다(대법원 2004. 1. 16. 선고 2003두12264 판결 참조). 이 사건 숙박업소에서 청소년들이 남녀 혼숙한 이상 원고는 '청소년을 남녀혼숙하게 하는 영업행위'를 하였다고 보아야 하며, 실질적인 행위자인 종업원 등이 이 사건 투숙객들이 청소년이라는 점을 구체적으로 인식하지 못했더라도 마찬가지라고 판단하였다.[7] 그러므로 원심이 원고나 그 종업원이 이 사건 투숙객들이 청소년임을 알면서도

---

6) 하자의 정도에 대하여 이 사건 처분은 처분사유의 부존재로 위법하여 법규의 중요한 부분을 위반한 중대한 것에 해당하나, 용인동부경찰서장이 기소 의견 취지로 수사결과를 통보하고 이 사건과 같이 현실적인 행위자와 법령상의 책임자가 나뉘는 경우의 과징금 부과요건에 관한 법리가 반드시 간명한 것이라 보기 어려우므로 처분의 하자가 객관적으로 명백한 것이라고 할 수 없으므로 이 사건 처분의 하자는 취소사유에 해당한다고 판단하였다.

7)「청소년보호법」은 제29조 제3항에서 청소년 유해업소의 업주와 종사자는 나이 확인을 위하여 나이를 확인할 수 있는 증표제시를 요구할 수 있다고 규정하였다. 그러나 무인텔은 나이 확인 절차 없이 청소년의 출입이 용이하므로「청소년보호법」을 개정하여 숙박업을 운영하는 업주는 종사자를 배치하거나 대통령령으로 정하는 설비 등을 갖추어 출입자의 나이를 확인하고 청소년의 출입을 제한하여야 한다는 규정을 신설하였다. 기록에 의하면 이 사건 숙박업소는 이른바 무인텔로서 평소 종업원을 배치하여 출입자의 나이를 확인하지 않고,「청소년보호법」시행령 제27조 제1항에서 정한 설비를 갖추어 출입자의 나이를 확인하지 않았으므로 원고에게 의무 위반을 탓할 수 없는 정당한 사유가 있다고 보기도 어렵다고 판단하였다.「청소년보호법」시행령 제27조 ① 종사자 배치를 대신하여 갖추어야 하는 설비는 주민등록증 등의 신분증으로 출입자의 나이를 확인하고, 해당 신분등의 진위여부를 지문대조, 안면대조 등의 전자식별방식으로 확인할 수 있는 설비이어야 한다.

혼숙하게 하였다고 인정할 증거가 없으므로 원고에 대하여 「공중위생관리법」 제11조 제1
항 제8호를 적용하여 제재처분을 할 수 없다고 판단한 것은, 「청소년보호법」상 청소년 남
녀 혼숙 금지에 관한 법리를 오해한 잘못이 있다고 판단하였다.

[판결의 평석]

I. 사안의 쟁점

1. 종업원의 위반행위에 따른 사용자에 대한 제재처분

대법원은 「공중위생관리법」상 책임자인 원고가 「청소년보호법」의 미성년자 확인을 위한
주의의무 규정과 미성년자 혼숙에 따른 영업규정을 위반한 것으로 판단하고, 법령상 책임
자인 원고가 미성년자 확인을 위한 종업원 및 설비의 배치의무를 다하지 않은 이상, 주의
의무를 하지 않은 것이므로 객관적인 행위책임 및 결과책임을 부담하도록 하는 법리를 취
하고 있다. 이에 대하여 「공중위생관리법」에서 제재처분의 요건을 「청소년보호법」 위반이
라고 규정하였으므로, 청소년보호법 위반이 처벌 대상자 누구에게든 성립하여야 위반행위
가 존재하고 그 위반행위에 대하여 공중위생영업자의 법령상 책임을 인정할 수 있다. 「청
소년보호법」의 주체는 '누구든지'이나, 공중위생관리법의 주체는 '공중위생업자'에 제한됨
에도 불구하고, 「청소년보호법」의 처벌 상대방인 '누구든지'에 해당하는 어떤 사람도 위반
행위가 성립하지 아니하였는데도 불구하고 공중위생업자에게 제재를 부과하는 것은 부당
하다는 비판이 가능하다.[8]

2. 제재부과 요건이 형사범죄 구성요건과 동일하게 규정되어 있는 경우의 문제

이 사건 「공중위생관리법」의 제재처분 부과요건은, 「청소년보호법」을 위반하여 관계 행
정기관으로부터 통보를 받은 경우이다(동법 제11조). 그러므로 청소년보호법위반에 대한 관
계행정기관의 판단에 대한 구속력 인정 여부 및 그 범위, 행정이 종속되는 범위에 대한 해
석 문제를 야기한다. 이 사안의 경우 용인동부경찰청장이 기소 의견 송치를 피고에게 통보

---

8) 임호영, "행정법규위반에 대한 행정제재의 법리", 법률신문, 2020. 7. 23. 참조.

한지 6일 만에 수원지방검찰청에서 불기소처분이 있었고, 이에 대한 항고 및 재정신청도 없던 사안이다. 그런데도 피고는 '통보가 있었다는 사실'만으로 이 사건 제재처분에 나아간 문제가 있다. 법령 취지상 긴급한 경우가 아니라면 「청소년보호법」 위반 여부에 대한 단속기관 및 처분기관의 처분이 확정된 이후에 통보해야 무죄추정의 원칙에도 반하지 아니하며 이 사건과 같이 모순된 결과가 초래되는 것을 방지할 수 있으므로, 통보권한자 및 시기와 구속력에 대한 해석이 문제된다.

II. 판례의 이해

1. 종업원의 위반행위에 따른 사용자에 대한 제재처분

(1) 판례 법리

행정법규 위반에 대한 제재처분은 행정목적의 달성을 위하여 행정법규 위반이라는 객관적 사실에 착안하여 가하는 제재이므로, 반드시 현실적인 행위자가 아니라도 법령상 책임자로 규정된 자에게 부과되고, 특별한 사정이 없는 한 위반자에게 고의나 과실이 없더라도 부과할 수 있다. 이러한 법리는 공중위생영업자에게 「청소년보호법」 위반을 이유로 영업정지에 갈음하는 과징금 부과 처분을 하는 경우에도 마찬가지로 적용된다. 그렇다고 하여 위반자의 의무 해태를 탓할 수 없는 정당한 사유가 있는 경우까지 부과할 수 있는 것은 아니다.[9] 「공중위생관리법」상 책임자인 공중위생영업자는 「청소년보호법」에서 규정하는 청소년으로 하여금 남녀 혼숙하도록 영업한 결과가 발생한 이상 제재처분 요건을 충족한 것이고, 공중위생영업자의 대표자나 종업원 등이 투숙객들이 청소년이라는 점을 구체적으로 인식하지 못했더라도 마찬가지이다. 법인에 대하여는 죄형법정주의와 책임 없는 자에게 형벌을 부과할 수 없다는 책임주의가 그대로 적용되어 양벌규정을 두어야 하지만, 제재적 행정처분에는 위와 같은 책임주의 원리가 그대로 적용된다고 볼 수 없고, 따라서 종업원의 행정법규 위반을 이유로 법인에게 영업정지를 부과하는 처분은 정당하다고 판단하였다. 법인에 대한 제재처분은 대법원 2012. 5. 10. 선고 2012두1297 판결 취지에 따른 것으로 평가된다.[10]

---

9) 대법원 1976. 9. 14. 선고 75누255 판결, 대법원 2003. 9. 2. 선고 2002두5177 판결.
10) 고은설, "직원의 행정법규 위반을 이유로 대부업자에게 내려진 영업정지처분의 적부", 『대법원 판례해설』 제111호, 2017, 365-389면 참조.

(2) 종업원의 위반행위가 없는 경우 사용자에 대한 제재처분

이 사건 사안과 같이 종업원의 현실적인 위반행위가 성립하지 아니하는 경우에도 법령상 책임자가 제재를 부과받기에 타당한 책임이 발생하는가의 문제가 발생한다. 종업원의 「청소년보호법」 위반에 대하여 수사기관의 불기소 처분[혐의없음(증거불충분)]이 있었기 때문에, 종업원의 행정법규 위반사실이 없다는 판단이 있었음에도 불구하고 사용자에게 제재처분을 부과하는 것이 타당한지가 문제된다. 대법원이 판례 법리로 정립하여 온 사용자에 대한 행정제재 부과는 ① 종업원의 행정법규 위반행위가 발생하여 형사처벌이 이루어지고, ② 그에 대한 법인의 관리, 감독에 대한 주의의무 소홀로 인한 책임으로 행정제재를 부과하는 단계로 이루어진다. 대법원에서 일반적인 판례법리로 적용하는 대법원 2012. 5. 10. 선고 2012두1297 판결은 현실적인 행위자인 종업원들이 「성매매알선 등 행위의 처벌에 관한 법률」에 의해 기소유예 처분이 되자 공중위생영업자인 원고에 대하여도 약식기소(벌금 300만 원)가 부과된 사안으로, 이 사건과 사실관계를 달리한다.

2. 제재부과 요건이 형사범죄 구성요건과 동일하게 규정되어 있는 경우

이 사안과 같이 형사처벌의 구성요건을 그대로 준용하여 행정제재의 부과요건으로 구성한 입법형태에 대하여 범죄 성립여부를 판단하는 수사기관 및 형사재판소의 권한 및 판단의 구속력 범위에 대한 판례 법리는 형성되어 있지 않다. 이 사건 제재요건은 청소년보호법위반 사실을 관계행정청이 통보한 경우인데, 검사의 불기소처분이 있었음에도 불구하고 경찰서장의 기소의견 송치 통보만으로 즉시 제재처분이 부과되었다.

Ⅲ. 법리의 검토

1. 제재처분의 성격

제재처분은 법령 등에 따를 의무를 위반하거나 이행하지 아니하였음을 이유로 당사자에게 의무를 부과하거나 권익을 제한하는 처분을 말한다. 인허가의 정지·취소·철회, 등록말소, 영업소 폐쇄와 정지를 갈음하는 영업정지는 대표적인 제재처분이다. 제재처분은 「행정기본법」 입법 전부터 행정의 실효성 확보수단이자 행정이 처벌을 목적으로 상대방에게 부과되는 침익적 처분이라는 의미의 광의의 행정벌(罰) 개념으로 그 처벌성에 따른 헌법상 원칙 및 법치주의적 안전장치가 적용되어야 한다고 설명되었다.[11] 우리나라의 행정제재는 실정법에서 이질적인 불이익처분 유형을 제재처분이라는 용어로 포섭하여 사안에 동일한 법리를 적용하므로 절차 및 결과적 불평등이 야기된다는 문제점이 지적되었다.[12] 한편, 프랑스의 영업정지와 관련된 제재 작용의 분류는 그 내용과 효과를 달리하여 사안에 적합한 행정의 실효성 확보수단으로 운용되고 있다. 이러한 제재처분의 다양한 유형과 그에 대한 법리를 검토하여 본 사안의 문제점을 선명히 이해할 수 있을 것이므로, 공중위생 및 숙박업에 관련된 행정제재를 유형화하여 운영하는 프랑스의 입법례를 본 사안과 비교 분석한다.

2. 논의의 전제

(1) 영업정지와 변형과징금의 법적 성격

영업정지 및 영업소폐쇄, 이에 대한 변형과징금은 행정의 실효성 확보 수단으로서 광의의 행정벌에 해당한다.[13] 영업정지 및 영업소폐쇄는 행정의 영업허가에 대한 일부 철회·취소로도 설명되는데, 제재철회와 공익상 철회는 상당부분 겹치는 관계에 있지만 행정행위의 철회를 상위개념으로 파악하고 제재철회와 공익상철회로 나누어야 한다.[14] 수익적 행정행위의 철회권은 허가권에 내포되어 있어 별도의 법적 근거가 없이도 가능할 수 있지만, 제재처분으로서의 철회는 제재처분의 요건과 내용에 대한 법적 근거가 있어야 하며 「행정기본법」 제22조 또한 제재처분의 기준에 대한 엄격한 법정주의를 규정하고 있다.[15] 한편, 변형과징금에 대하여는 제재 대상자에게 영업정지 자체보다는 유리한 규정이라고 평가되지만, 납부처분 및 징수에 대하여 「지방행정제재·부과금의 징수 등에 관한 법률」이 적용

---

11) 행정의 실효성 확보 수단의 분류 중 광의의 행정벌은 행정형벌과 행정질서벌을 포함하는 협의의 행정벌과 벌(罰)이라는 개념 징표를 가지며, 광의의 행정벌에는 수익적 행정행위의 취소·철회와 과징금, 가산금, 명단공표, 공급중단 등을 포함한다. '광의의 행정벌'과 행정상 제재 수단의 법치주의적 안전장치에 관한 내용은, 朴正勳, 『행정법의 체계와 방법론』, 2005, 319-379면 참조.

12) 이현수, "프랑스의 행정제재법리와 그 시사점", 『세계헌법연구』 제25권 제1호, 2016, 77-108면 참조.

13) 朴正勳, 앞의 책, 323면 참조.

14) 제재철회는 입법자가 의무이행을 강제하기 위한 수단으로 규정하였으며, 다른 한편으로는 공익상 필요성을 고려하여 법률에 철회사유를 명시한 것이므로 제재철회 사유에는 항상 공익상 철회 필요성이 포함되나, 반대의 경우로 공익상 철회에는 제재철회가 포함되는 것은 아니다. 朴正勳, 『행정소송의 구조와 기능』, 2006, 550-552면 참조.

15) 「행정기본법」 제22조(제재처분의 기준) 제1항 제재처분의 근거가 되는 법률에는 제재처분의 주체, 사유, 유형 및 상한을 명확하게 규정하여야 한다. 이 경우 제재처분의 유형 및 상한을 정할 때에는 해당 위반행위의 특수성 및 유사한 위반행위와의 형평성 등을 종합적으로 고려하여야 한다.

되고, 사실상 강제징수절차가 시행되며, 미지급 시 관허사업의 제한과 체납자 명단공개 대상이 될 수 있어 집행의 면에 있어서는 제재 상대방에게 불리한 측면도 있다.[16] 「행정기본법」도 영업정지를 대체하는 과징금을 제재처분으로 분류하였으며 제재적 목적의 철회·제한에 대한 대체작용인 행정제재로 해석하는 것이 타당하다.[17]

(2) 프랑스에서의 영업정지 분류

1) 프랑스의 행정제재 유형 분류

프랑스에서는 우리나라와 같이 행정제재를 행정의 실효성 확보수단이자, 행정이 주체가 되어 처벌적 목적으로 제재 상대방의 행정법령 위반 및 의무 위반에 대하여 부과하는 일방적 결정으로 정의한다.[18] 프랑스법상 행정제재는 사실상 국가가 처벌 목적으로 시민에게 행사하는 공권력이라는 점에서 형사벌과 그 개념징표가 동일하므로 '형사 영역'으로 포섭되어 형사법원칙 및 헌법원칙들이 준용되는 법리가 정립되고 있다.[19] 행정 활동을 방해하거나 저항한 경우에는 경찰조치로서의 제재조치가 부과될 수도 있지만, 행정법령을 위반한 경우에는 처벌 목적의 제재가 된다.[20] 일반적으로 영업장 폐쇄명령은 형벌에 대한 부가형으로도 부과된다.[21]

식음료업장 및 숙박업장 영업에 대한 제재는 특별히 경찰목적에서 행정에게 수 개월의 폐쇄 권한을 허용하면서, 소위 "행정의 폐쇄명령" 개념이 창설되었는데, 이러한 제재유형은 업장의 영업을 감독하는 권한에 필요한 조치로 유지되었다.[22] 「공중위생법전」은 사실

---

16) 「공중위생관리법」제11조의2(과징금처분) 제3항 시장·군수·구청장은 제1항의 규정에 의한 과징금을 납부하여야 할 자가 납부기한까지 이를 납부하지 아니한 경우에는 대통령령으로 정하는 바에 따라 제1항에 따른 과징금 부과처분을 취소하고, 제11조제1항에 따른 영업정지 처분을 하거나 「지방세외수입금의 징수 등에 관한 법률」에 따라 이를 징수한다.

17) 「행정기본법」제23조(제재처분의 제척기간)… 제재처분(인허가의 정지·취소·철회, 등록 말소, 영업소 폐쇄와 정지를 갈음하는 과징금 부과를 말한다.)

18) Léon Duguit, Traité de droit constitutionnel, 1927, p. 706(https://gallica.bnf.fr/ark:/12148/bpt6k5401497z); Mattias Guyomar, Les sanctions administratives, 2014, pp. 30-35 ; George Dellis, Droit pénal et droit administratif, 1997, pp. 29-30; M.Delmas-Marty, C.Teigen-Colly, Punir sans juger?, 1992, pp. 36-38.; Michel Degoffe, Droit de la sanction non pénal, 2000. pp. 159-201 참조.

19) La Sanction, Colloque du 27 novembre 2003 A l'Université, Jean Moulin Lyon 3, Djoheur ZEROUKI, *La sanction en matière pénal*, L'Harmattan, 2007 참조.

20) Commentaire, Décision n° 2018-710 QPC du 1 juin 2018, Association Al Badr et autre, p. 4 참조.

21) 행정형벌의 유형은 대부분 경죄에 포섭되어 있는데, 경죄는 고의범이 원칙이고 예외적으로 과실범 처벌이 법정되어 있는 경우 처벌할 수 있다. 부가형의 경우 경죄의 본죄 성립요건이 갖추어진 경우에만 부과할 수 있다. Jacques Leroy, *Droit pénal général*, LGDJ, 2022, p. 415.

22) 중세시대로부터 왕권은 주류 판매를 위생의 관점에서 통제하였고, 이러한 규제는 소비자의 보호에 필수

상 경찰행정의 연장으로 제재를 발전시켰다고 하지만, 현재는 처벌 목적으로 부과되는 제재와, 6개월 이상 또는 영구적 폐쇄에 이르는 경우에는 형벌의 부가형으로 구성하여 그 성립요건을 달리 규정하고 있다.[23] 형벌에 대한 부가형으로 폐쇄명령을 내리기 위해서는 검사가 업소 폐쇄가 이루어져야 하는 이유를 법원에 소명하여 신청하고 법원의 판결에 의해 결정되며, 종업원의 위반행위에 의하여 범죄가 성립한 면허 명의자 및 영업소의 소유자에게 부가형을 면제받을 수 있도록 다툴 수 있는 기회를 부여한다.[24]

2) 제재조치의 유형화에 따른 분류

프랑스에서는 행정목적의 처벌적 작용이 ① 공공의 질서 유지를 위해 즉각적으로 부과되는 경찰조치와, ② 처벌을 목적으로 부과되는 행정제재, ③ 형사범죄 구성요건을 제재요건으로 하는 행정제재로서, 위반행위의 심각성에 비추어 가중하여 부과하는 행정제재, ④ 형사벌과 함께 형사법원이 부과하는 부가형으로 분류된다. 우리나라에서는 이를 구별 없이 하나의 '제재처분'으로 포섭시키고 '제재처분은 행정법규 위반이라는 객관적 사실에 착안하여 가하는 제재'라고만 법리를 단순화하다 보니 현실적인 행위자가 아니더라도 법령상 책임자로 규정된 자에게 제재를 부과하는 부당한 경우가 발생한다. 이러한 제재처분의 차등규정 유형은 프랑스 「공중위생법전」 제 L.3332-15조 및 「관광법전」 제 L.211-23조에서 확인할 수 있다.[25]

적인 것이고 근대에는 일반적인 것이 되었다. 18세기에 주류를 판매하는 café가 부르주아들의 만남의 장소로 유행하였고, 점차 정치적 행동의 장소가 되었다. 완전한 자유주의 시대를 설명하고, 특히 영업 및 폐쇄의 시간이 자유로우며 강제적인 규제의 반대 개념으로 여겨졌었다. Commentaire, Décision n° 2015-493 QPC du 16 octobre 2015, M.Abdullah N., p. 1.; L. Bihl, « Une réglementation archaïque : le code des débits de boissons », Gazette du Palais, 1er mai 1986, p. 279 참조.

23) 「공중보건법전」 제 L.3332-15조 1. 주류판매업소와 식당의 폐쇄는 해당 업소에 관련된 법률이나 행정입법을 위반한 것에 따른 경우, 도지사에 의해 6개월을 초과하지 않는 범위에서 부과될 수 있다.
2. 주류판매업소와 식당의 폐쇄는 공공질서, 보건, 평온함 또는 공중 도덕에 침해가 있는 경우, 도지사에 의해 2개월을 초과하지 않는 범위에서 부과될 수 있다.

24) 1933년 12월 20일자 법률 제5조는 상점의 폐쇄가 의무적으로 부과되는 경우에는 제3자에게 불합리한 결과를 초래할 수 있음을 이유로 상점 폐쇄의 의무형을 폐지하였다. 폐지의 구체적인 이유로는 부동산의 소유자, 전 소유자, 채권자, 하도급업자 그리고 고용된 종업원도 재산에 대한 채권 및 담보권을 가지고 있다는 것으로서, 1933년 12월 20일자 법률 제5조는 제2항을 개정하여, "형벌의 개별화 원칙을 존중하고", "기간을 정해서 재판부에서 특정 기간 동안만 영업을 중단하도록 할 수 있다."고 규정하였다. Commentaire, Décision n° 2018-710 QPC du 1 juin 2018, Association Al Badr et autre, p.14; Commentaitre, Décision n° 2015-493 QPC du 16 octobre 2015, M.Abdullah N., pp.16-19 참조.

25) 「공중위생법전」 제 L.3332-15조(2019년 12월 27일자 법률 제2019-1461로 개정된 것) 1. 식음료업장과 식당의 폐쇄는 기관에 관련된 행정입법 또는 법률을 위반한 경우 지역대표에 의해서 6개월을 넘지 않

(3) 비교법적 검토

우리나라의 「공중위생관리법」상 제재처분은 사실상 공익적 목적으로 긴급하게 이루어져야 하는 경찰행정 영역과 법규 위반에 따른 처벌 목적으로 수행되는 행정제재, 프랑스에서의 부가형에 이르기까지 하나의 제재처분으로 규정되어 있어 목적에 따른 요건이 구분되어 있지 않다.[26] 한편 「공중위생관리법」 제11조 제1항 제8호는 프랑스 관광법전의 제재 규정과 유사한 입법구조를 가지고 있지만, 프랑스 법령은 행정이 제재처분을 한 이후에 수

는 기간 이내로 부과될 수 있다고 규정한다. 폐쇄조치는 경고조치가 반드시 선행되어야 하고, 이러한 경우 폐쇄를 정당화하는 사실이 예외적으로 운영자가 쉽게 해결할 수 있는 문제인 경우에는 경고로만 수행될 수 있다고 규정한다. 그리고 제2호에서 공중질서, 보건, 평온 또는 공중도덕의 침해가 있는 경우, 지역대표가 2월이 넘지 않는 기간내에서 폐쇄를 명할 수 있다고 규정한다. 지역의 상황에 따라서, 지역대표는 권한을 하위지역에 위임할 수 있다고 규정한다. 제3호에서는 경죄 또는 중죄에 해당하는 행위를 이유로 하는 제재는 제1호의 위반을 제외하고, 지역대표에 의해 6개월 이내로 부과될 수 있다고 규정한다. 이 경우 폐쇄는 동법 제 L.3332-1-1조의 운영 허가의 취소를 유발한다. 제5호에서는 재1호의 경고 이외에, 당해 조에서 취해지는 조치는 시민과 행정의 관계에 관한 법전의 조문에 따른다고 절차적 안전장치를 두고 있다. 한편, 프랑스 「관광법전」 제 L.211-23조(2009년 7월 22일자 법률 제2009-888로 개정된 것)는 관광업을 수행하는 숙박소에 대하여 「관광법전」의 규정을 위반하는 경우 자연인 또는 법인에게 6개월 이하의 징역 또는 7,500유로의 벌금을 부과할 수 있도록 규정하면서, 법원은 유죄판결을 받은 사람이 운영하는 시설의 일시적 또는 영구적인 폐쇄를 명령할 수 있도록 규정하여 사실상 영업정지에 해당하는 조치를 법원의 부가형으로 부과하도록 규정한다. 다만, 위반행위가 발생한 곳의 지방행정 대표는 임시적으로 영업소의 폐쇄를 부과할 수 있지만, 해당 자연인 또는 법인 대표자에게 의견제출을 하도록 최고한 이후에 할 수 있으며 이 경우 지체 없이 검사에게 행정의 의견을 통지한다. 폐쇄조치가 집행되지 아니하는 경우에는, 행정은 직권으로 집행할 수 있다. 그러나 임시적인 폐쇄조치는 6개월의 기한 이내에서만 효력을 가진다. 임시적 폐쇄 조치는 검사의 기각결정, 예심판사의 불처벌결정 또는 제1심 재판부에서 판결이 선고된 경우에는 자동적으로 취소된다.

[26] 「공중위생관리법 시행규칙」 별표7의 행정처분기준에 따른 제재는 최소 경고에서부터 최대 영업장 폐쇄명령까지 규정되어 있고, 제재의 개별기준은 영업 설비 자체에 대한 기준 위반이나 영업신고 의무 위반 및 시정명령 위반 대한 제재 규정도 있지만(Ⅱ.개별기준 1. 숙박업, 가, 나, 다, 라, 마, 바, 아, 자, 차.), 공공질서 및 위생을 위한 경찰조치와 같은 목적의 규정도 있으며(Ⅱ.개별기준, 2. 목욕장업 라. 2), 3)) 다른 행정법령의 형사처벌의 근거규정이 되는 규정을 위반한 경우에 대한 제재규정을 두고 있으며, 해당 요건은 각 행정법령에서 형사처벌의 금지요건으로 규정되어 있다 공중위생관리법에서 제재부과 요건으로 하는 「성매매알선 등 행위의 처벌에 관한 법률」에서 숙박자에게 성매매 알선 등 행위 또는 음란행위를 하게 하거나 이를 알선 또는 제공하는 것을 금지하고 동법 제19조의 벌칙 규정을 적용하고, 「풍속영업의 규제와 관한 법률」은 업소에서 음란한 물건을 반포, 판매, 대여하거나 숙박자에게 도박 그 밖에 사행행위를 하게 한 경우을 금지하고 동법 제10조 제2항에서 벌칙 규정을 적용하며, 「청소년보호법」은 청소년에 대하여 이성혼숙을 하게 하는 등 풍기를 문란하게 하는 경우를 금지하고 해당 규정은 동법 제58조에서 형사처벌 규정만 예정하고, 「아동·청소년의 성보호에 관한 법률」은 제11조에서 형사처벌만을 예정하고, 「의료법」은 무자격 안마사로 하여금 안마사 영업을 하게 한 경우에 대하여 동법 제87조의2 제2항에서 형사처벌만을 예정하고 있다. (Ⅱ.개별기준 1. 숙박업, 사.).

사기관에 제재결과를 통보하도록 하는 반면, 우리 법령은 수사기관이 형사처벌 여부를 행정기관에게 통보한 이후에 행정기관이 제재처분을 하는 것으로 그 순서가 반대로 구성되어 있다.[27] 수사기관이 제재권자인 행정기관에 의견을 통보하여 행정기관이 제재처분을 하는 경우, 검사의 불기소처분 또는 무죄 판결이 선고된 경우에도 제재처분이 취소되도록 하는 규정이 없어 법원 및 수사기관의 판단과 통일적인 규율이 어렵다. 이 사건 조문은 형사범죄의 성립요건을 이유로 하여, 공중위생의 목적을 침해한 형사범죄에 대하여 제재를 추가하여 부과하는 형태를 취하고 있다. 그러므로 형사범죄 성립 여부에 완전히 기속되는 것은 아니어도 통일적인 규율을 위한 법리 구성이 요구된다.

2. 현실적인 행위자의 위반행위에 따른 제재처분이 법령상 책임자에게 부과되는 범위

(1) 제재처분의 책임 귀속에 관한 법리

본 사안은 현실적인 법령 위반행위자에 대한 형사처벌이 성립하지 아니한다는 수사기관의 판단에도 불구하고 사실상 발생 결과에 대한 책임을 사용자에게 부과하고 있다는 데 문제가 제기된다.[28] 법원은 행정법규 위반에 대한 제재처분은 행정목적의 달성을 위하여 행정법규 위반이라는 객관적 사실에 착안하여 가하는 제재이므로 행정법규에 주관적 요소를 특별히 명시하고 있는 사안이 아닌 경우, 반드시 현실적인 행위자가 아니라도 법령상 책임자로 규정된 자에게 부과할 수 있다는 법리를 적용한다.[29] 제재처분에 대한 법인의 책임귀속 문제에 관하여도 제재처분의 대상자인 법인에 대하여 죄형법정주의와 책임 없는 자에게 형벌을 부과할 수 없다는 책임주의가 그대로 적용되어 양벌규정을 두어야 하지만, 제재적 행정처분에는 위와 같은 책임주의 원리가 그대로 적용된다고 볼 수 없고, 따라서 종업원의 행정법규 위반을 이유로 법인에게 영업정지를 부과하는 처분은 정당하다고 판단한다.[30] 다만 법령상 책임자의 의무 위반을 탓할 수 없는 정당한 사유가 있는 경우에는 제재

---

27) 「대부업 등의 등록 및 금융이용자 보호에 관한 법률」 제13조는 제1항 제1호에서 「채권의 공정한 추심에 관한 법률」 제5조 제1항, 제7조부터 제9조까지, 제10조 제1항 및 제11조 제13조 까지를 위반한 경우로 특정하여 규정한다. 행정이 범죄혐의가 있다고 인정될 만한 상당한 이유가 있을 때 관할 수사기관에 내용을 고발하거나 통보하도록 하는 법규정은 있지만(「개인정보보호법」 제65조, 「부정청탁 및 금품 등 수수의 금지에 관한 법률」 제9조 제3항), 해당 규정은 행정법령의 위반 소지에 대하여 관할 수사기관이 판단하도록 하는 것이다.

28) 임호영, "행정법규위반에 대한 행정제재의 법리", 법률신문, 2020. 7. 23.자 참조.

29) 대법원 2014. 10. 15. 선고 2013두5005 판결, 대법원 2014. 12. 24. 선고 2010두6700 판결 등 참조.

처분을 할 수 없다며 법령상 책임자의 면책사유를 인정하고 있다.[31] 하지만 최근 법원은 의무의 위반을 탓할 수 없는 정당한 사유의 판단은 법령상 책임자 본인만의 과실이 아니라 가족, 대리인, 피용인 등 본인에게 객관적으로 책임을 귀속시킬 수 있는 관계자 전부를 기준으로 판단하여야 한다고 판시하며, 대부업회사 종업원의 우발적 욕설행위에 대한 대부업회사의 면책사유를 인정하지 않았다.[32]

(2) 법령상 책임자에 대한 절차적 보장 필요성

이 사건 제재처분의 근거 규정은 「청소년 보호법」을 위반하여 관계 행정기관의 장으로부터 피고에게 그 위반사실이 통보된 경우, 피고가 법령상 책임자인 원고에게 제재처분을 부과할 권한이 발생한다고 규정한다.[33] 한편 해당 근거 규정으로 개정되기 이전의 공중위생법은 풍기문란의 우려가 있는 미성년 남녀의 혼숙을 하게 하거나 이를 하도록 내버려 두어서는 아니된다는 금지규정을 두고, 법령상 책임자를 위생접객업자로 정의하고 있었다.[34] 그리고 위생접객업자가 금지규정을 위반한 경우 특별사법경찰관리가 관할구역 안에서 발생하는 공중위생법에 규정된 범죄를 수사할 권한을 갖고 행정형벌 및 제재처분을 부과하도록 했다.[35] 그 결과 특별사법경찰관리는 공중위생 단속 사무에 종사하는 공무원으로서 수사절차를 담당하고 제재처분을 하였기에 수사결과에 따른 최종 행정형벌 및 제재처분 부과에 모순이 발생하지 않을 수 있었다.[36] 그러나 현재 공중위생관리법은 특별사법경찰관리의 금지규정위반에 대한 수사권한 규정을 삭제하고, 제재처분의 권한을 시장·군수·구청장으로 이전하였고, 제재처분의 근거를 "관계 행정기관의 장으로부터 그 사실을 통보받은 경우"라고 규정하였기에 공중위생관리법에서 준용하는 법 위반여부에 대한 수사 권한을 갖는 기관과 제재처분을 담당하는 기관이 분리되었고 각 기관의 법적 판단이 다른 경우가 발생하였다.[37]

---

30) 법인에 대한 제재처분은 대법원 2012. 5. 10. 선고 2012두1297 판결 취지에 따른 것으로 평가된다. 고은설, "직원의 행정법규 위반을 이유로 대부업자에게 내려진 영업정지처분의 적부", 『대법원판례해설』 제111호, 2017, 365-389면 참조.

31) 대법원 1976. 9. 14. 선고 75누255 판결, 대법원 2003. 9. 2. 선고 2002두5177 판결 등 참조.

32) 대법원 2020. 5. 14. 선고 2019두63515 판결 참조.

33) 각주 4 참조

34) 구 「공중위생법」(법률 제5839호, 1999. 2. 8. 타법폐지되기 전의 것) 제12조 제2항.

35) 사법경찰관리의 직무를 수행할 자와 그 직무범위에 관한 법률(법률 제5921호) 제5조 제23호, 제6조 제18호.

36) 임호영, "공중위생관리법상의 행정제재처분에 대한 고찰 ― 양벌규정이 적용되는 사례를 중심으로", 『성균관법학』 제34권, 2022, 147면 참조.

프랑스 헌법재판소는 종업원의 행정법령 위반행위로 인한 영업소 폐쇄의 부가형 부과에 대하여 이는 사용자 및 채권자, 법인 관련 제3자의 소유권 및 영업자의 기업의 자유를 침해하는 것이라는 위헌 제청 사건에서 합헌판단을 하면서도, 제재 절차에 실제 위반행위자 이외의 권리자가 참여할 권리를 법정함으로써, 참여하여 제재를 면제받을 수 있는 가능성이 있어야만 합헌이라고 판시하고 있다.[38] 즉, 영업소 폐쇄조치는 프랑스「인권선언」제8조가 규정하는 '처벌'에 해당하므로 소유권 및 기업의 자유권을 침해하여서는 안 되며, 입법자가 예정한 조건 하에서만 권한의 제한이 가능한데, 영업소 폐쇄조치의 사유가 면허 명의자 및 영업장의 소유자의 위반행위로 인한 것이 아니고, 이들이 기소되지도 아니하는 경우, 검사가 면허 명의인 또는 업소 소유자를 영업소 폐쇄조치 부과절차에 참여시켜 의견을 듣고, 검사는 부가형 부과의 필요성이 있는 경우에만 법원에 부과를 신청하고, 법원이 최종적으로 또는 사후적으로 부가형을 부과하도록 하여야만 헌법에 위반되지 아니한다고 하였다.[39]

그러므로 현실적인 위반행위자가 아닌 법인 및 사용자에 책임을 귀속시킬 때에는 사용자에 대한 행정절차가 강화될 필요성이 있다. 이 사안은 특히 제재부과청인 피고에 대하여 용인동부경찰서가 기소 의견 통보 이후 6일 만에 불기소 처분이 이루어진 사안이므로, 제재 대상자인 원고에 대하여 의견제출 및 청문절차를 정식으로 수행하여 행정에 관련 기록을 요청하고 의견을 제출할 기회를 받았다면 처분이 이루어지지 않을 수도 있었을 것이다. 그러므로 위반행위를 현실적으로 한 주체와 제재 대상이 다른 경우에는 제재 대상에 대한 엄격한 절차적 보장이 이루어져야 할 것이며, 이러한 행정절차의 보장으로 불합리한 결과를 예방할 수 있다.[40]

---

37) 앞의 글, 148-149면 참조.

38) CC, 1 juin 2018, n° 2018-710 참조.

39) Commentaire, Décision n° 2018-710 QPC du 1 juin 2018, Association Al Badr et autre, p.14; Commentaitre, Décision n° 2015-493 QPC du 16 octobre 2015, M.Abdullah N., pp. 16-19.

40) 행정소송과 행정절차는 서로 분리하여 고찰될 수 없다. 왜냐하면 양자는 기능적으로 관련된 상호관련적 절차로서, 입법자가 대부분 먼저 단지 추상적으로 그리고 그 대강의 형태로만 행정법을 정립하면 이를 구체화하고 내용적으로 완성하는 것은 위 양 절차가 담당하기 때문이다. 朴正勳, 『행정소송의 구조와 기능』, 2006, 558면.

3. 제재부과 요건이 형사범죄 구성요건과 동일하게 규정되어 있는 경우

(1) 프랑스 판례 법리

제재처분의 요건을 형사범죄의 구성요건으로 하고 있는 사례에서 양 기관 사이의 권한 해석의 문제를 해결하는 데에는 프랑스의 입법례가 참고가 될 수 있다. 프랑스는 형벌의 구성요건을 그대로 준용하여 제재처분의 요건으로 구성한 입법형태를 두 가지로 나누어 규율한다. 형사범죄 구성요건을 제재요건으로 하는 행정제재로서, 위반행위의 심각성에 비추어 일반적인 행정제재보다 정도를 가중하여 부과하는 제재인 가중적 행정제재 형식과 형사범죄 구성요건에 해당하나 형벌이 확정되기 전에 임시적인 조치로서 취해지는 임시적 행정제재의 형식을 구별하여 입법한다. 전자의 예로 프랑스 「공중위생법전」 L.3332-15조 제3호는 제재처분의 사유를 형사범죄의 구성요건을 이유로 하는 경우 일반적인 제재사유 와는 달리 영업허가의 취소까지 부과할 수 있다고 규정하고,[41] 「관광법전」 L.211-23조에 형사법원에서 유죄판결이 확정되기 전에 행정기관은 6개월 이내의 임시적인 영업소 폐쇄 권한을 갖지만 우리나라에서 검찰의 불기소결정의 효력과 같은 프랑스 예심판사의 불처벌 결정이 있거나 이전에 검사가 범죄사실 성부에 대한 기각 결정을 한다면 자동으로 제재처 분은 취소된다고 규율한다.[42]

이처럼 임시적 행정제재의 경우 형사상 권한기구의 판단에 따라 제재처분의 효력을 결 정하는 규정을 두어 수사단계에서 불기소처분이 될 경우 제재처분의 효력도 상실시켜 결 과적 통일성을 도모한다. 한편 가중적 행정제재의 경우 형사상 권한기구의 법적 판단에 행 정이 구속되도록 하는 법리가 확립되어 있다. 프랑스법상 행정제재 요건을 개별 행정법령 에서 규정하는 경우 행정법령의 위반 여부는 독자적으로 행정재판소에서 판단하는 것이 원칙이다.[43] 하지만 예외적으로 행정제재의 성립요건 자체가 형사법상 범죄의 구성요건과 동일하게 규정되어 있는 경우, 행정재판소는 형사재판소의 범죄 성립 여부에 대한 사실확 인 뿐만 아니라 사실관계를 포섭하여 재판관이 내린 행위의 위법성에 대한 법적 판단에도 구속된다. 만일 형사재판소가 사실관계가 형사법상 위반행위를 구성한다는 것을 인정하여 유죄판결을 하였다면 행정재판소는 제재결정에 대한 취소소송에서 기각판결을 하여야 하 고, 반대로 사실관계가 형사법상 위반행위를 구성하지 않는다고 판단하여 무죄판결을 했다 면 행정재판소는 제재결정에 대한 취소소송에서 인용판결을 한다.[44]

---

41) 프랑스 「공중위생법전」 제 L.3332-15조(2019년 12월 12일자 법률 제2019-1416호로 개정된 것).
42) 프랑스 「관광법전」 L.211-23조(2009년 7월 22자 법률 제2009-888호로 개정된 것).
43) George Dellis, *Droit pénal et droit administratif*, LGDJ, 1997, p. 62 참조.

(2) 사안의 경우

이 사안과 같이 형사처벌의 구성요건을 그대로 준용하여 행정제재의 부과요건으로 구성한 입법형태는 동일한 위반행위를 근거로 형사법과 행정법상 처벌 대상이 되는 경우이므로 시민은 이중처벌의 위험에 노출된다. 각 법령상 보호하는 법익이 다른 경우 형사처벌과 제재를 병과하는 것이 가능한 경우도 있지만, 법령의 해석상 형사범죄의 구성요건을 그대로 차용하여 행정제재 요건을 규정한 경우 형사법상 법 위반여부에 대한 권한 기구의 판단과 행정제재 성립 여부에 대한 권한 기구의 판단이 모순될 경우 제재의 정당성에 의문이 제기될 수밖에 없으며 이는 국가의 행정권한 행사에 관한 정당성 문제를 야기한다. 따라서 제재처분의 요건으로 형사처벌의 요건을 준용하는 경우 그에 대한 해석 권한 기관의 구속력 범위에 대한 법리를 정립할 필요성이 있다.

프랑스의 행정행위의 형사법원에 대한 구속 법리를 적용하면, 형사재판에서 청소년보호법위반 혐의에 대한 무죄 판결이 확정된 경우 사실인정과 법적 평가, 즉 제재요건이 성립되지 않는다는 점에 대하여 행정소송에 기판력이 인정되어야 할 것이다. 다만 이 사안은 형사재판에서 법 위반여부에 대한 판결에 나아간 것까지는 아닌 사안이다. 하지만 검사의 불기소처분에 대하여 재정신청이 인용되어 형사재판에서 판결이 확정되는 경우 판결의 기판력으로 인해 제재할 수 없다고 보는 것이 타당하다. 더욱이 이 사건 제재처분의 성격이 프랑스 법상 임시적 제재처분 또는 가중적 제재처분에 해당하는지 명확하지 않지만, 두 경우 모두 제재요건인 청소년 보호법 위반 여부에 대하여 검사의 불기소처분이 있었음에도 불구하고 경찰서장의 기소의견 송치 통보만으로 즉시 제재가 가능하다고 보기는 어렵다. 청소년보호법위반 사실에 대한 위반 여부에 대하여 적어도 최종적인 결정으로 볼 수 있는 단계에서 제재를 부과해야 한다. 이 사안과 같이 제재처분 요건을 행정형벌의 구성요건을 준용하도록 규정한 경우에는 적어도 행정형벌의 성립 여부를 확인한 이후에 제재처분을 부과하는 것을 원칙으로 하고, 수사기관의 불기소처분 또는 형사재판에서 무죄판결이 내려지는 경우에는 제재처분을 직권취소하도록 하여야 한다.

---

44) Camille Broyelle, *Contentieux administratif*, 11e éd, LGDJ, 2022-2023, p. 374, 각주 254 참조.

Ⅳ. 요약과 결론

법학의 임무는 법을 해석하고, 법을 평가·비판하며, 법을 만드는 것이다.45) 우리 「공중위생법전」의 규정은 프랑스법상 경찰조치와 행정제재, 형사범죄의 구성요건을 준용하는 임시적 조치, 부가형 등을 모두 하나의 제재처분으로 포섭한다. 그 결과 행정법규 위반이라는 객관적 요건만으로도 직접행위자의 위반행위 성립 여부 및 근거법규의 위반행위 판단권한을 가지는 기관의 판단에도 구속되지 아니한다는 법리를 모든 유형의 제재처분에 적용하고 있다. 하지만 개별 유형에 따라 절차적·실체법적 적용을 달리해야 하며, 모든 유형을 나누어 입법하는 것이 어렵다고 하더라도 입법 구조 및 내용을 해석함에 있어 임시적 제재처분이라면 추후 형사법원 및 수사기관의 종국적인 판단결과에 따라 행정의 결정을 취소하고, 법원이 부가형으로 제재를 부과하는 방향으로 행정 목적을 실현할 수 있다. 가중적 제재처분인 경우에는 절차상 형사판단 기관의 최종적 결정을 기다렸다가 판단하도록 하고, 만약 기다리지 않고 바로 판단한다고 하더라도 추후 형사재판에서 무죄판결이 확정되면 무죄판결에 따라 제재를 직권 취소하는 방향으로 입법과 판례가 발전하기를 기대한다.

생각할 문제

1. 종업원의 행정법령 위반행위에 대하여 법령상 책임자인 사용자 또는 법인에게 책임을 귀속시키는 근거는 무엇이며, 면책을 인정할 수 있는 범위는 어떠한가.

2. 형사처벌의 구성요건이 되는 규정과 제재처분의 부과 근거가 되는 규정이 동일한 입법형식에 대하여 수시기관 및 형사재판소의 판단이 행정청 및 행정재판소를 구속하는가, 구속한다면 그 범위는 어떻게 설정되어야 할 것인가.

---

45) 朴正勳, "행정기본법과 행정법학의 과제 : 인식·운용·혁신", 행정법이론실무학회 학술대회 기조발제문 (未公刊), 2021 참조.

대법원 2019. 2. 21. 선고 2014두12697 전원합의체 판결
[제재처분에서 구체적 타당성을 기하는 방안]

정 은 영*

[사실관계]

원고는 2005년부터 2010년까지 사이에 충북 소재 12필지 농지에 관하여 피고군수에게 쌀소득등보전직접지불금(이하 '직불금'이라 한다) 지급대상자로 등록하고, 매년 피고로부터 각 해당 농지에 대하여 직불금을 지급받았다. 피고는, 등록된 토지 중 일부 필지가 농지의 형상과 기능을 갖추지 못하고 있거나, 현재 구조물이 설치되어 있고, 일부 면적이 마을 도로로 이용되고 있는 등 벼를 재배한 적이 없어 직불금의 지급요건을 갖추지 못하고 있음에도, 거짓이나 그 밖의 부정한 방법으로 직불금 지급대상자로 등록하거나 직불금을 받은 것으로 보아 구 「쌀소득 등의 보전에 관한 법률」(2013. 3. 23. 법률 제11690호로 개정되기 전의 것, 이하 '구 쌀소득보전법'이라 한다) 제13조,[1] 제13조의2[2])에 따라 2011. 6. 27. 원고에 대하

---

* 수원지방법원 수원가정법원 성남지원 부장판사

[1] 「쌀소득 등의 보전에 관한 법률」 제13조(쌀소득등보전직접지불금의 감액지급 또는 등록제한) ① 농림수산식품부장관은 쌀소득등보전직불금 등록자 또는 수령자가 제1호 또는 제2호에 해당하면 등록된 모든 농지의 고정직접지불금 및 변동직접지불금 전부를 지급하지 아니하고, 제3호 또는 제4호에 해당하면 해당 농지의 고정직접지불금 또는 변동직접지불금 전부 또는 일부를 지급하지 아니한다.
　1. 거짓이나 그 밖의 부정한 방법으로 등록 또는 수령을 한 경우
　2. 제6조 제3항 제1호 또는 제2호에 따른 지급대상자 요건을 갖추지 못한 경우
　3. 제6조 제3항 제3호 또는 제4호에 따른 지급대상자 요건을 갖추지 못한 경우
　4. 제9조 제1항 또는 제11조 제1항에 따른 지급기준을 갖추지 못한 경우
　② 농림수산식품부장관은 제1항 제1호에 해당하여 고정직접지불금 및 변동직접지불금의 전부를 지급하지 아니하게 된 자에 대하여는 5년 이내의 범위에서 제7조에 따른 쌀소득등보전직접지불금 지급대상자의 등록을 제한할 수 있다.
　③ 제1항에 따른 고정직접지불금과 변동직접지불금의 지급제한기준 및 제2항에 따른 등록제한의 세부적인 기준은 그 위반행위의 유형과 위반 정도 등을 고려하여 농림수산식품부령으로 정한다.
[2] 「쌀소득 등의 보전에 관한 법률」 제13조의2(부당이득금 및 가산금) ① 농림수산식품부장관은 제13조 제1항 각 호에 해당하는 사유에도 불구하고 쌀소득등보전직접지불금을 이미 지급한 경우에는 이를 돌려받아야 한다. 이 경우 제13조 제1항 제1호에 해당하는 경우에는 지급한 금액의 2배를 추가로 징수하여야 한다.

여 2005년부터 2010년까지 받은 직불금 전부를 환수하고, 2009년 받은 직불금 2,828,440 원의 2배를 부과하며(이하 '이 사건 추가징수처분'이라 한다) 5년간 직불금 지급대상자의 등록을 제한하는 처분(이하 위 환수처분, 추가징수처분, 등록제한처분을 함께 이를 때에 '이 사건 각 처분'이라 한다)을 하였다.

[사건의 경과]

원고가 제기한 이 사건 각 처분에 대한 취소청구의 소에 대하여 제1심법원[3]은 "거짓이나 그 밖의 부정한 방법으로 직불금 지급대상자로 등록되거나 직불금을 받은 자는 부정하게 받은 직불금은 물론 등록된 모든 농지에 관하여 받은 직불금 전부를 반환하여야 하고, 이에 더하여 받은 금액의 2배의 추가징수금을 반환하여야 하는데, 아래에서 보는 바와 같은 이유로 여기서 추가징수금 산정의 기준이 되는 지급액은 등록된 모든 농지에 지급된 직불금 전부가 아닌 부정하게 받은 직불금으로 한정하여 해석함이 상당하다. 즉, 구 쌀소득보전법 제13조 제1항 제1호 소정의 부정행위는 직불금 지급대상자의 자격과 같이 등록된 농지 전부에 관련된 것일 수도 있고, 특정한 농지에 국한되는 것일 수도 있는데, 부정행위가 특정한 농지에 국한되는 경우에 있어서 그와 아무런 관련이 없는 농지에 대하여 지급된 직불금 일체를 반환하도록 하는 것은 이미 직불금의 부정수급에 대한 제재적 의미가 있음에도 그러한 제재금액을 기초로 다시 2배의 추가징수금을 산정하여 부과하는 것은 추가징수제도의 도입 경위를 고려하더라도 당위성을 인정하기 어려운 과도한 제재라고 보이므로, 위 법 제13조의2 제1항에 따른 추가징수금 산정의 기준은 부정수급액으로 해석하는 것이 타당하고, 이러한 해석이 문언적 범위를 넘어서는 것이라고 보이지 않는다."는 이유로 이 사건 추가징수처분 중 거짓이나 그 밖의 부정한 방법으로 지급받은 2009년 직불금 1,525,410원의 2배를 초과하는 부분을 취소하고, 나머지 청구를 기각하는 판결을 선고하였다. 이 판결에 대하여 쌍방이 항소하였다.

이에 불복하는 원고와 피고의 항소에 대해서 원심법원[4]은 제1심 판결의 이유에 " ① 위법 제13조의2 제1항 제1문에 따라 반환대상이 되는 직불금의 범위는 제13조 제1항의 내용에 비추어 볼 때 등록된 모든 농지의 직불금 전부임이 분명하지만, 제13조의2 제1항 제2문에 의해 추가징수 대상이 되는 직불금의 범위는 위 규정의 문언으로부터 명확하게 특정

---

3) 청주지방법원 2013. 10. 17. 선고 2011구합1943 판결.
4) 대전고등법원(청주) 2014. 8. 20. 선고 2013누605 판결.

된다고 보기는 어려운 점, ② 추가징수 대상인 직불금의 범위에 부정하게 수령한 것이 아닌 직불금도 포함된다고 보는 경우, 부정하게 수령한 직불금의 다과가 제제의 정도에 있어서 고려되지 않게 되고, 오히려 전체 직불금 중 부정수령한 직불금의 비중이 적을수록 제재의 효과는 사실상 커지게 되며, 부정수령한 직불금의 비중이 극히 적은 경우에는 상황에 따라 가혹한 결과가 초래될 수도 있는 점, ③ 이와 같은 측면은 만일 제13조 제1항 제1호의 "부정한 방법"의 의미를 완화하여 해석하는 경우에는 더욱 가중될 수 있는 점, ④ 제13조의2 제1항 제2문의 추가징수는 같은 항 제1문의 직불금 반환에 더한 추가적인 제재에 해당하는 점 및 ⑤ 2009. 3. 25. 법률 제9531호 법 개정을 전후한 제13조 제1항 및 제13조의2 제1항의 규정내용의 변화 등에 비추어 볼 때, 법 제13조의2 제1항 제2문에 따른 추가징수 대상인 직불금의 범위를 부정수령한 직불금으로 해석한 제1심의 판단은 정당하다"는 판시를 더하여 쌍방의 항소를 모두 기각하였다. 이 판결에 대하여 피고만이 상고하였다.

[대상판결]

대법원은 피고의 상고를 기각하였는데, 다수의견 및 반대의견의 요지는 다음과 같다.

> 다수의견: 구 쌀소득보전법 제13조의2 제1항 후문에 따른 2배의 추가징수 기준인 '지급한 금액'은 '거짓이나 그 밖의 부정한 방법으로 수령한 직불금'에 한정된다고 새겨야 한다.
> 반대의견: 구 쌀소득보전법 제13조의2 제1항 후문의 '지급한 금액' 앞에 아무런 수식어가 없으므로 이를 부정수령액으로 제한해서 해석할 근거가 없다.

[판결의 평석]

Ⅰ. 사안의 쟁점

제재적 처분이 위법하다고 판단되는 경우는 크게 두 가지로 구분된다. 첫째 처분이 법령 자체를 위반한 경우, 둘째 법령을 준수한 처분으로 인해 침해되는 사익이 달성하고자 하는 공익보다 과도한 경우. 법원은 법령의 문언이 해석의 여지를 열어 놓을 정도로 불명확한 경우 근거 법령 및 관계 법령의 체계, 입법 취지와 목적 등을 고려하여 법적 안정성을 저해하지 않는 범위 내에서 구체적 타당성을 찾기 위해 법을 해석할 것이 요구되는데,5) 주로 처분의 근거가 되는 법령의 해석상 처분사유에 해당한다고 본 행정청의 판단과 법원의 해석이 다를 때 위 첫 번째 사유로 처분이 위법하게 될 수 있다.

대상 판결의 다수의견은 이 사건 추가징수 처분의 근거 법률 문언에 대한 축소해석을 통해 원고가 지급받은 직불금 전체의 2배를 징수당하는 가혹한 결과를 방지하고자 하였다. 본고에서는 대상 판결의 다수의견과 반대의견의 논거를 분석하고, 과도한 제재처분으로부터 수범자를 구제하는 구체적 타당성 도모 방안과 그 한계에 대해서 검토한다.

Ⅱ. 판례의 이해

1. 다수의견의 논거

구 쌀소득보전법 제13조의2 제1항 후문(이하 '이 사건 조항'이라 한다)에 따른 2배의 추가징수 기준인 '지급한 금액'이 해당 농업인 등이 등록된 모든 농지에 관하여 수령한 직불금 전액인지 아니면 거짓이나 그 밖의 부정한 방법으로 수령한 직불금액으로 한정되는 것인지가 위 조항의 문언만으로는 명확하지 않다. 거짓·부정을 이유로 하는 직불금 추가징수는 침익적 행정처분이고, 침익적 행정처분의 근거가 되는 행정법규는 엄격하게 해석·적용하여야 하며, 그 의미가 불명확한 경우 행정처분의 상대방에게 불리한 방향으로 해석·적용하여서는 아니 된다. 따라서 위와 같이 이 사건 조항에서 말하는 '지급한 금액'의 의미가 명확하지 않은 이상, 이것이 '지급한 직불금 전액'을 의미한다고 함부로 단정할 수 없다.

추가징수제도를 도입할 당시의 입법 의도에 등록된 복수의 농지 중 일부 농지에 관하여

---

5) 법해석의 목표는 어디까지나 법적 안정성을 저해하지 않는 범위 내에서 구체적 타당성을 찾는 데 두어야 한다. 그리고 법률의 해석에 있어서는, 가능한 한 법률에 사용된 문언의 통상적인 의미에 충실하게 해석하는 것을 원칙으로 하고, 나아가 법률의 입법 취지와 목적, 그 제·개정 연혁, 법질서 전체와의 조화, 다른 법령과의 관계 등을 고려하는 체계적·논리적 해석방법을 추가적으로 동원함으로써, 앞서 본 법해석의 요청에 부응하는 타당한 해석이 되도록 하여야 한다(대법원 2013. 1. 17. 선고 2011다83431 전원합의체 판결 등). 한편, 법률의 문언 자체가 비교적 명확한 개념으로 구성되어 있다면 원칙적으로 더 이상 다른 해석방법은 활용할 필요가 없거나 제한될 수밖에 없고, 어떠한 법률의 규정에서 사용된 용어에 관하여 그 법률 및 규정의 입법 취지와 목적을 중시하여 문언의 통상적 의미와 다르게 해석하려 하더라도 당해 법률 내의 다른 규정들 및 다른 법률과의 체계적 관련성 내지 전체 법체계와의 조화를 무시할 수 없으므로, 거기에는 일정한 한계가 있을 수밖에 없다(대법원 2009. 4. 23. 선고 2006다 81035 판결 등).

만 거짓·부정이 있는 경우에도 전체 농지에 관하여 지급한 직불금 전액의 2배를 추가징수 하겠다는 취지가 포함되었다고 볼 만한 근거는 찾기 어렵다. 따라서 추가징수제도가 도입 된 경위나 도입 취지를 고려하더라도 위 조항에 따른 2배의 추가징수 기준인 '지급한 금액' 이 지급한 직불금 전액으로 당연히 해석되는 것은 아니다.

등록된 농지 중 일부 농지에 관하여 거짓·부정이 있는 경우에도 등록된 모든 농지에 관한 직불금 전액의 2배를 추가징수하여야 한다고 해석하게 되면, 그 자체로 지나치게 가혹할 뿐 아니라 제재를 함에 있어 위반행위의 경중이 전혀 고려되지 않게 되므로, 비례의 원칙이나 책임의 원칙에 부합하지 않게 된다. 이러한 결론은 추가징수제도 도입 취지나 이에 의하여 달성되는 공익을 고려하더라도 정당화되기 어렵다.

2. 반대의견의 논거

이 사건 조항의 '지급한 금액' 앞에 별다른 수식어가 없는데도, 다수의견과 같이 같은 항 안에서 전문에 따른 회수액은 직불금 전액으로, 후문에 따른 추가징수 기준액은 부정수령 액으로 서로 다르게 해석하는 것은 자연스럽지 못하다. 2009. 3. 25. 법률 제9531호로 개정된 구 쌀소득보전법의 개정이유에 비추어 보더라도 위 조항에 따른 2배의 추가징수 기준인 '지급한 금액'을 부정수령액으로 한정하는 등 제한을 두려고 한 것으로는 보이지 않는다. 위 조항의 '지급한 금액'을 부정수령액으로 해석해야만 비례원칙에 어긋나지 않고, 직불금 전액으로 해석하면 비례원칙 위반이 된다고 보기도 어렵다.

Ⅲ. 법리의 검토

1. 비판적 검토

법률해석은 일차적으로 문언의 통상적 의미에 충실하게 해석하는 문리해석을 원칙으로 하고, 이에 더하여 당해 법률의 다른 법규정이나 전체 법질서와의 체계적 연관 하에서 파악하는 체계적 해석, 입법자의 의사를 기준으로 하는 역사적 해석, 객관적으로 인정되는 합리적인 목적 내지 입법 취지에 따른 목적론적 해석을 함께 활용한다.[6] 이하에서는 이

---

6) 각 해석 방법론 사이에 절대적인 순서가 있는 것은 아니고, 상황에 따라 문언 해석이 양보하여야 하는 경우도 있다. 김용담(편), 『주석 민법[총칙 1]』, 제5판, 2019, 57-73면.

사건 추가징수처분의 근거가 되는 법률 문언을 당해 법률 및 관련 법체계들과의 관계 하에서 먼저 해석해 보고, 이어 법개정 연혁과 입법의 취지 및 목적에 따라 문언의 의미를 보완해 본다.

(1) 문언과 법률의 체계

보조금이나 사회복지급여 등을 지급하는 급부행정 영역에서 수범자가 거짓 또는 그 밖의 방법으로 이를 지급받은 경우에 행정청이 취하는 조치의 종류로는 우선 그 돈 자체를 환수하는 처분을 들 수 있다. 또한 받은 돈에 일정 금액을 가산하여 추가징수하는 처분 규정을 두기도 한다. 이 때 환수하는 기지급 돈의 범위, 추가징수 금액을 산정하는 기초가 되는 기지급 돈의 범위를 '부정하게 지급받은 돈'으로 한정하는 경우와 '지급받은 돈 전부'로 정하는 경우로 구분된다. 그리고 환수처분 또는 추가징수처분을 재량행위로 정하는 경우와 기속행위로 정하는 경우로 나누어진다.

즉 법률규정의 경우의 수는, ① 부정하게 지급받은 돈으로 한정하고 환수 또는 추가징수를 재량행위로 규율하는 경우,7) ② 부정하게 지급받은 돈으로 한정하고 환수는 기속행위, 추가징수는 재량행위로 규율하는 경우,8) ③ 부정하게 지급받은 돈으로 한정하고 환수

---

7) 「근로자직업능력개발법」제56조(부정수급액 등의 반환 및 추가징수) ① 국가 또는 지방자치단체는 제16조제2항에 따라 위탁계약이 해지된 자 또는 제55조제1항에 따라 수강이나 지원·융자의 제한을 받은 근로자가 다음 각 호의 어느 하나에 해당하는 경우에는 <u>해당 금액에 대하여 반환을 명할 수 있다.</u>
   1. 거짓이나 그 밖의 부정한 방법으로 지원 또는 융자를 받은 경우
   ② 고용노동부장관은 제19조 제2항이나 제24조 제2항에 따라 인정이 취소된 자 또는 제55조제2항에 따라 수강 또는 지원·융자가 제한되는 근로자나 사업주, 사업주단체 등, 산업부문별 인적자원개발협의체 또는 직업능력개발단체가 다음 각 호의 어느 하나에 해당하는 경우에는 <u>해당 금액에 대하여 반환을 명할 수 있다.</u>
   1. 거짓이나 그 밖의 부정한 방법으로 지원 또는 융자를 받은 경우
   ③ 국가·지방자치단체 또는 고용노동부장관은 제1항 및 제2항에 따라 반환을 명하는 경우에는 거짓이나 그 밖의 부정한 방법으로 지원 또는 융자를 받은 금액에 대하여 고용노동부령으로 정하는 기준에 따라 <u>다음 각 호의 금액을 추가로 징수할 수 있다.</u>
   1. 제16조 제2항에 따라 위탁계약이 해지된 자 또는 제19조 제2항이나 제24조 제2항에 따라 인정이 취소된 자: 다음 각 목의 구분에 따른 금액
      가. <u>부정수급액</u>이 대통령령으로 정하는 금액 미만인 경우: 그 금액의 5배 이하의 금액
      나. <u>부정수급액</u>이 대통령령으로 정하는 금액 이상인 경우: 그 금액 이하의 금액
8) 「고용보험법」제35조(부정행위에 따른 지원의 제한 등) ① 고용노동부장관은 거짓이나 그 밖의 부정한 방법으로 이 장의 규정에 따른 고용안정·직업능력개발 사업의 지원을 받은 자 또는 받으려는 자에게는 해당 지원금 중 지급되지 아니한 금액 또는 지급받으려는 지원금을 지급하지 아니하고, 1년의 범위에서 대통령령으로 정하는 바에 따라 지원금의 지급을 제한하며, 거짓이나 그 밖의 부정한 방법으로 지원받은 금액을 반환하도록 명하여야 한다.

또는 추가징수를 기속행위로 규율하는 경우, ④ 지급받은 돈 전부를 대상으로 하고, 환수 또는 추가징수를 재량행위로 규율하는 경우,[9] ⑤ 지급받은 돈 전부를 대상으로 하고, 환수는 기속행위, 추가징수는 재량행위로 규율하는 경우,[10] ⑥ 지급받은 돈 전부를 대상으로 하고, 환수 또는 추가징수를 기속행위로 규율하는 경우 등으로 나눌 수 있다. 수범자에게 미치는 불이익의 정도는 ①에서부터 ⑥로 갈수록 커지는데, 대상 판결에서 행정청은 처분의 근거 법률이 ⑥에 해당함을 전제로 지급받은 돈 전부를 환수하고, 2배 추가징수의 근거가 되는 금액 역시 지급받은 돈 전부로 보고 처분하였다.

위 사안들 중에는 법문 그 자체에서 '해당 금액', '부정수급액', '거짓이나 그 밖의 부정한 방법으로 지원받은 금액' 등으로 환수의 범위나 추가징수의 근거가 되는 금액을 명확히 정하고 있는 경우가 있는 반면, 대상 판결에서와 같이 '지급한 금액' 앞에 직접 수식하는 말이 없는 경우도 있다. 예를 들어 여객운수사업법 제51조(보조금의 사용 등) 제2항 전단에서는 '국토교통부 장관 등은 여객자동차 운수사업자가 거짓이나 부정한 방법으로 제50조에 따른 보조금 또는 융자금을 받은 경우 여객자동차 운수사업자에게 보조금 또는 융자금을 반환할 것을 명하여야 하며'라고 정하여 반환하여야 할 보조금 등을 직접 제한하는 문구는 없다. 이 부분에 대하여 대법원은 '정상적으로 지급받은 보조금까지 반환을 명할 수 있는 것으로 그 문언의 범위를 넘어서는 것'이라고 함으로써 위 법률이 정한 반환의 범위를 부정수령액으로 한정 해석한 바 있다.[11]

---

② 고용노동부장관은 제1항에 따라 반환을 명하는 경우에는 이에 추가하여 고용노동부령으로 정하는 기준에 따라 그 거짓이나 그 밖의 부정한 방법으로 지급받은 금액의 5배 이하의 금액을 징수할 수 있다. 임금채권보장법 제14조(부당이득의 환수) ② 고용노동부장관은 제7조 및 제7조의2 제1항에 따라 체당금 또는 융자금을 이미 받은 자가 다음 각 호의 어느 하나에 해당하는 경우 대통령령으로 정하는 방법에 따라 그 체당금 또는 융자금의 전부 또는 일부를 환수하여야 한다.
1. 거짓이나 그 밖의 부정한 방법으로 체당금 또는 융자금을 받은 경우
2. 그 밖에 잘못 지급된 체당금 또는 융자금이 있는 경우
③ 제2항에 따라 체당금을 환수하는 경우 고용노동부령으로 정하는 기준에 따라 거짓이나 그 밖의 부정한 방법으로 지급받은 체당금에 상당하는 금액 이하의 금액을 추가하여 징수할 수 있다.
 9) 「영유아보육법」 제40조(비용 및 보조금의 반환명령) 국가나 지방자치단체는 어린이집의 설치·운영자, 육아종합지원센터의 장, 보수교육 위탁실시자 등이 다음 각 호의 어느 하나에 해당하는 경우에는 이미 교부한 비용과 보조금의 전부 또는 일부의 반환을 명할 수 있다.
3. 거짓이나 그 밖의 부정한 방법으로 보조금을 교부받은 경우
3의2. 거짓이나 그 밖의 부정한 방법으로 제34조에 따른 비용을 지원받은 경우
10) 「장애인복지법」 제51조(자녀교육비 및 장애수당 등의 환수) ① 특별자치시장·특별자치도지사·시장·군수·구청장은 자녀교육비 및 장애수당 등을 받은 사람이 다음 각 호의 어느 하나에 해당하면 그가 받은 자녀교육비 및 장애수당 등 전부 또는 일부를 환수하여야 한다.
1. 거짓이나 그 밖의 부정한 방법으로 자녀교육비 및 장애수당 등을 받은 경우

(2) 입법 연혁과 입법의 목적

2005. 3. 31. 전부 개정된 쌀소득 등의 보전에 관한 법률은 이전의 쌀소득보전기금의설치및운용에관한법률(2002. 12. 11. 제정)에 두지 않았던 부정 등록 시 환수 처분의 근거를 마련하였다. 즉, 제13조에서 거짓 그 밖에 부정한 방법으로 등록한 경우 직불금 전부를 지급하지 아니하며 이미 지급한 금액이 있는 때에는 이를 환수하여야 한다는 근거 규정을 두었다. 이후 2009. 3. 25. 개정 시 아래와 같은 개정이유[12]에 따라 제13조에서는 거짓 그 밖에 부정한 방법으로 등록 또는 수령한 경우 '등록된 모든 농지'에 대하여 수령한 직불금 전부를 환수하도록 환수의 범위를 명확히 하고, 추가징수에 관한 제13조의2를 두었다.

◇ 개정이유

도하개발아젠다(DDA) 협상 등을 계기로 추곡수매제를 폐지하고 쌀소득등보전직접지불제를 도입하였으나 그 시행과정에서 쌀시장 개방과 상관없는 신규 진입 농업인이나 고정적인 일정액 이상의 농업 외 소득이 있는 자에게도 직접지불금이 지급되는 등의 문제점이 나타남. 이에 따라 직접지불금의 지급대상자를 후계농업경영인, 전업농업인 등으로 명확히 규정하고, 농지면적이 1천 제곱미터 미만인 자, 농업 외의 소득이 일정금액 이상인 자 등을 지급대상자에서 제외하며, 직접지불금 부당수령자에 대하여는 지급금액 외에도 그 금액의 2배를 추가하여 징수하는 등 현행 제도의 운영상 나타난 미비점을 개선·보완하려는 것임.

◇ 주요내용

바. 부당수령자 등에 대한 제재(법 제13조 제2항, 법 제13조의2 신설)

1) 부당신청자에 대한 등록 제한기간 강화를 위해 부정한 방법에 의해 등록·수령한 자

---

11) 원심판결 이유에 의하면, 원심은 위 규정에 따라 국토해양부장관 또는 시·도지사는 여객자동차 운수사업자가 '거짓이나 부정한 방법으로 지급받은 보조금'에 대하여 이를 반환할 것을 명하여야 하고 위 규정을 '정상적으로 지급받은 보조금'까지 반환할 것을 명할 수 있는 것으로 해석하는 것은 그 문언의 범위를 넘어서는 것이며, 위 규정의 형식이나 체재 등에 비추어 보면, 이 사건 환수처분은 국토해양부장관 또는 시·도지사가 그 지급받은 보조금을 반환할 것을 명하여야 하는 기속행위라고 판단하였다. 위법리 및 기록에 비추어 보면, 원심의 이러한 판단은 정당하고, 거기에 상고이유의 주장과 같은 유가보조금 환수처분의 법적 성질이나 환수처분의 대상 범위에 관한 법리오해 등의 위법이 없다(대법원 2013. 12. 12. 선고 2011두3388 판결). 이와 유사한 고용보험법 조항에 대한 판결로, 대법원 2003. 11. 28. 선고 2003두9640 판결도 참조.

12) 이 부분 이하의 개정이유는 국가법령정보센터 참조.

는 등록제한기간을 현행 3년에서 5년으로 강화하고, 그 외에 지급대상자 요건을 갖추지 못한 자 등에 대한 등록제한기간은 폐지함.

2) 부당수령자에 대한 제재 수준 강화를 위해 거짓이나 그 밖의 부정한 방법으로 등록 또는 수령한 자에 대하여는 지급한 금액의 2배를 추가로 징수함.

이후 쌀소득 등의 보전에 관한 법률은 2012. 1. 26. 법률 제11230호로 제정된 농업소득의 보전에 관한 법률이 2015. 1. 1. 시행되면서 폐지되었는데, 위 제정된 법에서도 기존 등록된 모든 농지에 관하여 지급된 직불금 전부를 환수하고, 2배 추가 징수에 관한 규정을 그대로 두었다.13) 이후 2017. 3. 14. 일부 개정된 법(법률 제14589호)에서는 다음과 같은 이유로 '착오 또는 경미한 과실로 사실과 다르게 등록하거나 잘못 수령한 경우' 해당 농지의 직불금 전부 또는 일부를 지급하지 아니하도록 하고, 이 경우 추가징수 없이 해당 농지에 대하여 지급된 직불금을 환수하는 조치만을 두었다.

◇ 개정이유 및 주요내용

현행법은 농업소득직불금 등록자 또는 수령자가 거짓이나 그 밖의 부정한 방법으로 농업소득직불금을 등록 또는 수령한 경우 등록된 모든 농지에 대하여 고정직접지불금 및 변동직접지불금 전부를 지급하지 아니하고 이미 지급한 경우에는 지급한 금액의 2배를 추가로 징수하도록 하고 있음. 그런데 신청서류 작성 과정에서의 착오나 경미한 과실에 대해서까지 고의나 중과실의 경우와 동일하게 이러한 제재를 부과하는 것은 가혹한 조치가 될 수 있음.

이에 착오 또는 경미한 과실로 농업소득직불금을 등록 또는 수령한 경우에는 해당 농지에 대해서만 직불금의 전부 또는 일부를 지급하지 않거나 이미 지급한 직불금을 환수하도록 하려는 것임.

---

13) 제14조(농업소득보전직접지불금의 감액지급 또는 등록제한) ① 농림축산식품부장관은 농업소득직불금 등록자 또는 수령자가 다음 각 호 중 제1호 또는 제2호에 해당하면 등록된 모든 농지의 고정직접지불금 및 변동직접지불금 전부를 지급하지 아니하고, 제3호 또는 제4호에 해당하면 해당 농지의 고정직접지불금 또는 변동직접지불금 전부 또는 일부를 지급하지 아니한다.
1. 거짓이나 그 밖의 부정한 방법으로 등록 또는 수령을 한 경우
제15조(부당이득금 및 가산금) ① 농림축산식품부장관은 제14조 제1항 각 호에 해당하는 사유에도 불구하고 농업소득보전직접지불금을 이미 지급한 경우에는 이를 돌려받아야 한다. 이 경우 제14조 제1항 제1호에 해당하는 경우에는 지급한 금액의 2배를 추가로 징수하여야 한다.

(3) 평가

1) 목적론적 해석의 한계로서의 문언

대상 판결의 다수의견은 지급받은 직불금 전체의 2배를 추가로 징수당하는 가혹한 결과로부터 당사자를 구제하기 위하여 법문의 문언상 의미가 불명확하다고 전제하였다. 대상 사건의 경우 2배 추가징수처분의 대상이 된 2009년 지급 전체 직불금은 2,828,440원이고 부당하게 수령한 직불금은 1,525,410원으로 그 차액이 그리 크지 않으나, 대상 사건과 같은 쟁점을 공유한 다른 사안들에서는 부당 수령 직불금이 전체 수령 직불금에 비해 현저히 비중이 낮아서, 이 경우까지 전체 직불금을 기준으로 그 2배를 환수한 경우 실제로 과도한 제재라고 만큼 다액의 추가징수금이 발생하기도 하였다.[14] 또한 쌀보전직불금법이 폐지되고 새로 제정되어 2020. 4. 30.까지 적용되는 농업소득보전법에서도 동일한 조항을 두고 있으므로, 대상 판결은 비록 이 사건에서만이 아니라 유사 사안에까지 적용 가능한 해석론을 정립하고자 하였던 것으로 보인다.

그런데 대상 판결의 근거 법률에서는 거짓 또는 부정한 방법으로 등록 또는 지급받은 경우 등록된 모든 농지의 직불금을 지급하지 아니하고(제13조 제1항), 위 경우에 해당하는 사유에도 불구하고 직불금을 이미 지급한 경우 이를 돌려받아야 하며(제13조의2 제1항 전문), 이 경우 지급한 금액의 2배를 추가로 징수하여야 한다(제13조의2 제1항 후문)고 명시하고 있다. 앞서 본 다른 법률에서와 같이 '지급한 금액'을 따로 한정하는 수식어가 없고, 이미 지급한 경우 돌려받아야 하는 환수처분의 대상은 등록된 모든 농지의 직불금인데, 이에 이은 후문에서 추가징수처분의 근거 금액을 '이 경우 지급한 금액'의 2배로 규정하고 있다. 결국 위 각 조항에서 정한 ① 사전에 거짓 등 부정한 방법이라는 사유가 발견된 경우에 지급하지 않는 금액, ② 사후에 발견되어 환수하는 금액, ③ 추가징수의 근거가 되는 지급 금액 세 경우 모두 '등록된 모든 농지의 직불금'으로 해석하는 것이 자연스럽다.

다수의견과 같이 가혹한 결과의 방지라는 목적론적 해석으로 나아가기 위해서는 그 전제로서 문언의 의미에 다른 해석의 여지가 있어야 한다. 그런데 여기서 '지급한 금액' 부분이 의미하는 바는 관련 조항들 내에서 일관되게 '등록된 모든 농지의 직불금'을 가리키고 있어, 해석의 출발점인 문언이 불명확하다고 보기는 어렵다. 또한 대상 판결에서 '환수하는 금액 부분'은 비록 상고이유는 아니나, 이미 지급한 금액 전액을 반환하도록 하는 것이라고 인정하였는바, 환수처분과 달리 추가징수처분에 대해서만 부정수령액으로 한정하는 합

---

14) 대구지방법원 2013. 9. 13. 선고 2012구합4892 판결, 대구지방법원 2014. 6. 27. 선고 2014구합20089 판결 사안 등.

리적인 근거도 찾기 어렵다. 이 부분을 지적하는 반대의견의 입장이 타당하다고 생각된다.

2) 입법의 목적

대상 판결의 다수의견에서는 '추가징수제도를 도입할 당시의 입법 의도에 등록된 복수의 농지 중 일부 농지에 관하여만 거짓·부정이 있는 경우에도 전체 농지에 관하여 지급한 직불금 전액의 2배를 추가징수하겠다는 취지가 포함되었다고 볼 만한 근거는 없다'고 하고, 반대의견에서는 '직불금 부당수령자에 대한 제재 수준을 강화하여 거짓이나 그 밖의 부정한 방법으로 등록 또는 수령한 자에 대하여는 지급금액 외에도 그 금액의 2배를 추가징수한다'고 하는 2009. 3. 25. 개정이유에 비추어 보더라도 2배 추가징수 기준인 '지급한 금액'을 부정수령액으로 한정하는 등 제한을 두려고 한 것으로 보이지 않는다고 하여, 입법자의 객관적 목적을 달리 파악하였다.

반대의견이 지적한 개정이유와 연혁에 더해 2005년부터 2009년까지 쌀직불금을 수령한 사람에 대한 조사 결과 부당 수령자 문제가 심각하게 대두되자[15] 2009년 개정을 통해 등록된 농지 관련 지급받은 전체 직불금을 환수하고 추가 징수 조항까지 두었다는 경위, 대상 사안과 같은 농업보조금은 순수한 국내의 재정 등만의 문제가 아니라 국제무역협정에서 정한 보조금지급의 한계 내에서 지급되어야 한다는 특수한 제약[16] 등을 더하여 보면, 직불금 부정수급에 대하여 다른 급부행정 영역과는 차별되는 더 높은 수준의 제재를 통해 적정한 지급을 담보하고자 하는 것이 객관적인 입법의도였을 가능성이 있다.

그런데 추가징수조항 도입을 제안할 당시 입법자의 구체적인 제안이유를 보면, 역사적 해석 측면에서 주관적 입법의도는 '부정수령액'의 2배 추가징수였던 것으로 보인다. 즉, 추가징수조항의 도입을 제안한 의원입법의 제안이유에서는 '부정수령자에 대한 제재를 강화하기 위해서 부정수령한 금액의 2배를 부당이득금으로 징수하도록' 한다고 명시하고 있고,[17] 위 의원입법안의 대안이 심사된 농림축산식품위원회 회의에서 주요내용 설명 시 위

---

15) 해당 기간 직불금 수령자 130만 3천명 가운데 부당수령자가 만 9천여 명, 쌀직불금 수령을 자진 신고한 공무원 5만 7천여 명 가운데에서도 4.3%가 부당수령자였다는 보도 참조(http://www.ktv.go.kr/content/view?content_id=300680).

16) 제4조(쌀소득 등의 보전을 위한 직접지불금) ① 농림수산식품부장관은 「세계무역기구 설립을 위한 마라케쉬협정」에 따른 <u>국내보조 감축약속 면제기준과 범위에서</u> 농업인 등의 소득안정을 위하여 농업인 등에게 소득보조금을 지급하여야 한다.

17) 「쌀소득 등의 보전에 관한 법률」 일부개정법률안(정해걸의원 대표발의. 2008. 12. 31. 발의 의안번호 3395)의 제안이유 중 주요내용 제3면. 해당 법률조항안은 '농림수산식품부장관은 직불금을 지급받은 자가 제13조 제1항 제1호에 해당하는 경우에는 그 지급받은 직불금과 그 금액의 2배를 부당이득금으로 징수하여야 한다.'이다. 또한 소위원회 회의 시 수석전문위원의 의안보고 시에도 '부당하게 지급받은 경

제안이유와 동일한 취지를 설명하는 내용이 나온다.[18] 위 의원입법안에 대한 정부의 대안[19] 제안이유 중 주요내용에서는 '부당수령자에 대한 제재 수준 강화를 위해 거짓이나 그 밖의 부정한 방법으로 등록 또는 수령한 자에 대하여는 지급한 금액의 2배를 추가로 징수한다'로 되어 있어[20] 의원입법안에 명시된 '부정수령한 금액'이 '지급한 금액'으로 변경되기는 하였으나, 법제사법위원회 회의록상 위 대안의 제안설명 시에도 역시 '부정수령한 금액의 2배'라는 부분이 나오고,[21] 이 부분 추가징수액의 기준에 대한 추가 논의는 없이 2009. 3. 2. 국회 본회의에서 가결된다.

이처럼 역사적인 입법자가 가졌던 구체적·주관적 목적과 객관적으로 인정되는 목적 사이에 일견 차이가 나는 것으로 보이는 경우에는 양자를 절충하면서도 객관적 해석에 중점을 두는 것이 보다 지지되는 입장이고,[22] 대상 판결에서도 입법자의 객관적 목적을 전제로 한 결과 다수의견과 반대의견의 해석이 서로 달랐던 것으로 보인다. 앞서 본 바와 같이 법률 문언 및 객관적 입법 목적에 비추어 '지급한 금액'을 수령 직불금 전부로 보아 수령한 금액 전체의 2배를 추가징수하도록 해석한 반대의견의 논증을 전제로 한다면, 수범자에게 가혹한 제재라는 결과가 발생할 여지가 있다. 이하에서는 이처럼 제재적 처분에 따른 과도한 사익 침해의 결과가 발생하는 것을 방지하는 다른 방안들 및 그 한계에 관하여 살피고자 한다.

2. 구체적 타당성 도모를 위한 그 밖의 방안과 한계

(1) 거짓 그 밖의 부정한 방법의 엄격한 해석

지급한 급여의 환수나 추가징수처분의 요건으로서 '거짓 그 밖의 부정한 방법' 또는 이와 유사한 규정을 두고 있는 법률들에 대해서는, 이를 단순한 허위 신고, 부작위 등을 넘어서는 적극적 기망행위로 제한하는 경우[23]와 사회통념상 부정행위로 인식되는 적극적·

우에는 그 금액의 2배를 부당이득금으로 징수하도록 되어 있다'고 보고하고 있다(2009. 2. 9. 법률안심사소위원회 회의록 51면).

18) 2009. 2. 11. 제281회 국회 임시회 제1회 농림수산식품위원회의록 제4면.

19) 해당 조항의 원안은 '농림수산식품부장관은 직불금을 지급받은 자가 제13조 제1항 제1호에 해당하는 경우에는 그 지급받은 직불금과 그 금액의 2배를 부당이득금으로 징수하여야 한다'고 되어 있는데, 자구체계심사 과정에서 최종 개정법률조항으로 변경되었다.

20) 2009. 2. 제안한 대안의 제5면.

21) 2009. 2. 24. 법제사법위원회 회의록 제29면.

22) 김용담(편), 『주석 민법[총칙 1]』, 제5판, 2019, 74면.

23) 「공무원연금법」 제31조 제1항 제1호에 정하여진 '부정한 방법으로 급여를 받은 경우'라 함은 급여를 받

소극적 기망행위를 포함하여 넓게 인정하는 경우24)로 나눌 수 있다. 대상 판결의 제1심에서는 후자의 입장에 따라 농지의 형상을 갖추지 못함에도 직불금을 수령한 원고의 행위가 위 요건에 포섭된다고 보았다. 그러나 근거 법률에서 거짓 그 밖의 부정한 방법으로 등록 또는 수령한 경우 지급 금액 전액의 환수처분과 2배의 추가징수처분을 하도록 기속행위로 정하고 있는 점, 거짓 그 밖의 부정한 방법으로 직불금을 수령하는 경우 1년 이하의 징역 또는 1천만 원 이하의 벌금에 처하도록 벌칙규정(제29조)을 두고 있는 점 등에 비추어 보면, 이 부분의 해당 여부를 엄격하게 해석하는 방법을 통해 원고를 구제하였을 수도 있었을 것으로 생각된다.

아래 (3) 3)에서 보듯이 당해 사안과 같은 농지 형상을 유지할 의무를 이행하지 아니하는 경우는 당해 농지에 대해서만 환수할 수 있도록 하고 추가징수처분은 하지 않는 것으로 법률이 개정된 것 역시, 이 부분을 완화하여 해석하는 데 대한 반성적 고려에서 비롯된 것이라고 보인다.

(2) 처분기준을 정한 행정규칙과의 관계

해당 법률에서는 거짓 또는 부정한 방법으로 등록 또는 수령한 경우 등록된 모든 농지의 직불금을 지급하지 아니한다고 하였으면서, 제3항에서 지급제한의 기준은 그 위반행위

은 사람이 주관적으로 부정한 수단임을 인식하면서 적극적인 방법으로 받을 수 없는 급여를 받은 경우를 말하는 것이고, 퇴직연금의 지급정지 사유가 생긴 것임을 알면서도 그 신고의무를 태만히 한 것은 이에 해당하지 않는다(대법원 2000. 11. 28. 선고 99두5443 판결). 군인연금법의 '허위 기타 부정한 방법으로 급여를 받은 경우'라 함은 급여를 받은 사람이 주관적으로 부정한 수단임을 인식하면서 적극적인 방법으로 받을 수 없는 급여를 받은 경우를 말하고, 퇴직연금의 지급정지사유가 생긴 것을 알면서도 그 신고의무를 게을리 한 것은 이에 해당하지 아니한다(대법원 2001. 6. 12. 선고 2001두458 판결). 국민건강보험법 규정들의 문언 및 제1호 위반의 경우에 급여액의 2배에 해당하는 징벌적인 금액을 징수하는 규정 취지에 비추어 보면, 위 제1호는 보험급여를 받은 자가 주관적으로 거짓이나 그 밖의 부정한 방법임을 인식하면서 적극적으로 받을 수 없는 보험급여를 받은 경우를 말하는 것으로 보아야 할 것이다(대법원 2008. 7. 10. 선고 2008두3975 판결).

24) 「영유아보육법」상 보조금 반환명령 등 처분의 요건이 되는 '거짓이나 그 밖의 부정한 방법'이란 정상적인 절차에 의하여는 보조금을 지급받을 수 없음에도 위계 기타 사회통념상 부정이라고 인정되는 행위로서 보조금 교부에 관한 의사결정에 영향을 미칠 수 있는 적극적 및 소극적 행위를 뜻하고, 위 각 처분의 성격이나 인건비 지원금의 재원, 지급 목적, 대상 및 요건 등에 비추어 보면 '사기 기타 부정한 행위'나 '허위 기타 부정한 방법'의 경우와 같이 반드시 적극적인 부정행위가 있어야만 하는 것은 아니다(대법원 2012. 12. 27. 선고 2011두30182 판결). 근로자직업능력 개발법에서 각 제재처분의 사유로 규정하고 있는 '거짓이나 그 밖의 부정한 방법'이란 일반적으로 훈련비용을 지급받을 자격이 없는 사람이 자격이 있는 것처럼 꾸미거나 자격 없는 사실을 감추려는 사회통념상 옳지 못한 모든 행위로서 훈련비용 지급에 관한 의사결정에 영향을 미칠 수 있는 적극적 및 소극적 행위를 말한다(대법원 2014. 7. 24. 선고 2012두24764 판결).

의 유형과 위반 정도 등을 고려하여 농림수산식품부령으로 정한다고 하여 처분의 기준을 행정규칙에 위임하고 있다. 그리고 그 위임에 따른 시행규칙 제7조 관련 별표 2에서는 일반기준[25]으로서 위반행위의 동기, 내용, 위반의 정도 등을 고려하여 그 행정처분의 2분의 1 범위에서 가중하거나 감경할 수 있다는 근거규정을 두고 있다. 이처럼 사전에 거짓 또는 부정한 방법이 발견된 경우 지급제한액을 1/2 감경할 수 있도록 하는 시행규칙의 규정을 추가징수액 제한·감경의 경우까지 유추적용하는 방법으로 구체적 타당성을 도모할 수 있는지에 관하여 본다.

우선 법률에서는 일정 요건이 충족된 경우 '모든 농지의 직불금을 지급하지 아니한다'고 정하고 있는데, 그 지급제한의 기준을 위임받은 시행규칙에서 감경의 여지를 두는 경우, 이러한 시행규칙의 감경규정이 법률의 위임범위 내에 있는 것인지부터 살핀다. 이와 관련하여 근거법률에서 재량의 여지를 두고 있음에도 그 처분기준에 관한 위임을 받은 시행규칙 등에서는 기속적 취지로 규정하는 경우에, 대법원은 이러한 시행규칙이 법률의 위임에 반하지 않는다고 한 바 있다.[26] 이처럼 일견 모법에 비해 불리해 보이는 시행규칙 규정에 대해서도 효력을 인정하는 이상, 모법보다 수범자에게 유리한 처분이 가능해지는 대상 시행규칙 규정을 무효라고 보기는 어려울 것이다.

그러나 위 처분기준상 감경이 가능한 사안은 법률의 문언상 등록이나 지급 전에 거짓 그 밖의 부정한 방법이 사용되었음이 발견된 경우에 한정된다. 따라서 위 감경기준을 이미 지급된 후에 추가징수액을 산정함에 있어서 그 산정기초가 되는 지급금액을 1/2로 감경하

---

25) 1. 일반기준

　　나. 시장·군수·구청장은 위반행위의 동기, 내용, 위반의 정도 등을 고려하여 그 행정처분의 2분의 1 범위에서 가중하거나 감경할 수 있다. 이 경우 가중처분을 하는 경우에도 법 제13조 제1항 및 제2항에 따른 처분한도를 초과할 수 없고, 등록제한 기간은 연 단위로 줄일 수 있다.

26) 구 「고용보험법」 제20조의2 제1항, 제26조의3은 노동부장관은 허위 기타 부정한 방법으로 직업능력개발사업의 지원을 받은 자 또는 받고자 하는 자에 대하여 '대통령령이 정하는 바에 따라' 그 지원을 제한할 수 있고, 이미 지원된 것에 대하여 반환을 명할 수 있다고 규정하고 있는바, 직업능력개발사업의 목적과 취지, 그 내용 등을 감안하면 부정행위가 있는 경우 노동부장관이 지원제한조치 또는 반환명령을 반드시 하도록 할 것인지 여부에 대하여도 대통령령에 위임하고 있다고 봄이 상당하므로, 법 시행령 (2001. 10. 31. 대통령령 제17403호로 개정되기 전의 것, 이하 같다) 제26조 제1항, 제2항, 제37조(이하 '이 사건 법 시행령 조항'이라 한다)가 노동부장관으로 하여금 허위 기타 부정한 방법으로 직업능력개발훈련비용을 지급받거나 받고자 한 자에 대하여 의무적으로 잔여 훈련비용을 지급하지 아니하고, 이미 지급된 훈련비용에 대하여 반환을 명하도록 하며, 또한 훈련비용을 지급받은 날 또는 지급받고자 한 사실이 있은 날부터 1년간 훈련비용을 지급하지 아니하도록 규정하고 있는 것은 위와 같은 법의 위임에 따른 것이라고 보아야 할 것이고, 따라서 이 사건 법 시행령 조항이 위 법의 규정에 위반되는 것이라고 할 수 없다(대법원 2006. 10. 27. 선고 2004두6105 판결).

는 데에도 유추할 수 있을지는 의문이다. 등록이나 지급 전에 이미 거짓 등이 발견된 경우, 이미 지급받은 후 사후적으로 해당 농지의 형상 등을 갖추지 못하거나 직불금 지급의 요건이 되는 종류의 농사를 하지 않거나 다른 용도로 농사를 짓거나 타인으로 하여금 농사를 짓게 하는 경우 등에 그 불법의 정도를 동일하게 평가하기는 어렵기 때문이다. 따라서 이 경우 행정청이 위 시행규칙의 규정을 유추적용하여 추가징수액을 감경하지 아니한 것이 재량권 행사의 일탈이나 남용에 해당한다고 판단하기는 무리가 있어 보인다.

(3) 부정으로 수급한 연도 중 일부에 대해서만 추가징수하는 방법

다음으로 대상 사안에서 행정청은, 등록 첫해인 2005년부터 부정수급이 있었음에도 2009년 한해에 지급받은 전체 직불금의 2배만을 추가징수하였다. 판결 이유에서 그와 같이 처분을 제한한 사정을 명시적으로 설시한 부분은 찾지 못하였고, 다만, 원고에 대한 형사사건에서 2009년의 부정수급만을 이유로 기소되었다는 사정에 비추어, 지급금액이 가장 큰 해에 한하여 추가징수처분을 한 것이 아닌가 추측할 수 있다.[27] 이처럼 행정청이 추가징수 처분을 할 때부터 구체적 사안을 감안하여 등록된 농지에 관하여 받은 직불금 중 일부 연도에 지급된 금액에 한하여 추가징수하는 등의 재량을 행사한다면 처분 단계에서 개별 사정이 고려될 수는 있을 것이다.

그러나 무엇보다 근거법률이 기속적으로 '지급한 금액의 2배를 추가로 징수하여야 한다'고 정하고 있고, 실제로 관련 사안 등에서 추가징수처분이 이루어진 양상을 보면 대부분 부정수급이 있었던 전체 연도에 수령한 전액을 기준으로 2배 추가징수처분을 하여,[28] 대상 사안과 같이 추가징수의 범위를 제한한 예는 드물다는 점에서 이러한 재량행사의 여지도 크지는 않을 것으로 보인다.

---

[27] 2009년도 부정수급에 한하여 기소한 사유는 판결이유 등에서 찾기 어렵다. 이 사건 처분일은 2011. 6. 27.로 2011. 12. 20. 기소일보다 앞서고, 부정수급 처벌조항(1년 이하의 징역 또는 1천만 원 이하의 벌금)의 공소시효는 5년으로서 최소한 2006년 이후 부정수급에 대해서는 기소도 가능하였다.

[28] 다만, 환수처분 및 등록제한처분으로 한정하고 추가징수처분을 하지 아니한 사안으로, 대전지방법원 2014. 9. 4. 선고 2014구합1996 판결(원고 패, 확정), 수원지방법원 2015. 4. 8. 선고 2014구합56858 판결(등록제한처분 부분 취소, 항소기각으로 확정), 광주지방법원 2017. 5. 18. 선고 2015구합1052 판결(원고 패, 확정).

(4) 기속적 행위와 법의 일반원리의 원용[29)]

앞선 검토 결과 근거 법률에서 규정된 바에 따라 전체 연도 지급액의 2배를 추가징수한 처분에 대해서 법령의 해석과 그 포섭과정에서 구체적 타당성을 도모하기는 어려운 것으로 분석되었다. 개별 사안에서 구체적으로 타당한 결론을 도출하기 위한 방안은, 근거가 되는 법령의 해석 및 포섭 단계에서 이를 반영하는 방법 외에 법령의 해석과 포섭을 마친 후 추가적으로 법의 일반원리 등을 원용하는 방법이 있다. 이 사건에서는 추가징수처분에 대해 법의 일반원리 등을 원용하여 재량권 일탈·남용에 해당한다고 판단할 수 있는지의 문제가 남는다.

대상판결의 다수의견이 전자의 방식에 따라 비례원칙과 책임주의 등을 원용하여 근거법률을 해석해야 한다고 판시하였다면, 후자의 방식에 따라 기속행위로 규정된 근거법률에 대하여 포섭이 완료된 후 신뢰보호원칙이나 비례원칙 등을 근거로 당해 법률에 근거하여 이루어진 처분을 취소한 대법원 선례가 다수 있다. 아래에서는 이러한 선례들을 개관하고, 대상 판결과 같은 사안에서 이러한 방법론에 의한 판단이 가능하고 적절한지에 대하여 검토한다.

1) 대법원 선례

구 산업재해보상보험법 제84조 제1항은 '공단은 보험급여를 받은 자가 1. 거짓이나 그 밖의 부정한 방법으로 보험급여를 받은 경우, 2. 수급권자 또는 수급권이 있었던 자가 제114조 제2항부터 제4항까지의 규정에 따른 신고의무를 이행하지 아니하여 부당하게 보험급여를 지급받은 경우, 3. 그 밖에 잘못 지급된 보험급여가 있는 경우 중 어느 하나에 해당하면 그 급여액에 해당하는 금액(제1호의 경우에는 그 급여액의 2배에 해당하는 금액)을 징수하여야 한다.'고 규정하고 있다. 근로복지공단이 위 조항 제3호에 근거하여 착오로 재해근로자의 장해등급을 잘못 결정하여 이미 지급한 급여 중 장해등급 변경에 따른 차액을 징수하거나,[30)] 지급사유에 일부 착오가 있어 지급결정을 취소하고 이미 지급한 급여를 징수한 처분[31)]에 대하여, 법원은 수범자에 대한 급여가 '잘못 지급한 경우'라는 요건에 해당되더

---

29) 이 부분은 졸저, 『행정법상 비례원칙에 관한 연구 – 헌법상 비례원칙과의 비교를 중심으로 –』, 서울대학교 박사학위논문, 2020, 209-217면, 230-239면의 내용을 요약·정리한 것이다.

30) 대법원 2014. 4. 10. 선고 2011두31697 판결(보험급여 지급 1년 7개월 후 장해등급 정정에 따른 차액 743만 원을 징수한 처분에 대한 사건).

31) 대법원 2014. 7. 24. 선고 2013두27159 판결(출장 중 교통사고로 사망한 근로자의 유족에게 유족급여를 지급한 다음 음주운전 사고였다는 사실을 추후 확인하여 유족급여 지급결정을 취소하고 지급한 금

라도 공익과 사익의 형량을 거쳐 사익이 우월하다면 징수처분을 취소하여야 한다고 판시하였다.[32]

또한 특수임무수행자 보상에 관한 법률 제18조 제1항에서는 '국가는 이 법에 의한 보상금 등을 지급받은 자가 1. 거짓 그 밖의 부정한 방법으로 보상금 등의 지급을 받은 경우, 2. 잘못 지급된 경우에 해당하는 경우에는 그 보상금 등의 전부 또는 일부를 환수하여야 한다.'고 규정하고 있다. 특수임무수행자보상심의위원회는 위 법에 의하여 보상금을 지급한 후 위 조항 제2호에 근거하여 대상자의 임무가 특수임무에 해당하지 않는다는 이유로,[33] 또는 대상자가 외국군 소속이었음을 이유로[34] 전액을 환수하는 처분을 하였는데, 법원은 환수처분으로 달성하고자 하는 공익에 비하여 사익이 우월한 경우에 해당하므로 환수처분을 취소한다고 판시하였다.[35][36]

액에 대하여 징수처분한 사건).

32) 대법원 2014. 4. 10. 선고 2011두31697 판결: 구 산업재해보상보험법(2010. 5. 20. 법률 제10305호로 개정되기 전의 것) 제84조 제1항의 내용과 취지, 사회보장 행정영역에서의 수익적 행정처분 취소의 특수성 등을 종합하여 보면, 구 산업재해보상보험법 제84조 제1항 제3호에 따라 보험급여를 받은 당사자로부터 잘못 지급된 보험급여액에 해당하는 금액을 징수하는 처분을 할 때에는 보험급여의 수급에 관하여 당사자에게 고의 또는 중과실의 귀책사유가 있는지, 잘못 지급된 보험급여액을 쉽게 원상회복할 수 있는지, 잘못 지급된 보험급여액에 해당하는 금액을 징수하는 처분을 통하여 달성하고자 하는 공익상 필요의 구체적 내용과 처분으로 말미암아 당사자가 입게 될 불이익의 내용 및 정도와 같은 여러 사정을 두루 살펴, 잘못 지급된 보험급여액에 해당하는 금액을 징수하는 처분을 해야 할 공익상 필요와 그로 말미암아 당사자가 입게 될 기득권과 신뢰의 보호 및 법률생활 안정의 침해 등의 불이익을 비교·교량한 후, 공익상 필요가 당사자가 입게 될 불이익을 정당화할 만큼 강한 경우에 한하여 보험급여를 받은 당사자로부터 잘못 지급된 보험급여액에 해당하는 금액을 징수하는 처분을 해야 한다.

33) 대법원 2014. 10. 27. 선고 2012두17186 판결.

34) 대법원 2014. 10. 30. 선고 2012두17223 판결.

35) 대법원 2014. 10. 27. 선고 2012두17186 판결: 보상법 제18조 제1항 제2호의 내용과 취지, 사회보장 행정영역에서의 수익적 행정처분 취소의 특수성 등을 종합해 보면, 보상법 제18조 제1항 제2호에 따라 보상금 등을 받은 당사자로부터 잘못 지급된 부분을 환수하는 처분을 함에 있어서는 그 보상금 등의 수급에 관하여 당사자에게 고의 또는 중과실의 귀책사유가 있는지 여부, 보상금의 액수·보상금 지급일과 환수처분일 사이의 시간적 간격·수급자의 보상금 소비 여부 등에 비추어 이를 다시 원상회복하는 것이 수급자에게 가혹한지 여부, 잘못 지급된 보상금 등에 해당하는 금액을 징수하는 처분을 통하여 달성하고자 하는 공익상 필요의 구체적 내용과 처분으로 말미암아 당사자가 입게 될 불이익의 내용 및 정도와 같은 여러 사정을 두루 살펴, 잘못 지급된 보상금 등에 해당하는 금액을 징수하는 처분을 해야 할 공익상 필요와 그로 인하여 당사자가 입게 될 기득권과 신뢰의 보호 및 법률생활 안정의 침해 등의 불이익을 비교·교량한 후, 공익상 필요가 당사자가 입게 될 불이익을 정당화할 만큼 강한 경우에 한하여 보상금 등을 받은 당사자로부터 잘못 지급된 보상금 등에 해당하는 금액을 환수하는 처분을 하여야 한다고 봄이 타당하다.

36) 「국민연금법」에 대한 다음 사례도 참조. 대법원 *2017. 3. 30.* 선고 *2015두43971* 판결: 국민연금법 제57조 제1항은 "공단은 급여를 받은 사람이 다음 각 호의 어느 하나에 해당하는 경우에는 대통령령으로

2) 평가

구체적 사안에서의 타당한 결론 도출을 위해, 법문에 대한 합헌적 해석을 통한 대상 판결에서의 논증과 위 선례들에서 법원이 전개한 사안별 비례원칙·신뢰보호원칙의 원용 또는 이익형량에 따른 논증 사이에 결론 자체는 다를 바가 없다. 그러나 합헌적 해석과정에서 비례원칙·신뢰보호원칙이나 형량을 원용하는 경우에는 그러한 해석의 한계로 기능하는 '법문'을 단초로 삼는다는 점에서, 이러한 한계가 작동하지 않는 사안별 이익형량과는 방법론적으로 본질적인 차이가 있다고 할 것이다.[37)38)] 원칙적으로 법률의 합헌적 해석 방법론을 우선하여야 하고, 법률의 규정이 합헌적 해석의 한계를 넘는다면, 법원으로서는 근거법률에 대한 위헌법률심판의 가능성에 관하여 검토할 필요가 있다.[39)] 앞서 본 선례 사안들은 법률의 해석·적용의 차원에서는 적법한 처분을 그보다 상위의 효력을 가진 헌법상 비례원칙을 원용하여 처분을 취소하는 결론을 도출한 것으로서, 헌법상 원칙에 우선하여 적용하여야 할 법률의 효력을 무력화시켰다고 볼 수 있다.[40)] 이 경우 구체적으로 타당한 결론의 도출이 필요하다는 필요만으로 법의 일반원리의 원용이라는 우회적인 방법으로 법률의 효력을 부인하는 방법이 아니라, 개별 사안의 구체적 사정을 고려할 여지를 부여하지 않는 법률 그 자체가 비례원칙에 위반된다는 등의 이유로 위헌 여부의 심판을 받는 방법이

정하는 바에 따라 그 금액을 환수해야 한다."고 규정하고, 그 사유로서 '거짓이나 그 밖의 부정한 방법으로 급여를 받은 경우'(제1호), '제75조 및 제121조 제2항에 따른 수급권 소멸사유를 공단에 신고하지 아니하거나 늦게 신고하여 급여가 잘못 지급된 경우'(제2호), '그 밖의 사유로 급여가 잘못 지급된 경우'(제3호)를 정하고 있다. 이 사건 환수처분에 의하여 원고가 반환해야 하는 급여액수, 원고의 연령과 경제적 능력 등을 고려하면 원고에게 가혹하다고 보이는 점 등을 종합하면, <u>이 사건 환수처분을 함으로써 얻을 수 있는 공익상 필요가 그로 말미암아 원고가 입게 될 불이익을 정당화할 만큼 강하다고 보기 어렵다.</u>

37) Frederick Schauer, Balancing, Subsumption, and the Constraining Role of Legal Text, Law & Ethics of Human Rights 4(2010), p. 43; Niels Petersen, How to Compare the Length of Lines to the Weight of Stones: Balancing and the Resolution of Value Conflicts in Constitutional Law, German Law Journal 14(2013), p. 1402; Alexander Tischbirek, Die Verhältnismäßigkeitsprüfung: Methodenmigration zwischen öffentlichem Recht und Privatrecht, 2017, S. 184-185 참조.

38) 형량 또는 법의 일반원리를 포섭 과정에서 원용하는 경우와 포섭이 완료된 후 원용하는 경우의 차이에 관하여는, 졸저, "행정법상 비례원칙에 관한 연구", 『행정법연구』 제63호, 2020, 205- 206면 참조.

39) Tristan Barczak, Der gebundene Verwaltungsakt unter Verhältnismäßigkeitsvorbehalt, VerwArch 105(2014), S. 175; 박균성, 『행정법론(상)』, 2019, 55면 참조("비례의 원칙은 주로 재량행위의 통제법리이며 기속행위의 경우에는 기속행위의 근거가 된 법령에 대한 비례성 통제를 통하여 간접적으로 행해진다.")

40) 박정훈, "행정법의 일반원칙과 헌법원리 - 법원론의 차원과 방법론의 차원, 효력우선과 적용우선", 한국공법학회·대법원헌법연구회(미공간), 2014, 13면 참조.

원칙적인 방안이라 할 것이다. 당해 사안에 관하여 보면, 구체적 사안에 따라 2배 징수 여부를 재량행위로 규정하더라도 입법목적을 달성할 수 있다는 필요성 심사 논증을 중심으로, 또는 거짓 그 밖의 부정한 방법으로 등록 또는 수령한 농지의 규모나 부정한 방법의 경중 등을 고려하여 추가징수처분의 범위를 조절하지 못하도록 함으로써 과도한 제재에 해당한다는 논증으로, 헌법상 비례원칙 위반으로 판단될 여지가 있다고 생각된다.

요컨대 대상 판결의 다수의견이 개별 사안에서의 가혹한 결과를 방지하기 위하여 보험급여 환수 사건 등에서와 같이 포섭을 완료한 후에 추가적으로 비례원칙·신뢰보호원칙 등을 원용하는 방법이 아니라, 법문의 해석 차원에서 구체적 타당성을 도모하고자 한 것에 대해서는 방법론적으로 찬성하는 입장이다. 다만, 해당 규정이 추가징수 범위 부분의 명확성 측면이나 추가징수 여부를 재량행위로 정하지 아니하여 비례원칙에 반할 여지가 있다고 보인다.[41]

Ⅳ. 요약과 결론

대상 판결에서 개별 사안에 대하여 비례원칙 등 일반원리를 원용하는 방식이 아니라, 근거 법문의 해석 단계에서 비례원칙 및 책임주의 등에 따른 해석을 통해 구체적 사안의 결론에 있어 과도한 처분이 이루어지지 않도록 하는 방식을 선택한 것은 타당하다고 할 것이다. 대상 사안에서는 다수의견의 결론에 따라 구제되는 추가징수처분의 액수 자체는 크지 않으나, 대상 사안과 유사한 사건들에서 일반적으로 적용될 수 있는 해석론을 정립하고자 하였던 것에서 대상 판결의 의의를 찾을 수 있다. 다만, 이 사건 조항이 대상 판결의 다수의견에서 취한 목적론적 해석론, 즉 수범자에게 가혹한 결과가 되는 것을 방지하기 위하여

---

41) 농업·농촌 공익기능 증진 직접지불제도 운영에 관한 법률로 전부 개정되어 2020. 5. 1.부터 시행되고 있는 법률에서는 지급된 직불금을 환수하는 요건에 거짓 또는 부정한 방법에 더하여, '농지의 형상 및 기능을 유지할 의무(제12조 제1호)' 및 '휴경 중인 농지 등에 대한 의무'를 이행하지 않은 경우를 추가하고, 이 경우에는 해당 농지 등의 직불금의 전부 또는 일부를 지급하지 아니하도록 함으로써(제19조 제1항 후단) 2배 추가징수처분의 요건인 '거짓 또는 부정한 방법'에 포섭되는 사안을 좁게 인정할 여지를 열어 두었다. 또한 거짓 또는 부정한 방법에 의한 등록 또는 수령의 경우, '해당 사유와 직접 관련된 농지 등에 대하여 이미 지급한 금액의 5배 이내의 범위에서 제1항에서 정한 부당이득금(해당 직불금 등록자에게 등록된 모든 농지 등에 대하여 이미 지급한 금액을 즉시 환수하여야 한다)에 추가하여 제재부가금을 징수할 수 있다'고 하여 부정수령액에 한하여 5배의 범위 내에서 추가징수하고, 그 징수 여부나 범위도 재량행위로 정함으로써, 결국 대상 판결에서 고민한 과도한 제재의 방지가 입법으로 가능하게 되었다.

직불금 추가징수의 범위를 좁게 해석하는 논증의 전제가 된 문언의 불명확성·다의성 요건을 갖춘 것인지에 관하여는 의문이 남는다.

생각할 문제

1. 법률에 대한 목적론적 해석의 한계는 어디인가.

2. 구체적 타당성 있는 사안 해결을 위해 법의 일반원리를 원용할 수 있는 한계는 어디인가.

제 3 편

행정조직법

대법원 2019. 9. 10. 선고 2016두49051 판결
[국가 '법인' 내 공법인의 임무수행의 법적 효과]

우 미 형*

[사실관계]

1. 원고(한국도로공사)의 도로관리청 권한의 대행

「도로법」제23조 제1항 제1호, 제31조에 의하면, 고속도로의 공사와 유지·관리는 고속국도의 도로관리청인 국토교통부 장관이 수행해야 한다. 또한 「도로법」제112조 제1항[1] 등 관계 법령에 따르면, 국토교통부 장관은 한국도로공사에 유료도로화할 대상으로 결정된 도로의 신설·개축·유지 및 수선에 관한 공사의 시행과 관리를 그 부담으로 하도록 맡길 수 있고, 이 경우 한국도로공사는 해당 도로에 관하여 「도로법」에 따른 도로관리청의 권한을 대행할 수 있다. 국토교통부 장관은 위 각 규정에 따라 '서울—양양 고속도로'와 '순천—완주 고속도로'(이하 '이 사건 각 고속도로'라 한다) 신설에 관한 공사의 시행과 그 유지·관리를 원고에게 수행토록 했고, 그 결과 이 사건 각 고속도로에 대해 원고가 도로관리청인 국토교통부 장관의 권한을 대행하게 되었다.

2. 국유림 무상사용 허가 및 갱신

원고는 유료 고속도로에 해당하는 이 사건 각 고속도로의 건설공사를 하면서 원주시 지정면 판대리 산 113—1 외 2필지, 강릉시 성산면 어흘리 산 1—1 외 4필지, 강릉시 성산면 어흘리 산 1—26 및 강릉시 구정면 제비리 산 178(이하 이들 모두를 '이 사건 국유림'이라 통칭

---

* 충남대학교 법학전문대학원 교수
1) 「도로법」제112조(고속국도에 관한 도로관리청의 업무 대행) ① 국토교통부장관은 이 법과 그 밖에 도로에 관한 법률에 규정된 고속국도에 관한 권한의 일부를 대통령령으로 정하는 바에 따라 한국도로공사로 하여금 대행하게 할 수 있다.
② 한국도로공사는 제1항에 따라 고속국도에 관한 국토교통부장관의 권한을 대행하는 경우에 그 대행하는 범위에서 이 법과 그 밖에 도로에 관한 법률을 적용할 때에는 해당 고속국도의 도로관리청으로 본다.

하고, 필요시 순서대로 '제1국유림' 등과 같이 순번으로 특정한다)의 지하를 통과하는 터널들(이하 '이 사건 터널들'이라고 한다)을 건설하기 위하여, 피고1~3(이하 '피고들'이라고 한다)2)에게 이 사건 터널들이 위치하게 될 이 사건 국유림의 지하 부분(이하 '이 사건 지하 부분'이라고 한다)에 대한 국유림 사용 허가를 신청하였다.3) 그리고 피고들은 이 사건 국유림의 지하 부분에 대한 무상사용을 허가하였다.4)

이후 피고들은 이 사건 터널들 중 일부에 대해 무상사용 허가 기간을 갱신하였다.5) 「국유림의 경영 및 관리에 관한 법률」(2015. 2. 3. 법률 13129호로 개정되기 전의 것, 이하 '국유림법'이라고 한다) 제21조 제1항 제1호에 따르면, 국유림을 '국가가 공공용으로 사용하고자 하는 경우'(이하 '이 사건 조항'이라고 한다)에 해당하면 동법 제23조 제3항6)에 따라 국유림 사용료가 면제될 수 있는데, 피고들의 이 사건 지하 부분에 대한 국유림 무상사용 허가 및 갱신 등에 대해 이 사건 조항이 적용된 것이다.

3. 유상사용허가로의 전환 및 국유림 사용료 부과처분

이후 원고가 도로공사 또는 도로이용목적 등 공적인 목적을 위해 국유림을 사용하는 것은 국가기관이 사용하는 것으로 보기 어렵다는 중앙행정심판위원회의 재결등이 이어졌

---

2) 피고1은 산림청 북부지방산림청 홍천국유림관리소장, 피고2는 산림청 북부지방산림청 인제국유림관리소장, 피고3은 산림청 서부지방산림청 순천국유림관리소장이다.

3) 이 사건 각 고속도로와 이 사건 터널들은 도로법 제2조 제1호, 국유재산법 제6조 제2항 제2호 등에 따른 국유(행정)재산으로 기획재정부의 dBrain시스템에 국유재산으로 등록되어 있었다.

4) 피고1은, 제1국유림에 대해서는 2009. 10. 34,318㎡ 사용허가면적에 대해 공공용(고속도로 터널부지)을 사용허가목적으로 하여 2009. 11. ~ 2014. 10. 31. 기간동안 무상 사용허가를 하였고, 제2국유림에 대해서는 2011. 3. 21. 115,275㎡ 사용허가면적에 대해 공공용(도로)을 사용허가목적으로 하여 2011. 3. ~ 2016. 2. 28. 기간동안 무상 사용허가를 하였다. 피고2는 제3국유림에 대해 2011. 7. 18. 454,060㎡ 사용허가면적에 대해 공공용(도로-터널)을 사용허가목적으로 2011. 3. 14. ~ 2016. 2. 28. 기간동안 무상 사용허가를 하였다. 피고3은 제4국유림에 대해 2008. 2. 1. 81,837㎡ 사용허가면적에 대해 고속도로 지하터널부지를 사용허가목적으로 하여 2008. 1. 21. ~ 2013. 1. 20. 기간동안 무상 사용허가를 하였다.

5) 피고1은 제1국유림에 대해 2014. 10. 27.을 갱신일로 하여 사용허가목적을 기존과 동일하게 공공용(고속도로 터널부지)로 하고 갱신된 사용허가기간을 2014. 11. 1. ~ 2019. 10. 31.로 하여 무상으로 허가하였다. 피고3은 제4국유림에 대해 2013. 1. 17.을 갱신일로 하여, 사용허가목적을 역시 사실상 기존과 동일하게 공공용(고속도로 지하터널부지)로 하고 갱신된 사용허가기간을 2013. 1. 21. ~ 2017. 1. 20.로 하여 무상으로 허가하였다.

6) 제23조(대부료 등) ③ 산림청장은 제1항의 규정에 불구하고 제21조 제1항 제1호에 해당하는 경우에는 대부료등의 전부 또는 일부를 징수하지 아니할 수 있다.

다.[7] 그에 따라 피고들은 이 사건 각 지하 부분의 사용허가목적 및 사용허가조건을 변경하여 이 사건 각 지하 부분에 대한 무상사용허가를 소급하여 유상허가로 전환하였고, 원고에게 이 사건 각 지하 부분에 대한 국유림 사용료를 소급하여 부과하였다(이하 위 부과처분을 '이 사건 처분'이라 한다).[8]

[사건의 경과]

1. 1심 판결(서울행정법원 2015. 12. 17. 선고 2015구합68796 판결) 및 원심 판결 (서울고등법원 2016. 7. 26. 선고 2016누30929 판결)

이 글의 평석과 관련한 원고의 주요 주장 요지는 다음과 같다.[9]

"원고는 「도로법」에 따라 도로관리청인 국토교통부 장관의 고속국도의 신설·유지 및 수선에 관한 공사 등의 권한 일부를 대행하는 자로, 국가의 하부행정기관이나 국가의 사무를 대신 수행하는 자의 지위에서 이 사건 터널들을 축조하여 일반에 제공하게 된 것이므로, 원고의 이 사건 지하 부분 사용은 이 사건 조항에 해당하여 같은 법 제23조 제3항 제1호에 따라 국유림 사용료가 면제되어야 한다."

제1심판결을 그대로 인용한 원심판결은 원고의 주장을 받아들이지 않았다. 원심판결은 원고가 이 사건 지하 부분에 이 사건 터널들을 설치하고 유지·관리하는 것이 단지 국토교

---

7) 2013. 6. 28. 양산국유림관리소장은 원고의 도로공사와 관련한 국유림 사용에 대해 사용료 부과처분을 하였고 이에 대해 원고가 행정심판으로 다투었다. 중앙행정심판위원회는 원고가 고속국도의 관리에 관한 권한의 일부를 대행하는 자에 불과할 뿐 국가기관이 아니고, 유료고속국도는 불특정 다수의 사람이 자유롭게 사용하도록 제공되는 공공용 시설이 아니라 일정 금액의 통행료를 지불하는 사람에 한하여 이용할 수 있는 시설에 불과하므로 사용료 부과는 적법하다고 판단하였다. 이후 원고는 위 재결에 대해 더이상 다투지 않았으며 이후 서부지방산림청의 종합감사에서 유료고속국도의 터널공사에 허가된 국유림 무상사용허가를 유상으로 변경하기로 하여 그 감사 결과가 산림청 각 조직으로 하달되었다.
8) 원고는 이 사건 처분의 위법을 주장하면서 동시에 피고 대한민국을 상대로 이 사건 처분에 따라 이미 납부한 국유림 사용료 및 그에 대한 이자 상당액을 부당이득으로 반환하여야 한다는 청구를 병합하여 제기하였다. 이하에서 이 부분에 대한 논의는 생략한다.
9) 원고는 위 주장 외에도 ① 이 사건 터널들의 심도(深度) 등을 고려할 때 이 사건 각 국유림에 관한 대한민국의 소유권이 이 사건 각 지하 부분에까지 미친다고 할 수 없으며, ② 피고들이 소급하여 유상사용으로 변경한 것은 신뢰보호원칙에 위배된다는 주장을 하였다.

통부 장관의 집행기관으로서 이 사건 고속도로 공사 및 유지·관리 권한 중의 일부를 대행하는 데 불과하다고 볼 수는 없고, 이 사건 각 고속도로의 공사 및 유지·관리에 관한 국토교통부 장관의 권한 자체가 실질적으로 원고에게 위탁되어 이전되었다고 봄이 타당하다고 보았다. 그 주요 이유는 다음과 같다.

---

① 「도로법」 제112조 제2항은 원고가 국토교통부장관의 권한을 대행하는 경우, 그 대행하는 범위에서 이 법과 그 밖에 도로에 관한 법률을 적용 시 원고를 해당 고속국도의 도로관리청으로 보도록 규정하고 있다.

② 그에 따라 원고는 이 사건 각 고속도로에 관한 도로관리청의 지위에서 독자적인 판단에 따라 자신의 이름으로 도로의 점용허가(「도로법」 제61조), 점용료의 징수(「도로법」 제66조) 및 무단점용자에 대한 변상금의 부과·징수권한(「도로법」 제72조) 등의 권한을 행사할 수 있고, 권한 행사의 효과 역시 원고에게 **귀속**된다.

③ 원고는 도로의 설치·관리와 그 밖에 이에 관련된 사업을 함으로써 도로의 정비를 촉진하고 도로교통의 발달에 이바지함을 목적으로 **「한국도로공사법」에 의하여 설립된 독립된 공법인이다**(「한국도로공사법」 제1조). 원고는 휴게소 및 주유소의 설치와 관리사업 등을 통하여 수익을 얻는 **영리법인으로서의 성격**도 가지고 있고(동법 제12조 제1항), 원고가 각종 사업을 시행하여 발생한 이익은 이월손실금의 보전, 이익준비금의 적립, 주주에 대한 배당 등(동법 제14조)의 명목으로 처리되는 것을 볼 때, **원고를 국가에 속하는 단체나 기관이라고 볼 수는 없다.**

요컨대, (1심 판결을 그대로 인용한) 원심판결은 원고가 국가와는 독립된 공법인으로서 이 사건 각 고속도로의 일부인 이 사건 터널들을 설치하고 유지·관리함으로써 이 사건 지하 부분을 사용하고 있다고 봐야 하므로, 원고의 이 사건 지하 부분 사용은 국가가 공공용으로 이 사건 국유림을 사용하는 이 사건 조항에 해당하지 않는다고 판단하였다.

2. 대상판결

(1) 원고의 상고이유

원고는 상고이유에서 이 사건 조항의 '국가'를 협의의 중앙행정기관이 '직접' 관리하는 경우로만 한정하여 해석할 수 없고, 국토교통부 장관의 감독을 받는 국가 출자 공공기관으로, 국가의 하부조직의 지위에서 이 사건 지하 부분을 관리하는 원고가 사실상 이 사건 조항에서의 '국가'에 포함된다고 주장하였다.

(2) 대법원의 판단

대법원은 원심판결을 그대로 수긍하면서 원고의 상고를 기각하였다.

[판결의 평석]

I. 사안의 쟁점

대상판결은 「도로법」 제112조 제2항에서의 '대행'이 강학상 대행인지 위탁인지가 쟁점이라고 하면서, 비록 원고가 '도로관리청'의 지위에서 국가의 임무를 수행하더라도 국가로부터 형식적으로 법인격이 독립된 공공기관이기 때문에 이 사건 조항의 '국가'에는 해당할 수 없다고 판단하였다. 대상판결이 수긍한 원심 판단의 핵심은 결국 원고가 국가와 법인격을 달리하는 독립된 공법인이자 영리법인이라는 점이다.

만약 국토교통부 장관이 이 사건 임무수행 권한을 독립된 공법인이 아닌 국가법인에 속한 행정기관에 위임 또는 위탁하였다고 가정하더라도 법원은 대상판결과 동일한 판단을 하였을까. 아마도 그 경우에는 「도로법」 제112조 제2항에서의 '대행'을 강학상 위탁으로 해석하더라도 대상판결과 달리 이 사건 조항을 적용하여 판단하였을 것이다. 대상판결에는 국가와 법인격을 달리하는 공행정 주체로서의 공법인과 국가 상호 간의 관계는 어떠한지 등에 대해 깊이 고민하지 않은 채, 법인격 및 법효과의 귀속에 대한 기존의 민사법 법리에 경도된 사고가 고스란히 반영되어 있다. 대상판결은 '국가'의 개념을 고정적인 불변 개념으로 이해하고 있기도 하다. 동일한 법률용어라도 개별법에 따라 그 개념이나 의미의 범주가 달라질 수 있다는 사실에 대해서는 의문의 여지가 없다. 그러나 지금까지 유독 국가, 법인격을 가진 공공단체, 행정주체, 행정기관 등 행정조직법 개념에 대해서는 판례가 고정된 상(아마도 민사법상 '법주체'의 개념)을 전제로 판단해왔다.

요컨대, 이 사건의 쟁점은 강학상 대행과 위탁의 구별기준이 아니다. 국가 내지 공공단체가 '법인격'을 갖고, 법적 효과가 이들에게 '귀속'된다는 의미가 무엇인지, 나아가 원고가 이 사건 지하 부분을 관리하는 권한이 국가 사무임이 분명한데도 그 권한 행사의 효과가 최종적으로 '국가'로 귀속된다고 보기 어려운지가 핵심 쟁점이다.

이하에서는 대상판결이 「도로법」 제112조 제2항에서의 '대행'을 강학상 위탁으로 해석한 후, 곧바로 이 사건 원고를 이 사건 조항에서의 '국가'에 포함되지 않는다고 판단한 논리적 전제에 대해 살펴보고(Ⅱ. 판례의 이해), 대상판결에 대한 비판적 입장에서 오늘날 '국가법인격'의 의미, 공행정주체로서의 원고의 지위, 공행정주체의 권한행사 효과의 '귀속' 등에 대한 논의를 기초로 이 사건 조항을 재해석해본다(Ⅲ. 법리의 검토).

Ⅱ. 판례의 이해

대상판결에서는 이 사건 지하 부분에 이 사건 터널들을 설치하고 유지·관리하는 국토교통부 장관의 권한 자체가 원고에게 위탁되었으므로, 그에 따른 당연한 결론으로 원고는 이 사건 조항에서의 '국가'에 해당하지 않는다고 보았다. 그러면서 그 이유에서 원고가 이 사건 각 고속도로에 관하여 수행하는 권한 행사의 효과가 원고에게 (최종적으로) 귀속되고, 원고는 독립된 공법인이라는 점을 들고 있다. 즉, 대상판결은 원고가 수행하는 임무가 국가사무일지라도 원고는 국가와 독립된 법인격을 가지고 있기 때문에 원고의 임무수행의 법적 효과는 결코 (이 사건 조항뿐 아니라 우리 법질서에서) 국가에 귀속되기 어렵다고 본 것이다. 이 부분에서 대상판결은 행정주체의 법인격에 대해 민사법에 기초한 고정관념을 전제로 하고 있다. 모든 법인격 주체는 권리능력을 가지고 있고, 법인격을 가진 행정주체의 임무수행의 법적 효과는 해당 법인격 주체로 '최종' 귀속된다는 것이다. 요컨대, 대상판결에 따르면, 국가의 '법인격'과 기타 공공단체의 '법인격'은 동일한 개념이고, '법인격'에 따라 임무의 성격도 달라진다.

1. 행정주체로서의 국가와 공공단체

강학상 행정주체란 행정을 행하는 법주체로, 국가는 법인격을 가진 법인으로 행정법관계의 시원적 법주체라는 것이 통설이다. 한편, 국가행정의 일부가 지방자치단체, 공공단체 등에게 위임 또는 위탁되는 경우가 있는데, 이 경우에도 국가행정으로서의 실질은 그대로 유지된다.[10]

판례는 수임자가 독립된 법인격을 가지고 있는 경우, 국가행정의 법적 효과는 국가가 아닌 수임자에게 최종적으로 귀속된다고 보는데, 이에 대한 관련 학설은 찾아보기 쉽지 않

---

10) 박균성, 『행정법론(상)』, 제22판, 2023, 106면.

고, 사인에 대한 '협의의 위탁'인 경우에는 그 법적 효과가 사인에게 귀속되고, 대행의 경우에는 위임자인 국가에 귀속된다는 정도로 설명되고 있다.[11]

대상판결은 위와 같은 학설과 판례를 전제로, "도로의 설치·관리 등을 통해 도로의 정비를 촉진하고 도로교통의 발달에 이바지함을 목적으로" 입법자가 설립한 원고 한국도로공사를 '사인'으로 보고, 「도로법」 제112조 제2항에서의 '대행'의 법적 성질을 강학상 위탁으로 논증한 후 이 사건 결론에 이르렀다.

2. 권한의 대행과 위탁

(1) 권한의 의의와 효과

행정청의 권한이란 행정청이 법령상 행정주체를 위해 그 의사를 결정하고 표시할 수 있는 범위 또는 행정청이 유효하게 직무를 수행할 수 있는 범위를 말한다. 행정청은 국가의 기관에 불과하므로 행정청이 권한을 행사한 효과는 국가에 귀속한다.[12]

(2) 권한의 대행과 위탁

강학상 '대행'(代行) 개념에 대한 확립된 견해는 찾아보기 어렵다. 실정법상 '대행'은 법정대리로서의 대행, 위임·위탁으로서의 대행, 행정사무지원으로서의 대행 등으로 나뉜다.[13] 이 사건 조항에서의 대행은 굳이 말하자면 위임·위탁으로서의 대행에 해당할 것이다.

위탁이란 사인에게 주로 기술적·전문적 성격의 업무를 위탁하는 것으로, 「정부조직법」 제6조 제3항과 「행정권한의 위임 및 위탁에 관한 규정」(이하 '규정'이라고 한다) 제10조 이하에서 규정하고 있다. 권한의 위탁은 법률이 정한 권한을 이전하는 것이므로 권한의 위임과 마찬가지로 행정권한 법정주의에 따라 법률의 근거가 있어야 한다.[14] 규정 제2조 제3호에서는 지방자치단체가 아닌 법인·단체 등에게 행정기관의 사무를 맡겨 그의 명의로 그의 책임 아래 행사하도록 하는 것을 모두 '민간위탁'으로 정의하고 있다.[15]

---

11) 박균성, 앞의 책, 106면.

12) 김동희, 『행정법II』, 제26판, 2021, 13-14면; 김남진/김연태, 『행정법II』, 제27판, 2023, 14-15면.

13) 홍정선, "지방자치법상 민간위탁의 개념 - 행정실무상 유사개념과의 비교를 중심으로 -", 『지방자치법연구』 제13권 4호, 2013, 96-97면.

14) 대법원 1992. 4. 24. 선고 91누5792 판결.

15) 「정부조직법」 제6조(권한의 위임 또는 위탁) ① 행정기관은 법령으로 정하는 바에 따라 그 소관사무의 일부를 보조기관 또는 하급행정기관에 위임하거나 다른 행정기관·지방자치단체 또는 그 기관에 위탁 또는 위임할 수 있다. (후문 생략)
③ 행정기관은 법령으로 정하는 바에 따라 그 소관사무 중 조사·검사·검정·관리 업무 등 국민의 권

행정권한의 위임이나 위탁이 있으면, 위임청은 위임사항의 처리에 관한 권한을 잃고 그 사항은 수임청의 권한이 된다. 대법원 1996. 11. 8. 선고 96다21331 판결에 따르면, 도로의 유지·관리에 관한 상위 지방자치단체의 행정권한이 행정권한 위임조례에 의하여 하위 지방자치단체장에게 위임되었다면, 그것은 기관위임이지 단순한 내부위임이 아니므로 권한을 위임받은 하위 지방자치단체장은 도로의 관리청이 되며 위임관청은 사무처리의 권한을 잃는다. 또한 규정에 따르면, 위임, 위탁, 민간위탁을 가리지 않고 위임·위탁기관은 수임·수탁기관에 대해 일반적 지휘·감독권 및 감독책임을 가진다(규정 제6, 8, 9조).

(3) 소결

규정 제5장 민간위탁사항 제54조 제5항 제1호에서는 국토교통부 소관 사항 중 고속국도 관련 사무를 한국도로공사에 '위탁'한다고 규정한다. 이때 위임청은 국가가 아닌 국토교통부 장관이며 수임청은 한국도로공사이므로, 위탁을 통해 그 범위 내에서 권한을 잃는 주체는 엄밀히 말하면 국가가 아닌 국토교통부 장관이다. 동시에 규정 제6, 8, 9조 등에 따라 한국도로공사가 '민간'위탁에 따라 수탁사무를 처리하더라도 위임청인 국토교통부 장관은 그 사무처리가 위법할 때뿐 아니라, 부당할 때에도 여전히 이를 취소 또는 정지할 수 있다. 원고는 국토교통부 장관의 임무를 위탁받았지만, 그 임무는 여전히 국가의 임무이기 때문에 국토교통부 장관은 원고에 대해 여전히 감독권을 가진다.

3. 원고의 지위와 권한

(1) 권한 수탁자로서의 원고의 지위

법률해석의 기본 원칙상 법에서 '대행'이라고 규정하더라도 이에 얽매이지 말고 법의 체계적 해석 및 그 실질에 따라 강학상 위탁에 해당하는지를 판단해야 한다. 대상판결은

리·의무와 직접 관계되지 아니하는 사무를 지방자치단체가 아닌 법인·단체 또는 그 기관이나 개인에게 위탁할 수 있다.

「행정권한의 위임 및 위탁에 관한 규정」 제2조(정의) 이 영에서 사용하는 용어의 뜻은 다음과 같다.

1. "위임"이란 법률에 규정된 행정기관의 장의 권한 중 일부를 그 보조기관 또는 하급행정기관의 장이나 지방자치단체의 장에게 맡겨 그의 권한과 책임 아래 행사하도록 하는 것을 말한다.

2. "위탁"이란 법률에 규정된 행정기관의 장의 권한 중 일부를 다른 행정기관의 장에게 맡겨 그의 권한과 책임 아래 행사하도록 하는 것을 말한다.

3. "민간위탁"이란 법률에 규정된 행정기관의 사무 중 일부를 지방자치단체가 아닌 법인·단체 또는 그 기관이나 개인에게 맡겨 그의 명의로 그의 책임 아래 행사하도록 하는 것을 말한다.

이 사건 조항의 '대행'을 강학상 '위탁'으로 판단하였고, 이점에 대해서는 대상판결의 논증에 문제가 없다. 또한 아래 판례에 따르더라도 원고가 「도로법」상 대행하고, 「한국도로공사법」상 수탁받은 임무의 범위 안에서, 원고는 강학상 대행자가 아닌 수탁자의 지위에 있다고 보는 것이 타당하다.[16)]

대법원 2014. 7. 10. 선고 2012두23358 판결에서는 「철도기본법」상 철도의 관리청인 국토교통부 장관이 철도시설의 건설 및 관리 등에 관한 업무의 일부를 한국철도시설공단으로 하여금 '대행'하도록 한 경우, 동법상 대행의 범위 안에서 철도시설공단이 철도의 관리청으로 간주된다고 하였다. 나아가 '대행'이라는 법문언에도 불구하고 국토교통부 장관의 권한이 한국철도시설공단에 위탁되었다고 하면서, 행정재산에 관한 관리청인 국토해양부 장관의 변상금 부과 권한이 한국철도시설공단에게 위탁되어 이전되었다고 봄이 타당하다고 보았다.[17)]

동시에, 이 사건 고속국도의 도로관리청은 국토교통부 장관(「도로법」 제23조 제1항 제1호)으로 원고가 국토교통부 장관의 일부 권한을 대행하더라도 국토교통부 장관은 여전히 고속국도의 지정·고시(11조), 도로의 사용 개시 및 폐지(39조) 등 도로관리 권한을 도로관리청의 지위에서 수행한다.

(2) 원고가 수탁받은 권한의 범위와 국유림 사용료 부담

이 사건 지하 부분에 대한 원고의 도로(터널 부지) 사용권 획득권한은 도로의 설치, 관리 권한에 당연히 포함된다. 가정적으로 원고가 조직법상 독립적 법인격을 가지는 도로공사가 아니라, 원래적 의미의 도로관리청인 국토교통부 장관이라고 생각해보면, 피고들은 국토교통부 장관에게 국유림 사용료를 부과하는 이 사건 처분을 하지는 않았을 것이다. 국토교통

---

16) 박균성 교수는 현행 「도로법」 제112조와 동일한 내용을 규정했던 「고속국도법」 제6조 제1항상 한국도로공사에 의한 고속국도에 관한 건설교통부장관의 권한의 대행은 실질에 있어서는 권한의 위탁으로 보는 것이 타당하다는 견해이다(박균성, 『행정법론(하)』, 제21판, 2023, 40면)

17) 대법원 2014. 7. 10. 선고 2012두23358 판결에서는 명문의 규정이 없음에도 한국철도시설공단에게 변상금 부과 권한을 인정하였다. 그런데 이 판결에서 변상금을 대외적으로 '부과'하는 권한과, 대상판결에서 국가의 임무를 수행하는 한국도로공사와 국가에 속한 협의의 행정기관인 산림청장 상호 간 임무의 수행을 위해 필수적으로 수반되는 '금전적 의무를 부담하는 의무'는 전혀 다르다. 변상금 부과는 행정청이 금전적 부담을 부과하는 처분을 하는 것으로 일반적인 행정권한에 해당하고, 그 이행으로 납부되는 부담금은 결국 국고로 귀속되는 반면, 국유림법상 국유림 사용료를 부담하는 의무는 금전적 의무부담의 주체가 되는 것으로 이는 관리청(행정청)의 개념과 친하지 않다. 「도로법」 제85조 제1항에서도 이 사건에서와 같이 국토교통부 장관이 도로관리청인 경우 그 비용을 국가가 부담함을 원칙으로 규정하고 있다.

부 장관의 도로관리권한이 지방자치단체의 장에게 위임되었더라도, 지방자치단체의 장은 국가의 기관의 지위에서 해당 수임 임무를 수행하는 것이므로, 지방자치단체의 장이 도로의 관리권한을 위임받아 도로관리청의 지위를 가진다고 하여 산림청장이 (국가의 기관으로서의 지위를 가지는데 불과한) 지방자치단체의 장에게 국유림 사용료 부과 처분을 하지는 않았을 것이다.

원고는 위탁 범위 내에서 이 사건 고속국도의 도로관리청으로 간주되고, 「도로법」상 도로관리청은 국토교통부 장관 또는 지자체장이다(「도로법」 제2조 제5호). 도로에 관한 비용은 "도로관리청이 국토교통부장관인 도로에 관한 것은 국가가 부담하고, 그 밖의 도로에 관한 것은 해당 도로의 도로관리청이 속해 있는 지방자치단체가 부담한다"는 「도로법」 제85조 제1항 규정은 국토교통부 장관의 권한을 위탁받아 '도로관리청'으로 간주된 원고에 대해서도 당연히 그대로 적용된다. 즉, 우연히 도로관리청의 권한을 위임받은 자가 국가와 법인격을 달리하는 원고라고 하더라도, 이 사건 지하 부분에 대한 비용부담 주체가 국토교통부 장관임이 법상 명백한 이상, 독립적 법인격을 이유로 원고가 사용료 납부 의무를 부담해서는 안 될 것이다.[18]

Ⅲ. 법리의 검토

1. 대상판결에 대한 비판적 고찰의 필요성

(1) 공법영역에서 법인격의 특수성

대상판결은 국가를 '법인'으로 전제하고, 원고를 국가에서 독립된 법인격 주체로 보고 있다. 일반적으로 법인격이란, 법이 특정 대상에 대해 법질서에서의 '인'(권리 및 의무의 최종적 귀속 주체)으로서의 지위를 부여하는 것으로 법인격 대상보다 상위법질서가 부여할 수 있다. 그렇기에 아래에서 보듯이 국가법인에서의 '법인격'은 국가법인 조직에 속한 여러 행정주체의 '법인격'과 같은 평면에서 이해할 수 없다. 지금까지 행정조직법에 대한 기본적 이

---

[18] 참고로 원고는 「유료도로법」상 대한민국으로부터 유료도로관리권을 출자받은 권리자이다. 동 관리권은 유료도로를 유지 및 관리하면서 통행료 등을 받을 수 있는 권리를 내용으로 하며, 원고가 유료도로관리권을 출자받았기 때문에 이러한 관리에서 비롯된 (예상치 못한) 추가적인 비용도 부담해야 한다는 주장이 가능할 수는 있다. 그러나 이 주장은 이 사건 조항에서의 국가에서 법인격이 독립된 행정주체를 제외함을 전제로 하는 것인데, 이 사건 조항을 국가 내부의 법관계에서 임무를 수행하는 국가기관 상호간의 비용정산 관계로 이해한다면 유료도로관리권이 적용될 여지가 없다.

론의 연구가 충분히 이루어지지 않은 탓에 공법영역에서 법인격의 상대성, 법효과의 귀속 등에 대해 깊이 고민하지 못했고, 그 결과 공법영역에서의 법인격이 민사법에서의 그것과 동일하게 이해되었다. 대상판결도 이러한 배경에서 이루어졌다고 생각한다.

(2) 국가 행정청으로서의 원고의 지위

한국도로공사는 독립된 법인격이 있는 행정주체이면서 동시에 행정청으로 기능한다. 한국도로공사의 법인격은 전체 국가조직 내에서 국가의 법질서에 의해 법인격이 인정된다는 점에서 국가의 법인격보다는 「지방자치법」 제3조에 따른 지방자치단체의 법인격에 가깝다. 엄밀히 말하면 국가와 지방자치단체 외에 법인격을 가지는 공공단체의 임무는 예외 없이 '자신'의 임무가 아닌 국가 또는 지방자치단체의 임무라는 점에서 원고 한국도로공사는 헌법상 자치권에 근거하여 자치사무를 수행할 권한이 인정되는 지방자치단체와도 다르긴 하다. 그런데 대상판결이 너무도 당연하게 여겨 논증조차 이루어지지 않은 전제 사실 중에는 (국가와 한국도로공사의 '법인격'이 전혀 다른 개념이라는 점을 차치하고서라도) 공법 질서에서 법인격이 다른 법주체 사이에는 법효과의 귀속이 아예 불가하다는 논리가 있다. 즉, 하나의 법인격 안에서 이루어진 임무 수행의 법적 효과의 귀속은 해당 법인격 내에서 종결되어야 한다는 것이다. 그랬기에 이 사건 조항에의 적용 여부를 판단하기에 앞서 「도로법」 제112조 제2항에서의 '대행'의 법적 성질을 치밀히 논증하였다. 그런데, 사실 위탁인지 여부는 이 사건 조항의 적용 여부를 판단하는데 그리 중요하지 않다. 위임이나 위탁이 있더라도 일정한 경우에는 법효과의 귀속이 가능하다는 사실, 즉, 귀속 관계의 상대성에 대해 우리는 이미 잘 알고 있다. 확립된 판례에 따르면, 지방자치단체의 경우 국가의 사무를 수행하게 되는 기관위임 사무에서 대외적으로는 지방자치단체의 장이 권한행사의 주체로 등장하지만, 국가배상관계에서는 위임을 받은 지방자치단체의 장의 권한 수행의 법적 효과가 국가로 최종 귀속하기 때문이다.

요컨대, 원고가 「공공기관의 운영에 관한 법률」(이하 '공공기관법'이라고 한다)에 따른 공공기관으로 국가와 별도의 법인격을 가지더라도, 위임·위탁된 권한의 행사 주체이자 관리청의 지위를 갖는 원고를 국가의 행정조직으로 보아야 한다. 원심은 [(지방자치단체가 아닌) 다른 법인격 주체에 대한 권한의 위탁 → 국가의 권한을 행사하더라도 별도의 법인격 주체로 귀속되어야 함]이라는 논리를 전제로 하는데, 이는 옳지 않다. 기관위임의 법리를 관리청으로서의 원고에 대해 적용한다면 원고는 수탁 범위 내에서 자신의 이름과 책임으로 권한을 행사하면서 동시에 국가의 기관으로서의 지위인 관리청으로 인정될 수 있다.[19]

2. 국가법인에 대한 이론적 기초: 독일의 논의를 중심으로

(1) 국가조직의 구성

행정조직법 이론이 축적된 독일에서, 국가조직은 상호 법적·사회적으로 중첩되어 얽혀 있으면서도 동시에 일정한 독립성을 가지는 다양한 주체들로 이루어져 있다고 이해된다.[20] 독일 기본법(Grundgesezt) 제86조, 제87조 제3항에서도 연방 행정부뿐 아니라 공법상 연방 법인이나 기관 등 국가의 직접 및 간접 국가행정을 수행하는 모든 기관이 연방(Bund)에 속한다고 규정하고 있다.[21] 독일 실무에서도 국가조직에서 법인격을 가진 모든 공법상 법인이 행하는 임무 수행의 효과가 국가법인으로 귀속된다는 사실에 대해서 의문이 제기되지 않는다.[22] 독일에서 국가행정은 크게 직접행정과 간접행정으로 구분된다. 간접행정은 기본적으로 국가행정을 담당할 새로운 법인의 설립에 의해 가능하다. 법인의 설립되면, 직접행정에서 기능하는 위계구조를 대신하여 간접행정기관에 대해 국가의 감독 권한이 인정된다. 간접행정도 '국가행정'이기에 민주적 통제가 유효하게 작동해야 하기 때문이다. 다만 국가로부터 어떤 식의 감독과 통제가 이루어지든, 간접행정기관이 감독 주체인 연방법인에 속한다는 사실은 의심할 수 없다는 사실이 강조된다.[23]

국가조직 내에는 국가의 행정기관뿐 아니라 실정법상 독립된 법인격이 인정되는 지방자

---

19) 참고로 대상판결에서는 원고의 영리법인으로서의 성격과 이 사건 터널 부지 관리청으로서의 지위가 직접적인 관련을 가진다고 하면서, 원고가 영리 주체이므로 당연히 관리청으로서 권한과 관계된 (갑작스러운) 추가 예산까지 부담해야 한다고 본다. 그러나 원고가 영리 주체적 성격도 일부 가지고 있는 것과 이 사건 고속국도 설치 또는 관리 권한은 무관하다. 오히려 원고를 영리 주체로 볼 경우 원고 주주의 이해관계를 생각하면, 원고가 부담하지 않아도 될 비용을 굳이 부담하는 것은 영리성에 반한다.

20) Wolff/Bachof/Stober/Kluth, Verwaltungsrecht II, 7. Aufl., 2010, S. 210-211; 우미형, 『Hans J. Wolff의 행정조직법 이론에 관한 연구』, 서울대학교 박사학위논문, 2016, 115면.

21) Art 86 Führt der Bund die Gesetze durch bundeseigene Verwaltung oder durch bundesunmittelbare Körperschaften oder Anstalten des öffentlichen Rechtes aus, so erläßt die Bundesregierung, soweit nicht das Gesetz Besonderes vorschreibt, die allgemeinen Verwaltungsvorschriften. Sie regelt, soweit das Gesetz nichts anderes bestimmt, die Einrichtung der Behörden.
Art 87 (3) Außerdem können für Angelegenheiten, für die dem Bunde die Gesetzgebung zusteht, selbständige Bundesoberbehörden und neue bundesunmittelbare Körperschaften und Anstalten des öffentlichen Rechtes durch Bundesgesetz errichtet werden. Erwachsen dem Bunde auf Gebieten, für die ihm die Gesetzgebung zusteht, neue Aufgaben, so können bei dringendem Bedarf bundeseigene Mittel- und Unterbehörden mit Zustimmung des Bundesrates und der Mehrheit der Mitglieder des Bundestages errichtet werden.

22) Dürig/Herzog/Scholz, Grundgesetz-Kommentar, GG Art. 83, 2022. 9., Rn. 126, 127.

23) Dürig/Herzog/Scholz, 앞의 책, Rn. 128.

치단체와 여러 공공단체가 속해 있다. 우리나라 대다수의 행정법 교과서에서는 국가를 시원적 행정주체로 당연히 법인격을 가진다고 설명하는데, 국가가 가지는 '법인격'의 의미와 국가조직에 속하면서'법인격'을 가지고 있는 행정주체와 국가법인의 차이를 충분히 설명하지 않고 있다. 우리 헌법에서도 국가조직과 여러 행정주체의 관계를 명시적으로 밝히고 있지는 않으나, 그렇다고 하여 공임무의 수행을 위해 설립된 공공단체가 국가조직에 포함된다는 사실을 부인할 수는 없다. 물론 행정조직법에 대한 연구가 비교적 많이 축적된 독일에서조차 행정조직을 구성하는 여러 주체의 분류 기준과 기본개념 등은 여전히 체계적이지 않고 모호하다고 여겨진다. 행정조직법 영역에서 여러 다양한 임무수행 주체를 다른 유사 개념 또는 이해와 구별하려는 시도는 거의 없고, 행정조직법 기초 개념의 모호성은 결과적으로 조직법의 조종적 기능까지 상실케 한다고 지적된다.[24] 그럼에도 독일에서는 행정조직법 영역에서의 기본개념, 즉 '법인격', '귀속', '권리능력' 등의 개념에 대해서는 대체로 합의가 이루어졌고 이는 우리에게도 적지 않은 시사점을 주기에 이하에서는 이러한 이론을 간단히 소개하면서 대상판결을 평석해 본다.

(2) 권리능력과 귀속의 개념

권리능력(Rechtsfähigkeit) 또는 법주체성(Rechtssubjektivität)이란 권리 또는 의무의 주체(Träger)가 될 능력, 즉, 일반적으로 말해서 법규범의 귀속주체가 될 능력을 의미한다. 따라서 권리능력은 법규범을 전제로 하고 법규범의 해석에 따라 달라진다. 달리 말해 권리능력은 법규상 법효과가 귀속되는 최종점의 확인을 위한 구별기준이다. 법에 따라 일정한 권한 내지 권능을 분배받게 되고 당해 조직법규에 따른 최종적 귀속점이 되는 경우 모두 그 범위 내에서 권리능력이 인정된다. 이는 Hans J. Wolff(한스 율리우스 볼프)가 기초를 닦은 개념으로 오늘날에도 여전히 중요한 의미를 가진다고 한다.[25][26]

복잡한 국가조직 내에서 발생하는 다양한 귀속(Zurechnung)의 개념을 명확하게 할 필요성에 대해서도 일찍이 볼프가 강조한 바 있다. 볼프는 잠정적 귀속과 최종적 귀속의 구별을 중요시했다. 전통적 이해에 따르면 오로지 법인(Juristische Person)만이 귀속의 최종주체로서 등장한다. 그런데 볼프는 법인 상호 간의 귀속 또한 승인하고 이른바 지체(Glied) 개념을 도

---

24) Wolff/Bachof/Stober/Kluth, 앞의 책, S.345.

25) Wolff/Bachof/Stober/Kluth, 앞의 책, S.347.

26) *私法*은 권리능력을 개개의 법명제가 아닌 전체 법질서상 다른 권리능력 주체와의 거래에 참여할 수 있는 일반적 자격으로 파악하지만 공법상 권리능력은 규범의 내용에 따라 상대적이다. Isensee/Kirchhof (Hg.), 앞의 책, S.1273.; 우미형, 앞의 글, 112면.

입하여 귀속의 개념을 확장하였다.[27] 심지어 볼프는 법인 내부에서 행정임무를 수행하는 주체도 최종귀속주체가 될 수 있다고 보았다. 귀속의 영역에서 법인의 도그마틱적 의미는 사라졌다고 평가되기도 한다.[28] 법인격이 여전히 필요하다는 일부 입장에서도 법인격은 권한의 집합의 법적 구성을 위한 개념으로 이해한다. 즉, 원칙적으로 연방과 주 사이의 법적 관계 또는 주와 지방자치단체 사이의 법적 관계는 내부법 관계이지만, 국가와 지방자치단체 상호 간의 감독 관계 또한 외부적 법적 효과를 일으키는 외부법 관계일 수 있으므로 행정조직법상 법인격은 내부법과 외부법을 구별짓는 기준이 될 수 없다고 본다.[29]

(3) 국가법인격의 함의

전통적으로 *私法*상 법인이 정당화되는 이유 또는 목적은 기관담당자의 행위로 인한 책임이 법인의 재산으로 제한된다는 데에서 찾을 수 있다. 그런데 전통적인 국가법인도 재산 책임의 한정을 위한 개념일까. 과거 독일 행정조직법의 이론적 기초를 놓은 독일의 법철학자이자 행정법학자인 볼프는 국가와 공공단체의 재산 책임은 원칙적으로 제한되지 않는다고 보았다. 민사법상 법인의 경우와는 달리 국가재산이 다 소진되는 극단적인 경우에도 국가의 재정책임이 소멸된다고 볼 수는 없다는 것이다. 그럼에도 불구하고 볼프가 국가조직을 법인으로 구성한 이유는 국가의 재산이 소진되는 극히 예외적인 상황에서조차 국가조직은 제3자에 대해서는 항상 최종적인 권한의 귀속주체가 되어야 하기 때문이다.[30]

우리는 별다른 고민 없이 공법인이든 사법인이든 법인은 '완전한 권리능력'을 가졌다고 여기곤 한다. 즉, 완전한 권리능력이란 사법관계에 참여할 능력을 가졌다는 의미로 이해된다. 그런데 공법인이 공법인으로서 '완전한' 권리능력을 가졌다고 말하기는 쉽지 않다. 독일에서 연방이나 주, 지방자치단체는 확실히 다른 행정단위보다 더 많은 권리능력을 가지고 있긴 하지만 그 밖에 다른 행정주체나 기관을 포함한 행정단위 상호 간의 권리능력 상

---

27) 볼프는 일찍이 국가법인이 법인격을 가진다는 것과 지방자치단체 등 기타 공법인이 법인격을 가진다는 의미가 다르다는 점을 '지체'라는 개념을 통해 드러냈다. 즉, 지방자치단체나 공공단체를 법인격이 있는 국가기관으로 이해한 것이다. 볼프는 국가조직 이외의 나머지 공법상 단체는 비록 법기술론적 관점에서 법인격이 인정되더라도 기본적으로 국가조직과 관련해서는 기관의 지위로 파악된다고 보았다. 우미형, 앞의 글, 141면; Wolff/Bachof/Stober/Kluth, 앞의 책, S.211.

28) Wolff/Bachof/Stober/Kluth, 앞의 책, S. 352-353. 한편 행정작용의 법효과가 최종적으로 귀속된다면 법인의 지위가 인정되고 이러한 법인이라는 개념은 행정조직의 권리능력을 설명하는 개념으로 오늘날에도 포기하기 어려운 주요 개념이라는 견해도 있다. Isensee/Kirchhof(Hg.), Handbuch des Staats Rechts, Dritte Aufl., Band V, 2007, S.474-475.

29) Isensee/Kirchhof(Hg.), 앞의 책, S.477-478.

30) 우미형, 앞의 글, 78면.

호간의 차이는 그저 상대적이다.[31] 공법 영역에서의 행정주체는 항상 법상 정해진 권한 내에서 활동할 수밖에 없다는 점을 떠올리면 이들에게는 부분적 권리능력만 인정된다는 점이 분명해진다. 일반적으로 민사법관계에서는 완전한 권리능력을 관행적으로 인정하고, 행정주체는 민사법관계에 참여할 때에 한해 완전한 권리능력이 제한적으로 인정된다고 이해하기는 하지만, 자연인이나 사인이 조직한 사법상 조직의 경우에도 모든 법관계에서 권리의무의 주체가 될 수는 없다.[32]

오늘날 독일에서는 국가조직을 논할 때 반드시 법인(Juristische Person)이란 용어를 사용하지는 않는다. 공공영역뿐 아니라 민간영역에서조차 최종적 귀속주체로 설명되는 법인의 개념을 깨고 부문별 특성에 기반하여 귀속기준을 각각 설정해 나가는 경향이 있다는 점도 중요하다. 공공영역에서는 법인이 법상 권한의 범위 내에서 임무 수행이 가능하므로, 공법상 법인이 작동하는 영역에서는 이러한 경향이 더 강하다. 심지어 법인 개념은 지금까지 부여된 기본적인 지도 기능을 더 이상 수행하지 못한다고까지 한다.[33][34]

3. 공기업의 영리성

대상판결에서는 원고인 한국도로공사가 공기업으로서 가지는 '기업성'이 곧 영리성이라고 이해하고 원고가 영리 주체이므로 '대외적'인 피고들과의 관계에서 당연히 비용을 부담할 책임이 있다고 보았다. 한국도로공사가 공공기관법상 준시장형 공기업이라고 하더라도 여기서 공기업이 가지는 영리성이 「상법」 제169조[35]에서와 같이 회사의 본질적 속성으로서의 '영리성'을 의미하는지는 의문이다. 오히려 공기업에서의 '공공'은 본질적 목적적 요소이고 '기업' 내지 '독립기관'은 수단적 요소로 이해하는 것이 타당하다.[36] 대상판결에서도 이 사건 고속도로 설치, 관리를 위한 이 사건 지하부분 사용허가를 받는 임무는 원래 국가가 도로관리청으로 수행해야 할 국가의 임무임이 법 규정상 명백하다. 원고는 이러한 국가의 임무를 보다 효율적이고 경제적으로 수행하기 위하여 설립된 독립한 법인격을 가진 행

---

31) Isensee/Kirchhof(Hg.), 앞의 책, S.481-482.

32) Wolff/Bachof/Stober/Kluth, 앞의 책, S.349.

33) Wolff/Bachof/Stober/Kluth, 앞의 책, S.351.

34) 예외적으로 국가조직이 전체로서든, 연방, 지방자치단체, 공기업 등의 형태로든 사법관계에서 재산의 주체로 등장할 때만 재산권의 귀속주체로서 '법인격'을 가졌다고 본다. Isensee/Kirchhof(Hg.), 앞의 책, S.1270-1271.

35) 제169조(회사의 의의) 이 법에서 "회사"란 상행위나 그 밖의 영리를 목적으로 하여 설립한 법인을 말한다.

36) 朴正勳, "公共機關과 行政訴訟— 공공기관의 '행정청 자격'에 관한 대법원판례의 극복을 위해 —", 『행정법연구』 제60호, 2020, 20면.

정주체일 뿐이다. 설령 대상판결의 취지대로 '영리성'을 인정한다 하더라도 이 사건 조항의 자연스러운 해석에 따라 도로관리청으로써의 원고를 국가(조직)의 일부로 보아 원고가 스스로 비용을 부담하지 않을 수 있는 방법이 있음에도, 굳이 비용을 부담한다고 하는 것이 과연 상법에서 말하는 협의의 영리성의 개념에 부합하는지도 의문이다.

4. 대상판결의 재구성

이 사건 조항에서의 '국가'를 해석하는 방안에는 첫째, 원고를 포함하는 전체 국가조직으로 해석하는 견해, 둘째, '국가의 임무를 수행하는' 주체로서의 '국가'로 해석하는 견해, 셋째, '국가'를 국가의 직접행정의 범위까지로 제한하는 견해가 있다. 대상판결은 첫째 내지 둘째 견해에 대해서는 아예 고려조차 하지 않은 채, 도로법 제112조 제2항의 '대행'을 강학상 '위탁'으로 보고 원고가 국가의 '직접행정'에 포함되지 않는다는 이유로, 즉 '독립된 공법인'으로 국가에 속하는 단체나 기관이 아니므로 이 사건 조항이 (당연히) 적용되지 않는다고 보았다. 위에서 살펴본 독일의 통설적 행정조직법 이론에 따르면 대상 판결에는 다음과 같은 논리상 오류가 있다.

① 대상판결은 구체적 법규정과 관계없이, 언제나 '국가'내부에는 독립된 법인격을 가진 조직은 포함될 수 없다고 단정하였다. 독일에서는 이제 국가법인이라는 용어를 많이 쓰지 않지만 사용하는 경우에도 국가법인 내에 '법인격 주체'가 얼마든지 포함될 수 있다는 점에 대해서는 전혀 이견이 없다.

② 공법영역에서 인정되는 '법인격'여부 및 정도는 실정법 규정의 해석에 따라 달라진다. 이른바 '완전한 법인격'을 가지는 것으로 이해되는, 사법 질서에 참여할 수 있는 자격인 법인격과 달리 공법영역에서의 '법인격'은 실정법상 귀속규범의 내용에 따라 달라진다. 대상판결은 국가 '법인'과 한국도로공사의 '법인'을 동일한 선상에서 이해하는 오류를 저질렀을 뿐 아니라 공법영역에서의 '법인'의 개념이 고정적이라고 보고 있다.

③ 대상판결은 국가조직 내부에 한국도로공사가 포함된다는 점을 받아들이지 않았기에, 당연한 논리적 귀결로 법인과 법인 상호 관계에서의 귀속 가능성을 부인한다. 공법영역에서 법인격의 상대성, 내부관계와 내부관계의 구별기준으로서 법인격 개념의 무용성 등에 대한 이해가 부족한 결과이다.

④ 대상판결에서 명확하게 판시하지는 않았으나 독립한 법인격을 가진 공기업은 영리성을 가진 사법상 조직에 가깝다고 보았다. 공기업 내지 공공기관의 '공공성'은 독립적 법인격을 통해 희석된다는 사실은 판례가 공공기관의 행정주체성을 일반적으로 부인하는 것에

서 쉽게 알 수 있다. 이는 결국 공법상 '법인격'이론에 대한 부족한 이해에서 비롯되었다고 생각한다.

위와 같은 고민을 바탕으로 대상 판결을 재구성해 보면 다음과 같다.

이 사건 조항에서의 국가를 굳이 국가의 직접행정에 한정해서 볼 이유는 없다. 최소한 국가의 임무를 수행하는 범위에서는 원고를 '국가'로 볼 수 있다. 원고의 임무가 '국가의 임무'를 수행한다는 점에 대해서는 다툼이 없다.[37] 그렇다면 원고의 법인격에도 불구하고 해당 임무의 법적효과는 '국가'로 귀속된다. 설령 「도로법」 제112조 제2항의 '대행'을 강학상 위탁이라고 보더라도 해당 임무의 수행 범위에서 '행정청'의 지위를 가지는 원고의 이 사건 권한의 행사는 바로 국가로 귀속된다고 봄이 타당하다.

Ⅳ. 요약과 결론

국가행정조직은 여러 형태의 다양한 단위조직으로 구성되어 있다. 기본적으로 행정의 임무는 헌법에 기초하고 법률로 구체화되며, 그에 따라 임무수행단위가 정해지고 임무수행의 구체적 법적 효과는 개별 법규정에서 정하는 바에 따른다. 임무수행단위에는 법인격이 있는 여러 공법상 법인이 포함된다. 국가로부터 형식적으로 독립한 법인격을 가진 공법인은 모든 법관계에서 국가로부터 독립적인 것이 아니다. 독립한 법인격을 가진 원고와 사인인 행정상대방과의 법관계에서는 원고에게 최종적으로 법효과가 귀속될 수 있다. 그러나 원고가 일정한 경우 대 사인과의 관계에서 최종적 법적 효과의 귀속점으로 기능한다고 하여 원고가 수행하는 임무의 원래적 권한주체인 국가와의 관계에서도 원고에게 항상 법적 효과가 최종적으로 귀속한다고 볼 수는 없다. 공법영역에서의 법인격은 전혀 선험적 개념이 아니다. 대상 판결에서 원고가 국가의 임무를 수행하는 점에 있어 의문이 없는 한 원고는 이 사건 조항에서의 '국가'로 보아야 마땅하다.

---

37) 대한민국헌법은 주지하듯이 대한민국이라는 국가의 설치법으로, 헌법차원의 국가는 입법, 사법, 행정권을 망라하며 법치국가에서 국가의 법적 개념을 국가권한규범의 총체라고 볼 수 있다면 여기에서 국가는 법상 권한을 행사하는 모든 주체를 포함할 것이다. 이 사건 원고가 독립적 법인격을 가졌다고 하더라도 그 권한은 곧 국토교통부장관의 권한이 이전되어 온 것이고, 국토교통부는 행정각부에 해당하여 당연히 헌법상 국가의 일부를 이루므로 결과적으로 원고가 헌법상 국가의 권한을 행사한다는 점은 부인할 수 없다. 권한의 법적 근거를 끝까지 거슬러 올라가면 원고의 권한이 '국가'의 권한임은 의문의 여지가 없다.

생각할 문제

1. 공법 영역에서의 '법인'개념은 사법 영역과 비교할 때 어떤 차이점이 있는가?

2. 공법인이 국가의 임무를 위탁받아 수행할 때, 해당 임무 수행의 결과는 최종적으로 누구에게 귀속되는가?

3. 공기업의 공공성과 영리성 내지 기업성의 관계는 어떠한가?

4. '국가'는 법적으로 어떻게 정의내릴 수 있는가?

대법원 2021. 4. 29. 선고 2016두45240 판결

[지방자치단체에서 사업을 영위하는 법인이 지방자치법상 분담금 납부 의무자가 되는지]

이 진 수*

[사실관계]

건설교통부장관은 2007. 3. 19. 원고, 진주시, 경상남도개발공사를 공동 사업시행자로 하여 진주시 (주소 생략) 일원을 '경남진주 혁신도시 개발예정지구'로 지정하였다. 원고는 위 혁신도시 개발사업을 시행하고 그중 A-1, A-4, A-5 구역에 아파트를 신축하는 건축사업을 시행하는 과정에서 피고에게 급수공사를 신청하였다. 피고는 2013. 8. 5.부터 2014. 5. 20.까지 3회에 걸쳐 원고에게 지방자치법 제138조, 제139조 제1항의 위임에 따른 구「진주시 수도 급수조례」(2016. 7. 13. 경상남도진주시조례 제1271호로 개정되기 전의 것)(이하 '이 사건 조례'라 한다) 제14조에 근거하여 상수도시설분담금(이하 '이 사건 시설분담금'이라 한다)을 부과하는 이 사건 처분을 하였다.

부과일	단지	세대수	아파트 부과분(원)	상가영업용 부과분(원)	부과액(원)
2013. 8. 5.	A-1	742	95,718,000	3,018,000	98,736,000
2013.10.29.	A-4	1,037	133,773,000	3,018,000	136,791,000
2014. 5.20.	A-5	600	77,400,000	3,018,000	80,418,000
합계	-	-	-	-	315,945,000

한편 원고는 성남시 (주소 1 생략)에 주된 사무소를 두고 있다가 2015. 4. 30. 진주시 (주소 2 생략)로 이전하였다.

---

* 서울대학교 행정대학원 교수

[사건의 경과]

이 사건의 쟁점은 이 사건 처분 당시 진주시에 주된 사무소나 본점을 두고 있지 않은 원고가 지방자치법 제138조에 따른 분담금 납부의무의 주체가 될 수 있는지 여부이다. 원고는 제1심에서 다음과 같이 주장하였다.

1) 수도법 제71조가 규정한 원인자부담금은 수도시설의 신설 또는 증설공사가 필요한 경우로서 수도사업자가 해당 수도공사를 하거나 또는 수도시설로 수돗물을 공급함에 있어 수도사업자가 이미 설치한 기존의 수도시설이 이용되는 것을 전제로 해당 수도공사에 필요한 비용과 기존 수도시설의 이용량에 상당하는 기존 수도시설의 설치비용을 그 공사 및 이용의 원인을 제공한 자에게 최종적으로 부담시키고자 하는 것인데, 원고는 이 사건 지구 내의 수도시설을 직접 설치하였으므로 수도시설에 관하여 아무런 비용을 지출한 바 없는 피고로서는 수도법 및 이 사건 조례에 따라 원고에게 시설분담금을 부과할 수 없다. 따라서 피고의 이 사건 처분은 아무런 법적 근거 없이 시설분담금 납부의무를 부담하지 않는 자에 대하여 그 이행을 명한 것으로서 그 하자가 중대·명백하여 무효이다.

2) 수도법 제71조가 규정한 원인자부담금과 이 사건 조례 제14조가 규정한 시설분담금은 상수도시설 관련 재정의 충당이라는 동일한 부과목적을 가지므로 수도시설 설치를 위하여 원인자부담금을 이미 납부한 자에게 시설분담금을 재차 부과하는 것은 중복부과로서 위법하다고 할 것인바, 원고는 이 사건 지구 내 수도시설공사를 직접 완료하였고 이는 원인자부담금을 모두 납부한 것과 같으므로, 원고에게 시설분담금을 부과하는 이 사건 처분은 원인자부담금 납부의무를 지지 않는 자에 대하여 그 이행을 명한 것으로서 그 하자가 중대·명백하여 무효이다.

3) 이 사건 처분의 근거법률인 지방자치법 제138조는 "지방자치단체는 그 재산 또는 공공시설의 설치로 주민의 일부가 특히 이익을 받으면 이익을 받는 자로부터 그 이익의 범위에서 분담금을 징수할 수 있다."고 규정하고 있는바, 이 사건 조례 제14조는 이 사건 지구의 '주민으로 특히 이익을 받는 자'에 해당하지 않는 원고에 대하여 시설분담금을 부과할 수 있도록 하여 상위법령인 지방자치법 제138조의 위임 범위를 벗어난 내용을 규정하고 있어 무효이고, 이와 같이 무효인 이 사건 조례 제14조에 근거한 이 사건 처분은 그 하자가 중대·명백하여 무효이다.

이에 대하여 제1심 법원은 다음과 같이 원고의 청구를 인용하여 원고 승소판결을 하였다.[1]

---

1) 창원지방법원 2016. 1. 26. 선고 2015구합22606 판결.

1) 이 사건 조례 제14조의 위법 여부

가) 지방자치법 제12조는 '주민'의 자격에 대하여 '지방자치단체의 구역 안에 주소를 가진 자'라고 규정하고 있고, 제138조는 "지방자치단체는 그 재산 또는 공공시설의 설치로 주민의 일부가 특히 이익을 받으면 이익을 받는 자로부터 그 이익의 범위에서 분담금을 징수할 수 있다."고 규정하고 있으며, 제139조 제1항은 "분담금의 징수에 관한 사항은 조례로 정한다."고 규정하고 있다.

한편 이 사건 조례 제6조 제1항은 '급수공사의 신청 및 승인'이라는 제목하에 "수돗물을 공급받고자 하는 사람은 미리 시장에게 신청하여 그 승인을 받아야 한다."고 규정하고 있고, 제13조 제1항 본문은 "급수공사 승인을 받은 신청자는 급수 공사비를 시장이 지정하는 은행에 지정기일까지 선납하여야 한다."고 규정하고 있으며, 제14조 제1항은 '시설분담금'이라는 제목하에 "전용 급수설비, 공용 급수설비, 급수관의 구경확대 중 어느 하나에 해당하는 급수공사를 시행하고자 하는 자는 별표 1의 시설분담금을 제13조에 따른 공사비와 동시에 납부하여야 한다."고 규정하고 있고, 진주시수도급수조례시행규칙 제2조 제1호는 "조례 제6조 제1항에 따른 급수공사를 하고자 하는 자는 별지 제1호 서식에 따라 전용급수 및 사설 소화용 급수는 가구주, 세대주, 또는 대표자의 명의로 신청하여야 한다."고 정하고 있다.

나) 앞서 본 관계 법령에 따르면, 지방자치법 제138조 및 이 사건 조례 제14조에 따른 시설분담금의 납부주체는 해당 지방자치단체의 주민으로서 급수설비의 신설 등을 목적으로 하는 급수공사를 요하는 신규 급수신청을 하여 기존 수도시설로 인하여 특히 이익을 받는 자로 한정하여 해석하여야 할 것인바, 이 사건 조례 제14조는 해당 지방자치단체의 주민으로서 기존 수도시설로 인하여 특히 이익을 받는 자가 아닌 경우에도 신규 급수신청을 하였다는 이유로 시설분담금의 납부주체가 될 수 있다고 해석하는 경우에 한하여 모법인 지방자치법 제138조의 위임의 취지 및 범위에 위배된다고 할 것이다. 따라서 진주시 주민이 아닐 뿐만 아니라 기존 수도시설로 인하여 특히 이익을 받는 자에도 해당하지 아니하는 원고가 시설분담금의 납부주체가 된다는 전제에 선 피고의 이 사건 처분은 모법인 지방자치법 제138조에 위배되는 것으로서 원고의 나머지 주장에 관하여 나아가 살펴 볼 필요 없이 위법하다.

2) 하자의 중대·명백 여부

가) 하자 있는 행정처분이 당연무효로 되려면 그 하자가 법규의 중요한 부분을 위반한 중대한 것이어야 할 뿐 아니라 객관적으로 명백한 것이어야 하므로, 행정청이 위법하여 무효인 조례를 적용하여 한 행정처분이 당연무효로 되려면 그 규정이 행정처분의 중요한 부

분에 관한 것이어서 결과적으로 그에 따른 행정처분의 중요한 부분에 하자가 있는 것으로 귀착되고, 또한 그 규정의 위법성이 해석상 다툼의 여지가 없을 정도로 객관적으로 명백하여 그에 따른 행정처분의 하자가 객관적으로 명백한 것으로 귀착되어야 한다(대법원 2009. 10. 29. 선고 2007두26285 판결 등 참조).

나) 살피건대, 이 사건 처분은 지방자치법 제138조에 위배되어 법규의 중요한 부분을 위반한 것으로서 그 하자의 정도가 중대한 점, 이 사건 조례 제14조의 모법인 지방자치법 제138조에 따르면 시설분담금의 주체는 해당 지방자치단체의 주민으로 그 시설로 인하여 특히 이익을 받는 자에 해당하여야 하는데, 원고는 진주시 주민도 아닐 뿐만 아니라 수도시설로 인하여 특히 이익을 받는 자에 해당하지 아니함이 객관적으로 명백한 점 등을 종합해 보면, 이 사건 처분은 그 하자가 중대할 뿐만 아니라 객관적으로 명백하여 무효라고 봄이 타당하다.

제1심에 대하여 피고가 항소하였는데, 항소심 법원은 "진주시 주민이 아닐 뿐만 아니라 기존 수도시설로 인하여 특히 이익을 받는 자에도 해당하지 아니하는 원고가(시설분담금은 신규로 급수신청을 하였을 때 가입비 형태로 받고 있는 부담금으로서 진주시수도급수조례 제14조 [별표 1]에 의하면 계량기 구경당 요금을 기준으로 산정되는데, 수도의 신규 이용자가 된다는 것은 기존에 이용하는 사람과 같은 조건으로 되는 것에 불과하므로 수도의 신규 이용자인 경우 기존 수도시설로 인하여 '특히' 이익을 받는 자에 해당한다고 평가하기 어렵다) 시설분담금의 납부주체가 된다는 전제에 선 피고의 이 사건 처분은 모법인 지방자치법 제138조에 위배되는 것으로서 원고의 나머지 주장에 관하여 나아가 살펴 볼 필요 없이 위법하다."라고 판단하여 피고의 항소를 기각하였다.[2] 이에 대해 피고가 상고를 제기하였다.

[대상판결]

대법원은 원심판결을 파기하고 사건을 다시 심리·판단하도록 원심법원에 환송하였다. 그 구체적인 설시를 요약하면 다음과 같다.

> 지방자치법은 여러 조항에서 권리·의무의 주체이자 법적 규율의 상대방으로서 '주민'이

---

2) 부산고등법원 창원재판부 2016. 6. 22. 선고 2016누10278 판결.

라는 용어를 사용하고 있다. 지방자치법에 '주민'의 개념을 구체적으로 정의하는 규정이 없는데, 그 입법 목적, 요건과 효과를 달리하는 다양한 제도들이 포함되어 있는 점을 고려하면, 지방자치법이 단일한 주민 개념을 전제하고 있는 것으로 보기 어렵다. 자연인이든 법인이든 누군가가 지방자치법상 주민에 해당하는지는 개별 제도별로 제도의 목적과 특성, 지방자치법뿐만 아니라 관계 법령에 산재해 있는 관련 규정들의 문언, 내용과 체계 등을 고려하여 개별적으로 판단할 수밖에 없다.

지방자치법 제13조 제2항, 제14조, 제15조, 제16조, 제17조, 제20조에 따른 참여권 등의 경우 지방자치법 자체나 관련 법률에서 일정한 연령 이상 또는 주민등록을 참여자격으로 정하고 있으므로(공직선거법 제15조, 주민투표법 제5조, 주민소환에 관한 법률 제3조 참조) 자연인만을 대상으로 함이 분명하고, 제12조는 기본적으로 제2장에서 정한 다양한 참여권 등을 행사할 수 있는 주민의 자격을 명확히 하려는 의도로 만들어진 규정이라고 볼 수 있다. 그러나 제13조 제1항에서 정한 재산·공공시설 이용권, 균등한 혜택을 받을 권리와 제21조에서 정한 비용분담 의무의 경우 자연인만을 대상으로 한 규정이라고 볼 수 없다.

지방자치법 제138조에 따른 분담금 제도의 취지와 균등분 주민세 제도와의 관계 등을 고려하면, 지방자치법 제138조에 따른 분담금 납부의무자인 '주민'은 균등분 주민세의 납부의무자인 '주민'과 기본적으로 동일하되, 다만 '지방자치단체의 재산 또는 공공시설의 설치로 주민의 일부가 특히 이익을 받은 경우'로 한정된다는 차이점이 있을 뿐이다. 따라서 법인의 경우 해당 지방자치단체의 구역 안에 주된 사무소 또는 본점을 두고 있지 않더라도 '사업소'를 두고 있다면 지방자치법 제138조에 따른 분담금 납부의무자인 '주민'에 해당한다.

지방자치법 제12조가 '주민의 자격'을 '지방자치단체의 구역 안에 주소를 가진 자'로 정하고 있으나 이는 위에서 본 바와 같이 주로 자연인의 참여권 등을 염두에 두고 만들어진 규정이고, 지방자치법은 주소의 의미에 관하여 별도의 규정을 두고 있지 않다. 민법 제36조가 '법인의 주소'를 '주된 사무소의 소재지'로, 상법 제171조는 '회사의 주소'를 '본점 소재지'로 정하고 있으나, 이는 민법과 상법의 적용에서 일정한 장소를 법률관계의 기준으로 삼기 위한 필요에서 만들어진 규정이다. 따라서 지방자치법 제138조에 따른 분담금 납부의무와 관련하여 법인의 주소가 주된 사무소나 본점의 소재지로 한정된다고 볼 것은 아니다.

어떤 법인이 해당 지방자치단체에서 인적·물적 설비를 갖추고 계속적으로 사업을 영위하면서 해당 지방자치단체의 재산 또는 공공시설의 설치로 특히 이익을 받는 경우에는 지방자치법 제138조에 따른 분담금 납부의무자가 될 수 있다. 특히 지방자치법 제138조에 근거하여 분담금 제도를 구체화한 조례에서 정한 분담금 부과 요건을 충족하는 경우에는 부담금 이중부과 등과 같은 특별한 사정이 없는 한 조례 규정에 따라 분담금을 납부할 의무가 있다.

[판결의 평석]

I. 사안의 쟁점

지방자치단체는 주민의 복리에 관한 사무를 처리하고 재산을 관리하며, 법령의 범위 안에서 자치에 관한 규정을 제정할 수 있다(헌법 제117조 제1항). 지방자치단체의 주민이란 그 지방자치단체의 구역 안에 주소를 가진 사람을 말한다(지방자치법 제12조). 지방자치단체의 주민에 해당하면, 지방자치단체의 재산·공공시설을 이용할 권리 및 균등한 행정 혜택을 받을 권리와 지방의원·지방자치단체장 선거에 참여할 권리 등을 갖게 된다(지방자치법 제13조). 그 밖에도 지방자치법상 주민에게는 다양한 권리와 의무가 인정되기 때문에, 지방자치법상 주민 해당 여부에 따라 그 법적 지위가 달라지게 된다. 예를 들면, 지방자치단체는 그 재산 또는 공공시설의 설치로 주민의 일부가 특히 이익을 받으면 이익을 받는 자로부터 그 이익의 범위에서 분담금을 징수할 수 있다(지방자치법 제138조). 특별한 이익을 받은 자라고 하더라도 주민에 해당하지 않으면 분담금을 징수할 수 없게 될 수 있는데, 이와 같이 주민에 해당하는지 여부가 분담금 부과의 가부를 결정하는 중요한 쟁점이 될 수 있다.

II. 판례의 이해

대상 판결은 지방자치법의 '주민'의 개념을 해석하고, 구 지방자치법 제138조의 분담금의 부과대상인 '주민'의 개념을 정리하였다는 데에 의미가 있다.

대상판결은 지방자치법의 '주민' 개념의 해석기준을 제시하였다는 점 및 동법 제138조의 분담금 납부의무자인 '주민'의 개념을 확정하였다는 점에서 의미가 있다. 첫째, 대상판결은 지방자치법상 주민 개념은 단일한 개념이 아니라는 점을 분명히 하였다. 즉, "지방자치법은 여러 조항에서 권리·의무의 주체이자 법적 규율의 상대방으로서 '주민'이라는 용어를 사용하고 있다. 지방자치법에 '주민'의 개념을 구체적으로 정의하는 규정이 없는데, 그 입법 목적, 요건과 효과를 달리하는 다양한 제도들이 포함되어 있는 점을 고려하면, 지방자치법이 단일한 주민 개념을 전제하고 있는 것으로 보기 어렵다. 자연인이든 법인이든 누군가가 지방자치법상 주민에 해당하는지는 개별 제도별로 제도의 목적과 특성, 지방자치법뿐만 아니라 관계 법령에 산재해 있는 관련 규정들의 문언, 내용과 체계 등을 고려하여 개별적으로 판단할 수밖에 없다."라는 것이다.

둘째, 동법 제138조의 '주민' 개념을 정의하였다. 대법원은 "지방자치법 제138조에 따른 분담금 제도의 취지와 균등분 주민세 제도와의 관계 등을 고려하면, 지방자치법 제138조에 따른 분담금 납부의무자인 '주민'은 균등분 주민세의 납부의무자인 '주민'과 기본적으로 동일하되, 다만 '지방자치단체의 재산 또는 공공시설의 설치로 주민의 일부가 특히 이익을 받은 경우'로 한정된다는 차이점이 있을 뿐이다. 따라서 법인의 경우 해당 지방자치단체의 구역 안에 주된 사무소 또는 본점을 두고 있지 않더라도 '사업소'를 두고 있다면 지방자치법 제138조에 따른 분담금 납부의무자인 '주민'에 해당한다."라고 판단하였다. 또한, 지방자치법 제138조에 따른 분담금 납부의무와 관련하여 법인의 주소가 주된 사무소나 본점의 소재지로 한정된다고 볼 것은 아니라고 하였다.

Ⅲ. 법리의 검토[3]

지방자치단체는 법인으로서, 구역·주민·자치권을 3대 구성요소로 하는 것으로 이해되고 있다.[4] 주민은 공법상 사단법인인 지방자치단체의 인적 구성요소이다. 우리 헌법 제117조 제1항은 "지방자치단체는 주민의 복리에 관한 사무를 처리하고 재산을 관리하며, 법령의 범위 안에서 자치에 관한 규정을 제정할 수 있다."라고 하여, '주민'을 헌법상의 개념으로 규정하고 있다.

지방자치단체의 구역 안에 주소를 가진 자는 그 지방자치단체의 주민이 된다(지방자치법 제12조). 그리고 주민에 해당하면 지방자치단체의 재산·공공시설을 이용할 권리 및 균등한 행정 혜택을 받을 권리(동법 제13조 제1항), 의원·단체장 선거에 참여할 권리(동조 제2항, 동법 제31조, 제94조), 주민투표권(동법 제14조), 조례제정·개폐청구권(동법 제15조), 감사청구(동법 제16조), 주민소송(동법 제17조), 주민소환(동법 제20조) 등 다양한 법적 지위에 영향을 받게 된다. 한편으로는, 주민은 법령으로 정하는 바에 따라 소속 지방자치단체의 비용을 분담하여야 하는 의무를 지고(동법 제21조), 지방자치단체는 그 재산 또는 공공시설의 설치로 주민의 일부가 특히 이익을 받으면 이익을 받는 자로부터 그 이익의 범위에서 분담금을

---

3) 본 절의 내용은 이진수, 「「지방자치법」상 '주민'(住民)의 개념 – 지방자치법 제138조의 분담금 부과·징수대상이 되는 주민 개념과 관련하여」, 『행정법연구』 제56호, 2019, 257-280면에 해당한다.

4) 김동희, 『행정법Ⅱ』, 2015, 57면; 김유환, 『현대행정법강의』, 2018, 566면; 류지태/박종수, 『행정법신론』, 2016, 914면; 홍정선, 『신지방자치법』, 2018, 102-103면; 홍준형, 『행정법』, 2017, 1253-1255면 등 참조. 한편, 지방자치단체의 구성요소를 주민, 구역, 자치권, 고유사무 등 네 가지로 파악하는 견해로는 권영성, 『헌법학원론』, 1994, 265면 참조.

징수할 수 있다(동법 제138조).

이와 같이 다양한 권리와 의무의 귀속을 판단함에 있어 '주민'에 해당하는지 여부가 우선적인 판단기준이 되므로, '주민'의 개념을 명확하게 하는 것이 필요하게 된다. 우선 비교법적으로 독일과 일본에서의 주민 개념에 대한 논의를 살펴보고, 우리나라에서의 주민 개념에 대한 논의를 살펴본 뒤, 그와 관련하여 지방자치법 제138조의 분담금 부과·징수의 대상이 되는 주민의 개념에 대하여 살펴본다.

1. 주민 개념에 대한 비교법적 고찰

(1) 독일에서의 논의

독일의 주민 개념은 넓게 이해되고 있다. 독일에서는 주민의 유형을 거주자(Einwohner), 시민(Bürger), 명예시민(Ehrenbürger) 등으로 구분하고 있다.[5] 이 중에서 중요한 것은 거주자 개념과 시민 개념이라고 할 수 있다.

거주자 개념과 시민 개념은 역사적으로 형성된 것으로, 독일에서는 시민 중심의 게마인데 (Bürgergemeinde) 개념은 중세 시대부터 형성되어 있었는데, 1789년 프랑스 대혁명의 자유와 평등 이념의 영향을 받아 19세기에 이르러서는 거주자 중심의 게마인데(Einwohnergemeinde) 개념이 발전하기 시작하였다고 한다.[6] 제2차 세계대전 이후에도 독일에서는 여전히 거주자와 시민을 구별하고 있다.[7][8] 이러한 구별은 실정법률에도 그대로 반영되어 있다. 예를 들면, 우리나라의 문헌에 많이 소개되고 있는 바덴-뷔르템베르크 주 기초지방자치단체법 (Gemeindeordnung)은 게마인데의 주민(Einwohner)은 그 게마인데에 거주하는 사람이라고 정의하고(제10조 제1항), 게마인데의 시민(Bürger)은 독일기본법 제116조에 따라 독일 국적을 가지고 있는 독일인이거나 다른 유럽연합 국가의 국적을 가진 16세 이상의 사람으로 당해 게마인데에 최소한 3개월 이상 거주한 사람을 의미하는 것으로 정의하고 있다(제12조 제1항). 비슷한 예로, 바이에른주 기초지방자치단체법(Gemeindeordnung)은 모든 거주자는 게마인데의 구성원이 된다고 하고(제15조 제1항), 게마인데의 시민을 게마인데의 선거에 참여할 수 있는 권리를 가지는 구성원으로 정의한다(동조 제2항 참조). 이와 같은 거주자와 시

---

5) 류지태, "주민의 법적 지위", 『자치연구』 제4권 제1호, 1994, 55면.

6) Mann/Püttner, Handbuch der Kommunalenwossenschaft und Praxis, Bd.1, 3.Aufl., 2007, S.332f.

7) Ebenda., S.334.

8) 예를 들어, 란트의 지방자치법에서, 거주자는 "당해 지방자치단체에 거주하는 자"로, 시민은 "지방자치단체의 선거에 있어 그 선거권을 가진 자"로 규정하는 것이 그 예이다. 이에 대하여는 한국지방자치법학회, 『지방자치법주해』, 2004, 71면 참조.

민 개념의 구별에 대한 독일 학계의 논의를 살펴본다.

1) 거주자(Einwohner)

게마인데의 거주자(Einwohner)는 그 게마인데에 거주지(Wohnsitz)를 가지고 있는 사람[9], 그 게마인데 안에서 거주하는 사람[10], 또는 영속적인 체류지를 가지고 있는 사람[11]을 뜻하는 개념이다. '거주지'라는 개념은 특별히 공법적인 것으로, 민사법적 개념과는 다른 것으로 보는데, 말하자면 민사법은 주관적 요소에 초점을 두지만, 공법적 개념은 거주의 용도로 사용된다는 지표와 같은 객관적 환경에 초점을 두는 것이라고 설명되고 있다.[12] 즉, 객관적으로 거주지를 가지고 있으면 거주자로 판단한다는 것이다.[13]

그러한 객관적 지표의 판단에 있어서 거주자가 어느 정도의 '안정성'을 가지고 실제로 거주하는지가 결정적인 기준이 되는데, 이것은 공간적·객관적인 안정성이 있어야 한다는 요건으로 판단한다. 공간적·객관적인 체류는 영속성을 가져야 하며, 최소한 일시적인 체류는 이에 해당하지 않는 것으로 보고 있다.[14] 사용의 기간은 결정적 요소는 아니지만, 학업 목적의 체류, 단기 체류, 휴일의 체류, 요양목적의 체류 등만으로는 영속성을 인정하는 데에 충분하지 않은 것으로 보고 있다.[15]

이러한 요건을 충족한다면, 어린아이, 청소년, 외국인, 무국적자 모두 거주자에 해당한다. 여러 곳에 거주지를 가지고 있는 사람의 경우에는, 모든 거주지의 거주자에 해당한다. 즉, 거주지는 반드시 유일할 것일 필요는 없는 것으로 보고 있다.[16] 한 사람이 여러 개의 게마인데에서 동시에 거주하는 것도 가능하며, 동시에 여러 게마인데의 거주자가 될 수도 있다고 한다.[17] 예를 들어 해당 게마인데에 두 번째, 세 번째 집이 있어 그에 거주하는 사람도 모두 거주자에 포함되는 것으로 본다.[18] 결국, 문제가 될 수 있는 다양한 경우에 있어서 당해 게마인데의 거주자에 해당하는지에 대한 판단은 도그마틱(Dogmatik)의 문제라기보다는 개별 사례에 따라 해결하여야 하는 카주이스틱(Kasuistik)이 많은 영역의 문제로

---

9) Geis, Kommunalrecht, 3.Aufl., 2014, S.76.
10) Burgi, Kommunalrecht, 5.Aufl., 2015, S.128.
11) Mann/Püttner, a.a.O., S.334.
12) Geis, a.a.O., S.76.
13) Gern/Brüning, Deutsches Kommunalrecht, 4.Aufl., 2018, S.352.
14) Mann/Püttner, a.a.O., S.334.
15) Geis, a.a.O., S.76.
16) Schoch(Hrsg.), Besonderes Verwaltungsrecht, 15.Aufl., S.14.
17) Mann/Püttner, a.a.O., S.334.
18) Ebenda.

이해되고 있다.[19)]

또한, 자연인뿐만 아니라 법인도 거주자에 해당할 수 있는 것으로 본다. 자연인에 있어서는 거주자 여부의 판단을 거주지를 기준으로 하듯이, 법인의 경우에는 어떤 게마인데에 법인의 정관에 의한 소재지(Sitz)가 있는지를 고려할 필요가 있다고 한다.[20)]

2) 시민(Bürger)

게마인데의 거주자 개념은 게마인데에 거주하는 사람을 의미하는 것으로 거주라는 객관적 개념을 기준으로 판단하는 넓은 개념인데 비하여, '시민' 개념은 주민 개념의 일부분에 해당하는 보다 좁은 것이라고 할 수 있다.[21)] 시민은 능동적, 수동적으로 선거에 참여할 수 있는 사람[22)], 선거권을 가진 사람[23)] 등을 의미하는 개념으로 사용된다. 즉, 지방자치단체의 선거권을 가진 거주자를 시민으로 보고 있다.[24)] 시민 개념은 '정치'와 '참여'에 초점을 둔 것으로, 시민 개념의 출발점은 지방자치단체의 선거권과 피선거권이라고 한다.[25)]

구체적으로 살펴보면, 오직 독일인과 EU 회원국의 국민인 외국인만이 시민에 포함되며, 실정법률에서는 시민의 요건으로 선거법상 최소거주기간(3-6개월), 또는 일정한 연령 제한 등을 부가하기도 한다.[26)] 앞에서 살펴본 바덴-뷔르템베르크 주 기초지방자치단체법 제12조에서 독일 또는 EU 회원국의 국적을 가지고, 16세 이상이며 당해 게마인데에 3개월 이상 거주할 것을 시민의 요건으로 규정하고 있는 것이 그 대표적인 예라고 할 수 있다.

게마인데의 시민은 게마인데의 주민의 일부분이므로 당연히 주민에 포함된다. 따라서 게마인데의 시민은 게마인데의 주민의 지위에 기초한 모든 권리를 갖는다. 시민의 자격은 당해 게마인데에서 퇴거하는 경우, 독일 국적을 잃거나 EU 회원국 국적을 잃게 되는 경우 등의 사유가 발생하면 상실된다.[27)]

한편, 게마인데는 특별한 공적이 있는 사람을 명예시민(Ehrenbürger)으로 임명할 수 있는데, 명예시민은 게마인데의 시민권을 갖는 것은 아니라고 한다.[28)]

---

19) Püttner, Kommunalrecht Baden-Württemberg, 3.Aufl., 2004, S.41.
20) Mann/Püttner, a.a.O., S.335.
21) Burgi, a.a.O., S.130; Geis, a.a.O., S.77.
22) Erbguth/Mann/Schubert, Besonderes Verwaltungsrecht, 12.Aufl., S.53.
23) Püttner, a.a.O., S.40.
24) Schoch, a.a.O., S.14.
25) Burgi, a.a.O., S.130.
26) Geis, a.a.O., S.77.
27) Ebenda.
28) Ebenda.

3) 거주자·시민의 법적 지위

위의 개념 구별에 기초하여 거주자의 지위와 시민의 지위에서의 권리·의무의 차이를 살펴본다. 거주자의 지위에서 가지는 가장 중요한 권리는 게마인데의 공공시설에 대한 이용청구권이다.[29] 거주자는 그러한 청구권에 대응하여 게마인데의 부담을 공동으로 질 의무를 부담한다.[30] 거주자의 권리인 공공시설 이용청구권을 살펴본다. 이용청구권의 주체는 원칙적으로 거주자이다. 따라서 비거주자에게는 이용청구권이 인정되지 않는다. 다만, 예외적으로 비거주자라고 하더라도 당해 게마인데 안에서 부동산을 소유하고 있거나 영업행위를 하는 자에게도 이러한 청구권이 인정되는 것으로 보고 있다.[31] 법인의 경우에도 주소를 게마인데 안에 두고 있는 이상 이러한 청구권이 인정되며, 주소가 없더라도 영업소를 해당 게마인데 안에 두고 있다면 마찬가지로 청구권이 인정될 수 있다.[32]

다음으로, 공동부담의무를 살펴본다. 게마인데의 부담을 공동으로 질 의무를 거주자는 부담하는데, 그것은 주로 세금 등 금전의 납부를 의미한다.[33] 거주자는 게마인데의 행정급부를 받는 지위에 있고, 그러한 권리에 상응하여 주민의 공공부담의무를 진다. 이러한 의무는 공공시설이용청구권과 연결되어 있는 것이다.[34] 즉, 공공시설을 이용할 권리가 인정됨에 따라 부담을 나누어질 의무도 있는 것이라고 한다. 그러한 부담은 대체로 개별 란트의 지방공과금법(KAG)에 의하여 형성되고 있다.[35]

반면, 시민의 권리와 의무는 주로 정치적 참여와 관련된다.[36] 시민으로서 가지는 가장 중요한 권리는 적극적 또는 수동적으로 선거에 참여하는 권리이다.[37] 그리고 시민으로서 가지는 가장 중요한 의무는 '명예활동'으로 불리는 게마인데의 특별한 공법적 법률관계에 '참여'하는 의무이다.[38]

---

29) Burgi, a.a.O., S.128; Geis, a.a.O., S.83.
30) Burgi, a.a.O., S.130.
31) 류지태, 앞의 글, 60면; 한국지방자치법학회, 앞의 책, 74면 등 참조.
32) 류지태, 앞의 글, 60면.
33) Burgi, a.a.O., S.130.
34) Schoch, a.a.O., S.15.
35) Ebenda.
36) Ebenda.
37) Burgi, a.a.O., S.131.
38) Ebenda.

(2) 일본에서의 논의

주민의 개념에 대하여는 일본 지방자치법 제10조에서 규정하고 있다. 즉, 시정촌의 구역 내에 주소가 있는 사람은 당해 시정촌 및 이를 포함하는 도도부현의 주민이 된다(동조 제1항). 주민은 법률이 정하는 바에 따라, 그가 속하는 보통지방공공단체의 역무의 제공을 받을 수 있는 권리가 있고, 그에 따른 부담을 나누어질 의무를 부담한다(동조 제2항). 일본 지방자치법의 경우 독일과 같이 거주자와 시민을 다른 용어로 구별하여 사용하지는 않는다.

일본 지방자치법상 주민 개념의 정의는 "시정촌의 구역 내에 주소를 두고 있는 사람"이다(제10조 제1항).[39] 동 조항의 해석과 관련하여 일본의 통설은 여기에서의 주소는 민법 제22조에 따르는 것으로, '생활의 본거지'를 의미한다고 한다.[40] 생활의 본거지를 판단함에 있어서는 객관적 거주사실을 기초로, 주관적 거주의 의사를 종합적으로 판단하여 인정한다고 한다.[41] 또한, 지방자치단체의 주민은 인종·국적·성별, 연령, 행위능력 유무 등은 문제되지 않으며, 자연인에 한하지 않고 법인도 포함하는 것으로 본다.[42] 다만 외국인과 법인은 주민으로서의 권리를 향유하고 의무를 부담함에 있어 성질상 제한이 있는 것으로 본다.[43]

일본의 통설은 시정촌의 구역 내에 주소를 가지고 있다는 사실만으로 주민의 요건을 충족하는 것으로 보고 있다. 즉, 시정촌의 구역 내에 생활의 본거가 있다는 사실만으로 법률상 당연히 주민의 자격을 취득하는 것이지, 별도의 허가나 등록 등의 행정작용은 필요로 하지 않는다고 한다.[44] 일본의 통설에 따르면 우리나라의 주민등록부에 해당하는 주민기본대장에 기록하는 것은 공증행위에 불과하고 그것이 주민의 요건은 아니라고 한다.[45] 주민기본대장에 기재된 것은 기재된 주소가 지방자치법상의 주소라는 것을 추정할 뿐이고, 반증이 가능한 것으로 본다.[46] 주민기록대장에 기록이 되어 있다고 하더라도, 실제로는 주민이 아니라고 주장하는 경우에, 만약 그 주장의 증명에 성공한다면 주민기본대장의 기재와는 다르게 판단할 수 있다고 한다.[47][48] 또한, 주민기본대장에 등재되지 않았다고 하여

---

39) 昭和 22년 일본 지방자치법 제정시부터 계속하여 "시정촌의 구역 내에 주소를 가진 사람"으로 규정되어 있다. 太田和紀, 地方自治法 I, 97頁 참조.

40) 宋本英昭, 逐條 地方自治法, 139頁; 太田匡彦, 「住所·住民·地方公共團體」, 地方自治 727(2008), 3頁.

41) 宋本英昭, 逐條 地方自治法, 139頁; 飯島淳子, 「地地方公共団体の構成要素としての住民·區域」, 行政法の爭點 (2014), 204-205頁.

42) 宋本英昭, 要說 地方自治法, 177-178頁; 宇賀克也, 地方自治法槪說, 20頁; 太田和紀, 地方自治法 I, 98頁.

43) 宋本英昭, 要說 地方自治法, 178頁

44) 田中二廊, 行政法(下), 308頁; 宇賀克也, 地方自治法槪說, 20頁.

45) 田中二廊, 行政法(下), 309頁.

46) 宇賀克也, 地方自治法槪說, 20頁.

지방자치법상의 주민이 아닌 것은 아니라고 한다.[49]

　지방자치법상 주소의 결정은 객관적인 사실인정의 문제와 규범적인 판단이 혼합되어있는 중요한 문제로 인식되고 있다.[50] 지방자치법 제10조 제1항의 '주소'는 일본 민법 제22조에 따라, '생활의 본거지' 즉 일상생활의 근거가 되는 장소를 의미하는 것으로 이해되고 있는데, 자연인의 경우에는 객관적인 주거의 사실이 주된 고려요소이고, 주관적인 거주의 사도 보충적으로 고려될 수 있다고 한다. 이러한 이해가 통설의 입장이다.[51]

　주소를 인정함에 있어, 주민등록표에 기재된 주소에 의하여 항상 결정되는 것이 아니라고 한다. 주민기본대장상의 기재가 있는 경우에, 이것은 지방자치법 소정의 주소로 추정될 뿐이며, 분쟁이 있는 경우에는 법원이 결정하여야 하는 것으로 보고 있다.[52] 주민기본대장법에는 "주민의 주소와 관련된 법령의 규정은, 지방자치법 제10조 제1항의 주민의 주소와 다른 의미를 정한 것으로 해석되어서는 안 되는 것"으로 규정되어 있다(제4조). 주소는 주민의 요건인데, 그 해당 여부는 주민기본대장법이 아니라 지방자치법에 따라 결정된다는 의미로 해석된다.[53]

　법인의 경우에는, 주된 사무소의 소재지(일반법인법 제4조), 본점의 소재지(회사법 제4조)가 원칙적으로 주소가 되며, 특별법에 의하여 설립된 법인[54]은 일반적으로 본점과 주된 사무소의 소재지가 법률에 의하여 결정되는데, 그 법률이 정한 바에 따르는 것이 원칙이다.[55]

　일본 지방자치법상 주민의 권리는 크게 두 종류로 나눌 수 있다. 첫 번째는 주민으로서 당연히 가지는 권리인 보통지방공공단체의 역무를 제공받아 이를 향유할 권리이다. 동 권

47) 太田匡彦, 「住所・住民・地方公共團體」, 地方自治 727(2008), 3頁.
48) 일본 지방자치법상 주민소송과 그 전치절차인 주민감사청구는 주민이 할 수 있다(동법 제242조 참조). 주민감사청구와 주민소송을 할 수 있는 주민의 개념은 지방자치법 제10조의 주민 개념과 같은 것으로 보는 것이 일본의 통설적 견해이다(宇賀克也, 地方自治法概說, 327頁; 成田賴明 外, 注釋 地方自治法. 5204頁). 일본 하급심 판결은 주민기본대장법상 주민표에 기재된 자라고 하더라도 다른 시정촌에 생활의 본거가 있다고 인정되면 주민소송의 원고적격이 없다고 판단하였다고 한다. 이에 대한 소개로는 小早川光郎 編, 判例行政法3, 41-42頁 참조. 일본의 주민소송제도에 대한 소개로는 김상태, "일본의 주민소송에 관한 연구", 『한양법학』 제14호, 2003, 291-313면; 선정원, "주민소송의 도입과 그 과제", 『행정법연구』 제11호, 2004, 203-221면; 최우용, "일본 주민소송법제의 내용과 판례의 경향: 우리 주민소송제의 도입방안과 관련하여", 『동아법학』 제34호, 2004, 169-191면 등 참조.
49) 宇賀克也, 地方自治法概說, 20頁.
50) 飯島淳子, 「地地方公共団体の構成要素としての住民・區域」, 行政法の爭點(2014), 205頁.
51) 宇賀克也, 地方自治法概說, 22頁.
52) 塩野 宏, 行政法Ⅲ, 142頁.
53) 飯島淳子, 「地方公共団体の構成要素としての住民・區域」, 行政法の爭點(2014), 205頁.
54) 일본방송, 일본은행 등이 그 예로 제시되고 있다.
55) 宇賀克也, 地方自治法概說, 22頁.

리는 법률상 다른 제한 없이 주민에게는 당연히 인정된다. 두 번째는 주민 중 일부에게만˙ 인정되는 참장권이다. 첫 번째 경우는 독일 지방자치법상 거주자(Einwohner)의 개념과 마찬가지로 지방자치단체 구역 내에 주소를 가진 자라면 권리가 인정되는 반면, 두 번째 경우는 독일 지방자치법상 시민(Bürger)의 개념과 같이 지방자치단체의 거주자 중에서 일정한 요건에 해당하는 유권자에게 권리가 인정되는 것으로 볼 수 있다. 이러한 의미에서는 독일에서의 거주자·시민 개념의 구별이 일본 지방자치법에도 반영되어 있는 것으로 볼 수 있을 것이다.

2. 우리나라 지방자치법상 '주민' 개념

(1) 주민의 인정기준에 대한 학설

주민의 지위에 따른 권리·의무가 다양하고, 주민에 해당하는지에 따라 법적 지위가 상이하게 되기 때문에, 주민의 개념과 인정기준을 명확하게 하는 것이 필요하다. 지방자치단체의 구역 안에 주소를 가진 자는 그 지방자치단체의 주민이 된다(지방자치법 제12조). 법문상 '지방자치단체의 구역 안에 주소를 가진 자'는 그 지방자치단체의 주민이 된다. 주민의 인정기준은 '주소를 가진 자'의 해석의 문제이다. 이에 대하여는 두 가지 견해가 주장되고 있다.

첫째는 지방자치법에는 주소에 대한 별도의 규정이 없으므로, 민법 제18조[56]에 따라 지방자치법 제12조의 '주소'를 '생활의 근거가 되는 곳'으로 해석하는 견해이다.[57] 동 견해는 지방자치단체의 구역 내에 주소가 있는 경우 인종, 국적, 성별, 연령, 행위능력 유무, 자연인, 법인 등을 가리지 않고 당연히 주민이 된다고 본다. 주민등록법에 따른 주민등록은 주민으로 인정되는 요건은 아니고, 단지 "주민의 거주관계를 파악하고 인구동태를 명확히 함으로써 적정한 행정사무를 수행할 수 있도록 하기 위한 절차에 그치는 것"[58]으로 본다.

다음으로, 주민등록법상의 주민등록을 기준으로 하여야 한다는 견해가 있으며, 동 견해가 우리나라의 다수설로 보인다.[59] 주민등록법에는 "다른 법률에 특별한 규정이 없으면

---

56) 「민법」 제18조(주소) ① 생활의 근거되는 곳을 주소로 한다.

② 주소는 동시에 두 곳 이상 있을 수 있다.

57) 구병삭, 『주석 지방자치법』, 1991, 155-156면; 김동희, 앞의 책, 59면; 김철용, 『행정법』, 2011, 827면; 김철용 외, 『주석 지방자치법』, 1997, 89면; 최우용, 『지방자치법강의』, 2008, 72면; 한견우, 『현대행정법신론2』, 2014, 273면 등 참조.

58) 김동희, 앞의 책, 59면; 박윤흔, 『행정법강의(하)』, 2004, 111면 등 참조.

59) 김남진/김연태, 『행정법Ⅱ』, 2011, 82면; 김유환, 앞의 책, 571면; 류지태/박종수, 앞의 책, 921면; 박균성, 『행정법론(하)』, 2017, 88면; 이기우/하승수, 『지방자치법』, 2007, 79-80면; 장태주, 『행정법개론』,

이 법에 따른 주민등록지를 공법(公法) 관계에서의 주소로 한다."라고 규정되어 있으므로(제23조 제1항), 공법관계에서의 주소는 주민등록지가 되며, 지방자치법 제12조의 주소는 주민등록지를 의미하는 것이라고 한다.[60]

(2) 지방자치법상 '주민'의 법적 지위

주민에 해당하면, 법령으로 정하는 바에 따라 소속 지방자치단체의 재산과 공공시설을 이용할 권리와 그 지방자치단체로부터 균등하게 행정의 혜택을 받을 권리(동법 제13조 제1항)를 가지고, 주민은 법령으로 정하는 바에 따라 소속 지방자치단체의 비용을 분담하여야 하는 의무를 진다(동법 제21조).

한편, 법령으로 정하는 일정한 요건에 해당하는 주민에게는 그 지방자치단체에서 실시하는 지방의회의원과 지방자치단체의 장의 선거에 참여할 권리(동조 제2항, 동법 제31조, 제94조), 주민투표에 참여할 권리(동법 제14조), 조례제정·개폐청구권(동법 제15조), 감사청구를 할 권리(동법 제16조), 주민소송을 할 권리(동법 제17조), 주민소환을 할 권리(동법 제20조) 등의 권리가 인정된다.

우리나라의 지방자치법상 '주민' 개념은 독일의 그것과 같이 '거주자'와 '시민'의 구별을 인정하는 입장을 따르고 있는 것으로 이해되고 있다.[61] 지방자치단체의 주민을 '일반적 의미의 주민'과 '참정권의 주체로서의 주민'(公民)으로 구분하는 견해[62], '일반 주민'과 '유권자인 주민'으로 구분하는 견해[63], 주민과 시민(公民)으로 구분하는 견해[64] 등이 그것이다.

2011, 1015면; 정하중, 『행정법개론』, 2017, 928면; 천병태/김민훈, 『지방자치법』, 2005, 95면; 홍정선, 앞의 책, 151면; 홍준형, 앞의 책, 1256면 등 참조.

60) 다만, '반드시' 주민등록지가 주소가 된다는 견해와 '일반적으로' 주민등록지가 주소가 된다는 견해 등이 다양하게 주장되고 있다. 예를 들어, 주민등록이 주민으로서의 요건이 되는 것으로 설명하시는 견해(김남진/김연태, 앞의 책, 82면; 홍정선, 앞의 책, 151면 등), 지방자치법상 주소는 주민등록지를 의미한다는 견해(박균성, 앞의 책, 88면; 장태주, 앞의 책 1015면 등), 주소는 거주지를 의미하고 "일반적으로" 주민등록지가 주소가 된다는 견해(김유환, 앞의 책, 571면), 주소는 거주지를 의미하고 "원칙적으로" 주민등록지가 주소가 된다는 견해(정하중, 앞의 책, 928면; 홍준형, 앞의 책, 1256면 등) 등이 유력하게 제시되고 있다.

61) 김남진/김연태, 앞의 책, 83면; 김유환, 앞의 책, 571면; 류지태/박종수, 앞의 책, 921면; 박윤흔, 앞의 책, 111면; 장태주, 앞의 책, 1016면; 정하중, 앞의 책, 928면; 한국지방자치법학회, 앞의 책, 84-85면; 홍정선, 앞의 책, 157면 등 참조.

62) 김남진/김연태, 앞의 책, 82-83면; 박윤흔, 앞의 책, 111면. 박윤흔 교수께서는 일반적 의미의 주민을 독일의 거주자(Einwohner)로, 참정권의 주체인 주민을 공민(Bürger)으로 설명하신다.

63) 김유환, 앞의 책, 571면. 김유환 교수께서는 선거권, 피선거권, 주민투표권, 조례의 제정 및 개폐청구권, 주민감사청구권, 주민소환권 등을 유권자인 주민의 권리로 설명하신다.

64) 류지태/박종수, 앞의 책, 921면. 「지방자치법」 제13조 제2항에서 "국민인 주민은 법령으로 정하는 바에

우리나라의 학설은 (다소 차이는 있지만) 대체적으로 주민의 권리를 공공시설이용권과 정치적 권리로 구분[65]하는데, 이는 독일에서의 거주자와 시민 개념의 구별과 체계를 같이하고 있는 것으로 보인다. 즉, 거주자로서의 주민의 권리로는 공공시설이용권 등 행정의 혜택을 받을 권리가 인정되고, 시민으로서의 주민의 권리로는 각종 참정권이 인정되는 것으로 볼 수 있다.

이와 같이 거주자와 시민을 구별하는 입장에서 살펴본다면, 지방자치법 제13조 제1항의 공공시설을 이용할 권리의 주체인 주민은 '거주자'를 의미하는 것으로 보아야 할 것이고, 마찬가지로 동법 제144조 제1항[66], 제146조 제1항[67]의 '주민'도 역시 거주자에 해당하는 것으로 볼 수 있을 것이다. 공공시설이용권에 대응하여 부담하는 지방자치단체의 비용분담의무(지방자치법 제21조 참조)의 부담주체인 주민 역시도 거주자로 보아야 할 것으로 생각된다.

반면, 선거권(지방자치법 제13조 제2항, 제31조, 제94조), 주민투표권(동법 제14조), 조례제정·개폐청구권(동법 제15조), 감사청구권(동법 제16조), 주민소송을 할 권리(동법 제17조), 주민소환권(동법 제20조) 등의 주체인 주민은 적극적인 참여를 내용으로 하는 '시민'으로서의 주민의 권리에 해당하는 것으로 보는 것이 적절할 것으로 생각된다.[68]

법인의 경우에는 특별한 논의가 없으나, 자연인을 주민등록법상의 주소에 한정하여 판단하지 아니하고 실질적으로 거주하는지 여부에 따라 폭넓게 판단하는 이상, 법인의 경우에도 마찬가지로 실제 사업을 수행하고 있는 사업의 근거지를 기준으로 폭넓게 판단하여야 할 것으로 본다. 법인의 경우에는 정치적 의사 형성과 참여에 관련이 적기 때문에, 독일의 '시민'보다는 '거주자'에 해당되는 것으로 보아야 할 것이고, 그렇다면 자연인보다 오히려 법인의 경우에 지방자치단체의 주민에 해당하는 것으로 인정될 여지가 더 클 수 있을 것으로 생각된다.

지방자치법상 주민의 법적 지위의 다양성으로 인하여, 주민의 개념은 일률적으로 규율하기는 어려울 것으로 생각된다. 지방자치법상 모든 '주민' 개념을 '주민등록법상 주민등록

따라 그 지방자치단체에서 실시하는 지방의회의원과 지방자치단체의 장의 선거(이하 "지방선거"라 한다)에 참여할 권리를 가진다."라고 규정하고 있는데, 여기에서 "국민인 주민"은 시민 또는 공민에 해당하는 것으로 본다.

65) 김유환, 앞의 책, 572면 이하; 류지태/박종수, 앞의 책, 922면 이하; 박균성, 앞의 책, 89면 이하; 홍준형, 앞의 책, 1257면 이하 등 참조. 홍준형 교수께서는 수익권, 참정권, 그리고 직접청구권으로 구분하신다.
66) 지방자치단체는 주민의 복지를 증진하기 위하여 공공시설을 설치할 수 있다.
67) 지방자치단체는 주민의 복지증진과 사업의 효율적 수행을 위하여 지방공기업을 설치·운영할 수 있다.
68) 독일에서의 거주자와 시민 개념의 구별에 따라 주민투표권, 조례제정·개폐청구권 주민감사청구권 등의 권리는 유권자인 주민, 즉 시민의 권리라고 이해하는 견해로는 한국지방자치법학회, 앞의 책, 84-85면 각주 1 참조.

이 되어있는 사람'으로 한정하여 해석한다면 다양한 문제사례에 있어서 구체적 타당성 있는 해결책을 모색하는 데에 한계가 있을 수 있다. 앞에서 살펴본 독일과 일본에서의 논의와 같이 거주자 개념을 폭넓게 인정하는 경우에는 다양한 개별 사례에 있어서 지방자치법상 문제가 되는 조항에 따라 '주민'의 개념을 달리 해석할 수 있는 여지가 있을 수 있을 것이다. 즉, 거주자와 시민 개념의 구별을 기초로 하여, 거주자 개념을 폭넓게 인정함으로써 개별 사안에서 구체적 타당성을 기할 수 있을 것으로 생각된다.

물론, 대부분의 경우에 있어서 자신의 거주지에 주민등록을 하는 경우가 일반적이므로 주민등록지를 기준으로 주민 해당 여부를 판단하는 것이 적절한 기준이 될 수 있을 것이다.69) 다만, 주민등록이 없더라도 실제 '거주자'인 주민으로 인정할 수 있는 근거가 있다면, 이를 주민으로 포섭하는 것이 적절할 것이고 이러한 범위에서는 앞의 논의가 의미가 있을 수 있을 것이다.

법인의 경우에도 마찬가지로, 본점 소재지, 영업소 등이 1차적인 기준이 되겠지만, 그러한 공부상의 기재에 구애됨이 없이 실질적으로 법인의 영업 등의 활동의 근거가 있으면 '거주자'인 주민으로 인정되는 경우가 있을 수 있을 것이다.

결국, 개별 문제의 합리적 해결을 위해서는, 지방자치법상 '주민' 개념을 도그마틱 (Dogmatik) 문제로 보아 일률적으로 규율하기보다는 카주이스틱(Kasuistik) 문제로 보아 개별 사안에서 구체적 타당성을 충족시키는 해석을 하는 것이 적절할 것으로 생각된다.70)

3. 지방자치법 제138조의 분담금 부과 · 징수대상이 되는 주민

지방자치단체는 그 재산 또는 공공시설의 설치로 주민의 일부가 특히 이익을 받으면 이

---

69) 앞에서 살펴본 주민 인정기준에 대한 두 가지 학설 즉, 실제의 거주지를 기준으로 하는 견해와 주민등록지를 기준으로 하는 견해는 그 실질에 있어서는 큰 차이가 있다고는 할 수 없을 것으로 생각된다. 왜냐하면, 실제로는 대부분 생활의 근거가 되는 곳에 주민등록을 하고 있을 것이기 때문에 결과적으로 위의 두 견해는 동일한 기준으로 적용될 수 있게 될 것이기 때문이다. 다만, 주민 개념을 '원칙적으로' 주민등록지로 보는 것과 '일률적으로' 주민등록지로 보는 것의 사이에는 Ⅱ유형과 같은 경우에는 법적용의 차이가 있게 되므로, 이러한 범위에서는 두 견해에 차이가 존재하게 된다고 할 수 있을 것이다.

70) 사견으로는 일응 다음과 같은 기준이 '거주자'로서의 주민의 인정에 있어 적용될 수 있을 것으로 생각된다. ① 주민등록이 되어있으면 주민으로 인정한다. ② 주민등록이 없는 경우 곧바로 주민의 지위를 부정하는 것이 아니라, 해당 지방자치단체에 생활의 근거(법인의 경우에는 영업지 등 법인활동의 근거)가 있는지 여부를 사안마다 판단한다. ③ 주민등록이 없음에도 '주민'의 지위가 인정되어야 한다고 주장하는 쪽에서 '생활의 근거' 또는 '영업활동의 근거'가 존재한다는 점을 입증해야 한다(반대의 경우도 가능하다).

익을 받는 자로부터 그 이익의 범위에서 분담금을 징수할 수 있다(동법 제138조). 동조의 분담금은 지방자치단체의 재산이나 지방자치단체의 공공시설 설치 등 특정 사업으로 인하여 특별한 이익을 받는 사람이 있는 경우에 그에게 그 수익의 한도 내에서 사업경비의 전부 또는 일부를 부담하도록 하는 것이다.[71] 동조의 분담금은 강학상 부담금에 해당[72]하고, 부담금 중에서 특정 사업으로 특별히 이익을 받은 자에게 부담시키는 수익자부담금에 해당한다.[73]

지방자치법 제138조의 분담금은 지방자치단체의 '공공시설의 설치'와 관련되는 것으로, 주민은 특별한 이익을 얻은 경우에는 그 수익의 한도에서 부담금을 납부할 의무를 부담하게 된다. 동조의 분담금은 법문상 1) 특별한 수익을 얻을 것, 그리고 2) 주민일 것을 요건으로 하는 것으로 볼 수 있다. 문제는 특별한 수익을 얻었음에도 주민이 아니라는 이유로 분담금 납부의무를 면할 수 있는가에 있다.

비교법적으로 독일과 일본의 경우에는 토지 소유자 등 분담금의 부과대상을 폭넓게 인정하고 있다는 점, 분담금은 수익자부담금에 해당하고 지방자치법 제138조는 지방자치단체가 부과·징수하는 재산 또는 공공시설의 설치로 인한 수익자부담금에 대한 일반적인 근거 조항이므로 특별한 수익의 발생이 중요한 요건이라는 점, 지방자치법 제7장 제3절에서 함께 규정하고 있는 지방세(제135조), 사용료(제13조), 수수료(제137조), 분담금(제138조) 중에서 제138조의 분담금을 제외하고는 모두 부과대상이 주민으로 한정되지 않는 점, 아무런 대가 없이 납부하여야 하는 조세인 지방세의 경우에는 지방자치단체의 주민일 것을 요건으로 하지 않는데 반하여, 수익자의 특별한 수익을 원인으로 하여 부과되는 분담금의 경우에는 오히려 납부의무자를 주민으로 한정하는 것은 불합리하다는 점 등이 지방자치법 제138조의 분담금의 납부의무자는 반드시 '주민'에 한정되지 않는다는 논거가 될 수 있을 것이다.

그러나 주민의 부담에 해당하는 다른 공과금 즉 지방세·사용료·수수료 등과 비교할 때, 분담금의 경우에만 법문상 '주민'이라는 표현이 명시적으로 존재하기 때문에 지방자치법 제138조의 분담금의 납부의무자는 해당 지방자치단체의 주민이어야 한다는 요건은 필요한 것으로 해석하여야 할 것으로 생각된다. 명시적으로 존재하는 법문의 규정을 없는 것으로 해석하는 것은 '법문상 가능한 의미의 범위'라는 법률 해석의 한계를 넘는 것이기 때문이다.[74]

---

71) 한국지방자치법학회, 앞의 책, 558면.
72) 박균성, 앞의 책, 178면 참조.
73) 구병삭, 앞의 책, 353면; 김철용 외, 앞의 책, 433면; .한국지방자치법학회, 앞의 책, 558-559면 등 참조.

지방자치법 제138조의 분담금 납부의무자는 지방자치단체의 주민이어야 한다고 할 때, 그 주민의 개념과 범위가 문제된다. 여기에는 앞에서 살펴본 주민 개념에 대한 논의가 해석에 도움이 될 수 있을 것으로 생각된다. 이미 살펴본 바와 같이, 지방자치법상 '주민'이라는 개념은 단일한 개념이 아니라 문제되는 조항별로 다양한 의미를 가질 수 있는 것이라고 본다면, 지방자치법 제138조는 지방자치단체가 부과·징수하는 재산 또는 공공시설의 설치를 위한 수익자부담금에 대한 일반적인 근거 조항[75]이기 때문에, 탄력적 해석을 통하여 주민 개념을 넓게 인정할 수 있을 것으로 본다. 특별한 수익을 얻었음에도 단지 주민이 아니라는 이유만으로 분담금의 납부의무를 면한다면, 비용부담의 형평성 제고라는 제도의 취지 자체가 몰각될 수 있기 때문이다. 물론 이러한 해석이 자의적인 것이 되어서는 안 될 것이므로 합리적인 기준이 있어야 할 것인데, 주민등록이나 정관의 기재 등 공부상 기재로는 주민이라고 할 수 없지만 생활의 실질적 근거가 있거나 법인인 경우 영업활동의 근거가 있다고 할 수 있는 경우에는 동조의 주민에 해당하는 것으로 보아 분담금을 부담시키는 것이 타당할 것으로 생각된다. 비교법적으로 살펴본 독일과 일본의 예처럼, 토지 등 부동산을 소유하고 있거나, 영업활동을 하고 있는 경우라면 여기에 해당한다고 볼 수 있을 것이다.[76] 지방자치법 제138조의 분담금은 수익자부담금이므로, 그 해석에 있어서는 주민 부담의 형평이라는 제도의 취지와 특별한 이익의 향유 여부가 중요한 판단기준이 되어야 할 것으로 본다.

Ⅳ. 요약과 결론

'주민'이라는 하나의 용어로 포괄적인 법률관계를 모두 규율하는 것에는 한계가 있을 수밖에 없다. 합리적 범위에서 법관에 의한 법발견을 통하여, 지방자치법의 곳곳에 흩어져 있는 '주민' 개념을 개별 조항별로 재정의할 필요가 있다고 생각된다. 해석의 기준으로 독일의 거주자·시민의 구별이 의미가 있을 수 있다고 생각된다. 거주자로서의 주민은 거주

---

74) 박정훈, "행정법과 법해석 – 법률유보 내지 의회유보와 법형성의 한계", 『행정법연구』 제43호, 2015, 24-27면 참조.

75) 박균성, 앞의 책, 464면.

76) 지방자치단체의 구역 내에 주소를 가지고 있지 않더라도, 거소가 있거나 사무소·영업소 등이 있어서 납세의무 등 일정한 의무를 부담하고 있는 자라면 "주민에 준하는 지위"를 가지는 것으로 보아야 한다는 견해가 주장되고 있는데, 이러한 사안의 해결에 있어 중요한 참고가 될 수 있을 것으로 생각된다. 이에 대하여는 김동희, 앞의 책, 60면 참조.

의 사실에, 시민으로서의 주민은 법적 요건의 구비에 각각 중점을 두게 될 것이다. 동 기준에 따라 우리 지방자치법을 해석함에 있어, '거주자'는 '시민'에 비하여 보다 폭넓게 인정할 필요가 있을 것으로 생각된다. '주민'이라는 용어를 단일한 개념으로 파악하여 지방자치법의 모든 조항을 일률적으로 해석하는 것보다는, 개별 조항별로 주민의 개념과 범위를 합목적적으로 해석하는 것이 문제의 해결에 더욱 기여할 수 있을 것으로 생각한다. 여기에는 법관에 의한 법발견이 중요한 역할을 하게 될 것이다.

대상판결은 거주자와 시민이라는 개념을 직접적으로 사용하지는 않았지만 "지방자치법에 '주민'의 개념을 구체적으로 정의하는 규정이 없는데, 그 입법 목적, 요건과 효과를 달리하는 다양한 제도들이 포함되어 있는 점을 고려하면, 지방자치법이 단일한 주민 개념을 전제하고 있는 것으로 보기 어렵다. 자연인이든 법인이든 누군가가 지방자치법상 주민에 해당하는지는 개별 제도별로 제도의 목적과 특성, 지방자치법뿐만 아니라 관계 법령에 산재해 있는 관련 규정들의 문언, 내용과 체계 등을 고려하여 개별적으로 판단할 수밖에 없다."라는 기준을 정립하였다는 점에 의미가 있다고 본다.[77]

생각할 문제

1. 주민 개념의 이중적 성격: 실제로 거주하는 사람인가? 법적 자격을 가진 사람인가?

2. 민법의 주소개념과 지방자치법의 주소개념

3. 주소는 여러 개가 인정될 수 있는가? 한 사람이 여러 지방자치단체의 주민이 될 수 있는가?

---

[77] 다만, 대상판결은 균등분 주민세를 중요한 논거로 활용하였는데, 주민세는 특별시세·광역시세·시군세에 해당하므로(지방세기본법 제8조 참조), 도와 자치구의 경우에는 적용할 수 없다는 점에서 판결의 논거로는 한계가 있다고 생각된다.

대법원 2019. 12. 24. 선고 2019두48684 판결[*]
[공무원에 대한 징계재량권 일탈·남용의 심사기준과 심사강도]

강 화 연[**]

[사실관계]

○○시 초등학교 교감인 원고는 2017. 9. 9. 00:15경 자신이 탑승한 택시의 뒷좌석에서 운전석에 앉아 있는 여성 택시기사의 가슴 부위를 손으로 서너 번 만져 추행하였다(이하 '이 사건 비위행위'라고 한다). 이로 인하여 원고는 ○○지방검찰청에서 2017. 10. 31. 보호관찰소 선도위탁 조건부 기소유예 처분을 받았다. 이어진 징계절차에서 ○○시 교육공무원 일반징계위원회는 원고에 대하여 2017. 11. 27. 「국가공무원법」 제63조[1]), 제78조 제1항[2]), 「교육공무원법」 제51조 제1항[3]) 등을 근거로 해임을 의결하였다. 해임의 징계수준은 교육공무원에 대한 징계양정의 기준을 정한 구 「교육공무원 징계령」(2019. 2. 26. 대통령령 제29560호로 개정되기 전의 것) 제15조[4]) 및 구 「교육공무원 징계양정 등에 관한 규칙」(2019. 3.

---

* 이 글은 2023년 8월 『행정법연구』 제71호 589-616면에 게재된 졸고, "공무원을 대상으로 한 징계재량권 남용의 심사기준과 강도 -대법원 2019. 12. 24. 선고 2019두48684 판결"을 요약한 것입니다.

** 광주지방법원 판사, 법학박사

1) 제63조(품위 유지의 의무) 공무원은 직무의 내외를 불문하고 그 품위가 손상되는 행위를 하여서는 아니 된다.
2) 제78조(징계 사유) ① 공무원이 다음 각 호의 어느 하나에 해당하면 징계 의결을 요구하여야 하고 그 징계 의결의 결과에 따라 징계처분을 하여야 한다.
   1. 이 법 및 이 법에 따른 명령을 위반한 경우
   2. 직무상의 의무(다른 법령에서 공무원의 신분으로 인하여 부과된 의무를 포함한다)를 위반하거나 직무를 태만히 한 때
   3. 직무의 내외를 불문하고 그 체면 또는 위신을 손상하는 행위를 한 때
3) 제51조(징계의결의 요구) ① 교육기관, 교육행정기관, 지방자치단체 또는 교육연구기관의 장은 그 소속 교육공무원이 「국가공무원법」 제78조 제1항 각 호의 징계사유 및 「지방공무원법」 제69조제1항 각 호의 징계사유에 해당한다고 인정하는 경우에는 지체 없이 해당 징계사건을 관할하는 징계위원회에 징계의결을 요구하여야 한다. 다만, 해당 징계사건을 관할하는 징계위원회가 상급기관에 설치되어 있는 경우에는 그 상급기관의 장에게 징계의결의 요구를 신청하여야 한다.
4) 제15조(징계의 양정) 징계위원회가 징계사건을 의결함에 있어서는 징계혐의자의 소행·근무성적·공적·개전의 정·징계요구의 내용 기타 정상을 참작하여야 한다.

18. 교육부령 제178호로 개정되기 전의 것, 이하 '구 징계양정 규칙'이라고 한다) 제2조 제1항과 그 [별표][5], 제4조 제2항 제4호 (가)목[6] 등에 의거해 결정되었다. 위 의결에 따라 피고 ○○시교육감은 2017. 12. 11. 원고를 해임(이하 '이 사건 처분'이라 한다)하였다.[7] 이에 불복하여 원고는 2018. 1. 4. 교원소청심사위원회에 소청심사를 청구하였으나 2018. 2. 28. 기각결정을 받았다.[8] 이에 원고는 해임처분취소소송을 제기하였다.

[사건의 경과]

원고는 해임의 이 사건 처분은 이 사건 비위행위에 비해 지나치게 가혹하여 재량권을 일탈·남용한 것으로 위법하다고 주장하였다. 이에 대해서 제1심법원[9]은 "징계처분이 사회통념상 현저하게 타당성을 잃어 징계권자에게 맡겨진 재량권을 남용하였다고 인정되는 경우에 한하여 그 처분을 위법하다고 할 수 있다"(대법원 2017. 11. 9. 선고 2017두47472 판결 등)는 대법원 판례의 전통적 판단기준에 따라 원고의 청구를 기각하였다. 제1심법원은 교사에게는 엄격한 품위유지의무 및 학생들을 성실히 지도하고 올바른 성 윤리를 확립하도

---

5) 제2조(징계의 기준) ① 「교육공무원 징계령」 제2조 제1항에 따른 교육공무원징계위원회는 징계혐의자의 비위(非違) 유형, 비위 정도 및 과실의 경중(輕重)과 평소 행실, 근무성적, 공적(功績), 뉘우치는 정도 또는 그 밖의 정상(情狀) 등을 참작하여 별표의 징계기준에 따라 징계를 의결하여야 한다.

[별표] 징계기준(제2조제1항 관련)

비위의 정도 및 과실 비위의 유형	비위의 정도가 심하고 고의가 있는 경우	비위의 정도가 심하고 중과실인 경우 또는 비위의 정도가 약하고 고의가 있는 경우	비위의 정도가 심하고 경과실인 경우 또는 비위의 정도가 약하고 중과실인 경우	비위의 정도가 약하고 경과실인 경우
7. 품위유지의무 위반 라. 성폭력	파면	파면	파면 – 해임	해임

6) 제4조(징계의 감경) ② 제1항에도 불구하고 다음 각 호의 어느 하나에 해당하는 경우에는 징계를 감경할 수 없다.
   4. 다음 각 목의 범죄 또는 행위로 징계의 대상이 된 경우
   가. 「성폭력범죄의 처벌 등에 관한 특례법」 제2조에 따른 성폭력범죄 행위
7) 이 사안의 경우, 본래 주 5의 징계양정기준과 구 징계양정 규칙 제4조 제2항 제4호 (가)목("성폭력범죄의 처벌 등에 관한 특례법 제2조에 따른 성폭력범죄 행위로 징계의 대상이 된 경우에는 징계를 감경할 수 없다")에 따라 파면처분이 내려졌어야 한다. 그럼에도 불구하고 징계위원회에서는 원고가 주장하는 감경사유들을 고려하여 해임처분을 내린 것으로 보인다.
8) 「국가공무원법」 제16조 제1항, 「교육공무원법」 제53조 제1항에 따라 원고는 이 사건 처분의 효력을 다투는 행정소송을 제기하기 전 필수적으로 교원소청심사위원회의 심사·결정을 거쳐야 하였다.
9) 광주지방법원 2019. 1. 10. 선고 2018구합10958 판결.

록 이끌어야 할 의무가 있기에 징계양정에서도 엄격한 잣대가 요구되므로 구 징계양정 규칙 제2조 제1항 [별표]의 징계기준은 자의적이거나 비합리적이지 않다고 보았다. 이 사건 비위행위의 경우 위 징계기준에 따르면 본래 파면을 하여야 함에도 이보다 가벼운 징계처분이 내려졌고, 피고는 이 사건 처분 과정에서 여러 양정사유들을 충분히 참작한 것으로 보이므로 이 사건 처분이 사회통념상 현저하게 타당성을 잃었다고 할 수 없다고 하였다.

이에 불복하는 원고의 항소에 대해 원심법원[10]은 "제재적 행정처분의 기준이 부령의 형식으로 규정되어 있더라도 그것은 행정청 내부의 사무처리준칙을 규정한 것에 지나지 아니하여 대외적으로 국민이나 법원을 기속하는 효력이 없고, … 위 처분기준에 따른 제재적 행정처분이 그 처분사유가 된 위반행위의 내용 및 관계 법령의 규정 내용과 취지에 비추어 현저히 부당하다고 인정할 만한 합리적인 이유가 있는 경우에는 재량권 일탈·남용에 해당할 수 있다(대법원 2007. 9. 20. 선고 2007두6946 판결 등 참조)"는 종전 법리를 원용하였다. 그리고 이 사건 처분은 다음과 같은 점을 고려하여 볼 때 "현저히 부당[11]"하다고 하여 제1심판결 및 이 사건 처분을 취소하였다. 구 징계양정 규칙 제2조 제1항 [별표]의 징계기준은 행정청 내부의 사무처리준칙에 불과하여 대외적인 구속력이 없고, 동항은 징계혐의자의 비위 유형, 비위 정도 및 과실의 경중뿐만 아니라 징계혐의자의 평소 행실, 근무성적, 공적, 뉘우치는 정도 등을 참작하여야 한다고 규정하고 있으므로 징계권자는 위 징계기준보다 가벼운 징계를 할 수 있다. 술에 취해 우발적으로 한 이 사건 비위행위의 유형력 행사나 추행 정도가 무겁지 않다. 피해자는 사회경험이 풍부한 67세 여성으로 정신적 충격이나 성적 수치심이 그리 크지 않다. 원고는 반성하고 있고 교단에서 25년간 성실히 근무하였으며, 다수의 동료들이 탄원서를 제출하였다. 징계위원회에서 해임보다 낮은 징계가 가능하다는 의견도 다수 있었으나 해임이 의결된 데는 심리적 부담이 작용한 것으로 보인다. 이러한 원심판결에 대해 피고가 항소하였다.

[대상판결]

대법원은 원심판결을 파기하고 사건을 다시 심리·판단하도록 원심법원에 환송하였다. 그 설시를 요약하면 다음과 같다.

---

10) 광주고등법원 2019. 7. 11. 선고 2019누10176 판결.
11) 원심판결은 제1심판결과 같은 사회통념상 현저한 타당성 기준을 채택한다고 명시적으로 밝히지는 않았으나 위와 같은 표현을 통해 일응 같은 심사기준으로 판단하였음을 짐작할 수 있다.

공무원인 피징계자에게 징계사유가 있어 징계처분을 하는 경우 징계권자가 재량권을 행사하여 한 징계처분이 사회통념상 현저하게 타당성을 잃어 징계권자에게 맡겨진 재량권을 남용하였다고 인정하는 경우에 한하여 그 처분을 위법하다고 할 수 있다. 징계처분이 사회통념상 현저하게 타당성을 잃었는지는 구체적인 사례에 따라 직무의 특성, 징계의 원인이 된 비위사실의 내용과 성질, 징계에 의하여 달성하려고 하는 행정목적, 징계양정의 기준 등 여러 요소를 종합하여 판단할 때 그 징계내용이 객관적으로 명백히 부당하다고 인정할 수 있는 경우라야 한다. 징계권자가 내부적인 징계양정 기준을 정하고 그에 따라 징계처분을 하였을 경우 정해진 징계양정 기준이 합리성이 없다는 등의 특별한 사정이 없는 한 해당 징계처분이 사회통념상 현저하게 타당성을 잃었다고 할 수 없다(대법원 2008. 6. 26. 선고 2008두6387 판결 등 참조).

구 징계양정 규칙 제2조 제1항 [별표]의 징계양정 기준은, 교원에게 고도의 직업윤리의식 내지 도덕성이 요구될 뿐만 아니라 직무의 내외를 불문하고 가중된 품위유지의무를 부담하여야 한다는 점, 특히 교원이 성폭력의 비위행위를 저지를 경우 이는 품위유지의무를 중대하게 위반한 것으로서 본인은 물론 교원사회 전체에 대한 국민의 신뢰를 실추시킬 우려가 크므로 해당 교원이 비위행위에 상응하는 불이익을 받지 아니하고 교육자로서의 직책을 그대로 수행하도록 하는 것은 적절하지 않다는 점, 강화된 징계양정 기준이 도입될 당시의 사회적 상황 및 성폭력범죄 행위에 대한 일반 국민의 법감정 등 여러 가지 요소들을 종합적으로 고려하였을 때, 비례의 원칙에 어긋나거나 합리성을 갖추지 못하였다고 단정할 수 없다. 특히 구 징계양정 규칙 제4조 제2항 제4호 (가)목은 성폭력범죄의 처벌 등에 관한 특례법 제2조에 따른 성폭력범죄 행위로 징계의 대상이 된 경우에는 징계를 감경할 수 없다고 규정하고 있는데, 적어도 '고의가 있는 경우'에 관하여는 앞서 본 바와 같은 맥락에서 객관적 합리성을 결여하였다고 보기 어렵고, 이에 따라 위 규정은 구 징계양정 규칙 제2조 제1항 [별표]와 더불어 징계양정 기준으로 작용하게 된다. 따라서 징계권자가 구 징계양정 규칙 제2조 제1항 [별표]에 따른 징계양정 기준을 적용하여 한 이 사건 처분에 대하여 사회통념상 현저하게 타당성을 잃어 징계권자에게 맡겨진 재량권을 남용하였다고 섣불리 판단하여서는 아니 된다.

이 사건 비위행위는 원고가 심야에 피해자의 택시에 승객으로 탑승하여 운전 중이던 피해자의 신체 부위를 기습적으로 만지는 방법으로 강제추행한 것으로서, 당시 피해자는 상당한 정신적 충격과 성적 수치심을 느낀 나머지 원고에게 즉시 하차를 요구하였던 것으로 보인다. 이러한 비위행위의 내용 및 경위 등에 비추어 보면, 비위의 정도가 중하지 않다고 가볍게 단정 지을 것은 아니다. 비록 원고가 이 사건 비위행위가 밝혀진 이후 자신의 책임을 모두 인정하고 잘못을 뉘우치는 태도를 보이고 있기는 하다. 그러나 원고는 교원으로서 학생들을 성실히 지도하고 교육하여야 할 책무가 있었음에도 불구하고 이 사건 비위행위를 저질러 국민의 신뢰를 실추시켰다. 이처럼 스스로 교원으로서의 신뢰를 실추시킨 원고가 종 전과 다름없이 학생들을 지도한다고 하였을 때, 학생들이 과연 헌법 제31조 제1항이 정하는 국민의 교육을 받을 기본적 권리를 누리는 데에 아무런 지장도 초래되지 않을 것인지 등을 원고의 정상참작 사유와 비교 형량하여 보면, 원고가 이 사건 처분으로 인해 입게 되는 불 이익의 정도가 이 사건 처분으로 인해 달성되는 공익상 필요보다 크다거나, 원고가 품위유 지의무를 위반한 내용 및 그 정도에 비해 지나치게 가혹하여 객관적인 합리성을 결여함으 로써 사회통념상 현저하게 타당성을 상실하였다고 볼 수 없다. 그럼에도 이와 달리 이 사건 처분이 재량권을 일탈·남용한 것으로서 위법하다고 판단한 원심판결에는 징계처분의 재량 권 일탈·남용 등에 관한 법리를 오해하여 판결에 영향을 미친 잘못이 있다.

[판결의 평석]

Ⅰ. 사안의 쟁점

『고려사』에는 11세기 한 관원이 부정한 방법으로 자신의 아들을 관직에 채용되도록 하 였다가 어사(御史)에게 적발되어 파직(罷職)된 기록이 있다.[12] 잘못을 범한 관리에게는 응 분의 제재를 가함이 마땅하다는 인식에서 비롯된 공무원 징계제도는 파직·유배·안치(安 置) 등 고려시대나 조선시대에도 존재하였고, 다른 나라의 역사에서도 쉽게 찾아볼 수 있 어 가히 인류의 보편적 인사(人事)관리 제도라 할 수 있다. 직업공무원제를 특징으로 하는 근대 국가에서 공무원으로서의 신분이나 급여·연금 등 재산권에 직접 불이익을 가하는 징 계처분은 대표적인 침익적 행정행위의 일종으로 일컬어진다. 아울러 징계재량권의 위법한 행사에 대한 법적 통제는 행정에 대한 법적 구속의 확장, 그리고 행정법의 발전과 맞물려 점차 강화되어 왔다.[13] 우리나라의 경우 사법부 초기부터 공무원에 대한 징계처분을 행정 소송의 심사대상으로 삼았다.[14] 이러한 공무원 징계재량에 대한 법적 통제의 역사성과 보

---

12) 『고려사』 세가 권제5 현종 21년(1030년) 11월, "최연수가 이작인을 파직시키도록 아뢰다" 참조. 국사 편찬위원회 한국사데이터베이스(https://db.history.go.kr/KOREA/) 검색. 2023. 6. 16. 최종접속.

13) 비교법에 대한 역사적 고찰을 통해 볼 때 행정법은 행정의 독자성과 우월성을 확보하는 데 집중되는 제1단계인 성립단계, 행정에 대한 법적 구속을 최대한 확대하는 제2단계인 발전단계, 행정의 자율성 존 중과 공사익의 조화를 꾀하는 제3단계인 성숙단계를 통하여 발전하였다. 박정훈, 『행정법의 체계와 방 법론』, 2005, 37면 참조.

14) 대법원 1955. 5. 6. 선고 단기4287행상57 판결, 1964. 5. 19. 선고 63누205 판결(벌금 1,000원의 약식 명령을 받은 사법서사에 대한 인가취소의 징계처분이 지나치게 가혹하여 위법하다고 한 사례), 1966.

편성에 주목하여 본다면, 각국이 공무원 징계재량권의 위법한 행사를 어떠한 심사기준과 '강도15)'로 통제하고 있는지 고찰함으로써 현재 그 나라의 행정법에 대한 인식과 행정법의 발전 상황을 짐작할 수 있다는 주장도 무리가 아닐 것이다.

대상판결은 공무원 징계양정에 있어서 재량권 행사의 위법성을 판단한 최근의 대법원 판례이다.16) 대상판결은 우리 법원이 현재 공무원 징계재량권의 위법성에 대한 사법심사에 있어서 어떠한 사법심사 기준과 강도를 취하는지에 관한 일반원칙을 명확히 설시하고 있으면서도, 실제 사안에서 일반원칙이 어떻게 구체적으로 적용되는지에 관해서는 상당한 의문점을 남긴다. 아래에서는 대상판결에서 밝힌 일반원칙과 그 적용모습을 분석한 다음 이를 일반적 재량통제 이론과 비교법 차원에서 비판적으로 살펴봄으로써 장차 우리 판례가 위법한 공무원 징계재량권의 행사에 대한 법적 통제에 있어 나아가야 할 방향을 탐구하고자 한다.

Ⅱ. 판례의 이해

우선, 대상판결에 나타난 공무원에 대한 징계재량권의 위법성 심사에 있어 사법심사 기준 및 강도에 관한 일반론적 설시가 유사 사안에 관한 기존 판례의 흐름에서 어떠한 의미를 갖는지 논한다. 대상판결은 특히 위 일반론적 설시에 더하여 행정조직 내부에서 징계양정 기준을 정한 경우 이를 어떻게 사법심사할 것인지에 관해 밝혔으므로 이를 검토한다. 마지막으로, 대상판결이 일반론적 설시를 어떻게 개별 사안에 구체적으로 적용하여 판단하였는지 살펴본다.

---

10. 25. 선고 65누161 판결(카바레에 출입한 외무부 사무관을 파면한 처분을 심리미진을 이유로 파기환송한 사례) 등.
15) 이 글에서는 재량행위에 대한 사법심사의 '강도' 개념을 법원이 재량의 위법성을 심사하면서 행정청의 원 판단을 존중하였는지 아니면 이를 존중하지 않고 법원이 전면 재심사하였는지에 관한 비교적 개념으로 정의하고자 한다. '강도' 개념은 주로 법률요건에 규정된 불확정개념의 해석에 관한 행정청의 판단을 존중하여야 한다는 맥락에서 사용되었다. 최근에는 대상판결의 사안과 같이 효과재량에 해당하는 판단에 있어서의 위법성 심사에서도 사용된다.
16) 대상판결보다 최근인 대법원 2022. 6. 16. 선고 2022두31136 판결 역시 징계재량권의 일탈·남용 판단기준을 다루면서 같은 법리를 명시하고 있기는 하다. 그러나 이 판결은 사법(司法)상 고용관계에 있는 사립학교 교원에 대한 징계를 다루었기에 평석대상으로 선정하지 않았다.

1. 일반적 심사기준

대상판결은 공무원인 피징계자에게 징계사유가 있어 징계처분을 하는 경우 어떠한 처분을 할 것인가는 재량행위이고, "사회통념상 현저하게 타당성을 잃어 징계권자에게 맡겨진 재량권을 남용하였다고 인정하는 경우에 한하여 그 처분을 위법하다고 할 수 있다"고 하였다. 사회통념상 현저하게 타당성을 잃었는지를 판단하는 방법으로는 "직무의 특성, 징계의 원인이 된 비위사실의 내용과 성질, 징계에 의하여 달성하려고 하는 행정목적, 징계양정의 기준 등"을 고려해야 한다. 사회통념상 현저한 타당성이란 법원이 원칙적으로 징계권자의 결정을 존중하되 비례원칙·평등원칙 등 일반적 재량하자 심사기준에 의하여 볼 때 현저히 부당한 경우에는 예외적으로 위법하다고 판단할 수 있다는 것이다. 다시 말해, 사회통념상 현저하게 타당성을 잃은 징계양정이 아니고서는 해당 징계처분이 위법하다고 할 수 없다는 것이다. 그 결과 일반적인 재량권 남용 심사와 비교하여 볼 때 약한 심사강도로 위법성을 판단한다.[17]

"사회통념상 부당한 경우에 한하여" 징계처분이 위법하다는 판시는 일찍이 1960년대부터 있었고[18], 현재와 같은 사회통념상 현저한 타당성 기준은 1980년대부터 본격적으로 사용된다.[19] 초기에 사회통념상 현저한 타당성 기준의 판단요소로는 비위사실의 내용과 성

---

17) 위 65누161 판결에서는 "징계권자의 징계에 관한 재량권은 행정목적상 자율적으로 운행할 때가 많으므로 광범한 권한을 인정하여야 할 성질의 것이기는 하나, 그 처분이 사회통념상 심히 재량권의 범위를 넘어 부당한 것일 때에는 그 처분의 위법을 주장할 수 있다", "징계의 정도가 그 사유에 비하여 과중하였을 경우에는 그것을 징계권을 남용한 위법처분이다"고 하였다. 여기서 사용된 '광범한 권한'이라는 표현이 현재 우리 판례가 위법성 심사강도를 완화하는 경우에 사용하는 표현인 '광범위한 재량' 내지 '폭넓은 재량'으로 이어진 것이다. 뿐만 아니라, 이하 주 23, 24에서 공무원의 승진결정 내지 임용결정에 있어서 "임용권자에게 일반 국민에 대한 행정처분이나 공무원에 대한 징계처분에서와는 비교할 수 없을 정도의 광범위한 재량이 부여되어 있다"고 한 대법원 2018. 3. 27. 선고 2015두47492 판결 및 2018. 6. 15. 선고 2016두57564 판결 등의 일반론적 설시에서도 공무원에 대한 징계처분에 있어서 허용되는 재량의 폭을 일반 국민에 대한 행정처분에 있어서의 재량과는 달리 구별하고자 하는 판례의 의지를 읽어낼 수 있다. 그리고 위 65누161 판결을 비롯하여 다른 공무원 징계재량에 관한 여타 판례들을 종합하여 본다면, 그 의지는 곧 공무원에 대한 징계처분에 있어 일반적 재량행사의 경우보다는 더 넓은 재량을 허용하고자 하는 것이라 할 수 있다. 이와 달리 사회통념상 현저한 타당성 기준은 "일반적인 재량권 남용 판단기준인 평등원칙·비례원칙 등을 적용한 이후에도 다시 한 번 누적적으로 적용되는 특유한 판단기준"이라고 보는 견해도 있다. 최선웅, "경찰공무원 징계재량에 대한 사법심사의 판단 기준", 『한국경찰연구』 제6권 제3호, 2007, 247면 참조.

18) 위 65누161 판결 참조.

19) 대법원 1983. 6. 28. 선고 83누130 판결(동사무소 회계담당자가 동 운영비를 유용하여 해임처분을 받은 것은 위법하지 않다고 한 사례): 공무원에 대한 징계처분은 공무원관계의 질서를 유지하고 기강을 숙정하여 공무원으로서의 의무를 다하도록 하기 위하여 과하는 제재이므로 피징계자에 대하여 어떠한 처분

질, 행정목적 등이 거론되었다.[20] 1990년대에 들어 현재의 "비위사실의 내용과 성질, 행정목적, 징계양정의 기준 등"들을 종합하는 방법이 정착하였다.[21] 이러한 일반론적 설시는 대상판결을 포함, 최근까지도 징계재량권의 남용에 관한 판례에서 꾸준히 반복된다.[22]

한편, 판례는 공무원 징계처분의 위법성 심사에 있어 사법심사 강도가 일반적인 재량권 사법심사 강도보다 완화되기는 하지만, 공무원 승진·임용처분의 위법성 심사강도에 비해서는 상대적으로 강하다고 한다. 판례는 승진결정에 있어 결정권자에게 징계처분과는 비할 수 없을 정도의 광범위한 재량을 인정한다.[23] 임용결정의 위법성에 대한 사법심사도 징계재량보다 심사강도가 완화되어야 함을 밝혔다.[24]

을 할 것인가 하는 것은 징계권자의 재량에 맡겨진 것이고 다만 징계권자가 징계권의 행사로서 한 징계처분이 사회통념상 현저하게 타당성을 잃어 징계권자에게 맡겨진 재량권을 남용한 것이라고 인정되는 경우에 한하여 위법하다.

대법원 1983. 11. 8. 선고 82누346 판결(연초제조창 공무원이 담배를 부정유출하여 파면처분을 받은 것이 위법하지 않다고 한 사례): 징계권자가 위 징계권의 행사로서 한 징계처분이 사회통념상 현저하게 타당성을 잃어 징계권자에게 맡겨진 재량권을 일탈 내지는 남용한 것이라고 인정되는 경우에 한하여 그 처분을 위법한 것이라 할 것이다.

20) 위 65누161 판결 참조.

21) 대법원 1999. 11. 26. 선고 98두6951 판결(유흥업소 단속에 관한 청탁행위로 징계위원회에 회부된 경찰공무원을 해임한 것이 재량권 남용으로 위법하다고 한 사례): 공무원에 대한 징계처분이 사회통념상 현저하게 타당성을 잃었다고 하려면 구체적인 사례에 따라 징계의 원인이 된 비위사실의 내용과 성질, 징계에 의하여 달성하려고 하는 행정목적, 징계 양정의 기준 등 여러 요소를 종합하여 판단할 때에 그 징계 내용이 객관적으로 명백히 부당하다고 인정할 수 있는 경우라야 한다.

22) 대법원 2002. 9. 24. 선고 2002두6620 판결(경찰공무원이 고소인에게 향응을 받고 추후 이를 은폐하고자 고소인을 무고하여 해임처분을 받은 경우 재량권 일탈·남용이 아니라고 한 사례): 2006. 12. 21. 선고 2006두16274 판결(교통단속 업무 도중 신호위반을 한 운전자에게 먼저 적극적으로 돈을 요구하여 1만 원을 수수한 경찰공무원에 대한 해임처분이 재량권 일탈·남용이 아니라고 한 사례)이 있다. 징계처분에 대한 대법원 판시의 흐름에 관하여 정은영, 『행정법상 비례원칙에 관한 연구 : 헌법상 비례원칙과의 비교를 중심으로』, 서울대학교 법학박사논문, 2020, 43-44면 참조.

23) 대법원 2018. 3. 27. 선고 2015두47492 판결: 임용권자에게 일반 국민에 대한 행정처분이나 공무원에 대한 징계처분에서와는 비교할 수 없을 정도의 광범위한 재량이 부여되어 있다. 따라서 승진후보자 명부에 포함된 후보자를 승진임용에서 제외하는 결정이 공무원의 자격을 정한 관련 법령 규정에 위반되지 아니하고 사회통념상 합리성을 갖춘 사유에 따른 것이라는 주장·증명이 있다면 쉽사리 위법하다고 판단하여서는 아니 된다.

24) 대법원 2018. 6. 15. 선고 2016두57564 판결: 대학 총장 임용에 관해서는 임용권자에게 일반 국민에 대한 행정처분이나 공무원에 대한 징계처분에 비하여 광범위한 재량이 주어져 있다고 볼 수 있다. 따라서 대학에서 추천한 후보자를 총장 임용제청이나 총장 임용에서 제외하는 결정이 대학의 장에 관한 자격을 정한 관련 법령 규정에 어긋나지 않고 사회통념에 비추어 불합리하다고 볼 수 없다면 쉽사리 위법하다고 판단해서는 안 된다.

2. 내부적 징계양정 기준의 객관적 합리성 판단

대상판결은 징계권자가 내부적인 징계양정 기준을 정하고 그에 따라 징계처분을 한 경우에 "정해진 징계양정 기준이 합리성이 없다는 등의 특별한 사정이 없는 한 해당 징계처분이 사회통념상 현저하게 타당성을 잃었다고 할 수 없다"고 하여 내부적 양정기준에 객관적 합리성이 인정되는 경우 이에 따라 이루어진 징계양정은 사법심사의 강도가 더욱 약화됨을 시사하였다. 이러한 법리 역시 대상판결 이전부터 반복되었으나[25], 대상판결에서는 내부적 징계양정 기준이 객관적 합리성을 갖추었는지 구체적으로 판단하는 방법이 설시되었다고 할 수 있다.

구 징계양정 규칙 제2조 제1항 별표의 징계양정 기준은 종전에 비해 징계수준을 대폭 강화하고 성범죄를 저지른 경우에는 징계를 감경할 수 없도록 개정되었다.[26] 이에 대하여 대상판결은 "교원에게 고도의 직업윤리의식과 가중된 품위유지의무가 요구되고, 특히 성폭력 비위행위의 경우 품위유지의무의 중대한 위반으로 교육자로 계속 직책을 수행하는 것이 적절하지 아니하며, 성범죄에 대한 사회적 상황과 국민의 법감정 등을 고려하여 비례의 원칙에 어긋나거나 객관적 합리성을 갖추지 못하였다고 단정할 수 없다"고 설시하였다. 이를 일반화해 보면, 판례는 징계양정 기준의 객관적 합리성을 판단하는 요소로 징계대상자가 부담하는 사회적 책임 내지 의무, 비위행위의 내용과 성질, 해당 범죄에 대한 사회적 상황과 국민의 법감정 등을 고려함을 알 수 있다.

3. 개별 사안에의 적용

개별 사안을 판단함에 있어서 대상판결은 독자적으로 소송기록에서 추출한 가중요소·감경요소들을 토대로 새롭게 비례원칙을 적용하여 자체 결론을 도출한다.[27] 일반론적 설

---

25) 대법원 2011. 11. 10. 선고 2011두13767 판결, 2017. 11. 9. 선고 2017두47472 판결 등 참조.

26) 2015. 4. 9. 교육부령 제61호로「교육공무원 징계양정 등에 관한 규칙」이 개정되어 성 비위 행위에 대한 제2조 제1항 별표의 징계양정 기준에 변화가 있었다. 공무원이 성폭력을 범한 경우 "비위의 정도가 심하고 중과실인 경우 또는 비위의 정도가 약하고 고의가 있는 경우"에는 공무원을 파면(개정되기 전의 구 동 규칙 제2조 제1항 별표에서는 해임)하도록 하고, "비위의 정도가 심하고 경과실인 경우" 또는 "비위의 정도가 약하고 중과실인 경우"에는 파면－해임(개정 전 구 별표에서는 강등－정직)하도록 하며, 비위의 정도가 약하고 경과실인 경우에는 해임(위 구 별표에서는 감봉－견책)하도록 정하였다.

27) 우리 판례는 재량행위의 위법성 판단에 있어 독자의 결론을 도출함이 없이 행정청의 판단에 재량의 일탈·남용이 있는지 여부만 심사하여, 기속행위의 경우 법원이 사실인정과 법규의 해석·적용을 모두 독자의 입장에서 새롭게 심사하는 것과 구별한다고 밝히고 있다. 대법원 2001. 2. 9. 선고 98두17593 판

시인 사회통념상 현저한 타당성 기준에 따라 개별 사안을 판단한다면, 제1심판결이 마지막 판단근거로 설시한 "피고는 이 사건 처분 과정에서 원고가 주장하는 여러 양정사유들을 충분히 참작하여 이 사건 처분에 이른 것으로 보이고, 이 사건 처분이 사회통념상 현저하게 타당성을 잃었다고 할 수 없다"는 표현처럼 간단하게 판결이유를 설시하는 것이 더 적절하였을 것이다. 그러나 대상판결은 재량고려사유의 선택 및 비례원칙의 적용에 있어서 특별히 행정청의 판단을 존중하지 않는 것으로 보여, 재량처분의 위법성을 사후심으로 심리하기보다는 속심 내지 복심에 상당히 가깝게 심리한다는 주장도 가능해 보인다.[28]

먼저 재량고려사유의 선택에 관해 보면, 대상판결은 소송기록에서 독자적으로 원고에게 불리한 정상을 추출하였다. 판례가 불리한 정상으로 분류한 사실은 다음과 같은 것들이 있다. 이 사건 비위행위는 여성 택시운전자에 대한 강제추행으로 다소 심각하다. 또한, 원고에게는 교원으로서의 높은 책무가 있다. 그리고 원고가 교단에 복귀할 경우 학생들의 헌법상 교육권이 침해될 우려가 있다.

나아가, 비례원칙의 적용에 있어서 대상판결은 징계의 과중함을 판단하면서 징계권자가 어느 방식의 비례원칙을 적용하여 징계처분을 내렸는지 달리 검토하지 않고 독자적으로 비례원칙을 적용하였다. 행정법상 비례원칙은 주로 달성하고자 하는 공익(목적)이 침해되는 사익(수단)에 비례하는지 심사하는 방식 또는 과거의 위반행위와 제재 사이의 비례성을 심사하는 방식으로 적용된다.[29] 대상판결은 독자적으로 위 두 가지 비례원칙을 모두 적용하여 판단하였다.[30]

결, 2018. 10. 4. 선고 2014두37702 판결 등: 기속행위의 경우 그 법규에 대한 원칙적인 기속성으로 인하여 법원이 사실인정과 관련 법규의 해석·적용을 통하여 일정한 결론을 도출한 후 그 결론에 비추어 행정청이 한 판단의 적법 여부를 독자의 입장에서 판정하는 방식에 의하게 된다. 재량행위의 경우 행정청의 재량에 기한 공익판단의 여지를 감안하여 법원은 독자의 결론을 도출함이 없이 당해 행위에 재량권의 일탈·남용이 있는지 여부만을 심사하게 되고, 이러한 재량권의 일탈·남용 여부에 대한 심사는 사실오인, 비례·평등의 원칙 위배, 당해 행위의 목적 위반이나 동기의 부정 유무 등을 그 판단 대상으로 한다.

28) 취소소송의 기능과 성질로서 속심과 사후심에 관하여 박정훈, 『행정소송의 구조와 기능』, 2006, 529면 참조. 이러한 판례의 구체적 사안에서의 대체적 심사방식은 계획재량 등 다른 재량권 남용 사안에서도 학계에서 계속 지적되어 왔다. 안동인, "비례원칙과 사법판단권의 범위", 『행정법연구』 제34호, 2012, 17-18면; 임성훈, "행정에 대한 폭넓은 존중과 사법심사기준", 『행정법연구』 제63호, 2018, 178면 등 참조.

29) 정은영, 앞의 글(주 22), 217면 참조.

30) 참고로 원심판결도 비례원칙 적용에 있어 독자적인 심사를 하였다. 동일한 사실관계에서 원심판결은 대상판결에 비해 원고에게 유리한 정상을 더 많이 추출하였다. 원고가 순간적·우발적으로 한 범행인 점, 추행의 정도가 심하지는 않은 점, 피해자의 고령과 원고에 대한 처벌불원의사를 표시한 점에 비추어 피해자의 충격이 크지 않았던 것으로 보이는 점 등 비위사실의 내용과 성질을 많이 고려하였다. 한

Ⅲ. 법리의 검토

1. 문제의 제기

대상판결을 통해 다음과 같은 몇 가지 문제를 제기할 수 있다. 첫째, '사회통념상 현저한 타당성' 및 '객관적 합리성'과 같이 다소 추상적이어서 그 의미가 모호한 개념이 사용된 일반론적 심사기준으로 개별 사안을 판단할 경우 위법성 심사강도를 일률적으로 완화하게 되는 결과가 발생하여, 징계재량 행사로 발생하는 공무원에 대한 기본권 침해를 묵과할 우려가 있다. 둘째, 구체적 판단에 있어 법원은 행정청의 판단을 특별히 존중하지 않고 양정요소를 독자적으로 추출하고 자체적으로 비례원칙을 적용하여 행정청의 판단을 사실상 대체하는 심사를 하는 것으로 보여, 일반론과 실제 적용양상에 괴리가 있다. 이러한 괴리는 대상판결만 아니라 징계재량권에 대한 최근 판례에서 흔히 발견된다.[31] 판결문에 설시된 일반적 판단원칙과 그 실제 적용양상 간의 차이는 공무원 징계 사건을 담당하는 일선 판사들이 비례원칙을 엄격하게 적용하여 사법심사의 강도를 높여야 할 실무상 필요성을 느낀다는 점을 드러낸다. 이러한 문제점들은 공무원 징계재량에 관한 사법심사에 관한 전통적인 사회통념상 현저한 타당성 기준 및 완화된 심사강도에 대한 전면적 재검토가 필요함을 시사하고 있다. 이하에서는 사회통념상 현저한 타당성 기준을 일반적 재량통제이론을 통해 분석한 다음, 이러한 기준이 위법성 심사기준 내지 심사강도 문제에 있어 갖는 함의를 각국의 사례와의 비교를 통하여 도출하여 본다.

2. 공무원 징계재량의 행사단계와 그에 대한 재량통제

공무원에 대한 징계는 재량행위이다.[32] 공무원에 대한 징계재량권의 행사과정은 1단계로 요건사실과 재량고려사유 등 사실관계를 파악하는 것에서 시작된다. 예컨대, 대상판결

편, 직무의 특성이나 징계로 달성하고자 하는 행정목적에 관한 정상관계는 별다른 언급 없이 고려하지 않았다.

31) 예컨대, 서울행정법원 2022. 1. 13. 선고 2021구합51089 판결, 광주지방법원 2021. 10. 28. 선고 2021구합319 판결 등 참조. 특히 항소심과 상고심에서 징계양정의 적정성 판단에 대한 차이로 인해 결국 판결의 결론이 달라진 경우로 대법원 2022. 6. 16. 선고 2022두31136 판결과 서울고등법원 2021. 12. 17. 선고 2021누30749 판결 참조.

32) 김동희, 『행정법 2』, 제26판, 2021, 178면; 대법원 1983. 6. 28. 선고 83누130 판결; 2006. 12. 21. 선고 2006두16274 판결 등 참조.

의 1단계 요건사실은 교육공무원이 귀갓길에 택시기사를 성추행한 것이고 재량고려사유는 구 징계양정 규칙 제2조에 규정된 비위유형·비위 정도·과실의 경중·평소 행실·근무성적·공적·뉘우치는 정도 또는 그 밖의 정상에 관한 개별사실들이다. 2단계는 요건사실이 법정 징계요건을 충족하는지에 관해 판단하는 것으로, 징계권자는 '성실의무'나 '품위유지의무'와 같이 법률요건에 사용된 불확정개념을 해석하고 이를 개별 사안에 적용한다. 3단계로 재량고려사유를 토대로 공무원에게 징계를 내릴지 아니할지를 선택하는 선택재량과 징계양정에 관한 결정재량이 있다.[33] 국가공무원법 문언상 징계권자에게는 징계를 요구하지 않을지에 관한 결정재량은 부인되어 징계사유에 해당하는 한 반드시 징계를 요구하여야 하고, 징계의 종류 중에서 어느 징계를 선택할 것인가의 선택재량만이 인정된다.[34] 동법 제78조[35]는 징계사유가 있는 한 징계권자는 징계의결을 요구하고 징계처분을 하여야 한다고 규정하고 있으므로 결정재량을 부인하는 입장이 타당하다고 본다. 대부분의 판결문은 '처분사유의 존부'와 '재량권의 일탈·남용'을 구분하여 판단하는 구조를 취한다. 이중 처분사유의 존부는 1·2단계에, 재량권의 일탈·남용은 3단계에 대응하는 것이다.

이 중 1단계인 사실관계의 정확성, 특히 요건사실의 정확한 파악은 모든 행정행위에서 담보되어야 하는 것으로 이는 재량 행사의 여지가 없는 기속행위이다.[36] 원고가 징계처분 사유에 해당하는 행위를 한 사실이 없다고 주장하는 경우, 법원은 행정소송법에서 준용되는 민사소송의 기본 원칙과 증명책임에 따라 사실관계를 전면 심사하고 이를 적극적으로 확정한다. 요건사실에 대한 증명책임은 원칙적으로 처분의 적법성을 주장하는 피고 행정청에게 있다.[37]

징계권자의 재량 판단은 주로 2·3단계에서 허용된다. 2단계에서는 징계사유의 법률요건 해석과 적용에 있어서, 3단계에서는 징계처분의 내용을 결정하는 법률효과의 선택에 있

33) 박정훈, 『행정법의 체계와 방법론』(주 13), 524-526면 참조.
34) 류지태/박종수, 『행정법 신론』, 제18판, 2021, 876면. 현행 징계절차에 따르면 징계권자에게 징계의결을 요구받은 징계위원회가 징계여부 및 징계의 종류를 의결하고, 징계권자는 징계의결 결과에 따라 징계처분을 한다(국가공무원법 제78조 제1항). 징계양정 실무에 있어서 징계권자보다 징계위원회의 재량 판단이 더 크게 작용한다고 볼 수도 있지만, 징계를 내릴 수 있는 권한 자체는 징계위원회가 아닌 오직 징계권자에게만 부여되었으므로 징계양정은 징계권자에 속한 재량행위로 보아야 한다. 대상판결 등 다수의 판례도 징계양정에 관한 재량권은 징계권자에게 있다고 한다.
35) 주 2 참조.
36) 김동희/최계영, 『행정법1』, 제26판, 2021, 286면 참조.
37) 대법원 2021. 3. 25. 선고 2020다281367 판결: 성희롱이나 성폭력을 사유로 한 징계처분의 당부를 다투는 행정소송에서 징계사유에 대한 증명책임은 그 처분의 적법성을 주장하는 피고에게 있다. 같은 취지로 대법원 2018. 10. 4. 선고 2014두37702 판결 참조.

어서 각각 재량이 행사된다.38) 그리하여 징계처분에 대한 법원의 재량통제는 2, 3단계의 판단인 요건재량·효과재량 행사에 있어서 일탈·남용이 있는지에 관한 심사에 있다. 한편, 재량고려사유에 관한 사실관계의 정확한 파악은 요건사실과는 달리 원칙적으로 행정청의 재량에 속한다 할 것이다. 그러나 징계 실무에서는 구 징계양정 규칙 제2조처럼 감경사유와 가중사유가 미리 규정된 경우가 많다. 법원은 행정청이 징계절차에서 행정규칙에서 고려하도록 정한 재량고려사유를 전혀 고려하지 않은 경우 그 징계양정이 결과적으로 적정한지에 상관없이 징계절차에 절차적 위법이 있다고 판단한다.39)

3. 특별권력관계 이론

대법원 판례가 공무원 징계재량에 있어 특별히 사회통념상 현저한 타당성 기준을 심사기준으로 삼는 배경을 추측해 본다. 판례가 명확히 밝히지는 아니하나 그 기저에는 전통적 특별권력관계 이론이 있었을 것으로 보인다. 사회통념상 현저한 타당성 기준이 처음 등장한 195−60년대경에는 공무원 관계는 특별권력관계라는 인식이 통용되었다.40) 특별권력관계 이론은 공무원은 법치주의의 예외에 속하여 사용자인 국가는 법률의 근거 없이도 공무원에게 징계처분을 내릴 수 있고 원칙적으로 사법심사의 대상이 되지 않는다는 것이다.41) 사회통념상 현저한 타당성 기준은 징계재량의 취소소송 대상적격은 인정하되 본안심사에서 사회통념상 현저한 타당성이 없는 경우에만 이를 취소할 수 있도록 심사기준을 완화하자는 것으로, 공무원은 그 지위상 일반적 재량통제 수준보다 법적 구제 내지 보호수준이 낮더라도 이를 감수하여야 한다는 인식을 드러낸다는 점에서 특별권력관계 이론과 연결된다.42) 앞서 본 대법원 1966. 10. 25. 선고 65누161 판결43)이 징계재량권은 "행정목

---

38) 이는 법률의 구성요건에 규정된 불확정개념의 포섭을 요건재량으로 볼 것인지에 관한 비구별설(일원설)과 판례(대법원 2013. 6. 27. 선고 2011도797 판결 등)의 입장이다. 다수설인 구별설(이원설)에 따르면 2단계의 경우 행정청의 재량을 부정하고 이에 관한 사법심사에 있어서 법률요건 충족 여부에 관한 행정청의 판단여지를 존중하여야 하는지를 살핀다.

39) 대법원 2012. 6. 28. 선고 2011두20505 판결; 2015. 11. 12. 선고 2014두35638 판결: 징계위원회의 심의과정에 반드시 제출되어야 하는 공적(功績) 사항이 제시되지 않은 상태에서 결정한 징계처분은 징계양정이 결과적으로 적정한지 그렇지 않은지와 상관없이 법령이 정한 징계절차를 지키지 않은 것으로서 위법하다.

40) 김동희/최계영, 『행정법1』(주 36), 113-114면; 박균성, "한국공무원법의 역사", 『국가법연구』제17권 제2호, 2021, 10면 참조.

41) 이에 관하여 김동희/최계영, 앞의 책, 114-116면; 김동희, 『행정법 2』(주 32), 176-177면; 박정훈, 『행정법의 체계와 방법론』(주 13), 68면; 박균성, 앞의 글, 10면 참조.

42) 동홍욱, "징계, 소청 및 행정소송에 있어서 재량권에 관한 비교연구", 『한국행정학보』제8권, 1974, 89

적상 자율적으로 운행할 때가 많으므로 광범한 권한을 인정하여야 한다"고 하여 합목적성과 자율성을 강조한 것도 초기 판결이 특별권력관계의 영향을 받았음을 간접적으로 드러내는 것으로 보인다.

오늘날에는 특별권력관계 이론이 폐기되었다는 데 학계의 이론이 없고, 세부적 견해차는 있으나 공통적으로 공무원관계에도 법률유보원칙이 전면적으로 적용되어야 한다고 본다.[44] 대법원은 2015년 전원합의체 판결에서 국립대학과 학생 간의 관계를 특별권력관계로 규정하는 것을 거부하였다.[45] 헌법재판소는 특별권력관계는 부정하면서도 공무원의 기본권이 그 특수한 지위와 공직의 기능 확보를 위해 일반 국민에 비해 더 넓게 제한될 수 있음은 인정한다.[46] 생각건대, 종전처럼 특별권력관계라는 포괄적 개념으로 공무원 관계에 있어 법률유보원칙이나 공정한 재판을 받을 권리를 일제히 제한할 수는 없다. 대상판결과 같은 공무원에 대한 징계재량 사안에서 공무원 관계를 어떻게 보아야 할지는 이하 6. 소결에서 더 다루기로 한다.

4. 비교법적 고찰

이하에서는 대상판결의 사회통념상 현저한 타당성 기준 및 객관적 합리성 기준과 같은 일반론적 심사기준이 갖는 비교법적 함의를 파악하기 위해 각국의 사례를 간략히 비교한다.

면은 "징계권은 특별한 행정목적의 달성을 위하여 특별권력관계의 당사자의 일방에게 부여된 것이므로 사회통념상 합리적이라고 인정되는 범위에서만 발동되어야 한다"고 하였다. 우성기, "공무원의 징계처분과 비례원칙", 『공법연구』 제23권 제3호, 1995, 317-318면은 특별권력관계 이론을 사회통념상 현저한 타당성 기준의 근거라고 명시하지는 않았지만 후자를 설명하면서 전자를 언급하고 있다. 박균성, 상계논문, 13-14면은 법이론상 특별권력관계이론은 사망선고를 받았지만 아직도 여러 판결 실무에서는 특별권력관계의 그림자가 남아 있다고 지적한다.

43) 사실관계에 관하여 주 14, 판시사항에 관하여 주 17 참조.
44) 김동희/최계영, 『행정법 1』(주 36), 120면; 류지태/박종수, 『행정법 신론』(주 34), 71면 참조.
45) 대법원 2015. 6. 25. 선고 2014다5531 전원합의체 판결(국립대학의 기성회가 기성회비를 납부받은 것이 민법 제741조 '법률상 원인 없이' 타인의 재산으로 이익을 얻은 경우에 해당한다고 볼 수 없다고 한 사례): 국립대학의 학생은 교육이라는 공적 목적을 달성하기 위한 인적·물적 결합체인 학교라는 영조물의 구조 속에 온전히 편입되어 존재하는 것이 아니라 여전히 독립된 기본권의 주체로서 그 권리를 보장받아야 하고, 특별권력관계라는 전통적인 개념을 근저에 두고 구체적인 법률의 근거도 없이 이용자인 학생의 권리를 제한하거나 의무를 부과하여서는 아니 된다.
46) 헌재 2018. 4. 26. 2014헌마274 결정 참조.

(1) 명백한(현저한) 오류 심사 내지 합리성 심사

대상판결의 사회통념상 현저한 타당성 기준 및 객관적 합리성 기준에 상응하는 심사기준으로는 1940년대 영국의 '불합리성'(unreasonableness) 심사[47], 1960년대 스위스 연방법원과 공무원 해임에 관한 국제노동기구(ILO) 행정재판소의 '명백한 착오'(l'inadvertance manifeste) 기준[48], 1970년대 프랑스에 등장한 '명백한(현저한) 평가의 오류'(l'erreur manifeste d'appréciation) 심사[49] 및 EU법상 '명백한 오류' 심사[50] 등이 있다. 이러한 일련의 명백한(현저한) 오류 내지 불합리성 심사는 징계재량은 존중되어야 하여 심사할 수 없다는 전제 하에, 징계양정이 지나치게 과함이 명백한 경우에만 예외적으로 위법성을 심사하는 소극적 태도를 취하는 것이다.[51] 이러한 기준들은 유럽 국가들이 공무원에 대한 징계에 대한 사법심사를 거부하다가 서서히 심사를 확장하는 과정에서 탄생하였다.

이중 프랑스는 공무원에 대한 징계를 아예 재판상 통제하지 않다가[52] 1970년대경 제한된 형태로 심사를 시작하였다.[53] 명백한 평가의 오류 심사를 '제한심사[54]'(le contrôle restreint)

---

47) 박정훈, 『행정소송의 구조와 기능』(주 28), 662-663면 참조.

48) Tribinal Fédéral, 20 mars 1957 Soc. en nom collectif P. Bourquin et F. Kray; TA, 8 session ordinaire, 23 septembre 1960, Aff. Gluffrida. 판례 출처: Letourneur, "L'influence du droit comparé sur la Jurisprudence du Conseil d'Etat français", Livre du centenaire de la Société de législation comparée (LGDJ, 1969), p. 211, Vincent, "L'erreur manifeste d'appréciation", La Revue administrative, 24e année, n° 142(juillet aout 1971), p 411에서 재인용. Vincent에 따르면 당시 국제노동기구 재판부는 각 스위스, 영국, 프랑스 출신의 재판관 3인으로 구성되었는데, 당시 스위스뿐 아니라 영국에서도 불합리성 기준으로 재량통제를 하고 있었기에 프랑스 출신인 르투르네가 이러한 영향을 받았고 추후 프랑스에서 명백한 평가의 오류 심사 이론을 정립하는 데 주요 역할을 하였다고 한다.

49) CE, sect., 9 juin 1978, Lebon(교사인 원고가 여학생들에게 부적절한 행동을 하였다는 이유로 당연퇴직된 사안에서 국사원이 당연퇴직 결정에 명백한 평가의 오류가 없다고 보아 원고의 청구를 기각한 사례); CE, 26 juillet 1978, Vinolay(공무원인 원고가 보고서를 기한보다 늦게 제출하였다는 이유로 파면처분을 받은 사안에서 국사원이 원고의 행위가 징계사유에는 해당하지만 파면처분이 사실관계에 비해 지나치게 무거워 비례성을 잃었다는 이유로 파면처분을 취소한 사례)

50) 장경원, "EU 행정법상의 재량에 관한 연구", 『행정법연구』제23호, 2009, 56-57면 참조.

51) Keller, "Le contrôle normal des sanctions disciplinaires par le juge de l'excès de pouvoir (concl. sur CE, ass., 13 nov. 2013, M. Dahan, n°347704, Lebon)", RFDA, n° 6(Janvier 2014) 참조

52) 프랑스는 특별권력관계 이론은 없으나 이와 유사한 '행정내부조치'(la mesure d'ordre intérieur administrative) 이론이 뿌리깊다. 행정내부조치는 지휘·감독관계 하에서 행정부 내부의 조직 관리와 기능 수행을 위해 취해지는 조치는 사법심사를 할 수 없다는 이론이다. 최근에는 점차 그 적용영역이 줄어들고 있다. Gaudemet, Droit administratif, 23e éd., LGDJ, 2020, p. 164 참조.

53) Woehrling, "Le contrôle juridictionnel du pouvoir discrétionnaire en France", La Revue administrative, 52e année, n° special 7, (1999), p. 79 참조.

54) 샤퓌(Chapus) 등 다수의 프랑스 학자들은 월권소송에서 행정재판소의 심사강도를 제한심사와 '보통심

라고도 한다. 징계재량 사안에서 명백한 평가의 오류 심사기준은 상당히 오랫동안 채택되어 2006년에도 이 기준을 적용한 판결례가 있다.[55]

또한 주목할 점은 우리나라 판례의 "사회통념상 현저한 타당성"이라는 표현이 일본의 징계처분에 관한 판례 문구와 동일하여 일본 판례에서 직접 영향을 받았을 가능성이 높다는 점이다. 일본은 일찍이 1950년대부터 "사회통념상 현저하게 타당성을 결여"한 경우 징계처분이 위법하다는 설시를 하였다.[56] 1977년에는 그 기준을 구체화하여 "징계사유에 해당한다고 인정되는 행위의 원인, 동기, 성질, 태양, 결과, 영향 등 당해 공무원의 위 행위의 전후의 태도, 징계처분 전력, 선택하는 처분이 다른 공무원 및 사회에 미치는 영향 등"을 적시하고, "징계처분은 사회통념상 현저하게 타당성을 결여하여 재량권을 부여한 목적을 일탈하여 남용하였다고 인정되지 않는 한 위법하지 않다"고 판시하였다.[57] 위 심사기준은 2012년 판례에서도 설시되어 여전히 유효한 것으로 보인다.[58] 일본은 실제로도 행정청의 징계재량을 매우 존중하고, 그 결과 민간 근로자에 대한 징계처분에 비해 징계처분의 위법성이 인정되는 경우가 상당히 낮다고 평가된다.[59]

(2) 비례성 심사

비례성 심사는 19세기 말 독일 법원에서 시작되어 점차 유럽 개별 국가들과 유럽법에 전파되었다.[60] 공무원 징계 분야에서 비례성 심사를 수용하는 것은 국가별로 차이가 있다.

사'(le contrôle normal)로 나눈다. 프리에(Frier) 등 일부 유력 학자들은 보통심사에서 따로 최대심사(le contrôle maximal)를 구별하기도 한다. 프랑스 월권소송에서의 심사강도 유형에 관하여 박정훈, "불확정개념과 판단여지", 『행정작용법(중범김동희교수정년기념논문집)』, 2005, 258-259면; 졸고, 『프랑스 월권소송에서 재량통제에 관한 연구 : 개별 행정행위에 대한 심사기준과 심사강도를 중심으로』, 서울대학교 법학박사논문, 2023, 112면 이하 참조.

55) CE, sect., 1 février 2006, *Touzard*.

56) 最判昭和31年5月10日民集11卷5号699(1957년 판결, 경찰간부가 불륜행위를 저질러 면직된 것이 적법하다고 본 사례). 판례 출처: 송강직, "일본의 공무원 징계제도", 『외국법제정보』, 제8호, 한국법제연구원, 2014, 29면.

57) 最判昭和51年12月20日民集31卷7号1101(1977년 판결, 전국세관노동조합지부 간부가 근무시간 내 집회 개최, 태업, 초과근로 거부 등으로 면직된 것이 적법하다고 본 사례). 판례 출처: 앞의 글, 30면.

58) 最判平成24年1月16日判時2147号127(2012년 판결, 교직원들이 국가제창을 하지 않아 감급 1월 내지 계고처분을 받은 것이 적법하다고 본 사례). 판례 출처: 앞의 글, 31면.

59) 앞의 글, 31면 참조.

60) 유럽법에서 비례원칙은 행정행위의 위법성 심사기준으로 성문규범화되어 있는데 이는 독일법의 영향을 받은 것이다. 유럽인권협약은 제8조(사생활 및 가족생활을 존중받을 권리), 제9조(사상·양심·종교의 자유), 제10조(표현의 자유), 제11조(집회 및 결사의 자유)에서는 이 권리가 민주사회에 있어서 필요한 경우에만 제한받을 수 있다고 하였다. 제14조에서는 모든 형태의 차별을 금지하면서, 목적과 수단 간의

가령, 영국의 경우 일찍이 1950년 유럽인권조약과 1998년 국내 인권법 제정을 기점으로 비례성 심사를 부분적으로나마 수용하였다. 그러나 모든 분야에서 비례성 심사가 재량권 남용의 일반적 기준이 될 수 있는지에 있어서는 여전히 견해 대립이 있다.[61] 한편, 프랑스는 비례성 심사를 도입하기까지 오랜 기간이 걸렸으나 현재는 다양한 분야에서 비례성 심사를 실시한다. 공무원 징계 분야의 경우 2013년 다앙(Dahan) 판결[62]에서 징계의 위법성을 더 이상 명백한 평가의 오류 심사가 아니라 비례성 심사로 엄격히 심사하겠다고 선언하면서 위법성 심사강도를 높였다.[63] 위 다앙 판결은 주 유럽위원회 프랑스대사 내정자였던 다앙이 과거에 여성 직원들에게 성희롱을 한 사실이 드러나 해임된 사안이다. 프랑스 국사원은 강제퇴직 처분이 원고의 잘못에 비해 과하지 않은지 심사하면서 비위행위의 내용과 특징, 사회적 비난가능성, 원고의 직위에 기대되는 책임, 원고가 직무의 품위를 손상시킨 정도 등의 재량고려사유를 독자적으로 추출하였고, 이러한 사유들을 이익 형량하여 볼 때 해임결정은 과중하지 않다고 하였다.[64] 이 판결에서 국사원의 비례성 심사를 적용한 방식은 대상판결이 개별 사안에서 독자적으로 소송기록에서 추출한 가중요소·감경요소들을 토대로 새롭게 비례원칙을 적용하여 자체 결론을 도출하는 것과 크게 다르지 않다.

5. 내부적 징계양정기준의 객관적 합리성

마지막으로, 대상판결의 "내부적인 징계양정 기준을 정하고 그에 따라 징계처분을 하였을 경우 정해진 징계양정 기준이 합리성이 없다는 등의 특별한 사정이 없는 한 해당 징계처분이 사회통념상 현저하게 타당성을 잃었다고 할 수 없다"는 설시에 관해 본다. 내부적 징계양정기준은 조직 내부에서 일반적·추상적으로 재량권 행사의 기준을 정한 규범으로서 재량준칙의 일종이다.[65] 재량준칙에 대한 판례의 일반적 심사방법은 "행정규칙에는 원

합리적인 비례 관계가 있어야 함을 명시한다. 유럽연합조약 제5조 제4항은 그 회원국들에게 비례성 심사를 할 의무를 부과하고 있다. 졸고, 앞의 글(주 54), 140면 참조.

61) 허이훈, 『영국법상 행정재량의 사법통제에 관한 연구』, 서울대학교 법학석사논문, 2019, 42면 참조.
62) CE, ass., 13 novembre 2013, *M. Dahan.*
63) 판례 변화의 배경으로는 유엔인권재판소에서 프랑스 내 수감자들에 대한 처우가 인권을 침해한다는 판결들이 내려진 것, 징계절차에서 개인의 방어권을 보장하여야 한다는 인식이 확산되어 노동법전에서 사기업이 근로자를 징계하는 경우 비례원칙이 적용된다는 원칙이 천명된 것, 2000년대 이후 공기업 민영화 경향으로 공무원의 근로 형태가 다양해져 같은 공공기관 내에서도 공무원 신분과 사인인 근로자 신분의 직원이 함께 근무하게 되어 징계에 대한 심사가 엇갈릴 수 있게 된 것 등이 거론된다. Keller, supra note 51, p. 10 참조.
64) 이에 관하여 졸고, 앞의 글(주 54), 136-137면 참조.

칙적으로 대외적 구속력이 인정되지 않지만, 재량준칙이 객관적으로 합리적이 아니라거나 타당하지 않다고 볼 수 없는 이상 그 행정청의 의사는 존중하여야 한다"는 것이다.[66]

대상판결은 내부적 징계양정기준에 특별히 합리성이 없지 않은 한 재량준칙대로 한 징계처분이 재량권 남용이라고 할 수 없다고 판시하였다. 이는 징계양정에 적용되는 재량준칙이 없는 경우에 비하여 징계양정의 위법성 심사강도를 완화한 것이다. 한편, 원심법원은 제재적 행정처분의 기준은 대외적 구속력이 없는 행정청 내부의 사무처리준칙이라는 법리를 원용하면서 재량준칙에 따른 징계처분이라고 하여 재량준칙에 따르지 않은 징계양정보다 특별히 행정재량을 더 존중할 필요가 없다는 취지로 판시하였다.

대상판결이 징계양정 기준에 따라 징계처분이 내려진 경우와 징계양정 기준에 따르지 않은 경우를 구별하고, 전자의 경우 내부적 기준에 따라 내려진 징계양정에 대한 사법심사 강도를 약화하는 것이 법원이 장차 추구해야 할 방향임에는 동의한다. 객관적 합리성을 기준으로 삼는 대상판결의 태도는 앞서 비교법적 유형과 비교하자면 명백한 오류 심사 내지 합리성 심사에 가깝다. 재량준칙 수립에 있어 행정조직 내부에서 충분한 합의를 거쳤고 그 내용도 합리적이라는 전제에서, 사후에 법원이 재량준칙을 존중하지 않고 독자적으로 판단하는 것은 행정의 자율성 침해이자 판결의 공정성에 대한 믿음을 해할 수 있다.

하지만 현재로서는 여러 현실적 한계를 고려하여 징계양정 기준의 합리성에 대하여 법원의 엄격한 사법심사가 이루어져야 한다. 실무에서는 내부적 징계양정 기준이 깊은 고민 없이 만들어지고, '성희롱', '비위행위의 정도가 심한 경우'와 같이 지나치게 모호한 개념들이 사용되어 재량의 폭이 너무 넓으며, 유사사안에 비하여 양정이 지나치게 과중하거나 약해 비례원칙에 반한다는 등의 비판이 다수 제기된다.[67] 게다가 우리나라는 헌법소원을 거치지 아니하고서는 재량준칙에 대한 항고소송의 대상적격을 제한하고 있어 직접적 사법통제가 이루어지지 않는다.[68] 재량준칙에 의해 개별·구체적 처분이 이루어지고 나서야 해당 처분에 대한 항고소송으로서 그 근거가 된 재량준칙에 대한 간접적 사법통제 기회가 생긴

---

65) 김동희/최계영, 『행정법 1』(주 36), 176면 참조.
66) 대법원 2004. 5. 28. 선고 2004두961 판결, 2011. 1. 27. 선고 2010두23033 판결 등 참조.
67) 김성룡/이지혜/이종근, "교원의 성비위에 대한 징계양정 기준의 문제점과 개선방안", 『동아법학』 제93 호, 2021, 18-20면; 이현정, "교육공무원 징계기준의 개선방안 : 성범죄를 중심으로", 『법학연구』 제28권 제3호, 2020, 185면 이하 참조. 행정기관에게 재량준칙 제정을 강제 내지 권고하는 것이 적절한 경우를 도식화한 영국 Keneth Davis 교수의 연구(Kenneth Culp Davis, Discretionary Justice, A preliminary Inquiry, Louisiana State University Press, 1969 등)를 소개하면서, 이러한 고민 없이 책임모면 등을 위해 재량준칙을 무수하게 만드는 행정기관의 현재 행태는 사실상 '재량의 불행사'와 같다고 비판하는 견해에 허이훈, 앞의 글(주 61), 57, 75면 참조.
68) 허이훈, 앞의 글(주 61), 75면 참조.

다. 법원으로서는 징계양정 기준이 과연 합리적 내용을 담고 있는 것인지 검증해야 할 것이다.

6. 소결

(1) 새로운 판단기준의 제안

지금까지 재량통제 일반이론과 비교법을 통한 고찰을 통해 사회통념상 현저한 타당성 기준인 현재 판례의 일반원칙은 공무원의 징계처분을 제한적으로만 심사할 수 있어 징계재량의 위법성 심사강도를 완화한다는 것임을 알 수 있었다. 위와 같은 일반원칙에도 불구하고 사안에의 적용에 있어서 법원은 새로 재량고려사유를 추출하거나 비례원칙을 독자적으로 적용하기도 하여 원칙보다는 다소 강화된 심사강도로 징계양정의 과중함을 심사하고 있었다. 이러한 일반원칙과 적용 간의 괴리를 해결하기 위해, 판례가 공무원 징계처분 사안에 있어 일반적인 재량권 남용의 심사기준인 사실오인 · 비례원칙 · 평등원칙 등의 판단기준에 위배되는지 독자적으로 엄격하게 판단한다는 원칙을 새로 정립할 것을 제안한다. 통상 법원은 효과재량에 해당하는 행정청의 판단에 대해서는 행정의 자율성을 존중하고 독자적 판단을 자제한다는 점에서 징계재량의 위법성 심사강도가 일반적 재량권 남용 심사강도보다 강화되는 것처럼 보일 수 있다. 징계처분이 개인의 기본권에 미치는 중대한 영향을 고려해 볼 때 이에 관한 행정의 자율성이 축소되는 것은 오히려 바람직하다고 본다. 새로운 원칙을 정립함에 있어서 판례는 공무원 징계재량권의 남용을 비례원칙으로 심사하는 경우 어떠한 재량고려사유들이 가중 · 감경요소가 되는지 징계양정 기준, 축적된 판결례 등을 토대로 구체적 기준을 설시하여 당사자의 예측가능성을 높여야 한다.

(2) 특별권력관계 이론의 극복

전통적 특별권력관계 이론이 폐기된 현대 사회에서도 여전히 공무원에게는 헌법 제7조 상 국가기관의 구성자이자 국민에 대한 봉사자로서의 특수한 지위 및 임무가 요구된다는 점에서 징계사안에서 공무원 관계의 법적 성질을 어떻게 파악할 것인지 문제된다. 공무원법은 여전히 공무원과 소속 행정청 간 일반 사인의 근로계약관계와는 달리 수직적 · 권력적 관계를 인정한다.[69] 예컨대 행정업무 수행에 관한 재량, 즉 공무원이 자신에게 부여된 주

---

[69] 예컨대, 공무원은 직무를 수행할 때 소속 상관의 직무상 명령에 복종하여야 하고, 이는 국가공무원법 제49조에 법정되어 있다. 우미형, "공무원의 복종의무와 그 한계", 『일감법학』 제38호, 2017, 369면 참조.

요 역할인 대국민 행정업무를 수행하는 경우에는 해당 공무원의 상급 행정청의 지휘·감독권과 공무원의 복종의무가 인정되어야 하고, 이에 관한 행정청의 폭넓은 재량이 존중되어야 한다. 이 경우 판결은 법 문언·해당 조치의 성격·기본권과의 관련성 등에 관한 고찰을 통해 해당 사안에서 폭넓은 재량을 존중할 정당한 근거를 도출하고 이를 판결이유에 밝혀야 한다.

그러나 대상판결의 경우와 같이 인사 내지 조직관리에 관한 재량인 징계 사안의 경우 행정청이 신분·직업·재산권 등에 있어 상당한 침익적 결과를 가져오고, 공무원의 공적·대국민 업무수행과 특별히 관련 없는 조직 내부의 관리행위라는 점에서 사인(私人)의 근로계약관계에서의 징계와 유사한 수준으로 사법심사의 강도를 높여야 한다. 이러한 관점에서 보면, 대상판결과 같은 징계재량권 남용 사안에 있어서는 심사강도를 완화할 것이 아니라 오히려 징계절차에서 공무원의 방어권을 실질적으로 보장하고, 적극적 사실심리·심사강도 강화 등을 통하여 사법심사를 통한 사후적 권리구제를 강화하여야 한다.[70]

(3) 현실적 문제

이러한 주장에 관해서는 법원이 징계재량 위법성 심사강도를 강화하고 비례원칙을 엄격하게 적용하는 경우 필요적 전치주의로 규정된 소청심사위원회의 심사가 무용해진다는 비판과 법관의 심리범위가 넓어져 업무가 과중해진다는 지적을 예상해 볼 수 있다. 그러나 소청심사와 행정재판은 판단자의 능력과 전문성이 달라 상호보완적 관계로 운용할 수 있다. 소청심사는 행정조직 내부의 자율통제성과 합목적성에 초점을 맞추어 운영되고, 행정재판은 행정절차나 요건사실의 충족, 비례원칙에 있어서의 이익형량 등 법리위반을 중심으로 합법성에 중점을 두는 것이다. 또한, 일선 행정법원 판사들은 대부분 과거 형사사건을 처리하면서 양형을 담당한 경력이 있으므로 형사재판의 양형과 유사성이 높은 징계양정에 있어서 다른 기술·전문영역에 관한 판단에 비하여 볼 때 특별히 판사의 전문성 부족이나 업무의 과도함이 별다른 문제가 될 것으로 예상되지 않는다.

---

70) 같은 취지로 박균성, "한국공무원법의 역사"(주 40), 17면; 문중흠, 『징계처분과 재량통제에 관한 연구: 판례를 통한 징계양정과 실무상 쟁점을 중심으로』, 고려대학교 법학석사논문, 2012, 114면 참조. 참고로, 징계 관련 행정소송의 사실심리에 있어 법원의 적극적인 사실심리가 이루어져야 한다는 주장에 한현희, "성 비위를 원인으로 한 공무원 징계사건의 바람직한 심리방안 : 피해자 증인신문의 필요성 및 재판절차에서의 보호방안을 중심으로", 『사법논집』 제71호, 2020, 398-399면 참조.

Ⅳ. 요약과 결론

이상의 설명은 다음과 같은 몇 개의 명제로 정리할 수 있다.

1. 징계처분이 사회통념상 현저하게 타당성을 잃어 재량권을 남용하였다고 인정하는 경우에 한하여 위법하다는 대상판결의 일반적 기준은, 법원이 원칙적으로 행정청의 징계재량을 존중하고 그 불합리함이 현저한 경우 예외적으로 위법성을 심사한다는 것으로서 사법심사의 강도를 비교적 완화하는 태도라고 해석할 수 있다.

2. 전통적 특별권력관계 이론이 극복된 현재, 공무원 징계재량권의 행사는 공무담임권·직업의 자유·재산권 등 자유권적 기본권에 직접적으로 관련되는 침익적 행정행위로 사실오인, 비례원칙, 평등원칙 등 일반적인 재량 남용의 판단원칙이 엄격하게 적용되어야 한다.

3. 판례는 공무원 징계재량권의 남용을 비례원칙으로 심사하는 경우 어떠한 재량고려사유들이 가중·감경요소가 되는지 징계양정 기준, 축적된 판결례 등을 토대로 구체적 기준을 설시하여 당사자의 예측가능성을 높이는 것이 바람직하다.

생각할 문제

1. 공무원에게 징계처분을 내리기 위해 징계권자가 고려하여야 할 징계수준의 결정요소로는 어떠한 것들이 있는가.

2. 징계처분의 위법성을 심사하는 법원은 재량고려사유에 관한 행정청의 판단을 존중하여야 하는가. 징계처분, 승진임용, 전보처분에 대한 각각의 심사강도에는 차이를 두어야 하는가.

3. 수감자, 군인, 학교의 학생에 대한 징계에서 문제될 수 있는 기본권은 무엇이 있는가. 각각의 경우 기본권 침해에 대한 사법심사는 어떻게 이루어져야 하는가.

대법원 2022. 4. 28. 선고 2019다272053 판결
[기부채납된 주차장의 점유]

이 재 욱[*]

[사실관계]

　피고는 종합건설회사로서, 2006. 1. 25. 원고(고양시)에게 '국토의 계획 및 이용에 관한 법률'(이하 국토계획법으로 약칭한다)에 의한 도시계획시설사업 실시계획인가를 신청하면서, 계획지 내 주차장 공사를 완료하면 그 토지 및 공작물을 기부채납하겠다는 내용의 이행각서를 제출하였다. 원고는 2006. 2. 23. 피고의 도시계획시설사업 실시계획을 인가하였다. 이에 따라 피고는 사업에 착수하여 2011. 3. 23. 주차장을 포함한 모든 공사를 완료하였다.

　원고는 그 무렵 고양도시관리공사(이하 "공사"라고만 한다)와 주차장에 관한 무상대부계약서를 작성하였으나 주차장의 출입을 통제하거나 그 관리 주체 또는 이용 안내 등에 관한 표지판을 설치하지는 아니하였으며, 주차장은 인근 주민들의 자유로운 이용에 맡겨져 왔다. 원고는 2017. 12. 11. 주차장 부지에 관하여 기부채납 약정을 원인으로 한 소유권이전등기를 구하는 소를 제기하였다.

[사건의 경과]

　원고의 소유권이전등기청구에 대하여 피고는, 공공시설¹⁾이 아닌 도시계획시설을 무상귀속시키기 위하여 이루어진 기부채납은 행정의 적법성 원칙에 위배되어 당연무효라고 주장하였다. 이에 대하여 제1심 법원²⁾은, "기부채납은 기부자가 그의 소유재산을 지방자치단

---

1) 도로·공원·철도·수도, 그 밖에 대통령령으로 정하는 공공용 시설을 말하며(국토계획법 제2조 제13호), 도시계획시설사업에 의하여 설치된 공공시설은 그 시설을 관리할 관리청에 무상으로 귀속된다(같은 법 제99조, 제65조). 주차장은 행정청이 설치한 경우에 한하여 공공시설에 해당한다(같은 법 시행령 제4조 제2호).

2) 의정부지방법원 고양지원 2018. 8. 31. 선고 2017가합76541 판결.

체의 공유재산으로 증여하는 의사표시를 하고 지방자치단체는 이를 승낙하는 의사표시를 함으로써 성립하는 사법상의 증여계약에 해당"하므로 기부채납 약정이 행정청의 처분 등에 해당함을 전제로 한 피고의 주장은 이유 없다고 판단하면서, 한편으로 원고가 국토계획법상 피고에게 허용되지 않는 부담을 부과하면서 공법상의 제한을 회피할 목적으로 사법상 계약을 체결하는 형식을 취한 것인지에 관하여서는 "실시계획을 인가하는 여부는 도시계획의 내용, 사업시행의 시기 및 주체의 적합성, 자연 및 환경에 미치는 영향 등을 종합적으로 고려하여 결정하여야 하는 일종의 재량행위에 속하므로 부관을 붙일 수 있"고, "피고들이 제출한 증거만으로는 기부채납 약정이 공법상의 제한을 회피할 목적으로 이루어졌다고 인정하기에 부족하며, 달리 이를 인정할 증거가 없다"고 판단하여, 원고의 청구를 인용하였다.

피고는 항소하여, 원고의 소유권이전등기청구권이 상법 제64조가 정한 5년의 소멸시효가 완성됨으로써 소멸하였다고 주장하였다. 원심법원[3]은, 기부채납 약정은 상인인 피고가 "그 영업 목적을 달성하기 위하여 체결한 것으로서 상법 제46조 제1호의 상행위에 해당"하고 도시계획시설사업의 완료와 안정적인 권리관계 확정을 위하여 그 거래관계를 신속하게 해결할 필요가 있으므로 그에 기한 소유권이전등기청구권에는 5년의 소멸시효가 적용되며, 원고의 소는 공사가 완료됨으로써 기부채납 약정의 조건이 성취된 2011. 3. 23.부터 5년이 경과한 후에 제기되었으므로 소유권이전등기청구권은 시효소멸하였다고 판단하였다. 원고는 주차장을 점유하고 있으므로 소유권이전등기청구권의 소멸시효가 진행하지 아니한다고 주장하였으나, 원심법원은 원고의 점유를 인정할 수 없다는 이유로 이를 배척하고 원고의 청구를 기각하였다. 이에 원고가 상고하였다.

[대상판결]

대법원은 원고의 상고를 받아들여 원심판결을 파기하고 사건을 다시 심리·판단하도록 원심법원에 환송하였다. 그 구체적인 설시를 필요한 범위 내에서 그대로 옮기면 다음과 같다.

---

3) 서울고등법원 2019. 8. 28. 선고 2018나2057132 판결.

1. 상사 소멸시효의 적용 여부

가. 기부채납이란 지방자치단체 외의 자가 부동산 등의 소유권을 무상으로 지방자치단체에 이전하여 지방자치단체가 이를 취득하는 것으로서, 기부자가 재산을 지방자치단체의 공유재산으로 증여하는 의사표시를 하고 지방자치단체가 이를 승낙하는 채납의 의사표시를 함으로써 성립하는 증여계약에 해당한다(대법원 2012. 11. 15. 선고 2010다47834 판결 등 참조).

당사자 쌍방에 대하여 모두 상행위가 되는 행위로 인한 채권뿐만 아니라 당사자 일방에 대하여만 상행위에 해당하는 행위로 인한 채권도 상법 제64조에 정해진 5년의 소멸시효기간이 적용되는 상사채권에 해당한다. 이 경우 상행위에는 상법 제46조 각호에 해당하는 기본적 상행위뿐만 아니라 상인이 영업을 위하여 하는 보조적 상행위(상법 제47조)도 포함되고, 상인이 영업을 위하여 하는 행위는 상행위로 보되 상인의 행위는 영업을 위하여 하는 것으로 추정된다(대법원 2002. 9. 24. 선고 2002다6760, 6777 판결 등 참조).

따라서 기부자가 상인인 경우 지방자치단체와 그 기부자 사이에 체결된 기부채납 약정은 다른 사정이 없는 한 상인이 영업을 위하여 한 보조적 상행위에 해당하므로, 그러한 기부채납 약정에 근거한 채권에는 5년의 상사 소멸시효기간이 적용된다.

(중략) 원심판결 이유 중 이 사건 기부채납 약정이 상법 제46조 제1호의 상행위에 해당한다고 판단한 부분은 부적절하지만, 원고의 소유권이전등기청구권에 5년의 상사 소멸시효기간이 적용된다는 결론은 정당하고, 상고이유 주장과 같이 상사 소멸시효의 적용 범위에 관한 법리를 오해하여 판결에 영향을 미친 잘못이 없다.

2. 상사 소멸시효의 완성 여부

가. 물건에 대한 점유란 사회관념상 어떤 사람이 사실적으로 지배하고 있는 객관적 상태를 말하는 것으로서, 사실적 지배는 반드시 물건을 물리적, 현실적으로 지배하는 것만을 의미하는 것이 아니고, 그 인정 여부는 물건과 사람 사이의 시간적·공간적 관계와 본권 관계, 타인 지배의 배제 가능성 등을 고려해서 사회관념에 따라 합목적적으로 판단해야 한다(대법원 2013. 7. 11. 선고 2012다201410 판결 등 참조).

(중략)

다. 원심판결 이유와 기록에 따르면, 다음 사정을 알 수 있다.

(1) 피고는 이 사건 기부채납 약정을 이행하기 위해 이 사건 주차장을 설치하였고, 이후 원고의 계획대로 주민이 무상으로 주차장을 사용하고 있다.

(2) 원고는 공사와 이 사건 주차장에 관한 무상대부 계약을 체결하면서 운영을 위탁하였다. 위 계약 내용에 따르면, 계약의 목적을 '이 사건 주차장 등의 시설운영·관리 등에 사용되는 물품 등 시설장비의 효율적인 운영 관리'로 정하고 있고(제1조), 시설물의 운영관리는 고양시 주차장 설치 및 관리 조례와 고양시 부설주차장 관리 조례 규정을 준수하도록 하고

있으며(제2조), 공사는 선량한 관리자로서 대부재산의 보존책임과 사용에 필요한 부담을 진다고 정하고 있다(제5조).

(3) 원고는 이 사건 주차장을 정기적으로 청소를 하는 것 외에 시설점검, 주차블록 교체와 보수, 카스토퍼 교체, 주차면 재도색, 아스콘 포장, 예초, 전지 등 다양한 관리 작업을 실시하였다.

라. 이러한 사정을 위에서 본 법리에 비추어 살펴보면, 다음과 같은 결론이 도출된다.

(1) 이 사건 주차장은 피고가 기부채납을 한 것이나, 주민을 위한 공용주차장으로 사용된 경위를 살펴보면, 원고가 주민에게 이 사건 주차장을 설치·제공한 것이라고 평가할 수 있다. 원고는 직접 또는 공사를 통해 지속적으로 이 사건 주차장을 관리하였고, 이 사건 주차장이 장기간 공영주차장으로 정상 운영될 수 있었던 것은 이러한 지속적 관리가 있었기 때문이라고 볼 수 있다.

(2) 원고가 지방자치단체라는 사정을 감안하면 주민으로 하여금 이 사건 주차장을 자유롭게 사용하도록 한 것이 점유의 판단 기준으로서 '타인 지배의 배제 가능성'을 부정하는 요소라고 볼 수 없다. 오히려 원고가 직접 또는 관리 위탁을 통해 주민이 이 사건 주차장을 자유롭게 사용할 수 있도록 유지·관리한 것은 합목적적 관점에서 원고가 이 사건 주차장을 지속적으로 점유해 온 것이라고 평가할 수 있다.

(3) 원심이 원용한 대법원 2012. 3. 29. 선고 2011다105256 판결은 지방자치단체가 도시계획결정·고시만 해놓고 해당 토지에 관하여 일체의 관리나 관여를 하지 않은 채 방치했던 사안으로, 위 판결을 이 사건에 적용하는 것은 적절하지 않다.

마. 그런데도 원심은 위에서 본 이유를 들어 이 사건 주차장에 대한 원고의 점유를 부정하면서 원고의 주장을 받아들이지 않았다. 원심판결에는 점유에 관한 법리를 오해하거나 논리와 경험의 법칙에 반하여 자유심증주의의 한계를 벗어난 잘못이 있다.

[판결의 평석]

Ⅰ. 사안의 쟁점

이 사건의 쟁점은 기부채납 약정의 법적 성격 및 그에 기한 채권에 상사 소멸시효가 적용되는지 여부와, 기부채납된 주차장에 대한 원고의 점유가 인정될 수 있는지 여부이다.

II. 판례의 이해

기부채납이란 국가 또는 지방자치단체 외의 자가 일정한 재산의 소유권을 무상으로 국가 또는 지방자치단체에 이전하여 국가 또는 지방자치단체가 이를 취득하는 것을 말한다 (국유재산법 제2조 제2호, 공유재산 및 물품 관리법 제2조 제2호). 대법원은 일관하여 기부채납을 私法상의 증여계약으로 파악하고 있다. 대상판결 또한 "기부자가 재산을 지방자치단체의 공유재산으로 증여하는 의사표시를 하고 지방자치단체가 이를 승낙하는 채납의 의사표시를 함으로써 성립하는 증여계약"이라고 판시하였다.

나아가 대상판결은, 상인의 행위는 영업을 위하여 하는 것으로 추정되므로(상법 제47조 제2항) 상인이 한 기부채납 약정은 다른 사정이 없는 한 보조적 상행위(같은 조 제1항)에 해당한다고 판시하고, 기부채납 약정에 기한 채권에 대하여 상법이 정한 5년의 소멸시효를 적용하였다. 대상판결은 이에 관한 대법원의 명시적인 첫 판단으로서 의미가 있다.

대상판결은 기부채납된 주차장에 대하여 지방자치단체의 점유를 인정함으로써, 부동산 점유자의 이전등기청구권은 소멸시효가 진행하지 아니한다는 확립된 판례(대법원 1999. 3. 18. 선고 98다32715 전원합의체 판결 등)에 따라 소유권이전등기청구권의 시효소멸을 부정하였다. 대상판결의 결론은 지극히 타당하나, 지방자치단체의 점유를 인정함에 있어 지방자치단체의 "지속적 관리"를 요하는 것처럼 설시한 부분은 의문의 여지가 있다.

III. 법리의 검토

1. 기부채납의 법적 성격 등

(1) 대법원이 기부채납을 私法상의 증여계약으로 보는 것은, 행정주체가 재산을 취득하는 것은 국고행정으로서 私法關係에 해당한다는 전제가 깔려 있다. 그러나 기부채납을 통하여 국공유재산이 된 물건의 관리는 별론으로 하고, 기부채납 자체를 모든 경우에 국고행정에 속하는 것으로서 私法상의 법률행위로 보아야 할 논리적 필연은 없으므로, 적어도 행정처분 또는 부담에 의해 부과된 '공법적 의무의 이행'에 해당하는 기부채납은 그 법적 성격을 公法상의 법률행위로 이해하여야 한다는 학설이 유력하다.[4]

---

4) 박정훈, "기부채납부담과 의사표시의 착오", 『행정법의 체계와 방법론』, 2005, 305-306면.

제1심 판결에서 드러난 사실관계에 의하면, 사안의 경우 원고가 피고에게 명시적으로 기부채납 의무를 부과하지는 않았던 것으로 보인다. 그러나 그러한 경우에도 달리 볼 이유는 없다. 사인이, 특히 영리를 목적으로 하는 회사가 전적으로 자발적인 의사에 기하여 기부채납 약정을 하는 경우는 오히려 이례에 속하고, 대부분의 경우 행정청의 행정지도 내지 비공식적 행정작용에 의하여 기부채납이 이루어지기 때문이다. 예를 들어 주택법 제17조 제1항은 "사업계획승인권자는 … 해당 주택건설사업 또는 대지조성사업과 직접적으로 관련이 없거나 과도한 기반시설의 기부채납을 요구하여서는 아니 된다."고 정하고 있으며, 같은 조 제2항에 따라 국토교통부고시로 "주택건설사업 기반시설 기부채납 운영기준"이 제정, 시행되고 있는바, 이처럼 기부채납이 사인의 자발적인 의사가 아니라 행정청의 "요구"에 따라 이루어진다는 점은 실정법상으로도 이미 공인되어 있으므로, 이를 무시하고 기부채납을 단순한 사법상의 증여계약으로만 치부할 수는 없는 것이다.

따라서 형식상 행정처분 또는 부담에 의하여 부과되지 않은 기부채납이라 할지라도 비례원칙, 부당결부금지원칙 등 행정법의 일반원칙에 따라 심사하여야 하고, 그에 위배된 경우라면 위법하므로 무효가 된다고 보아야 한다.[5]

(2) 기부채납을 공법상의 법률행위로 파악한다면, 그에 기한 행정청의 소유권이전등기 청구권에 5년의 상사시효를 적용할 수 있는가?

상법이 5년의 소멸시효를 정한 것은 상거래를 보다 신속하게 종결시키고자 하는 데 그 취지가 있으므로, 기부채납의 법적 성격이 공법상의 법률행위에 해당하더라도 상인인 사인의 입장에서 상행위로 볼 수 있다면 그에 기한 채권에 대하여 상사시효의 적용을 배제할 것은 아니다. 따라서 사인은 행정청에 대하여 상사시효를 원용할 수 있다. 국가재정법 제96조 제1항 및 지방재정법 제82조 제1항 또한 국가 및 지방자치단체의 금전채권에 적용되는 소멸시효에 관하여 정하면서 다른 법률에 규정이 있는 경우를 제외함으로써, 사인이 자신에게 유리한 단기의 시효를 원용할 수 있도록 하고 있다. 비금전채권의 경우 명문의 규정은 없으나, 마찬가지로 보아야 할 것이다.

---

5) 대법원 2009. 12. 10. 선고 2007다63966 판결. 골프장사업승인의 전제로 사업시행자가 지방자치단체에 지역발전협력기금 명목의 금전을 증여한 사안으로, 대법원은 "공법상의 제한을 회피할 목적으로 행정처분의 상대방과 사이에 사법상 계약을 체결하는 형식을 취하였다면 이는 법치행정의 원리에 반하는 것으로서 위법하다고 보지 않을 수 없"으므로, 증여계약은 "그 조건이나 동기가 사회질서에 반하는 것이어서「민법」제103조에 의해 무효"라고 판시하였다.

2. 행정청의 점유

점유는 물건에 대한 사실상의 지배만으로 성립하나(민법 제192조 제1항), 사실상의 지배 여부는 대상판결에서도 설시한 바와 같이 "사회관념에 따라 합목적적으로 판단해야" 하므로, 결국 그러한 점에서 규범적인 성질을 갖는다.

대법원은 일찍이 국가나 지방자치단체의 도로에 대한 점유에 관하여, 도로법에 의한 노선인정의 공고 및 도로구역의 결정이 있거나 도시계획법에 의한 도시계획사업의 시행으로 도로설정이 된 때에는 이 때부터 도로관리청으로서의 점유를 인정할 수 있고, 또한 이러한 도로법 등에 의한 도로설정행위가 없더라도 국가나 지방자치단체가 일반공중의 교통에 공용되지 않던 사유지상에 사실상 필요한 공사를 하여 도로로서의 형태를 갖춘 다음 그 토지를 일반공중의 교통에 공용한 때에는 이 때부터 그 도로는 국가나 지방자치단체의 사실상 지배하에 있는 것으로 보아 사실상 지배주체로서의 점유를 인정할 수 있다고 판시해 왔다.6) 이와 같은 설시는 도로 외의 도시계획시설 일반에 대하여도 확장되어, 도시계획에 따른 사업이 시행되거나, 시행되기 전이라도 국가나 지방자치단체가 해당 토지에 도시계획시설을 구성하는 여러 시설을 설치·관리하여 일반 공중의 이용에 제공하는 등으로 이를 사실상 지배하는 것으로 평가될 수 있는 경우에는, 국가나 지방자치단체의 점유가 인정될 수 있다고 한다.7)

대법원이 제시하는 "관리청으로서의 점유"와 "사실상 지배주체로서의 점유"를 아우르는 공통적인 개념적 표지는 바로 "행정청에 의한 공공의 이용"에 있다. 즉, 행정청의 점유는 행정청이 사업시행 등으로 공공의 이용에 제공된다는 것을 표시하거나, 또는 실제로 시설을 설치하고 공공의 이용에 제공함으로써 인정될 수 있다.

사안의 경우, 주차장을 실제로 설치한 주체는 행정청인 원고가 아니라 피고이나, 피고가 이를 기부채납하기로 하였고, 원고는 그 관리처분권이 원고에게 있음을 전제로 공사에 주차장을 무상대부하였으므로, 대상판결이 설시한 바와 같이 원고가 주차장을 설치하고 공공의 이용에 제공하였다고 평가할 수 있다. 원고의 점유는 이것만으로도 넉넉히 인정될 수 있으며, 그밖에 대상판결이 들고 있는 정기적 청소, 시설점검, 주차블록 교체와 보수, 카스토퍼 교체, 주차면 재도색, 아스콘 포장, 예초, 전지 등의 "다양한 관리 작업"을 통한 "지속적 관리"가 없더라도, 결론에는 영향이 없다고 보아야 한다.

행정청의 점유는 "공공의 이용"이 지속되는 한 계속된다. 따라서 인근 주민들이 이 사건

---

6) 대법원 1991. 9. 24. 선고 91다21206 판결 이래 대법원 2005. 8. 25. 선고 2005다21517 판결 등 다수.
7) 대법원 2012. 3. 29. 선고 2011다105256 판결, 대법원 2018. 3. 29. 선고 2013다2559, 2566 판결.

주차장을 자유롭게 사용하였다는 점은 원고의 계속적인 점유를 인정할 수 있는 사정에 해당하며, 타인 지배의 배제 가능성을 부정하는 요소가 될 수 없다. 이 부분에 관한 대상판결의 설시는 적절하다.

IV. 요약과 결론

1. 대법원은 기부채납을 私法상의 증여계약으로 보고 있으나, 그 법적 성격을 公法상의 법률행위로 이해하고 비례원칙, 부당결부금지원칙 등 행정법의 일반원칙에 따라 심사하여야 한다.

2. 대상판결은 기부자가 상인인 경우 기부채납 약정은 보조적 상행위에 해당하므로, 그에 기한 채권에는 5년의 상사 소멸시효기간이 적용된다고 보았다. 기부채납의 법적 성격이 공법상의 법률행위에 해당한다고 보더라도, 상인인 사인의 입장에서 상행위로 볼 수 있다면 그에 기한 채권에 대하여 상사시효의 적용을 배제할 것은 아니므로, 사인은 행정청에 대하여 상사시효를 원용할 수 있다.

3. 행정청의 점유는 "행정청에 의한 공공의 이용"을 그 개념적 표지로 하고, 공공의 이용이 지속되는 한 계속된다. 행정청에 의한 "지속적 관리"가 반드시 필요한 것은 아니므로, 대상판결의 취지를 오해하지 않도록 유의할 필요가 있다.

생각할 문제

1. 대법원은, 기부채납부담이 위법하여 당연무효라고 하더라도, 기부채납 약정에는 동기의 착오가 있는 것에 불과하므로 기부채납 약정 및 그에 기한 재산권의 이전에는 직접 영향을 미치는 것이 아니라는 취지로 판시하고 있다(대법원 1995. 6. 13. 선고 94다56883 판결, 대법원 2009. 6. 25. 선고 2006다18174 판결 등).

   (1) 기부채납의 법적 성격을 公法상의 법률행위로 이해한다면, 위 판결의 사안들은 어떠한 논리에 따라 어떠한 결론에 도달할 수 있는가.

(2) 부담에 의하지 아니하고 행정청과 사인이 바로 증여계약을 체결한 대법원 2009. 12. 10. 선고 2007다63966 판결의 사안에서는 증여계약의 효력이 부정되었다. 기부채납부담이 위법한 경우의 사안들과 비교, 논평하여 보라.

2. 원심이 원용한 대법원 2012. 3. 29. 선고 2011다105256 판결에서 행정청의 점유를 부정한 이유는 무엇인가.

대법원 2019. 9. 9. 선고 2018두48298 판결
[공유재산 무단점유의 판단기준 및 변상금 부과 기준]

임 수 연*

[사실관계]

원고는 서울특별시가 관리하는 서울광장의 광장동편에 2015. 7. 9.부터 주간에 대형 천막이 설치된 자전거를 세워놓고 1인 시위(이하 '이 사건 시위'라고 한다)를 하였고, 야간에는 서울특별시청사 부지에 자전거를 옮기고 그 옆에 텐트를 설치한 후 취침을 하였다(이하 이 사건 시위와 청사 부지에서의 취침을 합하여 '이 사건 원고의 행위'라고 한다).

원고는 자전거 1대, 대형의자 2대, 소형의자 1개, 라바콘 1개, 아이스박스 3개, 천막 1개, 대형 스피커 등(이하 '이 사건 시위용품'이라고 한다)을 사용하여 시위를 하였다. 이 사건 시위용품이 차지한 공간의 면적은 1.76㎡(1.6m × 1.1m)이고, 원고가 취침시 설치한 텐트의 면적은 2.76㎡이었다.

피고는 원고가 이 사건 원고의 행위를 통해 서울광장과 서울시청사 부지를 무단점유하고 있다고 판단하고, 원고에게 2017. 4. 5.부터 2017. 4. 9.까지 및 2017. 4. 10.부터 2017. 4. 28.까지 두 기간에 대해 두 차례에 걸쳐 「공유재산 및 물품관리법」(이하 '공유재산법'이라 한다) 제81조에 의한 변상금부과처분(이하 통틀어 '이 사건 처분'이라고 한다)을 하였다. 그 중 서울광장 무단점유에 따른 변상금은 원고의 실제 무단점유 면적 1.76㎡이 아닌 원고가 서울광장의 사용 및 관리에 관한 조례(이하 '서울광장조례'라 한다) 제10조 제1항, [별표] 광장 사용료 기준(이하 '서울광장 사용료 기준'이라 한다)에 따른 서울광장의 최소 사용면적 500㎡에 관한 사용료에다가 변상금 부과요율 120%를 곱하는 방식으로 산정되었다.

---

* 수원지방법원 부장판사

	처분일자	사용기간	사용면적	부과금액
1차 처분	2017. 5. 10.	2017. 4. 5. ~ 2017. 4. 9.	500㎡(서울광장) 4.52㎡(서울특별시청사 부지)	678,640원
2차 처분	2017. 7. 12.	2017. 4. 10. ~ 2017. 4. 28.	500㎡(서울광장) 4.52㎡(서울특별시청사 부지)	2,257,140원

[사건의 경과]

원고는 공익 목적의 1인 시위를 하기 위해 서울광장을 사용한 것이고, 이 사건 시위용품은 24시간 시위를 지속하기 위한 최소한의 장비들로 즉시 이동이 가능하기 때문에 이 사건 원고의 행위는 변상금 부과대상인 무단점유에 해당하지 않고, 특히 실제 점유면적이 아닌 서울광장조례의 사용허가시 최소 사용면적(500㎡)을 기준으로 변상금을 부과하는 것은 비례원칙에 위반된다는 등의 이유로 이 사건 처분 전체의 취소를 구하는 행정소송을 제기하였다.

이에 대해서 제1심법원[1]은 서울광장이 본래 시민의 건전한 여가선용과 문화활동, 공익적 행사와 집회, 시위 등을 위하여 설치되었고 「집회 및 시위에 관한 법률」(이하 '집시법'이라고 한다)에서 1인 시위가 원칙적으로 허용되고 있음을 주목하여, 원고가 1인 시위를 24시간 지속하기 위해 일정 면적을 차지하는 이 사건 시위용품을 사용하고 서울시청사 부지에 취침을 하였다 하더라도 주변을 사용하는 일반 시민들이 이를 피해 통행할 수 있었고, 일반 시민이 자신의 자전거를 세워두는 사용형태와 원고의 시위 형태를 명확히 구분하기도 어렵다는 등의 이유로, 이 사건 원고의 행위는 변상금 부과대상인 무단점유에 해당하지 않는다고 판단하고 이 사건 처분 전체를 취소하였다. 부가적으로 서울광장 무단점유에 따른 변상금을 실제 무단점유 면적이 아닌 서울광장조례의 최소 사용면적 500㎡을 기준으로 산정한 것 역시 위법하다고 판단하였다.

이에 피고 서울특별시장이 불복하여 항소하였고, 원심법원[2]은 1심과는 다르게, "특정한 장소를 유형적·고정적으로 특정한 목적을 위하여 사용하는 경우는 그 사용이 독점적·배타적일 필요 없이 변상금 부과대상으로서의 점유에 해당하는데, 원고가 서울광장에서 일정 기간 24시간 내내 1인 시위를 하기 위하여 사용한 이 사건 시위용품과 취침시 텐트가 특

---

1) 서울행정법원 2018. 1. 16. 선고 2017구단67639 판결.
2) 서울고등법원 2018. 6. 14. 선고 2018누35829 판결.

정 공간을 물리적으로 사용하였음이 분명하고, 이 사건 원고의 행위는 피켓을 들거나 간판을 목에 거는 형식으로 사람 이외의 별도의 공간을 사용하지 않는 통상적인 1인 시위와 형태가 구별되며, 특정 장소를 유형적·고정적으로 사용한 것이어서 변상금 부과대상인 무단점유에 해당한다."고 판단하였으며, 서울광장 무단점유에 따른 변상금을 실제 무단점유 면적이 아닌 서울광장조례의 최소 사용면적 500㎡을 기준으로 산정한 것 역시, 이와 달리 실제 무단점유 면적을 기준으로 변상금을 부과한다면 적법하게 사용신고를 마치고 실제로는 최소 사용면적 미만으로 사용하는 자에게 부과되는 사용료보다 징벌적 성격의 행정처분인 변상금이 오히려 적은 경우가 있어 형평에 어긋나고, 불법을 묵인·조장하는 결과가 된다는 이유로 적법하다고 판단하고, 제1심 판결을 취소하고 원고의 청구를 기각하였다. 이에 대해 원고가 상고를 제기하였다.

[대상판결]

대법원은 원심판결을 파기하고 사건을 다시 심리·판단하도록 원심법원에 환송하였다. 그 구체적인 설시를 요약하면 다음과 같다.

> [1] 공유재산법 제1조, 제6조 제1항, 제20조, 제22조, 제81조 제1항 본문의 내용과 변상금 제도의 입법 취지에 비추어 보면, 사용·수익허가 없이 행정재산을 유형적·고정적으로 특정한 목적을 위하여 사용·수익하거나 점유하는 경우 공유재산법 제81조 제1항에서 정한 변상금 부과대상인 '무단점유'에 해당하고, 반드시 그 사용이 독점적·배타적일 필요는 없으며, 점유 부분이 동시에 일반 공중의 이용에 제공되고 있다고 하여 점유가 아니라고 할 수는 없다.
>
> [2] 서울광장조례 제2조 제1호는 "사용"이란 서울광장의 일부 또는 전부를 이용함으로써 불특정 다수 시민의 자유로운 광장 이용을 제한하는 행위를 말한다고 규정하고 있으나, 서울광장의 일부를 유형적·고정적으로 점유하는 경우에는 점유 부분에 대한 불특정 다수 시민의 광장 이용이 제한될 것이므로, 서울광장조례에서 정한 바에 따라 광장사용신고 및 서울특별시장의 사용신고 수리를 거치지 않은 채 서울광장을 무단사용한 경우에는 공유재산법상 변상금 부과대상인 무단점유에 해당한다고 보아야 한다. 즉, 서울광장조례의 서울광장 "사용" 정의규정에 따라 변상금 부과대상인 무단점유인지에 관한 판단이 달라진다고 볼 수는 없다.

[3] 서울광장조례의 법적 성질과 변상금에 관한 법리를 기초로 공유재산법 시행령 제14조 제2항의 위임에 따라 서울광장조례 제10조 제1항 [별표]에서 500㎡를 최소 사용면적으로 하여 서울광장의 광장사용료 기준을 정하고 있는 '서울광장 사용료 기준'의 규정 내용을 살펴보면, 서울광장 사용료 기준은 서울광장의 사용·수익허가 또는 사용신고 수리에 적용되는 기준일 뿐이고, 이를 서울광장의 무단점유에 따른 변상금 산정·부과에 적용할 수는 없다. 서울광장의 무단점유에 따른 변상금은 공유재산법령에서 정한 '무단점유면적 × 해당 공유재산의 면적단위별 평정가격 × 무단점유기간/연 × 사용요율 × 120%'의 계산식에 실제 무단점유면적과 공유재산법 시행령 제14조 제1항의 위임에 따라 서울특별시 공유재산 및 물품관리 조례 제22조에서 정한 사용요율을 적용하여 산정·부과하여야 한다.

[판결의 평석]

I. 사안의 쟁점

이 사건은 박원순 전 서울시장의 아들 박주신의 병역비리 의혹에 대한 인터넷 게시글 관련 공직선거법위반의 형사사건에 국외 거주 박주신의 증인출석이 이루어지지 않아 박주신의 국내소환을 촉구하고자 일반인 원고가 서울광장에서 일정 기간 24시간 1인 시위를 한 것에 대해 피고 서울특별시장이 공유재산인 서울광장과 서울시청사 부지의 무단점유로 보고 변상금부과처분을 한 것에서 비롯된다. 집시법에서는 1인 주간 옥외 시위는 아무런 제한 없이 가능한데, 원고가 자전거 등의 일정 장비를 갖추고 1인 시위를 서울광장에서 벌인 상황에서 과연 원고의 시위 행위에 대해 변상금부과라는 제재처분을 하는 것이 옳은지가 다투어졌다.

먼저, 원고가 이 사건 시위용품을 이용하여 서울광장에서 1인 시위를 하고, 서울시청사 부지에서 텐트를 치고 잠을 잔 것이 서울광장이나 서울시청사 부지를 일반사용을 넘어 특별사용한 것으로서 사용허가 없는 그러한 사용이 변상금 부과대상인 무단점유에 해당하는지가 첫 번째 쟁점이다.

다음으로, 이 사건 원고의 행위가 변상금 부과대상인 무단점유에 해당한다고 볼 경우 그 변상금 산정방식이 문제가 되었다. 피고가 서울시청사 부지 무단점유에 대해서는 실제 무단점유한 면적을 기준으로 변상금을 산정하여 부과한 반면, 서울광장 광장동편 무단점유에 대해서는 서울광장조례에 의해 사용허가를 받은 경우 최소 사용면적 500㎡을 기준으로 산정된 사용료에 변상금 부과요율 120%를 곱하여 변상금을 부과하였다. 서울광장 광장동편 무단점유에 대한 변상금 산정방식이 적법한지가 두 번째 쟁점이다.

각 쟁점별로 제1심법원, 원심법원, 대법원의 결론이 모두 달랐다. 제1심법원은 이 사건 원고의 행위가 변상금 부과대상인 무단점유에 해당하지 않는다고 본 반면, 원심법원과 대법원은 서울광장과 서울시청사 부지를 무단점유한 것으로서 변상금 부과대상에 해당한다고 보았다.

서울광장 무단점유에 대한 변상금 산정방식에 있어서는 원심법원은 서울광장조례의 최소 사용면적 500㎡를 기준으로 변상금을 산정한 피고 처분이 결국 적법하다고 판단한 반면, 제1심법원과 대법원은 비록 이 사건 원고의 행위가 무단점유에 해당하는지에 대해서는 서로 다른 판단을 하였지만, 서울광장 무단점유에 대한 변상금 부과는 실제 사용면적을 기준으로 산정해야 한다고 판단하고 피고의 이 사건 처분이 위법하다고 하였다.

원고의 이 사건 행위가 변상금 부과대상인 무단점유에 해당하는지에 대한 논의는 결국 공물인 서울광장과 서울시청사 부지를 점유하여 사용한 원고의 사용형태가 일반사용을 넘어 특별사용에 해당하여 사용허가가 필요했던 것인지에 기반하고 있다. 이하에서는 공공용물의 사용관계에 관한 법리를 살펴보고, 그에 앞서 이 사건에 적용되는 관련 법령도 적시한다. 이어서 변상금 부과처분과 이 사건의 전제가 된 서울광장조례에 관해서도 간단히 검토한 다음 각 쟁점별로 대법원의 입장과 관련 법리를 살펴보겠다.

Ⅱ. 공물의 사용관계에 관한 일반론

1. 관련 법령

■ 공유재산 및 물품관리법
제1조(목적) 이 법은 공유재산 및 물품에 관한 기본적인 사항을 정함으로써 공유재산 및 물품을 적정하게 보호하고 효율적으로 관리·처분하는 것을 목적으로 한다.
제2조(정의) 1. "공유재산"이란 지방자치단체의 부담, 기부채납이나 법령에 따라 지방자치단체 소유로 된 제4조제1항 각 호의 재산을 말한다.
9. "변상금"이란 사용허가나 대부계약 없이 공유재산 또는 물품을 사용·수익하거나 점유한 자(사용허가나 대부계약 기간이 끝난 후 다시 사용허가나 대부계약 없이 공유재산 또는 물품을 계속 사용·수익하거나 점유한 자를 포함한다. 이하 '무단점유자'라 한다)에게 부과

하는 금액을 말한다.

제4조(공유재산의 범위) ① 공유재산의 범위는 다음 각 호와 같다. 1. 부동산과 그 종물

제5조(공유재산의 구분과 종류) ① 공유재산은 그 용도에 따라 행정재산과 일반재산으로 구분한다.

② "행정재산"이란 다음 각 호의 재산을 말한다.

1. 공용재산 해당 지방자치단체가 사무용, 사업용 및 공무원의 거주용으로 사용하거나 사용하기로 결정한 재산과 사용을 목적으로 건설 중인 재산

2. 공공용재산 해당 지방자치단체가 공공용으로 사용하거나 사용하기로 결정한 재산과 사용을 목적으로 건설 중인 재산

3. 기업용재산 해당 지방자치단체가 경영하는 기업용 또는 그 기업에 종사하는 직원의 거주용으로 사용하거나 사용하기로 결정한 재산과 사용을 목적으로 건설 중인 재산

4. 보존용재산 법령·조례·규칙이나 그 밖에 필요에 따라 지방자치단체가 보존하고 있거나 보존하기로 결정한 재산

③ "일반재산"이란 행정재산 외의 모든 공유재산을 말한다.

제6조(공유재산의 보호) ① 누구든지 이 법 또는 다른 법률에서 정하는 절차와 방법에 따르지 아니하고는 공유재산을 사용하거나 수익하지 못한다.

제20조(사용허가) ① 지방자치단체의 장은 행정재산에 대하여 그 목적 또는 용도에 장애가 되지 아니하는 범위에서 사용허가를 할 수 있다.

② 지방자치단체의 장은 제1항에 따라 사용허가를 하려면 일반입찰로 하여야 한다. 다만, 다음 각 호의 경우에는 제한경쟁 또는 지명경쟁에 부치거나 수의의 방법으로 허가할 수 있다. 1. 허가의 목적·성질 등을 고려하여 필요하다고 인정되는 경우로서 대통령령으로 정하는 경우

제22조(사용료) ① 지방자치단체의 장은 행정재산을 사용허가한 때에는 대통령령으로 정하는 요율과 계산방법에 따라 매년 사용료를 징수한다. 다만, 연간 사용료가 대통령령으로 정하는 금액 이하인 경우에는 사용허가기간의 사용료를 일시에 통합 징수할 수 있다.

제81조(변상금의 징수) ① 지방자치단체의 장과 제43조의2에 따라 일반재산의 관리·처분에 관한 사무를 위탁받은 자는 무단점유자에 대하여 대통령령으로 정하는 바에 따라 공유재산 또는 물품에 대한 사용료 또는 대부료의 100분의 120에 해당하는 금액(이하 '변상금'이라 한다)을 징수한다.

제99조(벌칙) 제6조제1항을 위반하여 행정재산을 사용하거나 수익한 자는 2년 이하의 징역 또는 2천만원 이하의 벌금에 처한다.

■ 구 공유재산 및 물품 관리법 시행령(대통령령 제31276호, 2020. 12. 22.로 일부 개정되기 전)

제12조(사용허가) 법 제20조제1항에 따라 행정재산의 사용허가를 할 수 있는 경우는 다음과 같다.

1. 행정 목적 또는 보존 목적의 수행에 필요한 경우

2. 공무원의 후생 목적을 위하여 필요한 경우

3. 그 밖에 해당 재산의 용도 또는 목적에 장애가 되지 않는 경우로서 해당 지방자치단체의 장이 필요하다고 인정하는 경우

제14조(사용료)

① 법 제22조제1항에 따른 연간 사용료는 시가를 반영한 해당 재산 평정가격의 연 1천분의 10 이상의 범위에서 지방자치단체의 조례로 정하되, 월할 또는 일할로 계산할 수 있다. 단서 생략

② 지방자치단체의 장은 대중의 이용에 제공하기 위한 시설인 행정재산에 대해서는 그 재산을 효율적으로 관리하기 위하여 특별히 필요하다고 판단되는 경우에는 해당 지방자치단체의 조례로 정하는 바에 따라 시간별이나 횟수별로 그 재산의 사용료를 정할 수 있다.

제81조(변상금) ① 법 제81조에 따른 변상금은 그 재산을 무단으로 점유하거나 무단으로 사용·수익한 기간에 대하여 회계연도별로 제14조·제31조 및 제74조에 따라 산정한 사용료 또는 대부료(괄호 생략) 합계액의 100분의 120에 해당하는 금액으로 한다. 단서 생략

■ 서울특별시 서울광장의 사용 및 관리에 관한 조례[2015.1.2. 시행]

제1조(목적) 이 조례는 시민의 건전한 여가선용과 문화활동, 공익적 행사 및 집회와 시위의 진행 등을 위한 서울광장의 사용 및 관리에 필요한 사항을 규정함을 목적으로 한다.

제2조(정의) 1. "사용"이란 서울광장(이하 '광장'이라 한다)의 일부 또는 전부를 이용함으로써 불특정 다수 시민의 자유로운 광장 이용을 제한하는 행위를 말한다.

제3조(관리) ① 서울특별시장(이하 '시장'이라 한다)은 시민이 자유롭게 보행할 수 있도록 광장환경을 조성하여야 한다.

② 시장은 시민의 건전한 여가선용과 문화활동, 공익적 행사 및 집회와 시위의 진행 등을 위한 공간으로 사용할 수 있도록 광장을 관리하여야 한다.

제5조(사용신고) ① 신고자는 사용목적과 일시, 신고자의 성명과 주소, 사용예정인원, 안전관리계획 등을 기재한 별지 서식의 광장사용신고서를 광장을 사용하고자 하는 날 또는 사용개시일(이하 '사용일'이라 한다)의 90일 전부터 5일 전까지 시장에게 제출하여야 한다.

② 시장은 연례적인 기념행사나 충분한 사전준비 및 홍보 등이 필요한 행사의 경우에는 연간 30일을 초과하지 않는 범위 내에서 광장 사용신고 및 수리방법을 따로 정할 수 있다.

제6조(사용신고 수리) ① 시장은 제5조의 사용신고가 있는 경우에는 원칙적으로 수리하여야 한다. 다만, 다음 각 호의 경우 위원회의 의견을 들어 신고를 수리하지 아니할 수 있다.

1. 광장의 조성 목적에 위배되거나 다른 법령 등에 따라 이용이 제한되는 경우

2. 시민의 신체·생명 등에 침해를 가할 우려가 있는 것으로 예상되는 경우

3. 동일 목적의 행사를 위해 7일 이상 연속적으로 광장을 사용하고, 다른 행사와 중복될 경우.

② 사용일이 중복된 경우에는 신고순위에 따라 수리하되, 다음 각 호의 행사를 우선하여 수리할 수 있다. 다만, 신고순위가 동일한 경우에는 그 신고자들과 협의를 통해 조정하고, 조정이 이루어지지 않을 경우에는 위원회의 의견을 들어 사용신고의 수리를 결정할 수 있다.

1. 공익을 목적으로 국가 또는 지방자치단체가 주관하는 행사

2. 「집회 및 시위에 관한 법률」에 따른 집회신고를 마친 행사

3. 공연과 전시회 등 문화·예술행사

4. 어린이 및 청소년 관련 행사

5. 그 밖에 '공익적 행사'로서 위원회에서 결정한 행사

③ 시장은 광장 사용신고자의 성별·장애·정치적 이념·종교 등을 이유로 광장 사용에 차별을 두어서는 안 된다.

제7조(사용신고에 대한 통지) ① 시장은 광장사용신고를 접수받은 경우 48시간 안에 신고수리여부를 통지하여야 하며, 신고자는 수리사항 조건을 준수하여야 한다.

② 사용신고를 수리하지 아니할 경우에는 신고자에게 그 사유를 명시하여야 한다.

제10조(사용료 징수 및 면제) ① 시장은 사용자에 대하여 별표의 범위 내에서 규칙으로 정하는 사용료를 징수하여야 한다.

③ 사용일이 경과한 후에 미사용에 대한 사용료는 이를 반환하지 아니한다. 다만, 신고자의 귀책사유 없이 사용일에 광장을 사용하지 못한 경우에는 그러하지 아니하다. 단서 생략

⑤ 시장은 다음 각 호의 어느 하나에 해당하는 경우에는 사용료를 면제할 수 있다.

1. 국가 또는 지방자치단체가 주관하는 경우

2. 문화·예술 진흥 등 기타 공익목적을 위하여 시장이 필요하다고 인정하는 경우

제13조 (준용) 광장의 사용 및 관리에 관하여 이 조례에서 정하지 아니한 사항은 「공유재산 및 물품관리법」등 관련 법령을 준용한다.

■ 서울특별시 서울광장의 사용 및 관리에 관한 조례 시행규칙[시행 2013.5.30.]

제1조(목적) 이 규칙은 「서울특별시 서울광장의 사용 및 관리에 관한 조례」에서 위임된 사항과 그 시행에 관하여 필요한 사항을 규정함을 목적으로 한다.

제9조(사용료 기준) 조례 제10조제1항에 따른 광장사용료 기준은 별표와 같다.

광장사용료 기준(제9조 관련)

구 분		사용면적	사용시간	사용료	비고
기본사용료		1㎡	1시간	10원	
구획별 사용료	광장 동편	500㎡ ~ 2,000㎡	2시간	10,000원 ~ 40,000원	
	광장 서편	500㎡ ~ 1,200㎡	2시간	10,000원 ~ 24,000원	
	잔디 광장	500㎡ ~ 6,449㎡	2시간	10,000원 ~ 128,000원	
	전체	13,207㎡	2시간	264,000원	
기 타		1. 광장 구획별로 1건의 행사에 대해서만 신고수리 한다. ※ 최소 사용면적은 500㎡ 하되, 500㎡ 초과시 1시간 1㎡당 10원으로 한다. ※ 기본 사용시간은 2시간으로 하되, 2시간 초과시 1시간 단위로 부과한다. 2. 야간사용료(18:00~다음날 06:00)는 기본사용료의 3할을 가산한다. 3. 초과사용료는 주간은 기본사용료의 3할, 야간은 기본사용료의 5할을 가산한다. 4. 사용료에는 부가가치세를 포함한다. ※ 시설물의 설치 및 철거시간은 사용시간에 포함한다.			

■ 서울특별시 공유재산 및 물품관리 조례[시행 2015. 1. 2.][서울특별시조례 제5787호]
　제1조(목적) 이 조례는 「공유재산 및 물품관리법」 및 같은 법 시행령에서 위임한 사항 및 그 시행에 필요한 내용을 정하여 서울특별시 공유재산 및 물품의 보존·관리업무의 효율적이고 적정한 관리를 기함을 목적으로 한다.
　제22조(일반재산 대부의 준용) 사용료의 요율, 일시사용허가, 전세금의 평가 등 그 밖에 사용수익허가에 대한 사항은 제23조부터 제35조까지의 규정을 준용한다.[3]
　제26조(대부료의 요율) ① 영 제31조[4]에 따른 연간 대부료의 요율은 이 조례에서 별도로 규정하고 있는 경우를 제외하고 해당 재산평정가격의 1,000분의 50 이상으로 하며, 공유림 등을 광업·채석을 목적으로 하는 대부의 경우에는 채광물 가격과 지형변경으로 인하여 장래 산림으로 이용하지 못하는 구역의 입목, 임산물 가격을 대부료에 추가하여 징수한다.

---

[3] 행정재산에 대한 제5장에서 그 사용료의 요율 등에 대해서는 일반재산에 대한 제5장의 규정을 준용하도록 한 것이다.
[4] 「공유재산법 시행령」 제31조(대부료율과 대부재산의 평가) ① 법 제32조제1항에 따른 일반재산의 대부료는 시가를 반영한 해당 재산 평정가격의 연 1천분의 10 이상의 범위에서 지방자치단체의 조례로 정하되, 월할 또는 일할로 계산할 수 있다.
　② 제1항에 따라 대부료를 계산할 때 해당 재산의 가격은 다음 각 호의 방법으로 산출한다. 후문 생략
　1. 토지: 대부료 산출을 위한 재산가격 결정 당시의 개별공시지가(「부동산 가격공시에 관한 법률」 제10조에 따른 해당 토지의 개별공시지가를 말하며, 해당 토지의 개별공시지가가 없으면 같은 법 제8조에 따른 표준지공시지가를 기준으로 하여 산출한 금액을 말한다)를 적용한다. 단서생략

2. 공물의 사용관계[5]

(1) 일반사용과 특별사용

공물의 사용관계라 함은 공물의 사용과 관련하여 공물관리자와 사용자 사이에 형성되는 법률관계(권리의무관계)를 말한다. 공물에는 공공용물과 공용물이 있다. 공공용물은 본래 일반 공중의 사용에 제공된 공물이다. 공용물은 본래 행정주체 자신의 사용에 제공된 공물인데, 본래의 목적에 방해가 되지 않는 한도 내에서 외부의 이용에 제공될 수 있다.

공공용물은 본래 일반 공중의 사용에 제공된 공물이므로 일반 공중은 특별한 요건을 충족할 필요 없이 당연히 당해 공공용물을 본래의 용법에 따라 사용할 수 있다. 이를 일반사용 또는 자유사용이라 한다. 도로에서의 통행, 공원에서의 산책, 하천에서의 수영 등이 일반사용의 예이다. 일반사용의 범위를 넘어 사용하는 특별사용의 경우 특별한 요건이 갖추어져야 가능한데, 이러한 특별사용에는 허가사용, 특허사용, 관습법상의 사용, 행정재산의 목적 외 사용으로 구분하여 설명하고 있다. 각 사용관계에 대한 예는 아래 해당 부분에서 설명한다.

공유재산법[6]에서는 공유재산을 행정재산과 일반재산[7]으로 나누고(공유재산법 제5조), 지방자치단체가 사무용, 사업용으로 사용하는 재산(서울시청사 부지), 공공용으로 사용하는 재산(서울광장)은 행정재산[8][9]으로서 그 행정재산의 사용목적을 넘어 특별사용을 하게 되는

---

5) 일반사용, 특별사용 일반론에 관해서 박균성, 『행정법론(하)』, 제17판, 2019, 410면 이하; 박균성, 『행정법강의』, 제18판, 2021, 1160면 이하; 정하중·김광수, 『행정법개론』, 제16판, 2022, 1123면 이하; 이진수, "지방자치단체의 공유재산 사용료 부과처분에 대한 불복절차", 『지방자치법연구』 제13권 1호, 2013, 158면 이하.

6) 「국유재산법」에서도 동일하게 규정하고 있다. 「국유재산법」 제2조(정의), 제5조(국유재산의 범위), 제6조(국유재산의 구분과 종류), 제30조(행정재산의 사용허가) 등.

7) 과거 구 「국유재산법」(2009. 1. 30. 법률 제9401호로 전부 개정되기 전의 것)에서 국유재산을 행정재산, 보존재산과 잡종재산으로 구분하고, 그중 행정재산을 공용재산, 공공용재산, 기업용재산으로 분류하였다. 구 「공유재산법」(2008. 12. 26. 법률 제9174호로 개정되기 전의 것)에서도 공유재산을 행정재산, 보존재산과 잡종재산으로 구분하고 행정재산을 공용재산, 공공용재산, 기업용재산으로 분류하였다. 그러다 잡종재산이라는 용어가 쓸모없는 재산이라는 부정적인 이미지가 있고, 행정재산 및 보존재산의 구별 실익이 없다는 등의 이유로 현행 법령과 같이 잡종재산을 일반재산으로 명칭을 변경하고, 보존재산을 행정재산의 한 유형인 보존용재산으로 통합하여 분류하기에 이르렀다(김행순, 앞의 글, 58, 59면 참조).

8) 공유재산 중 일반재산은 직접 공적목적에 제공되지 않고 지방자치단체가 재산으로 보유하고 있는 물건이므로 공물이 아니다(박균성, 앞의 『행정법론(하)』, 369, 432면). 대법원은 일반재산의 사용관계는 행정재산과 다르게 민사관계로 보고 있다. 즉 대법원은 국유잡종재산을 대부하는 행위는 국가가 사경제 주체로서 상대방과 대등한 위치에서 행하는 사법상의 계약이고, 행정청이 공권력의 주체로서 상대방의

경우에 지방자치단체장으로부터 사용허가가 필요하다고 규정하고 있다. 즉 공공용으로 사용하는 공공용물인 공원, 도로 같은 행정재산에 대해서는 그 행정재산 본래의 목적에 맞게 도로를 통행하거나 공원을 산책하는 등 일반사용을 하는 경우에는 특별한 사용허가를 받을 필요 없이 자유롭게 할 수 있는 것이고, 그러한 공공용물이라 하더라도 공공의 용도로 제공된 목적 외에 특별이 유형적, 고정적으로 사용하게 될 경우에는 행정청의 사용수익허가가 필요하다.

(2) 특별사용

1) 허가사용

공공용물의 사용이 일반사용의 범위를 넘어 타인의 공동사용을 방해하거나 공공의 안녕과 질서에 대한 위해를 야기시키는 경우에, 이를 방지하거나 또는 그 사용관계를 조정하기 위하여[10], 그러한 사용을 일반적으로 금지시킨 다음에 행정청의 허가를 받아 사용하도록 하는 것을 허가사용이라 한다. 타인의 공동사용이나 공물의 관리에 지장을 초래할 우려가 있는 경우, 또 다수인의 사용관계를 조정하기 위하여 일정한 내용의 공물사용을 금지한 후, 개별적인 경우에 금지를 해제하여 적법하게 사용하게 하는 것이 공물관리권에 의한 허가사용이다. 도로, 공원에서의 수일간의 판촉행사나 노점상의 허가, 건축공사시 도로의 일부 구간의 사용, 하천에서 죽목의 운송허가가 그 예이다. 공공의 안녕과 질서에 대한 위해를 방지하기 위하여 일정한 내용의 공물사용을 일반적으로 금지한 후 개별적인 경우에 그 금지를 해제하여 적법하게 공물을 사용할 수 있게 하는 것이 공물경찰권에 의한 허가사용이다. 일몰시간 후에 옥외집회의 허가를 그 예로 들 수 있다.

허가사용은 공물사용의 일반적 금지를 해제하여 일시적으로만 사용하게 된다는 점에서, 공물사용권을 설정받아 계속적으로 사용하는 특허사용과 구별된다. 타인의 공동사용을 방해거나 공공의 안녕과 질서에 위해의 우려가 없다는 허가요건을 충족시키는 경우 허가를 하여야만 하는 기속행위의 성격을 갖는다.

공공용물의 사용허가는 허가를 받은 사인에게 이익을 주는 경우가 많기 때문에 사용료를 부과하는 것이 일반적이다.

의사 여하에 불구하고 일방적으로 행하는 행정처분이라고 볼 수 없으며, 국유잡종재산에 관한 대부료의 납부고지 역시 사법상의 이행청구에 해당한다고 판시(대법원 2000. 2. 11. 선고 99다61675 판결)하였다(이진수, 앞의 글, 160-164면).
 9) 행정재산이라는 개념이 공공용물과 공용물을 모두 포괄하고 있다.
10) 서울광장조례에서 서울광장 사용에 관해 허가를 받거나 신고를 하도록 하고 사용료를 납부하게 하는 것은 여러 사용자들 간의 사용관계를 조정하여 불편을 해소하기 위한 것이라 볼 수 있다.

2) 특허사용

공물관리권에 의하여 일반인에게 허용되지 않는 특별한 사용권을 설정하여 주는 것을 공물사용권의 특허라고 하며 그에 의거한 공물의 사용을 공물의 특허사용이라고 한다. 공물의 일반사용과는 별도로 공물의 특정부분을 특정한 목적을 위하여 일정 기간 어느 정도 배타적·계속적으로 사용하도록 한다. 실정법에서는 보통 '허가'의 용어로 규정되어 있다. 도로에 전주를 세우거나 수도관·가스관 또는 하수관 등을 매설하거나 하천에 수력발전용 댐을 건설하고 계속적으로 유수를 인용하는 행위 등은 도로점용허가, 하천점용허가를 받아야 하는 도로 또는 하천의 특허사용에 해당한다.

공공용물의 허가사용과 특별사용은 과거에 엄격히 구분하여 다뤄지기도 했으나, 양자를 구별하지 않고 특별사용의 명칭으로 통칭하여 논의하고 있는 것이 일반적이다.[11]

3) 행정재산의 목적 외 사용

국유재산법, 공유재산법상 행정재산은 직접 행정목적에 제공된 재산이므로 그 외의 용도로 사용될 수 없는 것이 원칙이나 예외적으로 그 용도 또는 목적에 장해가 되지 않는 범위 내에서 다른 용도로의 사용 또는 수익을 허가할 수 있다. 이러한 허가에 따른 행정재산의 사용관계를 행정재산의 목적외 사용이라 한다. 관공서 청사 일부를 사인에게 식당이나 매점으로 경영하도록 사용허가를 하는 것이 예이다.[12]

3. 변상금 부과처분[13]

변상금이란 사용허가나 대부계약 없이 국유재산 또는 공유재산을 사용·수익하거나 점유한 자에게 부과하는 금액을 말한다(공유재산법 제2조 제9호[14]). 사용료 또는 대부료보다

---

11) 정하중/김광수, 앞의 책, 1133면.

12) 행정재산의 목적 외 사용·수익 허가를 판례는 행정처분(강학상 특허)으로 보고 있다. 대법원 1998. 2. 27. 선고 97누1105 판결: 공유재산의 관리청이 행정재산의 사용·수익에 대한 허가는 순전히 사경제주체로서 행하는 사법상의 행위가 아니라 관리청이 공권력을 가진 우월적 지위에서 행하는 행정처분으로서 특정인에게 행정재산을 사용할 수 있는 권리를 설정하여 주는 강학상 특허에 해당한다.

13) 김행순, "변상금 부과에 관한 고찰 –국·공유재산 및 도로를 중심으로–", 『행정재판실무연구IV(재판자료 제125집)』, 2013, 48면 이하: 박균성, 『행정법론(하)』, 437면 이하; 박균성, 『행정법강의』, 1177면 이하.

14) 「국유재산법」 제2조 제9호에서도 동일하게 규정하고 있다.

할증된 금액의 변상금을 부과·징수하는 목적은 국유재산의 사용·수익으로 인한 이익의 환수를 넘어 국유재산의 효율적인 보존·관리라는 공익을 실현하는 데 있고(대법원 2014. 7. 16. 선고 2011다76402 전원합의체 판결), 무단점유에 대한 징벌적인 의미가 있다(대법원 2000. 1. 14. 선고 99두9735 판결).

변상금은 무단점유자, 즉 사용허가나 대부계약 없이 국유재산 또는 공유재산을 사용수익하거나 점유한 자에게 부과된다. 공유재산법 등은 점유의 개념을 따로 규정하고 있지 않고, 변상금부과처분에서 점유의 개념을 민법과 달리 보아야 할 특별한 이유가 없다[15]. 변상금 부과처분 무단점유자에 대한 기존의 판례 중 '점유'에 관하여 다음과 같은 것이 있다.

① 대법원 1998. 9. 22. 선고 96누7342 판결[16]: 도로법 제40조에 규정된 도로의 점용이라 함은 일반공중의 교통에 공용되는 도로에 대하여 이러한 일반사용과는 별도로 도로의 지표뿐만 아니라 그 지하나 지상 공간의 특정 부분을 유형적, 고정적으로 특정한 목적을 위하여 사용하는 이른바 특별사용을 뜻하는 것이므로, 허가 없이 도로를 점용하는 행위의 내용이 위와 같은 특별사용에 해당할 경우에 한하여 도로법 제80조의2의 규정에 따라 도로점용료 상당의 부당이득금을 징수할 수 있다.

② 대법원 1993. 5. 11. 선고 92누13325 판결[17]: 도로법 제40조에 규정된 도로의 점용이라 함은 일반공중의 교통에 공용되는 도로에 대한 일반사용과는 별도로 도로의 특정부분을 유형적, 고정적으로 특정한 목적을 위하여 사용하는 특별사용을 뜻하고, 이는 반드시 독점적, 배타적인 것이 아니라 사용목적에 따라서는 도로의 일반사용과 병존이 가능한 경우도 있고 이러한 경우에는 도로점용부분이 동시에 일반공중의 교통에 공용되고 있다고 하여 도로점용이 아니라고 할 수 없다.

공유재산법 제81조 제1항은 무단점유를 한 자에 대하여 대통령령으로 정하는 바에 따라 공유재산 또는 물품에 대한 사용료 또는 대부료의 100분의 120에 해당하는 금액을 징수한다고 규정하고 있다. 변상금 징수요건에 해당하면 반드시 변상금 부과처분을 해야 하는 기속행위이고(대법원 1998. 9. 22. 선고 98두760 판결), 국유재산 무단점유자에 대한 변상금부과처분은 행정소송의 대상이 되는 행정처분이다(대법원 1988. 2. 23. 선고 87누1046 판결).

---

15) 김행순, 앞의 글, 66, 67면 참조.
16) 그 외에도 대법원 1991. 4. 9. 선고 90누8855 판결; 대법원 2002. 10. 25. 선고 2002두5795 판결; 대법원 2007. 5. 31. 선고 2005두1329 판결; 대법원 2004. 10. 15. 선고 2002다68485 판결 등.
17) 그 외에도 대법원 1990. 11. 27. 선고 90누5221 판결; 대법원 1992. 9. 8. 선고 91누8173 판결; 대법원 1995. 2. 14. 선고 94누5830 판결; 대법원 1999. 5. 14. 선고 98두17906 판결 등.

4. 서울광장조례[18]

서울시는 서울 중구 태평로1가, 태평로2가, 을지로1가, 정동 일대 13,207㎡ '시청 앞 광장'을 잔디광장과 화강석광장으로 구분, 조성하여 '서울광장'으로 명명한 후 2004. 5. 1.부터 시민에게 개방해왔다. 서울시는 서울광장의 사용과 관리에 필요한 사항을 규정하기 위하여 2004. 5. 20. 서울광장조례(서울특별시조례 제4187호)를 제정하여 운영해오고 있다.

서울광장조례의 목적은 시민의 건전한 여가선용과 문화활동, 공익적 행사 및 집회와 시위의 진행 등을 위한 서울광장의 사용 및 관리에 필요한 사항을 규정하기 위한 것이다(제1조).

(1) 서울광장 사용신고 수리행위

구 서울광장조례(2010. 9. 27. 서울특별시조례 제5031호로 개정되기 전의 것)에서는 서울광장의 이용이 서울특별시장의 허가사항으로 되어 있었는데, 2010. 9. 27. 서울광장조례 개정으로 '신고'사항으로 변경되었다. 당시 개정조례안 심사보고서에는, 광장사용을 사전허가제로 운영하는 것은 헌법이 보장하는 집회·시위의 자유의 본질을 침해하고 있으므로 허가제를 신고제로 변경하는 것이라고 되어 있다. 공유재산법령이 조례에 '행정재산의 사용·수익 허가' 이외의 다른 법형식을 창설하여 활용할 수 있도록 위임한 바 없으므로 서울특별시장이 광장사용신고를 수리하는 행위는 행정재산인 서울광장을 공유재산법 제20조 제2항에서 정한 바에 따라 일반 입찰 방식이 아니라 수의의 방법으로 사용·수익을 허가하는 경우에 해당한다. 서울광장 조례는 공유재산법령에서 예정하고 있지 않은 '신고'라는 법형식을 규정하고 있지만 상위법령 합치적으로 해석할 필요가 있다.[19] 광장사용의 신고는 그 실질이 여전히 공유재산법상 사용·수익허가라 하겠다.

(2) 서울광장 사용료 기준

지방자치단체의 장이 행정재산의 사용·수익을 허가하였을 때에는 대통령령으로 정하는 요율과 산출방법에 따라 매년 사용료를 징수한다(공유재산법 제22조 제1항). 서울광장과 서울특별시청사 부지는 서울시 소유하고 관리하는 행정재산이다(공유재산법 제4조, 제5조).

지방자치단체의 장은 대중의 이용에 제공하기 위한 시설인 행정재산에 대해서는 그 재산을 효율적으로 관리하기 위하여 특별히 필요하다고 판단되는 경우에 해당 지방자치단체

---

18) 김지현, "서울광장의 무단점유에 대한 변상금 부과 시 무단점유 판단 기준 및 변상금 산정방식", 『대법원판례해설』 제121호, 2019, 587면 이하.
19) 김지현, 앞의 글, 589면.

의 조례로 정하는 바에 따라 시간별이나 횟수별로 그 재산의 사용료를 정할 수 있다(공유재산법 시행령 제14조 제2항).

서울광장조례 제10조 제1항 [별표]에 의하면, 최소 사용면적 500㎡, 기본 사용시간 2시간을 기준으로 한다. 신고자가 '최소 사용면적'과 '기본 사용시간' 미만으로 신고한 경우 그 이상의 사용면적과 사용시간을 기재하여 다시 신고서를 제출하라는 취지의 행정지도를 하고, 광장구획별로 1건의 행사에 대해서만 신고수리함이 원칙이나 신고일이 중복되는 경우 사용일이나 사용시간, 사용위치, 행사성격 등을 조정하여 가급적 해당 단체들이 모두 광장을 사용할 수 있도록 한다고 한다.[20] 구 서울광장조례(2012. 11. 1. 서울특별시조례 제5380호로 개정되기 전의 것) 제10조 [별표]에서는 사용면적이 광장면적의 1/2를 초과하는 경우가 아닌 한 '실제 사용면적'을 기준으로 사용료를 부과하였고, 최소 사용시간도 1시간이었으며, 1/2 면적을 초과하여 사용하는 경우는 광장 전부를 사용한 것으로 보았다. 그런데 2012. 11. 1. 개정된 서울광장조례부터 현재의 기준(최소 사용면적 500㎡)으로 사용료를 부과하고 있다. 위 개정조례안 심사보고서에는, 개정된 기준에 따를 경우 광장을 네 구역으로 구분하여 사용토록 함으로써 다수의 작은 면적 사용신청에 따른 사용자간의 불편을 해소하는 등 보다 효율적인 광장 운영이 가능할 수 있을 것으로 보인다고 기재되어 있다.[21]

Ⅲ. 각 쟁점별 대법원 판례의 입장 및 관련 법리의 검토

피고 서울특별시장은 원고가 아무런 사용신고 없이 주간에 서울광장 광장동편에서 이 사건 시위용품을 가지고 시위를 하고, 서울시청사 부지에서 텐트를 치고 취침을 한 것을 행정재산인 서울광장과 서울시청사 부지를 무단점유한 것으로 보고 변상금을 부과하였는데, 서울시청사 부지 점유에 대해서는 공유재산법 제81조 제1항, 공유재산법 시행령 제14조 제1항, 서울시 공유재산 조례 제22조, 제26조 제1항을 적용하여, 실제 점유면적인 4.52㎡(시위용품 1.76㎡ + 텐트 2.76㎡)를 기준으로 서울시청사 부지 재산평정가격 46,100,000원에 사용료의 요율 50/1,000원과 변상금 요율 120/100을 적용하여 시간당 1,427원으로 산정하였고, 서울광장 광장동편 부지 점유에 대해서는 공유재산법 제81조 제1항, 공유재산법 시행령 제14조 제2항, 서울광장조례 제10조 제1항 [별표], 서울광장 사용료 기준을 적용하여, 실제점유면적인 시위용품 1.76㎡을 넘어 서울광장 최소 사용면적인 500㎡를 기준을 한 시간당 금

---

20) 김지현, 앞의 글 591면.
21) 김지현, 앞의 글 592면.

액 5,000원에 변상금 요율 120/100을 적용하여 시간당 6,000원으로 산정하였다.[22]

1. 이 사건 원고의 행위가 변상금 부과대상인 무단점유에 해당하는지 여부

(1) 대법원의 입장

대법원은 서울광장에서 이 사건 시위용품을 동반한 채 1인 시위를 하고 24시간 시위를 위해 서울시청사 부지에서 텐트를 치고 취침한 이 사건 원고의 행위는 피고의 광장사용신고 수리 없이 서울광장 일부 및 서울시청사 부지 일부를 유형적·고정적으로 사용 또는 점유한 경우로서 공유재산법 제81조 제1항에서 정한 변상금 부과대상인 무단점유에 해당한다고 판단하였다. 그 구체적인 이유는 다음과 같다. ① 원고는 이 사건 시위용품과 텐트를 상당한 기간 동안 서울광장이나 서울시청사 부지에 둠으로써 특정 공간을 지속적으로 물리적으로 차지하여 사용하였다. 비록 이 사건 시위용품과 텐트가 이동 가능한 시설이기는 하나, 그것이 차지하는 공간을 타인이 사용하거나 통행하는 것은 불가능하였다. 이러한 원고의 행위는 서울광장 등의 이용자가 일시적으로 물건을 비치하는 것과 동일하게 평가할 수 없고, 서울광장 등을 통행로로서 지나가거나 여가선용의 목적으로 단순히 머무르는 형태의 일반적인 사용과도 명백히 구별된다. ② 서울광장 등 이용자들이 이 사건 시위용품이나 텐트 주변을 우회하여 통행할 수 있었고, 다른 행사 등에 방해가 되는 경우 원고가 이 사건 시위용품을 옮겨 주었다고는 하나, 변상금 부과대상으로서의 무단점유가 반드시 독점적·배타적일 필요는 없으므로 위와 같은 사정만으로 특정 공간을 유형적·고정적으로 사용한 이 사건 원고의 행위를 '점유'에 해당하지 않는다고 평가할 수는 없다. ③ 집회·시위의 자유가 보장된다거나 그 시위의 목적이 공익을 위한 것이라는 사정만으로 타인의 재산을 권한 없이 점유·사용하는 것까지 정당화되거나 점유·사용의 대가 지불이 면제되는 것은 아니며, 그 재산이 공용재산이라고 하더라도 마찬가지이다. 집회·시위 자체는 집시법이 정한 절차에 따라 이루어져 적법하다고 하더라도, 그 집회·시위가 공유재산을 무단으로 점유하여 이루어진 것이라면 공유재산법상 변상금 부과대상이 될 수 있다. 공유재산법 제81조 제1항이 공익적 목적으로 무단점유한 경우와 사익추구의 목적으로 무단점유한 경우를 달리 취급하지 않고 동일하게 변상금을 징수하도록 규정한 것이 헌법에 위반된다고 볼 수도 없다. ④ 피켓을 들거나 간판을 목에 거는 형식으로 이루어지는 통상적인 1인 시위라면 특정 공간을 유형적·고정적으로 사용하는 점유로 보기 어렵다. 그러나 이 사건 시

---

22) 피고 서울특별시장의 이 사건 처분 산정식에 관해서는 김지현, 앞의 글, 595면 참조.

위는 시위용품의 종류, 부피 및 무게, 시위 방식 등에 비추어 통상 1인 시위자가 소지할 수 있는 표현수단의 정도를 벗어났다. 이 사건 시위용품을 장시간 비치하거나 텐트를 설치하여 취침을 하는 것이 1인 시위의 본질적인 내용이라거나 1인 시위를 위하여 반드시 필요한 조치라고 볼 수 없고, 원고로서는 공용재산을 점유·사용하지 않는 방법으로도 충분히 자신의 의사를 다중에게 표시할 수 있다.

 (2) 검토: 원고의 이 사건 행위를 행정재산인 서울광장과 서울시청사 부지를 사용수익허가 없이 무단점유한 것으로 본 대법원 판결의 판단이 타당하다고 생각한다.

 물론 집시법상 주간의 1인 시위는 신고 없이 자유롭게 허용되고 있고, 서울광장 자체가 애초에 집회와 시위의 진행 등을 위해 사용되는 것을 전제로 일반 시민에 제공되어 관리되고 있는 측면을 본다면, 원고의 이 사건 시위행위를 군이 서울광장을 무단점유하는 것으로 보고 변상금의 제재를 부과하는 것은 과한 것이 아닌가 하는 의문이 들기도 한다. 이 사건 1심도 이러한 점을 주목하여 원고의 이 사건 시위행위가 무단점유가 아니라고 판단했다.

 서울광장은 서울특별시가 소유하고 관리하는 행정재산으로 시민의 건전한 여가선용과 문화활동, 공익적 행사 및 집회와 시위의 진행 등을 위해 일반 공중의 사용에 제공되었고, 서울특별시는 이러한 서울광장의 사용과 관리를 위해 서울광장조례를 만들었다. 또한 집시법상 1인 옥외 시위는 사전에 신고할 필요 없이 허용되고 있는데, 한편으로는 적법한 시위행위라 보면서도 다른 한편으로는 시위를 벌이를 장소를 무단으로 점유한 것으로 보고 행정상 제재를 가하는 것은 법질서 통일의 관점에서도 바람직하지 않을 것이다. 또한 이 사건 원고가 목적했던 1인 시위를 위해 피고 서울특별시장에게 서울광장 사용신고를 하였을 때 물리적인 이유로도 과연 그 신고가 수리되었을 런지도 의문이다. 서울광장조례는 기본적으로 최소 사용면적 500㎡를 사용하는 것을 전제하고 있기 때문에 1인 시위에 불과한 원고가 그와 같은 필수 사용 면적을 채워서 광장사용신고를 제출했으리라 기대하기 어렵기 때문이다.

 그런데 원고의 시위의 형태를 다시 보자.

 원고는 제한 없이 허용되는 1인 시위의 범위를 넘어 자전거 1대, 대형의자 2개, 소형의자 1개, 라바콘 1개, 아이스박스 3개, 천막 1개, 대형스피거 등을 지참하고 시위를 하였다. 시위용품이 차지한 면적이 1.76㎡나 되어 단순히 1인이 혼자 피켓 등을 들고 서서 시위하는 1인 시위와 구별된다. 원고는 서울광장의 상당한 공간을 차지하고 시위를 하였던 것이어서 집시법상 신고를 요하지 않는 1인 옥외 시위에 해당한다고 단정하기 어렵다. 집시법상 야간의 옥외 집회는 허용되지 않고 신고나 허가를 받아야 하는데(집시법 제10조), 원고

는 서울광장에서 24시간 내내 시위를 하기 위해 서울시청사 부지에 텐트를 치고 취침까지 하였으며 그 기간이 처분에서 나타난 것만 하더라도 20여일이 넘는데, 사실관계를 보면, 원고는 2015. 7. 9.부터 서울광장에서 시위를 벌였고 약 2년 정도 흐른 뒤에 피고가 비로소 변상금 부과처분을 하였다. 원고의 시위행위는 단순한 주간의 1인 옥외 시위에 해당하지 않고, 원고와 같은 시위를 위한 목적이라면 피고가 그 신고를 수리하지 아니할 수 있는 형태였다.

서울광장은 집회, 시위를 할 수 있도록 시민들에게 제공된 공간이기는 하나, 그러한 집회, 시위의 행위는 사용신고 수리 즉 사용허가를 받고서만 가능하다. 집회, 시위를 위한 것이라 하더라도 언제, 어느 곳에서 어느 규모로 하는지 사전에 조율이 되지 않은 채 아무나 어느 때나 시도 때도 없이 우후죽순으로 집회와 시위를 할 수 있다는 것은 아니다.

서울광장조례도 이점에 초점을 맞춰 사용일이 중복된 신고가 있을 경우 신고순위에 따라 수리하도록 하고, 공익 목적 국가·지방자치단체의 행사, 집시법에 따른 집회신고를 마친 행사 등의 순으로 신고행사 간에 우선순위도 정해놓았으며, 동일 목적 행사를 위해 7일 이상 연속적으로 광장을 사용하는 경우 신고를 수리하지 아니할 수 있다고 규정하고 있다. 서울광장조례의 내용은, 공공용으로 사용하는 행정재산인 서울광장에 대해 타인의 공동사용을 방해하거나 공공의 안녕과 질서에 위해의 우려가 있어(집회와 시위의 자유를 보장해주어야 하는 것과는 별개로 기본적으로 집회와 시위는 공공의 안녕과 질서에 위해의 우려가 있을 수 있다) 일반적으로 사용을 금지시키고, 그러한 우려가 없는 경우에 일반적 금지를 해제시키고 일시적으로 사용하게 하는 허가사용의 모습에 해당한다고 보인다.

서울광장 또한 공원의 일종으로서 개인이나 가족 단위의 여가생활을 위한 서울광장의 이용은 서울광장의 본래의 목적 범위 내의 일반사용이라 하겠으나, 일정한 특정 공간을 지속적, 계속적으로 차지하는 시위 형태의 경우는 통상 허용되는 1인 시위의 범위를 벗어난 것이라면, 그 점유 부분을 유형적, 고정적으로 특정한 목적을 위하여 점유하는 것이어서 이른바 '특별사용'에 해당하고, 특별사용을 위한 사용수익허가 내지 신고수리를 받았어야 한다.

대법원 판결에서 서울광장 일부를 유형적, 고정적으로 점유한 경우라 표현하고, 광장사용 신고 및 수리를 거치지 않은 이와 같은 점유는 무단점유에 해당한다고 판시하였는데, 도로 점용에 따른 변상금 부과처분과 관련하여 판례가 공간의 특정 부분을 유형적, 고정적으로 특정한 목적을 위하여 사용하는 이른바 '특별사용'이라고 표현한 것과 다르지 않다.

서울시청사 부지는 서울특별시가 사무용, 사업용으로 사용하는 행정재산으로서, 그곳에 일반 시민이 아무런 사용수익허가 없이 텐트를 치고 취침을 한 것은 불법적인 무단점유에 해당함에는 의문이 없다.

2. 서울광장 광장동편 점유에 대한 변상금 산정 방식

서울광장 광장동편 무단점유에 대해서 실제 점유면적 1.76㎡이 아닌 최소 사용면적 500㎡을 기준으로 변상금을 산정한 것이 문제가 되었다.

(1) 행정재산에 대한 변상금과 사용료·대부료에 대한 법률체계

행정재산을 무단점유한 자에 대해 공유재산법 제81조 제1항 본문은 대통령령으로 정하는 바에 따라 공유재산에 대한 사용료의 120/1000에 해당하는 금액을 징수한다고 규정하고, 공유재산법 시행령 제81조 제1항 본문은 무단으로 점유한 기간에 대하여 회계연도별로 제14조에 따라 산정한 사용료 합계액의 120/100에 해당하는 금액으로 한다고 규정하고 있다.

공유재산법 제22조 제1항은 지방자치단체의 장이 행정재산의 사용·수익을 허가하였을 때에는 대통령령으로 정하는 요율과 산출방법에 따라 매년 사용료를 징수하여야 한다고 규정한다. 그 위임에 따른 공유재산법 시행령 제14조 제1항은 법 제22조 제1항에 따른 연간 사용료는 시가를 반영한 해당 재산 평정가격의 연 10/1000 이상의 범위에서 지방자치단체의 조례로 정하되, 월할 또는 일할로 계산할 수 있다고 규정하고, 같은 조 제2항은 지방자치단체의 장은 대중의 이용에 제공하기 위한 시설인 행정재산에 대해서는 그 재산을 효율적으로 관리하기 위하여 특별히 필요하다고 판단되는 경우에는 해당 지방자치단체의 조례로 정하는 바에 따라 시간별이나 횟수별로 그 재산의 사용료를 정할 수 있다고 규정하고 있다.

서울특별시 공유재산 및 물품관리 조례(이하 '서울시 공유재산 조례'라 한다) 제22, 23조는, 행정재산의 사용료의 요율은 해당 재산평정가격의 50/1000 이상이라고 규정하고 있다.

서울특별시 공유재산 중 서울광장에 대해서는 서울광장조례가 제정되어 서울광장의 사용료는 서울광장조례 제10조 제1항, [별표] 서울광장 사용료 기준에 따라 사용면적 1㎡에 대해 사용시간 1시간당 10원인데, 서울광장 구획별로 최소 사용면적 500㎡과 최소 사용시간 2시간의 기준이 설정되어 있다.

(2) 이 사건 처분이 적법하다고 본 원심법원의 입장

원심법원은 원고가 서울광장 시위에 대해 사용신고를 하였다면, 서울광장조례의 기준에 따라 사용신고수리가 이루어져 최소 사용면적 500㎡에 대한 사용료가 부과되었을 것인데, 실제 사용면적 1.76㎡을 기준으로 변상금을 부과한다면 서울광장 최소 사용면적 미만의 무단점유자에 대한 변상금이 적법하게 사용신고를 마치고 같은 면적을 사용하는 사람에게 부과되는 사용료보다 적을 수 있어 형평에 어긋나게 되고 이는 불법을 묵인·조장하게 된다고 보고, 최소 사용면적 500㎡를 기준으로 변상금을 산정한 이 사건 처분을 적법하다고 보았다.

(3) 대법원의 입장

그러나 대법원은 서울광장조례의 서울광장 사용료 기준은 서울광장의 사용·수익허가 또는 사용신고 수리에 적용되는 기준일 뿐이고, 이를 서울광장의 무단점유에 따른 변상금 산정·부과에 적용할 수 없다고 판단하였다. 서울광장의 무단점유에 따른 변상금은 공유재산법령에서 정한 변상금 계산식인 '무단점유면적 × 해당 공유재산의 면적단위별 평정가격 × 무단점유기간/연 × 사용요율 × 120%'에서 무단점유면적에는 실제 무단점유면적을, 사용요율에는 공유재산법 시행령 제14조 제2항이 아닌 제1항의 위임에 따른 서울시 공유재산 조례 제22조에서 정한 사용료율을 적용하여 산정·부과하여야 한다고 판단했다. 대법원이 든 구체적인 이유는 다음과 같다. ① 서울광장조례의 사용료 기준은 공유재산법 시행령 제14조 제1항이 아닌 제14조 제2항의 위임에 따라 서울광장의 특수성을 고려하여 이를 효율적으로 관리하기 위하여 시간별, 횟수별 사용료를 특별히 정한 것이다. 서울광장 사용료 기준 중 '최소 사용면적 500㎡' 부분은 서울광장의 특수성을 고려하여 소규모 행사에는 서울광장의 사용·수익을 허가하지 못하도록 하려는 취지로 이해할 수 있다. 서울광장 사용료 기준은 서울광장의 사용·수익허가 또는 사용신고 수리에 관한 규정일 뿐, 변상금의 산정·부과와는 직접적인 관련이 없다. ② 무단점유에는 애당초 허가면적을 상정할 수 없으므로 허가면적을 전제로 한 서울광장의 사용료 기준을 변상금 산정·부과에 그대로 적용할 수 없다. ③ 서울광장 사용신고가 수리되면 허가면적에 해당하는 공간에 대하여 일정한 시간동안 특정한 목적으로 유형적·고정적으로 특별사용할 권리가 인정되므로 사용자가 허가면적을 실제로 유효·적절하게 활용하지는 못하였더라도 점유·사용한 것으로 볼 수 있다. 서울광장 사용료 기준에 의하면 서울특별시는 원칙적으로 광장 구획별로 1건의 행사에 대해서만 신고를 수리하고, 광장 사용에 방해가 되는 무단점유자나 시설물 등이 있을 경우 서울특별시에 해당 시설물을 철거하거나 필요한 조치를 취해줄 것을 요청할 수 있는 등 허가 면적의 특별사용에 관하여 공권력의 보호를 받게 된다. ④ 변상금은 공유재산의 무단점유자에 대한 징벌적 성격을 갖는 제재처분이므로 의무위반의 내용과 정도에 비례하여 산정·부과되어야 한다. 최소 사용면적 500㎡ 기준을 적용하여 변상금을 산정할 경우 무단점유자가 실제 점유하지 않은 면적에 대해서까지 변상금이 부과될 수 있어 의무위반의 정도에 비해 과중한 제재가 초래될 수 있다. ⑤ 무단점유자에 대한 제재가 변상금만 있는 것이 아니므로, 최소 사용면적 기준이 아닌 실제 면적으로 기준으로 변상금을 부과함으로써 변상금 액수가 줄어든다고 하여 무단점유자가 증가할 가능성이 크다고 보기도 어렵다. 공유재산 무단점유자 등은 2년 이하의 징역 또는 2,000만 원 이하의 벌금에 처해질 수 있다(공유재산법 제99조). 실제 무단점유한 면적을 기준으로 산정한 변상금이 무단점유자가 공유재산법령에 따라 사용·수익허가를 받아 적법하게 사용·수익하는 상황을 가정하여 산정한 사용료보다 적다고 하더라도 그것이 무단점유를 조장하는 결과를 초래할 것이라 단정하기 어렵다. 실제 무단점유한 면적을 기준으로 산정한 변상금이 과소하여 무단점유를 예방하거나 징벌하기에 부족하다면, 이는 공유재산법 제81조 제1항에서 정한 변상금 부과 요율을 인상해야 하는 입법정책적 논거가 될 수 있을 뿐이다. ⑥ 서울광장조례 사용료 기준은 서울광장조례에서 정한 광장사용신고 수시를 거쳐 최소 500㎡ 이상을 사용하는 경우를 상정하여 사용요율을 일반적인 행정재산의 사용요율, 즉 서울시 공유재산 조례 제22조에서 정한 사용요율과 달리 정한 것이다. 따라서 서울광장을 서울광장조례에서 정한 광장 사용신고 수리 없이 무단점유한 자에 대하여 변상금을 산정·부과하는 경우에는 원칙으로 돌아가 공유재산법 시행령 제14조 제1항의 위임에 따라 서울시 공유재산 조례 제22조에서 정한 사용요율을 적용하여야 한다.

(4) 검토: 서울광장 무단점유에 대한 변상금 산정방식에 대한 대법원의 판결이 타당하다.
변상금 부과처분은 사용수익허가를 받지 않고 행정재산을 무단으로 점유한 사람에 대한 일종의 행정상 제재처분으로서 실제 점유한 면적을 기준으로 그 책임이 비례한 제재처분이 부과되어야 한다.
서울광장 역시 서울특별시 공유재산으로서 서울광장조례가 없을 경우 당연히 공유재산법 제81조 제1항, 공유재산법 시행령 제14조 제1항, 서울시 공유재산 조례 제22, 31조에 의해 실제 면적에 대한 서울시 공유재산 조례에서 정한 사용요율을 적용하고, 변상금 요율 120/100을 곱하여 변상금을 산정하는 것이 당연하다. 서울광장조례의 서울광장 사용료 기준은 공유재산법 시행령 제14조 제1항이 아니고 같은 조 제2항에서 그 행정재산을 효율적으로 관리하기 위하여 특별히 시간별이나 횟수별로 그 재산의 사용료를 조례로 별도로 규정할 수 있다고 규정한 것에 따라 일반적인 서울특별시 공유재산과 별도로 서울광장에 대해서 특별하게 사용료 기준을 정한 것이다. 다시 말해 서울광장조례의 사용료 기준은 서울광장이라는 특수한 행정재산을 사용수익허가 또는 사용신고수리라는 적법한 절차를 거치고 사용하는 경우 그 사용료 기준을 정한 것이다. 서울광장조례 사용료 기준은 최소 500㎡ 이상을 사용하는 경우를 상정하여 사용요율을 정한 것으로 일반적인 서울특별시 행정재산의 사용요율, 즉 서울시 공유재산 조례 제22조에서 정한 사용요율과 달리 정하였다. 서울광장조례의 사용료 기준은 사용료는 사용수익허가를 받은 것을 전제로 하는 것으로서, 기본사용시간, 기본사용면적이 있기 때문에, 기본사용시간과 면적을 상정할 수 없는 무단점유의 변상금 산정에 있어 그 사용료 기준을 바로 적용하는 것은 무리가 있다.

그리고 원고가 사용신고를 하고 시위를 했을 경우를 가정하면, 사용신고 수리를 받기 위해서는 시간과 장소의 범위를 정하여 사용신고를 했을 것이며, 이때에도 최소 사용면적 500㎡의 신고수리 기준이 예외 없이 적용되었으리라 보이지는 않고, 적절한 범위의 사용료가 부과되었을 것으로 생각되기 때문에 실제면적을 기준으로 변상금을 부과한다고 해서 실제 사용신고수리를 받았을 때 부과되었을 사용료에 비해 반드시 적을 것이라 단정할 수도 없다.

대법원이 공유재산의 무단점유에 대한 변상금 부과 기준에 대해 이 사건을 빌어 명확하게 판시를 해주었다.

Ⅳ. 요약과 결론

대상판결은 원고가 서울특별시가 소유하고 관리하는 행정재산인 서울광장에서 사용수익허가 또는 광장사용신고 수리 없이 일정 면적을 점유하며 24시간 시위행위를 벌인 것에 대해 행정재산 특정 일부를 유형적·고정적으로 사용 또는 점유한 것으로서 변상금 부과대상인 무단점유에 해당한다고 판단하였다. 기존에 도로를 사용할 때 일반사용과 별도로 특정 부분을 유형적, 고정적으로 특정한 목적을 위하여 사용하는 특별사용의 경우에 도로점용허가를 받지 아니한 사용에 대해서는 변상금 부과대상에 해당한다고 판시했던 판결의 연장선상에서 서울광장에서도 같은 취지의 판시를 한 것이다.

서울광장에 대해서는 서울광장조례에서 서울시 공유재산 조례와 별도로 사용료 기준을 두고 있는데, 사용수익허가 내지 사용신고수리 없는 서울광장 무단 점유에 대해서는 사용 수익허가, 사용신고수리를 전제로 한 최소 사용면적, 최소 사용시간의 요건이 있는 서울광 장조례의 사용료 기준이 아니라 일반적인 서울특별시 공유재산에 대한 사용료 기준을 적 용하여 산정하여야 한다고 판시하였다. 서울광장이라는 특별한 서울특별시 행정재산에 대 해서는 서울시 공유재산 조례와 별도로 서울광장조례가 그 사용료가 달리 정하고 있어 이 사건과 같이 실무에서 발생할 수 있는 혼선을 명확히 정리해주었다.

생각할 문제

1. 서울광장에서 집회·시위를 하기 위해 사전신고를 하고 그 신고수리를 받는 것은 공물의 사용관계에서 어느 유형에 해당하는가(공공용물인가 공용물인가, 허가사용인가 특허사용인가 행정재산의 목적 외 사용인가 등).

2. 서울광장에서 집시법상 제한 없이 허용되는 1인 주간 옥외 시위를 할 경우 서울광장조례에 따른 사용신고수리를 받아야 하는가. 서울광장에서의 1인 주간 시위는 서울광장이라는 행정재산을 일반사용하는 것인가 특별사용하는 것인가.

3. 서울광장조례 사용료 기준에서 최소 사용면적 500㎡, 최소 사용시간 2시간을 기준으로 사용료를 부과하고 있는데, 만일 서울광장조례 사용료 기준에서 별다른 최소 사용 기준을 두지 않고, 면적별, 사용시간별 사용료를 부과하도록 규정하였을 경우 서울광장을 무단점유한 자에게 부과될 변상금의 사용료에는 서울광장조례 사용료 기준과 서울시 공유재산 조례 중 무엇을 적용하는 것이 타당한가.

제 4 편

행정구제법

대법원 2022. 3. 17. 선고 2019다226975 판결
[사법작용에 대한 국가배상에서 책임배제사유로서의 불복절차 또는 효력정지 미신청]*

임 성 훈**

[사실관계]

원고는 A회사를 상대로 A회사 명의의 각 부동산(이하 '이 사건 각 부동산')에 대하여 가압류신청을 하여 가압류결정을 받았고, 이 사건 각 부동산에 대하여 가압류결정 기입등기(이하 '이 사건 가압류등기')가 이루어졌다. A회사는 원고를 상대로 제소명령을 신청하여, '원고는 이 결정을 송달받은 날부터 20일 안에 본안의 소를 제기하고, 이를 증명하는 서류를 제출하라.'는 내용의 제소명령이 내려졌다. 원고는 2014. 5. 12. 제소명령 등본을 송달받은 뒤 2014. 6. 2. A회사를 상대로 지급명령을 신청하고, 같은 날 그 접수증명원을 서울북부지방법원에 제출하였다. 그런데 A회사는 2014. 8. 8. 원고가 제소명령에서 정한 기간이 지나도록 본안 소송을 제기하지 아니하였음을 이유로 가압류취소신청을 하였고, 법원은 2014. 9. 25. A회사의 신청을 받아들여 이 사건 가압류결정을 취소하였다(이하 '이 사건 가압류 취소결정'이라 한다). 이 사건 가압류 취소결정에 따라 2014. 10. 16. 이 사건 가압류등기의 말소등기가 이루어졌다. 이에 대하여 원고는 항고를 제기하였는데, 항고심(이하 '이 사건 항고심'이라 한다)에서는 2014. 12. 8. 제1심 법원이 제소기간의 만료일을 착오하였다는 이유로 원고의 항고를 받아들여 제1심 결정을 취소하고, A회사의 가압류 취소 신청을 기각하였다. 이 사건 항고심은 A회사의 가압류 취소 신청을 기각한 후, 민사집행법 제298조 제1항에 따라 등기소에 직권으로 가압류등기촉탁을 하였는데, 당시 이 사건 각 부동산 일부는 이미 제3자 앞으로 소유권이전등기가 마쳐진 후여서 그 부동산에 대하여는 가압류등기촉탁이 모두 각하되었고, 나머지 부동산에 대하여는 2014. 12. 17. 새로운 가압류기입등

* 이 글은 "위법한 가압류취소결정에 대한 국가배상에 있어 효력정지 미신청이 책임배제사유가 되는지 여부 - 대법원 2022. 3. 17. 선고 2019다226975 판결"이라는 제목으로 법조 제758호(2023. 4. 28. 발행)에 게재된 논문을 수정·보완한 것입니다.
** 서강대학교 법학전문대학원 교수

기가 마쳐졌다. 한편 2013. 9. 26. 이 사건 각 부동산에 대하여 강제경매가 개시되었는데 (이하 위 경매절차를 '이 사건 경매절차'라 한다), 원고는 위 경매절차에서 배당요구의 종기인 2013. 12. 11. 이후에야 새로운 가압류기입등기가 되었다는 이유로 배당기일에 전혀 배당을 받지 못하였다.

[사건의 경과]

원고는 법원이 정한 제소기간 내에 적법하게 본안의 소를 제기하였음에도 담당 재판부가 제소기간 만료일을 잘못 산정하여 이 사건 가압류 취소결정을 하였고, 그 취소결정의 효력에 따라 이 사건 가압류등기가 말소됨으로써 이 사건 경매절차에서 전혀 배당을 받지 못하는 손해를 입게 되었다고 주장하면서, 국가배상청구로서 이 사건 가압류결정이 취소되지 않았더라면 원고가 배당받을 수 있었던 금액과 이에 대한 지연손해금의 지급을 청구하였다.

이에 대하여 제1심 법원[1]은 "민사집행법 제287조, 제289조에서는 제소기간 경과로 인한 보전처분 취소신청에 관한 결정에 대하여 즉시항고로 불복할 수 있도록 함과 동시에 가압류취소결정의 효력을 정지시킬 수 있는 효력정지절차를 정하고 있는데, 원고는 이 사건 가압류 취소결정에 대한 효력정지신청을 통하여 잘못된 취소결정의 효력을 정지시켜 권리를 회복할 수 있었음에도 그와 같은 절차를 거치지 않아 이 사건 경매절차에서 배당을 받지 못하였다는 점을 근거로, 국가배상에 의한 권리구제를 받을 수 없다"는 이유로, 원고의 청구를 기각하였다.

이에 불복하는 원고의 항소에 대하여 원심법원[2]은 우선 국가배상책임의 성립에 관하여는 원고는 적법한 제소명령 기간 내에 제소를 하였음에도 제소기간의 만료일을 착오하여 이 사건 가압류 취소결정을 한 "담당 재판부의 잘못은 전적으로 법관의 판단 재량에 맡겨져 있는 법률의 해석이나, 법령·사실 등의 인식과 평가의 영역에 속한 것이 아니고 제소기간의 산정이라는 비재량적 절차상의 과오인 점, 더구나 원고는 이 사건 가압류 취소결정에 대한 불복절차로서 즉시항고를 제기하였으므로, 담당 재판부로서는 즉시항고장 기재 자체로 이 사건 가압류 취소결정에 제소기간의 만료일 착오라는 잘못이 있음을 곧바로 인식하고 민사집행법 제15조 제10항, 민사소송법 제446조에 따라 원심 결정을 경정할 기회가 있

---

1) 서울중앙지방법원 2018. 1. 26. 선고 2017가합569383 판결.
2) 서울고등법원 2019. 3. 22. 선고 2018나2013910 판결.

었음에도 불구하고 그러한 조치를 취하지 않은 점 등을 종합하여 보면, 이는 법관의 직무수행상 준수할 것을 요구하고 있는 기준을 현저하게 위반한 경우에 해당하므로 국가배상책임이 인정된다"고 보았다. 다음으로 즉시항고와 별도로 효력정지 신청을 제대로 이행하지 않은 것으로 인과관계가 단절되는지 여부에 관하여는 "가압류 취소결정에 대한 효력정지신청은 즉시항고를 제기하면서 별도로 신청해야 할 뿐만 아니라 '가압류를 취소함으로 인하여 회복할 수 없는 손해가 생길 위험이 있다는 사정'을 추가로 소명하여야 하는 점, 원고는 즉시항고 제기 당시 의정부구치소에 수감 중이었기 때문에 이와 같은 효력정지신청 절차에 관한 법률적 조언을 받기 어려운 상황이었던 점, 가압류 취소결정의 효력정지가 당사자의 신청에 의하여서만 가능한 것은 아니고, 즉시항고를 담당한 항고심 재판부가 민사집행법 제15조 제6항, 민사소송법 제448조에 의한 잠정처분을 통하여 직권으로 그 효력을 정지할 수도 있는 것이므로, 효력정지가 이루어지지 않은 것을 원고의 잘못으로만 돌릴 수도 없는 점 등을 알 수 있고, 이러한 사정을 감안하면 원고가 즉시항고를 제기하면서 별도로 효력정지신청을 하지 않았다는 이유만으로 가압류 취소결정에 마련된 불복절차 내지 시정절차를 제대로 이행하지 않았다거나 이로 인하여 담당 재판부의 잘못과 원고의 손해 발생 사이의 인과관계가 단절되었다고 할 수는 없다"고 보았다. 한편 손해배상책임의 제한에 관하여는 "원고로서도 이 사건 가압류 취소결정에 대한 즉시항고를 제기하면서 별도로 가압류 취소결정의 취소사유에 대한 소명자료를 첨부하여 효력정지신청을 하였더라면 그 취소결정의 효력이 정지될 가능성이 있었음에도 그러한 조치를 취하지 않은 사실을 알 수 있는바, 이와 같은 잘못도 이 사건 손해의 한 원인이 되었다고 할 것이므로, 피고의 손해 배상책임을 산정함에 있어 이를 참작하기로 하되, 그 과실비율은 앞서 본 사실관계에 비추어 전체의 40%로 봄이 상당하므로, 피고의 책임비율을 나머지 60%로 제한"하였다.

[대상판결]

대법원은 원고가 즉시항고를 할 수 있었고, 그에 대하여 법관이나 다른 공무원의 귀책사유로 효력정지를 신청할 수 없었다는 등의 사정도 찾을 수 없다는 이유로, 원고에 대하여 국가배상책임을 인정한 원심판결을 파기하고 사건을 다시 심리·판단하도록 원심법원에 환송하였다. 그 구체적인 설시를 요약하면 다음과 같다.

재판에 대하여 불복절차 또는 시정절차가 마련되어 있는 경우, 법관이나 다른 공무원의 귀책사유로 불복에 의한 시정을 구할 수 없었다거나 그와 같은 시정을 구할 수 없었던 부득이한 사정이 없는 한, 그와 같은 시정을 구하지 않은 사람은 원칙적으로 국가배상에 의한 권리구제를 받을 수 없다.

보전재판의 특성상 신속한 절차진행이 중시되고 당사자 일방의 신청에 따라 심문절차 없이 재판이 이루어지는 경우도 많다는 사정을 고려하여 민사집행법에서는 보전재판에 대한 불복 또는 시정을 위한 수단으로서 즉시항고와 효력정지 신청 등 구제절차를 세심하게 마련해 두고 있다. 재판작용에 대한 국가배상책임에 관한 판례는 재판에 대한 불복절차 또는 시정절차가 마련되어 있으면 이를 통한 시정을 구하지 않고서는 원칙적으로 국가배상을 구할 수 없다는 것으로, 보전재판이라고 해서 이와 달리 보아야 할 이유가 없다.

[판결의 평석]

Ⅰ. 사안의 쟁점

국가배상법은 법관의 위법한 재판에 대한 별도의 규정을 두고 있지 않아 이에 대하여는 국가배상법 제2조 제1항이 적용된다. 국가배상법 제2조 제1항은 국가는 공무원이 직무를 집행하면서 고의 또는 과실로 법령을 위반하여 타인에게 손해를 입히면 그 손해를 배상하도록 규정하고 있을 뿐 법관의 위법한 재판에 대한 불복절차 경유 여부가 국가배상책임의 배제사유인지에 대하여는 별달리 규정한 바 없다.

판례는 법원의 국가배상책임과 불복절차의 관계에 관하여 처음에는 불복절차를 책임의 발생요건을 제한하는 근거 중 하나로 제시하였다.[3] 이후 적법한 청구기간 내에 헌법소원 심판청구가 제기되었는데 헌법재판소가 청구서 접수일을 오인하여 청구기간이 도과하였음을 이유로 이를 각하하는 결정에 대한 국가배상청구가 제기된 사안에서 대법원은 "재판에 대하여 따로 불복절차 또는 시정절차가 마련되어 있는 경우에는 불복에 의한 시정을 구할 수 없었던 것 자체가 법관이나 다른 공무원의 귀책사유로 인한 것이라거나 그와 같은 시정

---

3) 대법원 2001. 4. 24. 선고 2000다16114 판결에서는 법원의 국가배상책임을 인정하기 위해서는 "당해 법관이 위법 또는 부당한 목적을 가지고 재판을 하는 등 법관이 그에게 부여된 권한의 취지에 명백히 어긋나게 이를 행사하였다고 인정할 만한 특별한 사정"이 있어야 한다고 하면서 그 근거로 "법관이 행하는 재판사무의 특수성"과 "그 재판과정의 잘못에 대하여는 따로 불복절차에 의하여 시정될 수 있는 제도적 장치가 마련되어 있는 점"을 들고 있다.

을 구할 수 없었던 부득이한 사정이 있었다는 등의 특별한 사정이 없는 한, 스스로 그와 같은 시정을 구하지 아니한 결과 권리 내지 이익을 회복하지 못한 사람은 원칙적으로 국가 배상에 의한 권리구제를 받을 수 없다고 봄이 상당하다"는 법리를 설시하면서, 해당 사건의 결론을 도출함에 있어서는 "헌법재판소의 결정에 대하여는 불복의 방법이 없는 점"을 "법이 헌법재판소 재판관의 직무수행상 준수할 것을 요구하고 있는 기준을 현저하게 위반한 경우에 해당"하는 판단사유 중 하나로 제시함으로써 국가배상책임의 성립에 있어 불복절차의 위치에 대하여 다소 모호한 태도를 취하였다.[4] 그러다가 집행취소 결정에 대하여 즉시항고를 제기하지 않은 사건에서 대법원은 '직무수행상 기준의 현저한 위반'과는 별도로 불복절차를 거치지 않은 것만으로 곧바로 국가배상의 제외사유가 된다고 판단하였다.[5]

그런데 대상판결은 한발 더 나아가 즉시항고는 제기하여 불복절차는 밟은 경우라 하더라도 효력정지 신청을 하지 않은 경우에도 국가배상책임이 제외된다고 판단하였다. 불복절차 미경유가 국가배상책임의 제외사유가 될 수 있다고 최초로 판시한 대법원 2003. 7. 11. 선고 99다24218 판결에서도 "그 절차에 따라 자신의 권리 내지 이익을 회복하도록 함이 법이 예정"하고 있다고만 하고 있어, 그 인정 근거가 명확하다고 보기 어렵다. 그리고 우리 판례에서 불복절차 미경유가 국가배상책임의 어떤 요건과 관련하여 의미를 가지는지, 다시 말하면 불복절차를 경유하지 않으면 과실과 관련하여 주의의무가 발생하지 않는지, 위법에까지 이르게 하지 않는지, 아니면 손해가 발생하지 않은 것으로 보는지, 손해는 발생하였으나 과실상계 사유에 해당하거나 당사자의 귀책에 따른 면책사유로 보는지가 분명하지 않다. 따라서 ① 어떠한 이유에서 법원의 재판에 대하여는 당사자의 불복절차 이행으로 우선적으로 권리 내지 이익을 회복하여야 하고 그렇지 않으면 국가배상청구를 할 수 없는지, ② 법원이 직권으로 효력정지를 할 수 있도록 법이 예정한 상황에까지도 그러한 법리의 확대 적용이 타당한지에 대한 검토가 필요하다.

Ⅱ. 판례의 이해

대상판결은 법관의 위법한 재판에 대한 국가배상에 있어 불복절차 미경유가 책임배제사유가 된다는 종전 판례의 입장을 견지하고 있지만, 다른 한편으로는 즉시항고는 제기하여 불복절차는 밟은 경우라는 점에서 단순한 불복절차 미경유에 해당하지 않는다는 점에서는

---

4) 대법원 2003. 7. 11. 선고 99다24218 판결.
5) 대법원 2016. 10. 13. 선고 2014다215499 판결.

차이가 있다. 먼저 불복절차 미경유가 책임배제사유에 해당하는지에 관한 종례 학설상의 논의를 살펴본 후, 종전의 판례와 대상판결이 어떤 차이가 있는지 살펴본다.

1. 불복절차 미경유가 책임배제사유인지에 관한 논의

이에 관하여는 법관이 재판을 잘못한 경우 법이 정한 불복절차를 이용하여야 하고, 그와 별도로 국가배상청구를 허용한다면 판결이 확정된 후에도 법적 분쟁이 끊임없이 재연될 것이라고 하거나,[6] 2차적 권리구제에 대한 1차적 권리구제의 우선성을 반영한 것[7]이라고 하면서 판례의 입장을 뒷받침하는 견해가 있다.

그러나 심급제도의 취지는 1회의 재판으로 적정한 판단을 보장할 수 없으므로 법관의 판단 오류를 최대한 줄이기 위해 여러 단계의 심사를 하도록 하는 것이지, 그러한 심급제도 이외의 다른 구제수단을 배제하고자 하는 것으로 볼 수 없으며 법관의 잘못된 판결의 책임을 패소자가 상소를 제기하지 않은 것에 전가해서는 안 된다고 하거나,[8] 재판에 대한 불복절차가 마련되어 있다 하더라도 당사자에게 그 불복절차를 거쳐야 할 의무가 있는 것은 아니고, 불복절차를 거친 이후에만 국가배상청구를 하도록 해석할 근거가 없다는 비판적 견해가 강하게 제기되었다.[9]

절충적 입장으로는 심급제도가 국가배상의 배제 근거가 될 수는 없지만, 심급제도에 따른 불복절차를 통하여 잘못된 재판을 시정할 수 있었음에도 불복하지 않아 재판이 확정된 경우라면 과실상계를 통하여 국가배상책임을 제한하는 근거가 될 수 있다는 견해도 제기된다.[10]

2. 대상판결의 특수성

앞서 본 바와 같이 재판에 대하여 즉시항고라는 불복절차를 제기하지 않은 것과 집행 관련 결정에 대한 집행부정지원칙으로 인하여 결정이 확정되지 않더라도 그 집행이 이루어지는 상황에서 효력정지 신청을 하지 않은 것은 개념적으로 구별된다. 즉 효력정지 신청

---

6) 김재형, "법관의 오판과 책임", 『법조』 제50권 제9호, 2001, 89면.
7) 정하중, "법관의 재판작용에 대한 국가배상책임", 『저스티스』 제36권 제5호, 2003, 74면.
8) 이일세, "법관의 불법행위와 국가배상책임", 『저스티스』 제32권 제1호, 1999, 66-67면.
9) 전극수, "법관의 재판에서의 불법행위에 대한 국가배상책임과 법관의 책임", 『외법논집』 제34권 제1호, 2010, 263면.
10) 이영무, "유신헌법하의 긴급조치와 국가배상 청구의 요건", 『법학논총』 제42권 제1호, 2022, 130면.

은 엄밀히 말하면 '재판에 대한 불복절차'라기 보다는, 법률에서 집행부정지원칙을 규정함에 따라 집행으로 인한 불이익을 피하기 위하여 당사자가 추가적으로 진행하여야 하는 절차이다. 만약 법률에서 집행정지원칙을 규정하였더라면, 즉시항고라는 불복절차를 진행하는 것과 별도로 효력정지라는 추가적인 절차를 거칠 필요가 없다는 점에서, 대상판결의 문제 상황이 재판에 대한 불복을 하지 않은 것과 완전히 동일하다고 보기는 어렵다. 이러한 점에서 대상판결이 불복절차를 통한 시정을 구하지 않으면 국가배상책임에서 제외된다는 법리가 보전재판에도 그대로 적용된다고 본 것은, 즉시항고와 집행부정지원칙 하에서의 효력정지를 구별함 없이 종전 판례 법리를 보전재판에 일률적으로 적용하는 입장을 보인 것 아닌가 하는 의문이 있다.

특히 대상판결은 원심판결과 결론을 달리하면서 원심판결이 제시한 중요한 근거에 대하여는 명확한 입장을 밝히지 않았다. 원심판결은 즉시항고를 담당한 항고심 재판부가 직권으로 그 효력을 정지할 수 있다는 점을 들어 효력정지가 이루어지지 않은 것을 원고의 잘못으로만 돌릴 수 없다고 지적하였으나, 대법원은 법원이 직권으로 효력정지를 할 수 있는지에 대하여는 별다른 판단 없이 효력정지 신청을 하지 않으면 국가배상책임에서 제외된다고 판단하였다. 그렇지만 결정에 대하여 당사자가 즉시항고를 제기하지 않으면 항고심 재판부가 결정에 대한 심사를 할 수 없는 반면, 직권에 의한 효력정지가 가능하다면 당사자가 효력정지 신청을 하지 않더라도 원심 또는 항고심 재판부가 효력정지를 통하여 잘못된 결정으로 인한 당사자의 손해를 방지하여야 한다고 볼 수 있다. 이러한 관점에서도 결정에 대한 즉시항고와 직권에 의한 효력정지를 구별하여 국가배상책임 성립 여부에 대하여 판단할 필요가 있다고 생각된다.

Ⅲ. 법리의 검토

1. 검토의 방향

법관의 재판에 관한 국가책임에 관하여는 국제투자법 분야에서 그에 대한 국제투자중재가 활발히 이루어져 왔고, EU에서는 EU법 위반 판결에 대한 국가책임에 관한 다양한 논의가 전개되어 왔다. 이하에서는 국제투자중재에 있어 국내의 불복절차를 모두 거쳐야 국가에 대한 책임을 국제투자중재에서 물을 수 있는지에 관한 최종성 원칙과, EU법에서 재판에 대한 국가책임 인정에 있어 불복절차 미경유에 관한 논의를 살펴본 후, 이를 기초로 불복절차 경유 여부가 국가배상책임에서 가지는 법적 위상은 무엇이고 법원이 직권으로 결정할 수 있는 경우에 당사자가 그 신청을 하지 아니한 것을 국가배상책임의 제외사유로 볼 것인지 살펴본다.

2. 국제투자중재에 있어 최종성 원칙

(1) 국제투자중재에 있어 국내절차소진 원칙의 적용

국제법상의 외교적 보호에 있어 위법한 사법작용에 관한 재판거부로 인한 국가책임이 인정되기 위하여는 국내에서의 불복절차를 모두 거쳐야 한다는 국내절차소진 원칙이 적용된다. 국제투자중재에서 재판거부를 기초로 한 국가책임을 주장함에 있어서도 국내절차소진 원칙이 적용될 수 있지만,[11] 투자협정은 외교적 보호와 달리 투자자가 투자유치국에 대하여 직접 중재를 제기할 권리를 부여하는 것이기 때문에 외교적 보호의 조건인 국내절차소진 원칙의 적용을 완화하고자 하였다. 따라서 투자협정에서는 재판거부에 이르지 않는 위반에 대하여 완화된 기준을 적용하여 국가책임이 발생하는 것으로 정할 수 있는데, 이러한 경우 국내절차소진 원칙은 적용되지 않아 하급심 법원의 판결로도 재판거부가 성립할 여지가 있게 되었다.

(2) 국내절차소진 원칙과의 구별개념으로서의 최종성 원칙

그렇다면 투자협정에서 국내절차소진 원칙을 적용하지 않는 것으로 규정한 경우 하급심 법원의 판결에 대하여 국내에서의 불복절차 없이 제기한 국제투자중재에서 승소할 수 있는가? 이에 대하여는 Loewen v United States 사건[12]에서 판단이 이루어졌다. 북미자유무역협정(North American Free Trade Agreement) 제1121조는 국제중재판정부에 소를 제기하기 위해서는 국내 소송 절차가 면제된다고 명시적으로 규정하고 있었다. 그리고 중재판정부는 문제된 하급심 재판의 전 과정 및 판결내용이 명백히 부적절하고 신뢰할 수 없다는 입장이었다. 그럼에도 중재판정부는 상급심을 거치지 않은 하급심 재판 및 판결만으로는 국가책임이 발생하지 않는다고 보았다. 그 이유로는 "사법부의 행위에 대한 국가책임은 해당 국가의 전체적인 사법 체계의 최종적인 행위에서만 발생한다."고 하면서, 그러한 최종성을 요구하는 것은 "하급심 법원에서 발생한 국제법 위반에 대하여 국내 사법시스템을 통하여 시정할 기회를 부여하는 것"이라고 하였다. 그러면서 국내절차소진 원칙과 사법부

---

11) 조영주, "재판의 거부와 국내구제수단완료의 원칙", 『국제법학회논총』 제59권 제3호, 2014, 247면.
12) *Loewen v United States* (Award) ICSID Case No ARB(AF)/98/3 (26 June 2003), 42 ILM 811.

에서의 최종성 원칙은 서로 다른 목적을 가진 것으로서 협정에서 국내 소송 절차를 면제한다고 하더라도 이것이 사법부의 행위에 대한 최종성 원칙과 관련하여 국내절차소진 의무를 면제하는 것은 아니라고 하였다. 그 결과 투자협정에 의하여 국내절차소진 원칙이 적용되지 않는 경우라 하더라도 최종성 원칙에 따라 상급심을 포함한 모든 가능한 국내 절차를 사용하는 것이 사법작용에 대한 국가배상의 실체적인 본안 요건이 된다는 점이 명확하게 되었다.[13]

재판거부는 '공정하고 효율적인 사법시스템을 제공할 의무'를 전제로 하는 것으로서, 전체적인 사법시스템을 통해 정당한 구제를 받는 결과를 보장하는 것이지 법관 개개인이 절대 오판을 행하지 않을 것을 보장할 의무를 국가가 부담하는 것이 아니다. 따라서 사법부는 시스템적 성격을 가지는 것이고 그러한 사법시스템 전체에 의한 구제가 시도되었으나 실패하기 전에는 재판거부가 발생하였다고 볼 수 없다.[14] 최종성 원칙은 국내법원의 판단에는 잘못될 가능성이 내재되어 있음을 전제로 하여 심급제를 통한 국내 사법시스템의 합리성을 보장하기 위한 것이다.[15] 위법한 하급심 판결이 있더라도 불복절차에서 해당 판결이 취소되면 실체법적인 권리를 확보할 수 있으므로 하급심 판결만으로 곧바로 손해가 발생한다고 볼 수 없다. 그에 따라 최종성 원칙은 사법작용으로 인한 국가책임을 청구하는 당사자로 하여금 문제된 사법작용에 대하여 최고법원의 판단을 받도록 할 책임을 부여한다.[16]

(3) 재판거부에서의 최종성 원칙에 대한 우회 경향 및 그에 대한 대응논리

Loewen v United States 사건 이후 국제투자중재에 있어 최종성 원칙을 요구할 것인지에 대한 찬반 논의가 있었으나, 재판거부에 있어 최종성 원칙의 적용의 배제를 직접적으로 인정하는 판정례는 나오지 않았지만, 이를 우회하는 국제중재판정이 나오기 시작하였다. 이러한 판정에서는 사법작용에 대하여 재판거부가 아니라 투자협정상의 수용(expropriation)이나 실효성있는 구제수단 제공 의무 위반(Failure to Provide Effective Means)으로 국가배상 발생 근거를 구성하면서, 이 경우에는 재판거부에서와 같은 국내절차소진 원칙이 적용되지 않는다고 하였다.[17] 이에 대하여는 재판거부를 우회하는 투자협정상의 의무별로 각각 최

---

13) Douglas, "International responsibility for domestic adjudication: denial of justice deconstructed", *International & Comparative Law Quarterly*, Vol. 63 No. 4, 2014, pp.872-3.

14) Paulsson, *Denial of Justice in International Law*, Cambridge University, 2005, pp.108-109.

15) Douglas, *op. cit.*, pp.877-8.

16) *Ibid*, p.894.

17) Saipem v Bangladesh 사건 및 Chevron v Ecuador 사건 이외에 투자자의 다양한 대안적 신청행태를 소개하는 국내 문헌으로는 정성숙, "Denial of Justice(재판거부)와 투자자의 제소행태에 관한 연구",

종성 원칙이 적용된다는 논의가 아래와 같이 이루어지고 있다.

1) 법원에 의한 수용

수용을 함에 있어서는 충분하고 실효성있는 보상을 하여야 하는데, 그러한 보상의 방법은 국가가 적절한 국내 법적 매커니즘에 따라 정할 수 있다. 따라서 투자자가 국내절차에 따른 결정에 대한 불복이나 수용에 따른 보상을 얻는 절차를 밟지 않은 경우라면, 투자자는 하급심판결의 잘못된 판결을 기초로 위법한 수용을 주장할 수 없다.[18] 왜냐하면 수용은 '되돌릴 수 없는 영구적인 효과'를 가져야 하는 것으로서, 적절한 노력을 통하여 구제절차를 취할 수 있으면 이러한 정도에 이르는 것은 아니기 때문이다. 따라서 투자자가 수용에 해당하는 조치를 다투지 않으면, 법원에 의한 수용이 되돌릴 수 없는 영구적인 효과를 가진다는 점을 입증할 수 없게 된다.[19]

2) 실효성있는 구제수단 제공 의무 위반

실효성있는 구제수단 제공 의무 위반이 인정되기 위해서는, 전체 사법시스템에 있어 실효성있는 구제수단의 이용가능성이 없음을 입증해야 한다. 국가는 모든 단계에서 실효성있는 구제수단을 제공할 의무를 부담하는 것이 아니므로 특정 단계에서 제공되는 사법절차의 실효성이 없다는 것만으로 실효성있는 구제수단 제공 의무 위반에 해당하는 것은 아니다. 하급심 법원이 위법한 판결을 했더라도 상소심에서 불복할 수 있으면 국가가 실효성있는 구제수단을 제공하지 않았다는 이유로 책임을 질 수는 없다.[20] 투자자가 가능한 불복을 제기하기 전에는 중재판정부가 해당 국가의 전체 사법시스템을 평가할 수 없고, 불복을 하지 않음에 따라 사법절차에서 발생한 부정적인 결과는 투자자의 선택이나 과실로 인한 것이지 투자유치국이 실효성있는 수단을 제공하지 못함으로 인한 것이라고 볼 수 없기 때문이다.[21]

『원광법학』 제36집 제1호, 2020, 167-173면.

18) Foster, "Striking a Balance between Investor protections and National Sovereignty : The Relevance of Local Remedies in Investment Treaty Arbitration", *Columbia Journal of Transnational Law*, Vol. 49 No. 2, 2011, p.249.

19) Demirkol, *Judicial Acts and Investment Treaty Arbitration*, Cambridge University, 2018, p.105.

20) Foster, *op. cit.*, pp.247-248.

21) Demirkol, *op. cit.*, pp.111-112.

(4) 시사점

국제투자중재에서의 최종성 원칙에 따르면 투자자가 불복절차를 밟지 않으면 국가가 적절한 사법시스템을 제공할 의무를 위반하였는지가 확정되지 않아 국가책임이 성립하지 않게 된다.[22] 이러한 관점에서 보면 국내 불복절차를 거쳐야 한다는 최종성 원칙은 투자자가 국내 불복절차를 시도하여야 함을 전제로 한다. 그렇지만 투자자의 불복절차 이행이 국가 책임에이 성립된 상태에서 그에 대한 독자적인 면책요건으로서의 의미를 가지는 것은 아니다. 투자자가 불복절차를 밟지 않으면 투자자의 국가의 의무위반에 대한 입증 부족이 된다는 점에서, 이는 국가책임의 요건인 '국가의 의무위반의 완성'에서의 판단요소로 기능한다.

3. 법원의 EU법 위반에 대한 국가책임에서의 논의

(1) 유럽사법재판소의 관련 판결 – Tomášová 판결

하급심 법원이 EU법을 위반한 경우 국내의 불복절차를 모두 거쳐야 국가배상청구를 할 수 있는지는 Tomášová 판결에서 문제되었다. 이 사건에서는 채무자인 원고가 자신에 대한 EU법 위반인 계약조항에 근거한 중재기관의 금전지급 명령을 기초로 한 집행법원의 집행결정이 위법하다고 주장하면서 국가배상청구를 하였는데, 그 손해배상사건을 담당한 회원국 법원은 ① 원고가 집행결정에 대한 불복수단을 소진하기 이전이라도 회원국의 국가책임이 발생하는지, ② 부당이득반환청구를 통한 손실의 회복 이전에 국가배상청구를 할 수 있는지 대하여 유럽사법재판소에 선결적 부탁(Preliminary Reference) 절차를 통한 판단을 구하였다.

우선 ① 쟁점과 관련하여, 법무심의관(Advocate General)은 그 법적소견서에서 원고가 집행결정에 대하여 회원국법 하에서 가능한 통상적인 불복절차를 모두 소진하지 않은 경우, 집행결정의 EU법 위반을 이유로 국가배상청구를 할 수 없다는 입장을 보였다.[23] 그 근거로는 회원국의 최종심 법원이 실효성있는 권리구제를 하지 못한 경우로서 회원국 사법시스템이 전체적으로 권리구제에 실패한 경우에 법원에 의한 권리침해에 따른 국가배상책임 발생한다고 하면서, 법원에 의한 권리침해에 해당하는 국가의 의무불이행이 인정되기 위해

---

22) *Ibid.*, p.83-86.

23) Case C-168/15 *Milena Tomášová v. Slovakia – Ministerstvo spravodlivosti SR and Pohotovosť s.r.o.* [2016] ECLI:EU:C:2016:602(hereinafter: Case C-168/15 – *Tomášová*), Opinion of AG Wahl, para. 87.

서는 법원의 결정이 최종적인 것이어야 하고, 올바르지 못한 하급심 판결은 상급심 판결에 의하여 수정될 수 있으므로, 그러한 하급심 판결은 EU법 위반에 이르지 않는다고 하였다.[24] 그러나 재판부는 문제된 집행결정을 최종심급의 결정으로 가정하고,[25] 그 결정에 명백한 위반이 인정되지 않는다고 하면서 집행결정에 대한 불복절차를 소진하지 않은 경우에도 국가배상을 구할 수 있는지의 문제는 판단이 필요하지 않다고 함으로써[26] 이에 대한 명확한 입장을 제시하지는 않았다.

다음으로 ② 쟁점에 관하여는, 부당이득반환청구와 국가배상청구의 관계는 원칙적으로 '회원국의 절차적 자율'(national procedural autonomy)에 해당하는 것으로서 '실효성 원칙'(principle of effectiveness) 위반, 즉 부당이득반환청구가 EU법에 따른 국가배상을 사실상 불가능하거나 과도하게 어렵게 만드는 것은 아닌 이상 회원국법에 따라 정할 수 있다는 입장을 보였다.[27]

(2) 불복절차 소진이 국가배상책임의 인정요건인지에 관한 EU에서의 논의

법원의 국가배상책임에 대한 절차적 제약으로 불복절차를 거친 이후에만 국가배상을 구할 수 있도록 나라로는 독일, 오스트리아, 덴마크, 에스토이나, 핀란드, 라트비아, 루마니아, 헝가리, 스페인, 스웨덴이 있다는 조사결과가 있다.[28] 이러한 불복절차를 거치는 것은 손해경감의무(Mitigation Duty) 이행으로 볼 수도 있는데, 유럽사법재판소도 피해자가 손해나 위험을 줄이기 위한 합리적인 조치를 취할 의무가 있다는 점을 명시적으로 인정하였

---

24) *Ibid.*, para. 41. 이러한 법무심의관의 의견은 국제투자중재에서의 최종성 원칙에서 국내 불복절차 소진을 실체적인 요건으로 보는 입장을 반영한 것으로 볼 수 있으나, 재판부에서는 이에 대하여 명확하게 설시하지 않음에 따라, 최종성 원칙이 EU법에서도 적용되는지에 관하여는 유보적인 입장을 보이고 있는 상태이다.

25) Case C-168/15 - *Tomášová*, para. 27. 문제된 집행결정을 한 법원이 최종심급에 해당하는지 여부는 명확하지 않았고, 슬로바키아 정부도 집행법원은 사안에 따라 집행법원은 최종심급이 될 수도 있고 그렇지 않을 수도 있다고 답변하였다는 점에 관하여는 Case C-168/15 - *Tomášová*, Opinion of AG Wahl, paras. 25, 26.

26) Case C-168/15 - *Tomášová*, para. 35, 다만 재판부는 문제된 법원의 행위가 최종심급에 해당하는지는 선결적 부탁을 한 해당 사건을 담당한 법원이 결정할 사항이라고 하였다(*Ibid.*, para. 36).

27) *Ibid.*, paras. 38 and 40.

28) Scherr, *The principle of state liability for judicial breaches : the case Gerhard Köbler v. Austria under European Community law and from a comparative national law perspective*, European University Institute, 2008, p.409 참조. 다른 최근 문헌에서는 ① '판결의 파기'가 국가배상의 선결조건인 경우로 벨기에, 체코, 포르투갈, 슬로바키아, 핀란드, 스웨덴을 들고 있고, ② 국가배상 이전에 '판결의 위법 확인 절차'를 거쳐야 하는 경우로는 스페인, 리투아니아, 폴란드를 들고 있다. Varga, *The effectiveness of the Köbler liability in national courts*, Hart, 2020, p.83.

다.[29] 학설상으로도 이를 인정하는 근거로 하급심 법원의 위법이 있는 경우 사실상 모든 국가에서 사법적 위법에 대한 상급심의 심사는 피해자의 불복에 달려 있으므로, 이러한 불복절차를 거치지 않은 것은 하급심법원의 위법에 대한 국가배상을 배제하는 근거가 된다고 하거나,[30] 당사자는 불복기간이 경과되기를 기다렸다가 그 기간 경과 이후에 손해배상청구로 나아가는 것을 선택할 수 있는 재량은 없고, 모든 법제도는 금전적인 보상 이전에 실체적 적법성을 직접적으로 회복하는 것에 명확한 이익을 가지므로, 적시에 불복하지 못함으로 인하여 국내에서의 구제수단을 이용하지 못하게 된 상황에서는 배상은 인정될 수 없다는 점[31] 및 하급심 법원은 국내법 차원에서 법의 통일적인 적용을 보장할 최종적인 책임을 부담하지 않는 것이고, 그렇기 때문에 최고법원에만 선결적 부탁 의무가 부여된다는 점[32]이 제시된다.

(3) 시사점

불복절차 소진에 관하여 유럽사법재판소는 아직 명확한 판단을 하지 않고 있으나, Tomášová 판결의 부당이득반환청구에 관한 판단에 비추어 보면 불복절차 제기가 국가배상을 사실상 불가능하거나 과도하게 어렵게 만드는 것은 아닌 이상 회원국법에서 이러한 제한요건을 두는 것은 허용할 것으로 예상된다. 이미 Köbler 판결도 회원국의 최고법원에 판결에 의하여만 EU법 위반에 대한 국가책임이 발생한다고 하였고, EU차원에서 1심에 해당하는 일반법원(General Court) 판결은 유럽사법재판소에 불복절차가 제기되지 않은 경우에는 그 판결의 법위반으로 인하여 유럽연합이 배상책임을 부담하지 않는다는 입장을 보이고 있는 점[33]에서 EU법상으로 최종심 법원의 재판에 의하여만 국가책임이 발생한다고 볼 수도 있다. 한편 국제투자중재에서의 최종성 원칙에서와 유사하게 EU에서도 법원의 국가책임은 사법시스템이 전체적으로 권리구제에 실패한 경우에 발생하는 것이고, 당사자의 불복이 있어야 그러한 전체적인 사법시스템의 실패 여부가 확인될 수 있다는 논의가 이루

---

29) Joined cases C-46/93 and C-48/93 *Brasserie du Pêcheur SA v Bundesrepublik Deutschland and The Queen v Secretary of State for Transport, ex parte: Factortame Ltd and others* [1996] ECR I-1029, para. 85.

30) Demark, "Contemporary Issues regarding Member State Liability for Infringements of EU Law by National Courts", *EU and Comparative Law Issues and Challenges Series*, Vol. 4, 2020, p.366.

31) Anagnostaras, "Erroneous Judgments and the Prospect of Damages: The Scope of the Principle of Governmental Liability for Judicial Breaches", *European Law Review*, Vol. 31 No. 1, 2006, p.741.

32) *Ibid.*, p.740.

33) Joined cases C-447/17 P and C-479/17 P *European Union v Guardian Europe Sàrl* [2019] ECLI:EU:C:2019:672, paras. 80-84.

어지고 있음이 확인된다.

4. 대상판결에 대한 비판적 검토

(1) 불복절차 미경유의 법적 의미

앞서 살펴본 국제투자중재에서의 최종성 원칙 및 그 영향을 받은 EU에서의 불복절차 소진에 관한 논의는 위법한 재판에 대한 국가책임에 관한 법논리에 해당하는 것으로서 이는 우리 법제에도 충분히 참고가 된다. 우리 판례가 "그 절차에 따라 자신의 권리 내지 이익을 회복하도록 함이 법이 예정"하고 있다는 것은 관점을 달리하면 '국가의 전체 사법시스템을 통한 실효성있는 구제수단이 제공'되고 있음을 의미하는 것으로 볼 수 있다. 따라서 위법한 재판에 대한 국가배상책임 성립 여부는 국제투자중재 및 EU의 논의에서 보는 바와 같이 이러한 구제수단이 충분히 제공되고 있는가를 기준으로 판단되어야 한다.

한편 우리나라에서도 불복절차에 따른 최종법원의 판단을 거치기 이전에는 국내의 사법시스템 전체가 실효성있는 구제를 제공하였는지가 확정되지 않는다. 따라서 판례가 불복절차 미경유의 경우 국가배상책임이 성립하지 않는다고 보는 것은, 앞서 본 최종성 원칙에서와 같이 국가가 적절한 사법시스템을 제공할 의무를 위반하였는지에 대한 입증 부족으로 인하여 법원의 위법 자체가 성립하지 않았다고 보는 것이라는 논리구성이 가능하다. 이러한 관점에서 보면, 불복절차 미경유는 원칙적으로는 과실상계 사유 또는 독자적인 면책사유라기 보다는, 위법한 재판에 있어서의 의무위반 또는 위법이 입증되지 못하여 국가배상책임 성립 요건 자체를 갖추지 못한 것에 해당하는 것으로 보아야 한다.

(2) 법원의 직권 판단이 가능한 경우 불복절차 미경유에 따른 책임제한 여부

위와 같이 불복절차 미경유가 국가배상책임의 성립 요건으로 되는 것은, 당사자가 불복을 제기하여야만 국내의 최종법원에 의한 판단을 받을 수 있어 사법시스템 전체가 실효성있는 구제수단을 제공하였는지 여부에 대한 평가를 할 수 있기 때문이다. 문제는 당사자가 불복절차를 제기하지 않더라도 사법시스템 자체적으로 하급심의 판단에 대하여 상급심이 직권으로 다시 심사하도록 하고 있는 경우에도 동일한 논리가 적용될 수 있는지 이다. 직권에 의한 심사가 가능한 경우는 당사자가 불복을 제기하지 않더라도 법원에 의한 재판의 시정이 가능하다는 점에서, 당사자의 불복이 전체 사법시스템에 대한 평가의 필수적인 전제조건이 되지 않는다. 따라서 당사자가 불복을 제기하지 않은 것만으로 곧바로 국가가 적절한 사법시스템을 제공할 의무를 위반하였는지에 대한 입증 부족이 된다고 보기는 어렵다.

오히려 대상판결의 사안에서와 같이 본안의 제소명령에 따른 가압류취소 사건에서는 별다른 변론이나 심문을 거치지 않는 관계로, 당사자가 그 결정 과정에 관여할 기회가 보장되지 못한 상황이다. 이러한 경우 원심판결이 지적한 것처럼 원심 재판부가 민사소송법 제446조에 따라 결정을 경정하거나, 원심 또는 항고심 재판부가 민사소송법 제448조에 따라 직권으로 효력정지를 할 수 있다면, 이는 당사자의 효력정지 신청이 없더라도 가압류취소결정의 즉시집행으로 인하여 발생할 수 있는 불측의 손해를 예방하기 위한 제도적 수단으로 보아야 한다. 그렇다면 사법시스템 전체의 관점에서 명백한 위법이 있는 가압류취소결정에 대하여 직권으로 결정의 경정이나 효력정지 결정을 하지 않은 상황까지 고려하여 재판의 위법에 대한 국가배상책임 인정에 관한 판단이 이루어져야 하는 것이지, 당사자가 효력정지 신청을 하지 않았다는 것만으로 곧바로 국가배상책임이 성립하지 않는다고 단정할 수 있는지는 의문이다. 물론 당사자가 적시에 효력정지 신청을 하였더라면 손해가 발생하지 않을 수도 있었음은 참작할 수 있을 것이나, 이는 과실상계 사유로 책임을 일부 감면하는 사정이 될 수 있을지는 몰라도, 당사자의 불복에 의하여만 상소심 절차가 개시되는 경우에서와 동일하게 국가배상책임 불성립 사유가 된다고 보기는 어렵다.

IV. 요약과 결론

1. 국제투자중재에서의 최종성 원칙이나 EU에서의 논의에 비추어 법원의 국가배상책임의 근거가 사법시스템 전체가 실효성있는 구제수단을 제공할 의무라고 볼 때, 판례가 불복절차를 통한 시정을 구하지 않은 경우에 국가배상에서 제외된다고 본 것은 일응 타당성이 있다.

2. 재판에 대한 불복 제기와 재판에 즉시집행효력이 있어 그 집행의 정지를 위한 효력정지 신청을 하는 것은 구별되어야 하고, 특히 효력정지가 당사자의 신청 뿐만 아니라 법원의 직권에 의하여도 가능한 경우에는 보다 엄격하고 면밀한 판단이 필요하다. 왜냐하면 불복절차 미경유는 사법시스템 전체가 실효성있는 구제수단을 제공하지 못하였다는 점에 관한 입증 부족으로 국가책임 불성립 사유가 되는 것이나, 직권에 의한 심사가 가능한 경우라면 불복절차 미경유는 위와 같은 입증 부족이 바로 성립하는 것은 아니고, 오히려 당사자의 불복과 무관하게 직권에 의한 심사를 하는 것이 사법시스템이 예정한 것으로 볼 수도 있기 때문이다. 이러한 관점에서 볼 때, 대상판결은 원심판결이 지적한 직권으로 결정의

경정이나 효력정지 결정을 할 수 있었다는 점에 대한 명확한 판단 없이, 불복절차 미경유가 국가배상에서 제외된다는 법리를 확대 적용한 아쉬움이 있다.

3. 만약 직권에 의한 효력정지가 가능함에도 당사자의 효력정지 미신청을 국가배상책임 배제 사유로 하고자 한다면, 최소한 ① 가압류취소결정을 하면서 가압류취소결정은 즉시 집행의 효력이 있고 ② 효력정지 신청에 따른 결정을 받지 않으면 그러한 즉시집행으로 인하여 발생하는 손해는 당사자의 책임이라는 점에 대하여 구체적이고 명확하게 고지함으로써 당사자가 효력정지 신청을 하지 않음에 따라 자기가 입게 될 손해에 대하여 명확히 인식할 수 있도록 하는 제도적 장치가 마련되어 있어야 할 것이다. 그리고 그러한 고지를 통하여 국가책임을 당사자에게 이전하는 것이 법리적으로 가능한지, 가능하다 하더라도 관련 제도의 취지와 내용, 특히 직권에 의한 효력정지가 가지는 손해방지 기능 등에 비추어 그러한 책임의 이전이 정당한 것으로 평가될 수 있는지에 대한 검토도 필요할 것이다.

생각할 문제

1. 위법한 행정처분에 대한 국가배상에 있어 행정심판이나 행정소송과 같은 불복절차 미경유시 국가배상책임이 배제되거나 제한된다고 볼 수 있는가.

2. 행정처분에 대한 불복절차를 제기하였다 하더라도 효력정지신청을 하지 않은 경우 불복절차 중 행정처분의 집행이나 효력 발생으로 인하여 발생한 손해에 대하여 국가배상책임이 배제되거나 제한된다고 볼 수 있는가.

3. 위법한 행정처분에 대하여 불복절차를 거치지 않으면 국가배상책임이 배제되거나 제한된다고 볼 경우, 국가배상소송과 불복절차의 관계는 어떻게 설정하여야 하는가. (국가배상소송보다 불복절차가 선행되어야 하는지 여부, 불복절차의 결과가 국가배상소송에 미치는 영향)

헌법재판소 2020. 3. 26. 선고 2016헌바55 등 결정
[국가배상법상 '고의 또는 과실'의 해석]

신 철 순*

[사실관계]

청구인 김○○은 '국가안전과 공공질서의 수호를 위한 대통령긴급조치'(이하 '긴급조치 제9호'라 함)를 위반하였다는 혐의로 구속되어 공소제기되었다가 긴급조치 제9호의 해제로 면소판결을 받았다(전주지방법원 79고합131). 청구인 김ㅁㅁ는 긴급조치 제9호 위반으로 집행유예의 유죄판결을 받았고(서울고등법원 75노1564) 그 판결이 확정되었는데, 그 후 재심을 청구하여 무죄판결을 받아 그 판결이 확정되었다(서울고등법원 2014재노12). 다른 청구인들은 위 청구인들의 가족이다.

청구인들은 국가를 상대로 위헌·무효인 긴급조치 제9호의 발령 그리고 이에 따른 수사와 재판, 그 과정에서의 불법체포·구금 등의 불법행위로 손해를 입었다고 주장하며 손해배상청구소송을 제기하였다.

[사건의 경과]

제1심 법원은 형벌에 관한 법령이 위헌으로 선언된 경우 그 법령이 위헌으로 선언되기 전에 그 법령에 기초하여 수사가 개시되어 공소가 제기되고 유죄 또는 면소 판결이 선고되었더라도 수사 및 재판 당시에는 긴급조치 제9호가 위헌·무효임이 선언되지 않은 이상 수사기관이나 법관의 수사 및 재판 등 직무행위가 국가배상법상 공무원의 고의 또는 과실에 의한 불법행위에 해당하지 않는다[1]는 등의 이유로 손해배상청구를 기각하였다(서울중앙지방법원 2015. 5. 21. 선고 2014가합572715 판결).

청구인들은 항소를 제기하였으나, 항소심 법원은 유신헌법에 근거한 대통령의 긴급조치

---

* 대구지방법원 상주지원 판사
1) 대법원 2014. 10. 27. 선고 2013다217962 판결.

권 행사는 고도의 정치성을 띤 국가행위로서 대통령은 국가긴급권의 행사에 관하여 원칙적으로 국민 전체에 대한 관계에서 정치적 책임을 질 뿐 국민 개개인의 권리에 대응하여 법적 의무를 지는 것은 아니므로, 대통령의 이러한 권력행사가 국민 개개인에 대한 관계에서 민사상 불법행위를 구성한다고 볼 수 없다는 판례[2]를 근거로 청구인들의 항소를 기각하였다(서울고등법원 2015. 9. 24. 선고 2015나2028072 판결).

청구인들은 상고를 제기하였고 상고심 계속 중 국가배상법 제2조 제1항 본문 중 '고의 또는 과실로 법령을 위반하여' 부분이 헌법에 위반된다고 주장하며 위헌법률심판제청을 신청하였으나 신청이 각하되자(대법원 2016. 2. 2.자 2016카기1002 결정) 헌법재판소에 헌법소원심판을 청구하였다.[3] 상고심 법원은 청구인들의 상고를 기각하였다(대법원 2016. 1. 14. 선고 2015다242245 판결).

[대상결정]

I. 헌법재판소의 판단

헌법재판소는 청구인들이 헌법소원심판을 청구한 부분 중 '법령을 위반하여' 부분은 심판대상에서 제외하고, '고의 또는 과실로' 부분만을 심판대상조항으로 삼아 판단하였다. 헌법재판소는 심판대상조항이 헌법에 위반되지 않는다고 결정하였는데, 이에 대해 재판관 3인의 반대의견이 있었다. 법정의견과 반대의견의 요지는 다음과 같다.

> 헌법 제29조 제1항 본문은 '공무원의 직무상 불법행위'로 인한 국가 또는 공공단체의 책임을 규정하면서 제2문은 '이 경우 공무원 자신의 책임은 면제되지 아니한다.'고 규정하는 등 헌법상 국가배상책임은 공무원의 책임을 일정 부분 전제하는 것으로 해석될 수 있고, 헌법 제29조 제1항에 법률유보 문구를 추가한 것은 국가재정을 고려하여 국가배상책임의 범위를 법률로 정하도록 한 것으로 해석되며, 공무원의 고의 또는 과실이 없는데도 국가배상을 인정할 경우 피해자 구제가 확대되기도 하겠지만 현실적으로 원활한 공무수행이 저해될 수 있어 이를 입법정책적으로 고려할 필요성이 있다.

---

2) 대법원 2015. 3. 26. 선고 2012다48824 판결.
3) 이상은 2016헌바55 사건의 사실관계이다. 위 사건 외에도 유사한 사실관계와 소송경과를 거쳐 헌법소원심판을 청구한 2016헌바65 등 28건이 병합되어 있었다.

외국의 경우에도 대부분 국가에서 국가배상책임에 공무수행자의 유책성을 요구하고 있으며, 최근에는 국가배상법상의 과실관념의 객관화, 조직과실의 인정, 과실 추정과 같은 논리를 통하여 되도록 피해자에 대한 구제의 폭을 넓히려는 추세에 있다. 피해자구제기능이 충분하지 못한 점은 위 조항의 해석·적용을 통해서 완화될 수 있다.

이러한 점들을 고려할 때, 위 조항이 국가배상청구권의 성립요건으로서 공무원의 고의 또는 과실을 규정한 것을 두고 입법형성의 범위를 벗어나 헌법 제29조에서 규정한 국가배상청구권을 침해한다고 보기는 어렵다(헌법재판소 2015. 4. 30. 선고 2013헌바395 결정).

긴급조치의 발령과 그 집행을 근거로 한 청구인들의 국가배상청구 사건은 다른 일반적인 법 집행 상황과는 다르다는 점에서 국가배상청구 요건을 완화하여야 한다는 주장이 있을 수 있다. 그러나 이러한 경우라 하여 국가배상청구권의 성립요건에 공무원의 고의 또는 과실에 대한 예외가 인정되어야 한다고 보기는 어렵다. 과거에 행해진 법 집행행위로 인해 사후에 국가배상책임이 인정되면, 국가가 법 집행행위 자체를 꺼리는 등 소극적 행정으로 일관하거나, 행정의 혼란을 초래하여 국가기능이 정상적으로 작동하지 못하는 결과를 야기할 수 있다. 국가의 행위로 인한 모든 손해가 이 조항으로 구제되어야 하는 것은 아니고, 긴급조치로 인한 손해의 특수성과 구제 필요성을 고려하여 국가가 더욱 폭넓은 배상을 할 필요가 있다면 국민적 합의를 토대로 별도의 입법을 통해 구제하면 된다.

따라서 심판대상조항이 헌법상 국가배상청구권을 침해하지 않는다고 판단한 헌법재판소의 선례는 여전히 타당하고, 이 사건에서 선례를 변경해야 할 특별한 사정이 있다고 볼 수 없다.

재판관 김기영, 재판관 문형배, 재판관 이미선의 반대의견

헌법재판소의 선례가 특정 법률조항에 관하여 헌법에 위반되지 않는다는 판단을 하였다 하더라도, 그 법률조항 중 특수성이 있는 이례적인 부분의 위헌 여부가 새롭게 문제된다면 그 부분에 대해서는 별개로 다시 검토하여야 한다. 심판대상조항 중 긴급조치의 발령·적용·집행을 통한 국가의 의도적·적극적 불법행위와 같은 특수하고 이례적인 불법행위에 관한 부분의 위헌 여부는 이 사건에서 별개로 다시 판단하여야 한다.

국가배상청구권에 관한 법률조항이 지나치게 불합리하여 국가배상청구를 현저히 곤란하게 만들거나 사실상 불가능하게 하면, 이는 헌법에 위반된다. 심판대상조항은 긴급조치에 관한 불법행위에 대해서도 개별 공무원의 고의 또는 과실을 요구한 결과, 이에 관해서는 국가배상청구가 현저히 어렵게 되었다. 따라서 심판대상조항 중 '긴급조치 제1호, 제9호의 발령·적용·집행을 통한 국가의 의도적·적극적 불법행위에 관한 부분'은 청구인들의 국가배상청구권을 침해하여 헌법에 위반된다.

II. 관련판결: 대법원 2022. 8. 30. 선고 2018다212610 전원합의체 판결

긴급조치의 피해자들은 오래 전부터 긴급조치로 인한 피해에 대하여 국가배상청구소송을 제기하여 왔으나 대법원은 일관되게 국가의 책임을 부정하여 왔고, 대상결정은 이러한 문제상황을 배경으로 한다. 대법원이 책임을 부정하는 대표적인 두 가지 논리는 앞서 사건의 경과에서 살펴본 바와 같이 ① 긴급조치권의 행사는 일종의 통치행위로서 국민 개개인에게 민사상 불법행위가 되지 않고, ② 수사기관이나 법관의 직무행위는 공무원의 고의 또는 과실에 의한 불법행위가 아니라는 것이다. 하급심 또한 위와 같은 판례의 취지에 따라 피해자들의 배상청구를 기각하는 경우가 대부분이었다.[4]

그런데 대법원은 2022년 전원합의체 판결을 통하여 긴급조치 피해자들이 제기한 국가배상청구소송에서 만장일치로 원고들의 청구를 기각한 원심판결을 파기하고 국가배상책임을 인정하는 취지의 판결을 선고하였다(대법원 2022. 8. 30. 선고 2018다212610 판결[5]). 위 전원합의체 판결은 국가의 배상책임이 인정된다는 결론에서는 의견이 일치하였으나 배상책임의 대상이 되는 행위 및 국가배상책임의 이론구성에서 입장을 달리함에 따라 다수의견 외에 3개의 별개의견이 설시되었다. 먼저 다수의견은 긴급조치의 발령부터 적용·집행에 이르는 일련의 국가작용은 전체적으로 보아 위법하다고 평가되므로 그 적용·집행으로 개별 국민이 입은 손해에 대해서는 배상책임이 인정될 수 있다고 하였다. 이에 대해 별개의견 1(대법관 김재형)은 법관의 재판작용으로 인한 국가배상책임을 독자적으로 인정할 필요는 없다는 의견을 피력하였고, 별개의견 3(대법관 김선수, 대법관 오경미)은 긴급조치에 대한 위헌성 심사 없이 이를 적용하여 유죄판결을 선고한 법관의 재판상 직무행위는 대통령의 위법한 직무행위와 구별되는 독립적인 불법행위로서 국가배상책임을 구성한다는 입장을 개진하였다. 별개의견 2(대법관 안철상)는 국가배상책임은 대위책임이 아닌 자기책임이고 공

---

4) 물론 기록상으로 명백한 불법이 확인된 사안, 예컨대 영장 없는 구금이 이루어지거나 법에서 정한 구속기간을 넘어 구금을 하는 등의 경우에는 청구가 일부 인용되었고, 문제가 되는 경우는 이러한 명백한 위법행위가 없었던 — 혹은 확인되지 않는 — 경우로서 긴급조치의 발령과 그로 인한 수사, 판결 자체를 위법행위로 보아 배상을 청구하는 사안이었다. 필자는 2019년 서울중앙지방법원 제27민사부에서 근무할 당시 긴급조치 피해자들의 국가배상청구 사건의 주심으로서 청구를 일부 인용하는 판결을 한 바 있는데(서울중앙지방법원 2019. 4. 19. 선고 2013가합543833 판결), 당시 재판부는 인용의 근거로서 긴급조치 발령행위를 '대통령의 고의에 의한 위법행위'에 해당한다고 판단하였다.

5) 위 전원합의체 판결로 긴급조치의 발령 및 적용·집행행위가 국가배상법 제2조 제1항이 규정한 공무원의 고의 또는 과실에 의한 불법행위에 해당하지 않는다고 보아 국가배상책임을 부정한 대법원 2014. 10. 27. 선고 2013다217962 판결(주 1), 대법원 2015. 3. 26. 선고 2012다48824 판결(주 2) 등은 변경되었다.

무원의 고의·과실에는 공적 직무수행상 과실, 국가의 직무상 과실이 포함된다고 해석하여야 한다는 견해를 표명하였다.

[결정의 평석]

Ⅰ. 사안의 쟁점

대상결정은 국가배상법 제2조 제1항 본문이 국가배상청구의 요건으로서 공무원 등의 '고의 또는 과실'을 요구하고 있는 것이 헌법에 위반되는지에 대한 헌법재판소의 판단이다. 다수의견(법정의견)은 그것이 헌법상 국가배상청구권을 침해하지 않아 헌법에 위반되지 않는다는 것이고, 반대의견은 일반적인 공무원의 직무상 불법행위의 경우에는 위헌으로 볼 수 없지만 긴급조치의 발령·적용·집행과 같은 특수한 불법행위에 대해서도 고의 또는 과실을 요구하는 것은 헌법에 위반된다는 입장이다.

이 글의 목적은 두 입장 중 어느 하나의 타당성을 논변한다기보다는 대상결정에서 문제된 사안을 계기로 국가배상법상 고의·과실에 대해 현재 행정법학계에서 유력하게 제기되고 있는 해석론으로의 전환 필요성을 주장하는 데 있다. 그것은 국가배상법이 규정하고 있는 고의·과실에 프랑스 공법상의 개념인 '역무과실'(la faute de service)이 포함된다고 해석하는 것이다. 이와 같은 해석론의 전환은 국가배상법을 위헌이라고 선언하지 않으면서도 마땅히 구제받아야 하는 긴급조치 피해자들에 대한 국가배상을 인정하는 것이 가능하다는 점에서 특별한 의미가 있다.

이러한 주장을 전개하기 위한 기초로서 ① 고의·과실 개념에 대한 학설의 현황과 대법원 판례의 태도를 살펴보고, ② 비교법적 차원에서 독일과 프랑스의 예를 검토한다. 이를 토대로 ③ 역무과실 개념으로의 해석론 전환의 필요성을 논증하고, ④ 그것이 대상결정의 사안에서는 어떤 의미를 가지는지 검토한다.

Ⅱ. 국가배상청구권의 성립요건으로서 '고의 또는 과실'의 내용

1. 학설의 설명

국가배상법 제2조 제1항 본문은 "국가나 지방자치단체는 공무원 또는 공무를 위탁받은 사인(이하 "공무원"이라 한다)이 직무를 집행하면서 고의 또는 과실로 법령을 위반하여 타인에게 손해를 입히거나, 자동차손해배상 보장법에 따라 손해배상의 책임이 있을 때에는 이 법에 따라 그 손해를 배상하여야 한다."고 규정하고 있다. 여기서의 '고의 또는 과실'에 대해, 국가배상책임의 성격을 대위책임으로 이해하는 입장에서는 고의·과실을 주관적 책임요건으로 이해하나, 최근 들어 피해자 구제의 관점에서 과실의 객관화 경향이 나타나고 있다고 설명하는 것이 일반적인 강학상의 논의이다.6)

다음과 같은 것들이 과실의 객관화 경향의 예로서 열거되는데, ① 과실을 주관적 심리상태로 보지 않고 객관적 주의의무 위반으로 파악하는 입장(이때 과실의 판단기준은 같은 직종의 평균적 공무원의 주의력이 된다), ② 과실을 '공무원의 위법행위로 인한 국가작용의 흠' 정도로 완화하여 해석하는 입장, ③ 가해공무원이 누구인지 특정할 필요 없이 공무원의 행위인 한 국가가 배상책임을 진다고 보는 입장, ④ 위법성과 과실 개념을 통합하여 어느 하나가 증명되면 다른 요건은 당연히 인정된다고 보는 입장 등이 그것이다.

2. 대법원 판례의 태도

대법원은 사안에 따라 고의 또는 과실의 인정 여부 및 국가배상책임의 유무에 대해 달리 판단하고 있으므로 확립된 태도가 있다고 단정적으로 말하기는 어렵지만, 기본적으로 고의 또는 과실을 주관적 책임요건으로 보고 있다는 것이 일반적인 설명이다. "공무원의 직무집행상의 과실이라 함은 공무원이 그 직무를 수행함에 있어 당해 직무를 담당하는 평균인이 보통(통상) 갖추어야 할 주의의무를 게을리 한 것을 말한다."7)는 판시가 대표적이다.8)

---

6) 김남진/김연태, 『行政法Ⅰ』, 제26판, 2022, 664-667면; 김동희/최계영, 『行政法Ⅰ』, 제26판, 2021, 567-570면; 박균성, 『行政法論(上)』, 제18판, 2019, 847-850면.

7) 대법원 1987. 9. 22. 선고 87다카1164 판결. 이 판결은 위와 같은 전제에서 호적공무원이나 등기공무원에게는 형식적 심사권만이 있을 뿐이므로 호적과 등기가 결과적으로 잘못되었다고 하더라도 이들에게 직무집행상의 과실이 있다고는 볼 수 없다는 원심의 판단을 유지하였다. 그밖에 같은 취지의 판결로 대법원 2021. 6. 10. 선고 2017다286874 판결(해양수산부 산하 공무원들이 불법어로행위를 단속하던 중 단속 대상 선박이 도주하는 과정에서 암초와 충돌하여 선박에 타고 있던 선장 등이 사망한 사안에서

한편 대법원은 2000년 즈음부터 '객관적 정당성'이라는 새로운 기준을 들어 국가배상책임의 유무를 판단하는 경향을 보이고 있는데,[9] 이 표지는 대체로 국가배상책임을 부정하는 근거로 활용된다. 대표적인 것이 대법원 2000. 5. 12. 선고 99다70600 판결로, 위 판결에서는 "어떠한 행정처분이 후에 항고소송에서 취소되었다고 할지라도 그 기판력에 의하여 당해 행정처분이 곧바로 공무원의 고의 또는 과실로 인한 것으로서 불법행위를 구성한다고 단정할 수는 없는 것이고, 그 행정처분의 담당공무원이 보통 일반의 공무원을 표준으로 하여 볼 때 객관적 주의의무를 결하여 그 행정처분이 객관적 정당성을 상실하였다고 인정될 정도에 이른 경우에 국가배상법 제2조 소정의 국가배상책임의 요건을 충족하였다고 봄이 상당할 것"이라는 일반론을 설시한 후, 피고 지방자치단체의 처분이 행정심판 또는 행정소송에서 취소되었음에도 그 처분이 원고가 입은 손해를 피고에게 전보하여야 할 정도로 객관적 정당성을 상실하였다고 인정될 정도가 아니라거나 담당공무원에게 객관적 주의의무를 결한 직무집행상의 과실이 있다고 할 수 없어 국가배상책임이 인정되지 않는다고 판단하였다.[10] 대법원 판례에 나타난 객관적 정당성이라는 개념이 과실을 판단하는 기준인지 아니면 위법성을 판단하는 기준인지는 불분명하고,[11] 학설상으로도 논란이 있다.[12]

감독공무원들에게 직무집행상 과실이 있다고 단정하기 어렵다고 한 사례) 참조.

8) 1960년대부터 2010년대 후반까지 위법한 개별처분 및 거부처분으로 인한 국가배상 판결례들을 몇 가지 유형으로 분류하고 대법원이 배상책임을 긍정하거나 부정한 근거를 정리한 문헌으로 박정훈, "國家賠償法의 改革 - 私法的 代位責任에서 公法的 自己責任으로 -", 『행정법연구』 제62호, 2020, 27-69면 참조.

9) 국가배상책임의 유무를 판단하면서 객관적 정당성이라는 기준을 언급한 최초의 대법원 판결은 대법원 1999. 3. 23. 선고 98다30285 판결로 보이는데, 준공검사업무를 담당하는 공무원이 준공검사를 현저히 지연시킨 사안에서 그 지연이 객관적 정당성을 상실하였다고 인정될 정도이면 국가배상법 제2조의 위법성 요건이 충족된 것이라고 판시하였다. 특기할 만한 부분은 위 판결에서 객관적 정당성이라는 새로운 표지가 등장하기는 하였으나 국가배상책임을 인정하는 근거로 원용되었다는 점이다. 객관적 정당성이 상실되지 않았음을 근거로 국가배상책임을 부정한 최초의 판결은 후술하는 대법원 2000. 5. 12. 선고 99다70600 판결이다.

10) 본문과 같이 처분이 항고소송 등에서 취소된 사실만으로 그 처분이 곧바로 공무원의 고의 또는 과실에 의한 것이라고 볼 수 없고 별도로 객관적 정당성 사실 여부를 따져보아야 한다는 판결례로는 대법원 2001. 12. 14. 선고 2000다12679 판결, 대법원 2003. 11. 27. 선고 2001다33789, 33796, 33802, 33819 판결, 대법원 2003. 12. 11. 선고 2001다65236 판결, 대법원 2007. 5. 10. 선고 2005다31828 판결 등이 있고, 그밖에 객관적 정당성이 상실되지 않았다고 보아 국가배상책임을 부정한 판결례로는 대법원 2004. 12. 9. 선고 2003다50184 판결, 대법원 2011. 1. 27. 선고 2009다30946 판결, 대법원 2013. 11. 14. 선고 2013다206368 판결, 대법원 2016. 6. 23. 선고 2015다205864 판결 등이 있다. 박정훈, 앞의 글(주 8), 33면; 최계영, "처분의 취소판결과 국가배상책임", 『行政判例研究』 제18-1집, 2013, 270-271면 참조.

11) 객관적 정당성이라는 표지가 최초로 등장한 위 98다30285 판결에서는 "객관적 정당성을 상실하였다고

Ⅲ. '고의 또는 과실'에 대한 정당한 해석론

1. 비교법적 검토

　국가배상은 국가의 위법행위로 손해를 입은 국민에게 그 손해를 전보하는 제도로서 주권 면책(Sovereign Immunity) 사상 내지 군주는 잘못을 범할 수 없다(The King can do no wrong)는 관념이 극복된 현대에는 세계적으로 보편성을 갖는다. 따라서 제도의 구체적 형성에 관한 개별 문제 또한 공통적일 수밖에 없으므로 다른 나라의 제도와 실무의 운영에 관한 법비교를 통해 우리 제도의 개선점을 모색해 볼 수 있다.13) 이 글에서는 우리 법제의 원형이라고 할 수 있는 독일과 19세기부터 국가배상에 관한 법리를 형성해 온 프랑스의 예를 살펴보고자 한다.

(1) 독일

　독일은 우리와 같이 국가배상에 관한 별도의 법률이 존재하지는 않고 기본법(Grundgesetz: GG)과 민법전(Bürgerliches Gesetzbuch: BGB)에서 이를 규율하고 있다. 기본법 제34조는 "누구든지 위임된 공무를 수행하면서 제3자에게 부담하는 직무상의 의무를 위반한 때에는 원칙적으로 그가 속한 국가 또는 단체에 책임이 있다. 고의 또는 중대한 과실이 있는 경우 구상권이 유보된다. 손해배상청구권과 구상권에 대하여 통상의 구제수단이 배제되어서는 아니 된다."14)고 규정하고 있고, 민법전 제839조 제1항은 "공무원이 고의 또는 과실로 제3

　　인정될 정도에 이른 경우에는 국가배상법 제2조에서 말하는 위법의 요건을 충족하였다고 봄이 상당"하다고 설시하여 위법성의 판단기준인 듯한 판시를 하였으나, 그 후 99다70600 판결에서는 "처분에 행정심판 또는 행정소송에서 확정된 바와 같은 위법이 있었다 하더라도, … 객관적 정당성을 상실하였다고 인정될 정도에 이르렀다거나 … 직무집행상의 과실이 있다고 할 수 없다"고 하면서 과실의 판단요소 중 하나 내지 국가배상책임의 (별도의) 인정요건 중 하나로 보는 듯한 태도를 취하고 있다.

12) 학설은 대체로 판례가 과실의 인정기준 내지 국가배상책임의 요건으로 객관적 정당성의 상실을 요구하는 데 대하여 비판적이다. 이에 대해 박균성, 앞의 책(주 6), 849-850면; 박정훈, 앞의 글(주 8), 40-43면; 최계영, 앞의 글(주 10), 289-292면; 안동인, "국가배상청구소송의 위법성 판단과 객관적 정당성 기준 ─ 법적 안정성 측면에서의 비판적 고찰 ─", 『행정법연구』 제41호, 2015, 47-49면 참조.

13) "法은 무릇 '善과 衡平의 技術'(ars boni et aequi)로서 정의로운 공동체생활을 위한 인류의 실천이성의 發露이고, 또한 그렇기 때문에 그 실천이성은 세계적 보편성을 갖고 있다고 할 것이다. 따라서 나라마다 법의 개념과 체계가 다를지라도 법적 문제의 상황과 그 해결을 위한 노력은 본질적으로 공통적이다. 행정법과 행정소송에 있어서도 마찬가지이다."(박정훈, "人類의 普遍的 智慧로서의 行政訴訟 ─ 裁判管轄과 訴訟類型에 관한 多元的 法比較", 『행정소송의 구조와 기능』, 2011, 104-105면).

14) Art 34

자에 대하여 부담하는 직무상의 의무를 위반한 때에는 그 공무원은 제3자에게 그로부터 발생하는 손해를 배상하여야 한다. 공무원에게 오직 과실만이 있을 때에는 피해자가 다른 방법으로는 손해배상을 구할 수 없는 때에 한하여 책임을 진다.”[15]고 규정하고 있다.

독일법의 규정은 우리의 국가배상을 규율하고 있는 헌법 제29조 제1항 및 국가배상법 제2조 제1항과 유사하며,[16] 우리의 국가배상법제가 독일의 그것으로부터 영향을 받았음을 알 수 있다. 주목하여야 할 것은 기본법 제34조가 ‘통상의 구제수단’(ordentlicher Rechtsweg)을 배제해서는 안 된다고 규정한 점 그리고 공무원의 책임을 사법(私法)인 민법에서 규율하고 있다는 점이다. 독일은 — 후술할 프랑스와는 달리 — 국가배상을 기본적으로 민사법적 제도로 이해하고 있는데,[17] 그 연원은 독일 국가배상법제의 역사적 발전과정에서 찾아볼 수 있다. 독일에서는 19세기 말까지 국가의 행위로 인한 손해에 대해 국가와 공무원 모두 책임을 지지 않다가 1900년 제정된 민법전에서 앞서 본 제839조와 같은 공무원의 개인책임이 규정되었고, 그 후 프로이센의 개별 법령과 바이마르헌법을 거쳐 기본법에 제34조가 규정되면서 공무원의 개인책임을 국가가 대위하는 구조가 확립되게 된 것이다.[18] 우리나

Verletzt jemand in Ausübung eines ihm anvertrauten öffentlichen Amtes die ihm einem Dritten gegenüber obliegende Amtspflicht, so trifft die Verantwortlichkeit grundsätzlich den Staat oder die Körperschaft, in deren Dienst er steht. Bei Vorsatz oder grober Fahrlässigkeit bleibt der Rückgriff vorbehalten. Für den Anspruch auf Schadensersatz und für den Rückgriff darf der ordentliche Rechtsweg nicht ausgeschlossen werden.

15) §839 Haftung bei Amtspflichtverletzung

(1) Verletzt ein Beamter vorsätzlich oder fahrlässig die ihm einem Dritten gegenüber obliegende Amtspflicht, so hat er dem Dritten den daraus entstehenden Schaden zu ersetzen. Fällt dem Beamten nur Fahrlässigkeit zur Last, so kann er nur dann in Anspruch genommen werden, wenn der Verletzte nicht auf andere Weise Ersatz zu erlangen vermag.

16) 다만 구조적으로는, 1차적으로 민법전 제839조 제1항에 의해 공무원 개인에게 책임이 성립하고, 기본법 제34조에 따라 국가에 그 책임이 이전된다는 점에서 우리와 차이가 있다. 이에 관하여 기본법 제34조는 단순한 책임이전규범의 기능을 넘어 독자적인 헌법적 책임규범으로서 민법전 제839조의 부속물에 불과한 것이 아니라 국가책임을 발생시키고 민법전 제839조에 의해 구체화되고 보충되는 지배적 규정이라는 설명으로 Hartmut Maurer, Allgemeines Verwaltungsrecht, 18. Aufl., C. H. Beck, 2011, §25, Rn. 10, S. 665; 김중권, “國家賠償法上의 過失責任主義의 理解轉換을 위한 小考”, 『법조』 제58권 제8호, 2009, 51-52면 참조.

17) 기본법에서부터 이미 국가배상에 관한 ‘통상법원’(ordentliches Gericht)의 관할을 배제할 수 없다는 명문의 규정을 둠에 따라 국가배상의 민사소송 관할은 ‘헌법적’으로 고정되고, 독일에서는 그만큼 국가배상에 관한 사법적(私法的) 사고의 지배를 벗어날 수 없다는 설명으로 박정훈, 앞의 글(주 8), 52면 참조.

18) 이상의 설명은 박정훈, 앞의 글(주 8), 51-52면; 이일세, “독일 국가배상 책임의 법적 구조와 그 요건에 관한 연구”, 『강원법학』 제5권, 1993, 95-96면; Maurer, a. a. O.(Fn. 16), §25, Rn. 2, S. 659, Rn. 4, S. 667-668을 참조하였다.

라에서 국가배상 사건을 민사사건으로 분류하고 민사법원에서 판단하고 있는 것도 이러한 독일의 전통에 그 근거를 두고 있다고 할 수 있는데, 이 글의 연구대상인 고의·과실의 해석 또한 이와 같은 국가배상제도의 역사적 배경 및 법적 성격과 무관하지 않다. 국가배상이 공무원의 개인책임에서 시작하여 이를 국가가 대신하여 배상하는 것으로 이해하는 관념을 전제하면 배상책임의 성립요건인 고의·과실 또한 공무원 개인의 주관적 사정이 판단기준이 될 수밖에 없는 것이다.

한편 독일에서도 국가배상의 대위책임적이고 민사법적인 성격에 대한 비판이 있어 왔고, 이를 극복하기 위해 1981년 국가책임법(Staatshaftungsrecht)이 제정되었으나, 위 법률에 대한 연방헌법재판소의 위헌결정에 따라 법률은 폐기되고 국가배상은 종전과 같이 기본법과 민법전에 따라 규율되었다.[19] 그 후에도 국가배상의 사법적 성격을 극복하기 위해 공법상의 '손실보상'(Entschädigung)을 위법한 국가작용에 의한 구제수단으로 확대하는 경향으로서 수용유사침해(enteignungsgleicher Eingriff), 수용적 침해(enteignender Eingriff), 희생보상청구권(Aufopferungsanspruch) 등의 판례이론이 등장하였으나, 이 또한 연방헌법재판소의 자갈채취결정(Naßauskiesungsbeschluß)에 따라 한계에 직면하였다.[20]

(2) 프랑스

잘 알려져 있듯이 프랑스 행정법의 상당 부분은 국사원(Conseil d'État)의 판례에 의해 형성·발전되어 왔는데, 프랑스 행정법의 중요한 두 축 중 하나인 '책임 원칙'(le principe de responsabilité)[21]이 국사원의 판례에 의해 구현된 것이 '행정책임'제도이며, 그 중심을 이루는 것이 '과실책임'(la responsabilité pour faute)이다.[22] 여기서 국가나 공공단체의 책임이 성립하기 위한 요건으로서의 과실은 '역무과실'(la faute de service)로서 공무원의 '개인과실'(la faute de personelle)과 구별된다.

행정의 조직 또는 작용상의 과실을 말하는 역무과실에서 '역무'는 권력행위와 관리행위를 포함하는 행정활동 전체 또는 그러한 행정활동을 수행하는 조직을 의미하고, '과실'은 고의와 과실을 모두 포함한다. 역무과실은 본래 공무원의 '공역무'(le service public) 수행상의 과실을 의미하는 것이었지만 이후 공무원의 행위가 매개되는지를 불문하고 행정활동

---

19) 박정훈, 앞의 글(주 8), 52면; 이일세, 앞의 글(주 18), 96면; Maurer, a. a. O.(Fn. 16), §25, Rn. 4-7, S. 661-663; Fritz Ossenbühl/Matthias Cornils, Staatshaftungsrecht, 6. Aufl., C. H. Beck, 2013, S. 8-10.
20) 박정훈, 앞의 글(주 8), 52-53면.
21) 다른 하나는 '적법성 원칙'(le principe de légalité)이다.
22) 박현정, "프랑스 행정법상 과실책임 제도 – '역무과실'의 성격, 위법성과의 관계를 중심으로 –", 『행정법연구』 제41호, 2015, 56-57면.

조직 내지 활동 주체로서의 공역무, 즉 행정이 행한 과실을 의미하는 것이 되었다고 한다.23) 국가책임은 역무과실에 의해 성립하고 공무원의 개인책임을 필요로 하지 않으며, 국가 자신이 행정을 운영하면서 범한 잘못에 대하여 국가 스스로 책임을 부담하는 것이다.24) 역무과실에 대해서는 행정이 행정재판소에서 책임을 지고, 개인과실에 대하여는 공무원 개인이 일반재판소에서 민법에 따라 책임을 진다.25)

역무과실의 특징으로서 객관성과 직접성을 들 수 있다. 객관성이란 과실이 특정 공무원의 소행이 아니라 공역무 조직 또는 작용상의 하자라는 점에서 나오는 것으로, 역무과실을 인정하기 위해 공역무라는 독립체가 그러한 과실을 행하였음을 인정하면 족하고, 가해공무원을 특정할 필요가 없다.26) 역무과실은 사람(개인)에 대한 요소 및 정신적 요소와 무관한 행정의 '기능장애'(la dysfonction)를 의미한다.27) 직접성은 민법상 사용자책임과 대비하여 설명되는데, 사용자책임이 사용자가 피용자의 과실에 대하여 책임을 진다는 점에서 2차적이고 간접적인 책임인 반면, 역무과실은 공무원 개인의 과실을 매개하지 않고 행정에 직접 귀속되는 과실이라는 점에서 직접적이고 1차적이다.28)

프랑스에서 위와 같은 역무과실 개념이 정립되게 된 것은 행정법의 다른 영역과 마찬가지로 판례에 따른 것으로, 관할재판소(Tribunal de conflits)29)의 두 개의 중요한 판결, 즉 블랑꼬(Blanco) 판결과 뻴르띠에(Pelletier) 판결을 살펴볼 필요가 있다. 프랑스에서도 18세기까지는 원칙적으로 국가에 책임이 없고 국사원의 허가 없이 공무원 개인에게 소송을 제기할 수도 없었는데, 1804년에 제정된 민법전(Code civil)에 따라 일반재판소에서 국가나 지

---

23) 박현정, 앞의 글(주 22), 61면.

24) 박정훈, 앞의 글(주 8), 47면. 따라서 필연적으로 프랑스에서는 국가배상제도를 국가의 '자기책임'으로 이해할 수밖에 없다.

25) TC 30 juillet 1873, Pelletier, Rec. 1ᵉʳ supplément 117, conclusions David. 박현정, 앞의 글 (주 22), 61면에서 재인용.

26) Michel Paillet, La faute de service public en droit administratif français, LGDJ, 1980, p. 263. 박현정, 『프랑스 행정법상 '역무과실'(la faute de service)에 관한 연구 – 역무과실과 위법성의 관계를 중심으로』, 서울대학교 박사학위논문, 2014, 67면에서 재인용.

27) Jacques Moreau, La reponsabilité administrative, PUF, 1986, pp. 68-69. 박현정, 앞의 글(주 26), 67면에서 재인용.

28) Paul Duez, La reponsabilité de la puissance publique, Dalloz, 2012, rééd., 1938(2ᵉ éd.), p. 21. 박현정, 앞의 글(주 26), 52면에서 재인용.

29) 관할재판소는 재판관할과 관련하여 다툼이 있는 경우 사건이 일반재판소와 행정재판소 중 어디에 관할이 있는지를 정하는 역할을 한다. 관할재판소는 일반재판소에서 행정사건을 재판하는 것을 방지하여 행정행위를 통제하고 궁극적으로 행정법의 발전에 기여해 왔다고 한다. 박우경, 『행정재판과 법의 일반원칙 – 프랑스 행정법상 법의 일반원칙을 중심으로』, 2021, 17면 참조.

방자치단체의 불법행위책임을 인정하는 사례가 나타났고, 이와 관련하여 일반재판소와 행정재판소의 재판관할 문제가 등장하였다.[30] 블랑꼬 판결은 국영담배공장의 화차에 치어 상해를 입은 소녀(블랑꼬)의 아버지가 국가를 상대로 제기한 민사소송과 관련하여 재판권의 소재가 문제되자 관할재판소가 (일반재판소가 아닌) 국사원에 재판권이 있음을 선언한 판결이다.[31] 위 판결은 재판관할의 결정기준으로서 공역무라는 기준을 제시하고, 이로 인한 손해에 대해 민사법이 아닌 특별한 규칙이 적용되어야 한다고 판시하여 국가책임에 공법적 성격을 부여하는 토대를 마련하였다는 의의를 가진다.[32]

블랑꼬 판결과 같은 해에 선고된 뻴르띠에 판결은 계엄법에 따라 잡지를 압수당한 뻴르띠에가 계엄사령관과 시장, 경찰서장을 상대로 잡지의 반환과 손해배상을 청구한 사건에서 관할재판소가 일반재판소의 관할을 부인한 사건이다.[33] 관할재판소는 공무원의 행위에 대한 재판관할을 일반재판소와 행정재판소에 분배하는 기준으로서 '행정행위'와 '개인행위'의 구분을 제시하였는데, 이는 역무과실에 대해서는 행정이 책임을 지며 행정재판소가 소송에 대한 관할을 가지고, 개인과실에 대해서는 공무원 개인이 책임을 지며 일반재판소가 관할을 갖는다는 법리의 토대가 되었다.[34]

2. 해석론 전환의 필요성

국가배상책임의 요건인 고의 또는 과실에 대해 대법원은 — 평균적인 공무원의 주의의무를 표준으로 한다고 설시하고 있기는 하지만 — 기본적으로 공무원 개인의 주의의무 위반 여부를 기준으로 판단하는 입장을 취하고 있고, 이는 행정법의 다른 영역과 마찬가지로 독일의 영향을 받은 것으로 보인다. 독일과 프랑스 모두 국가책임의 요건으로서 과실책임주의를 취하고 있으므로 국가배상법이 고의 또는 과실을 요구하는 것 자체가 잘못되었다고 보기는 어렵다.[35] 문제는 대상결정의 사안에서와 같이 긴급조치의 발령·적용·집행이라는 국가의 조직적인 불법행위가 있었고 다수의 공무원이 불법행위에 개입되어 있어 가해공무원의 특정이 어려우며, 무엇보다 개별 공무원의 고의·과실을 증명하거나 인정하기

---

30) 박현정, 앞의 글(주 26), 15면.
31) 김동희, "블랑꼬判決 이래 프랑스의 國家賠償 責任의 發達", 『公法研究』 제6권, 1978, 231-232면; 박현정, 앞의 글(주 26), 15-16면. 판결의 사실관계와 판시사항의 상세에 대해서는 위 각 부분을 참조.
32) 김동희, 앞의 글(주 31), 232-233면; 박현정, 앞의 글(주 26), 16면.
33) 상세는 박현정, 앞의 글(주 26), 17면 참조.
34) 박현정, 앞의 글(주 26), 18-19면.
35) 이는 대상결정의 반대의견도 인정하고 있는 부분이다.

어려운 경우에도 고의·과실을 종래와 같이 해석하는 것이 정당한지 여부이다.

고의·과실의 해석 문제는 단순히 국가배상책임의 성립요건 중 하나를 어떻게 볼 것인가의 문제에 국한되는 것이 아니다. 독일과 프랑스에서 국가책임에 관한 법리와 제도가 형성되어 온 과정에서 볼 수 있듯 이는 국가배상의 본질 및 성격과 직결된다. 앞서 본 비교법적 검토를 도식적으로 요약하면 독일의 경우 국가배상이 ① 공무원 개인이 자신의 불법행위에 대하여 책임을 지는 것에서 시작되었기 때문에 ② 사법(私法)관계로서 민사법원의 관할이 되었고(이른바 사법설), ③ 국가는 공무원의 책임을 대신하여 지는, 대위책임이 된 것이다. 공무원의 책임을 국가가 대신하는 것의 논리적 귀결로서 고의·과실은 공무원 개인의 주관적 요소를 그 내용으로 한다. 반면 프랑스에서는 ① 블랑꼬 판결과 뻴르띠에 판결을 통해 국가배상 사건의 관할이 행정재판소에 있음이 선언됨으로써 국가배상이 공법관계로 이해되었고(공법설), ② 국가책임은 역무과실이라는 개념을 근거로 공무원 개인의 과실이 아닌 '국가 운영상의 흠'에 대해 책임을 지는 제도로 자리잡았다. 이에 따르면 ③ 국가는 공무원의 잘못이 아닌 스스로의 잘못에 대해 책임을 부담하는 것으로서 국가배상은 자기책임이 된다. 국가 운영상의 흠이 있는지가 배상책임 판단의 기준이 되므로 과실은 객관적으로 파악하여야 한다.

우리는 독일의 법제와 유사한 구조를 갖고 있기는 하지만 독일과 다음과 같은 차이점을 갖는데, ① 국가배상을 민법이 아닌 국가배상법이라는 별도의 법률에서 규율하고 있다는 점, ② 독일 기본법에서 규정하고 있는 통상적 구제수단 배제 금지와 같은 규정이 없다는 점, ③ 독일 민법과 달리 국가배상법에서 공무원 개인의 책임을 명시적으로 규정하고 있지는 않다는 점이 그것이다.36) 이로부터 알 수 있는 것은 우리의 경우 법의 규정형식과 제도가 다른 독일의 해석론을 반드시 따를 필요가 없고, 오히려 다른 출발점을 갖고 있다고 볼 수 있다는 것이다. 부연하면, 국가배상이 민법이 아닌 국가배상법이라는 특별법에 규정되어 있으므로 이를 반드시 민사사건으로 볼 필연성은 없고(위 ①), 일반 법원에서의 구제를 배제해서는 안 된다는 규정이 없으므로 행정사건으로 처리하는 데 장애가 없으며(위 ②),37) 공무원 개인의 책임을 명시하고 있지 않으므로 고의·과실을 객관적으로 해석할 여지가 생

---

36) 다만, 헌법 제29조 제1항 제2문에서 "이 경우 공무원 자신의 책임은 면제되지 아니한다."고 규정하고 있기는 하다. 대법원 1996. 2. 15. 선고 95다38677 전원합의체 판결의 다수의견은 위 규정이 공무원 자신의 민·형사책임이나 징계책임이 면제되지 아니한다는 원칙을 규정한 것이라고 보았다.

37) 대법원과 법무부 모두 행정상 손해배상 소송을 당사자소송의 대상으로 하는 행정소송법 개정안을 제출한 바 있는데, 이에 비추어 보면 국가배상사건을 「행정소송법」 제3조 제2호의 당사자소송의 대상으로 해야 한다는 점에 대해서는 학설상으로는 물론이고 실무상으로도 널리 공감대가 형성되어 있는 것으로 보인다.

기는 것이다(위 ③). 우리 행정법학계의 교과서를 비롯한 대부분의 문헌에서 국가배상법상 고의·과실을 기본적으로 주관적 요건으로 보면서도 과실의 객관화라는 현상과 그 필요성을 언급하고 있는 현실은 이러한 해석론 전환의 필요성을 뒷받침한다.

3. '고의 또는 과실'에 대한 정당한 해석론으로서 역무과실 내지 공무과실

(1) 국가의 자기책임으로서의 국가배상

국가배상책임의 성립요건으로서 고의·과실에 대한 해석론은 근본적으로 국가배상책임의 성격을 규명하는 것으로부터 출발해야 한다. 국가배상책임은 국가가 공무원의 행위로 인한 책임을 대신하는 것이 아니라 국가의 자기책임으로 보아야 한다.[38] 국가가 국민에 대하여 책임을 지게 되는 과정을 역사적으로 살펴보면, 전근대의 군주국가에서는 국가가 책임으로부터 면제되고 공무원 개인이 민사상의 책임을 부담하였지만, 점차 민주주의가 발전하면서 피해자의 구제를 위해 국가가 대신하여 책임을 진다는 대위책임설이 등장하였고, 오늘날에는 이를 넘어 국가가 국민에 대하여 직접 책임을 진다는 자기책임설이 보편적으로 받아들여지고 있다. 국가의 배상책임을 자기책임으로 이해하는 것이야말로 헌법상 민주적 법치국가 원리에 부합하는 것이다.[39]

(2) 국가배상의 공법적 성격

국가배상 사건을 사법으로 규율할 것인지 공법으로 규율할 것인지의 문제 또한 국가배상제도의 형성·운영에 영향을 미친다. 공무원이 공무를 수행하는 과정에서 일으킨 손해를 국가가 책임져야 하는지, 책임이 있다면 어느 범위까지 인정할 것인지를 결정하는 문제는 공법관계로 보는 것이 타당하다. '공익과 사익의 조정' 그리고 '공동체에 대하여 열려 있음'을 공법의 징표로 볼 수 있는데, 공익실현을 위한 공무수행 중에 발생한 사인(私人)의 피해를 전보하는 것은 공익과 사익의 조정을 위한 핵심수단으로서, 공법의 중심영역을 이룬다고 할 수 있기 때문이다.[40] 한편 국가배상책임은 단순히 손해의 전보만을 목적으로 하는 것이

---

38) 같은 취지로 박정훈, 앞의 글(주 8), 54면. 위 글에 따르면, "공무원의 직무상 불법행위로 손해를 받은 국민은 … 국가 또는 공공단체에 정당한 배상을 청구할 수 있다."는 헌법 제29조 제1항 제1문은 국가가 자신의 책임으로 손해를 배상해야 한다는 해석이 오히려 자연스럽고, 제2문에서 '공무원 자신의 책임'을 규정하고 있으므로 제1문은 '국가 자신의 책임'을 규정한 것으로 볼 수 있어 위 헌법규정은 자기책임으로서의 국가책임을 전제로 하고 있고, 최소한 독일에서와 같은 대위책임으로 확정한 것은 아니라는 결론을 내릴 수 있다고 한다(같은 면).

39) 대법원 2022. 8. 30. 선고 2018다212610 전원합의체 판결 중 대법관 안철상의 별개의견 2 참조.

아니라 행정활동이 법의 테두리 안에서 적법하게 행해지도록 통제하는 적법성 통제기능을 아울러 수행한다는 점[41]에서도 국가배상의 공법적 성격을 분명히 인식할 수 있다.[42]

(3) 고의 · 과실의 해석 - 역무과실 내지 공무과실

국가배상의 자기책임적 · 공법적 성격을 인식하는 것은 국가배상에 대한 기존의 관념, 즉 대위책임적 · 사법적 이해를 극복하는 것을 의미하고, 이는 국가배상법상 고의 · 과실의 해석과도 직접적으로 관련된다. 국가배상책임을 공무원의 개인적 잘못을 국가가 책임지는 것이 아니라 국가의 조직상 · 운영상의 하자에 대한 국가 스스로의 책임이라고 보면 우리 국가배상법상 고의 · 과실에 프랑스법상의 개념인 역무과실 내지 공무과실[43]이 포함되는 것으로 볼 수 있다.[44] 법이 명문으로 고의 · 과실을 요구하고 있으므로 공무원 개인의 주관적 책임요소를 배제할 수는 없다 하더라도 고의 · 과실에 역무과실이 포함된다고 해석하는 것은 다음과 같은 이유에서 충분히 가능하고, 나아가 필요하다. ① 앞서 본 바와 같이 국가배상을 자기책임적이고 공법적인 것으로 이해한다면 그 요건인 고의 · 과실 또한 역무과실로 보는 것이 논리적으로 타당하다. 국가배상을 대위책임으로 이해할 경우 공무원 개인의 책임을 전제로 하기 때문에 공무원의 주관적 과실이 필요하지만, 자기책임으로 이해한다면 국가 내지 행정의 조직 · 운영상의 하자 또한 포함된다고 보는 것이 자연스럽다. ② 국가배상제도의 가장 중요한 기능은 피해자의 보호라고 할 수 있는데, 역무과실의 경우 가해공무원의 특정이나 공무원 개인의 주관적 고의 · 과실 증명이라는 부담이 경감되므로 피해자 구제의 폭이 넓어질 수 있다. ③ 역무과실에 관한 해석론은 특히 이 글의 문제의식의 계기를 제공한 대상결정의 사안과 같은 국가의 조직적 · 집단적 불법행위의 경우에 피해자를 보호하고 행정의 위법행위를 억제할 수 있다는 점에서 의미가 있는데, 이에 대해서는 항을 바

---

40) 박정훈, 앞의 글(주 8), 55면.

41) 박현정, 앞의 글(주 26), 201-202면. 국가배상책임은 '공무원'의 위법행위를 억제하기 위한 제도가 아니라 위법한 '행정활동'을 억제하기 위한 제도라고 한다(202면).

42) 같은 취지로 대법원 2022. 8. 30. 선고 2018다212610 전원합의체 판결 중 대법관 안철상의 별개의견 2 참조("국가배상청구권이 헌법상 기본권이라는 점에 더하여 행정청의 처분 등이 원인이 되어 발생한 것인 이상 공법상의 법률관계라고 보아야 하고, 공무수행 중에 발생한 사인의 피해를 전보하는 공익과 사익의 조정 수단이라는 점에서도 국가배상청구권은 공권으로서 공법적인 접근이 필요하다.").

43) '역무'라는 용어가 명확한 의미를 전달해 주지 않고, 프랑스에서 le service public은 공적인 국가작용을 의미하는 것이기 때문에, 역무과실보다는 공무과실이라는 표현이 더 적절하다는 견해로 박정훈, 앞의 글(주 8), 47면 참조. 위 견해에 찬동하지만 이하에서는 편의상 통례에 따라 역무과실이라고만 한다.

44) 같은 취지로 박정훈, 앞의 글(주 8), 56-58면; 박현정, 앞의 글(주 26), 235면. 대법원 2022. 8. 30. 선고 2018다212610 전원합의체 판결 중 대법관 안철상의 별개의견 2 또한 박정훈, 앞의 글(주 8)의 논리를 차용하여 같은 결론에 이르고 있다.

꾸어 상술한다.

4. 대상결정 사안의 경우

국가의 조직적·집단적 불법행위라고 할 수 있는 긴급조치의 피해자들을 구제하여야 한다는 점에 대해서는 특별한 이견이 없을 것으로 생각된다. 그러나 국가배상법상 고의·과실에 대한 종래의 해석론에 따라 국가배상청구가 막히면서 오랜 기간 동안 피해자 구제에 미흡했던 것이 우리의 현실이었다. 대상결정은 이러한 문제상황에서 나온 것으로, 결과적으로 피해자들의 구제가 이루어지지는 못했지만[45] 긴급조치 피해자들의 보호와 더불어 우리 국가배상제도를 어떻게 운영할 것인가에 관한 재판관들의 치열한 고민의 결과물이다. 결국 2022년에 대법원이 피해자들의 배상청구를 인용하는 취지의 판결을 함으로써 대상결정의 의미가 약화되기는 했지만, 대상결정, 그중에서도 특히 반대의견의 획기적인 문제의식이 위 전원합의체 판결의 결론에도 영향을 미친 것으로 보이고, 국가배상법상 고의·과실의 문제는 긴급조치뿐만 아니라 모든 국가작용과 관련되는 문제라는 점에서 대상결정의 논의가 여전히 유효하므로 그 중요성이 결코 작지 않다.

법정의견도 지적하고 있는 바와 같이 우리뿐만 아니라 다른 나라에서도 기본적으로 국가배상제도에서 과실책임주의를 취하고 있기 때문에 고의 또는 과실을 요구하는 것 자체를 위헌이라고 보기는 어려울 것으로 보인다. 그렇다면 반대의견에서 지적하는 것처럼 긴급조치 같은 특수하고 이례적인 불법행위의 경우에도 공무원의 고의·과실을 요구하는 것은 헌법에 합치하지 않는다고 보는 것이 해결책이 될 수 있을까? 반대의견의 문제의식에는 매우 공감하고 또 가치가 있다고 생각하지만,[46] 특수하고 이례적인 사정을 근거로 입법자의 결단의 산물인 법률에 변경을 가하는 것보다는 앞서 본 바와 같은 해석론의 전환을 통해 문제를 해결하는 것이 더 합리적인 방안이라고 생각된다. 긴급조치의 경우에 한하여

---

45) 대상결정의 법정의견 또한 피해자 구제의 필요성 자체를 부정한 것은 아니고, 별도의 입법을 통한 구제를 대안으로 제시하였다.

46) 대상판결의 반대의견이 긴급조치 국가배상사건에서 지나치게 엄격하게 권익구제를 허용해왔던 하급심 실무례의 타당성을 다시 되돌아보게 하고 긴급조치와 같은 극단적인 사례에서마저 고의·과실 요건의 충족을 요구함으로써 피해구제를 가로막는 역설적인 상황을 야기하는 것이 타당한지에 대해 학계와 실무계에 반향을 일으키는 계기를 제공했다는 점에서 의의가 있다는 견해로 이은상, "국가배상법상 고의, 과실 요건과 권익구제방안", 『行政判例研究』 제27권 제1호, 2022, 163-164면 참조. 긴급조치에 대한 배상책임을 인정한 대법원 전원합의체 판결 전에 발표된 위 글은 '대통령의 긴급조치 발령행위'는 입법재량권의 한계를 명백히 넘어선 것으로서 국가배상법상 불법행위로 인정될 수 있다고 주장하였다(167-168면).

위헌이라고 판단한 반대의견의 입장에는 − 가능성이 희박할 수는 있겠으나 − 장래에 재차 특수하고 이례적인 또 다른 형태의 불법행위가 나타날 경우 그때마다 위헌을 선언해야 한다는 문제가 있다. 어떠한 경우에 고의·과실이 요구되지 않는 불법행위가 되는지에 대해서도 논란이 될 수 있다.

고의 또는 과실에 앞서 본 역무과실이 포함된다고 보아야 하는 근거 내지 필요성은 이 사건과 같은 긴급조치 사안에서도 그대로 유효하고 타당하다. ① 긴급조치의 발령·적용·집행은 대통령의 지시 아래 행해진 국가의 조직적이고 집단적인 불법행위로서 대통령과 같은 어느 한 공무원에게 국한하여 책임을 귀속시킬 것이 아니고, 국가 스스로가 불법행위를 저지른 것으로 볼 수 있다. 국가는 스스로의 불법행위에 대한 책임으로서 피해자들에게 손해를 배상할 의무가 있고, 이렇게 선언하는 것이야말로 국가의 책임을 공적으로 인정하는 것으로서 − 단순한 금전적 배상을 넘어 − 피해의 진정한 회복 그리고 국가의 불법에 대한 반성이 가능할 것이다.[47] ② 긴급조치의 피해자들이 입은 사회적·경제적 불이익을 해소할 필요성은 헌법상 사회국가원리를 원용할 것도 없이 자명한 것이고, 이들에 대한 구제 및 배상의 요청은 국가배상법상 고의·과실을 역무과실로 해석할 필요성을 뒷받침한다. ③ 긴급조치의 발령·적용·집행은 다수 공무원의 개입과 협력으로 이루어진 것으로 가해 공무원을 개별적으로 특정하기 어렵고, 불법행위 시점으로부터 시간이 많이 지난 현재에는 공무원들의 주관적 사정이나 주의의무 위반 여부를 증명하기도 어려우므로, 이 점에서도 역무과실 개념은 실익이 있다.[48]

---

47) 전원합의체 판결 중 대법관 김선수, 대법관 오경미의 별개의견 3은 법관의 재판상 직무행위가 대통령의 위법한 직무행위와 구별되는 독립적인 불법행위로서 국가배상책임을 구성한다는 의견을 밝히면서 다음과 같이 판시하였다. "긴급조치 사건에 관한 법관의 재판상 직무행위에 대하여 국가배상책임을 인정하는 것은 뼈를 깎는 고통과 반성을 동반하는 것이다. 이는 단순히 과거에 대한 법적 평가의 문제가 아니며 새로운 시대가 요구하는 사법부상이나 법관상은 어떤 모습인지, 민주주의와 법치주의의 미래를 위하여 법관에게 요구되는 헌법적 책무는 무엇인지 고민하는 과정이기도 하다. 오늘날의 시점에서 사법부와 법관의 위와 같이 중차대하고 막중한 권한과 책임을 재확인하고 다짐하는 차원에서 이 별개의견을 밝힌다." 법관의 직무행위에 대해 배상책임을 인정할 수 있는지의 문제는 별론으로 하더라도, 별개의견 3의 위 판시는 의미심장하게 다가온다.

48) 이러한 논리는 예컨대 1994년의 성수대교 붕괴사건이나 1995년의 삼풍백화점 붕괴사건과 같이 국가의 무능 내지 과오가 사고 발생의 원인 중 하나로 지목되는 국가사회적 재난의 경우에도 국가배상책임을 보다 용이하게 인정하는 근거로 활용될 수 있을 것으로 보인다.

Ⅳ. 요약과 결론

긴급조치의 피해자들이 국가를 상대로 제기한 국가배상청구 사건에서 피해자들의 구제를 가로막았던 주된 논리는 수사기관과 법관 등 개별 공무원의 고의·과실을 인정하기 어렵다는 것이었다. 대상결정은 긴급조치와 같은 특수하고 이례적이며 조직적·집단적인 국가의 불법행위에 대해서도 공무원의 고의·과실을 요구하는 것이 정당한가 라는 문제에 대한 헌법재판소의 판단이다.

국가배상책임의 요건으로서 고의 또는 과실은 기본적으로 공무원의 주관적 책임요소를 가리키는 것으로 이해되어 왔으나, 피해자의 보호와 행정의 적법성 보장이라는 국가배상의 기능을 고려할 때 과실을 객관적으로 판단하여야 한다는 데 대체로 의견이 일치하는 것으로 보인다.

독일은 국가배상에 대하여 대위책임을 전제로 이를 민사법으로 규율하고 있는데, 국가배상법제와 관련하여 독일과는 다른 체계와 내용을 가진 우리는 반드시 독일과 같은 방식으로 국가책임제도를 운영할 필요가 없다. 현대의 민주적 법치국가 체제와 공익과 사익의 조정이라는 공법성의 표지를 고려하면 국가배상책임은 공법적 자기책임으로 이해하는 것이 타당하다. 이러한 인식 위에서 프랑스법상 역무과실 개념은 우리 국가배상법상 고의·과실을 해석하는 데 유용한 시사점을 준다. 국가의 배상책임을 성립시키는 과실에는 '행정의 조직 또는 작용상의 하자'가 포함된다고 보는 해석론은 국가배상의 자기책임적 성격과 피해자 구제의 확대라는 점에서 이론적으로는 물론이고 실무상 필요라는 관점에서도 정당화될 수 있다.

긴급조치 피해자들의 구제가 절실히 요구되는 상황에서 이러한 해석론은 국가책임제도의 근간인 과실책임주의를 훼손하지 않으면서도 피해자를 보호하고 국가 내지 행정의 불법을 방지하는 데 기여할 수 있다는 점에서 의미가 있다. 역무과실을 국가배상법상 고의·과실의 일종으로 보는 해석론을 통해 향후 공무수행상의 하자만으로 발생하는 손해에 대하여도 정당한 배상이 이루어지는 실무가 정착되기를 기대한다.

생각할 문제

1. 공무원의 고의 또는 과실을 인정할 수 없다는 이유로 국가배상책임을 부정한 기존의 대법원 판례 사안 중에서 역무과실 개념의 활용을 통해 국가의 책임을 인정할 수 있는 사례가 있는지.

2. 긴급조치의 발령·적용·집행과 같이 다수의 공무원이 개입되어 있어 가해공무원의 특정이 어렵고 공무원 개인의 주관적 주의의무 위반 여부를 판단하기도 어려운 경우 역무과실에 관한 해석론이 실익을 가지는데, 이러한 사례로 상정할 수 있는 사안에는 어떤 것이 있는지.

3. 국가배상법상 고의·과실에 역무과실이 포함된다고 해석하거나 그와 같은 내용의 입법이 이루어질 경우 예상되는 개선점과 문제점.

대법원 2022. 7. 28. 선고 2022다225910 판결
[영조물 배상책임]

장 윤 영*

[사실관계]

1. 사건 당사자의 지위

원고 1은 제주특별자치도 서귀포시에 있는 교차로에서 오토바이를 운전하던 중 교통사고로 상해를 입은 사람이고, 원고 2, 3은 원고 1의 부모이다. 피고는 위 교통사고 당시 위 교차로의 도로관리청이자, 사고 현장에 있는 보조표지판을 설치·관리하던 지방자치단체이다.

2. 사고의 발생

1) 사고 장소의 현황

2017. 3.경 서귀포시 앞에는 동서쪽을 연결하는 편도 3차로의 일주동로와 북쪽으로 연결된 서호중앙로가 만나는 'ㅏ' 형태의 교차로(이하 '이 사건 교차로'라고 한다)가 있었다. 당시 이 사건 교차로의 일주동로 수모루 방면(동쪽)에서 이마트 방면(서쪽)으로는 3색(적색, 황색, 녹색) 신호등(이하 '이 사건 신호등'이라고 한다)과 유턴 지시표지 및 그에 관한 보조표지로서 '좌회전시, 보행신호시 / 소형 승용, 이륜에 한함'이라는 표지(이하 '이 사건 표지'라고 한다)가 설치되어 있었다. 그런데 이 사건 신호등을 바라보고 운전할 때 왼쪽으로는 좌회전할 수 있는 길이 없었기 때문에 이 사건 표지는 도로구조와 맞지 않았고, 이 사건 신호등에도 좌회전 신호가 없었기 때문에 이 사건 표지에 좌회전시 유턴하도록 되어 있는 부분은 신호체계와 맞지 않았다. 한편, 일주동로 이마트 방면(서쪽)에서 수모루 방면(동쪽)으로는 4색(적색, 황색, 좌회전 화살표, 녹색) 신호등(이하 '반대편 신호등'이라고 한다)이 설치되어 있었으며, 그 교차로 양쪽 일주동로에는 2개의 횡단보도와 보행자 신호등(이하 '보행자 신호등'

---

* 아주대학교 법학전문대학원 교수

- 741 -

이라고 한다)이 설치되어 있었다. 당시 위와 같이 이 사건 교차로에 설치되어 있던 신호등의 변경체계는 아래의 표와 같았다(신호 변경 사이에 황색이 점등되는 경우는 제외).

순번	시간(초)	이 사건 신호등	반대편 신호등	보행자 신호등	서호중앙로 신호등
1	56	녹색	녹색	적색	보행자 신호등 녹색
2	20	적색	좌회전 및 녹색	적색	
3	15	적색	적색	적색	차량 신호등 좌회전
4	29	적색	적색	녹색	

2) 사고 발생의 경위

원고 1과 그의 친구인 소외 1, 소외 2는 2017. 3. 29. 함께 제주도로 여행을 와서 각각 원동기장치자전거(이하 '오토바이'라고 한다)를 대여받은 후 이를 각자 운전하여 17:52 무렵 일주동로를 수모루 방면에서 이마트 방면으로 주행하고 있었는데, 이 사건 교차로에서 유턴을 하기 위해 유턴 전용 차로인 1차로에 원고 1과 소외 1, 소외 2 순서로 정차해 신호를 기다리게 되었다. 이 사건 신호등이 녹색에서 적색으로 변경되자, 잠시 후 원고 1은 소외 1, 소외 2에게 "야, 바뀌었다. 가자."라는 취지의 말을 하면서 손으로 신호를 보낸 후 유턴하여 반대편 도로의 3차로로 진입하였고, 소외 1도 원고 1의 뒤를 이어 유턴하였다. 그러나 소외 2는 유턴을 시작하지 않고 계속 1차로에 정차해 있었다.

그런데 당시 소외 3이 운전하던 트랙스 자동차(이하 '소외 자동차'라고 한다)가 시속 약 71km의 속도로 반대편인 일주동로 이마트 방면에서 수모루 방면으로 이 사건 교차로에 진입하였고, 반대편 신호등의 직진 및 좌회전 신호에 따라 계속 직진하다가 때마침 유턴하여 3차로로 진입한 원고 1의 오토바이 뒷부분을 충격하였다(이하 '이 사건 사고'라고 한다). 이 사건 사고로 인해 원고 1은 외상성 경막하 출혈 등의 상해를 입어 혼수상태에 빠졌고, 원심 변론종결 당시까지 의식을 회복하지 못하였다.

3. 소외 3에 대한 형사재판 경과

한편 소외 자동차의 운전자인 소외 3은 2018. 11. 16. 이 사건 사고를 일으켜 원고 1로 하여금 외상성 경막하 출혈 등의 상해를 입게 하였다는 교통사고처리특례법위반(치상)죄의 공소사실로 기소되었는데(제주지방법원 2018고단2507호), 2019. 8. 8. "전방주시의무를 제대로 이행하였다 하더라도 이 사건 사고를 예측하거나 회피할 수 있었다고 보기 어렵고, 주의의무를 위반한 과실이 있다고 인정할 증거가 없다."는 이유로 무죄를 선고받았다.

이에 대하여 검사가 항소하였고(제주지방법원 2019노685호), 항소법원은 2020. 5. 21. "전방과 주변 교통상황을 제대로 살피고 안전운전을 해야 할 주의의무를 위반한 과실로 이 사건 사고가 발생하였다."는 이유로 소외 3에 대한 공소사실 전부를 유죄로 인정하여 벌금 200만 원을 선고하였다. 그 판결은 그대로 확정되었다.

[사건의 경과]

원고는 이 사건 사고 발생 당시 이 사건 교차로는 'ㅏ'형태여서 원고 1이 진행하던 일주동로 수모루 방면에서 이마트 방면으로 가는 중에는 좌회전이 불가능하였고, 이 사건 신호등에도 좌회전 신호가 없었음에도, '좌회전시, 보행신호시' 유턴이 가능하다는 취지의 이 사건 표지가 잘못 설치되어 있었고, 이로 인하여 착오를 일으켜 유턴을 하다가 이 사건 사고를 당하였다고 주장하였다. 또한 이 사건 교차로의 도로관리청이자 이 사건 표지의 설치·관리주체인 피고는 자신이 설치·관리하는 영조물인 이 사건 표지가 도로상황과 전혀 맞지 않고 잘못 표기되어 있어 용도에 따라 통상 갖추어야 할 안전성을 갖추지 못한 하자가 있는데도 주의의무를 게을리 하여 제대로 관리하지 않았고, 원고 1로 하여금 헷갈리게 하여 이 사건 사고를 유발하였으므로 원고들에게 국가배상법에 따라 이 사건 사고로 인한 손해를 배상할 의무가 있다고 주장하였다.

이에 대해 1심법원[1]은 이 사건 표지 중 '좌회전시 유턴' 부분이 도로 및 신호등 현황과 맞지 않는 내용이라 하더라도 원고 1은 신호가 바뀌기를 기다려서 '보행신호시'에 유턴을 함으로써 충분히 사고를 방지할 수 있었음에도 원고 1은 '적색신호'에 유턴을 함으로써 이 사건 사고를 자초하였고, 이 사건 표지는 운전자가 '보행신호시'에 유턴을 할 것이라고 기대할만한 상대적인 안전성을 갖추고 있어서 '좌회전시 유턴' 부분이 도로 및 신호등 현황과 맞지 않는다고 하여 국가배상법 제5조 제1항에 정한 하자가 있다고 단정할 수는 없다는 점 등을 근거로 원고의 청구를 기각하였다.

이에 불복하는 원고의 항소에 대해 원심법원[2]은 이 사건 표지는 교통안전시설이므로 이 사건 교차로의 구조와 신호체계에 어긋남이 없이 설치되어 도로이용자에게 착오나 혼동을

---

1) 서울서부지방법원 2020. 10. 21. 선고 2020가합34394 판결.
2) 서울고등법원 2022. 2. 18. 선고 2020나2039267 판결.

일으켜서는 안 됨에도 불구하고 이 사건 교차로의 도로구조와 맞지 않는 기능상의 결함이 존재하고, 이러한 기능상의 결함은 운전자로 하여금 교통상황을 제대로 인식하지 못하게 만들어 순간적으로 잘못된 판단을 내리게 할 수 있다는 점 등을 근거로 국가배상법 제5조 제1항에 규정된 '영조물의 설치 또는 관리상의 하자'에 해당한다고 판시하였다. 이에 대해 피고가 상고를 제기하였다.

[대상판결]

대법원은 원심판결을 파기하고 사건을 다시 심리·판단하도록 원심법원에 환송하였다. 그 구체적인 설시를 요약하면 다음과 같다.

> 국가배상법 제5조 제1항에 규정된 '영조물 설치·관리상의 하자'는 공공의 목적에 공여된 영조물이 그 용도에 따라 통상 갖추어야 할 안전성을 갖추지 못한 상태에 있음을 말한다. 그리고 위와 같은 안전성의 구비 여부는 영조물의 설치자 또는 관리자가 그 영조물의 위험성에 비례하여 사회통념상 일반적으로 요구되는 정도의 방호조치의무를 다하였는지를 기준으로 판단하여야 하고, 아울러 그 설치자 또는 관리자의 재정적·인적·물적 제약 등도 고려하여야 한다. 따라서 영조물이 그 설치 및 관리에 있어 완전무결한 상태를 유지할 정도의 고도의 안전성을 갖추지 아니하였다고 하여 하자가 있다고 단정할 수는 없고, 영조물 이용자의 상식적이고 질서 있는 이용 방법을 기대한 상대적인 안전성을 갖추는 것으로 족하다.
> 원심은 이 사건 표지에는 이 사건 교차로의 도로구조와 맞지 않는 기능상의 결함이 존재하고 그와 같은 기능상의 결함은 국가배상법 제5조 제1항에 규정된 '영조물의 설치 또는 관리상의 하자'에 해당한다고 판단하였다. 그러나 이 사건 표지의 내용으로 인하여 운전자에게 착오나 혼동을 가져올 우려가 있는지 여부는 일반적이고 평균적인 운전자의 인식을 기준으로 판단하여야 하고, 이 사건 표지의 내용에 일부 흠이 있더라도 일반적이고 평균적인 운전자의 입장에서 상식적이고 질서 있는 이용 방법을 기대할 수 있다면 이를 이유로 이 사건 표지의 설치 또는 관리에 하자가 있다고 단정할 수 없다. 이 사건 표지에 '좌회전시, 보행신호시'라고 적시되어 있으므로 이 사건 신호등이 좌회전 신호이거나 혹은 보행자 신호등이 녹색 신호일 때 유턴이 가능하다는 의미로 이해된다. 그런데 이 사건 사고 발생 당시 이 사건 교차로에는 수모루 방면에서 이마트 방면으로 가는 경우 좌회전할 도로가 설치되어 있지 않았고 이 사건 신호등에 좌회전 신호도 없었다. 따라서 이 사건 표지에 따라 유턴이 허용되는 두 가지의 경우 중 이 사건 신호등이 좌회전 신호가 되는 경우는 있을 수 없다.

이 경우 일반적이고 평균적인 운전자라면 이 사건 표지에 따라 유턴이 허용되는 나머지 경우 즉, 보행자신호등이 녹색 신호일 때 유턴을 할 것으로 보인다. 이 사건 사고 이전에 이 사건 표지가 잘못 설치되었다는 민원이 제기되지 않았고 이 사건 표지로 인한 사고가 발생한 적이 없다는 사정도 그와 같은 점을 뒷받침한다. 이러한 사정을 고려하면 이 사건 표지에 이 사건 신호등의 신호체계 및 이 사건 교차로의 도로구조와 맞지 않는 부분이 있다고 하더라도 거기에 통상 갖추어야 할 안정성이 결여된 설치·관리상의 하자가 있다고 보기 어려워 원심의 판단에는 영조물의 설치·관리상의 하자에 관한 법리를 오해하여 판결에 영향을 미친 잘못이 있다.

[판결의 평석]

Ⅰ. 사안의 쟁점

국가배상법 제5조 제1항은 도로·하천, 그 밖의 공공의 영조물(營造物)의 설치나 관리에 하자(瑕疵)가 있기 때문에 타인에게 손해를 발생하게 하였을 때에는 국가나 지방자치단체는 그 손해를 배상하여야 한다고 규정한다. 대상판결의 쟁점은 도로에 설치된 교통표지판이 도로의 구조와 상황에 맞지 않는 상황에서 사고가 발생한 경우 그 교통표지판을 설치하고 관리하는 지방자치단체가 국가배상법 제5조에 따라 영조물책임을 부담하는지 여부이다. 오늘날 공공시설 등 국가나 지방자치단체가 설치·관리하는 시설이 증가하고, 자율주행자동차와 인공지능(AI) 등 기술의 발달로 위험의 영역과 정도가 커지는 상황에서 국가배상법상 영조물책임의 문제는 국민의 권익구제와 행정의 적법성 통제 관점에서 분석의 가치를 지닌다.

Ⅱ. 판례의 이해

1. 영조물의 설치·관리상 하자

국가배상법 제5조 제1항에 규정된 '영조물 설치·관리상의 하자'는 공공의 목적에 공여된 영조물이 그 용도에 따라 통상 갖추어야 할 안전성을 갖추지 못한 상태에 있음을 의미한다. 안전성이 결여되었는지 여부를 판단함에 있어서는 통상 영조물의 종류, 구조, 규모, 장소적 환경과 이용상황 등 다양한 제반 사정을 고려하여 판단하는데, 대상판결은 '안전성의 구비 여부'를 영조물의 설치자 또는 관리자가 그 영조물의 위험성에 비례하여 사회통념상 일반적으로 요구되는 정도의 방호조치의무를 다하였는지를 기준으로 판단하여야 한다고 판시한다. 나아가 대상판결은 안전성의 결여 여부를 판단함에 있어 그 설치자 또는 관리자의 재정적·인적·물적 제약 등도 고려하여야 한다고 하면서, 영조물이 그 설치 및 관리에 있어 완전무결한 상태를 유지할 정도의 고도의 안전성을 갖추지 아니하였다고 하여 하자가 있다고 단정할 수는 없고, 영조물 이용자의 상식적이고 질서 있는 이용 방법을 기대한 상대적인 안전성을 갖추는 것으로 족하다고 하는 종래부터 누적되어 온 판례 법리 중 하나를 그 판단의 기초로 삼는다.[3]

2. 판례의 분석

사고가 일어난 장소인 이 사건 교차로에는 수모루 방면에서 이마트 방면으로 가는 경우 좌회전할 도로가 설치되어 있지 않았고, 이 사건 신호등에는 좌회전 신호 표시 또한 존재하지 않았다. 그런데 이 사건 표지에는 '좌회전시, 보행신호시' 유턴을 할 수 있다고 적혀 있었다. 통상 위와 같은 표지의 의미는 신호등의 표시가 '좌회전 신호'이거나 '보행자 신호등이 녹색 신호'일 때 유턴이 가능하다는 것을 의미한다. 그런데 이 사건 사고 발생 지점에서는 이 사건 표지에 따라 유턴이 허용되는 두 가지의 경우 중 이 사건 신호등이 좌회전 신호가 되는 경우는 있을 수 없었던 것이다.

대상판결은 앞서 언급한 판례 법리에 따라 일반적이고 평균적인 운전자라면 이 사건 표지를 어떻게 이해하였을지, 즉 영조물 이용자의 상식적이고 질서 있는 이용 방법을 검토하였다. 그리고 이 사건 표지에 따라 유턴이 허용되는 경우는 '좌회전 신호'이거나 '보행자 신호등이 녹색 신호'인 경우인데, 현재 도로의 구조로는 좌회전이 애초에 불가능한 상황이므로 일반적이고 평균적인 운전자라면 나머지 경우인 '보행자 신호등이 녹색 신호'일 때만 유턴이 가능할 것이라고 이해할 것으로 판단하였다. 그럼에도 원고1은 '보행자 신호등이 녹색 신호'가 아닌 상황에서 유턴을 하다가 이 사건 사고를 당한 것이었다.

대상판결은 위와 같은 분석을 바탕으로 이 사건 표지의 내용에 일부 흠이 있기는 하지만 이 사건 표지에 대해서는 일반적이고 평균적인 운전자의 입장에서 상식적이고 질서 있

---

3) 대법원 2002. 8. 23. 선고 2002다9158 판결, 대법원 2013. 10. 24. 선고 2013다208074 판결 등 참조.

는 이용 방법을 기대할 수 있고, 원고 1은 그러한 측면에서 상식적이고 질서 있는 이용 방법에 따르지 않아 사고를 당한 것으로 보았다. 그러므로 이 사건 표지의 안전성은 결여되지 않았고, 지방자치단체는 이 사건 사고에 대해 국가배상법상 영조물책임을 부담하지 않는다는 결론에 이르렀다.

3. 소결

대상판결은 이 사건 표지의 내용이 현재 도로의 구조와 상황에 맞지 않는 것은 인정하면서도 이 사건 표지에 존재하는 흠을 영조물에 통상 갖추어야 할 안전성이 결여된 설치·관리상의 하자로 인정하지 않고 국가배상법상 영조물책임을 부정하였다. 이는 국가배상법상 영조물책임의 요건인 영조물의 설치·관리상 하자의 안전성 결여 개념을 이 사건 표지를 이용하는 사람의 상식적이고 질서 있는 이용 방법을 고려하는 상대적 안전성으로 이해함에 기인한 것이다.

Ⅲ. 법리의 검토

1. 국가배상법상 영조물의 개념

본래 '영조물(營造物)'은 일정한 행정목적의 효율적이고 합리적인 수행을 위해 설치된 인적·물적 종합시설을 의미하는데, 국공립의 교육·의료·보건·체육·문화시설 등이 그 예에 해당한다. 그러나 통설은 국가배상법 제5조에서의 영조물을 통상 행정주체에 의해 공공목적에 제공된 유체물, 강학상 '공물(公物)'로 이해한다.[4] 판례 또한 "공공의 영조물"을 "국가 또는 지방자치단체에 의하여 특정 공공의 목적에 공여된 유체물 내지 물적설비를 지칭하며(당원 1981. 7. 7. 선고 80다2478 판결 참조), 특정공공의 목적에 공여된 물이라 함은 일반공중의 자유로운 사용에 직접적으로 제공되는 공공용물에 한하지 아니하고, 행정주체 자신의 사용에 제공되는 공용물도 포함하며 국 또는 지방자치단체가 소유권, 임차권 그 밖의 권한에 기하여 관리하고 있는 경우 뿐만 아니라 사실상의 관리를 하고 있는 경우도 포함한다"고 판시한 바 있다.[5] 따라서 이 사건 표지는 도로 등과 마찬가지로 인공공물로서 영조

---

4) 김동희/최계영, 『행정법 I』, 제26판, 2021, 582면 참조.
5) 대법원 1995. 1. 24. 선고 94다45302 판결.

물에 해당한다.

2. 영조물의 설치·관리상의 하자

1) 학설의 현황

영조물의 설치·관리상 하자는 영조물이 통상 갖추어야 할 안전성을 결여한 것으로 이해되는데 안전성의 결여 여부를 판단하는 기준에 주관적 요소, 즉 관리자의 고의·과실이 고려되어야 하는지에 관하여 다양한 견해가 제시된다.

① 객관설은 영조물의 하자 유무는 객관적으로 판단하고, 하자 발생에 있어 관리자의 과실 유무는 문제되지 않는다고 보는 견해로, 국가배상법 제5조의 배상책임을 순수한 무과실책임으로 이해한다.[6] 영조물에 흠결이 있어 손해가 발생한 경우 국가는 과실이나 재정력과 무관하게 배상책임을 지게 되므로 피해자 두텁게 보호하는 견해로서, 이 견해가 종래의 통설이다.[7]

② 의무위반설은 영조물의 설치·관리의 하자를 관리자의 영조물에 대한 안전확보의무위반 내지는 사고방지의무위반(주의의무 위반)에 기인한 물적 위험상태로 보는 견해이다.[8] 국가배상법 제5조의 배상책임은 순수한 결과책임 또는 절대적 무과실책임이 아니고, 적어도 하자의 존재를 그 요건으로 하고 있다는 점에서, 하자발생에 있어 어떠한 의미에서든지 관리자의 주관적 귀책사유가 있어야 한다는 인식을 그 배경으로 하는데, 이는 영조물책임을 일종의 과실책임으로 이해한다.[9] 하자의 판단에 주관적 요소를 도입하는 것은 피해자 구제 관점에서 바람직하지 않다는 비판이 있으나, 이에 대해서는 고도의 객관화된 의무를 요구함으로써 극복할 수 있다는 재반박이 가능하다.[10]

③ 절충설은 국가배상법 제5조의 하자를 그 물적 결함상태뿐만 아니라 그 관리자의 관리행위의 과오도 그에 포함시켜 이해하는 입장으로, 절충설의 배경은 객관설에 따를 때 자연현상(낙뢰, 산사태 등)으로 인해 공물(도로 등)에 발생한 사고에 대해 관리자가 위험사태를 적절하게 예측하지 못하여 마땅히 하여야 할 조치(도로통행금지조치 등)를 태만히 한 경우가 있을 수 있고, 이 경우 공물 자체에는 흠이 없어 국가 등의 배상책임을 인정할 수 없는 문

---

6) 김남철, 『행정법강론』, 제9판, 2023, 642면; 김동희/최계영, 『행정법I』, 제26판, 2021, 583면.
7) 김동희/최계영, 『행정법I』, 제26판, 2021, 583면.
8) 김동희/최계영, 『행정법I』, 제26판, 2021, 583면.
9) 김남철, 『행정법강론』, 제9판, 2023, 643면.
10) 김동희/최계영, 『행정법I』, 제26판, 583-584면.

제가 발생할 수 있다는 문제의식에 있다.[11] 이 견해에 따르면, 공물과 관련하여 손해가 발생하면 그것이 당해 공물의 물적 결함에 의한 것인지 아니면 관리자의 관리행위에 기인한 것인지 불문하고 국가배상법 제5조로 해결 가능하고, 자연재해에 대해서도 관리자의 안전관리에의 대응이 불충분하였다면 국가배상법 제5조에 의해 피해자 구제 가능하다.[12] 그러나 우리 학설상 절충설을 적극적으로 주장하는 입장은 없다.[13]

④ 위법·무과실책임설은 국가배상법 제5조의 책임을 영조물의 물적 상태에 초점을 두는 객관설과 달리 행위책임으로 보고 위법·무과실책임으로 파악하는 견해이다.[14] 국가배상법 제5조의 책임은 영조물 자체의 하자가 아니라 영조물의 설치 또는 관리상 하자(관리주체의 안전의무 위반)를 그 요건으로 한다는 점 등을 근거로 하는 이 견해는 국가배상법 제5조는 공무원의 고의·과실을 요건으로 하지 않으므로 설치·관리의 하자 판단에 있어 공무원의 주관적인 고의·과실여부는 불문한다.[15]

2) 판례의 태도

국가배상법상 영조물책임에 관한 판례의 태도는 객관설 입장에 있는 것과 의무위반설 입장에 있는 것으로 구분할 수 있다. 우선 객관설의 입장을 취하고 있는 판례는 다음과 같다. 도로의 지하에 매설되어 있는 상수도관에 균열이 생겨 그 틈으로 새어 나온 물이 도로 위까지 유출되어 노면이 낮은 기온으로 인하여 결빙된 상황에서 택시를 운행하던 사람이 노면이 결빙되어 있는 사실을 모른 채 위 지점을 지나가다가 미끄러지면서 중앙선을 넘어가 마침 반대차선에서 오던 화물차와 충돌하여 사망한 사안에서 국가배상법 제5조 소정의 영조물의 설치, 관리상의 하자라 함은 영조물의 설치 및 관리에 불완전한 점이 있어 이 때문에 영조물 자체가 통상 갖추어야 할 안전성을 갖추지 못한 상태에 있는 것을 말하는 것이고, 도로지하에 매설되어 있는 상수도관에 균열이 생겨 그 틈으로 새어 나온 물이 도로 위까지 유출되어 노면이 결빙되었다면 도로로서의 안전성에 결함이 있는 상태로서 설치, 관리상의 하자가 있다고 보았다. 또한 국가배상법 제5조 소정의 영조물의 설치, 관리상의 하자로 인한 책임은 무과실책임이고, 나아가 민법 제758조 소정의 공작물의 점유자의 책임과는 달리 면책사유도 규정되어 있지 않으므로 국가 또는 지방자치단체는 영조물의 설

---

11) 김동희/최계영, 『행정법I』, 제26판, 2021, 584면.
12) 김동희/최계영, 『행정법I』, 제26판, 2021, 584-585면.
13) 김동희/최계영, 『행정법I』, 제26판, 2021, 585면.
14) 정하중/김광수, 『행정법개론』, 제17판, 2023, 552면.
15) 정하중/김광수, 『행정법개론』, 제17판, 2023, 553면.

치, 관리상의 하자로 인하여 타인에게 손해를 가한 경우에 그 손해의 방지에 필요한 주의를 해태하지 아니하였다 하여 면책을 주장할 수도 없다고 판시하였다.16) 이 판례에서 법원은 영조물의 설치 또는 관리상의 하자로 인한 사고라 함은 영조물의 설치 또는 관리상의 하자만이 손해발생의 원인이 되는 경우만을 말하는 것이 아니고, 다른 자연적 사실이나 제3자의 행위 또는 피해자의 행위와 경합하여 손해가 발생하더라도 영조물의 설치 또는 관리상의 하자가 공동원인의 하나가 되는 이상 그 손해는 영조물의 설치 또는 관리상의 하자에 의하여 발생한 것이라고 해석함이 상당하다고도 보았다.17)

다음으로 의무위반설 입장에 있다고 평가되는 판례는 승용차를 운전하여 가다가 반대방향 도로 1차선에 떨어져 있던 길이 120Cm, 직경 2Cm 크기의 U자형 쇠파이프가 번호미상 갤로퍼 승용차 뒷타이어에 튕기어 운전자의 승용차 앞유리창을 뚫고 들어오는 바람에 쇠파이프에 목부분이 찔려 개방성 두개골 골절 등으로 사망한 사안에서 국가배상책임이 인정된 사안이다. 판례는 해당사안에서 "도로의 설치 또는 관리의 하자는 도로의 위치 등 장소적인 조건, 도로의 구조, 교통량, 사고시에 있어서의 교통사정 등 도로의 이용상황과 그 본래의 이용목적 등 제반 사정과 물적 결함의 위치, 형상 등을 종합적으로 고려하여 사회통념에 따라 구체적으로 판단하여야 할 것인바, 도로의 설치 후 제3자의 행위에 의하여 그 본래 목적인 통행상의 안전에 결함이 발생한 경우에는 도로에 그와 같은 결함이 있다는 것만으로 성급하게 도로의 보존상 하자를 인정하여서는 안되고, 당해 도로의 구조, 장소적 환경과 이용상황 등 제반 사정을 종합하여 그와 같은 결함을 제거하여 원상으로 복구할 수 있는데도 이를 방치한 것인지 여부를 개별적, 구체적으로 심리하여 하자의 유무를 판단하여야 한다"고 판시하면서, 그와 같은 쇠파이프가 도로에 떨어져 있었다면 일단 도로의 관리에 하자가 있는 것으로 볼 수 있으나, 사고 당일 사고 발생 33분 내지 22분 전에 피고 운영의 과적차량 검문소 근무자 교대차량이 사고장소를 통과하였으나 위 쇠파이프를 발견하지 못한 사실을 인정하면서 피고가 관리하는 넓은 국도상을 더 짧은 간격으로 일일이 순찰하면서 낙하물을 제거하는 것은 현실적으로 불가능하다 하여 피고에게 국가배상법 제5조 제1항이 정하는 손해배상책임이 없다고 보았다.18)

위와 같은 의무위반설 입장에 선 판례의 태도는 더욱 심화되어 영조물이 완전무결한 상태에 있지 아니하고 그 기능상 어떠한 결함이 있다는 것만으로 영조물의 설치 또는 관리에 하자가 있다고 할 수 없는 것이고, 위와 같은 안전성의 구비 여부를 판단함에 있어서는 당

---

16) 대법원 1994. 11. 22. 선고 94다32924 판결.
17) 대법원 1994. 11. 22. 선고 94다32924 판결.
18) 대법원 1997. 4. 22. 선고 97다3194 판결.

해 영조물의 용도, 그 설치장소의 현황 및 이용 상황 등 제반 사정을 종합적으로 고려하여 설치 관리자가 그 영조물의 위험성에 비례하여 사회통념상 일반적으로 요구되는 정도의 방호조치의무를 다하였는지 여부를 그 기준으로 삼아야 할 것이며, 객관적으로 보아 시간적·장소적으로 영조물의 기능상 결함으로 인한 손해발생의 예견가능성과 회피가능성이 없는 경우 즉 그 영조물의 결함이 영조물의 설치관리자의 관리행위가 미칠 수 없는 상황 아래에 있는 경우에는 영조물의 설치관리상의 하자를 인정할 수 없다는 입장을 취하였다.[19]

판례는 더 나아가 설치관리자의 예견가능성과 회피가능성 외에 영조물을 이용하는 이용자들의 이용 방법까지도 고려하기에 이르렀는데, 그러한 태도가 대상판결에서도 이어졌다. 이용자들의 이용 방법을 언급한 판결로 대표적인 것은 운전자가 차량을 운전하여 지방도 편도 1차로를 진행하던 중 커브길에서 중앙선을 침범하여 반대편 도로를 벗어나 도로 옆 계곡으로 떨어져 동승자가 사망한 사안이 그것이다. 해당사안에서 대법원은 국가배상법 제5조 제1항에 규정된 '영조물 설치·관리상의 하자'는 공공의 목적에 공여된 영조물이 그 용도에 따라 통상 갖추어야 할 안전성을 갖추지 못한 상태에 있음을 말하고, 위와 같은 안전성의 구비 여부는 영조물의 설치자 또는 관리자가 그 영조물의 위험성에 비례하여 사회통념상 일반적으로 요구되는 정도의 방호조치의무를 다하였는지를 기준으로 판단하여야 한다고 보았다. 아울러 법원은 안전성의 구비 여부를 판단함에 있어 그 설치자 또는 관리자의 재정적·인적·물적 제약 등도 고려하여야 한다고 보았다. 이에 따르면, 영조물인 도로의 경우 그 설치 및 관리에 있어 완전무결한 상태를 유지할 정도의 고도의 안전성을 갖추지 아니하였다고 하여 하자가 있다고 단정할 수는 없고, 그것을 이용하는 자의 상식적이고 질서 있는 이용 방법을 기대한 상대적인 안전성을 갖추는 것으로 족하다고 보았다. 이러한 법리에 근거하여 법원은 좌로 굽은 도로에서 운전자가 무리하게 앞지르기를 시도하여 중앙선을 침범하여 반대편 도로로 미끄러질 경우까지 대비하여 도로 관리자인 지방자치단체가 차량용 방호울타리를 설치하지 않았다고 하여 도로에 통상 갖추어야 할 안전성이 결여된 설치·관리상의 하자가 있다고 보기 어려워 배상책임을 부정하였다.[20]

3. 소결

국가배상법 제5조 제1항은 도로·하천, 그 밖의 공공의 영조물(營造物)의 설치나 관리에 하자(瑕疵)가 있기 때문에 타인에게 손해를 발생하게 하였을 때에는 국가나 지방자치단체

---

19) 대법원 2000. 2. 25. 선고 99다54004 판결.
20) 대법원 2013. 10. 24. 선고 2013다208074 판결.

는 그 손해를 배상하여야 한다고 규정한다. 법문언 자체에 집중하면 영조물 자체의 하자로 인하여 발생한 손해를 배상하는 것이 아닌 영조물의 설치 또는 관리의 하자로 인해 발생한 손해를 배상하는 것으로 일견 보인다. 따라서 국가배상법 제5조의 영조물책임을 완전한 무과실책임으로 해석하기는 어렵다고 판단된다. 그러나 그렇다고 하더라도 '이용자의 상식적이고 질서 있는 이용방법'을 고려하여 안전성이 결여되지 않았다는 결론에 이르는 대상판결의 논증 방식에는 의문이 있다.

이 사건 표지의 내용이 현재 도로의 구조와 상황에 맞지 않는 것은 자명한 사실이고, 대상판결도 이를 인정하였다. 심지어 원심판결에서는 이 사건 표지판의 내용이 현실과 맞지 않게 된 연유에 대해 향후 이 사건 도로가 '十' 모양으로 변경될 상황이어서 그에 맞추어 미리 이 사건 표지를 설치한 것으로 보인다고 밝히고 있다. 일반적으로 이 사건 표지와 같은 도로표지판은 교통안전시설로서 도로에서의 사고 위험을 방지하고 교통의 안전과 원활한 소통을 확보할 목적으로 설치된 것으로서 그 내용이 설치 장소의 구조나 상황, 신호체계에 부합해야 한다. 특히 이 사건 표지는 도로에서 운전자로 하여금 어떤 신호가 켜져 있을 때 유턴을 할 수 있는지 알리는 역할을 하는 표지이므로 그 표지의 내용으로 인하여 운전자에게 착오나 혼동이 발생하는 경우 교통사고 발생의 위험성이 크게 증가할 수 있다. 따라서 이 사건 표지를 설치·관리하는 지방자치단체의 입장에서는 이 사건 표지로 인하여 교통사고 등 손해가 발생할 것이 충분히 예상되고, 도로와 신호체계의 현 상황에 맞게 표지판을 변경하는 등의 조치를 통해 사고 발생을 충분히 회피할 수 있었다. 도로 표지판을 현실에 맞게 변경하고 향후 도로가 '十'모양으로 변경되었을 때 이를 다시 수정한다고 하여 재정적·시간적·기술적 제약이 가해지는 것이라고 볼 여지도 적다.

앞선 판례의 태도에서 '이용자의 상식적이고 질서 있는 이용방법'을 문제 삼았던 사안은 운전자가 커브길에서 중앙선을 침범하여 반대편 도로를 벗어나 도로 옆 계곡으로 떨어져 동승자가 사망한 사안과 같은 통상 예상할 수 있는 범위를 벗어나는 예외적인 경우에 해당한다. 그러나 대상판결의 이 사건 사고의 경우에는 다르다. 통상적인 운행을 하는 사람이라면 누구든지 도로의 표지판이 현실 상황과 다를 때 순간적으로 착오하여 판단에 오류를 범할 수 있는 것이라고 보는 것이 더 상식적이고 합리적인 인간의 모습이라고 할 수도 있다. 판례가 상정하는 것처럼 좌회전할 도로가 설치되어 있지 않았고, 좌회전 신호 표시 또한 존재하지 않는 상황에서 표지에는 '좌회전시, 보행신호시'유턴을 할 수 있다고 적혀 있을 때, '보행자 신호등이 녹색 신호'일 때만 유턴이 가능할 것이라고 이해할 수도 있겠지만 반대로 표시가 아예 잘못 되었기 때문에 신호와 관계없이 보행자나 다른 자동차의 정상적인 통행을 방해할 염려가 없으면 유턴이 가능하다고 충분히 생각할 수 있을 것이라 기대된다. 영조물책임의 요건이 되는 하자에 '상식적이고 질서 있는 이용방법'을 고려하는 것의 문제점은 설치·관리자의 주관적 귀책사유에서 더 나아가 이용자의 주관적 사정까지 고려하여 '영조물의 설치·관리상의 하자'의 개념을 모호하게 만들고, 결과적으로 권익 구제의 범위를 좁힌다는 것이다. 이러한 판례의 태도는 영조물책임의 존재 의의를 의심하게 한다.

국가배상법상 영조물책임은 공법상 독자적인 제도로서 국가배상책임의 일종으로, 본질적으로 국가배상은 공적 부담 앞의 평등과 사회연대를 실현하는 수단이자 행정의 위법성 통제기능을 담당한다는 제도로서 항고소송과 대등한 기능을 담당한다.[21] 공적 부담 앞의 평등은 프랑스에서 발전된 국가배상책임 법리로서 공동체를 위해 국가가 수행하는 업무가 일정한 국민에게 손해를 끼칠 위험이 존재함을 인정하고, 그로 인해 발생하는 손해는 공동체가 책임진다는 것을 의미한다.[22] 이러한 국가배상책임의 기능을 고려할 때, 이 사건 표지가 현실과 맞지 않는 흠이 명백히 존재함에도 불구하고, 이용자의 '비상식적 이용'을 들어 이 사건 표지에 대한 설치·관리상 책임이 있는 지방자치단체에 배상책임 자체가 성립하지 않는다는 일종의 면죄부를 부여하는 것으로 쉬이 허용되어서는 안 된다. 이는 "다른 자연적 사실, 제3자의 행위 또는 피해자의 행위와 경합하여 손해가 발생하더라도 영조물의 설치 또는 관리상의 하자가 공동원인의 하나가 되는 이상 그 손해는 영조물의 설치 또는 관리상의 하자에 의하여 발생한 것"이라고 본 판례의 태도[23]와도 논리적으로 맞지 않다. 그럼에도 불구하고 이 사건 표지에 존재하는 흠을 영조물에 통상 갖추어야 할 안전성이 결여된 설치·관리상의 하자로 인정하지 않고 국가배상법상 영조물책임을 부정한 대상판결의 태도는 국가배상책임의 공법적 본질과 기능을 고려하지 않은 것으로서 비판적 검토가 가능하다. 대상판결이 고려하는 이용자의 비상식적 이용은 과실상계 등 손해의 범위를 산정하는 단계에서 다루어질 수 있을 것이지, 이를 손해의 성립 자체를 부정하는 도구로 사용할 수는 없을 것이다.[24]

---

21) 박정훈, 『행정법 개혁의 과제』, 2023, 86면.
22) 최계영, "처분의 취소판결과 국가배상책임", 『행정판례연구』 제18권 제1호, 2013, 287면.
23) 대법원 1994. 11. 22. 선고 94다32924 판결.
24) 국가배상책임의 성립을 긍정하고, 배상액 산정에 있어서 제한을 가하는 논리에 관하여 언급한 문헌으로 박정훈, 위의 책, 61-62면; 최계영, "처분의 취소판결과 국가배상책임", 『행정판례연구』 제18권 제1호, 2013, 287-288면, 292면. 2013. 프랑스에서 '역무과실'이 있을 때 국가와 공공단체의 책임을 인정하고, 손해나 인과관계의 부인, 과실상계 등 다른 요건들이 책임의 지나친 확대를 방지하는 수단으로 이용하고 있다고 소개하는 문헌으로 박현정, "프랑스 행정법상 과실책임 제도", 『행정법연구』 제41호, 2015, 57면. 한편 영조물의 이용자가 피해자가 되는 경우에 영조물의 설치 또는 관리상 하자가 추정되는 경우가 있다고 하면서 프랑스 제도로부터 일정한 시사점을 도출하는 문헌으로 송시강, "분석철학의 관점에서 바라본 국가책임법상 논쟁", 『행정법연구』 제56호, 2019, 77면 참조.

Ⅳ. 요약과 결론

이상의 설명은 다음과 같은 몇 개의 명제로 정리할 수 있다.

1. 대상판결은 도로의 상황과 맞지 않는 표지판이 존재함에도 이를 통상 갖추어야 할 안전성이 결여된 설치·관리상의 하자로 인정하지 않음으로써 국가배상법상 영조물책임을 부정하였다.

2. 이러한 대상판결의 입장은 영조물의 설치·관리상의 하자 관념에 설치·관리자의 주관적 상황에 더하여 이용자의 '상식적이고 질서 있는 이용방법'이라는 모호한 개념을 통해 실제 설치·관리상의 흠이 명백하게 존재하고, 설치·관리자의 주관적 상황에 비추어 사고를 충분히 예측할 수 있고 회피할 수 있음에도 불구하고 설치·관리자의 책임 성립을 인정하지 않았다는 점에서 부당하다.

3. 이와 같은 대상판결의 입장은 공법상 독자적 제도로서 국가배상책임의 본질적 의미와 국가배상의 공적 부담 앞의 평등 실현과 위법성 통제 기능에 반하는 것으로 비판적으로 검토가 가능하다. 대상판결이 고려하는 이용자의 비상식적 이용과 같은 피해자의 사정은 과실상계 등 배상액의 범위를 산정하는 단계에서 다루어질 것이지, 이를 손해의 성립 자체를 부정하는 도구로 사용할 수는 없을 것이다.

생각할 문제

1. 국가배상책임의 법적 성질과 기능은 무엇인가.

2. 국가배상법 제5조에서 영조물의 설치·관리상 하자의 의미를 설명하라.

3. 국가배상법 제2조 책임과 국가배상법 제5조 책임의 관계에 관하여 검토하라.

대법원 2018. 12. 27. 선고 2014두11601 판결
[손실보상 규정의 유추적용]

[사실관계]

원고(갑 주식회사)는 1995. 8. 18. 포천시 영북면 대회산리 산 51－2(이하 '이 사건 토지'라 한다) 등에서 하천 공작물 설치공사허가를 받은 후 공사 착공을 하여 1998. 5. 4. 위 토지 소재 수력발전용 댐 구조물(이하 '이 사건 댐'이라 한다)을 준공하였다. 원고는 그 무렵 포천 시장으로부터 이 사건 댐이 있는 이 사건 토지 일대의 한탄강 하천수에 대한 사용허가(유수 사용 목적의 하천점용허가, 사용허가 만료시점은 2010. 12. 31.이다)를 받아 이 사건 댐을 가 동하며 소수력발전사업을 영위하였다.

피고(한국수자원공사)는 한탄강 홍수조절댐 건설사업(이하 '이 사건 사업'이라 한다)의 시행 자로서 2010. 12. 22.을 수용개시일로 하여 댐 건설에 필요한 이 사건 토지 등을 수용하였 는데, 원고에게 이 사건 댐을 구성하는 지장물과 영업손실에 대한 보상은 하였으나(중앙토 지수용위원회의 2010. 10. 29.자 수용재결), 하천수 사용권에 대하여는 별도로 보상금을 산정 ·지급하지 않았다.

중앙토지수용위원회는 2013. 6. 20."물 사용에 관한 권리는 그 성격상 허가만으로 수익 이 발생된다고 보기 어렵고 다른 자산과 결합하여 수익이 발생하므로 다른 권리와는 달리 처분성이 제한되므로 독립성이 제한적이라고 볼 수 있고, 이미 보상을 완료한 영업손실 보 상금액에 '물 사용에 관한 권리' 부분이 포함되어 있다면 그에 관해 별도 보상하여 달라는 주장은 받아들일 수 없다"는 이유로 재결신청을 기각하였다.

이에 원고는 '하천수 사용권'에 대하여 '물의 사용에 관한 권리'로서의 정당한 보상금을 지급하라는 취지의 보상금 증액의 소를 제기하였다.

---

1) 대전지방법원 2013. 10. 16. 선고 2010구합4805 판결.

[사건의 경과]

1. 원고의 주장

원고는 포천시장으로부터 이 사건 토지 일대에 대한 하천점용허가 및 한탄강 하천수 사용허가를 받아 이 사건 토지 일대에서 소수력발전사업을 영위하였으나 이 사건 사업으로 인하여 이 사건 댐이 수용되어 한탄강 하천수를 사용하지 못하게 되었다. 원고의 위와 같은 하천수 사용권은 독립하여 보상대상이 되는 권리로서 공익사업을 위한 토지 등의 취득 및 보상에 관한 법률(이하 '토지보상법'이라 한다) 제76조 제1항에 정한 물의 사용에 관한 권리에 해당하므로, 피고는 원고에게 물의 사용에 관한 권리의 정당한 보상금으로 13억 2천만 원 및 이에 대한 지연손해금을 지급하여야 한다.

2. 제1심판결

제1심법원은 원고의 청구를 기각하였는데 그 판결의 요지는 다음과 같다.

"토지보상법 제3조 제3호나 제76조 제1항 등은 동법에 의한 보상의 대상이 되는 권리로 물의 사용에 관한 권리와 함께 광업권 및 어업권에 대하여 정하고 있는데, 광업권 및 어업권은 각각 광업법 및 수산업법에서 물권에 준하는 권리로 보아 그 권리의 설정, 성질, 양도 및 담보제공, 처분의 제한 등에 관하여 정하고 있는 반면, 하천점용허가 내지 하천수사용허가에 따른 권리는 하천법상 이를 독립된 권리로 보아 처분할 수 있음을 전제로 한 규정을 찾아볼 수 없고 오히려 관리청이 그 점용료나 사용료를 징수할 수 있도록 규정되어 있는 점에 비추어, 하천법상의 하천점용허가 내지 하천수사용허가에 따른 권리를 광업권이나 어업권과 마찬가지로 관계 법령상 물권에 준하는 권리로서 토지보상법 제76조 제1항 등 소정의 '물의 사용에 관한 권리'에 해당한다고 보기는 곤란하다고 할 것이다.

한편 하천법 제35조 및 제50조 제8항은 하천관리청이 새로이 하천점용허가나 하천수사용허가를 하는 경우 새로이 허가를 받는 자는 기득하천사용자의 손실을 보상하도록 규정하고 있는데 … 원고는 하천점용허가 및 하천수사용허가를 받아 그 허가기간을 계속 연장하면서 소수력발전소를 운영해오다가 2010. 10. 29.자 수용재결에 의하여 그 영업이 폐지됨에 따른 영업손실보상금을 이미 수령하였는데, 위 영업손실보상금은 원고가 하천수를 이용함으로써 얻게 되는 수익 등을 함께 고려하여 평가된 점도 알 수 있다.

그러므로 하천법상 하천수사용허가에 따른 원고의 하천수 사용권을 물의 사용에 관한 권리로 보아 그에 대한 보상금이 증액되어야 한다는 원고의 주장은 더 나아가 살펴 볼 필요 없이 이유 없다."

3. 원심판결[2]

이에 불복한 원고의 항소에 대하여 원심법원은 제1심법원과 결론을 달리하였다. 원고의 항소를 일부 받아들인 원심법원의 판결 요지는 다음과 같다.

"원고의 이 사건 하천수 사용허가로 인한 권리는 재산권적 성격, 독점성, 배타성, 양도성 등을 갖춘 물권에 준하는 권리로서 토지보상법 제76조 제1항이 정하는 '물의 사용에 관한 권리'라고 보는 것이 타당하며 토지보상법 및 하천법상의 손실보상의 대상이 되는 권리에 해당한다 할 것이다.

토지보상법 제76조 제1항은 광업권·어업권 및 물 등의 사용에 관한 권리에 대하여는 투자비용, 예상 수익 및 거래가격 등을 고려하여 평가한 적정가격으로 보상하여야 한다고, 같은 조 제3항은 제1항에 따른 보상액의 구체적인 산정 및 평가방법은 국토교통부령으로 정한다고 규정하고 있다. 토지보상법 시행규칙은 광업권, 어업권의 손실 평가액 산정방법을 규정하고 있으나 위 시행규칙에 물의 사용에 관한 권리의 손실 평가에 관한 규정은 없다.

한편 토지보상법 시행규칙 제44조 제1항, 수산업법시행령 [별표 4] 1. 가.1)항, 2.가.1).가)항에 의하면 면허어업의 경우로서 어업권이 취소되었거나 어업권 유효기간의 연장이 허가되지 않은 경우에는 직전 3개년간 평년수익액을 연리(12퍼센트)로 나눈 금액과 어선·어구 또는 시설물의 잔존가액을 합한 금액으로 손실액을 산출하도록 되어 있다.

면허어업은 독점적, 배타적인 어업행위를 특허를 통해 허용한 것으로서 하천수 사용허가의 독점적, 배타적인 성격 및 특허로서의 성격과 유사한 점, 면허어업의 손실액 산정방법 자체는 일본 토지수용법이 물의 사용에 관한 권리의 손실액 산정시 사용하는 방법과 동일한 점, 면허어업의 경우에 환원율인 12%는 한국의 실정을 반영한 비율로 추정할 수 있는 점, 이와 같은 손실액 산정 방식도 수익환원법이라고 볼 수 있는 점을 종합하면, 면허어업의 손실액 산정 방법을 이 사건 하천수 사용허가에 따른 물의 사용에 관한 권리의 손실액 산정방법에 준용하는 것이 타당한 것으로 보인다.

또한 어업권 손실보상 산정방식에서 별도로 영업보상을 하지 않는 것으로 보이고, 기존 3개년 평균수익액을 기준으로 물의 사용에 관한 권리의 손실액을 산정하였는데, 그와 별도

---

[2] 대전고등법원 2014. 7. 17. 선고 2013누1773 판결.

로 평균수익액을 기준으로 한 2년간의 영업보상을 하는 것은 중복보상에 해당하여 이를 공제하는 것이 타당한 것으로 보인다."

즉, 원심은 원고의 하천수 사용권이 토지보상법 제76조 제1항이 정하는 물의 사용에 관한 권리에 해당함을 전제로 하여 보상액을 별도로 산정하였고, 그 산정방식과 관련하여서는 토지보상법 시행규칙에 물의 사용에 관한 권리의 손실평가에 관한 규정이 없으므로, 수산업법 시행령 별표 4(어업보상에 대한 손실액의 산출방법·기준) 중 면허어업(어업권)에 대한 손실액 산정방법·기준을 유추적용하여 하천수 사용권만의 보상액을 산정하고, 거기에서 원고가 이미 수령한 영업손실 보상금을 공제하는 방법을 택하였다.

[대상판결]

원심판결에 대하여 원고와 피고 쌍방이 상고하였는데, 대법원은 상고를 모두 기각하였다. 먼저, 피고의 상고이유는 원고의 하천수 사용권이 토지보상법 제76조 제1항에서 손실보상의 대상으로 규정하고 있는 물의 사용에 관한 권리에 해당하지 않는다는 것이었다. 이 부분은 제1심판결과 원심판결이 결론을 달리한 이 사건 최대의 쟁점이었고, 대법원에서 원심판결을 수긍하여 원고의 하천수 사용권이 '물의 사용에 관한 권리'에 해당한다고 판단하였다(다만, 원심은 이를 물권에 준하는 권리라고 보았으나 대법원은 특허에 의한 공물사용권의 일종으로 보았다).

원고의 상고이유는 두 가지이다. 첫째, 원심이 경험칙과 논리칙에 반하는 임의적인 방법으로 평가한 금액으로 보상금 지급을 명하였다는 것이다. 원심판결은 제1심과 원심에서 실시한 감정 및 보완감정 결과를 채택하지 아니하고 법령의 유추적용으로 하천수만의 보상액을 산정하였는데, 이에 대하여 원고는 감정인의 감정결과에 현저한 잘못이 없는데도 이를 배척한 잘못이 있다고 주장하였다. 둘째, 공제의 문제이다. 물의 사용에 관한 권리에 대한 보상은 토지보상법 제76조 제1항을 근거로 하는 것이고, 영업보상은 토지보상법 제77조를 근거라 하는데, 전자는 권리 자체에 대한 보상이고 후자는 영업활동에 대한 보상이므로 이를 이중보상이라고 볼 수 없음에도 원심이 영업보상금을 물의 사용에 관한 권리 보상액에서 공제한 것은 잘못이라는 주장이다.

이러한 원고의 상고이유에 대한 대상판결의 구체적인 설시는 다음과 같다.3)

---

3) 이 글의 논의 대상은, 하천수 사용권이 물의 사용에 관한 권리로서 손실보상의 대상이 된다는 전제 하에 손실보상액 산정의 기준 및 방법을 정하는 것이므로, 피고의 상고이유에 대한 대상판결의 설시 및

2. 원고의 상고이유에 대하여

가. 손실보상액 산정의 기준과 방법에 관한 상고이유 주장에 관하여

(1) 물건 또는 권리 등에 대한 손실보상액 산정의 기준이나 방법에 관하여 구체적으로 정하고 있는 법령의 규정이 없는 경우에는, 그 성질상 유사한 물건 또는 권리 등에 대한 관련 법령상의 손실보상액 산정의 기준이나 방법에 관한 규정을 유추적용할 수 있다(대법원 1988. 12. 20. 선고 88누1059 판결, 대법원 1992. 5. 22. 선고 91누12356 판결, 대법원 1999. 11. 23. 선고 98다11529 판결, 대법원 2002. 11. 26. 선고 2001다44352 판결 등 참조).

(2) 원심은 그 판시와 같은 이유로, 아래와 같은 취지로 판단하였다.

① 토지보상법 제76조 제1항은 광업권·어업권 및 '물의 사용에 관한 권리'에 대하여 보상하여야 한다고 규정하고 있는데, 그 위임을 받은 토지보상법 시행규칙은 제43조에서 광업권의 평가에 관하여, 제44조에서 어업권의 평가에 관하여 각 규정하고 있을 뿐이고, 토지보상법 및 그 시행령, 시행규칙에 '물의 사용에 관한 권리'의 평가에 관한 규정이 없다.

② 하천법 제50조에 의한 하천수 사용권과 면허어업의 성질상 유사성[허가어업이나 신고어업과는 달리 어업면허를 받은 자는 어업권원부에 등록함으로써 어업권을 취득하는데(수산업법 제2조 제9호, 제8조, 제16조 제1항), 어업면허는 독점적·배타적으로 어업을 할 수 있는 권리를 설정하여 주는 특허로서의 성격을 가진다(대법원 1999. 5. 14. 선고 98다14030 판결, 대법원 2007. 5. 10. 선고 2007다8211 판결 참조)], 면허어업의 손실액 산정방법과 환원율 등에 비추어 볼 때, 원고의 하천수 사용권에 대한 '물의 사용에 관한 권리'로서의 정당한 보상금액은 토지보상법 시행규칙 제44조(어업권의 평가 등) 제1항이 준용하는 수산업법 시행령 별표 4(어업보상에 대한 손실액의 산출방법·산출기준 등) 중 어업권이 취소되거나 어업면허의 유효기간 연장이 허가되지 않은 경우의 손실보상액 산정 방법과 기준을 유추적용하여 산정함이 타당하다.

(3) 원심판결 이유를 위에서 본 법리와 적법하게 채택된 증거들에 비추어 살펴보면 원심의 판단을 수긍할 수 있고, 거기에 상고이유 주장과 같이 경험칙에 반하는 임의적인 방법으로 손실보상액을 산정하여 지급을 명하는 등의 잘못이 없다.

나. 이미 지급받은 손실보상액의 공제에 관한 상고이유 주장에 관하여

원심은 위와 같이 어업권이 취소되거나 어업면허의 유효기간 연장이 허가되지 않은 경우의 손실액 산정방법·기준을 유추적용하여 원고의 직전 3개년간 평균수익액을 기준으로 '물의 사용에 관한 권리'의 보상액으로 산정한 669,279,116원에서, 다음과 같은 이유로 원고가 영업손실에 대한 보상금 명목으로 이미 지급받은 160,626,000원을 공제하였다. ① 토지보상법 시행규칙 제46조 제1항, 제3항은 공익사업의 시행으로 인하여 영업을 폐지하는 경우의 보상액 산정에 관하여, 해당 영업의 최근 3년간의 영업이익의 평균 금액을 '영업이익'으로

이에 관한 검토 등은 모두 생략한다.

평가한 후 2년간의 영업이익을 기준으로 보상액을 산정하도록 규정하고 있는데, 위와 같이 '물의 사용에 관한 권리'의 손실액에 대하여 평균수익액을 기준으로 산정한 보상금을 지급하면서 그와 별도로 영업손실에 대하여 평균 영업이익을 기준으로 산정한 보상금을 또다시 지급하는 것은 이중보상에 해당한다. ② 어업권에 대한 손실보상의 경우에도 어업권에 대한 보상금에 더하여 별도로 영업손실에 대한 보상금까지 지급하지는 않고 있다.

원심판결 이유를 관련 법리에 비추어 살펴보면 원심의 위와 같은 판단을 수긍할 수 있고, 거기에 상고이유 주장과 같이 이미 지급받은 손실보상액의 공제에 관한 법리를 오해한 잘못이 없다.

[판결의 평석]

Ⅰ. 사안의 쟁점

헌법 제23조 제3항은 "공공필요에 의한 재산권의 수용·사용 또는 제한 및 그에 대한 보상은 법률로써 하되, 정당한 보상을 지급하여야 한다."라고 규정한다. 그런데 보상규정의 흠결이 있는 경우 정당한 보상의 지급은 어떻게 가능한가의 문제가 대두된다. 이 사건의 경우 원고의 하천수 사용권이 '물의 사용에 관한 권리'로서 손실보상의 대상이 된다고 판단되었다면(원심, 대법원), 다음 단계로 손실보상액 산정의 기준과 방법이 문제될 것인데, 토지보상법 제76조(권리의 보상)는 '물의 사용에 관한 권리'에 대하여 보상하여야 한다고 규정하고 있을 뿐 위 법률 또는 그 위임을 받은 토지보상법 시행규칙에는 이에 대한 평가 규정이 없다.

원고는 감정인의 감정결과를 따라야 한다는 취지로 주장하였으나, 원심은 면허어업(어업권)의 손실액 산정방법 및 기준을 유추적용하는 방법을 택하고, 여기에서 원고가 이미 지급받은 영업보상금을 공제하였으며, 대상판결은 원심판결의 위 결론을 수긍하였다.

손실보상의 대상이 되는 권리에 관하여 구체적인 손실보상액 산정 규정이 없는 경우 이를 어떻게 해결하여야 할 것인지는 법리적인 문제뿐만 아니라 주문 금액을 도출하는 실질적인 문제와도 직접 관련이 있으므로 이를 다각도로 살펴볼 필요가 있다.

Ⅱ. 대상판결의 이해

1. 유추적용설의 입장

헌법 제23조 제3항이 '법률로써' 정당한 보상을 지급할 것을 규정하고 있는데, 정작 법률(또는 법률의 위임을 받은 시행규정)에 손실보상의 기준과 방법이 없는 경우와 관련하여 방침규정설, 위헌무효설, 직접효력설, 유추적용설 등의 다양한 견해가 있다. 간략히 살펴보자면, 방침규정설은 헌법 제23조 제3항이 방침규정이므로 이를 근거로 직접 손실보상청구권을 도출할 수는 없다는 견해이고, 위헌무효설은 보상규정의 흠결이 있는 경우는 그 법률이 위헌이므로 국가배상을 청구할 수 있다는 견해이며, 직접효력설은 헌법 제23조 제3항이 국민에 대하여 직접적 효력을 가지므로 위 규정에 근거하여 직접 보상을 청구할 수 있다는 견해이다.[4]

대법원 판례는 대체로 유추적용설을 취하는 것으로 이해되고, 대상판결은 '물건 또는 권리 등에 대한 손실보상액 산정의 기준이나 방법에 관하여 구체적으로 정하고 있는 법령의 규정이 없는 경우, 그 성질상 유사한 물건 또는 권리 등에 대한 관련 법령상의 손실보상액 산정의 기준이나 방법에 관한 규정을 유추적용할 수 있다'고 설시하여 유추적용설 입장을 다시 한 번 확인하였다. 대상판결이 참조한 유추적용설 입장의 대법원 판례들은 다음과 같다.

(1) 하천법 74조의 손실보상 요건에 관한 규정을 유추적용한 사례

"하천법 제74조의 손실보상에 관한 규정은 보상사유를 제한적으로 열거한 것이라기보다는 예시적으로 열거한 것이라고 볼 수 있으므로 구 하천법(1971.1.19. 법률 제2292호)의 시행으로 국유화된 제외지 안에 있던 토지에 대한 보상은 하천법 제74조의 규정을 유추적용하여 행할 수밖에 없다(대법원 1988. 12. 20. 선고 88누1059 판결)."

(2) 공공용지의취득및손실보상에관한특례법(이하 '공특법'이라 한다) 시행규칙 제25조의2 제1항을 토지수용으로 인한 낙농업의 폐지에 대한 손실평가의 경우에 유추적용한 사례

"구 공특법 시행규칙(1991.10.28. 건설부령 제493호로 개정되기 전의 것) 제24조는 영업폐지에 대한 손실평가에 관하여 규정하는 외에 낙농업과 같은 경우에 대하여는 따로 규정된 것

---

4) 이 부분 학설의 소개와 그에 대한 비판은 김동희, "행정상 손실보상의 근거", 『법학』 제31권 제1, 2호, 1990, 54-59면. 홍정선, "수용유사침해보상", 『월간고시』 제19권 제2호, 1992, 37-46면 등.

이 없는데 그 성격상, 어업의 폐지에 따른 손실의 평가를 규정한 위 시행규칙 제25조의2 제1항을 토지수용으로 인한 낙농업의 폐지에 대한 손실평가의 경우에 유추적용할 수 있다 할 것이므로 위 규정의 방식대로 손실액을 산정한 원심조치는 정당하고 거기에 지적하는 바와 같은 법리오해의 위법이 없다(대법원 1992. 5. 22. 선고 91누12356 판결)."

(3) 공특법 시행규칙 제25조의 2 규정이나 수산업법 규정을 유추적용한 사례

"어업허가는 일정한 종류의 어업을 일반적으로 금지하였다가 일정한 경우 이를 해제하여 주는 것으로서 어업면허에 의하여 취득하게 되는 어업권과는 그 성질이 다른 것이기는 하나, 어업허가를 받은 자가 그 허가에 따라 해당 어업을 함으로써 재산적인 이익을 얻는 면에서 보면 어업허가를 받은 자의 해당 어업을 할 수 있는 지위는 재산권으로 보호받을 가치가 있고, 수산업법이 1990. 8. 1. 개정되기 이전까지는 어업허가의 취소·제한·정지 등의 경우에 이를 보상하는 규정을 두고 있지 않았지만, 1988. 4. 25. 공특법 시행규칙이 개정되면서 그 제25조의2에 허가어업의 폐지·휴업 또는 피해에 대한 손실의 평가규정이 마련되었고, 공공필요에 의한 재산권의 수용·사용 또는 제한 및 그에 관한 보상은 법률로써 하되 정당한 보상을 지급하여야 한다는 헌법 제23조 제3항, 면허어업권자 내지는 입어자에 관한 손실보상을 규정한 구 공유수면매립법(1999. 2. 8. 법률 제5911호로 전문 개정되기 전의 것) 제16조, 공공사업을 위한 토지 등의 취득 또는 사용으로 인하여 토지 등의 소유자가 입은 손실은 사업시행자가 이를 보상하여야 한다는 공특법 제3조 제1항의 각 규정 취지를 종합하여 보면, 적법한 어업허가를 받고 허가어업에 종사하던 중 공유수면매립사업의 시행으로 피해를 입게되는 어민들이 있는 경우 그 공유수면매립사업의 시행자로서는 위 구 공특법 시행규칙(1991. 10. 28. 건설부령 제493호로 개정되기 전의 것) 제25조의2의 규정을 유추적용하여 위와 같은 어민들에게 손실보상을 하여 줄 의무가 있다(대법원 1999. 11. 23. 선고 98다11529 판결)."

(4) 공공사업의 기업지 밖에서 발생한 간접손실에 대하여 공특법 시행규칙상의 손실보상에 관한 규정을 유추적용한 사례

"공공사업의 시행 결과 그로 인하여 기업지 밖에 미치는 간접손실에 관하여 피해자와 사업시행자 사이에 협의가 이루어지지 아니하고 그 보상에 관한 명문의 근거 법령이 없는 경우라고 하더라도, 헌법 제23조 제3항은 '공공필요에 의한 재산권의 수용·사용 또는 제한 및 그에 대한 보상은 법률로써 하되, 정당한 보상을 지급하여야 한다.'고 규정하고 있고, 이에 따라 국민의 재산권을 침해하는 행위 그 자체는 반드시 형식적 법률에 근거하여야 하며, 토지수용법 등의 개별 법률에서 공익사업에 필요한 재산권 침해의 근거와 아울러 그로 인한 손실보상 규정을 두고 있는 점, 공특법 제3조 제1항은 '공공사업을 위한 토지 등의 취득 또는 사용으로 인하여 토지 등의 소유자가 입은 손실은 사업시행자가 이를 보상하여야 한다.'고 규정하고, 같은 법 시행규칙 제23조의2 내지 7에서 공공사업시행지구 밖에 있는 영업과 공작물 등에 대한 간접손실에 대하여도 일정한 조건하에서 이를 보상하도록 규정하고 있는 점 등에 비추어, 공공사업의 시행으로 인하여 그러한 손실이 발생하리라는 것을 쉽게 예견할 수 있고 그 손실의 범위도 구체적으로 이를 특정할 수 있는 경우라면, 그 손실의 보상에 관하여 공특법 시행규칙의 관련 규정 등을 유추적용할 수 있다고 해석함이 상당하다(대법원 2002. 11. 26. 선고 2001다44352 판결)."

2. 유추적용의 의미

대상판결을 비롯하여 앞서 본 대법원 판례는 보상액의 산정에 관하여 유추적용이 가능한 규정을 구체적으로 명시하고 그 산정방법까지 판시하고 있다. 즉, 손실보상액의 산정방법 및 기준에 관하여 법률 또는 그 위임을 받은 시행령·시행규칙의 어느 규정을 유추적용할지의 문제는 법령 적용의 영역이 되는 것이다.

정리하자면, 손실보상 사안에서 보상액 산정과 관련된 유추적용은 '손실보상액 산정의 기준이나 방법에 관하여 구체적으로 정하고 있는 법령의 규정이 없을 경우', '그 성질상'가장 유사한 물건 또는 권리 등에 대한 관련 법령상의 손실보상액 산정의 기준이나 방법을 찾아야만 가능한 것이다. 이 사건에서 하천수 사용권이 해당되는 물의 사용에 관한 권리에 관한 평가 규정이 없었고, 하천수 사용권은 그 성질상 면허어업과 유사하였으므로, 면허어업의 손실액 산정방법, 환원율 등과 관련된 규정이 유추적용될 수 있었다.

3. 구체적인 금액 산정

대상판결이 수긍한 원심판결의 구체적 금액 산정 과정을 이해하기 쉽게 제시해본다.

앞서 보았듯이 이 사안에서 원고가 주장한 '하천수 사용권'에 대한 보상금 청구는 첫째, 하천수 사용권은 손실보상의 대상이 되는 물의 사용에 관한 권리이다, 둘째, 토지보상법 제76조는 물의 사용에 관한 권리에 대하여 보상한다고 규정하고 있으나 그 보상기준과 방법에 관한 규정은 없다, 셋째, 하천수 사용권은 면허어업과 그 성질이 유사하므로 면허어업에 대한 손실액 산정방법 및 기준을 유추적용할 수 있다는 단계를 거쳐 판단되었다. 그렇다면 다음으로, 구체적 손실액 산정의 문제가 남는다.

면허어업에 대한 손실액 산정은 토지보상법 시행규칙 제44조 제1항[5])이 준용하는 수산업법 시행령 [별표 4] 중 어업권이 취소되거나 어업면허의 유효기간 연장이 허가되지 않은 경우[6])의 규정이 적용된다.

위 규정에 따른 기준을 간략히 정리하면 '보상의 원인이 되는 처분일이 속하는 연도의 전년도를 기준연도로 하여 소급 기산한 3년 동안의 수익액을 연평균한 금액에서 경비를 뺀 금액을 연리 12%로 나눈 금액에 시설물의 잔존가액을 더한 금액'이 된다. 이는 지장물 보상과는 별도의 영역으로 산정되고, 영업손실 보상은 흡수할 수 있는 금액인데, 실무에서 이를 적용하면 위 계산식에 따라 특정한 액수를 산출할 수 있으므로 구체적이고 명확한 보상기준이 된다. 이 사건의 경우 물의 사용에 관한 권리(원고의 하천수 사용권)에 대한 보상

---

5) 「토지보상법 시행규칙」 제44조(어업권의 평가 등) ① 공익사업의 시행으로 인하여 어업권이 제한·정지 또는 취소되거나 「수산업법」 제14조 또는 「내수면어업법」 제13조에 따른 어업면허의 유효기간의 연장이 허가되지 아니하는 경우 해당 어업권 및 어선·어구 또는 시설물에 대한 손실의 평가는 「수산업법 시행령」 별표 4에 따른다.

6) 「수산업법 시행령」 제69조 별표4 어업보상에 대한 손실액의 산출방법·산출기준 및 손실액산출기관 등
   1. 어업별 손실액 산출방법
      가. 법 제8조에 따른 면허어업의 경우로서 법 제34조제1항제1호부터 제6호까지 및 제35조제6호(법 제34조제1항제1호부터 제6호까지의 규정에 해당하는 경우로 한정한다)에 해당하는 사유로 어업권이 제한·정지 또는 취소되었거나 그 사유로 법 제14조에 따른 어업면허 유효기간의 연장이 허가되지 않은 경우
         1) 어업권이 취소되었거나 어업권 유효기간의 연장이 허가되지 않은 경우: 평년수익액 ÷ 연리 (12퍼센트) + 어선·어구 또는 시설물의 잔존가액
   2. 어업별 손실액 산출방법에 관련된 용어의 정의 및 산출기준
      가. 면허어업, 허가어업 및 신고어업의 손실액 산출방법에서 "평년수익액"이란 평균 연간어획량을 평균 연간판매단가로 환산한 금액에서 평년어업경비를 뺀 금액을 말한다. 이 경우 평균 연간어획량, 평균 연간판매단가 및 평년어업경비의 산출기준은 다음과 같다.
         1) 평균 연간어획량의 산출기준
         가) 3년 이상의 어획실적(양식어업의 경우 생산실적을 말한다. 이하 같다)이 있는 경우: 법 제96 조제2항 및 「수산자원관리법」 제12조제4항에 따라 보고된 어획실적, 양륙량(揚陸量) 또는 판매실적(보상의 원인이 되는 처분을 받은 자가 보고된 실적 이상의 어획실적 등이 있었음을 증거서류로 증명한 경우에는 그 증명된 실적을 말한다)을 기준으로 산출한 최근 3년 동안의 평균어획량(양식어업의 경우 생산량을 말한다. 이하 같다)으로 하되, 최근 3년 동안의 어획량은 보상의 원인이 되는 처분일이 속하는 연도의 전년도를 기준연도로 하여 소급 기산(起算)한 3년 동안(소급 기산한 3년의 기간 동안 일시적인 해양환경의 변화로 연평균어획실적의 변동폭이 전년도에 비하여 1.5배 이상이 되거나 휴업·어장정비 등으로 어획실적이 없어 해당 연도를 포함하여 3년 동안의 평균어획량을 산정하는 것이 불합리한 경우에는 해당 연도만큼 소급 기산한 3년 동안을 말한다)의 어획량을 연평균한 어획량으로 한다.

금액은 직전 3개년(2007년부터 2009년까지)의 영업이익을 연평균한 금액 80,313,494원을 12/100(12%)로 나눈 669,279,116원이 된다.

4. 이중보상의 공제

원심은 원고가 이미 지급받은 영업손실 보상금은 이중보상이라고 보아 이를 하천수 사용권에 대한 보상금에서 공제하였고, 대상판결도 이를 수긍하였다.

이에 대한 논거는 다음과 같이 정리할 수 있다.

먼저, 앞서 본 바와 같은 기준으로 산정한 물의 사용에 관한 권리의 보상액은 669,279,116원이었다. ① 이 금액의 산정방식은 평균수익액을 기준으로 한 것인데, 영업손실 보상금 역시 토지보상법 시행규칙 제46조 제1항, 제3항[7]에 따라 해당 영업의 최근 3년간의 영업이익의 평균 금액을 '영업이익'으로 평가한 후 2년간의 영업이익을 기준으로 보상액을 산정하도록 규정하고 있으므로, 결국 '물의 사용에 관한 권리'에 보상금을 지급하면서 그와 별도로 영업손실에 대하여 평균 영업이익을 기준으로 산정한 보상금을 또다시 지급하는 것은 이중보상에 해당하게 된다. ② 물의 사용에 관한 권리는 광업권보다는 어업권과 더 비슷하여 이에 관한 보상액 산정방식을 유추적용한 것인데, 어업권에 대한 손실보상의 경우에도 어업권에 대한 보상금에 더하여 별도의 영업손실에 대한 보상금까지 지급하지는 않는다. 따라서 위에서 산정한 물의 사용에 관한 권리에 대한 보상금에서 원고가 이미 지급받은 영업손실에 대한 보상금은 공제하는 것이 타당하다는 것이다.

기존의 판례 역시 원칙적으로 이중의 손실보상은 불허하는 입장인 것으로 보인다.[8]

---

7) 「토지보상법 시행규칙」 제46조 ① 공익사업의 시행으로 인하여 영업을 폐지하는 경우의 영업손실은 2년간의 영업이익에 고정자산·원재료·제품 및 상품 등의 매각손실액을 더한 금액으로 평가한다.
   ③ 제1항에 따른 영업이익은 해당 영업의 최근 3년간의 평균 영업이익을 기준으로 평가하되, 공익사업의 계획 또는 시행이 공고 또는 고시됨으로 인하여 영업이익이 감소된 경우에는 해당 공고 또는 고시일 전 3년간의 평균 영업이익을 기준으로 평가한다.

8) 대법원 1999. 6. 11. 선고 97다56150 판결: 저수지시설이 몽리답에 화체된 경우에는 이를 평가·보상하지 아니한다고 규정한 공특법 시행규칙 제12조 제3항 제3호 (나)목은 공공사업용지로 편입된 몽리답의 재산적 가치에 대한 평가에 저수지시설의 재산적 가치가 함께 포함된 것으로 보이는 경우에 저수지시설에 대하여도 이를 평가하여 보상한다면 결과적으로 이중 보상에 해당하게 되어 부당하므로 이를 방지하기 위한 것인바...
   대법원 2012. 1. 27. 선고 2008다9310 판결: 구 공유수면매립법(1999. 2. 8. 법률 제5911호로 전부 개정되기 전의 것) 제16조, 제17조에 의하면, 권리를 가진 자가 있는 공유수면에 대하여 매립의 면허를 받은 자는 그 권리를 가진 자에게 끼친 손실을 보상하거나 그 손실을 방지하는 시설을 한 후가 아니면 그 보상을 받을 권리를 가진 자에게 손실을 미칠 공사에 착수할 수 없다고 정한다. 한편 구 공특법

Ⅲ. 법리의 검토

대상판결이 결론적으로 원심의 판단을 수긍하였으나, 손실보상액 산정과 관련하여서는 이와 다른 기준과 방법도 생각해볼 수 있다. 다만 이 부분과 관련된 별도의 학설이나 다른 입장을 취한 판례를 찾아보기는 어렵다(특히 물의 사용에 관한 권리에 대한 손실보상의 기준방법을 명시한 선례는 찾을 수 없다). 손실보상금 산정과 관련한 쟁점은 상당히 실무적인 내용으로서 구체적인 금액을 산출해내는 방법과 기준에 관한 것이므로, 법령의 해석을 바탕으로 하여 상정 가능한 서로 다른 방법들이 있을 뿐이기 때문이다.

이하에서는 먼저 손실보상의 전제가 되는 이론과 판례의 경향을 간단히 다시 짚어보고 구체적인 방법론으로 나아간다.

1. 보상규정 흠결의 경우 문제의 해결

공용침해의 근거법률이 있으나 이에 관한 보상규정이 없는 경우 손실보상이 가능한지에 관하여 헌법 제23조 제3항의 정당보상 원칙을 토대로 하여 방침규정설, 위헌무효설, 직접효력설, 유추적용설 등의 학설이 나뉘고, 판례는 유추적용설의 입장이라는 점은 앞서 보았다.

유추적용설에 따르면, 법률에 손실보상을 정하는 근거 규정이 없는 경우에도 보상액 산정의 기준과 방법은 관련 법률 또는 그 위임을 받은 시행령, 시행규칙상의 규정 등을 유추적용하여 손실보상청구권을 인정할 수 있게 된다. 이때 어느 규정을 적용할지의 문제는 법령 적용의 영역이 될 것이다.

(2002. 2. 4. 법률 제6656호로 폐지되기 전의 것) 제4조 제4항, 같은 법 시행령(2002. 12. 30. 대통령령 제17854호로 폐지되기 전의 것) 제2조의10 제7항, 같은 법 시행규칙(1995. 1. 7. 건설교통부령 제3호로 개정되기 전의 것. 이하 같다) 제23조 제1항에 의하면, 공공사업의 시행으로 인한 어업권의 소멸에 대한 손실의 평가는 수산업법에서 정하는 바에 의하도록 규정하고 있다. 그리고 구 수산업법(2007. 4. 11. 법률 제8377호로 전부 개정되기 전의 것. 이하 같다) 제81조 제1항, 제4항의 위임에 의하여 같은 법 시행령(1996. 12. 31. 대통령령 제15241호로 개정되기 전의 것) 제62조 제1항 제1호 (가)목은 공공사업의 시행으로 인하여 어업권이 소멸되는 경우에 있어서 손실액의 산출방법을 '평년수익액 ÷ 연리 × 0.8 + 어선·어구·시설물의 잔존가액'으로 정하고 있다. 이에 의하면 결국 공공사업의 시행으로 인한 어업권의 소멸에 대한 손실보상은 어업권과 어선·어구·시설물을 대상으로 어업권의 평년수익액을 연리로 나누는 방식에 의하여 산정한 어업권의 자본적 환원가치액과 여기에 포함되어 평가되지 아니한 어선·어구 등 유형적인 시설물의 잔존가액을 합한 금액으로 정하여지며, 어업권의 주된 구성요소인 양식생물에 대한 가치액은 어업권의 자본적 환원가치액에 포함되어 평가되어 있다고 할 것이다(대법원 2001. 8. 24. 선고 99두8367 판결, 대법원 1991. 6. 11. 선고 90다18333 판결 등 참조).

2. 이 사건 하천수 사용권에 대하여 상정 가능한 보상액 산정 방법

유추적용되는 규정에 따라 구체적인 금액 산정이 달라지는데, 사실상 실무에서는 이 부분이 가장 문제된다. 실제 당사자의 관심은 영업폐지에 따른 2년치 영업손실만 보상받을 수 있는지 아니면 하천수 사용권에 대한 별도의 손실보상금을 인정받을 것인지에 있고, 그 별도의 손실보상금이 어떻게 산정되는지에 따라 소송 결과가 달라질 것이기 때문이다.

이 부분에 대한 견해를 크게 나누어 보자면 하천수 사용권만의 보상액을 따로 산정하자는 입장과 하천수 사용권만의 보상액 산정이 현실적으로 곤란하므로 일체로서의 영업에 대하여 이를 평가·산정하여야 한다는 입장으로 구별할 수 있다. 두 번째 입장은 다시 하천수 사용권을 포함한 전체 영업의 손실을 보상하면 족하다는 견해(이하 '영업손실 보상설'이라 한다)와 하천수 사용권을 특별한 영업권으로 보아 이를 독자적인 기준으로 산정하여야 한다는 견해(이하 '특별한 영업권 보상설'이라 한다)로 나눌 수 있는데 이하에서 살펴본다.

(1) 하천수 사용권만의 보상액 인정

이 견해는 원심 및 대상판결의 산정방식을 긍정하는 입장이다. 먼저, '물의 사용에 관한 권리에 대하여 보상하여야 한다'는 토지보상법 제76조 제1항의 규정을 바탕으로 토지보상법 시행규칙, 수산업법 시행령 별표 4 중 면허어업(어업권)에 대한 손실액 산정방법 및 기준을 유추적용한다. 이 사건 하천수 사용권과 면허어업의 성질상 유사성을 그 근거로 한다. 이때 위 유추적용되는 규정들에 따른 보상액 산정방식은 지장물 보상과는 별도의 영역에서 이루어지되 영업손실 보상은 흡수하게 되므로, 원고가 이미 수령한 영업손실 보상금은 중복보상에 해당하여 이를 공제하여야 한다.

(2) 영업손실 보상설

이 견해는 하천수 사용권만의 보상액 산정이 사실상 불가능하다는 입장으로서 전체로서의 영업권을 보상하면 된다고 본다(하천수 사용권은 전체로서의 영업자산의 일부로 보아 영업에 대한 가격평가에서 고려된다). 이때, 보상액 산정의 근거 조항은 토지보상법 제77조 제1항 및 토지보상법 시행규칙 제46조의 영업손실 보상규정이 된다. 손실보상금의 산정은 감정평가에 의하여 하는 것이 원칙이고(토지보상법 제68조, 제58조 제1항 제2호), 그 시행규칙에서 구체적 산정방법이 규정되지 않은 경우에는 감정평가사가 그 시행규칙의 취지와 감정평가의 일반이론에 의하여 객관적으로 판단·평가하여야 하는데(토지보상법 시행규칙 제18조 제3항), 이 사건의 경우에는 일체로서의 영업자산에 대하여 감정의 방법 중 수익환원법에 의하여 그 가격을 평가한다. 이와 같은 산정방식을 취하게 되면, 이미 수령한 보상금 중 지장물(유형자산)에 대한 보상액이 중복보상이 될 것이므로 이 사건에서 공제하여야 할 금액은 원고가 이미 수령한 지장물에 대한 보상금이 될 것이다.

(3) 특별한 영업권 보상설

이 견해 역시 하천수 사용권만의 보상액 산정이 사실상 불가능하다는 입장에 선 것은 앞서 본 영업손실 보상설과 동일하나, 보상액 산정의 근거 법령을 달리한다. 토지보상법 시행규칙은 광업권이나 어업권의 경우와 달리 물의 사용에 관한 권리에 대한 손실보상 기준을 정하고 있지 않은데, 광업권에 대하여는 광업법에서 정하는 기준에 따르게 하고 어업권에 대하여는 수산업법에서 정하는 바에 따르게 한 것에 비추어 본다면, 물의 사용에 관한 권리는 하천법이 정하는 바에 따라야 한다는 입장이다. 즉, 이 사건 하천수 사용권은 광업권이나 어업권과 같이 일종의 특별한 영업권(영업손실보상의 대상과 구별된다)으로 보는 것이 타당하다는 것이다. 이 사건 토지는 국유에 속하는 하천부지이므로 수용의 대상이 될 수 없으므로 원고의 손실은 지장물 손실 및 영업손실 보상의 대상에 해당하지 아니하여 토지보상법 및 그 시행규칙상의 보상규정을 적용할 수도 없게 된다. 결국 댐건설 및 주변지역지원 등에 관한 법률(2021. '댐건설 관리 및 주변지역지원 등에 관한 법률'로 제명이 개정되었다. 이하 '댐건설법'이라 한다) 제11조 제1항9) 및 하천법 제77조 제2항10)에 따라 손실보상이 이루어져야 하는바, 그 산정기준에 관한 구체적인 규정이 없으므로 결국 법원이 감정평가 및 감정평가사에 관한 법률(이하 '감정평가법'이라 한다)에 따라 고유한 보상기준을 판시하는 것이 타당하다고 본다. 이 견해에 다르면 토지보상법 시행규칙에 따라 산정한 기존의 모든 보상금은 잘못된 것이므로, 감정에 따라 산정한 특별한 영업권 가액에서 전액 공제하여야 할 것이다.

---

9) 「댐건설법」 제11조(토지등의 수용과 사용) ① 댐건설사업시행자는 댐의 건설에 필요한 토지, 건물, 그 밖에 토지에 정착한 물건과 이에 관한 소유권 외의 권리, 광업권, 어업권 및 물의 사용에 관한 권리(이하 "토지등"이라 한다)를 수용하거나 사용할 수 있다.

10) 「하천법」 제77조(감독처분으로 인한 손실보상) ① 제76조는 제70조에 따른 하천관리청의 처분으로 생긴 손실과 제71조에 따른 환경부장관의 처분으로 생긴 손실 또는 환경부장관의 명령에 따라 하천관리청이 그 처분을 취소 또는 변경함으로 생긴 손실의 보상에 관하여 준용한다.
② 제1항의 경우 해당 손실이 제70조 제1항 제2호 및 제4호에 따른 처분으로 생긴 것인 때에는 하천관리청은 그 공사 또는 사업에 관한 비용을 부담하는 자에 대하여 그 손실의 전부 또는 일부를 보상하게 할 수 있다.

3. 비판적 검토

결론적으로 말하면 토지보상법 제76조 제1항, 같은 법 시행규칙 제44조에 따라 수산업법 시행령 [별표 4] 중 면허어업에 대한 손실액 산정방법·기준을 유추적용하여 하천수 사용권만의 보상금을 산정하는 견해에 찬성한다. 그 근거는 다음과 같다.

(1) 법령의 규정 취지

우선, 토지보상법의 규정 내용과 취지를 볼 필요가 있다. 토지보상법 제76조는 '권리의 보상'이라는 제목 하에 제1항에서 "광업권·어업권 및 물(용수시설을 포함한다) 등의 사용에 관한 권리에 대하여는 투자비용, 예상 수익 및 거래가격 등을 고려하여 평가한 적정가격으로 보상하여야 한다."라고 규정하고, 제77조는 '영업의 손실 등에 대한 보상'이라는 제목 하에 제1항에서 "영업을 폐업하거나 휴업함에 따른 영업손실에 대하여는 영업이익과 시설의 이전비용 등을 고려하여 보상하여야 한다."라고 규정한다. 두 조항은 모두 토지보상법 제2절 '손실보상의 종류와 기준 등'에 속하는 조문이다. 즉, 손실보상으로서 '권리'에 대한 보상과 '영업손실'에 대한 보상은 그 종류와 기준이 법률 규정상으로 명확히 구분되어 있다. 이 사건 하천수 사용권을 물의 사용에 관한 권리로 보는 이상, 이에 대한 보상은 '권리'에 대한 보상으로서 토지보상법 제76조 제1항에 근거하게 된다. 그런데 토지보상법 제76조(권리의 보상) 제2항이 "제1항에 따른 보상액의 구체적인 산정 및 평가방법은 국토교통부령으로 정한다."라고 규정하였고, 이에 따른 토지보상법 시행규칙(국토교통부령) 제4절은 '권리의 평가'에서 광업권에 대한 평가(제43조), 어업권에 대한 평가 등(제44조)을 규정하고 있다('영업의 손실에 대한 평가'는 위 시행규칙 제5절에 따로 규정한다). 따라서 물의 사용에 관한 '권리'에 대한 보상은 토지보상법 및 같은 법 시행규칙의 '권리'에 관한 보상 근거 규정을 최대한 활용하여 이를 해결하는 것이 논리적으로 타당하다.

영업손실 보상설은 토지보상법 제77조 제1항 및 토지보상법 시행규칙 제46조(영업손실 보상 규정)을 근거 법령으로 제시하고 있으나, 토지보상법 및 그 시행규칙이 권리와 영업의 손실을 분명하게 구별하고 있고 '물의 사용에 관한 권리'를 '권리의 보상' 규정에서 분명히 언급하고 있으므로 입법자의 의도를 이와 달리 해석할 수 없다.

또한 특별한 영업권 보상설은 이 사건 하천수 사용권에 토지보상법 및 그 시행규칙의 보상 규정이 적용될 수 없다고 보지만, 위 주장이 보상의 근거규정으로 보는 하천법 제77조 제2항 역시 같은 조 제1항이 적용되는 경우임을 전제로 한 것이고, 하천법 제77조 제1항은 하천법 제76조를 준용하고 있으며, 하천법 제76조 제4항은 토지보상법을 준용하고 있으므로,[11] 결국 하천법 77조 제2항의 유추적용은 토지보상법의 유추적용을 의미하는 것이 된다. 따라서 하천법 제77조 제2항의 적용을 긍정하면서 토지보상법 및 그 시행규칙의 적용이 배제된다고 볼 수는 없다.

(2) 가치 산정의 구체적 타당성

영업손실 보상설과 특별한 영업권 보상설은 모두 하천수 사용권만의 보상액 산정이 사실상 어렵거나 불가능하다는 입장인데, 이는 그렇게 볼 수 없다.

유추적용이 가능한 면허어업에 대한 보상규정(수산업법 시행령 별표 4)은 매우 구체적이다. 앞서 보았듯이 이 사안의 경우에 바로 대입하여 보상금액을 산출할 수 있다(직전 3개년의 영업이익을 연평균한 금액을 환원율 12/100으로 나눈 금액).[12] 위 규정은 수익환원 방식을 택하고 있는데 이는 국토교통부령인 감정평가에 관한 규칙[13]에도 부합하는 것으로서 합리적인 방법으로 평가할 수 있다.

오히려 '일체로서의 영업자산'에 대한 보상액이나 '특별한 영업권'에 대한 보상액을 산정하는 것이 일관성이 없거나 불합리한 결과를 가져올 수도 있는데, 그 이유는 다음과 같다.

우선, 영업손실 보상설에 따르면, 수익환원법이라는 감정평가방식에 따라 '일체로서의 영업자산'을 평가할 수 있다는 것인데, 일체로서의 영업자산에는 무형자산뿐만 아니라 유형·고정자산도 포함되어야 할 것이므로 무형자산에 대한 감정평가방법인 수익환원법의 적용이 적절하다고 보기는 어렵다. 한편, 이를 유형자산은 원가법 또는 거래사례비교법으로, 무형자산은 수익환원법으로 각 평가한다면 이는 '일체로서의 영업자산'을 평가한다는 것과도 모순된다.

다음으로, 특별한 영업권 보상설에 따르면 손실보상액 산정은 감정평가법에 따라 법원이 독자적인 기준을 적용하면 족하다는 것이다. 여기에도 앞서 본 바와 같은 영업손실 보

---

11) 「하천법」 제76조(공용부담 등으로 인한 손실보상) ④ 제1항부터 제3항까지에 따라 손실보상을 하는 경우 이 법에 규정된 것을 제외하고는 토지보상법을 준용한다.
12) 원심은 감정결과 및 보완감정결과를 그대로 채택하지는 않았지만 보완감정결과 중 '직전 3개년간의 영업이익을 연평균한 금액' 자체는 사실인정하여 이를 위 면허어업에 대한 평가규정에 적용하였다.
13) 「감정평가에 관한 규칙」 제2조(정의) 10. "수익환원법"이란 대상물건이 장래 산출할 것으로 기대되는 순수익이나 미래의 현금흐름을 환원하거나 할인하여 대상물건의 가액을 산정하는 감정평가방법을 말한다.
제23조(무형자산의 감정평가) ② 감정평가법인등은 어업권을 감정평가할 때에 어장 전체를 수익환원법에 따라 감정평가한 가액에서 해당 어장의 현존시설 가액을 빼고 감정평가해야 한다.
③ 감정평가법인등은 영업권, 특허권, 실용신안권, 디자인권, 상표권, 저작권, 전용측선이용권(전용측선이용권), 그 밖의 무형자산을 감정평가할 때에 수익환원법을 적용해야 한다.

상설의 평가방식에 대한 비판이 그대로 적용될 수 있다. 유형자산과 무형자산을 묶어 함께 평가한다는 것 자체가 동일한 문제를 야기하는 것이다. 또한, 법원이 토지보상법 및 그 시행규칙에 따른 규정을 도외시하고 감정평가법에만 의존하여 독자적인 감정을 한다는 것은 현실적으로 가능하거나 적절하지도 않다. 구체적이고 명확한 근거법령이나 기준 없이 추상적인 감정을 맡기는 것은 '법관의 고유한 법발견'이라는 측면보다는 오히려 일관성과 합리성을 결여한 예측불가능의 감정결과가 도출되어 실무에 혼선을 초래하는 결과가 될 위험성이 더 크다.[14]

(3) 이중보상 공제의 문제

'권리'에 대한 보상으로 하천수 사용권만의 보상액을 따로 산정하는 경우에는 그 금액이 지장물 보상과는 중복되지 않지만 영업손실 보상금과는 중복되므로 이미 수령한 영업손실 보상금은 이중보상으로서 이를 공제하여야 한다.

한편, 영업손실 보상설에 의하면, 원심의 보상금에는 유형·무형 자산의 가치가 혼재되어 있고 이미 유형자산에 대한 손실보상(지장물 보상)이 이루어졌으므로 위 지장물에 대한 보상은 이중보상에 해당하게 되어 이를 공제하여야 하는 반면 영업손실에 대한 보상은 중복되지 아니하므로 이를 공제하지 않아야 한다. 그러나 일체로서의 영업자산을 무형자산에 대한 평가방법인 수익환원법으로 평가하는 이상 2년간의 영업이익(영업손실에 대한 보상)과 이중보상 문제를 야기하게 되므로 위와 같은 공제의 방식이 타당하다고 볼 수 없다.

특별한 영업권 보상설에 의하면, 이미 수령한 보상금(지장물에 대한 보상액 및 영업손실에 대한 보상액)은 토지보상법 관련 규정에 따른 것이므로 모두 잘못된 것이다. 따라서 보상액을 전체적으로 새롭게 산정하고 이미 수령한 보상금 전액이 공제되어야 한다. 그러나 특별한 영업권에 대하여 어떤 감정 방법을 따라야 하는지에 관한 기준도 제시되지 않은 이상 중복되는 보상의 영역이나 금액을 판단하는 것도 어려우므로 이를 현실적으로 채택하기는 어렵다.

---

14) 원심의 보완감정결과에 따르면 원심의 감정인은 직전 3개년의 영업이익을 연평균한 금액을 연리 8%로 나눈 계산방식을 적용하였는데, 이러한 계산방식은 일본의 관련규정(토지수용법의 위임을 받은 공공용지의 취득에 따른 손실보상기준 세칙이 규정한 물의 이용에 관한 권리의 가액 산정방법)에 따른 것으로서 우리 법령상 환원율 8%를 도출할 만한 (적용 또는 유추적용이 가능한) 아무런 근거 조문이 없으므로 이를 받아들이기 곤란하였다. 이 부분에 관한 원심의 판시는 다음과 같다.
"당심 보완감정결과의 경우 하천법상 하천수 사용허가에 대응하는 일본 하천법상 특허의 가액을 산정하는 방법이므로 이 사건과 관련성이 높으나, 환원율 8%는 일본의 실정에 맞는 것으로서 한국의 실정에 맞는다는 것을 확인할 자료가 없어서 채택하기 어렵다."

앞서 본 바와 같이, 하천수 사용권을 물의 사용에 대한 권리로 보아 '권리'에 대한 보상액을 별도로 산정하는 것이 타당하다는 입장에 선다면, 논리의 귀결로서 위 권리에 대하여 평균수익액을 기준으로 산정한 보상금을 지급하면서 그와 별도로 영업손실에 대하여 평균영업이익을 기준으로 산정한 보상금을 또다시 지급하는 것은 이중보상에 해당하므로, 원고가 이미 지급받은 영업손실에 대한 보상금을 공제하는 것이 타당하다.

Ⅳ. 요약과 결론

1. 손실보상 규정의 흠결이 있는 경우, 특히 이 사안의 경우와 같이 손실보상의 원칙 규정은 법률에 존재하나 그 법률 또는 그 위임을 받은 하위 법령에 손실보상액 산정의 기준이나 방법에 관하여 구체적으로 정하고 있는 규정이 없을 때에도 손실보상은 가능하다. 그 방법은 성질상 유사한 물건 또는 권리 등에 대한 관련 법령상의 손실보상액 산정 기준 및 방법에 관한 규정을 유추적용하는 것이다.

2. 유추적용할 법령을 택하는 것은 법령 적용의 문제로서 관련 법령의 규정 체계 및 내용, 사안에서 문제된 물건 또는 권리의 성질 등을 모두 감안하여 가장 유사한 성질의 물건 또는 권리에 관한 규정을 찾아야 한다.

3. 구체적인 평가단계로 들어가면, 현실적으로 기준의 명확성 및 결과의 합리성이 인정될 만한 평가방법을 채택하여야 한다. 이는 결국 가장 적합한 유추적용 규정을 찾는 것과 직결되는 문제일 것이다.

생각할 문제

1. 손실보상 규정의 흠결을 방지하기 위한 일반법이 필요하고 가능한가. 그렇다면 어떤 방식으로 이를 입법할 수 있는가.

2. 유추적용설에 따를 때, 손실보상액의 산정방법 및 기준에 관하여 어느 규정을 유추적용할지에 관한 문제가 법령 적용의 문제라면, '그 성질이 비슷한 권리'를 찾는 기준을 정립할 수 있는가.

3. 일반적인 법리(정당한 보상을 하되 중복되는 금액을 공제하라는 취지)만 유지하되 구체적인 산정 방식과 공제 항목에 대하여는 각 법원에서 사안마다 개별적으로 해결하면 족하다는 견해(개별적 해결설, 영업손실 보상설이나 특별한 영업권 보상설도 크게 보아 여기에 해당한다고 할 수 있다)와 대상판결은 그 법리적 기초를 달리하는가. 그리고 실제의 사건에 각각의 견해를 적용할 때 실무상 어떤 장단점이 있을 수 있는가.

대법원 2018. 11. 15. 선고 2016두48737 판결
[종국적 처분을 예정하고 있는 잠정적 처분과 제소기간의 기산점]

이 승 민*

[사실관계]

건설회사인 원고는 2009. 11. 6. 다른 2개 건설회사와 함께 한국철도시설공단이 발주한 '호남고속철도 제1−2공구 노반신설 공사'의 입찰에 참여하고, 같은 해 12. 24. 한국철도시설공단과 위 공사에 관한 도급계약을 체결하였는데, 이 과정에서 담합, 즉 구「독점규제 및 공정거래에 관한 법률」(이하 '공정거래법') 제19조 제1항[1])에서 금지하는 '부당한 공동행위'를 하였음이 적발되었다. 이에 피고 공정거래위원회(이하 '공정위')는 2014. 9. 15. 원고에게 과징금 44억 9,100만 원을 부과하는 선행 과징금납부명령을 하였고, 같은 날 공정거래법 시행령 제35조 제3항[2]) 등에 따라 원고가 2순위 조사협조자에 해당함을 이유로 과징금을 27억 4,400만 원으로 감액하는 후행 과징금납부명령을 하였다.

원고는 선행 및 후행 과징금납부명령을 통지받은 날부터 30일 이내인 2014. 10. 17. 피고를 상대로 선행 처분의 취소를 구하는 소를 제기하였다가 2015. 6. 8.에 이르러 주위적으로 후행 처분의 무효확인을 구하고, 예비적으로 그 취소를 구하는 청구취지를 추가하였다.

[사건의 경과]

원심(서울고등법원 2016. 6. 30. 선고 2014누7505 판결)[3])은 선행 과징금납부명령은 잠정적 처분으로 후행 과징금납부명령에 흡수되어 소멸되었음을 전제로 하면서도, 다음과 같은 이

유를 들어 후행 과징금납부명령의 취소를 구하는 부분의 제소기간 준수 여부는 '이 사건 소 제기 시'를 기준으로 정하여야 한다고 보아, 후행 과징금납부명령의 취소소송은 제소기간 내에 적법하게 제기되었다고 판단하였다.

① 선행 과징금납부명령과 후행 과징금납부명령은 원고에 대한 최종적인 과징금을 결정하기 위한 일련의 절차를 통해 이루어졌다.

② 원고가 이 사건 소송을 통해 다투고자 하는 대상은 바로 후행 과징금납부명령에 의해 결정된 과징금 액수이다.

③ 원고는 후행 과징금납부명령의 취소를 구하는 청구취지를 추가한 이후에도 선행 과징금납부명령과 후행 과징금납부명령에 공통되는 위법사유를 계속하여 주장하였다.

④ 선행 과징금납부명령의 처분서에는 시정명령과 과징금납부명령의 내용이 구체적으로 명시되어 있는 반면, 후행 과징금납부명령의 처분서에는 "……원고에 대한 과징금을 44억 9,100만 원에서 27억 4,400만 원으로 변경한다." 정도만이 기재되어 있으므로, 원고로서는 후행 과징금납부명령이 종국적 처분으로서 소송의 대상이 된다는 점을 쉽게 알 수 없었을 것으로 보인다.

⑤ 따라서 선행 과징금납부명령의 취소를 구하는 소에 피고의 종국처분인 후행 과징금납부명령의 취소를 구하는 취지가 포함되어 있다고 봄이 타당하다.

[대상판결]

대법원은 피고의 상고를 기각하고 원심판결을 유지하였다. 주요 내용은 다음과 같다.

독점규제 및 공정거래에 관한 법률 제54조 제1항에 따르면, 위 법에 의한 공정거래위원회의 처분에 대하여 불복의 소를 제기하고자 할 때에는 처분의 통지를 받은 날 또는 이의신청에 대한 재결서의 정본을 송달받은 날부터 30일 이내에 소를 제기하여야 한다.

청구취지를 추가하는 경우, 청구취지가 추가된 때에 새로운 소를 제기한 것으로 보므로, 추가된 청구취지에 대한 제소기간 준수 등은 원칙적으로 청구취지의 추가·변경 신청이 있는 때를 기준으로 판단하여야 한다.

그러나 선행 처분의 취소를 구하는 소를 제기하였다가 이후 후행 처분의 취소를 구하는 청구취지를 추가한 경우에도, 선행 처분이 종국적 처분을 예정하고 있는 일종의 잠정적 처분으로서 후행 처분이 있을 경우 선행 처분은 후행 처분에 흡수되어 소멸되는 관계에 있고,

당초 선행 처분에 존재한다고 주장되는 위법사유가 후행 처분에도 마찬가지로 존재할 수 있는 관계여서 선행 처분의 취소를 구하는 소에 후행 처분의 취소를 구하는 취지도 포함되어 있다고 볼 수 있다면, 후행 처분의 취소를 구하는 소의 제소기간은 선행 처분의 취소를 구하는 최초의 소가 제기된 때를 기준으로 정하여야 한다.

[판결의 평석][4)]

Ⅰ. 사안의 쟁점

대상판결은 구 공정거래법 제19조 제1항에 따라 금지되는 부당한 공동행위(담합)를 하였음을 이유로 공정위로부터 과징금 납부를 명하는 제재처분을 부과받고, 이후 2순위 조사협조자 지위를 인정받아 과징금을 감액하는 감면처분을 받은 피심인이 제재처분과 감면처분 모두에 대해 취소소송을 제기한 경우, 위와 같은 제재처분은 이후의 감면처분을 예정한 "일종의 잠정적 처분"으로서 감면처분이 내려지면 여기에 흡수되어 소멸하므로 이를 다툴 별도의 소의 이익을 인정할 수 없다고 판시한 대법원 2015. 2. 12. 선고 2013두987 판결의 연장선상에 있는 판례이다.

그런데 대법원 2013두987 판결에서는 선행하는 잠정적 처분인 제재처분과 후행하는 종국적 처분인 감면처분 모두에 대해 제소기간 내에 제소가 이루어졌기 때문에, 위와 같은 법리에 따르더라도 제소기간으로 인하여 원고의 권리구제가 제한되는 일은 발생하지 않았다. 그러나 대상판결의 경우처럼 제재처분에 대해서만 항고소송이 제기되고 감면처분에 대해서는 외형상 제소기간이 도과된 이후에 비로소 취소 청구가 이루어진 경우에는 잠정적 처분인 제재처분에 대한 항고소송 제기만으로도 종국적 처분인 감면처분에 대한 제소기간이 준수된 것으로 볼 수 있는지가 문제될 수밖에 없다.

후술하겠지만, 대상판결에서는 원고의 제소권이 부당하게 침해되지 않도록 그 사실관계를 기초로 구체적 타당성에 부합하는 결론을 도출하고 있다. 그러나 이와 같은 해결책의 타당성을 평가하기 위해서는 보다 근본적인 측면에서의 고찰, 즉 공정거래법상 자진신고자 등에 대한 제재처분이 과연 후행하는 감면처분을 종국적 처분으로 하는 잠정적 처분에 해

---

4) 이하의 평석 내용 중 상당 부분은 이승민, ""행정소송에서의 소의 변경"에 대한 토론문", 『행정법학』 제24호, 2023의 내용을 수정·보완한 것이다.

당하는 것인지에 대한 검토가 필요하다. 이하에서는 대상판결이 제시한 법리(아래 II.항)와 대상판결의 한계 및 근본적 해결방안(아래 III.항)에 대해 차례대로 살펴보고자 한다.

II. 판례의 이해

1. 공정거래법상 리니언시 제도

구 공정거래법 제22조의2 제1항은 부당한 공동행위에 관한 '자진신고자 등', 즉 부당한 공동행위 사실을 자진신고한 '자진신고자'와 증거제공 등의 방법으로 조사에 협조한 '조사협조자'에 대해 시정조치 및 과징금을 감면하고, 형사고발을 면제할 수 있도록 규정하고 있다. 이와 같은 시정조치 및 과징금, 즉 제재[5]의 감면에 대해서는 공정위가 제재를 부과하는 의결(이하 '본의결')과 동시에 정할 수도 있지만, 구 공정거래법 시행령 제35조 제3항에 따라 자진신고자 등의 신청이 있으면 제재 감면에 관한 사건을 분리하여 별도의 의결(이하 '분리의결')을 통해 정할 수도 있다. 이러한 감면 제도는 흔히 '리니언시(leniency)' 제도라 불리는 것인데, 부당한 공동행위에 대한 조사 및 제재의 실효성 확보를 위한 주요 수단으로서 미국, 유럽 등 해외에서도 활용되고 있으며, 현행 공정거래법에서도 큰 변화 없이 유지되고 있다.

과거에는 본의결에서 제재처분 및 감면처분이 동시에 이루어지는 경우가 종종 있었는데, 최근에는 본의결에서는 제재처분이, 분리의결에서는 제재에 대한 감면처분 또는 감면신청 거부처분이 내려지는 것이 보통이다. 다만, 분리의결은 본의결과 같은 날 이루어질 수 있다. 한편, 본의결에서 제재처분과 감면처분이 동시에 이루어졌는데 나중에 별도의 의

---

5) 엄밀히 말하면 공정거래법상 시정조치는 장래의 시장 경쟁에 발생할 수 있는 위험을 방지하기 위한 것으로서 경찰작용의 실질을 지니기 때문에 과거의 법 위반행위에 대한 처벌을 본질로 하는 행정제재와는 그 본질이 다르다(이승민, "제재처분 승계에 관한 일고(一考) - 프랑스법상 행정제재 개념을 기초로 한 대법원 판례의 비판적 검토", 『성균관법학』 제35권 제1호, 2023, 245-246면). 과징금은 처벌적 성격의 행정제재에 속하는 것이므로(이를 협의의 행정벌인 행정형벌, 행정질서벌과 구분하여 '광의의 행정벌'로 지칭하기도 한다. 박정훈, "협의의 행정벌과 광의의 행정벌", 『행정법의 체계와 방법론』, 2005, 325면 참조) 시정조치와는 구별되어야 하지만, 이 글이 경찰작용과 행정제재의 구분을 논하고자 하는 것이 아니고, 시정조치도 과징금과 마찬가지로 행정이 사인에 대해 부과하는 불이익에 해당하며, 시정조치를 제재의 일종으로 설명하는 경우도 많음(권오승/서정, 『독점규제법』, 제6판, 2023, 403면; 이봉의, 『공정거래법』, 2022, 471면; 임영철/조성국, 『공정거래법』, 제3판, 2023, 80면)을 감안하여, 부득이 시정조치와 과징금을 '(넓은 의미의) 제재처분'으로 칭하고자 한다.

결을 통해 감면처분이 취소되는 경우가 있는데, 이는 위에서 말한 분리의결과는 무관하고 행정행위의 직권취소가 이루어진 것일 뿐이다.

2. 자진신고자 등에 대한 제재처분 및 감면처분의 행정소송상 취급

(1) 자진신고자 등에 대한 감면처분이 본의결에 따른 제재처분과 별도로 이루어지기 때문에 이 두 가지 처분의 행정소송상 취급이 문제된다. 이와 관련하여 상기한 대법원 2013두987 판결에서는 당초처분(선행처분)인 공정위의 제재처분은 일종의 잠정적 처분으로서 이후의 감면처분에 흡수되어 소멸하므로, 후속처분인 감면처분만이 취소의 대상이라고 판시하였음은 전술한 바와 같다. 현재 여러 문헌에서도 위와 같은 자진신고자 등에 대한 제재처분은 가행정행위(잠정적 행정결정)의 예로 설명되고 있다.[6]

연속된 처분에 있어 선행처분이 아닌 후행처분이 쟁송취소의 대상인 경우, 선행처분에 대한 취소소송 계속 중에 내려진 후행처분에 대해서는 원칙적으로 제소기간 내에 청구취지 추가·변경을 하거나 별소(別訴)를 제기해야만 권리구제를 받을 수 있다. 이처럼 후행처분이 쟁송취소의 대상인 때에는 제소기간의 준수가 특히 문제된다. 선행처분에 대한 취소소송 계속 중 후행처분에 대해 청구취지 추가·변경을 하거나 별소를 제기해야 한다는 점이 불명확하거나, 이를 원고가 간과하는 경우가 있기 때문이다. 그런데 후행처분에 대해 제소기간 내 제소[7]가 없었음을 이유로 곧바로 후행처분에 대한 취소소송을 각하할 경우, 선행처분에 대한 소의 이익 흠결로 인한 각하판결과 더불어 처분의 상대방인 원고는 권리구제 기회를 상실하게 되고, 피고 행정청은 가외의 소득을 얻을 수 있다. 극단적으로는 이러한 '꼼수'를 노리고 직권취소와 처분 변경을 반복하는 행정청도 발생할 수 있다.

(2) 대법원 2013두987 판결 이전에 일부 하급심에서는 과징금과 관련하여 직권으로 청구취지를 정정하거나,[8] 판결을 통해 '과징금납부명령 중 감면처분에 의해 감액된 부분' 및 과징금 감면처분에 대한 취소청구 부분을 각하함으로써[9] '과징금납부명령 중 감면처분에

---

6) 예컨대, 정하중, 『행정법개론』, 제14판, 2020, 182면; 박균성, 『행정법강의』, 제19판, 2022, 358면; 배병호, 『일반행정법강의』, 2019, 203면; 김남철, "'잠정적 처분'의 법적 성질에 관한 검토", 『행정법학』 제10호, 2016, 76면 등.
7) 청구취지 추가·변경은 신소 제기의 실질을 지니므로 여기서 말하는 제소에는 당연히 청구취지 추가·변경이 포함된다.
8) 서울고등법원 2012. 6. 14. 선고 2012누2483 판결(대법원 2014. 9. 4. 선고 2012두15012 판결로 확정).
9) 서울고등법원 2013. 10. 18. 선고 2012누15632 판결(대법원 2014. 11. 27. 선고 2013두24471 판결로

따라 감액되고 남은 부분', 즉 '당초처분 중 후속처분에 의해 감액되고 남은 부분'을 취소의 대상으로 취급하여 왔고, 이러한 판결들은 상고심에서 소의 적법 여부가 다투어지지 않고 그대로 확정되었다. 그리고 사안은 다르지만, 과징금납부명령 자체의 하자를 이유로 과징금 일부를 감액(직권취소)한 사안에서도 대법원은 동일한 취지로 판시하였다.[10]

이러한 판례들에 따라 당초의 제재처분(다만, 과징금액은 감액되고 남은 금액)만이 취소의 대상이라는 신뢰가 어느 정도 형성되어 있었고,[11] 이에 따라 상당 수 사건에서 조세 감액경정처분의 경우와 동일한 방식으로 청구취지를 특정하였는데,[12] 문제는 대법원 2013두987 판결이 이러한 사건들이 법원에 계속 중인 상태에서 선고되었다는 점이다. 만약 위 2013두987 판결이 당초의 제재처분과 후속 감면처분 모두를 취소의 대상으로 특정한 사안에 한정하여서만 적용된다면 별 문제가 없겠지만, 그렇지 않고 자진신고자 등에 대한 분리의결을 통해 감면처분이 내려진 모든 사안에 적용된다고 본다면 청구취지, 제소기간 및 수소법원의 조치와 관련하여 여러 문제들이 제기될 수 있었다.[13] 특히, 사안에 따라 제소기간 도과의 문제를 합리적으로 해결해 주어야 할 필요가 있었는데, 대상판결은 이러한 점을 감안하여 "선행처분의 취소를 구하는 소에 후행처분의 취소를 구하는 취지도 포함되어 있는 경우"에는 선행처분 제기시점을 기준으로 제소기간 도과 여부를 판단해야 한다고 판시하고 있다.[14]

확정).

10) 대법원 2008. 2. 15. 선고 2006두3957 판결, 같은 날 선고된 2006두4226 판결 등 참조. 서울고등법원 2013. 10. 18. 선고 2012누15632 판결에서도 위 두 판결을 직접 인용하고 있으며, 위 두 판결의 판시는 대법원 2015. 2. 12. 선고 2013두987 판결 이후에도 유지되고 있는 것으로 보인다(서울고등법원 2015. 10. 8. 선고 2015누785 판결(대상판결의 파기환송심. 재상고 포기로 확정), 서울고등법원 2016. 3. 17. 선고 2015누48763 판결(상고심 계속 중 상고 취하로 확정) 등 참조). 즉, 대법원 2015. 2. 12. 선고 2013두987 판결은 공정위가 직권으로 제재처분의 일부를 취소한 사안에 대해서는 적용되지 않고 있다.

11) 정재훈, "부당한 공동행위의 중단 및 종기, 소송의 대상 등의 문제(대법원 2015. 2. 12. 선고 2013두6169 판결의 쟁점)", 『인권과 정의』 제455호, 2016, 156면.

12) 정재훈, 위의 글, 156면.

13) 자세한 내용은 이승민, "공정거래법상 자진신고자 등에 대한 제재 및 감면처분의 행정소송상 취급 – 대법원 2015. 2. 12. 선고 2013두987 판결에 대한 비판적 검토", 『행정법연구』 제46호, 2016, 375-376면 참조.

14) 참고로, 최근 대법원 2019. 7. 4. 선고 2018두58431 판결에서도 "선행 처분에 대하여 제소기간 내에 취소소송이 적법하게 제기되어 계속 중에 행정청이 선행 처분서 문언에 일부 오기가 있어 이를 정정할 수 있음에도 선행 처분을 직권으로 취소하고 실질적으로 동일한 내용의 후행 처분을 함으로써 선행 처분과 후행 처분 사이에 밀접한 관련성이 있고 선행 처분에 존재한다고 주장되는 위법사유가 후행 처분에도 마찬가지로 존재할 수 있는 관계인 경우에는 후행 처분의 취소를 구하는 소변경의 제소기간 준수 여부는 따로 따질 필요가 없다."고 판시하기도 하였다.

Ⅲ. 법리의 검토

1. 문제점

대상판결이 나름대로 합리적인 구제책을 강구하였다고는 하지만, 자진신고자 등에 대한 제재처분이 잠정적 처분에 해당한다고 보는 입장을 여전히 유지하고 있기 때문에 근본적인 문제는 해결되었다고 보기 어렵다. 이하에서는 연속된 처분에서 쟁송취소의 대상을 어떻게 파악해야 할 것인지 살펴보고, 대상판결과 그에 선행하는 대법원 2013두987 판결의 문제점을 검토해 보고자 한다.

2. 연속된 처분과 쟁송취소의 대상

(1) 일반론

먼저 유의해야 할 것은 연속된 처분의 유형이 매우 다양하다는 점이다. 우선, ① 흔히 '단계적 행정결정'으로 논의되는 확약(내인가), 사전심사, 가행정행위(잠정적 행정결정), 사전결정(예비결정), 부분허가와 같은 경우에 연속된 처분이 이루어지게 되고, 이 외에도 ② '종국적인 행정처분의 선행적 절차로 이루어지는 행정청의 의사결정으로서 절차적·내용적으로 완전히 독립되거나 완결되지 않은 것', 즉 '중간적 처분'이 존재한다. 이러한 중간적 처분은 제1유형(그 절차상 외부성이 예정되어 있지 않은 경우),[15] 제2유형(하나의 처분을 위한 절차에서 구조적으로 최종처분에 선행하는 중간적 행정결정이 존재하는 경우에 그러한 중간적 행정결정)[16] 및 제3유형(어떤 행정처분의 직접적·부수적 효과 또는 그러한 효과의 누적이 새로운 행정처

---

[15] 여기에 해당하는 예로는 세무서장이 내부적으로 행하는 과세표준결정, 징계처분에 선행하는 징계위원회의 결정(대법원 1983. 2. 8. 선고 81누314 판결), 병무청장의 병역의무 기피자 인적사항 공개결정에 선행하는 관할 지방병무청장의 공개 대상자 결정(대법원 2019. 6. 27. 선고 2018두49130 판결)이 있다.

[16] 제2유형은 다시 ① 절차적 측면에서 처분 절차 개시를 위한 별도의 결정이 존재하는 경우, 그러한 개시결정('제2-①유형'), ② 그 내용이 곧바로 최종처분의 내용이 되는 중간적 처분('제2-②유형'), ③ 그 내용이 최종처분의 중요한 전제 내지 근거가 되지만, 최종처분에 대해서도 일정한 심사·판단이 요구되는 경우의 중간적 처분('제2-③유형')으로 세분할 수 있다.
제2-①유형에는 과세관청의 세무조사(개시)결정(대법원 2011. 3. 10. 선고 2009두23617, 23624 판결), 친일반민족행위자재산조사위원회의 재산조사개시결정(대법원 2009. 10. 15. 선고2009두6513 판결), 감사원이 감사원법 제32조에 따라 행하는 징계의결 요구(대법원 2016. 12. 27. 선고 2014두5637 판결), 국민권익위원회의 시·도선거관리위원장 또는 소방청장에 대한 조치요구(대법원 2013. 7. 25. 선고 2011두1214 판결, 대법원 2018. 8. 1. 선고 2014두35379 판결)와 같은 것들이 속한다.
제2-②유형에 속하는 예로는 청소년보호위원회의 청소년유해매체물 고시에 선행하는 구 정보통신윤

분의 요건 내지 전제가 되는 경우, 그러한 새로운 행정처분을 개시하게 하는 내용의 행정결정)[17]으로 구분될 수 있다.[18]

이 밖에, ③ 변경처분의 경우가 있는데, 변경처분은 복수의 행정결정이 예정되어 있던 것이 아니라 사정변경으로 인하여 사후적인 처분의 변경이 발생한 경우이고, 이는 어디까지나 사후에 우연적으로 발생한 결과일 뿐이므로 변경처분은 상기한 단계적 행정결정이나 중간적 처분과는 개념상 구별된다. 이때, 종전처분의 내용을 대체하는 '적극적 변경처분'은 종전처분의 취소·철회 및 새로운 처분 발령의 실질을 갖는 것이고,[19] 처분의 동일성은 유지되면서 종전처분의 내용적 일부만이 변경되는 '소극적 변경처분'은 종전처분의 일부취소·철회에 해당하는 것으로서[20] 종전처분과 변경처분은 별개의 행정처분이다. 이때, 적극적 변경처분과 소극적 변경처분의 구별과 관련하여, 대법원은 대형마트에 대한 의무휴업일 지

리위원회의 청소년유해매체물 결정(대법원 2007. 6. 14. 선고 2005두4397 판결, 대법원 2007. 6. 14. 선고 2004두619 판결), 여성가족부장관의 청소년유해매체물 고시에 선행하는 청소년보호위원회의 청소년유해매체물 결정(서울행정법원 2011. 8. 25. 선고 2011구합7793 판결), 국민건강보험공단의 산재보험료 부과처분에 선행하는 근로복지공단의 사업종류 변경결정(대법원 2020. 4. 9. 선고 2019두61137 판결)을 들 수 있다.

제2-③유형의 중간적 처분은 그 결정권자와 최종처분의 결정권자가 같을 수도 있고 다를 수도 있는데, 특히 결정권자가 같은 경우에는 가행정행위(잠정적 행정결정)와 구별이 쉽지 않을 수 있지만, 제2-③유형의 처분은 반드시 잠정성이 전제되는 것은 아니라는 점에서 가행정행위와 이론적으로 구별된다. 이에 속하는 예로는 국가보훈처장의 국가유공자 등록에 선행하는 지방보훈청장의 신체검사판정·통보(대법원 1993. 5. 11. 선고 91누9206 판결), 해양안전심판원의 최종 재결에 선행하는 사고원인 규명 재결(대법원 1994. 6. 24. 선고 93추182 판결, 대법원 2000. 6. 9. 선고 99추16 판결), 과세처분에 선행하는 제2차 납세의무자 지정통지(대법원 1995. 9. 15. 선고 95누6632 판결) 및 소득금액변동통지(대법원 2006. 4. 20. 선고 2002두1878 전원합의체 판결), 공정위의 감면의결에 선행하는 감면불인정 통지(대법원 2012. 9. 27. 선고 2010두3541 판결) 등이 있다.

17) 제3유형은 선행 종국처분의 부수적 효과(예컨대, 운전면허 벌점)의 누적이 곧바로 최종처분(예컨대, 운전면허 정지·취소)의 사유가 되는 경우(대법원 1994. 8. 12. 선고 94누2190 판결)와 선행 종국처분의 효과(예컨대, 입찰담합) 또는 부수적 효과(예컨대, 벌점 누적) 외에 타 행정기관에 대한 '요청(결정)'이라는 추가적인 중간적 처분이 필요한 경우로 나누어 볼 수 있으며, 후자의 예로는「하도급거래 공정화에 관한 법률」상 벌점 누적에 따른 입찰참가자격제한·영업정지 요청이 있다.

18) 이상의 내용에 관한 상세는 이승민, "'중간적 행정결정'과 항고소송의 대상적격",『저스티스』제184호, 2021 참조.

19) 박균성,『행정법론(상)』, 2020, 1249-1251면 참조. 대법원은 직위해제 후 새로운 직위해제사유에 기한 직위해제를 한 경우 선행 직위해제는 묵시적으로 철회된 것으로 보았고(대법원 1987. 9. 8. 선고 87누560 판결, 대법원 2003. 10. 10. 선고 2003두5945 판결), 관리처분계획의 주요 부분을 실질적으로 변경하는 내용으로 새로운 관리처분계획을 수립하여 인가·고시된 경우에는 당초 관리처분계획은 그 효력을 상실한다고 판시한바 있다(대법원 2012. 3. 29. 선고 2010두7765 판결).

20) 소극적 변경처분의 예로 대표적으로 논의되는 조세 감액경정처분은 일부취소의 성질을 지닌다(박균성, 앞의 책(행정법강의), 755면).

정 부분은 그대로 유지된 채 영업시간 제한 부분만 일부 변경된 사안에서 "기존의 행정처분을 변경하는 내용의 행정처분이 뒤따르는 경우, 후속처분이 종전처분을 완전히 대체하는 것이거나, 그 주요부분을 실질적으로 변경하는 내용인 경우에는 특별한 사정이 없는 한 종전처분은 그 효력을 상실하고 후속처분만이 항고소송의 대상이 되지만, 후속처분의 내용이 종전처분의 유효를 전제로 그 내용 중 일부만을 추가·철회·변경하는 것이고 그 추가·철회·변경된 부분이 그 내용과 성질상 나머지 부분과 불가분적인 것이 아닌 경우에는, 후속처분에도 불구하고 종전처분이 여전히 항고소송의 대상이 된다"고 판시함으로써 일반적인 기준을 제시한 바 있다.[21]

(2) 쟁송취소의 대상과 제소기간, 소의 이익 및 하자의 승계

1) 연속된 처분에서 어떠한 처분을 쟁송취소의 대상을 할 것인지의 문제는 제소기간, 협의의 소의 이익, 그리고 하자의 승계의 인정범위와 밀접한 연관이 있다.

2) 선행처분인 당초처분이 쟁송취소의 대상인 경우는 소극적 변경처분이 대표적이다. 대법원은 조세 감액경정처분이나 영업정지와 같은 가분적인 성질을 지닌 침익적 처분의 경우, 당초처분이 후속처분을 통해 그 상대방에게 유리하게 변경된 경우 당초처분을 취소의 대상으로 보면서, 다만 취소의 범위를 후속처분을 통해 감축되고 남은 잔존 부분에 국한하는 입장을 취하고 있다. 즉, 대법원은 오래 전부터 감액경정처분을 당초처분의 일부취소로 보면서 당초처분 중 감액경정처분에 의해 감액되고 남은 부분을 쟁송취소의 대상으로 판시하였고,[22] 행정청이 영업정지와 같은 행정제재처분을 한 후, 당초처분을 영업자에게 유리하게 변경하는 처분을 한 경우, 취소소송의 대상 및 제소기간 판단기준이 되는 처분은 당초처분이라고 판시한 바 있다.[23]

그러므로 이러한 경우에는 선행처분에 대한 취소소송 계속 중에 내려진 후행처분에 대해서는 반드시 행정소송법 제22조 제2항에 따라 그 처분을 안 날로부터 60일 내[24]에 청구

---

21) 대법원 2015. 11. 19. 선고 2015두295 전원합의체 판결(이 판결에서는 영업시간 제한 부분만 일부 변경된 것은 종전처분에서 가분적인 일부 변경에 불과하므로 종전처분이 여전히 쟁송취소의 대상이 된다고 판단).

22) 대법원 1991. 9. 13. 선고 91누391 판결, 대법원 2007. 10. 26. 선고 2005두3585 판결 등. 이러한 대법원의 입장은 국세기본법 제22조의2 제2항에 의해 입법을 통해서도 확인되었다.

23) 대법원 2007. 4. 27. 선고 2004두9302 판결.

24) 1994. 7. 27. 법률 제4770호로 「행정소송법」이 개정(1998. 3. 1. 시행)되면서 행정처분에 대한 일반적인 제소기간이 기존의 '안 날로부터 60일'에서 90일로 늘어났는데, 처분변경에 따른 소 변경에 대한 제

취지 추가·변경을 하거나, 행정소송법 제20조 제1항에 따라 90일 내에 별소를 제기해야 하는 것은 아니다.[25] 후행처분이 선행처분의 가분적 일부이기 때문에 법원의 심리 범위가 '선행처분에서 후행처분에 의해 감축되고 남은 나머지'로 한정되며, 원고가 후행처분의 내용에 맞게 청구취지를 추가·변경하지 않을 경우, 후행처분에 의해 감축된 부분에 대해서는 법원이 소 각하판결을 하게 된다. 원고가 후행처분의 취소를 구하는 별소를 제기한 상태에서 선행처분에 대해 계속 중인 취소소송과 이를 병합하지 않는다면, 선행처분에 대한 소송에서는 후행처분에 의해 감축된 부분에 대해서는 소 각하판결이, 후행처분에 대한 별소에서는 인용 또는 기각판결이 내려지게 된다.

3) 반면, 후행처분이 쟁송취소의 대상인 경우, 선행처분에 대한 취소소송 계속 중에 내려진 후행처분에 대해서는 제소기간 내에 청구취지 추가·변경을 하거나 별소를 제기해야만 권리구제를 받을 수 있다. 그리고 선행처분에 대해서는 원칙적으로 소의 이익이 소멸하여 각하판결이 내려지는데, 다만 선행처분의 위법 여부에 따라 권리의무가 달라지는 경우에는 예외적으로 선행처분과 후행처분 모두에 대해 소의 이익이 인정될 수도 있다.[26]

대법원이 후행처분을 쟁송취소의 대상으로 본 사례들로는 단계적 행정결정에 속하는 가행정행위(잠정적 행정결정), 사전결정, 부분허가와 같이 당초처분이 후속처분에 흡수되어 소멸하거나 효력을 잃게 되는 경우가 대표적이다. 예컨대, 대법원은 원자로부지사전승인처분의 경우 건설허가처분에 흡수되어 독립된 존재가치를 상실한다고 판시한 바 있고,[27] 구 토지구획정리사업법[28]에 의한 환지예정지지정처분은 환지처분 공고일까지 당해 환지예정지를 사용·수익할 수 있게 하는 한편 종전 토지의 사용·수익을 금지하는 것에 불과하므로 환지처분이 있게 되면 효력을 잃는다고 판시하기도 하였다. 이 외에도 대법원은 구 도시정비법에 따른 조합설립추진위원회 구성승인처분에 대한 취소소송이 계속 중에 조합설립인가처분이 내려진 경우에도 전자의 처분을 다툴 소의 이익이 없다는 취지로 판시하면서, 그 근거에 대해 다음과 같이 설명하고 있다. 위 판결에서는 "추진위원회 구성승인처분은 …

소기간은 종전 그대로 유지되었다. 이는 명백한 입법의 과오이므로 시정을 요한다.

25) 만약 후행처분을 안 날로부터 60일이 경과하였다면 90일이 경과하기 전까지 별소를 제기하는 수밖에 없다.

26) 토지초과이득세 예정과세처분의 경우, 정기과세처분이 내려지더라도 예정과세처분과 관련한 가산금을 환급받기 위해 여전히 예정과세처분의 취소를 구할 소의 이익이 있다고 본 대법원 1996. 9. 10. 선고 94누13978 판결의 경우가 그 예이다.

27) 대법원 1998. 9. 4. 선고 97누19588 판결.

28) 「도시개발법」 제정으로 인하여 2000. 1. 28. 폐지.

조합설립이라는 종국적 목적을 달성하기 위한 중간단계의 처분에 해당"하지만, 그 "법률요건이나 효과가 조합설립인가처분의 그것과는 다른 독립적인 처분이기 때문에 추진위원회 구성승인처분에 대한 취소 또는 무효확인 판결의 확정만으로는 이미 조합설립인가를 받은 조합에 의한 정비사업의 진행을 저지할 수 없"고, 따라서 조합설립인가처분이 이루어진 경우에는 이와 별도로 추진위원회 구성승인처분에 대하여 취소 또는 무효확인을 구할 법률상의 이익은 없다고 판시하고 있다.29)

또한, 앞서 3가지 유형으로 나누어 살펴본 '중간적 처분'의 경우에도 중간적 처분 이후의 최종처분의 처분성에는 의문이 없고, 단지 중간적 처분에 대해 (특히, 쟁송법적 관점에서) 처분성을 추가로 인정할 것인지에 대한 논의가 필요할 뿐이다.

4) 한편, 연속된 처분이 이루어졌지만 선행처분에 대한 처분성 여부가 불명확하거나 다른 사정으로 인하여 제소기간 내에 선행처분에 대한 취소소송이 제기되지 못한 경우, 권리구제의 관점에서 후행처분에 대한 취소소송에서 선행처분의 하자까지 다툴 수 있도록 허용할 것인지, 즉 하자의 승계를 인정할 것인지가 문제된다.30)

판례에 의할 때, 하자의 승계는 '선행처분과 후행처분이 결합하여 하나의 법적 효과를 완성'하는 것으로 볼 수 있는 예외적인 경우에만 허용되는 것이 원칙이다.31) 다만, 선행처분과 후행처분이 독립하여 별개의 효과를 가지더라도 선행처분에 대한 제소기간 내 취소소송 제기를 현실적으로 기대하기 어려운 경우에 한하여 예외적으로 하자의 승계가 인정되는데, 대법원은 개별공시지가결정과 과세처분 사이,32) 비교표준지공시지가결정과 수용보상금 증액청구 사이,33) 친일반민족행위자 결정처분과 독립유공자법 적용배제결정 사이34)에 하자의 승계를 인정하면서, 그 근거로 후속 소송에서 선행처분의 위법을 주장할 수

---

29) 대법원 2013. 1. 31. 선고 2011두11112, 11129 판결.
30) 프랑스에서는 이는 '위법성의 항변'(exception d'illégalité)의 문제로 다루어진다(박정훈, "취소소송의 성질과 처분개념", 『행정소송의 구조와 기능』, 2006, 180면 참조).
31) 대법원 1993. 2. 9. 선고 92누4567 판결, 대법원 1993. 11. 9. 선고 93누14271 판결 등.
32) 대법원 1994. 1. 25. 선고 93누8542 판결(다만, 최근 대법원 2022. 5. 13. 선고 2018두50147 판결에서는 원고의 토지가 표준지인 사안에서 표준지공시지가결정과 재산세 부과처분 사이의 하자의 승계를 부정하였는데, 여기에 드러난 대법원의 판시에 비추어 보면, 수인한도론을 기초로 개별공시지가결정과 양도소득세 부과처분 사이에 하자의 승계를 긍정한 대법원 1994. 1. 25. 선고 93누8542 판결이 유지될 수 있을 것인지는 의문임).
33) 대법원 2008. 8. 21. 선고 2007두13845 판결. 이 판결은 항고소송과 형식적 당사자소송 사이에서 하자의 승계를 인정하였다는 점에서도 주목할 만하다.
34) 대법원 2013. 3. 14. 선고 2012두8964 판결.

없도록 하는 것은 당사자의 예측가능성을 침해하고, 수인한도를 넘는 불이익을 강요하는 것임을 들고 있다. 이는 선행행위의 후행행위에 대한 구속력 이론을 통해 기존의 하자의 승계론을 보완한 것으로 볼 수 있다.[35]

그런데 최근에 선고된 대법원 2020. 4. 9. 선고 2019두61137 판결에서는 근로복지공단의 사업종류 변경결정이 행정절차법에서 정한 처분 절차가 준수되어 처분의 상대방인 사업주에게 방어권 행사 및 불복의 기회가 보장된 경우에는 이는 확인적 행정행위로서 실체법적 처분에 해당하고 그 후행처분인 국민건강보험공단의 산재보험료 부과처분과 사이에 하자의 승계도 인정되지 않지만, 사업종류 변경결정이 위와 같은 처분 절차를 준수하지 않고 내려진 경우에는 이를 처분으로 인정하더라도 그것인 처분의 상대방인 사업주에게 조기의 권리구제기회를 보장하기 위한 것일 뿐이므로 이에 대해 취소소송을 제기하지 않았다고 하더라도 후행처분인 산재보험료 부과처분에 대한 쟁송절차에서 사업종류 변경결정의 위법성을 다툴 수 있다고 판시하였는데, 위 판결은 쟁송법적 처분에 대해서는 하자의 승계가 널리 인정된다는 점을 분명히 하였다는 점에 상당한 의미가 있기는 하지만, 확인적 행정행위에 대해 일률적으로 하자의 승계를 부정하는 취지인지는 명확하지 않고, 나아가 처분 절차를 거쳤는지 여부에 따라 처분의 법적 성격이 실체법적인 것에서 쟁송법적인 것으로 전화(轉化)된다고 볼 수 있는지는 의문이다.[36]

어떠한 경우든 하자의 승계 또는 선행행위의 후행행위에 대한 구속력 이론을 통한 권리구제 기회 확대는 쟁송을 통해 사후적으로 정해지는 것이기 때문에 처분의 상대방 입장에서는 법적 지위의 불안정성이 완전히 해소되지는 않는다는 점에서 한계가 있다.

3. 대법원 2015. 2. 12. 선고 2013두987 판결의 문제점[37]

(1) 공정위의 자진신고자 또는 조사협조자에 대한 제재처분은 그 형식, 내용, 효과 등에 비추어 볼 때 잠정적 행정행위나 중간적 처분이 아닌 종국처분에 해당하고, 감면처분은 제재처분의 가분적 일부취소, 즉 소극적 변경처분에 해당하는 것으로 파악되어야 한다. 이유는 다음과 같다.

---

35) 선행행위의 구속력 이론과 하자의 승계론이 상호배타적인 것이 아닌 중첩적으로 적용된다는 견해로는 박균성, 앞의 책(행정법강의), 318면 참조.
36) 이승민, 앞의 글(중간적 행정결정), 279-280면.
37) 이하의 내용은 이승민, 앞의 글(공정거래법), 371-375면; 이승민, 앞의 글(중간적 행정결정), 294-296면 참조.

(2) 먼저, 연속된 처분에서 처분성의 인정 기준에 대해 살펴본다. 행정기관의 모든 행위나 결정을 항고소송의 대상으로 볼 수는 없기 때문에 행정기관이 어떠한 행정결정을 내리기 위해 거치는 일련의 단계에서 어떤 부분을 쟁송취소의 대상으로 하고, 어떤 부분을 배제할 것인지에 대한 논의는 불가피하다. 그런데 일련의 단계적 처분 가운데 어떠한 것을 중간적인 것으로 보고 어떤 것을 최종적 혹은 종국적인 것으로 보아야 하는지는 경우에 따라 상대적일 수 있어서 이를 일률적으로 정하기 어렵다.

이는 기본적으로는 행정을 통하여 달성하려는 목적 및 그에 따라 발생하는 법적 효과를 기준으로 판단해야 할 것인데, 예컨대 건축허가와 사용승인은 '건축물의 완성'이라는 하나의 목적을 위한 것이지만 행정규제의 관점에서 양자에 대한 규율은 엄연히 다른 목적을 지니고 있으며 그 법적 효과도 다르기 때문에[38] 건축허가를 사용승인을 위한 중간적 처분이라고 할 수 없고, 건축허가 이후 사용승인이 당연히 예정되어 있다고 볼 수도 없다. 이상과 같은 행정목적이나 법률효과는 처분의 법적 근거, 행정청의 심사대상, 처분의 내용 등과 밀접하게 연결되어 나타나기 마련인데, 위의 예에서 건축허가는 행정청이 건축법 제11조에 규정된 요건의 충족 여부를 판단하여 신청인이 실제 건축행위로 나아갈 수 있도록 해 주는 것이고, 사용승인은 행정청이 건축법 제22조의 요건에 대한 충족 여부를 심사한 다음, 건축물의 실제 사용이 가능함을 공적으로 인정해 주는 것이다.

또한, 항고소송의 대상적격은 그와 같은 소송의 객관적 허용성에 관한 것이기 때문에 객관적·외관적으로 판단되어야 하고 함부로 대상적격을 부정해서는 안 된다.[39] 그러므로 어떤 행정결정이 처분으로서의 외형과 절차를 지녔다면 그에 대한 처분성을 인정해야 하고, 이와 더불어 국민의 실효적 권리구제 가능성 및 분쟁의 조기 해결과 같은 쟁송법적 관점도 함께 고려되어야 한다. 어떤 처분이 갖는 행정목적이나 법률효과는 궁극적으로 그 상대방인 국민에 대한 것일 뿐만 아니라, 항고소송에서 쟁송의 대상을 정함에 있어 행정결정이 성립되는 과정에서 국민이 갖게 되는 신뢰를 적극적으로 보호할 필요가 있기 때문이다. 따라서 처분의 외형과 절차를 거쳐 내려진 행정결정을 중간적 처분으로 보거나 최종처분에 흡수·소멸되는 것으로 취급하는 것은 처분성에 대한 의문을 남기고 결과적으로 국민의 권리구제 범위가 좁아질 수 있기 때문에 신중해야 한다. 반면, 어떤 행정결정에 대해 추후의

---

[38] 건축허가는 향후 건축될 건물이 도시계획 및 건축경찰법적 관점에서 문제가 없는지 여부를 살펴 발급되는 것인 반면, 사용승인은 완성된 건축물이 건축허가 발급 당시 제출된 도면에 맞게 이루어졌는지, 허가조건은 제대로 이행되었는지 등을 검토하여 해당 건축물의 사용가능성을 열어주는 것이므로 그 법적 효과가 다르다.

[39] 박정훈, "취소소송의 4유형 ― 취소소송의 대상적격과 원고적격", 『행정소송의 구조와 기능』, 2006, 76면.

처분이 예정되어 있거나 예상 가능하더라도 일단 해당 행정결정의 처분성을 인정한 다음, 나중에 그와 연관된 다른 처분이 내려지면 해당 처분과 선행 행정결정 사이의 관계를 살펴 청구취지를 변경하도록 하거나 소의 이익을 부정하는 등의 방법으로 쟁송취소의 대상을 정리할 수 있기 때문에 굳이 중간적 처분이나 잠정적 행정결정의 범위를 넓혀 제소 가능성을 사전에 차단할 이유가 없다.

(3) 공정위의 제재처분은 행정청의 내부행위가 아니며, 이는 법 위반행위자의 위반행위를 처벌하기 위한 것이다. 반면, 감면처분은 자발적 신고나 조사협조로 인하여 공정위의 카르텔 적발 및 제재를 원활하게 한 것에 대한 보상적 성격으로 이루어지는 것이기 때문에 그 행정목적이 같지 않다. 법률효과 또한 제재를 부과하는 것과 제재를 감면하는 것으로서 서로 명확히 구별된다. 특히, 선행의결을 통한 제재처분과 후행의결에 따른 감면처분은 그 법적 근거, 심사대상 및 성격을 달리한다. 즉, 선행의결은 구 공정거래법 제21조 제22조에 따른 시정명령과 과징금납부명령의 요건 충족 여부 및 부과 정도를 판단하여 내려지는 제재 부과처분이고, 후행의결은 같은 법 제22조의2에 다른 감면요건 충족 여부 및 감면 정도를 판단하여 내려지는 처분으로서, 실제로도 후행의결의 의결서에는 감면요건 충족 여부 및 감면 정도에 대해서만 기재되어 있을 뿐, 기 부과된 제재에 대해서는 아무런 언급이 없다. 그러므로 선행의결과 후행의결에서의 공정위의 심사대상은 서로 다르고, 그에 따라 내려지는 결론 및 법적 효과도 다르다.

처분의 형식이나 절차적인 측면에서도 공정위의 제재처분은 최종처분으로 보는 것이 타당하다. 제재처분은 자진신고자 등에 대한 것이나 자진신고자 등이 아닌 피심인에 대한 것이나 그 외형에 있어 아무런 차이가 없고, 자진신고자 등에 대한 제재처분이라고 하더라도 그러한 명령을 수령하는 상대방의 입장에서 볼 때 그 처분 절차나 형식은 여전히 완결적이다. 즉, 자진신고자 등에 대한 제재처분도 공정위의 정식 심의·의결을 거쳐 정해지며, 이를 부과하는 내용의 공정위 의결서는 그 상대방에게 공문의 형식으로 송달되는데 해당 공문에는 제재처분과 관련하여 구 공정거래법 제54조 제1항((현행 공정거래법 제99조 제1항)에 따른 30일의 제소기간이 적용된다는 점이 안내되어 왔다.40) 그리고 이러한 제재처분은 공정력과 자력집행력이 있기 때문에 별도로 집행정지 결정이 내려지지 않는 이상 그 상대방에게는 시정명령의 이행 및 과징금액의 납부의무가 발생하는데, 과징금납부명령에 대해서

---

40) 보통 해당 공문에는 "이 처분에 불복하는 경우에는 법 제53조 제1항 및 제54조의 규정에 의거하여 이 처분의 통지를 받은 날부터 30일 이내에 그 사유를 갖추어 공정위(심판총괄담당관실)에 이의신청을 하거나, 서울고등법원에 행정소송을 제기할 수 있음을 알려드립니다."라고 기재되어 있다.

는 과징금액 외에 납부기한과 납부장소까지 같이 안내되는 것이 보통이다. 요컨대, 자진신고자 등에 대한 제재처분은 처분의 형식, 절차, 내용, 효과 등 어느 면으로 보더라도 그 자체로 종국적인 것이다.

게다가, 공정위가 제재처분을 명하는 본의결과 별도의 의결(분리의결)로 감면처분을 해야 할 의무는 없고 이는 당사자의 신청에 따라 공정위가 재량으로 결정하는 것이라는 점에서도 대법원 2013두987 판결은 수긍하기 어렵다. 즉, 선행처분인 제재처분 당시에 후행처분인 감면처분이 반드시 예정되어 있는 것이 아니므로 당사자의 감면신청 여부에 따라 선행처분이 확정적 처분이 되기도 했다가 잠정적 처분이 되기도 했다가 하는 것은 법적 불안정성을 야기한다. 당초의 제재처분 자체가 최종적이고 종국적인데 이후에 변경 가능성이 높다는 이유만으로 당초 처분의 법적 성격이 달라져서는 안 되며, 따라서 공정위의 제재처분을 가행정행위나 잠정적 행정결정으로 취급하는 것은 곤란하다.

나아가, 대법원 2013두987 판결은 처분 상대방의 신뢰보호, 권리구제나 소송경제의 관점에서도 바람직하지 않다. 자진신고자 등에 대한 감면처분은 그 구조가 소극적 변경처분, 즉 감액경정처분과 유사한 구조를 지니고 있기 때문에 과거에는 실무상 항고소송의 대상은 원 처분, 즉 제재처분으로 보면서 다만 심리·판단의 범위를 감면처분을 통해 감축되고 남은 부분으로 이해하는 경우가 많았다. 그러다보니 선행처분인 제재처분에 대해서만 제소가 이루어지고 후행처분인 감면처분에 대해서는 제소기간 내에 청구취지 추가·변경이나 별소를 통해 추가로 취소의 대상으로 삼지 않은 경우도 있었던 것이고, 서울고등법원 2012. 6. 14. 선고 2012누2483 판결처럼 재판부 직권으로 감면의결의 취소를 구하는 청구취지를 제재의결 중 감면의결에 의해 감액되고 남은 부분으로 정정하기까지 하는 경우도 있었던 것이다. 또한, 감면처분만이 취소의 대상으로 볼 경우, 그 이전에 제재처분을 취소의 대상으로 하여 제기되어 소송 계속 중인 사건에서 원고는 감면처분을 제소기간 내에 쟁송취소의 대상으로 추가해야 할 의무를 예상치 못하게 부담하게 되는데, 대상판결에서 이에 따른 불합리한 결론을 회피하기는 했지만 이는 일반 법리보다는 해당 사안의 구체적 사실관계에 기대어 이루어진 것이기 때문에 사실관계가 다른 사안에서도 동일한 판단이 내려졌을 것인지는 장담하기 어렵다.

대법원 2013두987 판결은 구 공정거래법 제54조 제1항에서 공정위 처분에 대한 제소기간을 처분의 통지를 받은 날로부터 30일로 제한하고 있는 점을 감안하여, 시기적으로 더 늦은 감면처분을 기준으로 제소기간을 산정하게 하여 줌으로써 당사자의 권리구제에 도움이 된다고 판단한 것 같다. 그러나 공정위 처분에 대해서는 서울고등법원이 전속관할이 되어 2심제로 진행되고 있으며, 이에 따라 공정위의 심의·의결 자체가 1심 재판의 기능을 하면서 일반적인 행정기관의 처분 절차에 비해 훨씬 준사법적인 절차로 진행되고 있기 때문에, 30일의 제소기간은 상소기간과 비교하는 것이 타당하고, 그렇게 볼 때 이 기간이 부당하게 짧다고 보기 어렵다. 또한, 공정위 심의·의결 단계에서 심사관의 상세한 심사보고서가 작성되어 당사자에게 송부되고, 피심인은 심사보고서에 대한 상세한 반박 내용을 담은 의견서를 제출하는 것이 보통이며, 그렇기 때문에 30일의 제소기간 내에 풍부한 내용을 담은 소장을 제출하는 것이 현실적으로 매우 곤란한 것도 아니다. 게다가 제소기간이 촉박하다면 일단 1-2장 분량의 형식적 소장만 제출하고 추후 준비서면을 통해 자세한 청구원인을 보충하는 방법도 실무에서 흔히 활용되고 있다.

4. 대상판결의 문제점

대상판결은 대법원 2013두987 판결의 결론을 그대로 유지하면서도 후행처분인 감면처분만을 쟁송취소의 대상으로 보는 데 따르는 문제점, 특히 '선행처분인 제재처분에 대한 취소소송 계속 중에 감면처분이 내려진 상태에서 해당 감면처분에 대한 별소 제기 또는 청구취지 추가·변경을 제소기간 내에 하지 않는 경우'를 구제하고 있다. 그러나 이러한 권리구제방안은 여전히 우회적이고 불충분해 보이며, 자진신고자 등에 대한 제재처분의 감면에 관해서도 조세 감액경정처분의 경우와 마찬가지로 선행처분인 제재처분을 쟁송취소의 대상으로 보고 제소기간도 제재처분시점을 기준으로 판단하고, 나중에 당사자의 신청에 따라 감면처분이 이루어질 경우 감축되고 남은 제재 부분만을 심리 및 판결의 대상으로 삼는 것이 타당하다 할 것이다.[41]

Ⅳ. 요약과 결론

이상의 내용을 요약하면 다음과 같다.

대상판결은 공정거래법상 부당한 공동행위(담합)를 이유로 공정위로부터 과징금 납부를 명하는 제재처분을 부과받고, 이후 2순위 조사협조자 지위를 인정받아 과징금을 감액하는 감면처분을 받은 피심인이 제재처분과 감면처분 모두에 대해 취소소송을 제기한 경우, 위와 같은 제재처분은 이후의 감면처분을 예정한 "일종의 잠정적 처분"으로서 감면처분이

---

41) 김민호, 『행정법』, 제3개정판, 2022, 255면; 이윤정, "취소소송에서의 소 변경", 『행정법연구』 제68호, 2022, 200면도 같은 입장이다.

내려지면 여기에 흡수되어 소멸하므로 이를 다툴 별도의 소의 이익을 인정할 수 없다고 판시한 대법원 2013두987 판결의 연장선상에 있는 판례이다.

그런데 대상판결의 경우에는 공정위의 제재처분에 대해서만 항고소송이 제기되고 감면처분에 대해서는 외형상 제소기간이 도과된 이후에 비로소 취소 청구가 이루어졌기 때문에 잠정적 처분인 제재처분에 대한 항고소송 제기만으로도 종국적 처분인 감면처분에 대한 제소기간이 준수된 것으로 볼 수 있는지가 문제되었다. 이에 대해 대상판결에서는 대법원 2013두987 판결의 결론을 그대로 유지하면서도 후행처분인 감면처분만을 쟁송취소의 대상으로 보는 데 따르는 문제점, 특히 '선행처분인 제재처분에 대한 취소소송 계속 중에 감면처분이 내려진 상태에서 해당 감면처분에 대한 별소 제기 또는 청구취지 추가·변경을 제소기간 내에 하지 않는 경우'를 구제하고 있다. 그러나 이러한 권리구제방안은 우회적이고 불충분해 보이며, 조세 감액경정처분의 경우와 마찬가지로 선행처분인 제재처분을 쟁송취소의 대상으로 보고 제소기간도 제재처분시점을 기준으로 판단하고, 나중에 당사자의 신청에 따라 감면처분이 이루어질 경우 감축되고 남은 제재 부분만을 심리 및 판결의 대상으로 삼는 것이 타당하다 할 것이다.

생각할 문제

1. 연속된 처분에서 제소기간의 기산점에 대해 각 처분의 유형별로 분석해 볼 것.

2. 잠정적 행정결정과 소극적 변경처분은 어떻게 구별될 수 있는지 생각해 보고, 그러한 구별에 따라 발생하는 소송상 차이점에 대해 비교해 볼 것.

대법원 2021. 2. 10. 선고 2020두47564 판결[*]
[경고처분의 항고소송 대상적격과 법률유보원칙]

이 철 진[**]

[사실관계]

원고는 2005. 2.경 검사로 임용되어 2015. 8.경부터 2018. 2.경까지 OO지방검찰청에서 근무하였다. 대검찰청 감찰본부(이하 '감찰본부'라 한다)는 2017. 10.경부터 2017. 11.경까지 위 지방검찰청에 대하여 '2016. 10.경부터 2017. 10.경까지'를 감사대상기간으로 하는 2017년도 통합사무감사(이하 '이 사건 사무감사'라 한다)를 실시하였다. 감찰본부는 2017. 11.경 원고에게 이 사건 사무감사 결과로 원고의 수사사무 21건에 대한 지적사항 및 조치사항(이하 '지적사항 초안'이라 한다)을 통보하였다. 원고는 2017. 11. 22. 감찰본부에 지적사항 초안에 대한 이의신청을 하였다. 감찰본부는 2017. 12.경 원고에게 지적사항 초안 중 1건의 지적사항을 제외하고 1건의 지적사항을 추가하여 21건의 지적사항(이하 '이 사건 지적사항'이라 한다) 및 이에 대한 평정 결과(벌점 합계 10.5점)를 통보하였다. 이를 기초로 검찰총장은 원고가 이 사건 지적사항과 같이 수사사무를 부적정하게 처리하여 검사로서 직무를 태만히 한 과오가 인정된다는 이유로, 2018. 1. 18. 원고에게 경고장을 송부하였다(이하 '이 사건 경고'라 한다). 원고는 2018. 1. 29. 감찰본부에 다시 이 사건 지적사항에 대한 이의신청을 하였다. 감찰본부는 2018. 2.경 이 사건 지적사항 중 2건의 지적사항에 대하여는 이의신청을 받아들여 이 부분에 대한 지적사항을 취소하고, 나머지 19건의 지적사항에 대한 이의신청은 기각하였으며, 지적사항 19건에 대한 벌점을 합계 11점으로 정정하였다. 원고는 이 사건 경고에 대하여 검찰총장을 피고로 하여 항고소송(취소소송)을 제기하기에 이르렀다.

---

* 이 글은 2023. 8. 31. 난송 박정훈 선생님 정년 기념호로 발행된 『행정법연구』 제71호에 발표한 논문을 판례평석 형식으로 수정·보완한 것이다.
** 김·장 법률사무소 변호사, 법학박사

[사건의 경과]

원고는, 이 사건 경고의 기초가 된 이 사건 지적사항은 원고가 주임검사로서 헌법과 법률에 따라 부여 받은 판단영역 내지 재량영역을 정당하게 행사하여 처리한 것임에도 불구하고 형식적인 검토만으로 사실관계와 동떨어진 비합리적인 사항을 지적하거나 처벌중심주의 관점에서 과도한 형사처벌을 요구하거나 이 사건 사무감사 대상기간 이전의 사건을 문제 삼는 등 타당한 지적사항이라고 볼 수 없고, 이 사건 사무감사는 원고가 청구한 압수수색영장의 청구서가 법원에 접수되었다가 회수된 사건에 대한 문제 제기에 대하여 보복 차원에서 원고를 표적 삼아 자의적으로 이루어진 것이므로 이 사건 지적사항은 모두 위법·부당하고 이 사건 지적사항을 전제로 한 이 사건 경고의 처분사유도 인정될 수 없다고 주장하였다.

또한, 설령 이 사건 경고의 처분사유 중 일부가 인정되더라도 원고는 이 사건 사무감사 대상 지방검찰청 소속 검사 중 구공판 건수 등에서 1위를 기록하는 등 객관적인 업무실적이 우수하고 오랜 기간 검사로 성실하고 정직하게 업무를 처리해왔던 점 등의 제반 사정을 종합하면 이 사건 경고는 재량권의 한계를 일탈·남용한 것이어서 위법·부당하다고 주장하였다. 이에 대하여 피고는 이 사건 경고는 그 자체로 어떠한 법률상 효과를 발생시키지 않고 단지 사실상 또는 간접적 효과를 발생하게 하는 것에 불과하므로 항고소송의 대상이 되는 처분에 해당하지 않는다는 취지의 본안 전 항변을 하는 한편, 이 사건 경고는 그 사유가 존재하고 피고의 재량 범위 내에서 행해진 것으로서 적법하다고 주장하였다.

이에 대하여 제1심법원[1]은 피고의 본안 전 항변에 대하여 이 사건 경고는 외형을 갖추었을 뿐만 아니라 직무성과급 지급 등 구체적인 권리의무에 직접적인 영향을 미치는 행위이므로 항고소송의 대상이 되는 처분에 해당한다고 하면서 이를 받아들이지 않았다. 그리고 이 사건 지적사항 중 6개의 지적사항은 인정되지 않고, 이 6개의 지적사항에 대한 벌점을 공제하면 피고가 제시하는 기준에 의하더라도 경고를 할 수 있는 벌점에 이르지 않는 사정들에 비추어 이 사건 경고는 그 처분사유에 비하여 균형을 잃은 과중한 내용이라고 판단된다고 하면서, 이 사건 경고에는 비례의 원칙에 반하여 재량권을 일탈·남용한 위법이 있다고 봄이 상당하다는 이유로 원고의 청구를 인용하였다.

이에 불복하는 피고의 항소에 대하여 원심법원[2]은 다음과 같이 판단했다.

먼저, 이 사건 경고는 "경고장"이라는 제목과 "지적내용: 수사사무 부적정 처리(과오 지

---

1) 서울행정법원 2019. 10. 1. 선고 2018구합61871 판결.
2) 서울고등법원 2020. 8. 26. 선고 2019누61030 판결.

적사항 별첨), 상기 지적사항은 검사로서 직무를 태만히 한 과오가 인정되어 엄중 경고함"이라는 내용이 기재된 서면으로 피고 명의로 외부에 표시되었고, 이 사건 경고의 근거규정인 「대검찰청 자체감사규정」(대검찰청훈령 제190호. 이하 '자체감사규정'이라 한다) 제27조 제1항은 동 규정 제23조 제3항의 처분요구가 있을 시 당해 공무원에게 이의신청을 할 수 있도록 규정하고 있어, 이 사건 경고는 처분으로 인식될 정도의 외형을 갖추었다고 인정하였다.

그리고 이 사건 경고는 「검찰공무원의 범죄 및 비위 처리지침」(2018. 6. 7. 대검찰청예규 제952호로 개정되기 전의 것, 이하 '비위처리지침'이라 한다) 제4조 제2항 제2호의 경고에 해당될 수 있으므로, 원고는 비위처리지침 및 「감찰관리대상자 인사조치 기준」(2019. 5. 17. 대검찰청예규 제994호로 개정되기 전의 것, 이하 '인사조치기준'이라 한다)에 근거하여 이 사건 경고로 인해 특별한 사정이 없는 한 감찰관리 대상자가 되고, 자신의 희망과 무관하게 근무처나 보직이 변경되는 인사조치 대상이 될 신분상 불이익을 받을 우려가 있는바, 이 사건 경고의 위와 같은 효력이 행정규칙인 비위처리지침 및 인사조치기준에 근거한 것이라 하더라도, 인사조치기준은 감찰대상자에 대한 인사조치 기준이 엄격히 이행되도록 규정하는 등 그 내부 구속력에 의해 원고에게 권리의 설정 또는 의무의 부담을 명하거나 기타 법적인 효과를 발생하여 원고의 권리·의무에 직접 영향을 미친다고 보아, 피고의 본안 전 항변은 이유 없다고 판단했다.

다음, 검사는 형사절차 과정에서 규범적·법률적 평가가 수반되는 영역에 관하여는 판단재량을 갖는 점, 검찰사건처리기준 등 내부 지침은 어디까지나 검사의 사건처리 시 참고가 되는 권고사항으로서 개별 사건의 구체적 특성을 고려하지 않은 채 모든 사안에서 동일하게 적용될 것은 아니라는 점 등의 사정을 고려하면, 검사가 나름의 근거를 가지고 검사에게 주어진 재량 범위 내에서 사무를 처리한 것이라면 그 결과가 검찰사무처리기준 등 내부 지침에 부합하지 않는다고 하여 곧바로 검사가 사무처리를 게을리 한 것이라고 평가할 수는 없고, 이 사건 지적사항은 원고의 수사사무처리가 적절하지 않은 점을 지적하여 검찰사무의 적정성을 도모하기 위한 것으로 그 지적 내용 자체로는 타당한 것이라 하더라도, 그것이 곧바로 원고가 검사징계법상 징계사유에 해당할 정도로 직무를 게을리 한 것이라고 인정할 근거로 되지는 않으며, 이 사건 지적사항만으로는 원고에게 검사징계법상 직무를 게을리 하였을 때에 해당하는 징계사유가 있다고 인정하기 부족하다고 보아 이 사건 경고는 처분사유가 존재하지 않는 위법한 처분으로 판단하여 피고의 항소를 기각하였다. 이에 대해 피고가 상고를 제기하였다.

[대상 판결]

대법원은 원심판결을 파기하고 사건을 다시 심리·판단하도록 원심법원에 환송하였다. 그 구체적인 설시를 요약하면 다음과 같다.

항고소송의 대상이 되는 처분이라 함은 원칙적으로 행정청의 공법상 행위로서 특정사항에 대하여 법규에 의한 권리의 설정 또는 의무의 부담을 명하거나 기타 법률상 효과를 발생하게 하는 등으로 일반 국민의 권리·의무에 직접 영향을 미치는 행위를 가리키는 것이지만, 어떠한 처분의 근거나 법적인 효과가 행정규칙에 규정되어 있다고 하더라도, 그 처분이 행정규칙의 내부적 구속력에 의하여 상대방에게 권리의 설정 또는 의무의 부담을 명하거나 기타 법적인 효과를 발생하게 하는 등으로 그 상대방의 권리·의무에 직접 영향을 미치는 행위라면, 이 경우에도 항고소송의 대상이 되는 처분에 해당한다고 보아야 한다.

검찰총장이 사무감사 및 사건평정을 기초로 자체감사규정 제23조 제3항, 비위처리지침 제4조 제2항 제2호 등에 근거하여 검사에 대하여 하는 경고는 일정한 서식에 따라 검사에게 개별 통지를 하고, 이의신청을 할 수 있으며, 검사가 검찰총장의 경고를 받으면 1년 이상 감찰관리 대상자로 선정되어 특별관리를 받을 수 있고, 경고를 받은 사실이 인사자료로 활용되어 복무평정, 직무성과급 지급, 승진·전보인사에서도 불이익을 받게 될 가능성이 높아지며, 향후 다른 징계사유로 징계처분을 받게 될 경우에 징계양정에서 불이익을 받게 될 가능성이 높아지므로, 검사의 권리·의무에 영향을 미치는 행위로서 항고소송의 대상이 되는 처분이라고 보아야 한다.

「검찰청법」 제7조 제1항, 제12조 제2항, 「검사징계법」 제2조, 제3조 제1항, 제7조 제1항, 자체감사규정 제23조 제2항, 제3항, 「사건평정기준」 제2조 제1항 제2호, 제5조, 비위처리지침 제4조 제2항 제2호, 제3항 [별표 1] 징계양정기준, 제4항, 제5항 등 관련 규정들의 내용과 체계 등을 종합하여 보면, 검찰총장의 경고처분은 「검사징계법」에 따른 징계처분이 아니라 「검찰청법」 제7조 제1항, 제12조 제2항에 근거하여 검사에 대한 직무감독권을 행사하는 작용에 해당하므로, 검사의 직무상 의무 위반의 정도가 중하지 않아 「검사징계법」에 따른 징계사유에는 해당하지 않더라도 징계처분보다 낮은 수준의 감독조치로서 경고를 할 수 있고, 법원은 그것이 직무감독권자에게 주어진 재량권을 일탈·남용한 것이라는 특별한 사정이 없는 한 이를 존중하는 것이 바람직하다.

[판결의 평석]

Ⅰ. 사안의 쟁점

이 사건 경고의 항고소송 대상적격과 관련하여, 기존에 대법원도 이 사건 경고와 유사한 행정청의 행위와 관련하여, 군수의 불문경고(대법원 2002. 7. 26. 선고 2001두3532 판결 참조)나 금융감독원장의 문책경고(대법원 2005. 2. 17. 선고 2003두14765 판결 참조)에 대하여는 표창공적의 사용가능성을 소멸시키고 인사기록카드에 등재되어 표창 대상자에서 제외되거나 임원이나 대표자 선임에서 제외되는 효과 등이 있다는 이유로 항고소송의 대상이 되는 처분에 해당하는 것으로 보았으나, 금융감독원장의 문책경고(상당)(대법원 2005. 2. 17. 선고 2003두10312 판결 참조), 교육장의 경고(대법원 2004. 4. 23. 선고 2003두13687 판결 참조), 장관의 경고(대법원 1991. 11. 12. 선고 91누2700 판결 참조) 등에 대하여는 경고사실이 인사기록부에 기록·유지됨으로 인하여 다른 기관에 취업함에 있어 지장을 받는 불이익이 있다고 하더라도 그것은 사실상의 불이익에 불과하다거나, 경고를 받은 자에게 상위권 평점을 부여하지 않는다고 하더라도 그것은 사실상 또는 간접적인 효과에 불과하다는 이유 등으로 항고소송의 대상이 되는 처분이 아니라고 보았다.

이에 먼저, 기존의 대법원 판결이 문책경고나 불문경고가 아닌 단순 경고에 대하여는 상대방이 받는 인사상 불이익이 있다고 하더라도 그것은 경고로 인한 불이익이 아니라거나 사실상의 불이익에 불과하다는 이유 등으로 항고소송의 대상이 되는 처분이 아니라고 본 것과는 달리, 대상판결이 항고소송의 대상적격 범위를 확대하면서 다른 결론을 도출한 것과 관련하여 관련 유사판결들과 대상판결을 비교·분석하고자 한다.

다음으로, 대상판결은, 대법원 2002. 7. 26. 선고 2001두3532 판결 등과 같이 어떠한 처분이 항고소송의 대상이 되는 처분에 해당하는지 여부와 처분 근거의 법적 성격을 연계시키면서 처분의 근거나 효과가 행정규칙에 규정되어 있다고 하더라도 그 처분이 그 상대방의 권리·의무에 직접 영향을 미치는 행위라면 항고소송의 대상이 되는 행정처분에 해당한다고 보아야 한다고 판시하였는바, 어떠한 처분의 근거나 효과가 항고소송의 대상이 되는 처분에 해당하는지 여부와 관련이 되는지 여부 등에 대하여 살펴볼 필요가 있다.

마지막으로, 대상판결은 이 사건 경고가 항고소송의 대상이 되는 처분에 해당하는지 여부를 판단할 때는 이 사건 경고가 자체감사규정이나 비위처리지침 등에 근거하고 있다고 판시한 반면, 이 사건 경고가 적법한지 여부를 판단할 때는 이 사건 경고는「검찰청법」제7조 등에 근거하여 직무감독권을 행사하는 작용에 해당한다고 판시하였는바, 대상판결에서 설시한 이 사건 경고의 근거가 법률유보원칙에서 말하는 법률상 근거가 될 수 있는지 여부 등 이 사건 경고가 법률유보원칙에 위반된 점은 없는지 검토할 필요가 있다.

Ⅱ. 판례의 이해

대상판결은 항고소송의 대상적격에 대하여 기본 법리에 있어서는 종전 판례의 취지를 따르면서도, 구체적 사례에 대한 적용에 있어서는 그 포섭 범위를 점점 확대하고자 하는 판례의 경향에 따라 종전 판례의 태도에서 벗어나서 해당 처분이 상대방에 미치는 영향에 대하여 실질적으로 판단하고자 하였다. 다만, 대상판결은 어떠한 처분이 항고소송의 대상이 되는 처분에 해당하는지를 판단하면서, 해당 처분의 항고소송 대상적격 유무를 해당 처분 근거나 효과의 법적 성격과 연계시킨 종전 판례의 태도를 따랐다. 그리고 대상판결은 이 사건 경고의 근거와 관련하여 이 사건 경고의 항고소송 대상적격 유무를 판단할 때는 자체감사규정 등 행정규칙에서 그 근거를 찾았으나, 이 사건 경고의 적법성 유무를 판단할 때는 「검찰청법」이라는 법률에서 그 근거를 찾았다.

1. 이 사건 경고의 항고소송 대상적격에 대한 판단

(1) '처분'의 개념

대상판결은, 상술한 바와 같이, 공무원에 대한 처분에 관한 판결인 대법원 2002. 7. 26. 선고 2001두3532 판결의 판시를 그대로 인용하여, 항고소송의 대상이 되는 처분의 개념을 밝혔다. 대상판결은 항고소송의 대상이 되는 처분에 대하여 원칙과 예외로 나누어 개념 정의를 하였으나, 내용을 들여다보면 원칙은 일반 국민에 대한 처분의 개념이고, 예외는 내부 공무원에 대한 처분의 개념이다.

그래서 먼저, 일반 국민에 대한 처분으로서 항고소송의 대상이 되는 처분은, 행정청의 공법상 행위로서 특정 사항에 대하여 법규에 의한 권리의 설정 또는 의무의 부담을 명하거나 기타 법률상 효과를 발생하게 하는 등으로 일반 국민의 권리·의무에 직접 영향을 미치는 행위라고 보았다. 다음, 공무원에 대한 처분으로서 항고소송의 대상이 되는 처분은, 행정규칙이라 하더라도 공무원한테는 구속력이 미치는 점을 감안하여, 행정청의 공법상 행위로서 특정 사항에 대하여 행정규칙의 내부적 구속력에 의하여 상대방에게 권리의 설정 또는 의무의 부담을 명하거나 기타 법적인 효과를 발생하게 하는 등으로 상대방의 권리·의무에 직접 영향을 미치는 행위도 포함된다고 판시하였다.

위와 같이 대상판결은 어떤 처분의 항고소송 대상적격 여부가 해당 처분의 근거나 효과를 정하는 규정과 관계가 있는 것으로 보았다. 그래서 일반 국민에 대한 처분은 법규에 의하여 해당 일반 국민에게 권리의 설정 또는 의무의 부담을 명하는 경우에 항고소송의 대상이 되는 처분에 해당하고, 공무원에 대한 처분은 행정규칙의 내부적 구속력에 의하여 상대방에게 권리의 설정 또는 의무의 부담을 명하는 경우에도 항고소송의 대상이 되는 처분에 해당한다고 보았다.

(2) 이 사건 경고의 처분성

이 사건 경고는 검찰총장이 감사결과 지적사항이 징계사유에 해당되나 업무처리 당시의 제반사정이나 담당자의 업무처리능력, 평소의 소행 등 참작할 만한 사유가 있는 경우 또는 직무를 태만히 한 과오가 인정되는 경우 이를 평정하여 벌점을 부과하고 이에 따라 엄중히 경고하는 내용의 서면을 송부하는 행위를 말한다.[3] 대상판결은, 검찰총장이 사무감사 및 사건평정을 기초로 자체감사규정, 비위처리지침 등에 근거하여 검사에 대하여 하는 경고는 일정한 서식에 따라 검사에게 개별 통지를 하는 방식으로 이루어지고, 해당 검사는 이에 대하여 이의신청을 할 수 있으며, 검사가 검찰총장의 경고를 받으면 1년 이상 감찰관리 대상자로 선정되어 특별관리를 받을 수 있고, 경고를 받은 사실이 인사자료로 활용되어 복무평정, 직무성과급 지급, 승진·전보인사에서도 불이익을 받게 될 가능성이 높아지며, 향후다른 징계사유로 징계처분을 받게 될 경우에 징계양정에서 불이익을 받게 될 가능성이 높아진다고 보았다.

대상판결은, 위와 같은 사정에 비추어 이 사건 경고는 상대방인 검사의 권리·의무에 영향을 미치는 행위에 해당한다고 판단하였다. 그러면서 대상판결은 이 사건 경고를 항고소송의 대상이 되는 처분에 해당한다고 판시하였다.

2. 이 사건 경고의 적법성에 대한 판단

처분의 적법성은 본안 판단사항으로서 해당 처분의 근거가 법률유보원칙에 위반되었는지 여부, 해당 처분이 관계 법률에 위반되었는지 여부, 해당 처분청에 재량권이 있는 경우 해당 재량권 행사에 있어서 일탈·남용이 없는지 여부 등에 관한 문제이다. 대상판결은 이

---

3) 「대검찰청 자체감사규정」(대검찰청훈령) 제23조 제3항 및 [별지 제7호 서식]; 「검찰공무원의 범죄 및 비위 처리지침」(대검찰청예규) 제4조 제2항 제2호; 「사건평정규정」(대검찰청훈령) 제2조~제5조 참조.

사건 경고가 「검찰청법」 제12조 제2항 등에 근거하여 검찰총장이 검사에 대한 직무감독권을 행사하는 작용에 해당한다고 판시하였는바, 대상판결은 이 사건 경고가 법률유보원칙을 위반한 사실이 없고, 관계 법률에 위반되지도 않았다고 본 것이다. 그리고 대상판결은 이 사건 경고의 상대방인 검사의 직무상 의무 위반의 정도가 중하지 않아 이에 대하여 검찰총장은 징계처분보다 낮은 수준의 감독조치로서 이 사건 경고와 같은 조치를 할 수 있고, 달리 이 사건 경고와 관련하여 재량권을 일탈·남용한 것이라고 볼만한 특별한 사정도 없다고 보았다. 결론적으로, 대상판결은 이 사건 경고를 적법하다고 판단하였다.

Ⅲ. 법리의 검토

1. 항고소송의 대상적격

항고소송의 대상적격은 결국 행정소송법상 '처분' 개념의 해석과 관련되는바, 학설은 대체로 국민의 권리구제의 기회를 보장하기 위하여 대상적격을 확대하여야 한다는 입장인데 반해, 판례는 법적 안정성을 중시하면서 남소 가능성과 현실적 수용 가능성 등을 우려하여 대상적격을 확대하는 데 기본적으로 소극적인 태도를 취하면서 경우에 따라 점진적으로 확대하자는 입장을 취해왔으나, 판례의 경향도 길게 보면 대상적격을 확대하는 방향임에는 틀림이 없다. 이하에서 '처분'의 개념, 판례의 경향 및 대상판결의 태도에 대하여 구체적으로 살펴본다.

(1) '처분'의 개념

현행 「행정소송법」 제3조(행정소송의 종류) 제1호는 항고소송은 행정청의 '처분' 등이나 부작위에 대하여 제기하는 소송이라고 구분하면서, 같은 법 제2조(정의) 제1호에서 '처분'이라 함은 '행정청이 행하는 구체적 사실에 관한 법집행으로서의 공권력의 행사 또는 그 거부와 그 밖에 이에 준하는 행정작용'이라고 정의하고 있다.[4] 위 정의에 따르면 작용의 주체와 거부의 경우를 생략하면 '처분'이란 '구체적 사실에 관한 법집행으로서의 공권력의 행사'와 '이에 준하는 행정작용'이다. 그런데 실체법상 '행정행위'개념이 있는데, 위와 같이

---

4) 「행정기본법」 제2조 제4호에서도 「행정소송법」 제2조 제1호의 정의와 유사하게 '처분'이란 '행정청이 구체적 사실에 관하여 행하는 법 집행으로서 공권력의 행사 또는 그 거부와 그 밖에 이에 준하는 행정작용'을 말한다고 정의하고 있다.

「행정소송법」에서 별도로 '처분' 개념을 정함에 따라 행정소송법상 '처분' 개념과 실체법상 '행정행위' 개념의 관계가 문제된다. 이에 대하여는 크게 두 개의 학설이 대립된다. 먼저, 실체법적 개념설(일원설)에서는 행정소송법상 '처분' 개념을 실체법상 '행정행위'와 동일한 것으로 본다. 그런데 쟁송법적 개념설(이원설)에서는 행정소송법상 '처분' 개념은 실체법상 '행정행위'와는 다른 개념이고, 쟁송법적 관점에서 '행정행위' 이외의 행정작용도 '처분'에 포함될 수 있다고 본다.5) 그래서 쟁송법적 개념설에서는 행정행위뿐만 아니라 권력적 사실행위, 비권력적 행위라도 국민의 권익에 사실상의 지배력을 미치는 행위, 처분적 명령 등을 처분으로 본다.6) 쟁송법은 권리구제 등의 목적과 취지를 가진 법이므로 쟁송법상 '처분' 개념은 실체법상 '행정행위' 개념과는 다를 수밖에 없다고 본다.

앞에서 본 바와 같이 행정소송법상 '처분'의 정의는 '구체적 사실에 관한 법집행으로서의 공권력의 행사' 외에 '이에 준하는 행정작용'도 포함하고 있어 '법'의 집행이 아닌 행정작용 또는 '공권력'의 행사가 아닌 행정작용도 '처분'이 될 수 있다. 여기서 당시 입법자가 독일의 '행정행위' 개념보다 훨씬 넓게 정의하고자 하는 의도를 가졌음을 인식할 수 있다.7) 따라서 행정청의 어떠한 행위가 법적 근거가 없는 행위라 할지라도 항고소송의 대상적격을 인정할 수 있다. 다만, 법률의 근거 없이 상대방의 권리를 제한하거나 의무를 부과한다면 법률유보원칙에 반하여 위법한 처분이 될 뿐이다.8)

한편, 1984. 12. 15. '처분 등'의 정의가 새로 들어가는 등 전부 개정되어 1985. 10. 1.부터 시행된 개정 「행정소송법」에 대한 기대와는 달리, 위 정의 중 '이에 준하는 행정작용'이라는 표현은 '처분'의 개념 징표로서 제대로 활용되지 못하였다.9) 위 '이에 준하는 행정작용'이라는 포괄조항을 제대로 활용하면 상당히 많은 부분의 행정작용을 '처분'에 포함시킬 수 있을 것이다. 항고소송의 대상적격은 객관적·외형적으로 판단하여야 한다. 대상적격 단계에서 획일적인 잣대를 사용하여 처분성을 부정하여 버리면 중대한 사법심사의 공백이 생길 우려가 있다.10)

이에 항고소송의 대상적격에 대한 대법원 판결의 태도를 살펴보고자 한다. 먼저, 위 개

---

5) 김동희/최계영, 『행정법 I』, 제26판, 2021, 709면; 하명호, 『행정법』, 제3판, 2021, 544면 참조.
6) 박균성, 『행정법론(상)』, 제16판, 2017, 1150면 참조.
7) 박정훈, "취소소송의 성질과 「처분」개념", 『고시계』 제535호, 2001, 9-10면; 박정훈, 『행정소송의 구조와 기능』, 2011, 150면 참조.
8) 박현정, "행정소송법 개정과 항고소송의 대상적격", 『행정법학』 제22호, 2022, 12면 참조; 대법원 1992. 1. 17. 선고 91누1714 판결.
9) 한견우, "현행 행정소송법의 대법원 개정안 및 법무부 개정안에 관한 문제점과 개선방향", 『공법연구』 제39권 제1호, 2010, 68면 참조.
10) 박정훈, 앞의 책, 177면 참조.

정「행정소송법」의 시행 전에 선고된 대법원 1984. 2. 14. 선고 82누370 판결은,「행정소송법」제1조[11])의 행정청의 처분이라 함은 행정청의 공법상의 행위로서 특정사항에 대하여 법규에 의한 권리설정 또는 의무의 부담을 명하며 기타 법률상의 효과를 발생하게 하는 등 국민의 권리의무에 직접관계가 있는 행위를 말한다고 할 것이므로, 어떤 행정청의 행위가 행정소송의 대상이 되는 처분에 해당하는가는 그 행위의 성질, 효과 외에 행정소송제도의 목적 또는 사법권에 의한 국민의 권리보호의 기능도 충분히 고려하여 합목적적으로 판단되어야 할 것이라고 판시하였는바, 이는「헌법」제27조 제1항에서 국민의 재판을 받을 권리를 보장하고 있는 것을 고려할 필요가 있다는 것으로 해석된다.

다음, 대법원 1992. 1. 17. 선고 91누1714 판결은, 행정청의 어떤 행위를 처분으로 볼 것이냐의 문제는 추상적, 일반적으로 결정할 수 없고, 구체적인 경우 처분은 행정청이 공권력의 주체로서 행하는 구체적 사실에 관한 법집행으로서 국민의 권리·의무에 직접 영향을 미치는 행위라는 점을 고려하고 처분이 그 주체, 내용, 형식, 절차에 있어서 어느 정도 성립 내지 효력요건을 충족하느냐에 따라 개별적으로 결정하여야 할 것이며, 행정청의 어떤 행위가 법적 근거도 없이 객관적으로 국민에게 불이익을 주는 처분과 같은 외형을 갖추고 있고, 그 행위의 상대방이 이를 처분으로 인식할 정도라면, 그로 인하여 파생되는 국민의 불이익 내지 불안감을 제거시켜 주기 위한 구제수단이 필요한 점에 비추어 볼 때, 행정청의 행위로 인하여 그 상대방이 입는 불이익 내지 불안이 있는지 여부도 그 당시에 있어서의 법치행정의 원리와 국민의 권리의식 수준 등은 물론 행위에 관련한 당해 행정청의 태도도 고려하여 판단하여야 한다고 판시하였다.[12]) 이 판결은 어떠한 처분이 설령 법적 근거가 없다고 할지라도 국민에게 불이익을 주는 처분과 같은 외관을 갖추고 있으면 그로 인한 국민의 불이익 내지 불안감을 제거시켜 주기 위하여 항고소송의 대상적격을 인정할 필요가 있다는 취지의 판결로서, 행정소송법 개정 직후 대법원이 항고소송의 대상이 되는 처분의 범위를 확대할 필요가 있음을 선언한 것으로 평가할 만하다.

그런데, 그 후 대법원은 다시 과거의 태도로 돌아가서, 항고소송의 대상이 되는 처분이라 함은 행정청의 공법상 행위로서 특정사항에 대하여 법규에 의한 권리의 설정 또는 의무의 부담을 명하거나 기타 법률상 효과를 발생하게 하는 등 국민의 구체적인 권리·의무에 직접적 변동을 초래하는 행위를 말하는 것이라고 판시하였다.[13]) 이는 1984년「행정소송법」

---

11) 1984. 12. 15. 전부개정 전「행정소송법」제1조를 말하는바, 당시 제1조에서 "행정청 또는 그 소속기관의 위법에 대한 그 처분의 취소 또는 변경에 관한 소송 기타 공법상의 권리관계에 관한 소송절차는 본법에 의한다."고 규정하고 있었을 뿐, 현행과 같은 '처분'에 관한 정의 조항은 없었다.
12) 대법원 1993. 12. 10. 선고 93누12619 판결도 같은 취지로 판시하였다.

개정 전의 판결인 대법원 1980. 10. 14. 선고 78누379 판결의 태도로 돌아간 것으로서, 항고소송의 대상 범위를 다시 과거 수준으로 복귀시켰다.

그러다가 대법원은 공무원에 대한 처분에 관한 판결인 2002. 7. 26. 선고 2001두3532 판결에서 항고소송의 대상이 되는 처분은 행정청의 공법상 행위로서, 특정 사항에 대하여 원칙적으로 법규에 의하여 권리의 설정 또는 의무의 부담을 명하거나 기타 법적 효과를 발생하게 하는 등으로 일반 국민의 권리·의무에 직접 영향을 미치는 행위를 말하나, 예외적으로 행정규칙의 내부적 구속력에 의하여 권리의 설정 또는 의무의 부담을 명하거나 기타 법적 효과를 발생하게 하는 등으로 상대방의 권리·의무에 직접 영향을 미치는 행위도 이에 해당한다고 판시하였다. 대상판결은 위 대법원 판결의 처분 개념에 대한 판시를 그대로 인용하였다.

이후, 대법원은 2007. 6. 14. 선고 2005두4397 판결, 2010. 11. 18. 선고 2008두167 판결, 2013. 2. 14. 선고 2012두3774 판결, 2022. 3. 17. 선고 2021두53894 판결, 2022. 7. 28. 선고 2021두60748 판결 등에서 위 1992. 1. 17. 선고 91누1714 판결의 취지를 인용하면서, 항고소송의 대상 범위를 확대하려는 태도를 계속 유지하였다. 특히, 대법원 2016. 8. 30. 선고 2015두60617 판결은 「행정소송법」 제2조 제1항 제1호의 '처분'에 대한 정의를 직접 인용하면서 위 판결들과 같은 태도를 나타냈고, 어떠한 처분에 법령상 근거가 있는지, 「행정절차법」에서 정한 처분 절차를 준수하였는지는 본안에서 당해 처분이 적법한가를 판단하는 단계에서 고려할 요소이지, 소송요건 심사단계에서 고려할 요소가 아니라는 것을 분명히 하였다.[14]

(2) 대상판결의 '처분' 개념

상술한 바와 같이 대상판결은 공무원에 대한 처분에 관한 판결인 대법원 2002. 7. 26. 선고 2001두3532 판결의 요지를 그대로 인용하여 항고소송의 대상이 되는 처분의 개념에 대하여 판시하였다. 위 대법원 2002. 7. 26. 선고 2001두3532 판결 이전의 대법원 판결은 '일반 국민'에 대한 처분만을 염두에 두고 '법규'에 의하여 권리의 설정이나 의무의 부담을 명하거나 기타 '법률상' 효과를 발생하게 하는 등 '일반 국민'의 권리·의무에 직접 영향을 미치는 행위만을 항고소송의 대상이 되는 처분으로 보았다.[15] 그런데 대상판결은 이 사건

---

13) 대법원 1993. 10. 26. 선고 93누6331 판결; 대법원 1995. 3. 14. 선고 94누9962 판결; 대법원 1995. 11. 21. 선고 95누9099 판결.

14) 김동희/최계영, 앞의 책, 710면 참조.

15) 대법원 1984. 2. 14. 선고 82누370 판결; 대법원 1993. 10. 26. 선고 93누6331 판결; 대법원 1995. 3.

경고가 공무원에 대한 처분이고, 행정규칙도 공무원에게는 내부적 구속력이 있는 점을 반영하여, '행정규칙'의 내부적 구속력에 의하여 상대방에게 권리의 설정이나 의무의 부담을 명하거나 기타 '법적' 효과를 발생하게 하는 등 상대방의 권리·의무에 직접 영향을 미치는 행위도 항고소송의 대상이 되는 처분에 해당한다고 보았다.

위와 같이 대상판결은 종전 판결과 같이 어떤 처분의 항고소송 대상적격 여부를 판단하면서 해당 처분의 법적 근거와 연계시켰으나, 어떤 처분이 항고소송의 대상이 되는 처분에 해당하는지의 문제와 해당 처분의 법적 근거 문제는 별개의 문제로 서로 관계가 없다.[16] 어떤 처분이 항고소송의 대상이 되는 처분에 해당하는지는 본안 심리에 들어가기 전에 본안 전 항변에 대한 심리 단계에서 판단하는 문제이고, 어떤 처분의 법적 근거에 관한 문제는 일단 항고소송의 대상에 해당하는 처분에 대하여 본안심리 단계에서 법률유보원칙에 위반되는지 여부 등 해당 처분의 적법성에 대한 심리 단계에서 판단하는 문제이다.[17]

그런데 대상판결은 위와 같이 어떤 처분의 항고소송 대상적격 여부를 해당 처분의 법적 근거와 연계시키기는 하였으나, 항고소송의 대상이 되는 처분의 적격 기준에 대하여 '상대방의 권리·의무에 직접 영향을 미치는 행위'에 방점을 찍고 있다. 즉, 어떤 처분이 '상대방의 권리·의무에 직접 영향을 미치는 행위'에 해당하면 항고소송의 대상이 되는 처분에 해당한다는 것이다. 생각건대, 어떤 처분이 처분으로서의 외양을 갖추고 있으면서 그로 인하여 상대방에게 불이익을 주는 행위라면 항고소송의 대상적격을 인정하여 권리구제의 길을 열어줄 필요가 있는바,[18] 이 부분 대상판결의 판시에 찬성한다.

2. 징계 아닌 불이익처분의 항고소송 대상적격

(1) 판례의 태도

공무원에 대한 불이익처분 중 징계가 아닌 처분에는 이 사건 경고와 같은 단순 경고를 비롯하여 불문경고, 문책경고, 문책경고상당통보 등이 있다. 위 처분들의 사유, 근거, 효과 등은 대부분 행정규칙에 규정되어 있고 서로 유사한 점도 있으나 그 구체적인 내용은 이를 운영하는 기관마다 다르다. 그러나 위 처분들은 일반적으로 감사결과 지적사항이나 비위사

---

14. 선고 94누9962 판결; 대법원 1995. 11. 21. 선고 95누9099 판결.

16) 김용섭, "2021년 행정법(Ⅰ) 중요판례평석", 『인권과 정의』 제504권, 2022, 83면; 김중권, "불문경고조치의 법적 성질과 관련한 문제점에 관한 소고", 『인권과 정의』 제336권, 2004, 133면 참조.

17) 김동희/최계영, 앞의 책, 710면 참조; 대법원 2016. 8. 30. 선고 2015두60617 판결.

18) 대법원 1992. 1. 17. 선고 91누1714 판결; 대법원 1993. 12. 10. 선고 93누12619 판결 등.

804   이 철 진

항이 징계사유에는 해당되나 제반정상을 참작하여 징계를 하지 않는 경우 또는 직무상 과오는 인정되나 징계사유에는 해당되지 않는 경우 등에 하는 처분이다. 따라서 위 처분들의 상대방은 위 처분들이 징계가 아닐지라도 그에 따른 불이익이 억울하다고 생각할 경우 불복하여 항고소송을 통해서 다투고자 할 수 있다. 이 경우 위 처분들이 항고소송의 대상적격이 있는지 여부가 문제된다. 이에, 위 처분들이 항고소송의 대상이 되는 처분에 해당하는지 여부가 쟁점이 된 사례들을 살펴보고자 한다.

먼저, 대법원 1991. 11. 12. 선고 91누2700 판결은, 피고 문화부장관이 문화부 소속 공무원인 원고에게 "귀하는 문화재관리국 기획관실에서 송무업무를 담당하면서 소속 상관의 직무상 명령을 준수하여야 함에도 직상급자와 다투고 폭언하는 행위를 하였는바, 이는 공무원의 기본자세가 아니라고 사료되어 엄중 경고하니 차후 이러한 사례가 없도록 각별히 유념하기 바람"이라는 경고장을 송부한 행위는 항고소송의 대상이 되는 처분에 해당하지 않는다고 판시하였다. 위 판결은, 피고가 원고에게 위 경고장을 송부한 행위는 원고에게 공무원으로서의 신분에 불이익을 초래하는 법률상의 효과가 발생하는 것이 아니라고 보았다.

다음, 대법원 2002. 7. 26. 선고 2001두3532 판결은, 피고 함양군수가 함양군 소속 공무원인 원고에게 한 '불문경고'[19]는 항고소송의 대상이 되는 처분에 해당한다고 판시하였다. 위 판결은, 위 불문경고는 징계감경사유로 사용될 수 있었던 그 전의 표창공적 사용가능성을 소멸시키는 효과와 1년 동안 인사기록카드에 등재됨으로써 그 동안은 장관표창이나 도지사표창 대상자에서 제외시키는 효과가 있으므로 그 근거와 법적 효과가 행정규칙에 규정되어 있다 하더라도 행정규칙의 내부적 구속력에 의하여 원고에게 권리의 설정 또는 의무의 부담을 명하거나 기타 법적인 효과를 발생하게 하는 등으로 원고의 권리·의무에 직접 영향을 미치는 행위에 해당한다고 보았다.

한편, 대법원 2004. 4. 23. 선고 2003두13687 판결은 서울특별시강동교육청교육장이 소속 교육공무원에게 한 경고는 항고소송의 대상이 되는 처분에 해당하지 않는다고 판시하였다. 위 판결은, 위 경고는 인사기록카드에 등재되지 않고, 「2001년도 정부포상업무지침」에 정해진 포상추천 제외대상에 해당하지 않으며, 「교육공무원 징계양정 등에 관한 규칙」(교육인적자원부령)에 정해진 처분 전 공적의 감경대상공적 제외사유에 해당하지 않는다고 판시하였다. 그러면서 위 판결은 서울특별시교육청의 2001. 12. 31. 기준 「교육공무원 평정업무처리요령」에서 경고를 받은 자에게는 상위권 평점을 부여하지 않도록 되어 있으나,

---

19) 이 '불문경고'는 함양군인사위원회가 원고에게 「지방공무원법」 제48조에서 정한 성실의무를 위반하였다는 징계사유로 견책으로 징계를 하여야 할 것이지만 표창을 받은 공적이 있음을 이유로 징계를 감경하여 불문으로 하되 경고할 것을 권고하는 의결을 하여, 피고 함양군수가 위 권고에 따라 처분한 것이다.

이것은 경고 자체로부터 직접 발생되는 법률상 효과라기보다는 경고를 받은 원인이 된 비위사실이 인사평정 당시의 참작사유로 고려되는 사실상 또는 간접적인 효과에 불과한 것이어서 교육공무원으로서의 신분에 불이익을 초래하는 법률상의 효과를 발생시키는 것은 아니라고 보았다.[20]

그러나 원고는 위 경고로 인하여 위 규정에 따라 근무평정에서 불이익을 받을 가능성이 있다. 그러므로 위 경고는 원고의 권리·의무에 직접 영향을 미치는 행위라고 볼 수 있다. 따라서 위 경고는 항고소송의 대상이 되는 처분에 해당한다고 보아야 한다.

다음, 대법원 2005. 2. 17. 선고 2003두10312 판결은, 피고 금융감독원장이 종합금융주식회사의 전 대표이사인 원고에게 "문책경고장(상당)"을 보낸 행위(이하 '문책경고상당통보'라 한다)는 항고소송의 대상이 되는 처분에 해당하지 않는다고 판시하였다. 위 판결은, 위 문책경고상당통보는 어떠한 법적 근거에 기하여 발하여진 것이 아니고, 종합금융주식회사에 대한 검사권한을 가진 피고가 위 회사에 대한 검사를 실시한 결과, 원고가 위 회사의 대표이사로 근무할 당시 행한 것으로 인정된 위법·부당행위 사례에 관한 사실의 통지에 불과한 것으로서, 원고가 재직 중인 임원이었다고 한다면 이는 「금융기관 검사 및 제재에 관한 규정」 소정의 문책경고에 해당하는 사례라는 취지일 뿐이고, 피고로부터 같은 내용을 통보받은 위 회사가 「금융기관 검사 및 제재에 관한 규정 시행세칙」에 따라 인사기록부에 원고의 위법·부당사실 등을 기록·유지함으로 인하여 원고가 다른 금융기관 등에 취업함에 있어 지장을 받는 불이익이 있다고 하더라도, 이는 위 문책경고상당통보로 인한 것이 아닐 뿐만 아니라 사실상의 불이익에 불과한 것이고, 취업 제한도 불분명하며, 문책경고를 받은 자는 3년간 은행장 등이 될 수 없다는 은행업감독규정은 문책경고를 받은 자에 대하여 적용되는 규정이고, 위와 같은 제한을 인식하여야 할 선임권들자의 범위는 제한적이며, 그들이 위 문책경고상당통보를 문책경고의 효력이 있다고 오해할 것이라고 보기 어렵고, 달리 위 문책경고상당통보로 인하여 위 회사로부터 퇴직한 원고의 권리·의무에 직접적 변동을 초래하는 법률상의 효과가 발생하거나 그러한 법적 불안이 존재한다고 할 수 없다고 보았다.

그러나 위 회사가 인사기록부에 원고의 위법·부당사실 등을 기록·유지함으로 인하여 원고가 위 회사나 다른 금융기관에 취업함에 있어 지장을 받는 불이익이 있다고 하더라도

---

20) 임영호, "서울특별시 교육·학예에 관한 감사규칙 및 서울특별시교육청 법률위반공무원 처분기준에 따라 이루어진 서면경고가 항고소송의 대상인 행정처분인지 여부", 『대법원판례해설』 제50호, 2004, 37면 참조. 저자는 "원고가 이 사건 경고로 인하여 나쁜 근무평정을 받는다면 이는 경고를 받은 원인이 된 사실 자체가 인사관리 상 참작사유의 하나로 고려되었기 때문이지, 그 나쁜 근무평정이 경고를 받았다는 사실 그 자체로부터 직접 발생되는 법률상 효과라고 할 수 없다."라고 하나, 선뜻 받아들이기 어렵다.

이는 위 문책경고상당통보로 인한 것이 아닐 뿐만 아니라 사실상의 불이익에 불과한 것이라는 판시는 선뜻 납득하기 어렵고, 이러한 불이익은 원고의 직업선택의 자유를 제한할 수 있으므로 원고의 권리·의무에 직접 영향을 미치는 것이라고 보아야 할 것이다. 따라서 위 문책경고상당통보는 항고소송의 대상이 되는 처분에 해당한다고 보아야 한다.[21]

한편, 대법원 2005. 2. 17. 선고 2003두14765 판결은, 피고 금융감독원장이 금융기관의 임원인 원고에게 한 문책경고는 항고소송의 대상이 되는 처분에 해당한다고 판시하였다. 위 판결은 「금융기관 검사 및 제재에 관한 규정」이 금융기관의 임원이 문책경고를 받은 경우에는 금융업 관련 법 및 당해 금융기관의 감독 관련 규정에서 정한 바에 따라 일정기간 동안 임원 선임의 자격 제한을 받는다고 규정하고 있고, 「은행법」의 위임에 기한 「은행업감독규정」(금융감독위원회 공고)은 위 제재규정에 따라 문책경고를 받은 자로서 문책경고일로부터 3년이 경과하지 아니한 자는 은행장, 상근감사위원, 상임이사 및 외국은행지점 대표자가 될 수 없다고 규정하고 있어서, 문책경고는 그 상대방에 대한 직업선택의 자유를 직접 제한하는 효과를 발생하게 하는 등 상대방의 권리·의무에 직접 영향을 미치는 행위라고 보았다.

마지막으로, 대법원 2013. 2. 14. 선고 2012두3774 판결은, 앞서 본 대법원 2005. 2. 17. 선고 2003두10312 판결과는 달리, 피고 금융위원회가 전 은행장인 원고에 대하여 재임 중의 행위에 대하여 한 문책경고상당통보도 항고소송의 대상이 되는 처분에 해당한다고 판시하였다. 위 판결은, 피고가 「은행법」에 근거하여 원고가 재임 중 위법·부당행위를 하여 은행장으로 재임 중이었다면 업무집행 전부정지 3개월에 해당하는 조치를 받았을 것이라는 내용을 현 은행장에 통보한 행위는 원고가 그로 인하여 「여신전문금융업법」에 따라 임원결격사유에 해당함으로써 직접적으로 취업제한의 불이익을 입게 되어 직업선택의 자유를 제한받게 된다고 보았다.

(2) 대상판결의 태도

상술한 바와 같이, 대상판결 선고 전까지 대법원은 '불문경고', '문책경고' 및 '문책경고상당통보'에 대하여는 항고소송의 대상적격을 인정했지만, '단순 경고'에 대하여는 모두 항고소송의 대상적격을 부인했다. 그런데 대상판결은 '단순 경고'에 대하여 처음으로 항고소송의 대상적격을 인정했다. 대상판결은 검찰총장이 검사에게 한 경고에 대하여, 경고를 받으면 감찰관리대상자로 선정되어 특별관리를 받을 수 있고, 경고를 받은 사실이 인사자료로

---

21) 최승필, "금융기관 및 그 임·직원 제재제도에 대한 몇 가지 쟁점 — 행정법적 논의를 통하여", 『외법논집』 제46권 제1호, 2022, 399면 참조.

활용되어 복무평정, 직무성과급 지급, 승진·전보인사, 향후 다른 징계양정 등에서 불이익을 받게 될 가능성이 높아지므로 이는 상대방의 권리·의무에 영향을 미치는 행위로서 항고소송의 대상이 되는 처분에 해당한다고 보았다.

이른바 '불문경고'는 인사(징계)위원회에서 인사권자의 의결요구가 있는 '징계'를 '불문'[22]하면서 대신 '경고'할 것을 권고하는 의결을 하여 이에 따라 인사권자가 '경고'를 하는 처분으로서, 실상은 '경고'처분이다. 그런데도 기존에 대법원에서 '불문경고'에 대하여는 항고소송의 대상적격을 인정하면서도 '경고'에 대하여는 이를 부정한 것은, '불문경고'는 행정규칙 등에 의하여 상대방에게 불이익을 주는 등 상대방의 권리·의무에 영향을 미치는 행위에 해당하나, 기존 판례에서 문제가 된 '경고'는 상대방에게 불이익을 주는 내용이 없어 상대방의 권리·의무에 영향을 미치는 행위에 해당한다고 볼 수 없었기 때문이다. 다만, 대법원 2004. 4. 23. 선고 2003두13687 판결은, 서울특별시강동교육청교육장이 소속 교육공무원에게 한 경고는 경고를 받은 자에게 상위권 평점을 부여하지 않도록 되어 있는 등 상대방의 권리·의무에 영향을 미치는 행위에 해당한다고 볼 수 있는데도 이를 인정하지 않으면서 항고소송의 대상에 해당하는 처분이 아니라고 보았다는 것은 상술한 바와 같다.

결론적으로, 항고소송의 대상이 되는 처분에 해당하는지 여부는 해당 처분의 명칭과 상관없이 해당 처분이 상대방의 권리·의무에 영향을 미치는 행위인지 여부에 달려 있다고 할 것이다. 여기서 해당 처분이 상대방의 권리·의무에 영향을 미치는 행위인지 여부는 해당 처분의 효과에 대하여 법령이나 행정규칙 등에 어떻게 규정되어 있는지 그리고 그 규정을 어떻게 해석하는지에 따라 달라질 수 있다. 이 경우 일반 국민이나 공무원 등 처분 상대방에게 불이익이나 불안감을 주는 처분에 대하여는 상대방에게 권리구제의 기회를 보장하는 한편, 행정의 적법성 통제를 통한 법치행정을 보장하기 위하여 항고소송의 대상적격을 넓게 포섭할 필요가 있다.

3. 처분의 근거와 법률유보원칙

(1) 일반 법리

상술한 바와 같이 처분의 근거는, 본안 전 항변에 대한 판단 단계에서 검토되는 항고소송의 대상적격과는 관계가 없고, 일단 항고소송의 대상적격이 인정된 처분에 대하여 해당

---

22) 표준국어대사전에서는 '불문(不問)'의 뜻을 '묻지 아니함'이라고 설명하고 있는데, 행정 실무에서는 '징계책임' 등 행정 상의 책임을 묻지 않을 때 사용하는 용어로서, 검찰처분에서 '무혐의', 형사판결에서 '무죄'와 대응되는 용어이다.

처분이 적법한지 여부를 판단하는 본안 판단 단계에서 법률유보원칙에 위반되는 점은 없는지 검토하는 것과 관계가 있다. 법률유보원칙은 행정권의 발동 즉, 행정작용에는 법률의 근거가 있어야 한다는 원칙이다. 그런데 여기서 행정작용의 권한을 수권하는 법률은 작용규범이어야 한다.[23]

대법원도 금융기관의 임원에 대한 금융감독원장의 문책경고에 대한 판결에서 "「금융감독기구의 설치 등에 관한 법률」(이하 '감독기구설치법'이라 한다) 제17조 제1호, 제3호, 제37조 제1호, 제2호의 각 규정은 금융감독위원회 또는 금융감독원의 직무범위를 규정한 조직규범에 불과하여 이들이 당연히 법률유보원칙에서 말하는 법률의 근거가 될 수 없고, 감독기구설치법 제42조에서 피고에게 여신전문금융회사의 임원에 대한 해임권고 및 업무집행정지건의의 권한을 부여하고 있다고 하여 당연히 문책경고의 권한까지 함께 주어진 것으로 볼 수 없으며, 「여신전문금융업법」제53조, 제53조의2는 금감위 또는 피고가 여신전문금융회사에 대하여 행하는 감독 또는 검사에 관한 규정으로서 위 각 규정도 문책경고의 법률상 근거가 될 수 없고,"라고 판시하여 행정작용의 권한을 수권하는 법률은 작용규범이어야 함을 분명히 하였다.[24]

이러한 작용규범의 수권이나 위임이 없는 상태에서 이루어진 행정작용은 이른바 권한유월(Ultra Vires)이 되어 위법하게 된다.[25] 법률유보원칙은 원래 행정과 입법의 관계에서 행정은 법형성에 의해 법률상의 근거를 만들어낼 수 없다는 것이나, 항고소송에서 계쟁 행정작용의 적법 여부에 대한 판단을 매개로 하여 재판관에게도 법형성의 한계로 작용한다. 즉, 계쟁 처분이 법률상 근거에 의해 이루어졌는지 여부를 심사함에 있어, 재판관은 법률상 근거가 결여된 처분을 적법한 것으로 판단하거나, 아니면 법률상 근거를 구비한 처분에 대하여 그 근거를 부정함으로써 위법한 것으로 판단하여서는 아니 된다는 것이다.[26]

그런데, 모든 행정작용에 대하여 법률의 근거가 있어야 하는지의 물음과 관련하여 법률의 수권이 필요한 행정작용의 범위에 대하여 학설과 판례의 변화가 있었다. 종래에는 이를 매우 제한적으로 파악하고 있었으나, 오늘날에는 그 범위를 확대하여 파악하는 것이 학설·판례의 태도이다. 이에 관한 학설로는 ① 침해유보설, ② 전부유보설, ③ 권력행정유보

---

23) 김동희/최계영, 앞의 책, 37면 참조.
24) 대법원 2005. 2. 17. 선고 2003두14765 판결.
25) 송시강, "경찰작용과 법률유보 — 일반수권조항에 관한 논의의 재론—",『홍익법학』제18권 제1호, 2017, 565면 참조.
26) 박정훈, "행정법과 법해석 — 법률유보 내지 의회유보와 법형성의 한계(대법원 2014. 4. 10. 선고 2011두31604 폐차신고수리거부처분취소사건 판결을 중심으로)",『행정법연구』제43호, 2015, 32-33면 참조.

설, ④ 급부행정유보설, ⑤ 중요사항유보설(본질성설이라고도 한다. 이하 같다) 등이 있는데, 중요사항유보설이 통설적인 견해이다. 중요사항유보설은 행정의 본질적 사항에 대한 규율은 법률에 유보되어야 한다고 보는데, 여기서 본질적 사항은 국민 일반 및 개인과의 관계에 있어서 기본권 실현과 관련하여 당해 사항에 대한 법적 규율이 가지는 의미와 중요성에 따라 판단되어야 한다고 한다.[27] 헌법재판소 결정례와 대법원 판례도 중요사항유보설을 채택하고 있는 것으로 보인다.[28]

그동안 법률유보원칙에 대하여는 국민의 모든 자유와 권리는 필요한 경우에 한하여 법률로써 제한할 수 있다고 규정하고 있는 「헌법」 제37조 제2항에서 그 근거를 찾았으나,[29] 「행정기본법」이 시행됨에 따라 이제는 같은 법 조항에서도 그 근거를 찾을 수 있다. 같은 법 제8조는 행정작용은 국민의 권리를 제한하거나 의무를 부과하는 경우와 그 밖에 국민 생활에 중요한 영향을 미치는 경우 법률에 근거하여야 한다고 규정하고 있다.

이러한 법률유보원칙은 일반 국민이 아닌 공무원에 대한 처분의 경우에도 당연히 적용되어야 한다. 종래 이른바 특별권력관계론에서는 특별권력주체에게 포괄적 지배권이 부여되어 그에 복종하는 자에 대하여 특별권력을 발동하는 경우에는 개별적·구체적인 법률의 근거를 요하지 않는다고 보았다. 그래서 국가와 공무원의 관계를 전형적인 특별권력관계로 보면서 공무원의 기본권은 법률의 근거가 없더라도 제한될 수 있다고 보았다. 그러나 과거 외견적 입헌군주제하에서 통용되던 특별권력관계론은 더 이상 통용될 수 없고, 오늘날 민주법치주의 하에서는 국가와 공무원의 관계도 일반권력관계 내지는 법관계인 것이고 따라서 공무원의 권리를 제한하거나 의무를 부과하는 경우에도 법률유보원칙이 적용되어야 한다.[30] 나아가 법률유보원칙은 의회를 매개로 하여 민주와 행정을 연결하는 기제로 파악되어야 할 것이다.[31]

---

27) 김동희/최계영, 앞의 책, 37-44면 참조. 중요사항유보설은 의회유보설을 포함하고 있는바, 의회유보설에 따르면 행정작용 중에서도 법적 규율이 가지는 의미나 중요성 등에 따라 어떤 행정작용에 대한 규율은 전적으로 법률로만 할 수 있고 하위법령에 위임할 수 없다.

28) 헌법재판소 1999. 5. 27. 선고 98헌바70 결정; 대법원 2020. 9. 3. 선고 2016두32992 전원합의체 판결; 대법원 2015. 8. 20. 선고 2012두23808 판결; 대법원 2005. 2. 17. 선고 2003두14765 판결.

29) 대법원 2013. 12. 26. 선고 2011두4930 판결; 대법원 2001. 1. 30. 선고 99두11431 판결.

30) 이철진, 『프랑스의 공무원 파업권』, 2023, 269-273면; 이철진, 『프랑스의 공무원 파업권에 관한 공법적 연구』, 서울대학교 대학원 법학박사 학위논문, 2021, 233-237면 참조; 헌법재판소 2005. 2. 24. 선고 2003헌마289 결정; 대법원 2018. 8. 30. 선고 2016두60591 판결.

31) 박정훈, "행정법과 '민주'의 자각 - 한국 행정법학의 미래 -", 『행정법연구』 제53호, 2018, 8면 참조.

(2) 대상판결에 대한 비판

대상판결은 이 사건 경고의 근거에 대하여, 이 사건 경고의 항고소송 대상적격에 대한 판단인 본안 전 판단에서는 행정규칙인 자체감사규정 제23조 제3항, 비위처리지침 제4조 제2항 제2호 등을 그 근거로 보았는데, 이 사건 경고에 대한 본안 판단에서는 법률인 「검찰청법」 제7조 제1항과 제12조 제2항을 그 근거로 보았다. 그런데 이 사건 경고는 앞에서 본 바와 같이 검사의 권리를 제한하거나 의무를 부과하는 등 검사의 경력에 중요한 영향을 미치는 경우에 해당한다고 보아야 하므로 법률상 근거를 필요로 한다. 따라서 위 행정규칙은 이 사건 경고의 처분 근거가 될 수 없다. 그래서 대상판결에서도 이 사건 경고에 대한 본안 판단에서는 위와 같이 「검찰청법」 조항을 이 사건 경고의 처분 근거로 설시한 것으로 보인다.

대상판결은 이 사건 경고를 「검찰청법」 제7조 제1항 및 제12조 제2항에 근거하여 검찰총장이 검사에 대한 직무감독권을 행사하는 작용에 해당한다고 봄으로써 위 「검찰청법」 조항들을 이 사건 경고의 법적 근거로 인정하였다. 그러나 위 조항들은 검찰총장이 검사 등 검찰청의 모든 공무원에 대하여 행하는 일반적인 지휘·감독에 관한 규정이므로, 이 사건 경고에 대한 작용법적 근거에 해당한다고 볼 수 없다.[32] 따라서 위 규정을 이 사건 경고의 법적 근거로 인정한 이 사건 대법원 판결의 판시 부분은 문제가 있다. 대상판결이 공무원에 대한 처분인 이 사건 경고에 대하여 행정규칙이 아닌 법률에서 처분 근거를 찾은 것은 국가와 공무원의 관계를 특별권력관계로 보지 않고 일반 국민에 대한 관계처럼 일반 권력관계 또는 행정법관계로 본 것이긴 하나, 법률유보원칙에 대한 심리가 미진했다는 비판은 면할 수 없다.

Ⅳ. 요약과 결론

1. 경고이든 불문경고이든 그로 인하여 상대방이 불이익을 받게 될 가능성이 있다면 이는 상대방의 권리·의무에 직접 영향을 미치는 행위로서 항고소송의 대상이 되는 처분에 해당한다고 보아야 한다. 대상판결에서 검찰총장의 이 사건 경고로 상대방인 검사가 인사상 불이익을 받게 될 가능성이 높아지므로 이 사건 경고는 항고소송의 대상이 되는 처분이

---

32) 대법원 2005. 2. 17. 선고 2003두14765 판결.

라고 보아야 한다고 판시한 부분은 타당하다.

2. 대상판결은 처분의 근거가 행정규칙에 규정되어 있다고 하더라도 행정규칙의 내부적 구속력에 의하여 상대방의 권리·의무에 직접 영향을 미치는 행위라면 항고소송의 대상이 되는 처분에 해당한다고 판시하였다. 그러나 처분의 근거는 본안 판단에서 당해 처분이 법률유보원칙에 위반되었는지 여부를 판단하는 대상일 뿐이므로 본안 전 판단에서 항고소송의 대상이 되는 처분에 해당하는지 여부에 대한 판단과는 관계가 없다.

3. 대상판결은 이 사건 경고를 「검찰청법」상 검찰총장의 검찰청 공무원에 대한 일반적인 지휘·감독 조항에 근거하여 검찰총장이 검사에 대한 직무감독권을 행사하는 작용에 해당한다고 봄으로써 위 조항을 이 사건 경고의 법률상 근거로 인정하였다. 그러나 위 조항은 검찰총장의 직무범위를 규정한 조직규범에 불과하여 법률유보원칙에서 말하는 법률상 근거가 될 수 없다. 법률유보원칙에 따라 행정권의 발동에 필요한 법률상 근거는 작용규범이어야 하기 때문이다.

어떤 행정처분이든지 그 형식적인 명칭에 불구하고 그 처분으로 인하여 일반 국민이든 공무원이든 처분의 상대방이 불이익을 받게 될 가능성이 있다면 이는 상대방의 권리·의무에 영향을 미치는 행위로서 항고소송의 대상이 되는 처분에 해당한다고 보아야 한다. 그런데 처분의 근거는 항고소송의 대상적격과는 관계가 없고, 처분의 적법성과 관련하여 법률유보원칙에서 말하는 법률상 근거가 있는지 여부와 관계되는데, 이에 대하여는 조직규범만으로는 부족하고 작용규범이 있어야 한다. 공무원에 대한 처분인 이 사건 경고에 대하여 대상판결은 특별권력관계론에 따른 법률유보원칙에 대한 예외를 염두에 둔 것으로는 보이지 않으나, 법률유보원칙에 대하여 충실한 심리를 하지 못했다는 비판은 면할 수 없다. 법원은 항고소송에서 법률상 근거가 분명하지 아니하여 처분이 적법한지 여부에 대한 판단이 용이하지 않을 때에는 유추 등 법형성을 통해 실질적인 판단을 감행할 것이 아니라, 법률상 근거의 부족을 이유로 해당 처분을 취소하여야 할 것이다.[33] 입법론적으로 본다면 이 사건 경고와 같이 상대방의 권리를 제한하거나 의무를 부과하는 등 상대방에게 중요한 영

---

33) 박정훈, "행정법과 법해석 – 법률유보 내지 의회유보와 법형성의 한계(대법원 2014. 4. 10. 선고 2011두31604 폐차신고수리거부처분취소사건 판결을 중심으로)", 『행정법연구』 제43호, 2015, 34면 참조. 저자는 그렇게 해야만 법원은 본안판단의 부담을 덜어 대상적격 등 항고소송의 관문을 넓힐 수 있고, 행정으로서도 행정작용의 법률상 근거를 완비하고자 입법적 노력을 다할 것이라고 하였다.

향을 미치는 행정작용에 대하여는 그에 대한 법률상 근거로서 명확한 작용규범을 마련할 필요가 있다.

생각할 문제

1. 처분 상대방의 권리·의무에 어느 정도로 영향을 미쳐야 항고소송의 대상적격을 인정할 수 있는가, 그리고 상대방의 권리·의무에 미치는 영향의 증거방법에 제한은 없는가.

2. 항고소송 대상적격 기준에 대하여 일반 국민의 권리·의무에 영향을 미치는 행위의 기준과 공무원의 권리·의무에 영향을 미치는 행위의 기준을 달리 보아야 하는가.

대법원 2018. 5. 15. 선고 2014두42506 판결
[외국인의 원고적격]

문 중 흠*

[사실관계]

원고는 중화인민공화국(이하 '중국'이라 한다) 국적의 외국인이다. 대한민국(이하 '한국'이라 한다) 국민인 소외인은 결혼중개업체를 통해 2010. 3. 6.부터 4박 5일간 중국을 방문하여 원고를 소개받은 후, 소외인이 2010. 4. 5. 한국에서 혼인신고를, 원고가 2010. 4. 26. 중국에서 혼인신고를 마쳤다. 이후 원고는 단기일반(C-31) 등의 사증을 발급받아 수회에 걸쳐 한국에 입국하여 단기간씩 체류하다가 중국으로 출국하였다.

원고는 소외인과 혼인하였음을 이유로, 2010. 5.경부터 2013. 5.경까지 사이에 피고에게 결혼이민(F-6) 체류자격의 사증발급을 네 차례 신청하였으나, 피고는 '소외인의 가족부양 능력 결여' 등을 이유로 원고에 대한 사증발급을 모두 거부하였다(그 중 피고가 2013. 7. 16. 원고에 대하여 한 네 번째 사증발급 거부행위를 '이 사건 거부처분'이라 한다). 이에 원고는 2013. 8. 20. 이 사건 거부처분에 대한 취소소송을 제기하기에 이르렀다.

[사건의 경과]

피고는, 원고가 이 사건 거부처분이 비례의 원칙 등에 위반되어 위법하다고 주장하면서 그 취소를 구하는 소에 대하여, 이 사건 거부처분이 항고소송의 대상적격이 없을 뿐만 아니라 원고에게 원고적격도 없다고 본안전 항변을 하였다.

이에 대하여 제1심법원[1]은 "사증을 발급받는 것은 외국인이 대한민국에 입국하기 위한 요건이 되는 것이므로, 재외공관의 장의 사증발급행위는 공권력의 행사에 해당하고 그 거부행위는 사증신청인으로 하여금 대한민국에 입국할 수 없도록 하는 것으로서 신청인의

---

* 서울행정법원 판사
1) 서울행정법원 2013. 12. 12. 선고 2013구합21205 판결.

법률관계에 변동을 초래한다고 할 것이며, 법령 규정[2]에 따라 외국인은 사증발급에 관한 법규상의 신청권을 가진다.”는 이유로 항고소송의 대상인 거부처분에 해당된다고 보았다. 또한 “원고가 이 사건 거부처분의 직접 상대방이고, 사증 발급 신청인으로서 사증 발급과 관련된 법규에 의하여 보호되는 개별적·직접적·구체적 이익이 있다.”는 이유로 이 사건 거부처분의 취소를 구할 원고적격이 인정된다고 보았다. 다만 소외인에게 원고를 부양할 능력이 있다고 보기 어렵다는 이유로 본안 청구는 기각하였다.

이에 불복하는 원고의 항소에 대하여 원심법원[3]은 제1심법원과 같은 이유로 피고의 본안전 항변을 배척하였고, “헌법 제36조 제1항은 혼인과 가족생활은 개인의 존엄과 양성의 평등을 기초로 성립되고 유지되어야 하며, 국가는 이를 보장한다고 규정하고 있는데, 헌법 제36조 제1항은 혼인과 가족생활을 스스로 결정하고 형성할 수 있는 자유를 기본권으로서 보장하고, 혼인과 가족에 대한 제도를 보장한다(헌법재판소 2002. 8. 29. 2001헌바82 결정 참조). 여기에서 ‘가족’은 부부 중 한 명이 우리 국민이고 다른 한 명이 외국인인 국제결혼의 경우도 포함한다. 또한 가족을 구성할 권리는 원칙적으로 가족이 함께 살 수 있는 권리를 포함하는바, 한 가족 구성원이 특정 국가에 합법적으로 거주하고 있는 경우 가족이 함께 살기 위하여 다른 가족 구성원이 그 국가에 입국하고 거주할 권리를 의미하는 가족결합권은 혼인의 자유 중 특수한 형태로서 보호된다.”고 설시하면서 소외인에게 원고와 함께 정상적인 결혼 생활을 할 수 있는 가족부양능력이 있고, 이와 다른 전제에 선 이 사건 거부처분은 재량권을 일탈·남용하여 위법하다는 이유로 제1심법원의 판결을 취소하고 이 사건 거부처분을 취소하였다. 이에 대하여 피고가 상고를 제기하였다.

[대상판결]

대법원은 원심판결을 파기하되, 제1심판결을 취소하고 소를 각하하였다. 그 구체적인 설시를 요약하면 다음과 같다.

> 행정처분에 대한 취소소송에서 원고적격이 있는지 여부는, 당해 처분의 상대방인지 여부에 따라 결정되는 것이 아니라 그 취소를 구할 법률상 이익이 있는지 여부에 따라 결정되는

---

2) 「출입국관리법」 제7조 제1항, 제8조 제3항, 제10조 제1항, 같은 법 시행령 제7조 제1항, 제2항.
3) 서울고등법원 2014. 9. 5. 선고 2014누41086 판결.

것이다. 여기서 법률상 이익이란 당해 처분의 근거 법률에 의하여 보호되는 직접적이고 구체적인 이익이 있는 경우를 말하며, 간접적이거나 사실적·경제적 이해관계를 가지는 데 불과한 경우는 포함되지 아니한다(대법원 2001. 9. 28. 선고 99두8565 판결 등).

구 출입국관리법(2018. 3. 20. 법률 제15492호로 개정되기 전의 것, 이하 '출입국관리법'이라 한다)은 외국인이 입국할 때에는 원칙적으로 유효한 여권과 대한민국의 법무부장관이 발급한 사증을 가지고 있어야 하고(제7조 제1항), 입국하는 출입국항에서 출입국관리공무원의 입국심사를 받아야 한다고(제12조 제1항) 규정하고 있다. 따라서 외국인이 이미 사증을 발급받은 경우에도 출입국항에서 입국심사가 면제되지는 않는다. 사증발급은 외국인에게 대한민국에 입국할 권리를 부여하거나 입국을 보장하는 완전한 의미에서의 입국허가결정이 아니라, 외국인이 대한민국에 입국하기 위한 예비조건 내지 입국허가의 추천으로서의 성질을 가진다고 봄이 타당하다.

한편 출입국관리법은, 입국하려는 외국인은 대통령령으로 정하는 체류자격을 가져야 하고(제10조 제1항), 사증발급에 관한 기준과 절차는 법무부령으로 정한다고(제8조 제3항) 규정하고 있다. 그 위임에 따라 출입국관리법 시행령 제12조 별표 1은 외국인의 다양한 체류자격을 규정하면서, 그 중 결혼이민(F-6) 체류자격을 "국민의 배우자"(가목), "국민과 혼인관계(사실상의 혼인관계를 포함한다)에서 출생한 자녀를 양육하고 있는 부 또는 모로서 법무부장관이 인정하는 사람"(나목), "국민의 배우자와 혼인한 상태로 국내에 체류하던 중 그 배우자의 사망이나 실종, 그 밖에 자신에게 책임질 수 없는 사유로 정상적인 혼인관계를 유지할 수 없는 사람으로서 법무부장관이 인정하는 사람"(다목)이라고 규정하고 있다(제28의4호). 그런데 외국인에게는 입국의 자유를 인정하지 않는 것이 세계 각국의 일반적인 입법태도이다. 그리고 우리 출입국관리법의 입법목적은 "대한민국에 입국하거나 대한민국에서 출국하는 모든 국민 및 외국인의 출입국관리를 통한 안전한 국경관리와 대한민국에 체류하는 외국인의 체류관리 및 난민(難民)의 인정절차 등에 관한 사항을 규정"하는 것이다(제1조).[4] 체류자격 및 사증발급의 기준과 절차에 관한 출입국관리법과 그 하위법령의 위와 같

---

[4] 2018. 3. 20. 법률 제15492호로 개정된 「출입국관리법」 제1조는 "이 법은 대한민국에 입국하거나 대한민국에서 출국하는 모든 국민 및 외국인의 출입국관리를 통한 안전한 국경관리, 대한민국에 체류하는 외국인의 체류관리와 사회통합 등에 관한 사항을 규정함을 목적으로 한다."라고 규정하여 '사회통합'을 그 목적에 추가하였다. 이에 대하여 대한민국에 입국하고자 하는 외국인의 사익까지 보호하려는 것이라거나 사익을 보호하지 않던 종래 법률의 반성적 고려에서 비롯된 것이라고 보기는 어렵다는 견해[서울행정법원 2018. 9. 6. 선고 2018구합57742 판결(확정)], 글로벌 시대에 외국인이 요건을 갖추어 사증발급을 신청한다면 사증이 발급될 것이라는 신청권 내지 합리적 심사를 받을 권리인 외국인의 사익까지 내재하고 있는 것으로 보는 견해(장혜진, "사증발급 거부처분 취소소송에서의 원고적격에 대한 비판적 검토 - 대법원 2018. 5. 15. 선고 2014두42506 판결을 중심으로", 『부산대학교 법학연구』 제62권 제3호, 2021, 3면)가 있다.

은 규정들은, 대한민국의 출입국 질서와 국경관리라는 공익을 보호하려는 취지일 뿐, 외국인에게 대한민국에 입국할 권리를 보장하거나 대한민국에 입국하고자 하는 외국인의 사익까지 보호하려는 취지로 해석하기는 어렵다.

　　사증발급 거부처분[5])을 다투는 외국인은, 아직 대한민국에 입국하지 않은 상태에서 대한민국에 입국하게 해달라고 주장하는 것으로, 대한민국과의 실질적 관련성 내지 대한민국에서 법적으로 보호가치 있는 이해관계를 형성한 경우는 아니어서, 해당 처분의 취소를 구할 법률상 이익을 인정하여야 할 법정책적 필요성도 크지 않다. 반면, 국적법상 귀화불허가처분이나 출입국관리법상 체류자격변경 불허가처분, 강제퇴거명령 등을 다투는 외국인은 대한민국에 적법하게 입국하여 상당한 기간을 체류한 사람이므로, 이미 대한민국과의 실질적 관련성 내지 대한민국에서 법적으로 보호가치 있는 이해관계를 형성한 경우이어서, 해당 처분의 취소를 구할 법률상 이익이 인정된다고 보아야 한다.

　　나아가 중국 출입경관리법 제36조 등은 외국인이 사증발급 거부 등 출입국 관련 제반 결정에 대하여 불복하지 못하도록 명문의 규정을 두고 있으므로, 국제법의 상호주의원칙상 대한민국이 중국 국적자에게 우리 출입국관리행정청의 사증발급 거부에 대하여 행정소송 제기를 허용할 책무를 부담한다고 볼 수는 없다.

　　이와 같은 사증발급의 법적 성질, 출입국관리법의 입법목적, 사증발급 신청인의 대한민국과의 실질적 관련성, 상호주의원칙 등을 고려하면, 우리 출입국관리법의 해석상 외국인에게는 사증발급 거부처분의 취소를 구할 법률상 이익이 인정되지 않는다고 봄이 타당하다.

[판결의 평석]

Ⅰ. 사안의 쟁점

『출입국관리법』(이하 '법'이라 한다) 제7조 제1항에 따라 외국인이 대한민국에 입국하기 위해서는 유효한 여권과 법무부장관이 발급한 사증(査證, Visa)[6])을 가지고 있어야 한다. 사

---

5) 사증발급 거부처분에 대한 행정절차법 적용에 관하여, 당사자에게 의무를 부과하거나 적극적으로 권익을 제한하는 처분이 아니므로, 행정절차법 제21조 제1항에서 정한 '처분의 사전통지'와 제22조 제3항에서 정한 '의견제출 기회 부여'의 대상은 아니나, 제24조 제1항에서 정한 '문서주의'의 대상에 해당된다(대법원 2019. 7. 11. 선고 2017두38874 판결). 사증발급 거부처분의 방식은 영사관마다 상이한데, 예컨대 구두로 고지하고 서면으로 교부하지 않는 방식, 서면 또는 홈페이지 게시 등을 통해 거부사유를 알려주는 방식, 여권 마지막 페이지에 거부사유를 부착하는 방식 등이 대표적이다(우미형, "재외동포에 대한 입국금지결정을 이유로 한 사증발급 거부처분의 적법성", 『대법원판례해설』 제122호, 2020, 83면).

증이란 사증발급 신청인의 여권이 합법적으로 발급된 유효한 여권임을 확인하고, 입국하려는 국가에서 입국·체류하는 것이 상당함을 확인하여 입국항만에서 출입국관리공무원의 입국심사를 받도록 허가한 문서를 말한다.[7] 원래 사증은 라틴어의 배서·보증·확인·인정·증명한다는 의미를 지닌 'Vise'에서 유래한 것이다.[8]

외국인은 ① 직접 재외공관에 사증발급신청서를 제출하거나(법 제7조), ② 직접 또는 초청자가 대리하여 그의 주소지 관할 출입국·외국인 행정청으로부터 사증발급인정서를 발급받아(법 제9조) 사증을 발급받을 수 있다. 외국인은 사증발급인정서를 통해 사증 담당 영사의 외국인에 대한 체류자격 및 입국목적 심사 등 장기간의 번거로운 절차를 생략하여 사증발급 절차를 간소화·간이화할 수 있다.[9]

사증발급 내지 사증발급인정이 거부되는 경우 사증발급 신청을 거부한 재외공관의 장, 예컨대 대한민국 대사관 대사, 총영사관 총영사[10]를 상대로 사증발급 거부처분의 취소를 구하거나, 사증발급인정 신청을 거부한 출입국·외국인청장, 출입국·외국인사무소장을 상대로 사증발급인정 거부처분의 취소를 구하는 형태로 통상 소송이 제기되고 있다. 사증과 관련된 행정소송사건은 실무상 자주 접할 수 있는 유형의 사건은 아니다.[11]

대상판결이 선고되기 이전 사증발급거부에 대한 항고소송의 가능성에 관하여는 거부처분의 신청권 문제로 다루어져 왔다. 판례에 의하면, 신청에 대한 행정청의 거부행위를 대상으로 항고소송을 제기하기 위해서는 법규상 또는 조리상의 권리가 요구되었기 때문이었다.[12] 즉, 거부처분의 대상적격이 쟁점으로 되었던 것이다.[13] 이와 관련하여 외국인에게 법규상 또는 조리상의 신청권이 인정되는지에 관하여 실무상 견해가 일치하지 아니하고 있었다.

---

6) 대한민국사증의 양식은 법 시행규칙 [별지 제18호 서식]에서 확인할 수 있는데, 사증에는 성명, 생년월일, 성별, 체류자격, 체류기간, 종류, 발급일, 만료일, 발급지 등이 기재된다.

7) 차용호, 『한국 이민법』, 2015, 53면.

8) 법무부 출입국·외국인정책본부, 『출입국관리법 해설』, 개정판, 2011, 75면.

9) 제주지방법원 2006. 6. 7. 선고 2005구합733 판결(확정).

10) 대한민국 소재 외교부 국제법규과에서 업무를 담당하고 있고, 법원은 실무상 외교부 전자소송 계정으로 송달절차를 진행하고 있다.

11) 2005. 1. 1.~2014. 12. 31. 서울행정법원에서 선고·등록된 사증발급거부처분 관련 재판례는 2007년 15건, 2009년 2건, 2010년 2건, 2011년 2건, 2012년 1건, 2013년 1건, 2014년 2건 합계 25건 연평균 2.5건으로 나타난다(문중흠, "출입국관리법 해석을 통한 외국인노동자, 결혼이민자의 보호 – 행정소송상 재판례 및 쟁점을 중심으로", 『사법논집』 제60집, 2016, 103면).

12) 대법원 1984. 10. 23. 선고 84누227 판결 등 참조.

13) 판례에 의하면, 신청권이 인정되어 대상적격을 충족하는 경우에는 처분의 신청인이 원고가 되는 한 원고적격의 문제는 별도로 제기되지 않는다고 할 것이다. 제1심법원 및 원심법원의 입장이다.

대상판결은 우리나라 국민과 혼인한 중국 국적의 외국인이 결혼이민(F−6) 사증발급 신청을 거부당하자 아직 대한민국에 입국하지 않은 상태에서 거부처분 취소소송을 제기한 사안에서, 대상적격은 인정됨을 전제로, "사증발급의 법적 성질, 출입국관리법의 입법목적, 사증발급 신청인의 대한민국과의 실질적 관련성, 상호주의원칙 등을 고려하면, 우리 출입국관리법의 해석상 외국인에게는 사증발급 거부처분의 취소를 구할 법률상 이익이 인정되지 않는다."라고 판시하였다. 즉, 대상판결의 쟁점은 첫째, 사증발급 거부처분의 대상적격, 둘째, 외국인의 원고적격이라 할 것이다.

Ⅱ. 판례의 이해

1. 사증발급의 의미

사증은 여권이 합법적으로 발급된 유효한 여권임을 확인하고, 입국하려는 국가에서 입국·체류하는 것이 상당함을 확인하는 것인데, 나아가 사증발급에 입국허가의 의미가 포함되어 있는지와 관련하여 그 법적 성질이 논의되고 있다.

사증발급의 법적 성질에 관하여 ① 외국인에 대한 입국허가를 포함하는 것으로 보는 견해, ② 외국인의 입국허가 신청에 대한 입국허가의 추천으로 이해하는 견해가 있다. ①견해는 출입국항에서의 입국불허는 사증에 내포된 기존의 입국허가를 취소·철회하겠다는 의사로서 절차적 보호를 강화할 필요가 있는 반면, ②견해는 출입국항에서 입국허가가 별도로 있어야만 적법한 입국이 가능하게 된다.[14] 비교법적으로 영국이 ①견해를 채택하고 있다.[15] 대상판결은 외국인이 별도로 출입국항에서 입국심사가 예정되어 있다는 점(법 제12조 제1항)을 근거로 ②견해를 채택하였다. 하지만 어느 견해에 의하더라도 사증발급은 국가의 외국인에 대한 입국심사·입국허가와는 분리하여 생각할 수는 없다(법 제6조, 제7조).[16]

한편 외국인은 사증발급인정번호 등 사증발급인정내용을 통보받거나 사증발급인정서를 교부받아 재외공관의 장에게 사증발급을 신청할 수 있는데, 이 경우 재외공관의 장은 사증발급인정번호 등 사증발급인정내용 또는 사증발급인정서의 내용에 따라 사증을 발급하여야 한다(법 시행규칙 제17조의2). 사증발급인정서도 내국인의 초청을 전제로 그에 따라 사증

---

14) 이철우 외 10인, 『이민법』, 제2판, 2019, 98면.

15) 이철우 외 10인, 앞의 책, 74면.

16) 차용호, 앞의 책, 54면.

이 발급되는 예외적인 서류로서 사증과 마찬가지로 대한민국에 입국하기 위한 예비조건 내지 입국허가의 추천으로서의 성질을 가진다.[17]

2. 사증발급 거부처분의 대상적격

행정소송법 제2조 제1항 제1호는 처분(處分)을 "행정청이 행하는 구체적 사실에 관한 법집행으로서의 공권력의 행사 또는 그 거부와 그 밖에 이에 준하는 행정작용"으로 정의하고 있다.[18] 그 문언에 따르면 거부한 행위가 처분이라면 그 거부도 처분으로 해석될 수 있다. 그러나 판례는 일반적으로 '법규상 또는 조리상의 신청권'을 처분성 인정의 추가요건으로 삼고 있다. 처분 개념은 사법심사 및 권리구제의 범위를 정하여 행정부와 사법부의 관계를 결정하는 기준이 될 뿐만 아니라, 헌법소원심판의 보충성(헌법재판소법 제68조 제1항)으로 인해 대법원과 헌법재판소 사이의 권한배분과도 결부되어 있다.[19]

그런데 사증발급 거부처분의 대상적격에 관하여, 대상판결은 법문(法文)에 충실하게 신청권에 관한 별다른 언급 없이 처분성이 인정됨을 전제로 외국인의 원고적격 문제를 논증한 반면, 제1심법원 및 원심법원은 판례의 신청권 법리를 토대로 원고에게 법규상 신청권이 인정됨을 전제로 처분성을 인정한 후 원고가 사증발급을 신청한 직접 상대방이라는 이유로 원고적격을 인정하였다. 따라서 판례의 신청권 법리에 관한 논의를 살펴볼 필요가 있다.

(1) 판례의 신청권 법리

거부처분의 인정요건으로서 신청권은 대법원 1984. 10. 23. 선고 84누227 판결에서 최초로 도입되었다. 지역주민의 도시계획 변경신청과 관련하여 계획변경신청을 부정하는 논리로 사용되었는데, 그 판결에서 신청권에 관하여 "거부행위가 행정처분이 된다고 하기 위하여는 국민이 행정청에 대하여 그 신청에 따른 행정행위를 해줄 것을 요구할 수 있는 법규상 또는 조리상의 권리가 있어야 하는 것"이라고 판시하였다.[20]

---

17) 서울고등법원 2021. 3. 24. 선고 2020누53127 판결(상고기각).
18) 1984. 12. 15. 법률 제3754호로 전부개정되어 1985. 10. 1.부터 시행되었는데, 개정 전의 법률에서는 처분 개념의 정의에 관한 규정을 두고 있지 않았다.
19) 박정훈, "취소소송의 성질과 처분개념", 『행정소송의 구조와 기능』, 2006, 145-146면.
20) 거부처분 인정요건인 신청권의 법리는 ① 1960년대부터 집적된 일본의 판례와 이를 정리한 일본의 학설의 영향과 ② 소송상의 신청에 대하여 신청권에 의거한 신청권과 직권발동을 촉구하는 의미에서의 신청권을 구별하는 법리에 영향을 받은 것으로 평가하는 견해로 최계영, "용도폐지된 공공시설에 대한 무상양도신청거부의 처분성", 『행정법연구』 제14호, 2005, 432면. 나아가 신청권의 도입에 관하여 ①

그 후 대법원 1998. 7. 10. 선고 96누14036 판결에서 "국민의 적극적 행위신청에 대하여 행정청이 그 신청에 따른 행위를 하지 않겠다고 거부한 행위가 항고소송의 대상이 되는 행정처분에 해당하는 것이라고 하려면, ① 그 신청한 행위가 공권력의 행사 또는 이에 준하는 행정작용이어야 하고 ② 그 거부행위가 신청인의 법률관계에 어떤 변동을 일으키는 것이어야 하며, ③ 그 국민에게 그 행위발동을 요구할 법규상 또는 조리상의 신청권이 있어야 한다."고 판시함으로써 거부처분의 인정요건이 위 3가지 요건으로 도식화된 후 최근까지도 여전히 유지되고 있고,[21] 대법원은 당사자의 권리구제를 위해 필요한 경우 조리상 신청권을 적극적으로 인정하는 경향이다.[22]

한편 대법원 1996. 6. 11. 선고 95누12460 판결은 "신청권의 존부는 구체적 사건에서 신청인이 누구인가를 고려하지 않고 관계 법규의 해석에 의하여 일반 국민에게 그러한 신청권을 인정하고 있는가를 살펴 추상적으로 결정되는 것이고, 신청인이 그 신청에 따른 단순한 응답을 받을 권리를 넘어서 신청의 인용이라는 만족적 결과를 얻을 권리를 의미하는 것은 아니라고 할 것이다. 따라서 국민이 어떤 신청을 한 경우에 그 신청의 근거가 된 조항의 해석상 행정발동에 대한 개인의 신청권을 인정하고 있다고 보여지면 그 거부행위는 항고소송의 대상이 되는 처분으로 보아야 할 것이고, 구체적으로 그 신청이 인용될 수 있는가 하는 점은 본안에서 판단하여야 할 사항인 것이다."라고 판시하였다.[23]

국민이 신청한 처분에 대하여 행정청이 거부결정을 하였더라도 모두 거부처분이 된다고 보기는 어렵다는 인식에서 출발한 점, ② 대법원 84누227호 판결이 선고될 당시의 행정소송법에는 처분 개념의 정의, 특히 거부처분에 관한 근거규정이 없었던 점, ③ 도시계획의 특성을 고려하였을 때 지역주민의 계획변경 요구에 대한 행정청의 거부를 남소(濫訴)를 방지하기 위해 일반적으로 취소소송의 대상에서 배제할 법리적 근거가 필요했던 점을 그 배경으로 분석하는 견해로 이은상, "거부처분에서의 신청권은 사명을 다하였는가", 『행정법연구』 제63호, 2020, 67-69면. 한편 우리나라 판례 및 학설이 법규상 또는 조리상 신청권을 요구하는 것은 일차적으로 일본 행정법의 주관주의 및 사법소극주의의 영향 때문이지만, 근본적으로는 독일 행정법의 주관주의에 뿌리를 두고 있기 때문이라고 평가하는 견해로 박정훈, "거부처분과 행정소송 – 도그마틱의 분별력·체계성과 다원적 법비교의 돌파력", 『행정법연구』 제63호, 2020, 12면.

21) 대법원 2017. 6. 15. 선고 2013두2945 판결(주민등록번호가 의사와 무관하게 유출된 경우 조리상 주민등록번호의 변경을 요구할 수 있는 신청권이 인정한 사안) 등.

22) 노경필, "불가쟁력이 발생한 행정처분의 변경을 구할 조리상 신청권이 인정되는지 여부", 『대법원판례해설』 제68호, 2007, 421면.

23) 판례의 신청권은 국민이 행정청에 대하여 어떤 행위발동을 요구할 수 있는 지위 또는 자격(행정절차상 신청권)을 의미하는 것으로 소송상 청구가 갖추어야 할 적법요건(소송절차상 신청권)과는 구분되어야 한다는 견해로 이상덕, "거부처분의 처분성 인정요건으로서의 '신청권' 이론에 관한 비판적 고찰", 『사법』, 제55호, 2020, 1060면; 송시강, "입국금지 사증발급에 대한 효력과 그 한계 – 서울고등법원 2017. 2. 23. 선고 2016누68825 판결에 대한 평석", 『특별법연구』 제17권, 2020, 54면. 한편 조리상 신청권의 인정범위 확대의 과정 속에서 신청권이 일반 국민의 신청권을 말하는 것이라는 논리가 무너지

(2) 판례의 신청권 법리를 둘러싼 학설의 상황

판례의 신청권 법리를 지지하는 견해[24])는 거부처분의 요건으로서의 신청권은 법령의 해석상 추상적으로 결정되는 것이고 신청의 인용을 받을 권리를 의미하는 것은 아닌 점을 그 핵심적 근거로 제시한다. 나아가 대상적격 단계에서의 남소 방지와 행정법원의 심리부담 경감이라는 현실적 사명을 충실히 수행하였고, 신청권 법리가 쉽게 포기되기는 어려울 것이므로, 적극적 법해석을 통해 법규상 신청권을 확대할 필요가 있다는 견해[25])도 제시되고 있다.

이에 대하여 판례의 신청권 법리를 비판하는 견해[26])는 체계상 대상적격은 객관적·외형적으로 판단하여야 하므로, 개별·구체적 상황을 고려하는 신청권 법리는 체계정합성이 없는 점, 행정소송법은 "공권력의 행사 또는 그 거부"라고 규정하고 있을 뿐 신청권은 명시되어 있지 아니한 점, 획일적 잣대로 처분성을 부정하면 권리구제에 공백이 생길 수 있고, 행정재량에 대한 통제기회가 봉쇄되는 결과가 초래될 수 있는 점 등을 그 근거로 제시한다.

(3) 검토

판례의 신청권 법리는 종래 일반 법리로 자리 잡고 있었던 것으로 보인다. 이에 제1심법원과 원심법원은 외국인에 대한 사증발급 거부처분에도 법규상 또는 조리상 신청권이 인정되는지를 논증하였던 것이다. 하지만 좀 더 면밀하게 살펴보면 종래 대법원은 "국민에게 그 행위발동을 요구할 법규상 또는 조리상의 신청권이 있어야 한다."고 판시하여 왔었는바, 엄밀히 말하면 '외국인'에게도 신청권 법리가 적용되는지에 관하여는 대법원 판시가 없는 공백상태였다고 볼 수 있다.

최근 대법원 판결은 행정청의 행위가 항고소송의 대상이 되는 처분인지를 판단함에 있어 행정소송법의 규정을 최우선적으로 서술하고 있다.[27]) 이와 같이 행정소송법 법문에 충

고 있고, 당사자의 주관적 사정에 의해 신청권이 좌우된다면 원고적격이나 소의 이익 단계에서 이를 판단하는 것이 바람직하다는 유력한 비판으로 최계영, 앞의 글, 437면.

24) 백윤기, "거부처분의 처분성인정요건으로서의 신청권",『행정법연구』창간호, 1997, 231면; 김남진/김연태,『행정법Ⅰ』, 제26판, 2022, 905면; 하명호,『행정법』, 제4판, 2022, 612면.

25) 이은상, 앞의 글, 79-84면.

26) 박정훈, 앞의 글, 12면; 박정훈, "취소소송의 사유형 − 취소소송의 대상적격과 원고적격",『행정소송의 구조와 기능』, 2006, 86-89면; 김동희/최계영,『행정법Ⅰ』, 제26판, 2021, 719-720면; 이원우, "항고소송의 원고적격과 협의의 소의 이익 확대를 위한 행정소송법 개정방안",『행정법연구』제8호, 2002, 254면; 김유환,『현대행정법』, 전정판, 2021, 445면; 김중권,『김중권의 행정법』, 제4판, 2021, 773면.

27) 대법원 2023. 2. 2. 선고 2020두48260 판결 등.

실하게 논증하는 대법원의 경향성은 적어도 2016년 이후부터는 계속되고 있는 것으로 평가되고 있는데,[28] 거부처분 취소소송 등과 관련된 법리를 설시함에 있어서도 법문을 최우선적으로 서술하는 판례가 확인된다.[29] 즉, 판례의 신청권 법리에 대한 비판을 고려하여, 그 적용을 신중히 하고 있는 것으로 보인다.

대상판결이 선고되기 전 외국인이 사증발급을 신청할 수 있는 법규상 또는 조리상 신청권을 가졌는지 여부에 관하여 ① 부정하는 견해, ② 예외적으로 외국국적동포의 법규상 신청권을 인정하는 견해, ③ 인정하는 견해가 실무상 대립하여 왔는데,[30] 앞서 본 바와 같은 상황과 흐름 속에서 대상판결은 제1심법원 및 원심법원과는 달리 신청권을 언급하지 아니한 채, 재외공관의 장이 사증발급을 하는 것이 행정청이 행하는 구체적 사실에 관한 법집행으로서의 공권력의 행사임은 분명하므로, 그 거부가 행정처분에 해당한다고 본 것이다.[31]

3. 외국인의 원고적격

외국인은 대한민국의 국적을 가지지 아니한 사람으로 정의된다(법 제2조 제2호). 즉, 대한민국 국적을 가지지 아니한 외국국적자와 무국적자를 말하는데, 『재외동포의 출입국과 법적 지위에 관한 법률』(이하 '재외동포법'이라 한다)은 외국국적동포[32]를 특별히 규율하고 있다.

행정소송법 제12조 전단은 원고적격에 관하여 "취소소송은 처분의 취소를 구할 법률상이익이 있는 자가 제기할 수 있다."라고 규정하고 있는바, 외국인의 원고적격도 '취소를 구할 법률상 이익이 있는 자'의 해석에서 논의를 시작할 필요가 있다. 원고적격 문제는 재판청구권 및 행정통제의 범위를 결정하는 연결고리로서 취소소송의 구조와 기능 나아가 법치행정원칙의 본질에 대한 이해와 직결되는 행정법질서의 근간(根幹)이다.[33] 실무상 외국인과 제3자가 제기하는 소송에서 주로 문제되고 있다.

판례의 신청권 법리에 의하면 거부처분이 있으면 신청권이 있는 자에게 당연히 원고적

---

28) 이상덕, 앞의 글, 1077면.

29) 대법원 2018. 9. 28. 선고 2017두47465 판결 등.

30) 각 견해들의 상세한 논거에 관하여는 문중흠, 앞의 글, 144-149면 참조.

31) 대상판결에서 사증발급거부행위를 '이 사건 처분'이라는 용어로 표현하고 있음이 확인된다.

32) 재외동포는 재외국민과 외국국적동포로 구분되는데(제2조), 대법원은 한국에서 출생하여 오랜 기간 한국 국적을 보유하면서 거주한 사람이 미국 국적을 취득함으로써 한국 국적을 상실한 재외동포가 제기한 사증발급 거부처분에 대한 취소소송에서 원고적격을 인정하였다(대법원 2019. 7. 11. 선고 2017두38874 판결).

33) 박정훈, "취소소송의 원고적격(2)", 『행정소송의 구조와 기능』, 2006, 218면.

격이 인정되므로, 이에 따라 제1심법원 및 원심법원은 원고적격을 긍정하였다. 반면 신청권 법리로 접근하지 않는 대상판결의 입장에서는 일반원칙에 따라 법률상 이익의 검토가 필요하다. 다만 원고적격의 기준을 높게 잡아 제3자 누구에게도 원고적격이 인정되지 않도록 설계한다면 실질적으로 대상적격을 부정하는 결과를 초래할 수 있음을 유의할 필요가 있다.[34]

(1) 학설

'취소를 구할 법률상 이익이 있는 자'의 의미에 관하여 ① 권리구제설(권리회복설)[35], ② 법률상 보호되는 이익설(법적 이익구제설)[36], ③ 보호가치 있는 이익구제설(보호가치이익설)[37], ④ 적법성보장설[38]이 일반적으로 제시되나, 현재 우리나라에서 ①, ④견해는 주장되지 않는 것으로 보인다.

1) 법률상 보호되는 이익설

법률에 의하여 보호되는 이익을 침해받은 자가 원고가 될 수 있다는 견해이다. 이는 ① 법률문언이 '법률상 이익'이라고 규정하고 있는 점, ② 항고소송은 국민의 권익구제를 위한 주관소송으로 보아야 하는 점, ③ 원고적격의 협소화로 인한 문제는 근거법규의 확대와 관련법규의 목적론적 해석에 의하여 해결될 수 있는 점 등을 근거로 한다. 이에 대하여 ① 처분의 근거법규 및 관련법규, 사익보호성 등의 판단에 있어 명확한 기준이 없는 점, ② 취소소송은 권리구제적 기능을 가지지만 객관소송적 기능이 주된 기능으로 강조되어야 하는 점[39] 등의 비판이 있다.

---

34) 김동희/최계영, 앞의 책, 727-728면.
35) 권리를 침해받은 자만이 원고가 될 수 있다는 견해로서, ① 재판을 받을 권리가 일반적으로 인정되는 오늘날에는 타당하지 아니한 점, ② 권리와 법률상 보호된 이익을 동의어로 이해하는 오늘날에는 권리구제설은 법률상 보호되는 이익설과 동일한 점 등의 비판이 있다.
36) 박균성, 『행정법론(상)』, 제21판, 2022, 1311면; 김남진/김연태, 앞의 책, 856-857면; 하명호, 앞의 책, 554-555면; 류지태/박종수, 『행정법신론』, 제18판, 2021, 689-690면; 김남철, 『행정법강론』, 제7판, 2021, 800-801면.
37) 박정훈, 앞의 책, 282-283면; 이원우, 『경제규제법론』, 2010, 620-621면.
38) 취소소송의 목적이 행정의 적법성 보장에 있는 것으로 보아 처분의 위법성을 다툴 적합한 이익을 가지는 자가 원고가 될 수 있다는 견해로서, ① 취소소송의 목적이 기본적으로 권익구제에 있는 점, ② 원고적격의 과도한 확대로 남소의 위험이 있는 점 등의 비판이 있다.
39) 박정훈, 앞의 책, 240면.

2) 보호가치 있는 이익구제설

소송법적 관점에서 재판상 보호할 만한 가치가 있는 이익이 침해된 자는 원고가 될 수 있다는 견해이다. 이는 ① 위법한 처분으로 사실상 중대한 손해가 야기되고 있음에도 보호규범이 존재하지 않고 달리 구제방법이 없어 이를 감수해야만 하는 결과를 방치하는 것은 부당한 점, ② 원고적격은 소송법적 문제이므로 소송법적 관점에서 정하는 것이 타당한 점, ③ 사실상 이익침해에 관하여 자기관련성, 현재성, 직접성, 객관적 관련성이라는 구체적 판단기준이 제시될 수 있는 점[40] 등을 근거로 한다. 이에 대하여 ① 취소소송을 처분에 의해 침해된 권익의 구제제도로 보면서도 원고적격은 소송법적으로 결정하는 것은 논리정합성이 없는 점, ② 원고적격을 결정하는 객관적인 기준이 존재하지 않으므로 법원의 자의에 놓일 수 있는 점 등의 비판이 있다.

(2) 판례

판례는 '법률상의 이익은 당해 처분의 근거 법률에 의하여 보호되는 직접적이고 구체적인 이익이 있는 경우'를 말한다고 판시하여 기본적으로 법률상 보호되는 이익설에서 출발하였다.[41] 하지만 판례는 절차법 규정을 근거법규에 포함시키고,[42] 관련법규도 포함시키고 있으며, 명시적인 규정이 없는 경우에도 법률상 이익을 인정할 여지를 열어 둠으로써[43] 원고적격을 점진적으로 확대하는 모습이다.[44] 한편 판례는 불이익처분의 상대방은 직접 개인적 이익의 침해를 받은 자로서 원고적격을 인정하고,[45] 거부처분의 직접 상대방에 대

---

40) 이원우, 앞의 글, 260-262면.

41) 대법원 1995. 9. 26. 선고 94누14544 판결.

42) 대법원 1998. 4. 24. 선고 97누3286 판결.

43) 대법원 2004. 8. 16. 선고 2003두2175 판결[법률상 보호되는 이익이라 함은 당해 처분의 근거 법규 및 관련 법규에 의하여 보호되는 개별적·직접적·구체적 이익이 있는 경우를 말하고, 당해 처분의 근거 법규 및 관련 법규에 의하여 보호되는 법률상 이익이라 함은 당해 처분의 근거 법규(근거 법규가 다른 법규를 인용함으로 인하여 근거 법규가 된 경우까지를 아울러 포함한다.)의 명문 규정에 의하여 보호받는 법률상 이익, 당해 처분의 근거 법규에 의하여 보호되지는 아니하나 당해 처분의 행정목적을 달성하기 위한 일련의 단계적인 관련 처분들의 근거 법규(이하 '관련 법규'라 한다)에 의하여 명시적으로 보호받는 법률상 이익, 당해 처분의 근거 법규 또는 관련 법규에서 명시적으로 당해 이익을 보호하는 명문의 규정이 없더라도 근거 법규 및 관련 법규의 합리적 해석상 그 법규에서 행정청을 제약하는 이유가 순수한 공익의 보호만이 아닌 개별적·직접적·구체적 이익을 보호하는 취지가 포함되어 있다고 해석되는 경우까지를 말한다].

44) 김동희/최계영, 앞의 책, 2021, 729면.

45) 대법원 2018. 3. 27. 선고 2015두47492 판결. 직접상대방 이론(Adressatentheorie)은 독일의 확립된 통

하여도 일반적으로 원고적격을 인정하는 모습이다.[46]

(3) 검토

다음과 같은 이유로 보호가치 있는 이익구제설이 타당하다.

첫째, 비교법적으로 취소소송을 엄격한 주관소송으로 파악하는 독일에서만 원고적격을 권리 내지 법적으로 보호되는 이익으로 보고 있을 뿐, 프랑스, 미국, 영국 등 주요 국가에서는 사실상의 이익의 침해만으로 원고적격을 인정하고 있는바,[47] 원고적격의 인정범위는 실정법질서 내지 법정책에 따라 탄력적으로 인정될 수 있는 문제이다.

둘째, 국립국어원 표준국어대사전에 의하면 '법률'을 국가의 강제력을 수반하는 사회규범을 통칭하고 '법'과 유사한 의미로 사용되고 있음을 확인할 수 있는바, 이러한 용례에 따르면 '법률상'이라는 문구를 '법' 내지 '법질서 전체'로 이해하여 법률상 이익을 '헌법과 법률 및 하위법령 등 법질서 전체에 의해 보호되는 이익'으로 해석할 수 있고, 이러한 이익은 취소소송을 통해 보호할 가치가 있는 것이다.[48]

셋째, 독일 『행정재판소법』(Verwaltungsgerichtsordnung, VwGO, 이하 '행정재판소법'이라 한다) 제42조 제2항은 "원고가 행정행위 또는 그 거부나 부작위에 의해 '자신의 권리가 침해되었음'(in seinen Rechten verletzt zu sein)을 주장하는 때에만 소가 허용된다."라고 규정하고 있는 반면, 우리 행정소송법 제12조 전단은 독일과 달리 '취소를 구할' 법률상 이익이라고 규정하고 있는바, 실체법상의 권리침해와 관계없이 취소를 구할 소송법상 이익이 있는 자에게 원고적격을 부여하기 위한 것으로 볼 수 있다.[49]

넷째, 행정소송법 개정과 관련하여 2006년 대법원 개정의견에서는 법적으로 정당한 이익으로, 2013년 정부 입법예고안에서는 법적 이익으로 개정할 것을 제안하였는바, 이는 처분의 직접적인 근거법규에만 기초하여 원고적격을 인정하는 것은 실효적인 권리구제에 한계가 있다는 것을 반증하는 것이다.[50]

다섯째, 실무적으로도 제3자의 원고적격 판단에 있어 처분이 제3자의 기본권에 어떠한 영향을 미치는지 주의를 기울이고 있고, 법령에서 제3자의 이익을 보호하는 직접적 규정이

설·판례의 입장으로 자세한 내용은 송시강, 『행정소송의 원고적격에 관한 법도그마틱의 재구성 – 취소소송을 중심으로 비교법적 고찰』, 서울대학교 법학석사 학위논문, 2000, 102-105면 참조.

46) 대법원 2015. 10. 29. 선고 2013두27517 판결.
47) 이원우, 앞의 책, 616-617면.
48) 박정훈, 앞의 책, 283면.
49) 이원우, 앞의 책, 620-621면.
50) 김동희/최계영, 앞의 책, 730-731면.

없더라도 기본권에 근거하여 구체적 침해가능성의 증명을 통해 원고적격(법적으로 보호가치 있는 이익)을 인정할 가능성을 열어두고 있다. 대법원은 권리구제를 위해 '쟁송법적 처분' 개념을 인정함으로써 소송요건 판단에 있어 소송법적으로 접근하고 있는 것으로 보인다.[51]

마지막으로, 재판청구권과 관련된 소송요건에 대한 인정 여부는 법원에 의한 법 발전이 가장 요구되는 분야로 알려져 있다.[52] 보호가치유무의 판단이 불확정적이라는 우려는 합리적인 판례형성과 부단한 이론적 검토를 통한 집단지성의 힘으로 극복될 수 있을 것이다.

대상판결을 살펴보면 사증발급 거부처분의 근거법률인 출입국관리법의 체류자격 및 사증발급의 기준과 절차에 관한 법령이 외국인의 사익을 보호하는 것으로 해석하기는 어렵다는 전제에서, 외국인의 원고적격을 인정하는 기준으로 '대한민국과의 실질적 관련성 내지 대한민국에서 법적으로 보호가치 있는 이해관계를 형성한 경우'에 해당하여야 한다는 기준을 제시하였고, 다만 원고가 한국에 아직 입국하지 않은 상태임을 고려하면 원고적격이 인정되지 않는다고 보았는바, 법률상 보호되는 이익설보다 더 나아간 것으로 보인다.

Ⅲ. 법리의 검토

이하에서는 대상판결에 대한 다각적 분석을 위해 사증발급 거부처분에 관하여 비교법적으로 살펴보고, 대상판결이 선고된 이후 행정소송실무의 운용과 현황을 분석하며, 대상판결에 대한 학계에서의 평가를 살펴본 후, 대상판결을 비판적으로 검토해 보도록 한다.

1. 비교법적 검토

법률상 이익의 인정기준은 법이론에 의한 고정불변의 것이라기보다 시대의 법문화와 사회상황을 반영한 각국의 실정법질서에 따라 유동적일 수 있다. 미국, 독일 및 일본의 경우를 보더라도 서로 상이한 모습이다. 대상판결은 미국의 판례를 결정적으로 참조한 것으로 평가되는데,[53] 균형 있는 좌표설정을 위해 주요국에 대한 비교법적 고찰이 필요하다.

---

51) 대법원 2020. 4. 9. 선고 2019두61137 판결.
52) 최송화, "한국의 행정소송법 개정과 향후방향", 『행정판례연구』 제8권, 2003, 438면.
53) 이상덕, 앞의 글, 1080면.

(1) 미국[54]

미국에서 사증발급 거부처분에 대한 원고적격에 관한 선례는 Kleindienst v. Mandel 사건[55]이다. 대학교수들이 벨기에 출신의 Mandel을 스탠퍼드대학 강연에 초청하기 위해 사증을 신청하였으나 거부되어 소송을 제기한 사건이다. 위 사건에서 연방대법원은 미국 국민이 강연을 들을 수 있는 언론의 자유를 침해당하였기 때문에 사법심사를 구할 원고적격이 인정된다고 보았다. 위 선례에 기초하여 국민의 배우자인 외국인의 경우 미국 정부를 상대로 소송의 원고적격이 인정되지 않는다는 것이 미국 판례의 주류적 입장이라고 한다.

나아가 Kerry v. Din 사건[56]은 아프가니스탄 국적의 여성인 Fauzia Din이 귀화하여 미국 국민이 된 후 아프가니스탄 국적의 남성과 혼인을 하고 함께 살기 위해 사증발급을 신청하였으나 거부되자 소송을 제기한 사건이다. 위 사건에서 연방지방법원은 사법심사대상이 아니라는 이유로 각하하였으나, 제9연방고등법원은 혼인의 자유가 법적으로 보호되는 권리라는 이유로 법률상 이익을 인정하고 거부이유를 제시하지 않았다는 자유권 침해를 이유로 청구를 인용하였다. 하지만 연방대법원은 Din이 남편과 그 나라 법에 의해 거주가 합법적이라면 전 세계 어디서라도 같이 거주할 수 있는 자유가 있는 점 등을 들어 청구를 기각하였다.

(2) 독일

1960년 『행정재판소법』 제정에 의해 의무이행소송이 도입된 이후에는 '거부된 행정행위의 발급을 명할 것'을 구하면 되므로, 거부행위 자체의 행정행위로서의 성격은 더 이상 문제되지 않고, 단지 원고적격으로서 '거부행위로 인한 권리침해'가 필요하게 되었다.[57] 외국인은 사증발급 거부행위에 대하여 독일 연방정부를 상대로 의무이행소송을 제기할 수 있고(제42조 제1항), 이는 사증에 관한 연방정부에 대한 소송으로서 베를린 행정법원에 관할이 있는데(제52조 제2항 제5문), 외국인의 원고적격과 관련하여 외국인이 독일 내에 체류하고 있을 것을 요건으로 삼고 있지 않다.[58] 외국인과 더불어 독일에 거주하는 배우자인 국민도 『기본법』(Grundgesetz, GG) 제6조(혼인, 가족, 자녀에 관한 규정) 제1항[59]에 근거하여

---

54) 김성배, "결혼이민사증발급거부에 대한 외국인배우자의 원고적격", 『행정판례연구』 제24권 제2호, 2019, 211-219면 참조.

55) Kleindienst v. Mandel, 408 U.S. 753 (1972).

56) Kerry v. Din, 135 S.Ct. 2128 (2015).

57) 박정훈, 앞의 글, 14면.

58) Bergmann/Dienelt, Ausländerrecht, 14. Aufl., 2022, § 6 Visum Rn. 91, 93.

원고적격이 인정되고,[60] 부모도 자녀와 재결합을 위한 소송에서 같은 법 제6조 제1항, 제2항에 따라 원고적격이 인정되고 있다.[61]

(3) 일본

일본 『행정사건소송법』에는 처분의 정의 규정이 없는데, 판례와 학설은 법규상 또는 신청권이 인정되는 경우에만 거부처분이 된다고 하고, 한편 같은 법 제9조는 우리 『행정소송법』과 동일하게 취소소송의 원고적격을 '처분의 취소를 구함에 관해 법률상 이익을 가진 자'로 규정하고 있으나, 제10조 제1항에서 "자기의 법률상 이익에 관계되지 않는 위법을 이유로 취소를 구할 수 없다."라고 규정함으로써 위법성 견련성을 요구하고 있다.[62] 외국인의 사증발급 신청을 거부한 행위에 대한 취소소송과 관련하여, 국가가 외국인을 자국으로 받아들일 것인지와 그러한 수용에 어떠한 조건을 부여할 것인지는 전적으로 해당 국가의 입법정책의 문제인 점, 일본 『출입국관리법』이 외국인이 일본 외교공관에 사증발급을 신청하고 답변을 받을 권리를 규정하고 있지 않은 점 등을 근거로, 사증발급 거부행위는 행정처분에 해당하지 않는다는 이유로 소를 각하하고 있다.[63] 즉, 행정소송의 대상적격을 부인하므로, 외국인뿐만 아니라 그 배우자도 취소소송을 제기할 수 없다.

2. 대상판결 선고 이후 사증 관련 행정소송실무의 운용과 현황

대상판결이 선고된 2018년부터 2022년까지 5년 동안 선고된 사건을 통계적으로 개관하면, 서울행정법원 18건, 수원지방법원 1건, 인천지방법원 1건, 대전지방법원 1건, 전주지방법원 1건 합계 22건으로 연평균 4.4건이 각 선고되었고, 서울행정법원에서 선고된 사건을 세부적으로 보면 2018년 3건, 2019년 1건, 2020년 4건, 2021년 7건, 2022년 3건 합계 18건으로 연평균 3.6건이 각 선고된 것으로 확인된다.[64]

---

59) 제6조 제1항은 "혼인과 가족은 국가질서의 특별한 보호를 받는다."라고 규정하고, 제2항은 "자녀의 양육과 교육은 양친의 자연적 권리이고 일차적으로 그들에게 부과된 의무이다. 그들의 실행에 대하여 국가 공동체가 감시한다."라고 규정하고 있다.

60) BVerwG Urt. v. 27.8.1996 − 1 C 8.94, BVerwGE 102, 12 = NVwZ 1997, 1116.

61) Bergmann/Dienelt, a.a.O., Rn. 101.

62) 박정훈, 앞의 글, 14-15면. 우리나라의 경우 원고의 권리침해 여부는 원고적격 단계에서 판단될 뿐 본안 단계에서는 요구하지 않는다(서울행정법원, 『행정사건 판결 작성실무』, 2016, 10면). 동 문헌에 의하면 4대강 사건 판결로 알려진 대법원 2015. 12. 10. 선고 2012두6322 판결을 이와 같은 입장이라고 설명하고 있다.

63) 東京高裁平成22年12月14日判決(平成22年 第253号), 東京地裁平成24年2月28日判決(平成23年 第276号).

먼저 대상판결이 '거부처분'이라는 표현을 사용하는 것을 고려한 듯[65] 거의 대부분의 재판례는 사증발급 거부처분에 대하여 대상적격이 인정됨을 전제로 처분의 경위를 서술하여 처분성은 특별히 문제 삼지 않고 있는 것으로 보인다. 사증발급이 거부되는 처분사유는 입국금지사유(법 제11조)의 존재, 초청인의 소득요건 등 초청자격 부적격, 혼인 관련 서류의 진정성 미소명 등이 대표적이다.

둘째, 외국인, 외국국적동포 또는 배우자인 제3자 내지 초청인이 원고로서 행정소송을 제기하고 있다. 실무상 외국국적동포의 경우 재외동포법이 특별히 제정되어 시행되고 있는 점을 주된 근거로 원고적격이 인정되고 있다. 반면, 다른 외국인의 경우 대상판결의 법리를 토대로 원고적격이 모두 부정되었는데, 법원은 대체로 '외국인이 대한민국에 입국하지 않은 상태에 있다는 점'을 핵심적 근거로 과거 대한민국에 입국하여 체류한 사실이 있다거나 대한민국 국민인 배우자와 혼인신고를 한 사실이 있다는 사실만으로는 '대한민국과의 실질적 관련성 내지 대한민국에서 법적으로 보호가치 있는 이해관계를 형성한 경우'에 해당되지 않는다고 판시하면서 실무적으로 상당히 엄격한 태도를 취하고 있다.[66]

---

64) 2018. 1. 1.~2022. 12. 31. 기간 중 사건명을 '사증'으로 검색하여 선고·등록된 재판례를 조사하였다.

65) 대상판결이 사증발급거부의 처분성을 인정하는 외관을 형성하고 있지만 반드시 그렇게 단정할 수는 없다고 평가하는 견해로 송시강, 앞의 글, 53면.

66) 외국인의 원고적격을 부정한 사안으로 서울고등법원 2021. 3. 24. 선고 2020누53127 판결(상고기각) (몽골 국적의 외국인인 원고가 사증발급인정서 거부처분을 받은 이후 사증을 발급받아 대한민국에 입국한 상태에 있었던 사안), 서울행정법원 2018. 9. 6. 선고 2018구합57742 판결(확정)[나이지리아 국적의 외국인인 원고가 2015. 10. 17. 단기방문(C-3) 체류자격으로 대한민국에 입국하여 기타(G-1) 체류자격으로 체류하다가 2016. 11. 4. 회화지도(E-2) 체류자격으로 체류 중이던 미국 국적의 외국인과 혼인한 후 2017. 5. 11. 출국한 상태였던 사안], 서울행정법원 2020. 12. 22. 선고 2019구합90821 판결(확정)[이라크 국적의 원고가 대한민국에 체류하던 중 대한민국 국민과 결혼하였고 2012. 8. 20~2019. 12. 23. 단기방문(C-3) 등 체류자격으로 수차례 입국하여 거주하였던 사안], 서울행정법원 2020. 7. 10. 선고 2020구합52306 판결(확정)(베트남 국적의 원고가 대한민국 체류 중 베트남에서 귀화한 국민인 배우자와 결혼하고 13년 정도 대한민국에서 거주하다가 출국한 사안), 서울행정법원 2021. 6. 3. 선고 2021구단51174 판결(확정)[파키스탄 국적의 외국인인 원고가 2016. 10. 8. 단기방문(C-3) 체류자격으로 대한민국에 입국하여 이후 난민신청을 하였다가 불인정처분을 받아 약 1년 5개월간 체류자격 없이 체류하다가 출국하였는데, 그 기간 중 대한민국 국민과 혼인하여 배우자가 자녀를 출산하였던 사안], 서울행정법원 2021. 11. 4. 선고 2020구합79219 판결(확정)(베트남 국적의 외국인인 원고가 베트남에서 귀화한 국민인 배우자와 혼인하고 자녀를 두고 있었으나 특수상해죄 등으로 징역형의 집행유예 판결을 받아 강제퇴거당한 사안), 서울행정법원 2021. 2. 4. 선고 2020구합58861 판결(확정)(시리아 국적의 외국인인 원고가 허위초청에 따른 출입국관리법위반죄로 징역형의 집행유예 판결을 받아 출국명령에 따라 출국하였는데, 대한민국에 과거 상당기간 거주하였고 대한민국 국민인 배우자와 혼인하였던 사안), 대전지방법원 2018. 7. 11. 선고 2017구합106632 판결(확정)[캐나다 국적의 외국인인 원고가 약 10년간 회화지도(E-2) 체류자격으로 대한민국에 거주하였던 사안] 등.

셋째, 실무상 외국인의 배우자인 국민이 제기한 사증발급 거부처분의 취소소송의 경우에도 '초청인이 배우자와 대한민국에서 동거할 수 없게 되는 불이익이 발생하더라도 이는 근거법률에 의해 보호되는 직접적·구체적 이익이라고 볼 수 없다.'는 이유로 배우자의 원고적격을 마찬가지로 부정하고 있다.[67] 다만, 최근 재판례에서 사증발급인정 거부처분 취소소송에서 국민인 초청인의 원고적격이 인정된 바 있다.[68]

3. 대상판결에 대한 학계의 평가

대상판결을 긍정적으로 평가하는 견해로는, ① 원고적격 인정에 있어서 보호규범의 존재 여부보다는 사증발급신청인의 대한민국과의 실질적 관련성, 상호주의 원칙 등을 깊이 고려하였다는 점에서 주류적 판례이론인 보호규범론과 법률상 보호되는 이익설의 범주를 벗어난 것이라고 보는 견해,[69] ② 외국인에 대한 상호주의원칙 등을 고려할 때 적절한 결론을 도출한 것으로 보는 견해,[70] ③ 대한민국 외 지역에 거주하는 외국인 배우자가 제기하는 소송은 법률상 쟁송에 해당하지 않아서 대한민국 사법권이 미치지 않는다고 해석되지만, 외국에 체류하는 외국인인 배우자에 대한 사증발급 거부처분을 국민이 다투고자 하는 경우 법령상 배우자의 초청을 전제로 하므로 국민인 배우자는 법률상 이익이 존재하는 것으로 해석되어야 한다는 견해[71] 등이 제시되고 있다.

이에 대하여 사증발급행위를 통치행위로 보아 행정소송의 대상이 되지 않는다고 보는 것이 타당하고 대한민국과의 실질적 관련성 여부의 경계에 관한 판단의 어려움도 피할 수 있다고 보는 부정적 평가[72]가 있으나, 오히려 학계에서는 외국인의 법률상 이익을 지나치게 협소하게 인정하였다는 취지의 비판이 많다. 예컨대, ① 출입국에 관한 권리는 주거이전의 자유의 연장으로서 인간의 존엄과 가치 및 행복추구권에 관한 인간의 권리에 해당하기 때문에 기본권으로서 보호받을 수 있는 점을 참작하면 근거 법규로부터 법률상 이익이

---

67) 서울행정법원 2020. 12. 22. 선고 2019구합90821 판결(확정), 서울행정법원 2020. 7. 10. 선고 2020구합52306 판결(확정), 서울행정법원 2021. 3. 25. 선고 2020구단69512 판결(확정) 등.

68) 서울고등법원 2022. 5. 12. 선고 2021누45628 판결(상고기각)[원고 회사가 외국인들을 대리하여 외국인연수(D-4-6) 체류자격의 사증발급인정서 발급신청을 하였으나, 피고가 초청자격 부적격을 이유로 불허한 사안]. 이에 대하여 초청인의 원고적격을 부인한 사안으로 대전고등법원(청주) 2010. 9. 15. 선고 2010누284, 291 판결(상고기각).

69) 김유환, 앞의 책, 466면.

70) 김용섭, "2018년 행정법(Ⅰ) 중요판례평석", 『인권과 정의』 제480호, 2018, 130면.

71) 김성배, 앞의 글, 236-237면.

72) 이광윤, "2018년 분야별 중요판례분석 ② 행정법", 법률신문(2019. 1. 24.자)

인정되고, 가족결합권은 인간의 권리로서 혼인 후 결혼이민 사증발급을 신청한 외국인에게
는 법적으로 보호가치 있는 이해관계가 형성되었다고 보아야 한다는 견해,[73] ② 외국국적
동포가 아닌 외국인의 사증발급과 관련하여 대법원이 지나치게 법률상 이익의 의미에 관
하여 좁게 해석한 것으로 보일 뿐만 아니라, 대법원이 제시하고 있는 기준이 도리어 해석
에 따라 또 다른 혼란을 야기할 수 있다는 견해,[74] ③ 외국인이 자신을 대상으로 한 입국
사증 발급처분을 다투지 못하는 것 자체가 국제인권조약상 의무 위반이 될 여지가 있고,
한국인 배우자가 사증발급 거부처분으로 인해 겪는 헌법상 혼인의 자유로부터 도출되는
가족결합권이 사실적 간접적 불이익에 불과하다는 법리도 타당하지 않다는 견해[75] 등이
제시되고 있다.

4. 비판적 검토

대상판결은 사증발급 거부처분을 다투는 외국인의 원고적격에 관하여 '대한민국과의
실질적 관련성 내지 대한민국에서 법적으로 보호가치 있는 이해관계를 형성한 경우'라는
기준을 제시하였는바, 실무상 다툼이 있었던 외국인의 원고적격 문제에 관하여 구체적 판
단기준을 제시한 데 그 의의가 있고, 다음과 같은 점을 고려하면 일응 타당한 것으로 생
각된다.

첫째, 종래 실무는 '외국인'에 대한 사증발급 거부처분에 대하여 '국민'에 대한 거부처분
에 관한 판례의 신청권 법리를 적용하여 논증하였는데, 대상적격 단계에서 객관적 · 외형적
이고 획일적 잣대를 사용하여 논증함으로써 사법심사의 공백이 야기될 수 있었다. 대상판
결은 법문언에 충실한 해석을 통해 신청권에 관한 언급 없이 처분성을 인정하였고, 법률상
보호되는 이익설에 따르면 법령이 사익을 보호하는 것으로 해석하기는 어려웠음에도 외국
인의 원고적격이 인정될 수 있는 기준을 제시하여 외국인의 소송가능성을 열어주었다.

둘째, 비교법적으로 보더라도 외국인에게 원고적격을 인정할지 여부는 논리적으로 귀결
되는 문제는 아니다. 이는 시대의 법문화와 사회상황을 반영한 산물이다. 대상판결은 우리
행정소송법의 법문을 천착함으로써 사회상황을 반영함과 동시에 외국인의 이익 상황에 대
하여 구체적 · 직접적 · 현재적 고려를 할 수 있도록 하였고, 아울러 국민인 배우자의 소제

---

73) 김호정, "사증발급거부처분에 있어서의 외국인의 원고적격", 『외법논집』 제42권 제4호, 2018, 161-164면.
74) 장혜진, 앞의 글, 3면.
75) 원유민, "국제결혼 안내프로그램에 대한 국제인권법적 검토 – 국적에 의한 차별금지와 가족결합
    권을 중심으로", 『서울국제법연구』 제28권 제1호, 2021, 210-211면.

기 가능성을 열어줌으로써 남소방지와 재판청구권 보장 및 권리구제에 있어 적절한 균형점을 모색한 것으로 보인다.

다만, 실무적으로 외국인과 국민인 배우자 내지 초청인의 원고적격이 상당히 엄격하게 인정되고 있는 것으로 보인다. 대상판결에 따르면 대한민국에 입국하여 체류한 적이 없는 순수하게 외국에 거주하는 외국인의 경우에는 원고적격을 부정함이 타당하다. 하지만 예컨대, 대한민국의 국민과 혼인한 외국인이 이전에 국내에서 적법하게 상당기간 거주하면서 혼인의 실질을 형성한 경우, 외국인이 적법하게 국내에 상당기간 체류하면서 사회적·경제적 기반을 마련한 경우 등은 비록 외국인이 국외에 있더라도 원고적격을 인정함이 타당하다. 이를 위해 법원은 외국인의 출입국 경위, 체류자격 및 체류기간, 인적·사회적·경제적 기반, 상호주의원칙 등에 관한 자료를 제출받아 심리하여 구체적·개별적으로 판단하고 실질적으로 논증하여야 할 것이다. 이와 관련된 고려 요소로는 가족생활의 실질적 파탄정도, 대한민국과의 유대관계의 정도, 본국에서의 가족생활의 장애물이 있는지, 아동의 최상의 이익, 법의 목적 등이 제시될 수 있다.

특히 대상판결의 취지를 고려한다면 외국인의 배우자 등 국민의 경우 원고적격을 인정하는 방향으로 목적론적으로 해석되어야 할 것으로 보인다.76) 재판례에서 처분사유로 초청인의 소득요건 등 초청자격의 부적격, 혼인 관련 서류의 미소명 등이 주로 제시되고 있는 점을 고려하면, 더욱이 그러하다. 재판실무상 외국인의 배우자인 국민이 제기한 사증발급 거부처분 취소소송에서 원고적격이 모두 부정되었고, 초청인도 대부분 원고적격이 부정되었다. 이러한 실무운영은 실질적으로 대상적격을 부인하는 것과 마찬가지로 보인다. 대상판결이 미국 판례를 결정적으로 참조하였던 것으로 보이는 점을 고려하더라도 대상판결이 이러한 실무운용을 의도한 것으로 보기는 어렵다.77) 최근 외국인을 초청한 국민의 원고적격을 인정한 사례가 보이는바, 유의미하다.

마지막으로, ①『시민적 및 정치적 권리에 관한 국제규약』(자유권규약) 제23조 제1항은 "가정은 사회의 자연적이며 기초적인 단위이고, 사회와 국가의 보호를 받을 권리를 가진다."라고 혼인과 가정에 대한 권리를 규정하고 있는데, 우리나라가 당사국으로 가입하여 헌법 제6조 제1항에 의하여 국내법과 같은 효력이 있는 점, ② 국내에서 경제적·사회적

---

76) 청구인적격이 인정된 사례로 중앙행정심판위원회 2017. 3. 24. 2016-23490 재결, 중앙행정심판위원회 2017. 3. 24. 2016-14205 재결.

77) 배우자인 국민에 대하여도 원고적격을 부정한다면 사법심사가 불가능한 통치행위라는 망령을 되살리는 결과가 될 뿐만 아니라, 만약 그러한 결과를 의도한 것이라면 처분성(대상적격)을 부정함이 논리적으로 타당할 것이라는 평가로 이상덕, 앞의 글, 1080면.

·문화적 생활의 주체로서, 국민과 동등한 공동생활의 주체로서, 보편적인 인권의 주체로서 일정한 범위의 외국인을 포함하는 시민 개념을 받아들이거나 사회적 변화를 반영하여 국민의 범위를 재설정하는 노력을 통하여 사회통합을 이루어야 한다는 논의가 있어 왔고[78] 2018. 3. 20. 법률 제15492호로 개정된 출입국관리법 제1조는 '사회통합'을 그 목적에 추가함으로써 외국인의 원고적격을 확대할 여지가 생긴 점, ③ 한 가족 구성원이 특정 국가에 합법적으로 거주하고 있는 경우 가족이 함께 살기 위하여 다른 가족 구성원이 그 국가에 입국하고 거주할 권리를 의미하는 가족결합권은 헌법 제36조 제1항의 혼인의 자유 중 특수한 형태로서 보호될 필요가 있는 점, ④ 사증발급이 입국추천에 불과하더라도 실질적으로 국가의 외국인에 대한 입국심사·입국허가와 분리하여 생각하기는 어려운 점, ⑤ 외국인에 대한 사증발급의 요건과 관련하여 광범위한 재량권이 행정청에 부여되어 있으므로, 재량통제에 있어서 심사강도의 조절을 통하여 항고소송 허용으로 인한 부작용은 충분히 통제하는 것이 가능할 것이고, 실무적으로도 소제기가 많은 소송유형으로 보이지 아니하는 점 등을 고려하면, 외국인에 대한 원고적격의 확대 가능성은 열려 있을 뿐만 아니라 대상판결의 기준에 따라 사안을 포섭함에 있어서도 적극적 태도를 보일 필요가 있다.

Ⅳ. 요약과 결론

이상의 설명은 다음과 같은 명제로 정리할 수 있다.

1. 대상판결은 사증발급 거부처분을 다투는 외국인의 원고적격에 관하여 '대한민국과의 실질적 관련성 내지 대한민국에서 법적으로 보호가치 있는 이해관계를 형성한 경우'라는 기준을 제시함으로써 종래 실무상 다툼이 있었던 외국인의 원고적격 문제에 관한 구체적 판단기준을 제시한 데 그 의의가 있다.

2. 대상판결은 행정소송법의 문언에 충실하게 신청권에 관한 언급 없이 사증발급 거부처분의 처분성을 인정하고, 외국인의 원고적격의 인정기준을 제시함으로써 외국인인 원고의 이익 상황에 대한 구체적·직접적·현재적 고려를 할 수 있도록 함과 동시에, 국민인 배우자의 소제기 가능성을 열어주었다.

---

78) 문중흠, 앞의 글, 120면.

3. 대상판결의 취지를 고려한다면 외국인의 배우자 등 국민의 경우 원고적격을 인정하는 방향으로 목적론적으로 해석되어야 한다. 또한 외국인의 경우 그 출입국 경위, 체류자격 및 체류기간, 인적·사회적·경제적 기반, 상호주의원칙 등을 실질적으로 심리하여 원고적격을 판단하여야 할 것이다. 원고적격 인정에 지나치게 엄격한 잣대를 적용한다면 대상적격을 부인하는 것과 마찬가지 결과를 초래하게 됨을 유의할 필요가 있다.

4. 비교법적으로 보더라도 외국인에게 원고적격을 인정할지는 논리적으로 귀결되는 문제는 아니다. 이는 시대의 법문화와 사회상황을 반영한 산물이다. 시대상황의 변화, 가족결합권 등을 고려하면 외국인의 원고적격의 확대 가능성은 열려 있을 뿐만 아니라 대상판결의 기준에 따라 사안을 포섭함에도 적극적 태도를 보일 필요가 있다.

생각할 문제

'잘 구별하는 자, 잘 판단한다'(bene cernit, qui bene distingguit)[79]

1. 거부처분의 대상적격 인정기준으로서 판례의 신청권 법리를 비판적으로 분석하라.

2. 외국인이 대한민국과의 실질적 관련성 내지 대한민국에서 법적으로 보호가치 있는 이해관계를 형성한 경우는 구체적으로 어떠한 경우인지 설명하라.

3. 외국인에 대한 가족결합권이 외국인의 원고적격에 미치는 영향을 설명하라.

---

79) 박정훈, 앞의 책, 66면.

대법원 2007. 7. 19. 선고 2006두19297 전원합의체 판결
― 비교판결: 대법원 2020. 12. 24. 선고 2020두30450 판결 ―

[임기가 만료된 학교법인 임시이사의 선임취소를 구하는 소의 이익]*

[사실관계]

원고들은 피고 보조참가인인 학교법인 ○○학원의 임원으로서 이사와 감사였다. ○○학원이 운영하는 ○○대학교의 총장이 교수임용 대가로 거액의 금품을 받았다는 혐의로 구속된 것을 계기로 피고(교육인적자원부장관; 現, 교육부장관)는 ○○학원과 ○○대학교에 대한 종합감사를 실시한 후, ○○학원에 학교법인 임원의 직무태만으로 인한 회계 불법 집행, 교비회계의 부당 지출, 교비자금의 법인회계 전출 및 부당 대여 등 여러 위법행위가 있음을 지적하면서 피고가 요구하는 시정사항을 이행하고 이를 기한 내에 이를 이행하지 않을 경우 임원취임승인을 취소할 것임을 계고하였다.

이후 ○○학원은 시정요구사항의 일부를 이행하였다. 그러나 피고는 ○○학원이 일부 시정요구사항에 대하여는 이행하였지만 대부분의 시정요구사항이 이행되지 않았음을 이유로, 「사립학교법」[1] 제20조의2에 의하여 원고들에 대한 임원취임승인을 취소하고, 「사립학교법」 제25조에 의하여 소외인들 6인을 ○○학원의 임시이사로 임명하였다.

원고들은 ① 피고가 지시요구한 사항 중 일부는 현실적으로 단기간 내에 이행하기 어려운 것들로서 불가능한 조치를 요구한 피고의 시정요구는 부당하고, ② 설령 피고의 시정요구가 적법하다 하더라도 원고들은 피고의 시정요구를 가능한 범위 내에서 모두 성실히 이행하였으므로 임원취임승인 취소처분은 「사립학교법」 제20조의2 제2항을 위반한 것으로 위법하며, ③ 또한 이 사건 교비회계의 불법 집행은 원고들이 아닌 ○○대학교 총장에 의하여 이루어졌을 뿐 아니라, 원고들은 가능한 범위 내에서 시정요구사항을 성실히 이행한

---

* 이 논문은 『법학논집』 제27권 제4호(2023. 6.)에 게재한 것을 수정·보완한 것임을 밝힌다.
** 이화여자대학교 법학전문대학원 교수
1) 구 「사립학교법」(2005. 12. 29. 법률 제7802호로 개정되기 전의 것)을 말한다(이하 동일함).

점 등을 고려할 때 임원취임승인 취소처분에는 재량권을 일탈·남용한 위법이 있다고 주장하였다. 나아가 ④ 위법한 임원취임승인 취소처분을 전제로 한 임시이사 선임처분 역시 위법하여 취소되어야 한다고 주장하였다.

[사건의 경과]

원고들은 임원취임승인 취소처분 및 임시이사 선임처분에 대하여 서울행정법원에 취소소송을 제기하였다. 그러나 제1심은 피고의 ○○학원에 대한 시정요구사항이 부당하다고 볼 수 없고, ○○학원은 피고의 시정요구사항을 제대로 이행하지 아니하였으며, 그 불이행에 정당한 사유가 있다고 볼 수 없을 뿐 아니라, 제반 사정에 비추어 취소처분에 재량권의 일탈·남용이 있다고 볼 수 없어 임원취임승인 취소처분에 대한 취소청구는 이유 없다고 판단하였다. 그리고 이를 전제로 한 임시이사 선임처분의 취소청구 역시 이유 없다고 판단하여 원고들의 청구를 기각하였다.[2] 원고들은 이후 서울고등법원에 항소하였으나, 항소기각의 판결을 받았다.[3] 이에 원고들은 재량권의 일탈·남용 등 처분의 위법을 주장하면서 대법원에 상고하였다.

그런데 원고들은 원심변론종결일 이전 또는 상고심에 이르러 모두 임기가 만료되는 한편 상고심 계속중 「사립학교법」 제22조 제2호의 임원결격기간도 경과하였다. 그리고 임시이사들 역시 원심변론종결일 이전에 임기가 만료되어 모두 새로운 임시이사로 교체되었다.

[대상판결]

대법원은 제1심 판결 및 원심판결을 유지하면서 원고들의 상고를 모두 기각하였다. 대법원의 구체적인 판결요지는 다음과 같다.

> [1] 학교법인의 이사나 감사 전원 또는 그 일부의 임기가 만료되었다고 하더라도, 그 후임이사나 후임감사를 선임하지 않았거나 또는 그 후임이사나 후임감사를 선임하였다고 하

---

2) 서울행정법원 2006. 1. 18. 선고 2005구합3943 판결.
3) 서울고등법원 2006. 11. 14. 선고 2006누5177 판결.

더라도 그 선임결의가 무효이고 임기가 만료되지 아니한 다른 이사나 감사만으로는 정상적인 학교법인의 활동을 할 수 없는 경우, 임기가 만료된 구 이사나 감사로 하여금 학교법인의 업무를 수행케 함이 부적당하다고 인정할 만한 특별한 사정이 없는 한, 민법 제691조를 유추하여 구 이사나 감사에게는 후임이사나 후임감사가 선임될 때까지 종전의 직무를 계속하여 수행할 긴급처리권이 인정된다고 할 것이며, 학교법인의 경우 민법상 재단법인과 마찬가지로 이사를 선임할 수 있는 권한은 이사회에 있으므로, 임기가 만료된 이사들의 참여 없이 후임 정식이사들을 선임할 수 없는 경우 임기가 만료된 이사들로서는 위 긴급처리권에 의하여 후임 정식이사들을 선임할 권한도 보유하게 된다.

[2] (가) 비록 취임승인이 취소된 학교법인의 정식이사들에 대하여 원래 정해져 있던 임기가 만료되고 구 사립학교법(2005. 12. 29. 법률 제7802호로 개정되기 전의 것) 제22조 제2호 소정의 임원결격사유기간마저 경과하였다 하더라도, 그 임원취임승인취소처분이 위법하다고 판명되고 나아가 임시이사들의 지위가 부정되어 직무권한이 상실되면, 그 정식이사들은 후임이사 선임시까지 민법 제691조의 유추적용에 의하여 직무수행에 관한 긴급처리권을 가지게 되고 이에 터잡아 후임 정식이사들을 선임할 수 있게 되는바, 이는 감사의 경우에도 마찬가지이다.

(나) 제소 당시에는 권리보호의 이익을 갖추었는데 제소 후 취소 대상 행정처분이 기간의 경과 등으로 그 효과가 소멸한 때, 동일한 소송 당사자 사이에서 동일한 사유로 위법한 처분이 반복될 위험성이 있어 행정처분의 위법성 확인 내지 불분명한 법률문제에 대한 해명이 필요하다고 판단되는 경우, 그리고 선행처분과 후행처분이 단계적인 일련의 절차로 연속하여 행하여져 후행처분이 선행처분의 적법함을 전제로 이루어짐에 따라 선행처분의 하자가 후행처분에 승계된다고 볼 수 있어 이미 소를 제기하여 다투고 있는 선행처분의 위법성을 확인하여 줄 필요가 있는 경우 등에는 행정의 적법성 확보와 그에 대한 사법통제, 국민의 권리구제의 확대 등의 측면에서 여전히 그 처분의 취소를 구할 법률상 이익이 있다.

(다) 임시이사 선임처분에 대하여 취소를 구하는 소송의 계속중 임기만료 등의 사유로 새로운 임시이사들로 교체된 경우, 선행 임시이사 선임처분의 효과가 소멸하였다는 이유로 그 취소를 구할 법률상 이익이 없다고 보게 되면, 원래의 정식이사들로서는 계속중인 소를 취하하고 후행 임시이사 선임처분을 별개의 소로 다툴 수밖에 없게 되며, 그 별소 진행 도중 다시 임시이사가 교체되면 또 새로운 별소를 제기하여야 하는 등 무익한 처분과 소송이 반복될 가능성이 있으므로, 이러한 경우 법원이 선행 임시이사 선임처분의 취소를 구할 법률상 이익을 긍정하여 그 위법성 내지 하자의 존재를 판결로 명확히 해명하고 확인하여 준다면 위와 같은 구체적인 침해의 반복 위험을 방지할 수 있을 뿐 아니라, 후행 임시이사 선임처분의 효력을 다투는 소송에서 기판력에 의하여 최초 내지 선행 임시이사 선임처분의 위법성을 다투지 못하게 함으로써 그 선임처분을 전제로 이루어진 후행 임시이사 선임처분의

효력을 쉽게 배제할 수 있어 국민의 권리구제에 도움이 된다.

(라) 그러므로 취임승인이 취소된 학교법인의 정식이사들로서는 그 취임승인취소처분 및 임시이사 선임처분에 대한 각 취소를 구할 법률상 이익이 있고, 나아가 선행 임시이사 선임처분의 취소를 구하는 소송 도중에 선행 임시이사가 후행 임시이사로 교체되었다고 하더라도 여전히 선행 임시이사 선임처분의 취소를 구할 법률상 이익이 있다.

[비교판결]

1. 사실관계

원고는 회계감사업무 등을 목적으로 설립된 법인으로 대우조선해양 주식회사의 재무제표에 관하여 「주식회사의 외부감사에 관한 법률」[4])에 따른 외부감사를 실시한 감사인이다. 대우조선해양의 분식회계 의혹 및 원고 소속 공인회계사들로 구성된 감사팀의 부실감사 의혹 등에 따라 금융감독원은 대우조선해양에 대한 원고의 감사 등을 감리하였고, 그 감리 결과 등을 바탕으로 증권선물위원회는 원고에 대하여 12개월의 업무정지 처분을 할 것을 피고(금융위원회)에게 건의하였다.

피고는 원고에 대하여 '대우조선해양의 증권신고서에 첨부된 거짓 재무제표에 관한 적정의견 표명'을 이유로 「자본시장과 금융투자업에 관한 법률」에 따른 과징금 16억 원의 부과처분을 하고, '감사에 중대한 착오 또는 누락(회계감사기준에 따라 감사를 실시하지 않음)'을 이유로 「공인회계사법」에 따른 12개월(2017. 4. 5.부터 2018. 4. 4.까지)의 업무정지 처분을 하였다.

이에 원고는 이 사건 업무정지 처분에 대해서만 취소를 구하는 소를 제기하였는데, 별도로 집행정지 신청은 하지 않아 업무정지기간은 만료되었다.

2. 사건의 경과

피고는 이 사건 처분에서 정한 원고의 업무정지기간이 경과하여 이 사건 처분은 효력을

---

4) 구 「주식회사의 외부감사에 관한 법률」(2017. 10. 31. 법률 제15022호로 전부 개정되기 전의 것)을 말한다(이하 동일함).

상실하였으므로 이 사건 처분의 취소를 구할 법률상 이익이 없다는 취지로 본안전항변을 하였다. 이에 대하여 원고는 ① 원고의 조직규모를 고려하면 원고와 피고 사이에 이 사건 처분과 동일한 사유로 위법한 처분이 반복될 위험성이 있고, 회계법인에 대한 업무정지 처분의 법령상 기준에 대한 법리적 다툼이 있어 이 사건 처분의 위법성 확인 내지 불분명한 법률문제에 대한 해명이 필요하다고 판단되는 경우에 해당하며, ② 원고에게는 선행처분인 이 사건 처분을 가중사유 또는 전제요건으로 하는 후행처분인 등록취소 또는 업무정지 처분을 받을 우려가 현실적으로 존재하고, ③ 이 사건 처분사유가 그대로 인정된다면 원고의 명예·신용이 심각하게 훼손되고, 이로 인한 피해는 단순한 사실상의 불이익을 넘어 중대한 법익 침해에 해당한다는 점 등을 들어 이 사건 업무정지 처분이 업무정지기간의 경과로 그 효력을 상실하였다고 하더라도 그 취소를 구할 법률상 이익이 인정될 만한 특별한 사정이 있다고 주장하였다.

이에 대하여 제1심은 이 사건 소가 소송요건을 모두 갖추어 적법함을 전제로 본안판단으로 나아가 원고의 주장을 인정하고 원고승소 판결을 하였다.[5] 그러나 원심은 원고가 이 사건 감사팀의 잘못을 인정하고 있어 향후 감사업무를 수행하는 과정에서 같은 잘못을 반복할 가능성은 없어 보이고, 원고가 향후 다시 고의 또는 중대한 과실로 같은 잘못을 반복하지만 않는다면 피고가 원고에 대하여 「공인회계사법」에 따른 업무정지 처분을 반복할 가능성은 없으므로, 원고와 피고 사이에서 동일한 사유로 위법한 처분이 반복될 위험성이 있어 행정처분의 위법성 확인 내지 불분명한 법률문제에 대한 해명이 필요한 경우로는 볼 수 없고, 따라서 소송계속 중 이 사건 업무정지 처분에서 정한 업무정지기간이 만료됨에 따라 이 사건 업무정지 처분의 취소를 구할 소의 이익이 인정되지 않는다고 판단함으로써 피고의 본안전항변을 받아들여 제1심 판결을 취소하고, 원고의 소를 각하하였다.[6] 그러나 대법원은 협의의 소익에 대하여 원심과 판단을 달리하여 원심판결을 파기환송하였다.

3. 판결의 요지

대상판결의 요지 가운데 협의의 소익 부분에 대한 판시와 비교하여 살펴보아야 할 비교 판결의 요지는 다음과 같다.

---

5) 서울행정법원 2018. 11. 2. 선고 2017구합68875 판결.
6) 서울고등법원 2019. 11. 14. 선고 2018누74473 판결.

[1] 행정소송법 제12조는 "취소소송은 처분 등의 취소를 구할 법률상 이익이 있는 자가 제기할 수 있다. 처분 등의 효과가 기간의 경과, 처분 등의 집행 그 밖의 사유로 인하여 소멸된 뒤에도 그 처분 등의 취소로 인하여 회복되는 법률상 이익이 있는 자의 경우에는 또한 같다."라고 규정하고 있다. 행정소송법 제12조 제2문에서 정한 법률상 이익, 즉 행정처분을 다툴 협의의 소의 이익은 개별·구체적 사정을 고려하여 판단하여야 한다.

　　[2] 행정처분의 무효 확인 또는 취소를 구하는 소가 제소 당시에는 소의 이익이 있어 적법하였는데, 소송계속 중 해당 행정처분이 기간의 경과 등으로 그 효과가 소멸한 때에 처분이 취소되어도 원상회복이 불가능하다고 보이는 경우라도, 무효 확인 또는 취소로써 회복할 수 있는 다른 권리나 이익이 남아 있거나 또는 그 행정처분과 동일한 사유로 위법한 처분이 반복될 위험성이 있어 행정처분의 위법성 확인 내지 불분명한 법률문제에 대한 해명이 필요한 경우에는 행정의 적법성 확보와 그에 대한 사법통제, 국민의 권리구제 확대 등의 측면에서 예외적으로 그 처분의 취소를 구할 소의 이익을 인정할 수 있다. 여기에서 '그 행정처분과 동일한 사유로 위법한 처분이 반복될 위험성이 있는 경우'란 불분명한 법률문제에 대한 해명이 필요한 상황에 대한 대표적인 예시일 뿐이며, 반드시 '해당 사건의 동일한 소송당사자 사이에서' 반복될 위험이 있는 경우만을 의미하는 것은 아니다.

[판결의 평석]

Ⅰ. 사안의 쟁점

　　인구절벽으로 인한 학령인구의 급격한 감소에 따라 촉발된 이른바 대학의 위기는 3년여간 지속된 코로나19 상황 하에서 악화된 재정상황에 따라 심화되었고, 이로부터 교육·재정 여건이 부실한 '한계대학'의 관리가 더욱 중요하게 되었다. 게다가 한계대학으로 분류된 일부 사립대학의 경우, 설립자의 비리행위 및 그와 직접적으로 연관된 경영악화가 결국 대학 폐쇄 및 학교법인의 해산으로까지 연결되기도 하였다.[7]

　　이와 같이 학교법인[8]의 임원이 회계 부정 또는 현저히 부당한 행위 등으로 해당 학교 운영에 중대한 장애를 일으켰을 때, 「사립학교법」은 관할청(교육부장관)이 해당 임원의 취

---

7) 예컨대, 서남대학교의 경우를 살펴볼 수 있다. 교육부 보도자료, "교육부, 서남대학교에 폐쇄명령 내려: 2018학년도 신입생 모집 정지 및 재적생 특별편입학 추진", 사립대학제도와 등(2017. 12. 13.), 2면 참조.

8) "학교법인"이란 사립학교만을 설치·경영할 목적으로 「사립학교법」에 따라 설립되는 법인을 말한다(「사립학교법」 제2조 제2호).

임 승인을 취소할 수 있고(사립학교법 제20조의2 제1항), 학교법인의 임원취임승인이 취소된 경우, 혹은 학교법인이 이사의 결원을 보충하지 아니하여 학교법인의 정상적 운영이 어렵다고 판단되는 경우에는 관할청이 임시이사를 선임할 것을 규정하고 있다(사립학교법 제25조 제1항). 이러한 제도적 장치는 물론 학교법인의 정상적인 운영을 위한 것이다. 그렇지만 대학의 자율성을 감안할 때, 학교법인의 임시이사 선임이 위법할 경우, 이에 대응하여 학교법인의 종전 이사(정식이사)가 임시이사의 선임을 다툴 수 있도록 허용하고 이를 보장할 필요가 있다.

이 사건에서는 우선 원고들이 학교법인의 임원으로서의 임기가 모두 만료되거나「사립학교법」상 임원결격기간이 경과되었음에도 여전히 임원취임승인 취소처분 및 임시이사 선임처분의 취소를 구할 소의 이익을 인정할 수 있는지, 그리고 임시이사들의 임기가 만료되어 새로운 임시이사들로 교체되었음에도 불구하고 여전히 당초의 임시이사 선임처분의 취소를 구할 소의 이익을 인정할 수 있는지 여부가 문제 되었다. 처분등의 효과가 기간의 경과, 처분등의 집행 그 밖의 사유로 인하여 소멸된 뒤에도 그 처분등의 취소로 인하여 회복되는 법률상 이익이 있는 자는 취소소송을 제기할 수 있으므로(행정소송법 제12조 제2문), 이 사건에서 이른바 '협의의 소익'이 인정되는지를 살펴볼 필요가 있다. 나아가 대상판결에서 제시된 협의의 소익의 인정범위 내지 기준을 비교판결과 비교하여 검토함으로써 현재 우리 판례상 인정되고 지향되는 취소소송의 기능에 대해서도 확인해 볼 수 있다(Ⅱ).

다음으로 학교법인의 이사회의 기능을 유지하기 위한 장치로서 임시이사제도 및 임기가 만료된 학교법인 이사의 긴급처리권을 살펴보도록 한다. 특히 임기가 만료된 종전 이사의 긴급처리권을「행정소송법」제12조 제2문의 '법률상 이익'과 관련지어 검토해 보기로 한다(Ⅲ).

Ⅱ. 취소소송의 협의의 소익

1. 학교법인 임원의 임기가 만료된 경우, 임원취임승인 취소처분 및 임시이사 선임처분의 취소를 구할 소의 이익

대상판결 이전에 대법원은 학교법인의 임원취임승인 취소처분의 취소를 구하는 소송에서 이사의 임기가 만료되고 거기다가「사립학교법」제22조 제2호의 임원결격기간까지 경과되었다면 임원취임승인 취소처분의 취소를 구하는 소는 법률상 이익이 없어 부적법하고,

임시이사 선임처분의 취소를 구하는 소 역시 법률상 이익이 없다고 판시하여 왔다.[9] 또한 학교법인의 이사에 대한 취임승인이 취소되고 임시이사가 선임된 경우, 그 임시이사의 재직기간이 지나 다시 임시이사가 선임되었다면 당초의 임시이사 선임처분의 취소를 구하는 것은 법률상 이익이 없어 부적법하다고 판시하였다.[10]

이와 같이 과거의 판례는 임원취임승인 취소처분이나 임시이사 선임처분이 임기의 만료와 같은 기간의 경과로 인하여 소멸된 경우 당해 처분의 취소를 구할 수 있는 협의의 소익을 인정하지 않았다. 그러나 이러한 종전의 판례는 대상판결을 통하여 모두 변경되었다.

이하에서는 협의의 소익에 대한 전통적인 학설과 판례의 태도를 정리하고, 대상판결과 비교판결을 통하여 이루어진 변화의 의미를 확인하도록 한다.

2. 협의의 소익의 근거 및 법적 성질

주관적인 측면에서 처분등에 의하여 침해된 원고의 이익이 무엇이며, 그 취소에 의하여 원고가 얻게 되는 이익이 무엇인지를 고찰하는 '원고적격'과 비교할 때, 객관적인 측면에서 구체적인 주위 사정에 비추어 소를 제기하거나 유지할 이익이 있는지, 그리고 처분등이 있은 다음 사정변경에 의하여 처분등의 본래적 효과가 소멸하거나 그 실질적 의의를 상실한 경우에도 그 취소를 구할 수 있는지 여부를 고찰하는 것을 '권리보호의 필요'(협의의 소의 이익, 협의의 소익)라고 한다.[11] 즉 협의의 소익은 '원고의 청구가 소송을 통하여 분쟁을 해결할 만한 현실적인 필요성'을 말한다.[12] 협의의 소익에 대한 실정법적 근거의 존부에 대해서는 다소간 논란이 있다.

「행정소송법」 제12조는 "취소소송은 처분등의 취소를 구할 법률상 이익이 있는 자가 제기할 수 있다. 처분등의 효과가 기간의 경과, 처분등의 집행 그 밖의 사유로 인하여 소멸된 뒤에도 그 처분등의 취소로 인하여 회복되는 법률상 이익이 있는 자의 경우에는 또한 같다."라고 규정하고 있다. 이에 대해서 「행정소송법」 제12조 제1문과 제2문은 모두 원고적격에 관한 규정으로서, 제1문은 일반적인 취소소송의 원고적격에 관한 것인 반면에, 제2문은 처분등이 소멸된 후에 제기되는 취소소송의 원고적격에 관한 것으로 파악하는 견해

---

9) 대법원 1995. 3. 10. 선고 94누8914 판결; 대법원 1997. 4. 25. 선고 96누9171 판결; 대법원 1999. 6. 11. 선고 96누10614 판결; 대법원 2003. 3. 14.자 2002무56 결정; 대법원 2003. 3. 14. 선고 2002두10568 판결; 대법원 2003. 10. 24. 선고 2003두5877 판결 등.

10) 대법원 2002. 11. 26. 선고 2001두2874 판결.

11) 백춘기, "제12조(원고적격: 후문)", 김철용/최광율(편), 『주석 행정소송법』, 2004, 393면.

12) 정하중/김광수, 『행정법개론』, 제17판, 2023, 704면.

가 있다.13) 그렇지만 일반적으로 제12조 제1문은 원고적격에 대한 규정으로, 그리고 제2문은 권리보호필요성, 즉 협의의 소익에 대한 규정으로 파악하고 있다.14) 이 외에 취소소송의 성질을 확인소송으로 파악하면서「행정소송법」제12조 제1문과 제2문의 취소를 모두 위법성의 확인으로, 그리고 동조의 법률상 이익을 모두 본질상 확인소송에 있어 확인의 이익에 해당하는 것으로 보고, 이에 따라 제2문을 제1문의 주의적 규정으로 파악하는 견해도 있다.15)

검토건대,「행정소송법」제12조 제1문의 법률상 이익은 특히 제3자의 원고적격과 관련하여 형성되어 왔고, 제2문의 법률상 이익은 제재처분에 있어 제재기간의 경과, 처분의 집행, 근거법률의 폐지 기타 사정변경에 의하여 소의 이익이 소멸하는 경우를 중심으로 형성되어 왔다고 할 수 있다. 이러한 사정을 고려할 때,「행정소송법」제12조의 규정은 대상적격, 원고적격 및 협의의 소익을 모두 아우르는 광의의 소익 가운데 각기 원고적격과 협의의 소익(권리보호필요성)을 규정하고 있는 것으로 구별할 필요가 있다.

이와 비교하여 취소소송을 객관소송인 확인소송으로 파악하는 입장은 취소소송을 기본적으로 주관소송으로 이해해 왔던 전통적인 지배적 견해 및 판례의 태도에 부합하지 않는다고 볼 수 있다. 그러나 대상판결 및 비교판결을 통하여 확인할 수 있는 것처럼 기존의 판례의 입장에도 상당 부분 의미 있는 변화가 이루어지고 있다. 따라서 당해 견해는 취소소송의 법적 성질을 이해하는 데 있어 하나의 지향점이 될 수 있다.

한편 판례는「행정소송법」제12조 제1문과 제2문의 '법률상 이익'을 구별하지 아니한 채 모두 '소의 이익'이라는 상위 개념으로 포괄하고 있다. 즉 판례는 "항고소송에 있어서 소의 이익이 인정되기 위하여는 행정소송법 제12조 소정의 '법률상 이익'이 있어야 하는 것인바, 그 법률상 이익은 당해 처분의 근거 법률에 의하여 보호되는 직접적이고 구체적인 이익이 있는 경우를 말하고 간접적이거나 사실적, 경제적 이해관계를 가지는 데 불과한 경우는 여기에 해당하지 아니한다."라고 밝히고 있다.16) 다만 "규칙이 정한 바에 따라 선행처분을 가중사유 또는 전제요건으로 하는 후행처분을 받을 우려가 현실적으로 존재하는 경우에는, 선행처분을 받은 상대방은 비록 그 처분에서 정한 제재기간이 경과하였다 하더라도 그 처분의 취소소송을 통하여 그러한 불이익을 제거할 <u>권리보호의 필요성</u>이 충분히 인정된다고

---

13) 홍정선,『행정법원론(상)』, 제30판, 2022, 1146면. 이 입장에서는 권리보호의 필요, 즉 협의의 소익은 「행정소송법」에 규정이 없고, 판례와 학설에 의해 인정되는 것으로 파악한다.

14) 박균성,『행정법론(상)』, 제22판, 2023, 1379면; 김유환,『현대행정법』, 제8판, 2023, 541면; 김병기, 『쟁점행정법특강』, 2023, 926면 등.

15) 박정훈,『행정소송의 구조와 기능』, 2006, 319면 이하.

16) 대법원 1995. 10. 17. 선고 94누14148 판결 등.

할 것이므로, 선행처분의 취소를 구할 법률상 이익이 있다."(밑줄 필자)라고 판단하고 있는 예에서 살펴볼 수 있는 것처럼 원고적격과 구별되는 '권리보호필요성'을 부인하고 있지는 않다.[17] 그리고 행정소송법 제12조 제2문에서 정한 법률상 이익, 즉 행정처분을 다툴 협의의 소의 이익은 개별·구체적 사정을 고려하여 판단하여야 함을 제시하고 있다.[18]

3. '법률상 이익'의 범위

구체적인 분쟁사안들을 살펴봄에 있어 협의의 소익이 문제 되는 경우는 대상적격과 원고적격을 갖추고 있음에도 불구하고 소의 이익이 탈락하게 되는 예외적 상황이다.[19] 따라서 구체적인 사건에서 협의의 소익의 판단에 있어 실제로 중요한 것은 그 협의의 소익에 대한 법적 근거의 존부 또는 그 법적 성질보다는「행정소송법」제12조 제2문의 '법률상 이익'의 인정 범위라 할 수 있다.

「행정소송법」제12조 제2문을「행정소송법」제12조 제1문과 구별되는 협의의 소익의 근거로 파악하는 한, 제2문의 법률상 이익은 제1문의 법률상 이익보다 광의로 파악하는 것이 타당하다.[20] 협의의 소익을 단지 법률상의 이익으로만 한정하여 파악하는 것은 자칫 국민의 재판받을 권리를 부당하게 침해하는 것이 될 수 있다.[21] 따라서 협의의 소익의 법률상 이익은 원고적격의 판단에서 요구되는 법률상 보호되는 이익에 한정할 것이 아니라, 처분의 효과가 소멸된 뒤에도 회복되는 부수적 이익 등이 있다면 마땅히 권리보호필요성을 인정하는 것이 국민의 권익보호의 확대 차원에서 타당하다 할 것이다.

부수적 이익의 범위와 관련하여 사실상 이익이나 단순한 경제적·정신적 이익은「행정소송법」제12조 제2문 소정의 법률상 이익에 해당한다고 볼 수 없다. 다만 원고적격 있는 자가 소를 제기한 경우 원칙상 협의의 소익은 인정하여야 하고, 그에 대한 예외는 엄격하게 해석하여야 한다. 또한 이에 대한 판단은 관련 이익이 인격적·경제적·사회적·문화적인 것인지 여부와 같이 단순하게 성질만을 기준으로 파악할 것이 아니라, 기본적으로 법률상 이익의 판단기준을 바탕으로 취소소송이 손해배상청구보다 근원적인 권리구제수단이라는 점에서 사인이 취소소송을 통하여 보호받아야 할 현실적인 필요성이 있는지 여부를 고려

---

17) 대법원 2006. 6. 22. 선고 2003두1684 전원합의체 판결.
18) 대법원 2020. 12. 24. 선고 2020두30450 판결.
19) 김동희/최계영,『행정법Ⅰ』, 제26판, 2021, 736면.
20) 정남철, "행정소송법 제12조 후문의 해석과 보호범위",『행정판례연구』제14권, 2009, 327-328면.
21) 김병기, 앞의 책, 926면.

하여 판단하여야 할 것이다. 따라서 명예나 신용 등 인격적 이익도 경우에 따라 법률상 이익으로 인정할 수 있게 된다.[22][23] 이와 같은 맥락에서 예컨대 "자격정지처분의 취소청구에 있어 그 정지기간이 경과된 이상 그 처분의 취소를 구할 이익이 없고 설사 그 처분으로 인하여 명예, 신용 등 인격적인 이익이 침해되어 그 침해상태가 자격정지기간 경과 후까지 잔존하더라도 이와 같은 불이익은 동 처분의 직접적인 효과라고 할 수 없다."[24]라고 판단하였던 대법원 판결의 취지는 지나치게 일반화하지 않도록 주의를 기울일 필요가 있다.

한편 판례는 앞서 살핀 바와 같이 기본적으로 협의의 소익의 법률상 이익을 「행정소송법」 제12조 제1문의 법률상 이익과 합일적으로 이해하고 있다.[25] 그렇지만 판례 역시 「행정소송법」 제12조 제2문을 제1문의 원고적격과 동일하게 해석하는 원칙적 태도를 여러 방면으로 완화하고 있음을 확인할 수 있다.

판례는 우선 처분의 취소로 인하여 원고가 구하고자 하는 기본적인 권리 내지 본래적인 이익의 회복이 불가능하다 하더라도 그에 수반하는 부수적인 이익의 회복이 가능한 경우에는 「행정소송법」 제12조 제2문의 '(회복되는) 법률상 이익'을 인정하였다. 예컨대, 공무원이 징계처분의 취소를 구하는 소송에서 정년에 도달하는 등의 이유로 지위의 회복이 불가능하게 되더라도, 징계처분이 공무원의 봉급청구권 등을 침해한 경우에는 부수적 이익의 회복을 위한 협의의 소익을 인정해 왔다.[26]

또한 판례는 위법한 선행처분의 존재로 인하여 장래 가중처분의 우려가 있는 경우, 즉 위법한 처분이 장래의 불이익처분의 요건사실이 되는 경우에는 위법한 처분이 기간의 경과 등으로 소멸한 뒤에도 당해 처분으로 인한 불이익을 제거할 필요성, 즉 협의의 소익을 인정한 바 있다.[27] 이 경우 장래 발생할 불이익이 원처분과의 관계에서 부수적인지 아니면 본래적인지는 특별하게 문제 되지 않는다.[28]

---

22) 대표적으로 대법원 1992. 7. 14. 선고 91누4737 판결(고등학교졸업이 대학입학자격이나 학력인정으로서의 의미밖에 없다고 할 수 없으므로 고등학교졸업학력검정고시에 합격하였다 하여 고등학교 학생으로서의 신분과 명예가 회복될 수 없는 것이니 퇴학처분을 받은 자로서는 퇴학처분의 위법을 주장하여 그 취소를 구할 소송상의 이익이 있다) 참조.

23) 유진식, "학교법인 임원취임승인 취소처분에 대한 소의 이익: 대법원 2007. 7. 19. 선고 2006두19297 전원합의체 판결", 『행정판례평선』 2011, 762면.

24) 대법원 1978. 5. 23. 선고 78누72 판결.

25) 대법원 1995. 10. 17. 선고 94누14148 판결 등.

26) 대법원 1977. 7. 12. 선고 74누147 판결, 대법원 2009. 1. 30. 선고 2007두13487 판결, 대법원 2012. 2. 23. 선고 2011두5001 판결 등.

27) 대법원 2006. 6. 22. 선고 2003두1684 전원합의체 판결 등.

28) 정하중, "행정소송법 12조 후단의 의미와 독일 행정소송법상의 계속확인소송: 대법원 2007. 7. 19. 선고 2006두19297 전원합의체 판결에 대한 평석", 『저스티스』 제107호, 2008, 275면.

그리고 대상판결은 기존의 판례의 태도에서 한층 나아가 처분의 효력이 소멸한 후에도 협의의 소익이 인정되는 범위를 반복되는 동종의 위법한 처분을 방지하기 위한 경우에까지 확장하였다. 즉 대상판결은 처분의 효력이 소멸한 경우에도 '동일한 소송 당사자 사이에서 그 행정처분과 동일한 사유로 위법한 처분이 반복될 위험성이 있어 행정처분의 위법성 확인 내지 불분명한 법률문제에 대한 해명이 필요하다고 판단되는 경우, 그리고 동일한 행정목적을 달성하거나 동일한 법률효과를 발생시키기 위하여 선행처분과 후행처분이 단계적인 일련의 절차로 연속하여 행하여져 후행처분이 선행처분의 적법함을 전제로 이루어짐에 따라 선행처분의 하자가 후행처분에 승계된다고 볼 수 있어 이미 소를 제기하여 다투고 있는 선행처분의 위법성을 확인하여 줄 필요가 있는 경우 등'에는 행정의 적법성 확보와 그에 대한 사법통제, 국민의 권리구제의 확대 등의 측면에서 여전히 그 처분의 취소를 구할 법률상 이익이 인정됨을 제시하였다.[29)]

이를 적용하여 보면, 사안의 경우 우선 종전 이사와 임시이사 사이에서 임시이사 선임처분의 위법성을 둘러싼 분쟁이 임시이사가 교체되면서 계속적으로 반복될 수 있다. 또한 종전 이사에 대한 임원선임 취소처분과 임시이사의 선임처분 및 후임 임시이사의 선임처분은 모두 연속적으로 행하여지는 처분으로서 선행처분과 후행처분이 서로 결합하여 학교법인의 정상적 운영이라는 하나의 법률효과를 완성하는 관계, 즉 하자의 승계가 인정되는 관계에 있기도 하다.[30)] 따라서 이 경우 법적 불안의 해소 및 법적 관계의 안정 등 사학의 자주성에 대한 권리구제와 사학의 공공성에 대한 행정의 적법성 통제를 위하여 처분의 위법성에 대한 확인이 필요하고, 따라서 처분의 취소를 구할 협의의 소익을 인정할 필요가 있다.

이와 같은 판례의 입장은 이후로도 줄곧 유지되면서 더욱 일반화되었다. 협의의 소익의 인정 범위에 대해서 판례는 최근에는 위의 경우들을 종합하여 "행정처분의 무효 확인 또는 취소를 구하는 소가 제소 당시에는 소의 이익이 있어 적법하였는데, 소송계속 중 해당 행정처분이 기간의 경과 등으로 그 효과가 소멸한 때에 처분이 취소되어도 원상회복이 불

---

29) 대상판결이 「행정소송법」 제12조 제2문의 적용에 있어 '행정처분의 위법성 확인'이라는 표현을 사용하고 있는 것과 관련하여, 이를 독일법상 계속확인소송(최초 취소소송을 제기하였으나 일정 사유로 인하여 취소소송을 계속 진행할 실익이 일견 소멸하였음에도 일정한 경우 원래의 소송인 취소소송을 확인소송의 형태로 계속 유지하여 그 위법 여부를 확인하는 판결을 행하는 것)에 비견할 수 있는지 여부에 대한 논의가 있다. 이에 긍정적인 견해에 대해서는 김병기, 앞의 책, 930-931면; 정하중, 앞의 글, 276면 참조. 이와 달리 이에 부정적인 견해에 대해서는 정남철, 앞의 글, 327-328면; 최선웅, 『재량과 행정쟁송』, 2021, 537-538면 참조.
30) 이규진, "경기학원 임시이사 사건: 대법원 2007. 7. 19. 선고 2006두19297 전원합의체 판결", 『정의로운 사법(이용훈 대법원장 재임기념 논문집)』, 2011, 1108면.

가능하다고 보이는 경우라도, 무효 확인 또는 취소로써 회복할 수 있는 다른 권리나 이익이 남아 있거나 또는 그 행정처분과 동일한 사유로 위법한 처분이 반복될 위험성이 있어 행정처분의 위법성 확인 내지 불분명한 법률문제에 대한 해명이 필요한 경우에는 행정의 적법성 확보와 그에 대한 사법통제, 국민의 권리구제 확대 등의 측면에서 예외적으로 그 처분의 취소를 구할 소의 이익을 인정할 수 있다."라고 제시하고 있다.[31]

4. 비교판결과의 비교: '그 행정처분과 동일한 사유로 위법한 처분이 반복될 위험성이 있는 경우'의 의미

대상판결이 반복되는 동종의 위법한 처분을 방지하기 위한 경우 협의의 소익이 인정될 수 있음을 제시하여 권리보호의 폭을 넓혔으나, 그 인정범위에 대해서는 '동일한 소송 당사자 사이에서 그 행정처분과 동일한 사유로 위법한 처분이 반복될 위험성이 있는 경우'와 '동일한 행정목적을 달성하거나 동일한 법률효과를 발생시키기 위하여 선행처분과 후행처분이 단계적인 일련의 절차로 연속하여 행하여져 후행처분이 선행처분의 적법함을 전제로 이루어짐에 따라 선행처분의 하자가 후행처분에 승계된다고 볼 수 있어 이미 소를 제기하여 다투고 있는 선행처분의 위법성을 확인하여 줄 필요가 있는 경우'와 같은 상황적 측면에 그 초점이 맞추어졌다. 이로부터 동종의 위법한 처분은 반드시 동일한 소송 당사자 사이에서 반복될 것이 예견되어야 하는지 여부가 의문시되었다.

이에 대해서 비교판결은 "'그 행정처분과 동일한 사유로 위법한 처분이 반복될 위험성이 있는 경우'란 불분명한 법률문제에 대한 해명이 필요한 상황에 대한 대표적인 예시일 뿐이며, 반드시 '해당 사건의 동일한 소송 당사자 사이에서' 반복될 위험이 있는 경우만을 의미하는 것은 아니다."라고 하여 동종의 위법처분이 반복되는 경우에 협의의 소익이 인정되는 경우를 대폭 확대하였다. 즉 비교판결은 협의의 소익의 인정은 종래 대상판결과 관련하여 주목되었던 동일 당사자 사이의 반복가능성이라는 '상황'이 아니라, '행정의 적법성 확보와 그에 대한 사법통제, 국민의 권리구제 확대'라는 행정처분의 위법성 확인의 '목적'에 초점을 맞추어야 함을 강조하였다. 비교판결을 기점으로 협의의 소익의 인정범위 내지 인정기준의 적용이 보다 확대되었다고 평가할 수 있다.

한편 이와 관련하여 비교판결이 전원합의체 판결이 아니므로, 이로 말미암아 대상판결의 태도가 실질적으로 판례변경의 의미가 있는지에 대해서는 확신하기 어렵다는 평가가

---

31) 대법원 2019. 6. 27. 선고 2018두49130 판결; 대법원 2020. 4. 9. 선고 2019두49953 판결; 대법원 2020. 12. 24. 선고 2020두30450 판결 등.

있다.[32]

　판례변경과 관련한 대법원 전원합의체의 심리대상은 '종전에 대법원에서 판시한 헌법·법률·명령 또는 규칙의 해석 적용에 관한 의견을 변경할 필요가 있다고 인정하는 경우'이다(법원조직법 제7조 제1항 제3호). 그렇지만 비교판결의 판시는 처분이 소멸된 뒤에도 처분의 취소로 인하여 회복되는 법률상 이익이 인정되는 범위를 종전과 다른 기준에 따라서 확대하거나, 혹은 처분이 소멸된 뒤에도 예외적으로 협의의 소익이 인정되는 경우에 대하여 '기존의 헌법·법률·명령 또는 규칙의 해석 적용에 관한 법원의 입장'을 변경한 것이 아니라, 대법원이 정립하였던 협의의 소익의 인정기준에 대한 종래의 해석방법에 대해서 그 초점(주안점)을 달리 설시한 것이라 할 수 있다. 결국 이는 실질적인 판례변경의 의의를 지니는 것이기는 하나, 대법원 전원합의체의 심리대상에 해당하지는 않는다 할 것이다.[33] 다만 비교판결이 전원합의체 판결이 아니라 할지라도 그 의의를 평가 절하할 이유는 없다. 요컨대 현재 판례는 대상판결에서 인정되었던 협의의 소익의 적용범위를 비교판결을 통하여 실질적으로 상당 부분 확대하였다고 볼 것이다.

5. 취소소송의 기능 및 성질과 관련한 협의의 소익의 검토

　앞서 살핀 것처럼 판례상 협의의 소익의 인정범위는 ① 부수적 이익의 회복을 위한 경우, ② 기존의 위법한 처분으로 인한 장래의 불이익을 제거하기 위한 경우, ③ 동일한 소송당사자 사이에서 동일한 사유로 위법한 처분이 반복될 위험성이 있는 경우[대상판결], ④ 행정처분의 위법성 확인 내지 불분명한 법률문제에 대한 해명이 필요한 경우[비교판결] 등에서 협의의 소익을 인정하는 것으로 점차 확대되어 왔다.[34] 이 중 특히 대상판결에서 비교판결로의 발전은 취소소송의 본질에 대한 우리 판례의 인식변화와 결부하여 살펴볼 수도 있다.

---

32) 김유환, 앞의 책, 545면.

33) 취소소송의 성질을 주관소송으로 보는 견지에서는 판례변경에 준하는 사안으로 볼 수 있으나, 취소소송의 성질을 객관소송으로 보는 견지에서는 판례변경 사안으로 볼 것이 아니라는 분석에 대해서는 최명지, "행정소송법 제12조 2문의 의미와 협의의 소의 이익: 대법원 2020. 12. 24. 선고 2020두30450 판결에 대한 평석", 『법학논집』 제26권 제3호, 2022, 273면 참조.

34) 이와 같은 4가지 유형을 단계화하여 "잔존효과 제거(제1단계) - 처분의 주된 효과와 잔존효과의 매개관계 약화(제2단계) - 주관소송의 틀에서 잔존효과론 극복(제3단계) - 주관성의 극복(제4단계)"으로 구조화한 것에 대해서는 김후신, "소멸한 처분의 취소를 구할 이익", 『행정법연구』 제68호, 2022, 226면 이하 참조.

현재 취소소송이 전적으로 주관소송적 기능만을 지니고 있는 것이 아니고, 최소한 객관소송적 기능도 겸유하고 있다고 보는 한,[35] 취소소송은 당사자의 주관적 권리구제뿐만 아니라 행정에 대한 객관적인 위법성 통제의 기능도 발휘하고 있다고 평가하여야 한다. 그렇다면 협의의 소익을 인정함에 있어서도 동일한 소송 당사자 사이에서의 위법한 처분의 반복이라는 상황에만 초점을 맞출 것이 아니라, 국민의 권리구제를 포함하여 행정처분의 위법성 확인을 통한 행정의 적법성 확보 및 그에 대한 사법통제라는 목적에 보다 더 초점을 맞추어야 할 것이다.

비교판결은 바로 이러한 점을 주목한 것으로 볼 수 있다. 또한 협의의 소익의 인정과 관련하여 대상판결에서의 판단이 비교판결에서의 판단으로 확장된 것은 바로 이러한 취소소송의 본질, 즉 객관소송의 기능과 확인소송의 성질에 대한 인식의 변화와도 그 궤를 같이 한다고 평가할 수 있다.

이는 또한 헌법소송과도 비교하여 살펴볼 수 있다. 헌법재판소는 헌법소원심판청구에 있어서 권리보호의 이익을 판단함에 있어 "헌법소원제도는 개인의 주관적 권리구제뿐만 아니라 객관적 헌법질서를 보장하는 기능도 가지고 있으므로, 헌법소원심판청구가 청구인의 주관적 권리구제에는 도움이 되지 않는다 하더라도 그러한 침해행위가 앞으로도 반복될 위험이 있고, 당해 분쟁의 해결이 헌법질서의 수호·유지를 위하여 긴요한 사항이어서 헌법적으로 그 해명이 중대한 의미를 지니고 있는 경우에는 심판청구의 이익을 인정할 수 있다."라고 밝혀 왔다.[36] 헌법재판소가 제시하고 있는 침해의 반복가능성 및 그에 대한 헌법적 해명의 필요성에 따른 헌법소원심판청구에서의 권리보호이익의 인정기준은 비교판결에서 제시하고 있는 협의의 소익의 인정기준과 실질적인 유사성을 인정할 수 있다. 그리고 이 역시 취소소송의 객관소송적 기능에 대한 법원의 인식 전환을 뒷받침한다고 볼 수 있을 것이다.

---

35) 박정훈, "취소소송에서의 협의의 소익: 판단요소와 판단기준시 및 헌법소원심판과의 관계를 중심으로", 『행정법연구』 제13호, 2005, 13면.
36) 헌법재판소 1992. 1. 28. 선고 91헌마111 결정, 헌법재판소 1997. 3. 27. 선고 92헌마273 결정, 헌법재판소 2005. 10. 27. 선고 2005헌마126 결정 등.

Ⅲ. 임기가 만료된 학교법인 이사의 긴급처리권과 '법률상 이익'

1. 「사립학교법」상 학교법인의 이사회를 유지하기 위한 법제도적 장치: 임시이사 선임제도와 종전 이사의 긴급처리권[37]

「사립학교법」상 임시이사는 이사의 결원이 생겼음에도 학교법인이 이를 보충하지 아니하는 등 일정한 사유가 발생한 경우, 학교법인의 목적 달성에 이바지하고 손해가 발생하는 것을 방지하기 위한 목적으로 선임되어 그 사유가 해소될 때까지 임시적으로 학교법인을 운영할 지위와 권한을 가지는 기관으로서,[38] 「사립학교법」이 제정될 당시 도입되어 현재까지 유지되고 있다. 「사립학교법」상 임시이사 선임제도(사립학교법 제25조)는 위기사태에 빠진 학교법인에 임시이사를 파견하여 학교법인을 조속히 정상화함으로써 그 설립목적을 달성할 수 있도록 하려는 데에 그 제도적 취지가 있다.[39]

「사립학교법」상 이사회는 학교법인의 경영뿐만 아니라 교무·학사 등 사립학교의 행정에까지 전반적으로 관여할 수 있는 등 중요한 기능을 행사한다(사립학교법 제16조). 그리고 학교법인에게 인정되는 헌법상의 사학의 자유는 순차로 선임되는 관계에 있다는 점에서 연결선상에 있다고 볼 수 있는 이사들에 의하여 실질적으로 구현되는 것이므로,[40] 이사의 결원 등으로 학교법인의 이사회가 제대로 기능할 수 없는 기능 공백의 상황에 놓여서는 안 된다. 따라서 임시이사 선임제도는 결국 「사립학교법」상 이사회의 기능을 유지하기 위한 것이라 할 수 있다. 다만 「사립학교법」상 임시이사는 그 지위의 한시적·임시적인 특성으로 인하여 그 권한에 내재적인 한계를 가지고 있고, 「민법」상의 임시이사와는 달리 일반적인 학교법인의 운영에 관한 행위에 한하여 정식이사와 동일한 권한을 가지는 것으로 제한적으로 해석하여야 할 것이므로, 정식이사를 선임할 권한은 없다는 것이 현재 변경된 판례의 입장이다.[41] 이로 인하여 과거와 달리 임시이사에 의하여 선임된 정식이사의 지위는 무효가 된다.

이러한 임시이사 선임제도와는 별개로 대상판결은 학교법인 이사회를 유지하기 위한 법

---

37) 안동인, "2022년 행정법(Ⅱ) 중요판례평석", 『인권과정의』 제512호, 2023, 95-96면 참조.
38) 헌법재판소 2009. 4. 30. 선고 2005헌바101 결정.
39) 헌법재판소 2013. 11. 28. 선고 2007헌마1189 결정(임시이사제도는 위기 사태를 가져온 구 이사들에 대한 제재의 일환으로 그들로부터 학교법인 경영권을 박탈하거나 학교법인의 지배구조를 변경하는 것을 허용하는 제도가 아니다).
40) 대법원 2007. 5. 17. 선고 2006다19054 전원합의체 판결.
41) 대법원 2007. 7. 19. 선고 2006두19297 전원합의체 판결.

제도적 장치로서 임기가 만료된 정식이사(종전 이사)의 긴급처리권을 제시하고 있다. 즉 판례는 "임기가 만료된 학교법인의 구 이사로 하여금 학교법인의 업무를 수행케 함이 부적당하다고 인정할 만한 특별한 사정이 없는 한, 민법 제691조[42]를 유추하여 구 이사에게 후임이사가 선임될 때까지 종전의 직무를 계속하여 수행할 긴급처리권이 인정된다."라고 판단하고 있는데, 이러한 긴급처리권에는 '후임 정식이사를 선임할 권한'도 포함된다.[43]

이와 관련하여 과거 일단 기존 정식이사의 퇴임이 확정되고 「사립학교법」상의 절차에 따라 임시이사가 적법하게 선임된 경우에도 그 종전 이사에게 긴급처리권이 인정될 수 있는지 여부가 문제된 바 있었다. 이에 대해서 대법원은 "일단 기존 정식이사의 퇴임이 확정되고 구 사립학교법상의 절차에 따라 임시이사가 적법하게 선임되었다면 그 선임사유가 무엇이든 통상적인 업무에 관한 이사로서의 권한은 임시이사에게 속하게 되므로, 민법 제691조를 유추하여 그 퇴임이사에게 종전의 직무를 계속 수행한다는 차원에서 일반적인 사무를 처리할 권한으로서의 긴급처리권을 인정할 여지가 없고, 나중에 임시이사가 그 임무를 종료한다고 하더라도 그 시점에 이르러 과거에 퇴임하였던 이사에 대하여 그와 같은 긴급처리권이 새로이 부여된다고 할 수도 없으며, 일반적인 사무처리 권한 중 후임이사 선임 권한만을 분리하여 그에 관한 일종의 부분적인 긴급처리권이 인정되거나 새로 부여된다고 할 수도 없다. 따라서 학교법인의 경우 구 사립학교법상의 임시이사가 선임되기 전에 적법하게 선임되었다가 퇴임한 최후의 정식이사에게 민법 제691조를 유추한 긴급처리권이 있다거나, 나아가 이를 전제로 하여 구 사립학교법상의 임시이사들이 정식이사를 선임하는 내용의 이사회결의의 효력 유무를 다툴 소의 이익이 인정된다고 할 수는 없다."라고 판시하였다.[44]

한편 임시이사는 정식이사와는 달리 임시적으로 그 학교법인의 운영을 담당하는 위기관리자라는 점에서, 임기가 만료된 학교법인의 종전 이사에게 긴급처리권이 인정되는 경우 「사립학교법」 제25조 제1항 제1호에 정한 임시이사 선임사유의 존재가 부정되는지 여부가 문제 된다. 즉 퇴임한 종전 이사의 긴급처리권과 임시이사의 선임이 상호 배척관계에 있는지 여부의 문제이다.

---

42) 「민법」 제691조(위임종료시의 긴급처리) 위임종료의 경우에 급박한 사정이 있는 때에는 수임인, 그 상속인이나 법정대리인은 위임인, 그 상속인이나 법정대리인이 위임사무를 처리할 수 있을 때까지 그 사무의 처리를 계속하여야 한다. 이 경우에는 위임의 존속과 동일한 효력이 있다.

43) 대법원 2007. 7. 19. 선고 2006두19297 전원합의체 판결, 대법원 2021. 10. 14. 선고 2021두39362 판결 등.

44) 대법원 2007. 5. 17. 선고 2006다19054 전원합의체 판결(상지학원 임시이사 사건). 이에 대한 평석으로는 정하중, "사립학교법상의 임시이사의 이사선임권한", 『행정판례연구』 제13권, 2008 참조.

이에 대해서 우리 판례는 퇴임한 종전 이사에게 긴급처리권이 인정되는 경우라도,「사립학교법」제25조 제1항 제1호에 정한 임시이사 선임사유의 존재가 반드시 부정되는 것은 아니라고 보았다. 즉「사립학교법」제25조 제1항 제1호의 규정 내용, 동 규정에 따른 임시이사 선임제도의 취지, 그리고 학교법인의 사립학교 운영의 자유 및 그에 따른 국가의 개입에 대한 제한 필요성 등에 비추어 퇴임한 종전 이사의 긴급처리권 유무에 따라서 곧바로 임시이사 선임사유의 존부가 결정되는 것은 아니고, 임시이사의 선임은 '이사회의 의사결정 기능이 유지되지 않고 조속히 회복되기를 기대하기도 어려운 사정이 있어 학교법인의 정상적 운영이 어렵다고 판단되는 경우'인지 여부에 따라 판단하여야 한다고 파악하였다. 그리고 종전 이사의 긴급처리권 유무는 이와 같은 임시이사 선임사유의 존부를 판단하는 데 고려하여야 할 하나의 요소로 보았다.[45]

이와 같이 임시이사 선임제도와 종전 임원의 긴급처리권은 모두「사립학교법」상 학교법인의 이사회를 유지하기 위한 법제도적 장치에 해당하나, 양자는 그 방향성에서 서로 상치되는 가치를 지닌다. 즉 임시이사 선임제도는 상대적으로 사학의 공공성을 유지하기 위한 목적에 기여하는 반면에, 종전 임원의 긴급처리권은 상대적으로 사학의 자주성(자율성)을 유지하기 위한 목적에 보다 기여하는 것으로 서로 대비시켜 볼 수 있다.

2. '법률상 이익'의 근거로서의 종전 이사의 긴급처리권

학교법인의 법적 성격에 관하여 우리 판례는 기본적으로 민법상 재단법인으로 파악하고 있다.[46] 그리고 이에 기초하여 재단인 학교법인과 이사의 관계 역시 위임의 법률관계로 보면서「민법」제691조를 유추하여 임기가 만료된 종전 이사의 긴급처리권을 인정하고 있다.

이러한 종전 이사의 긴급처리권은 임기가 만료된 학교법인의 이사가 자신에 대한 임원취임승인 취소처분이나 그에 뒤이은 임시이사 선임처분의 취소를 구하는 소에서 협의의 소익의 존부를 판단하기 위한 법률상 이익으로 기능할 수 있다. 원칙적으로 학교법인 이사의 임기가 만료되어 학교법인과의 관계에서 위임관계가 종료되고「사립학교법」상 임원결격사유기간까지 경과하였다면, 당해 이사의 임원취임승인 취소처분 및 그에 뒤따른 임시이사 선임처분이 모두 취소된다고 하더라도 학교법인과의 관계에서 일견 당해 이사의 지위

---

45) 대법원 2022. 8. 25. 선고 2022두35671 판결.
46) 대법원 2007. 5. 17. 선고 2006다19054 전원합의체 판결, 대법원 2022. 8. 25. 선고 2022두35671 판결, 헌법재판소 2009. 4. 30. 선고 2005헌바101 결정 등. 학교법인의 법적 성격에 대해서는 이광윤/한정민, "사립학교법과 학교법인의 법적 성격",『법학논집』제18권 제4호, 2014, 305-310면 참조.

가 다시 회복되는 것은 아니라고 볼 수 있다. 그렇지만 이 경우 종전 이사에게 「민법」제691조에 기초한 긴급처리권을 인정할 수 있다면, 종전 임원이 제기하는 임원취임승인 취소처분 및 임시이사 선임처분에 대한 취소소송에서 협의의 소익을 인정할 수 있게 된다. 그리고 이 경우 종전 이사에 대한 임원취임승인 취소처분의 위법성이 인정된다면 학교법인과 종전 이사와의 관계에서 위임관계를 저해할 만한 신뢰관계의 훼손도 발생할 여지가 없는 것이므로, 종전 이사에게 긴급처리권을 인정하는데 별다른 장애도 없다 할 것이다.[47]

또한 「사립학교법」상 학교법인의 이해관계인은 임시이사의 선임을 청구할 수 있고(사립학교법 제25조 제1항), 임시이사의 선임사유가 해소되었음에도 불구하고 관할청(교육부장관)이 부당하게 임시이사체제를 유지하고 있는 경우에는 교육부장관에게 임시이사의 해임신청을 할 수 있으며, 이에 대한 교육부장관의 거부처분에 대하여는 항고소송으로 다툴 수 있다.[48] 따라서 임원취임승인이 취소된 종전 이사의 임기 및 임원결격사유기간이 만료되었다 하더라도 그와 같은 종전 이사에 대하여도 역시 이사회의 구성에 관여할 법률상 이익을 인정할 필요성이 있다 할 것이다.[49]

이상은 취소소송의 주관소송적 기능을 전제로 한 종전 이사에 대한 주관적 권리구제의 측면에서의 검토라 할 수 있다. 이에 더하여 취소소송의 객관소송적 기능을 전제로 하여 객관적 법질서의 유지 차원에서도 검토해 볼 수 있다.

우선 임기가 만료된 종전 이사는 학교법인의 이사회의 구성원으로서 사학의 자주성을 유지하기 위한 이해관계인에 해당한다고 볼 수 있다. 그리고 임기가 만료된 종전 이사에 인정되는 긴급처리권은 잘못된 임시이사의 선임에 대응하여 사학의 자주성을 담보할 수 있는 법적 장치 내지 관할청의 위법한 임시이사 선임에 대한 견제장치로 작용할 수 있다. 따라서 위법한 임시이사의 선임에 대한 취소 내지 위법성의 확인을 구하는 소송에서 종전 이사의 긴급처리권은 곧 권리보호필요성, 즉 협의의 소익의 법률상 이익으로 작용한다고 파악할 수 있다.

3. 대상판결의 평가

학교법인의 임원취임승인 취소처분 및 그에 뒤이은 임시이사 선임처분의 취소를 구하는 소에서 대상판결을 통하여 협의의 소익의 인정범위가 확대됨으로써 과거에 비하여 사학의

---

47) 이규진, 앞의 글, 1107면.
48) 대법원 2005. 4. 16.자 2005마53 결정.
49) 이규진, 앞의 글, 1107면.

자주성의 실현범위가 보다 확대되었다고 평가할 수 있다. 종전에는 임원취임승인이 취소되고 임기 및 임원결격기간까지 종료된 학교법인 이사의 경우 당해 처분의 취소를 구할 협의의 소익이 인정되지 않아 권리의 구제가 어려웠으나, 대상판결을 통하여 비로소 권리구제의 가능성이 인정되기에 이르렀다. 이를 통하여 학교법인에 대하여 종전 이사의 임기 만료와 관계없이 부당한 임시이사 체계에 대하여 불복하고 그 위법성을 시정할 기회가 인정되는 계기가 마련되었다 할 것이다.

요컨대 협의의 소익의 확대를 통하여 학교법인 이사의 권리구제 확대 및 분쟁의 실질적 해결을 도모할 수 있게 되었으며, 나아가 임시이사 선임제도를 통한 사학의 공공성 제고와 종전 이사의 긴급처리권을 통한 사학의 자주성 제고 사이에서 균형점을 도출해 낼 수 있게 되었다고 평가할 수 있다.

Ⅳ. 요약과 결론

「행정소송법」 제12조는 '원고적격'이라는 표제에도 불구하고, 제1문은 원고적격을, 그리고 제2문은 협의의 소익을 규정하고 있는 것으로 이해된다. 판례는 기본적으로 「행정소송법」 제12조 제1문과 제2문을 합일적으로 이해하고 있기는 하지만, 협의의 소익의 인정범위를 점차 확대하여 왔다.

대상판결은 처분의 효력이 소멸한 경우에도 '동일한 소송 당사자 사이에서 그 행정처분과 동일한 사유로 위법한 처분이 반복될 위험성이 있어 행정처분의 위법성 확인 내지 불분명한 법률문제에 대한 해명이 필요하다고 판단되는 경우 등'에는 행정의 적법성 확보와 그에 대한 사법통제, 국민의 권리구제의 확대를 위하여 협의의 소익을 인정할 필요가 있음을 제시하였다. 이로부터 판례가 종전과 달리 취소소송의 기능을 객관소송적 견지에서 파악하고 있음을 엿볼 수 있다.

이와 같은 대상판결의 취지는 비교판결을 통하여 더욱 확대·강화되었다. 비교판결은 협의의 소익의 인정범위 확대의 취지가 대상판결에서 제시된 '상황'에 구속되지 않고, 행정처분의 위법성 확인 내지 불분명한 법률문제에 대한 해명의 필요라는 '목적'에 놓여 있음을 분명히 하였다. 이를 통하여 취소소송의 객관소송적 기능에 대한 인식이 보다 제고되었다고 평가할 수 있다.

학교법인의 정상적 운영을 위한 제도적 장치로 「사립학교법」상 임시이사 선임제도와 「민법」 제691조를 유추한 종전 이사의 긴급처리권을 들 수 있다. 이 중 임시이사 선임제도가 비록 사학의 공공성을 제고하기 위한 중요한 제도적 장치이기는 하지만, 부당한 임시이사 체제가 수립 및 유지될 경우 이를 시정하여 사학의 자주성을 정립할 필요성이 있다.

대상판결을 통하여 취임승인이 취소된 학교법인 이사들이 자신들에 대한 취소처분 및 그에 뒤이은 임시이사 선임처분의 취소를 구하는 소송의 전후에 그 임기가 만료된 경우에도 긴급처리권에 기초하여 임원취임승인 취소처분 및 임시이사 선임처분의 취소를 구할 협의의 소익을 인정받게 되었다. 이와 같은 협의의 소익의 확대를 통하여 학교법인 이사의 권리구제 확대 및 분쟁의 실질적 해결을 도모할 수 있게 되었으며, 나아가 임시이사 선임 제도를 통한 사학의 공공성 제고와 종전 이사의 긴급처리권을 통한 사학의 자주성 제고 사이에서 균형점을 도출해 낼 수 있게 되었다고 평가할 수 있다.

생각할 문제

1. 「행정소송법」 제12조를 원고적격과 협의의 소익으로 구분하여 해석하고 적용하시오.

2. 처분의 효과가 기간의 경과, 처분의 집행 그 밖의 사유로 인하여 소멸된 뒤에도 판례상 취소소송의 협의의 소익이 인정되는 예외적인 경우를 유형화하여 설명하시오.

3. 판례상 협의의 소익의 인정범위가 확대되는 경향을 취소소송의 기능 및 성질과 관련하여 설명하시오.

대법원 2022. 11. 17. 선고 2021두44425 판결[*]
[민사소송과 취소소송 간 소 변경의 허용 여부와 제소기간 준수 여부의 판단 기준 시점]

박 정 훈[**]

[사실관계]

피고(한국토지주택공사)는 하남감일공공주택지구 주택사업(이하 '이 사건 사업'이라 한다)의 시행자이고, 원고는 이 사건 사업 부지 내 토지에서 건축자재 판매업을 한 사람이다.

피고는 2016. 11. 7.[1] 이 사건 사업으로 인하여 공장을 가동할 수 없게 된 자들을 대상으로 공익사업을 위한 토지 등의 취득 및 보상에 관한 법률에 따른 공장이주대책 대상자 선정 안내를 하였다. 원고는 2016. 12. 26. 공장이주대책 대상자로 선정되었다는 통보를 받았으나(이하 '이 사건 공장이주대책 대상자 선정결정'이라 한다), 공장이주대책용지 추첨에서 낙첨되었다. 피고는 2017. 10. 20.[2] 이 사건 사업의 시행으로 인하여 생활의 근거를 상실하게 된 자들을 대상으로 생활대책 대상자 선정 안내를 하였고, 원고는 2017. 12. 27. 생활대책 대상자로 선정되었다는 통보를 받았다.

피고는 2018. 11. 23. 원고를 포함하여 공장이주대책용지 추첨에서 낙첨된 자들을 대상으로 공장이주대책 공급공고를 하였고, 원고는 2018. 12. 7. 공장이주대책용지 추첨에서 당첨되었다. 원고는 2018. 12. 17. 피고와 공장이주대책용지 매매계약(이하 '이 사건 매매계약'이라 한다)을 체결하였고, 같은 날 피고에게 계약금을 지급하였다. 그런데 피고는 2019. 1. 16. 원고에게 '원고가 생활대책과 공장이주대책에 중복으로 선정되었고 이는 계약 해제

---

1) 피고의 서울지역본부 하남사업본부장의 2016. 11. 7.자 하남감일 공공주택지구 공장이주대책 대상자 선정 안내(http://bosang.lh.or.kr/notice/notice_view.asp?board_id=board_one&idx=1792) 참조(최종 검색일자: 2023. 11. 11.).
2) 피고의 서울지역본부 하남사업본부장의 2017. 10. 20.자 하남감일 공공주택지구 조성사업 생활대책 대상자 선정 안내(http://bosang.lh.or.kr/notice/notice_view.asp?board_id=board_one&idx=1888) 참조(최종 검색일자: 2023. 11. 11.).

사유에 해당한다'는 이유로 이 사건 매매계약을 해제한다는 취지를 통보하였고(이하 '이 사건 처분'이라 한다), 2019. 1. 28. 원고 앞으로 계약금을 공탁하였다.

원고는 2019. 2. 26. 서울동부지방법원에 피고를 상대로 이 사건 매매계약 해제가 부적법하다는 이유로 이 사건 매매계약에 따른 소유권이전등기절차의 이행을 구하는 민사소송을 제기하였고, 위 법원은 2019. 3. 6. 토지관할 위반을 이유로 위 사건을 수원지방법원 성남지원으로 이송하였다(서울동부지방법원 2019. 3. 6.자 2019가단112398 결정). 수원지방법원 성남지원은 2019. 6. 28. 위 사건은 행정소송에 해당하여 관할위반이라는 이유로 이를 수원지방법원 행정부로 이송하였다(수원지방법원 성남지원 2019. 6. 28.자 2019가단206178 결정). 위 사건은 2019. 7. 9. 수원지방법원에 접수되었고, 원고는 2019. 7. 18. 주위적으로는 이 사건 처분이 무효임을 확인하고 예비적으로는 이 사건 처분의 취소를 구하는 것으로 청구취지를 변경하였다.

[사건의 경과]

원고는 이 사건 처분에는 중대·명백한 절차적 하자 및 실체적 하자가 존재한다는 이유로 주위적으로 이 사건 처분의 무효확인을 구하고, 예비적으로 이 사건 처분의 취소를 구하였다. 피고는 원고의 소 변경은 청구기초의 동일성을 갖추지 못하여 부적법하고, 원고의 소 중 예비적 청구 부분은 이 사건 매매계약 해제 통보가 원고에게 이루어져 원고가 이 사건 처분이 있음을 알게 된 날인 2019. 1. 16.부터 90일이 지난 2019. 7. 18. 제기되어 제소기간을 도과하여 부적법하다는 본안전 항변을 하였다.

제1심판결(수원지방법원 2020. 7. 23. 선고 2019구합68641 판결)은 원고의 소 변경이 행정소송법 제8조 제2항, 민사소송법 제262조에 따른 소 변경에 해당한다고 보고, 제소기간의 준수 여부는 원칙적으로 소 변경이 있은 때를 기준으로 하여야 한다고 판단하였다. 제1심판결은 원고가 이 사건 처분이 있었음을 안 날부터 90일이 지난 후에 소를 변경하였지만, 원고로서는 위 사건이 수원지방법원으로 이송되어 접수된 2019. 7. 9. 이전까지는 항고소송의 형식으로 이 사건 처분의 효력을 다투기 어려웠으므로, 이는 원고가 책임질 수 없는 사유로 인하여 취소소송의 제소기간을 준수할 수 없었던 경우에 해당한다고 보았다. 그리고 원고는 위 2019. 7. 9.로부터 2주 이내에 소를 변경하였으므로 변경된 소는 행정소송법 제8조 제2항, 민사소송법 제173조 제1항의 제소행위의 추후보완에 따라 적법하게 제기된 것으로 볼 수 있다고 판단하여, 피고의 본안전 항변을 받아들이지 않았다.[3] 나아가 제1심판결은 이 사건 처분에는 절차적·실체적 하자가 존재하나 그 하자가 중대·명백하지는 않다는 이유로 이 사건 처분의 무효확인을 구하는 원고의 주위적 청구는 기각하고 이 사건 처분의 취소를 구하는 예비적 청구를 인용하였다.

제1심판결에 대하여 피고만이 항소하여 원심법원의 심판범위는 원고의 예비적 청구 부분으로 한정되었다. 원심판결(수원고등법원 2021. 6. 11. 선고 2020누13192 판결) 역시 제1심판결과 마찬가지로 제소기간의 준수 여부의 원칙적인 판단 기준 시점을 소 변경이 있은 때로 보았다. 그러나 원심판결은 원고가 수원지방법원 성남지원의 이송결정을 송달받은 날인 2019. 7. 1.에는 원고가 책임질 수 없는 사유로 인하여 제소기간을 준수할 수 없었던 사정이 해소되었다고 보고, 원고는 그로부터 2주가 지난 2019. 7. 18.에야 소를 변경하였다고 판단하였다. 이에 원심판결은 원고의 소 중 예비적 청구 부분은 제소기간을 도과하여 제기되어 부적법하다고 보아 제1심판결 중 예비적 청구에 관한 부분을 취소하고 원고의 소 중 예비적 청구 부분을 각하하였다. 원고는 원심판결에 대하여 상고하였다.

[대상판결]

대상판결은 원심판결을 파기하고, 사건을 다시 심리·판단하도록 원심법원에 환송하였다.[4] 대상판결의 주된 판시 내용은 다음과 같다.

행정소송에 관하여도 행정소송법에 특별한 규정이 없는 한 민사소송법을 준용하는 행정소송법 제8조 제2항, 이송결정이 확정된 때 소송은 처음부터 이송받은 법원에 계속된 것으로 보는 민사소송법 제40조 제1항, 행정소송 사이의 소 변경이 있는 경우 처음 소를 제기한 때에 변경된 청구에 관한 소송이 제기된 것으로 보도록 정한 행정소송법 제21조 제1항, 제4항, 제37조, 제42조, 제14조 제4항의 규정 내용 및 취지 등을 고려하면, 원고가 항고소송으로 제기하여야 할 사건을 민사소송으로 잘못 제기하여 수소법원이 그 항고소송을 관할법원

---

3) 아울러 제1심판결은 '원고는 이 사건 처분이 행정처분의 성격을 가진다는 내용의 피고의 2019. 6. 14.자 준비서면을 2019. 6. 17. 송달받았으므로 같은 날 비로소 이 사건 처분이 행정처분임을 알았다고 볼 여지도 있는데, 그로부터 90일 이내에 항고소송 형식으로 소를 변경하였으므로 이러한 점에서도 변경된 취소소송은 적법하다'고 판단하였다.

4) 파기환송후 원심법원은 항소기각 판결을 선고하였고(수원고등법원 2023. 9. 6. 선고 2022누15277 판결), 2023. 11. 11. 현재 대법원에서 재판이 계속 중이다(대법원 2023두54624).

에 이송하는 결정을 하였고, 이송결정이 확정된 후 원고가 항고소송으로 소 변경을 한 경우 그 항고소송에 대한 제소기간의 준수 여부는 원칙적으로 원고가 처음에 소를 제기한 때를 기준으로 판단하여야 한다.

원고는 2019. 1. 16. 이 사건 처분을 통보받고 2019. 2. 26. 이를 다투는 취지의 소를 민사소송으로 잘못 제기하였으나, 이후 원고의 소가 행정소송에 해당하여 관할위반이라는 이유로 관할법원으로 이송하는 결정이 확정되자 주위적으로 이 사건 처분의 무효확인을, 예비적으로 이 사건 처분의 취소를 구하는 항고소송으로 소 변경을 하였다. 원고의 소 중 상고심 심판대상인 예비적 청구 부분은 처음에 소가 제기된 2019. 2. 26.에 제기된 것으로 보아야 하므로, 이는 제소기간 내에 적법하게 제기되었다.

그런데도 원심은 이와 다른 전제에서 원고의 소 중 예비적 청구 부분이 제소기간을 도과하여 부적법하다고 보았다. 원심의 이와 같은 판단에는 제소기간에 관한 법리를 오해하여 판결에 영향을 미친 잘못이 있다.

[판결의 평석]

Ⅰ. 사안의 쟁점

일반 국민 입장에서 행정청 또는 행정주체의 행위를 어떤 소송형식으로 다투어야 하는지를 파악하는 것은 때때로 어려운 일이다. 특히 행정소송 중 취소소송은 처분등이 있음을 안 날부터 90일이라는 상당히 짧은 제소기간의 제한을 받기 때문에(행정소송법 제20조 제1항), 취소소송을 제기해야 할 사안에서 다른 유형의 소송을 잘못 제기하면 정말로 돌이킬 수 없는 상황이 초래될 수 있다. 처분으로 인해 불이익을 입은 당사자가 착오로 취소소송 대신 잘못된 다른 유형의 소송을 제기한 다음 취소소송으로 소를 변경하더라도, 소 변경 시점을 기준으로 하면 이미 위 90일의 제소기간을 도과해 버릴 수 있기 때문이다.

이에 행정소송법은 취소소송 외의 항고소송이나 당사자소송을 취소소송으로 변경하는 경우 소 변경시가 아니라 최초 소 제기시를 기준으로 제소기간의 준수 여부를 판단하도록 정하고 있다(제37조, 제42조, 제21조 제1항, 제4항, 제14조 제4항). 그러나 민사소송에서 취소소송으로의 소 변경에 대해서는 명문의 법률 규정이 없다. 그렇다면 취소소송을 제기하여야 할 사안에서 당사자가 착오로 민사소송을 제기하였다가 취소소송으로 소를 변경한 경우, 제소기간의 준수는 어느 시점을 기준으로 판단되어야 하는가? 대상판결은 원고가 취소소송으로 제기해야 할 사건을 민사소송으로 잘못 제기하여 수소법원이 관할법원에 위 사건을 이송하는 결정을 하고 이송결정이 확정된 후 원고가 취소소송으로 소 변경을 한 경우, 그 취소소송에 대한 제소기간 준수 여부는 원고가 처음 소를 제기한 때를 기준으로 판단되어야 한다고 판시하였다.[5] 그동안 판례는 민사소송에서 취소소송으로의 소 변경에서 취소소송의 제소기간 준수의 소급을 암묵적으로 인정하는 듯한 입장을 취해 왔는데, 대상판결은 이러한 법리를 최초로 분명히 선언한 것이다.

이하에서는 대상판결 및 관련 법리를 검토하기에 앞서 행정소송법 제21조의 소 변경 제도의 취지를 검토한 다음, 대상판결의 판시 내용을 ① 민사소송과 취소소송 간 소 변경과 ② 취소소송의 제소기간 준수 여부의 판단 기준 시점이라는 두 가지 쟁점으로 구분하여 분석한다(아래 II.). 다음으로는 위 두 가지 쟁점과 관련된 법리를 검토하고 대상판결의 판단을 평가한다(아래 III.). 마지막으로 대상판결의 결론과 의미를 요약 및 정리한다(아래 IV.).

II. 판례의 이해

1. 행정소송법 제21조의 소 변경 제도와 제소기간 준수의 소급효

(1) 소 변경 제도의 목적

행정소송법상 소 변경에는 ① 소 종류의 변경(제21조)[6]과 ② 처분변경에 따른 소의 변경(제22조)이 있다. 행정소송법상 소 변경은 민사소송법상 소 변경을 배제하는 것은 아니므로, ③ 민사소송법상 소 변경도 행정소송에 준용된다(제8조 제2항, 민사소송법 제262조).[7] 이

---

5) 대상판결은 "항고소송"이라고 표현하고 있으나, 대상판결에서 제소기간 준수 여부가 문제되었던 소송 유형은 취소소송이었고, 실무상으로도 소 변경시 제소기간 준수 여부는 항고소송 중 취소소송에서 주로 문제가 된다. 이에 이하에서는 취소소송을 위주로 논의를 전개하였고, 항고소송에 관한 판례의 판시 내용을 설명하거나 관련 문헌 및 법문언을 인용해야 하는 경우가 아닌 한 되도록 취소소송으로 용어를 통일하였다.

6) 「행정소송법」상 소 변경은 피고의 변경을 포함하기도 한다. 예를 들어, 취소소송과 당사자소송 간 소 변경에서는 소송물 외에 피고의 변경도 이루어진다.

7) 학설은 이견 없이 모두 인정하고 있고, 판례 역시 같은 태도이다. 김남진/김연태, 『행정법 I』, 제27판, 2023, 945-946면; 김동희/최계영, 『행정법 I』, 제27판, 2023, 754면; 윤영선, "제21조(소의 변경)", 김철용/최광률(편), 『주석 행정소송법』, 2004, 628면; 박균성, 『행정법론(상)』, 제22판, 2023, 1474면; 서울행정법원 실무연구회, 『행정소송의 이론과 실무』, 2014, 220면; 대법원 1999. 11. 26. 선고 99두9407 판결 참조.

중에서 대상판결 사안과 관련하여 문제가 된 소 변경의 유형은 ① 소 종류의 변경과 ③ 민사소송법상 소 변경이다.[8]

　민사소송법상 소 변경 제도는 소송당사자가 별소를 제기하는 대신 이미 계속중인 소송절차에서 기존의 소송자료를 활용하여 새로운 소송을 진행할 수 있도록 함으로써 소송경제를 실현하기 위한 제도이다.[9] 그런데 행정소송법 제21조의 소 변경 제도는 소송 종류를 착오한 원고의 권리 구제를 도모하고 행정소송의 행정구제적 기능[10]을 강화하고자 하는 목적도 가지고 있다. 행정청의 처분으로 인하여 불이익을 입은 당사자가 그에 불복하여 적극적으로 소를 제기하였음에도 불구하고, 국가에서 마련한 행정소송 유형의 복잡성과 법의 무지 및 착오로 인해 소송형식을 잘못 선택하거나 소 변경을 늦게 한 결과 제소기간을 도과하여 해당 처분을 더 이상 행정소송으로 다투지 못하는 불이익을 입게 된다면 이는 원고에게 지나치게 가혹하고,[11] 국민의 권리 구제를 위해 마련된 행정소송이 제 기능을 다하지 못하는 상황을 초래할 수 있다. 행정소송법 제21조의 소 변경 제도는 이러한 상황을 방지하기 위해 마련된 것으로서, 민사소송법상 소 변경 제도의 본래 목적인 소송경제 실현 뿐만 아니라 행정소송의 특수한 상황 하에서 당사자의 권리 구제라는 목적까지 달성하기 위한 제도이다.

(2) 제소기간 준수의 소급효 인정의 취지

　일반 공중의 이해와 관련되어 있는 공법상 법률관계를 장기간 불안정한 상태에 두는 것은 바람직하지 않다.[12] 그렇기 때문에 행정소송법은 처분에 취소사유에 해당하는 하자가 있더라도 그 효력을 다툴 수 있는 제소기간을 엄격히 제한함으로써 행정법관계의 조속한 안정을 도모하고 있다.[13] 그런데 행정소송법상 소 변경 제도와 관련하여 제소기간은 당사

---

8) 따라서 이하에서는 위 두 유형의 소 변경 유형을 위주로 검토한다.

9) 대법원 1987. 7. 7. 선고 87다카225 판결은 "소변경제도를 인정하는 취지는 소송으로서 요구받고 있는 당사자 쌍방의 분쟁에 합리적 해결을 실질적으로 달성시키고, 동시에 소송경제에 적합하도록 함에 있다"고 판시한다.

10) 마용주, "행정소송법상 소의 변경", 『법조』 제49권 제7호, 2000, 131면; 서울행정법원 실무연구회, 앞의 책, 216면.

11) 서울행정법원 실무연구회, 위의 책, 209-210면. 안철상, "행정소송에서의 소의 변경과 새로운 소의 제소기간", 『행정판례연구 XI』, 2006, 282면에서는 「행정소송법」 제21조가 제소기간 준수의 소급효를 인정하는 것은 "행정소송이 주로 국가·공공단체와 국민과의 관계에서 이루어지는 소송이기 때문에 궁극적으로 국민의 권익보호를 위하여 특별히 인정된 것"이고 이러한 점에서 「행정소송법」 제21조의 소 변경은 큰 의미를 가진다고 평가한다.

12) 법원행정처, 『법원실무제요 행정』, 2016, 206면.

13) 위의 책, 위의 면.

자의 권리 구제를 지나치게 제한하는 결과를 초래할 수 있다. 앞서 설명하였듯이, 취소소송을 제기해야 할 원고가 잘못된 소송형식을 택하였다가 소를 변경하는 경우 소 변경 시점을 기준으로 해서는 제소기간이 도과하여 버릴 수 있기 때문이다. 따라서 행정소송법상 소변경에서 제소기간과 관련된 문제는 관련 법률관계를 조속히 안정시켜 법적 안정성을 확보하려는 공익과 개인의 권리 구제라는 사익이 충돌하는 상황에서 어느 쪽을 더 보호할지를 결정해야 하는 영역이다.[14]

그런데 행정소송법의 소 종류의 변경에서는 소변경허가결정이 확정되면 종전의 소를 제기한 때에 새로운 소가 제기된 것으로 본다(제21조 제4항, 제14조 제4항). 이는 소 변경이 이루어진 때를 기준으로 제소기간을 기산하는 민사소송법 제265조의 특칙이다.[15] 따라서 행정소송법 제21조의 소 변경 제도는 개인의 권리 구제라는 사익을 도모하고 분쟁의 일회적 해결이라는 소 변경 제도의 목적을 달성하기 위하여 법적 안정성이라는 공익을 다소 후퇴시킨 것이라고 평가할 수 있다.

한편 행정소송법 제8조 제2항에 의하여 행정소송에 준용되는 민사소송법상 소 변경에서는 민사소송법 제265조를 따르므로, 제소기간 준수의 소급효가 인정되지 않는다. 민사소송법상 소 변경 제도는 본래 종전 청구와 다른 새로운 청구를 하는 경우에도 소송경제의 필요성상 기존 소송절차를 이용할 수 있도록 하는 제도이므로, 변경된 새로운 소를 기준으로 제소기간 등 법률상 기간의 준수 여부를 판단하는 것이 원칙적으로 타당하다. 이 경우에는 개인이 소송형식을 잘못 선택한 결과 소송절차에서 불이익을 입게 되는 경우가 아니기 때문에, 법적 안정성이라는 공익을 양보하면서 제소기간 준수의 효과를 소급하여 인정할 이유나 필요가 일반적으로는 존재하지 않는다고 할 수 있다.[16]

2. 대상판결의 분석

(1) 민사소송과 항고소송 간 소 변경의 허용

대상판결 사안에서 원고는 최초에는 피고를 상대로 이 사건 매매계약에 따른 소유권이전등기절차의 이행을 구하는 민사소송을 제기하였다. 그러나 원고는 민사소송으로 이 사건

---

14) 이승훈, "행정소송에서의 소의 변경", 『행정법학』 제24호, 2023, 179면.
15) 법원행정처, 『법원실무제요 행정』, 2016, 281면; 강영수, "제262조 [청구의 변경]", 민일영(편), 『주석 민사소송법(IV)』, 제8판, 2018, 270면.
16) 다만 「행정소송법」에 의해 준용되는 「민사소송법」상 소 변경에서도 학설 및 판례상 제소기간 준수의 소급효가 인정되는 경우가 있다. 이에 관해서는 아래 III. 2. (1) 참조.

매매계약의 유효성만을 주장할 것이 아니라, 이 사건 매매계약의 전제가 되는 이 사건 공장이주대책 대상자 선정결정을 취소하는 내용의 이 사건 처분을 항고소송을 통해 직접 다투어야 했다. 따라서 원고의 최초 소는 항고소송을 민사소송으로 잘못 제기한 경우에 해당한다. 이에 원고는 이 사건 처분의 취소 내지 무효확인을 구하는 항고소송으로 소를 변경하였고, 이는 민사소송에서 항고소송으로의 소 변경에 해당한다.

민사소송과 항고소송 간 소 변경과 관련하여, 판례는 대상판결 이전부터 원고가 고의 또는 중대한 과실 없이[17] 항고소송을 민사소송으로 잘못 제기한 경우 행정소송으로 제기되었더라도 부적법한 것이 아니라면 민사소송의 행정소송으로의 소 변경을 허용하여 왔고,[18] 나아가 수소법원에 행정소송에 대한 관할이 있다면 수소법원은 원고가 소 변경을 하도록 석명권을 행사하여야 한다고 판시하여 왔다.[19] 그러나 판례는 위와 같은 소 변경의 근거 규정을 밝히지는 않고 있다. 대상판결 역시 소 변경의 허용 여부나 그 유형 및 근거 법령에 대해서는 별도의 명시적인 판단을 하지 않은 채, 취소소송의 제소기간의 준수 여부에 대해서만 판단하였다. 그러나 소 변경 자체가 허용되지 않는다면 제소기간의 준수 여부까지 판단할 필요가 없으므로, 대상판결 역시 기존의 판례와 마찬가지로 민사소송에서 항고소송으로의 소 변경 자체는 허용하는 입장으로 이해된다. 아울러 제소기간의 준수 여부의 판단 기준 시점에 대한 대상판결의 판시 내용을 고려할 때[아래 (3)], 대상판결은 민사소송에서 항고소송으로의 소 변경을 행정소송법 제21조의 소 변경에 준하여 파악한 것으로 보인다.[20]

이러한 대상판결의 입장은 제1심 및 원심판결의 입장과는 다른 것이다. 대상판결의 제1심판결은 원고의 소 변경은 행정소송법 제8조 제2항, 민사소송법 제262조에 따른 소 변경에 해당한다고 판시하였다. 원심판결은 원고의 소 변경 유형에 관해서는 명시적으로 판시하지 않았으나, 새로운 소에 대한 제소기간의 준수 여부는 소의 변경이 있은 때를 기준으로 판단하여야 한다는 대법원 2004. 11. 25. 선고 2004두7023 판결을 인용하여[21] 제1심판결과 동일한 입장으로 이해된다.

---

17) 「행정소송법」 제7조에 따르면 원고의 고의 또는 중대한 과실 없이 행정소송이 심급을 달리하는 법원에 잘못 제기된 경우 민사소송법 제34조 제1항의 이송이 허용된다. 판례는 행정소송법 제7조의 문언 및 이송이 필요한 사건과의 균형을 고려하여, 수소법원에 행정소송에 대한 관할이 있어 이송이 불필요한 사건의 경우에도 원고의 고의 또는 중대한 과실 여부를 고려하는 것으로 생각된다.
18) 대법원 1999. 11. 26. 선고 97다42250 판결.
19) 대법원 2020. 1. 16. 선고 2019다264700 판결.
20) 동일 또는 유사한 견해로 김남진/김연태, 앞의 책, 954면; 이승훈, 앞의 글, 175면 참조.
21) 제1심판결도 인용한 판례이다.

(2) 민사소송과 항고소송 간 소 변경 요건

대상판결은 민사소송에서 항고소송으로의 소 변경의 유형을 판단하지 않은 것처럼, 원고의 변경 전 민사소송과 변경 후 항고소송의 청구기초의 동일성이 인정되는지 여부에 대해서도 별도로 판단하지 않았다. 소 변경의 요건을 구비하였는지 여부는 소송요건으로서 직권조사사항이므로,[22] 원고가 소 변경의 요건을 구비하였는지 여부에 대하여 의문이 있을 경우 법원은 이를 직권으로 조사하여 판단하여야 한다. 그런데 대상판결은 소 변경이 적법한 경우에야 의미가 있을 수 있는 변경된 취소소송의 제소기간의 준수 여부를 검토하였으므로, 원고의 소 변경이 그 요건을 모두 충족하여 적법하다고 본 것으로 이해된다.

한편 대상판결의 제1심판결은 원고의 소 변경이 민사소송법상 소 변경에 해당한다는 전제 하에, 원고의 소 변경이 민사소송법 제262조의 청구기초의 동일성을 갖추었는지 여부를 판단하였다. 즉, 제1심판결은 원고의 민사소송과 항고소송은 "그 사실관계가 모두 이 사건 공장이주대책 대상자 선정결정이라는 동일한 생활사실에 의하여 발생하였고, 그 선정결정 내지 이를 토대로 이루어진 이 사건 매매계약 해제의 효력을 다투는 것은 공장이주대책에 관한 권리라는 동일한 경제적 이익에 관한 분쟁으로 그 해결방법에 있어 차이가 있는 것에 불과하다"고 하여 청구기초의 동일성을 인정하였다.[23] 대상판결은 원고의 소 변경의 요건 충족 여부와 관련해서는 제1심판결의 결론을 긍정한 것으로 생각된다.

(3) 취소소송의 제소기간 준수의 소급효 인정

대상판결은 원고가 취소소송으로 제기해야 할 사건을 민사소송으로 잘못 제기하여 이를 취소소송으로 변경한 경우, 취소소송에 대한 제소기간의 준수 여부는 원칙적으로 민사소송을 제기한 때를 기준으로 판단해야 한다고 보았다. 대상판결 이전에도 판례는 이미 민사소송에서 취소소송으로의 소 변경을 허용하면서도, 소 변경 시점을 기준으로 하면 취소소송의 제소기간이 도과된 사안에서 제소기간 준수 여부를 독자적으로 판단하지 않아 최초 민사소송 제기 시점을 기준으로 이를 판단하는 듯한 입장을 취하고 있었다.[24] 대상판결은 기

---

22) 법원행정처, 『법원실무제요 행정』, 2016, 339면; 서울행정법원 실무연구회, 앞의 책, 218, 222면.

23) 대상판결의 원심판결은 원고의 변경된 취소소송이 제소기간을 도과하여 제기되었다고 판단하였으나, 소 변경의 요건 충족 여부에 대해서는 별도로 판단하지 않았다.

24) 대법원 1999. 11. 26. 선고 97다42250 판결; 대법원 2013. 7. 12. 선고 2011두20321 판결. 97다42250 판결과 관련하여, 김동희/최계영, 앞의 책, 757면은 "변경 전후의 청구가 밀접한 관련이 있어 소 변경 신청시 별도로 제소기간을 준수할 필요가 없다는 생각을 그 바탕에 깔고 있는 것으로 보인다"고 평가한다. 2011두20321 판결은 대상판결이 인용하는 판례로서, 위 판례 사안에서 최초 민사소송은 취소소

존 판례의 입장과 일관된 것으로서, 관련 법리를 최초로 명시적으로 인정한 판례이다.

대상판결은 위와 같은 판단의 근거로 소 종류의 변경에 관한 조항인 행정소송법 제21조 제1항, 제4항, 제37조, 제42조, 제14조 제4항에서 행정소송 사이의 소 변경이 있는 경우 제소기간의 준수를 최초 소 제기시를 기준으로 판단하고 있는 점을 들고 있다. 따라서 대상판결은 제소기간과 관련하여 민사소송법상 소 변경에 적용되는 민사소송법 제265조를 따르지 않았음이 분명하고, 그 대신 행정소송법상 소 종류 변경에 적용되는 조항들을 고려한 것이다.[25] 또한 대상판결은 민사소송법의 준용에 관한 일반규정인 행정소송법 제8조 제2항을 명시적으로 언급하면서도 이와 관련해서는 오로지 이송결정에 관한 민사소송법 제40조 제1항만을 기재하고 소 변경에 관한 민사소송법 제262조, 제265조는 기재하지 않았다. 이는 원고의 소 변경을 민사소송법의 준용에 따른 소 변경으로 보지 않고 제소기간 준수의 소급효도 인정하겠다는 입장에서 의도적으로 언급을 피한 것이라고 생각된다.

대상판결은 이송결정의 효력에 관한 민사소송법 제40조 제1항과 이송결정이 있었던 사안에 관한 판례인 대법원 1984. 2. 28. 선고 83다카1981 전원합의체 판결[26]도 적시하고 있다. 위 법률조항과 판례는 기존 소송 제기에 의한 제소기간 준수의 효력은 이송의 재판에 의하여 영향을 받지 않는다는 취지로서,[27] 그 자체로 민사소송과 취소소송 간 소 변경에서 제소기간 준수를 소급하여 인정할 근거가 되는 것은 아니라고 생각된다. 따라서 대상판결은 행정소송법 제21조 제1항, 제37조, 제42조 및 제14조 제4항을 제소기간 준수를 소급하여 인정할 근거로 삼고, 이송결정에 관한 법률조항과 판례를 들어 이송결정이 있는 경우에도 제소기간 준수 여부는 이송결정 전 최초 소 제기시를 기준으로 판단되어야 한다고 보는 것으로 이해된다.

대상판결의 판시는 원심판결과는 정반대의 입장을 취한 것이다. 원심판결은 대법원 2004. 11. 25. 선고 2004두7023 판결을 근거로 들어, 취소소송에서 청구취지를 변경하여 구 소가 취하되고 새로운 소가 제기된 것으로 변경되었을 때, 새로운 소에 대한 제소기간의 준수 등은 원칙적으로 소 변경이 있은 때를 기준으로 해야 한다고 보았다. 그 결과 원

송의 제소기간 내에 제기되었으나 취소소송으로 소 변경을 한 시점에는 취소소송의 제소기간이 도과한 상태였다.

25) 하명호, 『행정법』, 제5판, 2023, 659-660면 참조.

26) 위 판례는 재심의 소에서 재심제기기간 내에 재심이 제기되었는지 여부의 쟁점과 관련하여, 대상판결과 마찬가지로 이송결정의 효력에 관한 구 민사소송법(1990. 1. 13. 법률 제4201호로 일부개정되기 전의 것) 제36조(현행 민사소송법 제40조 제1항에 대응하는 조항)에 근거하여 최초 재심의 소 제기 시점을 기준으로 재심제기기간 준수 여부를 판단하였다.

27) 황진구, "제40조 [이송의 효과]", 민일영(편), 『주석 민사소송법(I)』, 제8판, 2018, 264면.

고의 소 변경에 따른 예비적 청구는 이 사건 처분에 대한 제소기간을 도과하여 이루어졌고 제소행위의 추완이 기간 내에 이루어지지도 않았다고 보았다.[28]

대상판결은 제1심판결과 마찬가지로 원고가 취소소송의 제소기간을 준수하였다는 결론에 도달하였으나, 제1심판결과는 다른 논리 구성을 취하였다. 제1심판결은 원고의 소 변경은 민사소송법 제262조가 준용되는 소 변경이라고 보고, 민사소송법 제265조에 따라 제소기간의 준수 여부는 원칙적으로 소 변경이 있은 때를 기준으로 파악해야 한다고 보면서도 원고의 제소행위의 추완을 허용하여 제소기간이 준수되었다고 판단하였다. 반면 대상판결은 제소행위의 추완을 고려하지 않은 채 최초 소 제기 시점을 기준으로 제소기간의 준수 여부를 판단하였다. 대상판결의 입장은 민사소송법 제173조 제1항에 따라 원고가 제소기간을 준수할 수 없는 사정이 언제 해소되었다고 볼지에 대한 판단을 필요로 하지 않기 때문에, 그 논리 구성이 제1심판결에 비하여 간명하다.

Ⅲ. 법리의 검토

1. 민사소송과 취소소송 간 소 변경

(1) 소송물 개념 및 소 변경을 인정할 필요성

소 변경은 민사소송과 취소소송에서 모두 소송물의 변경을 포함하므로,[29] 민사소송과 취소소송 간의 소 변경이 허용되는지의 문제는 각 소송의 소송물을 검토하는 것에서부터 출발할 수 있다. 민사소송의 소송물에 관해서는 소송상의 청구를 실체법상의 청구권과 동일시하는 구실체법설(구소송물이론), 소송법적 요소인 청구취지 내지 사실관계에 의하여 소송물을 파악하는 소송법설(신소송물이론), 전통적인 민법상 청구권의 개념을 수정하여 새로운 실체법상 청구권의 주장을 소송물로 파악하는 신실체법설 등의 학설이 존재하고, 소송법설이 다수설이다.[30] 판례는 청구원인에 의하여 특정되는 실체법상 권리관계를 소송물로 보는 구실체법설(구소송물이론)을 따르는 것으로 보인다.[31] 한편 취소소송의 소송물은 취소

---

28) 그러나 2004두7023 판결은 서로 다른 처분에 대한 취소소송 간의 소 변경에 관한 사안이다. 따라서 동일한 사실관계에 기초한 민사소송을 취소소송으로 변경한 대상판결의 사안과는 그 소 변경의 유형이 다르다고 할 수 있다.

29) 이시윤, 『신민사소송법』, 제16판, 2023, 710면; 법원행정처, 『법원실무제요 행정』, 2016, 276면.

30) 각 학설의 구체적인 내용은 강영서, "제1장 소의 제기 [총설]", 민일영(편), 『주석 민사소송법(Ⅳ)』, 제8판, 2018, 61-66면 참조.

소송의 성질, 처분사유의 추가·변경 등의 문제와 맞물려 더욱더 복잡한 양상을 띤다.[32] 통설과 판례는 취소소송의 소송물을 처분의 위법성 일반(추상적 위법성)으로 파악한다.[33]

민사소송과 취소소송의 소송물의 개념을 고려할 때, 민사소송과 취소소송 간 소 변경은 당사자의 권리 구제 및 분쟁의 일회적 해결을 위하여 허용됨이 타당하다고 생각한다. 민사소송 실무상 소송물 개념은 실체법상 권리에 따라 엄격하게 파악되고 있고, 취소소송 역시 처분 개념에 의하여 그 사실관계 및 법률관계가 이미 한 차례 좁혀지게 되는 등[34] 각 소송 내에서의 소송물의 동일성도 넓게 인정되기 어려운 상황에서, 위 두 소송 간의 소 변경마저 허용되지 않는다면 소송절차에서 분쟁의 일회적 해결을 통한 소송경제 실현 및 당사자 권리 구제라는 가치의 달성은 더욱 요원해질 수 있기 때문이다. 통설[35]과 앞서 본 판례 역시 민사소송과 취소소송 간 소 변경이 허용되어야 한다는 입장이다.

이와 달리 행정소송법은 취소소송에서 다른 행정소송으로의 소 변경만을 허용하고 있고, 민사소송법에 따른 청구의 변경은 같은 종류의 절차에서 심리할 수 있을 때만 허용하므로, 민사소송과 취소소송 간 소 변경은 허용되지 않는다는 견해도 존재한다.[36] 그러나 법무부의 2012년 행정소송법 개정안[37]의 내용과 그 취지를 고려할 때 행정소송법에서 민

---

31) 대법원 1989. 3. 28. 선고 88다1936 판결 등.

32) 박정훈, 『행정소송의 구조와 기능』, 2006, 368면.

33) 윤영선, 앞의 책, 617-618면; 법원행정처, 『법원실무제요 행정』, 2016, 319면. 한편 박정훈, 위의 책, 391-392면은 처분의 위법성만을 취소소송의 소송물의 요소로 파악하는 통설과 판례의 입장이 타당하다고 평가하면서도, 행정소송법상 처분의 공정력은 '추정적' 공정력에 불과하다고 하여 취소소송의 본질을 통설과 같은 형성소송이 아닌 확인소송으로 파악한다. 2021. 3. 23. 법률 제17979호로 제정·시행된 행정기본법 제15조는 공정력에 관한 규정을 마련하였으나 이는 독일 행정절차법(Verwaltungsverfahrensgesetz) 제43조 제2항의 '유효하다'(bleibt wirksam)는 문언과 달리 "유효한 것으로 통용"되는 것이므로 유효성이 추정되는 것에 불과하다. 따라서 위 조항을 근거로 취소소송에 확인소송적 성격이 없다고 단정하기는 어렵다고 생각된다.

34) 이윤정, "취소소송에서의 소 변경", 『행정법연구』 제68호, 2022, 186면.

35) 김남진/김연태, 앞의 책, 954면; 김동희/최계영, 앞의 책, 756-757면; 윤영선, 앞의 책, 620면; 마용주, 앞의 글, 150-153면; 이일세, 『행정법총론』, 제2판, 2022, 811면; 정하중/김광수, 『행정법개론』, 제17판, 2023, 760면; 하명호, 앞의 책, 668면. 박균성, 앞의 책, 1480, 1485면은 민사소송과 행정소송 간 소 변경을 설명하는 부분에서는 별도로 입장을 밝히지 않고 있으나, 제소기간 준수의 소급효가 인정되어야 한다고 보아 소 변경 자체도 찬성하는 입장으로 이해된다. 서울행정법원 실무연구회, 앞의 책, 220면 소 변경은 허용하나 제소기간 준수의 소급효를 인정하지 않는다. 홍정선, 『행정법원론 (상)』, 제31판, 2023, 1194면은 수소법원이 변경된 소의 관할도 가지고 있는 경우 소 변경을 인정할 수 있다는 입장이다.

36) 법원행정처, 『법원실무제요 행정』, 2016, 287면.

37) 법무부의 2012년 「행정소송법」 개정안은 일반 국민 입장에서 민사소송과 행정소송의 구분이 어려운 점을 고려하여 민사소송과 취소소송 간 소 변경을 허용하였다(개정안 제22조 제1, 2항). 법무부 국가송무과, "행정소송법 개정시안 설명자료", 『행정소송법 개정 공청회』, 2012, 137면; 정하중, "행정소송법 개

사소송과 취소소송 간 소 변경 규정을 두지 않은 것은 입법의 불비라고 생각되고, 민사소송과 취소소송 간 소 변경은 민사소송법상 소 변경이 아닌 행정소송법 제21조의 소 종류의 변경에 준하는 것으로 보아야 하므로 민사소송법상 소 변경이 같은 종류의 절차에서 심리할 수 있을 때만 허용된다는 사정은 민사소송과 취소소송 간 소 변경의 허용 여부에 영향을 미칠 수 없다고 보인다. 나아가 당사자소송과 취소소송 간 소 변경은 행정소송법 제21조, 제42조에 의하여 허용되는데, 당사자소송과 민사소송의 경계가 불분명한 상황이 많고[38] 그 경계에 대한 판례의 태도도 점차 바뀌고 있는 현재 상황에서,[39] 당사자소송과 취소소송 간 소 변경은 허용하면서도 민사소송과 취소소송 간 소 변경은 허용하지 않는 것은 형평에 반한다. 결국 당사자 권리의 충실한 구제와 동일한 분쟁에 관한 절차 반복 방지라는 소송경제의 관점에서 민사소송과 취소소송 간 소 변경을 허용함이 타당하다.

(2) 소 변경의 법적 근거

민사소송과 취소소송 간 소 변경이 허용된다면, 어떠한 법적 근거로 소 변경이 이루어질 수 있는지, 즉 소 변경의 유형과 요건이 무엇인지를 검토하여야 한다. 소 변경을 허용해야 한다는 학설들의 대부분은 어떤 법령에 근거하여 소 변경이 허용되어야 하는지를 명시적으로 밝히고 있지 않으나,[40] 일부 학설은 행정소송법 제21조에 근거하여 또는 이를 준용

정 논의경과", 『행정소송법 개정 공청회』, 2012, 9면.

38) 윤영선, 앞의 책, 620면. 또한 최근 대법원은 당사자소송에서 민사소송으로의 소 변경은 행정소송법상 명문의 규정이 없음에도 허용된다고 판시하면서, 그 논거 중 하나로 "일반 국민으로서는 공법상 당사자소송의 대상과 민사소송의 대상을 구분하는 것이 쉽지 않고 소송 진행 도중의 사정변경 등으로 인해 공법상 당사자소송으로 제기된 소를 민사소송으로 변경할 필요가 발생하는 경우도 있다. 소 변경 필요성이 인정됨에도, 단지 소 변경에 따라 소송절차가 달라진다는 이유만으로 이미 제기한 소를 취하하고 새로 민사상의 소를 제기하도록 하는 것은 당사자의 권리 구제나 소송경제의 측면에서도 바람직하지 않다"는 점을 들었다(대법원 2023. 6. 29. 선고 2022두44262 판결).

39) 김동희/최계영, 앞의 책, 756면; 서울행정법원 실무연구회, 앞의 책, 37면. 예를 들어, 대법원 2006. 5. 18. 선고 2004다6207 전원합의체 판결은 「하천법」 부칙(1984. 12. 31.) 제2조 및 「법률 제3782호 하천법 중 개정법률 부칙 제2조의 규정에 의한 보상청구권의 소멸시효가 만료된 하천구역 편입토지 보상에 관한 특별조치법」 제2조, 제6조에 의한 손실보상금의 지급을 구하거나 손실보상청구권의 확인을 구하는 소송은 민사소송이 아니라 당사자소송에 의하여야 한다고 판시하였고, 대법원 2013. 3. 21. 선고 2011다95564 전원합의체 판결은 납세의무자의 부가가치세 환급세액 지급청구는 민사소송이 아니라 당사자소송에 의하여야 한다고 판시하여, 두 판례 모두 각 소송이 민사소송의 절차를 따라야 한다고 했던 종전의 판례를 변경하였다. 대법원 2022. 8. 30. 선고 2018다212610 전원합의체 판결의 별개의견(안철상 대법관)은 "사법적 불법행위책임과 달리 국가배상책임에서는 공법적 특수성이 충분히 고려되어야 한다는 점에서, 이 사건과 같은 국가배상사건은 원칙적으로 공법상 당사자소송으로 다루어지는 것이 바람직하다"는 입장을 밝히기도 하였다.

40) 민사소송과 행정소송 간 소 변경을 민사소송법상 소 변경 항목에서 설명하는 견해로는 김동희/최계영,

하여 소 변경이 이루어질 수 있다는 견해[41], 민사소송법상 소 변경 규정을 준용하는 것이 가능하다는 견해[42]를 취한다. 앞서 설명하였듯이 판례 역시 민사소송과 취소소송 간 소 변경의 법적 근거를 분명히 밝히지 않고 있다.

민사소송과 취소소송 간 소 변경은 별도의 입법이 이루어지기 전까지는 행정소송법 제21조를 준용하여[43] 허용될 수 있다고 생각된다. 민사소송과 취소소송 간 소 변경도 행정소송법 제21조에 따른 취소소송에서 다른 항고소송 또는 당사자소송으로의 소 변경과 마찬가지로 소송당사자가 법의 무지 또는 착오로 인하여 소송의 종류를 잘못 선택하였을 때 이루어지는 것이기 때문이다. 게다가 행정청의 특정 처분과 관련하여 민사소송이 제기된다면 이에 대응하는 주체 역시 취소소송에 대응하는 주체와 동일한 행정청으로서 민사소송 제기시부터 이미 처분과 관련된 자의 불복의 의사를 알게 되므로, 변경된 취소소송에 관하여 제소기간 준수의 소급효를 인정하더라도 그로 인하여 법적 안정성이 저해된다거나 행정청의 신뢰가 침해되는 것도 아니다.[44] 게다가 이 경우 소 변경을 통한 당사자의 권리 구제 및 소송경제의 필요성은 당사자소송과 취소소송 간 소 변경만큼이나 크다. 궁극적으로는 행정소송법의 개정을 통해 민사소송과 취소소송 간 소 변경에 관하여 명문의 근거를 마련하는 것이 필요하다.[45]

(3) 소 변경의 요건

행정소송법 제21조를 준용하여 민사소송과 취소소송 간 소 변경을 허용한다면, 소 변경의 요건 역시 행정소송법 제21조를 따라야 할 것이다. 즉, ① 민사소송이 사실심에 계속되고 있고 변론종결 전이며, ② 청구의 기초에 변경이 없고, ③ 소변경이 상당하다고 인정되

위의 책, 756-757면; 서울행정법원 실무연구회, 위의 책, 220-221면; 정하중/김광수, 앞의 책, 759-760면; 하명호, 앞의 책, 668면. 소 종류의 변경 항목에서 설명하는 견해로는 이일세, 앞의 책, 810-811면. 별도의 목차에서 설명하는 견해로는 홍정선, 앞의 책, 1193-1194면.

41) 「행정소송법」제21조에 근거할 수 있다는 견해로 김남진/김연태, 앞의 책, 953-954면; 이승훈, 앞의 글, 175면. 행정소송법 제21조를 준용할 수 있다는 견해로 윤영선, 앞의 책, 621면; 안철상, 앞의 글, 307-308면.

42) 박균성, 앞의 책, 1479면은 이러한 견해를 취하면서도, 다만 제소기간 준수 여부는 최초 소 제기 시점을 기준으로 검토되어야 한다고 보는데 그 근거는 불분명하다. 송평근, "행정소송과 민사소송 사이의 소 변경", 『행정재판실무편람(III)』, 2003, 99-101면은 이러한 견해를 취하면서, 「민사소송법」과 「행정소송법」상 피고경정 규정에 의해 먼저 피고를 경정한 다음 소 변경을 할 수 있다고 한다.

43) 「행정소송법」제37조, 제42조도 소 변경에 관한 조항이나, 「행정소송법」제37조, 제42조는 제21조를 준용하므로, 민사소송과 취소소송 간 소 변경에서도 「행정소송법」제21조를 준용하면 충분할 것이다.

44) 마용주, 앞의 글, 153면; 최계영, 앞의 글, 269면; 홍정선, 앞의 책, 1194면 참조.

45) 같은 의견으로는 송평근, 앞의 글, 110면; 이승훈, 앞의 글, 176면; 정하중/김광수, 앞의 책, 760면.

며, ④ 변경되는 소가 그 자체로 적법요건을 갖추어야 한다.[46)]

　민사소송과 취소소송 간 소 변경에서, 실무상으로는 특히 ② 청구기초의 동일성 요건이 충족되었는지 여부가 문제될 수 있다. 통설은 위 요건을 민사소송법 제262조의 청구기초의 동일성과 같은 의미로 이해한다.[47)] 그러나 행정소송법 제21조는 민사소송법 제262조와는 제도적 목적을 달리하므로, 그 요건 역시 다른 관점에서 해석되어야 한다. 즉, 행정소송법 제21조의 소 변경은 소송의 종류를 잘못 선택한 당사자를 구제하기 위한 제도이므로, 당사자가 제대로 된 소송 유형을 선택하였다면 어떤 소송을 제기하였을지라는 관점에서 청구기초의 동일성이 판단되어야 한다.[48)] 다만 제소기간 준수의 소급효를 인정해 줄 정도로 보호할 가치가 있는 소송당사자의 권리만을 구제해야 한다는 점에서, 행정소송법 제21조의 청구기초의 동일성은 민사소송법 제262조의 요건보다 좁게 해석되어야 할 것이다.[49)] 따라서 민사소송과 취소소송 간 소 변경에서 청구기초의 동일성은 취소소송의 대상인 처분이 민사소송의 대상인 법률관계와 인과관계가 있거나 그 법률관계에서 발생하는 권리의 행사 또는 의무의 이행과 관련된 경우에 인정될 수 있을 것이다.[50)] 다만 민사소송법 제262조와 행정소송법 제21조의 청구기초의 동일성 요건의 의미가 중첩되는 영역이 넓을 것으로 생각되어, 두 요건의 의미를 엄격히 구분하여 해석하는 것이 실무에서 큰 차이를 보이는 경우가 많지는 않을 것으로 생각된다.

　대상판결 사안에서 원고는 이 사건 공장이주대책 대상자 선정결정을 토대로 피고와 이 사건 매매계약을 체결하였으므로, 이 사건 공장이주대책 대상자 선정결정을 취소하는 내용의 이 사건 처분은 원고가 유효하다고 주장하는 이 사건 매매계약이라는 법률관계의 원인 내지는 이와 밀접한 관련이 있는 처분에 해당하는 것으로 보인다.[51)] 따라서 원고의 변경 전 민사소송과 변경 후 취소소송 간에 청구기초의 동일성은 인정된다고 보인다. 다만 대상 판결의 제1심판결이 민사소송법 제262조의 요건 판단 기준에 따라 두 소송의 청구기초의

---

46) 법원행정처, 『법원실무제요 행정』, 2016, 277-278면.
47) 김남진/김연태, 앞의 책, 947-948면; 이승훈, 앞의 글, 159면. 안철상, 앞의 글, 289면도 같은 입장이나, "민사소송과 행정소송의 성질상 그 적용영역에서 차이가 있을 수 있다"고 평가한다.
48) 이윤정, 앞의 글, 192면.
49) 「행정소송법」 제21조의 청구기초가 「민사소송법」 제262조의 청구기초보다 좁다는 견해로 박정훈, 앞의 책, 432면 각주 124번 참조.
50) 항고소송과 당사자소송 간 소 변경에 관한 마용주, 앞의 글, 140면; 이윤정, 앞의 글, 193면 참조.
51) 이 사건 처분이 위법하여 취소되거나 당연무효이고 이 사건 공장이주대책 대상자 선정결정이 적법하면 이 사건 매매계약 역시 다른 취소 또는 무효사유가 없는 한 유효할 것으로 보인다. 반면 이 사건 처분이 적법하여 원고가 공장이주대책 대상자 지위를 상실한다면, 이 사건 매매계약 내용에 따라서는 이는 계약 해제사유를 구성할 가능성이 있어 보인다.

동일성을 판단하였음에도 불구하고 대상판결은 이에 대하여 별도의 판단을 하지 않았는데, 대상판결은 행정소송법 제21조의 청구기초의 동일성 요건 판단 기준을 별도로 설시하고 이에 따라 소 변경의 요건을 구비하였는지 여부를 판단하였어야 한다고 생각한다. 그러나 결론적으로 원고의 소 변경은 행정소송법 제21조의 요건을 충족하여 허용된다고 보이므로, 대상판결이 이를 전제로 취소소송의 제소기간 준수 여부를 판단한 것은 타당하다.

2. 제소기간 준수의 소급효 인정

(1) 소급효를 인정할 필요성

민사소송에서 취소소송으로의 소 변경에는 행정소송법 제21조가 준용되어야 하므로, 제소기간의 준수 여부 역시 행정소송법 제21조 제4항에 따라 최초 소 제기시를 기준으로 판단되어야 한다.[52] 그래야만 당사자의 권리 구제 실현이라는 행정소송법 제21조의 목적이 온전히 달성될 수 있기 때문이다. 따라서 변경 전 민사소송이 행정소송법 제20조의 제소기간 내에 제기되었다면 취소소송으로의 변경이 그 이후에 이루어졌다고 하더라도 취소소송 역시 제소기간을 준수하였다고 보아야 한다. 그러나 최초의 민사소송 자체가 취소소송의 제소기간 내에 제기되지 않았다면, 이는 취소소송으로 제기되었더라도 어차피 부적법한 경우에 해당하여 판례에 의하더라도 소 변경이 허용될 수 없다.[53] 대상판결의 제1심 및 원심 판결처럼 민사소송법 제173조 제1항의 준용에 의한 제소행위의 추완을 고려할 수는 있을 것이다.

취소소송에서 민사소송으로의 소 변경의 경우에도 민사소송의 제기는 최초 취소소송 제기시 이루어진 것으로 보아야 할 것이다. 당사자가 착오로 민사소송을 취소소송으로 잘못 제기한 경우라면 민사소송의 피고는 명백한 사인이 아니라 국가·공공단체 등 공법상 권리주체일 가능성이 높을 것인데, 그렇다면 이 경우에도 역시 소송유형을 혼동한 개인의 권리를 구제하고 분쟁의 일회적 해결을 도모하기 위하여 행정소송법 제21조가 준용될 필요성이 크기 때문이다.[54] 민사소송에서도 소멸시효의 중단이나 제척기간의 준수 등의 문제로

---

52) 윤영선, 앞의 책, 621면. 박균성, 앞의 책, 1485면은 「행정소송법」 제21조 제4항을 근거 규정으로 언급하고 있지는 않으나, 제소기간의 소급효를 긍정하면서 이러한 입장이 법해석론적으로 곤란하다면 입법적으로 해결해야 할 것이라고 설명한다.

53) 대법원 1999. 11. 26. 선고 97다42250 판결 참조.

54) 당사자소송에서 민사소송으로의 소 변경을 허용한 대법원 2023. 6. 29. 선고 2022두44262 판결은 그 허용 논거 중에서 「행정소송법」 제8조 제2항, 「민사소송법」 제262조를 인용하고 「행정소송법」상 소 변경 규정은 언급하지 않았다. 위 판결의 논리를 일관하면, 당사자소송을 민사소송으로 변경하는 경우

소 제기 시점이 중요한 경우가 있으므로, 위와 같이 민사소송의 제기 시점의 소급효를 인정하는 것이 의미가 있다.

민사소송과 취소소송 간 소 변경에 대하여 행정소송법 제21조를 준용하는 것이 민사소송법 제262조를 준용하는 취소소송 간의 소 변경과의 관계에서 불균형을 초래한다고 볼 여지는 없는가? 서로 다른 처분에 대한 취소소송 간의 소 변경은 애당초 소송 종류를 착오하여 이루어지는 소 변경이 아니기 때문에, 행정소송법 제21조의 소송 종류의 변경에 따른 소 변경의 경우와 같이 소송당사자를 보호할 필요가 없다. 그렇기 때문에 행정소송법 제21조에서도 취소소송과 취소소송 간의 소 변경은 의도적으로 배제하고 있는 것이다.[55] 또한 학설 중에는 서로 다른 처분에 대한 취소소송 간의 소 변경에서 변경 전후의 소 간에 밀접한 관련이 있는 경우 최초 소 제기시에 제소기간 준수의 효과를 소급하여 인정한다는 견해,[56] 행정소송법 제22조 제1항의 소 변경에 해당하지만 처분의 실질적 동일성으로 인해 같은 조 제2항의 기간 제한은 적용되지 않는 행정소송법상 특수한 형태의 청구변경을 인정할 수 있다는 견해[57], 소의 이익이나 처분의 무효사유를 넓게 인정하는 등의 방식으로 구체적 타당성을 도모하려는 견해[58] 등이 있다. 판례 역시 소송물이 실질적으로 동일하거나 밀접한 관련이 있는 경우,[59] 변경 전 청구에 변경 후 청구까지 포함되어 있다고 볼 수 있는 경우[60]에는 제소기간을 소급하여 인정하였고, 소 변경이 아니라 청구취지의 정정으

「민사소송법」 제265조에 따라 시효중단의 시기 등은 소급하여 인정되지 않을 가능성이 있어 보인다. 그러나 당사자소송에서 민사소송으로의 소 변경에서도 소 제기 시점이 문제되는 경우 소송유형을 혼동한 당사자를 보호할 필요성이 높다고 보이므로, 위와 같은 결론이 타당한지는 다소 의문이다. 법무부의 2012년 「행정소송법」 개정안에서는 민사소송과 취소소송 간 소 변경뿐만 아니라 민사소송과 당사자소송 간 소 변경에서도 소 제기 시점의 소급효를 허용하였다(개정안 제41조, 제22조 제1항, 제2항). 법무부 국가송무과, "행정소송법 개정시안 신구조문 대비표", 『행정소송법 개정 공청회』, 2012, 171면, 179면.

55) 마용주, 앞의 글, 137-138면.

56) 권순일, "단계적 처분과 소의 제기요건", 『행정판례평선』, 2011, 793면; 윤영선, 앞의 책, 629면; 서울행정법원 실무연구회, 앞의 책, 209-211면; 이승훈, 앞의 글, 179-181면. 마용주, 위의 글, 141면은 하자의 승계가 인정되는 선·후행처분 간에는 소송대상을 선행처분에서 후행처분으로 또는 후행처분을 추가하는 방식으로 소 변경을 할 수 있고 이 경우 제소기간 문제가 발생할 여지가 없다고 한다. 안철상, 앞의 글, 300-301면은 「행정소송법」 제21조를 유추·확대적용하여 인정할 수 있다는 입장이다. 최계영, 앞의 글, 274면은 처분 간에 밀접한 관련성이 있다면 제소기간 준수의 소급효를 인정할 수 있다고 하면서도, 소 변경이 제3자에게 영향을 미치는 경우에는 소급효를 인정할 수 없다고 한다.

57) 박정훈, 앞의 책, 430면.

58) 이윤정, 앞의 글, 205-206면.

59) 대법원 1982. 2. 9. 선고 80누522 판결; 대법원 1982. 11. 23. 선고 81누393 판결; 대법원 2019. 7. 4. 선고 2018두58431 판결. 2018두58431 판결에 대한 비판적 검토로는 이승민, "공정거래법상 자진신고자 등에 대한 제재 및 감면처분의 행정소송상 취급", 『행정법연구』 제46호, 2016 참조.

로 본 사례[61]도 있다. 또한 민사소송법 제173조 제1항의 준용에 의한 제소행위의 추완도 고려될 수 있을 것이다. 결국 취소소송 간의 소 변경을 그 성격이 다른 민사소송과 취소소송 간 소 변경과 동일하게 취급할 필요가 없을 뿐만 아니라, 구체적인 사안에서 실질적으로 불합리한 상황이 초래될 우려도 크지 않다고 생각된다.

(2) 소급효 인정의 의미와 그 적용범위

대상판결은 민사소송에서 취소소송으로의 소 변경에서 행정소송법 제21조의 문언과 취지를 고려하여 제소기간 준수의 소급효를 인정하였다. 종전 판례는 민사소송과 취소소송 간 소 변경을 허용하면서도 취소소송의 제소기간 준수의 소급효에 대해서는 명시적으로 판단하지 않았는데, 대상판결은 제소기간 준수의 소급효를 분명히 인정함으로써 소송경제 실현 및 당사자 권리 구제를 적극적으로 도모하여 의미가 있다.[62] 특히 대상판결 사안에서 피고는 이 사건 처분 후 약 1년 5개월이 지난 후에야 이송전 민사사건 소송계속 중 준비서면을 통해 이 사건 처분이 행정처분의 성격을 가지고 이를 행정소송으로 다투어야 한다는 의견을 밝혔고 그 전까지는 이 사건 매매계약 해제 통보와 별도로 이 사건 공장이주대책 대상자 선정결정을 철회하는 처분을 별도로 하지 않았으며, 원고가 최초에 민사소송을 제기한 서울동부지방법원에서도 토지관할 위반만을 이유로 이송결정을 하였다는 사실을 고

---

60) 대법원 1976. 4. 27. 선고 75누251 판결; 대법원 2005. 12. 23. 선고 2005두3554 판결; 대법원 2018. 11. 15. 선고 2016두48737 판결. 정형식, "항고소송의 제소기간", 『행정판례평선』, 2004, 781면은 앞서 본 대법원 2004. 11. 25. 선고 2004두7023 판결 역시 그 판시내용에 의하면 변경 후 소에 변경 전 소의 대상인 처분을 취소하는 취지까지 남아 있다면 변경 후 소의 제소기간 준수 여부를 변경 전 소 제기시를 기준으로 판단할 수 있음을 간접적으로 시사하고 있다고 보아, "제소기간 준수의 소급효를 인정할 수 있는 경우에 대한 단초를 제공하였다"고 평가한다.

61) 대법원 1989. 8. 8. 선고 88누10251 판결; 대법원 1991. 3. 12. 선고 90누4341 판결; 대법원 1996. 12. 10. 선고 95누7949 판결. 각 판례의 구체적인 내용 및 그 해설에 관해서는 송평근, 앞의 글, 103-107면; 안철상, 앞의 글, 294-295면 참조. 송평근, 위의 글, 107면은 위 판례들에 의하면 민사소송과 항고소송 간 소 변경에서도 청구취지의 변경이 아닌 청구취지의 정정으로 보고 제소기간 준수의 소급효를 인정할 가능성이 많다고 판단된다고 한다. 그러나 이승민, ""행정소송에서의 소의 변경"에 대한 토론문", 『행정법학』 제24호, 2023, 199면은 실무적으로는 아주 특수한 사정이 없는 한 변호사가 선임된 사건에서 법원이 위와 같은 사안에서 청구취지 정정을 인정해 줄 것인지에 대해 의문을 표시한다.

62) 김남진/김연태, 앞의 책, 954면; 이승훈, 앞의 글; 175면도 "당사자의 권리 구제 및 소송경제 관점에서 긍정적으로 평가할 수 있다"는 입장이다. 반면 김용섭, "2022년 행정법(I) 중요판례평석", 『인권과 정의』 제512호, 2023, 69면은 '대상판결의 법리에 의하면 민사소송이 취소소송의 제소기간을 도과하여 제기된 경우 소각하 판결이 내려질 수 있으므로, 대상판결은 국민의 권리 구제를 도모하였다기보다는 형식적인 법문구를 토대로 판단함으로써 향후 당사자에게 불리하게 작용할 여지가 있다. 따라서 대상판결이 제소기간의 기산점을 엄격히 적용한 것은 바람직하지 않다'고 평가한다.

려하면,[63] 이 사건은 법적 안정성보다 당사자의 권리 구제가 더 중요한 사건이었다고 보인다. 따라서 대상판결의 결론은 해당 사건의 사실관계를 고려하더라도 타당하다.

다만 대상판결은 제소기간 준수의 소급효를 인정하는 법적 근거를 명시적으로 밝히지는 않았다. 대상판결은 행정소송법 제21조의 문언과 취지만을 언급하여 제소기간 준수의 소급효를 정당화하였을 뿐이다. 대상판결은 행정소송법 제21조의 준용을 명시적으로 언급하기보다는, 우선은 해당 사건에서의 구체적인 타당성을 도모하고 향후의 입법을 기대하는 것으로 보인다.

한편 대상판결은 해당 법리의 적용 범위를 "수소법원이 그 항고소송에 관한 관할을 가지고 있지 않아 이송하는 결정을 하였고 그 이송결정이 확정된 후 원고가 항고소송으로 소 변경"을 한 경우로 한정하고 있다. 그렇다면 대상판결은 이송결정이 있는 경우에만 국한하여 적용되고, 수소법원이 변경 후 소송의 관할까지 가지는 경우에는 적용되지 않는다고 보아야 하는가? 그러나 이송결정이라는 우연적 사정에 의하여 소송 종류를 착오한 소송당사자의 보호 여부가 달라질 이유가 없다. 특히 현재는 서울에만 행정법원이 설치되어 있어 서울 이외의 지역에서는 지방법원에서 민사사건과 행정사건을 모두 관할하는데[64] 만약 이송결정이 있는 경우에만 대상판결의 법리가 적용된다고 본다면 서울과 서울 이외의 지역에서의 소송, 서울 이외의 지역에서도 지방법원 지원과 지방법원에 제기된 소송을 차별하는 결과에 이르게 될 수 있다. 대상판결 이전의 판례 역시 이송결정이 없는 경우에도 제소기간의 도과를 문제 삼지 않았다.[65] 따라서 대상판결의 법리가 이송결정이 있었던 경우에 국한하여 적용된다고 이해할 필요는 없다고 생각된다.[66]

Ⅳ. 요약과 결론

대상판결의 결론과 의미는 다음과 같이 정리될 수 있다.

1. 대상판결은 소송당사자가 민사소송에서 취소소송으로 소를 변경한 경우 취소소송의

---

63) 본래 항고소송을 민사소송으로 잘못 제기한 경우, 접수 단계에서 이를 알려 관할법원에 제소할 것을 권유하거나 행정사건으로 접수하게 하여야 한다. 서울행정법원 실무연구회, 앞의 책, 36면. 그러나 원고의 소송을 최초로 접수받은 서울동부지방법원조차도 접수 단계에서는 원고가 항고소송을 민사소송으로 잘못 제기한 사실을 알지 못하여 위와 같은 조치를 취하지 못하였다.
64) 김동희/최계영, 앞의 책, 733면.
65) 대법원 1996. 2. 15. 선고 94다31235 전원합의체 판결.
66) 같은 의견으로 하명호, 앞의 책, 659-660면.

제소기간의 준수 여부는 민사소송 제기 시점을 기준으로 판단되어야 한다고 판시하였다. 대상판결은 암묵적으로 인정되어 오던 판례의 입장을 명시적으로 밝힌 것으로서, 소송경제 실현 및 당사자 권리 구제를 적극적으로 도모한다는 점에서 의미가 있다.

2. 대상판결은 민사소송과 취소소송 간 소 변경 및 취소소송의 제소기간 준수의 소급효의 법적 근거를 명시적으로 밝히지는 않았다. 해당 사건에서 구체적인 타당성을 도모하기 위해 관련 법리를 제시하였으나, 구체적인 근거는 향후의 입법을 기대하는 것으로 생각된다. 다만 대상판결은 행정소송법 제21조를 준용한 것으로 보이고, 이는 민사소송과 취소소송 간 소 변경에 관한 조항이 없는 현행 행정소송법 하에서 타당하다. 궁극적으로는 명문의 규정이 마련되어야 한다.

3. 대상판결은 이송결정이 확정된 후 소 변경이 있는 경우에 국한하여 위와 같은 판시를 하였다. 그러나 대상판결의 법리가 적용되는 범위를 이송결정이 확정된 경우에만 제한하여 적용할 것은 아니다.

생각할 문제

1. 민사소송을 취소소송으로 변경하는 경우 취소소송에 대한 제소기간의 준수 여부는 어느 시점을 기준으로 판단되어야 하며, 그 법적 근거는 무엇으로 볼 수 있는가.

2. 대상판결의 법리에 따르면 민사소송을 제기하는 시점부터 원고가 취소소송의 제소기간까지 고려하여야 한다는 결론에 이르게 될 수 있다. 이러한 결론은 개인에게 지나치게 가혹한 것인가, 아니면 법적 안정성 관점에서 어쩔 수 없는 것이라고 생각하는가. 취소소송의 제소기간을 도과하여 민사소송을 잘못 제기한 원고에게도 보호할 가치가 있다고 생각하는가. 만약 보호할 가치가 있다면 현행 제도와 판례에 의하여 충분한 보호가 이루어질 수 있다고 생각하는가. 아니면 어떠한 보호방법이 고안될 수 있겠는가.

3. 대상판결 사안에서는 원고가 처음부터 소송 종류를 제대로 선택하여 소송을 제기하기가 매우 어려운 상황이었고, 원고의 소송을 최초에 접수받은 법원조차도 소송 종류를 정확히 파악하지 못하여 두 차례에 걸쳐 이송이 이루어졌다. 소송절차 지연을 방지하기 위하여, 소송당사자가 잘못된 소송을 제기하였는지 여부를 파악하기 위한 별도의 제도가 마련되어야 한다고 생각하는가. 만약 그렇다면 어떠한 제도가 마련될 수 있다고 생각하는가.[67]

---

[67] 송평근, 앞의 글, 92면은 법원이 제소단계에서 바로 관여하여 "후견적 역할"을 하는 것이 국민의 권리구제를 위해서는 가장 바람직하겠으나 이는 현실적으로 쉽지 않기 때문에 소 변경 제도가 마련되어 있다고 설명한다. 이와 관련하여 법무부의 2012년 행정소송법 개정안은 일반 국민이 관할 법원을 잘못 선택할 위험을 해소하기 위하여, 행정법원과 지방법원 중 어느 법원의 관할인지 명백하지 않은 사건에 대하여 고등법원이 관할법원을 지정해 줄 수 있는 관할지정제도를 마련한 사실이 있다. 법무부 국가송무과, 앞의 글, 137면.

서울행정법원 2023. 2. 3.자 2023아10260 결정
[가상자산사업자 변경신고 불수리처분에 대한 집행정지 신청의 이익]

이 한 진*

[사실관계]

　신청인은 2018년 스위스에서 블록체인·분산원장 기반의 가상자산을 발행한 외국법인으로서 아래에서 설명하는 바와 같이 「특정 금융거래정보의 보고 및 이용 등에 관한 법률」(이하 "특정금융정보법")에 따른 가상자산 지갑서비스[1]를 제공하는 가상자산사업자이고, 신청인의 모회사는 「전자금융거래법」에 따라 금융위원회에 등록한 전자금융업자로서 전자지급결제대행[2]을 영업으로 하는 결제사업자이다. 신청인은 그 모회사와 제휴하여, 신청인이 운영하는 모바일 앱을 통해 국내 이용자들이 전자지갑을 통해 가상자산을 보관하고 해당 가상자산을 다른 이용자에게 전송하거나 신청인의 모회사의 가맹점에서 가상자산을 이용하여 재화·서비스 구매대금을 결제할 수 있도록 하는 가상자산 연계 결제서비스를 2019년부터 국내에서 주된 사업으로 영위하여 왔다.

　이후 가상자산 관련 산업이 빠르게 성장함에 따라 가상자산거래소를 비롯한 가상자산사업자를 통한 자금세탁의 우려를 해소하기 위해 가상자산사업을 영위하려는 자에게 금융위원회의 소속기관인 금융정보분석원장에게 신고하도록 하고, 신고한 가상자산사업자에게 시중은행 등 금융기관과 마찬가지로 자금세탁방지의무를 부과하는 것을 골자로 하는 개정 특정금융정보법이 2021. 3. 25.부터 시행되었다. 개정 특정금융정보법 제7조에서는 가상자

---

* 김·장 법률사무소 변호사

[1] 가상자산 지갑서비스란 비록 법률상 쓰이는 용어는 아니지만 이용자에게 가상자산의 전자지갑(e-Wallet)을 제공하는 서비스로 가상자산업계에서 널리 통용되는 개념이고, 금융정보분석원 신고수리 실무에서도 이를 수용하여 「특정금융정보법」 제2조 제1호 하목 2), 3), 4)에 따라 이용자를 위하여 가상자산을 다른 가상자산과 교환하는 행위, 가상자산을 이전하는 행위 및 보관·관리하는 행위를 영업으로 하는 것을 지칭한다.

[2] "전자지급결제대행"이란 전자적 방법으로 재화의 구입 또는 용역의 이용에 있어서 지급결제정보를 송신하거나 수신하는 것 또는 그 대가의 정산을 대행하거나 매개하는 것을 말한다. (「전자금융거래법」 제2조 제19호)

산사업자에게 일정한 요건을 갖추어 신고할 의무를 규정하고 있는데, 신청인과 같이 그 이전에 영업을 해 왔던 기존 가상자산사업자의 신뢰를 보호하고 신고요건을 갖출 준비기간을 보장해 준다는 취지에서, 부칙 제5조에서 "제7조의 개정규정에도 불구하고 이 법 시행 전부터 영업 중인 기존 가상자산사업자는 이 법 시행일로부터 6개월 이내에 같은 개정규정에 따른 요건을 갖추어 신고하여야 한다"고 6개월간의 유예기간을 두는 경과조치를 규정하였다.

신청인은 개정 특정금융정보법 시행 전부터 이미 이 사건 서비스를 영업 중이던 기존 가상자산사업자에 해당하였으므로, 법정 신고의무 기한 이내인 2021. 9. 24. 가상자산 지갑서비스를 제공하는 가상자산사업자로 신고하는 내용의 가상자산사업자 신고서를 금융정보분석원에 접수하였는데, 금융정보분석원장은 그로부터 약 6~7개월이 경과한 2022. 4. 21. 신청인의 가상자산사업자 신고 건에 대하여 특정금융정보법에 따른 요건을 적법하게 갖추어 신고하였다고 판단하여 신청인의 가상자산사업자 신고를 수리하면서도, 본건 서비스와 관련하여 이용자가 결제에 사용한 가상자산을 신청인의 모회사 등이 매도·매수하는 것이 특정금융정보법 제2조제1호 하목 1)에 따른 가상자산을 매도, 매수하는 행위를 영업으로 하는 것(이하 "가상자산 매매업")에 해당한다고 보고, 기존 사업구조로 이 사건 서비스를 계속하기 위해서는 신청인이 가상자산 지갑서비스를 하는 가상자산사업자로 신고하는 것 외에도 신청인의 모회사 등이 가상자산 매매업을 하는 가상자산사업자로 신고할 의무가 있다고 판단하였다.[3] 그런데, 가상자산 매매업을 하는 가상자산사업자로 신고하려면 그 신고수리요건의 하나로 다른 은행과 제휴하여 실명확인이 가능한 입출금계정(이하 "실명확인 입출금계정[4]")을 갖추어야 하는데(특정금융정보법 제7조 제3항 제2호), 신청인의 모회사가 실명확인 입출금계정을 발급받으려면 은행과 협의하고 은행의 내부절차를 거치는 등에 최소 수개월이 소요되는 등 금융정보분석원장의 2022. 4. 21.자 판단에 그대로 따르는 경우 본건 가상자산 연계 결제서비스의 중단이 불가피한 상황이었다.

이에, 신청인은 본건 사업을 중단 없이 계속하기 위해 이용자의 가상자산을 제3자가 발행하는 선불전자지급수단과 교환하여 결제에 이용하도록 하는 형태로 사업구조를 변경하

---

3) 금융정보분석원, 2022.4.21.자 보도참고자료 (https://www.kofiu.go.kr/kor/notification/report_view.do)

4) 동일 은행 등에 개설된 가상자산사업자의 계좌와 그 가상자산사업자의 고객의 계좌 사이에서만 금융거래등을 허용하는 계정을 말한다(「특정금융정보법」 제7조 제3항 제2호 본문). 다만, 가상자산사업자가 고객에게 제공하는 가상자산거래와 관련하여 가상자산과 금전의 교환 행위가 없는 경우에는 실명확인 입출금계정을 신고수리요건으로 갖출 필요가 없다(「특정금융정보법」 제7조 제3항 제2호 단서, 「특정금융거래정보 보고 및 감독규정」 제27조 제1항). 가상자산과 금전의 교환이 없는 경우에는 가상자산사업자에게 자금세탁의 위험이 크지 않다는 정책적 판단에 근거하여 예외를 인정한 것으로 보인다.

였던바, 신청인이 보유한 선불전자지급수단을 이용자가 보유한 가상자산과 '교환'하는 행위는 법률적으로는 가상자산의 '매도, 매수'행위로 볼 수 없지만, 금융정보분석원에서는 2022. 4. 21.자 판단처럼 자금세탁방지 등의 정책적 이유를 들어 신청인의 행위를 가상자산 매매업에 해당한다고 해석할 위험이 있다고 판단하였다. 특정금융정보법 제7조 제2항 및 같은 법 시행령 제10조의11 제3항에 따라 가상자산사업자는 신고한 사항이 변경된 경우에는 신고한 사항이 변경된 날부터 30일 이내에 변경신고서를 제출하여야 하는 사후신고 의무를 부담하므로, 가상자산지갑서비스로 신고수리된 신청인은 위와 같이 사업구조를 변경하고 난 후 2022. 5. 23. 가상자산 매매업을 추가하는 내용의 변경신고서를 금융정보분석원에 접수하였다.

그런데, 금융정보분석원장은 내부 자문위원회인 신고심사위원회 등을 거쳐 변경된 사업구조에서 신청인의 영업은 가상자산 매매업에 해당할 뿐만 아니라, 변경된 사업구조에서는 가상자산거래와 관련하여 가상자산과 금전의 교환이 없음에도 불구하고 은행의 실명확인 입출금계정까지도 필요하다고 판단하면서[5], 2022. 1. 6. 신청인의 가상자산사업자 변경신고를 불수리 하였다. 이와 함께, 본건 가상자산을 이용한 결제서비스는 이용자·가맹점 보호를 위한 안내 및 서비스 종료 관련 기술적 조치 등에 필요한 기간을 고려하여 2023. 2. 5. 본건 사업을 정리할 수 있도록 하였다고 밝혔다.[6]

[사건의 경과]

신청인은 금융정보분석원의 2023. 1. 6.자 불수리처분 등에 따라 기존에 운영해 오던 가상자산 연계 결제서비스를 2023. 2. 5.까지만 제공하고 그 다음날부터 전면 중단하여야 하는 상황에 처하게 되었을 뿐만 아니라, 이로 인해 신청인의 서비스를 이용하는 소비자는 물론 가맹점을 비롯한 다수의 이해관계자들이 큰 불편과 혼란을 겪을 것이 예상됨에 따라, 다음과 같은 처분의 취소를 구하는 소를 제기함과 동시에 해당 처분의 효력을 정지를 구하는 집행정지 신청을 하였다.

① 변경신고 불수리 처분: 신청인이 2022. 5. 23. 한 가상자산 매매업을 추가하는 가상

---

[5] 금융정보분석원에서는 가상자산과 금전 간의 직접 교환뿐 아니라, 매개수단을 이용한 간접 교환의 경우 (가상자산↔◎↔금전)에도 은행 실명확인 입출금 계정이 필요하다고 판단하였다. 금융정보분석원, 2023.1.6.자 보도자료(https://www.kofiu.go.kr/kor/notification/report_view.do) 참조.
[6] 금융정보분석원, 2023.1.6.자 보도자료.

자산사업자 변경신고를 불수리하는 처분

② 서비스 종료명령: 신청인에 대해 2019년부터 운영해 오던 가상자산 연계 결제서비스를 2023. 2. 5. 24:00까지 종료할 것을 명령하는 처분

③ 각종 준수명령: 다음의 4가지 사항을 준수할 것을 명령하는 처분

— 2023. 2. 6.부터 관련 서비스가 종료될 예정임을 귀사 이용자 및 가맹점에게 즉시 공지하고, 이용자 및 가맹점 보호를 위해 필요한 조치를 마련·이행할 것

— 2023. 2. 6.부터 관련 서비스가 정상적으로 종료될 수 있도록 필요한 기술적 조치를 신속히 마련·이행할 것

— 귀사 및 계열회사가 보유한 가상자산의 임의 유통으로 인해 시장질서가 훼손되지 않도록 각별히 유의할 것

— 귀사 및 계열회사가 보유한 가상자산 수량과 이를 확인할 수 있는 지갑주소를 금융정보분석원에 지체없이 제출할 것

[대상결정]

서울행정법원은 이 사건 집행정지 신청은 부적법하므로 이를 각하하기로 결정하면서, 다음과 같이 결정이유를 설시하였다.

> 신청에 대한 거부처분의 효력을 정지하더라도 거부처분이 없었던 것과 같은 상태, 즉 거부처분이 있기 전의 신청시의 상태로 되돌아가는 데에 불과하고 행정청에게 신청에 따른 처분을 하여야 할 의무가 생기는 것이 아니므로, 거부처분의 효력정지는 그 거부처분으로 인하여 신청인에게 생길 손해를 방지하는 데 아무런 보탬이 되지 아니하여 그 효력정지를 구할 이익이 없다(대법원 2005. 4. 22.자 2005무13 결정). 이 사건 불수리 처분에 대하여 효력을 정지하더라도 변경신고를 수리한 것과 같은 효과가 나타나지 않고, 「특정 금융거래정보의 보고 및 이용 등에 관한 법률」의 관련 규정을 종합하여 볼 때 적법하게 신고가 수리되지 않은 상태를 그렇지 않은 경우와 같게 취급할 수 없음이 명백하여 비록 신청인이 2022. 5. 23. 변경신고를 한 후 이 사건 불수리 처분이 있기 전까지 변경신고의 내용과 같은 영업을 하고 있었다 하더라도 이는 사실상의 이익에 불과하기에 그와 같은 사정만으로 신청인이 주장하는 예외적으로 거부처분에 대한 효력정지 신청의 이익이 인정되는 경우라고 볼 수도 없으므로, 신청인에게 거부처분의 효력정지를 구할 이익이 없다.

신청인은 피신청인이 이 사건 불수리 처분과 같은 날 서비스 종료명령, 준수명령과 같은 처분을 하였다고 주장한다. 그러나 이는 이 사건 불수리 처분에 부수하여 이 사건 불수리 처분 후의 서비스 종료 시점과 이용자 보호를 위한 행정상의 안내 혹은 권고를 한 것으로 새로운 권리 내지 의무를 창설한 것으로 볼 수 없으므로, 이를 이 사건 불수리 처분과 독립된 처분으로 볼 수 없다.

[결정의 평석]

I. 사안의 쟁점

전세계적인 디지털화 추세에 따라 금융 분야는 그 기반 기술과 지향점을 달리하는 2가지 방향에서 급속하게 변화 중이다. 첫째, 초연결성(Hyperconnectivity)을 바탕으로 인공지능(AI), 빅데이터, 사물인터넷, 클라우드컴퓨팅 등의 첨단 정보통신기술이 경제 사회 전반에 융합되어 디지털 금융(Digital Finance)[7]의 혁신적 변화가 나타나고 있다. 둘째, 블록체인·분산원장 기술을 기반으로 한 스마트계약(Smart Contract)을 바탕으로 암호화폐(Cryptocurrency), 탈중앙화금융(De-Fi), 탈중앙화 자율조직(DAO: Decentralized Autonomous Organization) 등 디지털 자산(Digital Asset)의 생태계가 급속도로 확산하고 있다. 이러한 금융의 디지털화(Digitalization of Finance) 추세에 따라 현금·예금 등 계좌이체, 신용카드 등의 전통적인 지급수단 외에 간편결제 등으로 결제서비스 환경이 급격히 변화하고 있다. 특히, 최근 가상자산의 소유와 투자가 전세계적으로 보편화되면서[8] 가상자산을 실제 결제·소비 생활에서 활용하려는 국내외 사용자들의 수요가 증가하고 있다.

그러나, 우리나라에서 이러한 가상자산 거래나 가상자산 연계 결제서비스에 대한 행정법적 규율체계는 아직 미흡한 편이다. 2017년 국내에서 가상자산 발행(ICO: Initial Coin Offering) 및 금융권의 가상자산 관련 업무 수행을 금지하는 정부의 정책이 별도의 법적 근거 없이 행정지도 형식으로 발표된 이후, 자금세탁방지에 관한 국제기구인 FATF(Financial

---

7) 디지털금융에 관한 자세한 내용에 대해서는 금융위원회, 2020.7.26.자 보도자료, "「디지털금융 종합혁신방안」 발표 − 디지털금융의 혁신과 안정의 균형적인 발전을 위해 「전자금융거래법」의 전면 개편을 추진하겠습니다."(https://www.fsc.go.kr/no010101/74467) 참조.

8) 이창용 한국은행 총재는 금년 3월에 "우리나라 성인 중 16%(약 640만 명)가 가상자산(암호화폐) 계좌를 가지고 있다"라고 밝힌 바 있다(경향신문, 2023.3.23.자 기사 참조).

Action Task Force on Money Laundering)에서 가상자산을 이용한 자금세탁을 방지하고 테러 등 범죄자금 조달을 차단하기 위한 국제적 논의를 반영하는 차원에서 2021년 특정금융정보법을 개정하여 가상자산거래소를 주된 대상으로 하는 규제가 새로이 도입되었으며, 이는 2023년 현재 시행 중인[9] 가상자산에 관한 국내 유일의 행정작용법이다. 그러나, 특정금융정보법은 자금세탁과 테러자금조달 방지를 위한 규제에 관한 법률로서[10] 가상자산 관련 산업과 이용자 보호를 위한 행정상 규제에 관한 기본법 역할을 하기에는 근본적인 한계가 있다. 특히, 특정금융정보법 제7조에 따른 가상자산사업자 신고제가 사실상 허가제처럼 변질되어 운영될 우려에 대해서는 법실무에서 지속적으로 문제가 제기되고 있다.[11] 이는 가상자산에 관한 다른 행정작용법적 규제 근거가 없는 상황에서, 지난 정부에서 2017년 가상자산 관련 행정지도를 할 때 그러했던 것처럼 특정금융정보법의 규제를 활용하여 가상자산을 이용한 자금세탁방지 등의 목적을 넘어 가상자산 이용자보호, 금융안정 등의 다른 행정목적을 달성하려 할 때 주로 문제될 수 있다.

대상결정에서 피신청인은, 특정금융정보법에 따른 가상자산사업자 변경신고의 수리요건 (법 제7조제3항 각 호 및 제2조제1호 하목 등)의 판단에 대하여 일종의 요건재량 (또는 판단여지)가 있음을 전제로 (i) 가상자산과 선불전자지급수단의 '교환'을 가상자산의 매도·매수로 해석·적용하였을 뿐만 아니라, (ii) 가상자산과 금전의 직접 교환이 없음에도 매개수단(선불전자지급수단)을 통한 간접 교환의 경우에도 은행의 실명확인 입출금계정이 필요하다고 판단하여 신고 수리요건을 갖추지 못하였음을 이유로 신청인에게 신고 불수리처분과 함께 결제서비스 종료 등의 명령을 내린 것이다. 신청인은 피신청인의 처분에 재량권의 일탈·남용 등의 위법사유가 있음을 주장하며 각 처분의 취소를 구하는 소(본안소송)을 제기함과 동시에 해당 처분의 효력정지를 구하는 신청(집행정지 신청)을 한 사안이다. 그런데, 서울행

---

9) 윤석열 정부는 120대 국정과제 중의 하나로 투자자 신뢰를 토대로 가상자산 시장이 책임있게 성장하는 환경이 조성될 수 있도록 「디지털자산 기본법」을 제정하기로 하였으나 논의할 내용과 범위가 넓은 등의 이유로 아직 정부 내에서 논의 중인 것으로 보이며, 디지털자산 기본법에서 규율할 내용 중 "가상자산 이용자 자산의 보호와 불공정거래행위 규제 등에 관한 사항을 정함으로써 가상자산 이용자의 권익을 보호하고 가상자산시장의 투명하고 건전한 거래질서를 확립"하는 것을 목적으로 하는 「가상자산 이용자 보호 등에 관한 법률」(법률 제19563호, 2023. 7. 18.)이 제정되었으나, 시행일은 공포 후 1년이 경과한 날이므로(부칙 제1조), 우리나라는 2024년 7월경에야 비로소 가상자산 및 가상자산사업자를 직접 대상으로 하는 규제체계를 확보하게 되는 셈이다.

10) 특정금융정보법의 자금세탁방지제도로서의 법적 성격에 관한 구체적인 논의는, 이한진, "자금세탁방지제도로서의 혐의거래 보고 및 고액 현금거래 보고," 『행정법연구』 제16호, 2006 참조.

11) 대표적으로, 강현구/이동국, "가상자산사업자 신고(제7조)", 블록체인법학회, 『특정금융정보법 주해』, 2022, 162-164면 및 185-188면 등 참조.

정법원은 이에 대해 행정소송법상의 집행정지의 다른 요건에 대한 판단 없이 집행정지대상인 처분등이 아니거나 거부처분으로서 효력정지를 구할 신청의 이익이 없다고 보아 각하결정을 내렸다.

이하에서는, 대상결정에서 법원의 판단에 대한 분석과 함께 행정소송법 및 일반행정법 이론적 측면에서 검토를 통해 대상결정의 법리적 문제점을 살펴본다. 대부분 집행정지 결정에서는 상세한 이유가 제시되지 않는 경우가 많고[12] 대상결정도 그러하지만, 적어도 대상결정의 근간을 이루고 있는 사고는 '신고에 대한 행정청의 거부처분에 대해서는 행정소송법상 집행정지 신청의 이익을 인정할 수 없다'는 이유이다. 이러한 결정이유를 분석적으로 이해하기 위해서는 "거부처분 취소소송에서는 집행정지결정이 있어도 회복되는 원상이 없으므로 집행정지결정의 이익이 인정되지 않는다"는 대법원 판례의 일반론이 과연 타당한 것인지 라는 행정소송법적 문제와 함께, 설사 이러한 판례이론을 수긍하더라도 사인의 공법행위로서의 신청(허가제)의 경우와 신고의 경우 등을 구분하여 거부처분[13]에 대한 집행정지 신청의 이익을 인정할 필요는 없는지 등의 문제에 대해 상세하게 검토할 필요가 있다. 나아가, 금융행정법에서 가장 새롭고 매우 전문적·기술적인 분야인 가상자산 분야라고 하더라도 법치행정의 원리는 구현되어야 하고 권력분립의 원리를 들어 쉽사리 행정재판권의 한계를 인정할 수는 없다는 점에서도 대상결정에서 서울행정법원의 입장은 보다 면밀히 분석될 필요가 있다.

Ⅱ. 대상결정에 대한 분석 및 비판적 검토

행정소송법 제23조 제2항은 "취소소송이 제기된 경우에 처분 등이나 그 집행 또는 절차의 속행으로 인하여 생길 회복하기 어려운 손해를 예방하기 위하여 긴급한 필요가 있다고 인정할 때에는 본안이 계속되고 있는 법원은 신청인의 신청 또는 직권에 의하여 처분 등의 효력이나 그 집행 또는 절차의 속행의 전부 또는 일부의 정지를 결정할 수 있다."라고 규정하고 있고, 같은 조 제3항은 "효력정지는 공공복리에 중대한 영향을 미칠 우려가 있을 때에는 허용되지 아니한다."라고 규정하고 있다. 이러한 법문언과 대법원 판례에 따르면, 본건과 같은 처분의 효력정지가 내려지기 위해서는, (i) 집행정지 대상인 처분등의 존재,

---

12) 우미형, "행정소송법상 집행정지 절차의 원칙과 예외," 『행정법연구』 제67호, 2022 참조.
13) 행정소송법적 측면에서 거부처분의 유형화 필요성 등에 대해서는 박정훈, "거부처분과 행정소송 – 도그마틱의 분별력·체계성과 다원적 비교법의 돌파력," 『행정법연구』 제63호, 2020 참조.

(ii) 집행정지의 이익이 있을 것, (iii) 취소소송 등 본안소송이 적법하게 계속중일 것을 형식적 요건은 물론이고, (iv) 본안의 승소가능성, (v) 회복하기 어려운 손해발생을 예방하기 위하여 긴급한 필요가 있을 것, (vi) 공공복리에 중대한 영향을 미칠 우려가 없을 것이라는 실질적 요건까지 충족하여야 한다.

이하에서는 집행정지 요건 중 위 (i) 요건과 관련하여 특정금융정보법에 따른 가상자산사업자 변경신고가 이른바 수리를 요하는 신고인지 등에 대해 법적 성격을 분석하고, 본건에서 서비스종료명령 및 각종 준수명령이 변경신고 불수리처분과 독립적인 행정처분으로 볼 수 없는 것인지에 대해서도 살펴본다. 또한, 위 (ii)의 요건과 관련하여 수리를 요하는 신고제에서 불수리처분, 즉 신고수리 거부처분에 대해 허가제에서 허가신청의 거부처분과 마찬가지로 집행정지 신청의 이익이 인정되지 않는 것인지를 검토한다.

1. 가상자산사업자 변경신고제도 및 신고 불수리처분의 법적 성격

(1) 특정금융정보법 제7조[14]에 따른 신고제도 개요

특정금융정보법 제7조제1항, 같은 법 시행령 제10조의11제1항 및 제2항은 가상자산사업자(이를 운영하려는 자를 포함)는 상호 및 대표자의 성명, 사업자의 소재지, 연락처 등을 금

---

14) 「특정금융정보법」 제7조(신고) ① 가상자산사업자(이를 운영하려는 자를 포함한다. 이하 이 조에서 같다)는 대통령령으로 정하는 바에 따라 다음 각 호의 사항을 금융정보분석원장에게 신고하여야 한다.
  1. 상호 및 대표자의 성명
  2. 사업장의 소재지, 연락처 등 대통령령으로 정하는 사항
  ② 제1항에 따라 신고한 자는 신고한 사항이 변경된 경우에는 대통령령으로 정하는 바에 따라 금융정보분석원장에게 변경신고를 하여야 한다.
  ③ 금융정보분석원장은 제1항에도 불구하고 다음 각 호의 어느 하나에 해당하는 자에 대해서는 대통령령으로 정하는 바에 따라 가상자산사업자의 신고를 수리하지 아니할 수 있다.
  1. 정보보호 관리체계 인증을 획득하지 못한 자
  2. 실명확인이 가능한 입출금 계정[동일 금융회사등(대통령령으로 정하는 금융회사등에 한정한다)에 개설된 가상자산사업자의 계좌와 그 가상자산사업자의 고객의 계좌 사이에서만 금융거래등을 허용하는 계정을 말한다]을 통하여 금융거래등을 하지 아니하는 자. 다만, 가상자산거래의 특성을 고려하여 금융정보분석원장이 정하는 자에 대해서는 예외로 한다.
  3. 이 법, 「범죄수익은닉의 규제 및 처벌 등에 관한 법률」, 「공중 등 협박목적 및 대량살상무기확산을 위한 자금조달행위의 금지에 관한 법률」, 「외국환거래법」 및 「자본시장과 금융투자업에 관한 법률」 등 대통령령으로 정하는 금융관련 법률에 따라 벌금 이상의 형을 선고받고 그 집행이 끝나거나(집행이 끝난 것으로 보는 경우를 포함한다) 집행이 면제된 날부터 5년이 지나지 아니한 자(가상자산사업자가 법인인 경우에는 그 대표자와 임원을 포함한다)
  4. 제4항에 따라 신고 또는 변경신고가 말소되고 5년이 지나지 아니한 자

융정보분석원장에게 신고하도록 의무를 부과하면서 신고시 정관, 사업추진계획서, 정보보호관리체계인증 및 실명확인입출금계정에 관한 자료 등을 첨부하도록 하고 있다. 이는 신규로 가상자산사업(특정금융정보법 제2조제1호 하목 참조)을 하려는 경우 금융정보분석원장에게 사전신고를 하도록 규정하는 취지이다.

반면에, 특정금융정보법 제7조제2항에서는 이미 금융정보분석원장에게 사전신고 의무를 이행한 가상자산사업자가 신고한 사항이 변경된 경우에는 그 변경된 날부터 30일 이내에 변경신고서와 함께 그 변경사항을 증명하는 서류를 첨부하여 금융정보분석원장에게 신고하도록 하고 있다. 이는 신규 가상자산사업에 대한 사전신고 시와 달리, 금융정보분석원에서 이미 관리하고 있는 가상자산사업자에 대해서는 사후신고(또는 사후보고[15])를 하도록 규정한 것으로 이해된다. 그런데, 특정금융정보법의 법령보충적 행정규칙인 「특정 금융거래 보고 및 감독규정」(금융정보분석원고시, 이하 "보고감독규정") 제27조제2항 및 별지 제4호 서식에서는 특정금융정보법 제7조제1항에 따른 신규 신고와 같은 조 제2항에 따른 변경신고의 신고서 양식 및 첨부서류 등을 동일하게 규정하고 있으며, 금융정보분석원은 원칙적으로 신고서 접수일부터 일정 기간(신규 신고시 3개월, 변경신고시 45일) 내에 <u>신고수리 여부를 통지</u>하도록 하고 있다.

그런데, 특정금융거래법 제7조제3항은 "금융정보분석원장은 <u>제1항에도 불구하고</u> (신고불수리사유에 해당하는 경우에는) 가상자산사업자의 <u>신고를 수리하지 아니할 수 있다</u>"고 규정하면서, 그 신고불수리사유로 정보보호관리체계인증 또는 은행의 실명확인입출금계정을 갖추지 못한 경우, 금융관련법령을 위반하여 벌금형 이상의 형사처벌을 받은 경우 등을 들고 있다.(이상 밑줄은 필자가 삽입) 따라서, 특정금융거래법 제7조 및 보고감독규정에 따른 신고서식 등을 종합하면, 특정금융정보법 제7조제1항에 따른 가상자산사업자의 신고는 「행정기본법」 제34조에 따른 "법령등으로 정하는 바에 따라 행정청에 일정한 사항을 통지하여야 하는 신고로서 법률에 신고의 수리가 필요하다고 명시되어 있는 경우", 즉 '수리를 요하는 신고'에 해당하므로 이 경우에는 행정청인 금융정보분석원장이 수리하여야 효력이 발생한다고 해석된다.[16] 문제는, 본건과 같이 특정금융정보법 제7조제2항에 따른 변경신고

---

15) 이처럼 사업이 이미 진행되는 상황에 대해 사후적으로 금융당국에 알리도록 하는 경우, 대부분의 금융관련법령에서는 '보고'라는 용어를 쓰는 것이 일반적이다(예: 「외국환거래법」 제16조 및 제18조 제1항 단서, 「은행법」 제52조, 「자본시장과 금융투자업에 관한 법률」 제40조 제1항 등). 반대로, 사전에 그 상황을 금융당국에 알리도록 의무를 부과하는 경우에는 '신고'라는 용어를 쓰는 것이 대부분이다(예: 「외국환거래법」 제16조 및 제18조 제1항 본문, 「자본시장과 금융투자업에 관한 법률」 제119조, 「여신전문금융업법」 제46조의2 등).

16) 반대의견: 강현구/이동국, 앞의 책, 173-182면에서는 「특정금융정보법」 제7조 제1항에 따른 가상자산사

의 경우도 수리를 요하는 신고로 볼 수 있는지가 문제된다.

(2) 특정금융정보법상 사후신고를 '수리를 요하는 신고'로 볼 수 있는지 여부

이 사건에서는 특정금융정보법 제7조제1항에 따라 가상자산 지갑서비스를 하는 사업자로 이미 신고한 신청인이 가상자산 매매업으로 하는 경우를 추가한 것에 대해서 같은 조 제2항에 따른 변경신고가 적용된다고 보아 그 매매업을 영위한 날로부터 30일 이내에 피신청인에게 변경신고를 하였는데 실명확인입출금계정에 관한 신고요건을 갖추지 못했다는 사유로 이를 불수리처분한 것이 쟁점이 된 것이다. 문제는, 가상자산사업자가 사후에 변경신고를 한 경우에 대해서도 신규 사업을 위해 사전신고를 하는 경우와 마찬가지로 보아, 금융정보분석원장은 특정금융정보법 제7조제3항에 따른 불수리사유를 심사하여 그 요건에 해당한다고 판단되면 변경신고의 수리를 거부할 수 있는지 여부이다. 이 문제에 대해서 기존에 법실무에서나 법이론적으로 검토된 바는 없는 것으로 보이지만, 다음과 같은 이유에서 가상자산사업자 변경신고의 경우에는 불수리사유를 심사하여 그 수리를 거부할 수는 없다고 해석되어야 할 것으로 생각된다.

① 첫째, 가상자산사업자 변경신고에도 특정금융정보법 제7조제3항이 적용된다고 보는 것은 법률의 문언에 반하는 해석이 된다. 특정금융정보법 제7조제3항 각 호 외의 부분에서는 "금융정보분석원장은 <u>제1항</u>에도 불구하고 … 가상자산사업자의 <u>신고</u>를 수리하지 아니할 수 있다"고 규정하고 있는바, 신규 가상자산사업자의 사전신고에 관한 제7조제1항 외에 기존 가상자산사업자의 변경신고에 관한 제7조제2항이 적용되는 것으로 규율하고자 하였다면, "금융정보분석원장은 <u>제1항 및 제2항</u>에도 불구하고 … 가상자산사업자의 <u>신고(변경신고를 포함한다)</u>를 수리하지 아니할 수 있다"라고 규정되었어야 하기 때문이다. (밑줄은 필자가 삽입)

② 둘째, 특정금융정보법에서 변경신고를 사후신고제 또는 사후보고제로 규정한 취지에도 반한다. 앞서 살펴본 바와 같이, 특정금융정보법 제7조제3항이 가상자산사업자 신고에 적용된다는 것의 행정법상 의미는, 가상자산사업자 변경신고도 행정기본법 제34조에서 정하는 '수리를 요하는 신고'라는 것이다. 그런데, 변경신고의 경우 그 변경된 날부터 30일

업자의 신고를 「행정절차법」 제40조에서 규정한 '자기완결적 신고'로 보면서, 같은 조 제3항의 신고불수리사유나 그 밖의 신고요건에 실체적 심사를 할 사항이 없다는 이유를 들고 있다. 그러나, 자금세탁방지제도 실무상 은행의 실명확인입출금계정을 갖추었는지 여부나 정보보호관리체계 인증을 획득하였는지 등의 신고수리요건은 가상자산을 이용한 자금세탁 등을 방지하기 위한 전문적·기술적 사항으로서 단순히 형식적 심사대상이라고 보기는 어려우므로 이러한 반대의견에는 의문이 있다.

이내에 신고를 하도록 하고 있기 때문에 가상자산사업자는 변경신고서에 기재된 내용대로 이미 사업을 영위하고 있는 상황이다. 이 때, 금융정보분석원(행정청)에서 변경신고를 "수리하여야 효력이 발생한다"고 해석한다면, 변경신고 내용대로 자유로이 사업을 영위하고 있는[17] 가상자산사업자들은 행정청의 수리 전에는 행정기본법상 적법하고 유효하게 신고된 것인지 아닌지 알 수 없는, 일종의 유동적 무효(流動的 無效) 상태에 놓이게 된다. 이렇게 법제도가 해석·운용된다면, 가상자산사업자들은 그 유동적 무효 상태의 법률적 리스크를 방지하는 차원에서 변경신고 전에는 신규 사업을 영위하려는 경우처럼 변경사업을 개시하거나 영위하지 않고 금융정보분석원의 신고수리가 내려지기를 기다려야 하겠지만, 이 경우 사후신고인 변경신고의 기산일인 "신고된 사항이 변경된 날"(특정금융정보법 제10조의11제3항)의 의미가 확정되지 않는 문제가 발생한다.

사실, 입법론적으로 본다면 본건과 같이 지갑서비스사업을 하는 가상자산사업자가 가상자산 매매업을 추가한 경우라면, 특정금융정보법 제7조제2항에 따른 변경신고(사후신고) 제도가 적용되어야 할 것이 아니라 같은 조 제1항에 따른 신규 신고(사전신고)가 적용되는 것이 자금세탁방지 측면에서는 타당하다고 할 것이다.[18] 왜냐하면, 가상자산과 금전의 교환 등이 없기 때문에 자금세탁의 위험성이 상대적으로 낮은 지갑서비스사업에 비해 가상자산 매매업을 수행하는 것은 그 위험성이 크다고 볼 수 있는데, 현행 특정금융정보법 제7조제2항에서는 변경신고의 요건으로 "제1항에 따라 신고한 자는 신고한 사항이 변경된 경우"라고만 규정하여 새로 가상자산매매업을 하려는 자에게 불수리사유 등 엄격한 요건이 적용되는 신규 신고를 하기보다는, 지갑서비스사업이나 그 밖의 거래업자로 우선 신규 신고하고 가상자산매매업으로 추가 신고(변경신고)할 유인을 제공하기 때문이다. 이 사건에서, 피신청인 측은 이러한 정책적 난점을 해소하기 위해 변경신고에 대해서도 법 제7조제3항의

---

17) 「특정금융정보법」 제17조에서는 (i) 제1항에서 "제7조 제1항을 위반하여 <u>신고를 하지 아니하고 가상자산거래를 영업으로 한 자</u>"를 5년 이하의 징역, 5천만원 이하의 벌금에 처하고 있으며, (ii) 제2항에서는 "제7조제2항을 위반하여 <u>변경신고를 하지 아니한 자</u>"를 3년 이하의 징역, 3천만원 이하의 벌금에 처하고 있다. (밑줄은 필자가 삽입) 다시 말해서, 신규 가상자산사업에 관한 사전신고의 경우에는 '미신고행위'만으로는 처벌하지 않고 실제로 '가상자산거래 영업행위'를 한 경우에만 형사처벌의 구성요건에 해당하는 것에 비해, 기존 가상자산사업자의 변경신고에 대해서는 '미신고행위'만으로 형사처벌의 구성요건에 해당한다. 이는 변경신고의 경우 사후신고이므로 가상자산사업자로서는 신고수리 여부와 관계없이 스스로 변경신고한 '가상자산거래 등에 관한 영업행위'를 자유로이 할 수 있다는 것을 전제하고 있기 때문이다.

18) 이러한 입법론에 따르면, 제7조 제2항의 변경신고 제도는 금융정보분석원에 신고된 가상자산사업자가 다른 가상자산사업을 추가하려는 경우에는 적용되지 않도록 하고, 기존에 신고한 사항에 경미한 변동이 발생한 경우로 한정하여 그 제도가 운용되어야 할 것으로 보인다.

신고불수리사유가 적용되는 수리를 요하는 신고라고 해석한 것으로 보이지만, 이러한 합목적적 해석방법은 앞서 살펴본 바와 같이 기존 가상자산사업자가 사업을 추가하려는 경우에 대해 법적 안정성을 저해하는 결과를 가져오게 된다.

결국, 정부에서 특정금융정보법을 통해 가상자산을 이용한 자금세탁 방지 등의 규제적·정책적 목적을 달성하고자 하는 경우에도, 법 제7조제2항의 변경신고는 "행정청에 일정한 사항을 통지함으로써 의무가 끝나는 신고", 즉 '자기완결적 신고'로 보아 행정절차법 제40조에 따르는 것으로 이해하는 것이 법적으로 바람직하다고 생각된다.

(3) 대상결정에서 법원의 입장

이 사건에서 서울행정법원은 "이 사건 불수리 처분에 대하여 효력을 정지하더라도 변경신고를 수리한 것과 같은 효과가 나타나지 않고, 「특정 금융거래정보의 보고 및 이용 등에 관한 법률」의 관련 규정을 종합하여 볼 때 적법하게 신고가 수리되지 않은 상태를 그렇지 않은 경우와 같게 취급할 수 없음이 명백하여 비록 신청인이 2022. 5. 23. 변경신고를 한 후 이 사건 불수리 처분이 있기 전까지 변경신고의 내용과 같은 영업을 하고 있었다 하더라도 이는 사실상의 이익에 불과"하다고 판단하여, 특정금융정보법 제7조제2항에 따른 변경신고가 행정기본법 제34조가 적용되는 수리를 요하는 신고인지 등에 대해 일정한 견해를 표명하고 있다.

① "이 사건 불수리처분에 대해 효력을 정지하더라도 변경신고를 수리한 것과 같은 효과가 나타나지 않"는다는 설명만으로는, 법원에서 가상자산사업자 변경신고를 수리를 요하는 신고로 보고 있는지 아니면 자기완결적 신고로 판단하였는지는 다소 불명확하다. 자기완결적 신고의 경우에 그 불수리처분은 (특히, 실체법적 처분 개념에 따를 경우) 행정소송법상 집행정지의 대상이 되는 "처분등"에 해당하지 않는다고 해석될 수도 있기 때문이다.

② 문제는 "특정금융정보법의 관련 규정을 종합하여 볼 때 적법하게 신고가 수리되지 않은 상태를 그렇지 않은 경우와 같게 취급할 수 없음이 명백"하다고 단정한 부분이다. 앞서 자세히 살펴본 바와 같이, 가상자산사업자 변경신고를 특정금융정보법 제7조제3항에 따른 불수리사유를 판단하는 수리를 요하는 신고로 보지 않는 이상, 변경신고가 적법하게 수리되지 않은 상태와 그 변경신고가 적법하게 수리된 상태를 '명백하게' 달리 취급할 근거는 없기 때문이다. 자기완결적 신고의 경우에는 행정절차법 제40조제2항에 따라 신고서의 기재사항에 흠이 없고, 필요한 구비서류가 첨부되어 있는 등 법령등에 규정된 형식상의 요건에 적합하면 신고서가 접수기관에 도달된 때에 신고의무는 이행된 것으로 간주된다.

③ 나아가, "신청인이 변경신고를 한 후 이 사건 불수리 처분이 있기 전까지 변경신고의

내용과 같은 영업을 하고 있었다 하더라도 이는 사실상의 이익에 불과"한 것으로 볼 수 있는지 의문이다. 설령, 가상자산사업자 변경신고가 수리를 요하는 신고라고 보아 행정청의 수리가 있어야만 그 효력이 발생한다고 보더라도, 특정금융정보법 제7조제2항의 변경신고는 '사후신고'이기 때문에 신고수리 여부를 행정청에서 판단하기 전의 가상자산거래에 관한 영업은 자유로이 수행할 수 있는 것이다. 따라서, 이 사건에서는 신고불수리 처분에 의해 비로소 그 자유로운 영업이 제한되는 결과가 발생하므로, 그 불수리처분의 효력정지를 구하는 신청인에 대해 '법률상 이익'을 인정하는 것이 자연스럽다.

(4) 소결

이러한 분석결과를 종합해 보면, 서울행정법원은 특정금융정보법 제7조제2항에 따른 가상자산사업자 변경신고에 대해서도 (i) 같은 조 제3항에 따른 불수리사유에 대한 실질적 심사가 이루어지는 '수리를 요하는 신고'로 보고, (ii) 변경신고가 '사후신고'라는 성격에도 불구하고 같은 조 제1항에 따른 신규 가상자산사업의 사전신고제도와 유사하게 법적 판단을 내린 것으로 보이지만, 이러한 법원의 판단이 과연 현행 특정금융정보법에 대한 문리적·체계적 해석 등의 결과인지에 대해서는 좀 더 고민이 필요해 보인다.

2. 서비스 종료명령 등이 신고 불수리처분과 별도의 독립된 처분인지 여부

(1) 문제의 소재

본건에서 금융정보분석원(피신청인)은 신청인에게 가상자산사업자 변경신고 불수리처분과 함께 일정 기한 내에 가상자산 연계 결제서비스를 종료할 것과 이용자·가맹점 보호 등을 위한 각종 사항을 준수할 것을 명령하였다. 이러한 서비스 종료명령 및 각종 준수명령이 신고 불수리처분과 별도의 독립된 처분인지 문제가 된다. 본건 불수리처분이 일종의 수익적 행정행위의 거부처분으로서의 형식을 가짐에 비해, 서비스 종료명령 및 이 사건 준수명령을 별도의 처분으로 구성하게 되면 신청인의 영업의 금지를 명하는 침익적 행정처분(강학상 下命)으로 볼 수 있어 아래 3.항에서 살펴볼 대법원 판례의 일반론의 적용이 문제되지 않는다는 점에서 논의의 실익이 있다.

(2) 대상결정에서 법원의 입장

서울행정법원은 서비스 종료명령 및 각종 준수명령에 대하여 "이는 이 사건 불수리 처분에 부수하여 이 사건 불수리처분 후의 서비스 종료 시점과 이용자 보호를 위한 행정상의 안내 혹은 권고를 한 것으로 새로운 권리 내지 의무를 창설한 것으로 볼 수 없으므로, 이를 이 사건 불수리 처분과 독립된 처분으로 볼 수 없다"고 판단하였다.

(3) 대상결정에 대한 검토

대상결정은 항고소송과 집행정지 제도를 통한 국민의 권리구제라는 측면에서나 현행 특정금융정보법 등에 대한 체계적 해석 등의 측면에서 다음과 같은 의문이 있다.

① 행정소송법상의 처분 개념에 관하여 종래 실체법상 개념설과 쟁송법상 개념설이 학설상 대립되고 있지만, 본건의 경우에는 어떠한 견해에 의하더라도 행정청인 금융정보분석원장의 공권력 행사로서 국민에 대하여 권리제한 또는 의무부담을 명하는 것으로 해석하지 않을 이유가 크지 않다. 특히, 처분 개념을 넓게 파악하는 대법원의 지도적인 판결례[19]에서 지적하는 바와 같이, "행정청의 어떤 행위를 행정처분으로 볼 것이냐의 문제는 추상적·일반적으로 결정할 수 없고, 구체적인 경우 행정처분은 행정청이 공권력의 주체로서 행하는 구체적 사실에 관한 법집행으로서 국민의 권리의무에 직접 영향을 미치는 행위라는 점을 고려하고 <u>행정처분이 그 주체, 내용, 절차, 형식에 있어서 어느 정도 성립 내지 효력요건을 충족하느냐에 따라 개별적으로 결정하여야 하며, 행정청의 어떤 행위가 법적 근거도 없이 객관적으로 국민에게 불이익을 주는 행정처분과 같은 외형을 갖추고 있고, 그 행위의 상대방이 이를 행정처분으로 인식할 정도라면 그로 인하여 파생되는 국민의 불이익 내지 불안감을 제거시켜 주기 위한 구제수단이 필요한 점에 비추어 볼 때</u> 행정청의 행위로 인하여 그 상대방이 입는 불이익 내지 불안이 있는지 여부도 그 당시에 있어서의 법치행정의 정도와 국민의 권리의식 수준 등은 물론 행위에 관련한 당해 행정청의 태도 등도 고려하여 판단하여야" 할 것으로 본다. (밑줄은 필자가 삽입)

② 특히, 대상결정에서는 특정금융정보법상 변경신고 불수리처분이 내려지면 가상자산사업자에게 서비스 중단명령과 각종 준수명령이 부수적으로 이루어지게 된다고 전제하고 있으나 이러한 법리 구성에는 의문이 있다. 가상자산사업자 변경신고를 수리를 요하는 신고로 이해하는 경우에도 불수리처분 전에 자유로이 영위하던 영업을 종료하는 법적 효과가 그 처분으로 직접 부여된다거나 불수리처분에 부수되는 법률상 의무이행을 행정상 강제하는 내용은 특정금융정보법, 행정대집행법[20], 그 밖의 어떠한 행정법규에도 두고 있지

---

19) 대법원 1993. 12. 10. 선고 93누12619 판결.

20) 「행정대집행법」 제2조에 따른 대집행의 대상이 되는 의무는 "법률에 의하여 직접명령되었거나 또는 법률에 의거한 행정청의 명령에 의한 행위로서 타인이 대신하여 행할 수 있는 행위"를 의무자가 불이행하는 경우, 즉 대체적 작위의무(代替的 作爲義務)에 한정되므로, 본건과 같이 변경신고에 대한 불수리

아니하다. 따라서, 가상자산사업자에게 별도로 명령을 내릴 수 있는 법적 근거가 없는 이상, 변경신고 불수리처분에 따라 발생하는 부작위 등의 의무는 행정벌인 특정금융정보법 제17조제2항에 따른 형사처벌 규정에 따라 심리적으로 압박에 의하여 그 의무이행이 간접적으로 강제된다고 해석된다.

③ 그런데, 특정금융정보법 제15조 제1항은 "금융정보분석원장은 … (가상자산사업자를 포함한) 금융회사등이 수행하는 업무를 감독하고, 감독에 필요한 명령 또는 지시를 할 수 있다"는 포괄적 감독권한의 법적 근거를 규정하고 있다. 앞서 자세히 살펴본 바와 같이 가상자산사업자 변경신고의 경우 사후신고이기 때문에, 가상자산사업자가 변경된 사업을 영위하는 과정에서 불수리 여부를 결정하게 되는데, 만일 불수리처분의 법적 효과로 곧바로 변경된 사업을 중단해야 한다면 그에 따른 사업상 혼란과 함께 이용자·가맹점 등 이해관계자간 법적 분쟁 등 여러 문제가 발생할 수 있다. 특정금융정보법에서는 "변경신고가 불수리되면 곧바로 가상자산사업을 중단해야 한다"는 등의 규정을 두는 대신에 금융정보분석원장에게 포괄적인 감독권한에 기한 명령·지시를 할 수 있는 법적 근거를 마련함으로써, 해당 조항에 근거하여 불수리처분을 하면서 변경신고된 사업에 대하여 그 중단의 범위·내용·시기 등을 개별적·구체적으로 정할 수 있도록 하였다고 봄이 타당하다. 본건의 경우, 특정금융정보법 제15조에 따라 가상자산 지갑서비스를 하는 가상자산사업자인 신청인[21])에게 감독상 필요한 명령으로 서비스 종료명령과 이 사건 준수명령을 한 것으로 이해될 수 있다.

(4) 소결

요컨대, 본건 서비스 종료명령과 각종 준수명령은 신청인의 영업종료 및 그에 따른 부수적 조치의 이행을 명하는 침익적 행정처분으로서, 행정소송법상 효력정지를 구할 수 있는 전형적인 처분이며 집행정지의 대상에 해당한다고 생각된다. 그러나, 서울행정법원은 대상결정에서 이를 신고 불수리 처분에 부수하여 서비스 종료 시점과 이용자 보호를 위한 행정상의 안내·권고에 불과한 것으로 보아 국민의 권리구제에 미흡한 결과를 초래한 것으로 보인다. 따라서, 이하에서는 가상자산사업자 변경신고 불수리처분의 효력정지를 구하는 것

처분으로 발생하는 일종의 부작위의무·수인의무는 행정대집행법에 따라 강제될 수 없다.

21) 만일, 본건에서 신청인이 신규 가상자산사업의 사전신고를 한 경우로서 「특정금융정보법」 제15조에 따른 감독상 명령·지시의 직접상대방이 되는 "금융회사등"(가상자산사업자 포함)에도 해당되지 않는 일반 기업이었다면, 피신청인인 금융정보분석원에서 신고 불수리처분과 함께 서비스 종료명령 및 각종 준수명령을 내릴 수는 없었을 것이다. 이러한 경우, 금융정보분석원 등 금융당국에서는 형사처벌 규정(본건에서는 「특정금융정보법」 제17조)을 근거로 수사당국에 고발 등의 조치를 하게 될 것이다.

이 집행정지 신청의 이익이 있는지 여부가 관건이 된다.

3. 신고수리 거부처분에 대한 집행정지 신청의 이익을 인정할 것인지 여부

(1) 대상결정에서 법원의 입장 및 문제점

대상결정에서 서울행정법원은 본건 신고 불수리처분의 경우 피신청인이 신청인의 영업행위를 불허하는 신청에 대한 거부처분과 같다는 전제에서, "<u>신청에 대한 거부처분의 효력을 정지하더라도 거부처분이 없었던 것과 같은 상태, 즉 거부처분이 있기 전의 신청시의 상태로 되돌아가는 데에 불과하고 행정청에게 신청에 따른 처분을 하여야 할 의무가 생기는 것이 아니므로, 거부처분의 효력정지는 그 거부처분으로 인하여 신청인에게 생길 손해를 방지하는 데 아무런 보탬이 되지 아니하여 그 효력정지를 구할 이익이 없다</u>(대법원 2005. 4. 22.자 2005무13 결정)"는 대법원 판례이론을 근거로 집행정지가 부적법하다고 보았다. (밑줄은 필자가 삽입)

그런데, 이러한 대상결정 및 그 근거가 되는 대법원 판례이론에 대해서는 헌법 제27조 제1항에 따라 공백없는 권리구제를 보장하여야 한다는 측면에서 행정소송에도 「민사집행법」에 따른 가처분을 인정해야 한다는 등의 해석론이 있고, 독일 행정법원법에서와 같은 가명령 제도를 도입하여야 한다는 입법론도 지속적으로 제기되어 왔다.[22] 그러나, 이러한 민사가처분을 인정하는 해석론에 대해서는 대법원에서 오래전부터 부정적인 입장을 취하고 있고[23], 「행정소송법」에 가처분을 도입하는 것에 대해서도 권력분립의 원리에 기반한 행정의 선결권 침해 문제, 의무이행소송 · 예방적 금지소송의 병행도입 문제 등을 이유로 아직까지 도입이 이루어지지 않고 있다.

그런데, 대상결정에서는 앞서 살펴본 바와 같이 신고 불수리처분 뿐만 아니라 서비스 종료명령 및 각종 준수명령에 대해서도 불수리처분에 부수한다는 안내 · 권고에 불과하다는 이유를 들어 집행정지의 대상인 "처분등"으로도 인정하지 않았다. 결국, 현행 행정소송법에 따른 집행정지 제도에서 이러한 권리구제의 공백상태를 해소하기 위해서는, 아래에서 자세히 살펴보는 바와 같이 (i) 대법원의 판례이론에 대한 적극적 해석을 도모하거나, (ii) 허가제 · 신고제 등 거부처분에 대한 보다 세분화된 유형화 작업 등을 통해 대법원 판례이

---

22) 이에 대한 상세한 논의는, 이진형, 『독일 행정소송에서의 가구제에 관한 연구』, 서울대학교 박사학위논문, 2021 참조.

23) 대법원 1961. 11. 20. 4292행상2 결정; 대법원 1980. 12. 22.자 80두5 결정; 대법원 1992. 7. 6.자 92마54 결정; 대법원 2011. 4. 18.자 2010마1576 결정 등.

론의 적용범위를 제한하는 방법을 시도하는 수밖에 없다.

(2) 거부처분 이전의 상태로 돌아가는 것만으로도 '법적 이익'이 있다고 인정되는 경우

우선, 대법원 판례이론이 모든 거부처분에 대하여 집행정지 신청의 이익을 획일적으로 부정한 것으로 볼 수 있는지를 생각해 볼 필요가 있다. 대법원이 거부처분에 대한 집행정지 신청의 실익이 없다고 설시한 이유는, 우리 행정소송법상 효력정지 제도는 행정처분이 없었던 것과 같은 상태를 만드는 것일 뿐 그 이상으로 행정청에 대하여 어떠한 처분을 명하는 등 적극적으로 특정한 상태를 만들어내는 것이 아니고, 행정청이 당해 신청에 따른 처분을 하여야 할 의무를 부담하는 것도 아니므로, 신청이 거부됨으로써 신청인이 입게 될 손해를 피하는 데 아무런 보탬이 되지 않는다는 논리적 근거에서 비롯된 것이기 때문이다. 따라서, 개별 거부처분의 구체적 성격과 효력, 내용에 따라 거부처분에 대한 효력정지가 단순히 거부처분이 있기 전의 신청 시의 상태로 복귀시키는 것만을 의미하는 것이 아니고, 거부처분이 있기 전의 상태로 돌아가는 것만으로도 신청인에게 생길 손해를 방지하는 데 실익이 있다면 효력정지 신청을 구할 이익이 충분히 존재한다고 보아야 할 것이고, 이러한 해석이 대법원 판례이론에 반한다고 보기도 어렵다.

이는 법원에서 발간한 여러 책자에서도 동일하게 설명되고 있다. 우선, 법원행정처가 발간한 책자에서는 "거부처분에 관한 집행정지신청이 부적법하다고 보는 이유가 그 거부처분의 효력을 정지하더라도 신청인이 의도한 효과를 달성할 수 없기 때문이므로, 거부처분의 집행정지, 즉 거부처분이 있기 전의 상태로 돌아가는 것만으로도 법적 이익이 있다고 인정되는 때에는 거부처분에 관한 집행정지신청이 부적법하다고 할 것은 아니다"라고 설명하고 있다.[24] 또한, 서울행정법원에서 발간한 책자에서도 "모든 거부처분에 대해서 집행정지신청의 이익이 없다고 볼 것은 아니고, 거부처분의 성질에 따라 효력정지만으로도 목적한 바를 달성할 수 있다면 예외로 신청의 이익을 인정하여 집행정지를 인정할 수 있을 것이다"라고 설명하고 있다. 나아가, 집행정지 신청의 이익을 인정할 수 있는 예외적인 경우로 ① 재허가신청 거부처분에서 그 근거 법령에 재허가신청 거부시까지 종전의 허가의 효력이 지속된다는 규정이 있는 경우, ② <u>허가의 성질이 실질에 있어서 신고에 불과하고 불허가처분은 실질에 있어 금지처분으로서의 성질을 갖는 경우</u>, ③ 응시원서 접수 거부처분과 같은 경우, ④ 인허가 등에 붙인 기간을 갱신기간으로 볼 수 있는 경우, ⑤ 외국인의 체류연장신청거부와 같은 경우 등이 예시로 들고 있으며[25] (밑줄은 필자가 삽입), 이는 다수

---

24) 법원행정처, 『법원실무제요 행정』, 2016, 293-294면.
25) 서울행정법원 실무연구회, 『행정소송의 이론과 실무』, 개정판, 2013, 174면.

의 행정법학자[26] 및 재판실무가[27]의 태도도 같은 것으로 생각된다. 나아가, 국내 하급심 판례 중에도 거부처분에 대하여는 효력정지의 이익이 없다는 대법원 판례의 원칙적 입장을 따르면서도 구체적 사안을 개별적으로 판단하여 거부처분에 대한 효력정지 신청을 인정한 다수의 선례가 있다.[28]

본건의 경우, 변경신고 불수리처분이 없던 상태로 돌아가는 것만으로도 신청인에게 중요한 '법적 이익'이 다음과 같이 존재하는 것으로 생각된다.

① 무엇보다도 변경신고 불수리처분의 효력이 정지된다면, 신청인은 이 사건 불수리처분이 없던 상태로 돌아가 여전히 이 사건 사업을 계속 영위할 수 있는 법적 이익이 있다고 할 수 있다. 앞서 살펴본 바와 같이 가상자산사업자 신규로 신고하는 경우와 달리 기존의 가상자산업자가 하는 변경신고는 사후신고이므로, 신고사항을 변경한 뒤 변경신고가 불수리될 때까지는 변경신고된 내용에 따른 영업이 가능하다. 따라서 변경신고 불수리처분의 효력이 정지된다면, 가상자산 지갑서비스를 영업으로 하는 가상자산사업자로 이미 신고한 신청인은 불수리처분이 없던 상태로 돌아가 이 사건 사업을 영위할 수 있게 되는 것이다.

② 가상자산사업자 변경신고 불수리처분과 함께 이루어진 서비스 종료명령 및 각종 준수명령 뿐만 아니라 변경신고의무 미이행시의 행정제재 및 형사처벌 규정(특정금융정보법 제17조제2항 등)까지 고려하면, 더욱더 집행정지를 구할 신청의 이익이 인정되어야 할 것으로 보인다. 다시 말해서, 이 사건 불수리처분의 효력을 정지하지 않으면, 신청인은 후속 제재처분 및 형사처벌까지도 받게 될 현실적·구체적 위험이 존재하게 되는바, 집행정지가 이루어지지 않으면 신청인은 이 사건 불수리처분의 위법성을 다투어 보지도 못한 채 영업을 전면 종료하여야 하고, 만약 종료하지 않으면 또다시 후속 제재처분의 취소 및 효력정지를 구하여야 하며, 형사기소되어 형사재판 절차를 거쳐야 하기 때문이다.

---

26) 김남진/김연태, 『행정법 I』, 제23판, 2019, 878면; 박균성, 『행정법론(상)』, 제18판, 2019, 910면; 홍정선, 『행정법원론(상)』, 제27판, 2019, 1130면; 홍준형, 『행정법』, 2011, 904면 등.

27) 서태환, "행정소송에서 있어서의 효력정지요건", 『사법연수원 논문집』 제5집, 2008, 416-417면; 성백현, "항고소송에서의 임시구제", 『행정소송법 개정자료집(I)』, 2007, 492면 등 참조.

28) (i) 1차시험 불합격처분에 대한 효력정지신청을 인용한 서울행정법원 2003. 1. 14.자 2003아957 결정, (ii) 한약사국가시험 응시원서 반려처분에 대한 효력정지신청을 인용한 서울행정법원 2000. 2. 18.자 2000아120 결정, (iii) 신입생 정시모집 1단계 전형 불합격 처분에 대한 집행정지 신청을 인용한 서울행정법원 2003. 1. 14.자 2003아95 결정, (iv) 공립유치원 임용후보자선정 경쟁시험시행계획 변경공고에 대한 효력정지 신청을 인용한 서울행정법원 2012. 12. 21.자 2012아4013, 4212 결정 등.

(3) 거부처분에 대한 집행정지에서 허가제와 신고제를 구분할 필요성

대상결정에서 서울행정법원은 앞서 1.항에서 자세히 살펴본 바와 같이, 본건 가상자산사업자 변경신고(법 제7조제2항)에 대해 특정금융정보법상의 문언 등과는 관계 없이 신규 가상자산사업에 관한 사전신고(법 제7조제1항)의 경우와 마찬가지로 제7조제3항의 불수리사유를 심사하는 수리를 요하는 신고로 보고 있다. 나아가, 수리를 요하는 신고가 허가제에서의 신청과 사실상 동일하다는 전제에서 "신청에 대한 거부처분"에 관한 대법원 판례이론을 그대로 적용하고 있다. 그런데, 수리를 요하는 신고는 그 모호한 정체성으로 인하여 진입규제수단으로서의 자기완결적 신고 및 허가·등록과의 관계에서 그 정확한 위치를 가늠지우기 어려운 것이 현실이라는 지적이 있지만[29], 적어도 사인의 공법행위로서 신고와 신청을 사실상 동일하게 보고, 입법자가 신고제와 허가제로 구분하여 규정한 취지와 달리 해석하는 것이 정당화될 수 있는지는 의문이 든다.

특히, 특별행정법 분야에서 허가제에는 강학상 특허·인가·허가를 다양하게 포함하는 개념으로서 대체로 재량행위인 경우가 많지만, 수리를 요하는 신고는 사인의 공법행위로서 신고의 성질에 비추어 신고요건을 충족하면 신고의 대상이 되는 행위를 할 수 있는 것으로 보아야 하므로 특별한 사정이 없으면 원칙적으로 기속행위로 보아야 한다. 따라서, 수리를 요하는 신고를 변형된 허가 내지는 완화된 허가로 보면서도, 수리를 요하는 신고는 허가와는 달리 기속행위로 보아야 하고, 신고 불수리사유에 해당하지 않는 한 행정청에게 수리하지 아니할 수 있는 재량이 부여되었다고 볼 수 없다고 보아야 한다. 신고제의 근본 취지는 허가제보다 규제를 완화하여 민간부문에 영업의 자유 등 기본권을 보다 넓게 보장하면서 최소한의 규제를 가하고자 하는 것에 있으며, 수리를 요하는 신고가 제도의 운용 여하에 따라 사실상 허가제와 거의 같은 실질을 갖게 될 소지가 있다는 점에서 그 해석 및 적용에 신중을 기할 필요가 있다고 본다. 이러한 이유에서, 집행정지 신청의 이익에 대하여 판단할 때 신고 불수리처분과 허가신청의 거부처분을 동일한 성격의 처분등으로 보아 획일적으로 대법원 판례이론을 적용하는 대상결정의 기본적 접근 방식에 동의하기 어렵다.

다만, 본건의 경우 특정금융정보법 제7조제3항 문언상 금융정보분석원장에게 일정한 재량을 부여하고 있는 점에 비추어 가상자산사업자 (변경)신고 제도는 사실상 허가제와 동일한 것이 아닌지가 문제될 수 있다. 그런데, 입법자의 의도는 정보보호관리체계의 인증, 실명확인 입출금계정의 확보 등 일정한 불수리사유에 전문적·기술적 판단이 필요한

---

29) 윤기중, "수리를 요하는 신고의 독자성", 『공법연구』 제43권 제4호, 2015, 189-222면 참조

점을 고려하여 일종의 요건재량(또는 판단여지)을 인정하려는 것이다. 이를 넘어, 금융정보분석원장이 특정금융정보법 제7조제3항 각호에 열거되지 않은 사항을 처분사유로 하여 가상자산사업자 신고를 수리하지 않을 재량을 가진다고 해석하기는 어렵다. 특정금융정보법 제7조 제3항에 대한 문리적 해석상 금융정보분석원장은 4가지 불수리 사유에 해당하는 자에 대해서만 신고를 수리하지 않을 수 있다고만 규정하였을 뿐, 그 밖의 사유에 대해서는 정하고 있지 않고 있으며, 이와 같이 특정금융정보법이 적극적 신고요건을 열거하는 방식으로 규정하지 않고 불수리사유만 정하고 있는 취지는 신고 불수리사유에 해당하지 않는 한 행정청인 금융정보분석원장에게 원칙적으로 신고수리를 하도록 하는 취지로 해석되기 때문이다.

사정이 이러하다면, 가상자산사업자 (변경)신고는 행정청에게 광범위한 재량이 인정되는 허가제와는 달리, 법령에 정한 요건을 갖추면 특별한 사정이 없는 이상 수리를 해 주어야 하는 의무를 부담하는 기속행위로 보아야 한다. 이 경우, 가상자산사업자 변경신고에 대하여 법령상 요건을 충족함에도 불구하고 피신청인인 금융정보분석원장이 그 수리를 거부하면, 가상자산사업자는 법령에 따라 적법하게 영업을 할 수 있는 지위를 가지고 있음에도 피신청인의 불수리처분으로 인해 더 이상 영업을 하지 못하게 되므로, 불수리처분은 금지명령으로서의 실질을 가지게 된다. 따라서, 신고 불수리처분에 대한 집행정지 결정이 있으면 신고가 적법하게 행해진 상태가 회복되는 것으로 볼 수 있으므로, 집행정지 신청의 이익이 인정되어야 한다.

Ⅲ. 요약과 결론

1. 대상결정은 가상자산 분야에 관한 국내 유일의 행정작용법인 특정금융정보법 제7조제1항에 따른 신규 사업자에 대한 사전신고와 같은 조 제2항에 따른 기존 가상자산사업자의 변경신고(사후신고)를 구분하지 않고 모두 수리를 요하는 신고로 보고 있으나, 이는 현행 특정금융정보법 제7조제3항 등의 문언의 의미 뿐만 아니라 가상자산사업자 변경신고를 사후신고제 또는 보고제로 도입한 취지 등에 반하는 법률해석이다.

2. 또한, 대상결정에서는 가상자산사업자 변경신고 불수리처분과 함께 내려진 서비스 종료명령 및 각종 준수명령에 대해 불수리처분에 부수하는 안내·권고 등에 불과한 것으로 보아 집행정지의 대상인 처분등으로 인정하지 않고 있으나, 현행 특정금융정보법 제15조

에 따른 감독상 명령·지시에 기반한 처분으로 볼 수 있는 상황에서 그 처분성을 부정함으로써 항고소송과 집행정지 제도를 통한 국민의 권리구제라는 측면에서나 미흡한 결과를 초래하게 되었다.

3. 한편, 대상결정에서는 신청에 대한 거부처분의 집행정지 신청의 이익을 부정하는 대법원 판례이론을 그대로 적용하고 있으나, 법원행정처 등의 간행물, 다수의 행정법학자 뿐만 아니라 실제 하급심 판결례에서도 거부처분이 없던 상태로 돌아가는 것만으로도 신청인에게 중요한 법적 이익이 있다고 인정되는 경우에는 예외적으로 거부처분에 대한 집행정지 신청의 이익을 인정할 필요가 있다고 보고 있다. 특히 본건에서는 가상자산사업자 변경신고가 사후신고라는 점, 미이행시 행정상·형사상 제재될 위험성 등을 고려할 때 신고불수리처분에 대해서는 집행정지 신청의 법적 이익이 인정될 필요가 있는 사안이었다.

4. 나아가, 가상자산사업자 (변경)신고를 수리를 요하는 신고로 보더라도, 이는 행정청의 광범위한 재량이 인정되어 민간부문의 영업의 자유 등 기본권 제한의 정도가 강한 허가제와는 해석상 차이를 둘 필요가 있었음에도 대상결정에서는 이를 동일하게 보고 있다. 가상자산사업자의 신고를 수리하는 행위는 기속행위이고 특정금융정보법 제7조제3항 각호에서 제한적으로 열거한 불수리사유(요건 부분)의 판단에서만 재량이 인정될 뿐이다. 보다 일반화하여 말하자면, 수리를 요하는 신고 제도에서 불수리처분이 있으면 이는 신청에 의한 거부처분과 달리 집행정지 결정에 따라 적법하게 신고가 이루어진 상태가 회복되는 것으로 볼 수 있으므로 그 불수리처분에 대해서는 집행정지 신청의 이익이 인정되어야 한다.

5. 현재까지 제대로 된 규율체계가 마련되지 않았을 뿐만 아니라 매우 전문적·기술적인 사항을 다루고 있는 가상자산에 관한 금융행정법 분야에서 이용자보호, 금융안정 등의 행정목적을 달성하기 위한 정부의 노력은 존중되어야 한다. 하지만, 개념상 그 어떠한 예외를 인정하지 않는 법치행정의 원리는 이러한 전문적인 행정분야에도 여하한 방식으로 구현되어야 한다. 만일, 행정법원이 권력분립의 원리나 전문성의 미흡 등의 이유를 들어 그 분야에 대해 행정재판권의 한계를 쉽게 인정할 경우 새로운 규율체계를 만들어 나가야 할 정부·국회로서는 미흡한 현행 법률에 안주하게 될 것이다. 행정재판이 진정한 '토론과 공론의 장'이 될 수 있도록 법원을 비롯한 모두의 노력이 필요하다.[30]

---

30) 박정훈, "행정법원 1년의 성과와 발전방향", 『행정법원의 좌표와 진로: 개원 1주년 기념 백서』, 1999, 282면 및 286-290면에서 "행정법원이 행정재판의 제1심으로서 무엇보다도 특히 행정재판제도 전반에

1. 금융행정·건설행정 등 특별행정법 분야에서 '수리를 요하는 신고'와 '자기완결적 신고'의 경우를 구체적으로 분석하라.

2. 거부처분에 대하여 집행정지를 긍정하는 논리와 부정하는 논리를 비교·분석하라.

3. 신고제를 규정한 법률에 근거하여 신고수리 거부처분이 내려진 경우 그 거부처분의 효력정지를 구할 신청의 이익이 인정될 필요성이 있는지를 설명하라.

관한 올바른 인식과 자세를 가져야 한다"라고 하면서 다음과 같이 지적한 내용은 현재에도 여전히 유효해 보인다: "행정재판의 특징"은 "공익·사익의 조정을 위한 공론장"의 역할에 있기 때문에, "처분성의 확대, 특히 거부처분의 문제 (…) 등에 관하여 행정법원은 진지하게 검토하여 단계적으로라도 본안심사의 기회를 확대해 가야 할 것이다. 이는 물론 사건처리를 위한 인적·물적 설비 문제와 직결되는 것이기는 하지만, 단지 이를 이유로 안이하게 생각할 것은 아니다. 본안심사의 거부를 통해 곧 공익·사익의 조정이라는 행정재판의 존재의의를 몰각하여 국민과 행정 양측에 대해 모두 행정재판의 권위를 상실할 우려가 있기 때문이다. 행정의 공익실현 책임과 이를 위한 자율성은 본안심리에서 고려할 문제이지 소송요건의 제한을 통해 배려될 수 있는 것이 아니다."

대법원 2022. 9. 3. 선고 2020두34070 판결
[집행정지된 처분이 본안에서 적법한 것으로 확정된 경우 행정청이 취할 의무]*

박 재 윤**

[사실관계]

원고 대한민국상이군경회(이하 '원고'라 한다)는 「국가유공자 등 단체 설립에 관한 법률」 제3조 제1호에 따라 전상군경 및 공상군경에 해당하는 국가유공자를 회원으로 하여 설립된 단체로서, 「중소기업제품 구매촉진 및 판로지원에 관한 법률」(이하 '판로지원법'이라 한다) 제33조 제1항 제2호에 따라 판로지원법 제2장에 규정되어 있는 중소기업 제품 구매촉진 및 중소기업자간 경쟁제도 운영 등과 관련하여 중소기업자로 간주된다. 피고 중소기업중앙회(이하 '피고'라 한다)는 판로지원법 제34조 제2항에 따라 중소벤처기업부장관으로부터 직접생산 여부의 판정, 직접생산확인증명서 발급, 직접생산확인의 취소, 청문 등의 업무를 위탁받은 기관이다.

원고는 원고 산하 경기도지부를 경기도 관내 청소용역 사업의 사업수행자로 지정하였고, 2011. 1. 11. 피고로부터 중소기업자간 경쟁제품으로 지정된 건물청소용역에 관하여 직접생산확인(유효기간: 2011. 1. 11.~2013. 1. 10.)을 받으면서 경기도지부 사업소를 위 직접생산확인의 생산공장으로 등재하였다. 이렇게 원고는 건물청소용역에 대한 직접생산확인을 두 차례 더 받았다(유효기간: 2012. 3. 22.~2014. 3. 21.과 2014. 3. 31.~2016. 3. 30.).

피고는 2014. 7. 23. 원고에 대하여 판로지원법 제11조 제3항 중 제2항 제3호에 관한 부분(공공기관의 장과 납품 계약을 체결한 후 하도급생산 납품, 다른 회사 완제품 구매 납품 등 직접생산하지 아니한 제품을 납품한 경우)에 따라 원고가 받은 모든 제품에 대한 직접생산 확인(이하 '1차 직접생산확인'이라 한다)을 2014. 8. 8.자로 취소하는 내용의 처분을 하였다(이하 '1차 취소처분'이라 한다). 그 처분사유로 '원고 산하 경기도지부가 위 직접생산확인증명서를 제출

* 이 글은 박재윤, "집행정지와 행정의 의무 -대법원 2022. 9. 3. 선고 2020두34070 판결-", 『행정법연구』 제71호, 2023을 이 책의 형식에 맞추어 수정한 것이다.
** 한국외국어대학교 법학전문대학원 교수

하여 공공기관인 화성시 등과 화성시 관내의 화성시 보건소, 화성유앤아이센터 등에 관한 청소용역계약을 체결하였는데도, 하청업체인 대한상이군경경기화성사업소 주식회사로 하여금 위 청소용역을 수행하게 하였다'는 점을 들었다.

원고는 1차 취소처분에 불복하여 2014. 7. 24. 행정심판을 청구하고, 2014. 7. 30. 취소소송(이하 '선행 취소소송'이라 한다)을 제기하면서 각각 집행정지를 신청하였다. 중앙행정심판위원회와 취소소송의 제1·3심 법원의 순차적인 집행정지결정에 따라 1차 취소처분의 효력은 2014. 8. 5.부터 2019. 2. 18.까지 정지되었다(다만 그중 15일간은 집행정지결정을 받지 못했다, 이하 15일간을 제외한 2014. 8. 5.부터 2019. 2. 18.까지를 '이 사건 집행정지기간'이라 한다). 그러나 최종적으로 행정심판 청구는 기각되었고, 선행 취소소송에서도 청구를 기각하는 판결이 선고·확정(대법원 2019. 2. 18.자 2018두61611 판결, 이하 '선행 대법원 판결'이라 한다)됨에 따라 집행정지결정은 실효되었다. 한편 피고가 1차 취소처분 당시 직접생산확인 취소 대상으로 지정하였던 원고의 모든 직접생산확인은 이 사건 집행정지기간 중에 모두 그 유효기간이 만료되었다.

피고는 2019. 4. 30. 원고에게 원고가 이 사건 집행정지기간 중에 직접생산확인신청을 하여 받은 집적생산확인 중 현재 유효기간이 남아 있는 직접생산확인 현황(이하 '2차 직접생산확인'이라 한다)을 파악하여 2019. 5. 7.자로 모두 취소한다고 통지하였다(이하 '이 사건 처분'이라 한다). 그 처분서에 기재된 사유는 아래와 같다.

제목: 직접생산확인 취소 통보

취소사유: 현재 유효한 직접생산확인은 2014. 7. 23.자 직접생산확인 취소처분으로 인한 신청제한 기간 내에 이루어진 신청에 의하여 이루어진 것으로서 직접생산확인 신청에 하자가 있으므로 직권취소함. ※ 청소용역 하청생산 대법원 기각 판결

조치내용: 직접생산확인을 받은 모든 제품에 대한 취소

취소일자: 2019. 5. 7. (화)

취소제한기간: 대법원 판결 선고일자(2019. 2. 18.)부터 2019. 8. 2.(금)까지

취소근거: 대법원 판결(2018두61611, 2019. 2. 18.) 및 제재기간 중 신청한 직접생산확인증명

[사건의 경과]

제1심과 원심은,[1] 이 사건 처분은 판로지원법 제11조 제5항 제3호 중 제2항 제3호에 관한 부분에 위배된다는 점을 처분근거로 하는 직접생산확인 취소처분이라고 보아, 1차 취소처분과 달리 2차 직접생산확인의 원시적 하자로서 2차 직접생산확인 신청이 판로지원법 제11조 제2항 제3호에서 정한 사유로 모든 제품에 대한 직접생산확인이 취소된 경우에는 그 취소된 날부터 6개월간 모든 제품에 대하여 직접생산 여부의 확인을 신청하지 못한다는 점을 처분사유로 한다고 보았다. 그에 따라, 이 사건 집행정지기간 중에는 1차 취소처분을 집행할 수 없었으므로, 원고가 그 기간 중에 한 2차 직접생산확인 신청이 위 조항에 위배된다고 볼 수 없고, 선행 취소소송에서 원고 패소판결이 확정되었다고 하더라도 위 신청이 소급하여 위 조항에 위배되는 것으로 볼 수 없으므로, 이 사건 처분은 처분사유가 인정되지 않아 위법하다고 판단하였다.

그 이유로 원심은, 이 사건 집행정지기간 동안에는 잠정적으로 1차 취소처분의 효력이 상실되고, 선행 대법원 판결 선고로 인하여 이 사건 집행정지결정의 효력이 소멸됨으로써 비로소 1차 취소처분의 효력이 부활한다고 할 것인바, 이 사건 집행정지결정으로 인하여 1차 취소처분의 효력이 소멸된 기간 동안에는 판로지원법에 따른 직접생산확인 신청이 제한된다고 볼 수는 없고, 나아가 이 사건 처분의 대상이 된 2차 직접생산확인은 1차 취소처분의 대상이 된 1차 직접생산확인의 유효기간이 만료된 후 받은 것으로 양자는 서로 별개의 처분이므로(대법원 2014. 7. 10. 선고 2012두13795 판결 참조), 1차 취소처분의 사유가 이 사건 처분의 대상이 된 2차 직접생산확인에 적용되지 않는 것은 분명하다고 보았던 것이다.

[대상판결]

대법원은 원심판결을 파기하고 사건을 다시 심리·판단하도록 원심법원에 환송하였다.[2] 그 구체적인 설시를 요약하면 다음과 같다.

---

1) 원심(서울고등법원 2020. 1. 21. 선고 2019누59259 판결)은 피고의 항소를 기각하면서, 제1심판결(서울행정법원 2019. 9. 6. 선고 2019구합63843 판결)을 거의 그대로 인용하면서 일부 내용만을 수정하여 추가하고 있으므로, 사실상 동일한 판시를 한 것으로 파악하여 원심의 판단으로 기재한다.

2) 그 후 원심(서울고등법원 2021. 5. 27. 선고 2020누53837 판결)은, 대법원의 판결취지에 따라 제1심 판결을 취소하고, 원고의 청구를 기각하였다. 이 판결은 대법원에서 심리불속행으로 기각되어 확정되었다 (대법원 2021. 9. 30. 선고 2021두44357 판결).

행정소송법 제23조에 따른 집행정지결정이 있으면 결정 주문에서 정한 정지기간 중에는 처분을 실현하기 위한 조치를 할 수 없다. 특히 처분의 효력을 정지하는 집행정지결정이 있으면 결정 주문에서 정한 정지기간 중에는 처분이 없었던 원래의 상태와 같은 상태가 된다. 집행정지결정의 효력은 결정 주문에서 정한 기간까지 존속하다가 그 기간이 만료되면 장래에 향하여 소멸한다(이하 '밑줄 필자). 집행정지결정은 처분의 집행으로 회복하기 어려운 손해를 예방하기 위하여 긴급한 필요가 있고 달리 공공복리에 중대한 영향을 미치지 않을 것을 요건으로 하여 본안판결이 있을 때까지 해당 처분의 집행을 잠정적으로 정지함으로써 위와 같은 손해를 예방하는 데 그 취지가 있으므로, 항고소송을 제기한 원고가 본안소송에서 패소확정판결을 받았다고 하더라도 집행정지결정의 효력이 소급하여 소멸하지 않는다.

그러나 제재처분에 대한 행정쟁송절차에서 처분에 대해 집행정지결정이 이루어졌더라도 본안에서 해당 처분이 최종적으로 적법한 것으로 확정되어 집행정지결정이 실효되고 제재처분을 다시 집행할 수 있게 되면, 처분청으로서는 당초 집행정지결정이 없었던 경우와 동등한 수준으로 해당 제재처분이 집행되도록 필요한 조치를 취하여야 한다. 집행정지는 행정쟁송절차에서 실효적 권리구제를 확보하기 위한 잠정적 조치일 뿐이므로, 본안 확정판결로 해당 제재처분이 적법하다는 점이 확인되었다면 제재처분의 상대방이 잠정적 집행정지를 통해 집행정지가 이루어지지 않은 경우와 비교하여 제재를 덜 받게 되는 결과가 초래되도록 해서는 안 된다. 반대로, 처분상대방이 집행정지결정을 받지 못했으나 본안소송에서 해당 제재처분이 위법함이 확인되어 취소하는 판결이 확정되면, 처분청은 그 제재처분으로 처분상대방에게 초래된 불이익한 결과를 제거하기 위하여 필요한 조치를 취하여야 한다. (중략)

그런데 1차 취소처분 당시 유효기간이 남아 있었던 직접생산확인의 전부 또는 일부는 집행정지기간 중 유효기간이 모두 만료되었고, 1차 취소처분 당시 유효기간이 남아 있었던 직접생산확인 제품 목록과 취소처분을 집행할 수 있게 된 시점에 유효기간이 남아 있는 직접생산확인 제품 목록은 다르다.

위와 같은 경우 관할 행정청은 1차 취소처분을 집행할 수 있게 된 시점으로부터 상당한 기간 내에 직접생산확인 취소 대상을 '1차 취소처분 당시' 유효기간이 남아 있었던 모든 제품에서 '1차 취소처분을 집행할 수 있게 된 시점 또는 그와 가까운 시점'을 기준으로 유효기간이 남아 있는 모든 제품으로 변경하는 처분을 할 수 있다고 보아야 한다. 이러한 변경처분은 중소기업자가 직접생산하지 않은 제품을 납품하였다는 점과 이 사건 근거 조항을 각각 궁극적인 '처분하려는 원인이 되는 사실'과 '법적 근거'로 한다는 점에서 1차 취소처분과 동일하고, 제재의 실효성을 확보하기 위하여 직접생산확인 취소 대상만을 변경한 것이다. (이하 생략)

[판결의 평석]

I. 사안의 쟁점

집행정지결정은 당사자의 입장에서 처분의 집행으로 회복하기 어려운 손해를 예방하기 위하여 긴급한 필요가 있을 경우에 잠정적으로 본안판결이 있을 때까지 해당 처분의 효력이나 그 집행 또는 절차의 속행을 정지하는 잠정적인 제도이므로, 주로 원고의 입장에서 소송법적인 관점에서만 요건이 검토되고 본안판결의 승소가능성의 정도가 높다는 이유로 그 요건을 완화하여 판단할 수는 없다.3) 따라서, 실무적으로 보면 원고가 집행정지 제도를 활용하여 영업정지 기간이나 입찰참가자격제한기간을 상당 기간 연기하는 등의 방식으로 사실상의 이익을 얻더라도, 종래 이런 부분의 이익에 대하여 법적 대응의 필요성이 제기되지는 않는 것으로 보아왔다.4)

반면, 보조금을 지급하는 처분을 직권취소하거나 철회하는 경우와 같이 수익적 처분에 대한 폐지조치가 문제되는 경우, 집행정지결정을 통하여 매우 구체적인 이익이 문제된다. 이 경우 원고는 집행정지기간동안 잠정적으로 보조금을 계속해서 지급받을 수 있게 되는데 본안소송에서 최종적으로 패소판결이 확정되면, 그동안 받은 보조금의 반환이 문제되는 것이다. 종래의 논의는 이러한 문제를 해결하기 위하여 집행정지결정에 관한 독일의 논의를 원용하면서, 본안판결확정시에 집행정지결정이 소급하여 취소되는지 아니면 장래에 향하여 상실되는지와 같은 집행정지결정의 효력의 문제로서 문제를 해결하려고 하였다.

그런데, 납부기한이 정해진 과징금 부과처분과 같이 제재처분의 경우에 종래의 논의는 어차피 일관되게 적용할 수 없는 한계가 있다. 가령, 집행정지 결정이 소급하여 소멸된다고 본다면, 집행정지기간이 만료되어 집행할 수 없게 되지만, 집행정지 결정이 본안판결 확정시에 효력이 상실된다고 보더라도 어차피 제재기간이 종료되었으므로 제재할 수 없는 것이 아닌가 하는 모순에 빠지게 되는 것이다. 이러한 문제점은, 이 사건과 같이 기존 원고가 받은 모든 제품에 직접생산확인의 취소라는 제재처분이면서 동시에 새롭게 신청하는 직접생산확인의 취소라는 수익적 처분의 취소의 성질도 갖는 것으로 보이는 경우에는 극

---

3) 대법원 2011. 4. 21.자 2010무111 전원합의체 결정[집행정지]: 이른바 만족적 집행정지 사건에 있어서 승소가능성 요건을 적극적으로 고려하여야 한다는 견해로는 우미형, "행정소송법상 집행정지 절차의 원칙과 예외", 『행정법연구』 제67호, 2022, 85면 이하 참조.

4) 가령, 이 기간에 업체가 얻은 영업상 이익을 다시 본안판결에서 패소하였다고 회수하여야 한다고 보지는 않는다. 朴貞薰, "집행정지결정에 의해 처분의 상대방이 얻은 유리한 지위 내지 이익을 제한·회수할 방안과 그 한계", 『행정판례연구』 제26권 제2호, 2021, 235-236면 참조.

명하게 드러나게 된다.

대법원은 원고가 본안 확정판결로 패소한 경우뿐만 아니라, "반대로, 처분상대방이 집행정지결정을 받지 못했으나 본안소송에서 해당 제재처분이 위법하다는 것이 확인되어 취소하는 판결이 확정되면, 처분청은 그 제재처분으로 처분상대방에게 초래된 불이익한 결과를 제거하기 위하여 필요한 조치를 취하여야 한다"고 판시하여, 집행정지결정과 본안 확정판결과의 관계로 인하여 행정청이 취하여야 할 조치의무가 단순히 기존의 논의의 범위를 뛰어넘는 것임을 선언하고 있다. 따라서 이제 기존 논의의 한계를 넘어서서 판례가 의도하는 논리를 일관되게 설명하는 이론적인 설명이 필요하다고 생각된다. 즉, 본안에서 처분이 최종적으로 확정된 경우 집행정지로 인한 이익은 물론 불이익에 대하여도 행정청이 취할 의무의 근거와 내용이 무엇인지가 쟁점이 되는 것이다.

Ⅱ. 판례의 이해

대법원은, 원심이 이 사건 처분이 1차 취소처분과 달리 2차 직접생산확인의 원시적 하자, 즉 판로지원법 제11조 제5항 중 제2항 제3호에 관한 부분에 위배된다는 점을 처분사유로 전제하였다고 보았다. 반면, 대법원은, 이 사건의 쟁점을 ① 피고가 직접생산확인 취소 대상을 '1차 취소처분 당시 유효기간이 남아 있었던 모든 제품에 대한 직접생산확인'에서 '1차 취소처분을 집행할 수 있게 된 시점에 유효기간이 남아 있는 모든 제품에 대한 직접생산확인'으로 변경할 수 있는지 여부(변경처분 권한의 인정 여부)와 ② 위와 같은 변경처분 권한이 있다면 이 사건 처분이 그러한 변경처분에 해당하는지 여부(처분사유의 해석)라고 파악하였다. 그리고 다음과 같은 법리와 사실관계 검토를 거쳐 이 사건 처분을 변경처분으로 파악한 것이다.

1. 집행정지결정의 효력

우선 대상판결에서 대법원은 "집행정지결정이 있으면 결정 주문에서 정한 정지기간 중에는 처분을 실현하기 위한 조치를 할 수 없다(대법원 2003. 7. 11. 선고 2002다48023 판결 참조). 특히 처분의 효력을 정지하는 집행정지결정이 있으면 결정 주문에서 정한 정지기간 중에는 처분이 없었던 원래의 상태와 같은 상태가 된다(대법원 2007. 3. 29. 선고 2006두17543 판결 참조)"고 판시함으로써, 집행정지결정의 주문을 명확하게 구분하지 않는 실무례를 고려하면서도, 독일식으로 집행정지가 잠정적이나마 행정행위가 있는 것처럼 취급한다는 학설은 거부한 것으로 보인다.5) 일단, 집행정지를 받으면 처분이 없는 것과 같은 상태가 된다는 것이다.6)

이어서 대법원은 "집행정지결정의 효력은 결정 주문에서 정한 기간까지 존속하다가 그 기간이 만료되면 장래에 향하여 소멸한다"는 다소 모순되어 보이는 법리를 설시하면서, 대법원 2017. 7. 11. 선고 2013두25498 판결을 원용하고 있다. 이 판결은 보조금 교부결정이 원고의 본안소송 패소 확정판결에 의하여 집행정지결정의 효력은 소멸하면서 이와 동시에 당초의 보조금 교부결정 취소처분의 효력은 당연히 되살아난다고 보았고, 이 경우 "특별한 사정이 없는 한 행정청으로서는 보조금법 제31조 제1항에 따라 취소처분에 의하여 취소된 부분의 보조사업에 대하여 효력정지기간 동안 교부된 보조금의 반환을 명하여야 한다"고 판시한 것이다.7) 이 판결에 대하여는 오히려 집행정지 결정의 효력이 소급하여 소멸한다는 해석에 부합한다고 보이기도 하였다.8) 그러나 대상판결에서 "집행정지결정은 처분의 집행으로 회복하기 어려운 손해를 예방하기 위하여 긴급한 필요가 있고 달리 공공복리에 중대한 영향을 미치지 않을 것을 요건으로 하여 본안판결이 있을 때까지 해당 처분의 집행을 잠정적으로 정지함으로써 위와 같은 손해를 예방하는 데 그 취지가 있으므로, 항고소송을 제기한 원고가 본안소송에서 패소확정판결을 받았다고 하더라도 집행정지결정의 효력이 소급하여 소멸하지 않는다"고 하여, 기존의 이해와는 달리 집행정지결정의 효력이 소급

---

5) 독일의 잠정적인 효력을 가진 절충설 등에 대하여는 김연태, "행정소송법상 집행정지 −집행정지결정의 내용과 효력을 중심으로", 『공법연구』 제33권 제1호, 2004, 619-620면 참조.

6) 대상판결이 원용한 대법원 2003. 7. 11. 선고 2002다48023 판결은, 원심이 과징금 부과처분의 효력이 아닌 집행의 속행만을 정지하는 것을 주문으로 구분하여, 과징금부과처분은 현실적인 집행만 정지된 상태에서 과징금의 납부기간은 계속 진행되다가 본안소송에서 과징금부과처분이 정당하다는 판결이 선고되면, 그 때부터 과징금에 대한 집행을 할 수 있게 되고, 이 때 과징금이 당초의 납부기한까지 납부되지 않은 경우 연체상태에 빠져서 가산금은 공정거래법령에 의하여 당연히 발생하는 것이라고 해석한 것을 배척하고 있다. 즉, 집행정지로 인하여 집행정지의 효력은 당해 결정의 주문에 표시된 시기까지 존속하다가 그 시기의 도래와 동시에 당연히 소멸하는 것이며, 그에 따라 과징금 부과처분의 가산금이 발생하지 아니한다고 보았다.

7) 따라서 이 판결에 대하여는 집행정지와 효력정지를 구별하여 가능한 집행정지로 해석하여 문제를 해결하려는 견해가 유력하게 제시되고 있다. 박현정, "보조금 지원약정 해지와 집행정지의 효력", 『동북아법연구』 제9권 제3호, 2016, 431면 이하 참조.

8) 당시 대법원 판례해설에는, 효력정지결정에 따른 보조금의 반환을 설명하기 위하여, 본안판결 시 처분이 소급하여 유효하게 되거나, 독일의 절충설과 같이 정지기간 중에는 잠정적으로 효력이 정지되다가 패소판결이 확정되면 처분이 소급해서 유효하다고 보는 견해가 유력하게 제시되고 있다. 김길량, "보조금교부결정의 취소처분에 대한 효력정지기간 중 교부된 보조금의 반환의무(2017. 7. 11. 선고 2013두 25498 판결: 공2017하, 1627)", 『대법원판례해설』 제113호, 2017, 549면 이하 참조.

하지 않고 장래로 향하여 상실된다는 점을 명확히 한 것이다.9)

2. 제재처분에 대한 행정쟁송절차에서 상대방이 얻은 이익에 대한 행정청의 조치

본안판결에서 원고가 패소로 확정되어 집행정지결정이 실효되면, 그동안 집행정지로 인하여 제재처분이 없었던 것과 같은 상태가 소멸되면서, 제재처분을 다시 집행할 수 있게 된다. 이 경우 처분청으로서는 당초 집행정지결정이 없었던 경우와 동등한 수준으로 해당 제재처분이 집행되도록 필요한 조치를 취하여야 한다는 것이 대상판결의 취지이다. 가령, 영업정지처분의 경우 일정기간 동안 영업을 정지할 것을 명한 행정청의 영업정지처분에 대하여 법원이 집행정지결정을 하면서 주문에서 당해 법원에 계속중인 본안소송의 판결선고시까지 처분의 효력을 정지한다고 선언하였을 경우에는 처분에서 정한 영업정지기간의 진행은 그 때까지 저지되는 것이고 본안소송의 판결선고에 의하여 당해 정지결정의 효력은 소멸하고 이와 동시에 당초의 영업정지처분의 효력이 당연히 부활되어 처분에서 정하였던 정지기간(정지결정 당시 이미 일부 진행되었다면 나머지 기간)은 이 때부터 다시 진행한다는 것이 판례의 법리이다.10) 대상판결은 "집행정지는 행정쟁송절차에서 실효적 권리구제를 확보하기 위한 잠정적 조치일 뿐이므로, 본안 확정판결로 해당 제재처분이 적법하다는 점이 확인되었다면 제재처분의 상대방이 잠정적 집행정지를 통해 집행정지가 이루어지지 않은 경우와 비교하여 제재를 덜 받게 되는 결과가 초래되도록 해서는 안 된다"는 이유를 제시하고 있다.

더 나아가 대상 판결은 "반대로, 처분상대방이 집행정지결정을 받지 못했으나 본안소송에서 해당 제재처분이 위법함이 확인되어 취소하는 판결이 확정되면, 처분청은 그 제재처분으로 처분상대방에게 초래된 불이익한 결과를 제거하기 위하여 필요한 조치를 취하여야 한다"면서, 대법원 2019. 1. 31. 선고 2016두52019 판결의 취지를 원용하고 있다. 이 판결은 관할관청이 위법한 직업능력개발훈련과정 인정제한처분을 하여 사업주로 하여금 제때 훈련과정 인정신청을 할 수 없도록 하였던 사안으로, 사업주가 인정제한처분에 대한 취소소송을 제기하여 승소판결이 확정된 후 사업주가 그 동안 인정제한 기간 내에 실제로 실시하였던 훈련에 관하여 소급하여 비용지원신청을 한 경우 관할관청은 단지 해당 훈련과정에 관하여 사전에 훈련과정 인정을 받지 않았다는 이유만을 들어 훈련비용 지원을 거부할 수는 없고, 이러한 거부행위는 위법한 훈련과정 인정제한처분을 함으로써 사업주로 하여금

---

9) 기존에 논의되던 독일식의 절충설을 명백히 배척한 것으로 판단된다.
10) 대법원 1999. 2. 23. 선고 98두14471 판결.

제때 훈련과정 인정신청을 할 수 없게 한 장애사유를 만든 행정청이 사업주에 대하여 사전에 훈련과정 인정신청을 하지 않았음을 탓하는 것과 다름없으므로 신의성실의 원칙에 반하여 허용될 수 없다는 내용을 담고 있다. 이 사안은 집행정지를 신청하지 않은 경우이므로, 집행정지의 효력과는 무관하다. 더 나아가 본안에서 승소한 경우이므로 기속력과 같은 판결의 효력이 문제될 수 있으나, 판결의 대상이 된 소송물의 범위를 넘어서는 것이어서 단순한 기속력의 문제로도 설명할 수 없는 것이다.[11]

이에 대한 이론적 검토는 다시 다루겠지만, 대상판결은, 제재처분에 있어서 행정쟁송절차를 거치면서 본안판결이 확정된 경우에 ① 집행정지를 통하여 당사자가 얻은 이익은 패소판결이 확정된 경우 집행정지가 이루어지지지 않은 경우와 비교하여 제재를 덜 받게 되는 결과가 초래되지 않도록, 동등한 수준으로 해당 제재처분이 집행되도록 필요한 조치를 취하여야 하고, ② 반대로 집행정지결정을 받지 못했으면, 처분청은 그 제재처분으로 처분상대방에게 초래된 불이익한 결과를 제거하기 위하여 필요한 조치를 취하여야 한다고 원칙을 분명히 하고 있다는 것이다. 여기서 중요한 기준은 '동등한 수준의 제재'이고, '초래된 불이익한 결과의 제거'에 있다고 할 것이고, 그 주체는 '처분청'즉, 행정청이 하는 '조치(의무)'라는 것이다.

3. 변경처분 여부

대상판결은 이어서 처분서의 내용을 확정하는 해석원칙에 대하여 설명하고 있다. 즉, "행정청이 문서로 처분을 한 경우 원칙적으로 처분서의 문언에 따라 어떤 처분을 하였는지를 확정하여야 하지만, 처분서의 문언만으로는 행정청이 어떤 처분을 하였는지 불분명하다는 등 특별한 사정이 있는 때에는 처분 경위, 처분청의 진정한 의사, 처분을 전·후한 상대방의 태도 등 다른 사정을 고려하여 처분서의 문언과 달리 처분의 내용을 해석할 수도 있다"는 해석원칙을 제시한다. 위에서 본 것처럼 이 사건 처분의 처분사유를 변경처분으로 볼 것인지가 이 사건의 쟁점이 되고 있다.

대법원은 판로지원법의 관련 조문을 검토한 후 "관할 행정청은 1차 취소처분을 집행할 수 있게 된 시점으로부터 상당한 기간 내에 직접생산확인 취소 대상을 '1차 취소처분 당시' 유효기간이 남아 있었던 모든 제품에서 '1차 취소처분을 집행할 수 있게 된 시점 또는 그와 가까운 시점'을 기준으로 유효기간이 남아 있는 모든 제품으로 변경하는 처분을 할 수

---

11) 신의성실의 원칙에 의한 기속력의 확장으로 설명하는 견해로는 김유환, "취소소송의 판결의 기속력에 관한 판례이론 검토", 『행정법연구』 제64호, 2021, 3면 이하 참조.

있다고 보아야 한다. 이러한 변경처분은 중소기업자가 직접생산하지 않은 제품을 납품하였다는 점과 이 사건 근거 조항을 각각 궁극적인 '처분하려는 원인이 되는 사실'과 '법적 근거'로 한다는 점에서 1차 취소처분과 동일하고, 제재의 실효성을 확보하기 위하여 직접생산확인 취소 대상만을 변경한 것이다"라고 판시하였다.

그 이유로 대상판결은 판로지원법의 직접생산확인 제도를 엄격히 유지할 공익상의 필요가 크다는 점을 제시하면서, 행정쟁송절차에서 집행정지결정이 이루어지면 이러한 근거 조항에서 의도한 제재효과를 달성하지 못하고, 집행정지결정을 받지 않은 처분상대방은 취소처분을 집행하는 시점에 보유하고 있는 모든 제품에 대한 직접생산확인이 취소되는 불이익을 입게 되는 것과 비교할 때 집행정지결정을 받은 처분상대방에게 혜택을 부여하는 결과가 된다는 점 등을 지적하고 있다.

이어서 대상판결은 사실관계를 검토하여, "이 사건 처분은 2차 직접생산확인의 원시적 하자를 처분사유로 하여 1차 취소처분과 별개의 직접생산확인 취소처분을 하는 것이 아니라, 1차 취소처분과 '처분하려는 원인이 되는 사실'과 '법적 근거'를 같이하면서 1차 취소처분의 제재 실효성을 확보하기 위해 직접생산확인 취소 대상 제품만을 변경한 처분"이라고 판단하였다. 그에 따라 대법원은 선행 선행 취소소송의 확정 판결에서 판단한 것처럼 원고의 이 사건 위반행위가 인정된다면, 이 사건 처분은 그 처분사유가 인정된다고 보아 피고의 상고를 받아들여 원심판결을 파기하고 사건을 원심법원에 환송하였다.

4. 소결

이상과 같이 대상판결은 먼저 법리적으로 ⓐ집행정지결정의 효력에 대한 기존의 논의를 정리하고, ⓑ제재처분에 대한 행정쟁송절차에서 처분이 최종적으로 적법하거나 위법하다고 확정된 경우, 처분청이 집행정지결정으로 인한 이익이나 집행정지결정을 받지 못한 불이익을 제거하기 위하여 필요한 조치를 취하여야 한다는 법리를 제시한다. 그리고 나서 이 사안을 해결하기 위해서 ⓒ판로지원법에서 피고에게 변경처분권한이 인정되는지 여부와 ⓓ이 사건 처분이 그러한 변경처분에 해당하는지 여부를 검토하고 있다. 이 글에서는 구체적인 사안의 특수한 해석보다는, 관련된 보편적인 법리를 다룬 ⓐⓑ의 쟁점에 논의를 집중하려고 한다.

Ⅲ. 법리의 검토

대상판결은 다양한 관련 판결을 원용하여 자신의 논지를 전개하고 있다. 그에 따라 대상 판결과 관련된 논의를 다룬 학자들의 논의도 매우 다양한 관점에서 전개되고 있다. 이를 개괄적으로 살펴본 후 대상판결의 논지를 이해하기 위한 필자의 견해를 제시하려고 한다.

1. 집행정지결정의 효력에 대한 논의

집행정지결정의 효력에 대하여는 초기에 독일의 학설과 판례를 소개한 것이 논의의 단초가 되었다. 즉, 독일행정법원법 제80조에 규정된 행정심판이나 취소소송을 제기할 때 발생하는 정지효(aufshiebende Wirkung)에 관한 독일의 논의를 소개하면서, 이를 우리 행정소송법상 집행정지의 효력에 맞추어 설명하려고 시도하고 있다.[12] 그에 따르면, 효력설(Wirksamkeitstheorie)은 행정행위의 효력을 정지시켜서, 행정행위는 아직 효력을 발생하지 않은 것으로 취급되며, 정지효는 행정행위의 내용을 실현하는 모든 조치에 미치게 된다. 제3자효 행정행위에 있어서 제3자가 소송을 제기한 경우 상대방에게 정지효가 발생하는 것을 설명할 수 있고, 형성적 행정행위나 확인적 행정행위와 같이 집행될 수 없는 행정행위에 대한 정지효를 설명하기에 효력설이 적절하다고 한다. 여기서 다툼 있는 행정행위에 대한 확정력 있는 판결에 의하여 정지효가 제거될 때에 행정행위는 비로소 장래에 향하여 유효하게 된다. 이것이 독일의 지배적인 학설이라는 것이다.[13]

반면, 독일 연방행정법원은 정지효를 집행이 정지되는 것으로 이해하면서 행정행위의 효력은 영향을 받지 않고 집행만이 정지되는 집행설(Vollziehbarkeitstheorie)을 취한다고 한다. 그 논거는 행정법원법 제80조 제2항 제1문 제4호와 제4항 제2문이 정지효에 대한 대응개념으로 집행(Vollziehung)이라는 용어를 사용하고 있다는 점 등을 제시한다. 다만, 집행설은 집행의 개념을 협의의 의미의 집행이 아니라 사인의 권리 변동에서 사실상 또는 법률상의 결과를 발생케 하거나 또는 행정행위의 적합한 상태의 내용의 실현을 목적으로 하는 행정청의 집행 및 후속조치 등을 포함하는 일절의 실행조치를 의미하는 광의의 집행 집행개념을 의미한다고 이해하면서, 집행만이 아니라 행정행위의 실현과 관련되는 모든 부수적인

---

12) 독일의 논의에 대하여는 김연태, 앞의 글, 616면 이하; 한명진, "독일법상 금전지급 환수처분과 집행정지의 효력 -공무원급여와 장해연금급여 환수 처분 사례를 중심으로-", 『외법논집』 제41권 제3호, 2017, 138면 이하 각 참조.

13) 김연태, 앞의 글, 617면; 한명진, 앞의 글 138-139면 각 참조.

조치를 포함하여 정지시킨다는 입장을 별도로 실현정지설(Verwirklichungshemmung)이라고 부르기도 한다. 이러한 확장된 이해에 의하여 집행이 필요없다고 보는 형성적·확인적 행정행위나 제3자에 의한 행정행위의 사용 등도 정지된다는 것이다.[14]

한편, 정지효가 '잠정적인 효력정지'를 의미한다고 보는 절충설(vermittelnde Theorie)도 소개되고 있다. 이 설은 정지효가 직접적인 행정행위의 효력에 미친다는 점에서는 기본적으로 효력설과 같다. 즉, 정지효가 있는 동안 행정청, 법원, 사인 누구도 행정행위를 집행하거나 이용하여서는 아니 된다. 그러나 효력설이 적법하다는 확정판결이 있게 되면 이 시점부터 행정행위가 유효하게 되는데 비하여, 절충설은 행정행위가 소급하여 유효하게 된다는 점에서 차이가 있으므로 제한적 효력설이라고 부른다는 것이다.[15]

그런데, 이러한 독일의 학설을 바탕으로 우리의 행정소송법 체계에 맞추어 설명하기 위해서 상당수의 선행 연구들은 우리 행정소송법이 효력정지, 집행정지 및 속행정지를 구분하여 규정하고 있으므로 이를 달리 보아야 한다고 설명한다.[16] 우리 대법원도 2002다48023 판결에서 "집행정지결정을 하였다면 행정청에 의하여 과징금부과처분이 집행되거나 행정청·관계 행정청 또는 제3자에 의하여 과징금부과처분의 실현을 위한 조치가 행하여져서는 아니되며, 따라서 부수적인 결과인 가산금 등은 발생되지 아니한다"고 하여, 집행정지에 대하여는 독일의 광의의 집행설 내지 실현정지설에 준하는 해석을 펴고 있는 것으로 보인다. 여기에 다시 효력정지결정의 경우에는 독일의 절충설처럼 패소확정판결시 소급효가 있는 것으로 보아야 한다는 견해(효력정지 – 소멸설) 효력정지기간 중의 행위의 효과가 종국적으로 유효하게 확정된다는 견해(효력정지 – 존속설)가 성립할 수 있다고 설명한다.[17]

그런데, 이렇게 패소판결이 확정되었을 때 소급효가 문제되는 것은 주로 집행정지기간에 보조금이 교부된 경우와 같이 이익을 반환해야 하는 문제와 관련이 있다. 이를 해결하기 위해서 기존 논의는 매우 효력정지와 집행정지에 따른 다양한 경우의 수를 나누어서 거기에 처분 자체의 성격상 소급효가 예외적으로 가능한 경우 등을 포함하여 설명하기도 한다.[18]

---

14) 김연태, 앞의 글, 618-619면; 한명진, 앞의 글, 140면 각 참조.
15) 김연태, 앞의 글, 619-629면; 한명진, 앞의 글, 141면 각 참조.
16) 김연태, 앞의 글, 634면 참조. 다만, 과거의 전통적인 견해는 이를 명백하게 구분하지 않고 집행정지결정의 효력은 소급하지 않고 집행정지 결정이 있은 때부터 발생하며 본안 판결의 결과와 무관하게 집행정기 기간 동안의 법률관계를 종국적으로 규율하고 그 전의 법률관계에 소급하는 효력이 없다고 보았다고 한다. 朴貞薰, 앞의 글, 228-229면 참조.
17) 박현정, 앞의 글 425-426면 참조.
18) 김길량, 앞의 글, 549면 이하 참조.

2. 기속력의 범위에 관한 논의

대상판결이 제시하고 있는 처분청이 제재처분으로 처분상대방에게 초래된 불이익한 결과를 제거하기 위하여 필요한 조치를 취할 의무는, 본안소송에서 취소판결이 확정되었을 경우에 발생하는 것이므로 기존에 기속력의 범위, 특히 결과제거의무의 범위에 관한 논의와 관련이 있다.[19]

기존 논의에 따르면, 결과제거의무 혹은 원상회복의무의 범위에 관하여 먼저, ①협의의 원상회복의무로서 위법한 처분으로 인하여 발생한 사실상태의 회복의무가 언급된다.[20] 판례는 병무청장이 인터넷 홈페이지 등에 게시하는 사실행위를 함으로써 공개 대상자의 인적사항 등이 이미 공개되었다고 하더라도, 재판에서 병무청장의 공개결정이 위법함이 확인되어 취소판결이 선고되는 경우, 병무청장은 취소판결의 기속력에 따라 위법한 결과를 제거하는 조치를 할 의무가 있다고 보았다.[21] 이 판결에 대하여 처분성을 인정하여 취소판결의 기속력의 내용으로서 원상회복을 인정하기보다는 결과제거청구소송으로서 당사자소송을 제기하는 것이 강구될 수 있었다는 비판이 제기되고 있다.[22]

이어서 ②부정합처분 취소의무(광의의 원상회복의무)가 다뤄진다.[23] 행정상 법률관계에서 복수의 행정처분이 관계하여 그 중 하나의 행정처분이 취소판결에 의하여 취소되면, 당해 취소판결과 잔존하는 다른 행정처분 사이에 모순 또는 저촉이 발생할 수 있는데, 취소된 처분과 형식상 별개의 처분이라는 이유로 이를 그대로 존속시키는 것은 취소소송의 의의를 상실시키는 결과를 가져오므로 이를 방지하기 위하여 인정되는 의무라고 설명된다. 관련하여, 정책목적 달성을 위하여 여러 개의 처분이 연속하는 구조로 되어 있거나 강한 관련성이 있는 경우 잔존하는 후행처분에 대하여 부정합처분 취소의무가 있는지가 문제된다.

---

19) 취소판결의 기속력으로 인한 결과제거의무의 관점에서 대상판결을 인용한 견해로는 하명호, 『행정법』, 제5판, 2023, 681면.

20) 경건, "취소판결의 기속력의 내용 —특히 적극적 효력으로서의 원상회복의무와 관련하여", 『서울법학』 제24권 제4호, 2017, 313-314면 참조.

21) 대법원 2019. 6. 27. 선고 2018두49130 판결; 그 밖에 대법원 2019. 10. 17. 선고 2018두104 판결 참조 (위법하게 도로를 점용한 교회건물에 대하여 주민소송에서 도로점용허가를 취소하는 판결이 확정되면 취소판결의 기속력에 따라 도로점용자에게 도로 점용을 중지하고 원상회복할 것을 명령하고, 이를 이행하지 않을 경우 행정대집행이나 이행강제금 부과 조치를 하는 등 이 사건 도로점용허가로 인한 위법 상태를 제거하는 것이 가능하다는 내용)

22) 김중권, "병역의무기피자인적사항의 공개의 법적 성질의 문제점", 『행정판례연구』 제25권 제1호, 2020, 228-229면 참조.

23) 경건, 앞의 글, 314-315면 참조.

일본에서는 부정적인 견해도 있으나, 기속력은 판결이유 중의 판단에 미치기 때문에 이것과 모순하는 잔존처분에 대해서도 관계행정청은 취소의무가 있다고 설명하고 있다.[24] 우리 판례도 근로복지공단의 사업종류 변경결정을 취소하는 판결이 확정되면, 국민건강보험공단은 그 사업종류 변경결정을 기초로 이루어진 각각의 산재보험료 부과처분을 취소하거나 변경할 의무가 있다고 보았다.[25]

한편, 최근 판례의 사안 중에서는 ③ 위법한 처분으로 상실한 행정청으로부터 수익적 조치를 받을 수 있었던 기회의 제공을 주는 것도 기속력의 효과로 본 경우가 있어서 이를 어느 정도까지 인정할 것인지가 논란이 되고 있다.[26] 앞에서 언급한 대법원 2016두52019 판결은 사후적으로 수익적 조치, 즉 훈련과정 인정신청과 훈련비용 지원신청을 할 수 있는 기회를 주는 것이 행정소송법상 기속력 규정(제30조 제1항, 제2항, 제38조 제1항)의 입법취지와 법치행정 원리에 부합하고, 관할 관청이 지원신청을 거부하는 것은 장애사유를 만든 행정청이 사업주에 대하여 사전에 훈련과정 인정신청을 하지 않았음을 탓하는 것과 다름없으므로 신의성실의 원칙에 반한다고 지적하고 있다.[27]

유사한 문제로서, 계급정년의 적용을 받는 공무원(가령, 국가정보원 소속 공무원)이 직권면직처분에 의하여 면직되었다가 그 직권면직처분이 무효임이 확인되거나 취소되어 복귀한 경우 직권면직기간동안 상위 계급으로 승진할 수 있는 기회가 없었다는 점에서 계급정년기간에서 직권면직기간을 제외할 것인지가 논란이 된 바 있다. 대법원은 이에 대하여, "그 직권면직처분 때문에 사실상 직무를 수행할 수 없었던 기간 동안 승진심사를 받을 기회를 실질적으로 보장받지 못하였다고 하더라도 원칙적으로 그 직권면직기간은 계급정년기간에 포함될 것이나, 그 직권면직처분이 법령상의 직권면직사유 없이 오로지 임명권자의 일방적이고 중대한 귀책사유에 기한 것이고 그러한 직권면직처분으로 인해 줄어든 직무수행기간 때문에 당해 공무원이 상위 계급으로 승진할 수 없었다는 등의 특별한 사정이 인정되는 경우에까지 직권면직기간을 계급정년기간에 포함한다면 헌법 제7조 제2항 소정의 공무원신

---

24) 김창조, "취소소송에 있어서 판결의 기속력", 『법학논고』 제42권, 2013, 107-108면 참조.
25) 대법원 2020. 4. 9. 선고 2019두61137 판결.
26) 하명호, 앞의 책, 719면; 임성훈, "취소판결의 기속력에 따른 결과제거의 범위 -공무원 신분박탈처분 취소판결에 따른 계급정년 연장 여부를 중심으로-", 『서울법학』 제30권 제3호, 2022, 296면 이하 참조.
27) 김유환 교수는 판례의 해석론에 소송물의 범위를 벗어나면서까지 기속력을 확장하는 것은 문제가 있다고 비판적으로 보면서, "무턱대고 결과제거의무나 원상회복의무를 인정하지 말고 판결문에서 신의성실의 원칙의 적용의 결과 특정한 결과제거의무와 원상회복의무가 '당연한 논리적 귀결'(corollary)로서 그리고 국가이성(raison d'tat)의 당연한 발로로서 인정한다고 하면 법원 스스로 지나친 기판력의 확장을 자제할 수 있을 뿐 아니라 판례이론의 정당화에도 큰 의미가 있을 것"이라고 한다, 김유환, 앞의 글, 18-19면 참조.

분보장 규정의 취지를 근본적으로 훼손하게 되므로, 그러한 경우에는 예외적으로 직권면직 기간이 계급정년기간에서 제외된다고 봄이 상당하다"고 판시하였다.[28] 이에 대하여 독일 법과 프랑스법을 비교한 후 프랑스의 경우 취소판결의 효력으로 원상회복의 집행의무가 발생하고 그에 따라 파면되지 않았으면 발탁될 수 있었던 직급으로 승진시켜서 복직시킬 의무가 있다는 점에서 원칙적으로 위법한 행정작용이 없었을 경우의 가상의 상태의 회복도 포함되는 것으로 볼 수 있다는 점에 착안하여, 우리나라의 경우 보다 적극적으로 결과제거의무를 인정하여야 한다는 견해가 제시되고 있다.[29]

3. 비판적 검토

사안의 쟁점에서 언급한 것처럼, 대상판결은 단순히 기존 집행정지결정의 효력에 관한 논의에서 언급되던 법적 논쟁을 정리한 것에서 한발 더 나아가서 이와는 무관해 보이는 기

---

28) 대법원 2007. 2. 8. 선고 2005두7273 판결(국가정보원 직제의 개폐에 의하여 폐직 또는 과원이 됨에 따라 국가정보원직원법 제21조 제1항 제3호에 의하여 원고들에 대하여 직권면직처분을 한 사실, 그 후 원고들이 피고 국가정보원장을 상대로 제기한 직권면직처분 무효확인소송 또는 취소소송에서 원고들에 대한 직권면직처분이 그 발령주체 면에 있어서 내부적인 행정의사 결정은 적법한 권한자인 대통령에 의하여 이루어졌으나 그 외부적 표시가 대통령에 의하여 이루어지지 아니하고, 권한이 없는 피고 국가정보원장에 의하여 이루어진 하자가 있거나 또는 대상자 선정기준 등에 하자가 있다는 이유로 원고들 승소한 것으로 오로지 국가의 일방적이고 중대한 귀책사유에 기한 것으로 보기 어려우므로, 그 직권면직기간이 계급정년기간에서 제외된다고 볼 수 없다고 판시); 반면, 최근 대법원 2023. 3. 13. 선고 2020두53545 판결은 "군인사법은 제8조 제1항에서 연령정년, 근속정년, 계급정년 등 3가지 유형의 정년제도를 규정하였다. 그런데 '연령정년'은 계급마다 연한에 차등을 두고 있을 뿐만 아니라 그 연한이 경찰공무원 등 다른 공무원과 비교하여 현저히 낮게 설정되어 있으므로, 군인사법상 '연령정년'에 관한 문제를 다룰 때에 계급적 요소를 참작하지 않을 수 없다. 따라서 군인이 임용권자로부터 파면 등 징계, 전역명령 등 신분상 불이익처분을 받았으나 그것이 확정판결에 의하여 위법한 것으로 확인되어 복귀하는 과정에서 연령정년의 경과 여부가 문제 되는 경우로서, 상명하복의 엄격한 규율과 군기를 중시하고 집단적 공동생활을 영위하는 군대의 특수한 사정을 충분히 고려하더라도 신분상 불이익처분이 법령상 정당한 근거 없이 오로지 임용권자의 일방적이고 중대한 귀책사유에 기한 것이고, 그 불이익처분으로 인해 해당 계급에서 상위 계급으로 진급함에 필요한 직무수행의 기회를 상당한 기간에 걸쳐 실질적으로 침해·제한당하는 등의 특별한 사정이 인정되며, 이를 용인할 경우 군인사법상 계급별 연령정년의 입법취지는 물론 헌법 제7조 제2항에서 정한 공무원의 신분보장 취지를 근본적으로 훼손하게 되는 정도에까지 이르러 일반 불법행위의 법리에 의한 손해배상의 방법으로 그 위법성을 도저히 치유할 수 없다고 인정되는 경우에는 위 대법원판결의 법리가 동일하게 적용될 수 있다. 이 경우 '연령'이라는 기준의 불가역적인 성질에 비추어, 위와 같은 경위로 진급심사에 필요한 실질적인 직무수행의 기회를 상실한 기간만큼 연령정년이 연장된다"고 보았다. [이른바, 불온서적 차단대책 강구 지시에 대한 헌법소원에 따른 전역처분등 취소사건(대법원 2018. 3. 22. 선고 2012두26401 판결)에 따른 후속사건임]
29) 임성훈, 앞의 글, 309면 이하 참조.

속력에 관한 논의에 관한 법리 및 관련 판례를 원용함으로써, 단순한 카쥬이스틱(Kasuistik)을 넘어 일종의 새로운 판례 도그마틱(Dogmatik)을 형성하려는 시도로 읽혀진다는 점에 의미가 있다. 다만, 단순하게 기존 소송법이나 실체법의 논의로 일관되게 설명하기에는 한계가 있다는 점에서 그 의미를 차분하게 음미해 보아야 할 필요가 있다.

사실 판례가 말하고자 하는 바는 소박하게 읽으면, 부당하게 발생한 법적인 상태를 행정청이 제거해서 당사자에게 원래 있어야 할 정도로 동등하게 제재하거나, 대우해주어야 한다는 지극히 온당한 명제를 제시하고 있는 것으로 보인다. 문제는 이러한 상태가 행정처분과 사법부 재판의 차이로 인하여 발생한 것이라는 점에 있다. 가령, 행정이 어떤 법을 해석하여 1차적으로 침익적 처분을 하였는데, 2차적으로 법원은 달리 판단하여 집행정지 결정을 하였다가 다시 최종적으로 행정의 결정이 옳다고 판단되는 경우이거나(a사안), 행정이 1차적인 제재처분을 하였는데 2차적으로 당사자의 집행정지는 신청을 기각하였다가 최종적으로 법원이 달리 판단하여 다시 행정에게 후속적인 신청을 사후적으로 한 경우이더라도(b사안), 법을 해석하는 심급과 기관만 달라졌을 뿐이라는 점에 있다. 또, 우리가 법원이 항상 법을 최종적으로 해석하는 권한이 있다는 일반적인 통념을 잠시 제쳐둔다면, 이런 사안들은 단지 행정부와 사법부의 견해차이라고 볼 수 있고, 어쩌면 이러한 부당한 법상태는 중간단계에서 법원의 재판으로 인하여 발생하였다고 평가할 수 있는 것이다.

만일, 이러한 법상태가 오롯이 행정의 고권적 침해에 의해서 발생하였다면 우리는 당장 독일법상 논의되는 공법상 결과제거청구권을 해결책으로 떠올릴 것이다. 실은 기속력으로서의 결과제거의무는 그 배경으로 공법상 결과제거청구권이 논해지는 것이 보통이다. 독일에서는 그 법적 근거로서, 법치국가원리 및 법률적합성 원리에 내재되어 있는 원상회복을 내용으로 하는 무과실손실배상청구권으로 보는 견해, 헌법상의 자유권에 근거한 방해예방청구권으로 보는 견해, 민법상의 방해제거청구권을 유추적용하는 견해 등이 주장되고 있다고 한다.30) 우리나라에서도 자유권 및 민법 제213조 및 제214조의 유추적용 등을 근거로 판례법적 도입을 주장하는 견해가 제기되고 있으나, 우리 법제는 독일 법제와 달리 국가배상법의 배상기준이 되는 민법 제394조에 의하여 원상회복을 예외적인 경우로 한정하고 금전배상을 원칙으로 하고 있어서, 아직은 입법론에 해당한다고 평가하는 것이 일반적이다.31)

여기서 대상판결이 어떤 권리라고 하지 않고 단지 '처분청의 조치의무'만을 언급하고 있

---

30) 강구철, "공법상의 결과제거청구권", 『법학논총』 제14권, 2002, 100-102면; 박규하, "공법상 결과제거청구권", 『외법논집』 제9권, 2000, 77-79면; 임성훈, 앞의 글, 297면 각 참조.
31) 강구철, 앞의 글, 121-122면 참조.

다는 점을 주목할 필요가 있다. 이는 켈젠(Hans Kelsen)의 순수법학 이론에 따라 설명하는 것이 가능하다고 생각된다. 켈젠은 권리를 중심으로 법명제를 정립했던, 로마법 중심의 민사법적인 사고를 전도해서,[32] "모든 법명제는 필연적으로 법의무를 정립해야 하고, 이에 반해 법적 권한(권리)은 정립할 수도 있고 정립하지 않을 수도 있다"고 설명하였다.[33] 그에 따르면, 권한(Berechtigung)은 불법 결과의 조건이 충족된 상황에서 불법에 해당하는 사실로 인해 자신의 이익을 침해당한 사람이 소 등의 형태로 불법 결과를 지향하는 의사표시를 제기하고, 이러한 의사표시가 수용되는 경우에 존재하게 되므로, 법규범이 침해를 당한 사람에게 자신의 이익을 관철할 수 있는 가능성을 부여함으로써 비로소 법의무와 구별되는 주관적 권리가 된다는 것이다.[34] 이는 19세기부터 이미 독일 공법학에 널리 알려진 주관적 공권론에 영향을 받은 것으로 보인다.[35] 결국, 법의무는 모든 법규범이 예외없이 갖는 본래적 기능임에 반해, 권리는 사법적 권리로서 자본주의 법질서의 제도로서 등장하거나, 정치적 권리로서 민주적 법질서의 제도로서 등장할 뿐이라는 것이다.[36]

여기에 더하여, 켈젠과 메르클(Adolf J. Merkl)의 '行政과 司法의 실질적 동일성 테제'라는 관념을 고려하여야 한다. 켈젠은 재판과 마찬가지로 행정도 법률, 즉 행정법의 개별화와 구체화이고, 기능적으로 국가행정이라고 부르는 영역은 대부분 사법부 영역과 차이가 없다고 보았다. 국가목적이 행정기관을 통해서 추구되는 방식이나 법원을 통해서 추구되는 방식은 기술적으로 볼 때 간접적인 방식으로 실현된다는 점에서 동일하다는 것이다. 법관의 지위와 같은 행정기관에게 결여되어 있는 독립성은 오로지 역사적 배경에서 설명될 뿐 필연적인 것은 아니라고 한다.[37] 박정훈 교수는 순수법학으로서의 行政개념을 소개하면서, 이러한 관점에서 법적 작용을 그것을 행정기관에게 맡길 것인가 법원에게 맡길 것인가는 원칙적으로 입법자의 재량에 속한다고 보았다.[38] 즉, 행정법에 있어서 제1법관은 行政이고, 司法은 제2법관인 것이다.[39]

---

32) 로마법을 기본으로 한 법률관계에 대한 권리중심적 고찰을 강조하는 견해에 대하여는 최병조, "법률관계를 고찰하는 양대 관점 – 의무중심적 고찰과 권리중심적 고찰 –", 『서울대학교 법학』 제59권 제1호, 2018, 119면 이하

33) Hans Kelsen·윤재왕(역), 『순수법학: 법학의 문제점에 대한 서론』, 2018, 69면.

34) Hans Kelsen·윤재왕(역), 앞의 책, 69-70면 참조.

35) 뷜러의 주관적 공권의 개념에 대하여는 김찬희, 『오트마 뷜러의 주관적 공권론에 관한 연구』, 서울대학교 박사학위 논문, 2022, 21면 이하 참조.

36) Hans Kelsen·윤재왕(역), 앞의 책, 73면 참조.

37) Hans Kelsen·윤재왕(역), 앞의 책, 101면 참조.

38) 박정훈, 『행정법의 체계와 방법론』, 2005, 100면 참조.

39) 박정훈, "行政法과 '民主'의 自覺 – 한국 행정법학의 미래", 『행정법연구』 제53호, 2018, 12면 참조.

그에 따라, 판례에서 시도하는 새로운 도그마틱은 이론적으로 다음과 같이 설명할 수 있다. 집행정지결정을 통하여 당사자가 부당하게 얻게 된 이익이나, 반대로 집행정지결정을 받지 못함으로써 당사자가 얻지 못한 불이익은 1차적으로 행정이 제거하기 위하여 필요한 조치를 취할 의무가 발생한다. 이는 법치국가원리 내지 법치행정의 원칙에 의하여 행정에게 발생하는 것이고, 행정과 사법의 실질적 동일성 테제 및 적극행정의 원칙(「행정기본법」 제4조 등)에 따라서, 법원의 재판결과(집행정지결정)에 따라 발생한 경우에도 생겨난다. 이러한 의무의 실현은 헌법상 평등원칙에 따라서 실질적으로 그러한 집행정지가 없었을 경우와 '동등한 수준'으로 이루어져야 한다. 마찬가지로 처분상대방에게 초래되는 불이익한 결과를 제거할 때에도 이러한 동등한 수준이 고려되어야 한다.[40]

4. 소결 – 법의무를 중심으로 한 판례사안의 해결

본안판결 확정시 필요한 조치의무를 하는 것으로 판례이론을 새롭게 이해하면, 기존에 집행정지결정의 효력을 중심으로 혹은 기속력의 범위를 중심으로 사안마다 구구하게 해결하여야 했던 사안들을 나름 일관되게 해결할 수 있는 장점이 있다. 먼저, 대상판결의 경우 1차 취소처분에 대하여 취소소송을 제기하여 집행정지결정을 이루어졌다가 집행정지가 실효되면, 행정청으로서는 1차 취소처분과 동등한 수준에서 조치를 할 의무가 발생한다. 따라서 행정청은 이를 이행하기 위한 법적 수단을 강구하는데, 판로지원법상 변경처분이 가능하므로, 그 시점에서 동등한 수준으로 여겨지는 '직접생산확인을 받은 모든 제품에 대한 취소'라는 조치를 하는 것이다. 행정청의 변경처분으로서 필요한 조치가 이루어지므로, 집행정지결정의 효력이 소급하는지 여부와 행정청의 이행여부는 무관하다.

대법원 2013두25498 판결처럼 보조금 교부결정을 취소한 처분을 집행정지하였다 실효한 경우, 대상판결은 집행정지결정이 장래에 향하여 소멸한다는 점을 분명히 하였다. 그러나 마찬가지로 이 경우에도 보조금 반환을 명하는 것은 행정청의 본안판결 확정시 필요한 조치의무에 의한 것이라고 보아야 한다. 이에 대한 법적근거가 관련 법률[41]에 마련되어 있으므로 이를 근거로 반환을 명하면 충분하고, 굳이 소급효 여부는 따질 필요는 없다.[42] 다

---

40) 다만, 이러한 의무를 강제하기 위하여 상대방에게 권리(청구권)가 부여될 수 있을 것인지는 각각의 법제도의 상황에 따라 달라질 것이고, 의무의 이행정도도 이러한 상대방의 권리를 보호하기 위한 법리, 가령, 신뢰보호원칙 등에 따라 달라질 수 있다고 보아야 한다.

41) 구 「보조금의 예산 및 관리에 관한 법률」(2011. 7. 25. 법률 제10898호 보조금 관리에 관한 법률로 개정되기 전의 것) 제31조 제1항.

42) 대법원 2013두25498 판결은 "위 효력정지결정은 그 결정주문에서 정한 제1심판결 선고일인 2010. 9.

만, 취소소송을 객관소송으로서 일종의 확인소송으로 파악하는 입장에 서면,[43] 취소소송은 위법성을 확인하는 것이 본질이므로, 굳이 잠정적인 성격의 집행정지 여부에 따라 처분의 효력이 형성적으로 좌우된다고 볼 것은 아니라고 할 것이다.

반면, 대법원 2016두52019 판결처럼 초래된 불이익을 제거하는 경우야말로 적극적인 행정의 조치의무가 필요한 경우이다. 이러한 사안을 기존의 결과제거청구권과 같은 '권리'로 구성할 수 있는지는 의문이지만, 판례가 설시한 것처럼 이러한 지원신청이나 혹은 기회를 제공하는 것은 司法과 동일한 기능을 수행하는 行政이 법치행정의 원리에 따라 부담하는 의무이고, 이를 거부하는 것은 신의성실의 원칙에 반하게 될 것이다. 다만, 어느 정도에서 그러한 결과를 제거하고 실질적인 기회를 제거할 것인지는 행정청의 재량에 맡겨져 있으며, 판례가 제시한 동등한 수준이라는 것이 일응의 기준이 될 것이다. 따라서, 계급정년의 적용을 받는 공무원이 면직되었다가 면직처분이 취소되어 복직한 경우 승진심사를 받을 기회를 보장받지 못하였다는 이유로 직권면직기간을 계급정년기간에 포함할지 여부는 일률적으로 정하기에 어려운 문제가 된다. 계급정년을 갖는 공무원이 승진하는 것은 매우 다면적인 평가를 기초로 한 것으로서, 설사 승진심사의 기회가 있었다고 하더라도 승진이 보장되는 것이 아니고(오히려 승진이 예외라고 볼 수 있다), 면직처분이 없이 지속적으로 근무한 공무원에 비하여 면직처분을 받아서 소송을 제기한 것이 오히려 이익을 얻는 상황도 고려하여야 할 것이다. 따라서 직권면직처분이 법령상의 직권면직사유 없이 오로지 임명권자의 일방적이고 중대한 귀책사유에 기한 것인지에 따라서 직권면직기간을 계급정년에 포함할지의 기준으로 삼은 것은 일응 수긍할 만하다고 본다.[44]

---

16. 그 효력이 소멸되었고, 그 결과 이 사건 지원약정해지처분의 효력은 당연히 되살아났다고 할 것이므로, 피고는 이 사건 지원약정해지처분에 의하여 취소된 2010년 1월부터 6월까지의 보조사업에 대하여 효력정지기간 중 교부된 보조금에 관하여, 보조금법 제31조 제1항에 따라 그 반환을 명할 수 있다"고 판시하고 있는데, 이를 굳이 민사법적인 법리를 동원하여 본처분인 지원약정해지처분이 장래에 향하여 소멸된 집행결정정지처분으로 그 시점에서 부활하면, 해지의 소급효에 의하여 소급된다고 그 이론구성할 필요도 없어 보인다. 명문의 반환을 명하는 제재규정이 있으므로 이로써 족하다고 본다.

43) 우리나라의 취소소송을 객관소송으로서 확인소송으로 보는 견해는 박정훈, 앞의 책, 107-108면; 동인, 『행정소송의 구조와 기능』, 2006, 160면, 168면, 208면; 박재윤, "항고소송의 원고적격과 행정국가의 통제방안", 『행정법학』 제22호, 2022, 50면 이하 각 참조.

44) 언급한 2023년 사안과 2007년의 사안의 귀책사유 여부의 판단과 결과에 대하여도 수긍할 만하다고 생각한다. 각주 28) 참조.

Ⅳ. 요약과 결론

대상판결은 집행정지결정의 효력에 관한 기존의 논란을 정리하면서, 제재처분에 대한 행정쟁송절차에서 집행정지결정이 이루어졌더라도 최종적으로 적법하다는 판결이 확정되면 처분청은 당초 집행정지결정이 없었던 경우와 동등한 수준으로 해당 제재처분이 집행되도록 필요한 조치를 취하여야 한다는 법리를 제시하였다. 반대로 집행정지결정을 받지 못했으나 본안소송에서 해당 제재처분이 위법하다는 것이 확인되어 취소하는 판결이 확정되면, 처분청은 그 제재처분으로 처분상대방에게 초래된 불이익한 결과를 제거하기 위하여 필요한 조치를 취하여야 한다는 반대방향의 법리도 제시하였다. 이는 기존에 집행정지결정의 효력에 관한 논의와 기속력의 범위로서 결과제거의무(원상회복의무)로서 논의되던 사안을 하나로 묶어서 행정청의 조치의무로서 제시한 점에 의미가 있다.

이러한 행정청의 의무를 이론적으로 이해하기 위해서는 필자는 켈젠과 메르클의 行政과 司法의 실질적 동일성 테제를 통하여, 설사 법원의 재판을 통하여 부당한 결과가 발생한 경우라도 1차적으로 행정이 이를 제거할 의무가 법치국가의 원리 등에 따라 도출될 수 있고, 이러한 법의무를 중심으로 판례이론을 체계적으로 설명할 수 있다고 보았다.

그동안 독일 법제를 중심으로 우리 행정법체계가 국민의 권리구제에 미흡한 법체계인 것처럼 비판하는 주장이 많이 있었다. 그러나 행정법과 행정소송의 본령은, 공익과 사익의 조정을 위한 公論場으로서의 역할을 하는 데에 있다.[45] 우리 판례도 행정소송법 개정논의를 바탕으로 기존의 독일식 해석론을 극복하고, 객관소송론의 도움을 받아 처분성과 원고적격을 확대하는 노력을 기울여왔다. 이제 우리의 행정법은 행정의 독자성과 우월성의 단계를 훌쩍 지나 단순한 시민적 자유주의를 강조하는 2단계를 거쳐 공익과 사익의 대립을 조화시키는 3단계로 진입하는 초입에 있다고 생각한다.[46] 그 실현 여부는 행정기본법에 담긴 적극행정원칙의 실천에 달려 있다.[47]

이것이 필자가 생각하는 우리나라 행정법 체계의 특징이고, '行政과 司法의 협력적 법체계'라고 부를 수 있다.

---

45) 박정훈, 앞의 책(행정소송의 구조와 기능), 44면 참조.

46) 행정법 발전의 3단계에 대하여는 박정훈, 앞의 책(행정법의 체계와 방법론), 36-39면 참조.

47) 박정훈, "적극행정 실현의 법적 과제 – '적극행정법'으로의 패러다임 전환을 위한 시론", 『공법연구』 제38권 제1호 제1권, 2009, 337-342면; 적극행정에 관하여는 박재윤, "한국의 적극행정과 법적 역동성", 『2021 행정법 포럼 자료집』, 2021, 180면 이하 각 참조.

생각할 문제

1. 과세처분 이후 조세 부과의 근거법률에 대하여 위헌결정이 내려진 경우 행정청이 그 조세채권의 집행에 대하여 어떤 조치를 할 의무가 있는지 검토하시오.

2. 행정처분에 대한 직권철회청구권의 법리를 행정청의 의무로써 검토하시오.

대법원 2012. 6. 18. 선고 2010두27639, 27646 전원합의체 판결
[항고소송에서 증명책임]

김 영 현*

[사실관계]

원고는 구 국민건강보험법(2006. 10. 4. 법률 제8034호로 개정되기 전의 것,[1] 이하 '구 법'이라 한다) 제40조에 정한 요양기관인 A 병원을 운영하는 학교법인이다.

보건복지부[2]는 2006. 12. 13.부터 2006. 12. 28.까지 A 병원에 대하여 현지조사를 실시한 결과, A 병원이 조사대상기간 2006. 4. 1.부터 2006. 9. 30.까지 백혈병 등 혈액질환[3]의 상병으로 치료한 환자들로부터 1,938,088,790원을 본인 부담금으로 지급받은 것이 사위 기타 부당한 방법으로 요양급여비용을 받은 것에 해당한다고 판단하였다.

피고 보건복지부장관은 2008. 2. 19. 구 법 제85조 제1항, 제2항[4] 및 같은 법 시행령 (2006. 12. 30. 대통령령 제19818호로 개정되기 전의 것) 제61조 제1항[5] [별표5] 업무정지처분

---

* 부산고등법원 판사
1) 이 사건에서 문제된 A 병원의 요양급여행위는 2006. 4. 1.부터 2006. 9. 30.까지 사이에 이루어졌으므로, 이하에서는 행위시법에 따라 법령을 정리하였다.
2) 중앙행정기관인 보건복지부는 2008년 보건복지가족부로 확대 개편되었다가, 2010년 다시 보건복지부로 환원되었다. 이하 개편 및 환원 전후를 구별하지 아니하고 '보건복지부'라 한다.
3) 백혈병(급성 골수성 백혈병, 급성 임파구성 백혈병, 만성 골수성 백혈병), 골수 이형성 증후군, 다발성 골수종, 악성 림프종, 재상불량성 빈혈 등 혈액질환을 의미한다.
4) 제85조(과징금 등) ① 보건복지부장관은 요양기관이 다음 각 호의 1에 해당하는 때에는 1년의 범위 안에서 기간을 정하여 요양기관의 업무정지를 명할 수 있다.
  1. 사위 기타 부당한 방법으로 보험자·가입자 및 피부양자에게 요양급여비용을 부담하게 한 때
  ② 보건복지부장관은 요양기관이 제1항 제1호의 규정에 해당하여 업무정지처분을 하여야 하는 경우로서 그 업무정지처분이 당해 요양기관을 이용하는 자에게 심한 불편을 주거나 기타 특별한 사유가 있다고 인정되는 때에는 그 업무정지처분에 갈음하여 사위 기타 부당한 방법으로 부담하게 한 금액의 5배 이하의 금액을 과징금으로 부과·징수할 수 있다. 이 경우 과징금을 부과하는 위반행위의 종별·정도 등에 따른 과징금의 금액 기타 필요한 사항은 대통령령으로 정한다.
5) 제61조(과징금 등 행정처분기준) ① 법 제85조 제1항 및 제2항의 규정에 의한 요양기관의 업무정지처분 및 과징금부과의 기준은 별표 5와 같다.
  [별표5] 업무정지처분 및 과징금부과의 기준

및 과징금부과의 기준에 따라 80일의 요양기관 업무정지처분에 갈음하는 과징금 9,690,443,950원을 부과하였고(이하 '이 사건 과징금 부과처분'이라 한다), 피고 국민건강보험 공단은 2008. 3. 31. 구 법 제52조[6])에 따라 부당징수액으로 판단한 1,938,088,790원의 요양급여비용에 대해 부당이득 환수처분(이하 '이 사건 부당이득 환수처분'이라 한다)을 하였다.

---

1. 업무정지처분기준
가. 요양기관이 부당한 방법으로 공단·가입자 또는 피부양자에게 요양급여비용을 부담하게 한 때의 업무정지기간은 다음과 같다. (단위: 일)

월 평균 부당금액		부당비율				
의료기관·약국·한국희귀의약품센터·보건의료원	보건소·보건지소·보건진료소	0.5% 이상 1% 미만	1% 이상 2% 미만	2% 이상 3% 미만	3% 이상 4% 미만	4% 이상 5% 미만
15만원 이상 ~ 25만원 미만	5만원 이상 ~ 8만원 미만	–	–	10	20	30
25만원 이상 ~ 40만원 미만	8만원 이상 ~ 14만원 미만	–	10	20	30	40
40만원 이상 ~ 80만원 미만	14만원 이상 ~ 20만원 미만	10	20	30	40	50
80만원 이상 ~ 320만원 미만	20만원 이상 ~ 40만원 미만	20	30	40	50	60
320만원 이상 ~ 1,400만원 미만	40만원 이상 ~ 70만원 미만	30	40	50	60	70
1,400만원 이상 ~ 5,000만원 미만	70만원 이상 ~ 100만원 미만	40	50	60	70	80
5,000만원 이상	100만원 이상	50	60	70	80	90

나. 요양기관이 법 제84조제2항의 규정에 의한 관계서류(컴퓨터 등 전산기록장치에 의하여 저장·보존하는 경우에는 그 전산기록을 포함한다. 이하 같다)의 제출명령에 위반하거나 허위보고를 하거나 관계공무원의 검사 또는 질문을 거부·방해 또는 기피한 때에는 업무정지기간을 1년으로 한다. 다만, 관계서류중 진료기록부, 투약기록, 진료비계산서 및 본인부담액수납대장을 제외한 서류의 전부 또는 일부의 제출명령에 위반한 경우에는 업무정지기간을 180일로 한다.
다. 가목 및 나목의 처분 모두에 해당되는 요양기관의 업무정지기간은 해당기간을 합산한 기간으로 한다.
2. 과징금 부과기준
가. 과징금의 부과는 총부당금액의 5배로 한다. 다만, 업무정지기간이 50일 이하에 해당하는 경우에는 총부당금액의 4배로 한다.
나. 요양기관이 과징금의 분할납부를 신청할 경우 보건복지부장관은 12월의 범위 내에서 과징금의 분할납부를 허용할 수 있다. 다만, 과징금의 납부로 인하여 요양기관의 경영에 중대한 지장을 초래할 수 있다고 판단되는 경우에는 24월의 범위 내에서 분할납부를 허용할 수 있다.
6) 제52조(부당이득의 징수) ① 공단은 사위 기타 부당한 방법으로 보험급여를 받은 자 또는 보험급여비용을 받은 요양기관에 대하여 그 급여 또는 급여비용에 상당하는 금액의 전부 또는 일부를 징수한다. ④ 제1항의 경우에 있어 요양기관이 가입자 또는 피부양자로부터 사위 기타 부당한 방법으로 요양급여비용을 받은 때에는 공단은 당해 요양기관으로부터 이를 징수하여 가입자 또는 피부양자에게 지체없이 지급하여야 한다.

원고 법인에 대한 과징금 및 부당징수액 산출내역은 다음과 같다.

① 요양급여기준 위반 의약품 비용 징수 유형(부당징수금액 624,654,400원)

보건복지부령 「국민건강보험 요양급여의 기준에 관한 규칙」(이하 '요양급여기준규칙'이라 한다), 보건복지부고시 「요양급여의 적용기준 및 방법에 관한 세부사항」(이하 '요양급여기준고시'라 하고, 요양급여기준고시와 관련 건강보험심사평가원장의 공고까지 통틀어 '요양급여기준'이라 한다), 식품의약품안전청장이 정한 허가사항(이하 '허가사항'이라 한다) 등 관련 법령이 정한 기준을 위반하여 처방·투여한 의약품 비용을 본인부담금으로 징수하는 유형을 의미한다(이하 '① 유형'이라 한다).[7]

② 별도 산정 불가 치료재료 등의 비용 별도 징수 유형(부당징수금액 76,501,780원)

보건복지부고시 「건강보험 행위 급여·비급여 목록표 및 급여 상대가치점수」에 치료재료, 방사선치료 비용 등이 포함되어 별도 징수할 수 없음에도 행위수가고시로 정한 금액에 더하여 치료재료, 방사선치료 비용을 본인부담금으로 징수하는 유형을 의미한다(이하 '② 유형'이라 한다).[8]

③ 기준금액 이상 징수 유형(부당징수금액 614,848,913원)

요양급여 사항으로 요양급여비용 청구대상임에도 종전 진료비 심사과정에서의 삭감사례를 토대로 진료비 심사과정에서 삭감될 것을 우려하여 피고 국민건강보험공단에 요양급여비용을 전혀 청구하지 아니하고, 환자 본인으로부터 피고 국민건강보험공단에 청구하여야 할 요양비용을 포함한 모든 비용을 징수하는 유형을 의미한다(이하 '③ 유형'이라 한다).

④ 선택진료비 징수 유형(부당징수금액 622,096,256원)

환자들로부터 주진료과에 관해서만 선택진료를 신청받고, 그 외 진료지원과에 관하여는 주진료과 선택의사에게 포괄위임하도록 한 다음, 주진료과 및 진료지원과에 대하여 선택진료비용을 본인부담금으로 징수하는 유형을 의미한다(이하 '④ 유형'이라 한다).

조사대상기간 심사결정요양급여비용총액(원)	총부당금액(원)	월평균 부당금액(원)	부당비율(%)	업무정지기간 (일)	과징금(원)
50,969,737,320	1,938,088,790	323,014,798	3.80	80	9,690,443,950

---

7) 제1심판결 기재 사례 중 하나를 기재하면, 네오플라틴주의 허가사항이 진행성 상피성 난소암, 소세포폐암으로 정하여져 있는데, A 병원이 이를 비호지킨림프종에 2차 이상으로 사용하거나 골수이식 전 처치 요법에 사용하고, 그 비용을 본인 부담으로 처리한 것이다.

8) 제1심판결 기재 사례 중 하나를 기재하면, NEEDLE-BONE MARROW BIOPSY(MANAN)의 허가사항이 척추성형술용 바늘이고, 행위수가고시는 골수천자생검에서 치료재료 비용을 별도로 산정할 수 없도록 정하고 있는데, A 병원이 이를 골수천자생검에 사용하고 그 비용을 본인 부담으로 처리한 것이다.

[사건의 경과]

원고 법인은 위 ① ~ ④ 유형이 구 법 제52조 제4항 또는 제85조 제1항이 규정하고 있는 '요양기관이 사위 기타 부당한 방법으로 요양급여비용을 가입자 등으로부터 받거나 이를 부담하게 한 때'에 해당한다고 볼 수 없고, A 병원이 난치병을 치료함에 있어 약제의 투여용량, 횟수, 적응증, 검사 항목 등을 제한하고 있는 요양급여기준을 따를 경우 환자의 생명과 건강을 구하는 데 한계가 있어 부득이 요양급여기준을 초과하거나 위반하여 진료행위를 하게 된 점, A 병원이 환자 측으로부터 징수한 본인부담금은 약제·치료재료에 대한 실거래가 정도에 불과하여 A 병원에 별도의 수익이 발생한 것이 아닌 점 등을 고려하여 볼 때, 법 시행령 제61조 [별표 5]의 과징금 부과기준에서 정한 최고한도인 총부당금액의 5배에 해당하는 과징금을 부과하고 총부당금액 전부의 환수를 결정한 이 사건 처분들은 과잉금지의 원칙을 위배하여 재량권을 일탈·남용한 것이라는 이유로 이 사건 처분들에 관하여 취소소송을 제기하였다.

이에 대하여 제1심법원[9]은 원고의 청구를 모두 인용하였다.

위 ①, ②, ④ 유형의 전부 또는 일부에 관하여 요양기관이 요양급여를 한 후 요양급여를 받은 자로부터 관계 법령에서 정한 기준과 절차와 다르게 그 비용을 징수하는 경우에는 특별한 사정이 없는 한 '요양기관이 사위 기타 부당한 방법으로 요양급여비용을 수령한 때'에 해당하지만, 피고들 행정청은 해당 진료행위의 의학적 타당성이 인정되고, 환자 측에 대한 설명 및 사전 동의를 받는 등 사정이 있는 경우에는 그 예외를 인정하여 '요양기관이 사위 기타 부당한 방법으로 요양급여비용을 수령한 때'에 해당하지 않는다고 보았어야 한다는 이유로 이 사건 처분들의 처분사유가 부존재한다고 판단하였다.

다만, 위 ③ 유형의 경우 법령이 정한 절차를 위반한 처분사유가 존재한다고 판단하였으나, 정당한 과징금의 액수나 환수하여야 할 부당이득의 액수를 구체적으로 산출할 수 없으므로, 이 사건 처분들 전부를 취소하였다.

여기에 더하여 예비적 판단으로, 설령 위 ①, ②, ④ 유형의 전부 또는 일부가 '요양기관이 사위 기타 부당한 방법으로 급여비용을 수령한 경우'에 해당하여 이 사건 처분들에 관한 처분사유가 인정된다고 하더라도, 이 사건 처분들은 재량권을 일탈·남용하여 위법하여 취소를 면할 수 없다고 판단하였다.

피고들 행정청은 제1심판결에 불복하여 항소하였으나, 원심법원[10]은 피고들 행정청의

---

9) 서울행정법원 2009. 10. 29. 선고 2008구합9522, 14807(병합) 판결.
10) 서울고등법원 2010. 11. 11. 선고 2009누38239, 38246(병합) 판결.

항소를 모두 기각하였다. 원심법원은 제1심법원과 그 판단을 같이하면서, 의료인이 환자의 상태 등과 당시의 의료수준 그리고 자기의 전문적 지식경험에 따라 적절하다고 판단되는 의료행위·약제·치료재료를 택하였고, 그와 같은 의료행위·약제·치료재료를 택하는 경우 요양급여사항 및 비급여사항 어디에도 해당하지 아니하여 환자가 이를 부담하여야 한다는 사정을 환자 및 보호자에게 충분히 설명하고, 그들로부터 이에 대한 동의를 받았다면, 환자로부터 그에 따른 비용을 받았다고 하여 이를 두고 '사위 기타 부당한 방법으로 급여비용을 수령한 경우'에 해당한다고 볼 수 없다는 판단을 추가하였다. 이에 대하여 피고들 행정청이 상고를 제기하였다.

[대상판결]

대법원은 원심판결의 피고 국민건강보험공단에 대한 부분 중 위 ④ 유형에 관한 부당이득징수를 제외한 나머지 부분을 파기하여 서울고등법원에 환송하였고, 피고 국민건강보험공단의 나머지 상고와 피고 보건복지부장관의 상고를 각 기각하여 피고 국민건강보험공단에 대한 이 사건 부당이득 환수처분 중 ④ 유형에 관한 부분 및 피고 보건복지부장관에 대한 이 사건 과징금 부과처분에 관한 취소판결을 확정지었다.

그 구체적인 설시를 요약하면 다음과 같다.

[다수의견]

국민건강보험을 규율하는 법령은 ① 원칙적으로 모든 진료행위를 요양급여대상으로 삼고, 요양급여의 구체적인 적용기준과 방법은 구 국민건강보험 요양급여의 기준에 관한 규칙 (2006. 12. 29. 보건복지부령 제377호로 개정되기 전의 것, 이하 '구 요양급여기준규칙'이라 한다)과 보건복지부장관의 고시에 의하도록 하며, ② 거기에 규정되지 아니한 새로운 형태의 진료행위가 이루어지거나 기존 요양급여기준에 불합리한 점이 있으면 구 요양급여기준규칙이 정하는 여러 신청절차를 통하여 요양급여대상으로 포섭하고, ③ 구 요양급여기준규칙 제9조 [별표 2]에 규정된 이른바 법정 비급여 진료행위는 건강보험 적용대상에서 제외하여 그 부분에 한하여 비용 부담을 요양기관과 가입자 등 사이의 사적 자치에 맡기고 있는 것으로 해석된다. 따라서 요양기관은 법정 비급여 진료행위가 아닌 한 원칙적으로 요양급여의 인정 기준에 관한 법령에서 정한 기준과 절차에 따라 요양급여를 제공하고, 보험자와 가입자 등으로부터 요양급여비용을 지급받을 때에도 그 산정기준에 관한 법령에서 정한 기준과 절차에 따라야 한다. 그러므로 요양기관이 그러한 기준과 절차를 위반하거나 초과하여 가입자 등으로부터 요양급여비용을 받은 경우뿐 아니라, 그 기준과 절차에 따르지 아니하고 임의로 비급여 진료행위를 하고 가입자와 요양 비급여로 하기로 합의하여 진료비용 등을 가입자 등으로부터 지급받은 경우도 위 기준을 위반하는 것으로서 원칙적으로 구 국민건강보험법 (2006. 10. 4. 법률 제8034호로 개정되기 전의 것) 제52조 제1항, 제4항과 제85조 제1항 제1 호, 제2항에서 규정한 '사위 기타 부당한 방법으로 가입자 등으로부터 요양급여비용을 받거 나 가입자 등에게 이를 부담하게 한 때'에 해당한다.

　요양기관이 국민건강보험의 틀 밖에서 임의로 비급여 진료행위를 하고 비용을 가입자 등 으로부터 지급받은 경우라도 ① 진료행위 당시 시행되는 관계 법령상 이를 국민건강보험 틀 내의 요양급여대상 또는 비급여대상으로 편입시키거나 관련 요양급여비용을 합리적으로 조정할 수 있는 등의 절차가 마련되어 있지 않은 상황에서, 또는 그 절차가 마련되어 있다 고 하더라도 비급여 진료행위의 내용 및 시급성과 함께 절차의 내용과 이에 소요되는 기간, 절차의 진행 과정 등 구체적 사정을 고려해 볼 때 이를 회피하였다고 보기 어려운 상황에 서, ② 진료행위가 의학적 안전성과 유효성뿐 아니라 요양급여 인정기준 등을 벗어나 진료 해야 할 의학적 필요성을 갖추었고, ③ 가입자 등에게 미리 내용과 비용을 충분히 설명하여 본인 부담으로 진료받는 데 대하여 동의를 받았다면, 이러한 경우까지 '사위 기타 부당한 방 법으로 가입자 등으로부터 요양급여비용을 받거나 가입자 등에게 이를 부담하게 한 때'에 해당한다고 볼 수는 없다. 다만 요양기관이 임의로 비급여 진료행위를 하고 비용을 가입자 등으로부터 지급받더라도 그것을 부당하다고 볼 수 없는 사정은 이를 주장하는 측인 요양 기관이 증명해야 한다. 왜냐하면 항고소송에서 당해 처분의 적법성에 대한 증명책임은 원칙 적으로 처분의 적법을 주장하는 처분청에 있지만, 처분청이 주장하는 당해 처분의 적법성에 관하여 합리적으로 수긍할 수 있는 정도로 증명한 경우 그 처분은 정당하고, 이와 상반되는 예외적인 사정에 대한 주장과 증명은 상대방에게 책임이 돌아간다고 보는 것이 타당하기 때문이다.

　병원이 요양급여기준 밖의 진료행위를 하고 해당 진료비를 가입자 등으로부터 지급받거 나 요양급여비용 산정기준상 별도로 산정할 수 없는 치료재료의 비용 등을 별도로 산정하 여 지급받더라도 부당하다고 볼 수 없는 예외적인 경우에 해당한다는 점에 대한 증명책임 이 요양기관인 병원을 운영하는 원고 법인에 있으므로 원고 법인 측에 증명의 기회를 주고 증명책임의 법리에 따라 병원이 행한 진료행위가 그러한 경우에 해당하는지를 심리·판단했 어야 함에도, 병원이 한 진료행위 가운데 어느 것이 그러한 경우에 해당하는지를 구체적으 로 살피지 아니한 채 처분이 전부 위법하다는 취지로 본 원심판결에 위와 같은 예외적인 경 우를 인정하는 요건 및 그 증명책임의 소재에 관한 법리를 오해하여 심리를 다하지 않은 위 법이 있다.

원고 법인 소속 병원이 선택진료를 요청하는 환자 등에게 선택진료신청서 양식을 이용하여 주진료과 선택진료 담당의사를 기재하여 제출하도록 하면서 주진료과 선택진료 담당의사에게 진료지원과 선택진료 담당의사 선택을 위임하도록 동의를 받았고, 그 과정에서 환자 등에게 이에 관하여 설명하는 절차를 거쳤으며, 주진료과 선택진료 담당의사는 질병 치료를 위해 진료지원과 의사에게 검사, 영상진단, 방사선치료 등을 의뢰하고 그 결과에 따라 환자에 대한 치료방침과 범위 등을 결정한 후 치료를 하므로 신속하고 효율적인 치료를 위해 주진료과 선택진료 담당의사에게 진료지원과 선택진료를 포괄적으로 위임하는 것을 인정할 현실적 필요성이 있다는 사정 등을 들어, 병원이 포괄위임에 따른 선택진료비를 환자 등에게 부담하도록 한 것이 '사위 기타 부당한 방법으로 가입자 등으로부터 요양급여비용을 받거나 가입자 등에게 이를 부담하게 한 때'에 해당하지 않는다고 본 원심판단은 정당하다.

[반대의견1]

구 국민건강보험법령의 규정 등에 의하여 명시적으로 인정된 '요양급여' 및 '법정 비급여' 진료행위에 해당하지 아니하는 이른바 '임의 비급여 진료행위'(또는 '법정외 진료행위')라도 의학적 안정성과 유효성뿐 아니라 요양급여 인정기준 등을 벗어나 진료해야 할 의학적 필요성을 갖추었다는 등의 사정이 인정되면 '사위 기타 부당한 방법으로 요양급여비용을 받거나 이를 부담하게 한 때'에 해당하지 않는 것으로 보아야 한다는 점에 대하여는 다수의견과 견해를 같이한다. 그러나 다수의견이 '사위 기타 부당한 방법'에 해당함을 부정할 근거가 되는 사정은 요양기관이 증명해야 한다고 하여 그에 관한 증명책임을 요양기관에게 지우고 처분청이 '사위 기타 부당한 방법'에 해당한다는 처분사유에 관한 증명책임에서 벗어난다는 취지로 판시한 것에 대하여는 동의하기 어렵다. '사위 기타 부당한 방법으로 요양급여비용을 받거나 부담하게 한 때'에 해당한다는 처분사유는 일반적인 경우와 마찬가지로 법정외 진료행위의 경우에도 여전히 처분청이 증명책임을 부담한다고 보아야 한다.

[반대의견2]

환자가 요양급여로 제공되는 기본진료를 넘어선 최선의 진료를 받기 원하는 경우에 그 진료가 보험재정의 한계를 이유로 국민건강보험에서 제공할 수 없는 것이라면, 국민건강보험의 틀 밖에서라도 요양기관과 환자 사이의 진료계약에 의하여 원하는 진료를 받을 수 있도록 하는 것이 옳고, 이와 달리 환자에게 이러한 진료를 받을 기회를 제한하는 것은 오히려 구 국민건강보험법의 취지에 반한다. 구 요양급여기준규칙 제9조 [별표 2]는 비급여 사항을 열거하고 있는데, 이를 한정적으로 열거한 것으로 해석한다면 환자가 사적 진료계약을 통하여 최선의 진료를 받는 것을 제한하는 규정이 되어 모법의 위임 범위를 벗어나게 된다. 구 국민건강보험법 제52조 제1항, 제4항, 제85조 제1항 제1호는 '요양기관이 사위 기타 부당한 방법으로 가입자 등으로부터 요양급여비용을 받거나 가입자 등에게 이를 부담하게 한 때' 부당이득으로 환수하거나 업무정지를 명할 수 있다고 규정하고 있으나, 여기서 요양급여비용이란 국민건강보험에 의하여 요양급여가 행하여진 경우 그 급여에 대한 대가로서 국민건강보험공단 이사장과 의약계를 대표하는 자의 계약에 따라 정해진 비용을 말하는 것이지, 사적 진료계약에 따른 진료비와는 다른 개념이다. 따라서 법정외 비급여 진료비는 위 각 법조문의 적용대상이 아니며, '요양급여비용'에 법정외 비급여 진료비가 포함된다고 해석하는 것은 법령의 근거 없이 국민의 권리를 제한하는 것과 다름없는 것이어서 허용될 수 없다.

[판결의 평석]

I. 사안의 쟁점

헌법 제36조 제3항은 국가가 모든 국민의 보건에 관한 보호의무를 부담함을 천명하고 있고, 그러한 보호의무를 다하기 위하여 1963. 12. 16. 「구 의료보험법」(법률 제1623호)이 제정되어 1964. 3. 17. 이래로 시행되어 오다가 폐지 후, 1999. 2. 8. 「국민건강보험법」(법률 제5854호)이 제정되어 2000. 1. 1. 이래로 시행되고 있으며, 위 법으로부터 위임받은 대통령령, 보건복지부령, 보건복지부 고시 등 하위 법령들이 더하여져 건강보험체계가 확립되었다.

요양기관이 환자들에게 요양급여를 제공하는 행위 및 그 대가로 국민건강보험공단으로부터 보험급여를, 환자들로부터 요양급여비용을 각 수령하는 행위는 모두 「국민건강보험법」 및 하위 법령에 따른 규율을 받는다. 그런데 「국민건강보험법」이 정한 '국민의 질병·부상에 대한 예방·진단·치료·재활과 출산·사망 및 건강증진(제1조)을 위한 요양급여'라는 개념은 계속된 의학기술의 발전으로 인한 기존 치료방법의 변용·대체, 새로운 질병의 출현으로 인한 치료방법의 부재와 기존 치료방법들의 활용방안 및 치료효과의 불확실성 등이 개입되어 빠짐없이 목록화하기 어렵다. 한편으로는 한정된 재원인 국민건강보험 재정과 가입자인 국민의 경제사정을 고려하고, 국민의 생명·건강을 대상으로 실험적인 치료가 횡행하도록 방치할 수는 없는 까닭에 요양기관으로 하여금 요양대상 및 그에 따른 요양급여비용 산정기준에 관한 일응의 기준이 필요하다.

대상판결은 요양기관이 앞서 문제된 위 ①, ② 유형에 따라 환자들로부터 요양급여비용을 수령한 경우에 이를 두고 예외없이 구 법 제52조 제4항 및 제85조 제1항의 '요양기관이 사위 기타 부당한 방법으로 가입자 등으로부터 요양급여비용을 받거나, 가입자 등에게 요양급여비용을 부담하게 한 때'에 해당한다고 보아야 하는지, 나아가 예외적인 사정으로 구 법 제52조 제4항 및 제85조 제1항의 '요양기관이 사위 기타 부당한 방법으로 가입자 등으로부터 요양급여비용을 받거나, 가입자 등에게 요양급여비용을 부담하게 한 때'에 해당하지 아니한다고 볼 경우, 그러한 예외적인 사정에 대한 증명책임의 소재에 관하여 판단하였다.11)

종래 대상판결에 관하여는 '임의 비급여대상 진료행위의 허용 여부'에 관한 쟁점이 부각되어 주로 논의되어 왔는데, 본고는 '임의 비급여대상 진료행위의 허용요건에 관한 증명책임'에 관한 쟁점에 보다 집중하여 논의를 진행하고자 한다.12)

Ⅱ. 국민건강보험법에 정한 요양급여 체계

1. 쟁점

구 법에는 '요양급여'의 의미 및 하위 항목에 관하여 직접적인 정의 규정을 두고 있지 아니하다. 현행 국민건강보험법(2016. 2. 3. 법률 제13985호로 개정된 것) 제41조 제2항 또한 요양급여의 범위, 즉 요양급여대상을 정하면서 '약제를 제외한 요양급여 중 보건복지부장관이 비급여대상으로 정한 것을 제외한 일체의 것'과 '요양급여대상으로 고시된 약제'로 규정하고 있을 뿐이다.

다수의견은 구 법령 체계를 개관하는 것에서 논의를 시작하고 있는데, 이는 법령에서 정한 요양급여대상, 법정 비급여대상 등의 개념 및 그 포섭 범위를 정하기 위함이다.

---

11) 위 ③ 유형의 경우 요양기관이 요양급여대상인 진료행위를 행하였음에도 추후 진료비 심사과정에서의 삭감을 우려하여 환자로부터 진료비용을 징수한 것으로서 이러한 경우가 위 '요양기관이 사위 기타 부당한 방법으로 가입자 등으로부터 요양급여비용을 받거나, 가입자 등에게 요양급여비용을 부담하게 한 때'에 해당한다는 판단이 제1심 이래로 수긍되었고, 위 ④ 유형의 경우 주진료과 선택의사에게 진료지원과 의사의 선택을 포괄위임하는 것이 적법하게 허용되는지 여부가 문제되는 사안으로서, 본고의 논의에서 제외한다.

12) 위 ④ 유형에 관하여는 대상판결에 이어 대법원 2013. 1. 10. 선고 2011두7854 판결이 선고되었고, 그에 관하여는 김용하, "진료지원과 선택진료 포괄위임이 불이익제공행위에 해당하는지 여부", 『대법원판례해설』 제95호, 2013.

2. 구 법령 체계 개관

국내에 거주하는 모든 국민은 의료급여 수급권자 등에 해당하지 아니하면 당연히 건강보험의 가입자 또는 피부양자(이하 '가입자 등'이라 한다)가 되고, 국민건강보험공단이 그 보험자가 된다(구 법 제5조, 12조).

한편, 국민건강보험공단은 가입자 등에게 요양기관을 통해 요양급여(진찰·검사, 약제·치료재료의 지급, 처치·수술 기타의 치료, 예방·재활, 입원, 간호 등)를 제공하는바, 이러한 요양급여의 방법, 절차, 범위, 상한 등의 기준은 보건복지부령으로 정하도록 위임되어 있다(구 법 제39조 제1, 2항). 참고로, 현행 국민건강보험법(2016. 2. 3. 법률 제13985호로 개정된 것)은 보건복지부장관이 요양급여의 세부 사항을 정하여 고시하도록 위임 규정을 두고, 그에 따라 고시가 마련되어 있다(제41조 제3항, 요양급여기준규칙 제5조). 보건복지부령인 요양급여기준규칙은 요양급여의 적용기준 및 방법에 관한 일반적 기준을 제시하되, 새로운 요양급여행위·약제 및 치료재료에 대한 요양급여대상 여부의 결정신청 절차, 이미 고시된 요양급여대상·비급여대상의 조정신청 절차 등을 규정한다. 보건복지부고시인 요양급여기준고시는 요양급여대상에 관한 세부 기준을 정하고, 보건복지부고시인 「건강보험 요양급여행위 및 그 상대가치점수」에 따라 요양급여비용이 구체적으로 산정된다.

또한, 보건복지부장관은 요양급여의 기준을 정할 때 업무 또는 일상생활에 지장이 없는 질환 기타 보건복지부령이 정하는 사항은 요양급여의 대상에서 제외할 수 있고(구 법 제39조 제3항), 그 위임에 따라 「구 국민건강보험 요양급여의 기준에 관한 규칙」(2006. 12. 29. 보건복지부령 제377호로 개정되기 전의 것) 제9조 [별표2][13]를 통해 비급여대상을 따로 규정하고 있다.

요양급여를 받는 자는 대통령령이 정하는 바에 의하여 그 비용의 일부를 본인이 부담하

[13) [별표2] 비급여대상
  1. 다음 각 목의 질환으로서 업무 또는 일상생활에 지장이 없는 경우에 실시 또는 사용되는 행위·약제 및 치료재료 (가. 내지 사.목 생략)
  2. 다음 각 목의 진료로서 신체의 필수 기능개선 목적이 아닌 경우에 실시 또는 사용되는 행위·약제 및 치료재료 (가. 내지 사.목 생략)
  3. 다음 각 목의 예방진료로서 질병·부상의 진료를 직접 목적으로 하지 아니하는 경우에 실시 또는 사용되는 행위·약제 및 치료재료 (가. 내지 사.목 생략)
  4. 보험급여시책상 요양급여로 인정하기 어려운 경우 및 그 밖에 건강보험급여원리에 부합하지 아니하는 경우로서 다음 각 목에서 정하는 비용·행위·약제 및 치료재료 (가. 내지 거.목 생략)
  5. 한시적 비급여대상
  6. (이하 생략)

지만, 이 경우 요양기관은 구 법 제39조 제2항에 정한 요양급여사항 또는 법 제39조 제3항에 정한 비급여대상 외의 입원보증금 등 다른 명목으로 비용을 청구하여서는 아니된다(구 법 제39조 제2, 3항, 구 요양급여기준규칙 제22조).

한편, 요양기관이 가입자 등으로부터 사위 기타 부당한 방법으로 요양급여비용을 받은 때에는 국민건강보험공단은 당해 요양기관으로부터 이를 징수하여야 하고(구 법 제52조 제1, 4항), 요양기관이 사위 기타 부당한 방법으로 가입자 등에게 요양급여비용을 부담하게 한 때에는 보건복지부장관은 당해 요양기관에 대하여 업무정지처분에 갈음하여 과징금을 부과·징수할 수 있다(구 제85조 제1항 제1호, 제2항).

이러한 법령 체계는 수차 개정이 이루어진 후에도 전체적으로 유사하게 유지되어 왔다.

3. 주요 개념의 도출

앞에서 본 바와 같은 법령 체계에서 다음과 같은 개념을 추출할 수 있다.

첫 번째로 요양기관의 진료행위 중 법령에서 정한 기준과 절차를 충족하는 유형으로 이를 '요양급여대상'이라 지칭한다. 요양급여대상 진료행위에 대하여는 법령에 정한 기준 및 절차에 따라 요양급여비용이 정해지고, 이를 국민건강보험공단과 가입자 등이 분담한다.

두 번째로 요양기관의 진료행위 중 법령이 건강보험 적용대상에서 제외한 유형으로 이를 '법정 비급여대상'[14]이라 지칭한다(즉, 요양급여기준규칙 제9조 [별표2]). 법정 비급여대상 진료행위는 요양급여대상에 포함되지 아니하므로 환자 스스로 진료비용을 부담하게 된다.

세 번째로 요양기관의 진료행위 중 법정 비급여대상에 해당하지 않음에도, 법령에 정한 기준과 절차에 따르지 아니하고 임의로 비급여 진료행위를 하는 유형이 있고, 이를 이른바 '임의 비급여대상'이라 지칭한다. 임의 비급여대상은 국민건강보험법령 체계 내에서 의학적 안전성과 유효성이 확인되지 않은 진료행위이다. 임의 비급여대상 진료행위에 대하여는 통상 요양기관과 환자 사이의 상호합의 아래 환자가 그 진료비용을 부담하는 것이 통례이다. 대법원은 종래 요양기관이 임의 비급여대상 진료행위를 하고, 환자로부터 그 진료비용을 지급받은 경우는 '사위 기타 부정한 방법으로 요양급여비용을 받은 때'에 해당한다는 취지로 일관되게 판시하여 왔다.[15]

네 번째로 임의 비급여대상에 해당하지만, 의학적 타당성 등 일정한 조건을 갖춘 진료행

---

14) 현행 「국민건강보험법」(2016. 2. 3. 법률 13985호로 개정된 것) 제41조 제2항에 '요양급여대상', 제4항에 '비급여대상'이라는 용어를 사용하고 있다.
15) 대법원 2001. 3. 23. 선고 99두4204 판결, 대법원 2005. 10. 28. 선고 2003두13434 판결 등 참조.

위가 이루어진 유형으로, 이른바 '의학적 임의 비급여대상'이라 지칭한다. 의학기술의 발전, 새로운 장비, 신약 개발 등으로 새로운 진료행위가 계속 발생하는데, 신의료기술평가 등 법령이 정한 절차를 거쳐 요양급여대상으로 편입되는 데에는 적지 않은 기간이 소요되기 때문에 안전성과 유효성을 갖춘 의료행위임에도 임의 비급여대상으로 남게 되는 경우가 현실적으로 적지 않다. 의학적 임의 비급여대상 진료행위에 대하여도 통상 요양기관과 환자 사이의 상호합의 아래 환자가 그 진료비용을 부담한다. 대상판결은 예외적으로 조건들을 갖출 경우 '의학적 임의 비급여대상' 진료행위를 허용하는 최초의 판시를 하고 있다.

4. 판례의 이해

(1) 대상판결의 다수의견

다수의견은 앞에서 본 바와 같은 법령 체계, 즉 요양급여의 대상, 비용기준 및 지급절차와 비급여대상 등에 관한 법정주의에 비추어 볼 때 법정 비급여 진료행위를 제외한 모든 진료행위는 요양급여의 인정기준에 관한 법령에서 정한 기준과 절차에 따라 요양급여로서 제공되어야 하고, 요양급여비용 산정기준에 관한 법령에서 정한 기준과 절차에 따라 요양급여비용이 수수되어야 한다는 전제에서, 요양기관이 '법정 비급여대상에 해당하지 아니하면서도 법령에서 정한 기준과 절차를 충족시키지 못한 진료행위'를 하고, 해당 급여비용을 지급받았다면 이는 원칙적으로 '사위 기타 부당한 방법으로 가입자 등으로부터 요양급여비용을 받거나 가입자 등에게 이를 부담하게 한 때'에 해당한다고 본다. 이는 기존의 대법원 입장과 동일하다.

그러나 요양기관이 국민건강보험의 틀 밖에서 임의로 비급여대상 진료행위를 하고, 해당 급여비용을 지급받았더라도, ① 그 진료행위 당시 시행되는 관계 법령상 이를 국민건강보험 틀 안에서 요양급여대상 또는 비급여대상으로 편입시키거나 관련 요양급여비용을 합리적으로 조정할 수 있는 등의 절차가 마련되어 있지 아니한 상황에서, 또는 그 절차가 마련되어 있다 하더라도 비급여 진료행위의 내용 및 시급성과 함께 그 절차의 내용과 이에 소요되는 시간, 그 절차의 진행과정 등 구체적 사정을 고려해 볼 때 이를 회피하였다고 보기 어려운 상황에서, ② 그 진료행위가 의학적 안전성과 유효성뿐 아니라 요양급여 인정기준 등을 벗어나 진료하여야 할 의학적 필요성을 갖추었고, ③ 가입자 등에게 미리 그 내용과 비용을 충분히 설명하여 본인 부담으로 진료받는 데 대하여 동의를 받았다면, 이러한 경우까지 '사위 기타 부당한 방법으로 가입자 등으로부터 요양급여비용을 받거나 가입자 등에게 이를 부담하게 한 때'에 해당한다고 볼 수는 없다고 판시하였고, 이 점에서 대상판결이 의의를 가진다.

요컨대, 대상판결의 다수의견은 세 번째 유형인 '임의 비급여대상'에 관하여 원칙적으로 구 국민건강보험법 제52조 제1항, 제4항, 제85조 제1항 제1호, 제2항에 정한 '사위 기타 부당한 방법으로 가입자 등으로부터 요양급여비용을 받거나 가입자 등에게 이를 부담하게 한 때'에 해당한다고 보면서도, 그 예외로서 일정한 요건을 갖춘 네 번째 유형에 해당하는 '의학적 임의 비급여대상'은 허용되므로 위 '사위 기타 부당한 방법으로 가입자 등으로부터 요양급여비용을 받거나 가입자 등에게 이를 부담하게 한 때'에 해당하지 아니한다고 본 것이다.[16]

(2) 반대의견(앞에서 본 [반대의견2])

반대의견은 보험재정의 한계로 요양급여대상 및 법정 비급여대상에 관하여 그 인정 기준과 절차가 법정된 것일 뿐이라는 전제에서, 구 법 제39조 제3항의 법정 비급여대상 관련 규정이 사적 진료계약의 범위를 제한하도록 법규명령을 제정할 것을 위임한 것이 아니라, 사회보험의 성격에 부합하지 아니함이 명백한 사항을 분명히 하여 법적 안정성을 기하도록 법규명령을 제정할 것을 위임한 것이라고 보았다.

따라서 구 요양급여기준규칙 제9조 [별표2]는 비급여대상을 한정적으로 열거한 것이 아니고, 예시적으로 열거한 것이라고 본다. 나아가 구 국민건강보험법 제52조 제1항, 제4항, 제85조 제1항 제1호, 제2항은 요양급여대상에 관한 사항을 규율하는 것일 뿐, 이른바 '임의 비급여대상 진료비용(법정외 비급여 진료비)'은 아예 위 조항의 적용대상이 아니라고 본다.

요컨대, 대상판결의 반대의견은 세 번째 유형인 '임의 비급여대상'에 관하여 원칙적으로 구 국민건강보험법 제52조 제1항, 제4항, 제85조 제1항 제1호, 제2항에 정한 규제를 받지 아니하므로, 사적 자치에 따른 진료비용 수수가 원칙적으로 허용된다는 입장에 서 있다.

5. 검토

종래 대법원은 요양기관이 임의 비급여대상인 진료행위를 하고 환자들로부터 진료비용을 수령한 사안에서, 이를 두고 예외 없이 구 법 조항에 정한 '사위 기타 부정한 방법으로

---

16) 요양기관이 임의 비급여대상 진료행위를 하고, 가입자 등으로부터 해당 급여비용을 지급받았다면 예외 없이 '요양기관이 사위 기타 부장한 방법으로 가입자 등에게 요양급여비용을 부담하게 한 때'에 해당한다는 취지로 판시한 대법원 2007. 6. 15. 선고 2006두10368 판결 등은 대상 판결의 견해와 저촉되는 범위에서 모두 변경되었다.

요양급여비용을 수령하거나 이를 부담하게 한 때'에 해당한다는 취지로 판시하여 왔다. 그런데 의료기관은 환자에게 최선의 의료서비스를 제공하기 위하여 노력하여야 하고, 의료기술의 시행에 대하여는 광범위한 재량을 갖는다(의료법 제4조, 12조). 또한, 환자 스스로 최선의 의료서비스를 제공받기 위해 자유롭게 사적 합의를 통해 계약관계를 형성할 권리가 있다. 그런데 요양급여대상에 관한 법령에 정한 기준과 절차는 당시까지의 의료기술을 신속하게 반영하는 데 한계가 있다. 이러한 이유로 임의 비급여대상 진료행위를 일체 허용하지 아니하는 기존 대법원의 입장에 대하여는 비판이 계속되었다.

대상판결은, ① 진료행위 당시 비급여 진료행위의 요양급여 대상 또는 법정 비급여 대상 편입을 위한 절차의 미비 또는 해당 절차를 이행하기 어려운 사정(절차적 미비), ② 의학적 안전성과 유효성 뿐만 아니라 요양급여 인정기준 등을 벗어나 진료해야 할 의학적 필요성(의학적 필요성), ③ 충분한 설명에 입각한 환자의 동의(환자의 동의) 등 세 가지 요건을 구비하여야 한다는 조건 아래, 제한적으로 의학적 임의 비급여대상 진료행위를 허용하는 것으로서 의료현실 및 환자들의 진료선택권, 의료인의 진료의무 등에 부합하는 타당한 입장으로 생각된다.[17]

Ⅲ. 이른바 의학적 임의 비급여대상인 진료행위에 관한 증명책임

1. 쟁점

증명책임이란 소송상 법관이 당사자가 주장 또는 항변하는 사실의 유무를 어느 편으로도 확정할 수 없는 때에 자기에게 불리하게 인정되는 당사자 일방의 위험 또는 불이익을 의미한다.[18]

일반 민사소송에서의 증명책임 분배 원칙에 따르면, 권리를 주장하는 자가 권리발생의

---

17) 대상판결에 찬성하는 취지로서, 김연경, "임의 비급여 진료행위의 예외적 허용요건", 『실무연구자료 2012』, 2013; 강한철, "임의비급여 관련 진료비 청구요건으로서의 의학적 필요성에 대한 검토", 『저스티스』 제135호, 2013; 김한나/김계현/이정찬, "대형병원에서 요양급여기준 외 치료행위 인정요건에 관한 검토", 『충남대학교 법학연구』 제24권, 2013; 김정중, "'임의 비급여 진료행위'의 부당성", 『양승태 대법원장 재임 3년 주요 판례』, 2015.
   대상판결에서 더 나아가 임의 비급여 문제의 근본적 해결을 위해서 입법적 해결이 필요하다는 취지로서, 이정선, "임의 비급여 금지의 문제점과 그 해결방안", 『고려법학』 제69호, 2013.
18) 대법원 1962. 4. 4. 선고 4294민상1374 판결.

요건사실을 주장·증명하여야 하고, 그 상대방이 권리의 장애 또는 소멸사유에 해당하는 사실을 주장·증명하여야 한다.[19] 즉, 대체로 주장책임을 지는 자가 증명책임을 부담한다.

대법원은 행정소송에 있어서 특별한 사정이 있는 경우를 제외하면 당해 행정처분의 적법성에 관하여는 행정청이 이를 주장·입증하여야 할 것이나 행정소송에 있어서 직권주의가 가미되어 있다고 하더라도 여전히 변론주의를 기본구조로 하는 이상 행정처분의 위법을 들어 그 취소를 청구함에 있어서는 직권조사사항을 제외하고는 그 취소를 구하는 자가 위법사유에 해당하는 구체적 사실을 먼저 주장하여야 하는 한편, 법원의 석명권 행사는 당사자의 주장에 모순된 점이 있거나 불완전·불명료한 점이 있을 때에 이를 지적하여 정정·보충할 수 있는 기회를 주고, 계쟁 사실에 대한 증거의 제출을 촉구하는 것을 그 내용으로 하는 것으로, 당사자가 주장하지도 아니한 법률효과에 관한 요건사실이나 독립된 공격방어방법을 시사하여 그 제출을 권유함과 같은 행위를 하는 것은 변론주의의 원칙에 위배되는 것으로 석명권 행사의 한계를 일탈하는 것이 된다고 일관되게 판시하여 왔다.[20] 판례가 행정소송법 제26조[21]의 의미를 축소 해석하여 항고소송의 주장책임을 원고에게 지우고 있으나, 증명책임만큼은 '특별한 사정이 있는 경우를 제외하면 행정청이 당해 행정처분의 적법성에 대한 증명책임을 부담한다'는 점을 분명히 하여 왔다. 요컨대, 판례는 항고소송에서 원칙적으로 처분의 적법성에 관하여는 피고 행정청이 증명책임을 부담하는 반면, 위법사유에 해당하는 구체적 사실은 원고가 먼저 주장하여야 한다는 입장으로 이해된다.[22]

대상판결에서와 같이 이른바 의학적 임의 비급여대상 진료행위를 제한된 요건 아래에서 허용한다면, 그에 대한 증명책임은 누가 부담하는지가 문제될 수 있다.

2. 학설의 대립

항고소송의 증명책임에 관하여 다음과 같은 견해가 있고,[23] 그간 판례의 입장이 어느

---

19) 대법원 2007. 7. 12. 선고 2005다39617 판결, 한편, 형사소송에서는 공소사실에 대한 증명책임은 검사에게 있고, 증거가 없거나 불충분하여 의심스러운 경우에는 피고인의 이익으로 판단하여야 한다(대법원 1984. 6. 12. 선고 84도796 판결).

20) 대법원 2000. 3. 23. 선고 98두2768 판결, 대법원 2001. 1. 16. 선고 99두8107 판결, 대법원 2001. 10. 23. 선고 99두3423 판결.

21) 제16조(직권심리) 법원은 필요하다고 인정할 때에는 직권으로 증거조사를 할 수 있고, 당사자가 주장하지 아니한 사실에 대하여도 판단할 수 있다.

22) 박정훈, 『행정소송의 구조와 기능』, 2006.

23) 이하의 견해 구분은 구욱서, "항고소송에 있어서 입증책임", 『행정판례평선』, 2011; 김창조, "항고소송에 있어 입증책임", 『법학논고』 제48권, 2014의 일부를 발췌하여 정리한 것이다.

한 쪽의 견해와 일치한다고 보기는 어렵다.

(1) 원고 책임설(공정력 추정설, 적법성 추정설)

행청처분은 공정력으로 인하여 당연무효를 제외하고는 법률상 적법성 추정을 받으므로 취소소송을 제기하는 원고가 위법사유의 존재에 관하여 입증책임을 부담한다는 견해이다. 그러나 행정처분의 공정력과 증명책임은 별개의 문제로서[24] 위 견해는 타당하지 않다.

(2) 피고 책임설(법치주의 근거설, 적법성 담보설)

행정청은 적법한 행정처분을 하여야 할 책임이 있기 때문에 행정처분의 위법성이 다투어지는 경우에 행정청이 이를 적극적으로 증명하여야 한다는 견해이다.

대법원은 일정한 행정처분으로 국민이 일정한 이익과 권리를 취득하였을 경우에 종전 행정처분을 취소하는 행정처분은 이미 취득한 국민의 기존 이익과 권리를 박탈하는 별개의 행정처분으로 취소될 행정처분에 하자 또는 취소해야 할 공공의 필요가 있어야 하고, 나아가 행정처분에 하자 등이 있다고 하더라도 취소해야 할 공익상 필요와 취소로 당사자가 입게 될 기득권과 신뢰보호 및 법률생활안정의 침해 등 불이익을 비교·교량한 후 공익상 필요가 당사자가 입을 불이익을 정당화할 만큼 강한 경우에 한하여 취소할 수 있는 것이며, 하자나 취소해야 할 필요성에 관한 증명책임은 기존 이익과 권리를 침해하는 처분을 한 행정청에 있다고 판시한 바 있다.[25]

(3) 법률요건분류설(규범설)

실체법규를 권리발생요건, 권리장애요건, 권리소멸요건 등으로 구분하여 증명책임을 분배한 민사소송의 원칙을 그대로 적용하는 것으로, 행정청의 권한행사규정과 권한불행사규정으로 나누고 처분권한의 행사를 주장하는 자 또는 처분권한의 불행사를 주장하는 자가 증명책임을 부담한다는 견해이다.

대법원은 민사소송법 규정이 준용되는 행정소송에서의 증명책임은 원칙적으로 민사소송 일반원칙에 따라 당사자 간에 분배되고, 항고소송의 경우에는 그 특성에 따라 처분의 적법성을 주장하는 피고에게 그 적법사유에 대한 증명책임이 있으며, 피고 행정청이 주장하는 일정한 처분의 적법성에 관하여 합리적으로 수긍할 수 있는 일응의 증명이 있는 경우에는 그 처분은 정당하다고 할 것이고, 이와 상반되는 주장과 증명은 그 상대방인 원고에게 그

---

24) 대법원 1964. 5. 26. 선고 63누142 판결
25) 대법원 1964. 5. 26. 선고 63누142 판결; 대법원 2012. 3. 29. 선고 2011두23375 판결.

책임이 돌아간다고 판시한 바 있다.[26]

(4) 개별구체설(구체적 사안설)

개별구체설은 항고소송에서 당사자의 공평, 사안의 성질, 입증의 어려움 등을 고려하여 사안에 따라 개별구체적으로 증명책임의 소재를 결정하자는 견해이다. 문제가 된 사안이 당사자 중에서 어느 쪽의 지배영역에 속하는가, 증거가 당사자 중 어느 쪽에 가까이 있는가를 기준으로 삼는다.

대법원은 과세처분의 위법을 이유로 그 취소를 구하는 행정소송에 있어 처분의 적법성 및 과세요건사실의 존재에 관하여는 원칙적으로 과세관청인 피고가 그 입증책임을 부담하나, 경험칙상 이례에 속하는 특별한 사정의 존재에 관하여는 납세의무자인 원고에게 입증책임 내지는 입증의 필요가 돌아가는 것이므로 법인세의 과세표준인 소득액 확정의 기초가 되는 손금에 산입할 비용액에 대한 입증책임도 원칙적으로 과세관청에 있고, 다만 구체적 비용항목에 관한 입증의 난이라든가 당사자의 형평 등을 고려하여 납세의무자측에 그 입증책임을 돌리는 경우가 있다고 판시하였다.[27]

3. 대상판결의 이해

(1) 쟁점

대법원은 종래 국민건강보험법 제52조 제1항에 의한 국민건강보험공단의 환수처분 등에 관한 취소소송에서, 요양기관이 사위 기타 부당한 방법으로 요양급여비용을 지급받았다는 점을 증명할 책임은 국민건강보험공단에 있다고 판시하여 왔다.[28]

대상판결에서 위 ①, ② 유형에 해당하는 진료행위 및 이에 관하여 수수된 급여비용이 요양급여의 인정기준 또는 요양급여비용 산정기준에 관한 법령에서 정한 기준과 절차에 따르지 아니한 것임을 증명할 책임은 피고들이 부담한다고 봄은 당연하고, 이에 대하여는 다수의견과 소수의견이 일치한다. 그러나 의학적 임의 비급여대상 진료행위의 허용요건에 관하여는 다수의견과 소수의견으로 나뉘었다.

---

26) 대법원 1984. 7. 24. 선고 84누124 판결; 대법원 2007. 1. 12. 선고 2006두12937 판결; 대법원 2011. 9. 8. 선고 2009두15005 판결; 대법원 2016. 5. 27. 선고 2013두1126 판결.

27) 대법원 1990. 2. 13. 선고 89누2851 판결; 대법원 1992. 3. 27. 선고 91누12912 판결; 대법원 1995. 7. 14. 선고 94누3407 판결.

28) 대법원 2008. 9. 11. 선고 2008두6981, 6998 판결; 대법원 2009. 11. 26. 선고 2009두8786 판결.

(2) 다수의견

종래 대법원은 민사소송법의 규정이 준용되는 행정소송에 있어서 입증책임은 원칙적으로 민사소송의 일반원칙에 따라 당사자 사이에 분배되고, 항고소송의 경우에는 그 특성에 따라 당해 처분의 적법을 주장하는 피고 행정청에게 그 적법사유에 대한 입증책임이 있는데, 피고가 주장하는 당해 처분의 적법성이 합리적으로 수긍할 수 있는 일응의 입증이 있는 경우에는 그 처분은 정당하다 할 것이며, 이와 상반되는 주장과 증명은 그 상대방인 원고에게 그 책임이 돌아간다고 본다고 판시하여 왔다.[29] 여기서 '상반되는 주장과 증명'의 대표적 예로서, 피고 행정청이 처분사유의 존재에 관한 증명책임을 부담하나, 재량권 일탈·남용에 해당하는 특별한 사정은 이를 주장하는 원고가 증명하여야 한다는 판시를 들 수 있다.[30]

다수의견은 위 확립된 판례의 설시 중 '이와 상반되는 주장과 증명'을 '이와 상반되는 예외적인 사정에 대한 주장과 증명'으로 바꾸어 설시하였는바, 원칙과 예외의 관계를 강조한 것으로 보인다.

즉, 피고 행정청은 해당 진료행위가 원칙적으로 요양급여대상 및 법정 비급여대상에 해당하지 아니하는 임의 비급여대상임을 증명하면 행정처분의 적법성에 대한 일응의 입증을 한 것이고, 그 예외인 '의학적 임의 비급여대상'에 해당한다는 점에 대한 증명책임은 원고가 부담한다는 것이다.

(3) 반대의견(앞에서 본 [반대의견1])

반대의견은 의학적 임의 비급여대상에 해당하지 아니한다는 점에 대한 증명책임을 여전히 피고 행정청이 부담한다고 보고 있다. 주된 논거로는, 의료인 스스로 자신이 행한 진료행위의 정당성을 증명할 자료를 제출하여야 할 것이지만, 이는 '예외적인 사정에 대한 증명의 필요성'을 의미할 뿐이고, 증명책임까지 부담하도록 할 이유가 없고, 국민건강보험 및 요양급여를 전문적으로 다루는 국민건강보험공단으로 하여금 해당 진료행위가 '사위 기타 부당한 방법'에 해당하는 지를 규범적으로 심사하게 하는 것 또한 지나치게 부담을 지운다고 볼 수도 없다는 것이다.

---

29) 대법원 1984. 7. 24. 선고 84누124 판결; 대법원 2011. 9. 8. 선고 2009두15005 판결.
30) 대법원 1987. 12. 8. 선고 87누861 판결; 대법원 2020. 6. 25. 선고 2019두52980 판결.

4. 검토

학설과 판례는 일치하여 취소소송에서 피고 행정청이 원칙적으로 '처분의 적법성', 즉 처분사유의 존재에 관하여 증명책임을 부담한다고 본다.

종래 대법원은 행정처분의 위법을 주장하여 그 처분의 취소를 구하는 소위 항고소송에 있어서는 그 처분이 적법하였다고 주장하는 피고에게 그가 주장하는 적법사유에 대한 증명책임이 있다 할 것이나, '특별한 사유',[31] '원고가 보유한 납세고지서로만 위법사유를 확인할 수 있는 사안',[32] '구체적인 소송과정에서 경험칙에 비추어 과세요건사실이 추정되는 사실이 밝혀진 경우, 당해 사실이 경험칙 적용의 대상적격이 되지 못하는 사정',[33] '원고가 쉽게 입증할 수 있는 반면, 피고 행정청으로서는 이를 잘 알 수 없는 사정'[34] 등의 경우에는 원고가 입증책임을 부담한다고 판시하여 왔다.

대상판결은 종래 대법원의 판시와 궤를 같이 하면서, 요양급여대상 및 법정 비급여대상에 해당하지 아니하는 진료행위는 원칙적으로 임의 비급여대상에 해당하므로 그 자체로서 이미 '사위 기타 부당한 방법'에 해당한다고 보아야 하지만, 의학적 임의 비급여대상을 제한적 요건 아래 허용하면서 이와 같이 예외적으로 '사위 기타 부당한 방법'에 해당한다고 보기 어려운 사유가 존재한다는 사실에 관한 입증책임은 요양기관이 부담한다는 입장을 취하여 증명책임을 적절하게 분배하였다고 볼 수 있다.[35]

---

31) 면직처분 취소소송에 관한 대법원 1970. 1. 27. 68누10 판결, 법인세부과처분 취소소송에 관한 대법원 2009. 5. 14. 선고 2008두17134 판결.

32) 대법원 1986. 10. 28. 선고 85누555 판결(과세관청이 적법한 과세결의를 하고 납세고지서 등을 법정 서식에 따라 작성, 통지하였으나 관련 규정에 따라 따로 부본을 갖고 있지 아니한 사안에서, 납세고지서를 수령한 원고가 그 사실을 입증하여야 한다는 취지).

33) 과세부과처분 취소소송에 관한 대법원 1992. 7. 10. 선고 92누6761, 6778, 6792(병합) 판결; 대법원 2011. 1. 27. 선고 2009두5886 판결; 대법원 2004. 4. 27. 선고 2003두14284 판결.

34) 친일재산국가귀속결정처분 취소소송에 관한 대법원 2012. 4. 26. 선고 2010두3329 판결.

35) 이와 같이 해석하여 대상판결에 찬성하는 취지로서, 하명호, "임의비급여 진료행위의 허용여부에 관한 공법적 고찰", 『의료법학』 제14권, 2013; '예외적으로 사위 기타 부당한 방법에 해당한다고 보기 어려운 사유가 있는 경우'를 환자에 대한 최선의 진료의무에서 도출되는 예외적 정당화 사유로 해석하는 견해로는 정영철, "원외처방 요양급여비용 환수의 공법적 고찰", 『행정법연구』 제36호, 2013.

Ⅳ. 요약과 검토

이상의 설명은 다음과 같이 정리될 수 있다.

1. 종래 대법원은 요양기관이 임의 비급여대상인 진료행위를 하고 환자들로부터 진료비용을 수령하였다면, 예외 없이 구 법 제52조 및 제85조에 정한 '사위 기타 부정한 방법으로 급여비용을 수령하거나 이를 부담하게 한 때'에 해당한다고 판시하여 왔는데, 이는 의료기관으로 하여금 최선의 치료를 다하여야 하는 의무를 제지하고, 당사자의 사적 합의와 계약의 자유를 제한하여 부당하다는 취지의 비판이 계속되어 왔다.

대상판결은 ① 진료행위 당시 비급여 진료행위의 요양급여대상 또는 법정 비급여대상 편입을 위한 절차의 미비 또는 해당 절차를 이행하기 어려운 사정(절차적 미비), ② 의학적 안전성과 유효성 뿐만 아니라 요양급여 인정기준 등을 벗어나 진료해야 할 의학적 필요성(의학적 필요성), ③ 충분한 설명에 입각한 환자의 동의(환자의 동의) 등 세 가지 요건을 구비하여야 한다는 조건 아래, 제한적으로 의학적 임의 비급여대상 진료행위를 허용하는 것으로서 의료현실 및 환자들의 진료선택권, 의료인의 진료의무 등에 부합하는 타당한 입장으로 생각된다.

2. 종래 학설과 판례는 일치하여 취소소송에서 피고 행정청이 원칙적으로 '처분의 적법성', 즉 처분사유의 존재에 관하여 증명책임을 부담한다고 보았다.

대상판결은 의학적 임의 비급여대상에 해당하여 구 법 조항에 정한 '사위 기타 부정한 방법으로 급여비용을 수령하거나 이를 부담하게 한 때'에 해당한다고 보기 어려운 예외적인 사정이 있다는 점에 관한 입증책임은 요양기관이 부담한다고 판시하였는바, 이 또한 기존 대법원의 입장과 궤를 같이 하는 것으로 타당하다.

생각할 문제

1. 행정법령이 규율 대상인 사실관계 전부를 포섭하기 어려운 사정이 있는 경우, 행정법령 체계를 어떻게 이해할 것인가(즉, 되도록 규율 대상 전부를 포섭하는 열린 구조로 해석할 것인지, 아니면 규율 문언에 충실하게 폐쇄적 구조로 해석할 것인지)?

2. 항고소송의 증명책임은 민사소송의 증명책임과 동일한가 또는 달리 보아야 하는가(항고소송의 존재의의 및 특질에 따른 고려의 필요성)?

대법원 2018. 7. 12. 선고 2017두65821 판결
[사립학교 법인의 징계처분에 대한 교원소청심사위원회 결정의 취소판결의 기속력]

김 수 정*

[사실관계]

원고(○○대학교 총장)는 ○○대학교 의과대학 교수이자 ○○대학교 △△병원 정형외과에 겸임·겸무명령을 받아 임상 전임교수로 근무하던 피고보조참가인(이하 '참가인'이라 한다)에 대하여 ○○대학교 의료원 겸임·겸무 시행세칙(이하 '이 사건 시행세칙'이라 한다) 위반(진료실적 미달, 환자 민원, 진료 및 임상 교육 등에서 비윤리적 행위로 병원의 명예와 경영에 심대한 악영향을 끼침)을 이유로 임상 전임교수 겸임·겸무 해지를 통보하였다(이하 '이 사건 해지'라 한다). 이 사건 시행세칙 중 이 사건 해지의 근거가 된 규정은 다음과 같다.

제5조(겸임·겸무 해지 심사대상)
① 겸임·겸무 해지 심사대상은 진료부서 교원의 경우 다음 각호의 하나에 해당하는 자로 한다(후략).
1. 제4조(진료실적 평가 기준)에 따른 최근 3년간 진료실적 평균 취득점수가 50점에 미달하거나, 소속병원 진료과 전체교원 평균 취득점수의 50%에 미달하는 자
2. 병원의 명예와 경영에 심대한 악영향을 끼친 자(이하 생략)

참가인은 피고(교원소청심사위원회)에게 이 사건 해지에 대하여 취소를 구하는 소청심사를 청구하였고, 피고는 이 사건 시행세칙 제5조 제1호, 제2호는 교원의 지위를 불합리하게 제한하는 것으로, 이에 따른 이 사건 해지는 합리적 기준과 수단에 근거하여 이루어지지 못한 것으로, 이로 인한 참가인의 불이익이 중대하므로 이 사건 해지의 정당성을 인정하기 어렵다는 이유로 이 사건 해지를 취소하는 결정을 하였고(이하 '이 사건 결정'이라 한다), 이

---

* 수원지방법원 부장판사

에 불복한 원고가 이 사건 결정에 관하여 취소소송을 제기하였다.

[사건의 경과]

원고는, 이 사건 시행세칙은 대학교 의과대학 및 교원의 경쟁력 강화, 대학교 의료원이 처한 적자경영 상태의 변화를 위해 제정 및 개정된 것으로 목적의 정당성이 있는 점, 위 목적에 부합하는 첫 번째 요소인 매출액에 높은 비중을 두어 평가하기 위하여 이 사건 시행세칙 제5조 제1항 제1호가 마련되었고, ○○대학교 의료원장은 이 사건 시행세칙 제8조 제1항에 따라 참가인을 비롯한 겸임·겸무 해지 대상자들에게 유예기간을 주어 개설할 기회를 주었던 점, 이 사건 시행세칙 제5조 제1항 제2호의 경우 진료실적 외에도 다른 요소들을 참작하여 객관적으로 겸임·겸무 해지를 심사하기 위해 제정된 조항으로, 참가인은 환자들로부터 여러 차례 민원이나 항의를 받고, 전공의 등에 대하여 비인격적 대우를 하는 등 위 규정에도 해당하는 점 등을 감안하면, 이 사건 해지는 적법하므로, 이 사건 해지를 취소한 이 사건 결정은 위법하여 취소되어야 한다고 주장하였다.

제1심 법원[2]은, 이 사건 해지의 근거규정 중 이 사건 시행세칙 제5조 제1항 제1호[3]는 목적의 정당성이 인정될 수 없으므로 위법하나, 이 사건 시행세칙 제5조 제1항 제2호는 적법한바, 피고가 이 사건 시행세칙 제5조 제1항 제2호 역시 위법하다는 전제 하에 그에 해당하는 해지 사유의 당부에 관하여 아무런 판단을 하지 아니하고 이 사건 결정을 한 것은 위법하다는 이유로 이 사건 결정을 취소하였다.

피고가 이에 불복하여 항소하였다. 원심법원[4]은 이 사건 해지의 근거규정 중 이 사건 시행세칙 제5조 제1항 제1호는 위법하나, 이 사건 시행세칙 제5조 제1항 제2호는 적법하다는 결론은 유지하였으나, 심리 결과 참가인에 대하여 이 사건 시행세칙 제5조 제1항 제2호의 해지 사유가 인정되지 아니하여, 결국 이 사건 해지의 정당성을 인정하기 어렵다는 이 사건 결정의 결론은 정당하므로, 이 사건 결정이 위법하다고 볼 수 없다는 이유로 제1심판결을 취소하고, 원고의 청구를 기각하였다. 이에 대하여 원고가 상고하였다.

---

2) 서울행정법원 2017. 5. 11. 선고 2016구합74873 판결(대상판결의 쟁점과 관련해서만 설시한다. 이하 원심판결의 경과 설시도 같다).
3) 제1심법원은, 이 사건 시행세칙 부칙 제2조 제1항도 평가 대상인 임상 교수들의 신뢰이익을 현저하게 침해한다는 면에서 위법하다고 판시하였으나, 대상판결의 쟁점 사항은 아니므로 기재를 생략한다.
4) 서울고등법원 2018. 6. 22. 선고 2017누51602 판결.

[대상판결]

대법원은 원고의 상고를 기각하였다. 구체적인 설시는 다음과 같다.

---

[1] 교원소청심사위원회가 한 결정의 취소를 구하는 소송에서 그 결정의 적부는 결정이 이루어진 시점을 기준으로 판단하여야 하지만, 그렇다고 하여 소청심사 단계에서 이미 주장된 사유만을 행정소송의 판단대상으로 삼을 것은 아니다. 따라서 소청심사 결정 후에 생긴 사유가 아닌 이상 소청심사 단계에서 주장하지 아니한 사유도 행정소송에서 주장할 수 있고, 법원도 이에 대하여 심리·판단할 수 있다.

[2] 교원소청심사위원회의 결정은 학교법인 등에 대하여 기속력을 가지고 이는 그 결정의 주문에 포함된 사항뿐 아니라 그 전제가 된 요건사실의 인정과 판단, 즉 불리한 처분 등의 구체적 위법사유에 관한 판단에까지 미친다. 따라서 교원소청심사위원회가 사립학교 교원의 소청심사청구를 인용하여 불리한 처분 등을 취소한 데 대하여 행정소송이 제기되지 아니하거나 그에 대하여 학교법인 등이 제기한 행정소송에서 법원이 교원소청심사위원회 결정의 취소를 구하는 청구를 기각하여 그 결정이 그대로 확정되면, 결정의 주문과 그 전제가 되는 이유에 관한 판단만이 학교법인 등을 기속하게 되고, 설령 판결 이유에서 교원소청심사위원회의 결정과 달리 판단된 부분이 있더라도 이는 기속력을 가질 수 없다. 그러므로 사립학교 교원이 어떠한 불리한 처분을 받아 교원소청심사위원회에 소청심사청구를 하였고, 이에 대하여 교원소청심사위원회가 그 사유 자체가 인정되지 않는다는 이유로 양정의 당부에 대해서는 나아가 판단하지 않은 채 처분을 취소하는 결정을 한 경우, 그에 대하여 학교법인 등이 제기한 행정소송 절차에서 심리한 결과 처분사유 중 일부 사유는 인정된다고 판단되면 법원으로서는 교원소청심사위원회의 결정을 취소하여야 한다. 법원이 교원소청심사위원회 결정의 결론이 타당하다고 하여 학교법인 등의 청구를 기각하게 되면 결국 행정소송의 대상이 된 교원소청심사위원회의 결정이 유효한 것으로 확정되어 학교법인 등이 이에 기속되므로, 그 결정의 잘못을 바로잡을 길이 없게 되고 학교법인 등도 해당 교원에 대하여 적절한 재처분을 할 수 없게 되기 때문이다.

[3] 교원소청심사위원회가 학교법인 등이 교원에 대하여 불리한 처분을 한 근거인 내부규칙이 위법하여 효력이 없다는 이유로 학교법인 등의 처분을 취소하는 결정을 하였고 그에 대하여 학교법인 등이 제기한 행정소송 절차에서 심리한 결과 내부규칙은 적법하지만 교원이 그 내부규칙을 위반하였다고 볼 증거가 없다고 판단한 경우에는, 비록 교원소청심사위원회가 내린 결정의 전제가 되는 이유와 판결 이유가 다르다고 하더라도 법원은 교원소

청심사위원회의 결정을 취소할 필요 없이 학교법인 등의 청구를 기각할 수 있다고 보아야 한다. 왜냐하면 교원의 내부규칙 위반사실이 인정되지 않는 이상 학교법인 등이 해당 교원에 대하여 다시 불리한 처분을 하지 못하게 되더라도 이것이 교원소청심사위원회 결정의 기속력으로 인한 부당한 결과라고 볼 수 없기 때문이다. 그리고 행정소송의 대상이 된 교원소청심사위원회의 결정이 유효한 것으로 확정되어 학교법인 등이 이에 기속되더라도 그 기속력은 당해 사건에 관하여 미칠 뿐 다른 사건에 미치지 않으므로, 학교법인 등은 다른 사건에서 문제가 된 내부규칙을 적용할 수 있기 때문에 법원으로서는 이를 이유로 취소할 필요도 없다.

[판결의 평석]

Ⅰ. 사안의 쟁점

사립학교 교원에 대한 학교법인의 징계 등 불리한 처분(이하 이 글에서는 징계 등 불리한 처분을 통틀어 '징계처분'이라고만 한다)은 행정청의 처분으로 볼 수 없어 행정소송의 대상이 될 수 없으나, 「교원의 지위 향상 및 교육활동 보호를 위한 특별법」(이하 '교원지위법'이라 한다)에 의하여 교원이 징계처분에 대하여 불복하여 교원소청심사위원회(이하 '교원소청위'라 한다)에 소청심사를 청구할 수 있다. 교원소청위는 소청심사 결과 이유 있다고 인정하는 경우 징계처분을 취소 또는 변경하거나, 처분권자에게 그 처분을 취소 또는 변경할 것을 명할 수 있고, 처분권자는 결정 취지에 따라 조치를 취할 의무가 있으며, 교원소청위 결정 주문과 이유는 사립학교 법인을 기속한다.[5]

교원소청위가 결정을 내리면 교원과 학교법인은 교원소청위의 결정에 대하여 행정소송으로 다툴 수 있게 된다. 그런데 법원이 교원소청위 결정의 결론(예컨대, 징계처분 취소)은 타당하나 결정 이유 중 일부가 위법하다고 판단하는 경우 궁극적으로 적절한 재처분이 이루어지도록 기속력을 발생시키기 위하여 어떤 주문을 내어야 하는지가 문제될 수 있다.

권력분립의 원칙상 법원은 사법심사 결과 처분이 위법하다고 판단하더라도 직접 그것을 변경하는 처분을 할 수 없고, 처분을 취소할지 여부를 결정할 수 있을 뿐이다. 다만, 행정청이 취소판결의 기속력에 의하여 재처분을 하여야 할 의무를 부담하게 될 수 있다.[6] 보

---

5) 교원지위법 제10조, 제10조의2, 대법원 2005. 12. 9. 선고 2003두7705 판결.

6) 취소판결의 기속력이 기판력에서 근거한 것인지, 「행정소송법」 제30조 제1항에 의하여 비로소 인정되

통의 경우 처분권자가 피고가 되므로, 처분에 대한 취소판결이 확정되는 경우 피고가 바로 그 취지에 기속되어 재처분을 하게 되나, 대상판결 사안에서 교원소청위 결정은 실질로는 재결에 가까우나, 사법심사에서는 원처분으로 보아 판단하게 되므로 취소판결의 기속력은 실질적으로는 재결청에 가까운 교원소청위에만 미치게 되고, 현행법 해석상 징계처분권자인 학교법인에게까지 미친다고 보기는 어려우므로,[7] 기속력이 원처분에 대한 취소소송이 이루어지는 경우와 비교할 때 특이한 방식으로 적용되게 되는 것이다.

대상판결에서는, 교원소청위 결정의 주문은 적법하나, 이유 중 일부가 위법한 경우 징계처분권자가 적절한 재처분을 하도록 하기 위해서는 법원이 어떻게 판결 주문을 내어야 하는지, 또한 법원이 교원소청위 결정을 취소하더라도 새로이 다른 결론의 징계처분이 내려질 수 없는 경우에는 취소판결 후 재결정을 하더라도 무용한 절차를 반복한다는 점에서 취소판결을 하는 것이 맞는지 여부가 문제되었다.

더불어 대상판결에서는 행정소송에서 교원소청위에서 판단하지 원징계처분 사유(이 사건에서는 해당 교원이 이 사건 시행세칙을 위반하였는지 여부)를 심리하여 교원소청위 결정의 위법성을 판단할 수 있는지가 부가적 쟁점으로 문제 되었다.

II. 판례의 이해

1. 교원에 대한 징계처분에 대한 불복 구조의 차이

국·공립학교 교원의 경우 원 징계처분 자체가 행정청의 처분이므로, 교원소청심사위 결정은 재결로써, 재결 자체의 위법을 이유로 다투지 않는 한, 원칙적으로 원 처분이 행정소송의 대상이 되고, 국·공립 학교법인이 피고가 된다.

반면, 사립학교 교원의 경우 우리 판례는 일관되게 사립학교 교원과 학교법인의 관계는 사법상 고용관계로 보는 입장인바, 사립학교 교원에 대한 징계처분은 사법상 계약관계에서 비롯된 것이므로, 행정소송의 대상이 되는 처분이 될 수 없으나,[8] 교원지위법에 의하여 징

는 실체법상 의무인지에 대하여는 견해 대립이 있다.

7) 학교법인을 「행정소송법」 제30조 제1항의 기속력이 미치는 '그밖의 관계행정청'으로 적극적으로 해석하여 기속력이 미치게 하는 방안을 생각해볼 수 있으나, 사립학교 교원의 근무관계를 사법상 고용관계에 불과한 것으로 보는 판례의 일관된 견해를 생각한다면, 이러한 해석은 어렵다고 보인다. 한편, 취소판결의 기속력이 기판력에 근거한다는 견해에 의한다면, 학교법인이 행정소송에 보조참가한 경우 기속력이 미친다고 볼 여지가 있다.

계처분에 불복하는 사립학교 교원이 교원소청위에 소청심사 청구를 하고, 이에 대한 결정이 내려지면, 교원소청위 결정은 처분으로서 행정소송의 대상이 되고, 교원소청위가 피고가 된다.

한편, 국·공립 학교법인은 행정기관으로서 재결청인 교원소청위 결정에 기속되므로 이에 불복할 수 없으나, 사립 학교법인은 교원소청위 결정에 불복하는 경우 이에 대한 행정소송을 제기할 수 있다.[9]

2. 판결의 기속력의 적용 방식의 차이

국, 공립학교 교원의 징계처분에 대한 취소판결이 확정되는 경우 처분청인 국, 공립학교법인은 취소판결에 기속되므로, 판결 취지에 따라 직접 재처분을 하여야 할 의무를 부담하게 된다.

반면, 사립학교 교원의 징계처분에 대한 교원소청위 결정에 대한 취소판결이 확정되더라도, 사립 학교법인의 징계처분이 직접 취소되는 것은 아니라, 교원소청위 결정이 취소될 뿐이고, 교원이 제기한 징계처분에 대한 불복신청이 여전히 응답되지 않은 상태로 남아 있게 되는 것인바, 교원소청위가 취소판결에 기속되어 그 취지대로 원징계처분에 대한 심사를 하여 결정을 다시 하게 되면, 교원지위법에 의하여 사립학교 법인은 교원소청위의 위 결정에 기속되게 된다.[10]

3. 교원소청위 결정에 대한 행정소송 판결의 주문 형식

가. 교원소청위 결정의 결론이 정당하나, 이유가 잘못된 경우의 판결 주문

앞서 본 바와 같이 사립학교 교원의 경우 행정소송을 제기하더라도 취소판결의 기속력

---

8) 교원이나 사립 학교법인이 교원지위(부)존재확인청구나 징계처분무효확인청구 등 민사소송으로 다투는 것은 가능하다.

9) 사립학교 법인이 교원소청위 결정에 대한 행정소송을 제기할 수 있는 원고적격이 있는지에 대한 논란이 있었으나, 헌법재판소는 사립학교 법인이 교원소청위 결정에 대하여 행정소송을 제기하지 못하도록 한 구 「교원지위향상을 위한 특별법」 제10조 제3항을 위헌으로 결정하였고(헌재 2006. 2. 23. 2005헌가7), 2007. 5. 11. 구 교원지위향상을 위한 특별법 제10조 제3항에 사립학교법에 따른 학교법인 등이 행정소송을 제기할 수 있는 것으로 명문화됨으로써 해결되었다.

10) 이 경우 교원소청위가 직접 징계처분을 변경할 수도 있고, 징계처분을 취소하여 사립 학교법인이 징계처분을 다시 하도록 할 수도 있을 것이다.

이 사립 학교법인에 직접 미치는 것이 아니라, 교원소청위 결정의 기속력에 의하여 간접적으로 미치는데 그치므로, 법원이 교원소청위 결정에 대한 행정소송 판결을 통하여 종국적으로 적절한 재처분이 이루어질 수 있도록 하려면 어떤 주문을 내어야 하는지가 문제된다.

예를 들어, 사립 학교법인이 1, 2 사유를 이유로 징계처분을 하였는데, 교원소청위에서 1, 2 사유가 모두 인정되지 않는다는 이유로 징계처분을 취소하였고, 행정소송에서 심리 결과 1 사유는 인정되고, 2 사유는 인정되지 않아 결과적으로 1 사유만으로 볼 때 당초의 징계양정이 과중하여 원 징계처분을 취소한 교원소청위 결정이 정당하다고 보는 경우, 법원이 교원소청위 결정을 취소하여야 할지, 아니면 교원소청위 결정이 결과적으로는 정당하므로 원고 청구기각 판결을 하여야 하는지의 문제이다.

이에 대하여, 교원소청위 결정에 대한 취소판결이 확정되면 그에 따라 결정은 소급하여 소멸하게 되므로, 이 사건 해지처분의 효력이 부활하고, 이 사건 해지처분이 교원소청위의 거부처분이라고 볼 수는 없어,[11] 취소판결을 하는 경우 교원소청위의 재처분의무가 발생할 여지는 없으므로, 차라리 원고의 청구기각 판결을 하되, 판결 이유에서 재처분의무를 명시하여 기속력을 발생시키면 된다는 견해가 있다.[12] 살펴건대, 이 견해는 우리나라 행정소송법 제30조 제1항은 처분등을 취소하는 확정판결에 대하여 기속력이 발생한다고 규정되어 있으므로, 위 규정에도 불구하고 청구기각 판결의 경우에도 기속력이 발생하는지 여부가 논란의 대상이 된다는 점, 기속력을 행정소송법 제30조에 의하여 인정되는 실체적 효력으로 보는 통설, 판례의 견해에 의하면 교원소청위 결정의 취소판결의 기속력이 행정청으로 볼 수 없는 사립 학교법인에 미친다고 볼 근거가 없는 점, 청구기각 판결이 확정되면 결국 이 사건 결정이 확정되게 되는바, 이 사건 결정의 주문의 판단뿐만 아니라 결정 이유 중의 판단도 사립 학교법인과 교원을 기속하게 되므로, 재처분의무가 인정될 여지가 없다는 점에서 받아들일 수는 없다.

대상판결의 선행 사건인 대법원 2013. 7. 25. 선고 2012두12297 판결에서 대법원은 위와 같은 고려하에 교원소청위의 결정은 그 주문에 포함된 사항뿐 아니라 그 전제가 된 요건사실의 인정과 판단에까지 처분권자인 사립 학교법인을 기속하므로, 만일 법원이 교원소청위 결정이 이유에 있어서 잘못되었다 하더라도 주문이 정당하므로 그 취소청구를 기각하게 되면, 교원소청위 결정의 이유에 대하여도 기속력이 미치게 되므로 사립 학교법인으로서는 교원소청위의 결정을 잘못을 바로잡는 재처분을 할 수 없게 되는바, 교원소청위 결

---

11) 「행정소송법」 제30조 ② 판결에 의하여 취소되는 처분이 당사자의 신청을 거부하는 것을 내용으로 하는 경우에는 그 처분을 행한 행정청은 판결의 취지에 따라 다시 이전의 신청에 대한 처분을 하여야 한다.
12) 대법원 2013. 7. 25. 선고 2012두12297 사건에서 상고인의 주장.

정의 결론은 정당하더라도 이유가 잘못되었다면, 법원으로서는 교원소청위 결정을 취소하여야 한다고 판시하였고, 대상판결의 판시 [2]에서 위 법리를 재확인하고 있다.

나. 대상판결의 특수성

기본적으로 대상판결의 사안은 대법원 2012두12297 판결과 같은 문제의식에서 파생된 것이기는 하다. 대법원 2012두12297 판결 사안은 교원소청위가 징계처분의 처분사유 해당 여부만 판단하여 처분사유가 모두 인정되지 않는다는 이유로 징계양정을 하지 않은 사안이어서, 적정한 징계양정이 이루어지기 위해서 법원이 취소판결을 할 필요가 있었다. 반면, 대상판결은, 교원소청위가 사립 학교법인의 내부규칙인 징계규정이 위법하여 효력이 없다는 이유로 징계처분을 취소하였으나, 법원은 징계규정이 위법하지는 않지만, 해당 교원이 징계규정을 위반하였다고 볼 증거가 없다고 판단한 경우이어서, 취소판결을 하더라도 교원소청위에서는 결국 처분사유가 인정되지 아니함을 이유로 이유만을 달리하여 징계처분을 취소할 수밖에 없는 사안으로 재결정을 하더라도 징계처분의 결론이 달라질 여지가 없으므로, 교원소청위 결정이 확정되어, 해당 교원에 대하여 재처분을 하지 못하게 된다 하더라도, 이것이 교원소청위 결론의 기속력으로 인한 잘못된 결과라고 볼 수는 없다. 이러한 취지에서 대상판결은 대법원 2012두12297 판결과는 다르게 청구기각 판결이 정당하다고 판단하였다.

다만, 내부규칙인 징계규칙의 효력에 대한 교원소청위 결정의 이유가 기속력을 가지게 되는 문제가 남아 있기는 하나, 대상판결은 이를 재결의 기속력의 효력 범위 문제로 해결한다. 즉, 교원소청위 결정의 효력은 당해 사건에 관하여 미칠 뿐, 다른 사건에 미치지 않으므로, 사립 학교법인은 다른 사건에서 문제가 된 내부규칙을 적용할 수 있고, 법원은 징계규칙이 위법하다는 교원소청위 결정의 기속력을 제거하기 위한 목적으로 교원소청위 결정을 취소할 필요는 없다는 것이다.

4. 교원소청위 결정 취소소송의 심판 범위

취소소송의 판단기준시는 처분시이나, 기판력은 사실심 변론종결시를 기준으로 발생한다. 피고 행정청은 원징계처분사유와 기본적 사실관계가 동일한 경우 취소소송의 사실심 변론종결시 전까지 처분사유로 제시되지는 않았지만 처분시 존재하였던 사유를 처분사유로 주장할 수 있고, 법원도 이를 심판대상으로 삼을 수 있다.

교원소청위 결정은 실질적으로는 사립 학교법인의 징계처분에 대한 재결로 볼 수 있기는 하지만, 현행법 체계상 교원소청위 결정 자체가 원처분으로서 취소소송의 대상이 되므로, 교원소청위 결정의 직접 근거가 되지 않았다 하더라도 원징계처분의 처분사유 및 그에 대한 위법사유(예컨대 앞서 본 사례에서 징계양정의 위법)는 교원소청위 결정의 이유와 기본적 사실관계가 동일한 것으로 볼 수 있으므로, 교원소청위 결정에 대한 취소소송에서 심판의 대상이 되는바, 대상판결의 [1] 설시는 지극히 당연하다. 다만, 위 설시에서 마치 원징계처분사유와 기본적 사실관계의 동일성도 따지지 아니하고 교원소청위 결정에서 판단되지 않은 사항도 사법심사의 대상이 된다고 판시한 것은 오해를 불러일으킬 여지가 있다고 보인다.13)

교원소청위 결정이 행정소송의 대상이 되는 경우 사립 학교법인의 징계처분시 제시된 처분사유 전체에 대해서 취소소송의 변론에서 검토하여 교원소청위 결정의 적법성을 판단함이 지극히 당연함에도, 실제 사건에서는 교원소청위 결정시 검토되지 않은 쟁점에 대해서는 판단하여서는 안 된다는 상고이유가 종종 발견된다. 이는 당사자들이 재결 고유의 위법성만 심판대상이 되는 국,공립 학교법인의 징계처분에 대한 교원소청위 재결 취소소송과 혼동하였거나, 사립학교 교원에 대한 징계처분의 경우에도 교원소청위 결정을 행정심판 재결과 유사한 것으로 보는 입장을 취하기 때문인 것으로 보인다.

Ⅲ. 사안의 심화 이해

1. 사립 학교법인의 교원소청위 결정에 대한 제소권 인정 여부

사립 학교법인은 사적 주체이기는 하지만, 사립학교법, 교원지위법 등에 의하여 공교육을 수행하는 주체로서 교육의 공공성을 지향하고 그 목적달성을 위해 국가의 광범위한 지도, 감독 아래 놓이고, 사립학교 교원의 자격, 복무 및 신분보장을 공무원인 국, 공립학교 교원과 동일하게 보장된다. 따라서 이러한 점을 강조하는 경우 교원소청위 결정을 행정심판 재결로 보고, 피청구인인 사립 학교법인이 이에 기속되어 불복, 제소할 권한이 없다는

---

13) 교원소청심사와 구조가 비슷한 노동사건에서 대법원은 사용자가 여러 징계사유를 들어 근로자에게 징계처분을 한 경우 부당해고 등의 구제신청에 관한 중앙노동위원회 재심판정 취소소송에서 징계처분이 정당한지를 판단할 때에는 중앙노동위원회가 재심판정에서 징계사유로 인정한 것 이외에도 징계위원회 등에서 들었던 징계사유 전부를 심리하여 징계처분이 정당한지를 판단하여야 한다(대법원 2016. 12. 29. 선고 2015두38917 판결 참조)고 설시하였다.

논리가 성립할 수도 있다.[14)

  그러나 한편으로, 우리 사회에서 학문 연구의 자유 및 교육의 다양성과 자율성 보장은 중요한 가치이고, 특히 전통적으로 대학은 고등 교육기관으로서 고도의 자치권을 보장받아야 한다는 데 이론이 없을 것이다. 사립학교법[15)은 위와 같은 사회적 공감대를 반영하여 교육의 자주성 확보를 공공성 앙양과 동등한 정도의 목적으로 설정하고 있다. 이러한 점을 감안한다면, 사립 학교법인이 자신들의 자주권 행사의 일환인 징계처분에 대하여 교원소청위가 변경, 취소하는 결정을 하는 경우 이를 행정청 내부의 감독작용인 재결과 유사하게 보아 사립 학교법인이 불복, 제소할 수 없다고 보는 것은 부당하다고 생각한다.[16)

  이는 지방자치법상 지방자치단체의 재결에 대한 제소권이 일률적으로 부정되지는 않고, 자치권 행사의 정도에 따라 기관위임사무의 경우에는 제소권이 부인되지만, 자치사무에 대하여는 제소권이 인정된다는 점에 비추어 볼 때도 그러한바, 사립학교 교원의 지위를 국, 공립학교 교원과 동등한 정도로 보장함으로써 교육의 공공성을 확보하여야 한다는 측면도 있지만, 사립학교법인이 사적주체로서 그 설립 목적을 달성하기 위하여 그 인적 구성원에 대하여 임면권 등 징계권을 자주적으로 행사할 필요성도 있는바, 징계처분에 대한 교원소청위 결정에 대해서 사립 학교법인의 제소권이 인정될 필요성이 있고, 그러한 점에서 교원 지위법 개정은 지극히 타당하였다고 생각한다.

2. 기각판결에도 기속력이 발생하는지 여부

  대법원 2012두12297 판결에서 상고인은 교원소청위 결정과 법원의 판단이 이유는 일부 달리하지만 결론에 있어서 같다면 법원은 교원소청위 결정 취소청구를 기각하고, 이유에서 재처분의무가 있음을 명시하면 이후 이에 따라 교원소청위가 재결정하여야 한다는 주장을 펼쳤다. 이는 기각판결의 이유에도 기속력이 발생한다는 것을 전제로 하는 논리구성인데, 기속력을 규정하는 행정소송법 제30조 제1항과 제2항 모두 취소 확정판결의 경우 기속력이 발생하는 것을 전제로 하고 있기 때문에, 대상판결에서 상고인의 주장은 청구기각판결

---

14) 앞서 본 구 교원지위법에 대한 헌재 결정이나 구법 개정 이전에 이러한 견해를 취한 행정 판결들도 다수 있다.
15) 「사립학교법」 제1조(목적) 이 법은 사립학교의 특수성에 비추어 그 자주성을 확보하고 공공성을 높임으로써 사립학교의 건전한 발달을 도모함을 목적으로 한다.
16) 다만, 헌재는 위 결정에서 사립학교의 자율성 보장이라는 측면보다는, 다른 사적주체들과의 평등권, 재판청구권 등의 위반을 이유로 사립학교 법인의 제소권을 부인한 구 교원지위법에 대하여 위헌 결정을 한 것으로 보인다.

에 대하여도 기속력이 발생한다는 관점에 선 것이어서 명문에 반하는 문제점이 있음은 앞서 지적한 바 있다.[17]

그런데 행정판결의 기판력을 민사소송법의 준용에 근거한 것으로, 기속력은 행정소송법 제30조에 의하여 인정되는 실체적 효력으로 보는 통설과는 달리, 행정소송법 제29조 제1항[18]을 통설과 같이 취소판결의 형성력을 의미하는 것이 아니라, 기판력을 기본으로 하는 취소판결의 효력 전체(기판력, 형성력, 기속력)를 의미하는 것으로 해석하고, 행정소송법 제30조 제1항을 기속력의 대상인 행정청의 범위에 대해서 분쟁의 소지가 있을 수 있으므로 이를 주의적으로 규정하는 것에 불과한 것으로 보는 견해[19]에 의하면, 기속력을 기판력의 작용 중의 하나로 이해하기 때문에 기각판결에 대해서도 기속력이 발생한다고 볼 여지가 있다.[20]

3. 제재처분에 대한 취소판결 이후 이루어진 재처분

통설, 판례는 제재처분(징계처분 포함)의 주문과 처분사유를 함께 처분의 동일성 판단기준으로 이해하고, 기판력 내지 기속력의 객관적 범위를 판결이유에서 적시된 위법성에 한정한다. 따라서 행정청이 취소판결 이후 새로운 실체적 위법사유를 추가하거나 재량하자 등을 보완하여 재처분을 하는 경우 전소의 대상이었던 처분과는 다른 처분으로 파악하게 되므로, 취소판결의 기판력이나 기속력에 저촉된다고 볼 수는 없게 된다.

반면, 취소소송의 소송물을 '처분의 동일성' 판단기준과 연결하여 파악해야 한다고 보는 견해[21]에 따르면, 처분의 동일성 판단기준은 '규율'(Regelung)의 동일성, 즉 일정한 생활관계에 의거하여 상대방에게 권리를 부여 또는 제한하거나 의무를 부과 또는 면제하는 등 법적인 효과를 발생시키는 것으로, 규율의 대상과 방식이 동일한 경우 동일한 규율로서 처분의 동일성이 인정되는데,[22] 제재처분의 경우 생활관계를 이루는 의무위반 사실이 핵심인

---

17) 구「행정소송법」제13조는 취소판결과 기각 판결을 구별하지 않고 확정판결이 관계행정청을 기속한다고 규정하고 있었으므로, 1960년대의 판례는 기각판결에도 당연히 기속력이 생기는 것으로 보아 행정청이 사실심 변론종결 이전의 사유를 내세워 처분을 (직권)취소할 수 없고, 만일 그러한 (직권)취소처분을 하였다면 당연무효라고 판시하였다. 대법원 1969. 1. 21. 선고 64누39 판결 등 참조.
18) "처분등을 취소하는 확정판결은 제3자에 대하여도 효력이 있다."
19) 박정훈, "취소소송의 소송물 —처분사유의 추가·변경, 소변경 및 취소판결의 효력과 관련하여", 『행정소송의 구조와 기능』, 2006, 450면 이하 참조.
20) 그렇다면, 기각판결 이후 직권취소나 재처분이 가능한 것인지가 문제될 것이다. 자세한 내용은 박정훈, 앞의 책, 456면 참조.
21) 박정훈, 앞의 책, 411면 이하 참조.

데 비해, 규율방식은 그 의무위반 사실에 대해 제재를 과한다는 점만이 요체이므로 징계처분 사유가 동일성의 요소가 되고, 처분주문은 동일성 판단에서 고려되지 않는다고 본다. 따라서 이 견해에 의하면, 종전 소송에서 처분사유의 추가·변경으로 주장할 수 있었던 사유를 이유로 재처분을 하는 경우 취소판결의 기판력 내지 기속력에 반하는 것으로 보게 된다.

그러나 이 견해에 의하더라도 재처분이 무조건 기판력 내지 기속력에 반하여 허용되지 않는 것은 아니고, 반복금지효의 범위를 기판력의 객관적 범위와 시간적 한계에 의거하여 획정함으로써 공익실현을 위한 재처분의 필요성을 충분히 고려할 수 있다. 즉, 종전의 처분사유와 동일성이 없는(기본적 사실관계가 다른) 처분사유로써 동일한 내용의 처분을 하는 경우에는 소송물 자체가 바뀌는 것이므로 기판력 내지 기속력에 저촉되지 않음은 통설, 판례의 결론과 동일하고, 처분사유는 동일하지만 절차적 하자 내지 재량권 행사의 하자를 보완한 경우 소송물은 동일하여 기판력, 기속력의 객관적 범위 안에 들어오지만, 하자의 보완이라는 새로운 사실이 발생하였으므로 기판력의 시간적 한계를 벗어나, 재처분이 기판력에 저촉되지 않는다는 것이다.[23]

제재처분 취소판결의 기판력 내지 기속력의 범위를 통설, 판례와 같이 볼 경우 행정청은 취소판결 후 거의 제한없이 재처분이 가능하게 되어 취소판결의 효력이 무력화될 수 있다. 이는 행정의 효율성 확보에 방점을 두는 견해로 볼 수 있다. 반면, 후자의 견해에 의할 경우 이중위험금지, 행정의 자의 내지 해태의 방지, 자기부죄 강요금지, 법정안정성 내지 신뢰보호 관점을 중시하게 되어 국민의 인권을 두텁게 보호하면서도,[24] 기판력의 객관적 범위와 시간적 한계에 의하여 반복금지효의 범위를 획정함으로써 공익실현을 위한 재처분의 필요성을 충분히 고려할 수 있다는 장점이 있다.

Ⅳ. 요약과 결론

1. 사립 학교법인의 징계처분은 행정처분이 아니나, 당사자가 이에 불복하여 이루어진

---

22) 박정훈, 앞의 책, 410면-411면.
23) 박정훈, 앞의 책, 460면 이하 참조.
24) 특히 영업범과 같이 형법상 포괄일죄로 볼 수 있는 사실관계에 대한 제재처분에서 통설, 판례와 위 견해의 차이가 분명하게 드러날 것이다. 자세한 내용은, 박정훈, "취소판결의 반복금지효 – 이중위험금지, 그리고 기판력과 기속력 및 소송물", 『행정판례연구』 제23권 제1호, 2018 참조.

교원소청위 결정은 처분이므로, 이에 대한 행정소송이 제기될 수 있다. 교원소청위 결정은 실질적으로는 재결의 성질을 가지고 있으나, 사법심사시에는 교원소청위 결정이 원처분으로 판단되므로, 그 실질과 사법심사에서 대상으로 하고 있는 개념의 불일치로 혼란이 야기될 수 있다. 이러한 상황은 사법심사 결과 법원이 교원소청위 결정의 주문은 적법하나, 그 결론에 이르는 근거인 이유가 위법하다고 판단한 경우 법원이 어떠한 판결을 하여야 하는지와 관련된 문제에서 분명히 드러나는바, 대상판결은 법원이 이러한 경우 적절한 재처분이 이루어지도록 하기 위해서는 취소 주문을 내어야 함을 명백히 한 대법원 2012두12297 판결의 판시를 원용하면서 위 법리가 계속 유효함을 확인하였다.

2. 대법원 2012두12297 판결 사안의 경우 취소판결 이후 교원소청위는 원징계처분 사유 중 일부가 인정된다는 전제 하에 징계양정을 다시 하여야 하므로, 재처분의 결론이 종전과 결론이 달라질 가능성이 높다고 할 것이나, 대상판결의 경우에는 재처분을 하는 경우에도 원징계처분 사유가 인정되지 않는다는 결론은 동일하고, 다만 그 이유가 이 사건 시행세칙이 위법, 무효이어서가 아니라 교원의 행위가 이 사건 시행세칙 위반이 아니어서 원징계처분 사유 자체가 존재하지 않는다는 것으로 변경되는데 불과하여, 종전 징계처분과 결론이 달라지지는 않는다는 점에서 사안이 다르다. 대상판결은 대법원 2012두12297 판결의 사안에서 인정된 법리의 일반론과 개별적인 사안의 경우를 준별하여, 재처분을 하더라도 결과가 동일한 경우에까지 굳이 취소판결을 할 필요는 없다는 점을 분명히 하여 분쟁의 신속한 해결이 가능하게 하였다는 점에서 그 의미가 있다. 대상판결이 이러한 결론을 내리게 된 데에는 교원소청위 결정의 기속력은 당해 사건에 한하여 미치는바, 이 사건 결정을 그대로 유지한다 하더라도, 다른 사건에서 사립 학교법인이 이 사건 시행세칙이 위법하다는 이 사건 결정의 이유에 기속되지는 않으므로, 사립 학교법인은 다른 처분시 이 사건 시행세칙을 적용하는데 지장이 없다는 논리도 근저에 있다.

3. 또한, 대상판결은 교원소청위 결정이 비록 실질에 있어서 원징계처분에 대한 재결이기는 하나, 사법심사시에는 원처분으로 관념되므로, 비록 교원소청위 결정에서 판단대상이 되지는 않았더라도 교원소청위 결정 당시까지 존재하였던 원징계처분사유와 기본적 사실관계의 동일성이 인정되는 사유라면 행정소송에서 주장할 수 있음을 분명히 하였다.

1. A 학교법인(사립학교)은 소속 B 교수에 대하여 제1사유(최초임용 당시 경력사항 허위기재), 제2사유를 이유로 재임용거부통지를 하였다. B 교원의 불복으로 교원소청위심사 결과 제1사유는 재임용 평가기간 중의 의무위반이 아니어서 재임용거부사유가되지 않고, 제2사유도 교원 신분을 박탈할 정도의 상당한 의무위반이 아니므로 재임용거부사유가 되지 않는다는 이유로 재임용거부를 취소하는 결정을 하였고, 이에 대하여 A 학교가 교원소청위 결정 취소를 구하는 행정소송을 제기하였다. 법원 심리결과 제1사유를 재임용거부 사유로 삼을 수 있으나, 결국 제1, 2사유가 모두 인정된다하더라도 재임용거부는 재량권일탈, 남용으로 판단되는 경우 법원은 어떻게 판결하여야 하는가?

2. 사립학교 교원에 대한 징계처분에 대하여 민사소송과 행정소송 모두 제기가 가능하다. 어느 절차를 통하여 재판을 받는 것이 당사자의 실질적 권리구제에 효율적인지를 판결의 효력, 소송절차에서 증명책임의 관점에서 비교하여 서술하시오.

3. 교원소청위 결정이 결론에 있어서는 정당하나, 이유가 일부 위법하여 재처분을 위하여 결정을 취소하여야 하는 경우 법원으로서는 소송비용 부담을 어떻게 결정해야 할지 서술하시오.

대법원 2013. 2. 28. 선고 2010두22368판결
[토지보상법상 환매권의 행사방식 및 성질]

이 석 형[*]

[사실관계]

원고 한국수자원공사는 구 한국수자원공사법 제10조 제1항에 따라 수도권 일원의 용수를 공급하기 위한 수도권광역상수도사업(이하 '이 사건 상수도사업'이라 한다) 실시계획의 승인을 건설교통부장관에게 신청하였고, 건설교통부장관은 1996. 1. 11. 고시 제1996-1호로 이를 승인하였다. 원고는 이후 1998. 6. 23. 중앙토지수용위원회로부터 피고 소유의 성남시 분당구 일대 토지(이하 '이 사건 토지'라 한다)에 대하여 보상금 498,902,350원, 수용개시일을 1998. 8. 4.로 하는 수용재결을 받아 1998. 8. 19. 국가 명의로 소유권이전등기를 마쳤다.

한편, 건설교통부장관은 2001. 12. 26. 이 사건 토지를 포함한 성남시 분당구 판교동 일대를 판교신도시 택지개발 예정지구로 지정하고, 한국토지공사(이하 '토지공사'라 한다)는 2003. 12. 26. 건설교통부장관으로부터 이 사건 택지개발사업을 승인받아 같은 달 30. 고시하였다.

원고 한국수자원공사와 토지공사는 2005. 4. 27. 이 사건 택지개발사업으로 인하여 이설이 필요하게 된 수도권 광역상수도 도·송수시설의 이설사업에 대하여 협약(이하 '이 사건 협약'이라 한다)을 체결하였다. 이 사건 협약은 광역상수도 부지 중 환매권이 발생하는 토지에 대하여는 토지공사가 국가 및 한국수자원공사를 대위하여 환매권 통지 등 제반행위를 책임 조치하고 환매대금은 토지공사에게 귀속하며, 토지공사는 환매완료 후 환매관련 서류 일체를 한국수자원공사에게 제공하고, 향후 기존수도부지는 토지공사에, 대체수도부지는 국가에 상호 무상귀속하도록 약정하였다.

이후 원고는 이 사건 부동산에 설치된 기존의 수도관로를 판교택지지구 내 광역상수도로 계속하여 이용하여 오다가 2008. 7. 30.에 이르러 이용을 중단하였다. 피고는 2008. 6.

---

* SK 하이닉스 변호사

19. 이 사건 토지에 대하여 토지공사에게 환매권발생의 확인을 요청하였으나, 토지공사는 2008. 6. 20. 환매권 관련 업무는 한국수자원공사의 업무라고 회신하였고, 피고가 2008. 6. 23. 한국 수자원공사에게 이 사건 토지의 환매를 요청하자 한국수자원공사는 2008. 6. 27. 피고에게 이 사건 이설사업 관련 업무는 토지공사에 이첩되었다고 통지하였다.

이에 피고는 토지공사에게 이 사건 토지의 환매를 요청하면서 2008. 8. 13. 토지공사를 피공탁자로 하여 수원지방법원 성남지원 2008년 제2826호로 환매대금으로 677,458,300원을 공탁하였다.

피고는 환매대금을 공탁한 이후 2008. 11. 12. 이 사건 토지에 대하여 환매권이 발생하고 환매대금이 적법하게 지급되었다는 이유로 소유권이전등기 및 손해배상을 청구하는 소(이하 '관련 소송'이라 한다)를 제기하였고, 원고 한국수자원공사는 2009. 7. 6. 이에 대하여 주위적으로는 피고가 수용개시일로부터 10년이 경과한 후인 2008. 8. 13. 환매대금을 공탁하였으므로 환매권이 부존재한다는 확인의 소를, 예비적으로는 환매대금의 지급을 청구하는 소(이하 '이 사건 소송'이라 한다)를 제기하였다.

[사건의 경과]

피고는 제1심에서 이 사건 소송이 당사자소송임을 전제로 일반 사인은 당사자소송의 피고적격이 없다는 본안전 항변과 함께, 구 공익사업을 위한 토지 등의 취득 및 보상에 관한 법률(2010. 4. 5. 법률 제10239호로 일부 개정되기 전의 것, 이하 '구 토지보상법'이라 한다) 제91조가 "당해 토지의 전부 또는 일부가 필요 없게 된 때로부터 1년 또는 그 취득일로부터 10년 이내"라고 규정하고 있는 만큼, 이 사건 토지가 필요 없게 된 때인 2008. 7. 30.을 기준으로 1년 이내 환매대금을 공탁하였으므로 환매권이 소멸하지 않았음을 주장하였다.

그러나 제1심판결[1] 및 원심판결[2]은 당사자소송의 피고적격은 행정소송법상 '국가·공공단체 그 밖의 권리주체'로 공법상 법률관계의 한쪽 당사자인 사인도 포함된다고 판단하는 한편, 구 토지보상법 제91조의 문언은 ① 필요 없게 된 때로부터 1년 또는 ② 취득일로부터 10년 중에서 먼저 만료하는 기간 내에 환매권을 행사하지 않으면 그것으로 환매권이 소멸된다는 뜻이지, 둘 중 어느 기간 내에도 환매권을 행사할 수 있는 뜻이 아니라고 판단하였다.

---

1) 서울행정법원 2009. 12. 11. 선고 2009구합27787 판결.
2) 서울고등법원 2010. 10. 7. 선고 2010누3369 판결.

또한 피고는 원고 한국수자원공사를 대신한 토지공사의 환매계획 통지를 받고 수용 개시일로부터 10년 이내에 원고 대신 환매처리업무를 맡은 토지공사에게 환매의사를 표시함과 동시에 환매대금에 대하여 지속적으로 협의를 해왔는데, 이 사건 토지에 대한 환매대금의 공탁 이후에도 1년 넘게 환매대금에 대한 협의를 지속해오던 원고가 환매권 소멸을 주장하는 것이 신의칙에 위반된다고 주장하였다. 이에 대하여 원심판결은 원고가 이 사건 협약에 따라 토지공사에 환매요청을 이첩하고 토지공사의 처리기한 연장 및 환매금액에 대한 지속적인 협의가 이루어졌음은 인정하였으나, 토지보상법상 환매권의 행사기간은 제척기간으로서 그 경과만으로 권리소멸의 효과를 가져오는 것이고, 피고가 주장하는 사정만으로는 원고가 제척기간 도과로 인한 환매권 소멸주장이 신의칙에 반하지 않는다고 판단하였다.

한편 관련 소송에서, 제1심[3] 및 원심[4]은 이 사건 상수도사업의 시행자는 한국수자원공사이나 피고는 토지공사에게 환매대금을 지급하였으므로 한국수자원공사에 환매대금을 지급하였음을 인정할 증거가 없으며, 이 사건 토지의 등기명의인은 대한민국으로 한국수자원공사의 소유권이전등기의무를 부정하였다. 그러나 이후 대법원[5]은 환매업무를 위임받은 토지공사에 환매를 요청하면서 수임인인 토지공사에게 환매대금을 공탁한 행위는 환매대금을 수령할 수 있는 적법한 권한을 가진 자에 대한 변제공탁으로 환매대금을 지급한 것과 같은 효력이 발생한다고 판시하였다.

[대상판결]

대법원은 원심판결을 파기하고 사건을 다시 심리·판단하도록 원심법원에 환송하였다. 그 구체적인 설시를 요약하면 다음과 같다.

구 토지보상법 제91조에 규정된 환매권은 상대방에 대한 의사표시를 요하는 형성권의 일종으로서 재판상이든 재판 외이든 규정에 따른 기간 내에 행사하면 매매의 효력이 생기는 바, 환매권의 존부에 관한 확인을 구하는 소송 및 환매금액의 증감을 구하는 소송은 민사소

---

3) 수원지방법원 성남지원 2010. 10. 19. 선고 2008가합13148 판결.
4) 서울고등법원 2011. 8. 10. 선고 2010나116800 판결.
5) 대법원 2012. 3. 15. 선고 2011다77849 판결.

송에 해당한다.

따라서 원심이 이 사건 소송을 행정소송법 제3조 제2호에 규정된 당사자소송이라 판단한 부분은 공법상 당사자소송에 관한 법리를 오해한 잘못이 있다. 그러나 민사소송인 이 사건 소가 제1심에서 서울행정법원에 제기되었는데도 피고는 관할위반의 항변을 하지 아니하였는데, 공법상 당사자소송과 민사사건을 구별하기 어려운 경우가 많고 당사자소송이 심리절차면에서 민사소송절차와 큰 차이가 없는 점에 비추어 보면 제1심법원에 변론관할이 생겼다고 봄이 상당하다.

또한 구 토지보상법 제91조 제1항의 "토지의 협의취득일 또는 수용의 개시일(이하 이 조에서 '취득일'이라 한다)부터 10년 이내에 당해 사업의 폐지·변경 그 밖의 사유로 인하여 취득한 토지의 전부 또는 일부가 필요 없게 된 경우 취득일 당시의 토지소유자 또는 그 포괄승계인은 당해 토지의 전부 또는 일부가 필요 없게 된 때부터 1년 또는 그 취득일부터 10년 이내 그 토지를 환매할 수 있다"는 규정의 의미는 취득일로부터 10년 이내에 그 토지가 필요없게 된 경우에는 그때부터 1년 이내에 환매권을 행사할 수 있다는 의미로, 필요 없게 된 때부터 1년이 지났더라도 취득일로부터 10년이 지나지 않았다면 환매권자는 적법하게 환매권을 행사할 수 있다는 의미이다.

이러한 점에 비추어 보면, 취득일로부터 10년 이내에 이 사건 토지가 필요없게 되었고, 피고는 그때로부터 1년 이내에 환매권을 행사한 이상, 피고의 이 사건 환매권 행사는 적법하다.

[판결의 평석]

I. 사안의 쟁점

환매권은 토지의 협의취득일 또는 수용의 개시일(이하 '취득일'이라 한다)부터 10년 이내에 당해 사업의 폐지·변경 그 밖의 사유로 인하여 취득한 토지의 전부 또는 일부가 필요 없게 된 경우 취득일 당시의 토지소유자 또는 그 포괄승계인은 당해 토지의 전부 또는 일부가 필요없게 된 때부터 1년 또는 그 취득일부터 10년 이내에 당해 토지에 대하여 지급받은 보상금에 상당한 금액을 사업시행자에게 지급하는 방식으로 행사할 수 있다(구 토지보상법 제91조 제1항).

원고는 이 사건 소송이 공법상 법률관계에 관한 소송으로 당사자소송의 형태로 행정소송을 제기하는 한편, 이 사건 토지의 수용의 개시일은 1998. 8. 4.이고, 피고의 환매대금

공탁일은 2008. 8. 13. 이므로 수용의 개시일로부터 10년이 경과한 환매권의 행사는 위법하다고 주장하였다.

대상판결은 환매권에 대하여 상대방에 대한 의사표시를 요하는 형성권의 일종으로서 재판상이든 재판 외이든 위 규정에 따른 기간 내에 행사하면 매매의 효력이 생긴다는 기존의 판례의 입장(대법원 2008. 6. 26. 선고 2007다24893 판결, 대법원 1999. 4. 9. 선고 98다46945 판결 등)에 기초하여, 환매권의 존부에 확인을 구하는 소송 및 구 토지보상법 제91조 4항의 환매대금의 증감을 구하는 소송은 민사소송에 해당한다고 판단하였다.

대상판결은 쟁송방식에 있어 구 공공용지의취득및손실보상에관한특례법 제9조에 따른 환매의 행사방법 및 환매대금의 증감은 공법상 당사자소송에 해당한다(대법원 2000. 11. 28. 선고 99두3416 판결, 대법원 2002. 6. 14. 선고 2001다24112 판결)는 판결과는 반대되는 결론을 내리고 있는데, 구 토지보상법상 환매권은 왜 민사소송의 방식에 따라야 하는지에 대하여 환매권의 특성 및 관련 규정의 체계에 비추어 검토할 필요가 있다.

또한 대상판결은 구 토지보상법 제91조 제1항의 해석과 관련하여 환매권 행사기간에 대한 기존 대법원의 판단례에 따라 취득일로부터 10년 이내에, 그 토지가 필요 없게 된 경우에는 그때로부터 1년 이내에 환매권을 행사할 수 있으며, 또 필요 없게 된 때로부터 1년이 지났더라도 취득일로부터 10년이 지나지 않았다면 환매권자는 적법하게 환매권을 행사할 수 있다는 의미로 해석하였다(대법원 1987. 4. 14. 선고 86다324, 86다카1579 판결, 대법원 2010. 9. 30. 선고 2010다30782 판결)

다만, 구 토지보상법 제91조 제1항은 2020년 헌법재판소의 헌법불합치결정(2020. 11. 26. 2019헌바131)으로 2021. 8. 10. 토지의 전부 또는 일부가 필요없게 된 날로부터 10년 이내에 환매권을 행사할 수 있는 것으로 개정되었다. 이에 환매권의 행사기간과 관련된 대상판결의 법리는 법 개정으로 인하여 논의의 실익이 적은 것으로 판단되며, 대신 환매권과 헌법상 재산권조항과의 관계를 밝혀 환매권의 성질에 대한 이해를 파악할 필요가 있다.

Ⅱ. 판례의 이해

대상판결은 구 토지보상법상 환매권의 행사기간에 대한 해석과 관련된 기존 판례 및 환매권의 성질에 대한 기존 판례의 논리에 따라, 그동안 주로 소유권이전등기청구의 소 형태로 자연스럽게 민사소송의 방식을 취하였던 환매권의 행사방식에 대하여 환매권은 형성권임을 이유로 공법상 당사자소송의 방식이 아닌 민사소송의 방식으로 다루어져야 한다고 판단하였다. 이와 관련하여 먼저 환매권의 성질을 살펴보는 한편, 관련 판결을 분석하면서 법리의 흐름을 알아보도록 한다.

1. 환매권의 근거

대법원은 환매권의 인정근거와 관련하여 공평의 원칙 및 감정존중의 관점에서 인정된다고 판단[6]하기도 하며, 공익상의 필요가 소멸한 때에는 원소유자의 의사에 따라 그 토지 등의 소유권을 회복시켜주는 것이 공평의 원칙에 부합[7]하다는 판례, 헌법 제 23조 제1항 및 제3항의 근본 취지에 비추어 볼 때 수용토지의 소유권을 회복할 수 있는 권리를 인정하여야 한다고 판단한 판례[8] 등 환매권의 인정근거로 ① 헌법상 재산권, ② 공평의 원칙, ③ 피수용자의 감정존중 모두를 인정하고 있다. 다만 입법자가 법령을 제정하지 않고 있거나 이미 제정된 법령이 소멸하였다고 하여 피수용자가 곧바로 헌법상 재산권 보장규정을 근거로 하여 국가나 기업자를 상대로 수용목적이 소멸한 토지의 소유권 이전을 청구할 수 있는 것은 아니라고 보아[9] 법령에 근거 없이 직접 청구가 가능한 권리는 아니라고 판단한다.

헌법재판소는 수용당한 소유자에게 감정상의 손실이 있음을 전제로, 피수용자가 그 토지 등의 소유권을 회복할 수 있는 권리 즉 환매권은 헌법이 보장하는 재산권에 포함된다고 판단[10]하고 있어 기본적으로 헌법 제23조에 근거하여 환매권이 인정된다고 판단하고 있다. 구체적으로는 공공필요에 의한 재산권 박탈을 예외적으로 인정하고 있는 우리 헌법상 헌법 제23조 제3항에 따라 공공필요에 의한 재산권의 취득근거가 소멸하였기 때문에 환매권이 발생[11]한다는 결정과, 재산권 보장의 원칙 그 존속가치를 보장해 주기 위해 공익사업

---

6) 대법원 2001. 5. 29. 선고 2001다11567 판결: 공공용지의취득및손실보상에관한특례법이 환매권을 인정하고 있는 입법 취지는 토지 등의 원소유자가 사업시행자로부터 토지 등의 대가로 정당한 손실보상을 받았다고 하더라도 원래 자신의 자발적인 의사에 따라서 그 토지 등의 소유권을 상실하는 것이 아니어서 그 토지 등을 더 이상 당해 공공사업에 이용할 필요가 없게 된 때에는 원소유자의 의사에 따라 그 토지 등의 소유권을 회복시켜 주는 것이 원소유자의 감정을 충족시키고 동시에 공평의 원칙에 부합한다는 데에 있다.

7) 대법원 1993. 12. 28. 선고 93다34701 판결.

8) 대법원 1998. 4. 10. 선고 96다52359 판결: 재산권 보장규정인 헌법 제23조 제1항, 제3항의 근본취지에 비추어 볼 때, 어느 토지에 관하여 공공필요에 의한 수용절차가 종료되었다고 하더라도 그 후에 수용의 목적인 공공사업이 수행되지 아니하거나 또는 수용된 토지를 당해 공공사업에 이용할 필요가 없게 된 경우에는 특별한 사정이 없는 한 피수용자에게 그의 의사에 따라 수용토지의 소유권을 회복할 수 있는 권리를 인정하여야 할 것이다.

9) 대법원 1998. 4. 10. 선고 96다52359 판결.

10) 헌법재판소 1994. 2. 24. 92헌가15, 1998. 12. 24. 97헌마87.

의 폐지·변경 등으로 토지가 불필요하게 된 경우 환매권이 인정되어야 한다[12]는 존속보장의 관점에서 본 결정이 있다. 즉 헌법재판소는 헌법 제23조 제3항에 따라 공공필요에 의하여 수용한 재산권의 취득근거가 사업의 폐지, 변경 등으로 소멸된다는 공공필요의 관점, 헌법 제23조 제1항에 따라 수용 당시의 소유자에게 재산권을 인정하는 것이 기존 소유자의 재산권을 보장한다는 재산권의 존속보장의 점에서 환매권을 인정하고 있는 것으로 보인다.

2. 환매권의 성질

대상판결은 환매권은 상대방에 대한 의사표시를 요하는 형성권의 일종으로서, 재판상이든 재판 외이든 위 규정에 따른 기간 내에 행사하면 매매의 효력이 생기므로 이러한 환매권의 존부에 관한 확인을 구하는 소송 및 환매금액의 증감을 구하는 소송은 민사소송에 해당한다고 판단하였다.

대한민국에서 환매권은 1962년 토지수용법이 제정[13]되면서 도입되었는데, 도입 당시부터 토지수용법 제71조는 "사업의 폐지, 변경 기타의 사유로 인하여 수용한 토지의 전부 또는 일부가 필요없게 되었을 때, 필요없게 되었을 때부터 1년, 수용의 시기로부터 10년 이내에 지불한 보상금의 상당금액을 기업자에게 지불하고 그 토지를 매수할 수 있다."고 규정[14]하였다.

초창기 환매권은 해당 문언에 따라 피수용자가 환매대금을 지급하거나 공탁하고, 환매권이 발생하였음을 주장하는 한편 이에 따른 이행의 방식으로 통상 소유권이전등기청구의 소를 제기하여 소유권이전등기청구의 근거로 토지수용법상 환매권을 행사한 것으로 판단

---

11) 헌법재판소 2020. 11. 26. 선고 2019헌바131 결정: 공공필요를 이유로 사업시행자가 토지수용 등의 절차를 진행하는 경우 원소유자는 강제적으로 재산권을 박탈당하게 되므로 헌법 제23조 제3항에 의한 재산권 박탈은 불가피한 최소한에 그쳐야 한다. 따라서 일단 공공필요성 등 공용수용의 요건을 갖추어 토지수용 등의 절차가 종료되었다고 하더라도, 그 후에 해당 공익사업의 폐지·변경 또는 그 밖의 사유로 사업시행자가 취득한 토지의 전부 또는 일부가 필요 없게 된 경우에는, 애당초 해당 토지의 강제적 취득에 대한 헌법상 정당성과 공익사업 시행자에 의한 재산권 취득근거는 장래를 향하여 소멸한다고 보아야 한다.

12) 헌법재판소 2005. 5. 26. 선고 2004헌가10 결정.

13) 「토지수용법」의 전신인 1911년 조선총독부 토지수용령에서는 환매권(또는 매수권)을 별도로 규정하고 있지 아니하였고, 「토지수용법」이 제정되면서 제71조 제1항에 환매권이 규정되었다.

14) 현행 「공익사업을 위한 토지 등의 취득 및 보상에 관한 법률」 제91조는 "그 토지에 대하여 받은 보상금에 상당하는 금액을 사업시행자에게 지급하고 **그 토지를 환매할 수 있다**"고 규정하고 있다.

된다.[15)]

　　대법원이 1962년 현 토지보상법의 전신인 토지수용법이 제정된 때부터 환매권을 형성권으로 파악한 것인지는 확실하지 않다. 1976년에는 환매권을 행사하는데 있어서는 미리 보상 받은 금액을 기업자에게 제공하여 환매를 구하여야 한다[16)]는 등 환매권의 성질에 대하여 명확하게 밝히지 않았으나, 1987년에는 환매는 환매기간내에 환매의 요건이 발생하면 환매권자가 환매대금을 지급하고 일방적으로 환매의 의사표시를 함으로써 사업시행자의 의사 여하에 관계없이 그 환매가 성립되는 것[17)]이라고 보는 등 의사표시로 환매가 성립되는 것이라고 판단한 바 있으나, 환매권이 형성권의 성질을 가진다는 점을 명시적으로 인정하지는 않은 것으로 보인다.

　　그러나 1990년대 들어서 대법원은 징발재산정리에관한특별조치법 제20조 소정의 환매

---

15) 대법원 1976. 2. 24. 선고 73다1747 판결 등. 현재도 피수용자는 환매권의 행사에 따른 쟁송방식으로 국가 또는 공공기관을 상대로 소유권이전등기청구의 소를 제기하는 형태를 널리 선택하고 있다. 대법원 2014. 9. 4. 선고 2013다1457 판결, 제주지방법원 2020. 9. 9. 선고 2019나12084 판결 등 참조

16) 대법원 1976. 2. 24. 선고 73다1747 판결: 토지수용법 제71조에 의한 환매권을 행사함에 있어서는 선지급 제공 즉 미리 보상 받은 금액을 기업자에게 제공하여 환매를 구하여야 한다 할 것인바 원심판결 이유를 기록에 대조하여 살펴보면 원심이 위와 같은 취지에서 원고의 본건 토지에 대한 환매청구의 솟장이 피고 서울시에 송달된 날자가 1972.2.1이고 그 전에는 원고가 위 토지수용법에서 말하는 적법한 절차에 따른 권리행사를 한 바가 없다고 인정하여 위 환매권은 10년간의 기간이(본건의 경우는 1971. 12.30로서) 도과하므로서 소멸하였다고 판단한 조처는 정당하고 거기에 채증법칙에 위배하여 사실을 오인하였거나 환매권 행사에 관한 법리를 오해한 위법이 있다 할 수 없고 소론과 같이 원고가 단순히 피고 서울시에 진정서를 내거나 청와대에 청원서를 낸 사실이 있다 하여 그것만으로서 위 토지수용법상의 환매권을 행사한 것으로 볼 수는 없다 할 것이며 본건 토지에 대한 보상금 상당액을 피고에게 선지급제공 하였다는 입증자료가 없는 이 사건에 있어서 원고가 보상금 상당액을 선지급제공 하였으니 원고에게 과실상계 하였음은 부당하다는 논지는 이유없다.

17) 대법원 1987. 4. 14. 선고 86다324 판결: 환매권자는 토지가 사업시행자에게 필요없게 된 때로부터 1년 또는 취득일로부터 10년 이내에 그 토지에 대하여 수령한 보상금의 상당액을 선지급 제공하고 그 토지를 매수한다는 의사표시를 하도록 규정하고 있다고 전제하고, 원고의 주장자체에 의하더라도 원고가 이 사건 토지가 위 도시계획사업에 필요없게된 때인 1978.3.2부터 1년내에 수령한 보상금 상당액을 선지급 제공하고, 이 사건 토지에 대한 환매의 의사표시를 하였다고 볼 수 없고, 위 사업에 필요없게 된 때로부터 1년이 훨씬 경과한 1980.2.27 피고에 대하여 수령한 보상금 상당액을 선지급 제공하지 아니한 채 단순한 환매의 의사표시만을 한 후, 이 사건 소송계속중인 1985.10.28자로 이 사건 토지에 대한 보상금 상당액인 금 3,978,000원을 변제공탁한 사실을 인정할 수 있을 뿐이므로 원고의 위 환매권행사는 부적법하다고 판단하여 원고의 위 주장을 배척하고 있다. 그러므로 살펴보건대, 환매는 환매기간내에 환매의 요건이 발생하면 환매권자가 환매대금을 지급하고 일방적으로 환매의 의사표시를 함으로써 사업시행자의 의사여하에 관계없이 그 환매가 성립되는 것이므로 원심이 이 사건 토지의 환매권자인 원고는 환매대금인 수령보상금 상당액을 피고에게 선지급제공(현실제공)하고 환매의 의사표시를 하여야 한다는 취지로 판단하였음은 정당하다.

권은 일종의 형성권에 해당한다는 판결[18]과 함께, 환매권의 행사로 발생한 소유권이전등 기청구권은 위 기간 제한과는 별도로 환매권을 행사한 때로부터 일반채권과 같이 민법 제 162조 소정의 10년의 소멸시효 기간이 진행한다고 판단[19]하여 환매권은 형성권임을 명백 하게 밝힌 바 있다.

3. 판결의 분석

대상판결은 기존 환매권이 발생되었음을 근거로 청구권을 행사하는 방식으로 민사소송 인 소유권이전등기청구의 소를 제기하는 방식을 인정하였던 대법원 판결에서 한걸음 더 나아가, 환매권은 형성권이므로 행사로서 매매의 효력이 발생하고, 환매권존부의 확인 및 환매대금증감의 소도 민사소송에 해당한다고 판단하였다.

이는 기존 대법원의 "징발재산정리에관한특별조치법 제20조 소정의 환매권은 재판상이 든 재판외이든 그 기간 내에 행사하면 이로써 매매의 효력이 생기고, 위 매매는 같은 조 제1항에 적힌 환매권자와 국가 간의 사법상의 매매라 할 것이다"고 한 판단[20] 및 헌법재 판소의 "청구인들이 주장하는 환매권의 행사는 … 환매권자의 일방적 의사표시만으로 성 립하는 것이지, 상대방인 사업시행자 또는 기업자의 동의를 얻어야 하거나 그 의사여하에 따라 그 효과가 좌우되는 것은 아니다. 따라서 이 사건의 경우 피청구인이 설사 청구인들 의 환매권 행사를 부인하는 어떤 의사표시를 하였다 하더라도, 이는 환매권의 발생 여부 또는 그 행사의 가부에 관한 사법관계의 다툼을 둘러싸고 사전에 피청구인의 의견을 밝히 고 그 다툼의 연장인 민사소송절차에서 상대방의 주장을 부인한 것이 불과하므로, 그것을 가리켜 헌법소원심판의 대상이 되는 공권력의 행사라고 볼 수는 없다"는 결정[21]의 연장선 상에 있는 것으로, 환매권을 공권이 아닌 사권으로 보는 입장으로 판단된다.

---

18) 대법원 1990. 10. 12. 선고 90다카20838 판결.
19) 대법원 1991. 2. 22. 선고 90다13420 판결.
20) 대법원 1992. 4. 24. 선고 92다4673 판결.
21) 헌법재판소 1994. 2. 24. 92헌마283 결정; 헌법재판소 1995. 3. 23. 91헌마143 결정.

Ⅲ. 법리의 검토

1. 학설의 현황

환매권의 인정근거와 관련하여 피수용자의 감정존중을 근거로 한다는 입장, 감정존중 및 공평의 원칙을 근거로 한다는 입장, 헌법 제23조의 재산권에 근거한 헌법상 권리라는 입장이 있고, 환매권의 성질에 대하여는 형성권[22]에 해당한다는 견해와 청구권이라는 견해가 있다. 또한 환매권은 본질적으로 공법관계에 기인한 것으로서 공권이라는 입장[23]과 수용의 목적물의 매매라는 사법상의 현상으로 사권이라는 입장[24]이 있다.

2. 학설에 대한 견해

환매권의 인정근거와 관련하여 공평의 원칙은 환매권의 배경에 있는 일종의 원리이자 환매권의 형성 및 해석에 있어 참조할 수 있는 원칙으로는 의미가 있다고 판단되나, 구체적인 형태의 환매권을 추상적인 공평의 원칙에서 직접적으로 도출하는 것은 상당히 어려운 것으로 판단된다. 피수용자의 감정존중 또한 마찬가지인데, 헌법에 따른 '정당한 보상'이 실제로는 재산권자에게 충분한 보상이 아니라는 전제 하에서 일정한 경우에 소유권을 회복할 수 있는 기회를 준다고 해석할 수는 있으나, 이는 입법의 문제 또는 법에 대한 인식의 문제일 뿐 이미 정당한 보상을 거쳐 수용이 완료된 토지에 대하여, 감정의 존중이라는 명목으로 직접적인 환매권을 도출하기는 어려워 보인다. 이러한 점을 감안하면 환매권은 헌법 제23조 제1항 및 제3항을 근거로 하고, 구체적으로는 ① 헌법 제23조 3항에 따라 수용처분의 원인이 된 토지보상법 등의 법률상 재산권이 제한되는 이유인 '공공필요'가 소멸하였기 때문에 수용의 근거 내지는 원인이 되는 관계가 소멸하였다는 점, ② '공공필요'가 소멸한 이상 헌법 제23조 제1항의 원칙으로 돌아가 재산권의 존속을 보장할 필요가 있다는 점에서 헌법에서 환매권의 인정근거가 도출되는 것으로 판단된다.

또한 환매권의 성질이 청구권이냐 형성권이냐와 관련하여, 토지보상법 제91조 제1항은 환매권은 보상금에 상당하는 금액을 지급함을 요건으로 하는 것이므로 이미 토지의 대가

---

22) 김병기, "「공익사업을 위한 토지 등의 취득 및 보상에 관한 법률」상 환매권의 법적 성질과 환매기간규정의 위헌 여부", 『행정법연구』 제26호, 2010, 18면.

23) 배병호, 『공법상 환매제도에 관한 연구』, 서울대학교 박사학위 논문, 1999, 38-40면.

24) 임호정/김원진, 『신판례보상법』, 1995, 263면.

인 보상금을 지급한 이상 환매권을 행사한다는 일방적인 의사표시로도 성립됨이 환매권의 근간에 있는 법원리인 공평의 원칙에 합당하다고 할 것이다. 부연하자면, 환매권의 행사는 크게 사업시행자와 원소유자간 ① 환매권의 발생 및 환매금액과 관련된 의사표시의 일치가 이루어지는 경우와 ② 환매권의 발생 및 환매금액과 관련된 의사표시가 불일치하는 두 가지 경우가 있을 수 있는데, ②의 경우에도 현행법에 따르면 원소유자는 환매권을 행사하기 위하여는 우선 토지보상법에 따라 환매대금을 지급하여야 한다. 그러나 의사표시가 불일치하는 경우에는 현실적으로 해당 토지의 사업시행자가 환매대금을 수령하지는 않을 것이므로, 원소유자는 변제공탁과 같은 방법으로 환매대금을 먼저 지급하여야 하고, 원소유자가 이러한 선이행의무를 부담하는 이상 환매권 자체는 상대방의 의사와 관련없이 성립하는 것이 형평의 원칙에 부합하기 때문인 것으로 판단된다.

즉 환매권이 형성권인 이유는 환매권이 본질적으로 형성권이기 때문에 형성권이라는 당위성 때문이 아니라, 환매권을 행사하기 위해서는 단순한 의사의 표시에 더하여 보상금의 지급이라는 현실적인 의무가 전제되기 때문에 이러한 의무를 이행한 원소유자의 재산권을 보호하기 위하여 형성권이 되었다는 관점이 타당한 것으로 보인다. 대법원 또한 환매권의 성질이 형성권인지, 아니면 청구권에 해당하는지와 관련하여 1970년대까지만 하여도 크게 고민하지 않았으나, 1990년대 들어서 일군의 판결들을 통하여 환매권이 형성권이라는 법리를 확립하였다는 점을 감안하면 환매권이 본질적으로 형성권이라기보다는 한국의 법현실에 비추어 봤을 때 형성권으로 볼 필요가 있었기 때문이라는 논증이 좀 더 합리적일 것으로 생각된다.

관련하여 1962년 토지수용법은 환매권의 행사와 관련하여 "토지를 매수할 수 있다"고 규정하였고, 대상판결이 이루어진 시점 및 현행 토지보상법에 따르면 "토지를 환매할 수 있다"고 규정하고 있는데, 해당 문구가 매수청구권과 같이 "매수를 청구할 수 있다" 또는 환매를 청구할 수 있다"고 규정하고 있지는 않다는 점도 청구권이 아니라는 근거가 될 수 있는 것으로 판단된다.

다만 판례 및 학설에 따르더라도 환매권의 행사로 곧바로 물권적 효과가 발생하는 것은 아니고, 환매권의 행사는 소유권등기청구권을 발생시킬 뿐이라는 점에서 환매권이 직접 물권적 법률관계를 완전히 창설하는 형태의 형성권에 해당하지는 않는 것으로 보인다. 특히 판례는 취소권과 마찬가지로 형성권의 성질을 가지는 환매권 행사의 경우에 그로 발생한 소유권이전등기청구권은 환매권의 행사기간 제한과는 별도로 환매권을 행사한 때로부터 일반채권과 같이 10년의 소멸시효 기간이 진행되는 것으로 본다[25]고 하는데, 이는 형성권의 행사가 있다고 하더라도 곧바로 물권적 효과가 발생하는 것은 아니고 소유권이전등기

청구권이라는 구체적인 청구권의 행사가 있어야 환매권의 행사가 완결될 수 있다는 점에서 이해할 수 있다.

환매권은 사권인가 또는 공권인가에 대하여, 사권설의 입장은 그 실질이 원소유자의 재산권의 행사로 일반적인 소유권이전등기와 다를 바 없고, 환매도 매매로서 사법적인 매매와 같은 형태이며, 결국 충족되는 형태가 소유권의 이전이라는 지극히 사법적인 방법으로 충족된다는 점에서 사권이라 판단하고 있는 것으로 보인다. 실제로 1962년 환매권이 도입된 이래로 환매권은 실질적으로는 소유권이전등기청구의 소의 형태로 행사되고 있다는 점을 사권설의 근거로 들 수 있다.

하지만 환매권을 물권적인 소유권변동의 효과가 바로 발생하지 않는 형성권으로 보는이상, 청구권인 소유권이전등기청구권이 사권이라고 하여 그 전제가 되는 형성권이 반드시 사법적인 법률관계거나 사법적인 방법으로 쟁송이 이루어져야 하는지는 의문이다. 특히 판례는 구 공공용지의취득및손실보상에관한특례법(이하 '공특법'이라 한다) 제9조에 따른 환매권의 행사는 행정소송의 절차에 따르도록 하며, 공특법상 환매가격 증감에 관한 소송은 공법상 당사자소송이 되어야 한다고 판단[26]하고 있는데, 환매권을 사권으로 보는 입장에서는 환매가액조정을 토지수용위원회의 재결과 이에 대한 불복으로 행정소송을 제기한다는것은 논리적이지 않다. 판례는 환매권이 형성권 및 사권이라는 견지에서 그 성질상 당연히 민사소송으로 다투어야 한다고 보는데, 구 공특법상 환매와 관련된 소송도 원인관계에 있어서는 결국 토지보상법상 소송과 흡사하다는 점에서 성질상 민사소송에 의하여야 하는법률관계의 재판관할도 행정법원이 다룰 수 있다는 결론이 도출되기 때문이다.

물론 이에 대하여 구 공특법 제9조 제3항은 환매권에 대한 협의가 이루어지지 않은 경우 토지수용위원회의 재결을 통하도록 규정하고 있고, 토지보상법 제91조 제4항은 금액의증감을 '법원'에 청구할 수 있도록 규정하고 있다는 점에서 차이가 있다고 주장할 수 있다. 하지만 토지보상법이 규정하고 있는 '법원'이 행정법원을 제외하고 있지는 않다는 점에서굳이 사권설의 입장을 따를 필요는 없다고 판단된다. 오히려 환매권의 취지와 입법이유에비추어 볼 때 공특법상 환매권과 토지보상법상 환매권이 다른지 의문이며, 공특법상 환매권에 구 토지수용법상 환매권의 조항을 유추적용할 수 있다는 판례[27], 구 공특법은 과거에는 현행 토지보상법의 전신인 구 토지수용법과 분리되어 있었으나, 2003. 1. 1. 공익사업을위한토지등의취득및보상에관한법률(현행 토지보상법)으로 일원화되었다는 점을 감안하면

---

25) 대법원 1991. 2. 22. 선고 90다13420 판결 등.
26) 대법원 2000. 11. 28. 선고 99두3416 판결; 대법원 2002. 6. 14. 선고 2001다24112 판결.
27) 대법원 1994. 1. 25. 선고 93다11760 판결; 대법원 1994. 5. 24. 선고 93다51218 판결.

현 시점에서 공특법상 환매권과 토지보상법상 환매권이 실질적으로 차이가 있는지는 의문이다.

특히 환매권의 재판관할과 관련하여, 대상판결은 환매권이 사법상 법률관계라는 전제하에 민사소송의 형태로 행사되어야 한다는 입장이다. 하지만 앞서 살펴본 바에 따르면 환매권은 헌법 제23조에 근거하여 발생하는 권리로 사업시행자의 수용 또는 재결의 원인이 되는 공공필요가 소멸함에 따라 발생하는, 즉 수용이라는 공법상 법률관계의 변화로부터 발생하는 권리로 환매권의 행사 또한 공법상 법률관계이며, 재판관할의 관점에서 당사자소송으로 다루어지는 것이 타당하다. 만일 환매권이 순수하게 사법관계에서 기인한 사권이라면 소유권의 회복을 위한 청구의 행사기간은 통상 무제한이라는 점에 비추어 볼 때 환매권자의 소유권을 회복하기 위한 권리의 행사기간과 행사방법은 현재와 같이 별도로 제한할 필요가 없으며, 환매권 규정이 없더라도 곧바로 소유권에 기한 방해배제 등의 물권적 청구권이 인정되어야 할 것으로 판단된다. 즉 굳이 형성권(사권) + 청구권(사권)의 형태로 환매권을 인정할 필요 없이 통으로 사적인 청구권의 형태로 간명하게 인식함으로서도 충분한 것인데, 굳이 형성권적 측면과 청구권적 측면을 분리하여 놓고도 형성권이 공법적 법률관계에 기인한 것을 부정할 필요는 없다.

또한 실무적으로도 법원이 환매권의 존부를 판단하기 위하여는 토지보상법 제91조 제1항의 '공익사업의 폐지·변경 또는 그 밖의 사유로 취득한 토지가 필요 없게 된 경우'에 대한 판단이 선행되어야 하는데, 이는 심리과정에서 해당 공익사업의 현황에 대한 판단과 해당 토지가 정말로 공익사업에 해당하지 않는지 판단하는 과정이 필수적으로 필요하다는 점에서 환매권이 쟁송대상이 되는 경우 행정법원이 재판관할권을 가지는 것이 좀 더 자연스러운 것으로 판단된다. 실제로 대상판결의 피고는 공탁을 하였음에도 불구하고 한국수자원공사와 관련소송을 포함하면 파기환송심까지 총 8번의 재판을 거쳐야 했고, 관련소송을 거치면서 토지공사와 한국수자원공사 중 어떤 기관에 환매권을 행사하여야 하는지부터 확정하여야 했다. 특히 구 토지보상법이 환매권의 행사기간을 필요없게 된 날로부터 1년 또는 취득일로부터 10년으로 짧게 규정하고 있었다는 점을 감안하면, 해당 사건이 애초에 민사소송과 행정소송으로 각자 대법원 판결까지 거치지 않고 행정재판으로 일원화되어 진행되었다면 불필요한 소송을 거치지 않고도 법률관계를 확정할 수 있었을 것으로 보인다.

3. 대상판결에 대한 비판

이러한 점을 감안하면 대상판결은 ① 실체적인 관점에서 환매권은 공법상 법률관계로부터 발생한 것임에도 불구하고, 결과적으로 매매라는 형태로 원소유자에게 소유권이 이전된다는 점을 근거로 사법상 법률관계로 보았다는 점, ② 형성권으로서의 환매권과 사권인 청구권으로서의 소유권이전등기청구권은 별개의 권리임에도 불구하고 환매권이 형성권이라는 전제로부터 바로 사권이라고 판단한 점, ③ 재판관할의 관점에서 민사소송이 아닌 당사자소송으로 다루어야 함에도 불구하고 민사소송의 대상이라고 판단한 점에서 비판적으로 받아들일 필요가 있다.

현재 판례의 태도는 1962년 토지수용법이 제정되면서 등장한 환매권을 법원이 실무적으로 적용하는 과정에서 소유권이전등기의 방식으로 환매대상인 토지에 대한 소유권을 이전할 것을 청구하면서, 환매권을 행사하였던 재판관할에 있어서 행정재판제도가 불완전환 상황이었던 과거의 관행을 그대로 수용한 것으로 판단된다. 구 토지수용법은 환매권에 대하여 '매수할 수 있다'라고 규정하여 통상적인 매매와 달리 구별하지 않았다는 점 및 과거에는 행정재판제도의 미비로 인하여 직접 이전등기를 청구하는 방식으로 행사하는 방식이 간명하였다는 점에서 과거의 법원의 판례는 일부 수긍할 수 있으나, 토지보상법의 개편 및 당사자소송의 도입 이후에도 환매권이 공법상 법률관계에 기하여 발생한 것이 아니라는 설명은 현 시점에서는 어색한 것으로 판단된다. 특히 형성권이기 때문에 매매의 효력이 발생하고, 이에 따라 민사소송의 대상이 된다는 주장은 환매권이 본질적으로 형성권일 필요는 없다는 점과 1990년대 들어서야 대법원이 환매권이 형성권임을 명시적으로 인정하였다는 점에 비추어 보면 사후적으로 탄생한 법리로 그 이전에 있었던 관행을 정당화하는데 사용하는 것으로 시간적인 측면에서 논증의 방식으로 적합하다고 보기 힘들며, 환매권이 형성권이라는 법리 자체가 대한민국에서 환매권은 환매권의 행사자가 먼저 환매대금을 공탁하거나 제공하여야 한다는 점을 감안하여 환매권자의 권리를 보호하기 위하여 발생한 논리로 실무상 필요에 의하여 귀납적으로 도출된 근거에 가깝고, 그 본질적인 성격에 대한 고찰을 통하여 성질을 규명한 논리가 아닌데 이를 근거로 성질상 사법관계에 있다고 단언하는 것은 합리성이 결여된 법리의 구성으로 판단된다.

Ⅳ. 요약과 결론

이상의 설명은 다음과 같이 정리할 수 있다.

1. 대상판결은 구 토지보상법 제91조에 규정된 환매권은 상대방에 대한 의사표시를 요하는 형성권의 일종으로서 재판상이든 재판 외이든 규정에 따른 기간 내에 행사하면 매매의 효력이 생긴다고 판단하는 한편, 환매권의 존부에 관한 확인을 구하는 소송 및 환매금액의 증감을 구하는 소송은 민사소송에 해당한다고 판단하였다. 이는 환매권이 결과적으로 소유권이전등기를 청구하는 형태로 충족된다는 점에 집중하여 환매권이 실질적으로는 공법상 법률관계에서 기인하였다는 점을 고려하지 못하였다.

2. 이러한 대상판결의 입장은 환매권은 사법상 권리라는 사권설에 입각한 것으로, 1962년 구 토지수용법 제정 당시 문구와 그에 따라 실무상 소유권이전등기의 청구의 형태로 환매권이 행사되었다는 점에 연유한 것으로 파악된다.

3. 학설은 주로 헌법 제23조에 의하여 환매권을 인정하고 있으며, 대법원 역시 헌법 제23조 제1항 및 제3항에 근거하여 환매권을 인정하고 부수적으로 피수용인의 감정 및 공평의 원칙을 들고 있다는 점에서 인정근거의 측면에서는 학설과 크게 다르지 않는 것으로 판단된다.

4. 다만 판례는 환매권이 형성권임을 인정하고, 형성권으로 인하여 발생하는 물권적 청구권과 형성권으로서의 환매권이 결과적으로 별개의 행사기간을 가지는 권리라는 점을 밝히면서도 환매권의 성질은 청구권의 행사 결과인 매매로, 사법적인 권리로 파악하고 있다.

5. 하지만 결과적으로 매매라는 효과가 발생한다고 하여 그 원인이 되는 법률관계가 공법상 법률관계가 아니라고 할 수는 없다. 환매권의 존부를 판단하기 위하여는 단순히 사법적인 법률관계에 기한 판단이 아니라 '공익사업'의 폐지 또는 변경에 대한 실질적인 판단이 선행되어야 하는 바, 재판관할과 관련하여 행정소송법 제3조 제2호 또한 공법상 법률관계에 기한 소송을 당사자소송의 대상으로 판단하고 있다는 점에서 환매권의 존부확인 및 환매대금증감의 소는 당사자소송의 형태로 다루어지는 것이 적절하다.

생각할 문제

1. 민사소송으로 다루어져야 함에도 불구하고 제1심에서 당사자소송으로 소송이 제기되었고, 피고 또한 이에 대하여 별도로 다투지 아니한 경우 행정법원에 변론관할을 인정할 수 있는지

2. 어떠한 권리 또는 처분이 결과적으로 사법적인 형태로 개인에게 영향을 미치는 경우(금전적인 득실 또는 사법상 권리의 발생과 소멸) 이를 공법상 법률관계에 해당하지 않는다고 판단하는 논지를 효과적으로 비판하기 위한 방법에는 어떤 것들이 있는지

3. 대상판결과 같이 사업시행 이후 해당 토지의 사업시행자가 변경되어 환매권을 행사하는 개인의 관점에서 환매권의 행사 대상이 불명확한 경우 또는 사업시행자와 토지소유자가 그 명의에 있어서 다른 경우(예를 들어 사업시행자는 대한민국이나 토지소유자는 대한민국으로부터 행정업무를 위탁받은 공공기관 또는 사인인 경우) 환매권의 행사 및 쟁송방법은 어떤 방식으로 이루어지는 것이 바람직한지가 문제될 수 있다. 구체적으로 만일 본 사건과 달리 토지공사가 해당 토지에 새로운 사업을 시행한 것은 맞지만 수자원공사와 별도의 협약을 체결하지 않았다면, 환매권자인 국민은 환매권을 행사함에 있어서 ① 현재 토지에 대한 권원을 보유한 자로서 국민에게 토지의 소유권을 효과적으로 복귀시켜줄 수 있는 현 토지의 소유자 또는 사업시행자에게 행사하여야 하는지, 아니면 ② 최초의 수용 또는 재결 당시의 사업시행자로서 환매권자가 소유권을 상실한 때를 기준으로 기존의 사업시행자에게 행사하여야 하는지

4. 만일 미래에 대한민국이 인구감소 또는 저성장으로 인하여 시행중인 공익사업을 지속적으로 포기하거나 축소하여야 한다면, 입법론적인 관점에서 환매권의 내용과 행사방식을 현재와 같이 유지하는 것이 바람직한지

대법원 2022. 11. 24. 선고 2018두67 전원합의체 판결
[손실보상금 채권에 관한 압류 및 추심명령과 보상금 증액 청구소송의 원고적격]

강지웅*

[사실관계]

국토해양부장관은 2009. 10. 27. 피고(한국토지주택공사)를 사업시행자로 하여 이 사건 보금자리주택사업에 관한 사업인정을 고시하였다. 중앙토지수용위원회는 2012. 4. 6. 피고가 시행하는 이 사건 보금자리주택사업에 관하여 원고가 운영하는 공장 영업시설을 이전하게 하고 원고의 영업손실에 대한 보상금을 총 6,825,750,000원으로 정하는 내용의 수용재결을 하였다(이하 '이 사건 수용재결'이라 한다). 원고는 이의를 유보하고 위 보상금을 수령한 뒤, 2012. 5. 22. 「구 공익사업을 위한 토지 등의 취득 및 보상에 관한 법률」(2018. 12. 31. 법률 제16138호로 개정되기 전의 것, 이하 '구 토지보상법'이라 한다) 제85조 제2항1)에 따라 사업시행자인 피고를 상대로 보상금의 증액을 청구하는 이 사건 소를 제기하였다.

한편, 원고의 채권자들은 이 사건 소제기일 이후부터 원심판결 선고일 사이에 원고의 피고에 대한 손실보상금 채권에 관하여 압류 및 추심명령을 받았다(이하 '이 사건 추심명령'이라 한다).

---

* 대법원 재판연구관, 부장판사, 법학박사
1) 구 토지보상법 제85조(행정소송의 제기) ① 사업시행자, 토지소유자 또는 관계인은 제34조에 따른 재결에 불복할 때에는 재결서를 받은 날부터 60일 이내에, 이의신청을 거쳤을 때에는 이의신청에 대한 재결서를 받은 날부터 30일 이내에 각각 행정소송을 제기할 수 있다. 이 경우 사업시행자는 행정소송을 제기하기 전에 제84조에 따라 늘어난 보상금을 공탁하여야 하며, 보상금을 받을 자는 공탁된 보상금을 소송이 종결될 때까지 수령할 수 없다.
② 제1항에 따라 제기하려는 행정소송이 보상금의 증감(增減)에 관한 소송인 경우 그 소송을 제기하는 자가 토지소유자 또는 관계인일 때에는 사업시행자를, 사업시행자일 때에는 토지소유자 또는 관계인을 각각 피고로 한다.

[사건의 경과]

원고의 보상금 증액 청구에 대하여 제1심법원2)은 정당한 보상금액을 총 8,067,312,726원으로 산정하고, '피고는 원고에게 위 보상금액과 이 사건 수용재결에 따른 보상금액의 차액인 1,241,562,726원 및 이에 대한 지연손해금을 지급하라'는 주문의 판결을 선고하였다.

원고와 피고는 모두 위 판결에 불복하여 항소하였다. 이에 대하여 원심법원3)은 정당한 보상금액을 총 10,152,547,045원으로 산정하고, '피고는 원고에게 위 보상금액과 이 사건 수용재결에 따른 보상금액의 차액인 3,326,797,045원 및 이에 대한 지연손해금을 지급할 의무가 있다'고 판단한 다음, 원고의 항소를 일부 받아들여 제1심판결 중 이와 결론을 달리한 부분을 취소하고 피고에 대하여 원심에서 추가로 인정한 2,085,234,319원의 지급을 명하며, 원고의 나머지 항소와 피고의 항소를 각 기각하는 판결을 선고하였다.

원고와 피고는 모두 원심판결에 불복하여 상고하였다. 원고와 피고는 각각 손실보상액 산정과 관련하여 영업손실 보상에 관한 법리오해 등을 상고이유로 들었는데, 피고는 그 밖에도 제1심과 원심에서 쟁점이 된 바 없는 새로운 주장을 제1상고이유로 내세웠다. 즉, 피고는 대법원 2013. 11. 14. 선고 2013두9526 판결(공보불게재)을 근거로 들면서, 원고(채무자)와 피고(제3채무자) 사이의 이 사건 보상금 증액 청구소송 계속 중에 원고의 손실보상금 채권에 관하여 이 사건 추심명령이 있었으므로, 추심채권자만이 이 사건 소를 제기할 당사자적격을 가지고, 원고는 이 사건 소송을 수행할 당사자적격을 상실하였다고 주장한 것이다.

[대상판결]

대법원 전원합의체는 관여 법관의 일치된 의견으로 상고를 모두 기각하였다. 대상판결의 법정의견과 대법관 안철상의 보충의견을 요약하면 다음과 같다.

> [법정의견]
> 1. 「공익사업을 위한 토지 등의 취득 및 보상에 관한 법률」(이하 '토지보상법'이라 한다) 제85조 제2항에 따른 보상금의 증액을 구하는 소(이하 '보상금 증액 청구의 소' 또는 '보상

---

2) 수원지방법원 2014. 7. 24. 선고 2012구합6255 판결.
3) 서울고등법원 2017. 12. 28. 선고 2014누6731 판결.

금 증액 청구소송'이라 한다)의 성질, 토지보상법상 손실보상금 채권의 존부 및 범위를 확정하는 절차 등을 종합하면, 토지보상법에 따른 토지소유자 또는 관계인(이하 '토지소유자 등'이라 한다)의 사업시행자에 대한 손실보상금 채권에 관하여 압류 및 추심명령이 있더라도, 추심채권자가 보상금 증액 청구의 소를 제기할 수 없고, 채무자인 토지소유자 등이 보상금 증액 청구의 소를 제기하고 그 소송을 수행할 당사자적격을 상실하지 않는다고 보아야 한다. 그 상세한 이유는 다음과 같다.

① 토지보상법 제85조 제2항에 따른 보상금 증액 청구의 소는 당사자소송의 형식을 취하고 있지만, 토지수용위원회의 재결 중 보상금 산정에 관한 부분에 불복하여 그 증액을 구하는 소이므로 실질적으로는 재결을 다투는 항고소송의 성질을 가진다. 따라서 토지소유자 등에 대하여 금전채권을 가지고 있는 제3자는 재결에 대하여 간접적이거나 사실적·경제적 이해관계를 가질 뿐, 행정소송법 제12조 전문에 따라 재결을 다툴 법률상의 이익이 있다고 할 수 없고, 토지소유자 등의 손실보상금 채권에 관하여 압류 및 추심명령이 있더라도 추심채권자가 재결을 다툴 지위까지 취득하였다고 볼 수는 없다.

② 토지보상법 등 관계 법령에 따라 토지수용위원회의 재결을 거쳐 이루어지는 손실보상금 채권은 관할 토지수용위원회의 재결 또는 행정소송 절차를 거쳐야 비로소 구체적인 권리의 존부 및 범위가 확정된다. 아울러 토지보상법령은 토지소유자 등으로 하여금 위와 같은 손실보상금 채권의 확정을 위한 절차를 진행하도록 정하고 있다. 따라서 사업인정고시 이후 위와 같은 절차를 거쳐 장래 확정될 손실보상금 채권에 관하여 압류 및 추심명령이 있다고 하여 추심채권자가 위와 같은 손실보상금 채권의 확정을 위한 절차에 참여할 자격까지 취득한다고 볼 수는 없다.

2. 토지보상법상 손실보상금 채권에 관하여 압류 및 추심명령이 있는 경우 채무자가 보상금 증액 청구의 소를 제기할 당사자적격을 상실하고 그 보상금 증액 소송 계속 중 추심채권자가 압류 및 추심명령 신청의 취하 등에 따라 추심권능을 상실하게 되면 채무자는 당사자적격을 회복한다는 취지의 대법원 2013. 11. 14. 선고 2013두9526 판결은 이 판결의 견해에 배치되는 범위에서 이를 변경하기로 한다.

[대법관 안철상의 보충의견]

1. 공법관계는 사법관계와 다른 여러 가지 특수성이 있으므로, 행정소송에서는 민사소송의 법리를 그대로 적용할 것인지에 대하여 다시 한번 살펴보는 태도가 필요하다. 앞서 본 압류 및 추심명령이 있는 경우 채무자가 보상금 증액 청구의 소를 제기할 당사자적격을 상실한다는 선례는, 민사법의 법리와의 통일성에 집중한 나머지 토지보상 법률관계라는 공법관계의 특수성을 잘 살피지 못한 결과이다.

2. 보상금 증액 청구의 소에서는 토지소유자 등의 손실보상금 채권에 관하여 압류 및 추심명령이 있다 하더라도 토지소유자 등에게 당사자적격을 유지시켜 조속히 공법상 법률관

계를 확정할 필요성이 크다. 압류 및 추심명령이 있었다는 사정으로 인하여 재판절차를 새로 진행하여야 하는 것은 소송경제에 반할 뿐만 아니라, 제소기간의 경과로 인하여 다시 소를 제기할 수 없는 상황이 발생하는 것은 토지보상법령을 비롯한 공법관계가 예정하고 있는 문제해결 방식이 아니다.

　　3. 공법관계도 일반적으로 대등 관계가 아니다. 국가 또는 지방자치단체는 거대한 힘을 가지고 있고, 이를 상대하는 개인은 공익을 앞세워 개인의 권익을 침해하는 행정주체의 막강한 권력으로부터 보호되어야 마땅하다.

[판결의 평석]

I. 사안의 쟁점

　　이 사건은 토지소유자 등인 원고가 사업시행자인 피고를 상대로 구 토지보상법 제85조 제2항에 따라 보상금 증액 청구의 소를 제기하여 그 소송계속 중에, 원고의 채권자들이 원고의 피고에 대한 손실보상금 채권에 관하여 이 사건 추심명령을 받은 사안이다.

　　그런데 대법원 2013. 11. 14. 선고 2013두9526 판결(이하 '선행판결'이라 한다)은, 토지보상법상 손실보상금 채권에 관하여 압류 및 추심명령이 있으면 집행채무자는 보상금 증액 청구의 소를 제기할 당사자적격을 상실하고, 보상금 증액 청구소송 계속 중에 추심채권자가 압류 및 추심명령 신청을 취하하는 등으로 추심권능을 상실하게 되면 집행채무자는 당사자적격을 회복한다는 취지로 판시한 바 있다. 따라서 선행판결의 법리를 이 사건에 적용하면, 원고는 이 사건 추심명령으로 말미암아 보상금 증액 청구의 소를 제기할 당사자적격을 상실하게 되므로, 이 사건 소는 부적법하여 각하될 운명에 처한다.

　　그러므로 이 사건의 쟁점은, 토지수용에 따른 손실보상금 채권에 관하여 추심명령이 있는 경우 토지소유자 등이 토지보상법상의 보상금 증액 청구의 소를 제기할 당사자적격을 상실하는지 여부이다.

　　이 쟁점을 검토하기 위하여 먼저 토지보상법상 보상금 증감에 관한 소송제도와 민사집행법상 추심명령의 법적 효과를 차례로 살펴본다. 이어서 추심명령의 효과에 관한 민사소송의 법리가 보상금 증감에 관한 소송에 적용될 경우 발생하는 현실적인 문제 상황을 살핀다. 다음으로 대상판결이 선행판결을 변경하게 된 핵심 근거인 보상금 증감에 관한 소송의 법적 성질, 즉 '형식은 당사자소송이지만 실질은 항고소송'이라는 것이 어떤 함의를 갖는지 살펴본다. 우선 손실보상금 증감에 관한 재판제도가 독일과 일본에서 어떤 모습을 띠고 있는지 고찰하여 우리나라에의 시사점을 추출하고, 우리나라의 보상금 증감에 관한 소송이 민사소송에 대하여 어떠한 독자성을 띠고 있는지를 연혁적·기능적·체계적으로 고찰하도록 한다.

Ⅱ. 판례의 이해

1. 토지보상법상 보상금 증감에 관한 소송제도

(1) 토지보상법상 토지수용 관련 소송의 형태[4]

토지보상법이 토지수용과 관련하여 예정하고 있는 소송의 형태는 크게 두 가지로 나뉜다. 하나는 사업시행자나 토지소유자 등이 관할 토지수용위원회[5]를 상대로 행정처분인 수용재결의 위법성을 다투어 그 취소 또는 무효확인을 구하는 항고소송이다(토지보상법 제85조 제1항).[6] 다른 하나는 토지소유자 등이 사업시행자를 상대로 손실보상금의 증액을 구하거나 사업시행자가 토지소유자 등을 상대로 보상금의 감액을 구하는 이른바 보상금 증감에 관한 소송으로(토지보상법 제85조 제2항), 토지수용과 관련된 소송의 대부분을 차지한다. 이 소송은 행정처분인 수용재결을 원인으로 하는 법률관계에 관한 소송으로서 그 법률관계의 한쪽 당사자를 피고로 하는 소송이므로, 행정소송법 제3조 제2호 전단에 규정된 이른바 '형식적 당사자소송'에 해당한다.

주위적으로는 관할 토지수용위원회를 상대로 수용재결의 취소를 구하고, 예비적으로는

---

4) 이 항목에 관한 상세한 내용은 서울행정법원 실무연구회, 『행정소송의 이론과 실무』, 개정판, 2013, 441-445면 참조.

5) 공익사업의 재결에 관한 사항은 지방토지수용위원회가 관장하는 것이 원칙이나(토지보상법 제51조 제2항), 국가 또는 시·도가 사업시행자인 사업 및 수용하거나 사용할 토지가 둘 이상의 시·도에 걸쳐 있는 사업의 재결에 관한 사항은 중앙토지수용위원회가 관장한다(토지보상법 제51조 제1항 각호). 또한 각 개별법에서 토지 등의 수용에 관하여 규정하면서 중앙토지수용위원회를 재결청으로 정해 놓은 경우에는 중앙토지수용위원회가 이를 관장한다. 이 사건의 경우도 「구 보금자리주택건설 등에 관한 특별법」(현 공공주택 특별법) 제27조 제4항에서 재결청을 중앙토지수용위원회로 규정한 경우이다.

6) 토지보상법상 수용재결에 관한 이의신청(토지보상법 제83조 내지 제84조)은 임의적 전심절차이다(같은 법 제85조 제1항), 또한 이의신청을 거친 경우에도 취소소송의 대상은 수용재결이 되고(「행정소송법」 제19조 본문), 다만 이의신청에 대한 재결 자체에 고유한 위법이 있음을 이유로 하는 경우에만 그 이의재결을 한 중앙토지수용위원회를 피고로 하여 이의재결의 취소를 구할 수 있다(「행정소송법」 제19조 단서, 대법원 2010. 1. 28. 선고 2008두1504 판결 참조).

사업시행자를 상대로 보상금의 증액을 구하는 형태의 소송도 가능하다. 이는 주관적·예비적 병합에 해당한다(행정소송법 제8조 제2항, 민사소송법 제70조 제1항).

(2) 보상금 증감에 관한 소송의 특징

토지보상법 제85조 제2항에 따른 보상금 증감에 관한 소송은 수용재결에 불복하여 그 위법성을 다툰다는 점에서는 같은 조 제1항의 항고소송과 같으나, 당사자가 다투는 사항이 손실보상금의 액수에 관한 부분이라는 점, 처분청 또는 재결청이 아니라 직접 이해관계자를 상대로 제기하는 소송이라는 점에서 차이가 있다.

토지소유자 등이 수용재결 중 손실보상금 액수에 불복하기 위해 항고소송을 이용할 수밖에 없다면, 항고소송에서는 법원이 곧바로 정당한 보상액을 확정할 수 없으므로, 종국적 만족에 이르기까지 많은 시간과 비용이 소요된다.[7] 또한 토지소유자 등에게 손실보상금을 지급할 의무가 있는 주체는 결국 사업시행자이므로, 처분청 또는 재결청을 피고로 삼을 실익이 크지 않다.[8] 따라서 보상금 증감에 관한 소송은 보상금액을 둘러싼 토지소유자 등과 사업시행자 사이의 재산상 분쟁을 직접적 이해관계가 있는 당사자들끼리 해결하도록 하여 소송경제와 신속한 권리구제를 도모하고자 마련된 소송유형이다.

수용재결에 따른 보상금은 보상금 증감에 관한 소송이 본격적으로 시작되기 전에 이미 지급되거나 공탁되므로,[9] 보상금 증액 청구소송은 원고가 정당한 보상금액으로 주장하는 금액과 수용재결에 따른 보상금액의 차액 상당을 청구하는 형태를 띠고, 보상금 감액 청구소송은 그 차액 상당의 채무부존재확인청구 또는 부당이득반환청구의 형태를 띤다.[10] 또한 보상금 증액 청구소송에서 정당한 보상금액이 수용재결에 따른 보상금액보다 더 많다는 점에 관한 증명책임은 원고인 토지소유자 등에게 있는데,[11] 실무상 그 증명은 적절한 감정신청을 하여 감정인으로 하여금 정당한 보상금액을 산출하게 하는 방법에 의하는 것이 보통이다.

---

7) 1990년 구 「토지수용법」 개정 이전의 우리나라 법상황이 그러하였다. 안철상, 『공법상 당사자소송에 관한 연구』, 건국대학교 법학박사논문, 2004, 35-36면 참조.
8) 김철용/최광률(편), 『주석 행정소송법』, 2004, 1096면; 안철상, 앞의 논문, 35-36면; 임재훈, 『형식적 당사자소송에 관한 고찰』, 서울대학교 법학석사논문, 2001, 22-23면 참조.
9) 수용재결에 대하여 곧바로 행정소송을 제기한 경우 사업시행자는 수용개시일까지 보상금을 지급 또는 공탁하여야 하고(토지보상법 제40조), 그때까지 보상금을 지급 또는 공탁하지 않으면 재결이 효력을 상실하기 때문이다(토지보상법 제42조 제1항).
10) 서울행정법원 실무연구회, 앞의 책, 443면 참조.
11) 대법원 1997. 11. 28. 선고 96누2255 판결 참조.

2. 채권자의 추심명령이 집행채무자의 이행소송에 미치는 영향

(1) 추심명령과 추심소송

민사집행법 제229조는 금전채권을 압류한 채권자가 압류된 금전채권을 현금화하는 방법으로 '추심명령'과 '전부명령'의 두 가지를 규정하고 있다. 그중 추심명령은 피압류채권의 귀속주체에 변동을 가져오지는 않지만, 압류채권자에게 대위절차 없이 피압류채권을 직접 추심할 수 있는 권능을 부여하는 현금화 방법이다(민사집행법 제229조 제2항).[12]

채권자가 추심명령을 받으면 재판 외에서는 물론 재판상으로도 추심권을 행사하여 제3채무자를 상대로 피압류채권의 이행을 청구할 수 있다. 따라서 제3채무자가 피압류채권에 대하여 의무를 이행하지 않는 경우 추심채권자는 제3채무자를 상대로 그 이행을 구하는 소를 제기할 수 있는바(민사집행법 제238조, 제249조 제1항), 이러한 소송을 추심소송이라 한다.[13]

추심소송의 성질에 관하여는 법정소송담당설과 고유적격설의 대립이 있다.[14] 법정소송담당설[15]은 제3자인 추심채권자가 민사집행법 제229조 제2항에 따라 추심권 및 소송수행권을 갖게 되어 타인인 집행채무자의 권리를 행사하는 것으로 보는 견해로서, 이에 따르면 추심소송의 소송물은 채무자의 제3채무자에 대한 채권이 된다. 반면에 고유적격설[16]은 추심명령에 의해 추심채권자가 갖게 되는 추심권을 추심채권자의 고유한 실체법상 권리로 파악하고, 추심소송은 이러한 고유한 권리를 재판상 행사하는 것으로 보는 견해로서, 이에 따르면 추심소송의 소송물은 추심채권자의 제3채무자에 대한 추심채권이 된다. 우리나라의 통설 및 판례[17]는 법정소송담당설을 취하고 있다.

(2) 추심채권자의 추심소송과 집행채무자의 이행소송의 관계

통설 및 판례인 법정소송담당설에 따르면 추심채권자는 추심명령의 효과로 말미암아 피압류채권에 관한 소송수행권을 가지는데, 이때 집행채무자가 제3채무자를 상대로 피압류채권의 이행을 청구하는 소를 제기할 수 있는지에 관하여 견해의 대립이 있다.[18]

---

12) 사법연수원, 『법원실무제요 민사집행[IV]』, 2020, 353면 참조.
13) 민일영(편), 『주석 민사집행법(V)』, 제4판, 2018, 716-717면 참조.
14) 각 견해에 관한 상세한 내용은 양진수, "추심의 소와 채무자의 당사자적격, 중복된 소제기의 금지", 『민사판례연구』 제37권, 2015, 820-822면 참조.
15) 이시윤, 『신민사소송법』(제10판), 2016, 158-159면; 민일영(편), 앞의 책, 717면 참조.
16) 호문혁, 『민사소송법』(제14판), 2020, 256-258면; 최성호, "추심의 소와 중복소송에 관한 검토 – 대법원 2013. 12. 18. 선고 2013다202120 전원합의체 판결을 중심으로", 『법학논집』 제18권 제3호, 2014, 540-542면 참조.
17) 대법원 1988. 12. 13. 선고 88다카3465 판결, 대법원 2000. 4. 11. 선고 99다23888 판결 등 참조.

추심소송의 성질에 관하여 법정소송담당설을 취하는 통설은 대체로 추심명령으로 말미암아 채무자가 소송수행권을 상실한다고 본다(소송수행권 상실설).19) 이에 따르면 추심소송 확정판결의 기판력은 그 소송의 승패 또는 채무자의 지·부지를 불문하고 언제나 채무자에게 미치고, 채무자는 추심소송에 공동소송적 보조참가(민사소송법 제78조)를 할 수 있다.20)

그러나 법정소송담당설을 취하면서도, 피압류채권은 여전히 채무자에게 귀속되므로 채권자대위권이 행사된 경우와 마찬가지로 채무자의 소송수행권은 유지된다고 보는 견해도 있다(소송수행권 유지설 제1설).21) 한편, 추심소송의 성질에 관한 고유적격설의 입장에서는 채권자의 추심소송과 채무자의 이행소송은 소송물이 다르므로, 서로의 소송수행권에 아무런 영향을 미치지 않는다고 본다(소송수행권 유지설 제2설).22)

대법원은 확고하게 소송수행권 상실설을 취한다. 즉, 추심명령이 있으면 제3채무자에 대한 이행의 소는 추심채권자만이 제기할 수 있고 채무자는 피압류채권에 대한 이행소송을 제기할 당사자적격을 상실하므로, 추심명령이 있는 채권에 관하여 채무자가 제기한 이행의 소는 추심명령과의 선후와 무관하게 부적법한 소로서 각하하여야 한다고 본다.23) 다만, 추심명령으로 인해 채무자가 피압류채권에 대한 이행의 소를 제기할 당사자적격을 상실하였더라도, 채무자의 이행소송 계속 중에 추심채권자가 압류 및 추심명령 신청의 취하 등에 따라 추심권능을 상실하게 되면 채무자는 당사자적격을 회복하며, 이러한 사정은 직권조사사항으로서 당사자가 주장하지 않더라도 법원이 직권으로 조사하여 판단하여야 하고, 사실심 변론종결 이후에 당사자적격 등 소송요건이 흠결되거나 그 흠결이 치유된 경우 상고심에서도 이를 참작하여야 한다고 본다.24)

---

18) 이에 관한 상세한 내용은 황진구, "추심의 소제기가 채무자가 제기한 이행의 소에 대한 관계에서 중복된 소제기에 해당하는지", 『민사재판의 제문제』 제23권, 2015, 633-642면 참조.

19) 민일영(편), 앞의 책, 721-732면; 손진홍, 『채권집행의 이론과 실무』, 2016, 612-619면; 양진수, 앞의 논문, 832-844면 참조.

20) 사법연수원, 앞의 책, 378면 참조.

21) 이시윤, 앞의 책, 158-159면; 이백규, "압류된 채권양수인의 이행청구와 추심명령", 『민사판례연구』 제24권, 2002, 520-524면 참조.

22) 호문혁, 앞의 책, 257-258면 참조.

23) 대법원 2000. 4. 11. 선고 99다23888 판결; 대법원 2008. 9. 25. 선고 2007다60417 판결; 대법원 2010. 2. 25. 선고 2009다85717 판결 등 참조.

24) 위 법리는 대법원 2007. 11. 29. 선고 2007다63362 판결(공보불게재)에서 최초로 설시되었고, 뒤이어 대법원 2010. 11. 25. 선고 2010다64877 판결(공2011상, 30)에서 다시 한번 정면으로 설시되었다.

3. 손실보상금 채권에 관한 추심명령이 보상금 증액 청구소송에 미치는 영향

(1) 현실적인 문제 상황

토지수용에 따른 손실보상금 채권은 토지수용위원회의 재결 절차 또는 행정소송 절차를 거쳐야 비로소 그 존부 및 범위가 확정되는 장래의 미확정채권이지만, 사업인정고시 이후 위와 같은 재결 절차 또는 행정소송 절차가 진행 중인 때에는 권리의 특정이 가능하고 가까운 장래에 발생할 것이 상당 정도 기대되므로, 압류 및 추심명령의 대상이 될 수 있다.[25]

한편, 보상금 증액 청구소송은 당사자소송으로서 행정법원이 관할하는 소송이기는 하나, 앞서 본 것처럼 정당한 보상금액과 수용재결에 따른 보상금액의 차액 상당을 청구하는 형태를 띠므로, 청구취지 및 주문만 놓고 보면 민사상 금전지급 청구소송과 다를 바가 없다. 그러므로 추심명령이 집행채무자의 이행소송에 미치는 영향에 관한 민사소송의 법리를 여기에 그대로 대입하면, 수용보상금 채권에 관하여 추심명령이 있는 경우 추심채권자는 집행채무자인 토지소유자 등을 갈음하여 보상금 증액 청구소송의 당사자적격을 취득하고, 토지소유자 등은 소송수행권을 상실한다고 보는 것이 논리적으로 자연스러운 흐름일 수 있다.

그러나 위와 같은 민사소송의 법리를 보상금 증액 청구소송에 적용하면 자칫 권리구제의 공백이 생길 우려가 있다. 즉, 보상금 증액 청구소송은 재결서를 받은 날부터 90일 이내에, 이의신청을 거쳤을 때는 이의신청에 대한 재결서를 받은 날부터 60일 이내에 각각 제기하여야 하는 제소기간의 제한을 받으므로(토지보상법 제85조 제2항, 제1항),[26] 만약 토지소유자 등이 제기한 보상금 증액 청구소송이 이미 수년간 진행되어 온 상황에서 추심명령이 발령되면, 토지소유자 등의 소는 당사자적격의 흠결로 각하되고, 추심채권자의 추심의 소는 제소기간의 도과로 각하되어, 결국 누구도 보상금 증액 청구의 소를 제기하지 못하는 불합리한 상황이 벌어진다.

설령 손실보상금 채권에 관한 추심명령이 이른 시기에 이루어져 추심채권자가 제소기간 내에 보상금의 증액을 청구하는 추심의 소를 제기하였다고 하더라도, 과연 추심채권자가 소송수행을 담당하는 것이 적절한가 하는 의문은 여전히 남는다. 집행채무자의 채권은 본

---

25) 추심명령에 관한 판례는 아니나, 구 토지수용법에 의한 사업인정의 고시 후 수용재결 이전 단계에 있는 피수용자의 기업자에 대한 손실보상금 채권은 전부명령의 대상이 된다는 대법원 판례가 있다(대법원 2004. 8. 20. 선고 2004다24168 판결, 이 판결은 대상판결의 참조판례이기도 하다).

26) 2018. 12. 31. 토지보상법 개정 전에는 제소기간이 수용재결서를 받은 날부터 60일 이내, 이의재결서를 받은 날부터 30일 이내로 현행보다 짧았다.

래 추심채권자의 것이 아니므로, 추심채권자는 이를 재판상 행사할 때 소송수행의 어려움을 겪을 수 있고, 이것이 추심채권자에게 채무자에 대한 소송고지 의무(민사집행법 제238조)를 부과하는 이유이기도 하다.[27] 그러나 그 채권이 토지수용에 따른 손실보상금 채권일 경우에는 소송수행의 어려움이 훨씬 더 가중된다. 왜냐하면 토지보상법은 수용재결의 발령에 이르기까지 손실보상금 채권의 존부 및 범위를 확정해가는 절차를 마련해 놓고 있는데, 그러한 일련의 절차에 참여할 자격을 토지소유자 등과 사업시행자에게만 부여하고 있기 때문이다.

이와 같은 현실적인 문제들로 인하여, 토지소유자 등의 사업시행자에 대한 보상금 증액 청구소송이 계속되는 중에 토지소유자 등의 채권자가 장래의 손실보상금 채권에 관하여 압류 및 추심명령을 받은 경우, 그로 인해 토지소유자 등이 보상금 증액 청구소송의 원고적격을 상실한다고 보는 것이 과연 타당한지 문제 된다.

(2) 종전의 선례

2013년에 선고된 선행판결의 사안은 다음과 같다. 토지 및 지장물의 소유자가 사업시행자를 상대로 제기한 보상금 증액 청구소송의 항소심 계속 중에 원고의 채권자가 손실보상금 채권 중 일부에 관하여 압류 및 추심명령을 받았다. 그러자 항소심법원은 소송요건 구비 여부에 관한 직권 판단을 하여 제1심판결 중 추심명령의 대상이 된 청구 부분을 각하하고 나머지 청구 부분만 인용하였는데, 이때 항소심이 내세운 법리가 바로 앞에서 살펴본 대법원의 이른바 소송수행권 상실설이었다.[28]

원고는 항소심판결에 불복하여 상고하였는데, 원고의 추심채권자는 상고심 계속 중 집행법원에 채권압류 해제 및 추심포기 신청서를 제출하였다. 그러자 대법원은 추심명령에 관한 민사소송의 법리인 소송수행권 상실설이 보상금 증감에 관한 소송에도 적용된다는 점을 긍정하면서도, 앞서 본 대법원 2010. 11. 25. 선고 2010다64877 판결[29]을 근거로 들면서, 채권압류 및 추심명령에 대한 해제 등으로 원고는 보상금 증액 청구의 소를 제기할 당사자적격을 회복하였다고 보아 항소심판결 중 원고 패소 부분을 파기 환송하였다.

결국 선행판결의 사안에서는 원고가 보상금 증액 청구의 소를 제기한 지 약 3년이 지난 후에야 비로소 원고의 채권자가 손실보상금 채권에 관하여 압류 및 추심명령을 받았지만,

---

27) 사법연수원, 앞의 책, 378-380면 참조.
28) 항소심 판결에서 거시한 대법원판결(대법원 2008. 9. 25. 선고 2007다60417 판결, 대법원 2010. 2. 25. 선고 2009다85717 판결)은 각주 23)에 기재된 대법원판결과 겹친다.
29) 각주 24)에 기재된 대법원판결이다.

이후 상고심 단계에서 위 채권압류 및 추심명령의 집행이 해제되어 원고의 당사자적격이 회복되었으므로, 소송수행권 상실설이 보상금 증액 청구소송에 적용되든 그렇지 않든 간에 원고의 권리구제에 지장이 초래되지 않는 상황이었다.

(3) 대상판결의 입장

그러나 대상판결의 사안에서는 이와 달리 항소심판결 선고 전에 손실보상금 채권에 관하여 이 사건 추심명령이 있었고, 이 사건 추심명령은 상고심판결 선고 시점까지 그 효력이 유지되고 있었다. 따라서 이른바 소송수행권 상실설이 토지보상법상의 보상금 증액 청구소송에 적용되는지에 따라 원고의 권리구제 여부가 직접적인 영향을 받는 상황이었다.

대상판결에서 대법원 전원합의체는 일치된 의견으로, 손실보상금 채권에 관하여 압류 및 추심명령이 있더라도, 민사소송의 확립된 법리인 소송수행권 상실설이 보상금 증액 청구소송에는 적용되지 않는다고 보았는데, 그 근거는 크게 두 가지였다.

첫째, 대법원 전원합의체는 토지보상법에 따른 보상금 증액 청구소송의 법적 성질에 주목하였다. 위 소송은 형식적 당사자소송으로서, 처분 등의 위법성을 다툰다는 점에서 항고소송의 실질을 갖는다는 것이다.[30] 따라서 보상금 증액 청구소송의 원고적격은 수용재결을 다툴 법률상 이익이 있는 사람에게 주어지는 것이고, 손실보상금 채권에 관하여 추심명령을 받은 채권자는 수용재결에 관하여 사실적·경제적 이해관계를 가질 뿐이라고 보았다.

행정소송법 제12조는 취소소송의 원고적격에 관하여 "처분등의 취소를 구할 법률상 이익"이라고 규정하고 있는데, 대법원은 행정소송법 제12조에서 말하는 '법률상 이익'이란 당해 행정처분의 근거 법률에 의하여 보호되는 직접적이고 구체적인 이익을 의미한다고 본다(대법원 2010. 5. 13. 선고 2009두19168 판결 등 참조).[31] 그런데 수용재결의 근거 법률인 토지보상법이 보호하는 직접적이고 구체적인 이익은 토지소유자 등의 재산권이나 생활상의 이익이고, 토지소유자 등의 채권자가 토지소유자 등에 대하여 가지는 금전채권은 간접적·반사적 이익에 불과하므로, 위와 같은 대상판결의 논거는 타당하다.

둘째, 대법원 전원합의체는 토지수용에 따른 손실보상금 채권이 확정되는 절차에 주목하였다. 손실보상금 채권은 일반 민사상 금전채권과 달리 그 존부와 범위를 정하기 위해

---

30) 법원행정처, 『법원실무제요 행정』, 2016, 13면; 김철용/최광률(편), 앞의 책, 1095면 참조.

31) 다만, 대법원은 법률상 이익의 인정근거를 "근거 법규 및 관련 법규"로 보다 넓게 제시하기도 하고(대법원 2006. 3. 16. 선고 2006두330 전원합의체 판결 등 참조), 당해 처분의 근거 법규 또는 관련 법규에서 명시적으로 당해 이익을 보호하는 명문의 규정이 없더라도 근거 법규 및 관련 법규의 합리적 해석상 개별적·직접적·구체적 이익을 보호하는 취지가 포함되어 있다고 해석되는 경우에도 원고적격을 인정한다(대법원 2004. 8. 16. 선고 2003두2175 판결). 법원행정처, 앞의 책, 51-52면 참조.

사업인정고시 이후 토지조서·물건조서의 작성을 거쳐 협의 절차 또는 재결·화해 절차를 밟아야 하고, 경우에 따라서는 행정소송 절차도 거쳐야 한다.[32] 그리고 토지소유자 등은 이러한 일련의 절차에서 개별 국면마다 이의권, 의견진술권 등의 절차적 권리를 갖는다.[33]

이처럼 손실보상금 채권의 확정을 위한 절차가 법으로 정해져 있고, 그 과정에서 절차적 권리를 보장받는 주체도 토지소유자 등으로 법에 정해져 있으므로, 손실보상금 채권에 관하여 추심명령을 받은 채권자가 위와 같은 절차에 참여할 자격까지 취득한다고 볼 수는 없다. 따라서 대상판결의 두 번째 논거 역시 타당하다.

Ⅲ. 법리의 검토

1. 비교법적 고찰

추심명령에 관한 민사소송의 법리인 소송수행권 상실설이 토지보상법상 보상금 증액 청구소송에 적용되지 않는 핵심 논거는 결국 보상금 증감에 관한 소송이 형식은 당사자소송이지만 실질은 항고소송의 성질을 가진다는 점에 있다. 그런데 '실질적으로 항고소송의 성질을 가진다'는 것이 구체적으로 무엇을 의미하는지는 아직 명확하지 않다. 보상금 증감에 관한 소송의 법적 성질을 좀 더 깊이 음미하기 위해서는 먼저 우리 제도의 모델이 된 독일과 일본의 제도를 비교법적으로 고찰할 필요가 있다.

(1) 독일의 토지취득·보상사건(Baulandsache)

독일의 현행 헌법과 법률은 공용수용에 따른 손실보상 사건의 재판관할권이 일반법원(민사법원)에 있다고 규정하고 있다(기본법 제14조 제3항 4문, 행정법원법 제40조 제2항 1문).[34]

---

32) 김동희, 『행정법 II』, 제21판, 2015, 393-403면 참조. 따라서 토지소유자 등이 토지보상법의 재결 절차를 거치지 않은 채 곧바로 사업시행자를 상대로 손실보상을 청구하는 것은 허용되지 않는다(대법원 2015. 11. 12. 선고 2015두2963 판결, 이 판결은 대상판결의 참조판례이기도 하다).

33) 예컨대, 사업시행자가 토지조서·물건조서를 작성할 때는 원칙적으로 토지소유자 및 관계인을 입회시켜 그 서명·날인을 받아야 하고(토지보상법 제14조), 토지소유자 및 관계인은 공고되거나 통지된 토지조서·물건조서의 내용에 대하여 서면으로 이의를 제기할 수 있으며(같은 법 제15조 제3항), 재결 절차에서 토지수용위원회는 필요할 경우 토지소유자 및 관계인을 출석시켜 그 의견을 진술하게 할 수 있다(같은 법 제32조 제2항). 김동희, 앞의 책, 396-400면 참조.

34) 拙稿, 『독일 행정소송의 독자성에 관한 연구 ― 행정법원법의 자족성과 민사소송법 준용체계를 중심으로』, 서울대학교 법학박사논문, 2023, 33-34, 125-126면 참조.

독일에는 공용수용에 관한 연방의 일반법이 존재하지 않고 각 개별법에서 이를 규정하고 있는데, 그중 대표적인 것이 연방건설법전(BauGB, 이하 '건설법전'이라 한다)이다. 건설법전 제3편 제3장(제217조~제232조)은 수용절차에서 발령되는 각종 행정행위에 관한 쟁송을 비롯하여 제217조 제1항에 한정적으로 열거된 쟁송[35])에 관한 소송절차를 상세히 규정하고 있는데, 이러한 소송을 '토지취득·보상사건'(Baulandsache)이라 한다.[36])

토지취득·보상사건의 신청인적격은 행정법원법 제42조 제2항에 규정된 취소소송의 원고적격과 같다. 즉, 계쟁 행정행위 또는 그 거부·부작위로 인해 자신의 권리가 침해될 개연성이 있다고 주장하는 자연인 또는 법인은 재판신청인이 될 수 있다.[37])

토지취득·보상사건은 수용절차 등에서 발령된 행정행위의 위법성을 다투는 것을 주된 목적으로 하므로, 기본이 되는 본안신청(Begehren)은 계쟁 행정행위의 취소·변경청구이다(건설법전 제217조 제1항 1, 2문).[38]) 다만, 행정행위의 취소·변경청구 이외에 특정 행정행위의 발급을 명하거나, 금전 기타 급부의 이행을 명하거나, 법률관계의 존부 등을 확인하는 것도 함께 청구할 수 있다(건설법전 제217조 제1항 3문). 즉, 의무이행소송, 일반이행소송 또는 확인소송이 취소소송과 결합되는 형태를 띤다.[39])

토지취득·보상사건의 제1심 및 항소심 재판부는 재판장을 포함한 지방법원(고등법원) 소속 판사 2인과 관할 州최고행정관청이 3년의 임기를 정하여 겸임을 명한 지방행정법원(고등행정법원) 소속 판사 1인으로 구성된다(건설법전 제220조, 제229조 제1항). 일반법원에 설치되는 재판부에 행정법원 판사가 구성원으로 들어가는 점이 이채로운데, 이는 보상 조치 등의 적법성 판단에 행정재판의 특별한 지식과 경험이 필요하기 때문이다.[40])

토지취득·보상사건에서는 민사소송과 달리 '당사자'(Partei)라는 용어를 사용하지 않고, 행정법원법 제63조처럼 '소송관계인'(Beteiligte)이라는 용어를 사용한다(건설법전 제222조).[41]) 토지취득·보상사건의 소송관계인이 되려면 ① 수용절차 등 행정행위가 발령된 절차에서 관계인이었어야 하고, ② 토지취득·보상사건에서의 재판으로 인해 권리·의무에 영향을

---

35) 건설법전 제217조 제1항에 열거된 쟁송은 대부분 손실보상과 관련된 쟁송이다.

36) Battis, in: Battis/Krautzberger/Löhr, Baugesetzbuch Kommentar, 15. Aufl., München 2022, BauGB §217 Rn. 1-3 참조.

37) Kalp/Külpmann, in: Ernst/Zinkahn/Bielenberg/Krautzberger, Baugesetzbuch Kommentar, Titelblatt, München, WerkStand: Oktober 2022 (148. Ergänzungslieferung), BauGB §217 Rn. 49 참조.

38) Friedhelm Hufen, Verwaltungsprozessrecht, München 2016, §10 Rn. 6-9 참조.

39) Kalp/Külpmann, in: Ernst/Zinkahn/Bielenberg/Krautzberger, BauGB §217 Rn. 27-28 참조.

40) Battis, in: Battis/Krautzberger/Löhr, BauGB §220 Rn. 1 참조.

41) 이는 토지취득·보상사건이 대립당사자 구조가 아니라는 관념에 따른 것이다. Kalp/Külpmann, in: Ernst/Zinkahn/Bielenberg/Krautzberger, BauGB §222 Rn. 3 참조.

받을 개연성이 있어야 한다(건설법전 제222조 제1항 1문). 다만, 행정행위를 발령한 행정청은 항상 소송관계인이 된다(같은 항 2문).[42]

재판신청은 행정행위가 송달된 날부터 1개월 내에 행정행위를 발령한 기관에 하여야 하되, 행정행위를 지역일반에 공고하도록 규정하고 있는 경우에는 공고한 날부터 6주 내에 하여야 한다(건설법전 제217조 제2항 1, 2문). 전심절차를 거친 경우에는 이의재결이 송달된 날부터 제소기간을 기산한다(같은 항 3문).

토지취득·보상사건의 심리원칙으로는 민사소송과 마찬가지로 변론주의가 적용된다(건설법전 제221조 제1항). 다만, 토지취득·보상사건의 공법적 성격을 반영하여, 건설법전 제221조 제2항은 "법원은 직권으로도 증거조사를 명할 수 있고, 당사자가 주장하지 않은 사실도 고려할 수 있다."라고 규정함으로써 변론주의를 완화한다.[43] 건설법전 제226조는 토지취득·보상사건의 판결 내용에 관하여 행정법원법 제113조를 일부 모범 삼아 공법적 성격에 걸맞은 몇 가지 특칙을 규정하고 있다.[44] 그중 우리나라의 보상금 증감에 관한 소송에 대응되는 「계쟁 행정행위의 변경청구 및 금전지급청구가 결합된 사건」에서 재판신청인의 청구가 전부 또는 일부 이유 있는 경우, 법원은 스스로 행정행위를 변경하고 보상금 액수를 달리 정하여 그 지급을 명할 의무가 있다(건설법전 제226조 제2항 1문).[45]

(2) 일본의 보상금 증감에 관한 소송

일본 行政事件訴訟法은 당사자소송을 제4조[46] 전단의 형식적 당사자소송과 제4조 후단의 실질적 당사자소송으로 구분하고 있다.[47] 土地收用法 제133조 제2, 3항에 규정된 보상금 증감에 관한 소송은 실질적으로 수용재결을 다투는 소송이기는 하지만 그 재결로 형성된 법률관계의 한쪽 당사자를 피고로 하는 소송이라는 점에서, 전형적인 형식적 당사자소송의 모습을 띠고 있다.[48]

---

42) Battis, in: Battis/Krautzberger/Löhr, BauGB §222 Rn. 2 참조.

43) Battis, in: Battis/Krautzberger/Löhr, BauGB §221 Rn. 1-2 참조. 위 조항은 우리 행정소송법 제26조와 내용이 거의 같다.

44) Battis, in: Battis/Krautzberger/Löhr, BauGB §226 Rn. 1 참조.

45) Battis, in: Battis/Krautzberger/Löhr, BauGB §226 Rn. 5 참조.

46) 行政事件訴訟法 제4조(당사자소송)
이 법에서 "당사자소송"이라 함은 당사자 간의 법률관계를 확인하거나 형성하는 처분 또는 재결에 관한 소송으로서 법령의 규정에 따라 그 법률관계의 당사자 일방을 피고로 하는 소송과 공법상의 법률관계에 관한 확인의 소 그 밖의 공법상의 법률관계에 관한 소송을 말한다.

47) 池村正道, 『行政法』, 弘文堂, 2022, 283頁 참조.

48) 大橋 洋一, 『行政法 II: 現代行政救済論』, 有斐閣, 2021, 272-273頁 참조.

土地收用法 제133조 제3항은 보상금 증감에 관한 소송의 원고적격과 피고적격이 '토지소유자 또는 관계인'과 '기업자'에게 있음을 명시해 놓았다. 이는 실질적 다툼의 대상인 수용재결에 관하여 취소소송의 원고적격, 즉 법률상 이익(行政事件訴訟法 제9조 제1항)을 갖는 주체를 개별법에 규정함으로써 소송요건을 분명하게 하기 위함이다.[49]

한편, 土地收用法에 따른 보상금 증감에 관한 소송의 심판대상이 무엇인가에 관하여 종래 '형성소송설'[50]과 '급부·확인소송설'[51]이 대립하였는데, 1997년 최고재판소 판결은 수용재결의 변경 주문 없이 손실보상금 증액분의 지급만을 명한 원심판결을 문제 삼지 않았을 뿐 아니라, 지연손해금의 기산점이 권리취득 재결시라고 함으로써, 전체적으로 급부·확인소송설에 가까운 입장을 취하였다.[52] 현행 실무상으로는 수용재결의 변경을 구함과 더불어 보상금의 지급, 반환 또는 채무부존재확인을 구하는 것도 가능하고, 수용재결의 변경을 구함이 없이 곧바로 보상금의 지급, 반환 또는 채무부존재확인을 구하는 것도 적법하다.[53]

일본에는 행정재판소가 따로 설치되어 있지 않으므로, 관할 지방재판소, 고등재판소, 최고재판소가 행정소송에 관한 재판관할권을 가진다. 다만, 도쿄지방재판소에는 행정사건 전문부가 설치되어 있고, 오사카, 요코하마, 사이타마, 지바, 교토, 고베, 나고야 등에는 행정사건 집중부가 각 설치되어 있어 당사자소송을 담당한다.[54]

보상금 증감에 관한 소송이 제기된 경우 재판소는 처분청에 제소 통지를 해야 하고(行政事件訴訟法 제39조), 필요할 경우 처분청·소송당사자의 신청에 따라 또는 직권으로 처분청을 소송에 참가시킬 수 있다(같은 법 제41조 제1항, 제23조). 이러한 제도적 장치들은 형식적 당사자소송이 수용재결을 다투는 항고소송의 실질을 갖는 데 기인하는 것이다.[55]

---

49) 김철용/최광률(편), 앞의 책, 1097면, 1104-1105면 참조.
50) 형성소송설은 수용재결 중 손실보상에 관한 부분의 위법성 존부를 심판대상으로 보고, 보상금 증감에 관한 소송의 본질을 수용재결 중 보상액 부분을 변경하여 정당한 보상액을 확정하고 구체적인 손실보상청구권을 형성하는 것으로 파악한다. 임재훈, 앞의 논문, 36-39면 참조.
51) 급부·확인소송설은 손실보상금이라는 공법상의 권리 또는 법률관계를 심판대상으로 보고, 보상금 증감에 관한 소송의 본질을 법규에 의하여 객관적으로 발생하여 확정되어 있는 보상금이라는 급부의 이행을 명하거나 그에 관한 권리관계의 존부를 확인하는 것으로 본다. 大橋 洋一, 앞의 책, 272-273頁; 안철상, 앞의 논문, 40-42면 참조.
52) 最高裁判所 第三小法廷 平成9年1月28日 判決(民集 第51巻1号147頁) 참조.
53) 안철상, 앞의 논문, 41-42면 참조; 예컨대, 東京地方裁判所 平成27年1月22日 平成24年(行ウ)第372号 판결은 수용재결 중 손실보상액 부분의 변경 및 증액분의 지급을 구한 사안이고, 大阪地方裁判所 平成17年10月20日 平成17年(行ウ)第28号 판결과 大阪地方裁判所 平成22年4月16日 平成20年(行ウ)第202号 판결은 수용재결의 변경을 구하지 아니한 채 보상금 증액분의 지급을 구한 사안이다.
54) 稿本博之, 『(解說)改正行政事件訴訟法』, 弘文堂, 2004, 113-114頁 참조.
55) 大橋 洋一, 앞의 책, 273頁 참조.

또한 보상금 증감에 관한 소송은 재결서 정본 송달일부터 6개월 내에 소를 제기해야 하므로 이른바 제소기간의 제한을 받는다.[56]

보상금 증감에 관한 소송에는 항고소송의 심리에 관한 규정이 준용된다(行政事件訴訟法 제41조 제1항). 따라서 재판소는 행정청에 대한 자료제출요구 등의 석명처분을 할 수 있고(같은 법 제23조), 필요할 경우 직권으로 증거조사를 할 수 있다(같은 법 제24조). 보상금의 지급, 반환 또는 채무부존재확인 청구를 전부 또는 일부 인용하는 경우, 원고가 수용재결의 변경을 따로 구하지 않았더라도 위 인용판결이 확정됨으로써 수용재결 중 손실보상액 부분은 직접 변경되는 것이고, 그 한도 내에서 수용재결의 공정력은 배제된다.[57] 또한 인용판결의 구속력은 관계행정청에 미친다(行政事件訴訟法 제41조 제1항, 제33조 제1항).[58]

(3) 소결론 - 우리나라에의 시사점

이상과 같이 독일과 일본의 손실보상금 증감에 관한 재판제도를 살펴보면, 다음과 같은 점에서 실질적으로 항고소송의 성질을 가진다는 점을 발견할 수 있다.

우선 양국에서 보상금 증감에 관한 재판제도는 행정행위(처분)인 수용재결 중 손실보상에 관한 부분의 위법성을 다투는 것을 기본으로 한다. 원고적격과 관련하여, 독일의 경우 보상금 증감에 관한 재판의 신청인적격은 취소소송의 원고적격과 같고, 일본의 경우 수용재결을 다툴 법률상 이익이 있는 토지소유자 또는 관계인과 기업자에게 원고적격이 있음을 법률에서 못 박고 있다. 또한 양국의 재판제도 모두 수용재결의 위법성 존부가 주된 소송물인 까닭에, 독일에서는 처분청이 항상 소송관계인이 되고, 일본에서는 처분청이 제소통지를 받을 뿐 아니라 필요에 따라 소송에 참가할 수 있다.

양국의 보상금 증감에 관한 재판은 행정법원 판사가 구성원으로 포함된 전담재판부(독일) 또는 행정사건 전문재판부(일본의 주요 지방재판소)에서 담당한다. 또한 행정행위(처분)의 특수성에 기인한 제도인 제소기간의 제한을 받는다. 심리에서도 직권탐지주의가 가미된 완화된 변론주의가 적용된다. 재판신청인(원고)의 보상금 증감 청구를 전부 또는 일부 인용하는 경우, 주문에 수용재결 중 손실보상에 관한 부분을 변경하는 내용이 포함되든 그렇지 않든 간에 그 인용판결은 수용재결을 직접 변경하는 효력을 갖는다.

---

56) 大橋 洋一, 앞의 책, 273頁 참조.
57) 大橋 洋一, 앞의 책, 255頁; 안철상, 앞의 논문, 43면 참조.
58) 池村正道, 앞의 책, 284頁 참조.

2. 우리나라의 보상금 증감에 관한 소송의 법적 성질

(1) 연혁적 고찰

연혁적으로 볼 때 우리나라의 보상금 증감에 관한 소송제도는 두 차례에 걸쳐 큰 변화를 겪었다.[59] ① 1990년 이전에는 보상금 증감에 관한 별도의 소송제도가 마련되어 있지 않았고, 중앙토지수용위원회를 상대로 이의재결의 취소를 구하는 항고소송에 의하도록 하며, 기업자(현 사업시행자)는 제3자로서 항고소송에 참가하는 방식을 취하였다(제1기). ② 1990년 구 토지수용법 제75조의2가 개정된 이후에는, 중앙토지수용위원회와 기업자(반대의 경우에는 토지소유자 등)를 공동피고로 하여 보상금 증감에 관한 소송을 제기하도록 하고, 법원으로 하여금 정당한 보상금을 산출하여 기업자에게 그 지급을 명하도록 하였다(제2기). ③ 그 후 토지보상법이 2003. 1. 1. 제정·시행됨으로써 현행과 같이 토지소유자 등과 사업시행자가 서로를 상대로 보상금 증감에 관한 소송을 제기하도록 변경되었는데(제3기), 이는 종래 토지수용위원회가 피고가 됨으로써 토지수용위원회의 부담만 가중되고 실익은 별로 없다는 학계의 비판을 수용한 것이다.

이 같은 우리나라 제도의 변천과정을 독일 및 일본의 제도와 연관 지어 살펴보면, 우리나라의 보상금 증감에 관한 소송제도는 일관되게 항고소송의 실질을 유지해 왔음을 알 수 있다. 즉, 제1기에는 보상금의 증감을 위해 항고소송에 의할 수밖에 없었고, 제2기에는 독일의 토지취득·보상사건과 유사한 형태로,[60] 제3기에는 일본의 제도와 거의 동일한 형태로 변모해 온 것이다.

(2) 보상금 증감에 관한 소송의 기능상 독자성

보상금 증감에 관한 소송은 기본적으로 민사소송과 마찬가지로 주관적 권리구제 기능을 갖는다. 즉, 보상금 증감에 관한 소송의 궁극적 목적은 토지소유자 등 입장에서는 보상금을 더 지급받는 것이고, 사업시행자 입장에서는 보상금을 감액하여 사업비용을 아끼는 것이다.

그러나 보상금 증감에 관한 소송의 권리구제 기능은 민사소송의 그것과 의미와 맥락이 다르다. 실질적 다툼의 대상인 수용재결은 사인보다 우월한 지위에 있는 토지수용위원회가

---

59) 변천과정에 관한 상세한 내용은 서울행정법원 실무연구회, 앞의 책, 445-446면 참조.
60) 토지수용위원회가 소송당사자에 포함된 점, 피고들 중 토지수용위원회에 대한 부분은 취소소송의 성격을, 법률관계의 한쪽 당사자에 대한 부분은 이행소송 또는 확인소송의 성격을 띠며, 당시 우리 판례가 이를 필수적 공동소송으로 본 점, 제소기간의 제한을 받는 점 등에서 유사성이 있다.

공권력을 일방적으로 행사하여 발령한 처분이고, 보상금 증감에 관한 소송의 권리구제 기능은 토지수용위원회의 일방적인 공권력 조치를 받는 토지소유자 등 또는 사업시행자를 위해 법원이 권리구제 수단을 제공한다는 사고에서 나온 것이다.[61]

또한 보상금 증감에 관한 소송의 기능은 권리구제 기능에 그치지 않는다. 위 소송은 실질적으로 계쟁 수용재결의 위법성을 다투는 소송이므로, 행정작용을 그것과 관련된 개인적 이익 여하와 관계없이 통제함으로써 객관적 법질서를 수호하는 역할을 한다.[62] 이처럼 권리구제 기능과 행정통제 기능을 함께 수행하는 보상금 증감에 관한 소송은 순수하게 권리구제 기능만 수행하는 민사소송과는 다른 형태를 띨 수밖에 없다. 왜냐하면 행정통제 기능은 전체 법질서를 수호하기 위한 것으로서, 관계인의 개인적 이익보다는 공익에 최우선으로 초점을 맞추기 때문이다.[63] 그러므로 보상금 증감에 관한 소송을 오로지 이해관계인들 간의 재산적 이익 조정 문제로만 이해하여서는 곤란하다. 정당한 보상액을 정하는 것은 공익사업의 적정성과 경제성을 도모하기 위해서도 필요한 것으로서 공익 실현에도 일정 부분 기여하므로, 이러한 관점이 심리 과정에도 반영될 필요가 있다. 또한 보상금 증감에 관한 소송에서 원고의 청구를 전부 또는 일부 인용하는 확정판결은 그 사건에 관하여 관계행정청인 토지수용위원회를 기속하므로(행정소송법 제44조 제1항, 제30조 제1항), 이러한 판결례는 토지수용위원회에 대하여 이른바 '교육 기능'(edukatorische Funktion)을 갖는다.[64]

원래 항고소송에서는 권력분립 원리와 민주주의 원리로 말미암아 행정의 자율성과 책임 영역을 존중해야 하므로, 행정통제 기능에 일정한 한계가 그어진다.[65] 하지만 형식적 당사자소송에서는 계쟁 처분이 위법하면 법원이 곧바로 급부의 이행 등을 명하도록 되어 있고, 이로써 처분청의 재처분 없이 계쟁 처분의 내용이 직접적으로 변경되므로, 항고소송에서와 같은 행정통제 기능의 한계가 없거나 미약하다는 점도 특기할 만한 사항이다.

(3) 보상금 증감에 관한 소송의 절차상 독자성

우리나라의 보상금 증감에 관한 소송은 위와 같이 민사소송과는 맥락이 다른 권리구제 기능을 수행하는 한편, 민사소송에는 없는 행정통제 기능이나 교육 기능을 수행하기에 적합한 모습으로 형성되어 있으며, 소송형태와 절차 측면에서 일본 제도와 상당히 유사하다.

---

61) 拙稿, 앞의 논문, 85-86면 참조.
62) Jakob Nolte, Die Eigenart des verwaltungsgerichtlichen Rechtsschutzes, Tübingen 2015, S. 51 참조.
63) 拙稿, 앞의 논문, 89면 참조.
64) Eberhard Schmidt-Aßmann, Funktionen der Verwaltungsgerichtsbarkeit, in: FS-Menger, 1985, S. 114 참조.
65) 拙稿, 앞의 논문, 97-99면 참조.

먼저 토지보상법 제85조 제2항은 보상금 증감에 관한 소송의 당사자적격이 '토지소유자 등'과 '사업시행자'에게 있음을 명시하고 있는데, 이는 일본과 마찬가지로 수용재결의 취소를 구할 법률상 이익(행정소송법 제12조 전문)이 있는 주체에게 당사자적격이 있음을 입법적으로 명확히 한 것이다.

한편, 우리나라의 현행 실무상 보상금 증감에 관한 소송은 계쟁 수용재결의 변경청구 없이 보상금의 지급, 반환 또는 채무부존재확인을 구하는 형태를 띠고 있다는 점에서, 양 청구가 명시적으로 결합되어 있거나 적어도 그러한 결합된 형태가 적법한 것으로 허용되는 독일 및 일본과 다르다. 그러나 청구취지와 주문에 수용재결의 변경이 명시적으로 드러나지 않더라도, 원고의 청구를 전부 또는 일부 인용하는 판결이 확정될 경우 그로써 수용재결의 내용이 변경되므로, 수용재결의 위법성 존부와 손실보상금 청구권의 존부가 모두 보상금 증감에 관한 소송의 소송물이라고 봄이 타당하다.

우리나라에서는 보상금 증감에 관한 소송의 제1심을 서울행정법원 또는 각 지방법원의 행정부에서 담당하고, 재판절차에는 행정소송법이 적용된다. 또한 사건의 적정한 해결을 위해 필요한 경우에는 수용재결을 한 토지수용위원회도 당사자 등의 신청 또는 직권에 의하여 결정으로 소송에 참가할 수 있다(행정소송법 제44조 제1항, 제17조).

또한 우리의 보상금 증감에 관한 소송도 앞서 본 것처럼 제소기간의 제한을 받는다. 본래 취소소송의 제소기간은 처분을 둘러싼 법률관계를 조속히 확정함으로써 법적 안정성을 확보하기 위해 마련된 제도적 장치이므로,[66] 이는 보상금 증감에 관한 소송이 항고소송의 성질을 가짐을 드러내는 징표이다.

보상금 증감에 관한 소송은 형식적 당사자소송으로서 항고소송의 심리에 관한 규정이 준용되므로(행정소송법 제44조 제1항) 필요하다고 인정할 때는 직권으로 증거조사를 할 수 있고, 당사자가 주장하지 아니한 사실에 대하여도 판단할 수 있다(같은 법 제26조). 또한 보상금의 지급, 반환 또는 채무부존재확인을 구하는 원고의 청구를 전부 또는 일부 인용하는 경우, 주문에 수용재결을 변경한다는 점이 나타나지 않더라도 그 판결이 확정됨으로써 수용재결의 내용은 변경되는 것이고, 그 한도 내에서 수용재결의 공정력은 배제된다.[67] 그리고 이러한 인용판결은 소송당사자와 그 밖의 관계행정청을 기속한다(행정소송법 제44조 제1항, 제30조 제1항).

---

66) 拙稿, 앞의 논문, 133-135면 참조.
67) 김철용/최광률(편), 앞의 책, 1097면; 안철상, 앞의 논문, 43면 참조.

(4) 소결론 – 실질적으로 항고소송의 성질을 가진다는 것의 의미

이상의 논의를 종합해 보면, 대상판결에서 우리나라의 보상금 증감에 관한 소송이 '실질적으로 항고소송의 실질을 가진다'고 판시한 것이 어떤 의미인지 구체적으로 드러난다. 즉, 보상금 증감에 관한 소송은 금전의 지급을 명하거나 금전채무의 부존재를 확인한다는 점에서는 민사소송과 유사하지만, 계쟁 수용재결의 위법성 존부를 기본적인 심판대상으로 하고, 원고적격과 피고적격, 제소기간, 심리 및 재판에 걸쳐 항고소송에 관한 행정소송법 규정이 적용되거나 항고소송의 원리가 적용되므로, 민사소송과 구별되는 뚜렷한 독자성을 지닌다.[68]

Ⅳ. 요약과 결론

이상의 설명은 다음과 같은 몇 개의 명제로 정리할 수 있다.

1. 보상금 증감에 관한 소송은 형식적 당사자소송이다. 즉, 형식은 당사자소송이지만, 계쟁 수용재결의 위법성 존부를 기본적인 심판대상으로 하고, 원고적격과 피고적격, 제소기간, 심리 및 재판에 걸쳐 항고소송에 관한 행정소송법 규정이 적용되거나 항고소송의 원리가 적용된다는 점에서 실질은 항고소송의 성질을 가진다.

2. 항고소송은 민사소송과는 맥락이 다른 권리구제 기능, 그리고 민사소송에는 없는 행정통제 기능이나 교육 기능을 수행한다. 보상금 증감에 관한 소송이 실질적으로 항고소송의 성질을 가지는 것은 이같이 민사소송과는 다른 기능을 수행하기 위함이다.

3. 이처럼 보상금 증감에 관한 소송은 기능적으로나 절차적으로나 민사소송과 구별되는 독자적 성질을 가지고 있으므로, 민사소송의 법리를 적용할 때는 그 법리가 위와 같은 독자적 성질과 충돌하지 않는지 신중하게 검토할 필요가 있다. 독자성에 관한 고민 없이 민사소송의 법리를 섣불리 적용할 경우, 오히려 현실적으로 불합리한 문제를 야기할 수 있다.

---

68) 안철상, 앞의 논문, 27면 참조.

4. 대상판결은 형식적 당사자소송의 법적 성질을 명확히 하고, 형식적 당사자소송이 민사소송과 다른 원리에 따라 작동하는 소송임을 선언한 판결이라는 점에서 의의가 있다.

생각할 문제

1. 형식적 당사자소송이 실질적으로 항고소송의 성질을 가지는 것은 계쟁 처분의 공정력 개념과 어떠한 관계에 있는가.

2. 항고소송과 민사소송의 공통점과 차이점을 기능적 측면과 절차적 측면에서 비교·분석하라.

3. 민사소송법 규정 및 민사소송의 법리가 항고소송에 적용되는지 여부 및 그 범위를 결정하는 기준은 무엇인지 설명하라.

대법원 2016. 5. 27. 선고 2014두8490 판결
[공물관리와 주민소송]

송 시 강*

[사실관계]

피고보조참가인(이하 '참가인'이라 한다)은 2009. 6. 1. 당시 지구단위계획구역으로 지정되어 있던 서울 서초구 일대 토지 중 ○○구역(△△△지역) 특별계획구역Ⅱ 토지 6,861.2㎡를 매수한 후 교회 건물을 신축하는 과정에서, 서울특별시 서초구 소유의 국지도로[1]인 참나리길 지하에 지하주차장 진입 통로를 건설하고 지하공간에 건축되는 예배당 시설 부지의 일부로 사용할 목적으로, 피고(서울특별시 서초구청장. 이하 같다)에게 위 참나리길 지하 부분에 대해서 「도로법」(이하 '도로법'이라 한다)에 따른 도로점용허가를 신청하였다. 이에 피고는 2010. 4. 6. 신축 교회 건물 중 남측 지하 1층 325㎡를 어린이집으로 기부채납할 것을 내용으로 하는 부관을 붙여, 위 참나리길 중 지구단위계획상 참가인이 확장하여 피고에게 기부채납하도록 예정되어 있는 너비 4m 부분을 합한 총 너비 12m 가운데 '너비 7m × 길이 154m'의 도로(이하 '이 사건 도로'라 한다) 지하 부분을 2010. 4. 9.부터 2019. 12. 31.까지 참가인이 점용할 수 있도록 하는 내용의 도로점용허가처분(이하 '이 사건 도로점용허가'라고 한다)을 하였다. 참가인은 2010. 4. 28. 피고에게 위 특별계획구역Ⅱ 부지 6,782.8㎡와 이 사건 도로의 지하공간에 지하 8층, 지상 13층(건축면적 3,042.55㎡, 연면적 66,576.83㎡) 규모의 교회건물을 신축하기 위한 건축허가를 신청하였고, 피고는 2010. 6. 17. 참가인에 대하여 위 지구단위계획에 따라 참나리길 폭 4m 확장 부분을 사용승인 전까지 기부채납할 것 등의 조건을 부관으로 명시하여 건축허가처분(이하 '이 사건 건축허가'라고 한다)을 하였다. 참가인은 이 사건 도로 지하 부분을 포함한 신축 교회 건물 지하에 지하 1층부터 지하 5층까지 본당(예배당), 영상예배실, 교리공부실, 성가대실, 방송실 등의 시설을, 지하 6층부터 지하 8층까지 주차장, 기계실, 창고 등의 시설을 설치하였고, 피고는 참가인의 점용기간 중 도로법 및 서울특별시 조례에 의하여 그 점용료를 지급받았다.

* 홍익대학교 법과대학 교수

1) 가구(街區 : 도로로 둘러싸인 일단의 지역을 말한다)를 구획하는 도로.

원고들을 포함한 서초구 주민 293명은 2011. 12. 7. 서울특별시장에게 「지방자치법」(이하 '지방자치법'이라 한다)에 따라 감사청구를 하였는데, 감사청구서 중 청구대상사무 및 청구취지란에는 이 사건 도로점용허가에 대한 시정조치를 요구한다고 기재하였고, 이유란에는 이 사건 도로점용허가의 위법성과 아울러 이 사건 건축허가의 위법성도 함께 언급하면서 감사 결과 위법한 처분이 있었다면 이에 대한 시정조치를 요청한다고 기재하였다. 서울특별시장은 2012. 4. 9. 서울특별시 감사청구심의회의 심의를 거쳐, ① 참가인의 지하예배당은 보통의 시민들이 모두 이용할 수 있는 공공용 시설이 아닐 뿐만 아니라 도로점용허가를 받을 수 있는 '지하실'[2])에 해당하지 않고, ② 기부채납에는 조건을 붙이거나 부당한 특혜를 주어서는 아니 됨에도 이 사건 어린이집 부분을 서초구에 기부채납하는 조건으로 이루어졌다는 이유를 들어 이 사건 도로점용허가가 위법·부당하다고 판단한 다음, 2012. 6. 1. 피고에 대하여 2개월 이내에 이 사건 도로점용허가를 시정하고, 이 사건 도로점용허가에 관여한 공무원들로서 이미 임기가 만료되었거나 정년퇴직한 자를 제외한 2명에 대하여는 경징계에 처할 사안이나 징계시효가 경과되었으므로 구두로 훈계할 것을 요구하였고, 같은 날 감사청구인들의 대표자인 원고 1에게 위 감사결과 및 조치요구내용을 통지하고 이를 공표하였다. 피고는 2012. 7. 31. 서울특별시장에게 위 조치요구에 불복하며 주민소송의 결과를 기다려보겠다는 의사를 표시하였고, 이에 원고들은 2012. 8. 29. 지방자치법에 따라 주민소송(이하 '이 사건 소'라고 한다)을 제기하였다.[3])

---

2) 「도로법」 제61조 제3항 및 같은 법 시행령 제55조 제5호.
3) <청구취지>

> 1. (주위적으로) 피고가 2010. 4. 9. 피고보조참가인에 대하여 한 도로점용허가처분이 무효임을 확인한다.
>   (예비적으로) 피고가 2010. 4. 9. 피고보조참가인에 대하여 한 도로점용허가처분을 취소한다.
> 2. 피고가 2010. 6. 17. 피고보조참가인에 대하여 한 건축허가처분을 취소한다.
> 3. 피고는 제1항 기재 도로점용허가처분과 관련하여 소외 1, 소외 2 등을 포함하여 위 처분에 관여한 서울특별시 서초구청 공무원들, 참가인에 대하여 손해배상청구의 소 제기를 이행하라.

[사건의 경과]

1. 일심[4] - 각하

주민소송의 대상적격에 관한 본안전 항변을 받아들여 이 사건 소를 각하하였다.

(1) 이 사건 건축허가의 경우

건축허가는 시장·군수 등의 행정관청이 건축행정상 목적을 수행하기 위하여 수허가자에게 일반적으로 행정관청의 허가 없이는 건축행위를 하여서는 안 된다는 상대적 금지를 관계 법규에 적합한 일정한 경우에 해제함으로써 일정한 건축행위를 하도록 회복시켜 주는 행정처분일 뿐이므로, 건축허가처분이 그 법적 성격상 '재산'의 관리·처분에 관한 사항에 해당한다고 볼 수 없음은 명백하다.

(2) 이 사건 도로점용허가의 경우

이 사건 도로점용허가는 크게 2가지 이유에서 '재산의 관리·처분에 관한 사항'에 해당한다고 보기 어렵다.

1) 도로점용허가의 성격

주민소송의 대상이 되는 '재산의 관리·처분에 관한 사항'이란 지방자치단체가 그 소유의 재산에 대하여 재산적 가치의 유지·보전·실현을 직접적인 목적으로 하여 행하는 행위를 말하고, 다른 행정상의 목적으로 행하는 행위는 설령 그 결과 지방자치단체에 재산상 손해를 야기할 우려가 있다 하더라도 이에 해당하지 아니한다고 봄이 상당하다. 그런데 도로법에 따른 도로점용은 일반 공중의 교통에 사용되는 도로에 대하여 이러한 일반사용과는 별도로 도로의 특정 부분을 유형적·고정적으로 특정한 목적을 위하여 사용하는 이른바 특별사용을 뜻하는 것이고, 이러한 도로점용의 허가는 도로부지의 소유자가 아니라 도로의 관리청이 신청인의 적격성, 사용목적 및 공익상 영향 등을 참작하여 허가 여부를 결정하는 재량행위이므로, 지방자치단체장의 도로점용허가 또한 지방자치단체장이 도로관리청으로서 도로행정상의 목적으로 행하는 행위일 뿐 지방자치단체 소유의 재산에 대하여 재산적 가치의 유지·보전·실현을 직접적인 목적으로 행하는 행위라고 할 수 없고, 따라서 설령

---

4) 서울행정법원 2013. 7. 9. 선고 2012구합28797 판결.

그 결과 지방자치단체에 재산상 손해를 야기할 우려가 있다고 하더라도 '재산의 관리·처분에 관한 사항'에 해당하지 아니한다고 봄이 상당하다.

2) 주민소송의 성격

주민소송의 대상을 법의 해석을 통하여 만연히 확대하는 것은 현행 행정소송법과의 관계에 비추어 신중하게 접근하여야 한다. 민중소송인 주민소송은 법률이 허용하는 경우에 한하여 예외적으로 인정되는 특수한 소송이다. 만약 위법한 행정작용 일반을 주민소송의 대상으로 허용하는 경우 행정행위 기타 모든 행정결정의 위법성을 광범위하게 주민소송으로 다투는 것을 용인할 수밖에 없게 되고, 결과적으로 객관소송으로서의 주민소송이 항고소송이나 당사자소송과 같은 주관소송을 대체하여 주관소송은 유명무실화될 우려가 있으며, 이는 곧 현행 행정소송법 체계의 붕괴를 의미한다.

2. 원심[5] – 항소기각

이 사건 소는 부적법하여 모두 각하할 것인바, 일심판결은 이와 결론을 같이 하여 정당하므로 원고들의 항소를 모두 기각한다.

[대상판결]

원고들의 상고 중 이 사건 도로점용허가에 관한 청구 부분을 인용하여 원심판결을 파기하고 환송하는 한편으로, 이 사건 건축허가에 관한 청구 부분은 기각하였다. 그 핵심적인 설시를 적시하면 다음과 같다.

> 주민소송 제도는 지방자치단체 주민이 지방자치단체의 위법한 재무회계행위의 방지 또는 시정을 구하거나 그로 인한 손해의 회복 청구를 요구할 수 있도록 함으로써 지방자치단체의 재무행정의 적법성과 지방재정의 건전하고 적정한 운영을 확보하려는 데 그 목적이 있다. 그러므로 주민소송은 원칙적으로 지방자치단체의 재무회계에 관한 사항의 처리를 직접 목적으로 하는 행위에 대하여 제기할 수 있고, 지방자치법 제17조(현행 제22조. 이하 같다) 제1항에서 주민소송의 대상으로 규정한 '재산의 취득·관리·처분에 관한 사항'에 해당하는

---

5) 서울고등법원 2014. 5. 15. 선고 2013누21030 판결.

지 여부도 그 기준에 의하여 판단하여야 한다. 특히 도로 등 공물이나 공공용물을 특정 사인이 배타적으로 사용하도록 하는 점용허가가 도로 등의 본래 기능 및 목적과 무관하게 그 사용가치를 실현·활용하기 위한 것으로 평가되는 경우에는 주민소송의 대상이 되는 재산의 관리·처분에 해당한다고 보아야 한다.

이 사건 도로점용허가의 대상인 도로 지하 부분은 본래 통행에 제공되는 대상이 아니어서 그에 관한 점용허가는 일반 공중의 통행이라는 도로 본래의 기능 및 목적과 직접적인 관련성이 없다고 보인다. 또한 위 점용허가의 목적은 특정 종교단체인 참가인으로 하여금 그 부분을 지하에 건설되는 종교시설 부지로서 배타적으로 점유·사용할 수 있도록 하는 데 있는 것으로서 그 허가의 목적이나 점용의 용도가 공익적 성격을 갖는 것이라고 볼 수도 없다. 이러한 여러 사정에 비추어 보면, 위 도로점용허가로 인해 형성된 사용관계의 실질은 전체적으로 보아 도로부지의 지하 부분에 대한 사용가치를 실현시켜 그 부분에 대하여 특정한 사인에게 점용료와 대가관계에 있는 사용수익권을 설정하여 주는 것이라고 봄이 상당하다. 그러므로 이 사건 도로점용허가는 실질적으로 위 도로 지하 부분의 사용가치를 제3자로 하여금 활용하도록 하는 임대 유사한 행위로서, 이는 앞서 본 법리에 비추어 볼 때, 지방자치단체의 재산인 도로부지의 재산적 가치에 영향을 미치는 지방자치법 제17조 제1항의 '재산의 관리·처분에 관한 사항'에 해당한다고 할 것이다.

결국 원심이 그 판시와 같은 이유를 들어 이 사건 도로점용허가가 주민소송의 대상이 되는 재산의 관리·처분에 관한 사항에 해당하지 않는다고 보아 이 부분 소를 각하한 제1심판결을 그대로 유지한 것은, 이 사건 도로점용허가의 법적 성격과 주민소송의 대상에 관한 법리를 오해하여 판결에 영향을 미친 잘못이 있다.

[판결의 평석]

I. 사안의 쟁점

대표적인 행정법 교과서[6]에서 급부행정의 측면에서 다루어지는 '공물'이라는 개념에 관

---

6) 김남진/김연태, 『행정법II』, 제27판, 2023, 468면 이하; 김남철, 『행정법강론』, 제9판, 2023, 1258면 이하; 김동희, 『행정법II』, 제26판, 2021, 261면 이하; 김민호, 『행정법』, 제3개정판, 2022, 715면 이하; 김성수, 『개별행정법』, 2004, 703면 이하; 김유환, 『현대행정법』, 제8판, 2023, 886면 이하; 김철용, 『행정법』, 전면개정 제12판, 2023, 1043면 이하; 류지태/박종수, 『행정법신론』, 제18판, 2021, 1073면 이하; 박균성, 『행정법론(하)』, 제21판, 2023, 395면 이하; 정남철, 『한국행정법론』, 제2판, 2021, 741면 이하; 정하중/김광수, 『행정법개론』, 제17판, 2023, 1104면 이하; 정형근, 『행정법』, 제11판, 2023, 985면 이하; 하명호, 『행정법』, 제5판, 2023, 928면 이하; 한견우, 『현대행정법신론2』, 2014, 85면 이하; 홍

한 학설상 합의는 없다.[7] 판례 또한 적극적으로 개념을 정의하지 않는다. 이러한 개념의 부재 속에서 "도로 등 공물이나 공공용물을 특정 사인이 배타적으로 사용하도록 하는 점용허가가 도로 등의 본래 기능 및 목적과 무관하게 그 사용가치를 실현·활용하기 위한 것으로 평가되는 경우에는 주민소송의 대상이 되는 재산의 관리·처분에 해당한다."라는 대상판결의 설시는 많은 시사점을 준다.

이러한 판시는 공물에 해당하는 도로의 점용허가는 '도로의 본래 기능 및 목적과 관련이 있는 경우'와 그와 무관하게 '도로의 사용가치를 실현·활용하기 위한 것으로 평가되는 경우'로 구분되는데, 그중 후자는 주민소송의 대상이 된다는 것이다. 그 이유로 대상판결은 "주민소송은 원칙적으로 지방자치단체의 재무회계에 관한 사항의 처리를 직접 목적으로 하는 행위에 대하여 제기할 수 있다."라는 점을 들고 있다. 여기서 '도로의 사용가치를 실현·활용하기 위한 것으로 평가되는 경우'가 '재무회계에 관한 사항의 처리를 직접 목적으로 하는 행위'에 해당하는 점은 이론의 여지가 없다. 그러나 그로부터 '도로의 본래 기능 및 목적과 관련이 있는 경우'가 '재무회계에 관한 사항의 처리를 직접 목적으로 하는 행위'에 해당하지 않는다는 결론이 당연히 추론되지는 않는다. 이에 관해서는 아무런 논증도 제시되어 있지 않은바, 그 논증을 위해서는 앞서 언급한 공물의 개념을 분명히 하는 일이 긴요하다.

그런데도 마치 '도로의 본래 기능 및 목적과 관련이 있는 경우'가 결코 주민소송의 대상이 될 수 없는 것처럼 손쉽게 단정하기에 이르는 배경에 주목할 필요가 있다. 그 배경에는 바로 주민소송을 항고소송과 대비되는 민중소송으로 이해하고 그 결과 주민소송의 대상을 항고소송의 대상에 비하여 축소하려는 법원의 의도가 있다. 그러나 이처럼 주민소송의 대상에 관한 법의 해석에 참고할 만한 민중소송 및 그와 대비되는 항고소송의 엄밀한 개념은 아직 규명된 바가 없다. 특히 항고소송의 개념과 그 본성에 대한 이해가 중요한데, 「행정소송법」(이하 '행정소송법'이라 한다)이 항고소송을 중심으로 소송체계를 구축하고 있는 점에서 그러하다. 이 점에서 보면, 앞서 지적한 공물의 개념이 명확하지 않은 점에 더해서 민중소송 및 그와 대비되는 항고소송의 개념이 명확하지 않은 점 또한 대상판결의 논리적 결함에 충분한 원인을 제공할 수 있는 상황이다.

정선, 『행정법원론(하)』, 제31판, 2023, 572면 이하; 홍준형, 『행정법』, 제2판, 2017, 1423면 이하.

7) 공물의 본질에 관한 견해가 일치하지 않기 때문이다. 이에 관하여 송시강, "제9편 공물법", 김철용(편), 『특별행정법』, 2022, 1334면 이하.

Ⅱ. 판례의 이해

대상판결에 대한 선행연구 중에는 대상판결을 직접적으로 평석하는 것도 있고,[8] 일반론으로 접근하면서 분석한 것도 있다.[9] 대상판결에서 핵심이 되는 쟁점은 도로점용허가가 주민소송의 대상이 될 수 있는가이다. 이에 대한 답을 얻고자 선행연구는 한편으로 도로점용허가의 성격에 관한 법리적 검토를 수행하고, 다른 한편으로 주민소송의 대상적격에 관한 법리적인 검토를 수행한다.

1. 도로점용허가의 성격에 관하여

대상판결에서 쟁점이 되는 도로점용허가의 성격에 관한 선행연구는 다시 2가지로 구분할 수 있다. 먼저, 공물관리를 재산관리와 대비하는 관점[10]은 일심판결의 논리구조와 유사하게, 주민소송의 대상이 되는 재산관리[11]의 개념을 주어진 것으로 보고, 공물관리가 이에 포섭될 수 있는지에 초점을 맞춘다. 이에 관한 학설은 원칙적 부정설, 개별적 판단설, 원칙적 긍정설의 3가지로 제시되기도 하고,[12] 원칙적 부정설, 개별적 판단설의 2가지로 제시되기도 한다.[13] 이러한 접근은 대상판결에서 문제가 되는 법의 적용 과정을 충실하게 반영하는 점에서 논리적이지만, 재산관리의 개념에 대한 선이해가 공물관리의 개념적 이해에 영향을 미치는 순환논증의 오류에 빠질 위험이 있다.

이와 비교하여 행정재산과 일반재산을 대비하는 관점[14]은 주민소송의 대상적격에 관한 법리와 무관하게 도로점용허가의 본질을 이해하고자 노력하는 점에서 타당하다. 이러한 접근에서 초점이 되는 것은 도로의 지표뿐 아니라 그 지하까지 행정재산에 해당하는지 아니

---

8) 대표적으로, 최계영, "주민소송의 대상과 도로점용허가 – 대법원 2016. 5. 27. 선고 2014두8490 판결",『법조』제720호, 2016, 422면 이하; 선정원, "도로점용허가와 주민소송 – 대법원 2016. 5. 27. 선고 2014두8490 판결",『행정판례연구』제22권 제2호, 2017, 125면 이하; 박건우, "도로점용허가와 주민소송 – 대법원 2019. 10. 17. 선고 2018두104 판결",『행정법연구』제62호, 2020, 169면 이하.

9) 대표적으로, 김종보, "도로의 설치와 관리 그리고 점용허가",『행정법연구』제54호, 2018, 199면 이하; 최용전, "최근 사례를 통한 도로점용허가의 법적 쟁점",『토지공법연구』제91권, 2020, 93면 이하.

10) 최계영, 앞의 글, 427면 이하; 박건우, 앞의 글, 184면 이하.

11) 지방자치법 제22조 제1항에서 정하는 '재산의 취득 · 관리 · 처분에 관한 사항'을 말한다. 그밖에 '공금의 지출에 관한 사항'과 '계약의 체결 · 이행에 관한 사항' 및 '공금의 부과 · 징수를 게을리한 사항'도 주민소송의 대상으로 규정되어 있는바, 이를 총괄하는 판례상 용어가 '재무회계행위'이다.

12) 최계영, 앞의 글, 429면 이하.

13) 박건우, 앞의 글, 184면 이하.

14) 선정원, 앞의 글, 137면 이하; 김종보, 앞의 글, 211면 이하.

면 도로의 지표와 달리 그 지하는 일반재산에 해당하는지이다. 이와 관련하여, 도로의 지하에 대해서는 도로점용허가, 즉 도로의 특별사용에 대한 허가가 아니라 그와 별도의 특별사용에 대한 계약을 체결하는 독일의 법제가 중요한 참고가 된다.15) 도로의 지표와 달리 그 지하는 일반재산에 해당하고, 이에 대한 도로점용허가는 통상적인 경우와 달리 취급되어야 하는 점에서,16) 주민소송의 대상이 되는 재산관리에 해당한다는 것이 요지이다. 그러나 일반재산의 사용관계가 주민소송의 대상이 되는 재산관리에 해당하는 것은 이론의 여지가 없는 점에서, 실질적으로 쟁점이 되는 것은 행정재산의 사용관계가 주민소송의 대상이 되는 재산관리가 될 수 있는지인데도 그에 대한 답을 회피하는 결과가 된다.

결국 공물관리와 재산관리를 대비하는 관점이나 행정재산과 일반재산을 구별하는 관점 모두 충분히 적절한 논증이라고 볼 수는 없다. 주민소송의 대상이 되는 재산관리에 해당하는지와 무관하게 도로점용허가의 법적 성격을 규명하기 위해서는 공물의 본질론에 입각한 접근이 필요하다.

2. 주민소송의 대상적격에 관하여

대상판결에서 쟁점이 되는 주민소송의 대상적격에 관한 선행연구는 사법심사의 치수(measurement)17)에 관한 2가지 입장으로 구분할 수 있다. 적극설18)의 견해에 따르면, 주민소송은 항고소송에 의한 권리구제의 공백을 메워야 하는 점에서, 공물관리는 주민소송의 대상이 되는 재산관리에 해당하기 쉽고, 그 소송물도 재무회계적 위법에 국한되지 않고 위법성 일반에 미친다. 이와 달리, 소극설19)의 견해에 따르면, 주민소송은 항고소송에 대해서 보충적인 역할에 머물러야 하는 점에서, 공물관리는 주민소송의 대상이 되는 재산관리에 해당하기 어렵고, 그 소송물도 재무회계적 위법에 한정되는 것이 바람직하다. 이와 관련하여, 대상판결에 앞서 또 다른 재무회계행위(공금의 지출에 관한 사항)에 관하여 선고된 대법원 2011. 12. 11. 선고 2009두14309 판결에 대한 선행연구20)가 중요한 참고가 된다.

---

15) 선정원, 앞의 글, 130면 이하.

16) 심지어는 위법하다고 한다. 박건우, 앞의 글, 179면 이하.

17) 여기서 말하는 사법심사의 치수는 사법심사의 대상(심사할 수 있는 대상인가?)을 넘어, 사법심사의 범위(심사할 수 있는 위법인가?), 사법심사의 기준(무엇으로 심사할 것인가?), 사법심사의 강도(행정의 판단을 대체할 것인가?)를 포괄하는 것이다.

18) 최계영, 앞의 글, 436면 이하; 선정원, 앞의 글, 149면 이하.

19) 김종보, 앞의 글, 213면 이하; 박건우, 앞의 글, 186면 이하.

20) 대표적으로, 문상덕, "주민소송의 대상 확장: 위법성 승계론의 당부 – 수원지법 2006구합4586 판결 및 서울고법 2008누35943 판결을 소재로", 『지방자치법연구』 제27호, 2010, 297면 이하; 함인선, "주민소

이러한 견해의 대립은 표면적으로는 주민소송에 대한 이해의 차이를 드러내지만, 더 근본적으로는 항고소송을 중심으로 하는 행정소송의 체계에 관한 이해의 차이와 닿아있다. 주민소송의 정체성은 항고소송의 정체성에 영향을 받는 점에서, 항고소송의 본질은 주민소송의 이해에 중요하다. 그러나 항고소송의 본질에 관하여 알려진 것은 생각보다 많지 않다.

Ⅲ. 법리의 검토

1. 공물관리의 관점에서

기존의 학설은 모두 공물관리를 '공물의 본래 기능 및 목적과 관련이 있는 경우'(이하 '공물의 본래 기능을 실현하는 경우'라고 한다)와 그와 무관하게 '공물의 사용가치를 실현·활용하기 위한 것으로 평가되는 경우'(이하 '공물의 사용가치를 실현하는 경우'라고 한다)로 구분할 수 있다는 전제에 서 있다.

그러나 어느 재산을 공적인 목적에 수단으로 제공하는 것이 그 사용가치의 실현과 무관할 수 있을까? 공물이 특별하게 취급되는 것은 그것이 사용가치의 실현과 무관해서가 아니라 단순한 사용가치의 실현을 넘어 공적인 목적에 수단으로 제공되는 점에 있다. 「국유재산법」(이하 '국유재산법'이라 한다)이나 「공유재산 및 물품 관리법」(이하 '공유재산법'이라 한다)이 단순한 재산으로서 가치의 실현에 그치는 것을 일반재산이라고 하고 이를 넘어 공적인 목적에 수단으로 제공되는 것을 행정재산이라고 해서 양자를 개념적으로 구별하는 것도 바로 이러한 이치에서다. 다시 말해, 공물을 관리한다고 해서 또는 행정재산의 사용관계라고 해서 그 재산적 가치의 실현과 무관할 수는 없는 것이다.

이 점에서 보면 '공물의 본래 기능을 실현하는 경우'는 언제나 '공물의 사용가치를 실현하는 경우'에 해당한다. 따라서 '공물의 본래 기능을 실현하는 경우'를 '공물의 사용가치를 실현하는 경우'와 무관한 것처럼 생각하면 오류를 피할 수 없다. 그러면 '공물의 본래 기능을 실현하는 경우'와 무관한 '공물의 사용가치를 실현하는 경우'라는 것은 논리적으로 가능한가. 이는 공물의 관리라고 하면서 '공물의 본래 기능을 실현하는 경우'와 무관하다는 것이 모순이 아닌지 묻는 것이다. 여기서 형식적으로는 행정재산에 해당하나 실질적으로는 일반재산에 해당한다는 논리적인 해명이 시도되는 것이지만,[21] 이러한 접근이 법리적으로

___

송에 있어서 이른바 '위법성의 승계'에 관한 검토 — 일본의 학설·판례를 중심으로", 『공법연구』 제42권 제4호, 2014, 343면 이하.

가능한 일인지에 관한 추가적인 검토가 필요하다.

(1) 공물의 본질

이상과 같은 논리적인 혼란에는 공물의 개념이 명확하지 않은 점이 크게 기여하고 있다. 그 핵심은 국유재산법과 공유재산법에서 말하는 행정재산이라는 개념이 공물 개념과 어떠한 관계에 있는지에 있다. 행정재산은 국가나 지방자치단체가 소유하는 재산[22]으로서 직접 행정 목적에 제공되는 것을 말한다. 국가나 지방자치단체가 소유하는 재산 중에서 행정재산을 제외한 나머지를 일반재산이라고 한다. 행정재산에 해당하기 위해서는 국가에 소유권이 귀속되어야 하는 것이다. 이 문제는 단순히 용어를 정의하는 차원을 넘어서는 것이다. 예를 들어, 학설이 일반적으로 공물의 특수성으로 설명하는 시효취득의 제한은 국유재산법과 공유재산법에 따라 행정재산에만 부여하는 효과이다. 다시 말해, 모든 공물에 인정되는 것이 아니다.

행정주체에 대한 소유권의 귀속이 공물의 개념을 구성하는 요소가 아니라는 것이 통설의 입장이다. 그러나 이러한 견지에 서더라도 직접 행정 목적에 제공되는 물건에 대한 정당한 권원은 요구된다. 그 정당한 권원이 반드시 소유권일 필요까지는 없는 것이다. 다만, 국가나 지방자치단체는 어느 물건을 직접 행정 목적에 제공하기에 앞서 그 소유권을 취득하는 것이 일반적인바, 이를 위해 수용권을 행사하는 것이다. 이점에 대한 이해를 위해서는 공물의 본질에 관하여 공적인 소유권(öffentliches Eigentum)으로 보는 견해(이하 '공적 소유권설'이라고 한다)와 수정된 사적인 소유권(modifiziertes Privateigentum)으로 보는 견해(이하 '수정된 사적 소유권설'이라고 한다)의 대립을 참고할 필요가 있다. 전자에 따르면, 행정주체에 대한 소유권의 귀속이 필수이고, 민법상 소유와 점유에 관한 규정의 적용이 제외되고 오로지 공법적인 물건의 지배권(öffentliche Sachherrschaft)이 성립한다. 이와 달리, 후자에 따르면, 행정주체에 대한 소유권의 귀속이 필수는 아니고, 소유권이 귀속하는 경우 민법상 소유와 점유에 관한 규정이 그대로 적용되면서 이에 더해 행정법상 역권의 부담(Verwaltungsrechtliche Dienstbarkeit)[23]이 적용되는바, 그 결과 사법적인 물건의 지배권과

---

21) 김종보, 앞의 글, 215면 이하; 박건우, 앞의 글, 181면 이하.

22) 국가가 소유하는 물건은 크게 3가지, 즉 재산, 국고금, 물품으로 구분된다. 부동산 기타 중요한 물건이 재산이고, 국고금은 현금과 그에 준하는 증권이며, 물품은 그 나머지를 말한다. 재산에 대해서는 「국유재산법」이 적용되고, 국고금애 대해서는 「국고금관리법」이 적용되며, 물품에 대해서는 「물품관리법」이 적용된다.

23) 우리 민법에 규정되어 있지 않은 인역권의 일종으로서, 공공복리를 위해서 재산권의 행사가 제한되는 것을 말한다.

공법적인 물건의 지배권이 누적하여 성립한다. 수정된 사적 소유권설은 통설이 말하는 공물 개념을 설명하기에는 적합하나, 국유재산법이나 공유재산법에서 정하는 행정재산의 개념을 설명하기에는 적절하지 않은 측면이 있다. 앞서 언급한 시효취득의 제한에 관한 규정이나 처분의 제한에 관한 규정은 공적 소유권설에 입각할 때 비로소 설명이 가능한 점에서 그러하다.[24] 이상의 설명을 통해, 행정주체가 어떤 물건을 직접 행정 목적에 제공하는 것(이하 '공적인 제공'이라고 한다)만으로는 부족하고, 비록 소유권까지는 아니더라도 정당한 권원을 취득하는 것이 공물의 개념에 필수적인 요소라는 점을 이해할 수 있다. 그 밖에 공물이 성립하거나 소멸하는 데에는 어느 물건을 공물로 지정하는 공법상 의사표시(이를 '공용개시'라고 한다)나 그 지정을 해제하는 의사표시(이를 '공용폐지'라고 한다)가 필요하다.

요컨대, 어떤 물건이 공물이 되기 위해서는 ① 행정주체가 해당 물건에 대해서 공적인 제공에 필요한 권원을 보유해야 하고, ② 행정주체에 의해서 해당 물건의 공적인 제공이 이루어져야 하며, ③ 이에 관한 공법상 의사표시가 필요한 것이 원칙이다. 이를 개념으로 구성하면 행정주체가 정당한 권원을 취득하여 공적으로 제공하는 물건으로서 그에 관한 특별한 의사표시가 원칙적으로 요구되는 것이 바로 공물이다. 공물에 관한 법인 공물법은 공법적인 물건에 관한 법, 다시 말해, 물건에 관한 공법으로서 사법상 물권법에 대비되는 것이다. 여기서 대부분 교과서가 공물법을 급부행정의 일환으로 설명하는 것이 적절하지 않을 수 있다는 점을 직관적으로 이해할 수 있다. 공물의 사용에 관한 내용이 급부행정과 밀접한 측면이 있기는 하지만 그렇다고 공물법 전체가 급부행정의 영역에 속한다고 단정해서는 안 되는 것이다. 전술한 바와 같이 '공물의 본래 기능을 실현하는 경우'와 그와 무관하게 '공물의 사용가치를 실현하는 경우'를 구분하는 대상판결의 논리도 따지고 보면 공물의 사용에 초점이 맞추어진 급부행정의 관점에 경도되어 공물법의 정체성을 오해한 결과라고 할 수 있다. 공법상 물권법이라는 관점에서 보면, '공물의 사용가치를 실현하는 경우'에 해당하지 않는 공물의 관리는 논리적으로 가능하지 않다. 이를 바탕으로 더 나아가 '공물의 본래 기능을 실현하는 경우'에 해당하는 것이 바로 공물의 관리이다.

이에 대상판결이 '공물의 본래 기능을 실현하는 경우'와 그와 무관하게 '공물의 사용가치를 실현하는 경우'를 구분하는 도식은 '공물의 사용가치를 실현하는 경우'와 이를 바탕으로 더 나아가 '공물의 본래 기능을 실현하는 경우'를 구분하는 것으로 수정되어야 한다. 여기서 '공물의 본래 기능을 실현하는 경우'와 무관한 '공물의 사용가치를 실현하는 경우'를 과연 공물의 관리라고 부를 수 있는지 검토가 필요하다. 바로 이 점에 착안하여 이 사건 도

---

24) 송시강, 앞의 책, 1312면 이하.

로점용허가의 대상이 되는 도로의 지하는 행정재산이 아닌 일반재산으로 보아야 한다는 견해가 제시되고, 한 걸음 더 나아가 이 사건 도로점용허가가 위법이라는 견해가 제시되는 것이나, 공물의 범위에 관한 명시적인 규율이 따로 없는 이상 임의로 도로의 지표와 그 지하를 구분하고 이 사건 도로점용허가의 효력이 미치는 범위를 전자에 제한하는 것이 논리적으로 가능한 일인지 의문이다. 그보다는 일단 공물이 성립한 이상 그에 대한 관리가 '공물의 본래 기능을 실현하는 경우'와 무관한 사정이 예외적으로 발생한다고 하더라도 여전히 공물의 관리에 해당하고, 다만 그 관리를 공법이 아닌 사법의 형식을 통해 수행할 수 있다고 보는 것이 논리적으로 타당하다는 생각이다.

(2) 대상판결의 분석

1) 도로의 지하는 공물이 아닌가?

이 사건에서 도로의 지하가 과연 도로점용허가의 대상이 되는지가 새삼스럽게 쟁점이 되지만, 판례는 일찍부터 도로의 지하에 설치되는 '지하연결통로'에 당연히 도로법이 적용되는 것을 전제로 판시해 왔다.[25] 도로의 범위가 그 지하의 어디까지 미치는지는 일차적으로 민법상 물권에 관한 법리, 즉 물권법에 달려있다. 이러한 사법상 물권법에 대응하는 것이 바로 공법상 물권법, 즉 공물법이다. 도로의 지하를 그 지표와 달리 도로의 구성요소가 아닌 것처럼 생각하는 것은 논리적으로 잘못이다. 도로의 범위를 그 지표에 한정하고 그 지하를 도로의 범위에서 제외하기 위해서는 그에 상응하는 법률의 규정이 있어야 하는 점에서 그러하다. 이와 마찬가지 이유에서, 도로의 지하를 행정재산에 해당하는 그 지표와 달리 일반재산에 해당한다고 보는 것 역시 논리적으로 잘못이다.

2) 허가의 목적이나 점용의 용도가 공익적이어야 하는가?

대상판결은 도로점용허가의 목적이나 그 점용의 용도가 공익적 성격을 가지는 경우와 그렇지 않은 경우를 구분하고 있으나, 이러한 구분은 이전에 없던 새로운 것으로서, 도로점용허가가 원래 공익적 성격을 가져야 한다는 오해를 불러일으키는 점에서 논리적으로 심각한 문제가 있다. 도로점용허가로 인하여 공익이 저해되어서는 안 되겠지만 도로점용허가가 반드시 공익적 성격을 가져야 할 이유는 없다. 공익의 달성 여부가 아니라 공익의 저해 여부가 중요한 것이다. 이와 관련하여, 프랑스법에서는 도로의 물리적 상태를 침해하는 경우와 그렇지 않은 경우를 구분하는 것이 중요하고,[26] 독일법에서는 일반사용을 초과하

---

25) 대표적으로, 대법원 1991. 4. 9. 선고 90누8855 판결.
26) 기반시설을 설치하기 위한 공사에 수반하여 지하의 굴착을 전제하는 도로점용허가(permission de voirie)

는 특별사용을 다시 일반사용을 침해하는 경우와 그렇지 않은 경우로 구분하는 것이 중요하다.[27] 전자와 관련하여 프랑스법은 도로점용허가 또는 그와 대등한 효력을 가지는 공법상 계약을 통해서 행정재산을 부지로 하는 그 목적과 무관한 건축물의 건축을 허용하고, 후자와 관련하여 독일법은 도로점용허가와 전혀 별개로 사법상 계약을 통해서 도로의 지하에 매장되는 도관(導管)의 설치를 허용한다. 이와 달리 우리는 행정재산을 부지로 하는 그 목적과 무관한 건축물의 건축에 대해서나 도로의 지하에 매장되는 도관의 설치에 대해서나 도로점용허가에 관한 규율이 무차별적으로 적용된다.

3) 사법적인 임대를 위해서 공법적인 허가를 할 수 있는가?

도로의 점용이 그 용도가 공익의 달성과 관련이 없어서 결과적으로 사법적인 임대와 유사한 경우 해당 도로의 이용관계는 공법적인 성격을 가지는지 아니면 사법적인 성격을 가지는지 문제가 된다. 프랑스법에서 공법상 법률관계로 취급되는 것과 달리 독일법에서는 사법상 법률관계로 취급된다. 이는 공물의 본질에 관하여 프랑스법에서 공적인 소유권설을 취하는 것과 달리 독일법에서 수정된 사적 소유권설을 취하는 것과 논리적으로 무관하지 않다. 수정된 사적 소유권설에 따르면 공물은 사법상 소유권이 이른바 공물제한이라는 역권의 부담을 지는 것에 불과한 점에서, 행정재산의 사법적(私法的) 사용을 위해서는 소유자(도로의 관리주체가 아닐 수 있다)와 사법상 계약을 체결하여야 하는 것이다. 우리 도로법은 독일법과 마찬가지로 수정된 사적 소유권설에 입각하고 있는 것으로 보이기는 하나, 철저하지 않아서 독일법과는 다르게 행정재산의 사법적 사용에 관한 특별한 규정이 없다. 여기서 따로 법률의 규정이 없더라도 행정재산의 사법적 사용을 위한 사법상 계약이 가능한지 문제가 된다.

(3) 대상판결의 종합

1) 공물로서 도로의 본질에 관하여

대상판결은 공물의 본질에 관한 공적인 소유권설과 수정된 사적 소유권설의 대립에 관하

와 그렇지 않고 기초 없이 지표 위에 경량의 공작물을 설치하는 도로점용허가(permis de stationnement)를 구분한다. Pierre Bon/Jean-Bernard Auby/Philippe Terneyre, Droit administratif des biens, 8ᵉ édition, Dalloz, 2020, 142면 이하.

27) 일반사용을 초과하는 특별사용 중에서 일반사용에 대한 계속적 침해가 없는 경우 공법상 특별사용에 대한 허가가 필요하지 않다. Hans-Jürgen Papier, "Recht der öffentlichen Sachen", Hans−Uwe Erichsen/Dirk Ehlers, Allgemeines Verwaltungsrecht, 12.Auflage, De Gruyter Recht, 2002, 668면 이하.

여 명시적인 언급을 하지 않을 뿐 아니라 암묵적인 단서도 제시하지도 않는다. 이와 관련하여, 행정재산을 시효취득의 대상에서 제외하는 국유재산법 제7조 제2항을 도로법상 도로에 그대로 적용하는 판례[28]도 있지만 "소유권을 이전하거나 저당권을 설정하는 경우에는 사권을 행사할 수 있다."라는 도로법 제4조를 근거로 정당한 권원 없이 설치된 도로 부지에 대한 소유자의 인도 청구를 허용하지 않는 판례[29]도 있는바, 판례가 어느 입장인지를 알아내는 데 논리적으로 어려움이 있다. 이러한 견해의 대립은 전술한 바와 같이 행정재산의 사법적 사용을 공법상 법률관계로 볼 것인지 아니면 사법상 법률관계로 볼 것인지에 영향을 미친다. 이와 관련하여, 행정재산의 사용허가는 순전히 사경제주체로서 행하는 사법상 행위가 아니라 강학상 특허에 해당한다는 판례[30]를 주목할 필요가 있다. 이러한 행정재산의 사용허가가 행정재산의 사법적 사용을 대상으로 하는 점은 분명하다. 여기서 행정재산의 사법적 사용은 크게 2가지 유형으로 구분되는바, 학설이 말하는 행정재산의 목적 외 사용에 해당하는 경우뿐만 아니라 행정재산에 영구시설물을 축조하는 경우 또한 이에 해당한다. 이러한 맥락에서 보면 국립의료원 부설주차장에 관한 위탁관리운영계약은 사법상 계약의 형식에도 불구하고 그 실질에 따라 행정재산의 사용허가에 해당한다는 판례[31]의 논리를 이해할 수 있다. 요컨대, 행정재산의 사법적 사용은 사법적 계약에 의할 수 없고 행정재산의 사용허가라는 공법적인 형식으로만 가능하다는 점이 판례의 확고한 입장이다.

2) 허가 대상인 도로점용의 개념에 관하여

도로점용허가의 대상은 일반사용을 초과하는 특별사용이다. 판례는 일반사용과 대비되는 특별사용을 관념할 뿐이고,[32] 통설에 의한 허가사용과 특허사용의 구분은 판례에서 사용이 안 된다. 기부채납의 경우와 같이 신뢰보호가 요청되는 특수한 사정이 있는 경우 특허사용이라는 개념이 사용되기는 하지만,[33] 이 경우에도 학설에서 사용하는 것처럼 허가사용과 대비되는 의미는 아니다. 독일법에서 특별사용을 다시 일반사용을 침해하는 것과 그렇지 않은 것을 구별하는 법리는 행정재산의 사법적 사용을 이해하는 점에 유용하지만 그렇다고 필수라고 보기는 어렵다. 이러한 행정재산의 사법적 사용을 통설은 행정재산의 목적 외 사용이라는 법리로 설명한다. 이는 국유재산법 제30조가 행정재산은 그 용도나 목

---

28) 대법원 1995. 2. 24. 선고 94다18195 판결.
29) 대법원 1968. 10. 22. 선고 68다1317 판결.
30) 대법원 1998. 2. 27. 선고 97누1105 판결.
31) 대법원 2006. 3. 9. 선고 2004다31074 판결.
32) 대법원 2014. 5. 29. 선고 2012두27749 판결.
33) 대법원 2001. 8. 24. 선고 2001두2485 판결.

적에 장애가 되지 아니하는 범위에서만 사용허가를 할 수 있다고 규정하는 것에 비롯한다. 그러나 이러한 통설의 태도는 이제 변경되어야 한다. 행정재산의 사용허가는 영구시설물의 축조에 대한 허가를 포괄하는 것인 점에서 행정재산의 목적 외 사용에 대한 허가보다 상위의 개념이 되어야 한다. 또한 행정재산의 목적 외 사용이나 영구시설물의 축조와 같은 행정재산의 사법적 사용에 그 적용 범위가 국한되어야 할 이유가 없는 점에서, 행정재산의 사용허가는 국유재산법과 공유재산법을 넘어 도로점용허가, 하천점용허가와 같은 개별법이 따로 없는 경우에 보충적으로 적용되는 공물의 특별사용에 대한 허가에 관한 일반법으로 보아야 한다.

3) 도로점용허가와 행정재산 사용허가의 관계에 관하여

결국 도로점용허가와 행정재산 사용허가의 관계를 어떻게 설정할 것인지가 핵심적인 문제가 된다. 이는 더 근본적으로는 도로법과 국유재산법의 관계를 어떻게 설정할 것인지의 문제이다. 이와 관련하여, 전술한 바와 같이, 도로에 대해서 국유재산법의 규정이 당연히 적용될 수도 있고, 도로법의 규정이 우선하는 결과 국유재산법의 규정이 적용되지 않을 수도 있다는 것이 판례의 입장이다. 아울러, 도로법상 변상금 부과에 관한 규정과 국유재산법상 변상금 부과에 관한 규정은 그 입법 취지가 다르고 내용 또한 서로 다르므로 전자에서 후자로 근거 법령을 변경하면 처분의 동일성이 유지되지 않는다는 것이 판례의 입장이다.[34] 이 문제가 결코 단순할 수 없는 이유는 도로법이 수정된 사적 소유권설에 부합하는 것과 달리 국유재산법은 공적인 소유권설에 부합한다는 점에 있다. 예를 들어, 도로법 제4조(소유권을 이전하거나 저당권을 설정하는 경우 도로를 구성하는 부지, 옹벽, 그 밖의 시설물에 대해서도 사권을 행사할 수 있다)가 적용이 된다면 국유재산법 제7조 제2항(행정재산은 민법 제245조에도 불구하고 시효취득의 대상이 되지 않는다)을 적용할 이유가 없는데도 도로법상 도로에는 민법상 시효취득에 관한 규정이 적용되지 않는다는 것이 판례의 입장이다. 이러한 판례는 분명 논리적이지 않지만 그렇다고 틀렸다고 단정할 수는 없다. 국유재산법과 도로법이 일반법과 특별법의 관계에 있다고 해서 도로법의 규정이 언제나 우선하는 결과 국유재산법의 규정이 적용되지 않는다는 보장은 없다. 특별법에 해당하는 행위는 그와 동시에 일반법에 해당하는 점에서 특별법과 일반법의 관계는 의제에 의한 법률의 준용과 유사한 측면이 있는바, 이에 도로법의 규정이 우선하는 결과 국유재산법의 해당 규정이 적용되지 않는 경우뿐만 아니라 도로법의 규정이 일차적으로 적용되고 국유재산법의 해당 규정이 이

---

34) 대법원 2011. 5. 26. 선고 2010두28106 판결.

차적으로 적용되는 경우, 도로법에 해당 규정이 없어서 국유재산법이 전적으로 적용되는 경우도 논리적으로 얼마든지 가능하다. 행정재산의 사법적 사용이 도로법의 적용도 받고 그와 동시에 국유재산법의 적용도 받는 경우, 도로점용허가가 행정재산 사용허가의 특별법이라는 점을 고려하건대 전자는 동시에 후자로 의제가 된다고 보아야 하는바, 사법상 계약이 아니라 도로점용허가에 의한다고 하더라도 이로써 의제가 되는 행정재산의 사용허가가 당연히 허용되는 점에 비추어 보았을 때 그 이유만으로 도로점용허가를 위법이라고 할 수는 없다.

2. 주민소송의 관점에서

앞서 설명한 바와 같이, '공물의 본래 기능을 실현하는 경우'는 언제나 '공물의 사용가치를 실현하는 경우'에 해당하는 점에서, 공물의 관리는 어떤 경우이든지 간에 주민소송의 대상이 되는 재무회계행위에 필요한 최소한의 조건은 갖추고 있다. 그런데도 대상판결은 재무회계행위의 범위를 '지방자치단체의 재무회계에 관한 사항의 처리를 직접 목적으로 하는 행위'에 한정하고서는 '공물의 본래 기능을 실현하는 경우'와 무관한 '공물의 사용가치를 실현하는 경우'가 이에 해당한다는 결론에 이르렀는바, 이는 공물의 본질론이 아닌 주민소송, 나아가 항고소송의 본질론에서 추론된 것이다.

(1) 항고소송의 본질

행정소송법은 민중소송을 "국가 또는 공공단체의 기관이 법률에 위반되는 행위를 한 때에 직접 자기의 법률상 이익과 관계없이 그 시정을 구하기 위하여 제기하는 소송"으로 정의한다. 민중소송은 법률에서 개별적으로 정하는 경우 그 법률에서 정하는 자만이 제기할 수 있는바(행정소송법 제45조), 이에 따라 지방자치법 제22조는 제21조에 따른 감사를 청구한 주민이 지방자치단체와 그 장의 권한에 속하는 재무회계행위가 법률에 위반되는 점을 전제로 그 시정을 구하기 위하여 제기하는 소송을 특별히 규정한다. 민중소송이 '법률에 위반되는 행위의 시정을 구하는 소송'이라는 측면은 민중소송을 "행정청의 처분등이나 부작위에 대하여 제기하는 소송"으로 정의되는 항고소송의 연장선상에서 이해하는 단서가 된다. 그러나 지방자치법 제22조에서 정하는 주민소송의 4가지 유형에는 항고소송으로 설명하기 어려운 것이 포함되어 있다. 우리 행정소송은 항고소송과 당사자소송으로 양분되는 체계인 점에서 항고소송에 해당할 수 없는 주민소송은 당사자소송이 될 수밖에 없다. 이 문제는 당사자소송 중에 항고소송과 대비되는 것뿐 아니라 항고소송의 실질을 가지는 유형도 있다는 점35)을 인정해야 합리적으로 해결할 수 있다.

1) 납세자소송

우리 주민소송은 일본법36)에서 계수한 것이나, 프랑스법37)과 미국법38)의 납세자소송이 일본법에 영향을 미쳤다고 알려져 있다. 그런데 일본법과 달리 미국법과 프랑스법에서 납세자소송은 독자적인 유형의 소송이 아니라 항고소송이 제기되는 양상이 다소 특이할 뿐이다. 원고가 침해되었다고 주장하는 이익이 납세자의 지위에 기초하는 점에서 원고적격이 폭넓게 인정되고, 그런 만큼 대상적격이 납세자의 지위에 영향을 미치는 행정작용에 국한된다. 이처럼 원고적격과 대상적격에 관한 법리가 특수한 점을 제외한 나머지 항고소송에 요구되는 일반적인 조건은 모두 충족되어야 한다. 이러한 납세자소송에 관한 법리가 일본법에 소개되어서 주민소송에 관한 법제가 형성된 것인데, 일반적인 항고소송으로 충분히 해결할 수 있는 문제를 이렇게 특별한 법제를 통해 대응한 이유에 주목할 필요가 있다.

2) 항고소송의 개념

기껏해야 원고적격에 관한 법리가 특수한 것에 불과한 납세자소송이 일본법에서 특별한 유형의 소송 제도로 발전한 이유는 항고소송의 본질에 대한 이해와 무관하지 않다는 생각이다. 항고소송의 고향에 해당하는 프랑스법과 표면적으로는 항고소송과 전혀 무관한 미국법이 납세자소송의 해법에서 서로 유사하다는 점, 그런데 일본법이 이와 전혀 다른 길을 걸어갔다는 점은 우리 주민소송의 정체성과 그 바탕이 되는 항고소송의 본질에 관하여 참으로 많은 것을 생각하게 만든다.

항고소송의 개념을 이론적인 차원에서 접근하면 '일차적 권리구제에 해당하는 사법심사'가 된다. 첫째, 사법심사(judicial review)는 말 그대로 법관이 사후에 다시 심사하는 것이다. 여기서 심사의 대상은 공권력의 행사이고, 심사의 범위는 모든 위법성에 이를 수도 있지만 그렇지 않을 수도 있으며, 심사의 기준은 성문의 법 또는 불문의 법(성문의 법에 불확정성이 있는 경우 특히 중요하다)이고, 심사의 강도는 기속행위인가 아니면 재량행위인가에 따라 달

---

35) 송시강, "이른바 부진정 행정입법부작위에 대한 사법심사 – 행정입법의 흠결에 관한 법학방법론", 『행정법연구』 제71호, 2023, 126면 이하, 특히 129면.

36) 宇賀克也, 行政法槪說 II, 第7版, 有斐閣, 2021, 409면 이하.

37) René Chapus, Droit du contentieux administratif, 12e édition, Montchrestien, 2006, 467면 이하; Charles Debbasch/Jean-Claude Ricci, Contentieux administratif, 8e édition, Dalloz, 2001, 322면 이하.

38) Bernard Schwartz, Administrative Law, Third Edition, Little, Brown & Company, 1990, 506면 이하.

라진다. 기속행위라면 법관이 행정의 판단을 전적으로 대체할 수 있으나 곧이어 설명하는 바와 같이 그 표현에 유의할 필요가 있다. 둘째, 일차적 권리구제에 해당한다. 일차적 권리구제와 이차적 권리구제의 구분은 원래 독일의 민법학에서 유래한 것인바, 이에 따르면 대체로 전자는 원상적 권리구제(즉, 존속적 보장 또는 보호)에, 후자는 금전적 권리구제(즉, 가치적 보장 또는 보호)에 해당한다. 그러나 여기서 문제가 되는 것은 사법심사로서 일차적 권리구제와 이차적 권리구제의 구분이다. 사법심사의 맥락에서 보았을 때 특히 중요한 것은 이차적 권리구제와 달리 일차적 권리구제에서는 행정에 의한 의사결정의 결과적인 측면 외에도 과정적인 측면까지 직접 다루어진다는 점이다. 따라서 법관은 전술한 대로 사법심사의 강도에 따라 행정의 판단을 대체할 수 있으나, 일차적 권리구제에서 행정을 대체하여 스스로 행정이 되려고 해서는 안 된다.[39] 다시 말해, 행정의 판단을 대체할 수는 있어도 행정 자체를 대체할 수는 없는 것이다.

이러한 항고소송의 개념은 행정행위의 공정력과 무관하게 정의되는 것이라는 점에 대한 강조가 필요하다. 행정행위의 공정력은 한편으로 행정집행을 포함하는 제재의 차원에서 그 효력을 통용시키는 힘이고, 다른 한편으로 선결관계에서 그 효력을 통용시키는 힘을 말한다.[40] 특히 후자는 취소소송의 배타적 관할이라는 점에 근거하는바, 이는 항고소송으로서 취소소송에 고유한 속성이라기보다는 일반적인 형성소송에 유사하게 나타나는 속성이라고 보는 것이 타당하다. 이 점에서 항고소송으로서 취소소송을 행정행위의 공정력을 제거하는 소송으로 이해하는 종래의 학설은 근본적으로 재고가 필요하다는 생각이다. 이처럼 행정행위의 공정력과 논리적으로 절연된 항고소송의 개념으로 보면, 미국의 사법심사는 항고소송에 해당하는 것을 포함한다. 다만, 일차적 권리구제라고 해서 이차적 권리구제에 우선하지 않는다. 독일의 경우 행정행위를 대상으로 하는 취소소송과 의무이행소송 외에 일반이행소송이나 일반확인소송 등도 항고소송에 해당할 수 있다. 이러한 독일법의 길을 따른 것이 일본이다. 그동안 취소소송을 독일식 행정행위에 초점을 맞추어서 이해하면서도 당사자소송이 활성화되지 못한 결과 심각한 권리구제의 공백이 있었으나 최근에 의무이행소송을 도입하는 등 전면 개정을 통해 독일에 준하는 포괄적 권리구제의 체계를 갖추었다. 독일식 행정행위 중심 체계에다가 독일식 위법성견련성(Rechtswidrigkeitszusammenhang)[41]까지 요구하는 일본법에서 프랑스법이나 미국법의 납세자소송은 그에 관한 별도의 법률이 만들어

---

39) 송시강, 앞의 글(이른바 부진정 행정입법부작위에 대한 사법심사), 126면 이하.
40) 송시강, "하자의 승계에 관한 법리의 재검토 – 대법원 2022. 5. 13. 선고 2018두50147 판결에 대한 평석", 『행정법연구』 제70호, 2023, 69면 이하.
41) 이에 관하여, 박정훈, 『행정법개혁의 과제』, 2023, 110면 이하.

지지 않는다면 도입이 어려울 수밖에 없다. 이는 만약 우리가 일본과 전제를 달리한다면 일본에서 도입한 것이기는 하지만 주민소송을 달리 운용해 나갈 수 있다는 것을 의미한다.

3) 항고소송으로서 주민소송

독일법에서 할 수 없는 납세자소송을 허용하되 어디까지나 특별한 법률을 통해 허용하는 일본법에서 주민소송은 항고소송의 예외로 각인이 된다. 그러나 이러한 인식은 프랑스법과 미국법에서 납세자소송이 발전하게 된 역사적 경로와 모순되는 것이다. 납세자라는 지위는 넓게 분산되는 이익이라서 일반적인 법리로는 원고적격이 인정되기 어려운데도 법리의 일부 변형을 통해서 지금처럼 원고적격을 인정하는 추세로 발전하게 된 계기는 만약 원고적격을 인정하지 않는다면 공권력의 행사가 사법심사에서 면제되는 사태가 초래되는 점에 대한 경각심에 있다. 이러한 역사적 관점을 고려한다면, 납세자소송은 일반적인 항고소송을 보충하는 특수한 항고소송으로 이해하는 것이 자연스럽다. 다시 말해, 항고소송에 대한 예외가 아니라 보충으로서 역할이 요청되는 것이다. 우리 판례가 지방자치법 제22조 제1항에서 정하는 재무회계행위의 범위를 어떻게 해서든 축소하려고 부단히 노력하는 모습은 결코 우연이 아니다. 주민소송을 일반적인 항고소송에 대한 예외로 이해하기 때문이다.

(2) 대상판결의 분석

1) 재무회계행위가 주민소송의 대상이 되는 이유는?

대상판결은 주민소송의 목적이 '지방자치단체의 재무행정의 적법성과 지방재정의 건전하고 적정한 운영을 확보하려는 데 있다'라는 점을 들어 '지방자치단체의 재무회계에 관한 사항의 처리를 직접 목적으로 하는 행위에 대하여 제기하는 것이 원칙이다'라는 결론을 도출하고 있다. 그러나 주민소송의 대상이 재무회계행위에 한정되는 것은 프랑스법과 미국법에서 납세자의 지위만으로도 공권력의 행사를 다툴 수 있도록 원고적격의 범위를 확대하는 것에 상응하여 대상적격의 범위가 축소된 결과이다. 따라서 주민소송의 대상으로 재무회계행위가 규정된 것은 결코 역사적 우연이 아니다. 이상과 같이 재무회계행위가 주민소송의 대상이 되는 이유를 오해한 결과 아래에서 설명하는 바와 같이 행정재산의 사법적 작용과 같은 예외적인 경우에만 주민소송을 허용한다는 결론에 이른다.

2) '공물의 본래 기능을 실현하는 경우'는 재무회계행위가 될 수 없나?

'공물의 본래 기능을 실현하는 경우'가 언제나 '공물의 사용가치를 실현하는 경우'에 해당한다는 점에 대해서 앞서 충분히 설명하였다. 이처럼 '공물의 본래 기능을 실현하는 경우'도 언제든지 재무회계행위가 될 수 있는데도 대상판결이 재무회계행위를 '공물의 본래 기능을 실현하는 경우'와 무관한 '공물의 사용가치를 실현하는 경우'에 국한하면서 그 범위가 지나치게 협소해지는 문제가 발생한다. 이는 재무회계행위에 해당하기 위해서는 특수한 조건이 충족되어야 할 것 같은 오해를 불러일으킨다. 그 배경에 주민소송은 항고소송에 대한 예외라는 인식이 자리 잡고 있다는 생각이다.

(3) 대상판결의 종합

1) 재무회계행위의 범위에 관하여

지방자치법 제22조 제1항은 재무회계행위를 단순하게 나열하고 있을 뿐인데도 판례는 "지방자치단체의 소유에 속하는 재산의 가치를 유지·보전 또는 실현함을 직접 목적으로 하는 행위"[42] 또는 "지방자치단체의 재무회계에 관한 사항의 처리를 직접 목적으로 하는 행위"에서 보다시피, 직접 목적으로 하는 행위이어야 하는 점을 유독 강조하고 있다. 다만, 처음부터 그랬던 것은 아니어서 대법원 2011. 12. 22. 선고 2009두14309 판결에서는 그러한 언급이 없다. 이러한 상황에서 재무회계행위와 별도의 비재무회계행위가 주민소송의 대상이 될 수 있다고 주장하는 견해는 현실적으로 쉽지 않다.[43] 그래서 이 문제는 논의가 되더라도 재무회계행위에 선행하는 비재무회계행위가 재무회계행위와 함께 주민소송의 대상이 될 수 있는지를 묻는 형태가 될 수밖에 없다. 이에 대해 판례는 부정적이다.[44] 참고로, 이 문제는 재무회계행위에 대한 주민소송에서 그에 선행하는 비재무회계행위의 위법사유를 주장하는 것이 가능한지, 다시 말해, 하자의 승계가 가능한지와는 일단 논리적으로 구별된다. 다만, 재무회계행위에 선행하는 비재무회계행위가 주민소송의 대상이 될 수 없다는 결론에 이른다면 그때는 다시 하자의 승계를 검토할 필요가 있다. 이와 전혀 별개의 차원에서 재무회계행위에 대한 주민소송에서 재무회계행위의 위법성 일반이 심사되는지 아니면 재무회계적 위법사유에 심사의 범위가 제한되는지 논란이 된다. 논리적으로 재무회계적 위법사유에 심사의 범위가 제한되어야 할 이유가 없는 점에서 위법성 일반설이 타당하다. 이는 판례의 입장이기도 한바,[45] 판례는 나아가 원고가 주장하는 개별적 사정들을 분리하여 판단할 것이 아니라 전체적으로 포괄하여 하나의 위법한 재무회계행위가 있는지를

---

42) 대법원 2015. 9. 10. 선고 2013두16746 판결.

43) 조성규, "지방자치단체의 책임성 제고 수단으로서 주민소송제도의 의의와 한계,"『지방자치법연구』제7권 제4호, 2007, 16면 이하.

44) 대법원 2011. 12. 22. 선고 2009두14309 판결.

45) 대법원 2019. 10. 17. 선고 2018두104 판결.

판단해야 한다고 한다.[46] 한편, 이와 무관하게 지방자치법이 주민소송의 전심절차로서 주민감사의 청구를 요구하는 결과 배제효(Präklusionswirkung)의 쟁점이 제기된다. 이에 대해서, 주민소송의 대상이 주민감사를 청구한 사항과 관련이 있는 것으로 충분하고, 주민감사를 청구한 사항과 반드시 동일할 필요는 없으며, 그 관련성은 기본적 사실관계의 동일성에 따라 판단한다는 것이 판례이다.[47]

2) 하자의 승계에 관하여

우리 통설과 판례가 말하는 하자의 승계를 일본법에서는 위법성의 승계(違法性の承繼)라고 한다. 따라서 주민소송에서만 위법성의 승계라는 표현을 사용하는 것은 본질이 같은데도 다른 것처럼 오해를 불러일으킬 수 있는 점에서 타당하지 않다. 주민소송의 대상이 되는 재무회계행위에 그 자체로 위법이 없는 경우에 선행하는 비재무회계행위의 위법을 이유로 다툴 수 있는지가 핵심이다.[48] 이에 대해 판례는 "선행행위가 현저하게 합리성을 결하여 그 때문에 지방재정의 적정성 확보라는 관점에서 지나칠 수 없는 하자가 존재하는 경우에는 지출원인행위 단계에서 선행행위를 심사하여 이를 시정해야 할 회계관계 법규상 의무가 있다고 보아야 한다. 따라서 이러한 하자를 간과하여 그대로 지출원인행위 및 그에 따른 지급명령·지출 등 행위에 나아간 경우에는 그러한 지출원인행위 등 자체가 회계관계 법규에 반하여 위법하다고 보아야 한다."라고 설시한다.[49]

3) 주민소송과 항고소송의 관계에 관하여

여기서 가장 중요한 것은 일반적인 항고소송에 대해서 보충적인 특수한 항고소송이라는 주민소송의 정체성이다. 이로부터 항고소송에 대한 주민소송의 보충성이라는 원칙이 도출된다.[50] 이에 따라 애당초 항고소송으로 다툴 가능성이 희박한 경우라면 주민소송이 곧바로 허용되어야 할 것이고, 항고소송이 실제로 기능할 수 있는 경우라면 주민소송은 한발

---

46) 대법원 2020. 7. 29. 선고 2017두63467 판결. 김유환, 앞의 책, 788면.
47) 대법원 2020. 7. 29. 선고 2017두63467 판결.
48) 문상덕, 앞의 글, 309면 이하.
49) 대법원 2020. 7. 29. 선고 2017두63467 판결. 이 판결과 일본 판례의 비교에 관하여, 함인선, 앞의 글, 365면 이하.
50) 이와 관련하여, 신봉기/황헌순, "항고소송 대상 확대 대안으로서 주민소송", 『지방자치법연구』제20권 제4호, 2020, 226면 이하는 항고소송의 기능부전으로 의한 권리구제의 공백을 주민소송의 대상 확대를 통해 보충할 수 있다고 주장하는바, 이는 기능적인 관점에서 주민소송이 항고소송을 대체하는 관계에 있다는 점에 주목한 것이다. 이와 달리 필자는 본질적인 측면에서 주민소송은 항고소송의 실질을 가지고 있는바, 일반적인 항고소송을 보충하는 특수한 항고소송에 해당한다는 점에서 출발하고 있다.

물러나야 한다. 이는 항고소송과 헌법소원의 관계에서 헌법소원의 보충성이 요청되는 것과 같은 이치이다. 항고소송이 제기될 가능성이 실제로 희박한데 주민소송이 무조건 보충적이어야 한다는 이유로 주민소송의 대상을 협소하게 이해하는 것은 잘못된 논리이다. 주민소송도 원래 항고소송이기 때문에 일단은 그 대상을 확대하고, 다만 구체적인 적용에서 보충성의 원칙을 심사하면 된다. 이는 양자의 중복 가능성을 일반적으로 허용하고 실제가 어떠한지에 따라 보충성의 원칙을 적용하도록 하는 것이다.

Ⅳ. 요약과 결론

도로점용허가가 도로의 본래 기능을 실현하는 경우와 무관하게 도로의 사용가치를 실현하는 경우에는 주민소송의 대상이 되는 재무회계행위에 해당한다는 판례의 설시는 다음 2가지 측면에서 법리적인 오해의 소지가 있으므로 재고가 필요하다.

첫째, 공물에 관한 법리에 비추어 보건대, 도로의 본래 기능을 실현하는 경우는 언제나 도로의 사용가치를 실현하는 경우가 된다. 이와 달리, 도로의 사용가치를 실현하는 경우는 도로의 본래 기능을 실현하는 경우일 수도 있고 아닐 수도 있다. 따라서 도로점용허가는 언제나 도로의 사용가치를 실현하는 경우가 되고, 더 나아가 도로의 본래 기능을 실현하는 경우와 그렇지 않은 경우를 구분할 수 있을 따름이다. 따라서 판례의 결론을 유지하려면 재무회계행위의 개념을 '오로지' 도로의 사용가치를 실현하는 경우라고 이해해야 한다. 이 경우 그러한 목적에서 이루어지는 도로점용허가가 과연 적법한지에 관한 문제가 추가로 제기될 수 있다. 여기서 통설이 '행정재산의 목적 외 사용에 대한 허가'라고 설명하는 국유재산법 제30조의 규정을 참고할 필요가 있다. 이 규정은 원래 행정재산에 대해서 예외적으로 사법상 법률관계가 성립할 가능성을 열어 두려는 의도에서 입법된 것으로 보이나, 그동안 법률 개정 및 판례 변경을 거치면서 오늘날 그에 따른 허가는 도로점용허가와 마찬가지로 공법상 법률관계의 일종으로 취급된다. 이상의 관점에서 보면, 판례는 도로점용허가를 통해서 실질적으로 사법상 법률관계에 해당하는 행정재산의 사법적 사용이 가능하다는 점을 인정한 것이 된다.

둘째, 주민소송의 대상이 되는 재무회계행위의 범위를 지방자치단체의 재무회계에 관한 사항의 처리를 '직접' 목적으로 하는 행위에 한정하는 판례는 논리적이지 않다. 그러나 주민소송이 법률상 이익과 관계 없이 제기할 수 있는 민중소송이라는 명제에서 주민소송의 대상이 엄격하게 제한되어야 한다는 명제가 논리적으로 당연히 도출되지는 않는다. 이러한 논리적 비약에는 주민소송이 항고소송의 원칙에 대한 예외라는 인식이 전제된 것으로 추측된다. 항고소송의 일차적 적용과 주민소송의 보충적 적용이라는 관점이 타당하다. 굳이 주민소송을 도입하여 법률상 이익과 무관하게 제기할 수 있도록 하는 이유는 법률상 이익이 침해된 자가 항고소송을 제기할 것이라고 기대하기 어려운 사정이 있기 때문이라고 보아야 한다. 이러한 관점에서 보면, 재무회계행위의 범위를 무조건 축소하려는 판례의 태도는 비판을 피하기 어렵다. 지방자치단체의 재무회계에 관한 사항의 처리를 '직접' 목적으로 하는 행위라면 주민소송의 대상이 될 가능성이 상대적으로 크겠지만 이에 그 범위를 국한해서는 안 되고, 지방자치단체의 재무회계에 관한 사항의 처리를 '간접' 목적으로 하는 행위라도 주민소송의 대상에 포함될 가능성을 끝까지 열어 두어야 한다.

생각할 문제

1. 공물과 행정재산은 같은 것인가 다른 것인가?

2. 행정재산의 사법적(私法的) 사용은 공법관계인가 사법관계인가?

3. 주민소송의 대상이 재무회계행위에 제한되는 이유는 무엇인가?

4. 항고소송을 제기할 수 있는 경우에 주민소송도 제기할 수 있는가?

판례색인

사항색인

집필진

박정훈 법학박사, 서울대학교 명예교수
강지은 경기대학교 법학과 교수
유상현 김·장 법률사무소 변호사
민병국 창원지방법원 진주지원 부장판사
조원경 성균관대학교 법학전문대학원 교수
김준기 국회 법제실 재정법제과장
김찬희 헌법재판소 헌법재판연구원 책임연구관
이재명 국회 국토교통위원회 국토정책입법조사관
최계영 서울대학교 법학전문대학원 교수
황성익 법무법인 세종 변호사
박훈민 국립강릉원주대학교 법학과 교수
정성언 김·장 법률사무소 변호사
이희준 서울고등법원 판사
윤 민 창원지방법원 부장판사
서승환 법학박사, 한국법제연구원 연구위원
박현정 한양대학교 법학전문대학원 교수
이상덕 인천지방법원 부장판사
김대현 부산지방검찰청 검사
남하균 울산대학교 법학과 교수
정호경 한양대학교 법학전문대학원 교수
허이훈 대구지방법원 판사
박호경 법무법인 지평 변호사
김대인 이화여자대학교 법학전문대학원 교수
서경원 법무법인 태평양 변호사
김혜진 성균관대학교 법학전문대학원 교수

조정민　인천지방법원 인천가정법원 부천지원 부장판사

김선욱　법무법인 해마루 변호사

권기대　법무법인 가온 변호사

이은상　서울대학교 법학전문대학원 교수

라기원　한국법제연구원 부연구위원

정은영　수원지방법원 수원가정법원 성남지원 부장판사

우미형　충남대학교 법학전문대학원 교수

이진수　서울대학교 행정대학원 교수

강화연　광주지방법원 판사, 법학박사

이재욱　수원지방법원 부장판사

임수연　수원지방법원 부장판사

임성훈　서강대학교 법학전문대학원 교수

신철순　대구지방법원 상주지원 판사

장윤영　아주대학교 법학전문대학원 교수

최은정　서울고등법원 판사

이승민　성균관대학교 법학전문대학원 교수

이철진　김·장 법률사무소 변호사, 법학박사

문중흠　서울행정법원 판사

안동인　이화여자대학교 법학전문대학원 교수

박정훈　김·장 법률사무소 변호사

이한진　김·장 법률사무소 변호사

박재윤　한국외국어대학교 법학전문대학원 교수

김영현　부산고등법원 판사

김수정　수원지방법원 부장판사

이석형　SK 하이닉스 변호사

강지웅　대법원 재판연구관, 부장판사, 법학박사

송시강　홍익대학교 법과대학 교수

행정판례의 이론적 조명

초판발행   2024년 2월 29일

편저자   蘭松會
펴낸이   안종만·안상준

편 집   한두희
기획/마케팅 조성호
표지디자인 Ben Story
제 작   고철민·김원표

펴낸곳   (주) **박영사**
          서울특별시 금천구 가산디지털2로 53, 210호(가산동, 한라시그마밸리)
          등록 1959. 3. 11. 제300-1959-1호(倫)
전 화   02)733-6771
f a x   02)736-4818
e-mail   pys@pybook.co.kr
homepage www.pybook.co.kr
ISBN   979-11-303-4762-2 93360

* 파본은 구입하신 곳에서 교환해 드립니다. 본서의 무단복제행위를 금합니다.

정 가   58,000원